Approved by the government of Inner Mongolia Autonomous Region, Inner Mongolia Nationality Music & Dance, Opera Troupe was established on September 25,2000, which is organized when the Inner Mongolia Music & Dance Ensemble combined with the Inner Mongolia Nationality Opera House. It has 15 functional branches of the Music & Dance Ensemble, Mongolian Nationality Opera House, Symphony Orchestra, Mongolian Traditional Orchestra, Mongolian Youth Chorus, Wild Horse Head Fiddles Orchestra, Dramatic Performers Group, Performing Creation Centre, Art Training Centre, Costumes & Decorations Centre, Performing Arrangements Centre and the Subsidiary Art College, etc. There are 24 national primary actors and musicians and 106 national secondary actors and musicians in the entire troupe.

Inner Mongolia Nationality Music & Dance, Opera Troupe is making its main task of engaging itself in the production and performance of Mongolian Nationality music, dances and Mongolian Operas and promoting the development of symphonies, Mongolian chorus and many other kinds of traditional arts, including horsehead fiddles.

Inner Mongolia Nationality Music & Dance, Opera Troupe is the largest professional performing troupe in Inner Mongolia. There are 400 people in the troupe. They have brought the distinctive Mongolian performances to the audiences in all of China and many different countries including Asia, Europe, Africa and North America.

Since the troupe was established in September, 2000, many performances which were produced and performed by Inner Mongolia Nationality Music & Dance, Opera Troupe have won plenty of national grand awards, such as "wenhua prize", "The sixth China Arts Festival Prize" and another national prize for Mongolian Opera "Manduhai Siqin", "National Minority Nationality Theatrical Festival Golden Prizes" of Performing, Production and Decoration for the music and dancing programmes.

"The Beauty of the Grassland". Won three prizes for it creation, performing and dance. "Passion on the Grassland" in Mongolia style was highly praised after it was performed at the 3rd International Artistic Festival in Shanghai, China. Later, several concerts were held very successfully. And the big performance for celebrating the 80th anniversary of the founding of the CCP was successful.

They are determined to carry on Mao Ze-dong's thoughts, Deng Xiaoping/s theory and Jiang Zemin's "Three Representatives" and to strive in the course of national culture and art and develop the artistic course in Inner Mongolia.

参加奥地利奥林匹克国际合唱大赛获民歌有伴奏混声合唱至高金奖
参加荷兰布鲁萨姆艺术节获民歌无伴奏混声合唱、室内混声合唱金奖

电影《一代天骄成吉思汗》荣获美国费城国际电影节故事金奖、中国政府华表奖、中国电影金鸡奖；1998年奥斯卡最佳外语片竞选影片

Manager An Yongde
Add: No.29 NORTH
XINGDAO STREET
HUHHOT INNER
MONGOLIA CHINA
PC: 010050
TEL: 0471-6927514
6927501
0471-6384038
6927511

舞剧《马头琴声》荣获"荷花杯"全国少数民族舞蹈比赛一等奖

中国文化年鉴

2001

孙家正　主编

新 华 出 版 社

图书在版编目（CIP）数据

中国文化年鉴／孙家正主编 ．—北京：新华出版社，2002.7

ISBN 7-5011-5771-5

Ⅰ.中…　Ⅱ.孙…　Ⅲ.文化事业－中国－2001－年鉴　Ⅳ.G12-54

中国版本图书馆 CIP 数据核字（2002）第 046241 号

中国文化年鉴

孙家正　主编

*

新华出版社出版发行

（北京宣武门西大街 57 号　邮编：100803）

新华书店经销

北京新华印刷厂印刷

彩色制版：北京东方长天广告有限公司

黑白制版：北京美恒电脑技术设计有限公司

临时性广告经营许可证：京工商广临字 200207050 号

*

850 × 1168 毫米　16 开本　39.75 印张　1010 千字　彩色插页 7 印张

2002 年 7 月第 1 版　2002 年 7 月北京第 1 次印刷

ISBN 7-5011-5771-5/Z · 687　　定价：180.00 元

序

孙家正

在全体作者和新华出版社同志的共同努力下，2000年度《中国文化年鉴》与大家见面了。年鉴的出版，为2000年的文化工作划上了一个圆满的句号，同时，也为新千年文化行业的发展与繁荣提供了有益的经验和一笔不可或缺的宝贵财富。

2000年是不同寻常的年份。在这年里，我国克服了亚洲金融危机带来的困难，经济发展出现了重要转机；在“九五”经济和社会发展取得辉煌成就的基础上制定了“十五”计划；开始实施西部大开发战略。文化工作作为党和政府的重要工作之一，取得了新进展，出现了新气象：中央领导同志对思想文化战线发表了一系列重要讲话和指示，特别是江泽民总书记关于“三个代表”的重要思想，为新时期的文化建设指明了方向，使文化界受到了极大的鼓舞和教育；各级党委、政府积极贯彻中央精神，更加重视和支持文化工作，全社会对文化工作的重要地位和作用的认识大大提高；积极制定发展规划，认真研究“十五”文化建设；精品战略的实施和形式多样的文化建设活动促进了一大批优秀文学、艺术作品的涌现；群众文化生活进一步活跃；文化体制改革在观念和实践上均有突破和创新；对外文化交流拓展出新的局面，扩大了我国在国际上的影响，增进了同世界人民的友谊；文化法制建设取得可喜成果，文化市场管理力度明显加强，经营秩序进一步规范。

向国内外提供每年度全国文化行业的发展概况与宏观分析资料，是加强宏观管理的重要基础性工作，是一件很有意义的工作，是文化行业各主管部门加强规划和管理工作的迫切需要，也是国内外关心我国文化事业的社会各界了解文化发展整体概况的需要。为使《中国文化年鉴》真正具有史料价值和实用指导价值，使之发挥记录中国文化建设年度发展历程，指导、促进今后文化事业健康发展的权威性、综合性、专业性、史料性的管理与决策参考必读工具书的作用，年鉴编辑委员会制定了以马列主义、毛泽东思想、邓小平理论和江泽民同志“三个代表”重要思想为指导的编辑方针，以实事求是的原则，从总类、专业艺术、文化市场、文化产业、社会文化和图书馆事业、对外文化交流、对港澳特别行政区和台湾地区文化交流、文物考古和博物馆事业、艺术科研与文化科技、文化政策法规、文化先进人物、集体和地区、文化设施建设、地方文化事业等方面，较为全面地对2000年全国文化行业的总体发展状况进行了总结和厘清。年鉴内容充实、数据准确，既有文化发展态势的宏观分析和论述，又有年度成就的基本概况和统计数据，既有广度又有一定的深度。总结既往是谋求新发展的起点。希望年鉴的出版，在促进国家和地区文化行业的健康发展，加强各级政府对文化行业的有效调控与指导、监督和管理等方面提供一个相对丰富的有效视角和思考基点。各地文化主管部门要把《中国文化年鉴》的编写工作作为加强宏观管理的一个重要手段，切实转变职能，从微观管理向宏观管理、从“办”文化向“管”文化、从部门管理向行业管理转变，不断提高文化工作的整体管理水平。

随着经济全球化、社会信息化、市场经济的发展和改革开放向纵深推进，当代中国文化的发展视野开阔，节奏加快。面对科技的迅猛发展和综合国力的激烈竞争，面对世界范围各种文化思想的相互激荡，面对小康社会人民群众日益增长的文化需求，文化工作者将肩负起更加重要的历史使命。为此，我们要总结经验，立足现实，着眼未来，以建设有中国特色社会主义现代化强国为目标，继续坚定不移地用马列主义、毛泽东思想、邓小平理论来指导，按照江泽民同志“三个代表”重要思想的要求，坚持“二为”方向和“双百”方针，增强政治意识、大局意识、责任意识，面向现代化、面向世界、面向未来，大力弘扬先进文化，改造落后文化，抵制腐朽文化，着力创造更多能激发民族自尊心和自豪感的文艺作品，确立雅俗共赏、主旋律与多样性并进的文化品质，更好地为改革开放和现代化建设提供有力的思想保证，更好地代表中国先进文化的前进方向。

《中国文化年鉴》编辑委员会

《中国文化年鉴》编辑部

主　任:

陈向红　文化部办公厅

张和平　新华出版社

副主任:

梁秋克　新华出版社

成　员:

王建华　文化部政策法规司

李建军　文化部计划财务司

马文辉　文化部人事司

查振科　文化部艺术司

陈迎宪　文化部教育科技司

孙秋霞　文化部文化市场司

吴江波　文化部文化产业司

张永新　文化部社会文化图书馆司

孙晓红　文化部对外文化联络局

王　军　国家文物局

王　利　文化部办公厅

陈丁昆　文化部办公厅

喻剑南　文化部办公厅

张俊苹　文化部办公厅

特约高级编辑:　李雄藩

广告总代理:

北京风尚广告艺术中心

北京东方长天广告有限公司

目　录

1

2

3

由文化部、北京市人民政府、国家广电总局和国家旅游局主办，中国对外演出公司、北京市文化局和北京旅游集团承办的“2000相约北京”联欢活动于2000年5月在北京举行，国内外36个艺术团体进行了50余场演出。

许宁 摄

1. 丹麦皇家芭蕾舞团5月10在北京展览馆剧场演出的芭蕾舞剧《巨人错婚记》。

2. 摩纳哥蒙特卡罗芭蕾舞团5月14日在世纪剧院演出的现代芭蕾舞《罗密欧与朱丽叶》。

3. 5月22日在世纪剧院演出的韩国国立芭蕾舞团的《芭蕾舞会》。

首届“网易中国网络文学奖”于2000年1月28日在北京揭晓并颁奖。此次活动共有3000多篇作品上网参选。图为女作家张抗抗（右）为获奖者颁奖。 宋晓刚 摄

2000年10月27日，《世纪奥运精彩瞬间》图片展在北京西单文化广场开幕，200多幅图片全部由新华社奥运会前方记者拍摄。图为新华社记者刘宇将自己在奥运会上拍摄的照片赠送给奥运会金牌获得者吉新鹏、龚智超。 陈晓伟 摄

来自全国各地的14支考古队于2000年11月云集三峡文物重镇巫山县，进行三峡文物抢救战。图为中科院王怀吉研究员对出土的部分文物进行整理。 周衡义 摄

上海歌舞团创作演出的现代舞剧《闪闪的红星》，荣获第二届全国“荷花杯”舞剧大赛金奖，编导赵明获得唯一的舞剧最佳编导奖，该剧同时还获得优秀表演奖、优秀作曲奖、优秀灯光设计和优秀服装设计等四个奖项。图为该剧2000年底在北京演出时，主演、国家一级演员黄豆豆在剧中的高难度腾跃表演。　张和平 摄

中央芭蕾舞团于2000年2月编排公演了中国版本的《胡桃夹子》。图为剧中的仙鹤舞。

季迎春 摄

2000年1月底，莫斯科斯坦尼斯拉夫斯基涅米罗维奇·丹钦科音乐剧院来华演出了大型芭蕾舞剧《巴黎圣母院》。　季迎春 摄

1

2

3

由北京市舞蹈家协会、北京歌舞曲艺艺术中心、北京八棵树文化艺术发展有限公司主办的“中国现代舞周—北京'2000”展演活动于2000年5月在北京海淀剧院举行。北京、香港和台北等地的现代舞艺术团体举行了多台演出和研讨会。

赫明 摄

1.北京现代舞团创作演出的《一桌两椅》。

2.香港城市当代舞蹈团演出的《发生进行式》。

3.北京大专院校现代舞展演节目之一《随心所舞》。

1

由中国文化艺术有限公司主办的2000中国艺术博览会，于2000年8月11日—15日在北京中国国际展览中心举办。　　赫明 摄

1.博览会上展出的中国艺术家许庾岭的作品《变异物种》。

2.博览会法国展厅展出的艺术作品。

3.博览会一角。

2

3

1

2

3

1.2000年9月28日第六届中国艺术节在南京五台山体育馆举行开幕式。图为开幕式演出的大型歌舞《好一朵茉莉花》。

杨磊 摄

2.2000年10月8日在南京中山陵音乐台上演的大型广场歌舞《金陵风》将第六届中国艺术节群众文化活动推向高潮，江苏省30多个专业和业余文艺团体的2500多位演职员参加了此次演出。 孙参 摄

3.2000年1月23日，中央电视台“心连心”艺术团100多名演职员来到福建闽西革命老区上杭县古田镇，冒雨为老区人民慰问演出，受到当地群众热烈欢迎。

张国俊 摄

1

2

2000年10月—2001年4月，由文化部、北京市人民政府联合主办，英国驻华大使馆文化教育处、英国文化委员会、亨利·摩尔基金会和中国展览交流中心在中国美术馆、上海美术馆和广东美术馆的协助下，组织了《摩尔在中国》大型展览活动，共在北京、广州、上海等地展出英国著名雕塑家亨利·摩尔的作品118件。

张和平 摄

1.这是2000年10月16日起在北京北海公园展出的摩尔作品之一《弯曲的腿》。

2.北海公园展出的摩尔作品之一《大型纺锤件》。

3.2000年10月24日—11月24日《摩尔雕塑大展》在中国美术馆举办。图为展馆大门前展出的摩尔的大型雕塑作品《刀刃》。

3

2000年5月1日，年近九旬的国画大师关山月登上泰山写生。关老七十年如一日，坚持深入生活，遍访名川大山，创作出许多佳作。 陈学思 摄

2000年12月27日，中国书协和故宫博物院联合举办的“千年书法大展”在中国美术馆开幕，这是中国书协主席沈鹏（前中）和观众一起参观展览。 杨飞 摄

中国现代文学馆于2000年5月23日正式开馆。该馆位于北京亚运村芍药居，占地46亩，是世界上建筑面积最大的专业文学馆。

赵迎新 摄

总　　类

全国文化事业发展综述

2000年，文化系统深入学习贯彻江泽民总书记关于“三个代表”的重要思想，以繁荣和发展社会主义文化为中心，坚持为人民服务、为社会主义服务的方向和百花齐放、百家争鸣的方针，弘扬主旋律，提倡多样化，文化事业全面发展，在一些重要方面取得了新的进展。

一、在南京召开了“全国文化工作座谈会”。各省、自治区、直辖市人民政府分管文化工作的负责同志和文化厅局长、文化部各司局负责同志出席会议，交流了学习贯彻“三个代表”重要思想，推进文化建设的情况，李岚清副总理在会上就文化战线贯彻落实“三个代表”重要思想，开创新世纪文化建设新局面做了重要讲话。在“三个代表”重要思想指引下，各级党委、政府更加重视文化工作，对文化建设的领导和支持力度明显加强。当年，中央文化事业费预算总额为130 207万元，比上年增长22.17%。文化设施建设计划投资59 387万元，国家投资56 437万元，实际完成投资54 994万元，建成项目2个，在建项目32个，面积77万平方米。

二、配合国家编制国民经济和社会发展“十五”计划工作，研究、编制文化事业、文化产业和艺术科学的行业指导性发展规划，是2000年最重要的工作内容之一。文化部分别编制了《文化事业发展第十个五年计划纲要》和《文化产业发展第十个五年计划纲要》草案，同时，还制定了《全国艺术科学“十五”规划》、《文化科技“十五”规划》等专项规划。在计划草案的基础上，文化部提出了《关于“十五”期间文化建设的若干意见》，为新世纪头五年文化发展提出了明确指导思想、奋斗目标和政策措施。各地文化厅局也把编制“十五”计划作为重要工作，积极开展。

三、文化事业单位改革稳步推进。中直院团和部属事业单位体制改革进一步深化，制定了《文化部关于直属艺术表演团体深化改革的意见》和《文化部关于直属事业单位深化改革的意见》及深化直属事业单位人事制度改革等配套文件，从管理体制和运行机制方面进行积极探索和实践，在艺术表演团体领导人员聘任制和试用期制上取得突破，同时，艺术创作生产、市场营销、多渠道筹款、收益分配和监督的机制普遍建立。

按照中央有关深化干部人事制度改革的要求，在文化部机关和直属单位民主推荐副部长、部长助理和部级、司局级后备干部建议人选，首次实行了公示方式，扩大了干部选拔任用的民主程度。

在中央领导同志的关心下，文化部为直属单位有突出贡献的60名老艺术家、学者专家解决了每人每月1000元生活补贴，各地也相继出台了地方性规定和措施。8月，中共中央、国务院组织文化艺术界学者专家和艺术家代表赴北戴河度假，江泽民等党和国家领导人亲切接见，李岚清同志代表中央讲话。

四、文化法制建设取得可喜成绩。制定了《公共文化设施管理条例》，并报国务院审议。配合艺术表演团体改革，拟定了《艺术表演团体管理条例》；发布了《文化市场行政执法错案责任追究暂行办法》，对加强文化市场行政执法监督起到积极作用。

五、开展直属单位“三讲”教育；加强纪检监察对文化部系统工作的指导，开展警示教育活动，增强拒腐防变的自觉性，在湖南长沙召开了全国文化系统纪检监察工作经验交流会议。

六、以办好第六届中国艺术节为重点，着力提高文化产品的质量，文艺繁荣呈现可喜势头。主要有：（1）9月28日至10月13日在江苏省成功举办了第六届中国艺术节。该节坚持“中国先进文化的前进方向”和“艺术的盛会，人民的节日”的宗旨，突出改革精神，表现出5大特点：首次在沿海开放和经济发达地区举办，参演剧节目规模达到105台；首次在一个省范围内设立艺术节主、分会场，直接观众达数百万；引进竞争机制，首次设立并评出“中国艺术节大奖”、优秀剧目奖、优秀演出奖获奖剧目；经批准首次通过发行彩票为艺术节筹集资金4000万元用于演出场馆的建设补助；首次开设中国艺术节专用互联网网址，成功举办了“网上中国艺术节”。（2）举行了两年一度的第9届文化部“文华奖”评奖活动，共评出大奖11个，新剧目奖53个，新节目奖21个，单项奖140个。（3）举办了首届中国昆剧艺术节、第二届中国上海国际艺术节、第25届哈尔滨之夏音乐会、第五届杂技金狮奖比赛、全国艺术歌曲比赛、评弹艺术比赛、儿童剧优秀剧目展演活动等，推出了一批艺术精湛的剧节目，检阅了两年来的创作成绩，使文艺舞台异彩纷呈，深受群众欢迎。(4)组织举办了2000年春节电视文艺晚会、元宵晚会、“庆七一”晚会等活动，举办了施光南逝世10周年纪念音乐会、第五届映山红民间戏剧节汇演。(5)举办了《20世纪中国油画展》，汇集了百年来中国油画艺术家400余幅代表作，在社会上引起了较大反响。(6)全国各地的文艺舞台更加丰富，文艺演出面向群众、面向基层、面向市场，演出市场进一步活跃。同时，在新年、春节和艺术节期间，组织艺术院团下基层慰问演出，观众达80余万人次。(7)扶持优秀民族文化艺术精粹，京剧、昆剧、评弹等创作演出呈现良好势头。民族、民间文化保护立法工作取得进展，《民族民间文化保护法》将被全国人大列为重点立法项目。《十大民间文艺集成》编辑出版工作取得重大进展。

2000年全国各级各类艺术业机构总计5 120个，职工190 032人。其中，文化系统共有2 630个剧团（国有剧团1 891个），比上年减少2个；国内演出总量达41万场次，比上年减少1.3 万场次，平均每团国内演出157场，比上年减少4场；其中在农村地区演出为25.8万场次，与上年持平。国内演出的观众总计46 168万人次，比上年减少736万人次。国内艺术表演团体全年出国访演、商演总计为21 089场次。当年剧团总收入为263 664万元，其中除国家财政补助172 864万元外，剧团事业收入60 720万元，分别占总收入的65.6%和23%，剧团总支出为268 886万元，其中事业支出为264 903万元。各级各类国有和集体所有制剧团经费平均自给率为31.5%，比上年提高1.7个百分点。文化部11个直属艺术表演团体新排上演剧目6个，全年演出1 448场，平均每团演出132场，观众247万人次，演出收入2 630万元，经费自给率48.4%，高出全国平均水平17.1 个百分点。全国文化部门所属艺术表演场所1 912座（不包括非文化部门所属场所），比上年增加1个，其中专业剧场、影剧院共1 877座。有艺术创作机构407个，职工3 006人。艺术展览机构49个（其中美术馆26个）。

七、艺术教育顺利完成艺术院校划转工作。认真贯彻党中央、国务院决定，圆满完成将所属9所艺术高校、1所艺术中专分别划转教育部和地方政府管理的工作。10月与教育部联合下发了《关于加强全国社会艺术水平考级管理工作的原则意见》。顺利组织了划转前的部属艺术院校教育和教学管理工作，启动了《中国艺术教育大系（中专编)》的编写出版工作。7月在上海举办了第六届“桃李杯”舞蹈比赛，48个参赛单位500余名选手共评出128个奖项。

八、文化科技工作力度加大。2000年全国共有文化科研、科技机构185个，职工3 150人，文物科研机构57个，2 800人，办刊物61种。本年度共受理了16项申报课题，完成科研项目436个，其中获国家奖80个，获省、部奖126个。

九、文化市场管理不断加强，文化产业稳步发展。2000年文化市场行政管理机构2 066个，事业编制从业人员9 729人。文化市场稽查机构1 376个，事业编制从业人员7 893人。

1、文化市场电子游戏经营场所专项治理取得重大战果。据不完全统计，全国电子游戏机专项治理行动开展期间，共出动执法检查人员535814人次，清查电子游戏经营场所和电脑网吧123198家，收缴、销毁赌博机10万余台，电路板6万余块。电子游戏经营场所从专项治理前的106949家减少到现在的35699家，减少了66.6%，从根本上改变了电子游戏经营场所过多过滥的状况，人民群众普遍关注的违法经营问题基本得到解决。

2、严厉打击非法音像制品经营活动，压减音像制品经营场所取得成效。打击非法音像制品专项斗争持续开展，共收缴非法音像制品618.8 万盘（张），查处违法经营点5000多家，取缔或吊销音像制品经营许可证1750多家，集中销毁非法音像制品430余万盘（张），有力地打击了非法音像经营者的嚣张气焰。同时通过整顿，全国共压减音像制品集中经营场所84家，经营正版音像制品的音像连锁经营专业店，经营方式得到规范，正版音像制品发行量明显上升。

3、完成了全国“十五”期间文化产业发展计划(草案)的编制工作。分别在京、沪召开了“2000北京—大城市文化产业研讨会”和“21世纪中国文化产业论坛首届年会”，研讨成果丰富。在调研基础上，起草了文化部关于加快文化产业发展的若干意见，并在全国文化产业工作经验交流会上征求了意见。举办了全国文化产业经营管理培训班。

2000年全国共有各类文化产业机构283 559个，从业人员1 491 635人（其中职工849 761人）。文化市场经营单位共223 002个，从业人员918 719人。其中娱乐业各类经营单位131 495个，比上年减少4 852个。资本金合计4 180 654万元，其中国家资本金264 217万元。主营营业收入1 421 653万元，主营业务利润339 719万元。全国娱乐业总产出1 622 473万元，增加值1 038 115万元。除娱乐业外，当年全国文化市场其他文化经营单位总计91 507个，从业人员221 229人。其它文化产业机构94 148个，从业人员290 357人。

十、社会文化和图书馆事业全面推进。

1、2000年文化部对社会文化工作提出了推进“四基”（基本阵地、基本队伍、基本活动内容、基本活动方式）建设的新思路。城市社区文化建设和广大农村的文化工作基础性建设取得新的进展。社会文化重点工程取得丰硕成果，会同19个共建部委、办、局和人民团体制定了《全国万里边疆文化长廊2001—2010年建设规划》及其实施意见。当年文化部边疆文化长廊建设文化设施专项补助资金落实安排1000万元，边疆各省、市、区投入配套资金，建成一批新的文化设施。根据党中央、国务院实施西部大开发战略的决策，制定并下发了《文化部关于实施西部大开发战略、加强西部文化建设的意见》。8月在青海召开了西部文化工作座谈会，研究提出了实施西部大开发，推进西部地区文化事业繁荣发展的规划、设想和具体措施。成功召开了四年一次的全国文化先进县、先进集体和先进工作者表彰大会，一批文化工作先进典型感人事迹得到广泛传扬。

2、成功举办“全国农村题材小戏调演”。由文化部组织，从5月至12月每月一个省，在北京长安大戏院进行地方戏曲农村题材优秀小戏展演。江苏、浙江、江西、吉林、河北、河南、山东7省24个地方剧种共35台优秀地方小戏在首都舞台上演，这是继60年代“现代小戏调演”以来，农村小戏相隔30余年后在首都舞台的第二次亮相，这些小戏题材广泛、风格多样、贴近生活、时代感强，具有浓郁的地方特色和乡土气息，受到首都观众和全国电视观众的广泛好评。

3、积极贯彻中央关于加强老年文化工作的指示，制定并下发了《老年文化事业中长期发展规划》，召开全国老年教育工作现场会，对老年教育工作进行统一安排和部署，提出了明确要求；成功举办“世纪的歌声——2000年夕阳红老年合唱电视大赛暨第二届老年合唱节晚会”，27个省、自治区、直辖市的300多个代表队4万多名老年人报名参赛，盛况空前。各地文化部门还充分运用文化阵地和文化手段，积极开展了揭批“法轮功”的斗争。

2000年，全国文化部门共有群众艺术馆390个，全年举办各种展览1 837个，组织文艺活动8 462次，举办各种培训班7 045个，结业人数21万人次，录像放映2万场次，观众98万人次。国家财政补助32 909万元，比上年增长55.8%；总支出33 010万元，比上年增长18.9%。全国文化馆总计为2 907个，全年举办各种展览14 440个，组织文艺活动60 157次，举办各种培训班29 432个，结业人数89万人次，录像放映28万场次，观众3 131万人次，财政补助收入54 485万元，比上年增长10.7%；总支出78 871万元，比上年增长10.4%。全国有乡镇文化站42 024个、集镇文化中心22 171个，村文化俱乐部(室)104 587个、村图书室59 312个，有各类群众业余演出团(队)36 151个。当年国家给予文化站的财政补助为40 426万元，站均9619元。

4、少数民族文化事业进一步发展。与国家民委联合下发了《关于进一步加强少数民族文化工作的意见》。在南宁举办了第10届少数民族文艺孔雀奖（声乐）比赛颁奖晚会。2000年全国少数民族各类文化事业机构总数9 935个，职工63 088人，其中艺术表演团体511个，职工21 327人。

5、公共图书馆事业。中国数字图书馆工程建设取得新进展。4月5日，由文化部牵头召开了22个政府部门和国家图书馆联席会议，确立了中国数字图书馆工程建设的组织领导架构，成立了由全国计算机、互联网、通讯和多媒体技术高科技领域一批著名专家学者组成的中国数字图书馆工程专家顾问委员会，制定了中国数字图书馆建设一期规划。12月在海南召开了中国数字图书馆文献资源建设会议。基本编成了图书馆岗位培训教材。组织开展了2000年度全国公共图书馆服务宣传周活动，推动了各地“全民读书月”、“百万市民读书活动”、“读书征文活动”、“读书节”等不同形式的读书活动的深入开展。2000年，全国共有公共图书馆2 769座（其中县级图书馆2 331座，儿童图书馆84座），比上年增加2座，职工51 342人。全国公共图书馆总藏量为40 953万册（件），其中图书36 550万册，比上年增加1 132万册。发放借书证623万个，比上年减少27万个。总流通人次为18 854万人次，比上年减少814万人次。为读者举办各种读书活动40 448次，参加人数为1 802万人次。当年新增藏量购置费40 575万元，比上年增长16.1%，其中图书购置费37 141万元，增长21.9%，其中县级公共图书馆当年新增藏量购置费5 269万元，比上年增长2.4%。本年新购藏量975万册（件），比上年增加79万册（件）；其中新购图书692万册，比上年增长14万册。

十一、与各国的双边文化交流、多边文化合作稳步发展，对外文化宣传取得新的成绩，大型多边文化交流活动有声有色，与香港、澳门特别行政区和台湾地区的文化交流进一步加强。

1、对外文化工作。在做好经常性文化交流的同时，精心组织重大文化交流活动，2000年“相约北京”、“中华文化美国行”、“法国中国文化季”、中非文化研讨会等对外文化交流活动产生了广泛、积极的影响。“2000年相约北京”活动规模盛大，25个国家的38个艺术团演出109场，举办了6个展览和4个国家的文化周，直接观众达30万人次；“2000年中华文化美国行”历时24天，先后在美国9个城市展开，江泽民主席、克林顿总统、安南秘书长均为该活动题词，孙家正部长所作的《面向21世纪的中国文化：抉择与承诺》主题演讲，赢得美国社会名流的赞誉和美媒体的广泛报道；“2000年法国中国文化季”举办的大型文物展、“考古发现展”、当代绘画书法和雕塑展以及大型演出活动，盛况空前，法国总统希拉克等出席“考古发现展”及文化季开幕活动，近30万人前往参观。在加强了与西方发达国家主流社会的正面交流的同时，更加重视与发展中国家尤其是非洲国家的交流，扩大了中国在国际上的影响，增进了同世界人民的友谊，有力地配合了国家外交大局。

2000年，经文化部审批的对外文化交流项目共1 433起22 427人次，比1999年分别增长15%和20%。其中，派出政府文化代表团和文化官员代表团70起，赴33国，共182人次，艺术表演团组391起9 950人次，艺术展览115起874人次；接待外国政府文化代表团和文化官员代表团63起168人次，艺术表演团组361起9 552人次，艺术展览161起506人次。派出团组参加40起国际艺术比赛，共获奖55项。其中13项金奖，8项银奖，28项铜奖，14项其它奖。当年同南非、刚果（布）签订了文化合作协定。与印度、菲律宾、泰国、尼泊尔、韩国、蒙古、马来西亚、德国、卢森堡、意大利、苏丹、伊朗、博茨瓦纳、几内亚、埃塞俄比亚、尼日尔等28国政府签订了新的年度文化交流计划。

在对外文化宣传方面，配合在五大洲96个国家举办的“2000年相约北京”知识竞赛活动，全球参赛者达数百万之多。美、法、意、澳等12国14位著名摄影艺术家应邀来华参加“1999聚焦中国”摄影活动的作品展在多国展出。邀请了英、俄、巴西、阿塞拜疆、乌克兰、叙利亚7国电视台和影视公司来华拍片和合作制片，其作品在本国播出，取得良好的宣传效果。当年对外发送影视片、录相带、VCD、DVD光盘共40个主题、175套、13 366张（盒）；图片16个主题、102 340幅；图书、期刊杂志396 092册。

2、对香港、澳门特别行政区和台湾地区的文化交流。2000年对港澳台地区经文化部审批的交流项目共720起，8288人次，交流势头进一步增强。根据回归后的需要，内地对港澳的交流在稳步发展中把重点放在突出特色、提高质量上，取得良好效果。在港推出“唐宋名篇诗歌音乐朗诵会”、中国交响乐团音乐会等系列活动；在澳门举办了“中国艺术大展”。2000年对台文化交流继续稳步推进，注重实效，保持了平稳发展的势头。由大陆13个省区市55个民族250名演艺人员组成的“中华少数民族民俗技艺展演团”春节期间赴台举办“中华少数民族民俗技艺博览会”，演出、展示了60天800余场观众达80多万人次。大陆赴台的“《三国演义》文化艺术展”吸引了20多万观众。北京京剧团《宰相刘罗锅》及大陆昆剧联合艺术团的演出轰动台湾。全年两岸文化交流总数为295个项目5 211人次，与上年同期相比，人数有较大增加。

十二、文物保护与博物馆事业成就显著。建国以来最大规模的文物抢救保护工程取得阶段性成果，基本达到了前三批全国重点文物保护单位无险情的目标。全年共审查批复了156项文物保护单位的保护规划和工作方案。2000年中国又有四项申报世界遗产成功，目前中国世界遗产已达到27处。配合全国人大、政协《文物保护法》检查工作，成功开展了第二次“文物保护世纪行”活动。完成了第五批全国重点文物保护单位遴选工作。召开西部文物工作会议，提出了八条措施，贯彻落实国务院《关于西部大开发中加强文物保护和管理工作的通知》精神。举办了敦煌藏经洞发现百年纪念活动。组织专家对三峡工程文物保护工作进行检查。召开全国博物馆工作会议和文物、博物馆科技教育研讨会，制订了《文物、博物馆事业“十五”发展规划和2010年远景目标》，起草了文物保护科技工作“十五”规划草案。继续推进博物馆、纪念馆陈列精品工程的实施。成功举办了“中国文化遗产保护和城市发展国际会议”，会议通过了《北京共识》。成功举办了《墨西哥玛雅文化展》。积极参与《文物保护法》修订工作，2000年出台了涉及文物古建维修工程设计资质认定、博物馆管理体制、文物影视拍摄管理、文物科技管理及文物安全、文物对外交流等领域的部门行政规章，有力地推动了行业管理。贯彻落实《文物系统博物馆风险和安全防护级别的规定》，馆藏文物的安全防范能力得到明显增强。打击文物盗窃、走私犯罪活动取得新成果。青海都兰、内蒙古赤峰等地曾经十分严重的盗墓活动有所遏制。与公安部密切配合，成功进行了索回走私出境文物的工作。

2000年全国文物、博物馆机构总计3 618个(其中文物机构2 109个，博物馆机构1 392个，文物商店117个)，从业人员68 038人，分别比上年增加67个，1 932人。文物藏品12 491 531件，比上年增加1 244 668件。举办各类陈列、展览17 752个，比上年增加11 019个。全年参观人数共8 340万人次，比上年减少878万人次，其中外宾317万人次，比上年增加30万人次。当年门票收入53 632万元，比上年增加1 508万元。文物征集费支出4 203万元，藏品保护费支出2 950万元，陈列展览费支出4 401万元，考古发掘费支出765万元，文物保护单位维修费支出6 161万元。文物商店机构117个，从业人员2 937人，比上年增加4个，减少131人。当年收购文物590 132件，销售740 631件，金额分别为11 419万元、15 824万元。

第六届中国艺术节

第六届中国艺术节于2000年9月28日至10月13日在江苏省举行。这是本世纪中国政府举办的最后一届国家艺术节，是在中华人民共和国成立51周年、党的十五届五中全会胜利召开之际举行的一次迈向新世纪的艺术盛会。参加第六届中国艺术节的数千名中外艺术家和文艺工作者满怀激情，在南京主会场和苏州、无锡、常州、扬州四个分会场，展演了105台不同品种、风格的优秀剧节目，举办了600多场次系列群众文化活动，50余个中外艺术与民间民俗展览，组织了44次下乡下厂演出活动，集中展现了改革开放促进文艺事业繁荣所取得的辉煌成就，反映了中国人民在以江泽民同志为核心的党中央领导下进行社会主义现代化建设，谱写中华民族文化新篇章的精神风貌。

第六届中国艺术节所取得的成果主要有以下几个方面：

一、体现“三个代表”的要求，指导思想更加明确

中国艺术节是国家艺术节，自1987年举办首届中国艺术节以来，一直受到党中央、国务院的重视和关心，邓小平同志为艺术节题写了节名，江泽民总书记专门为艺术节题词。中共中央政治局常委、国务院副总理李岚清同志作为本届中国艺术节主席，十分关心艺术节工作。他多次听取艺术节工作汇报，先后出席本届艺术节第一、第二次组委会全体会议并作了重要讲话，强调艺术节一定要遵循江泽民总书记“三个代表”的重要思想，通过艺术精品展示，充分体现“中国先进文化的前进方向”，把中国艺术节办成弘扬有中国特色社会主义文化艺术的盛会和人民的节日。在艺术节开幕式期间，李岚清同志还出席了有各省、自治区、直辖市文化厅局长参加的“全国文化工作座谈会”，并以文化战线贯彻落实江泽民同志“三个代表”重要思想，开创新世纪文化建设新局面为主题作了重要讲话。中共中央政治局委员李铁映，全国人大常委会副委员长王光英、程思远和全国政协副主席万国权、陈锦华等领导同志也分别出席了艺术节开、闭幕式活动。党中央、国务院领导的重视和关怀，给广大文艺工作者以极大的鼓舞，为第六届中国艺术节指明了方向，成为艺术节成功举办的重要保证。

从筹备到举办的整个过程中，本届艺术节组委会始终以“代表中国先进文化的前进方向”、“艺术的盛会，人民的节日”为宗旨，围绕“继往开来，繁荣发展”的主题，坚持文艺“二为”方向和“双百”方针，坚持鲜明的时代特色和优秀的传统文化相结合，专业艺术和群众文化相结合，艺术作品展示和竞争相结合，文化和旅游经贸相结合，努力突出时代性、开放性、群众性和竞争性。因此，第六届中国艺术节既是世纪之交广大文艺工作者向党和人民交出的一份精彩答案，也是文化战线贯彻江泽民同志“三个代表”重要思想，繁荣发展中国特色社会主义文化的一次成功实践。

二、规模空前，水平提高

本届艺术节是对过去三年来文艺创作成就的全面检阅，代表了当前中国专业艺术和群众文艺创作和演出的最高水平。与往届艺术节比较，本届艺术节最突出的特点是：**总体规模空前。**参加艺术节的省（市、自治区）演出团从上届的21个首次扩大为31个，活动场地首次由过去的一个省会主会场扩大到增设四个分会场。经过认真评审甄选，各省（市、自治区）选送参评、参演的剧（节）目总数首次逾百台，达到创纪录的105台，其中参评剧节目62台，还有30台祝贺演出剧节目，8台国外及港、台地区剧目，5台大型群众文艺专场演出，具有广泛的代表性，包括了话剧、戏曲、歌剧、儿童剧、交响乐、民族音乐、舞蹈、曲艺、杂技、木偶等主要艺术门类。**整体艺术水平提高。**参加本届艺术节演出的剧（节）目，是近三年历经演出市场优胜劣汰检验磨练出来的好作品，不少是获奖佳作，特别是62台各省送来参评竞争“中国艺术节大奖”的剧（节）目，有2/3获得过文化部“文华奖”、中宣部“五个一”工程奖或选调参加过国庆50周年献礼演出，其中获得过“文华大奖”的就有16台。为了参加本届艺术节演出和评比，这些剧目又进行了精益求精的加工修改。各个艺术品种都推出了精品力作，可谓新老戏曲百花争艳，话剧时代气息强烈，音乐歌舞特色鲜明，儿童剧生动活泼，交响乐庄严雄浑，民族舞剧推陈出新，曲艺杂技奇巧精美，从整体上体现了思想性、艺术性、观赏性有机统一的要求，真正做到了精品荟萃、佳作云集。

艺术节开幕式贯彻中央领导同志的指示，下大力进行了革新。江苏省歌舞剧院一台曾获得文华新剧目奖、并经过再加工的民间歌舞《好一朵茉莉花》，成为开幕式的演出剧目。这台清新秀雅的民间歌舞节目，一改过去耗资巨大的综艺组合晚会模式，体现了浓郁的民族风格和地域特色，透着浓浓的江南水乡韵致，使观众耳目一新。闭幕式则以一台交响音乐会赢得广大观众的掌声。在运作方式上，也一改过去开、闭幕式组台综艺晚会演出场次少、效益低、影响小的弊病，通过企业冠名和10多场次演出的方式，既获得400万元的收入，也满足了观众的观赏需求。

三、群众文化活动百花盛开，异彩纷呈

把艺术节办成广大人民群众的节日，是贯彻“三个代表”重要思想，体现国家艺术节宗旨的基本要求之一。本届艺术节通过点面结合的群众文艺舞台演出和广场文化活动，空前广泛地激发了文化艺术工作者特别是城乡基层群众的参与热情。据不完全统计，艺术节期间，在5台大型群众业余文艺创作优秀节目专场演出的基础上，还依托主、分会场所在城市的公共文化设施、广场、公园等，组织了60余场（次）规模不等的群众文艺演出、比赛和娱乐活动。主会场南京以“八个广场、十台重点演出、百项群众文艺、千个节目、万人参与”为目标，组织群众在社区、居民小区、街道利用空地开展了数量多达180余场的、包括演唱、民间表演、展览、健身舞比赛等丰富多彩的文艺活动，使艺术氛围充满了群众的文化生活空间。苏、锡、常、扬四个分会场都成功地举办了综合歌舞表演、大型歌咏会等一系列群众文化活动，形成了主分会场沿江两岸全民欢歌、共庆佳节的局面。苏州市在艺术节期间组织了基层数千名群文工作者，300多场群众文化活动轮番登场，各显身手，观看群文演出的群众达10多万人次；常州市推出《世纪龙吟》等5大类12项大型群众文艺活动，这些基层群众文化活动起点高、样式多，生动地展示了地方文艺的风采，仅“龙城神韵”群众文化巡展，参演人员就达到6000多人次，观众则多达30余万；扬州市精心准备了群众歌舞专场、民间工艺美术作品展览等27项群文展演、6大展览；无锡市则充分发挥社区文化的潜力和优势，共组织了126场风格各异的活动，群众演员达4万人次，观众累计近50万人次。“中国古筝之乡”扬州举办的500人古筝大齐奏，引得万民驻足。在整个艺术节期间，此伏彼起、形式多样、丰富多彩的群众文化活动让老百姓在家门口就尝到了一道道丰盛的“艺术大餐”。艺术节还举办了《国际中国画大展》《非洲艺术大展》《民间工艺博览会》等8个大型艺术展览，主、分会场的各个纪念馆、博物馆都组织了展览、陈列活动，书画、摄影、工艺美术、雕刻、建筑、园林、民间收藏等名品佳作琳琅满目。

四、艺术节演出团送戏下乡下厂，深受好评

艺术来源于生活，服务于人民。第六届中国艺术节在组织丰富多彩的群众文化活动的同时，安排了44次下基层慰问演出活动，深入革命老区、农村、厂矿、大学、部队，使近百万群众感受到了艺术节的巨大影响和独特魅力。下基层慰问演出团有的由一个院团专场演出，有的是几个院团联合组团演出，都派出了强大演出阵容。武警文工团跋涉数百里把整台节目送到周恩来故乡淮阴市。总政歌舞团在为南京军区驻宁官兵的慰问演出时派出了彭丽媛、阎维文、程志等深受观众喜爱的歌唱家；江苏省昆剧院5位国家一级演员和3位“梅花奖”获得者与其他演员们自带道具、自搭舞台，免费为南京一个社区献演一台戏曲，其精湛的表演和高尚的艺德，博得了社区居民的一致称赞。在这些活动中，群众以他们最质朴、最热烈的方式表示了对艺术家的喜爱和对文化艺术的向往，艺术在渴望艺术的人民中找到了最适应生长的“土壤”，也为每一位参加演出的艺术家带来了难得的人生体验，强化了他们为人民服务的责任感和使命感。

五、开展文化交流，引进海外艺术佳作

中外艺术交流是本届艺术节的突出特点。通过特别邀请、推荐、自荐申请等多种方式，在充分考虑地域特色、艺术特色、时代特色、民族特色，以及友好关系的基础上，经过综合平衡和遴选，邀请了外国和香港、澳门特别行政区、台湾地区的9大艺术团体约430人参加本届中国艺术节主、分会场演出的活动。这些节目涵盖了音乐、芭蕾、歌舞、戏剧等众多艺术门类，而且被邀请的艺术团体大都具有较高的艺术水平和国际知名度，其中奥地利维也纳斯特劳斯乐团、德国斯图加特芭蕾舞团等是世界著名的艺术团，美国西方芭蕾舞团是全美五大芭蕾舞团之一，被誉为“沙漠上盛开的芭蕾之花”。有18个国家的驻华大使、文化参赞出席了艺术节的开幕式并观摩了部分演出，千余名外国文化知名人士和友人、港澳台社会各界代表、外国和港台记者应邀参加了艺术节。此外，《非洲艺术大展》《丹麦现代艺术展》等几个洋溢着浓郁异域风情的外国造型艺术展览也引起观众强烈反响。外国艺术团和艺术家们独具特色的表演和展览与国内的演出和展览相映生辉，使本届艺术节成为一个开放的国际艺术舞台和中国艺术面向世界的盛大节日。

六、探索办节新路，运作注重创新

本届艺术节努力适应社会主义市场经济的新形势，在坚持社会效益第一，政府和社会、市场多渠道筹资相结合的原则下大胆探索，积极完善国家艺术节运作机制，突出了改革精神，表现出5个创新特点，即：首次在沿海开放和经济发达地区举办，参演剧节目规模突破百台；首次设立主、分会场，扩大了群众参与面；首次引进竞争机制，设立了中国艺术节大奖、优秀剧目奖、优秀演出奖三类奖项，有效促进了艺术创作水平的提高；经批准首次通过发行彩票为艺术节筹集彩票公益金4000万元用于演出场馆的建设补助；首次开设中国艺术节专用因特网网址，成功举办了“网上中国艺术节”。

本届艺术节首次设立国家艺术节奖，组织了具有权威性的中国艺术节奖评选委员会，将竞争机制引进过去以单纯展演活动为主的中国艺术节，成功评选出26个“中国艺术节大奖”、28个“中国艺术节优秀剧目奖”和8个“中国艺术节优秀演出奖”，使本届艺术节成为一次艺术展示与艺术竞赛相结合、有效促进艺术创作水平提高的成功探索。

由于政府支持、社会集资赞助和演出经营相结合的艺术节多元筹资机制成功运作，在筹资方式上进行了改革，所以在本届艺术节规模比上一届翻一番，政府投入比上届虽有增加而仍有缺口的情况下，其缺口部分通过有效的市场运作得到了解决，总计筹措资金5850万元，其中体育彩票公益金4000万元，开幕式演出（含加演）冠名权及票房收入400万元，剧目演出冠名权及票房收入500万元，企业捐赠950万元，企业捐物折人民币178万元。通过市场运作在前期宣传、户外广告、新闻中心设备配置、接待外团、大型展览以及宣传品、纪念品的开发方面节减开支900万元。特别值得一提的是，本届艺术节在激活演出市场机制方面进行了有益的探索，采取了文化部门组织、演出经纪机构承办，由演出公司、剧场、演出团体三方签订合同协议，实行演出票公开预售、市场运作的办法，改变了过去完全无偿赠票、不管市场和观众需求的旧运作模式，既满足了广大观众的需求，又获得了良好的经济效益。据不完全统计，本届艺术节主、分会场各类演出共250余场次，现场观众20多万人（次），所有演出场次平均出票率为85%以上，平均上座率达到90%，相当一批剧目门票提前告罄，场场爆满。一些剧目演出场次一增再增，欲罢不能。有相当部分的剧目已签约新的演出订单。组委会要求艺术节票务中心完成的500万元门票指标超额完成，参与经营的演出公司均有盈利，创下了历届中国艺术节的最高纪录。

由于认真贯彻了中央领导同志的指示，重视了优秀艺术作品的上演和推介，特别是鼓励其通过市场获取两个效益，大大减少了举办大规模国家艺术节经费不足的困难，走出了以往“政府给多少钱就办多少事”的老路，第六届中国艺术节在争取社会效益和经济效益双丰收上进行了卓有成效的有益尝试。

七、营造舆论氛围，扩大艺术节影响

各新闻媒体连续、大量、高密度的宣传报道，是营造国家艺术节节日气氛，扩大艺术节优秀作品的社会效益与影响，体现艺术节宗旨的关键环节，也是整个艺术节活动取得成功的重要因素。为了加强对艺术节宣传工作的领导，艺术节组委会自筹备工作开始就十分重视新闻宣传工作，成立了由中宣部、文化部、江苏省及中央、江苏省新闻单位有关部门领导组成的第六届中国艺术节宣传工作指导小组，负责协调、指导艺术节的宣传工作。艺术节期间，中央和全国各省、自治区、直辖市新闻单位都派出了强有力的新闻报道阵容。组委会新闻中心共接待203家中央和地方以及海内外新闻记者717人。在中央新闻单位中，仅人民日报、新华社、中央人民广播电台和中央电视台播发新闻就超过1000条，播出专题节目、开设专版30多个。新华社在开幕头4天发稿104篇。江苏省新闻单位更是全力以赴，全方位、多层次、多角度地报道艺术节盛况，发稿总量达3000多条。艺术节组委会和新华日报联合主办的《艺术节快报》共出版22期。与此同时，现代化传播手段在这次艺术节的宣传中发挥了积极作用，CCTV进行了5场直播、10场录播。中央和地方广播电台、电视台在艺术节期间现场直播、录播表演剧目50多场次，让全国更多的观众和听众在国庆期间欣赏到艺术节的优秀节目。特别值得一提的是，在艺术节筹办之初，文化部和江苏省就提出要办好“网上艺术节”通过互联网向国内外扩大宣传。“第六届中国艺术节网站”自1999年9月开通以来，共制作了3万多个网页，访问数量超过10万人次，还在网上直播、转播了5场演出。新华社“新华网”发稿达150多条，中国新闻社“中新网”发稿也超过130条。丰富多彩、形式多样的新闻和艺术节花絮进一步扩大了艺术节在全国乃至海外的影响，吸引了广大人民群众关注艺术节，参与艺术节活动，营造了欢欣鼓舞、全民同庆的热烈气氛，为国庆和第六届中国艺术节增添了光彩。

八、组织工作扎实，确保安全成功

本届艺术节之所以取得上述收获和成果，获得圆满成功，离不开党中央、国务院的关心和重视，离不开中央有关部委和社会各界的支持和参与。此外，高水平、高效率的组织工作也是艺术节取得成功的重要保证。作为主、承办部门的文化部、江苏省人民政府对艺术节未雨绸缪，精心组织，尤其是江苏省委、省政府对本届艺术节的顺利、成功举办做出了巨大贡献。由于本届艺术节规模大、人数多，加之首次评奖等因素，组织工作的复杂程度明显高于往届。文化部、江苏省

委、省政府及南京军区主要领导同志亲自过问、重点指导，并出席重大活动，分管领导全面负责，工作扎实，主会场南京市和分会场苏州、无锡、常州、扬州市的各级领导也十分重视。为了切实做好每项工作，组委会14个工作部门职责分明，团结协作，各项工作齐头并进，环环相扣，使组织工作的水平上了一个台阶，确保了艺术节顺利举办和安全运行。艺术节期间，参与接待的全体工作人员素质较高，责任心强，发扬吃苦耐劳、精益求精的精神和求真务实、认真细致的作风，处处为宾客着想，承担了接待员、服务员、联络员、调解员、防疫员、义务导游等多项职责，感人事迹数不胜数。特别是青年志愿服务活动，受到国内外来宾的称赞。艺术节期间共组织48所大中专学校、14家企业的4000余名志愿者，以及社会招募的1000余名志愿者，配合组委会进行了40多个项目的服务，共出动志愿者12000人次，总服务时间达15万小时。广大青年志愿者以自己的辛勤和智慧，在艺术节各项活动中发挥了积极作用，为艺术节的成功举办作出了应有的贡献。

艺术节组委会、主分会场热情的接待、周到的服务，深深感动了参加艺术节的各省（自治区、直辖市）代表团和演职人员，一些省委、省政府和文化部门纷纷发来感谢电和感谢信，盛赞江苏的组织接待工作。

在总结成绩的同时，也认真总结了工作中的薄弱环节，主要是如何更有效地发挥政府、社会、个人三方面的积极性，在运用市场机制的同时，弘扬先进文化，兼顾两个效益，加强沟通和协调，从而减少在一些细节问题上的失误；在积极落实中央领导同志关于压缩耗资巨大的一般性综艺晚会的指示的同时，加强对综艺晚会的指导并不断提高其思想艺术水平。

第六届中国艺术节的成功举办和在办节机制上的成功探索，对今后举办国家艺术节提供了丰富的宝贵经验。浙江省已经接过中国艺术节节旗，文化部将与浙江省一道，扎扎实实地做好第七届中国艺术节的各项准备工作，在以江泽民同志为核心的党中央领导下，高举邓小平理论伟大旗帜，以“三个代表”重要思想为指导，发扬成绩，改进不足，精心规划，开拓进取，为新世纪有中国特色社会主义文化的繁荣和发展做出新的贡献。

第六届中国艺术节参演剧目：

儿童剧

《尼玛·太阳》（天津市儿童艺术剧团）
《太阳童谣》（儿童音乐剧，桂林歌舞团）
《我要做好孩子》（常州市滑稽剧团）
《一二三，起步走》（滑稽戏，苏州市滑稽剧团）

歌剧

《沧海》（辽宁省歌剧院）

歌舞

《长白情》（大型民族舞蹈诗，延边歌舞团）
《多浪之花》（大型民族歌舞，新疆阿克苏地区歌舞团）
《好一朵茉莉花》（江苏省歌舞剧院）
《金色旋律》（民族音乐会，中央民族乐团）
《西海风》（民族音乐会，青海省民族歌舞剧团）
《塞上花儿情》（民族歌舞晚会，宁夏回族自治区歌舞团）
《中华神韵》（曲艺歌舞，中国人民武装警察文工团）
《珠穆朗玛》（大型乐舞，西藏歌舞团、山南地区艺术团等）
《祖国，请检阅》（总政治部歌舞团）

话剧

《沧海争流》（福建省人民艺术剧院）
《父亲》（辽宁人民艺术剧院）
《工人世家》（青岛市话剧院）
《古井巷》（江西省话剧团）
《虎踞钟山》（南京军区政治部前线话剧团）
《“厄尔尼诺”报告》（南京军区政治部前线话剧团）
《脊梁》（哈尔滨话剧团）
《秦淮人家》（南京市话剧团）
《商鞅》（上海话剧艺术中心）
《生死场》（中央实验话剧院）
《世纪彩虹》（江苏省人民艺术剧院）
《洗礼》（总政治部话剧团）
《抓壮丁》（方言话剧，四川省人民艺术剧院）
《走向胜利》（太原市话剧团）

木偶剧

《鹿回头》（人偶剧，海南省人偶剧团）
《琼花仙子》（扬州市木偶剧团）

舞剧

《阿炳》（无锡市歌舞团）
《傲雪花红》（山西省歌舞剧院）
《干将与莫邪》（苏州市歌舞团）
《虎门魂》（广州军区政治部战士歌舞团）
《胡桃夹子》（芭蕾舞剧，中央芭蕾舞团）
《妈勒访天边》（南宁市艺术剧院）
《泼水节》（民族舞剧，云南省歌舞团）
《山水谣》（武汉歌舞剧院）
《星海.黄河》（广州歌舞团）
《悠悠雪羽河》（甘肃敦煌艺术剧院）
《月牙五更》（沈阳歌舞团）

戏曲

川　剧:《变脸》（四川省川剧院）
《金子》（重庆市川剧院）
赣　剧:《还魂后记》（江西省赣剧团）
花鼓戏:《闹龙舟》（现代花鼓戏，荆门市艺术剧团）
《乡里警察》（湖南省花鼓戏剧院）
黄梅戏:《徽州女人》（安庆市黄梅戏二团、三团）
京　剧:《宰相刘罗锅》（北京京剧院、北京艺术创作中心、北京长安大戏院）
《西门豹》（大连京剧团）
《贞观盛世》（上海京剧院）
《骆驼祥子》（江苏省京剧院）
《吏治惊天》（贵州省京剧院）
昆　剧《桃花扇》（江苏省昆剧院）
龙江剧:《梁红玉》（黑龙江省龙江剧院）
吕　剧:《苦菜花》（山东省吕剧院）
眉户剧:《迟开的玫瑰》（陕西省戏曲研究院青年团）
蒙古剧:《满都海斯琴》（内蒙古民族剧团）
婺　剧:《昆仑》（浙江婺剧团）
豫　剧:《香魂女》（河南省豫剧院三团）
越　剧:《国色天香》（宁波小百花越剧团）
《荆钗记》（温州市越剧团）

杂技魔术

《玄光》（大型魔术晚会，河北省杂技集团）

第六届中国艺术节展览展示项目

《国际中国画大展》
《国际书法大展》
《非洲艺术大展》
《'99聚焦中国——外国摄影家看中国》
《丹麦潮》——丹麦现代设计艺术展
《江苏历代书画名家精品展》
《中国工艺美术精品展》
《江苏首届国际艺术博览会》

第六届中国艺术节首次评选“中国艺术节大奖”

作为本届中国艺术节的重要特点之一，第六届中国艺术节首次引进了评奖竞争机制。对参评的62台剧目进行了评奖，并在闭幕式公布了评奖结果，举行了颁奖仪式。

一、获得“中国艺术节大奖”的剧目是：

1、戏曲类：京剧《骆驼祥子》（江苏省京剧院）、川剧《金子》（重庆市川剧院）、川剧《变脸》（四川省川剧院）、京剧《贞观盛事》（上海京剧院）、京剧《宰相刘罗锅》（一、二本）（北京京剧院、北京艺术创作中心、北京长安大戏院）、眉户剧《迟开的玫瑰》（陕西省戏曲研究院青年团）、吕剧《苦菜花》（山东省吕剧院）、豫剧《香魂女》（河南省豫剧院三团）、黄梅戏《徽州女人》（安庆市黄梅戏二、三团）、蒙古剧《满都海斯琴》（内蒙古民族歌舞剧院）。

2、话剧类：《虎踞钟山》（南京军区政治部前线话剧团）、《生死场》（中央实验话剧院）、《洗礼》（中国人民解放军总政治部话剧团）、《“厄尔尼诺”报告》（南京军区政治部前线话剧团）、《秦淮人家》（南京市话剧团）、《父亲》（辽宁人民艺术剧院）、《沧海争流》（福建人民艺术剧院）。

3、儿童剧、曲艺、木偶、杂技类：儿童滑稽戏《一二三，起步走》（苏州市滑稽剧团）、人偶剧《鹿回头》（海南省人偶剧团）。

4、歌剧、音乐、舞蹈类：民间歌舞《好一朵茉莉花》（江苏省歌舞剧院）、大型乐舞《珠穆朗玛》（西藏自治区歌舞团、山南地区艺术团等）。

5、舞剧类：舞剧《阿炳》（无锡市歌舞团）、舞剧《月牙五更》（沈阳歌舞团）、舞剧《虎门魂》

（广州军区政治部歌舞团）、舞剧《干将与莫邪》（苏州市歌舞团）、民族舞蹈诗《长白情》（延边歌舞团）

二、获得“中国艺术节优秀剧目奖”的剧目是：

1、戏曲类：越剧《荆钗记》（温州市越剧团）、花鼓戏《乡里警察》（湖南花鼓戏剧院）、花鼓戏《闹龙舟》（荆门市艺术剧团）、赣剧《还魂后记》（江西省赣剧团）、龙江剧《梁红玉》（黑龙江省龙江剧院）、婺剧《昆仑女》（浙江省婺剧团）、京剧《西门豹》（大连市京剧团）、昆剧《桃花扇》（江苏省昆剧院）。

2、话剧类：话剧《世纪彩虹》（江苏人民艺术剧院）、话剧《商鞅》（上海话剧艺术中心）、话剧《古井巷》（江西省话剧团）、话剧《工人世家》（青岛市话剧院）。

3、儿童剧、曲艺木偶、杂技类：儿童滑稽戏《我要做好孩子》（常州市滑稽剧团）、木偶剧《琼花仙子》（扬州市木偶剧团）、儿童剧《尼玛·太阳》（天津市儿童艺术剧团）、大型魔术《玄光》（河北省杂技集团）。

4、歌剧、音乐、舞蹈类：民族音乐会《金色旋律》（中央民族乐团）、歌剧《沧海》（辽宁省歌剧院）、歌舞《祖国，请检阅》（中国人民解放军总政治部歌舞团）、民族音乐《西海风》（青海省民族歌舞团）、民族歌舞剧《多浪之花》（新疆阿克苏地区歌舞团）。

5、舞剧类：舞剧《妈勒访天边》（南宁市艺术剧院）、舞剧《傲雪花红》（山西省歌舞剧院）、舞剧《山水谣》（武汉市歌舞剧院）、舞剧《悠悠雪羽河》（甘肃敦煌艺术剧院）、舞剧《星海·黄河》（广州歌舞剧院）、民族舞剧《泼水节》（云南省歌舞团）、芭蕾舞剧《胡桃夹子》（中央芭蕾舞团）。

三、获得“中国艺术节优秀演出奖”的剧目是：

1、戏曲类：越剧《国色天香》（宁波市小百花越剧团）、京剧《吏治惊天》（贵州省京剧院）。

2、话剧类：话剧《抓壮丁》（四川人民艺术剧院）、话剧《走向胜利》（太原市话剧团）、话剧《脊梁》（哈尔滨话剧院）。

3、儿童剧、曲艺、木偶、杂技类：儿童音乐剧《太阳童谣》（桂林歌舞团）、曲艺歌舞《中华神韵》（中国人民武装警察文工团）。

4、歌剧、音乐、舞蹈类：民族歌舞《塞上花儿情》（宁夏回族自治区歌舞团）。

中国上海国际艺术节

中国上海国际艺术节是经中华人民共和国国务院批准，由中华人民共和国文化部主办、上海市人民政府承办的综合性国际艺术节。

中国上海国际艺术节举办地点为上海，自1999年起每年举办一届，每届举办时间为11月1日至12月1日。

文化部部长孙家正、上海市市长徐匡迪担任中国上海国际艺术节组织委员会主任。

中国上海国际艺术节的宗旨是：吸收世界优秀文化，弘扬中华民族艺术，推动中外文化交流，繁荣文化市场。

中国上海国际艺术节活动的内容包括：舞台艺术演出、文化艺术展览、群众文化活动、剧目和各类艺术品交易等。

首届中国上海国际艺术节于1999年11月2日–12月1日在上海隆重举行。党和国家领导人、文化部和上海市领导对艺术节十分重视，中共中央政治局常委、国务院副总理李岚清、中共中央政治局委员、上海市委书记黄菊、文化部部长孙家正和上海市市长徐匡迪以及文化部、上海市的其他领导出席了首届中国上海国际艺术节开、闭幕式及相关活动。

首届中国上海国际艺术节期间，共有52台剧（节）目轮番上演了136场，近24万观众在现场看了演出。在全国范围开展了艺术节的节歌、节徽、海报等征集评选活动，在上海市20个区、县巡展艺术节宣传“大篷车”，举行了一系列规模宏大的广场文化展示活动，中外艺术家和数千名业余文艺工作者、近万名群众参与艺术交流、联欢、联谊，使艺术节贴近了人民大众，激发起他们积极参与的热情。

首届艺术节期间成功地举办了国内首次国际性的演出交易会，境内外96家演出经纪机构、演出团体、演出场所代表参加了交易会，签订意向书48件，达成口头意向150多项。

首届艺术节在实行市场化运作以及利用艺术节这个无形资源加以开发，筹措经费，以节养节等方面进行了有益的尝试，取得了初步成功。买票看戏的新观念在实践过程中为越来越多的文化工作者和人民大众所理解和接受。

首届艺术节在国际上产生了广泛的积极影响。艺术节期间，24个国家和地区的39批141位嘉宾专程来沪参加活动，更有大批国外艺术爱好者、旅游者专程去上海，成为艺术节热心的参与者。有的剧（节）目演出，外国观众的比例达到或超过30%，这在过去是很少见的。首届艺术节期间上海市星级饭店的出租率比上年同期增长了3.79%，艺术节的举办促进了旅游业、商业等的发展，带来了人气，促进了文化消费，也进一步发挥了上海城市的辐射和集聚作用。

作为中国唯一的国家级综合性国际艺术节，1999年首次拉开帷幕，良好的开端在中国文化事业发展史上，在中外文化交流史上留下浓墨重彩。它所奏响的艺术旋律，在国内外艺术爱好者心中留下美好的记忆。

2000年3月，由中共上海市委、上海市人民政府批准，中国上海国际艺术节中心正式成立。作为常设机构，自2000年起，由中国上海国际艺术节中心主要负责每年一届的中国上海国际艺术节的筹划和运作。这种组织方式与国外大型艺术节接轨，是中国第一个大型文化艺术活动的常设机构。

在首届艺术节成功的基础上，第二届中国上海国际艺术节于世纪之交的2000年11月1日开幕，历时一个月，12月1日圆满闭幕。

此届艺术节共上演了来自20个国家和地区及中国10个省市的剧（节）目54台，平均出票率高达96.5%，平均上座率达96.3%，观众人数30多万，演出市场空前兴旺，演出剧目广受好评。

来自海外39个国家和地区的1600余位艺术家、经纪人、政府文化官员和中国各省、自治区、直辖市的来宾200余人参加了此届艺术节的开幕活动及其他活动，国内外来宾对此届艺术节的整体策划及组织工作给予了较高的评价，普遍认为中国上海国际艺术节仅举行两届就能达到这样高的水平表示高兴和钦佩，体现了上海国际大都市的经济实力和文明程度。

此届艺术节还成功地举办了演出交易会，来自海外的38家及国内的50家演出经纪机构、艺术节表演团体300余人参加了交易会，引进派出共达成了88项合作意向，其中引进项目24项，派出项目44项，签约的44项。演出交易空前活跃，成交项目比首届大幅上扬。

此届艺术节举办了上海艺术博览会、2000年“海上·上海”双年展等7个艺术展览、博览会，参观人数达十余万人。

作为此届艺术节组成部分的上海宝山国际民间艺术节、2000上海亚洲音乐节、上海国际音乐焰火节也都各呈异彩。

经过上届艺术节的实践，此届艺术节显得更成熟了，组织者的总体驾驶能力与策划能力更强了，艺术节的内涵深度与外延广度都拓展了。尤其是此届艺术节的含金量、群众参与度、国际知名度以及特色创新成分都有了明显提高，中国上海国际艺术节已成为国内外艺术家所重视与关注的一个国际文化活动热点。

一、前期策划周密，艺术节框架丰富坚挺

此届艺术节在筹备工作启动之时，文化部和上海市领导就对艺术节的定位、目标、运作方法提出明确要求。艺术节中心根据领导要求，进行精心而周密的总体策划。从上海这样一个国际化大都市的实际出发，以“高、新、精、广”为标准，多方面多渠道多角度地广揽节目，认真甄别、精心筛选，最后排定演出“菜单”，并以主体演出为核心，构筑六大板块的艺术节整体框架，将展览博览、演出交易、群文活动、学术研讨、系列活动有机地融为一体，使此届艺术节成为一个多块面组合、生动丰富立体的艺术盛会。

二、开幕式独树一帜，令观众耳目一新

此届艺术节的开幕式打破常规，策划了连续三天的系列活动。11月1日在世纪公园举行了艺术节开幕活动暨大型音乐焰火晚会；2日在上海大剧院举行了艺术节开幕仪式暨首场音乐会；3日在上海八万人体育场举行了艺术节开幕演出——大型景观歌剧《阿伊达》。6万多名中外来宾和上海市民兴致勃勃参加了三天的系列活动。这三天的开幕系列，有户外有室内，有仪式有狂欢，有演出有焰火，有观赏有自娱，外在气势与内在质量并举，经典传统与探索创新共存，把节日的气氛营造得十分浓烈，在国内外引起了强烈反响。

三、海外参与广泛踊跃，艺术节国际性强烈凸现

从筹备之日起，着力强化艺术节的国际性。主办者主动走出去、积极请进来，和海外著名艺术节及海外演出经纪机构、经纪人、海外艺术表演团体取得了广泛联系，有效地提升了中国上海国际艺术节在国际上的知名度，凸现了艺术节的国际性。

艺术节中心提前五个月走出国门，赴新加坡举办新闻发布会，并制作了艺术节的画册、光盘、海报、节目介绍等宣传品赴新加坡、英国、瑞典等国家的艺术节推介中国上海国际艺术节，引起了海外艺术节、媒体的热情关注，使中国上海国际艺术节在海外名声大振。

奥地利、越南、白俄罗斯、美国、阿塞拜疆、塞浦路斯等国家的文化部负责人应邀出席艺术节；还首次邀请了海外10多个艺术节的负责人来参加艺术节；首次聘请海外艺术顾问；首次聘请海外项目代理；首次在演出交易会上专设了海外艺术节特别展区。这些做法使参加此届艺术节的外宾不仅数量较首届成数十倍增长，而且层次也比上一年高，拓宽了艺术节向海外发展的渠道。

同时，举行了多次报告会、交流研讨会，就艺术节的定位、特色、运作方法等问题进行了富有建设性的研讨，使艺术节在轰轰烈烈进行的同时，辅以理性思考，为艺术节今后的发展提供了有益的启示，并为艺术节的对外交流合作疏浚了渠道。

四、群众活动丰富多彩，艺术节真正走进人民大众

此届艺术节坚持人民大众节日的指导思想，认真策划并精心组织了丰富多彩的群众性文化活动，先后组织游园活动、大型音乐焰火联欢晚会、国际音乐焰火节、特色文化街艺术巡礼、中外艺术家进社区、国际艺术节知识大赛、“苏州河光明行”赛艇与文艺演出等大规模的群众性文化活动，在人民群众中产生了很大的影响，取得了比较理想的效果。从各种渠道来的信息反映出，国内外知道艺术节的人越来越多，参与艺术节的人更是越来越多，对演出剧目的关注及观看的热情明显增强，艺术节还成为上海街头巷尾或市民家中经常谈论的热点话题。艺术节期间上海各大宾馆纷纷爆满，连出租汽车司机都惊叹生意好做多了，艺术节真正成了人民大众的节日。

上海老城厢民族民俗民间文化展示、多伦路海派文化风情展示、外国艺术家到梅园小区等活动架起了艺术节和人民大众之间的桥梁，使市民直接感受到了艺术节喜悦的气氛，也使国外艺术家深为上海生机勃勃的群众文化活动所叹服。

此届艺术节举行的艺术节知识大赛前后进行了15场知识竞赛，4000多人报名参赛，现场观众达50000多人，6000多人次点击艺术节网站。

此届艺术节举办的“苏州河光明行”环保宣誓暨文艺演出活动是建国以来第一次在苏州河上举行的赛艇表演，吸引了无数市民驻足观看。艺术节与体育联手，与环保联手，与商业联手，与旅游联手，大大拓展了艺术节的社会影响，使市民真正了解艺术节，亲近艺术节，走进艺术节。

五、政府支持，各方协助，是艺术节成功的首要保证

在艺术节的筹备阶段，文化部和上海市领导对指导思想、定位目标、运作方法、组织机构提出了明确的要求，确定了要争取在三五年内办成世界著名艺术节，成为广纳名流名作名剧名曲的一面旗帜的奋斗目标，并明确了政府主办、社会支持、市场运作的办节思路。

在艺术节全面启动后，文化部和市领导多次听取艺术节工作汇报，并多次召开艺术节工作会议，从大的方向一直到具体细节都给予指导关心。此外，社会各界对艺术节鼎力相助，确保了艺术节各项计划稳步实施。

六、以一流经典为主，创新探索为辅，激活演出市场，拉动文化消费

此届艺术节上演的剧（节）目体现了艺术节国际性、经典性、群众性的宗旨，也表现出了创新性、兼容性的鲜明特色，同时举起了荟萃名流名家名作名曲及鼓励创作创新探索两面旗帜，色彩缤纷的舞台布局满足了不同层次的欣赏需求，吸引了八方来客，强劲地刺激了文化消费，也连锁拉动了旅游、娱乐、餐饮业。

入选的剧（节）目既有歌剧、舞蹈、交响乐，又有首次引进的新多媒体剧、交响舞蹈剧等富于探索性的新作品；既有脍炙人口的传统戏，又有令人耳目一新的原创舞剧，西部歌剧；既有历史题材的京剧、龙江剧，又有反映现实生活和革命历史题材的话剧、吕剧、锡剧；还有哑剧精品展演、金奖杂技晚会、冰上马戏表演、港台歌星演唱会等深为广大市民喜爱的通俗文艺演出。高品位、多品种、多层次的演出剧目引起了观众的极大兴趣。观众们高兴地说，足不出“国”，就能看到这么多中外优秀艺术表演，艺术节真称得上是世纪之交的一次国际艺术盛会，是奉献给广大观众的艺术大餐。

七、搭建市场化运作平台，演出交易会真正成为剧目交易的集市

演出交易会是艺术节的重头戏，也是艺术节为搭建文化产业进行市场化与商业化运作平台的探索尝试。

此届演出交易会是本世纪末在中国举行的规模最大的演出交易会。参加交易会的有来自美国、英国、比利时、日本、新加坡、澳大利亚、南非、匈牙利及中国香港、澳门特别行政区等13个国家和地区的90多家国内外艺术节、演出经纪机构和演出团体代表近300名。整个交易会共设展台102个，共达成88项演出交易意向，其中签约的44项。真正实现了交易会的实质目标。

海外10多家艺术节在交易会上首次亮相，对交易会起了实质性的推动作用，初步形成了以海外艺术节为主体的买方市场和以国内演艺单位为主体的卖方市场。交易会上既向海外推出了国内优秀剧目，同时艺术节中心又抓住时机，直接与德国、美国、澳大利亚等国演艺机构签订了10余份意向书，为下几届艺术节打下了良好的基础。

八、新闻宣传全面配合，既有力度又有创意，有效扩大了艺术节影响

艺术节在国内外的影响急剧扩大，和新闻宣传力度的加强密切相关。文化部的领导亲自在京召开新闻指导小组会议，具体部署艺术节宣传工作。中央的新闻媒体作了很多有分量的报道，如《人民日报》在艺术节开幕之际，发表了《世纪之交的艺术盛会》的评论员文章，此届艺术节先后举行了20场新闻发布会，其中18场剧目发布会运用了电视、音响等多媒体手段，将视听欣赏与新闻发布合为一体。参加此届艺术节报道的新闻记者多达150余人，其中北京10多人。第二届艺术节首次建立了自己的网站，艺术节网站在艺术节的宣传中也起到了重要作用。据统计，从9月至12月5日，网站的总页面请求数达715200人次，其中新闻点击数为203840人次。

九、吸纳社会各界广泛参与，艺术节市场运作渐趋成熟

经过二年的积累，艺术节在社会上的影响越来越大，社会参与的面也越来越广，对艺术节提供的支持也越来越多。艺术节逐步扩大外延，和体育、旅游、环保、商业等联手更为密切，类似“苏州河光明行”系列活动与上海国际音乐焰火节成为这种结合的代表性产品与长线产品，艺术节的舞台得以极大延伸。艺术节集资部门还通过指定产品征集活动、举办消费品博览会、重大演出冠名权等活动，为艺术节筹集资金400余万及100余万的广告实物，为艺术节提供了必要的物质保障，为今后的良性运作打下了较好的基础。

专 业 艺 术

2000年艺术创作与生产综述

根据2000年全国文化厅局长会议和全国艺术创作会议精神，2000年文化工作的重点之一是紧紧围绕繁荣发展的主题，着力提高文化产品的质量，着力提高文化行业的管理水平和经济效益。2000年的艺术创作与生产，既要重视作品的加工修改，提高已有作品的质量，还要不断拓宽题材领域和艺术表现领域，要在深化艺术表演团体改革中激活创作机制，增强精品意识，多出优秀作品，着力提高艺术产品质量，主要做好几件工作：1、抓好献礼剧目的加工修改；2、多演出，在开拓市场中提高质量，检验质量；3、建立院团保留剧节目演出制度；4、改革大型综艺晚会。

2000年的艺术创作与生产在1999年的基础上有了新的发展。

3月，首届中国昆曲节在苏州、昆山举行。9台剧目参加展演比赛，正式演出剧目12台，演出28场。江苏苏昆剧团的《花魁记》获演出特别奖，上海昆剧团的《牡丹亭》、江苏省昆剧院的《桃花扇》、《看钱奴》，北方昆曲剧院的《琵琶记》，浙江永嘉昆剧传习所的《张协状元》、浙江京昆艺术剧院的《西园记》，江苏省苏昆剧团的《钗钏记》、《长生殿》，湖南昆剧团的《荆钗记》等作品获优秀古典名剧展演奖。

4月，第九届文华奖评奖在京举行。本届评出“文华大奖”11个，《骆驼祥子》、《迟开的玫瑰》、《金子》、《马陵道》、《厄尔尼诺报告》、《生死场》、《父亲》、《洗礼》、《原野》、《阿炳》、《鹿回头》荣获本届文华大奖。《风雨同仁堂》、《瘦马御史》等21个戏曲剧目，《圣旅》、《三毛钱歌剧》等11个话剧剧目，《素馨花》、《白莲》、《好一朵茉莉花》、《干将与莫邪》等15个歌剧、舞剧、音乐剧和歌舞作品，《我要做好孩子》、《尼玛·太阳》等6部儿童剧，共53部作品获文华新剧目奖。曲艺《中华神韵》、小品《盖章》等21个节目获文华新节目奖。140人获得文华单项奖。补评了第八届文华大奖，戏曲《苦菜花》、《变脸》，话剧《虎踞钟山》、《沧海争流》，舞剧《白莲》、《虎门魂》等6部作品获此奖。

5月，全国儿童剧优秀剧目展演在北京、长沙举行。有6台剧目在北京演出，在长沙参加演出的剧目达17台。共演出30场，观众达4万余人次。朱镕基总理观看了中国儿童艺术剧院演出的音乐剧《月光摇篮曲》。这次展演进行了评奖，《春雨沙沙》（武汉儿童艺术剧院）、《寒号鸟》（杭州越剧院）、《少年华罗庚》（江苏金坛市锡剧团）、《月光摇篮曲》、《想变蜜蜂的孩子》（北京市儿童艺术剧团）等5台剧目获优秀剧目奖，《小小聂耳》（昆明市儿童艺术剧院）等6台剧目获优秀演出奖，《淘淘和小萝卜头的故事》（哈尔滨儿童艺术剧院）等四台剧目获剧目奖，宁夏话剧团、京剧团的《课本剧集锦》获特别奖。

7月，“20世纪中国油画展”在中国美术馆举行。这次展览汇集了中国油画近百年来各个发展阶段有影响的270余位画家的400余幅作品。作为中国油画的世纪性的总结，而被认为是一次具有历史性、学术性、前瞻性的大展。

8月，第25届中国哈尔滨之夏音乐会举行。音乐会期间，举办了“2000年全国艺术歌曲比赛”，来自全国各地的71名选手经过严格预选最后参加在哈尔滨的复赛、决赛阶段的比赛。霍勇、雷岩、王莉获演唱一等奖，曲波等6名选手获演唱二等奖，李岚等9名选手获三等奖；《绿色的承诺》、《春雨》获新作品一等奖，《走进敦煌》等4首作品获二等奖，《山鬼》等8首作品获三等奖。比赛涌现出来的优秀作品和选手，得到与会专家和观众的高度肯定。

9月，全国艺术院校艺术歌曲创作比赛在南京举行。全国13所高等艺术院校共41首作品参加了比赛。经过专家评委会认真评选，《山中》、《夜思》获创作一等奖，《对岸》等4首作品获二等奖，《雨霖霖》等8首作品获三等奖。

9月28日，第六届中国艺术节在南京开幕。数千名中外艺术家参加了这次艺术盛会。在艺术节的15天里，南京、苏州、无锡、扬州、常州五个主、分会场，105台不同品种、风格的优秀剧节目，50余个中外艺术与民间民俗展览，500多场次系列群众文化活动，40多次下基层演出活动，以前所未有的盛大规模（参演剧节目多，演出场次多，艺术门类多，参与群众多，各方嘉宾多）、高质量的整体水平和人民群众的广泛参与，体现了“中国先进文化的前进方向”和“艺术的盛会，人民的节日”的宗旨，表现了继往开来，繁荣创新的主题。本届中国艺术节首次设立了艺术节奖。《宰相刘罗锅》、《徽州女人》、《秦淮人家》、《一二三，齐步走》、《珠穆朗玛》、《月牙五更》等26部作品获中国艺术节大奖，《荆钗记》、《世纪彩虹》、《琼花仙子》、《金色旋律》、《妈勒访天边》等28部作品获优秀剧目奖，《国色天香》、《抓壮丁》、《太阳童谣》、《塞上花儿情》等8部作品获优秀演出奖。为推动曲艺艺术的创作，作为中国艺术节的系列内容，9月在苏州还举办了苏州评弹比赛暨苏州评弹艺术节。江苏、浙江、上海、苏州4支代表队7台节目的36档书目登台表演。《唐宋古韵——忆江南》、《孙庞斗智》等11个节目获优秀节目奖。

10月，“金狮奖”第五届全国杂技比赛在大连举行。全国29个省、自治区、直辖市39个表演团体上千名杂技演员参加了比赛。此前，在全国分六个大区进行了预选赛。这次比赛涌现了一批样式新颖、技巧高难、品位高雅、观赏性强的精品力作。《对手芭蕾——东方的天鹅》、《绸调——蓝色遐想》、《滚环》等33个节目获金狮奖，《扬帆远航·地圈》、《千年中幡·中国功》等23个节目获银狮奖，《蹬技——山花烂漫》、《嬉鼓童趣·钻筒》等12个节目获铜狮奖。

12月，“全国京剧优秀青年演员评比展演”在京举行。这次活动以现场演出的形式，通过评比，最后达到对优秀青年演员的全面展示。参加评比展演的青年演员140人，来自22个省市以及总政的37个京剧院团和2个艺术院校，涵盖面广；年龄分布均匀，18岁到30 岁的演员近60%，其中除一部分获得过文华奖、梅花奖和梅兰芳金奖外，其余皆为各地院团的尖子和主要培养对象。涉及的京剧流派、京剧行当齐全。王蓉蓉、邓敏、张克、张火丁、李军、李胜素、孟广禄等13名获得过梅花奖、梅兰芳金奖、文华奖的演员荣获荣誉奖，刁丽、王艳等45名演员获一等奖，尹松涛、王萍等49名演员获二等奖，马少敏、包飞等36名演员获三等奖。

12月，第四届话剧金狮奖在京颁奖，这一话剧常设专业奖旨在对长期以来积极参加话剧艺术工作并作出显著成就的优秀话剧工作者的肯定和奖励。吴雪、胡可、欧阳山尊、刘厚生、严正、徐晓钟、梅阡、杜宣、英若诚、罗英、丁尼、程士荣、刘川、陈颙 、胡导、齐牧冬、陈永祥等为繁荣话剧事业作出卓越贡献的老艺术家获得话剧金狮奖荣誉奖，过士行、任鸣、查明哲、苗培如、陈建勋等99人分别获得金狮奖的编剧奖、导演奖、舞台美术奖和表演奖。

2000年还举行了一系列其它艺术活动。有：第五届中国映山红民间戏剧节优秀剧目进京汇报演出；全国音乐剧观摩演出；全国第九届音乐作品评奖；第四届“新苗杯”少儿京剧比赛；施光南逝世十周年纪念音乐会；唐宋诗歌朗诵音乐会赴香港演出；举办中国评剧艺术节；组织艺术歌曲到福建、新疆大专院校演出。组织中青年知名画家赴西部地区采风创作；在香港举办“当代中国国画、油画、书法作品展”。组织中直院团参加三下乡慰问演出，中国歌剧舞剧院、中国儿童艺术剧院、中国京剧院、东方歌舞团、中国歌舞团先后赴江西、陕西、河北、河南、海南、广东等省农村及革命老区为群众演出60余场，观众达数十万人次。举办元旦、春节茶话会、“五一”全国劳模大会等文艺演出，组织、举办新春音乐会、春节电视晚会、元宵节文艺晚会、中国共产党成立79周年“七一”文艺晚会等。

为落实全国文化厅局长会议和全国艺术创作会议精神，艺术司还组织召开了文化部振兴昆剧指导委员会的工作会议，召开了全国画院工作会议和中直院团创作会议。

2000年的艺术创作呈现出明显的特点。

1、以精品促进繁荣。实施精品战略，一是加强了新创作品的一度创作的论证；二是重视已有剧目的深加工。一些过去的基础较好的作品，经过反复修改，以新的面貌呈现出来。

2、以常规艺术活动推动繁荣。经过实践检验，以常规艺术活动为平台，对推动艺术创作十分有利。目前，已经有了很多形成规模、形成制度的国家级的艺术活动，如：中国艺术节，中国国际艺术节，中国京剧节，杂技金狮奖，新春音乐会，文化下乡等等。这些活动也成为人民群众文化消费的重要方式。

3、评比展演一体化。评比推出新人新作，演出展现新人新作，两项内容同步重叠，使作品的艺术含量和市场效应同时得到检验。如：金狮奖杂技比赛，京剧优秀青年演员评比展演，艺术歌曲比赛等。

4、艺术创作和生产方式多样化。艺术市场的多样化、艺术创作主体的群体组合、运作形式的多样化，以及政府、企业、外资、私人投资的介入导致生产组合方式的变化，使艺术创作与生产呈现出丰富多彩的局面。

文华奖评奖

文化部文华奖评奖办法

一、总则

第一条　文华奖是中华人民共和国文化部设立的专业艺术最高奖。

第二条　文华奖评奖坚持为人民服务、为社会主义服务的方向；坚持百花齐放、百家争鸣、推陈出新、古为今用、洋为中用的方针；坚持文艺反映社会主义时代主旋律，提倡不同题材、形式、风格、流派的多样化；坚持导向性、权威性、公正性。通过评奖，促进艺术表演团体出好戏出人才，推动艺术创作和演出的繁荣和发展。

第三条　文华奖每年评选一次。

二、奖项设置

第四条　文华奖设综合奖和单项奖。

综合奖设立文华大奖、文华新剧目奖和文华新节目奖。

单项奖设立文华剧作奖、文华词作奖、文华导演奖、文华编导奖、文华音乐创作奖、文华舞台美术奖和文华表演奖。

第五条　文华新剧目奖是对整台的大型剧（节）目的评奖，包括新编、改编、移植的戏曲、话剧、歌剧、舞剧、儿童剧及有整体构思、非组团组台的大型歌舞乐舞。文华新节目奖是对小型节目的评奖，包括两大类：一是戏剧曲艺类，含戏曲小戏、话剧小品、话剧独幕剧、曲艺、木偶剧、皮影戏等；二是音舞杂技类，含歌曲、乐曲、舞蹈、小型歌剧、小型舞剧、杂技等。文华大奖是在已获文华新剧目奖和文华新节目奖的剧（节）目中评选出的最突出的优秀剧（节）目。

第六条　文华大奖每届可评6个，即在戏曲、话剧、歌剧、舞剧、儿童剧、歌舞乐舞六个艺术门类中，原则上每类可各评1个。文华大奖可以空缺，各艺术门类间也可以适当调剂，但总数不得超过6个。

第七条　文华新剧目奖（大型、含大奖）每届数量不超过35个。文华新节目奖（小型）每届数量不超过40个。

第八条　文华单项奖每届总数不超过100个，其中文华新节目奖中的单项奖不超过20个。

第九条　待条件成熟时，增设文学、美术等奖项。

三、参评条件

第十条　文华奖参评剧（节）目，应具备以下条件：

1、各专业艺术表演团体（含民间职业剧团和社会办的职业剧团）创作演出的新剧（节）目；

2、新剧目的首演时间在5年之内，新节目的首演时间在3年之内；

3、参评剧（节）目参加过文化部举办的专业演出活动，或在评选有效期内在北京演出过，或未进京但获当地文化厅（局）或主管部门特别推荐者；

4、演出场次在30场以上（大型歌剧演出场次在15场以上）；

5、各省、自治区、直辖市文化厅（局）正式申报或各系统主管部门正式申报的。

四、评奖机构

第十一条　文华奖设评奖委员会。评奖委员会在文化部领导下负责评选工作。评委会由文化部领导，艺术局及本部有关部门人员和艺术界知名专家组成。评奖委员会委员由文化部聘任。每届按一定数额轮换，如评委或评委的直系亲属有作品参评，则应回避。

第十二条　文华奖评奖委员会设主任、副主任、顾问、委员。评委会内设戏曲组、话剧组、歌剧舞剧歌舞乐舞组、儿童剧组等相应的评奖组。在评奖委员会授权下，各评奖组根据艺术门类的奖项奖额进行评选。

第十三条　评奖委员会下设评奖办公室，办公室的工作由艺术局承担，负责评奖的组织工作和日常工作。

第十四条　评委和工作人员必须遵守评奖规定和有关纪律，防止不公正竞争，防止不正之风和腐败现象，对于违反规定或有徇私舞弊行为者，给予严肃处理。参评剧目节目的单位和个人，不得行贿、送礼，如有发现，取消剧（节）目和个人的参评资格。

五、评奖程序

第十五条　地方参评剧（节）目由各省、自治区、直辖市文化厅（局）推荐申报，部队系统参评剧（节）目，由总政文化部推荐申报，中直、有关部委和产业系统艺术院团的参评剧目，由演出单位提出，经其上级主管部门审核同意后申报。推荐剧（节）目须按评奖办公室要求，填写表格，提供资料。

第十六条　已获文华新剧目奖和文华新节目奖的剧（节）目，在获奖后5年之内经过加工修改，质量上有显著提高者，可申报参加文华大奖的评奖。

第十七条　评选具体步骤

1、评奖办公室对申报剧目进行初选，提出初选名单。初选名单应多于奖额的30%以上。

2、评委按组集中审看初选提名剧目的录像，并参照日常舞台演出情况，在充分讨论的基础上，进行差额提名。

3、在差额提名的基础上，以记名或无记名投票的方式评选出文华新剧目奖和文华新节目奖。在已获文华新剧目、新节目奖的剧（节）目中，以记名或无记名投票的方式评选出文华大奖。

4、在已获得的文华大奖和文华新剧目奖、文华新节目奖的剧节目中评选各种单项奖。

第十八条　投票时以到会评委实有人数为准，不代投。顾问不参加投票。

新剧目、节目奖在规定的奖额内，票数过半者有效。

第十九条　在文华大奖的投票表决中，须票数达2/3以上者方有效。如最后一个名额有两个或两个以上剧（节）目得票相等，则须重新投票，如重投后仍然相等，则同时无效。

在文华新剧目奖，文华新节目奖及单项奖的投票表决中，如最后一个名次有两个以上得票相等，则同时有效，奖额相应增加。

第二十条　获奖名次的排列，以得票多少为序。得票相同者，以再次表决数为序。

第二十一条　在评选过程中，如遇有争议，由评委协商后报评委会主任、副主任裁定。

第二十二条　评选结果报文化部审核批准方能生效。

六、奖励

第二十三条　对获剧（节）目综合奖的院团和获单项奖的艺术工作者，均颁发奖状（证书）、奖牌和奖金。

七、附则

第二十四条　本办法由文化部负责解释。

第二十五条　本办法自颁布之日起施行。

文化部文华奖第一届至第九届评奖委员会名单

第一届

主　任：贺敬之

副主任：高占祥　陈昌本　曲润海

顾　问：林默涵　周巍峙　赵起扬　吴　雪　英若诚　曹　禺　张　庚　赵　寻　孙　慎

委　员：

戏曲组：高占祥　曲润海　姚　欣　郭汉城　刘厚生　马少波　关雅浓　李紫贵　齐致翔　曲六乙　李庆成　王文章　龚和德　柳一真

话剧儿童剧组：陈昌本　陈　力　方　杰　曾庆淮　康式昭　霍大寿　舒　强　方掬芬　石维坚　丁海鹏　严　正　魏　敏　毛金钢

歌剧舞剧组：贺敬之　魏中珂　李　刚　乔　羽　贾作光　游惠海　叶　林　刘峙嵘　白淑湘　俞松林　顾夏阳

第二届

主　任：贺敬之

副主任：高占祥　陈昌本　曲润海

顾　问：林默涵　周巍峙　曹　禺　吴　雪
　　　　英若诚　张　庚　赵　寻　孙　慎
　　　　欧阳山尊
委　员：（以姓氏笔划为序）
　戏曲组：马少波　王文章　曲六乙　曲润海
　　　　　朱文相　刘厚生　李　准　李振玉
　　　　　李庆成　李紫贵　齐致翔　关雅浓
　　　　　何孝充　阿　甲　张书义　高占祥
　　　　　郭汉城　龚和德　钮　骠　薛若琳
　话剧组：丁海鹏　方　杰　方掬芬　毛金钢
　　　　　石维坚　成志伟　陈昌本　严　正
　　　　　陈琪林　范崇嬿　高运甲　胡　可
　　　　　姚　欣　夏　淳　徐晓钟　康式昭
　　　　　舒　强
　歌剧、舞剧、歌舞组：叶　林　白淑湘
　　　　　乔　羽　刘峙嵘　陈　力　陈　紫
　　　　　李　刚　吴俊学　贺敬之　俞松林
　　　　　贾作光　顾夏阳　郭石夫　曾庆淮
　　　　　魏中珂
　儿童剧组：（含木偶、皮影）丁海鹏　方掬芬
　　　　　王文章　李庆成　范崇嬿　俞松林
　　　　　侯恩余

第三届

主　任：刘忠德
副主任：高占祥　陈昌本　曲润海
顾　问：贺敬之　林默涵　周巍峙　曹　禺
　　　　赵起扬　吴　雪　英若诚　张　庚
　　　　赵　寻　孙　慎　欧阳山尊
委　员：（以姓氏笔划为序）
　戏曲组：马少波　王文章　曲六乙　曲润海
　　　　　朱文相　刘厚生　李庆成　李振玉
　　　　　李紫贵　李　超　齐致翔　张　庚
　　　　　何孝充　陆松龄　林毓熙　赵　寻
　　　　　郭汉城　高占祥　龚和德　薛若琳
　话剧组：丁海鹏　方掬芬　毛金钢　石维坚
　　　　　李　准　陈昌本　严　正　吴　雪
　　　　　欧阳山尊　胡　可　姚　欣
　　　　　夏　淳　高运甲　徐晓钟　康式昭
　　　　　舒　强
　歌剧、舞剧、歌舞组：王世光　叶　林
　　　　　白淑湘　孙　慎　乔　羽　刘峙嵘
　　　　　李　刚　陈　力　陈　紫　陈琪林
　　　　　吴俊学　贾作光　顾夏阳　郭石夫
　　　　　曾庆淮　魏中珂
　儿童剧组：方掬芬　李延年　罗　英
　　　　　周　来　范崇嬿　俞松林　侯恩余

第四届

主　任：刘忠德
副主任：高占祥　陈昌本　曲润海
顾　问：林默涵　周巍峙　曹　禺　贺敬之
　　　　赵起扬　吴　雪　英若诚　张　庚
　　　　赵　寻　孙　慎　欧阳山尊　马少波
委　员：
　戏曲组：曲润海　王文章　刘厚生　李振玉
　　　　　从兆桓　肖　甲　李　超　关雅浓
　　　　　陆松龄　龚和德　赵英勉　何孝充
　　　　　薛若琳　王安葵　郭汉城　钱法成
　　　　　杜天文　林毓熙　成志伟
　话剧组：胡　可　魏　敏　徐晓钟　田　文
　　　　　康式昭　李　准　严　正　姚　欣
　　　　　石维坚　赵有亮　夏　淳　周　来
　　　　　田军利　高运甲
　歌剧、舞剧、歌舞组：王世光　白淑湘
　　　　　乔　羽　陈　力　李　刚　陈琪林
　　　　　俞松林　顾夏阳　游惠海　曾庆淮
　　　　　魏中珂　贾作光　郭石夫　吴俊学
　　　　　王　鸿
　儿童剧（含木偶、皮影）组：方掬芬
　　　　　李庆成　罗　英　范崇嬿　李延年
　　　　　叶　峰　兰　天　陈　颙　侯恩余

第五届

主　任：刘忠德
副主任：高占祥　陈昌本　曲润海
顾　问：林默涵　周巍峙　曹　禺　贺敬之
　　　　赵起扬　吴　雪　英若诚　张　庚
　　　　赵　寻　欧阳山尊　孙　慎　马少波
委　员：（以姓氏笔划为序）
　戏曲组：王文章　王安葵　从兆桓　刘厚生
　　　　　关雅浓　成志伟　李振玉　肖　甲
　　　　　杜天文　何孝充　陆松龄　林毓熙
　　　　　郭汉城　赵化勇　赵英勉　姚　欣

钱法成　康式昭　龚和德　鲁克义
薛若琳

话剧组：丁振海　艾青春　石维坚　曲润海
李　准　严　正　邹维之　林兆华
郑振环　胡　可　赵有亮　高运甲
徐晓钟　薛殿杰　魏　敏

歌剧舞剧歌舞组：王　鸿　王世光　王凯传
田　川　田军利　甘　露　白淑湘
乔　羽　刘　锐　刘文金　刘延禹
陈　力　陈琪林　陈晓光　郭石夫
贾作光　资华筠　曾庆淮　魏中珂

儿童剧组：方掬芬　兰　天　叶　锋　李庆成
李延年　陈　颙　罗　英　范崇嬿
欧阳逸冰　俞松林　侯恩余

第六届

主　任：刘忠德

副主任：高占祥　陈昌本　潘震宙　曲润海

顾　问：林默涵　周巍峙　曹　禺　贺敬之
吴　雪　英若诚　张　庚　赵　寻
孙　慎　欧阳山尊　马少波

委　员：（以姓氏笔划为序）

戏曲组：王　鸿　王安葵　王培森　丛兆桓
石维坚　成志伟　孙松林　刘厚生
杜天文　肖　甲　何孝充　李振玉
李德润　姚　欣　赵英勉　郭汉城
钱法成　章壮沂　康式昭　鲁克义
薛若琳

话剧组：丁振海　王文章　齐致翔　李　准
李庆成　邹维之　周述增　郑振环
林敏熙　赵化勇　赵有亮　徐晓钟
童道明　薛殿杰　魏　敏

歌舞组：王世光　王凯传　田　川　田军利
甘　露　刘　锐　刘文金　刘延禹
严　正　陈　力　陈晓光　陈琪林
李承祥　杨运泰　赵　青　郭石夫
资华筠　曾庆淮　舒均均

儿童剧组：方掬芬　兰　天　叶　锋
曲润海　陈　颙　李延年　罗　英
范崇嬿　俞松林　侯恩余

第七届

主　任：刘忠德

副主任：潘震宙

顾　问：贺敬之　林默涵　周巍峙　高占祥
吴　雪　英若诚　陈昌本　张　庚
赵　寻　孙　慎　欧阳山尊　马少波

委　员：（以姓氏笔划为序）

戏曲组：丁振海　王安葵　王培森　王　鸿
孙松林　刘厚生　李　准　肖　甲
何孝充　苏　移　周　明　金　桐
郭建光　钱法成　康式昭　常静之
薛若琳

话剧组：王文章　方　杰　刘玉山　李庆成
李振玉　李德润　曲润海　齐致翔
杨炳延　邹维之　郑振环　林毓熙
赵化勇　胡　可　童道明　薛殿杰
魏　敏

歌舞组：王世光　王凯传　卞祖善　田　川
田军利　孙　滨　刘文金　刘廷禹
刘　锐　李承祥　陈　力　陈晓光
陈琪林　杨运泰　赵　青　俞松林
资华筠　舒均均

儿童剧组：丁海鹏　王　华　方掬芬
石维坚　叶　锋　李延年　陈　颙
罗　英　周述曾　范崇嬿　赵有亮
姚　欣　黄维钧　程式如

第八届

主　任：孙家正

副主任：潘震宙

顾　问：刘忠德　贺敬之　林默涵　周巍峙
高占祥　吴　雪　英若诚　陈昌本
张　庚　赵　寻　孙　慎　欧阳山尊
马少波

秘书长：潘震宙（兼）

副秘书长：李景和　王　华　杨炳延　田军利

委　员：（按姓氏笔划排名）

一、戏曲组

王安葵　王文章　王蕴明　李　宏　刘厚生
曲润海　邹忆青　肖　甲　苏　移　陆松龄
林瑞康　钱关炯　康式昭　高牧坤　蔡体良

薛若琳　戴英禄

二、话剧组
丁振海　王树元　方　杰　刘玉山　齐致翔
李振玉　杨运泰　郑振环　林毓熙　钟艺兵
胡　可　姚　欣　郭建光　徐晓钟　袁厚春
童道明　薛殿杰

三、儿童剧组
丁海鹏　方掬芬　叶　锋　李庆成　刘胜利
陈向红　罗　英　周述曾　范崇嬿　黄维钧
程式如　雷喜宁

四、音舞组
王凯传　卞祖善　田军利　左　青　刘文金
刘廷禹　李承祥　刘　麟　陈　力　余建军
陈维亚　陈琪林　苗培如　赵　青　俞松林
顾小英　资华筠　傅庚辰

五、杂技组
尹钰宏　宁根福　李西宁　李延年　何天宠
侯泉根　潘国贤

评奖办公室
主　任：田军利
副主任：姚　欣　戴英禄　雷喜宁　刘中军

第九届
主　任：孙家正
副主任：潘震宙
顾　问：周巍峙　高占祥　吴　雪　英若诚
陈昌本　曲润海　张　庚　孙　慎
欧阳山尊　马少波　胡　可　郭汉城
刘厚生

一、戏曲组
戴英禄　康式昭　王蕴明　邹忆青
王安葵　孙松林　吴　江　龚和德
薛若琳　曲六乙　李　宏　赵景勃
李德润　阮润学　胡芝凤

二、话剧组
姚　欣　郭建光　方　杰　钟艺兵
林克欢　周志强　廖　奔　陆文虎
蔡体良　丁振海　童道明　李庆成
欧阳逸冰　郑邦玉　刘玉山
赵有亮　徐晓钟

三、儿童剧组
雷喜宁　李延年　叶　锋　方掬芬
罗　英　范崇嬿　黄维钧　程式如
李若君　钱关炯　陈琪林　苗培如
丁海鹏　林荫宇　严福昌　查振科

四、歌剧、音乐、歌舞组
刘廷禹　余建军　田玉斌　凯　传
徐沛东　陈晓光　贾世纬　俞松林
李元华　金　湘　黄奇石　顾小英
金泰洪　陈克勤　陈中秋　王文章
陈　颙　汪曙云　冯双白　乔　羽

五、舞剧组
陈　力　居其宏　贾作光　白淑湘
资华筠　李承祥　明文军　张继刚
鞠　毅　卞祖善　石　夫　赵国政
赵汝蘅　于　平　刘　麟　顾夏阳
左　青　翟桂梅

六、曲艺、小品组
林毓熙　李延年　刘兰芳　贾德臣
张益芳　王景寿　赵本山　王　晓
严福昌

评奖办公室
主　任：王文章
副主任：戴英禄　雷喜宁

文化部文华奖第一届至第九届获奖名单

（第一届至第七届：以得票多少为序。得票相同的剧目，以剧、节目名称笔划为序；得票相同的单项奖，以姓氏笔划为序）

（第八届、第九届：按艺术品种分类排列，各艺术品种以得票多少为序）

第一届（1990 年）

综合奖类

一、文华大奖

戏曲:

《虎将军》 湖北省广水市楚剧团

《天鹅宴》 福建省福州市闽剧团

《画龙点睛》 北京京剧院

《荆钗记》 江西省赣剧院

《荒唐宝玉》 黑龙江省龙江剧实验剧院

话剧:

《天边有一簇圣火》 解放军艺术学院

《天下第一楼》 北京人民艺术剧院

歌剧:

《阿里郎》 吉林省延边歌舞团

《海蓬花》 辽宁省大连市长海县文工团

舞剧:

《春香传》 吉林省延边歌舞团

二、文华新剧目奖

戏曲:

《盘丝洞》 上海京剧院

《魂系黄龙府》 吉林省农安县黄龙剧团

《风流女人》 湖北省十堰市豫剧团

《宝烛记》 江苏省京剧院

《目连救母》 中国京剧院

《崔秀英》（闺趣、上轿） 山西省晋剧院青年团

《魂牵珠玑巷》 广东省粤剧院

《血冤》 江苏省昆剧院

《武则天轶事》 中国京剧院

《洪荒大裂变》 湖北省武汉市京剧团

《南疆血碑》 云南省京剧院

《清风歌》 上海市长宁沪剧团

《漂来的媳妇》 陕西省戏曲研究院眉户剧团

《琵琶记》 湖南省湘剧院

话剧:

《火神与秋女》 中国青年艺术剧院

《生命之光》 辽宁省沈阳市话剧团

歌剧:

《木棉花开了》 江苏省歌舞剧院

《马桑树》 湖南省长沙市歌舞剧团

《从前有座山》 湖南省株洲市歌剧团

《故乡人》 贵州省安顺地区花灯剧团

舞剧:

《人参女》 吉林省歌舞剧团

儿童剧:

《我也是太阳》 中国儿童艺术剧院

单项奖类

一、文华剧作奖

宋西庭　黄关鑫　楚智勇　杨先春 楚剧《虎将军》编剧

陈道贵 闽剧《天鹅宴》编剧

孙月霞 京剧《画龙点睛》编剧

马少波 京剧《宝烛记》编剧

黄文锡 赣剧《荆钗记》改编

杨宝林　徐明望 龙江剧《荒唐宝玉》编剧

范正明 湘剧《琵琶记》编剧

郑振环 话剧《天边有一簇圣火》编剧

何冀平 话剧《天下第一楼》编剧

苏　雷 话剧《火神与秋女》编剧

罗迎贤 歌剧《故乡人》编剧

盛和煜 歌剧《马桑树》编剧

二、文华导演奖

余笑予 楚剧《虎将军》导演

马　科 京剧《盘丝洞》导演

刘明保　谢巧官 豫剧《风流女人》导演

孙铁石　李　方 龙江剧《荒唐宝玉》导演

刘元彤　张万根 晋剧《崔秀英》导演

张树勇 京剧《南疆血碑》导演

夏　淳　顾　威 话剧《天下第一楼》导演

张奇虹 话剧《火神与秋女》导演

苏金榜 话剧《生命之光》导演

陶先露 歌剧《从前有座山》导演

崔禹铁 歌剧《阿里郎》导演

崔玉珠 舞剧《春香传》导演

黄意璘　董骥良 儿童剧《我也是太阳》导演

三、文华音乐奖

唐在炘 京剧《武则天轶事》音乐

刘振球 歌剧《从前有座山》音乐

崔三明　安国敏　许元植　崔昌奎　歌剧《阿里郎》音乐
张启贤　歌剧《故乡人》音乐
朴瑞星　歌剧《春香传》音乐
金　正　歌剧《春香传》音乐

四、文华舞美奖
吴明耀　徐福生　张惠康　京剧《盘丝洞》舞美
周本义　吕　萍　歌剧《从前有座山》舞美
金泰洪　石　勋　郑世全　赵长禄　舞剧《春香传》舞美

五、文华表演奖
戏曲
张太平　楚剧《虎将军》中饰徐海东
涂玲慧　赣剧《荆钗记》中饰钱玉莲
白淑贤　龙江剧《荒唐宝玉》中饰宝玉
陈　瑜　沪剧《清风歌》中饰董蕙
方小亚　京剧《盘丝洞》中饰女儿国王蜘蛛精化身
沈小梅　京剧《宝烛记》中饰长孙无双
杨爱莲　晋剧《崔秀英》(闺趣、上轿)中饰崔秀英
郑子如　京剧《目连救母》中饰刘青提
丁　凡　粤剧《魂牵珠玑巷》中饰黄贮万
李世济　京剧《武则天轶事》中饰武则天
李金枝　豫剧《风流女人》中饰杨花
王永光　湘剧《琵琶记》中饰张广才
林友泉　闽剧《天鹅宴》中饰鄘道九
陈韵红　粤剧《魂牵珠玑巷》中饰胡菊珍
胡锦芳　昆剧《血冤》中饰刘翠娥
何　澍　京剧《洪荒大裂变》中饰大禹
雷　霆　黄龙戏《魂系黄龙府》中饰天祚帝
话剧
杜振清　《火神与秋女》中饰褚大华
林连昆　《天下第一楼》中饰常贵
魏积安　《天边有一簇圣火》中饰蓝禾儿
宋　洁　《火神与秋女》中饰秋妹、大学生
谭宗尧　《天下第一楼》中饰卢孟实
歌剧
唐德君　《海蓬花》中饰老海
顾　欣　《木棉花开了》中饰胡上青
姚艳丽　《从前有座山》中饰棟花
林庆珍　《阿里郎》中饰阿英
李哲赫　《阿里郎》中饰里郎
刘英华　《阿里郎》中饰阿英
王花蕊　《从前有座山》中饰巧儿
袁晓虹　《木棉花开了》中饰卢艳
舞剧
金梅花　《春香传》中饰春香
金龙洙　《春香传》中饰李梦龙
张　星　《人参女》中饰参女
魏树发　《人参女》中饰猎人
儿童剧
王　琪　《我也是太阳》中饰米大发
王　笑　《我也是太阳》中饰米大发

第二届（1991年）

综合奖类

一、文华大奖
戏曲:
《明月照母心》　上海沪剧院
《法门众生相》　湖北省京剧团
《高高的炼塔》　吉林省京剧团
《红楼梦》　安徽省黄梅戏剧院
话剧:
《大桥》　上海市工人文化宫话剧团
《抗天歌》　南京军区前线话剧团
《死水微澜》　四川省成都市话剧院
歌剧:
《马可·波罗》　中央歌剧院
《党的女儿》　总政歌剧团
(舞剧、儿童剧、歌舞乐舞：空缺)

二、文华新剧目奖
戏曲:
《快活的黄帽子》　江苏省苏州市滑稽剧团
《黑头儿与四大名蛋》　中国评剧院
《山花》　福建省京剧团
《戏魂》　福建省漳州市芗剧团

《淡淡的茴香花》云南省曲靖地区花灯剧团
《山里人家》 辽宁省沈阳评剧院
《吵闹亲家》 河南省越调剧团
《焦裕禄》 山东淄博市京剧团
《写情书》 吉林省梨树县地方戏曲剧团
《攀枝花传奇》 四川省攀枝花市川剧团
《坂本龙马》 中国京剧院
《桃花汛》 湖南省花鼓戏剧院

话剧:
《爱洒人间》 辽宁人民艺术剧院
《冰山情》 总政话剧团
《没毛的狗》 吉林省延边话剧团
《白居易在长安》 陕西人民艺术剧院
《女人》 河北省承德市话剧团
《旗长，您好》 内蒙古自治区话剧团
《情结》 广东省广州市话剧团

歌剧:
《归去来》 辽宁歌剧院

（舞剧：空缺）

儿童剧:
《之伢子》 中国儿童艺术剧院
《神唢呐》 中国木偶剧团

三、文华新节目奖

歌舞:
《月牙五更》 沈阳市歌舞团
《黄河儿女情》 山西省歌舞剧院

乐舞:
《盛世行》 北京市歌舞团

单项奖类

一、文华剧作奖

郝国忱 李学忠 京剧《高高的炼塔》编剧
曹静卿 张东平 沪剧《明月照母心》编剧
杨联源 方朝晖 芗剧《戏魂》编剧
罗仕祥 花灯戏《淡淡的茴香花》编剧
陈欣欣 京剧《山花》编剧
余笑予 李云彦 京剧《法门众生相》编剧
房纯如 杨舒慧 话剧《爱洒人间》编剧
邵均林 话剧《抗天歌》编剧
郑振环 话剧《冰山情》编剧
李钟勋 金雄杰 话剧《没毛的狗》编剧
孙德民 话剧《女人》编剧
阎肃 王俭 贺东久 王受远 歌剧《党的女儿》编剧

二、文华词作奖

赵越 歌舞《黄河儿女情》词作

三、文华导演奖

余笑予 程树强 京剧《法门众生相》导演、副导演
李学忠 侯文瑞 京剧《高高的炼塔》导演、副导演
杨观复 彭安娜 沪剧《明月照母心》导演
马科 孙怀仁 黄梅戏《红楼梦》导演、副导演
张建军 越调《吵闹亲家》导演
张玮 李新民 贾新年 评剧《黑头儿与四大名蛋》导演
余谱成 花鼓戏《桃花汛》导演
陈明正 谷亦安 曹路生 话剧《大桥》导演
徐然 话剧《抗天歌》导演
查丽芳 话剧《死水微澜》导演
熊源伟 话剧《情结》导演
陈坪 郭景华 话剧《白居易在长安》导演
刘喜廷 丹慧珍 歌剧《归去来》导演
黄意璘 儿童剧《之伢子》导演

四、文华编导奖

舞剧、舞蹈

王秀芳 歌舞《黄河儿女情》编导
李少栋 苏杰 冯嫦荣 于宝坤 江宏向 歌舞《月牙五更》编导

五、文华音乐创作奖

何世钦 陈锦生 史德林 郑明跃 评剧《山里人家》音乐
沈利群 徐志远

黄梅戏《红楼梦》唱腔设计
奚耿虎　沪剧《明月照母心》音乐
孟庆华
京剧《高高的炼塔》音乐设计　作曲配器
陆松龄　京剧《焦裕禄》音乐
王世光　歌剧《马可·波罗》作曲
徐占海　歌剧《归去来》作曲
王祖皆　张卓娅　印　青　王锡仁　季　承
歌剧《党的女儿》作曲

六、文华舞台美术奖
周本义　石　炯　金长烈　何浴新
沪剧《明月照母心》舞美设计、灯光设计
吕也厚　董庆吉
京剧《高高的炼塔》舞美设计
郭丽仙
花鼓戏《桃花汛》服装设计
韩　生　刘晓春　云　山　牛江涛
话剧《大桥》舞美设计、灯光设计
赵劲松　金长烈　陈文霖　朱维生　段庆伟
沈雪夜
话剧《抗天歌》舞美设计、音响设计
叶　建
话剧《死水微澜》舞美设计
郭若非
歌剧《归去来》灯光设计
王临友　高广建　沈耀华　赵玉杰
歌剧《马可·波罗》布景设计、服装设计
索万金　聂呈祥　郭进泉　李　聪
木偶剧《神唢呐》木偶设计
金泰洪　竹筠琪　梁洪洲　孙　宽
歌舞《月牙五更》舞美设计、灯光设计
赵茹华
乐舞《盛世行》服装设计

七、文华表演奖
戏曲
马　兰　黄梅戏《红楼梦》中饰宝玉
朱世慧　京剧《法门众生相》中饰贾桂
石　林　花灯戏《淡淡的茴香花》中饰玉秀
陈　瑜　沪剧《明月照母心》中饰金晓晖
郑秀琴　芗剧《戏魂》中饰章月娇
顾　芗　滑稽剧《快活的黄帽子》中饰黄毛
程尊堂　川剧《攀枝花传奇》中饰宫安吉
李　光　京剧《坂本龙马》中饰坂本龙马
张　健　京剧《高高的炼塔》中饰苏雷
杨龙双　评剧《山里人家》中饰天成
宋　丽　评剧《山里人家》中饰秋凤
陈　静　越调《吵闹亲家》中饰张二翠
刘赵黔　花鼓戏《桃花汛》中饰桃花
高　闯　评剧《黑头儿与四大名蛋》中饰刘小丽
李永根　话剧《没毛的狗》中饰成九
吴珊珊　话剧《死水微澜》中饰邓么姑
王淑英　话剧《女人》中饰秦颖
宁　才　话剧《旗长·您好》中饰旗长
刘　远　话剧《白居易在长安》中饰湘灵
宋国锋　话剧《爱洒人间》中饰薛广生
李保义　话剧《冰山情》中饰耿魁
潘伟行　话剧《情结》中饰崔长河
马小茅　话剧《白居易在长安》中饰白居易
胡庆树　话剧《情结》中饰杜战威
车　英　歌剧《归去来》中饰逢蒙
陈小琴　歌剧《马可·波罗》中饰素仑
杨洪基　歌剧《党的女儿》中饰七叔公
黄越峰　歌剧《马克·波罗》中饰马可·波罗
王湖泉　歌剧《马克·波罗》中饰阿合马
王　辉　歌剧《归去来》中饰后羿
李　佳　歌剧《归去来》中饰嫦娥
孙丽英　歌剧《党的女儿》中饰桂英
彭丽媛　歌剧《党的女儿》中饰田玉梅
车豫正　儿童剧《之伢子》中饰晚年毛泽东
钟　浩　儿童剧《之伢子》中饰少年毛泽东
何玉琴　儿童剧木偶剧《神唢呐》中小虎子的操作者
陈　俐　歌舞《月牙五更》中饰盲妹
牛宝林　歌舞《黄河儿女情》中男声独唱
刘兴久　歌舞《月牙五更》中饰光棍汉

第三届（1992 年）

综合奖类

一、文华大奖

戏曲：

《铁血女真》 吉林省扶余市满族新城戏剧团

歌剧：

《张骞》 陕西省歌舞剧院歌舞团

舞剧：

《丝海箫音》 福建省歌舞剧院歌舞团

《阿诗玛》 云南省歌舞剧团

（话剧、儿童剧、歌舞乐舞：空缺）

二、文华新剧目奖

戏曲：

《石龙湾》 山东省吕剧团

《巧凤》 浙江越剧团

《丹青魂》 福建省福州市闽剧院一团

《风流才子》 河南省郑州市豫剧团

《天下第一鼓》 甘肃省陇剧团

《养命的儿子》 湖北省武汉市楚剧团

《陆游与唐琬》 浙江小百花越剧团

《青蛇传》 江苏省京剧院青年团

《情与爱》 云南省玉溪地区花灯剧团

《试夫》 河南省三门峡市豫剧团

《桐叶记》 山西省晋剧院青年团

《瑶妃传奇》 广西壮族自治区桂林市桂剧团

《两个女人和一个男人》山西省临汾地区眉户剧团

话剧：

《女大十八变》 黑龙江省牡丹江市话剧团

《甲申纪事》 江苏人民艺术剧院

《人生感受》 中国铁路文工团话剧团

《李白》 北京人民艺术剧院

《哈尼姑娘》 中国青年艺术剧院

云南省红河哈尼族彝族自治州政府

歌剧：

《樱花》 湖北省歌剧团

舞剧：

《森吉德玛》 内蒙古自治区鄂尔多斯歌舞剧团

儿童剧含木偶剧：

《火云鸟》 湖南省木偶皮影艺术剧团

《长城有个黑小子》 中国儿童艺术剧院

《红蜻蜓》 天津儿童艺术剧院

《哪吒神遇钛星人》 上海木偶剧团

《潇洒女孩》 辽宁儿童艺术剧院

三、文华新节目奖

歌舞：

《洪湖的女儿》 湖北省襄樊市歌舞剧团

《江南好》 江苏省无锡市歌舞团

《古调今弹》 山西省古交市歌舞团

《西藏之光》 成都军区战旗歌舞团

（乐舞：空缺）

单项奖类

一、文华剧作奖

吴永艺　陶闽榕 闽剧《丹青魂》编剧

李应该　吴华宁 吕剧《石龙湾》编剧

王福义 新城戏《铁血女真》编剧

顾锡东 越剧《陆游与唐琬》编剧

魏　峨 越剧《巧凤》编剧

小　上 眉户戏《两个女人和一个男人》编剧

邱长元 楚剧《养命的儿子》编剧

苏　雷　唐焕多 话剧《人生感受》编剧

王治普 话剧《女大十八变》编剧

汪人达 话剧《甲申纪事》编剧

郭启宏 话剧《李白》编剧

欧阳逸冰 儿童剧《长城有个黑小子》编剧

潘一尘 木偶剧《火云鸟》编剧

二、文华词作奖（空缺）

三、文华导演奖

孙丽清 新城戏《铁血女真》导演

杨小青 越剧《陆游与唐婉》导演

郭冬来　李竹君 陇剧《天下第一鼓》导演

李学忠　严跃龙　向仲能

花灯剧《情与爱》导演

芦　苇　杨蕙珍　李学庭　张怀奇

豫剧《试夫》导演

姚大石　张宏道

眉户戏《两个女人和一个男人》导演

张建军 豫剧《风流才子》导演
苏 民 话剧《李白》导演
陈 坪 歌剧《人生感受》导演
严忠颖 刘宪一 话剧《哈尼姑娘》导演
陈 坪 歌剧《张骞》导演
张奇虹 钱 峰 歌剧《樱花》导演
张奇虹 郁富南 儿童剧《长城有个黑小子》导演
赵根楼 木偶剧《哪吒神遇钛星人》导演
贾 侦 儿童剧《潇洒女孩》导演

四、文华编导奖（舞剧编导含编剧）

杨伟豪 谢 南 吴玲红 舞剧《丝海箫音》编导
赵惠和 苏天祥 徐 演 李学忠 周培武 陶 春 舞剧《阿诗玛》编剧、编导
刘仲宝 歌剧《江南好》编导

五、文华音乐创作奖

杨欣欣 杨柏森 李景阳 新城戏《铁血女真》唱腔设计 音乐设计 配器
栾胜利 吕剧《石龙湾》作曲
李鸿源 花灯剧《情与爱》作曲
胡梦桥 顾达昌 越剧《陆游与唐琬》作曲
张玉龙 歌剧《张骞》作曲
赵慧娟 贺志怀 歌剧《樱花》作曲
吴少雄 林荣元 舞剧《丝海箫音》作曲
万 里 黄 田 舞剧《阿诗玛》作曲
王竹林 桑 洁 玛 希 舞剧《森吉德玛》作曲
刘振球 木偶剧《火云鸟》作曲

六、文华舞台美术设计奖

吕也厚 齐仕明 杨慧先 新城戏《铁血女真》舞美设计 灯光设计 服装设计
郑志光 闽剧《丹青魂》舞美设计
姚呈远 京剧《青蛇传》舞美设计
蓝 玲 越剧《陆游与唐琬》服装设计
吕荣贵 马步远 晋剧《桐叶记》服装设计
韩西宇 话剧《李白》设计
郑志光 舞剧《丝海箫音》舞美设计
闵广森 舞剧《阿诗玛》舞美服装设计
王先刚 刘 英 歌舞《洪湖的女儿》舞美设计
张建林 儿童剧《红蜻蜓》舞美设计
王玉卿 徐文琪 徐 进 木偶剧《哪吒神遇钛星人》舞美、造型设计

七、文华表演奖

王希玲 豫剧《风流才子》饰唐伯虎
刘海波 新城戏《铁血女真》饰阿骨打
许爱英 眉户戏《两个女人和一个男人》饰段喜凤
艾金梅 京剧《青蛇传》饰小青
高 静 吕剧《石龙湾》饰彩螺
周云娟 越剧《巧凤》饰巧凤
张一平 楚剧《养命的儿子》饰秀秀
李树建 豫剧《试夫》饰朱二旦
茅威涛 越剧《陆游与唐琬》饰陆游
张树萍 桂剧《瑶妃传奇》饰瑶妃
张 智 晋剧《桐叶记》饰晋王叔虞
陈乃春 闽剧《丹青魂》饰吴道子
马昌钰 话剧《甲申纪事》饰李岩
张 炬 话剧《人生感受》饰老葫芦
濮存昕 话剧《李白》饰李白
王晓梅 话剧《女大十八变》饰喜鹊
杨 青 话剧《哈尼姑娘》饰米哩
李明启 话剧《人生感受》饰水莲
赵肖男 话剧《哈尼姑娘》饰米诺
邓 宇 舞剧《丝海箫音》饰小海
米东风 歌剧《张骞》饰张骞
安金玉 歌剧《张骞》饰阏云
李祝华 歌剧《樱花》饰樱子
依苏拉罕 舞剧《阿诗玛》饰阿诗玛
赵 霞 舞剧《森吉德玛》饰森吉德玛
校毅之 歌舞《洪湖的女儿》饰韩英
程春玲 舞剧《丝海箫音》饰桐花
郭明利 舞剧《森吉德玛》饰布日固德
高国庆 舞剧《丝海箫音》饰阿海
马 路 儿童剧《红蜻蜓》饰红蜻蜓
王 羊 儿童剧《长城有个黑小子》饰白小子
李 放 儿童剧《潇洒女孩》饰杨大娇
李珊珊 儿童剧《长城有个黑小子》饰黑小子
郑国芳 王 兼 郑湖柳

木偶剧《哪吒神遇钛星人》哪吒的操作者

第四届（1993年）

综合奖类

一、文华大奖

戏曲:

《西厢记》 浙江小百花越剧团

《山歌情》 江西省赣南采戏剧团

《大河谣》 福建省泉州市高甲戏剧团

（话剧、歌剧、舞剧、儿童剧、歌舞、乐舞：空缺）

二、文华新剧目奖

戏曲:

《一夜皇妃》 吉林省吉剧团

《金龙与蜉蝣》 上海淮剧团

《富贵图》 山西省晋剧院

《荷花洲头》 湖北省荆门市荆州花鼓戏剧团

《陈太爷选婿》 广东潮剧院

《契丹女》 内蒙古包头市漫瀚戏剧团

《玉蜻蜓》 福建省芳华越剧团

《刘氏四娘》 成都市川剧院

《阿盖公主》 云南大理州白剧团

《关公与貂蝉》 山西省运城地区蒲剧团

《甲申祭》 湖南省衡阳市祁剧团

《袁凯装疯》 天津市河北梆子剧团

《布衣毛润之》 长沙市艺术剧院湘剧团

《贵人遗香》 江西省京剧团

《能人百不成》 河南省濮阳豫剧团

话剧:

《OK，股票》 上海青年话剧团

《十三世达赖喇嘛》 河北省承德市话剧团

《女村长》 宁夏回族自治区话剧团

《李大钊》 总政话剧团

《北京往北是北大荒》 黑龙江省鸡西市话剧团

《灵魂出窍》 中国青年艺术剧院

舞剧:

《南越王》 广东歌舞剧院舞剧团

儿童剧:

《山那边儿》 北京市儿童艺术剧团

《陈小虎》 青岛话剧院海尔儿童艺术剧团

三、文华新节目奖

歌舞乐舞:

《楚韵》 武汉歌舞剧院

单项奖类

一、文华剧作奖

戏曲:

曾昭弘 越剧《西厢记》编剧

曲润海 晋剧《富贵图》编剧

王秀侠 吉剧《一夜皇妃》编剧

许一纬 高甲戏《大河谣》编剧

李志浦 潮剧《陈太爷选婿》编剧

姜朝皋 京剧《贵人遗香》编剧

李景文 京剧《贵人遗香》编剧

楚　良 花鼓戏《荷花洲头》编剧

谢千文　江洪涛　盛和煜 采茶戏《山歌情》编剧

话剧:

孙德民 《十三世达赖喇嘛》编剧

刘文惠　王志洪 《女村长》编剧

赵化南 《OK，股票》编剧

儿童剧:

吴玉中 《山那边儿》编剧

代　路 《陈小虎》编剧

二、文华词作奖（空缺）

三、文华导演奖

戏曲:

杨小青 越剧《西厢记》导演

张曼君　杨书敏 采茶戏《山歌情》导演

郭小男 淮剧《金龙与蜉蝣》导演

李学忠 吉剧《一夜皇妃》导演

张开国 川剧《刘氏四娘》导演

金光荣 川剧《刘氏四娘》导演

张景亮 漫瀚剧《契丹女》导演

李学忠　韩树荆　李泉水 蒲剧《关公与貂蝉》导演

管德印 河北梆子《袁凯装疯》导演

话剧:

陈明正 《OK，股票》导演

王志超 《北京往北是北大荒》导演
张奇虹 《灵魂出窍》导演
儿童剧:
杨玉清 于 涌 《陈小虎》导演
王 焰 《山那边儿》导演

四、文华编导奖
歌舞乐舞:
程 云 黄健中 吴 中 何大彬 梁 晋 余久香 王业元
歌舞诗乐《楚韵》编导

五、文华音乐创作奖
戏曲:
顾达昌 越剧《西厢记》作曲
胡梦桥 越剧《西厢记》作曲
陈裕光 采茶戏《山歌情》作曲
赵黎东 吉剧《一夜皇妃》作曲
王守信 湘剧《布衣毛润之》音乐设计
程少梁 淮剧《金龙与蜉蝣》作曲
俞福保 淮剧《金龙与蜉蝣》作曲
刘和仁 温明轩 刘和耀
晋剧《富贵图》音乐设计
舞剧:
郭石夫 《南越王》音乐设计
话剧:
张明建 《灵魂出窍》音响效果设计

六、文华舞台美术设计奖
戏曲:
罗志摩 周正平 蓝 玲
越剧《西厢记》舞台设计、服装设计
韩 生 淮剧《金龙与蜉蝣》舞台设计
伊天夫 灯光设计
沈小朴 服装设计
莫小敏 陈子南 越剧《玉蜻蜓》舞台设计
熊长羚 越剧《玉蜻蜓》舞台设计
谢惠钧 祁剧《甲申祭》舞台设计
杨月明 白剧《阿盖公主》服装设计
话剧:
黄冠余 陈东风 话剧《李大钊》设计
崔可迪 话剧《OK，股票》设计

七、文华表演奖
戏曲:
茅威涛 越剧《西厢记》饰张珙
刘 芸 川剧《刘氏四娘》饰刘氏四娘
曹汝龙 湘剧《布衣毛润之》饰毛润之
叶新涛 白剧《阿盖公主》饰阿盖公主
蔡友辉 高甲戏《大河谣》饰陈潢
王桂芬 吉剧《一夜皇妃》饰满苏
龙 红 采茶戏《山歌情》饰贞秀
王晓萍 晋剧《富贵图》饰尹碧莲
张凤莲 漫瀚剧《契丹女》饰桃花公主
梁伟平 淮剧《金龙与蜉蝣》饰蜉蝣
景雪变 蒲剧《关公与貂蝉》饰貂蝉
阎建国 河北梆子《袁凯装疯》饰袁凯
张天仁 采茶戏《山歌情》饰满仓
陈辉玲 越剧《西厢记》饰红娘
王君安 越剧《玉蜻蜓》饰申贵升
贾文龙 豫剧《能人百不成》饰白世成
话剧:
郑邦玉 《李大钊》饰李大钊
贾玲珍 《北京往北是北大荒》饰勤子
王晓英 《十三世达赖喇嘛》饰达赖喇嘛
任广智 《OK，股票》饰阿奈
傅亚楠 《女村长》饰范母
许正廷 《灵魂出窍》饰林浪
儿童剧:
王 宇 《陈小虎》饰懒猫
齐克建 《山那边儿》饰王老师
庄海英 《陈小虎》饰陈小虎
舞剧:
叶健平 《南越王》饰赵佗
温明珠 《南越王》饰满月
歌舞乐舞:
刘小莉 《楚韵》饰湘夫人
熊 涛 《楚韵》饰湘君
文亚莉 《楚韵》饰山鬼

第五届（1994年）

综合奖类

一、文华大奖

戏曲:
《三醉酒》(评剧) 吉林省双阳县评剧团
《木兰传奇》(龙江剧) 黑龙江省龙江剧实验剧院
话剧:
《旮旯胡同》 北京人民艺术剧院
《同船过渡》 湖北省武汉话剧院
歌舞乐舞:
《土里巴人》(土家族婚俗系列舞蹈剧) 湖北省宜昌市歌舞剧团
歌剧:
《鹰》(音乐剧) 黑龙江省歌舞剧院

二、文华新剧目奖
戏曲:
《红果红了》(豫剧) 河南省豫剧三团
《红丝错》(越剧) 浙江小百花越剧团
《秧歌情》(评剧) 辽宁省沈阳评剧院
《伦文叙传奇》(粤剧) 广东省粤剧院一团
《琵琶记》(昆剧) 北京北方昆曲剧院
《少帝福临》(京剧) 四川省成都市京剧团
《筒车谣》(花鼓戏) 湖南省湘潭市花鼓戏剧团
《曹操父子》(京剧) 天津青年京剧团
《夏王悲歌》(京剧) 甘肃省京剧团
《大汉魂》(高甲戏) 福建省南安市高甲戏剧团
话剧:
《结伴同行》 成都军区政治部话剧团
《热线电话》 江苏人民艺术剧院
《布达拉宫风云》 西藏自治区话剧团
《白雪花》 吉林延边朝鲜族自治州话剧团
《司法局长》 内蒙古自治区话剧团
《捉刀人》 中国青年艺术剧院
歌剧:
《徐福》 山东省歌舞剧院
《克里木参军》 总政歌剧团
舞剧:
《三峡情祭》 四川省重庆市歌舞团
儿童剧:
《开天辟地人之初》 中国儿童艺术剧院
《雁奴莎莎》 中国福利会儿童艺术剧院

三、文华新节目奖
歌舞乐舞:
《天山彩虹》 新疆维吾尔自治区歌舞团
《敦煌古乐》(发掘古典音乐)甘肃省敦煌艺术剧院

单项奖类

一、文华剧作奖
戏曲:
张福先 《三醉酒》编剧
顾颂恩 《红丝错》编剧
郭汉城 谭志湘 《琵琶记》剧本改编
张兴华 杨宝林 《木兰传奇》编剧
林 榆 《伦文叙传奇》编剧
石 颖 刘家声 《秧歌情》编剧
董 雯 程 悦 《少帝福临》编剧
话剧:
沈虹光 《同船过渡》编剧
金乃凡 《结伴同行》编剧
王承刚 蔡 伟 《热线电话》编剧
蓝荫海 顾 威 《旮旯胡同》编剧
歌剧:
王延松 胡小石 李宝群 徐力根 《鹰》编剧

二、文华词作奖(空缺)

三、文华导演奖
戏曲:
卢 昂 张 平 《红果红了》导演
杨晓彦 王 平 《秧歌情》导演
李 芳 孙铁石 刘振安 宋江泉 张英武 《木兰传奇》导演
刘富英 《三醉酒》导演
吕忠文 《大汉魂》导演
话剧:
普布次仁 《布达拉宫风云》导演
王佳纳 《同船过渡》导演
林荫宇 《捉刀人》导演
儿童剧:
陈 颙 尚鸿佑 《开天辟地人之初》导演

四、文华编导奖
歌舞乐舞:
门文元 陈 洪 吴健华 张小芯 谢 克

魏　伶　李卫星　赵　方
《土里巴人》编导（含文学）

舞剧:
宁永忠　杨　波　高　兴　秦宝岗
《三峡情祭》编导

五、文华音乐创作奖

戏曲:
王基笑　朱超伦　安之语　汤其河　李仲党
《红果红了》音乐设计
左玉山　韩东华　侯克勤　崔　岩
《三醉酒》唱腔设计、配器
朱绍玉　《夏王悲歌》作曲
陈锦生　龚荣光　史德林　陆　正　李容喆
王其珩　解　元
《秧歌情》作曲、配器
陆松龄　《少帝福临》作曲
曾祥嗣　刘振球　《筒车谣》音乐设计、配器

歌舞:
奴斯来提·瓦吉丁　周　吉　奴尔买卖提
马成翔
《天山彩虹》作曲

歌剧:
刘锡津　《鹰》作曲
姚继刚　《徐福》作曲

六、文华舞台美术设计奖

戏曲:
徐海珊　郭有镇　朱光武
《红果红了》舞美设计、灯光设计
徐　伟　梁三根　李伟中
《伦文叙传奇》舞美设计、绘景
王　薇　《木兰传奇》服装设计
张希娥　吴学春　马文和
《夏王悲歌》灯光设计、服装设计

话剧:
杨　柱　赵英杰
《结伴同行》舞美设计、灯光设计
王存玉　霍　焰　《旮旯胡同》舞美设计

歌剧:
徐　翔　秦　力　肖丽河　于媛婷
马　明　唐伟臣　《鹰》舞美设计

歌舞乐舞:
郑　军　董振刚　吴　力　徐继贤
黄庭浩　汪灵芝　曾艳琳　刘维亚
《土里巴人》舞美设计

七、文华表演奖

戏曲:
白淑贤　《木兰传奇》饰花木兰
陈霖苍　《夏王悲歌》饰李元昊
蔡瑶铣　《琵琶记》饰赵五娘
宋　丽　《秧歌情》饰蝴蝶
方雪雯　《红丝错》饰张秋人
刘继超　《三醉酒》饰龙　友
丁　凡　《伦文叙传奇》饰伦文叙
孟广禄　《曹操父子》饰曹　操
徐培成　《秧歌情》饰李大嚷嚷
马　兰　《红果红了》饰刘春花
刘　惠　《筒车谣》饰春　姑
张　克　《曹操父子》饰曹　丕

话剧:
胡庆树　《同船过渡》饰高爷爷
张九妹　《热线电话》饰苏　琴
谷　子　《司法局长》饰赵仲凯
肖惠芳　《同船过渡》饰方奶奶
郝　光　《热线电话》饰江　远
扎西顿珠　《布达拉宫风云》饰第司·桑杰嘉措
高惠彬　《捉刀人》饰曹　操
赵　亮　《结伴同行》饰侯小川

儿童剧:
刘晓明　《开天辟地人之初》饰鲧
夏志卿　《雁奴莎莎》饰嘎子灰鹅

歌剧、舞剧、歌舞乐舞:
陈　冬　《土里巴人》饰虎哥
陈伶艳　戴　丽　《土里巴人》饰凤妹
徐　燕　《三峡情祭》饰么妹
宋庆吉　《三峡情祭》饰憨哥
迪力娜尔　《天山彩虹》领舞
张美薇　《鹰》饰沁都朵儿
雷　岩　《徐福》饰徐　福
于联华　《徐福》饰阿　辰

发掘古典音乐奖：席臻贯

第六届（1995年）

综合奖类

一、文华大奖
戏曲：
《山杠爷》（川剧）
四川省成都市川剧院一、二联合团
《榨油坊风情》（采茶剧）江西省萍乡市采茶剧团
歌剧：
《苍原》 辽宁歌剧院
舞剧：
《边城》 湖南省歌舞团
（话剧、儿童剧、歌舞乐舞：空缺）
二、文华新剧目奖
戏曲：
《圣洁的心灵—孔繁森》（京剧） 北京京剧院
《鸡毛蒜皮》（淮剧） 江苏省盐城市淮剧团
《石龙湾》（京剧） 山东省京剧院
《烟壶》（曲剧） 北京曲剧团
《哪嗬伊嗬嗨》（彩调剧）
广西壮族自治区彩调剧团
《金银花·竹篱笆》（花灯戏）
云南省玉溪地区花灯剧团
《玉珠串》（高甲戏） 福建省安溪县高甲戏剧团
《狸猫换太子》（京剧） 上海京剧院
《王屋山下》（豫剧） 河南省济源市豫剧团
《刘秀还乡》（曲剧） 湖北省枣阳市曲剧团
《乡里乡亲》（唐剧） 河北省唐山市唐剧团
《大禹治水》（绍剧） 浙江省绍剧团
《西域情》（秦剧） 甘肃省张掖地区七一秦剧团
《藏王的使者》（藏剧）
青海省黄南藏族自治州民族歌舞团
话剧：
《春秋魂》 广州市话剧团
《辛亥潮》 四川省人民艺术剧院
《这里一片绿色》 河北省承德市话剧团
《最危险的时候》 总政话剧团
《阮玲玉》 北京人民艺术剧院
《鼓王》 鞍山市话剧团
《孔繁森》 山西省话剧院
儿童剧：
《小白龟》 山东省济南市儿童艺术剧院
《哪吒》 四川省成都市木偶皮影艺术剧院
《希望之光》 吉林省长春市话剧院儿童艺术团
《托起明天的太阳》
黑龙江省佳木斯市艺术剧院话剧团
《岳云》 天津市青年京剧团

三、文华新节目奖
歌舞、乐舞：
《雪花·雪花》（歌舞诗）
沈阳军区政治部前进歌舞团
《悠悠闽水情》（舞蹈诗） 福建省歌舞剧院
《大红灯笼亮起来》（歌舞） 中国歌舞团
《国魂》（音舞诗） 总政歌舞团

单项奖类

一、文华剧作奖
戏曲：
谭愫 谭昕 《山杠爷》编剧
颜梅魁 《榨油坊风情》编剧
孟光田 胡应明 《刘秀还乡》编剧
陈明 冯国才 《鸡毛蒜皮》编剧
张永和 王保春 《烟壶》编剧
诸葛辂 《玉珠串》编剧
刘梦德 董绍瑜 程惟湘 《狸猫换太子》编剧
王新纪 徐春兰
《圣洁的心灵—孔繁森》编剧
话剧：
孙德民 《这里一片绿色》编剧
锦云 《阮玲玉》编剧
歌剧：
黄维若 冯柏铭 《苍原》编剧
舞剧：
盛和煜 《边城》编剧
儿童剧：
贾淑云 《希望之光》编剧
姜维义（执笔）朱红赤（执笔）
吕诚 杨威 孙琦
《托起明天的太阳》编剧

二、文华词作奖（空缺）

三、文华导演奖

戏曲:

宋学斌　张正廉　刘　芸　《山杠爷》导演

彭　林　《榨油坊风情》导演

杨小青　林如炜　段建平　《大禹治水》导演

吕忠文　《玉珠串》导演

龙杰锋　胡筱坪　《哪嗬伊嗬嗨》导演

顾　威　张绍荣　《烟壶》导演

黄在敏　徐富元　耿天元　《石龙湾》导演

严跃龙　何瑞芬　陈明玉　《金银花·竹篱笆》导演

话剧:

徐晓钟　王晓鹰　《春秋魂》导演

陈薪伊　《辛亥潮》导演

宫晓东　《最危险的时候》导演

林兆华　任　鸣　《阮玲玉》导演

歌剧:

曹其敬　《苍原》导演

四、文华编导奖

舞剧:

谢晓泳（特邀）王瑞义　王小元　《边城》编导

五、文华音乐创作奖

戏曲:

蒋立芳　《山杠爷》音乐设计

朱绍玉　《圣洁的心灵—孔繁森》音乐设计

沈桂芳　《哪嗬咿嗬嗨》作曲

曾祥嗣　《榨油坊风情》音乐设计

李鸿源　李　明　《金银花·竹篱笆》音乐设计

顾达昌　罗　萍　陈国良　《大禹治水》作曲

歌舞乐舞:

马登弟　刘　威　刘立民　石　铁　冯玉岭　《雪花·雪花》作曲

歌剧:

徐占海　刘　辉　史建南（指挥）《苍原》作曲

舞剧:

杨天解　《边城》作曲

六、文华舞台美术设计奖

戏曲:

王培森　《王屋山下》舞美设计

卢卫东　灯光设计

姚呈远　《鸡毛蒜皮》舞美设计

朱维生　灯光设计

郑传恩　《圣洁的心灵—孔繁森》舞美设计

石翠亭　服装设计

何礼培　《大禹治水》舞美设计

周正平　灯光设计

岑宝山　蔡建国　《烟壶》舞美设计

皮　克　《榨油坊风情》舞美设计

胡耀辉　灯光设计

话剧:

王履玮　《春秋魂》舞台设计

刘建中　灯光设计

徐浩坚　服装设计

方国良　造型设计

高树康　《这里一片绿色》舞台设计

冬　戈　孙东风　《最危险的时候》舞台设计

张少轩　居文胜　灯光设计

歌剧:

高广建（特邀）韩　涛　《苍原》舞美设计

戚克强　灯光设计

张忠利　服装设计

莽珊珊　化妆设计

张　霁　刘汉臣　道具设计

郭马可　音响设计

舞剧:

范　宇　袁荣明　《边城》舞美设计

吴介隆　灯光设计

周亚加　服装设计

歌舞乐舞:

许镇川　《悠悠闽水情》舞美设计

儿童剧:

刘　霁　《哪吒》木偶造型

七、文华表演奖

戏曲:

王树基　《山杠爷》中饰山杠爷

孙　宁　《烟壶》中饰聂小轩

李崇善　《圣洁的心灵—孔繁森》中饰孔繁森

任三印　《王屋山下》中饰金东方

陈少云　《狸猫换太子》中饰陈琳

宋千进　《刘秀还乡》中饰刘秀

周剑英　《大禹治水》中饰大禹
傅正红　《石龙湾》中饰彩螺
石麟童　《鸡毛蒜皮》中饰尤三
杨步云　《哪嗬咿嗬嗨》中饰李阿三
杨丽琼　《金银花·竹篱笆》中饰银妹
彭秀兰　《乡里乡亲》中饰石花
张荣华　《西域情》中饰裴矩
赵一青　《榨油坊风情》中饰俏姑
杨振川　《玉珠串》中饰丁四
话剧:
潘伟行　《春秋魂》中饰屈原
李邦禹　《春秋魂》中饰楚怀王
孙　滨　《辛亥潮》中饰赵尔丰
刘　伟　《这里一片绿色》中饰公安局长
徐　帆　《阮玲玉》中饰阮玲玉
马贵祥　《鼓王》中饰老鼓
儿童剧:
胡心灵　《小白龟》中饰玄武
关丹凤　《希望之光》中饰松涛
阎　巍　《岳云》中饰岳云
歌剧、舞剧、歌舞乐舞:
车　英　《苍原》中饰渥巴锡
毕　成　《苍原》中饰舍楞
么　红　《苍原》中饰娜仁高娃
杨　霞　《边城》中饰翠翠
王明珠　《雪花·雪花》中饰雪花
陈　凯　《雪花·雪花》中饰抗联小战士日本大佐
王　辉　《苍原》中饰艾培雷
柳岳波　《边城》中饰傩送

第七届（1996年）

综合奖类

一、文华大奖
话剧:
《地质师》　黑龙江省大庆市话剧团
儿童剧:
《远山的花朵》(舞剧)　四川歌舞剧院　成都市经济电视台
《一二三，起步走》(滑稽戏)　江苏省苏州市滑稽剧团
戏曲:
《死水微澜》(川剧)　四川省青年川剧团
《歌王》(壮剧)　广西壮族自治区壮剧团

二、文华新剧目奖
戏曲:
《未了情》(黄梅戏)　湖北省黄梅戏剧团
《木乡长》(采茶戏)　江西省宜春地区采茶剧团
《关东雪》(吉剧)　吉林省吉剧团
《情系中英街》(粤剧)　广东省深圳市粤剧团
《贬官记》(闽剧)　福建省闽剧团
《梦断碑寒》(京剧)　云南省京剧团
《丁果仙》(晋剧)　山西省太原市实验晋剧团
《奔花翎》(巴陵戏)　湖南省岳阳市巴陵戏剧团
《梳妆楼》(晋剧)　河北省张家口市青年晋剧团
《都市风铃声》(豫剧)　河南省郑州市豫剧团
《西施断缆》(越剧)　浙江省诸暨市越剧团
《蔡伦》(秦腔)　陕西省戏曲研究院
《古兰木罕》(维吾尔剧)　新疆伊犁地区话剧团、新疆歌剧团
《胡笳》(京剧)　辽宁省沈阳京剧团
话剧:
《女兵连来了个男家属》　解放军总政话剧团
《天之骄子》　北京人民艺术剧院
《厂长马恩华》　河北省话剧院
《商鞅》　上海青年话剧团
《船过三峡》　四川省人民艺术剧院
《烧锅屯》　辽宁省朝阳市话剧团
《城市女儿》　江苏人民艺术剧院
歌剧:
《阿美姑娘》　福建省厦门市歌舞剧团
《芦花白·木棉红》　解放军总政歌剧团
舞剧:
《轩辕黄帝》　河北省歌舞剧院
《荷花赋》　湖北省歌舞剧院
歌舞:
《黄河水长流》　山西省歌舞剧院
《长长的红背带—献给客家母亲》　江西省赣南地区歌舞剧团
《西出阳关》　甘肃省兰州市歌舞团
《太湖鱼米乡》　江苏省无锡市歌舞团

《大雁颂》 西藏自治区歌舞团
儿童剧:
《雪童》 北京市儿童艺术剧团
《我爱我班》 山东省青岛海尔儿童艺术剧团
《白马飞飞》 上海中国福利会儿童艺术剧院
《希望》 武汉市儿童艺术剧院
* 发掘古典音乐奖:
《木卡姆先驱》 新疆维吾尔自治区歌剧团
* 京剧《狸猫换太子》 上海京剧院
(一二三本按连台本戏统一计算)

三、文华新节目奖
话剧小戏小品:
《全都忙》 解放军总政治部话剧团
《今夜情》 江苏省苏州市滑稽剧团
《乡长与八路》 河北省保定市文化局
《真假难辨》 湖北省武汉话剧院天意喜剧社
《歪打正着》 解放军总政治部歌舞团、话剧团
《纠察》 解放军总政治部话剧团
《光头连长》 解放军广州军区政治部战士话剧团
《手术之前》 安徽省马鞍山市黄梅戏剧团
《洪霞》 四川省成都市曲艺团
戏曲小戏小品:
《一瓶茅台》 湖北省楚剧团、湖北省京剧团
《酒楼杀场》 浙江省温州市瓯剧团
《求诀》 湖南省花鼓戏剧院
木偶皮影:
《三只老鼠》(皮影) 湖南省木偶皮影艺术剧院
《蛤蟆与鹅》(木偶) 上海木偶剧团
《大肚弥勒佛》(木偶) 天津市儿童艺术剧团
曲艺:
《巧手吟》(评弹) 江苏省歌舞剧院评弹团
《雏凤新声颂伟人》(粤曲) 广东音乐曲艺团
《"傻瓜"闪光》(绍兴莲花落)浙江省绍兴曲艺团
《秦淮月》(评弹) 江苏省歌舞剧院评弹团
《团结奋进的内蒙古》(众口好来宝)
内蒙古民族曲艺团
《白字经》(宁夏坐唱) 宁夏银川市说唱艺术团
《离婚夫妻》(二人转) 吉林省民间艺术团
《春兰吟》(广西文场) 广西桂林市曲艺团
(独幕话剧、相声:空缺)

四、文华组织奖
四川省文化厅(三个剧目获奖,其中大奖两名)
江苏省文化厅(三个剧目获奖,其中大奖一名)
黑龙江省文化厅(大奖一名)
广西壮族自治区文化厅(大奖一名)
河北省文化厅(三个剧目获奖)
上海市文化局(三个剧目获奖)
湖北省文化厅(三个剧目获奖)

单项奖类

一、文华剧作奖
戏曲:
胡桔根 采茶戏《木乡长》编剧
徐 棻 川剧《死水微澜》编剧
梅 实 曹宪成 巴陵戏《弃花翎》编剧
梅帅元 陈海萍 常剑钧 壮剧《歌王》编剧
李学忠 万 捷 吉剧《关东雪》编剧
曾文炳 肖柱荣 刘 强 罗锐曾
粤剧《情系中英街》编剧
话剧:
杨利民 《地质师》编剧
郭启宏 《天之骄子》编剧
燕 燕 《女兵连来了个男家属》编剧
李 亭 《船过三峡》编剧
儿童剧:
王辉荃 《一二三,起步走》编剧
方洪友 编剧指导
新节目:
陈嘉陡 《全都忙》编剧
陆伦章 王辉荃 《今夜情》编剧
崔砚君 侯洪义 《乡长与八路》编剧
汪黎明 马来法 蒋希均 倪齐全
《"傻瓜"闪光》编剧

二、文华词作奖
歌舞:
赵 越 《黄河水长流》作词
黄明光 熊振寰 江洪涛 饶春兰
《长长的红背带—献给客家母亲》作词

三、文华导演奖

戏曲:

谢平安　　川剧《死水微澜》导演

曹其敬　　壮剧《歌王》导演

余笑予　　黄梅戏《未了情》导演

赵曰祥　　采茶戏《木乡长》导演

李学忠　孔小富　李扬辉　闽剧《贬官记》导演

话剧:

陈　力　　《地质师》导演

陈薪伊　　《商鞅》导演

卢　昂　李鉴秋　　《船过三峡》导演

儿童剧:

杨玉清　　《我爱我班》导演

胡一飞　　《雪童》导演

陈薪伊　　《白马飞飞》导演

新节目:

李文启　　《全都忙》导演

黄鹤明　　《蛤蟆与鹅》导演

孙砚娥　　《光头连长》导演

四、文华编导奖

歌剧:

陈家瑞　陈　燕　　《阿美姑娘》编舞

舞剧:

郑　源　马东风　　《远山的花朵》导演

王家朋　黄　蕾　　《轩辕黄帝》导演

刘有才　梅昌胜　徐小平　　《荷花赋》导演

歌舞:

门文元　王秀芳　金效平　唐俊桂

刘兴范　石家萍　　《黄河水长流》编导

谭晓洪　肖建荣　赖　丹　谢晓春

《长长的红背带—献给客家母亲》编导

刘仲宝　尤进华　杨民麟　王言平　贾秀金

《太湖鱼米乡》编导

五、文华音乐创作奖

戏曲:

李果成　　壮剧《歌王》作曲

顾达昌　胡梦桥　　越剧《西施断缆》作曲、配器

肖　炳　王　激　徐光明

秦腔《蔡伦》音乐设计

周　吉　沙依提江　赵国华

维吾尔剧《古兰木罕》作曲、配器

陈精耕　　黄梅戏《未了情》作曲

蓝　天　　川剧《死水微澜》作曲

歌剧:

石　夫　　《阿美姑娘》作曲

舞剧:

彭　涛　　《远山的花朵》作曲

杜　滨　伊铁良　　《轩辕黄帝》作曲

龚国富　莫家沛　　《荷花赋》作曲

歌舞:

景建树　刘铁铸　刘德增　《黄河水长流》作曲

六、文华舞台美术奖

戏曲:

王　猛　卢英能　黄宗祥

壮剧《歌王》舞美设计

秦文宝　侯小蔚　　造型设计

胡耀辉　黄汉波　　灯光设计

赵志珍　黄友铸

川剧《死水微澜》服装、灯光设计

赵英勉　陈　华　李　威

晋剧《丁果仙》舞美设计

付大伟　穆宝民　王冰丽　　灯光设计

话剧:

黄海威　　《商鞅》舞美设计

歌剧:

周本义　黄　永　　《阿美姑娘》舞美设计

金长烈　　灯光设计

舞剧:

李家旺　　《轩辕黄帝》舞美设计

张风林　　灯光设计

歌舞:

王录宝　王　钢　李江汉

《黄河水长流》舞美设计

李建国　张继文　　《西出阳关》舞美设计

霍永亨　　灯光设计

任燕燕　　服装、化妆设计

新节目:

陈新湘　　《三只老鼠》造型设计

七、文华表演奖

戏曲:

田蔓莎　　《死水微澜》饰邓么姑

马定和 《歌王》饰勒欢
杨 俊 《未了情》饰陆芸
谢 涛 《丁果仙》饰丁果仙
刘如南 《木乡长》饰李星光
卓佩丽 《情系中英街》饰邓秀梅
迟小秋 《胡笳》饰蔡文姬
黄愿亭 《贬官记》饰边一笑
李占春 《关东雪》饰郭四虎
李 萍 《梳妆楼》饰肖后
古再丽奴尔 《古兰木罕》饰古兰木罕
王 慧 《都市风铃声》饰郑英
胡春华 《梦断碑寒》饰阿姹
唐元才 《狸猫换太子》饰包拯

话剧:

杨树田 《地质师》饰洛明
濮存昕 《天之骄子》饰曹植
邓印合 《厂长马恩华》饰马恩华
徐丽霞 《地质师》饰卢敬
尹铸胜 《商鞅》饰商鞅
高 英 《城市女儿》饰万永芳
张 娟 《烧锅屯》饰碾花
王晓娟 《女兵连来了个男家属》饰连长雪妹

舞剧:

李 驰 《轩辕黄帝》饰公孙轩辕
张 琦 《轩辕黄帝》饰嫘祖
吴珍艳 《荷花赋》饰荷花
李 青 《远山的花朵》饰母亲

歌剧:

李彩勤 《阿美姑娘》饰千惠
孙丽英 《芦花白 · 木棉红》饰芦花
戴玉强 《芦花白 · 木棉红》饰大苇

儿童剧:

张克勤 《一二三，起步走》饰孙发发
顾 芗 《一二三，起步走》饰安小花
夏志卿 《白马飞飞》饰白马

新节目:

黄 宏 《歪打正着》饰摊贩
黄霞芬 《巧手吟》演唱
孙 涛 《纠察》饰纠察
梁玉嵘 《雏凤新声颂伟人》演唱
孙来来 《酒楼杀场》饰石秀
倪齐全 《"傻瓜"闪光》饰表演

杨乃珍 《秦淮月》演唱
周锦堂 《真假难辨》饰卖票人
刘丹丽 《一瓶茅台》饰朝天椒

第八届（1998年）

文华大奖（2000年与第九届评奖同时补评）

戏曲

《苦菜花》 山东省吕剧院
《变脸》 四川省川剧院

话剧

《虎踞钟山》 南京军区政治部前线话剧团
《沧海争流》 福建人民艺术剧院

舞剧

《长白情》 吉林省延边歌舞团
《虎门魂》 广州军区战士歌舞团

一、综合奖类

（一）文华新剧目奖（32个）

戏曲:

《苦菜花》（吕剧） 山东省吕剧院
《变脸》（川剧） 四川省川剧院
《金魁星》（高甲戏） 福建省晋江市高甲戏剧团
《桃花扇》（昆剧） 江苏省昆剧院
《子血》（湘剧） 湖南省湘剧院
《石角凹》（晋剧） 山西省晋中地区青年晋剧团
《原野情仇》（花鼓戏） 湖北省实验荆州花鼓剧院
《龙须沟》（曲剧） 北京市曲剧团
《水墙》（评剧） 河北省廊坊市大厂回族自治县评剧团
《商海搭错船》（桂剧） 广西壮族自治区柳州市桂剧团
《梨花情》（越剧） 浙江省杭州越剧院小百花演出团
《刘铭传》（徽剧） 安徽省徽剧团
《香江泪》（京剧） 北京军区战友京剧团
《司马相如》（昆剧） 上海昆剧团

话剧:

《虎踞钟山》 南京军区前线话剧团
《沧海争流》 福建人民艺术剧院
《炮震》 沈阳军区前进话剧团

《新居》 广东省佛山市话剧团
《老兵》 济南军区前卫话剧团
《一人头上一方天》 黑龙江省齐齐哈尔市话剧团
歌剧：
《巫山神女》 重庆歌剧院
《孙武》 江苏省歌舞剧院
舞剧：
《虎门魂》 广州军区战士歌舞团
《路》 江西省九江市歌舞团
《大漠女儿》
新疆维吾尔自治区克拉玛依市石油管理局歌舞团
舞蹈诗：
《长白情》 吉林省延边歌舞团
《咕哩美》 广西壮族自治区北海市歌舞团
歌舞：
《多彩的世界》 东方歌舞团
儿童剧：
《大森林》 黑龙江省齐齐哈尔市评剧团
《琼花仙子》 江苏省扬州市木偶剧团
《这里将是别墅》 辽宁儿童艺术剧院
《认识你，真好》 中国儿童艺术剧院

（二）文华新节目奖（23个）
歌曲：
《青藏高原》 武警文工团
《走进新时代》 深圳市罗湖区文化局
南京军区前线歌舞团
《珠穆朗玛》 北京军区战友歌舞团
总政歌舞团
《黄河黄》 空政歌舞团
《我们的希望小学》 河北省艺术研究所
《祖国的西藏》 西藏自治区歌舞团
器乐：
《长征奏鸣曲》 北京军区战友歌舞团
《绿色的思念》 山东省歌舞剧院
《和—为排笛与大型民族管弦乐队而作》
浙江省歌舞总团
舞蹈：
《儿呀儿》 济南军区前卫歌舞团
《士兵的假日》 总政歌舞团
《牛角舞》 云南省昆明市民族歌舞团
《少女》 中央文化管理干部学院

《天边的红云》 南京军区前线歌舞团
《心弦》 吉林省延吉市朝鲜族艺术团
吉林省延边歌舞团
《红与黑》 北京歌舞曲艺艺术中心
《阿惹妞》 四川省歌舞剧院
《漫漫草地》 四川省歌舞剧院
杂技：
《银色畅想—女子抖轿子》 广州军区战士杂技团
《单手倒立》 天津市杂技团
《阿昌射日—双人双秋千》 成都军区战旗杂技团
《车技》 山东省杂技团
《高空达瓦孜》 新疆维吾尔自治区杂技团

（三）文华新剧目特别奖（8个）
话剧：
《大江奔流》 江苏省南京市话剧团
《兵妹子》 兰州军区战斗话剧团
《马背菩提》 甘肃省话剧团
儿童剧：
《奥芝国历险记》 浙江省儿童艺术剧团
《纳西小子》 云南省昆明市儿童艺术剧团
歌剧：
《舍楞将军》 内蒙古自治区包头市歌舞剧团
舞剧：
《元神祭》 湖北省黄石市歌舞团
大型情景式歌舞诗画：
《国旗下的士兵》 武警文工团

二、单项奖类

（一）文华剧作奖（10个）
戏曲：
魏明伦 川剧《变脸》编剧
翟剑萍、孟令河、徐世起 吕剧《苦菜花》编剧
伍经纬 高甲戏《金魁星》编剧
赵德平、张世昆 评剧《水墙》编剧
话剧：
邵钧林、稽道青 《虎踞钟山》编剧
周长赋 《沧海争流》编剧
庞泽云、王承友 《炮震》编剧
张明媛 《一人头上一方天》编剧
儿童剧：

王　靖　《大森林》编剧
欧阳逸冰　《这里将是别墅》编剧

（二）文华导演奖（10个）

戏曲：
谢平安、张开国、刘忠义　川剧《变脸》导演
杨晓彦　高甲戏《金魁星》导演
周世琮　昆剧《桃花扇》导演
话剧：
陈永森　《沧海争流》导演
胡宗琪　《老兵》导演
王佳纳　《新居》导演
儿童剧：
焦　锋　《琼花仙子》导演
贾　侦　《这里将是别墅》导演
王景耀　《大森林》导演
歌剧：
陈薪伊　《巫山神女》导演

（三）文华编导奖（5个）

舞剧：
李华、郭平、徐成华、邢时苗　《虎门魂》编导
舞蹈诗：
李承淑　《长白情》编导
杂技：
许淑娥、宁根福、沈伟
《银色畅想—女子抖轿子》编导
王亚非、孙彩霞、侯泉根　《单手倒立》编导
李西宁、刘丽
《阿昌射日—双人双秋千》编导

（四）文华音乐创作奖（10个）

戏曲：
栾胜利、丁博民　吕剧《苦菜花》作曲、配器
孙志勇、孟文、王锦、关宏
晋剧《石角凹》配器、音乐设计
王金山　高甲戏《金魁星》音乐设计
王湘强、李冬林、张之刚、叶明耀
湘剧《子血》作曲、配器
歌剧：
刘振球　《巫山神女》作曲
舞蹈诗：
朱嘉禾、林海东、廖美材、郭荣志
《咕哩美》作曲
舞剧：
徐肇基、方天行、杜鸣、桑雨　《虎门魂》作曲
舞蹈：
林幼平　《阿惹妞》作曲
孙宁玲　《天边的红云》作曲
儿童剧：
孟卫东、黄蜀青　《琼花仙子》作曲

（五）文华舞台美术设计奖（6个）

戏曲：
薛殿杰、曾宪坤、黄喜培
桂剧《商海搭错船》舞美设计
温俊栋　灯光设计
顾胜荣、谢惠钧、袁荣明、湘剧《子血》舞美设计
伊天夫　灯光设计
方　达、谭国强　服装设计
张　亚　道具设计
彭俐伶　化妆设计
杨罗生　盔头设计
戴晓云　越剧《梨花情》舞美设计
周正平、潘国良　灯光设计
兰　玲　服装设计
刘　洋　化妆造型
话剧：
刘　娟　《老兵》舞美设计
舞剧：
李春人、张国建　《虎门魂》舞美设计
舞蹈诗：
樊跃、李广立、夏光　《咕哩美》舞美设计

（六）文华表演奖（29个）

戏曲：
郎咸芬　《苦菜花》饰母亲
任庭芳　《变脸》饰水上漂
杨　韬　《变脸》饰狗娃
赖宗卯　《金魁星》饰胡氏
石小梅　《桃花扇》饰侯方域
左大玢　《子血》饰夏姬
史佳花　《石角凹》饰枣香
孙世安　《原野情仇》饰焦氏

张绍荣 《龙须沟》饰程疯子
董　成 《刘铭传》饰刘铭传
王玉兰 《香江泪》饰廖怡文
岳美缇 《司马相如》饰司马相如
话剧:
程建勋 《虎踞钟山》饰刘伯承
陈国典 《虎踞钟山》饰崔保山
艾　平 《一人头上一方天》饰柳青青
杨　翔 《沧海争流》饰郑成功
儿童剧:
王俪桦 《认识你，真好》饰甄聪明
李珊珊 《认识你，真好》饰维维
任秀清 《大森林》饰山妮
许　虹 《琼花仙子》饰琼花仙子
舞剧:
刘　晶 《虎门魂》饰渔女
孔　岩 《大漠女儿》饰杨雪
刘　震 《路》饰路新
歌剧:
米东风 《巫山神女》饰水旺
顾　欣 《孙武》饰孙武
舞蹈:
李　青 《阿惹妞》
姜铁红 《阿惹妞》
刘小荷 《儿呀儿》
杂技:
《车技》集体表演奖

第九届（2000年）

一、　综合奖类

（一）文华大奖（11个）
戏曲:
《骆驼祥子》 江苏省京剧院
《迟开的玫瑰》 陕西省戏曲研究院青年团
《金子》 重庆市川剧院
《马陵道》 湖南省湘剧院
话剧:
《厄尔尼诺报告》 南京军区政治部前线话剧团
《生死场》 中央实验话剧院
《父亲》 辽宁人民艺术剧院
《洗礼》 解放军总政治部话剧团
歌剧:
《原野》 中国歌剧舞剧院
舞剧:
《阿炳》 无锡市歌舞团
儿童剧:
人偶剧《鹿回头》 海南省人偶剧团

（二）文华新剧目奖（53个）
戏曲:
《风雨同仁堂》 北京京剧院
《瘦马御史》 云南省昆明市滇剧团
《乡里警察》 湖南省花鼓戏剧院
《荆钗记》 浙江省温州市越剧团
《舞台姐妹》 上海越剧院
《闹龙舟》 湖北省荆门市艺术剧团
《徽州女人》 安徽省安庆市黄梅戏二团、三团
《大脚皇后》 山西省京剧院
《孔乙己》 杭州茅威涛戏剧工作室有限公司
浙江越剧团
《老子·儿子·弦子》 河南省郑州市豫剧团
《中国公主杜兰朵》 四川省自贡市川剧团
《皂隶与女贼》 福建省梨园戏实验剧团
《还魂后记》 江西省赣剧团
《满都海斯琴》 内蒙古民族剧团
《代国情》 河北省蔚县晋剧团
《初定中原》 山西省晋城市上党戏剧院一团
《范仲淹》 贵州省贵阳市京剧团
《大棚情缘》 宁夏青铜峡市文工团
《苏东坡在海南》 海南省琼剧院
《西门豹》 大连市京剧团
《金色的黎明》 青海省藏剧团
话剧:
《圣旅》 河北省承德话剧团
《岁月风景》 广州军区政治部战士话剧团
《绿荫里的红塑料桶》北京军区政治部战友话剧团
《绿色的阳台》 广东话剧院
《世纪彩虹》 江苏省人民艺术剧院
《北方的湖》 沈阳话剧团
《工人世家》 青岛市话剧团
《三毛钱歌剧》 中国青年艺术剧院
《秦淮人家》 南京市话剧团

《古井巷》 江西省话剧团
《寻迹唐古拉》 西藏自治区话剧团
歌剧:
《素馨花》 福建省泉州歌剧团
音乐剧:
《白莲》 柳州市歌舞团
《未来组合》 四川人民艺术剧院
歌舞:
《好一朵茉莉花》江苏省歌舞剧院、常州市歌舞团
《祖国，请检阅》 解放军总政治部歌舞团
《东方之花》 东方歌舞团
《山父水母》
新疆克孜勒苏柯尔克孜自治州歌舞团
舞剧:
《傲雪花红》 山西省歌舞剧院
《干将与莫邪》 苏州市歌舞团
《阿姐鼓》 杭州歌舞团
《星海·黄河》 广州市歌舞团
《深圳故事·追求》 深圳歌舞团
《悠悠雪羽河》 甘肃敦煌艺术剧院
《山水谣》 武汉歌舞剧院
武汉有线电视台
《白鹿额娘》 辽宁歌舞团
儿童剧:
《我要做好孩子》 常州市滑稽剧团
《宝贝儿》 济南儿童艺术剧院
《尼玛·太阳》 天津儿童艺术剧院
《少年岳飞》 福建省漳州市木偶剧团
《红地球，蓝地球》 成都市木偶皮影艺术剧院
《小凤》 湖北省京剧二团、湖北省鄂州市艺术创作研究所

二、单项奖类

（一）文华剧作奖（17个）
戏曲:
《骆驼祥子》 钟文农
《迟开的玫瑰》 陈彦
《金子》 隆学义
《马陵道》 陈健秋
《瘦马御史》 盛和煜 文建民 王之墀
《乡里警察》 冯之
《大脚皇后》 梁波
话剧:
《厄尔尼诺报告》 姚远 邓海南 蒋晓勤
《生死场》 田沁鑫
《父亲》 李保群
《圣族》 孙德民
《岁月风景》 唐栋
《绿荫里的红塑料桶》 孟冰
《古井巷》 陈伦元
儿童剧:
《鹿回头》 孙凯 王勇
《宝贝儿》 永涓 田牛 在呈 乃棼
歌剧:
《原野》 万方

（二）文华导演奖（19个）
戏曲:
《骆驼祥子》 石玉昆
《迟开的玫瑰》 谢平安 徐小强
《金子》 胡明克
《马陵道》 黄天博
《荆钗记》 杨小青 王灵南 李珍珍
《闹龙舟》 张曼君
《徽州女人》 陈薪伊 曹其敬
《孔乙己》 郭小男
《初定中原》 孙丽清
话剧:
《厄尔尼诺报告》 郝钢
《生死场》 田沁鑫
《洗礼》 汪遵熹
《三毛钱歌剧》 陈颙
儿童剧:
《鹿回头》 彭林 孙凯
《尼玛·太阳》 马路
《少年岳飞》 洪惠君
歌剧:
《原野》 李稻川
歌舞:
《好一朵茉莉花》
徐康 束中发 张晓苏 杨丽娟
《祖国，请检阅》 左青

（三） 文华编导奖（5个）

音乐剧：
《白莲》 张继刚 赵叶叶 杨世萍 何晓彬
任银玲 张瑞静 朱 毅
舞剧：
《阿炳》 门文元 刘仲宝 张 弋 杨 威
贾秀全 尤进华 王言平 杨民麟
《干将与莫邪》 马家钦
《阿姐鼓》 崔 巍
《傲雪花红》 刘兴范 韩建东 孙晋南 张友铭

（四）文华音乐创作奖（11个）
戏曲：
《迟开的玫瑰》 王 激 谭建春 周福田
《金子》 陈安业 李 冰 郭莘舫
《马陵道》 陈飞虹 朱德明
《风雨同仁堂》 陆松龄
配器：张 磊
《瘦马御史》 刘俊伟 王艺华 向美庆 赵嘉禄
马艺维
《满都海斯琴》 美丽其格 格·恩和
配器 张建民 索伊洛图
儿童剧：
《鹿回头》 莫 柯 王兆京 张拔山
歌剧：
《原野》 金 湘
音乐剧：
《未来组合》 李海鹰
舞剧：
《深圳故事·追求》 叶小纲
《阿炳》 刘廷禹

（五）文化舞台美术奖（18个）
戏曲：
《马陵道》 曾泽强
灯光设计 张曼之
服装设计 刘 彩
化装设计 彭俐伶
道具设计 张 亚
盔头设计 杨罗生
《乡里警察》 谭国强
《荆钗记》 朱喜庆
灯光设计 周正平 王朝聪

服装造型设计 兰 玲 练左明
《满都海斯琴》 服装设计 郭 健
道具设计 吴穹 朱学根 张日升
化装设计 郭陶然
《范仲淹》 沈 皋
灯光设计 张效中
《徽州女人》 灯光设计 邢 辛
服装设计 史延芹
化装设计 雷茨美
话剧：
《生死场》 薛殿杰
灯光设计 周正平 马文光
服装设计 盖 燕
《父亲》 王继厚 张 杰
人物造型 王丽丽
《洗礼》 孙东风
儿童剧：
《少年岳飞》 造型设计 杨君炜
《宝贝儿》 布景设计 边文彤 韩 鲁
《小凤》 服装设计 谭忠萍 李显明
音乐剧：
《白莲》 张继文 王瑞国
歌舞：
《好一朵茉莉花》 王立庆 肖 和 张 珏
《祖国，请检阅》 樊 跃 刘和平 沈庆平
沙晓岚 杨卫东
舞剧：
《阿炳》 周本义 张知二
《深圳故事·追求》 王志强 梁永森 麦 青
《阿姐鼓》 灯光设计 肖丽河

（六）文华表演奖（51个）
戏曲：
陈霖苍 《骆驼祥子》饰祥子
黄孝慈 《骆驼祥子》饰虎妞
李 梅 《迟开的玫瑰》饰乔雪梅
沈铁梅 《金子》饰金子
唐伯华 《马陵道》饰孙膑
赵葆秀 《风雨同仁堂》饰乐徐氏
周卫华 《瘦马御史》饰钱南园
汤丽芳 《荆钗记》饰王十朋
钱惠丽 《舞台姐妹》饰邢月红

单仰萍 《舞台姐妹》饰竺春花
韩再芬 《徽州女人》饰女人
茅威涛 《孔乙己》饰孔乙己
简小丽 《中国公主杜兰朵》饰柳儿
陈 莉 《还魂后记》饰杜丽娘
其其格 《满都海斯琴》饰满都海斯琴
额尔德木图 《满都海斯琴》饰乌嫩博罗特
韩金香 《代国情》饰公主
张保平 《初定中原》饰多尔衮
曹剑文 《范仲淹》饰范仲淹
杨 赤 《西门豹》饰西门豹
话剧:
陈国典 《厄尔尼诺报告》饰郭海
倪大宏 《生死场》饰二里半
宋国锋 《父亲》饰父亲
翟万臣 《洗礼》饰李东海
王友来 《圣旅》饰二世班禅
林永健 《岁月风景》饰曹克明
吴 军 《绿荫里的红塑料桶》饰一班长
李邦禹 《绿色的阳台》饰戴国浩
蔡 伟 《世纪彩虹》饰石松生
孙海英 《北方的湖》饰肖北
赵秀云 《工人世家》饰潘立英
张秋歌 《三毛钱歌剧》饰麦克易斯
张燕燕 《秦淮人家》饰秋月
洛桑群培 《寻迹唐古拉》饰扎强
儿童剧:
殷延平 《我要做好孩子》饰金亦鸣
周 蕾 《我要做好孩子》饰金铃
朱荣利 《小凤》饰小凤
张淑婕 《尼玛·太阳》饰达杰
歌剧:
万山红 《原野》饰金子
张晓玲 《原野》饰焦母
李海珍 《素馨花》饰赛玉妲
严东东 《素馨花》饰康海生
歌舞:
《东方之花》排箫演奏员 林文增
《东方之花》女声独唱演员 郭 蓉
舞剧:
黄启成 《深圳故事·追求》饰夸父
张娅君 《傲雪花红》饰刘胡兰
胡淮北 《干将与莫邪》饰干将
张润华 《星海·黄河》饰星海
刘 震 《阿炳》饰阿炳
李 青 《阿炳》饰母亲
山 翀 《干将与莫邪》饰莫邪

文华新节目奖

(排名不分先后)

(一)文华新节目奖(21个)

曲艺《中华神韵》 中国武警文工团
清音表演唱《搬上新居迎太阳》 重庆市曲艺团
小品《盖章》 吉林省曲艺团
二人转《胡知县断案》 吉林市戏曲剧团
相声《换包装》 中国煤矿文工团
梅花大鼓《二泉映月》 天津市曲艺团
单弦《将军的情怀》 天津市曲艺团
四川清音《蜀绣姑娘》 成都市曲艺团
相声《百听不厌》 沈阳曲艺团
喜剧小品《今夜更有情》 苏州市滑稽剧团
苏州评弹《永远的江南》 江苏省歌舞剧院
苏州弹词《姑苏水巷》 苏州市评弹团
小品《随礼》 河北大厂县评剧团
小品《熄灯号响过之后》 济南军区政治部前卫话剧团
小品《小时工》 解放军总政治部话剧团
木偶剧《五里长虹》 福建省晋江市掌中木偶戏剧团
小品《办公室的故事》 陕西人民艺术剧院
苏州评弹《搬家乐》 苏州评弹学校
中篇评弹《孙庞斗智》 上海评弹团
小品《巡堤》 解放军总政治部歌舞团
小品《瓜女子》 陕西省戏曲研究院秦腔团

(二)文华新节目创作奖(6个)

小品《盖章》 张 弘
相声《换包装》 赵小林
相声《百听不厌》 白纪元 孟松良 王志涛 陈连仲
苏州评弹《搬家乐》 邢晏春
小品《小时工》 阎志秋
苏州评弹《永远的江南》 秦 逸 戴晓权

（三）文华新节目导演奖（1个）

小品《熄灯号响过之后》 胡宗琪

（四）文华新节目表演奖（12个）

二人转《胡知县断案》 闫学晶

相声《换包装》 王谦祥

相声《换包装》 李增瑞

相声《百听不厌》 王志涛

相声《百听不厌》 陈连仲

苏州评弹《永远的江南》 黄霞芬

苏州评弹《搬家乐》 邢晏芝

四川清音《蜀绣姑娘》 程永玲

小品《小时工》 薛 勇

小品《盖章》 王润菁

小品《办公室的故事》 石国庆 刘 远

小品《瓜女子》 魏青艳

部分艺术表演团体

中国京剧院

中国京剧院成立于1955年，首任院长为京剧艺术大师梅兰芳先生。自建院以来，不断吸收各流派的表演艺术家、著名京剧演员和社会知名作家、导演、作曲家、舞台美术家，组成了精英荟萃、实力雄厚的京剧艺术表演团体。

40多年来，中国京剧院的艺术家队伍已经历三代。第一代，以著名表演艺术家李少春、袁世海、叶盛兰、杜近芳、李和增、叶盛章、张云溪、张春华、云燕铭、雪艳琴、黄玉华、侯玉兰、孙盛武、李洪春、王玉让、景荣庆、李金泉、李慧芳、高玉倩、阎世善、李金鸿等为中坚力量，开创了善于继承，勇于革新，精于塑造人物形象的剧院独特风格。第二代，以五六十年代中国戏曲学校优秀毕业生为骨干，刘秀荣、杨秋玲、孙岳、刘长瑜、冯志孝、李光、李维康、王晶华、吴玉璋、张曼玲、夏永泉、刘琪、寇春华、李欣、俞大陆、耿其昌、高牧坤、李岩等，与80年代入院的李世济、杨春霞、齐啸云等汇合成新的艺术力量，在创造历史人物和现代人物形象方面作出了新的贡献。第三代，选拔引进九十年代中国戏曲学院毕业生及社会优秀人才，于魁智、刁丽、张建国、张火丁、耿巧云、陈淑芳、李海燕、江其虎、赵永伟、李文林、袁慧琴、邓敏、李红梅、魏积军、徐畅、黄梅、宋小川、管波、吕昆山、张威等，成为一代新秀。

建院以来，创作改编演出了《三打祝家庄》、《白蛇传》、《将相和》、《黑旋风》、《猎虎记》、《野猪林》、《桃花扇》、《杨门女将》、《谢瑶环》、《满江红》、《九江口》、《春草闯堂》、《红灯照》、《大明魂》、《甘棠夫人》、《响马传》、《桃花村》、《三座山》、《周仁献嫂》、《李逵探母》、《佘赛花》、《穆桂英挂帅》、《三盗令》、《赤壁之战》、《西厢记》、《孙安动本》、《初出茅庐》、《强项令》、《李清照》、《锦车使节》、《调寇审潘》、《武则天轶事》、《玉树后庭花》、《宝莲灯》、《宝马圆情》、《弹剑记》等百余出历史故事剧；改编上演了《红灯记》、《白毛女》、《蝶恋花》、《恩仇恋》、《香港行》、《北国红姑娘》等几十出现代戏；整理、改编、上演了《三岔口》、《群英会》、《秦香莲》、《汉宫惊魂》、《瘦马御史》、《女驸马》等200余出优秀传统戏和优秀地方戏。这些剧目各具特色，赢得了观众喜爱，在国内外产生广泛影响。还有许多优秀剧目及表演艺术家，在国际国内的重要演出和比赛中获奖。中国京剧院先后赴美国、日本、德国、法国、意大利、英国、澳大利亚、前苏联等40多个国家及香港、澳门、台湾地区进行演出，在海内外赢得了良好的声誉。

中国青年艺术剧院

中国青年艺术剧院的前身是成立于1941年的“延安青年艺术剧院”，1949年4月16日在北京正式建立“中国青年艺术剧院”，首任院长廖承志。著名戏剧艺术家吴雪、金山、孙维世、张正宇、李之华、白凌、舒强、邓止怡、石羽、毛金凤、陈颙、吕德康、石维坚等曾在剧院担任主要领导工作。

剧院相继上演了近二百出大型剧目和七、八十出独幕剧等小型节目，其中大多数为贴近时代、贴近民众、反映现实生活的当代题材剧目，如《抓壮丁》、《反翻把斗争》、《在新事物面前》、《西望长安》、《洞箫横吹》、《降龙伏虎》、《李双双》、《雷锋》、《枫叶红了的时候》、《权与法》、《不知秋思在谁家》、《双人浪漫曲》、《火神与秋女》、《灵魂出窍》、《大江人》、《哈尼姑娘》、《生为男人》、《关东大集》、《绿房子》、《全是北京人》、《花房姑娘》、《在这个家庭里》、《第十七棵黑杨》等。

剧院也上演了大量"五四"新文化运动以来的优秀作品和不同时期的历史剧，如《家》、《红色风暴》、《青春之歌》、《一代风流》、《捉刀人》。中国著名剧作家郭沫若、夏衍、田汉、阳翰笙、老舍、曹禺、宋之的、陈白尘、吴祖光等人的名作《上海屋檐下》、《文成公主》、《关汉卿》、《天国春秋》、《李秀成之死》、《方珍珠》、《全家福》、《雷雨》、《原野》、《爱国者》、《纸老虎现形记》、《风雪夜归人》先后出现在青艺的舞台上。

作为国家剧院，青艺肩负着国际戏剧交流的重任。剧院至今已演出过《保尔·柯察金》(前苏联)、《钦差大臣》(俄)、《尤利乌斯·伏契克》(捷克)《万尼亚舅舅》(俄)、《娜拉》(挪威)、《第二次爱情》(前苏联)、《沙恭达罗》(印度)、《岛》(日本)、《阴谋与爱情》(德)、《中锋在黎明前死去》(阿根廷)、《费加罗的婚礼》(法)、《伽俐略传》(德)、《威尼斯商人》(英)、《蒙塞拉》(法)、《樱桃时节》(法)、《高加索灰阑记》(德)、《天使来到巴比伦》(瑞士)、《浴美人》(法)、《社会形象》(墨西哥)、《结婚》(日本)、《晚安啦，妈妈》(美)、《几尔加美休》(日本)、《tsou·伊底帕斯》(希腊)、《三毛钱歌剧》(德国)、《女仆》(法)、《屋外有花园》(美)等十多个国家的20多出剧目。

剧院现有140多位中国戏剧家协会会员，拥有高级职称的艺术家超过100名。历年来，有近300人次分别获得国家政府奖和国际奖。当年的著名艺术家和当今一大批活跃在舞台、影视圈的艺术家们，在青艺这块园地里施展着自己的才华，为话剧舞台塑造了一个个令人难忘的艺术形象，共同创造了青艺热情饱满、平实深厚的整体艺术风貌。

中国儿童艺术剧院

中国儿童艺术剧院是直属文化部的国家级剧院，成立于1956年，至今已有45年的历史。

中国儿童艺术剧院的组成，包括：中国儿童剧场、党政管理部、资源开发部、演出经营策划中心、服务结算中心、演艺部（含电声乐队）和舞美部。

自1956年以来，先后担任正院长的有：任虹、周来、方掬芬。目前的院长是欧阳逸冰，方掬芬为名誉院长。

45年来，中国儿艺在全国儿童戏剧界一直发挥着代表性、实验性和示范性的作用。她面向全国3.8亿青少年，巡回演出的足迹北至乌苏里江、内蒙古大草原，南至深圳、香港，东至上海，西南至嘉陵江两岸……湘江内外，中原大地也无不铭记着中国儿艺当年演出的盛况。1995年，中国儿艺的《马兰花》给新加坡观众留下了十分美好的印象。

45年来，中国儿艺累计推出了130多个剧(节)目，演出已逾万场之多。其经典剧目，首屈一指的是得到周恩来总理亲自指导的《马兰花》。该剧赢得了新中国三代观众的喜爱，不仅是中国儿艺的代表作，也是新中国儿童戏剧事业的第一块光彩的里程碑。此外的优秀剧目，当数全国闻名的《以革命的名义》、《岳云》、《报童》、《十二个月》等等。获全国奖和国家政府奖的剧目有《喜哥》、《闪烁吧，繁星》、《我也是太阳》、《之伢子》、《我的童年在黑土地》、《长城有个黑小子》、《开天辟地人之初》、《认识你，真好》、《月光摇篮曲》等等。近年来，中国儿艺还引进并演出了颇具观赏价值的大型音乐剧《皇帝的新装》和《青鸟》。

2000年6月2日国务院总理朱镕基同志光临中国儿童剧场，观看中国儿艺的音乐剧《月光摇篮曲》。2001年3月1日国务院副总理李岚清同志、北京市委书记贾庆林同志以及文化部、教育部的领导同志一起观看了中国儿艺第5次重排的《马兰花》(中英文双语版)。

45年来，中国儿艺培育了深受观众喜爱的著名儿童戏剧表演艺术家方掬芬、覃琨、连德枝……等等。著名表演艺术家、电影形象周恩来的塑造者王铁成和在《宰相刘罗锅》中饰演六王爷的著名表演艺术家李丁也是中国儿艺的成员。中国儿艺还拥有在影视界引人注目的著名演员陈宝国（主演电影《神鞭》、《老店》等)、薛白（主演电影《黄土地》、《三家巷》等)、许亚军（主演电视剧《寻找回来的世界》等)、闪增宏（与郭凯敏共同主演电影《邮缘》、电视剧《寻找回来的世界》)、郭连文（主演电视剧《少奇同志》)……等等。

在中国儿艺获政府最高奖文华奖的个人有编剧欧阳逸冰、王洋等11人次，获梅花奖（全国表演权威奖项）的有闪增宏、刘晓明、钟浩、王丽桦、李珊珊、王瑶、贾占红等9人次，获曹禺文学奖的编剧1人。还有不少艺术家获得过金狮奖、金鹰奖、全国儿童戏剧汇演奖等等。

中国儿艺还拥有富有才华、成绩昭然的作曲家邹野，舞台美术家苗培如等等。

中国儿童艺术剧院在新世纪里将殚精竭虑地创造为广大青少年喜爱的艺术精品。让儿艺的每一个剧目都能成为少年儿童心灵宝匣里的珍珠，让中国儿童艺术剧院成为孩子们的精神家园。

中央实验话剧院

中央实验话剧院始建于1956年9月。首任院长是中国话剧事业奠基人之一、著名戏剧家和教育家欧阳予倩，副院长是著名戏剧家孙维世（兼总导演）、舒强。剧院的创建及其戏剧活动受到周恩来总理、陈毅副总理的直接关怀，朱德委员长为剧院题写了院名。剧院现任院长赵有亮，副院长杨宗镜、周予援。党委书记王正春、副书记严凤琦。剧院人员编制为189人，体制为院长负责制。

40多年来，剧院上演了众多的优秀剧目，培养了许多优秀的艺术人才。通过剧院的演出，不仅使中国戏剧大师们的力作在当今舞台上再展光芒，也曾使外国戏剧巨匠们的名著在中国戏剧舞台上重放异采。剧院的公演剧目涉及中外古今，并以各种不同的风格、流派、体裁、形式绘制成剧目长卷，使剧院的艺术风貌有着鲜明的实验特色。尤其近年来剧院开创性地提出实验与探索的宗旨：为国内外有志于戏剧探索的艺术家，提供一块能以充分发挥其艺术才华的实验天地，于是剧院更呈现出新的风采。剧院不断发展壮大，卓有成效地成为中国享有盛誉、受到人们喜爱的国家级剧院之一。同时，剧院进入90年代以来，还先后到俄罗斯、日本、新加坡、韩国、挪威、意大利等国家访问演出，进行文化交流，受到国外艺术界和观众的好评。

剧院演出的有代表性的剧目有：《同甘共苦》、《桃花扇》、《棠棣之花》、《结婚进行曲》、《英雄列车》、《桑阳河畔喜事多》、《三人行》、《最后一幕》、《枫叶红了的时候》、《爱情之歌》、《大风歌》、《阿Q正传》、《哥们儿折腾记》、《十五桩离婚案的调查剖析》、《未来在召唤》、《一个死者对生者的访问》、《和氏璧》、《周君恩来》、《思凡》、《疯狂过年车》、《棋人》、《伐子都》、《生逢其时》、《生死场》、《我认识的鬼子兵》、《恋爱的犀牛》、《坏话一条街》等。演出的外国优秀剧目有：《黑奴恨》、《大雷雨》、《一仆二主》、《灵与肉》、《叶尔绍夫兄弟》、《温莎的风流娘儿们》、《探长来访》、《浮士德》、《人民公敌》、《死无葬身之地》、《玩偶之家》、《一个无政府主义者的意外死亡》、《纪念碑》、《臭虫》等。

在剧院40多年的艺术创造与组织建设中，老一代艺术家为之奠定了坚实的基础。在后继者的行列中亦是人才辈出，群星灿烂，构成剧院的编剧、导演、舞台美术、戏剧评论等艺术家群体。剧院曾拥有欧阳予倩、孙维世、舒强、吕复、蓝光、于村、耿震、张守维、刘燕瑾、姚向黎、田成仁、陈永祥等老一辈著名的艺术家；在后继者中具有国家一级艺术职称，并因对文艺事业做出突出贡献，享受国务院颁发的政府特殊津贴的艺术家有：赵有亮、杨宗镜、肖驰、游本昌、丁笑宜、郑振瑶、澹台仁慧、薛殿杰、张家声、雷恪生、黄小立、王培森、刘树纲、中杰英、石零、李法曾、文兴宇、李如平、赵云声、冼济华、李雪健、李羚、冯宪珍、韩童生、李媛媛、赵广杉、贾大中等，具有国家一级艺术职称的青年艺术家有李建义、查明哲、沙景昌、李野萍、周虹、周予援、过士行、刘佩琦、邢辛、吴晓江、孙淳、廖京生、穆宁、伍宇娟、张凯丽、汪又绚、王尧、马文光等。新一代的导演田沁鑫、孟京辉，演员李琳、陶虹、朱媛媛、袁泉、章子怡等也都创造出了令人瞩目的艺术业绩。剧院的艺术家们不仅在话剧舞台上成就斐然，各领风骚，同时也活跃在电影、电视、广播剧领域，成绩显著。历年来，在全国话剧、电影、电视领域内所设的各类奖项中，剧院的获奖者多达220余人次，为中国的艺术事业作出了重要的贡献，也为剧院增添光彩。

中国歌剧舞剧院

中国歌剧舞剧院是创作与演出中国民族歌剧、民族舞剧的国家级剧院，直属中华人民共和国文化部。

剧院前身—北京人民艺术剧院，建立于1950年元月。1952年更名为“中央戏剧学院附属歌舞剧院”，戏剧家李伯钊任院长。1953年更名为“中央实验歌剧院”，音乐家周巍峙任院长，诗人、戏剧家塞克为艺术顾问。1964年定名为“中国歌剧舞剧院”，音乐家卢肃、马可，作家、戏剧家晏甬、乔羽，作曲家刘文金先后任院长。现任院长为歌唱家田玉斌。

剧院现有两个演出团（歌剧团、舞剧团）、两个乐团（民族乐团、管弦乐团），一个完整的舞台美术演出、制作部门。

全院有演职员近400人，拥有高级职称的人员近200人。以郭兰英、赵青、陈爱莲为代表的一批著名表演艺术家受到中外观众的热爱和赞誉。近年来剧院又涌现出一批深受观众欢迎的优秀艺术家，如歌唱家柳石明、李元华、万山红、卢秀梅、韩延文、孙毅；青年舞蹈家山翀；作曲家徐沛东、关峡、温中甲；舞美设计家鞠毅等。

40多年来，剧院先后演出了《白毛女》、《小二黑结婚》、《槐荫记》、《窦娥冤》、《伤逝》、《原野》等著名歌剧及《宝莲灯》、《文成公主》、《红楼梦》、《铜雀伎》等著名舞剧。

剧院以在首都的剧场演出为主，同时也经常到全国各大城市及农村、厂矿和部队进行巡回演出，并肩负着国家重大演出任务，历年来参加了创作、排练和演出大型音乐舞蹈史诗《东方红》、《中国革命之歌》，并完成亚运会、国际艺术节、国际合唱节以及接待外国元首等重大演出任务。剧院多次派出艺术家赴欧、美、亚、非、拉美各洲许多国家演出，为促进国际文化交流，促进中国和各国人民之间的友谊，作出自己的贡献，并为祖国赢得了荣誉。

过去的辉煌不仅能鼓励后来者继续开拓和奋进，也是他们创造新的辉煌的基础和起点。进入新的世纪，继歌剧团成功推出《走进中国歌剧——中国歌剧舞剧院50周年著名歌剧精品选场展演》之后，舞剧团即将推出《走进中国舞剧——中国歌剧舞剧院50年著名舞剧精品选段展演》。同时，将尽快推出新的歌剧剧目和舞剧剧目。民族乐团和管弦乐团也先后推出丰富多样的音乐会，如江泽民主席招待克林顿总统的民族音乐会——《友谊的纽带》和世界著名影片金曲交响音乐会——《奔放的旋律》近年来在国内外常演不衰，深受观众喜爱。

目前，全院演职员工正遵照《中国歌剧舞剧院2001年—2004年全面发展规划》所提出的宏伟蓝图，决心同心同德、继往开来，把发展中国民族歌剧和民族舞剧作为自己的神圣使命，在新的世纪里，为中国歌剧和中国舞剧大踏步走向世界而努力奋斗。

中央歌剧院

中央歌剧院是隶属于文化部的国家级剧院，始建于1952年，目前是中国及亚太地区具有规模优势和实力的歌剧院。

中央歌剧院现有歌剧团、合唱团、交响乐团和舞台美术队。歌剧团聚集着众多优秀的歌剧表演艺术家，他们大都曾获得过国内外声乐大赛的重要奖项，并一直活跃在中国及世界歌剧舞台上；合唱团绝大多数团员是全国各高等音乐学院的佼佼者，他们具有良好的音乐修养和声音表现力，是目前国内具有实力和影响力的合唱团体，演唱曲目广泛，涉及中外著名歌剧和声乐作品；交响乐团以擅长歌剧音乐演奏而闻名，并积累了丰富的曲目，经常参加国内外大型演出，是活跃并受欢迎的交响乐团之一；舞台美术工作队实力雄厚，除常年高质量完成剧院歌剧、音乐会演出的舞美工作外，还广泛参与中外重大演出和各类大型活动的舞美制作；剧院还聚集着一批颇具实力的作曲家、指挥家、导演、剧作家及舞台美术家。剧院历任院长有著名艺术家李伯钊、周巍峙、卢肃、赵沨、马可、李凌、刘莲池、王世光，现任院长为指挥家陈燮阳。

半个世纪以来，经过几代艺术家的不懈努力，剧院先后在中国首演、推出并保留了一批世界歌剧经典剧目，其中主要有《茶花女》、《蝴蝶夫人》、《卡门》、《詹尼.斯基奇》、《图兰朵》、《阿依达》、《艺术家的生涯》、《弄臣》、《费加罗的婚礼》、《奥塞罗》等；积累了一批中国歌剧作品，如《刘胡兰》、《草原之歌》、《阿依古丽》、《第一百个新娘》、《马可.波罗》等。1988年夏，中央歌剧院应芬兰萨沃林纳歌剧节邀请，赴芬兰演出了《蝴蝶夫人》、《卡门》、威尔第《安魂曲》及中国音乐作品，得到众多媒体的如潮好评。剧院还多次前往日本、新加坡、马来西亚等国和台湾、香港、澳门地区演出外国及中国歌剧，均受各方好评。自1992年以来剧院合唱团、交响乐团连续10年参加澳门国际音乐节的重要演出，得到音乐节组委会、观众的肯定和高度认同。改革开放以来，剧院国际艺术文化交流活动得到广泛的拓展。1986年与世界著名男高音歌唱家帕瓦罗蒂合作上演歌剧《波西米亚人》获得成功。1999年又与世界著名男高音歌唱家卡雷拉斯进行了合作演出。2001年6月，与世界著名三大男高音合作，同时为不断地开创并拓展中华民族的歌剧艺术之路继续努力。

50多年来，剧院一直保持着新人辈出的繁荣局面，青年艺术家在国际国内比赛中频频获奖，在国际艺术交流中保持着高水准，为剧院赢得了广泛的声誉，为剧院的发展提供源源不断的支持力。

作为新世纪的国家级歌剧院，将保持着开放性、国际性的发展原则，肩负着发扬民族文化和国际间合作交流的历史重任。

中央芭蕾舞团

中央芭蕾舞团创建于1959年。中国政府和历代中央最高领导都给予很高的评价与支持。剧团坚持“为人民服务，为社会主义服务”的方向和“百花齐放”、“洋为中用”的方针，始终致力于创作、丰富剧目和积极培养优秀人才。以舞蹈家戴爱莲、音乐家赵沨、指挥家黎国荃为代表的几代艺术家们的辛勤耕耘、不断探索和创造，取得了令人瞩目的成就。

1954年，中国成立了第一所正规的舞蹈学校——北京舞蹈学校，开辟了中国芭蕾舞历史的先河。建校初期，先后聘请了六位俄罗斯舞蹈家任教，为中国培养了第一代的教员、演员和编导方面的芭蕾人才。

中央芭蕾舞团非常珍视古典芭蕾的优秀传统。在建团初期，俄罗斯著名舞蹈家彼·安·古雪夫编导的三部古典名著——《天鹅湖》、《海侠》和《吉赛尔》，为剧团的艺术发展奠定了古典芭蕾风格的坚实基础。还应载入中国芭蕾史册的有安东·道林、鲁道夫·纽瑞耶夫、莉赛特·达桑瓦尔等世界著名舞蹈家，他们与中国年轻的芭蕾舞演员合作卓有成效，激发了演员的创造力，使他们日臻成熟起来。

中央芭蕾舞团在保持古典芭蕾风格的同时，注重演出当代世界上多种风格、流派的芭蕾作品：安东·道林的《古典女子四人舞》、《男子四人舞》、纽瑞耶夫的《堂·吉诃德》、达桑瓦尔的《希尔薇娅》、乔治·巴兰钦的《小夜曲》、肯尼斯·麦克米伦的《协奏曲》、本·史蒂文森的《前奏曲》、玛戈·赛娉婷的《紫气东来》、诺曼·沃克的《罗密欧与朱丽叶》、莫妮卡·帕克的《睡美人》和《雷蒙达》、芦迪·范·丹茨格的《四首最后的歌》、丹麦布依维尔学派代表作《仙女》，不仅提高了演员们的舞蹈技艺与表演才能，而且满足了广大观众多方面的审美需求。

“中、西剧并重”的方针是中央芭蕾舞团的基本宗旨，采用芭蕾这种外来艺术形式来表现中国人民的生活，创造出具有中国特色的芭蕾舞。李承祥、蒋祖慧、王希贤、吴祖强、杜鸣心、马运洪、李克瑜等是最早投身于此项开拓性艺术领域的艺术家。《鱼美人》、《红色娘子军》、《祝福》、《林黛玉》等舞剧成为中央芭蕾舞团在国内外久演不衰的剧目，《胡桃夹子》（中国版）、《兰花花》、《黄河》、《梁祝》（两版）等作品也受到国内外观众的喜爱，目前正在排演张艺谋导演、赵汝蘅制作的大型中国芭蕾舞剧《大红灯笼高高挂》。

中央芭蕾舞团的演员全部来自北京舞蹈学院，他们经过6至8年的正规和严格的专业训练，以白淑湘为代表的第一代主要演员发展至今的第五代，他们的共同特点是基本功扎实、芭蕾技巧全面、形象塑造生动并善于体现作品的时代风貌。一大批出类拔萃的演员在瓦尔纳、莫斯科、卢森堡、上海、名古屋等国际芭蕾舞大赛中多次获金奖，受到国际上同行们的普遍赞誉。

中央芭蕾舞团交响乐团的成员，主要来自高等音乐学院，受过严格的音乐教育，具有良好的素质。乐团有众多优秀的演奏家，他们演奏的舞剧音乐及交响音乐会，受到音乐界和广大听众的一致好评。

剧团舞台技术部门也是训练有素和经验丰富的，他们拥有设备齐全的制作车间。剧团上演全部剧目的布景、道具、服装、头饰等均由自己制作。

中央芭蕾舞团行政管理层部门设置完备，各

艺术部门的密切协作，使这门西方的艺术形式在中国得到了完美的展现。剧团锐意改革，勇于创新，努力繁荣具有中国特色的芭蕾艺术事业。1997年与中演公司率先实行了演出代理制；2000年7月在演员队试行了年薪制；2001年3月，新一届团领导班子对各部门干部和职能进行了调整，大胆启用了一批年富力强的中层干部，进一步明确了岗位责任制，并着手在全团实行全员聘任制和年薪制。

中央芭蕾舞团曾遍访亚、欧、美、非等洲的许多国家及香港、澳门和台湾地区。特别是1962年出访缅甸，1971年出访阿尔巴尼亚、罗马尼亚、南斯拉夫，1979年出访奥地利、德国，1986年出访美国、英国和俄罗斯，1990年出访德国、荷兰、瑞士、比利时、奥地利，1995年出访美国的16个州、33个城市，1999年再度代表中国政府出访俄罗斯，2000年出访土耳其、丹麦、以色列三国获得了极大的成功，为中国芭蕾在世界舞台赢得很高声誉。为了提高中国芭蕾的水平，剧团不断邀请著名的教师、编导来团工作。

中央芭蕾舞团的发展始终得到了国内外朋友和企业界的热心赞助，使剧团在开发新剧目、扩大演出活动、拓展对外交流上得到了有力的支持。

该团知名艺术家代表名单:

戴爱莲　白淑湘　薛菁华　刘庆棠　李承祥
冯　英　李　颜　朱　妍　张　剑　王才军
徐　刚　孙　杰　蒋祖慧　黎国荃　卞祖善
马运洪　李克瑜

历届院团领导:

戴爱莲　黎国荃　肖　慎　何　靖　刘庆棠
范　文　于　川　李承祥　彭雨非　蒋祖慧
白淑湘　郁蕾娣　赵汝蘅　戴祯平　刘廷禹
邓元森　孙学敬　黄民暄　何　平

东方歌舞团

一、东方歌舞团成立的历史背景

从50年代中期至60年代末，世界政治格局和国际力量对比发生了深刻变化。60年代初，根据国际形势的发展变化和中国外交工作的需要，周恩来总理和陈毅副总理提出了组建东方歌舞团的构想。

经过原中国对外文化联络委员会和文化部等有关部委近一年时间的紧张筹备，1962年1月13日，受周恩来总理的委托，在原文化部小礼堂举行的东方歌舞团成立大会上，陈毅副总理亲自宣布东方歌舞团正式成立。

二、东方歌舞团的方针、任务和艺术风格

周恩来总理和陈毅副总理始终对东方歌舞团的思想、组织和业务建设等各方面给予了极大关心和支持。并且亲自为东方歌舞团确定了“以我为主”的建团方针及团的主要任务，即:“把中国传统民族民间歌舞艺术和表现现代中国人民生活的音乐舞蹈作品介绍给国内外观众；同时把外国健康、优秀的歌舞艺术认真学好、学像，并介绍给中国人民。通过国际间的文化交流以增进我国与世界各国人民之间的了解和友谊”。

绚丽多姿、风格各异的中外音乐、舞蹈，通过科学的艺术管理和艺术家的精湛演技，展示出其特有的神韵和风采，并逐渐形成了东方歌舞团鲜明独特的艺术风格。

在“以我为主”建团方针的指引下，东方歌舞团在继承和引进的基础上，坚持不断创新。通过长期的艺术实践，经过几代“东方人”的艰苦创业和辛勤耕耘，得到了发展，做出贡献，同时也赢得了荣誉。

三、东方歌舞团的规模与成就

东方歌舞团隶属于文化部，是国家级的歌舞艺术表演团体。

“东方”的艺术人才均受过多年系统和正规的专业培养，有着浓厚扎实的基本功和丰富的舞台实践经验。东方歌舞团拥有一批在国内外颇具影响的著名艺术家。现有享受国务院特殊津贴的声乐、器乐和舞蹈表演艺术家15人；国家高级、副高级艺术职称的人员百余人。

长期以来，东方歌舞团培养和造就了一代又一代具有深厚艺术造诣、闻名遐迩的表演艺术家和众多的各类艺术人才；积累了数百个中外舞蹈节目和数千首中外歌曲、器乐曲；同时，在东方歌舞艺术的普及、教学和理论研究等方面也取得了可喜成绩。

琴房、排练房、录音棚等完备的硬件设施，为艺术生产提供了良好的工作环境；科学、规范的艺术管理和市场运作，确保了艺术健康和持续的发展。

近40年来，东方歌舞团成功地创作并演出了多台优秀的大型中外歌舞晚会，如:《海外风情》、《朋友，你好》、《东方之声》、《东方神韵》、《大地岁月》、《神州风采》、《多彩的世界》和《东方之花》等等，其中，《多彩的世界》和《东方之花》两台晚会，分别于1998年和2000年荣获文化部颁发的第八届、第九届政府最高奖项“文华新剧目”奖。

1999年被国家人事部和文化部授予“全国文化工作先进集体”荣誉称号。

东方歌舞团的足迹遍及祖国的四面八方，并出访过五大洲70多个国家和地区，为丰富中国人民的文化生活，促进国际间的文化交流，增进中国人民与世界各国人民之间的了解和友谊做出了突出贡献。

四、历届主要团领导情况

创建阶段（1962年至1966年）

主要团领导为田雨同志。

“文化大革命”时期从略（1966年至1976年）

发展阶段（1977年至1987年）

主要团领导为王昆同志。

改革开放以来，主要团领导先后为高志平同志、田玉斌同志。现任团主要领导为田军利同志。

五、著名艺术家情况简介

王　昆: 国家一级演员，享受国务院特殊津贴。代表作品: 歌剧《白毛女》、大型音乐舞蹈史诗《东方红》中的“农友歌”、《王昆从事艺术工作六十周年纪念音乐会》等。

田军利: 国家一级编剧。代表作品:《血战台儿庄》、《国魂》、《共和国不会忘记》等。

林文增: 国家一级演奏员，享受国务院特殊津贴。代表作品: 笛子独奏《鹧鸪飞》、排箫独奏《山鹰》、《云雀》等。

张　均: 国家一级演员，享受国务院特殊津贴。代表作品: 印度舞蹈《拍球舞》等。

莫德格玛: 国家一级演员，全国政协委员，享受国务院特殊津贴。代表作品: 蒙古族舞蹈《盅碗舞》等。

崔美善: 国家一级演员，全国政协委员，享受国务院特殊津贴。代表作品:《崔美善—独舞晚会》、朝鲜族舞蹈《长鼓舞》等。

阿依吐拉: 国家一级演员，全国政协委员，享受国务院特殊津贴。代表作品: 维吾尔族舞蹈《摘葡萄》等。

成方圆: 国家一级演员，中国音乐家协会理事，享受国务院特殊津贴。代表作品:《蓝色风情—成方圆独唱音乐会》、经典音乐剧《音乐之声》等。

牟炫甫: 国家一级演员，北京市政协委员，享受国务院特殊津贴。代表作品: 歌曲《梁祝—化蝶》、《草帽歌》等。

刘维维: 国家一级演员，民盟中央委员，享受国务院特殊津贴。代表作品: 歌剧《蝴蝶夫人》、《茶花女》等。

周　维: 国家一级演员，享受国务院特殊津贴。代表作品:《中华弦寺—独奏音乐会》、《南方之夜—独奏音乐会》等。

郭　蓉: 国家一级演员，代表作品: 歌曲《红旗飘飘》、《青藏高原》等。

訾莎莉: 国家一级演员，中国表演艺术家委员会委员，享受国务院特殊津贴。代表作品: 民族舞蹈《飞天》、日本舞蹈《樱》等。

六、东方歌舞团的创作现状

以保持特色，坚持艺术创新为指导思想，在适应社会主义市场经济体制条件下，力求在满足广大人民群众文化需求的同时，努力为增进中国对外文化交流做出新的贡献。

目前，东方歌舞团为纪念建团40周年，正在积极创排一台全新的大型东方歌舞晚会。

七、东方歌舞团的改革现状

近年来，随着全社会改革力度的不断加大，东方团的各项建设在取得实质性进展的同时，也遇到了一系列新情况、新问题。在不断应对新情况，不断解决新问题的实践中，东方团越来越清醒地认识到: 发展是硬道理，本团建设的各种困难和问题只能在发展中才能得到根本解决，而探索一条既与社会主义市场经济体制相适应，又与精神产品的生产规律相符合的产业化道路，是加快发展的有效途径。

为此，从2000年10月以来，东方团把深入学习党的十五届五中全会文件同本团各项建设的实际结合起来，用五中全会的精神统一全团同志的思想，正确把握改革、发展、稳定的相互关系，初拟了《东方歌舞团机构设置及聘用方案》。

这个方案按照产业化运作的思路，对原设机构进行了相应调整，将部分的部、队改成具有经营职能的中心，体现了团内设机构由行政型向经营型转变的趋势。与此同时，为与这一趋势相适应，有关的部门也相应扩大或转变了职能；同时，本团贯彻了《文化部直属事业单位人员聘用暂行规定》的精神，进一步完善了全员聘用方案。

当然，东方团也清醒地估计到，本团按照产业运作的目标，进行管理体制的改革和运行机制的转变，是一种新尝试，是一项艰巨复杂的系统工程。特别是在如何正确处理"管好"与"放开"的关系；如何贯彻"依法治团"的原则，运用以具有法律效力的合同方式，来科学规范各中心的权利与义务，以及他们之间的相互关系，使全团既有充满活力的细胞，又是个充满生机的整体等一系列问题上，还有很多的工作要做，还要花很大气力。但本团坚信，只要坚持解放思想，实事求是，勇于实践和不断总结经验，本团的深化改革一定能够取得成功。

中国歌舞团

中国歌舞团（原名中央歌舞团）是中国最负盛名的国家歌舞团之一。她是在毛泽东、刘少奇、周恩来等党和国家领导人的倡导和亲切关怀下于1952年12月建立的。

在近半个世纪的光辉历程中，中国歌舞团有着很多"中国第一"和"中国之最"：她是新中国第一个国家歌舞团；她第一次在国际比赛中为新中国夺得首枚金牌；她在建国后为新中国在国际上夺得的奖牌最多（9枚金牌、9枚银牌和5枚铜牌）；在五、六十年代她为外国领导人访华时进行的国事演出最多；她跟随周总理等党和国家领导人出国访问最多；她作为中国人民的友好使者出访的国家和地区最多（近90个国家和地区）；她创作并上演民族歌舞经典作品最多；她是五、六十年代规模最大的国家歌舞团，先后选派干部和演职人员组建了东方歌舞团、中央民族乐团和中央乐团。

中国歌舞团人才济济，既有象谷建芬、金明、刘秉义、闵鸿昌、资华筠、姚珠珠等老一辈艺术家，也有象付笛声、刘玉婉、佘庆海、刘小丽、乔晓彬、鞠敬伟、黄卓、崔京浩、徐杰、戴滨、金声、汤灿、祖海等中青年新秀。

先后担任中国歌舞团团长和负责人的有：周巍峙（1952年——1954年任团长），李凌（1954年——1956年任团长），张鲁（1958年——1960年任团长），任虹（1961年——1962年任领导小组组长），邬析零（1963年——1964年任团长），李焕之（1976年——1977年任领导小组组长），程云（1978年——1981年任领导小组组长），边军（1981年——1984年任团长），王方亮（1984年——1989年任团长），张业生（1991年至今任团长）。

中国歌舞团的业务机构有：歌队、舞蹈队、民乐队、轻音乐队、舞美工程部、创编室和第一分团。

长期以来，中国歌舞团始终坚持"二为"方向和民族民间艺术道路，坚持以创作为中心，以弘扬和发展中国民族歌舞艺术为己任，创作并上演了大批产生巨大社会影响、深受人民欢迎的民族歌舞经典作品，如《解放军进行曲》、《志愿军战歌》、《延安颂》、《社会主义好》、《革命人永远是年轻》、《年轻的朋友来相会》、《春江花月夜》、《阿拉木罕》、《兰花花》以及《红绸舞》、《荷花舞》、《孔雀舞》、《飞天》等。

中国歌舞团独具风格的歌舞作品向世人展示了华夏文化特有的神韵和风采，在中华民族歌舞艺术的发展史上谱写了灿烂篇章。

中国歌舞团在张业生团长的领导下，大胆改革，不断探索文艺改革新路，先后推行了股份制、一团两制等改革举措，极大地促进了艺术生产力的发展。中国歌舞团致力于通过改革，立足中国，面向世界，在新世纪铸造新的辉煌。

中国交响乐团

中国交响乐团(中国国家交响乐团)是中国最优秀的职业交响乐团之一。其前身是成立于1956年的中央乐团。1996年重组后更名为中国交响乐团。现任团长俞松林，国际著名指挥家汤沐海任艺术总监兼首席指挥，汤沐海被公认为当代最具国际影响的华人指挥家之一。近20年来他一直活跃在国际音乐舞台上，曾先后出任几个著名交响乐团首席指挥。同时，他还是一位杰出的音乐领导人。中国交响乐团拥有一批技艺精湛，训练有素的演奏家，其中不乏中国及国际音乐比赛的获奖者，他们始终保持着乐团高水平演奏的传统。中国国家领导人一贯重视和关怀中国交响乐团的建设及发展。

中国交响乐团还拥有一个同样历史悠久的合唱团，其成员均是国内高等音乐院校的优秀毕业生。从50年代荣获世界青年节合唱比赛金奖至今，始终代表着中国合唱艺术的最高水平。

回顾乐团的历史，早在50年代，乐团即作为新中国时代音乐的领头人，实现了中国人演奏交响乐从初级阶段进入成熟期这一划时代的进步，演出了许多重要的作品。如：在中国成功地首演了贝多芬第九《合唱》交响曲、德沃夏克第九交响曲《新世界》、柏辽兹《幻想》交响曲、西贝柳斯第二交响曲，首演了中国作曲家罗忠镕第一交响曲等。60年代，乐团还创办了深受群众喜爱的《星期音乐会》。半个世纪以来，中国交响乐团成功地演奏、演唱了大量古典主义、浪漫主义和近、现代的中外交响乐作品，其中许多作品由乐团在中国首演。乐团的音乐会实况经常通过广播、电视向世界各地播放。乐团与法国唱片公司、菲利浦唱片公司等合作录制了许多唱片向全世界发行。

中国交响乐团在弘扬和发展中国交响音乐艺术方面一贯起着主导作用。历经几代音乐家的共同努力，乐团不仅在国内有着持久而深刻的影响，在国际乐坛的声誉也得到了空前的提高。乐团多年来在致力于提高专业水准、辅助音乐教育及师资培训、普及交响乐知识、鼓励和推广中国交响乐创作、拓展国内、国际音乐舞台、促进海内外音乐艺术交流诸方面作出了不懈努力，取得了显著的业绩。乐团所到之处，均受到广大听众的热烈欢迎。

中国交响乐团的建设和发展得力于乐团的历届领导人：中国著名音乐家李凌、著名指挥家李德伦、严良堃、韩中杰、陈佐湟等。许多在世界享有最高知名度的大师都同中国交响乐团进行过成功的合作，其中包括：指挥家阿诺索夫、卡拉扬、小泽征尔、迪图瓦、马祖尔、罗日杰斯特文斯基、作曲家潘德列斯基等，演奏家大卫.奥依斯特拉赫、梅纽因、斯特恩、穆特、阿格里奇、麦斯基等。享有盛誉的指挥大师迪图瓦在指挥中国交响乐团的音乐会后激动地说：“看到中国有这样一个高水平的交响乐团，确实令人感到惊喜，中国交响乐团很有潜力，几年后定会成为世界上令人瞩目的优秀乐团。”乐团还曾与世界著名的柏林爱乐乐团、波士顿交响乐团有过令人难忘的合作演出。

中国交响乐团经常在国内巡演，足迹遍及全国30个省和自治区的40余座城市，其中包括台湾省及香港、澳门特别行政区。国外巡演也日益频繁，先后出访过美国、英国、德国、奥地利、西班牙、日本、墨西哥等国，成功的演出赢得了国内外听众高度的赞誉。美国报界称“中国交响乐团在世界音乐舞台上是当之无愧的成员”；欧美同行惊奇地发现了他们的世袭领地——“交响乐王国中出现了新的伙伴”；伦敦《泰晤士报》称中国交响乐团“是一支非常成熟的乐团，有着充满生命力的声音”。小泽征尔在日本大坂听了中国交响乐团的音乐会后兴奋地说：“音乐会非常成功，中国交响乐团是高水平的。如今在亚洲已经形成了中、日、韩三国鼎立的交响乐发展格局。”

近入新世纪的中国交响乐团，将在国家各级领导和海内外各界人士的热情关注和支持下，发扬励精图志、自强不息的精神，追求卓越、铸造辉煌，为发展中国的交响音乐艺术作出新的贡献。

中国交响乐团合唱团（原中央乐团合唱团）

中国交响乐团合唱团是直属中华人民共和国文化部领导下的专业音乐艺术表演团体，成立于1949年，原系中央音乐学院音乐工作团，1956年与交响乐团组成中央乐团，现改名为中国交响乐团合唱团，目前拥有成员60名，均是国内各高等音乐院校的优秀毕业生。

50年代初，合唱团曾代表国家于两届世界青年联欢节合唱比赛中获金奖和银奖。1959年演出贝多芬《第九交响乐曲（合唱）》，为该曲在新中国之首演。1979年参加菲律宾主办的第一届国际合唱节，观众形容他们的歌声“清脆甜美犹如优质的瓷器”。1985年在香港黄河音乐节上的演出，倾倒了万名观众，被誉为“本港开办的传统音乐会最热烈最激动人心的一场”。1986年合唱团以出色的演唱，在第二届北京合唱节上荣获专业组表演艺术一等奖第一名。1992年出访新加坡，演出“黄河大合唱”等中外合唱名曲，以黄河般的气势引起了轰动。1993年8月合唱团访问美国、加拿大，并参加在温哥华举行的第三届国际合唱音乐研讨会，演唱了以中国作品为主的合唱曲目，引起了强烈反响。国际音乐界评论“他们无论在合唱技巧、还是发声训练上，豪不逊色于来自世界的任何一支合唱队伍，而且音色之美更令人赞叹”。1995年出访马来西亚，在十个城市演出合唱音乐会，受到当地华人的热烈欢迎。1993年与1995年合唱团两度在台湾六大城市巡回演出，倍受赞赏，为增进两岸同胞的了解与友谊作出积极贡献。1997年香港回归后，合唱团再访香港，演出三场曲目不同的合唱音乐会，场场爆满。1998年应邀赴澳门参加了第十二届澳门国际音乐节。

在合唱团的创建与发展中，老一辈指挥家严良堃、秋里做出了重要贡献。合唱团也常和国内外著名指挥家合作，如小泽征尔（日）、大卫·拉森（美）、奥尔迪斯（英）、让·皮里松（法）、杜马舍夫（俄）、杰夫林（俄）、希尔别什（美）、汤沐海、马革顺、徐瑞琪、叶咏诗（港）、杜黑（台）、郭孟雍（台）、余峰、余隆、吴灵芬、曹丁、亚伦等。

通过长期的艺术实践，合唱团形成了朴实高雅，豪迈细腻的独特风格，能够准确地诠释不同时期、不同风格的合唱作品，合唱团声音张弛自如、团员之间合作默契。

合唱团经常到全国各地巡回演出，为电影及电视录制音乐，为电台及唱片社录制曲目。在丰富人民音乐生活，提高大众欣赏水平及促进国际文化交流等方面成绩卓著。

中央民族乐团

中央民族乐团创建于1960年，是中国当今最具规模、最完整、最具民族音乐代表性的国家乐团。乐团由庞大的民族管弦乐队、民族合唱队、创作研究室等部门组成。并拥有一批有卓越成就的艺术家和管理人才。

乐团创始人为前中国音乐家协会主席、著名作曲家李焕之（1919.1-2000.3 ）及唐荣枚、秦鹏章等一代著名音乐家。首任团长李焕之，历任团长唐荣枚、刘文金、俞松林，现任团长顾夏阳。

中国是一个具有悠久历史多民族的文明古国，有着灿烂的音乐文化传统，经过数千年的继承、改革和发展，现在中国民族音乐在世界上已独树一帜。乐团就是以其多姿多彩的形式演奏、演唱中国浓郁民族风格的作品，同时民族管弦乐队也以其独特色彩问津中国当代作曲家的作品及西方经典音乐和世界各国民族民间音乐。

建国以来，乐团除了在中国各地巡回演出外，还应邀到美国、俄罗斯、英国、法国、德国、奥地利、丹麦、西班牙、希腊、南斯拉夫、瑞典、南非、叙利亚、突尼斯、约旦、日本、韩国、朝鲜、新加坡以及中国香港、澳门、台湾地区访问演出。受到国内外听众的高度赞扬，曾荣获第六届和第十三届世界青年联欢节最高荣誉金奖。1993年，乐团与日本音乐集团和韩国国立管弦乐团共同创建了亚洲乐团，以促进亚洲民族音乐的创作和交流。1995年始，乐团在一年一度的中国春节期间举办具有民族风格的《新春音乐会》。1997年应邀赴美国纽约、华盛顿、芝加哥和洛杉矶等十几个城市巡回演出，并在纽约卡内基音乐厅与世界著名大提琴演奏家马友友合作演出，乐团精湛的演出获得当地观众及新闻媒体的高度赞誉。1998年、1999年乐团两度赴奥地利维也纳“金色大厅”举办《中国新春音乐会》，反响热烈，中国中央电视台、奥地利国家电视台及欧洲卫星三台等均实况转播演出盛况。2000年8月再度赴美，在联合国会议大厅为“2000年中华文化美国行”活动作首场演出，并在纽约林肯艺术中心、华盛顿肯尼迪艺术中心演出，同年10月赴法国巴黎在香榭丽舍大剧院演出，乐团足迹已遍及亚洲、欧洲、非洲、美洲。

乐团曾涌现出了诸如王铁锤、张藜、姜嘉锵、胡炳旭、闫惠昌等著名音乐家。国内外著名音乐家严良　、韩中杰、鲍蕙荞、陈澄雄、三木稔、朴范薰等都曾与乐团进行合作演出。乐团常活跃在舞台上的艺术家有：许知俊（一级指挥、驻团常任指挥家）唐峰（一级演奏员，乐队首席）、王次恒（一级演奏员，笛子演奏家）、吴玉霞（一级演奏员，琵琶演奏家）、张鑫华（一级演奏员，柳琴演奏家）、李光才（一级演奏家，哨呐演奏家）、朱家明（一级演奏员，笙演奏家）、谢琳（一级演员，女高音歌唱家）、王志信（一级作曲家）、刘麟（一级词作家），当今，又涌现出：冯晓泉、曾格格、龚琳娜等新一代优秀青年艺术人才。

乐团上演的代表性作品主要有《春节序曲》、《金蛇狂舞》、《长城随想》、《春江花月夜》、《二泉映月》、《阿佤山》、《茉莉花》、《难忘的泼水节》、《八月桂花遍地开》、《茶山谣》、《瞧情郎》、《三十里铺》等。

文化市场

综述

改革开放的20年，也是中国文化市场兴起和发展壮大的20年。经过这20年的辛勤培育和建设，文化市场已形成了包括演出市场、娱乐市场、音像市场、电影市场、艺术品市场、书报刊市场、文物市场、文艺培训市场等在内的综合型市场体系初步形成了以公有制经济为主导、多种经济成份协调发展、共同繁荣的多元化经营格局。统计资料显示，截至 2000年底，全国文化市场产业单位达22.3 万家，从业人员91.9 万人，拥有固定资产264亿元，年上交税金20.2 亿元，创增加值118.9亿元。文化市场的崛起，不仅极大地解放和发展了文化艺术生产力，有力地推动了中国文化生产、流通与消费方式的变革，而且作为中国社会主义市场经济体系的特殊组成部分，正以其特有功能在现代化进程中发挥着日益重要的作用。

但随着文化市场的发展壮大，音像市场的走私盗版问题，歌舞娱乐场所的色情陪侍和电子游戏经营场所非法接待未成年人的问题，艺术品市场的制假贩假 及不规范问题，电影市场的结构失衡问题等等也接踵而来，为此，文化 部一方面加强正面引导，一方面加大对文化市场的集中治理和规范管理力度，特别是2000年，文化部以电子游戏经营场所的专项治理和音像市场的结构调整及清理整顿为重点，努力净 化和规范文化市场，取得了明显成效；同时以入世后面临的机遇和挑战为主题积极开展理论研究，使文化市场理论建设取得了长足进展。

一、压缩总量，堵疏并重，扎扎实实搞好电子游戏专项治理工作

近年来，由于电子游戏经营场所盲目发展，总量失控，导致了激烈的恶性竞争。国家法定假日外接待未成年人问题，中小学校周边200米内设立电子游戏经营场所问题，利用电子游戏机从事赌博和游戏项目中含有渲染淫秽、暴力等内容问题，以网吧、电脑屋等名目从事电脑游戏经营活动问题等，不仅造成很多中小学生学业的荒废，也给中小学生的身心健康造成了极大危害，人民群众反应极为强烈。中央领导对此非常重视，相继作出了一系列重要批示，要求从严治理电子游戏经营场所，以维护广大人民群众特别是青少年的根本利益。为了 贯彻中央领导同志的有关指示精神，切实解决电子游戏经营场所中的突出问题，2000年6月，国务院办公厅以国办发［2000］44号文件转发了文化部等七部委署局《关于开展电子游戏经营场所专项治理的意见》，并于6月30日召开电视电话会议，对专项治理工作进行了部署。电视电话会议之后，由文化 部牵头，成立了全国电子游戏专项治理工作办公室；制定了专项治理行动方案，对行动的指导思想、工作目标和原则、重点整治地区等进行了具体部署。在各省、自治区、直辖市党委和政府的高度重视下，各地迅速成立了电子游戏专项治理工作协调领导小组及办公室 ，制定了切实可行的工作方案和新的审核标准，组织了大规模的宣传舆论、调查摸底、集中执法、重新 审核登记及检查验收工作。经过几个月的治理，大批违法和不符合重新审核登记条件的电子游戏经营场所被关闭。据不完全统计，专项治理活动开展以来，全国共出动执法检查人员535814人次，清查电子游戏经营场所和电脑网吧123198家，收缴、销毁赌机10万余台，电路板6万余块，全国电子游戏经营场所数量从专项治理前的106949家减少到现在的35699家，压减率达66.6%，从根本上改变了电子游戏 经营场所过多过滥的状况，绝大部分违法经营行为和违法经营者依法受到严惩，人民群众普遍关注的违法经营问题初步得到解决。

在集中治理的同时，各地按照 文化部文明电［2000］20号通知要求，坚持堵疏并重，整建结合。一是积极引导被关停场所转变经营项目。如天津市采取“转、靠、变”等方法，引导未通过重新审核登记的经营户和市区“畅通工程”、“早点工程”结合起来，如开设早点铺、餐馆、茶社等，以解除他们的后顾之忧。二是积极倡导健康有益的文化娱乐活动，为青少年的健康成长创造良好的文化环境。如北京市文化局主办的“2000打开音乐之门”暑期系列音乐会，被誉为“管好游戏厅的门，打开音乐之门”；贵州省文化厅向省政府提出了加强青少年活动场所建设和管理的建议，黔南州兴建了极具民族特色的大型青少年活动场馆等。三是通过多种形式加大宣传力度，使青少年远离不良游戏活动。如北京市文化局推出了题为“拒绝诱惑，抵制赌博，珍惜青春，热受生活”

的系列活动。活动以北京市儿童艺术剧团创作排演的法制教育系列剧五场话剧《游戏陷阱》为主，辅以用生动的实例制作的展览和电视宣传短片，在中、小学生中引起强烈反响。石景山区的中小学生观看后，万人自发签名，表示要远离“游戏陷阱”；丰台区中小学生写下了观后感，决心拒绝和抵制不良游戏的诱惑。浙江省嘉兴市文化局编排了一部以“告别电子游戏机”为主题的儿童剧《奇怪的影子》，向社会公演，并组织全市中小学生开展告别电子游戏机签名活动。另外，各地在专项治理的同时，还着眼于长效管理，以防止反弹。如天津市把重新审核通过的21家经营场所通过媒体向全市公布，以利于群众监督；广西借鉴司机交通违章扣分办法，对重新审核通过的经营场所实施“记分卡”制度，一年之内累计扣满12分者，将自动失去经营资格；广西桂林市从社会各界聘请了250名文化市场义务监督员，对全市250家场所（包括娱乐服务场所）实施广泛监督。这一系列措施对于推动专项治理工作的顺利进行及巩固专项治理的成果起到了良好的作用。

二、调整音像市场经营结构，打击非法音像制品经营活动

鉴于绝大多数音像制品集中经营场所已沦为非法音像制品集散地的严峻局面，1999年3月，文化部发出通知，要求一律停止新建各类音像制品批发、零售集中经营场所，并提出到2000年底对全国现有集中经营场所压缩过半的目标。在1999年初战告捷的基础上，2000年文化部又进一步加大了工作力度，并派人直接对西安、兰州、哈尔滨、石家庄、济南、广东等重点地区进行监督检查，有力地推动了当地工作。截止到11月底，全国共关闭音像制品集中经营场所45家，萎缩达标（萎缩到10户以下）39家，合计84家，基本上达到了1999年年初提出的第一阶段目标。与此同时，文化部积极扶持音像市场连锁经营，超市及专业店的发展，规范总经销、总代理、品牌经营等现代经营方式，不断巩固和扩大正版音像制品经营阵地。如今，连锁经营和超市已被公认为音像市场健康发展的有效途径，呈现出了良好的发展势头。

在对音像市场进行压缩整顿、结构调整的同时，文化部始终把净化音像市场经营环境做为工作重心，开展了打击非法录音制品等专项斗争。

一段时期以来，非法录音制品的问题在音像市场整治和“扫黄打非”中未得到足够重视，致使有品牌、成系列的非法录音制品乘机泛滥，对中国音像业中最具竞争力的录音业造成了严重危害。为了打击非法录音制品泛滥猖獗的势头，保护民族音像业的健康繁荣发展，文化部于2000年第一季度在全国范围内开展了打击非法录音制品的专项斗争。据不完全统计，这次行动全国共收缴非法音像制品618.8万盘（张），查处违法经营点5000多家，取缔或吊销音像制品经营许可证1750多家，集中销毁非法音像制品430余万盘，有力地打击了非法录音制品经营者的嚣张气焰，使正版发行量明显上升，基本达到了“有行动、有声音、见实效”的预期目的。据反映，上海声像出版社在春节期间的20多天销售额达到500多万元；中唱上海公司第一季度销售量比上年同期上长了55%；广东音像城、北京西单音像大世界以及许多出版发行单位，特别是录音制品的出版发行单位当年的销售额明显呈上升趋势。

在2000年开展的以“打击走私盗版、保护知识创新”为主题的第二届全国音像市场法制宣传活动中，文化部和新闻出版署联合发出通知，对有严重政治问题的音像制品和低级庸俗、夹杂淫秽色情内容的彩封及包装的音像制品进行了集中清理，同时还开展了打击盗版盗印、光盘走私的专项活动。10-11月，文化部又开展了打击盗版民乐和戏曲音像制品专项斗争，为一大批以国产节目为生存基础的中小出版社创造了较好的市场环境。

三、积极采取应对措施，迎接入世带来的机遇和挑战

加入世贸组织不仅是中国经济建设的一件大事，也给中国文化建设带来机遇和挑战，尤其是近几年内会给中国文化市场的管理制度带来挑战，对中国优秀的民族文化产生冲击，给中国文化产业单位带来生存压力。但加入世贸组织也有利于丰富和活跃广大群众的文化生活，促进中国传统文化观念和文化制度的创新，有利于文化市场的整合和产业结构的升级，有利于社会主义文化市场体制的建立和完善。为迎接入世带来的机遇和挑战，文化部主要做了以下工作：

一是积极参与文化市场准入等问题入世谈判，以争取主动。二是召开WTO与中国文化产业研讨会。中国社会科学院、北京大学等单位的40余位知名学者和中央有关部委的10余位司局长会集一起，研讨问题，提出应对意见。三是积极完善有关政策法规。首先会同外经贸部起草了《中外合资音像制品分销企业管理暂行办法》(草案)；其次联合外经贸部、广电总局出台了《外商投资电影院暂行办法》，规定了外商投资影院的资格、条件、投资比例和审批程序；会同广电总局出台了《关于进一步深化电影业改革的若干意见》，以增强电影市场活力，提高电影市场国际竞争力。另外还根据入世需要对《营业性演出管理条例》及《音像制品管理条例》的修改进行了前期的论证工作。

四、完善文化市场管理制度，加强文化市场理论研究，提高文化市场管理水平

在集中力量解决文化市场重点突出问题的同时，文化部还在完善文化市场管理制度、加强文化市场规范管理和长效管理以及理论研究等方面做了以下工作：

1、完善文化市场管理制度，加强文化市场规范管理。一是为配合中小学生的“减负”工作，根据中央领导同志的有关指示精神，结合当前娱乐场所中暴露出的一些问题，发出通知，要求各地要严格按照《娱乐场所管理条例》的有关规定，组织所有歌舞娱乐场所和电子游戏场所悬挂禁止和限制未成年人进入的标志牌。二是针对一些大、中城市的城乡结合部、县城及乡镇演出市场中的不健康演出活动，发出了《文化部关于加强全国农村演出市场管理，丰富农民文化生活的通知》，要求各级文化行政部门要积极支持演出单位赴农村演出，努力满足农民文化生活需要，同时严格各类演出单位审核条件，并加强对各类“大棚演出”的监督。三是制定音像经营单位仓库登记备案制度及音像制品网上经营活动管理办法，使音像市场管理措施更加完善。同时为了适应文化市场管理信息化的需要，在中华文化信息网上创办了音像市场网站，开办了网上政策法规发布、情况通报和网上举报等业务。四是针对一些地方文化市场管理和稽查人员滥用职权，不当牟利以及违反法定程序执法的情形，文化部参照《行政处罚法》、《国家赔偿法》等，起草了《文化市场行政执法错案责任追究暂行办法》，经部务会审议通过后，以文化部18号部长令发布。

2、加强理论研究，提高文化市场管理水平

(1)召开全国娱乐场所演出节目交流及研讨会，探索娱乐场所繁荣之路。会议组织了全国各地娱乐场所优秀文艺演出节目录像进行集中观摩、交流。深圳世界之窗等17家娱乐场所经营单位荣获交流奖；同时还有来自北京、天津、上海、广东、山东的几家娱乐场所演出团体在长沙展演。代表们普遍认为这种观摩、交流的方式，对于娱乐市场的健康繁荣发展有着良好的促进作用。

(2)召开2000年音像市场形势座谈会。会议召集部分音像出版发行单位负责人，就音像市场现状、“入世”后形势判断和《音像制品管理条例》的修改等问题进行了座谈。孙家正部长、孟晓驷副部长出席会议并讲话。

(3)与北京大学艺术系、艺维网文化发展公司及上海文化发展基金会等合作举办了艺术与经济研讨会、艺术产业论坛、中国艺术博览会现状与展望座谈会等会议，对艺术市场的诸多方面进行了深入的探讨。同时，由文化部文化市场司主编的《中国艺术博览与收藏指南》一书已出版发行。

(4)与光明日报联合举办“演出市场经营和管理”、与中国文化报联合举办“娱乐市场的法制化和大众化”征文活动。征文活动历时半年，期间共收到全国各地论文100多篇。征文活动为总结娱乐市场和演出市场的经营管理经验，发动社会力量对娱乐和演出市场中的重大问题和发展前景进行探讨起到了良好的作用。

3、认真受理群众举报，树立文化市场执法权威。

2000年，文化部文化市场司举报中心共受理各地举报电话、信函495起，发出《文化市场案件查处通知》118份。其中仅电子游戏经营场所专项治理期间就受理举报330起，指导、监督地方依法查处违法、违规活动227起。一些大案要案如江西省樟树市“万梓良倾情演出晚会”案、2000曙光杯国际华人书画邀请赛案和广州、义乌两地制作非法音像制品案等的查处，有力地打击了非法经营活动，极大地净化了市场环境，使文化行政执法权威进一步得到认同。

文 化 产 业

文化产业发展第十个五年计划纲要

前　言

江泽民总书记在党的十五大报告中明确指出：有中国特色社会主义的文化，是凝聚和激励全国各族人民的重要力量，是综合国力的重要标志。当今世界，经济、政治、文化的协调发展特别是经济与文化的日益融合，已成为综合国力的重要体现。文化产业发展的程度是经济与文化融合的具体反映，同时也已成为衡量经济发展水平的重要标志。

加快我国文化产业发展，是贯彻落实江泽民总书记“三个代表”重要思想的具体体现，也是在社会主义市场经济体制初步建立的环境下，繁荣和发展社会主义文化的迫切要求。加快文化产业发展，有利于促进文化事业的改革和发展，有利于不断满足人民群众日益增长的精神文化需求，有利于扩大内需、增加就业和国民经济结构调整，对于“十五”期间国民经济发展和社会全面进步具有积极的促进作用。加快文化产业发展，将为我国跨世纪战略目标的实现提供有力的支持。随着知识经济时代的到来和我国加入世界贸易组织，有中国特色的文化产业将会迎来历史性的发展机遇和更加广阔的发展空间。

《中华人民共和国国民经济和社会发展第十个五年计划纲要》，对“十五”期间文化产业发展提出了明确的任务。合理规划文化产业“十五”期间的发展蓝图，对加快发展文化产业，使之成为国民经济新的增长点，具有重大现实意义。本纲要是以发展为主题，以结构调整为主线，以体制创新和科技创新为动力，以提高人民生活水平为根本出发点，为实现经济发展和社会全面进步，实施加快我国文化产业发展战略而制定的指导性计划。本纲要所称文化产业，是指文化部门所管理和指导的从事文化产品生产和提供文化服务的经营性行业，主要包括文艺演出业、影视业、音像业、文化娱乐业、文化旅游业、艺术培训业和艺术品业等。

一、我国文化产业的发展状况

我国的文化产业伴随着改革开放的不断深入逐步发展，并随着社会主义市场经济体制目标的确立和国家大力推进第三产业发展而迅速壮大起来。改革初期，一些文化单位率先进入市场开展经营活动，部分文化单位试行企业化经营，使文化产品和服务的社会生产属性逐步显现。进入90年代，党和政府明确提出建立社会主义市场经济体制，大力发展包括文化产业在内的第三产业，文化领域面向市场的改革步伐明显加快，文化产业开始进入快速发展时期。1990年至1998年，全国文化系统文化产业的增加值由12.1 亿元增加到83.7 亿元，增长了6倍；文化产业机构由6.8 万个增加到9.2 万个，增长了35%；从业人员由49.5万人增加到72.1 万人，增长了46%。与此同时，社会所办的文化产业发展更加迅猛。1990年社会所办的文化产业在总量上还远远小于文化系统，但到1998年，社会所办的文化产业的机构总数已经是文化系统的2.7 倍，从业人员为1.5 倍，所创增加值为1.5 倍。包括文艺演出市场、电影电视市场、音像市场、文化娱乐市场、文化旅游市场、艺术培训市场、艺术品市场等在内的文化市场体系初步建立。

但是，我国文化产业的发展还很不充分，还不能满足人民群众日益增长的精神文化生活需求。1998年，全国文化产业增加值仅占国内生产总值的0.75%，占第三产业增加值的2.33%，而许多发达国家的文化产业已经成为国民经济的支柱产业。同年我国城镇居民人均文化娱乐消费支出仅占其消费性支出的2.27%，这不仅远远低于发达国家水平，也低于一般的发展中国家水平。阻碍文化产业发展的一系列矛盾和问题突出表现在：

——宏观管理上政出多门，没有形成全面系统的指导文化产业发展的产业政策体系。政府文化管理部门还没有完全从办文化的管理模式中脱离出来，行业指导和管理比较薄弱，部门、行业垄断和地区封锁现象严重，文化市场零散分割，流通渠道不畅，难以形成统一的市场网络。

——文化资源没有得到充分有效的利用。投资主体单一，行业限制过多，市场对人才、资金、技术、信息、项目等文化资源配置没有起到基础性作用，造成文化资源大量闲置和浪费。

——产业结构不合理，传统文化产业的比重较大，现代新兴文化产业发展不够。文化产品的科技含量低，竞争能力差。特别是现代信息技术的应用比较落后，不能适应人们对文化产品高科技化的要求。

——产业组织形式还处于小规模分散化状态。文化产业单位普遍缺乏活力，没有成为自主经营、自负盈亏、自担风险、自主创新的市场主体，创新能力不足，创新激励机制没有形成，现代化的文化产品生产和组织方式没能得到充分应用，尚没有文化企业能够跻身全国500家大型企业之中。

文化产业的发展已经成为世界潮流，作为新兴的朝阳产业在各国经济发展中具有越来越重要的地位，许多发达国家的文化产业不仅在发展速度上超过传统产业，而且在产业发展规模上已经成为国家的支柱产业。随着我国人均收入水平的提高和人民群众休闲时间的增加，人们在精神文化方面的消费需求会有更大幅度的提高，文化消费市场潜力巨大。1997年我国的实际文化消费总量约为650亿元，而文化的潜在消费能力约为3000亿元。到2005年，文化的潜在消费能力将达到5500亿元，如此巨大的文化消费需求为我国文化产业的发展提供了广阔的市场发展空间。1998年我国文化产业所吸纳的就业人员仅占总就业人数的0.4%左右，而一般发达国家占3%～6%。因此，"十五"期间大力发展我国的文化产业，对于推动经济增长、有效拉动内需、解决就业问题具有极大的促进作用，发展前景十分广阔。

二、发展文化产业的基本方针

发展文化产业的根本目的，是要解放和发展社会主义文化艺术生产力，建设有中国特色的社会主义文化，提高人民文化生活水平，增强我国的综合国力。"十五"期间发展我国文化产业的指导方针是：以邓小平理论和江泽民同志"三个代表"的重要思想为指导，解放思想、实事求是，加快文化产业发展，推动文化管理体制改革和制度创新，努力开创社会主义文化建设的新局面。

——坚持为人民服务、为社会主义服务的方向和"百花齐放、百家争鸣"的方针，以服从和服务于经济建设为中心，不断调整和优化文化产业结构，促进文化产业内部各行业、文化产业与其他产业以及各地区文化产业之间协调发展，走建设有中国特色的文化产业之路。

——坚持把社会效益放在首位、社会效益和经济效益相统一的原则。在社会主义市场经济条件下，要坚持用辩证统一的观点来理解和处理社会效益与经济效益的关系。文化产业单位必须最大限度地提高其生产效率和经济效益，不断提高经营管理水平，为市场提供适销对路、内容健康、丰富多彩的文化艺术产品和服务，获取最大的社会效益和最佳的经济回报。

——把改革开放作为加速发展文化产业的动力。通过不断深化管理体制改革和加快对内和对外开放步伐，为发展文化产业创造良好的体制和市场环境。明确文化产业单位的市场主体地位，增强其自负盈亏、自我发展的意识，健全法人治理结构，使文化产业单位真正成为市场竞争的主体。

——以市场为导向，以不断满足人民群众的精神文化需求为目标，充分发挥市场机制的积极作用。在社会主义市场经济条件下，市场集中反映广大人民群众多样化精神文化需要，文化产业单位要围绕市场从事生产经营活动，政府积极鼓励和引导群众的文化消费。发展文化产业要立足民族文化资源和国内文化市场，积极利用国外优秀文化资源，积极参与国际文化市场竞争。

——依法经营，公平竞争。建立公平竞争的市场秩序，是文化产业健康发展的基本条件。要依法保护知识产权，制定公平竞争的文化市场规则，把文化生产经营活动纳入规范化、法制化轨道。积极鼓励和引导各种经济成份投入文化产业，形成以公有制为主体，多种经济成份并存，平等竞争的文化产业发展格局。

——以实现行业管理为方向，积极转变政府职能。政府文化主管部门要从"办文化"的传统计划经济管理模式向"管文化"的现代社会主义市场经济管理模式转变。要以行业管理为主，通过各种经济的、法律的和必要的行政手段调控市场，引导企业的生产经营活动。

——依靠科技进步，促进文化产业跨跃式发展。贯彻"科学技术是第一生产力"和"科教兴国"战略，积极鼓励知识创新、技术创新、管理创新和制度创新，努力提高文化产品的科技含量，用现代技术升级传统文化产品和服务，提升企业的市场竞争能力，实现文化产业的跨跃式发展。

三、加快文化产业发展的主要目标和基本任务

“十五”期间，文化产业加快发展的主要目标是 初步建立与社会主义市场经济体制相适应、政府调控市场、市场引导企业的文化产业运行框架，使文化产业创造的增加值每年以20%以上的速度快速增长，“十五”期末达到占国内生产总值的2%左右，城镇居民人均文化娱乐消费支出占全部消费性支出的比重提高到5%左右，把文化产业培育成为国民经济新的增长点，在优化国民经济结构中发挥重要作用。

为实现上述目标，“十五”期间发展文化产业的基本任务是:

——基本建立以产业政策为主要调控手段的文化产业宏观管理体制。政府文化部门主要负责文化产业的战略规划、信息指导和政策协调，并通过制定和完善文化产业政策，对文化产业实施宏观调控，指导和协调文化产品的生产及文化市场经营活动，保证文化产业快速、健康、协调发展。

——基本形成以公有文化企业为主体、国有文化企业为导向、与非公有文化企业多元化发展的文化企业格局。大部分国有文化产业单位实行政企分开，理顺国有文化产业单位产权关系，优化国有文化资产配置。积极引导社会投资方向，支持、鼓励私营、个体文化企业健康发展。

——初步建成比较完整的文化市场体系。积极开放和培育文艺演出、电影电视、音像和艺术培训市场，进一步规范和完善文化娱乐、文化旅游、艺术品市场。加强文化市场准入、市场竞争以及市场监督和管理方面的法规建设，初步建立起公平竞争、信息畅通、内容健康、运行有序的文化市场秩序。

——基本形成相互促进、特色互补的区域文化产业协调发展格局。大型中心城市和沿海发达地区的文化产业向高科技、规模化方向快速发展，尽快形成产业化、网络化。北京、上海、天津、重庆、广州、西安等大型中心城市建立国家级文化产业基地，使文化产业迅速发展成为当地国民经济的支柱产业和主导产业。历史文化名城和沿海经济文化较发达地区将文化产业作为重点扶持、优先发展的对象，使之在地区国民经济和社会发展中起重要的带动作用。内陆和少数民族地区根据本地区经济文化发展的基本状况，发展具有区域特色的文化产业，使文化产业在地区经济和社会发展中发挥积极作用。

——初步实现我国文化产业的现代化和国际化水平。在立足于民族优秀传统文化资源的基础上，不断开拓国际国内文化市场，使文化产业上规模、上水平。推动文化产业与信息产业等高新技术产业相结合，提高文化产品的竞争能力。积极鼓励具有优秀民族文化特色的、具有市场竞争力的文化产品走向国际市场。在有利于保持和发挥民族文化优势的前提下，积极借鉴和引进国际先进的文化产业经营管理经验、技术、资金、人才和项目，促进我国文化产品的升级和换代。

力争到2010年，建立起比较完善的适应社会主义市场经济体制要求的文化产业发展机制和全国统一的文化市场体系 形成以公有制为主体、多种所有制文化经济共同发展的局面；市场机制在文化资源配置和对文化经济活动调节中发挥基础性作用；文化产业政策趋于完善；文化产业区域发展差异趋于缩小，各具特色、优势互补的区域文化协调发展机制基本形成并得以完善；若干具有国际竞争实力的大型文化企业走向世界、步入跨国经营轨道；文化产业整体发展水平与中等发达国家的水平明显缩小。

四、主要行业发展目标和任务

（一）文艺演出业

要以国有艺术表演团体体制改革为契机，以积极鼓励社会资金投入文艺演出业为突破，改制、组建、新建各种形式的面向市场、适应市场的艺术表演团体、艺术表演场所和演出中介机构。以形成繁荣有序的演出市场为目标，积极引导演出中介服务向规范化、规模化方向发展，促进全国性和区域性演出市场网络的形成。

——有条件的艺术表演团体和演出场所，应当按照现代企业制度改组改造成自主经营、自负盈亏的经营实体，使艺术表演团体逐步走向市场。形成公有、非公有、股份制等多种艺术表演经营组织形式并存竞争的格局。积极鼓励形成有利于发展舞台艺术的组织形式，例如，签约制、演出经纪人制、演出季制、保留剧目制、剧目制作人制等。鼓励国家级的艺术表演团体试行股份制改造。

——政府通过建立专项资金，重点扶持少数具有示范性和代表性的艺术表演团体。对于其他艺术表演团体，国家以财政补助和税收优惠政策加以引导和调控，使之直接面向市场、面向社会，公平竞争、优胜劣汰，走产业化发展之路。

——文艺演出业发展应立足民族文化，大力开发中华民族优秀文化遗产，同时借鉴吸收外来文化、特别是现代新型科技手段，对传统剧种剧目进行开拓性的创新，瞄准国内外市场多出精品，在弘扬民族文化、推进我国文化产业国际化方面发挥重要作用。

——加快文艺演出中介代理服务机构的建设，强化演出流通环节，扩大演出市场，促进全国性和区域性演出网络的形成。重点形成环渤海湾、长江三角洲和珠江三角洲等三大区域性演出网络。

——提高艺术人才的使用效率，积极推动艺术经纪人制的建立，推动艺术工作者自由职业化进程。

——改变营业性演出项目审批办法，减化审批手续，逐步将营业性演出项目审批制向备案制过渡。

“十五”期间基本形成文艺演出产业化运行框架，保证文艺演出业的收入以年均20%左右的速度持续发展。

（二）影视业

积极鼓励和引导社会力量开拓影视市场。进一步深化电影发行、放映行业机制改革，提高电影的发行和放映的技术含量，不断扩大电影发行放映行业的市场竞争能力。

——按照社会主义市场经济体制要求，改革现行影视制作、发行、放映的管理模式，保证影视生产经营在坚持正确导向的前提下，能够根据文化市场供求情况和艺术生产特点，自主创意和创作，自觉进行企业组织和生产技术创新。

——利用现代高科技手段，大力提高影视制作的现代化水准，改造影视放映设施，改善影视发行销售渠道和流通网，提高影视制作人员和演员的业务素质，不断推进影视产业高级化发展。

——扩大对外开放和合作，积极合理有效地利用外资。在保证中方控制经营权的情况下，积极引进外资改造电影院基础设施和技术设备。

“十五”期间影视业的增加值以不低于20%的速度快速增长。

（三）音像业

大力推进音像业向规模化、现代化、综合化、集约化方向发展，积极鼓励音像业利用现代高新技术特别是信息技术手段运用于编辑、制作、出版、发行、销售等环节。要通过推进建立现代企业制度，使音像企业成为产权明晰、政企分开、政事分开的法人实体和市场竞争主体。

——实行政社职能分离，使音像出版社成为自主经营的文化经营实体。

——通过建立健全音像制品依法追究责任制度，加强市场法规和工商行政管理的办法，严厉打击色情、走私、盗版行为，有效保护知识产权。要充分利用网络经济时代给音像业所带来的发展机遇，采取有力政策促进音像业与互联网的有机结合，实现我国音像业的跨跃式发展。

——按照现代企业制度要求，对音像出版社实行战略重组，以资本为纽带，通过兼、购、并等多种形式组建出版制作发行一体化经营的音像集团，同时通过放开搞活、公平竞争培育一批专业化的中小型音像企业，形成大中小型并存、协调发展的企业组织结构。

——大力发展音像租赁和连锁经营网络，鼓励社会积极利用现有商业和社区服务网点从事音像制品的零售与租赁服务。

——促进音像业的科技进步，采取有效措施扶持、促进科技含量高、能快速吸纳现代信息技术、形成规模效益的音像业快速发展。

采取有效的财政货币政策刺激音像消费需求和投资需求，努力使音像业的增加值在“十五”期间以不低于20%的速度快速发展。

（四）文化娱乐业

文化娱乐业是改革开放以来发展较为迅速的文化产业，现已成为满足城乡居民基本文化生活消费需要、涵养税源、促进就业、扩大内需、拉动经济增长的一支产业生力军。随着居民收入水平的不断提高和休闲时间的增加，人们对文化娱乐的消费需求会越来越大、越来越多样化，文化娱乐业的市场前景十分广阔。要加强对文化娱乐业发展的引导，使娱乐产品和服务在层次上和内容上不断开拓创新，满足群众娱乐消费需求。

——大力支持积极健康、丰富多彩的大众化娱乐项目和经营活动的发展，不断优化文化娱乐产业的类型结构和规模结构。积极鼓励发展面向青少年和老年的健康有益的文化娱乐活动。

——在深入挖掘我国传统优秀文化娱乐方式的基础上，有选择地吸纳和引进国外文明健康、科技含量高的现代文化娱乐项目，不断开发新的娱乐服务项目，提升文化娱乐品位和科技水平。鼓励研究和开发与高新技术相关的娱乐项目，特别是应用于互联网络的娱乐项目。

——加快文化娱乐市场法规建设，建立公平竞争的文化娱乐市场秩序，不断净化文化娱乐市场。

（五）文化旅游业

文化旅游业是以自然历史文物景点观光服务为核心，带动饮食、旅馆、交通、商业、娱乐成龙配套发展的一个重要文化产业群。我国国土辽阔、自然风景秀丽，历史文化遗产丰富、文物景点星罗棋布，具有得天独厚的文化旅游资源。要积极鼓励开发文化旅游资源，强化文化部门与旅游部门的相互合作、优势互补，积极引导社会力量以各种方式参与文化旅游资源的开发、利用和经营，形成特色突出、层次分明的各级各类文化旅游产品。

——建立健全文物和自然景观方面的政策法规体系，文化旅游资源的开发利用要在有效保护文化遗产和自然资源环境的前提下进行，依法规范文化旅游市场秩序，采取有力措施打击文化旅游经营中的不法行为。

——作好文化旅游业发展的区域布局规划，指导各地区因地制宜地发展特色旅游项目，在全国范围形成以国际化大都市、重点历史文化名城、自然风景名胜区为主干的一体化文化旅游网络和市场运营机制。以西部大开发为契机，国家将积极利用部分西部开发资金用于西部的文化旅游项目开发，以改善西部的投资环境。

——重点鼓励演出项目、文物开发项目与旅游企业的结合，形成若干在国内外具有影响力的高收益的文化旅游精品。按照现代企业管理方式，在文物资源开发、展览、流通、复仿制等领域形成区域性经营实体，提高文物的综合利用效益。

加大文化旅游业的对外开放力度，积极开拓国际文化旅游市场，加大对外文化旅游宣传促销力度，争取在“十五”期间文化旅游业的年增加值以20%以上的速度快速增长，使文化旅游业成为拉动内外需求、带动经济增长的重要文化产业。

（六）艺术培训业

艺术培训业是培养和训练艺术人才的重要行业。改革开放以来，我国艺术教育规模不断扩大，水平不断提高，各种艺术教育培训形式纷纷出现。随着居民收入和人民群众生活水平的提高，艺术培训市场需求潜力巨大。要鼓励专业艺术教育院校面向市场，规范社会艺术教育培训行为，形成规模化、专业化、企业化、社会化的艺术教育培训机构。

在社会主义市场经济条件下，艺术教育培训可按照“谁投资、谁受益”的产业化运作机制，积极推进社会力量办学及公办民助等多种形式发展艺术教育。中高等艺术教育培训要全部实行学生个人缴费上学、银行贷款助学或委托培养单位资助学习的艺术教育产业运行机制，学员自主择业，文艺单位自主录用，政府主管部门对文艺教育培训市场起间接引导和调控作用。

——大力发展中等职业艺术教育培训，以及以岗位培训和继续教育为重点的成人艺术教育培训。

——各类专科艺术教育要适应社会市场需求，重点培养应用型、专业化的艺术人才。

——本科和研究生艺术教育要走内涵发展为主的道路，重点提高学校规模效益和办学质量。

——建立开放型、多样化的艺术教育培训模式，形成学历教育与非学历教育、专业教育与普及教育并举，包括中专、大专、本科、研究生兼有成人脱产班、短期培训班、函授、夜大、广播电视、专业证书班以及外国留学生在内的多种层次，公办与社会力量办学并举的多种形式的开放型艺术教育培训体系。

采取有效措施刺激艺术教育培训需求，争取在“十五”期间使艺术培训业增加值以年均20%左右的速度快速增长。

（七）艺术品业

以建立法制化、规范化的艺术品市场为目标，建立、健全艺术品经纪人制度，推动艺术创作的繁荣，促进艺术交流，保护艺术精品。

——建立、健全艺术品经纪人制度。通过立法立规的方式确立艺术经纪人制度，规范艺术品交易行为，保护国家、企业、个人的合法权益，促进不同层次艺术品市场的建立，形成健康、有序、繁荣的艺术品市场。

——推动艺术品一级市场的发展。一级市场是艺术品市场的主体和根本，要通过提供良好的政策环境，形成良性的竞争秩序，同时形成有效的行业自律机制，使一级市场快速有序发展。

——规范艺术品二级市场，建立良性市场循环。二级市场是中介市场，要合理划分一、二级市场的界限，明确二级市场职能，规范二级市场行为，有效遏制恶性竞争，促进一、二级市场协调发展。

——完善艺术品进出境制度，保护民族艺术精品。通过有力的法制手段和行政手段管理艺术品的进出境，尽快建立合法的进出口渠道，严厉打击非法进出口行为，促进我国的艺术品走向世界，使民族艺术精品得到有效保护和合理利用。

——积极培育买方市场。要通过多种形式提高群众文化艺术素质和欣赏审美品位，建立收藏、鉴赏家队伍，加大中国历史文化遗产宣传力度，激发社会各阶层对艺术品的投资和消费热情。

五、加快文化产业发展的主要措施

我国的文化产业整体上还处于起步阶段，是整个国民经济中有待加强的薄弱产业领域。要进一步解放思想、统一认识，加大文化体制改革的力度，制定统一协调的产业政策，为加快发展文化产业提供良好的环境和有力的保障。“十五”期间，主要应在以下几方面采取积极有效的措施。

（一）鼓励规模经营和专业化协作，促进文化产业各行业形成适合自身特点的组织结构

按照现代企业制度的要求，规范文化生产单位的组织形式，形成科学合理的法人治理结构和经营管理制度，建立开放性的创新发展机制。

对规模经济效益显著的行业，形成以若干大型企业（集团）为主体的市场结构。鼓励打破地区、部门分割，通过兼并、联合、重组等形式，形成一批跨地区、跨部门、跨所有制乃至跨国经营的大型文化企业集团。国家集中培育几个具有导向性、规模化、拥有自主知识产权、主业突出、核心能力强的文化企业集团，如演出集团、音像集团、影视集团、文化旅游集团、艺术品经营集团等。

对专业化或个性化强的行业或产品，应形成中、小企业乃至个体私营企业合理分工协作、规模适当且企业数目较多的竞争性市场结构。充分调动各方面积极性，大力发展各类“专、精、特、新”的中小型文化服务企业。

（二）促进文化企业间的合理竞争，清除阻碍建立和形成统一的文化市场的各种壁垒，营造公平竞争的市场环境

强化文化企业自身的经济责任和经济利益，激励企业竞争。进一步完善文化产业价格形成机制，对确需国家垄断经营的文化行业或产品，要逐步引入市场机制，改革部分不合理的作价计价办法，促进文化消费。

引导、支持建立全国性文化行业协会，逐步将一些不适合由政府行使的职能交给行业协会，如行业标准的制定、行业准入的资格认定等，形成行业自律机制，推动各行业健康发展。

（三）国家通过实施若干重大的基础性文化资源开发项目，推动文化产业结构向高层次转换

国家通过重点建设中国数字图书馆工程、建立国家级文化产品孵化基地等项目，推动文化资源的信息化建设，促进具有广阔市场前景和高新技术含量的文化产品尽快产业化。

借助现代数字化网络通讯手段和技术改造传统文化流通渠道和营销体系，在全国范围内形成一体化的文化产品生产、服务和销售网络。

（四）积极筹措文化产业发展资金，加快文化产业发展

要调整财政投入结构和投入方式，在逐步增加财政对文化投入的基础上，安排一定数量的财政预算资金、文化事业建设费作为加快发展文化产业的引导资金，逐步建立起符合社会主义市场经济规律的文化产业投资机制。文化产业发展资金面向各类文化企业，采取资本金投入（参股）、无偿资助、贷款贴息等方式引导文化产业的投资方向，支持文化企业的发展。

（五）调整文化产业的税收政策和投融资政策，广开发展文化产业的筹资渠道

对于新兴的文化产业项目和民族的、大众的文化产品和服务逐步实行税收优惠政策，对于高档豪华的文化消费加征高额消费税。金融机构在独立审贷的基础上，适当向文化产业倾斜，安排一定的政策性贷款用于发展基础性和与科技、信

息产业相结合的新兴文化产业。

制定《文化产品投资指导目录》，明确国家鼓励、限制和禁止投入文化产业的项目。加快形成统一的市场准入政策，鼓励和放宽各种社会资金投入国家鼓励发展的文化行业或产品。取消一些对非国有经济成份投入文化产业的限制。

鼓励组建区域文化发展协调基金和各级各类文化产业基金组织、文化投资公司，允许社会和个人兴办文化艺术基金。逐步扩大文化产业直接融资比重，有条件的文化企业可以利用企业债券、股票等融资手段加速发展。选择若干试点，推进引进外资工作，利用国外先进的管理、技术和资金，提高我国文化产业的水平和质量。

文化产业单位占有和使用的国有资产，在经过认真清理和评估后，允许作为国有资本金投入产业经营。

积极引进外资，扩大文化产业对外开放领域，逐步放宽外商直接投资经营的文化产业领域。

（六）改进人才管理制度，完善分配激励机制

改进人才管理和使用制度，建立规范的人才流动管理机制，单位自主用人，人员自主择业，政府依法管理。建立符合社会主义市场经济要求的收入分配机制，把按劳分配和按生产要素分配结合起来。允许和鼓励一些拥有特殊才能和自主知识产权的人才占有企业股份参与利润分配。

（七）鼓励发展外向型文化产业，提高对外文化交流的规模和水平

鼓励文化产业单位面向国际市场，充分利用国际国内两个市场、两种资源发展外向型文化产业，以利于引进世界一流的文化艺术产品，出口优秀的、具有民族特色的文化艺术产品。同时，进一步简化出口审批手续、缩短审批时间，对于有条件的单位逐步给予文化艺术产品和服务的进出口权。鼓励国内的演出经纪单位在国外设立演出经纪机构，开拓国际演出市场。

社会文化和图书馆事业

综述

所谓社会文化，是指存在于社会基层，由各类社会群体创造、认同或积极参与，并对社会群体施加广泛影响的各种文化现象和文化活动的总称。广义的社会文化是指除专业文化以外的所有文化活动和文化现象。(1) 根据创造主体和施加影响的对象，社会文化可以分为群众文化、少数民族文化、少儿文化、老年文化、残疾人文化等；(2) 根据发生地域和表现特性，社会文化可以分为校园文化、企业文化、军营文化、村镇文化、庙会文化等；(3) 根据主办和管理主体，社会文化可以分为国家举办的各级各类群众文化事业和图书馆事业，各种社会力量兴办的社会文化活动、设施和项目。狭义的社会文化也指群众文化。

一、社会文化事业快速发展，取得显著成绩

改革开放以来，随着经济和社会的发展，中国的社会文化事业有了较快发展。据统计，2000年底，中国共有省、地级群众艺术馆390个，县级文化馆2907个，公共图书馆2769座，乡镇和街道文化站42024个，农村集镇文化中心22171个，文化俱乐部（室）104587个，图书室59312个，文化户180470户，群众业余演出团（队）36151个，基本形成了覆盖城乡的社会文化网络。社会文化工作对活跃和丰富人民群众的精神文化生活，对人民群众进行爱国主义、集体主义和社会主义教育，对推进城乡两个文明建设，促进经济和社会发展，起到了不可替代的作用。

近几年来，社会文化越来越受到各级党委和政府以及社会各界的关心与重视，国家、集体、个人和社会力量共同兴办社会文化事业的趋势明显增强，老年文化、少儿文化和残疾人等弱势群体的文化生活问题普遍受到关注，社区文化、企业文化、校园文化、军营文化等发展迅速。

1、多元兴办社会文化事业的局面已经形成。

目前中国已初步建立了由国家兴办的图书馆、群众艺术馆、文化馆、文化站构成的社会文化网络，形成了以国家各部门、各行业文化为主体，各种非国办社会文化为补充的社会文化发展格局。

除国家兴办的群艺馆、文化馆、图书馆、文化站以外，近年来，集体经济、个人和社会力量兴办社会文化事业的趋势也很明显，在基层更体现出多方共建、齐抓共管的特点。在一些地方，文化设施的建设和管理突破了国家或文化部门单一负责的局面。

在经济较发达的东南沿海地区，由于经济实力的支撑，社会文化的发展状况普遍比较好，兴办社会文化的形式和办法也比较多，有的面向基层群众，有很强的公益性特征，同时，在经营上也有一定的经济收益，多数是具有一定经济实力的文化实体。中西部地区则受经济发展水平和财政投入的限制，国家兴办社会文化事业遇到许多困难，在这种情况下，一些地方本着依靠社会力量兴办社会文化的精神，集思广益，广开思路，在发展社会文化事业方面，也创造了不少好的办法和经验。

2、由图书馆、群艺馆、文化馆、文化站等构建的社会文化网络，成为巩固社会主义文化阵地的主导力量。

多年来，图书馆、群艺馆、文化馆、文化站坚持“二为”方向和“双百”方针，围绕党和国家的中心任务，坚持公益性原则，服务大局，发挥自身优势，在活跃群众文化生活，大力倡导文明新风，弘扬社会正气等方面发挥了重要作用。尽管改革开放和发展市场经济的社会环境使图书馆、群艺馆、文化馆、文化站的公益性表现特点出现了一些新的变化，但是图书馆、群艺馆、文化馆、文化站仍克服各种困难，坚持开展阵地文化活动，发挥了提高群众素质、传播精神文明、促进社会稳定的重要作用。

事实证明，宣传、贯彻党的路线、方针、政策，传播社会主义理想和信念，普及科学文化知识，开展面向广大人民群众的公益性文化活动时，必须依靠这支力量。

3、社会文化实现了由“小文化”向“大文化”的转化。

随着经济的发展，广大群众主动参与文化活动的积极性越来越高，在文化活动中，不再习惯于被动观赏，注重通过自娱自乐、自我活动，进行自我教育、自我评价、自我提高。社会文化活动也实现了由“小文化”向“大文化”的转化。适应这种变化，目前的社会文化工作已经不单有开辟宣传栏、举办文艺比赛、单纯的文艺演出等内容，而且包含了教育、体育、科学、卫生等内容。

尤其在农村，适应广大农民群众学以致富的需要而组织开展的科技普及活动，对推动广大农村建立科学、健康、文明的生活方式，树立良好的社会风尚起到了积极作用。

4、社会文化在城市和农村呈现不同的发展特点。

改革开放以来，随着现代交通条件、通讯传播条件的改善，农村与城市之间、农村与农村之间人员流动的增多，城市文化、现代文化与农村文化的相互渗透和交流进一步加快。与此相适应，在农村和小城镇，村落文化、集镇文化快速发展；在大中城市，立足于城市住宅小区、街道、居委会的社区文化成为社会文化发展的一个亮点。特别是在“法轮功”事件发生后，各级党委和政府对社区文化建设的重要性有了更高的认识，加大了支持力度。广场文化活动、消夏文化活动等多种形式的社区文化活动蓬勃开展。在与“法轮功”邪教组织争夺群众、争夺阵地的斗争中，社会文化活动发挥了重要作用。

二、当前社会文化事业的发展状况还不能充分满足人民群众的精神文化生活需要

社会文化在蓬勃发展的同时，也面临着许多矛盾、困难和问题。社会文化在农村和城市存在两种不同的的发展困难和矛盾。在农村，由于文化设施等基本文化条件的严重不足，广大农民群众的基本文化权利得不到实现；而在城市，由于各种商业性文化手段的出现，公益性社会文化受到冲击，在一些地方呈萎缩状态。商业性文化设施和公益性社会文化设施出现明显反差。

在总体上，社会文化事业建设的任务还十分艰巨。比如，国家“六五”计划期间提出的“县县有图书馆、文化馆，乡乡有文化站”的目标至今尚未实现；文化事业投入严重不足，许多文化馆、文化站经费难以保证；基层文化人才普遍缺乏，文化队伍不稳定，人才流失严重，等等。同时，企业文化、校园文化、军营文化、村落文化、社区文化虽然在近几年有了快速发展，但还必须进一步加强，而老年文化、少儿文化、残疾人等弱势群体的文化生活问题更加突出地摆在我们面前，必需引起我们的高度重视。社会文化事业发展出现的这些新特点和新问题，需要我们认真研究并加以解决。发展社会文化事业，丰富城乡社会文化生活，是一项紧迫而长期的任务。

三、重点文化工程建设有力地推动了社会文化事业的发展

文化部从20世纪90年代初起，根据文化建设的实际需要，在全国各地组织实施了创建文化先进县、万里边疆文化长廊建设、少儿文艺“蒲公英计划”和知识工程这四项重点文化工程，取得了很大成绩，推动了基层，特别是农村文化设施建设，其主要经验就是广泛发动社会力量，发挥方方面面的优势，共同发展社会文化事业。创建文化先进县已经成为农村文化建设的重要目标；全国万里边疆文化长廊建设列入了中央转发的《爱国主义教育纲要》和《国民经济“九五”计划和2010年远景目标纲要》；少儿文艺“蒲公英计划”成为促进中国少年儿童全面发展的一项重要内容；知识工程成为倡导全民读书、建设阅读社会的重要手段。

从90年代初开始，山东、江苏、黑龙江等省开展了创建文化先进县活动，后来这一做法逐渐在全国各地全面铺开。文化部自1993年起，每年都召开文化先进县经验交流会和表彰会，使这一创建活动在社会上产生了广泛而深刻的影响《蒲公英计划》是由文化部、国家教委、广电部、农业部、新闻出版署、全国妇联、共青团中央和全国少年儿童艺术委员会等8部委为了实施“九十年代中国儿童发展规划纲要”而开展的文化重点工程，其主要内容是动员和组织社会各方面力量，兴办儿童文化事业，为儿童提供更多更好的精神食粮，发挥儿童文化艺术对儿童的道德意识、审美情趣等方面的特殊作用；文化部总结了广西开展千里文化长廊建设的经验，于1992年提出建设万里边境文化长廊的构想，并首先在边境9个省区实施。1994年，又将这一文化建设工程拓展到沿海地区。其目标是改变边疆地区，特别是少数民族地区文化相对落后的状况，加快文化事业的发展，把边疆地区建设成布局合理、设施比较完善、功能比较齐全、队伍稳定、文化活动内容健康、丰富多彩，具有民族地域特色，充满时代气息和文化氛围的“廊”形文化地带；知识工程是以发展图书馆事业为手段，以倡导全民读书、建设阅读社会为目标的一项社会文化系统工程。广西壮族自治区自1994年起在全区开展这一活动，文化部于1997年向全国推广了这一做法。这四项重点文化工程蓬勃开展，使社会文化工作形成了点面结合的发展模式和新格局。到2000年，文化部已命名了315个文化先进县和53个示范农村儿童文化园，表彰了148个文化长廊建设成绩先进地区和单位。

几年来，在各级党委、政府的重视和领导下，文化部门和共建部门采取措施，狠抓落实，重点文化工程建设取得了显著成效。主要表现在：

一是地方党政领导对文化建设重要性的认识进一步提高，增强了抓好文化建设的责任感。许多地方明确了各级政府文化建设的责任，使文化工作由部门行为逐步变为政府行为，并把文化建设纳入了当地经济和社会发展总体规划，增加了文化建设的投入。海南省抓重点文化工程建设注意与经济建设结合起来，他们围绕海南经济和社会发展目标，开展了创建环岛千里文化长廊的活动。计划在海南岛长达1180公里的东线、西线、中线3条环岛高速公路上构建200个左右网点，以构成具有时代气息和文化氛围的“廊”形文化地带，并使其成为展示海南形象的“窗口”。省委、省政府把这项带有战略意义的宏大建设工程，纳入了精神文明建设工作要点。各市县也把这项活动列入了当地社会和经济发展的总体规划，摆上了当地党政领导的议事日程。

二是文化工作观念得到更新，工作内容和方式发生了积极变化。在重点文化工程建设中，各级文化部门服从和服务于经济建设的意识进一步增强，他们围绕党和国家的中心任务，积极开展内容广泛、形式多样的文化活动，在宣传党的路线方针政策，传播社会主义理想和信念，普及科学文化知识，提高群众素质，促进社会稳定方面开展了积极有效的工作。群众参与文化活动的意识明显增强。活动内容日趋丰富；活动质量不断提高；活动方式进一步社会化。社区文化、乡镇文化、企业文化、校园文化、军营文化的建设也有了很大发展。

三是文化设施建设发展较快，文化网络进一步健全。形成了以国家各部门、各行业文化设施为主体，各种非国办文化活动设施为补充的社会文化发展格局。图书馆、文化馆、文化站、图书室、文化室数量有了增加，建设规模和标准有了不同程度的提高；各部门兴建文化设施的积极性也比较高，农场、林场、军营、警营、厂矿、学校等兴建的文化活动场所，条件有了明显改善。文化设施的功能和作用逐渐完善，文化服务能力进一步增强。

四是基层文化工作队伍建设得到加强。通过开展重点文化工程建设，基层文化队伍的素质不断提高，结构不合理，待遇较低的状况得到一定程度的改善。一些地方，政府拨出专项指标，解决文化站编制问题。有的地方以开办培训班等形式，加大基层文化干部培养力度，努力提高文化干部素质。有的地方实行向社会公开招聘文化干部的做法，择优录取优秀人才到文化岗位工作。这些措施，鼓舞了基层广大文化干部的工作热情，稳定了现有的文化干部队伍。同时，重点文化工程建设对基层广大文化工作者提出了新要求和新任务，使他们有了充分施展才能的广阔天地，在实践中，能力和水平得到了进一步的锻炼和提高。

重点文化工程建设闯出了一条适合中国国情的发展文化事业的新路子。它充分说明发展社会文化事业，必须始终以邓小平理论为指导，不断适应广大人民群众的精神文化需要，解放思想，开阔眼界，抓住机遇，与时俱进。

2000年全国社会文化重点工程工作会议在海南省召开。为了进一步推进创建文化先进县活动、万里边疆文化长廊建设、实施少儿文艺“蒲公英计划”和知识工程，研究新时期重点文化工程建设面临的新形势、新任务和出现的新问题，落实基本文化设施、基本文化工作队伍、基本文化工作内容、基本文化活动方式的“四基”建设任务，根据《2000年文化工作要点》，文化部于2000年12月13日至19日在海南省万宁市召开了2000年全国社会文化重点工程工作会。来自全国各省、自治区、直辖市文化厅（局）的领导和社会文化处的负责同志，中央国家机关有关部门以及人民团体的有关同志100余人参加了会议。会议期间，代表们听取了文化部艾青春副部长代表文化部党组所做的工作报告，7个同志在大会上做了发言，交流了各地和有关部门开展重点文化工程建设的经验，还分成4个小组进行了座谈讨论。会上印发了2001至2010年全国万里边疆文化长廊建设规划和实施意见，提出了2001至2010年蒲公英计划的初步方案。

艾青春在工作报告中，积极评价了重点文化工程建设取得的显著成绩，全面分析了当前社会文化工作面临的新形势、出现的新情况新特点。他说，从新世纪开始，我国将进入全面建设小康社会，加快推进现代化的新的发展阶段。党中央在关于制定“十五”计划的建议中明确提出要“提高全社会的文化生活质量”的目标。建设与小康生活目标相适应的先进社会文化，是加强基层群众工作、提高城乡文明程度、促进改革发展的一项重要而紧迫的任务，是建设有中国特色社会主义文化事业的需要，是新时期推进社会主义精神文明建设的需要。面对迅速发展的社会文化事业，文化工作者一定要树立大局意识、发展意识、责任意识，正确把握面临的新形势、新情况、新特点和新要求，明确社会文化工作的任务，抓住重点，开拓进取，努力推进社会文化的更大发展。

他提出，在新世纪重点文化工程建设要把重点放在“四基”建设上，“四基”建设要有新标准和新要求。一是要建好、管好、用好文化设施，充分发挥文化设施的作用。要实现县县有图书馆、文化馆或综合性文化中心的目标。在中心城市和经济发达地区要建设具有高建筑水平的标志性文化建筑。要切实加强文化设施的管理和使用。二是建设一支高水平、高素质的文化队伍。各级文化部门要加强管理，增强服务意识，遵循人才成长规律，努力创造有利于优秀文化人才脱颖而出与人尽其才的环境和氛围；要实行学历学位培养与岗位轮训相结合，定期定向培养与引进人才相结合的办法，建立基层文化队伍人才培养机制，加快高层次、高学历文化管理人才的培养。要重视解决乡镇和街道文化站干部的编制问题，切实帮助他们解决工作生活中的各种困难和问题，努力稳定好现有的基层文化工作队伍。要重视民间文艺队伍建设。三是不断丰富群众文化活动内容。对在经济发展比较落后的偏远地区和少数民族地区的人民，要根据他们的需要，利用群众文化工作优势，大力传播农业生产和生活知识，传授实用的农业科技，提供文化服务，提高他们解决自身生存困难和问题的能力。四是广泛开展形式多样的群众文化活动。要根据广大群众对文化的多方面需求，组织开展群众喜闻乐见的多种形式的文化活动，特别是要开展一些形式较为新颖，易于群众参与的文化活动。同时要考虑财力、物力等条件，因地、因时制宜，讲求实效。群众文化网络是开展群众文化工作的基本力量。要充分依靠这支力量，开展各种形式的群众文化活动，促进群众文化活动的经常化和制度化。

艾青春强调指出，抓好重点文化工程建设要以落实“四基”建设任务为中心环节。当前，要抓紧研究制定2001至2010年重点文化工程建设规划，并要与制定“十五”规划紧密结合，争取把它纳入到国民经济和社会发展总体规划中。要结合实施西部大开发战略，抓好西部重点文化工程建设，加快西部文化事业的发展。要根据我国人口老龄化的需要，加强老年文化和老年教育工作，丰富老年人精神文化生活。要重视民族民间文化的整理研究和发展，采取措施，做好民族民间传统文化的保护工作。要把图书馆和群艺馆、文化馆的评估与重点文化工程建设结合起来，通过评估定级这个手段，促进图书馆、群艺馆、文化馆工作的规范化。要完善共建机制，加强组织领导，充分发挥各方面参与重点文化工程建设的积极性。要推进社会文化的立法工作。

在座谈中，与会代表结合本部门、本单位的工作实际，畅所欲言，积极为今后如何搞好“四基”建设出谋献策。大家认为，提出“四基”建设问题，并把“四基”建设作为今后社会文化工作的重点和中心环节，抓住了当前社会文化工作的主要矛盾，具有很强的针对性。社会文化工作千头万绪，但不能不分主次，不能不抓重点。就当前和今后较长一段时间来说，一定要抓好阵地、队伍、内容和活动方式这四个基本方面；抓“四基”建设，实现“四基”建设目标，不是一朝一夕的事情，要有持之以恒的决心和准备，要付出艰巨的劳动，依靠多方面的努力和多年的积累才能达到。

大家认为，虽然目前重点文化工程建设和社会文化工作中仍存在着一些困难和问题，但总的来看，社会文化工作的外部环境很好，各级党委和政府对文化工作重要性的认识不断增强，广大人民群众和社会各方面参与文化建设的积极性也很高，出现了有利于事业发展的良好氛围和因素。只要珍惜这一难得的机遇，充分发挥主观能动性，振奋精神，扎实工作，知难而进，社会文化事业发展必将出现一个新的局面。

四、文化部提出加强社会文化“四基”建设的工作思路

在2000年的文化厅局长会议上，文化部部长孙家正提出要进一步明确社会文化工作的指导思想和工作重点、工作方法，加强基本阵地、基本队伍、基本活动内容、基本活动方式建设。社会文化建设要把这四个方面作为今后工作的主要任务和努力方向，下大力气，扎扎实实地抓好。

为落实孙家正部长提出的推动社会文化“四基”建设的要求，了解各地“九五”期间文化建设目标的实现情况，2000年3月18日，文化部办公厅向各省、自治区、直辖市文化厅局发出通知(办社图发[2000]7号)，要求各地开展“两馆一站”(县级图书馆、文化馆，乡镇文化站)发展状况专题调研工作。“两馆一站”是中国群众文化网络建设的重要组成部分，是党和政府开展基层群众文化工作的基本力量，在社会文化事业发展中起重要作用。这次调研的内容非常明确，就是了解各地“两馆一站”的“四基”建设情况，包括设施建设和使用情况、队伍建设情况、活动内容情况、活动方式情况，考虑到制约“四基”建设的主要因素是经费投入，因此把经费情况也列为调研内容的一项。调研的目的是了解各地“两馆一站”建设的基本情况，总结各地“两馆一站”建设的主要成绩、经验和教训，分析当前“两馆一站”建设中存在的困难和问题。

通知发出后，各省、自治区、直辖市文化厅局根据实际工作的需要，按照实地考察和案头作业相结合的方法，采取发放调查表格或问卷、现场调研、专题座谈会和讨论会等多种形式，组织、开展了这项调研工作。

从各地报送的调研报告来看，近几年来，各级党委、政府和文化主管部门对于“两馆一站”的建设与发展均给予高度的重视，积极采取措施，加大投入，新建、改建、扩建了一大批文化设施，使“两馆一站”基础建设状况得到很大改善。一些地方根据本地实际进行文化设施建设，因地制宜地建设了一些综合性文化设施。西部地区在发展固定文化设施的同时，积极发展流动文化车，配车单位充分发挥文化车服务功能多样，流动性强的特点，不断地把健康有益，丰富多彩的小型文艺演出、卡拉OK演唱、影视放映、图书借阅、文艺辅导、科普宣传等多种服务直接送到农牧民的家门口、帐篷边，有效地缓解了农牧民群众看电影难、看戏难、看书难的矛盾。各级文化主管部门把基层文化队伍建设作为一件大事来抓，积极采取各种有效措施，因地制宜制定相关政策，加强了专兼两支队伍建设。一些地方的文化部门积极运作，协调计委、财政、编办等有关部门解决乡镇文化站机构编制问题，许多地方乡镇文化站统一使用国家事业编制，列入乡镇财政预算，机构建制取得很大进展。近几年，各地还通过举办图书馆业务技能比赛、文化馆图书馆岗位培训班、文化站长学习班等形式，加强了对干部队伍的培养工作，提高了“两馆一站”人员的素质。大多数图书馆、文化馆还定期到各乡镇和企事业单位进行辅导、服务，为他们组织文艺宣传队，培养了大批文艺骨干。文化站也结合每年的文化下乡活动，辅导文艺骨干，扶持农村业余文艺组织。

通过调研，也发现了目前社会文化工作中存在的一些矛盾、困难和问题。主要是：现有文化设施陈旧落后，“两馆一站”机构建制缺口很大，新建、改建、扩建的任务仍很艰巨。据统计，全国仍有71个县无文化馆，占县级行政区划的2.4%；有558个县无图书馆，占县级行政区划的19.13%。还有相当数量的图书馆、文化馆有馆无舍或设施简陋破旧，需要改建或扩建。据计算，“十五”期间，全国需新建、改建或扩建文化馆1036个，占县级行政区划的35.5%；需新建、改建或扩建图书馆1033个，占县级行政区划的35.41%。乡镇文化站滑坡问题相当严重。全国乡镇文化站由1992年的44863个减少到目前的40020个，减少了4843个，减幅达10.80%。全国还有5353个乡镇没有文化站，占乡镇总数的13.79%。全国有17358个乡镇文化站有机构无站舍，占乡镇文化站总数的43.37%。目前无图书馆、文化馆的县级行政机构主要分布在中西部地区，特别是西藏、新疆、青海、四川西部等西部民族地区和边远贫困山区。除北京、天津、上海、江苏、广东等少数发达地区乡镇文化站设施情况较好外，乡镇文化站有机构无站舍的问题在全国比较普遍。

社会文化工作队伍状况令人堪忧。业务干部年龄结构偏大，专业技术人员比重偏小，复合型文化管理干部严重缺乏，群文干部业务培训和带职深造受到经费困难的限制等问题也比较突出。由于乡镇文化站工作人员的编制一直得不到落实，职称、待遇等问题得不到妥善解决，专业人员不能安心地从事群众文化工作，队伍不稳定，萎缩严重。在地方事业单位改革中，一些地方要求文化站“断奶”、“分灶吃饭”、实行自收自支、自谋出路的问题比较突出。

由于受到项目、资金、人才、场地、管理等诸多因素的限制，一些地方的文化事业单位阵地活动不规范，功能萎缩的问题比较突出。在市场经济的冲击下，重经营项目和开发创收，轻业务发展的情况在不少图书馆、文化馆表现明显。有的馆甚至把大部分馆舍(临街部分)出租给外单位或个人，阵地活动难以开展，图书馆、文化馆的功能和作用得不到充分发挥。一些文化站一年到头开展不了几次活动，工作处于瘫痪或半瘫痪状态，不能充分发挥文化站的功能作用，使文化站逐渐丧失了群众性和公益性。

五、实施西部大开发战略，加强西部文化建设

党中央提出实施西部大开发战略后，文化部和全国文化系统各部门和单位积极响应中央的号召，结合文化工作的实际，认真研究如何贯彻中央的这项重大战略决策。特别是西部地区积极行动起来，在调查研究、制定文化发展战略与规划等方面做了大量的工作。2000年全国文化厅（局）长会议就要求各级文化部门和单位重视西部大开发带来的历史机遇，研究和思考文化工作在西部大开发中的地位和作用，以及加快西部文化事业发展的思路、办法和措施。

2000年5月份文化部党组会专题研究了西部文化工作问题，并向各省、自治区、直辖市文化厅局和新疆生产建设兵团文化广播电视局发出了《关于实施西部大开发战略加强西部文化建设的意见》的通知。具体内容如下:

一、提高认识，认真组织实施西部大开发战略。在实施西部大开发中，各级文化部门要树立大局意识和服务意识。要动员和组织广大文化工作者投身到西部大开发中去，充分发挥他们的聪明才智，为西部大开发贡献自己的力量。要通过文化工作，大力宣传中央关于西部大开发的战略决策和各项方针政策，促进人们解放思想，转变观念，鼓舞人们开拓进取、奋发向上、求实创新，为再造山川秀美、经济发达、文化繁荣的中国西部地区做出贡献。

二、加强西部文化发展战略研究，制定西部文化发展规划。加快西部地区文化事业建设，必须统筹规划，有重点、有步骤、分阶段扎扎实实地推进。目前，国家正在研究制定“十五”规划和西部开发总体规划，要争取把西部文化发展列入国家的总体规划。西部地区各级文化部门要抓紧研究本地区文化事业发展和实施西部大开发战略的思路、对策和措施，制定文化发展规划，并列入本地区的“十五”总体规划。

三、加快西部地区文化设施建设，巩固社会主义文化阵地。在当前的西部地区文化工作中，要把文化设施建设作为重点。西部地区要继续实施创建文化先进县、万里边疆文化长廊建设、少儿文艺“蒲公英计划”和知识工程这四大重点文化工程，根据本地的特点和条件，采取多方共建的形式，广泛发动社会力量，投资兴建文化设施，推动西部地区公共文化设施建设。文化部将着手制定西部地区“两馆一站”专项建设计划，争取在“十五”期间实现西部地区县县有图书馆、文化馆或建成具有图书馆、文化馆功能的综合性文化中心，乡镇有文化站或流动文化车的目标。

四、实施精品战略，繁荣西部文艺。西部大开发的伟大实践为广大文化工作者的文艺创作提供了丰富的素材和生活源泉。各级文化部门要认真制定文艺创作规划，组织作家、艺术家深入生活，创作出一批具有地区特色、民族特色和讴歌西部大开发伟大实践的艺术精品，塑造出各种有血有肉、生动感人的艺术形象，给人以积极进取、奋发图强的精神力量，鼓舞人们为改革开放和社会主义现代化建设作出更大贡献。西部各地要采取措施，推动本地区的文艺创作，继承和发扬各民族优秀的文艺传统，突出西部特色，繁荣和发展西部文艺。

五、推进西部地区公共图书馆网络体系和数字图书馆建设，实现文献信息资源共建共享。西部各地要根据经济建设和社会发展的实际需要，做好文献信息资源共建共享和网络化建设的全面规划，采取措施，合理开发文献信息资源，并加以有效利用，推进图书馆现代化建设。国家有关部门要从培养网络技术人才、合作开发资源和建设数据库、服务器托管等方面，对西部地区数字图书馆工程建设，给予支持。

六、加强文化科研，充分发挥文化科技在西部大开发中的重要作用。各级文化部门要重视科技成果和科研工作对推动文化事业发展的作用，加强文化科研工作。特别是要根据西部文化建设的需要，增加与西部大开发相关的艺术科研、文化科技课题的立项，增加科研经费的投入，促进文化科技成果在西部地区的推广应用。在重大文化建设项目上，要组织专家和科研人员，进行科学论证，做到科学设计、科学施工，保证文化建设的质量。

七、加强西部地区文物工作，搞好西部文化生态环境建设。西部地区保存着大量的珍贵历史文物。在西部大开发中，各级文化和文物部门必须高度重视对文物的保护工作，防止盲目开发和各种人为的破坏。国家文物局将根据西部大开发的要求，制订西部文物保护计划。今后国家文物局在安排文物经费时，将重点向西部地区倾斜。在搞好西部再造山川秀美工程的同时，要重视西部文化生态环境建设，做到自然生态环境和文化生态环境并举。西部各地文化部门要对民族地区的文化生态情况进行普查，加强对民族民间艺术资源的挖掘、研究和整理工作。

八、合理开发利用文化资源，促进西部地区文化产业发展。西部地区要大力宣传西部独特的文化财富，利用西部众多文物古迹，大力发展文化旅游项目，让更多的人了解、喜欢西部地区，愿意来这里观光、旅游和投资。同时，要积极发展艺术演出、美术品交易、民间工艺品生产、反映西部地区的影视制作等文化产业，建立一批有一定规模的文化产业集团。要使西部地区逐步形成国有文化产业规模化、集约化的经营体制。

九、进一步落实文化经济政策，推动西部地区文化事业的发展。各地要认真落实党的十四届六中全会决议中提出的“对中西部欠发达地区和少数民族地区文化事业增加投入”的政策和国务院1996年37号文件《关于进一步完善文化经济政策的若干规定》中关于“在边境建设费和民族地区发展经费中应有一定比例用于文化事业建设”的政策以及“增加万里边疆文化长廊建设补助经费”的政策等。西部各地的文化部门要会同有关部门对这些政策的落实情况进行一次检查，并采取措施，确保这些经济政策落到实处。此外，要根据实施西部大开发战略和新形势下西部地区文化发展的需要，研究、制定有利于西部地区文化事业发展的新的特殊政策，增加文化建设投入。要拓宽投资渠道，在国家增加对西部地区文化建设投入的同时，鼓励集体、企业、个人和社会各方面的力量资助文化建设，或兴办文化项目。

十、加强西部民族地区文化建设，扶持优秀的少数民族文艺。西部是少数民族聚居区，是民族艺术集萃地。加快西部民族地区文化建设，促进少数民族文艺的繁荣和发展，关系到民族团结和社会稳定，维护祖国统一和实现国家长治久安的大局。在实施西部大开发中，各地要采取切实有效措施，加强西部民族地区的文化工作，推动西部民族地区的文化事业发展。文化部要继续实行对少数民族地区文化设施建设、文艺人才培养、对外文化交流、文物保护优先安排的特殊优惠政策，积极推动民族地区文化事业发展。西部地区在安排文化建设项目时，要适当向民族地区倾斜；对西部优秀的少数民族艺术，要给予必要的扶持，促进西部各民族艺术的繁荣和发展。

十一、为西部地区培养文艺人才，加强文化队伍建设。目前，西部地区文艺人才缺乏，严重制约了西部地区文化事业的发展。今后，中央和东部、中部地区艺术院校要根据西部地区的需要，继续开办少数民族文化艺术班、西部地区文化管理干部和专业艺术人才岗位培训班，定向为西部地区培养文艺人才，所需经费要适当减免。各级各类艺术院校要扩大西部地区的招生数额。对经济困难的西部地区的学生要通过助学金、奖学金的方式给予资助。西部地区要通过各种渠道，采取多种方式，加强对在职的文化艺术人才的岗位培训。西部地区要根据本地实际和发展需要，研究制定高层次文化艺术人才引进政策，吸引和鼓励高水平的文化艺术人才到西部地区工作，支援西部文化建设，建立有利于吸引人才的良性机制。

十二、深化西部地区文化体制改革，增强文化单位的活力。在机构改革中，西部各地文化部门要切实转变职能，加强对文化工作的宏观管理。要从实际出发，加快公共图书馆、美术馆、群艺馆、文化馆、艺术科研院所、艺术表演团体等文化单位的改革，实现机构、资产、人才等生产要素的有效重组，建立适应西部大开发的创新机制。文化单位要在充分发挥服务功能和作用的前提下，积极开展有偿服务和文化产品经营活动，增强自我发展能力。

十三、发展西部地区文化市场，加强文化市场的培育和管理。西部地区文化市场具有很大的潜力，电影、音像、演出、书报刊等市场前景非常广阔。在西部大开发中，要研究、制定优惠政策，扶持西部地区文化经营单位的活动，促进文化经纪机构的发展，推进文艺产品流通体制改革，倡导健康的文化产品和文化服务，加快文化市场的培育和发展。同时，要坚持“一手抓繁荣，一手抓管理”的方针，加强文化执法，禁止腐朽文化，清除“文化垃圾”，保证西部地区文化市场健康有序地繁荣和发展。

十四、加强西部地区对外文化交流工作。西部地区各级文化部门要重视对外文化宣传和交流工作，认真组织好在西部地区举办的艺术节、文化艺术展览、会议等大型的国际文化交流活动；要按照对外文化交流计划，精心组织好一批文艺精品节目，选派素质好、水平高的艺术团参加国际文化交流活动；要组织力量，拍摄、制作一些反映中国西部地区经济建设和文化建设成就的外宣专题影视片和西部城市风光、风貌系列短片，提供给中国驻外使（领）馆开展对外文化宣传工作。

十五、进一步组织开展文化对口援助工作，促进中西部和东部地区文化事业的共同发展。在实施西部大开发中，根据西部地区文化事业发展需要，东部地区与西部地区要进一步开展对口文化支援工作。对口支援与合作应立足于优势互补、互惠互利、合作开发、利益共享，在文化设施建设、文化人才培养、文化产业开发、文化艺术活动等方面，采取多种形式进行。文化部积极支持东部地区和西部地区开展对口文化支援，并将做好有关组织、协调工作。

从2000年工作的情况看，全国各地文化部门和单位对实施西部大开发战略工作给予了充分重视。8月文化部在青海省召开了西部文化工作座谈会，研究和探讨了文化工作如何为西部开发服务，如何加快西部文化事业发展的问题。这次会议进一步明确了在西部大开发中文化建设的地位和重要作用，提出了加快西部文化事业发展的思路、任务、要求和具体措施。这次会议明确，今后地方文化建设补助经费，将主要投向西部地区。文化部组织东部、中部地区开展与西部地区文化对口支援工作。这次会议将工作安排与理论研讨结合起来，取得了很好效果。文化部还向青海省农牧区捐赠了10辆流动文化服务车。

为落实国务院办公厅《关于西部大开发中加强文物保护和管理工作的通知》，国家文物局于2000年9月12日至14日在乌鲁木齐召开了西部文物工作会。会议就西部大开发中西部文物事业的发展思路、大遗址保护、少数民族文物保护、博物馆建设、考古发掘、文物保护科研和管理、人才培养、队伍建设等问题进行了安排和部署。会议提出国家要加大对西部地区文物保护经费的投入，今后5年内西部地区要完成15项大型维修和保护工程。

西部地区许多地方根据本地经济和社会发展的实际，以及实施西部大开发战略的总体安排，制定了本地文化建设的发展规划，并研究、落实了一些有效措施和办法。特别是在西部开发战略提出之初，就西部开发中历史文化遗产的保护问题，文化部门提出了明确的意见和要求，发出了强有力呼声，得到了各级政府和社会各界的关心与重视，很大程度上避免了经济开发中出现的毁坏文物、破坏文化生态环境的现象。虽然现在西部文化建设的发展势头很好，但由于受经济和社会发展水平的制约，西部地区文化事业的基础比较薄弱，西部文化建设中还存在着许多困难和问题。比如，西部地区的文化设施普遍比较落后，严重制约着文化事业的建设和发展，尽管许多地方制定了规划，提出了建设目标，但由于资金短缺，当地财政投入资金有限，完成规划目标还有相当大的困难。西部地区有许多珍贵的历史文化遗产，如果不采取措施加以抢救和保护，就有遗失或遭到毁坏的危险。而现在国家用于西部地区文物和文化生态环境保护的经费还相当紧缺。西部地区纷纷要求，中央在总体安排和规划西部开发工作时对文化建设予以充分重视和支持。

群众文化事业

2000年是新世纪、新千年的交替之年，是为“十五”计划奠定扎实基础的关键一年，也是广大群众文化工作者深受鼓舞，团结振奋，积极进取的一年。

一年来，改革开放的深入进行，社会政治经济领域的深刻变革，科学技术的迅猛发展，国际社会各种思想文化的相互激荡，人民群众物质文化需求的日益增长等时代内容给中国特色社会主义群众文化建设提出了严峻的挑战。全国群文战线工作者深入贯彻党的十五大和十五届四中全会精神，以江泽民“三个代表”重要思想为指针，配合国家的经济建设和党的宣传思想工作任务，把群众文化工作自觉地纳入“科教兴国”、“依法治国”、“以德治国”的总体战略中，为培育“四有”新人，提高公民素质和全社会文明程度，促进社会的全面发展显示出其不可缺少的重要作用。

群众文化宣传科学，努力传播先进文化，在同邪教“法轮功”的斗争中发挥了积极的作用。以李洪志为首的“法轮功”邪教组织散布歪理邪说，欺骗群众，秘密结社，严重破坏了国家经济秩序和社会的稳定，暴露了其险恶的政治用心。一年多来，党和人民同“法轮功”邪教组织进行了一场严肃的政治斗争，对邪教组织危害社会和人民的活动进行了严厉的惩治。在这场政治斗争中，群众文化工作在教育人、引导人，细致做好群众的思想政治工作中发挥了重要的作用。文化部相继发出了《关于大力开展科学健康文明的群众文化活动的通知》和《关于组织开展文化活动同“法轮功”邪教组织做坚决斗争的通知》，各地各级文化部门认真组织开展了各种群众文化活动，坚决抵制“法轮功”邪教的侵害，为营造健康良好的社会文化环境发挥了积极的作用。各地各级群众艺术馆、文化馆、文化站等群众文化事业单位充分利用自身阵地优势，定期开展时事讲座、科技信息、歌舞书画比赛等各种类型的文化活动，吸引广大人民群众自觉参加到健康有益的活动中来，对人民群众进行爱国主义、集体主义、社会主义教育，进行正确的世界观、人生观、价值观教育，倡导高尚文明的生活方式和良好的社会风尚。组织开展了丰富多彩的广场文化活动、群众歌咏活动、社区文化活动，努力用生动的文娱活动教育“法轮功”痴迷者。同时，这些群众文化设施针对“法轮功”邪教组织宣扬的反科学、反人民、反政府的内容，有针对性地编排演出了许多小剧目、小歌舞，用生动的事实、生动的表演教育人民认清“法轮功”的危害。从乡镇文化站到市县文化馆、群艺馆举办的各类大小展览、画廊报廊、时事讲演活动不计其数，通过不同形式积极地宣传科学、宣传真理，反对邪教。

群众文化紧扣时代脉搏，唱响了西部开发的主旋律。在党中央开发西部的伟大决策指引下，广大群众文化工作者积极投身西部文化建设中。西部12个省、区、市的群众文化工作配合西部开发相继制定了新的群众文化工作思路，努力为文化、经济的发展注入活力。西部地区和东西部地区群众文化艺术交流活动层出不穷，异常活跃，为西部经济的开发搭起了文化的桥梁。如西部地区书画展、西部风情摄影展、西部青少年文艺大赛、西部老年秧歌比赛、西部文化经贸活动以及东西部文化艺术人才培训和交流等等，这些活动充分展示了西部的自然环境、人文环境，揭开了西部地区神秘的面纱，展现了西部人民良好的精神面貌，使西部地区的文化风韵为更多的人所了解和认识。2000年一年中，围绕西部开发的主题，各社团、企业、事业单位纷纷报送有关西部的全国文化艺术活动更十分明显，经文化部和文化部社图司审核批准的全国大型群众文化艺术活动中，涉及西部主题的就有七、八项活动。

群众文化以丰富群众文化生活为己任，广大群众文化工作者以大力加强“四基”建设为主要目标，努力拓宽视野，开拓进取，使新时期的群众文化事业呈现出繁荣景象。群众文化设施建设速度大大加快，城乡群众文化阵地得到进一步巩固和发展；群众文化活动形式多样，丰富多彩，宣传了党的方针政策，大大活跃了城乡基层人民群众的文化生活；群众文化工作队伍得到了进一步的锻炼和巩固；群众文艺创作日益繁荣；群众艺术交流和民间艺术活动十分活跃；群众文化理论研究进一步深化和提高；弱势群体的老年文化迅速发展等等。

第十四届“龙潭杯”中华优秀民间花会大赛

“龙潭杯”中华优秀民间花会大赛是由文化部

社会文化图书馆司和北京市文化局、北京龙潭庙会组委会等单位共同主办多年的一项群众文化活动，已成为首都人民春节文化娱乐活动不可缺少的组成部分，成为广大人民群众最喜爱的文化活动之一。第十四届“龙潭杯”中华优秀民间花会大赛于2000年2月4日—10日在北京龙潭湖公园举行。参加本届花会大赛的演员来自吉林、辽宁、河北、山东、陕西、山西、青海、浙江等13个省、19个地区。他们的精彩表演，为我们带来了新世纪的祝福。本届邀请赛是进入新世纪后，国内广场舞蹈艺术领域举办的第一个重大赛事，又适逢首都申办2008年奥运会，其意义非同寻常。它对于交流提高和大力弘扬中华民族的优秀传统文化，对于促进社会主义精神文明建设，对于满足人民群众的精神文化需要，正在发挥并将继续发挥积极的作用。

“面对西部大开发，群众文化怎么办？”重庆文化发展座谈会

2000年2月20日，文化部社图司与重庆市文化局联合在北京专门召开了“面对西部大开发，群众文化怎么办？”重庆文化发展座谈会。这次会议是在党中央的西部开发政策指引下，群众文化战线研讨西部文化建设的第一次局部性会议。北京大学宣传部部长、教授赵为民，中国社会科学院民族研究所所长、研究员郝时远，中国社会科学院历史研究所副所长、研究员辛德勇，中国社会科学院经济研究所研究员熊必俊，中央民族大学民族学系教授祁庆富，中国人民大学人口研究所副教授姚远、穆光宗等在京的专家学者出席了会议。会议一致认为，西部的大开发，最终结果是文化的大开发。在现代化建设中世界经济的一体化和世界文化的趋同性将对西部开发产生重要影响，这既是文化发展面临的机遇，也是文化发展面临的挑战。与会者专门针对重庆文化的现状特点，提出了重庆文化发展中的优势和劣势，认为重庆市作为东西部结合的区位优势，应该成为长江上游的文化中心，在西部开发中起到龙头作用。坚持大众化、现代化、特色化，坚持开放性、传承性、地理性、辐射性，塑造新型的重庆文化。总之，与会代表从重庆文化的讨论中一致认为，群众文化要在西部经济发展中发挥自身优势，为经济发展创造良好的社会文化环境。不仅在群众文化设施上要填平、补平，而且要大力宣传西部精神，提高民族素质，凝聚民族力量，扎实做好群众文化工作。

民间艺术交流活动

多姿多彩的民间艺术是中国宝贵的传统文化的重要内容，与当地的经济、政治、文化、风俗习惯相结合，深刻地反映着人民群众的思想感情、精神面貌和志趣情操，以其独特的风格、特色和神奇的魅力，在漫长的历史长河中完善和发展。为及时有效地保护民间艺术的发展，使绚丽多彩的各民族民间艺术能在改革开放的新时代焕发出生机和活力，2000年4月文化部社图司在江苏省昆山市正仪镇召开了“中国民间艺术之乡命名暨现场经验交流会”，再次命名了四川省青神县、广东省南海市盐布镇、山西省长子县南彰乡等122个县（市、旗）、乡（镇、区）、村为“中国民间艺术之乡”，江苏省昆山市正仪镇等25个县（市）、乡（镇、区）为“中国民间特色艺术之乡”。这次命名的艺术之乡是十几年来命名数量最多、门类最全、水平最高的一次。会议期间，文化部社图司对今后的民间艺术之乡的发展进行了规划和部署，来自全国的艺术之乡代表和群众文化工作者对中国民间艺术走向新世纪进行了前瞻性的研讨。至此，文化部自1987年开始的中国民间艺术之乡命名工作取得了可喜的成绩，到2000年为止，全国已经有322个民间艺术之乡光荣地获得“中国民间艺术之乡”的称号。这些民间艺术不仅包括音乐、舞蹈、戏剧等表演艺术类，还包括剪纸、雕刻等造型艺术类，具有生动的艺术风格和特色。有些分布在偏僻地区、稀有的、难度较大的民间艺术也得以弘扬，为广大群众揭开了其神秘的面纱，展现出其浓烈的传统艺术风格。

全国文化馆试评估工作

2000年全国群众文化设施建设速度加快，城乡群众文化阵地得到进一步巩固和发展。年初江泽民等党和国家领导人对思想文化战线发表了一系列重要讲话和指示，特别是“三个代表”思想把文化工作提到了重要位置。各地党委、政府认真贯彻落实江总书记的重要思想，把文化建设列入党委和政府工作的重要议程。按照文化部党组提出的社会文化四基建设的基本要求，各地文化部门加快了群众文化设施建设的步伐，把群众文化设施建设列入了当地经济发展的"十五"规划中。为进一步巩固社会文化阵地，加强群众文化设施建设，文化部开展了全国群艺馆、文化馆试评估定级工作，进一步推动了群众文化设施建设。文化部社图司组织人员分赴湖北、广东、辽宁、山东、江苏、陕西等省进行了调研。2000年6月在大连召开了局部性座谈会，对评估标准进行了讨论。

第五届大河上下艺术摄影展

"第五届黄河流域九省区大河上下艺术摄影展"于2000年7月3日至7日在内蒙古自治区呼和浩特市内蒙古美术馆隆重举行。这是文化部社图司扶持多年的民间自发组织的一项艺术交流活动，每两年由黄河流域沿岸的山东、河南、内蒙古、山西、陕西、宁夏、甘肃、青海、四川九个省区轮流举办一次。九个省区的摄影爱好者和群艺馆干部常年深入生活，实地拍摄了许多优秀作品。2000年时逢世纪之交，党中央又提出西部开发的伟大号召，使文化部社图司与九个省区联合举办的这项活动被赋予了崭新的时代内容。这次摄影活动荟萃了黄河流域九省区摄影工作者的303幅作品，是从近万幅作品中精选出来的。这些作品从不同角度展示了古老的黄河文化，展示了大河上下九个省区的民间风情、人文景观和人民群众投身改革的良好的精神面貌。这次展览活动又给这些省区的摄影作者们提供了一次领略内蒙古锡林戈勒盟草原风光的摄影采风活动和互相交流学习的好机会。文化部社图司为获奖者颁发了证书，予以鼓励。内蒙古的《无题》（孙建国）、四川的《雪花飘飘》（潘国基）、山东的《春汛第一站》（顾晓军、刑建国）等九幅作品获得了一等奖。

第二届老年合唱节

为了贯彻落实党中央、国务院关于加强老年文化工作的精神，落实李岚清同志在文化部举办的第一届老年合唱节《永远的辉煌—老年合唱晚会》总结上的批示精神，进一步活跃老年人的文化生活，大力普及和推动老年合唱活动的开展，文化部与中国老龄协会、中央电视台于2000年9月10日至15日在无锡影视基地联合主办了"《世纪的歌声》2000年夕阳红老年合唱电视大赛暨《永远的辉煌》第二届中国老年合唱节"活动。这是文化部自1999年主办《永远的辉煌——老年合唱晚会》以来，组织的又一次大规模老年文化活动。在各地文化部门的广泛发动下，共有27个省、自治区、直辖市的300多个代表队4万多名老年人报名参赛，经过各地认真选拔推荐，其中84个代表队5000多位老年合唱队员及社会各界，包括家属、现场观众共数万名老年朋友参加了在无锡举行的老年合唱节。他们当中有老干部、老教师、老知识分子、劳动模范等，还有归国华侨。其中最大的87岁，最小的50岁。使本届合唱节范围广，声势大，规格高，阵容齐，成为一次规模空前的盛会。充分展示了中国老人健康向上，积极生活，快乐充实的精神面貌。自1999年中国老年合唱节获得成功并确定每年搞一届后，文化部非常重视对老年合唱文化活动的引导。按照"扩大规模，提高水平"的要求，坚持社会文化社会办的原则，广泛发动各方面积极兴办老年文化活动。各地文化部门也在2000年里纷纷举办了当地的老年合唱歌咏活动，使老年合唱活动成为新千年老年文化生活中的一个亮点。

创办县级老年大学试点计划

文化部于2000年9月在山东、辽宁、河北、河南、山西五个省的县（区）一级设立了10个老年大学试点，正式实施了县级老年大学创办计划。这是文化部负责老年教育工作后，针对老年教育发展现状，动员文化系统积极行动起来，迅速创办老年大学的一项具体措施。在这批试点成功的基础上，还将有计划、有步骤地扩大规模，明年扩大到10个省，三年以内发展到20个省，争取在五年内实现"县县有老年大学"。

第六届艺术节群众文艺专场演出活动

第六届中国艺术节首次把群众文化活动作为其中的组成部分，使近年来群众文化的丰硕成果得以充分展示。《群星璀璨》、《苏情苏韵》、《春到农家》、《花开新世纪》、《京腔京韵》五台群众文艺专场演出把"人民的节日"衬托得喜气洋洋。

2000年10月4日下午，第六届中国艺术节群众文艺专场演出开幕式在南京市青春剧场举行。首场演出的《群星璀璨》全国群众文艺专场誉满金陵。这场演出由文化部社图司组织专家精选荟萃了全国13个省的15个群众文艺精品，它们是：山东的吹打乐《侨乡鼓韵》、云南的群舞《山哥哥》、江苏的小合唱《田里秧苗棵连棵》、内蒙古独舞《乳香飘》、济南军区的器乐小合奏《班务会》、黑龙江的女声独唱《好歌唱给兴安岭》、安徽的群舞《大地土风》、武警部队的女声三重唱《红贝蕾》。因为这些节目内容丰富，形式多样，编排新颖，深受欢迎；在原计划演出两场的基础上，又增加一场，仍不能满足众多观众的要求。

第五届“和平杯”中国京剧票友邀请赛

为弘扬民族艺术，繁荣群众文化生活，文化部社图司与天津市文化局、中央电视台戏曲音乐部、天津市广播电视局、天津市和平区人民政府于2000年10月21日至10月26日在天津市联合举办第五届“和平杯”中国京剧票友邀请赛活动。这是文化部社图司参与主办，支持多年的一项全国群众性文化活动。参加基层选拔的京剧票友近万人，经过初选，到天津参赛的选手共60名。年龄最大的74岁，最小的19岁。报名参赛的有福建、西藏、甘肃、海南、江西等26个省、自治区、直辖市以及全国总工会、新疆生产建设兵团和石油三个系统。是报名单位最多、参赛票友最多、参赛质量最高的一届。北京的杨永树、河北的顾丽娜、河北的张宝奎、江苏的孙跃明等获得本届中国京剧“十大票友”称号。

中国农民画联展暨上海金山区第三届旅游节

10月13日至17日，文化部社图司与上海市金山区人民政府在上海金山区共同举办了“中国农民画联展暨上海金山区第三届旅游节”活动。来自浙江、江苏、吉林、云南、广西、辽宁、四川等省、自治区、直辖市的70多个农民画乡的代表云集上海，对农民画进行了现场展览和学术研讨，有力地促进了全国农民画乡之间的交流和发展。

全国部分省市群艺馆文化馆发展战略研讨会

2000年10月25日至27日在海口市召开了全国部分省市群艺馆文化馆发展战略研讨会十五届年会。来自全国27个省（区、市）的68个群艺馆、文化馆的120名代表参加了会议，研讨会共收到论文53篇。这个年会是文化部社文司扶持多年的民间自发组织的群众文化理论探讨会，在群众文化理论界有一定规模和影响。本届研讨会的主题是群艺馆、文化馆内部管理体制的创新。大家一致认为必须加大文化馆改革的力度，才能使文化馆适应新的需要，获得新的生机。把握好群艺馆、文化馆的职能定位是中国群艺馆、文化馆事业在深化改革中前进的一个焦点问题。代表们一致呼吁尽快解决文化馆事业的立法问题，保障文化馆事业在深化改革中得到发展。

首届全国直辖市群众文化理论研讨会

为了研究城市群众文化的个性特征和发展态势，探索直辖市群众文化的发展方向，2000年10月20日—23日在重庆召开了“首届全国直辖市群众文化理论研讨会”。文化部社图司给予了大力支持。与会代表重点研讨了城市广场文化、社区文化等课题，就21世纪的群众文化的定位和发展方向以及直辖市群艺馆在城市群众文化工作中的示范龙头作用进行了广泛的交流。

第十届群星奖评奖活动

2000年是文化部设立的“社会文化艺术政府奖“群星奖” （“群星”取意“群星璀璨”，象征群众文艺作品如满天星斗熠熠生辉）举办10周年。第十届“群星奖”舞蹈作品评选活动是自1996年改为单项门类后，群众业余舞蹈作品的第二次比赛。整个评奖工作分为录象带初评和现场决赛两个阶段。本届“群星奖”得到了各地文化部门和有关单位的高度重视和大力支持，共收到除香港、澳门和台湾省以外，全国各地文化厅（局）、解放军总政治部宣传部、武警政治部宣传部、全国总工会宣传部、新疆生产建设兵团文化广播电视局35家参赛单位推荐的作品近400件，而这些作品又是从全国各地4000多件作品中推荐选拔上来的。舞蹈的编创和表演人员来自不同的行业，有群众文化战线的干部，有工人、农民、医生、个体户、学生等，参与面大，群众性特点突出。

2000年11月28日至12月4日在浙江省台州市进行了本届“群星奖”舞蹈作品的现场决赛，分舞台舞和广场舞两大类组进行了金、银、铜奖的角逐，舞台舞又分成群舞、单人舞、双人舞、三人舞、老年舞5个组。文化部组织了在京的舞蹈界专家组成评委会，对每个类别和组别的作品进行了认真评选，共评出金奖66个，银奖96个，铜奖54个，个人组织奖65个，再次推出了一大批群众文艺新人和新作，有力地促进了群众文艺的发展。在台州比赛期间，演员和观摩人员达4000多人，是历年来最多的一次，每场演出都是满座，这是历届决赛过程中所没有的。

本届“群星奖”舞蹈作品比赛可以说是进入

21世纪前群众舞蹈的一次成功检阅。参赛作品的题材和体裁十分广泛，表现风格和样式极为丰富，参评作品的整体水平较1996年舞蹈比赛有了较大提高。参评的舞蹈作品大都紧扣时代脉搏，反映出改革开放以来中国各族人民的精神面貌，反映出中国各行各业在以江泽民为核心的党中央领导下取得的辉煌成就。许多作品还反映了火辣辣的民间生活，传递着群众的喜怒哀乐，歌颂淳朴的爱情，表现对家乡和人民的亲情，赞美人与人之间的友情。演绎着千姿百态的民间风情，折射出火热的生活气息。评奖活动对群众文艺工作者的思想和业务教育上了生动的一课。著名舞蹈家、中国舞协副主席贾作光先生形容本次比赛如万花筒般绚丽多姿，这些作品扑面而来的生活气息、强烈的民族特点，都展现了伟大的时代，弘扬了民族的精神，具有强大的生命力，验证了文艺工作者必须深入生活这一永恒的主题。

在台州现场决赛期间，一台反映老年生活题材的作品受到了评委和观众的一致好评，为不断繁荣的群众文化添上了辉煌的一笔。这是文化部第十届“群星奖”新增设的评选内容，更体现了文化部进一步做好老年文化工作，不断开拓群众文化工作领域的决心。各地文化厅（局）高度重视，开展老年文化活动，组织选拔报送老年舞蹈作品。这次共收到反映老年生活题材和老年人自己表演的舞蹈作品共40多件。这些作品从不同侧面歌颂了党和政府对老年人的关心与爱护，反映出中国老年群体健康幸福的生活，以及社会各界对老年文化工作的关注与思考。今后“群星奖”中将继续设立老年作品评选门类，以促进老年文化工作的顺利开展。

全国老年教育工作座谈会暨老年大学现场经验交流会

自1999年底，按照全国老工委[1999]4号文，由“文化部全面负责老年教育工作，指导各级各类老年大学的发展”，文化部迅速将老年教育纳入新时期的社会文化工作中，被予以充分的重视，明确了主管领导和职能司局。各级文化行政部门也相应确立了分管领导负责老年文化和教育工作。老年教育工作经过十几年的发展，第一次由政府职能部门宏观管理和指导，使老年教育工作进入了一个重要的转折期。

为深入贯彻落实全国老龄工作会议精神和中共中央、国务院《关于加强老龄工作的决定》精神，进一步做好老年教育工作，文化部于2000年11月在浙江杭州召开了“全国老年教育工作会议暨老年大学现场经验交流会”，这是文化部分管老年教育后召开的第一次由文化部门、老龄部门和老年大学代表共同参加的老年教育工作会议。这次会议文化部提出了老年教育工作的总体思路、指导思想和今后的任务。明确提出了老年教育工作的目标和内容，争取在五年内实现“县县有老年大学”。在2005年前，在地、市以上和少数有条件的县级老年大学中，建设一批条件较好、规模较大、制度健全、质量较高的规范化的学校，树立一些典型，扩大他们在国内外的影响，与世界接轨。文化部特别强调提出对现有的各级各类老年大学实行科学有效的宏观管理，不改变老年大学现有的行政隶属关系，不改变老年大学现有的经费来源渠道，不改变现有的正确的办学方向，不改变现有的科学的办学模式。会议在友好的气氛中使老龄部门和文化部门达到了很好的沟通，对今后老年教育工作进行了充分的讨论和前瞻性思考。会议过后，各地各级文化部门认真传达贯彻落实会议精神，根据文化部的总体规划，结合各地的实际情况，着手制定各地切实可行的老年教育事业规划，在全国掀起了兴办老年教育事业的热潮。

农村小戏调演活动

为深入贯彻江总书记“三个代表”的重要思想，用社会主义先进文化占领农村思想文化阵地，文化部于2000年5月至12月组织了“全国部分省市农村题材小戏调演”活动。先后组织了7个省的小戏进京演出，有江苏的《称婆婆》、《吴二赔情》、《阿二骂钱》、《童心无忌》、《画像》，浙江的《摆渡》、《瓜园会》、《追金杯》、《啥人顶糊涂》、《杜鹃花开》，江西的《豆腐哥.豆腐嫂》、《唢呐声声》、《劝妻》、《县官下乡》、《井台》，吉林的《盘妻顶锅》、《喜莲》、《夫妻串门》、《两枚戒指》、《没病找病》，河南的《电脑风波》、《一把雨伞》、《富裕之后》、《调查》、《家庭选举》，河北的《中秋时节》、《进山》、《父子争权》、《送闺女》、《功德碑》，山东的《回娘家》、《春暖花开》、《竞选》、《借媳妇》。共有24个地方剧种35个优秀小戏。这是继60年代“现代小戏调演”30余年后农村小戏首次亮相于首都舞台。农村小戏调演活动开辟了农村文艺发展的新篇章。

这些小戏充分弘扬了民族民间优秀传统文化艺术，丰富了中国地方戏曲艺术剧种宝库。7个省的小戏各有各的地方特点，又紧贴时代精神，集中反映了改革开放以来农村两个文明建设的新气象和农民崭新的精神面貌。这次小戏调演活动对专业戏曲舞台艺术创作产生了积极的推动作用，进一步调动了各级文化部门为农民群众多演戏、演好戏的积极性。在结束进京演出后，参演各省为积极推进群众文化建设，安排送戏下乡，在本省各地区各乡镇巡回演出，产生了很好的社会影响。

首届长江沿岸城市群众文化理论研讨会

2000年12月12日—15日在上海召开了“首届长江沿岸城市群众文化理论研讨会”。来自江苏、湖北、安徽、四川、重庆5省市和扬州、南京、黄石、九江等18个地、市级城市的37名代表参加了会议。文化部社图司给予了大力支持。会议重点研讨了如何进一步繁荣长江沿岸地区的城市群众文化工作，并以此促进长江沿岸各城市的精神文明建设和区域经济社会的发展，探讨了城市群众文化工作的交流与合作如何为国家开发西部的跨世纪战略决策服务。

老年文化

在党中央、国务院的深切关怀下，属于弱势群体文化的老年文化在2000年受到各级政府和社会各界广泛的关注和重视，成为群众文化工作者探索群众文化工作的一个新的开拓点。

1999年底中国60岁以上的老年人口就占总人口的10%，比预计的2000年提前了一年进入了老龄化国家行列。据2000年第五次全国人口普查数据来看，65岁以上人口占总人口的比重比1990年上升了1.39个百分点，预计到下个世纪中叶，老年人口将达到4亿。2000年是老年文化迅速发展的一年，老年文化的独特性、重要性越来越突出，使关于老年人的价值观念、伦理道德、公众形象在社会文化中占据了越来越重要的位置。文化部在老年文化取得显著成绩的基础上，进一步加强了老年文化建设，积极引导老年文化工作的健康发展。1999年底文化部专门下发了《关于加强老年文化工作的意见》和《老年文化事业发展的中长期规划》，对做好老年文化工作提出了战略性的部署和明确的工作目标。各地文化部门积极行动起来，纷纷制定了本地区老年文化事业发展规划，加大了老年文化工作力度。2000年文化部在开展的“群艺馆、文化馆评估定级工作”中，专门把增设老年文化活动中心和活动室，组织开展老年文化活动，兴办老年大学等列入评估标准中，大大加强了老年文化工作。在举办10年的“群星奖”评奖活动中，第一次把反映老年生活题材的作品列入评奖内容，鼓励老年群众文艺的创作和演出。在2000年11月全国第十届“群星奖”舞蹈作品的现场决赛中，有14个优秀的老年舞蹈节目在浙江台州进行了很好的展示，受到了当地群众和全国各地的群众文化工作者及新闻媒体的广泛关注。

2000年是老年文化活动日益活跃的一年，各地各级文化部门和文化事业单位深入贯彻中央的指示精神，广泛扎实地组织开展了形式多样的老年文化活动。各地群众艺术馆、文化馆、文化站充分发挥组织、引导各类社会文化活动的功能，对于老年人自发的、健康的文化、娱乐、健身活动给予支持与指导。除经常开展馆、站活动外，还根据老年人的特点，积极组织开展健康有益的社区、乡村文化体育活动。设施条件较好的文化馆、站开辟出适宜老年人文化娱乐的活动场所，尽可能对老年人优惠开放。在与邪教“法轮功”的斗争中，各馆、站把老年人组织起来，定期举行崇尚科学，反对迷信以及国内外形势、保护老年人权益、科技发展动态等方面的各类讲座和研讨会。千方百计创造条件开展适合农村老年人的各类文娱活动，将一些边远的牧区、山区作为工作重点，定期开展为老年人送戏、送书上门服务，将“三下乡”活动与关心农村老年人文化生活结合起来。

社区文化

按照党的十四届六中全会提出的“搞好社区文化、村镇文化、企业文化、校园文化的建设”的要求，进一步开展群众文化活动，把精神文明建设落实到城乡基层。遵照文化部《2000年文化工作要点》中提出的要求和文化部党组关于做好社区文化工作的指示精神，一年来，城市社区文化工作放在基本设施、基本队伍、基本工作内容、基本工作方式四个方面的建设上。文化部为出台《关于加强社区文化工作的意见》做了大量准备工作，重点加强了对社区文化的引导和扶持。2000年文化部配合全国政协，对福建、湖北、黑龙江的社区文化进行了大量调研，逐步形成了关于社区文化的指导性意见。

少儿文化事业

2000年初，发生了河南洛阳3名小学生在游戏厅被害的“2.29”恶性案件，得到了中央领导同志的高度重视，江泽民总书记专门发表了《关于教育问题的谈话》，并对少儿工作提出了要求和部署。文化部认真贯彻落实江泽民总书记关于尽可能多建设一些健康的青少年活动场所和设施的重要指示，以及胡锦涛、李岚清同志关于尽可能多安排一些资金用于青少年课外活动设施建设，并要研究制定鼓励社会资金投向青少年健康的活动设施建设的政策的批示精神，进一步加大了少儿文化工作力度。为合理安排中小学生“减负”后的课余生活，为中小学生的健康成长创造良好的环境，采取了具体措施。

顺利实施，基本完成《蒲公英计划》。由文化部牵头，教育部、农业部、广电总局、新闻出版署、共青团中央、全国妇联、全国少年儿童文化艺术委员会等八部委联合于1992年下发了《蒲公英计划》(《九十年代中国儿童文化艺术事业发展纲要》)，在有关部门的共同努力下，基本完成预定目标。少儿的艺术教育、广播电视、儿童读物、儿童戏剧等方面取得了丰硕成果。少儿文化工作的组织建设、队伍建设、基地建设、科研及法规建设也取得了一定成绩。

加强青少年活动场所的建设，加快设施建设步伐，形成覆盖城乡的青少年文化活动网络。经过多年建设，中国已初步形成了以市、县图书馆、群艺馆、文化馆为重点和龙头，以基层文化站、室为基础，以多功能的综合文化设施为补充的群众文化设施网络，这是开展青少年文化活动，对青少年进行文化艺术知识的培训与辅导，加强素质教育的重要阵地。各级各地公益性群艺馆、文化馆、文化站等设施坚持面向社会，以社会效益为最高准则，为青少年提供无偿、低廉、优质的服务，遵循党的基本路线，坚持用正确的舆论、科学的理论、高尚的精神和优秀的作品鼓舞人引导人，加强对青少年进行爱国主义、集体主义、社会主义的思想品德教育，帮助他们树立正确的世界观、人生观、价值观 ，成为青少年学习知识、陶冶情操、普及审美教育的第二学校。

开展适合青少年参加的各类文化活动，丰富青少年课余生活。青少年减负后，较多的课余时间如何安排，给文化部门提出了重要任务。一年来，各地各级文化部门和事业单位及社会团体积极组织丰富多彩的青少年文化活动，对青少年进行爱国主义、集体主义和正确的世界观、人生观、价值观教育，倡导高尚文明的生活方式和良好的社会风尚。

农村儿童文化园

为鼓励先进，进一步落实《蒲公英计划》，促进农村儿童文化园的健康发展，文化部于2000年8月1日，命名了第五批“蒲公英农村儿童文化园”，它们是：西藏自治区堆龙德庆县、江苏省镇江市丹阳市新桥镇和扬州市新坝镇、江苏省盐城市盐都县大岗镇和龙岗镇、江苏省常州市武进市奔牛镇、无锡市宜兴市官林镇、南通市启东市新安镇、贵州省黔西南州兴义市黄草坝镇、江西省安义县龙津镇凤凰、新疆兵团农一师一团金银川、一师十二团南口镇、五师八十九团塔斯尔海、吉林省吉林市昌邑区桦皮厂镇漂洋农村儿童文化园。这些农村儿童文化园不但活动场地宽敞，师资水平较高，文艺活动开展得丰富多彩，而且深受广大家长和少年儿童的欢迎。

庆六一《世纪娃进京》文艺演出活动

为欢庆“六一”少年儿童节，2000年5月28日—6月3日，文化部、全国妇联联合举办了“庆六一《世纪娃进京》”少儿文艺演出活动。文化部从全国精选了19个优秀的少儿文艺节目在北京进行汇报演出。这些节目有山西的民乐“黄河鼓娃”、江西的舞蹈“好汉歌”、河南的豫剧“打虎上山”、甘肃的表演唱“捉蚂蚱”、江苏的独唱“牧童哪里去了”、河南的古筝独奏“汉江韵”、辽宁的“牧民之歌”、新疆兵团的“葡萄园的欢乐”、贵州的舞蹈鼓乐、河南的“飞吧飞吧，我乐呵呵”、天津的木琴独奏“丰收的歌声”，广东的舞蹈“澳门小荷花”、重庆的舞蹈“太阳出来喜洋洋”、广西的舞蹈“板凳龙”、内蒙古的舞蹈“快乐的小骑手”、福建的舞蹈“竹卜惊雀”、湖南的独唱“喜鹊窝”、重庆的琵琶弹唱“采花调”、空政的舞蹈“闹龙舟”。这次调演的优秀节目形式多样，欢快活泼，充分展示了少年儿童天真浪漫、幸福快乐的美好生活。

首届少儿蒲公英奖暨全国新苗杯第四届少儿京剧邀请赛

2000年，为繁荣少儿文化，文化部首次设立了全国少年儿童文化艺术政府奖“蒲公英奖”。8月6日—12日在贵阳市举行了“全国首届少儿蒲公英奖暨全国新苗杯第四届少儿京剧邀请赛”现场比赛活动。分舞蹈、戏剧、曲艺三个门类，共113件作品进行了现场展示和评比。这些作品题材丰富，从不同角度展示了改革开放以来中国少年儿童文艺表演和创作的整体水平，得到了专家们的一致肯定和广大群众的欢迎，在社会上引起了强烈的反响。

少数民族文化工作

一、文化部、国家民委制定下发《关于进一步加强少数民族文化工作的意见》

为贯彻落实1999年中央民族工作会议精神，加快少数民族和民族地区文化事业的发展，2000年2月，文化部与国家民委一起，制定并下发了《关于进一步加强少数民族文化工作的意见》（文社图发[2000]8号）。文件要求：

1、抓住机遇，加快中西部民族地区文化建设。中国少数民族地区主要分布在中西部，在国家未来的发展战略中，加快民族地区的发展将摆到更加突出的位置。中西部各地要抓住西部大开发这一历史性机遇，按照党中央、国务院的部署，采取措施，加快少数民族和民族地区文化事业建设，促进文化与经济和社会的协调发展。西部大开发是一项全面的、系统的工程，是一项长期的、艰巨的任务，要将西部大开发与本地的实际情况相结合，加强西部民族地区文化发展战略研究，制定有利于文化与经济、社会协调发展的政策和措施，进一步明确民族地区文化建设的思路和发展的主要目标。中西部地区的文化、民族部门要抓紧研究制定本地区的文化事业发展规划，各级政府和有关部门要把少数民族地区文化事业发展列入当地国民经济和社会发展的“十五”计划和2015年长期发展规划。同时，要加强发达地区对中西部民族地区的文化对口援助工作，有关省（市）要把文化援助纳入本省（市）的对口援助工作中，根据民族地区文化事业发展需要，安排对口援助的文化项目。对口援助要本着优势互补、互利互惠、合作开发、利益共享的原则，在文化设施建设、文艺人才培养、文化产业开发、文化艺术活动等方面，采取多种形式，促进民族地区文化事业发展。

2、采取措施，加强民族地区文化基础设施建设。县级图书馆、文化馆，乡镇文化站是少数民族地区重要的文化活动阵地，也是少数民族地区文化建设中的重点和难点，必须采取措施，加大建设力度。要重点解决县（市、旗）无文化馆、图书馆和乡镇无文化站的建设问题，这些地区的政府和有关部门，要切实安排好文化设施建设经费。文化部将以国家计委、财政部拨给的专项资金重点补助这些文化设施的建设。文化设施的建设，要坚持因地制宜、从实际出发的原则，争取在“十五”期间实现县县有文化馆、图书馆或综合性文化设施，乡乡有文化站的目标。要充分发挥文化设施的功能作用，加强文化设施的管理和使用，建立、健全岗位责任制和工作目标管理责任制，发挥基层文化设施所具有的开展文体活动、宣传时政、普及科技、传播知识等多种功能和作用，丰富群众的文化生活，提高群众素质。对文化设施管理和使用中存在的问题和困难，要认真研究解决，做到建好一个巩固一个。在加强民族地区文化设施建设的同时，发展流动文化车，把艺术表演团体和文化馆、图书馆开展阵地文化活动与流动文化服务结合起来，以满足边远地区少数民族人民群众的文化生活需求。

3、搞好重点文化工程建设，促进民族地区文化事业全面发展。搞好全国万里边疆文化长廊建设，全国万里边疆文化长廊建设在下一阶段将进一步扩大到18个省、自治区、直辖市的沿边、沿海地区的有边境线和海岸线（含岛屿）的94个地（市、州、盟）的737个县（市、区、旗）、9895个乡（镇）、171111个村（寨），393个开放口岸。长廊共建领导小组正研究制定《全国万里边疆文化长廊建设2001至2010年的建设规划》，将于今年下发各地，边疆各地也要结合自己实际，制定本地区文化长廊建设2001至2010年的建设规划，明确建设目标和任务，提出具体建设措施和实施办法。中央财政和边疆各级财政都要增加对边疆文化长廊建设的投入。民族地区在实施全国重点文化工程建设中，结合本地实际，创造性地组织实施了地方性的重点文化工程建设，今后各地要进一步把本地重点文化工程建设与全国文化工程建设有机地结合起来，统筹安排，突出重点，以点带面，推动本地区文化事业建设。

4、繁荣少数民族文艺创作，丰富各族人民群众的文化生活。各级文化、民族部门要重视少数民族文艺创作，认真制定新世纪中长期的创作规划，多创作出更多具有浓郁民族特色和地区特点的优秀作品，特别要多创作面向基层和群众的中小型剧节目。创作出的剧节目要多为群众演出，并在演出中反复修改、提高，推出一批长演不衰的剧节目。要重视少数民族业余文艺创作队伍建设。进一步办好少数民族音乐、舞蹈、戏剧“孔雀奖”和少数民族题材电影、电视、文学“骏马奖”的评奖活动，推出优秀作品和优秀人才，促进全国少数民族艺术创作的繁荣。各地有关部门要根据新形势下少数民族群众的文化生活需求，利用农闲、民族节日和集市，积极组织和引导群众开展健康、文明的文化活动。组织文化馆、图书馆、艺术表演团体开展文化下乡活动，逐步形成制度，坚持经常地为广大群众提供文化服务。民族地区的城镇，要加强老年文化、少儿文化和社区文化、企业文化、校园文化建设。要重视边远地区少数民族群众看不到电影和看不懂电影的问题，加强对边远地区乡村的影片发行工作，采取财政补贴和群众筹资等办法解决放映经费，建立有利于边远地区群众看电影的发行放映机制。进一步加强少数民族语影视译制工作，解决边远地区少数民族群众看不懂汉语影视片的问题。

5、大力培养人才，加强民族地区文化队伍建设。加快少数民族和民族地区文化事业发展，人才是关键，各地有关部门要加强少数民族文艺人才的培养工作。中央和地方文化艺术院校要继续开办少数民族文化艺术班，定向为少数民族地区培养人才，所需经费采取由各省、自治区、直辖市财政给予补助，单位出一点，个人出一点的办法解决。各级文化艺术院校平时招生时，在同等条件下应优先录取少数民族考生。少数民族地区要深化人事制度改革，优化文化艺术人才结构，鼓励和支持人才的艺术创新，充分发挥各类文艺人才在少数民族文化艺术事业中的积极作用，建立有利于吸引人才的良好机制。建立少数民族文化艺术人才合理流动机制，各地可根据本地区实际，制定少数民族文艺人才管理办法，实行少数民族文艺人才有偿流动。

6、加强少数民族传统文化的保护和利用，扶持优秀的少数民族文化。少数民族独特的传统文化和丰富的文化遗产，是中国的重要文化资源，要在有效保护的基础上合理开发利用。要对民族地区的文化生态情况进行普查，对传统文化生态保存比较完整的地区，要建立民族文化生态保护区。民族文化生态保护区建设是一项系统工程，要做好论证，统一规划，保持、维护自然和文化生态的完整性，防止文化生态的破坏。要研究制定相应的保护法规。合理利用文化资源，促进少数民族地区文化产业发展，建立一批有一定规模的文化产业集团，把民族文化资源优势变为发展文化和经济的优势。要加强对民族民间艺术资源分布情况的调查和研究，建立和完善民族民间艺人的档案资料，开展民族民间艺术大师和民间艺术之乡的命名工作，鼓励民间传统技艺的传承。各地要研究制定有利于保护和合理开发利用本民族地区文化资源的政策和措施。

7、落实和完善文化经济政策，增加民族地区文化建设的投入。落实党中央和国务院制定的一系列文化经济政策，是加快民族地区文化事业发展的重要保障。各地要认真落实党的十四届六中全会决议中的“对中西部欠发达地区和少数民族文化事业增加投入”的政策；国务院1996年37号文件《关于进一步完善文化经济政策的若干规定》中关于“在边境建设费和民族地区发展中应有一定比例有利于文化事业建设”的政策；增加万里边疆文化长廊建设补助经费的政策等。拓宽投资渠道，鼓励集体、企业、个人和社会各方面的力量资助文化建设，或兴办文化项目。研究、制定有利于少数民族地区文化事业发展的新的特殊政策。文化部继续落实对民族地区文化设施建设、文艺人才培养、对外文化交流、文物保护优先安排的特殊优惠政策。各地有关部门也要树立民族地区文化事业优先发展的战略观念，对民族地区的文化建设也要认真落实优先的政策，加大对民族地区文化建设扶持的力度。

8、加强少数民族文化工作的领导。各级政府和有关部门要从战略高度充分认识在新形势下加强少数民族文化工作，推进民族地区文化事业建设的重要性和紧迫性，认真贯彻落实党的十五大和1999年召开的中央民族工作会议精神，加强对少数民族文化工作的领导，把少数民族文化工作摆到重要位置，列入重要的议事日程，及时研究、解决少数民族文化工作中的困难和问题。各级文化、民族工作部门要积极做好协调工作，争取各方面对少数民族文化工作的支持，形成合力，共同推动民族地区的文化建设，努力开创少数民族文化工作的新局面。

二、举办了第十届孔雀奖少数民族舞蹈比赛

"孔雀奖"是国家为促进少数民族文艺繁荣发展而设立的少数民族艺术最高政府奖，有音乐、舞蹈、戏剧三个门类，每年举办一届，每届举办1至2个门类，到2000年已成功地举办了10届。通过比赛，推出了一大批优秀的少数民族剧（节）目和少数民族专业艺术人才。

2000年，文化部、国家民委、国家广电总局和重庆市人民政府共同主办了第十届孔雀奖少数民族舞蹈(单、双、三人舞)比赛，大赛共收到内蒙古等14个省（区、市）和东方歌舞团等6个单位报送的106个节目，这些节目包括了壮、藏、蒙古、维吾尔、回等28个少数民族。

大赛组委会聘请了宝音巴图、冯双白、马跃、汪曙云、霍向东等国内著名舞蹈专家组成预赛评奖委员会，于9月9日至13日进行录像预赛，共评选出62个节目参加现场决赛。这些节目包括了壮、藏、蒙古、维吾尔、回等23个民族，其中佤、水、德昂、布朗、乌孜别克、珞巴、鄂温克等许多多年未有舞蹈节目参赛的民族也有节目参赛并进入决赛。这62个节目有单人舞24个，双人舞17个，三人舞19个。

10月25日至31日在重庆市进行了现场决赛。大赛聘请了贾作光、宝音巴图、马跃、资华筠、冯双白、汪曙云、霍向东、宁永忠等专家为决赛评委。经过激烈角逐，最后共评选出单人舞表演一等奖5个，二等奖9个，三等奖10个；单人舞编导一等奖4个，二等奖6个，三等奖10个，优秀编导奖4个；双人舞表演一等奖2个，二等奖4个，三等奖7个，优秀表演奖4个；双人舞编导一等奖2个，二等奖4个，三等奖7个，优秀编导奖4个；三人舞表演一等奖3个，二等奖4个，三等奖7个，优秀表演奖5个；三人舞编导一等奖3个，二等奖4个，三等奖7个，优秀编导奖5个；作曲一等奖1个，二等奖3个，三等奖5个。单人舞《他——深深地怀念傣族民间舞蹈家毛相》（云南省选送的傣族舞蹈）、《水中月》（云南省选送的傣族舞蹈）、《姑娘不穿鞋》（广西壮族自治区选送的壮族舞蹈），双人舞《担》（广西壮族自治区选送的壮族舞蹈）、《珞巴人的刀》（西藏自治区选送的珞巴族舞蹈），三人舞《种山兰的女人》（海南省选送的黎族舞蹈）、《漠柳》（内蒙古军区文工团选送的蒙古族舞蹈）、《高原女人》（云南省选送的德昂族舞蹈）等一批具有浓郁的民族风格、鲜明的地域特色、时代感强的少数民族舞蹈作品呈现在舞台上，刘玲、张来善、郭玉华、秦克烈、李紫君、哈斯、温国鸣、温海夫、蒙麓光、何燕敏、侯耀等一批少数民族舞蹈编导荣获编导一等奖。杨洲（壮族）、洪红（拉祜族）、万玛尖措（藏族）、阿曼古丽司地克（维吾尔族）、娜娜（蒙古族）、刘媛（回族）、温海夫（汉族）、普布（藏族）、德吉曲珍（藏族）、鲍丽玛（蒙古族）、姚晓楠（蒙古族）、哈斯（蒙古族）、杨旭康（白族）、李剑超（白族）、邓建新（白族）等少数民族舞蹈演员荣获表演一等奖。晓耕等作曲家荣获作曲一等奖。

10月29日组织了部分参赛节目到重庆渝北区，为广大群众演出，受到群众的热烈欢迎。10月30日下午召开了全国少数民族舞蹈创作座谈会，评委、专家和参赛编导就舞蹈创作中的一些问题进行了交流。10月31日在重庆举行了颁奖仪式和颁奖晚会，重庆市人民政府市长包叙定、文化部副部长艾青春、国家民委副主任李晋有、中共重庆市市委常委、宣传部部长邢元敏、重庆市人民政府副市长程贻举等出席了颁奖仪式，并观看了颁奖晚会。

三、举办了"世纪民族之歌"征集活动

文化部、国家民委和国家广电总局共同主办"世纪民族之歌"征集活动，其目的是推出每个民族具有代表性的歌曲，促进优秀的民族歌曲的创作和推广，丰富广大人民群众的文化生活。在各地进行初选的基础上，共有352首歌曲被推荐参赛，中国56个民族都有歌曲参赛。经专家评议，共有86首歌曲拟入选“世纪民族之歌”，为保证入选歌曲的代表性，现正将评选结果向各地广泛征求意见。为推广和传唱这些优秀歌曲，组委会将出版“世纪民族之歌”歌曲集。

四、举办了第八届少数民族题材电视艺术“骏马奖”评奖活动

“骏马奖”是国家设立的少数民族题材电影电视作品最高政府奖，2000年国家民委、文化部、广电总局、中国文联举办了第八届少数民族题材电视艺术“骏马奖”评奖活动。本届“骏马奖”共收到来自全国25个省、自治区、直辖市电视制作部门、新疆生产建设兵团和中央电视台的参评作品321部，比上届增加约一倍。经过初评和终评，共有138部作品获奖。其中：专题纪录片参评作品137部，获一等奖8部，二等奖12部，三等奖20部，特别奖2部，评委会提名奖7部，共49部作品获奖；儿童题材电视片参评作品27部，获一等奖3部，二等奖4部，三等奖5部，评委会提名奖3部，共15部作品获奖；电视艺术片参评作品50部，获一等奖3部，二等奖4部，三等奖5部，评委会提名奖8部，共20部作品获奖；电视栏目12个，获一等奖1个，二等奖2个，三等奖3个，评委会提名奖2个，共8个栏目获奖；电视剧参评作品25部，获一等奖2部，二等奖3部，三等奖5部，特别奖1部，评委会提名奖2部；少数民族语译制片参评作品64部，获最佳少数民族语译制片33部，9位同志获得5项单项奖；北京电视台等12家单位获得最佳组织奖。

五、检查文化援藏工作落实情况

1996年、1998年文化部召开了两次文化援藏工作会议，文化部和各省、市文化厅（局）根据各自情况对西藏文化事业在资金、设备、人才等方面进行援助。遵照部领导的指示，2000年1月对文化援藏工作进行了检查。

1996年第一次文化援藏会议后，确定并落实文化援藏项目15项，落实资金500万元，有力地促进了西藏文化事业的发展。

1998年第二次文化援藏会议，确定了29个项目，援助资金合计436万元。截止到2000年1月，绝大部分项目已落实完成或正在落实中，个别项目因为特殊原因而未落实，但都表示尽快落实完成。

公共图书馆事业

一、图书馆事业发展现状

至2000年底，全国县以上公共图书馆为2769个，其中省级图书馆32个，地市级图书馆406个，县级图书馆2331个。独立建制的少年儿童图书馆84个。从业人员51368人。馆舍面积598万平方米，其中县级图书馆343万平方米。文献总藏量40593万册(件)，其中图书36550万册，比上一年增加1132万册，县级图书馆文献总藏量14524万册（件），其中图书14272万册，比上一年增加422万册。总流通人次18854万人，比上一年减少814万人次，其中县级图书馆为9953万人次，比上一年减少123万人次。书刊外借册次16913万册，比上一年增加623万册次，其中县级图书馆为9266万册次，比上一年减少10万册次。举办读者活动40448次，参加人次1802万人次，其中县级图书馆举办读者活动25077次，参加人次764万人次。发放借书证623万个，比上一年减少27万个，其中县级发放借书证288万个，比上一年减少3万个。财政补助收入13.93亿元，其中县级3.71亿元，比上一年增长9.5%。事业收入11216万元，其中县级2217万元，平均每馆0.95万元。总支出157173万元，其中事业支出152322万元，其中县级图书馆总支出43659万元，比上一年增长11.0%，事业支出为42889万元，比上 年增长11.3%。新增藏书购置费40575万元，比上年增长16.1%，其中图书购置费37141万元，比上年增长21.9%。县级图书馆新增藏量购置费为5269万元，比上年增长2.4%，其中图书购置费4302万元，比上年增长3.8%。本年新购藏量975万册(件)，比上年增加79万册，其中新购图书692万册，比上年增长14万册；县级本年新购藏量320万册(件)，比上年减少19万册(件)，其中图书249万册，比上年减少11万册。阅览座席41.6万个，其中少儿阅览座席12.8万个；县级阅览座席28万个，其中少儿阅览座席9万个。

二、知识工程与全民读书活动

为进一步深入开展全民读书活动，提高全民思想道德素质和科学文化素质，促进社会主义物质文明和精神文明建设，全国知识工程领导小组和文化部 在全国开展了图书馆服务宣传周、优秀读书家庭、农民读书征文的评选全民读书月等活动。

（一）图书馆服务宣传周

5月29日至6月4日全国知识工程领导小组在全国图书馆开展了每年一次的“图书馆服务宣传周“活动。此次图书馆服务宣传周的主题是“传播科学知识、宣传科学思想、倡导科学方法、弘扬科学精神”。各级公共图书馆在图书馆服务宣传周期间，围绕宣传主题，组织开展了多种形式的活动，取得了较好的成效。各级公共图书馆通过举办形式多样的读书、宣传活动，在广大读者中掀起了一个阅读科普读物的热潮。各级公共图书馆还举办了科技书刊展、专家咨询、科普报告会、科普知识有奖竞赛、读者座谈会等活动。

国家图书馆在本届宣传周活动期间，积极组织各种活动。一是宣传咨询活动: 2000年宣传咨询活动扩大了参加单位，除国家图书馆外，还邀请中科院文献情报中心、中国农科院情报中心、全国地质图书馆、中央编译局、航天部二院图书馆等五家图书馆参加。在两个多小时的宣传、咨询活动中，国家图书馆共接待读者咨询1200余人次，发放宣传材料18种计2.5 万页。中国图书馆学会秘书处还现场免费向读者赠送了150册《图书馆学百科全书》。二是举办四场高质量科普知识讲座。三是推荐、展示馆藏科普期刊、展销科普图书。四是组织少年儿童参观国家图书馆，并免费放映科普录像。

湖北省在本届图书馆服务宣传周活动中，全省各级各类图书馆服务读者人数达151.12 万人次，送书下乡达25万余册。为鼓励先进，树立榜样，使宣传周活动长办常新，湖北省对本届宣传周活动进行了小结、评比。在各级知识工程办公室或文化局推荐的基础上，经研究，确定了武汉图书馆等33个单位为先进集体，金永雄等22名同志为先进个人。

5月28日，在全国助残日和图书馆宣传周中，250余名读者欢聚在南京图书馆，用自己编排的文艺节目，庆祝“盲人有声读物图书馆成立十周年”。南京市盲人学校师生精心编排了文艺节目。南京实验（国际）学校88名师生精心制作了小礼品，赠送给盲校的孩子们。江苏省音像发行总社捐赠450盒磁带。东南大学和市外国语学校约40名志愿者主动接送盲人读者，使盲人读者进一步感受到社会各界对残疾人的关心与爱护。

（二）农民读书征文活动

中宣部、文化扶贫委员会、文化部社会文化图书馆司等8家单位共同举办了以“致富思源、富而思进”为主题的全国农民读书征文活动。这项读书活动得到了广大农民的热烈响应。许多农民在征文中以生动朴实的文字，讲述了读书使他们获得知识、改变生活的经历，表述了从读书中获得的人生启迪，歌颂了对党的热爱。部分优秀征文在中央人民广播电台、农民日报、中国文化报等新闻媒体上予以广播、刊登，收到良好的宣传效果。主办单位奖励了1000名优秀征文作者和50个组织工作做得好的基层单位。

（三）评选“优秀读书家庭”和“科技读书示范户”活动

文化部与全国妇联在全国广泛开展家庭读书活动的基础上，于2000年7月组织开展了推荐评选“优秀读书家庭”和“科技读书示范户”活动，在各省文化厅、妇联评选、推荐的基础上，共评选出146个城市家庭为“优秀读书家庭”、142个农村家庭为“科技读书示范户”。这项活动对促进社会形成爱书、藏书、读书、用书的良好风气，提高城乡居民的思想道德与科学文化素质，维护社会稳定与团结起到了积极的作用。

（四）“全民读书月”活动

2000年12月，在全国知识工程领导小组的部署下，首届“全民读书月”活动在全国开展起来。12月8日，全国知识工程领导小组在国家图书馆召开了“全民读书月”新闻发布会。全国妇联、科技部、团中央及全国总工会的领导出席了会议，文化部副部长艾青春发表了重要讲话，他指出“知识工程” 自实施以来，紧密围绕“倡导全民读书，建设阅读社会”的目标，积极响应江总书记视察国家图书馆时发出的“大兴勤奋学习之风”的号召，开展了多种多样的读书活动。这些活动的开展对激发广大群众的读书热情，形成勤奋学习的良好风气起到了很好的作用。但是自从人类进入

中国剧院

CHINA GRAND THEATER

1、中国剧院外景
2、“八一”晚会
3、中国剧院观众席
4、“梨园春”中国剧院北京戏曲周
5、中国剧院贵宾室

地　址：北京市西三环北路16号
邮　编：100081
电　话：(010) 68419381
传　真：(010) 68417844
票　务：(010) 68430560
网　址：china-theater.com.cn

華夏藝術中心

香港临时立法会在华夏演艺厅召开
(1997年4—7月)

华夏艺术中心开幕仪式
(1991年9月30日)

台湾"云门舞集"演出舞剧《薪传》(1993年10月25日)

芭蕾舞剧《天鹅湖》

中国大中型企业经济技术洽谈会
(1993年10月11日—14日)

第12届电视剧"飞天奖"颁奖晚会(1992年9月15日)

银行监管国际研讨会
(2001年4月22—29日)

总面积2622平方米,能容纳800人的华夏剧院

地址:深圳市华侨城光侨街1号　　邮编:518053
电话:0086—755—6602361
传真:0086—755—6602294
Address: No.1Guangqiao Street,Overseas Chinese Town,
Shenzhen Special Economic Zone,P.R.China
Tel:0086—755—6602361
Fas:0086—755—6602294

中国电影乐团

中国电影乐团交响乐团

中国电影乐团民族管弦乐团

中国电影艺术团独唱演员

日雍忠曼

伊扬

中国电影艺术团歌唱家 王洁实

中国电影艺术团歌唱家 谢莉斯

中国电影艺术团手风琴演奏家 陈兴福

地　　址：北京市海淀区文慧园北路26号　　　邮编 Post Code:100088
Address: No.26, North Road of Wenhuiyuan, Haidian District, Beijing
电话 Tel: 010-62259396　62276308　传真 Fax:010-62259363　62250813

中國北京風雷京劇团
BEIJING FENGLEI PEKINGOPERATROUPE
国家一级演员－松岩
北京风雷京剧团团长
美猴王－松岩
叶含嫣－罗娟
天女散花－李岩松
洗浮山－冉海峰
打金砖－焦建琪
金翅大鹏－松岩
文化交流的使者
地 址：中国北京市宣武区板障胡同14号
电 话：(010) 63017386
传 真：(010) 63017386
邮 编：100050
联系人：松 岩
手 机：13601354946

北京市儿童艺术剧团

BEI JING SHI ER TONG YI SHU JU TUAN

大型儿童剧《红领巾》

音乐童话剧《想变蜜蜂的孩子》

无场次儿童剧《山那边》

音乐童话剧《雪童》

大型儿童剧《红领巾》

民间故事剧《门槛、门鼻、笤帚》

七色光儿童剧院地址：北京市东城区交道口南大街菊儿胡同甲14号

邮编：100009　电话：（010）84027384

北京儿艺地址：北京市东城区交道口南大街后圆恩寺胡同17号

邮编：100009

北京国际音乐节
Beijing Music Festival
北京国际音乐节
Beijing Music Festival
北京市朝阳区日坛路6号新族大厦四层　100020
电话：(86-10) 6593-0250
传真：(86-10) 6593-0249
电子信箱：editor@beijingmusicfestival.org
4/F, Sunjoy Mansion No.6 Ritan Road,
Chaoyang District Beijing, 100020, P. R. China
Tel: (86-10) 6593-0250　Fax: (86-10) 6593-0249
E-mail: editor@beijingmusicfestival.org

香港舞蹈團
Hong Kong Dance Company

HONG KONG DANCE COMPANY

香港舞蹈团

诱僧 Temptation of a Monk

黄土 · 黄河 Yellow River

梁祝 The Butterfly Lovers

红雪 The Snow is Red

成语舞集 Chinese Idioms

香港中乐团

香港中乐团音乐总监——闫惠昌

千弦齐鸣（一）

千弦齐鸣（二）

地 址：香港皇后大道中 345 号上环大厦 7 楼

电 话：00852-31851671

北京舞蹈学院
地 址：北京市海淀区民族学院南路19号
电 话：（010）6893 5691
邮 编：100081
E-mail: bda@public.bta.net.cn
Www.bj dance.com

dAnce
北京市爱莲舞蹈学校
地址：北京大兴北京市爱莲舞蹈学校　　邮编：102613
电话：(010) 61221748　63729711（总机）
手机：13501059364
传真：(010) 63729712

厦门爱乐乐团

厦门爱乐乐团副总监、原天津乐团团长、资深指挥家　王钧时

鼓浪屿区区长程建明授予郑小瑛教授“鼓浪屿旅游形象大使”称号

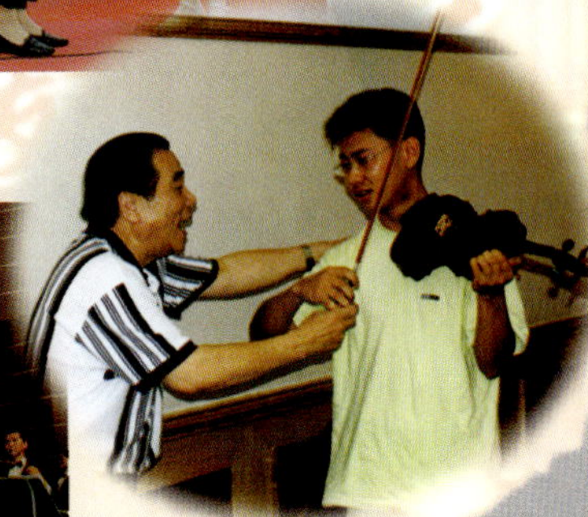

厦门爱乐乐团邀请著名的小提琴教育家林耀基来厦指导。

著名小提琴家吕思清与厦门爱乐乐团的合作演出。

郑小瑛教授正与被称为“希望之星”的少年小提琴手杨晓宇交流情感。

乐团与曾获得世界小提琴帕格尼尼金奖的获奖者黄滨同台演出

第四届世界青少年柴可夫斯基音乐比赛将在厦门举行，厦门爱乐乐团将担任比赛的全部协奏任务。为了筹集资金，筹委会邀请了著名钢琴家殷承宗、小提琴家薛伟、大提琴家秦立巍同台举行义演。

地址：厦门市文园路67号爱乐厅
电话：0592—2036307
传真：0592—2072307
邮编：361004

著名二胡演奏家闵惠芬与乐团合作演出《江河水》等曲目

厦门爱乐乐团与厦门的合唱团正在表演《土楼回响》中的第五乐章、气势磅礴的《客家之歌》。

上海芭蕾舞团

芭蕾舞剧《梁 祝》剧照

芭蕾舞剧《梁 祝》剧照

芭蕾舞剧《天鹅湖》剧照

芭蕾舞剧《天鹅湖》剧照

芭蕾舞剧《梁祝》剧照

地 址：上海市虹桥路1650号
电 话：021-62701009
邮 编：200336

21世纪，工业文明突入到大众的生活，电视、电影、电话、电脑等大众传媒和电子产品的普及应用，使得写字、读书、看报、作文的传统求知方式被不断削弱，读书人口的比例在下降，这个问题引起了许多国家的高度重视。1955年国际读书协会宣告成立，它是一个覆盖了世界近百个国家的国际组织，它的宗旨就是提高人们的阅读水平，倡导终生阅读的习惯。联合国教科文组织将1972年命名为“国际图书年”的目的是促使人们养成阅读书籍的良好习惯，朝着建设“阅读社会”的方向迈进。为此无论是前苏联的“书迷协会”、“图书爱好日”，还是日本的“读书协会”、“日本读书周”，无论法国的“图书节”、“图书阅读月”，还是美国的“读者年”、“图书馆周”都意味着世界各国对读书问题的重视。尊书、爱书、读书是人类的文化天性，读书人口的数量和素质是一个国家文明程度和发展后劲的重要标志。而中华民族是有着悠久读书传统美德的民族，这是其他国家远远不能相比的，在我国古代拥有丰富多彩、不胜枚举的读书典故和嘉话，如凿壁偷光、悬梁刺股、囊萤映雪、孟母断织等等，这些典故佳话蕴含着先人勤奋求知的精神，千百年来激励着人们求知进取。当今世界，科学发展日新月异，思想文化交流互相激荡。我们必须努力学习，与时俱进，赶上潮流。如果缺乏紧迫感、使命感、危机感，不及时吸收和拥有最新科学成果，不占领科学文化的制高点，就不可能走在时代的前列。党和政府不失时机地提出，要全民提高全民族的素质和创新能力，建立国家创新体系和终身学习体系，我们实施知识工程，倡导全民读书月，建设阅读社会，就是努力提高全民族素质，为国民经济和社会发展做出更大的贡献。一个国家，一个地区读书风气的形成与政府的高度重视的舆论的大力宣传是分不开的，我们希望新闻界的朋友们多多宣传报导“知识工程”和“全民读书月”活动，为推动群众性读书活动的广泛、深入开展，为早日建成一个人人爱书、读书的阅读社会而努力。

在“全民读书月”期间，图书馆、出版社、新华书店等开展了丰富多彩的读书活动，如举办精品图书展、开展书评、推荐好书、举办读书报告会、研讨会、读书竞赛、读书讲演、评选读书标兵、组织各种知识培训等，吸引了广大群众。“全民读书月”期间，还发起了支援西部大开发活动，倡议广大群众买一本书、读一本书、向西部送一本书。动员社会各界向西部地区图书馆捐赠图书。“全民读书月”期间，各地图书馆等有关单位，还积极开展送书、送知识、送信息下乡活动，受到农民群众的热烈欢迎和称赞。

“全民读书月”期间，作为群众读书、学习主要场所的图书馆，努力提高读者服务水平，采用多种办法，把更多的读者吸引到图书馆，如延长开放时间、优惠办理借书证、免证阅览、简化办证手续等。“全民读书月”活动的开展，对于进一步促进全社会形成勤奋学习的风气，提高全民素质起到了良好的作用，同时也促进了图书馆服务工作的改进与提高。

各级图书馆创造了良好的读书月氛围，宣传横标醒目，橱窗、宣传栏、书架焕然一新，以读书学习为内容的标语，张贴、吊挂在图书馆大厅和门前。为了保证全民读书月活动的顺利开展，很多图书馆组织本馆职工开展文明服务标兵和评选文明岗活动。有的馆组织了以“奋发读书、重塑自我”为主题的典型引路帮教会。

在开展读书活动中，各级图书馆积极发挥读书主阵地作用。各馆在“读书月”期间，充分发挥图书馆组织读书活动优势，利用馆内阵地、馆外流通点等读书场所，组织了丰富多彩、形式多样的读书活动，千方百计地吸引读者到图书馆来参加各项活动，取得了较好的社会效益。为了组织好首届读书月，各馆都努力制定出读者满意的活动计划，在电视台宣传活动内容，在橱窗里推荐好书、在书架上摆上新书、设立新书快借室、组织读者座谈会、为读者举办各类报告会、书评会、故事会、演讲会、专题讲座、征文、开展评选优秀读者等活动。

湖北省的一些地、县图书馆邀请当地党委、政府领导同志发表电视讲话，号召全民参与读书。荆州市还在沙隆达广场举行了首届全民读书月启动仪式，由市领导直接面向市民宣传全民读书的重要意义。在此期间，全省公共图书馆共组织活动150余项，参加人数逾40万人次，结合“三下乡”活动，送书下乡6万册。湖北省图书馆在春节前夕，与省楚天广播电台联合举办了“读好书、过好年”的读者座谈会，形式活泼，读者参与踊跃，取得了良好的社会效果。武汉市各图书馆在确保正常开放的同时，积极组织人员带着科技资料下乡服务。

三、业务建设与服务

2000年图书馆自身建设得到了进一步加强。为促进图书馆改进读者服务工作，提高服务质量，密切与读者的联系，使广大读者参与图书馆的管理，全国知识工程领导小组办公室部署在全国公共图书馆开展了评选"读者喜爱的图书馆"活动，制定了评选条件与办法，采取资格审查与问卷调查相结合的方式，共评选出150个"读者喜爱的图书馆"。这一活动有力地促进了公共图书馆服务意识的增强、服务水平和质量的提高。

2000年9月23日至26日，文化部教育科技司和社会文化图书馆司共同举办、文华图书馆发展公司承办的《图书馆建筑设计规范》培训班在北京举办，来自全国18个省市的28个单位的32名同志参加了学习。《图书馆建筑设计规范》是由建设部、文化部、教育部共同组织修订的行业标准，于1999年10月1日发布实施。为了使该标准在今后新馆建设中得到贯彻执行，特举办了此次培训班。参加培训的有部分省、自治区、直辖市文化厅（局）的局级领导以及基建处、计财处、社文处负责同志；部分图书馆主管新馆建设的馆长及有关人员。培训班请清华大学建筑学院教授、国家一级注册建筑师、规范的主要起草人高冀生做了《图书馆建筑设计规范》的专题报告；中国图书馆学会学术研究委员会建筑与设备委员会主任、北京大学图书馆教授朱强做了变革中的图书馆和图书馆建筑的专题报告；此外，还请有关专家就文化设施的发展概况、图书用品设备四项国家标准、规划现代化图书馆建设中如何考虑自动化、网络化、数字化问题做了主题报告。最后，文化部社会文化图书馆司周小璞副司长做了关于图书馆建筑与图书馆事业的发展的总结报告。会后代表们一起参观了国家图书馆、北京大学图书馆和农业大学图书馆。大家一致认为，通过这次培训，不仅对如何筹建新馆很有帮助，而且对新馆建设中新技术的应用及业务工作的合理布局等均有很大的启发。

2000年9月12-15日，全国（西南）少年儿童图书馆工作交流暨理论研讨会在重庆市召开。来自西南地区的44个少年儿童图书馆的75名代表出席了会议。此次会议的主题是"少年儿童图书馆如何迎接新世纪的挑战"。文化部社会文化图书馆司副司长张旭出席会议并讲话。

2000年10月20日，为加快北京市公共图书馆网络化、自动化建设，加快北京市公共图书馆现代化进程，增添北京申奥氛围，北京市文化局、首都图书馆于2000年10月20日联合举行了公共图书馆系统计算机知识竞赛。参加这次竞赛的共有北京市24个图书馆代表队的72名选手。

2000年10月23日，"2000年中南、西南省（市）、自治区公共图书馆业务协作研讨会在河南省郑州市召开。此次会议的主题：新世纪图书馆改革与管理。来自中南、西南地区的13个馆的22名代表出席了会议。

2000年11月6-11日，全国公共图书馆中文普通图书缩微、整理、摄制培训班在江西省南昌市举行，来自全国20多个省市图书馆的近60余人参加了培训。

四、学术研究与交流

图书馆学术研究取得新的成果，促进了业务建设和服务工作。

2000年4月7-9日，《中图法》编委会第六届委员会成立暨工作会议在广西桂林召开。

2000年4月25-27日，全国图书馆管理与改革研讨会在福建省厦门市召开。来自全国各省、市公共图书馆、科研机构图书馆和中央有关部委的代表80余人出席会议。本次研讨会以"图书馆管理与改革"为主题。文化部副部长艾青春就深化图书馆改革的必要性、基本思路、改革的重点、以及改革需注意的几个问题发表了讲话。与会代表对新形势下图书馆事业进一步发展问题进行了深入研讨。会议探讨了文化事业单位深化改革的思路和做法，交流了几年来图书馆改革经验与体会。本次会议对于中国图书馆界进一步深化改革，改变传统计划经济体制下的事业单位运行模式，适应社会主义市场经济的发展，建立一个充满生机与活力的管理机制，促进中国图书馆事业的发展起到积极的推动作用。

2000年7月17-22日，中国图书馆学会2000年学术年会在内蒙古自治区海拉尔市召开。来自全国各级各类图书馆界的代表近800人出席了会议，韩国图书馆协会和美国华人图书馆员协会的代表也应邀出席了会议。这届年会的研讨主题是“21世纪图书馆：发展与变革”。分主题为：1、21世纪图书馆发展模式与功能；2、实现文献信息资源共建共享的策略、方法与途径；3、网络环境下信息资源管理、开发与利用；4、新世纪图书馆管理与改革；5、加强继续教育工作，全面提高馆员素质；6、民族地区图书馆建设与发展。会议收到来自公共图书馆等各级各类型图书馆的论文640余篇。经年会论文评选委员会认真评选，共评选出优秀论文67篇，大会交流论文352篇。优秀论文由北京出版社结集出版，书名为：《21世纪图书馆：发展与变革》。这些论文具有选题较新颖，学术水平较高或者使用价值较大的特点。年会期间，代表们围绕着年会主题与分主题分五个分会场进行学术研讨和交流。年会期间，中国图书馆学会召开了五届三次会议，同时举办了“2000年中国图书馆专业设备展览会”，中国图书进出口总公司等22家中外从事图书贸易、图书馆家具设备、图书馆管理软件开发的企业或单位参加了展览会。

由全国图书馆文献缩微复制中心主办，吉林省图书馆承办的“全国公共图书馆第二届古籍编委会”和“全国公共图书馆文献缩微工作会议”，于2000年8月20-24日、22-26日在吉林省长春市召开。全国25个省市公共图书馆主管业务的馆领导和古籍部主任参加了会议。古籍编委会会议和全国公共图书馆文献缩微工作会议分别对前阶段的工作成绩进行了总结，并提出了今后的打算和安排。

2000年9月24-28日，中国西部图书馆事业发展战略暨东西部合作论坛会议在宁夏银川召开。来自全国24个省、市、自治区的论文作者，特邀代表及有关方面的负责人共200余人出席了会议。

2000年11月18-21日，文化部社会文化图书馆司与浙江省文化厅主办的“21世纪公共图书馆馆长论坛” 在杭州市召开，来自国内和美国、日本、加拿大、新加坡等国和中国台湾地区的代表出席了会议。此次论坛主题是：21世纪公共图书馆馆长论坛—改革与管理，七个分主题是：网络环境下公共图书馆的组织与管理；公共图书馆在现代社会中的地位和作用；公共图书馆服务的新观念和新形式；公共图书馆的数字化资源建设与利用；新世纪公共图书馆的发展前景；网络环境下文献信息资源的共建共享；加入WTO对中国公共图书馆的影响。

2000年 11月 22-23日，第十四届十五城市公共图书馆工作研讨会在杭州市召开。来自全国13个副省级城市的公共图书馆代表和论文作者共34人参加了会议。此次研讨会的主题是“图书馆改革与管理”。围绕这个主题，研讨会以专家报告、交流研讨和实地考察的形式进行。文化部社图司副司长周小璞在开幕式上致词。周小璞首先肯定了15城市公共图书馆在中国公共图书馆事业改革与发展中所起的积极作用，并希望15城市公共图书馆在新形势下不断创新管理机制，充分利用现代信息技术，以实现图书馆事业的跨越式发展，在21世纪继续担负起骨干和先锋示范作用，为“大兴勤奋学习之风”，营造书香社会做出更大的贡献。同时，周小璞还希望15城市公共图书馆工作会议在形式上和内容上都不断出新，以使其对图书馆的实践产生更为深入和持久的指导意义。中国图书馆学会学术委员会主任、北京大学吴慰慈教授做了题为“跨世纪图书馆学情报学研究的新趋向”的学术报告。会议期间，代表们对当前图书馆界共同关注的热点和难点问题进行了广泛的交流，增进了彼此间的了解与友谊。本次研讨会共收到论文34篇，内容主要集中在图书馆的数字化和网络化、图书馆社会化服务及用户培训、图书馆信息咨询服务、图书馆的改革与管理、图书馆发展趋势及图书馆文献资源建设等6个方面。经评审委员会认真评选，评出优秀论文12篇。

2000年 重庆市哲学社会科学项目——重庆市文献资源共享体系构建研究报告通过了专家组的鉴定。该报告对国外文献资源共享进行了较详细的研究。其中重点研究了美国、日本等国的文献资源共享情况，并分析了我国文献资源共享的历史与现状。它提出了构建重庆市文献资源共享体系的设想，提出了一系列的对策与建议，在一定的程度上，适应了重庆市图书馆事业的发展需要，有较高的应用价值。

五、文献资源共建与共享

2000年5月23-24日，全国图书馆联合编目中心工作会议在国家图书馆召开。全国图书馆联合编目中心部分成员馆代表、国内各图书馆软件开发公司的代表共60多人参加了会议。

2000年6月7-9日，国家图书馆主办的中文文献资源共建共享合作会议第一次会议在北京召开。来自大陆、台湾、香港、澳门和新加坡、美国、荷兰等国家和地区的42家中文资源收藏单位的62位代表参加了会议。会议宣布成立"中文文献资源共建共享合作会议"执行小组，制定了执行小组职责，研讨并选定了八个合作项目。此次会议在保存中文文献，弘扬中华文化，促进全球中文文献资源的共建共享，推动全球中文图书馆及其他中文资源收藏单位之间的交流与合作，形成中华文化在因特网上的整体优势等方面具有重要的意义。

2000年7月7日，国家图书馆与国家计委合作建立的国家图书馆国家计委宏观经济分馆签字揭牌仪式在国家计委举行。文化部副部长艾青春、国家计委党组成员罗植龄等领导及有关代表近百人出席了会议。双方以资源共享、优势互补、互惠互利、共同发展为原则，采用新型的运作模式和传统与现代化相结合的检索手段，利用信息网络开展多种形式的文献信息资源的开发与合作。

2000年12月26日，"上海市中心图书馆建设协议"签约仪式在上海图书馆隆重举行。建设上海市中心图书馆，是上海市文献资源共建共享工作的重要组成部分。它是在不改变原有行政隶属关系的情况下，以上海图书馆为总馆，其它图书馆为分馆，各馆联手共同建设。上海市建设中心图书馆的构想是: 1、在上海地区文献资源共建共享工作的基础上，把整个上海的文献进行合理的配置，形成各馆的馆藏特色，通过中心图书馆架构并利用计算机网络提供快速服务。2、上海地区各图书馆实行资源共享、优势互补。3、规范技术标准，取长补短，提高整体的服务水平。此次签约共有五个图书馆: 上海图书馆、黄埔区图书馆、静安区图书馆、南汇图书馆和上海音乐学院图书馆。

六、法制建设

2000年8月，内蒙古自治区九届人大常委会第十七次会议通过了《内蒙古自治区公共图书馆条例》，并正式颁布实施。

2000年6月21日，四川省人事厅、四川省文化厅、四川省档案局联合发出"关于贯彻人事部、文化部《关于印发图书、文物、博物、档案、群众文化等事业单位贯彻<事业单位工作人员工资制度改革方案>实施意见的通知》。通知指出: 文化事业单位中，在文物藏品保管、科学保护、坚定、发掘、修复、复制，图书典藏（含珍品善本密藏库、古旧书保护库、借阅库）、保护实验、缩微、静电复印作业，以及直接从事档案资料的保管、保护、整理、利用、编研岗位，长期接触有毒、有害物质的人员，其津贴可在国家规定比例的基础上适当高一些，高出幅度按工资的10%掌握。提高津贴比例的经费按原渠道解决，提高津贴比例的时间，自发文之日起执行，过去未执行的津贴不予追补。经批准提高津贴比例的工作人员因各种原因不在接触有毒有害物质工作时，其增加的津贴不再发给。

七、数字图书馆工程建设

2000年4月，中国数字图书馆建设取得积极的进展。成立了以文化部为召集单位、由21个部委单位参加的"中国数字图书馆工程联席会议"，成立了以胡启恒院士、李国杰院士为首席专家的专家顾问委员会，标志着中国数字图书馆工程历经几年的筹备，正式启动。目前，《中国数字图书馆工程建设一期规划（2000-2005）》，已经中国数字图书馆工程建设专家顾问委员会和"联席会议"讨论通过，正在制定实施方案。

2000年12月16-19日，文化部在海南省召开中国数字图书馆工程资源建设会议。各省、自治区、直辖市文化厅（局）和社会文化处负责人，各省、自治区、直辖市图书馆以及院校、科学院等系统图书馆馆长100余人参加了会议。文化部副部长艾青春做了题为《认清形势，把握机遇，积极推进中国数字图书馆工程资源建设》的报告。艾青春在报告中指出，在人类即将进入21世纪的前夕，我们召开中国数字图书馆工程资源建设工作会议，共同研究新世纪、新形势下数字图书馆工程资源建设的有关问题。这是贯彻落实党的十五届五中全会精神，大力推进中国数字图书馆工程建设的一次十分重要的会议。

会议的指导思想和基本任务是: 以邓小平理论和江泽民总书记"三个代表"重要思想为指导，遵照党的十五届五中全会精神的要求，总结、交流各地、各部门开展图书馆信息化、数字化建设方面的经验和体会，研究、商讨中国数字图书馆工程资源建设的规划与措施，认清形势，把握机遇，扎扎实实地把中国数字图书馆工程推向前进。

艾青春首先对中国数字图书馆工程的进展情况做了简要的回顾。艾青春指出，与国外相比，我国的数字图书馆虽起步较晚，但我们跟踪研发较及时，立项与操作也上得较快，现在抓紧时间搞下去还不算迟。但是如果我们不抓住机遇，立即行动，加快中国数字图书馆工程的建设，我们就将丧失机遇，继续拉大我们与发达国家在数字图书馆建设上的差距，甚至在新一轮竞争中有被淘汰的危险。因此，加快中国数字图书馆工程建设是一项十分紧迫的任务。然后艾青春阐述了建设中国数字图书馆工程的重大意义。他指出：

(一)建设中国数字图书馆工程是落实江总书记“三个代表”重要思想、建设有中国特色社会主义文化的需要

在世纪之交的历史时刻，江泽民同志站在21世纪党的建设和现代化建设的高度，及时地提出了“三个代表”的重要思想，为全党和全国人民指明了前进的方向。

当今世界，各种文化之间相互交融的速度之快，相互竞争的力度之剧，是人类文化史上的任何时代都无法比拟的。在全球化的趋势下，在各种思想文化的相互激荡中，如何保持中华民族文化的独立和持续发展，成为摆在我们面前的重要课题。历史证明，只有在继承基础上的不断创新，与时代同步的不断发展，才能使有悠久历史的中华文化保持旺盛的生命力。中国数字图书馆工程的建设，实际上是互联网上中文知识信息基地的建设，它将迅速扭转互联网上中文信息匮乏的状况，形成中华文化在互联网上的整体优势，不仅可以弘扬博大精深的优秀的中华文化，而且必将极大地促进中华文化的发展和创新。

马克思主义唯物史观认为，生产力的发展水平是推动人类社会发展的决定性力量。因此，先进文化的前进方向必然是以科学的理论为指导，以先进的社会生产力为基础，以符合人类社会发展总趋势来体现的。当代高新科技已经成为社会生产力发展的火车头，它在文化领域，特别是数字图书馆工程建设上的广泛应用，必将极大地促进文化的发展和创新。同时，中国数字图书馆工程本身就是高新技术的一个集合体，是一项创新工程，它将促进与之相关的计算机技术、网络技术、通讯技术和多媒体技术等高新技术的发展。这些高新技术迅速转化为现实生产力，必将对我国知识创新体系的建立起到极大的推动作用。它的研究、开发和建设，代表着现代化图书馆的发展方向，也代表着先进文化的前进方向。

我国现阶段的先进文化，就是有中国特色的社会主义文化，它是新世纪实现中华民族伟大复兴的精神动力，是综合国力不断强盛、最终实现社会主义现代化的一个重要标志。把握时代的脉搏，顺应高新科技发展的趋势，面对我国经济发展和社会进步所不可或缺的精神动力与智力支持的迫切需要，建设中国数字图书馆工程，利用最新的现代信息传播手段和海量的中文信息资源，弘扬宣传中华文化，促进中华文化的繁荣与创新，确立中华文化在世界文化宝库中的地位和优势，是我国文化建设的一项光荣而艰巨的任务。

(二)建设中国数字图书馆工程是知识经济时代发展的需要，是加快国家信息化步伐的需要

本世纪80年代以来，以计算机和互联网为代表的现代信息技术飞速发展，在世界范围内，以信息的获取、储存、处理、传输和服务为内容的信息产业迅速崛起，成为发展最为迅猛、规模最为宏大的新兴产业。特别在经济方面，由于信息所包含的知识的巨大作用，形成了工业经济之后新的经济发展形态——知识经济。它依靠知识创新、知识的创造性应用和知识的广泛传播促进经济发展，使经济的增长支柱转移到包括信息产业在内的高新技术产业上。时至今日，经济全球化、资本自由化、产业信息化、信息网络化正在如火如荼地进行，给人类的思维方式、工作方式、生活方式等整个社会存在方式带来了深刻影响，带来了一场空前的革命。发达国家已经在享受最先进的科学技术带来的种种益处。互联网用户的88%集中在占世界人口15%的发达国家。据有关统计，中国的社会信息化程度落后美国40年。针对当前世界发展的总趋势，江泽民同志多次强调，“科技的发展，知识的创新，越来越决定着一个国家、一个民族的发展进程”，“现代国际间的竞争，说到底是综合国力的竞争，关键是科学技术的竞争”。建设中国数字图书馆工程，就是奋起直追、

积极参与竞争。我们必须抓住机遇，发展自己，在快速变化和激烈的国际竞争中立于不败之地。

到下世纪中叶，我国将基本实现现代化，任务十分艰巨，特别是从现在起到下世纪的前十年，是我国经济与社会发展的一个关键时期。党的十五届五中全会通过的《关于制定国民经济和社会发展第十个五年计划的建议》提出了一个战略性的举措，就是把信息化建设放在十分突出的位置。《建议》强调指出，信息化是当今世界经济和社会发展的大趋势，也是我国产业优化升级和实现工业化、现代化的关键环节。要求在全社会广泛应用信息技术，提高计算机和网络的普及应用程度，加强信息资源的开发和利用，加快信息化的步伐，实现社会生产力的跨越式发展。建设中国数字图书馆工程，正是完成党中央提出的加快信息化步伐任务的需要。

因此，顺应信息化的历史潮流，建设中国数字图书馆工程，是进入新世纪时代发展的必然选择，也是迈向21世纪的图书馆的历史使命。

（三）建设中国数字图书馆是实施“科教兴国”战略、提高国民素质的需要

在如今的信息社会中，信息在爆炸性增长，知识更新周期在缩短，信息传播速度在加快。“秀才不出门，全知天下事”已成为现实。知识的“半衰期”越来越短，终身学习成为人们的必然选择。人们正在面临着一场学习的革命，教育的革命，面临着学习手段、研究手段、教育手段的深刻变革。

中国数字图书馆工程建设为知识传播提供了一种崭新的手段，它可以把无序的各类知识、信息按照一定的规范整理成有序的知识信息，并凭借高新技术可以方便地被人们所利用，它能够激发人们的想象力和创造力，为知识创新提供了条件，为科研、教育事业的发展提供了最为便捷、有效的发展环境。同时，数字图书馆可以最大限度地突破时空限制，将知识信息送入千家万户。无论是儿童、青年还是老人，无论身处何方，都可以通过数字图书馆获得所需的各类知识信息，从中汲取营养，提高自身素质。

因此，中国数字图书馆工程建设是实现“科教兴国”战略的源泉和动力，也是帮助人们实现终身教育，提高全民素质的重要途径。

（四）建设中国数字图书馆工程是我国图书馆事业发展的需要

改革开放以来，我国的图书馆事业取得了令人瞩目的成绩。但近年来，计算机与互联网等现代信息技术的飞速发展，对图书馆事业产生了巨大的影响。传统的图书馆已经不适应信息时代和知识经济发展的需求，面临着根本性的变革与创新，也面临着向现代化图书馆的转型与发展。具体来说，就是运用高新技术手段，实现图书馆的自动化、网络化、信息化、数字化，把相对封闭、功能单一、贮存印刷品为主、单纯借阅藏书的传统图书馆向以高新技术武装的、开放的、多功能的、存储多样化，并能提供全方位服务的数字图书馆过渡、转变。

数字图书馆是计算机技术、多媒体技术、网络技术和其他相关技术发展的产物，在数字化生存的浪潮中应运而生。它有着常规传统图书馆无法比拟的优点和特征，例如：它所拥有的是数字化的全文本多媒体信息资源；这些资源分布于网络的电脑媒体中，通过网络互联而实现资源共享所服务的范围大大超出图书馆的围墙，凡网络所联之地，均可使用；可实现全天候、全自动、智能化的服务。也就是说，图书馆的基础设施、工作手段、服务内容、管理方式、队伍结构、思想观念都将发生根本性的变化，并最终实现全国乃至全球范围的信息资源共建共享。数字图书馆体现了21世纪图书馆的发展方向。

西方发达国家和一些发展中国家不惜投入巨资、竞先发展数字图书馆的态势，对我国的图书馆事业提出了严峻的挑战，同时也带来了加快我国图书馆事业向现代化迈进的机遇。能不能及时抓住这一机遇，利用高新技术建设中国数字图书馆工程，是对我国图书馆事业能否顺利完成从传统型向现代型转变，实现我国图书馆事业跨越式发展的严峻考验。我们如不立即行动，加快中国数字图书馆建设的步伐，就有在21世纪新一轮国际竞争中，丧失主动，被迫落伍而被淘汰的危险。因此，建设中国数字图书馆工程，对于祖国的富强和中华民族的伟大复兴，无疑是非常重要的，也是十分紧迫的。

接着，艾青春阐述了资源建设问题，他指出：中国数字图书馆工程建设的核心是资源建设。

中国数字图书馆工程是一项宏大的系统工程，

建设内容多，涉及范围广，其主要任务有：数字资源建设、数字图书馆软/硬件基础设施建设、应用系统开发、标准规范与法规的制定和推行、人才培养等。其中数字资源建设是中国数字图书馆工程建设的核心，最为重要。

在知识经济时代和信息社会中，信息资源已成为继能源之后的最为重要的社会资源，其实质是人类通过创造、搜集、积累、传播而形成的一种知识资源和智力资源。因此，对信息资源的占有量和利用率，已成为衡量一个国家综合实力的重要标志，也是参与竞争的重要“资本”。信息资源作为国民经济和社会发展的战略资源，发挥着越来越重要的作用。

早在1984年邓小平同志就指出：“开发信息资源，服务四化建设”。李岚清副总理也曾明确指出：建设数字图书馆工程的主要目的，是有效利用和共享图书信息资源。中央领导同志的指示，从战略高度为我们指出了信息资源建设的重要地位和作用，在中国数字图书馆工程建设中，要把资源建设摆在应有的核心地位，就要正确处理好“路、车、货” 的关系问题。“路”就是互联网、网络，“车”就是计算机的硬件和软件；“货”就是数字资源库。有路无车不行，有了路和车，没有货也不行。就目前的实际情况看，重硬件、轻软件，重网络、轻资源”的现象是较普遍存在的。许多网站上没有多少实质内容，因而效益不高。所以，数字图书馆建设进入实质性的操作阶段时，必须要从资源建设抓起，资源建设是数字图书馆工程的基础与核心。

目前，互联网上的中文信息十分匮乏，仅占千分之几。即使是这些很少的中文信息，也是境外地区的占大多数。这种现状，与我国在世界上的地位和影响极不相称。中华文化作为世界上唯一延续了五千年而未中断的古老文明，我们应该继承并将其发扬光大。同时，还要不断创新，使中华文化实现现代化，这是历史赋予我们这一代人的重任。我们进行数字图书馆建设的目的之一，就是为了扩大中文信息资源的利用和中华民族文化在全世界的影响，为人类文明进步和发展做出应有的贡献。为此，必须加快中文数字资源建设，抢占互联网上中文信息资源的阵地。

艾青春指出：图书馆在中国数字图书馆工程资源建设中具有独特的优势。

其一，图书馆拥有丰富的文献信息资源

文献信息资源是国家的重要资源，一个国家文献信息资源的存贮、积累、开发、利用水平是国家信息占有能力、知识储备能力和科学技术能力的重要标志。图书馆作为我国最大的社会信息系统之一，它所拥有的信息资源在数量上和质量上都具有无可取代的地位。经过几十年的发展，我国的图书馆事业已形成了公共图书馆、学校图书馆和专业图书馆等几大体系，在信息资源建设方面各具特色、相互补充。

其二，图书馆具有信息资源加工整序的专业技术优势

图书馆是一个收集、整理、储存、传递知识和信息的机构，是重要的信息资源管理机构。在长期的实践中，积累了丰富的管理信息资源的经验。近年来，图书馆对信息资源加工整序的行业独特优势，已经从传统的采购、编目、分类等文献信息加工形式，经过网上协调订购、联合编目，文献传递服务等区域性馆际协作，正向数字图书馆信息组织的选择、生成、标识、描述和整合转变。在数字图书馆海量数据的资源建设中，经过转化改造的图书馆处理信息资源技术以新的形式继续发挥着特长和优势。

由于图书馆具有的文献资源优势和信息加工整序的行业优势，使其成为中国数字图书馆工程资源建设的生力军。

最后艾青春阐述了中国数字图书馆工程建设的任务与要求。他说，中国数字图书馆工程资源建设的目标是 建设一批总容量不低于20TB的中文多媒体资源库，在互联网上形成超大规模的、高质量的中文数字资源库群，并通过国家骨干通信网向全国及全球提供高效服务；联合引进若干国内需要的国外专题资源库；实现全国大部分地区图书馆文献资源的联合采编及馆际互借；通过工程的资源建设，在我国逐步建设一个大规模的、具有可持续发展能力、覆盖全国且布局合理、管理规范的资源体系，使互联网上的中文信息得到有序整理，长期发展。

工程资源建设的指导思想是：统筹规划，需求牵引，统一标准，联合共建。建设原则是资源共享，优势互补，互惠互利，自愿参加。

艾青春就中国数字图书馆工程资源建设问题提出以下意见和要求:

1. 提高认识，加强领导

中国数字图书馆工程已经正式启动，资源建设即将进入实际性操作阶段。同志们首先要认清形势，提高认识，认识到了位，行动才能到位。有的同志认为 现在图书馆买书的经费都很紧张，还搞什么计算机网络化、数字化建设；有的同志认为：数字图书馆是高新技术，离我们很遥远，甚至对扑面而来的信息化浪潮视而不见，至今仍是“计算机盲”、“网盲”。这些不正确的认识是造成某些地方图书馆信息化落后的主观原因，已经影响了公共图书馆信息化、现代化的进程。因此，各级文化主管部门的领导同志必须首先更新观念，提高认识。要知道，当今，谁在图书馆信息化上起步早、投入大、转变快，谁就能取得主动权，在事业发展中处于领先地位。数字图书馆建设不是可抓可不抓的事情，而是各级文化主管部门必须抓的一项十分重要的工作，希望同志们以高度的政治责任感和历史紧迫感真正从思想上重视起来，将图书馆信息化、现代化问题、数字图书馆建设问题提上重要的议事日程。要有专门分工的厅(局)领导同志抓这项工作，加强领导，加大投入，集中一定的人力、物力、财力，投到图书馆信息化、数字化建设上来。要注意抓规划、抓协调、抓落实，及时解决工作中遇到的实际困难和问题，常抓不懈，抓出成效。

2. 科学论证，统筹规划

中国数字图书馆工程是一项应用高科技、多方合作、长期建设的系统工程，必须充分调研，科学论证，统筹规划。“凡事预则立，不预则废”。规划和方案设计得如何，是整个工程成败的关键。一定要以严肃认真的态度、一丝不苟的科学精神做好规划工作。《中国数字图书馆工程建设一期规划(2000—2005年)》就曾经数易其稿，多次征求院士、专家的意见，并经工程专家顾问委员会和工程建设联席会议认真讨论通过后才拿出来的。各地要根据自己的实际情况，在进行认真、充分调查研究基础上，在专家把关、科学论证的基础上，制定出自己的规划方案。各地在制定规划时，要注意与全国性的整体规划协调一致，注意与当地政府信息化建设的大局协调一致。要积极做工作，争取将数字图书馆建设规划纳入本省文化建设的“十五”计划，纳入本省经济建设和社会发展“十五”计划的大盘子中去。

3. 联合共建，资源共享

中国数字图书馆工程是一项跨地区、跨行业、跨部门的工程。只有携手共建、团结协作、彼此协调，才能形成有效的合力。海量超大规模的资源库群，仅靠少数图书馆参与不行。要靠全国各地区、各行业、各系统所有的图书馆联合起来，共同参与，资源库群建设的目标才能实现。正如孙家正部长指出的：“再大的图书馆都不能独立担当起社会上的数字图书馆的职能，必须走联合的路，实现资源的共享。所有拥有文化信息资源的单位都应该是数字图书馆的一个有机组成部分，不联合谈不上数字图书馆。要实现共享，首先要抓好共建。”共建是共享的基础，共享是共建的目的。

国家图书馆要根据《规划》更多地考虑到地方图书馆、各系统图书馆的实际需要与合理要求，加强与各有关部门、各个图书馆的联系、沟通与合作。各参与单位与图书馆要明确各自在统筹规划下实行共建的责任和义务，局部要服从全局，彻底摈弃“小而全”、“大而全”的传统观念，要把本馆的资源建设放到中国数字图书馆工程的大局、本省信息化建设的大局中去考虑。我们希望参加数字图书馆工程资源建设的各图书馆与有关单位，齐心协力，团结合作，共同努力完成数字资源建设的目标任务。

4. 需求牵引、突出特色

信息资源建设是中国数字图书馆工程的核心。资源建设的内容一定要适应社会和公众的需要，要从社会和人民群众所急需的文化、科技和教育等方面入手，优先选择有需求、有特色、有基础、易见成效的项目，切忌盲目上马。有需求，才会有应用，才能产生效益。这样坚持从应用的角度选择，才能循序渐进，逐步实现滚动发展。

资源建设的内容要有中国特色和独特价值，注重中华民族文化资源、地方文献资源和特色资源的开发，越有特色越有生命力。资源建设要考虑能掌握资源数据、能维护更新、有增值服务和持续发展可能性的项目。总之，建设高质量的数字资源库，需求牵引、突出特色是关键。

5. 量力而行，分步实施

数字图书馆工程建设是一项高投入的信息产业，西方发达国家对此投入的力度相当大，但我们是发展中国家，不能和他们攀比，一定要从中国的国情出发。能为我所用的技术方法或数字资源库，我们可以采取“拿来主义”，避免走弯路和重复建设。开始时，摊子不要铺得太大，要突出重点，循序渐进，量力而行，分步实施，讲求实效。不宜过分求全求高和一步到位。

一方面要想方设法地筹措资金，积极争取国家和地方财政的支持，争取社会力量的赞助；另一方面也要从当地的实际情况出发，确有困难或条件不具备的单位，不要盲目跟风，一定要量力而行。坚决不搞“一刀切、齐步走”。中国数字图书馆工程需要较长时期的建设，不可能一蹴而就。因此，仅靠国家投入和社会赞助是不够的，要边建设、边使用，有收益后再投入，实现滚动式持续发展。

6. 统一标准、统一规范

统一标准、规范，是工程资源建设不可或缺的条件。中国数字图书馆工程建设的目的就是实现互联网上的信息资源共享，因而在建设过程中必须使用统一的标准规范，这样才能实现资源内容的可互操作与交换、长期管理和使用，才能避免重复建设，实现资源的共建共享。另外，为了实现与国际接轨，便于数字图书馆中的中文数字资源在世界范围内共享，还必须优先采用国际标准和通用规范。否则，各行其是，不按统一的标准规范加工数据资源，就只能局限于本单位使用，无法与别人交换、共享。数字图书馆工程的资源建设是联合全国相关机构进行分布式建设，因此必须以统一的标准规范为基础。标准一经确定、颁布，各有关单位都要严格执行，不允许出现各自为政、互不兼容、重复建设现象，以保证数字图书馆资源建设的科学、有序。

7. 妥善处理知识产权

中国数字图书馆工程资源建设中遇到的知识产权问题，主要集中在资源库建设时的信息采集过程和已建资源库的利用过程中的知识产权上，前者是如何尊重他人的知识产权，获得法定许可，后者是如何保护自己的知识产权，为使用者设立合理的法定许可范围。发达国家在数字图书馆建设中存在同样的问题，我们也不能回避。它关系到中国数字图书馆工程的健康运行，应当引起我们的高度重视。

要熟悉了解国家有关的法律，在法律允许的范围内开展数字资源建设。处理具体事宜时，要依法办事，慎重对待。在使用享有著作权的作品时，应充分尊重著作权人的相关权益。在向社会公众提供服务时，要针对不同的使用者，规定不同的使用范围，作出有区别的授权使用规定。要依靠有关法律、采取有关技术手段，保护自己应有的权益。

中国数字图书馆工程的建设与服务，实行广泛的多单位共建共享。在具体确定任务分工时，有必要签订共建共享协议，通过法律行为确定数字图书馆建设中有关的权益归属。资源联合共建时，既要有大局观念，积极参与，又要尊重各方应得的权益。依法协调，强化管理，才能调动各方面积极性。总之，数字图书馆建设中的知识产权问题不容忽视，一定要高度重视，认真对待。

8. 培养人才，提高素质

建设数字图书馆工程，必须要有一支政治坚定、技术过硬、专业协调、结构合理的专业技术队伍，充分发挥人的积极性和创造性。

要坚持以人为本，把工作的重点放在自己力量的基点上，始终把培养人才、建设队伍、提高人的素质放在第一位。要善于发挥现有图书馆人员的作用，对有潜力又有发展前途的骨干，要创造机会，使他们得到实践的锻炼和系统的再教育，委以重任，大胆使用，不断提高他们的综合素质和业务技术水平；同时，要开拓思路，打破框框，用新的机制引进人才，满足数字图书馆建设的人才需求。

在数字图书馆建设中，要普遍提高图书馆从业人员的素质，加大培训力度，有针对性地进行各种形式的业务培训，特别要加强对计算机知识与技术、信息开发技术、网络技术等方面内容的培训，不断提高信息技能。要建立有利于各类人才脱颖而出、人尽其才的机制，重视青年人才的培养和使用，优化人才资源配置和专业技术结构，促进人才在各个业务层面的合理分布。

八、与国外及我国港澳台地区图书馆之间的交流

图书馆间文化交流的开展增进了与国外图书馆的了解与合作。2000年6月27日至7月12日，中国图书馆学会代表团一行35人访问了美国部分图书馆并参加了2000年美国图书馆协会年会。

2000年8月，日本图书馆访华团一行23人应文化部社会文化图书馆司的邀请来中国考察、访问，与北京、成都、昆明、上海等地的图书馆进行了交流。

2000年9月13-19日，公元二千年海峡两岸公共图书馆基础建设研讨会在中国台湾省台中市召开。大陆20名图书馆专业人员和台湾图书馆专业人员约150人共聚一堂，交流了工作经验与体会，增进了相互之间的了解与友情。

2000年9月25日至10月2日，中国图书馆学会代表团应韩国图书馆协会秘书长曹元镐先生的邀请访问韩国，双方签署了“中国图书馆学会与韩国图书馆协会建立友好关系的协议书”，其间出席了韩国图书馆协会年会，并参观了有关图书馆。

2000年10月9-24日，以文化部社图司副司长周小璞为团长的中国图书馆代表团一行四人对委内瑞拉、古巴两国进行了访问。代表团与两国图书馆界同行进行了业务和管理方面的交流。

对外文化交流

综述

对外文化交流既是中国社会主义文化艺术事业的重要一环，又是国家整体外交工作的重要组成部分，与党和国家的利益密切相关，一直受到党和国家的重视和关怀。特别是改革开放以来，中国的对外文化交流以更广更深的规模全方位地向前发展，形成了多渠道、多层次、多形式的良好格局。20多年来，中国的对外文化交流，为增进中国人民与世界各国人民之间的友谊和了解，为发展中国和其他国家的友好关系，为维护世界和平和人类进步事业，为提高中国在国际上的地位，为繁荣中国的社会主义文化艺术事业和加速中国的社会主义现代化建设都作出了积极的贡献。

2000年是新旧世纪交替之年，也是新的千禧之年。根据党中央指示精神，在文化部党组的正确领导下，外联局紧紧围绕党和国家的外交大局，牢牢抓住全年工作重点，积极筹划，真抓实干，成功地举办了一系列有重大影响的对外文化交流活动。与各国的双边文化交流频繁有序，同各国特别是同发展中国家的文化关系稳步发展。

2000年经文化部审批的对外文化交流项目总数1433项，22427人次，比去年分别增长15%和20%；对港澳台地区交流项目720起，8288人次。全局（司）全年交流项目共2153项，30715人次。

与南非、刚果（布）签订了两国政府文化合作协定；

与印度、菲律宾、泰国、尼泊尔、韩国、蒙古、马来西亚、德国、卢森堡、意大利、苏丹、伊朗、博茨瓦纳、几内亚、埃塞俄比亚、尼日尔、莱索托、刚果（布）、尼日利亚、南斯拉夫、罗马尼亚、克罗地亚、阿塞拜疆、捷克、亚美尼亚、爱沙尼亚、斯洛伐克、厄瓜多尔等28国政府签订了新的年度文化交流执行计划；

与奥地利签署了两国政府《文化合作协定会谈纪要》。

1、出访政府文化代表团和文化官员代表团70起，赴33国、共182人次。

2、派出艺术表演团组391起9950人次，艺术展览115起874人次。

3、接待外国政府文化代表团和文化官员代表团63起168人次。

4、接待外国艺术表演团组361起9552人次，艺术展览161起506人次。

5、派出参加国际艺术比赛40起，获奖55项，其中金奖13项，银奖8项，铜奖28项，其他奖14项。

6、对外宣传发送影视片、录像带、VCD、DVD光盘40个主题、175套、13366张（盒）；图片16个主题、102340幅；图书、期刊杂志396092册。

重要涉外文化交流活动

一、高层互访频繁，官方关系平稳发展

2000年的高层互访十分活跃，增进了了解和友谊，为双边文化交流进一步发展创造了良好的空间。

孙家正部长先后访问了南非、巴西和澳大利亚，广泛接触了文化机构的负责人，并分别与南、巴、澳三国政府的文化部长举行了工作会谈，代表中国政府与南非签署了两国政府文化合作协定。

李源潮副部长访问了阿塞拜疆、捷克，并代表中国政府与两国分别签署了两国政府文化合作议定书。

艾青春副部长访问了白俄罗斯、罗马尼亚、爱沙尼亚、加拿大、美国，并与罗、爱分别签署了新的文化合作计划。

潘震宙副部长访问了日本、菲律宾、泰国、马来西亚，分别与菲副总统、泰国副总理、日本前文部大臣等领导人举行了会谈，并与泰国签署了文化执行计划。

孟晓驷副部长访问了乌干达、坦桑尼亚、埃塞俄比亚，并分别与三国有关领导人进行了广泛接触，有力推动了中国与三国的友好关系。

张华林以部长特别助理的身份访问了德国、希腊、意大利，就举办有关文化活动达成了意向。

2000年文化部重点邀请了印度、菲律宾、缅甸、越南、韩国、马来西亚、巴基斯坦等7个周边国家和塞拉利昂、佛得角、加纳、几内亚、南斯拉夫、亚美尼亚、斯洛伐克、斯洛文尼亚、土耳其、约旦、伊拉克、苏丹、突尼斯、尼日尔、墨西哥、阿根廷、巴西等17个发展中国家的高层文化领导人来华访问，并积极促成了奥地利、芬兰、英国来访艺术署、英格兰艺术委员会、美

国史密斯学会、新西兰亚洲2000年基金会等西方国家高层文化领导人和重要文化机构的负责人访华，全年来访的部级代表团达39个，比上年增加了一倍多，访问增进了友谊和互信，扩大了交流渠道。

二、大型活动有声有色

在做好正常文化交流工作的同时，2000年我们在国内外成功举办了几项大型活动，提高了国际声望。其中“2 000相约北京”、“2 000中华文化美国行”和在法国举办的“中国文化季”等活动规模之大、内容之丰富、参加文艺团体之多、参与人数之众、影响所及之广是前所未有的。

“2000相约北京”是继文化部文化艺术系列主题年（交响乐年、歌剧舞剧年、美术年）活动之后，由文化部、北京市人民政府、国家广播电影电视总局、国家旅游局联合主办，中国对外演出公司、北京市文化局、北京旅游集团承办，于2000年5月1 日至30 日在北京推出的又一大型国际文化艺术活动。“2000年相约北京”以联欢活动的形式，在短短一个月的时间里，包括中国在内的25个国家的38个艺术团体在京共演出109场，其间还举办了6个展览和4个国家的文化周。活动内容丰富，雅俗共赏，吸引了群众的广泛参与，观众总数达30万人次。江泽民主席、李岚清副总理等党和国家领导人亲自出席了有关活动。在华访问的印度总统、丹麦首相等外国领导人也出席了有关活动。

“2000中华文化美国行”，由文化部和国务院新闻办联合主办，于2000年8月24日 至9月7日在美国举办的大型综合文化宣传活动。先后在纽约、华盛顿、芝加哥、旧金山、洛杉矶等美国9个城市展开，以主题演讲、文艺演出和艺术展览的形式，向美国人民生动展示了古韵悠远而又朝气蓬勃和充满自信而又热爱和平的当代中国形象。是中国在美举办的最大规模的综合性文化活动，得到了中美两国及联合国领导人的重视和支持，江泽民主席、克林顿总统、安南秘书长均为该活动题词。

孙家正部长在美传播界颇具影响的电视广播博物馆做了《面向21世纪的中国文化：抉择与承诺》的主题演讲，赢得了美国许多社会名流的赞誉和媒体的广泛正面报道，孟晓驷副部长率中国政府文化代表团出席了此次在美国举办的活动。中央民族乐团和深圳锦绣中华民族舞蹈团的演出突出了民族性和高水准，两团14场演出，场场爆满，吸引了约3万名观众，美媒体给予了大量报道，扩大了中国在美的文化影响。

文化部于2000年 10月28日至2001年2月25日在法国举办的“中国文化季”是中国首次在境外主动策划和直接参与的重大综合性文化活动，也是迄今为止中国在海外举办的高规格的最大规模的一次文化活动。主要内容分为两个大型文物展（中国考古发现展和中国钟铃艺术展）、两个大型演出（中央民族乐团和中国京剧院）和两个当代绘画、书法展和雕塑展。时间跨度近4个月。

潘震宙副部长率中国政府文化代表团出席了10月28日在巴黎举办的“中国文化季”开幕式活动，法国前总统德斯坦、前总理巴拉迪尔、巴黎市市长等法国政要应邀出席。有近万人观看了京剧和民乐演出。“中国考古发现展”更是盛况空前，有近30万人参观。为使“中国文化季”在法国取得更佳宣传效果，我们在前期准备时邀请了3个法国记者团组来华访问。因此在“中国文化季”开幕后，法主要媒体纷纷对其活动进行了大量、正面、集中和突出的报道，使活动直接进入了法国的主流社会。在运作机制上，采取政府支持和资助、公司直接运作的形式，为今后在境外举办大型文化活动积累了有益经验。

2000年11月1日至12月1 日由文化部主办、上海市人民政府承办的第二届上海国际艺术节，邀请了来自39个国家的表演团体、54台剧目参演，举行了演出交易会、艺术展览、大型群众文化活动和文化研讨会等，观众达30多万人次。

此外，由文化部参与的HEINEKEN节拍2000夏季音乐会、亚洲国际艺术节、第三届北京国际音乐节、第六届中国艺术节、第四届中国武汉国际杂技节、广东国际声乐节等大型活动的规模和影响也都超过往年。

三、加强同发展中国家关系

加强同发展中国家关系是文化部2000年工作的重点，通过高层互访、举办研讨会、艺术团访演、经济援助等形式，进一步扩大了与广大发展中国家的交流，加强了与广大发展中国家的关系。

部领导一贯十分重视做发展中国家的工作，

2000年在出访的22个国家中，发展中国家就占了15个。来自发展中国家高层文化官员的访问也明显增多，2000年接待来访的39个外国政府部级文化代表团中，发展中国家就占34个。

“新世纪中非文化交流研讨会”，2000年10月23日至29日由文化部主办，邀请了来自非统组织和十几个非洲国家的21位副部级和司局级文化官员来京出席。李岚清副总理接见了非洲国家的与会代表。为配合会议，还邀请了刚果（布）和几内亚国家艺术团与中国歌舞剧院同台演出，同时还在北京举办了《中国与非洲》大型摄影图片展。会议提出了中非交流的六点建议和五项具体措施，获得了广大非洲国家的热烈响应和好评，为新世纪中非文化交流的进一步拓展开辟了广阔的空间。

积极邀请发展中国家在华举办文化日、文化周和发展中国家艺术团来华参加大型活动。2000年发展中国家在华相继举办了“土耳其文化日”、“约旦文化周”、“突尼斯文化周”、“伊朗文化日”等综合性文化活动。“相约北京大联欢”、“上海国际艺术节”、“第三届亚洲艺术节”等国内大型艺术活动共邀请了亚洲、西亚、非洲等23个发展中国家的35个演出团来华参加，其规模和人数都是空前的，大大增进了广大发展中国家和中国人民的友谊。

组织高水平的演出和展览赴发展中国家演、展，中央芭蕾舞团访问土耳其，中央民族乐团访问突尼斯、叙利亚、约旦，中国歌舞团访问白俄罗斯，海南歌舞团访问土耳其、摩洛哥、阿尔及利亚和突尼斯，江西歌舞团访问非洲六国，扬州木偶剧团访问拉美8国等均取得圆满成功，充分展现了我良好的艺术水准，得到了当地人民的广泛好评。

继续向非洲国家提供小额文化用品援助，全年共向12个非洲国家提供了总计145万元人民币的援助，支持了上述国家的文化建设，巩固了传统友好关系。

四、积极开拓对欧、美发达国家文化工作的新领域

利用重大政治访问和建交周年纪念的机会，邀请国外艺术团访演，举办大型展览，并派出中国富有特色的艺术团举办中国文化日等活动，扩大了正常交流；同时积极开拓“演讲”、“论坛”、“圆桌会议”等新的交流途径。

为配合西班牙首相访华，2000年6月，促成了“达利绘画原作展”和西班牙著名舞蹈家专场演出。孙家正部长和西班牙首相出席了展览开幕式，朱镕基总理和西班牙首相观看了专场演出。达利画展引起了社会和媒体的极大关注。

为庆祝中国与丹麦、芬兰、瑞典、瑞士建交50周年，有计划地主动开展了一系列双边活动，派出了中央芭蕾舞团、长春杂技团、黑龙江青少年杂技小组及手工艺表演者赴丹麦参加与丹方合作举办的“中国年”和艺术节活动；派出了昆曲《窦娥冤》、山东杂技团等赴芬参加庆祝建交庆典活动和“亚洲艺术节”活动并举办了《明代艺术展》；昆曲《窦娥冤》和中央乐团民乐小组访问了瑞典；中国红星舞蹈团赴瑞士参加了建交庆典活动。邀请了在世界芭蕾舞台上独树一帜的丹麦皇家芭蕾舞团、芬兰城市现代舞团、瑞典流行音乐演唱组（举办“激情2000—瑞典流行音乐演唱会”）、丹麦现代艺术展等来华。这些演展活动获得了当地和中国人民的普遍赞誉，增进了与当地人民间的了解和友谊。

孙家正部长在美、英的两场演讲开拓了对发达国家文化交流的新领域。演讲直接面对主流社会和媒体，充分阐明了中国文化政策和发展战略，产生了极大的影响，争取了西方媒体上层人士。美前国务卿基辛格博士、美三大电视网和五大有线电视网及最大出版机构豪森集团董事会主席、赫斯特娱乐集团总裁等各界名流350多人出席了孙部长在美国的演讲会，《纽约时报》、美联社、有线新闻网（CNN）、福克斯电视台（FOX）等媒体进行了报道。在伦敦召开的美国广播电视博物馆国际理事会第五届年会上，孙部长做了“文化媒体与数字化”的主旨演讲。来自25个国家和地区的全国性或跨国企业集团和媒体的主要领导人、社会名流等120多人出席了会议。孙部长的精彩演讲再次引起了与会者的强烈反响。

“中英论坛”文化组代表20余人，就两国的文化产业合作、博物馆教育功能及实施、建立两国长期演出合作关系、数字图书馆的应用及合作等领域进行了充分讨论，为中英两国在新世纪的合作奠定了良好的基础。

美国中部艺术联盟和中西部艺术联盟组成的13名艺术管理人员访华团，于2000年10月19日至29日应邀在上海和北京与中国艺术管理人员举办了圆桌会议。该团来访得到了美国务院的资助，文化部对此十分重视，组织了部内各业务司局领导和北京、上海、浙江、宁夏、甘肃、青海等地方文化厅(局)、文化企事业单位的负责人从不同角度介绍了中国艺术管理体制、文化资源，探讨了中美双方合作的途径，调动了美主流机构与中国开展合作的愿望和热情，为将来中国在美国中部和中西部地区广泛开展文化活动打下良好基础。

五、对外文化宣传有较大起色

对外宣传思路进一步拓宽，形式更加多样，探索政府引导、市场运作的新型外宣管理方式；注重发挥媒体效应，外宣与内宣相结合，效果显著，影响加大。

拓宽外宣思路，通过知识竞赛等形式，在全球96个国家掀起了学习中国文化知识的热潮，有数百万人参加了这个活动，仅越南就有200多万人参加了这次知识竞赛活动。2000年初，来自45个国家的54名“2 000相约中国全球知识竞赛”获奖代表对北京进行了友好访问，与普通百姓一起过春节，活动十分成功。有40余家新闻单位进行了较大力度的报道，在国内外产生了积极的影响。

借助外力，推动外宣。将“99聚焦中国”活动中邀请的国外著名摄影家在华拍摄的作品，将其制作和图片印成画册发往驻外使、领馆并在国内外安排展出。还邀请英、俄、巴西、阿塞拜疆、乌克兰、叙利亚等7批国外电视台和影视公司来华拍片或合作制片，制作的节目大都在这些国家的电视台安排播出。此外还与国内电视台合作，将外宣片直接上卫星电视频道播出，减少了中间环节，充分发挥了影视片的作用。

更新外宣设施，改革外宣品生产和发送方式。为驻外使、领馆文化处（组）配备了DVD设备和VCD/DVD影片，突出了精品意识；影视片制作和外宣品实行招标制，改变多年由处室决定承办单位的做法。对纪念品制作进行了改革，提供选择种类，标明单价，根据文化处组的情况实行资金配额，扩大了使馆的选择权；调动前方积极性，鼓励主动开展馆办活动；外宣品（图片、电视片、挂历、CD盘等）突出了西部开发主题。

注重外宣与内宣相结合，充分利用媒体，扩大影响，对重大活动加强了宣传报导的力度。主动邀请媒体参与重大活动的前期各项准备工作，并请国内媒体随团对对外活动进行跟踪报道。“2 000相约中国全球知识竞赛”、“2 000相约北京”、“新世纪中非文化交流研讨会”、在法国举办的“中国文化季”等活动，均在国内外组织了大量的新闻宣传活动，国内外媒体进行了广泛报道，掀起了一次次热潮，扩大了活动的影响。此外，还联合中国文化报常年开办“环球文化专刊”，对最新的国际文化信息和活动进行了及时报道。

六、法规建设

在法规建设方面，根据形势需要，起草了《关于在国外增设文化中心的报告》；起草了《全国对外文化工作管理条例（草案）》；针对新情况，适时出台了《文化部关于举办和参加国际多边文化活动的暂行办法》、《文化部关于邀请和接待外国文化专题电视摄制组来华拍片的暂行规定》、《文化部关于加强引进外国艺术人员管理工作的通知》、《关于进一步简化外国部级代表团来访外事礼宾安排的通知》、《文化部外联局关于调整护照签证代办费标准及有关事项的通知》等规定；还与外交部联合起草报批了《文化部、外交部关于下放部分对外文化交流审批权限的通知》。

此外还完成了在马耳他筹建文化中心的报批工作，中国对外演出公司关于在德国建立中国对外演出公司欧洲有限公司的报批筹建事宜。

中国和外国签订政府间文化合作协定一览表（1949年—2000年）

顺序	国　名	名　称	时　间	地　点	双方签字人姓名	
1	波　兰	文化合作协定	1951.4.3	华　沙	中国驻波兰大使	彭明治
					波兰教育部长	斯丹尼斯拉夫·斯克列杰夫斯基
2	匈牙利	文化合作协定	1951.7.12	北　京	文化部长	沈雁冰
					匈牙利司法部长	埃里克·莫尔那尔
3	民主德国	文化合作协定	1951.10.9	北　京	文化部长	沈雁冰
					德意志民主共和国全权代表	柯尼希
4	罗马尼亚	文化合作协定	1951.12.12	北　京	文化部长	沈雁冰
					罗马尼亚教育部长	包别斯库·杜列亚努
5	捷克斯洛伐克	文化合作协定	1952.5.6	北　京	文化部长	沈雁冰
					捷克斯洛伐克情报部长	瓦茨拉夫·柯别茨基
6	保加利亚	文化合作协定	1952.7.14	索非亚	中央人民政府委员	马寅初
					保加利亚科学艺术文委主席	卢宾·列维
7	朝　鲜	经济及文化合作协定	1953.11.23	北　京	政务院总理兼外交部长	周恩来
					朝鲜内阁首相	金日成
8	阿尔巴尼亚	文化合作协定	1954.10.14	北　京	文化部长	沈雁冰
					阿尔巴尼亚外交部长	贝哈尔·什图拉
9	越　南	关于文化合作的议定书	1955.7.7	北　京	教育部长	杨秀峰
					越南教育部长	阮文煊
10	民主德国	文化合作协定	1955.12.25	北　京	文化部长	沈雁冰
					民主德国副总理兼外交部长	洛塔·博尔茨
11	埃　及	文化合作协定	1956.4.15	开　罗	中国伊斯兰教协会主任	鲍尔汉
					埃及教育部长	卡迈尔·侯赛尼
12	叙利亚	文化合作协定	1956.6.12	大马士革	中国伊斯兰教协会主任	鲍尔汉
					叙利亚外交部长	塞义德·加齐

顺序	国 名	名 称	时 间	地 点	双方签字人姓名	
13	苏 联	文化合作协定	1956.7.5	莫斯科	文化部副部长 苏联文化部部长	钱俊瑞 尼·亚历山大洛维奇·米海伊洛夫
14	捷克斯洛伐克	文化合作协定	1957.3.27	北 京	文化部长 捷克斯洛伐克外交部长	沈雁冰 瓦·戴维
15	南斯拉夫	文化合作协定	1957.6.7	北 京	文化部长 南斯拉夫作家联合会主席	沈雁冰 约·维德玛尔
16	也 门	科学、技术和文化合作协定	1958.1.12	北 京	国务院总理 也门王国副首相	周恩来 巴德尔
17	蒙 古	文化合作协定	1958.2.21	北 京	对外文委主任 蒙古文化部长	张奚若 山达格·索苏尔巴拉木
18	越 南	文化合作协定	1959.1.16	河 内	对外文委副主任 越南文化部长	丁西林 黄明鉴
19	朝 鲜	文化合作协定	1959.2.21	平 壤	对外文委副主任 朝鲜对外文化联络委员会委员长	楚图南 许贞书
20	伊拉克	文化合作协定	1959.4.4	巴格达	中国伊斯兰教协会主任 伊拉克教育部长	鲍尔汉 阿·哈尔德
21	几内亚	文化合作协定	1959.10.7	北 京	对外文委主任 几内亚教育部长	张奚若 巴里·迪亚万杜
22	古 巴	文化合作协定	1969.7.23	哈瓦那	对外文委秘书长 古巴共和国政府代表	陈忠经 奥利瓦雷斯
23	印度尼西亚	文化合作协定	1961.4.1	雅加达	国务院副总理兼外交部长 印尼第二副首席部长兼外交部长	陈 毅 苏班德里约
24	加 纳	文化合作协定	1961.8.18	北 京	对外文委副主任 加纳共和国总统事务部长	张致祥 塔韦亚·阿达玛菲奥
25	埃塞俄比亚	文化代表团会谈公报	1961.9.5	北 京	对外文委副主任 埃塞俄比亚文化代表团团长	张致祥 贝尔哈努·特塞玛
26	坦噶尼喀	文化合作协定	1962.12.13	达累斯萨拉姆	对外文委副主任 坦噶尼喀国民文化和青年部长	朱 光 南格万达·西贾奥纳

顺序	国名	名称	时间	地点	双方签字人姓名	
27	索马里	文化合作协定	1963.1.10	摩加迪沙	对外文委副主任	朱　光
					索马里新闻部长	阿里·穆罕默德·希拉维
28	马　里	文化合作协定	1963.5.15	北　京	对外文委主任	张奚若
					马里政府文化代表团团长	穆萨·凯塔
					马里青年和体育总专员	
29	挪　威	文化协定	1963.6.18	奥斯陆	中国驻挪威大使	秦力真
					挪威外交大臣	兰　格
30	阿尔及利亚	文化合作协定	1963.9.11	阿尔及尔	对外文委副主任	丁西林
					阿尔及利亚公使衔外交部文化司长	本库比·沙里
31	阿拉伯也门	文化合作协定	1964.6.9	北　京	国务院副总理	陆定一
					阿拉伯也门共和国副总理	阿卜杜·拉赫曼·埃里亚尼
32	中　非	文化合作协定	1964.9.29	班　吉	对外贸易部副部长	卢绪章
					中非共和国总统	戴维·达科
33	刚果（布）	文化合作协定	1964.10.2	北　京	对外文委主任	张奚若
					刚果（布）邮电部长	爱德华·埃布卡—巴巴卡斯
34	尼泊尔	文化合作协定	1964.10.11	加德满都	中国驻尼泊尔大使	张世杰
					尼泊尔国王陛下政府全权代表	什亚姆·克里希纳·巴塔里
35	叙利亚	文化合作协定	1965.3.18	北　京	国务院副总理兼外交部长	陈　毅
					叙利亚外交部长	哈桑·穆拉维德
36	柬埔寨	文化科学合作协定	1965.3.22	金　边	国家科委副主任	武　衡
					柬埔寨外交部秘书长	温察格里
37	阿富汗	文化合作协定	1965.3.24	喀布尔	国务院副总理兼外交部长	陈　毅
					阿富汗教育大臣	穆罕默德·安纳斯
38	巴基斯坦	文化协定	1965.3.26	拉瓦尔品第	国务院副总理兼外交部长	陈　毅
					巴基斯坦外交部长	佐勒菲卡尔·阿里·布托
39	罗马尼亚	文化合作协定	1965.5.27	布加勒斯特	对外文委副主任	李　昌
					罗马尼亚外交部副部长	庞比留·马可威

顺序	国名	名称	时间	地点	双方签字人姓名	
40	赞比亚	文化合作协定	1966.8.22	北京	国务院副总理兼外交部长 赞比亚外交部长	陈毅 西蒙·姆旺萨·卡普韦
41	毛里塔尼亚	文化合作协定	1967.2.16	北京	国务院副总理兼外交部长 毛里塔尼亚外交计划部长	陈毅 比拉尼·马马杜·瓦尼
42	苏丹	文化和科学技术合作协定	1970.8.12	北京	国务院总理 苏丹革命指挥委员会主席	周恩来 尼迈里
43	蒙古	关于延长两国经济及文化合作协定有效期的换文	1972.8.16	乌兰巴托	中国驻蒙古使馆 蒙古人民共和国外交部	
44	希腊	文化合作协定	1978.9.22	雅典	外交部长 希腊外交部长	黄华 乔治·拉利斯
45	意大利	文化合作协定	1978.10.6	罗马	外交部长 意大利外交部长	黄华 福拉尼
46	墨西哥	文化协定	1978.10.27	北京	文化部长 墨西哥外交部长	黄镇 圣地亚哥·罗埃尔·加西亚
47	美国	文化协定	1979.1.31	华盛顿	国务院副总理 美国总统	邓小平 吉米·卡特
48	突尼斯	文化合作协定	1979.6.22	北京	文化部长 突尼斯文化部长	黄镇 亚拉维
49	菲律宾	文化协定	1979.7.8	北京	国务院副总理 菲律宾总统马科斯夫人	李先念 伊梅尔达·马科斯
50	斯里兰卡	文化合作协定	1979.8.15	北京	文化部长 斯里兰卡青年事务和就业部长	黄镇 维克勒马辛哈
51	卢森堡	文化合作协定	1979.9.28	北京	外交部长 卢森堡副首相兼外交、外贸和合作大臣	黄华 加斯东·托恩
52	联邦德国	文化合作协定	1979.10.24	波恩	外交部长 联邦德国外交部长	黄华 根舍

顺序	国　名	名　称	时　间	地　点	双方签字人姓名	
53	英　国	教育和文化合作协定	1979.11.1	伦　敦	外交部长	黄　华
					英国外交大臣	卡林顿
54	约　旦	文化协定	1979.11.11	安　曼	文化部长	黄　镇
					约旦教育大臣	赛义德·塔勒
55	孟加拉国	文化合作协定	1979.11.17	北　京	外交部长	黄　华
					孟加拉国外交部长	沙姆斯·哈克
56	日　本	促进文化交流协定	1979.12.6	北　京	文化部长	黄　镇
					日本外务大臣	大来佐武郎
57	扎伊尔	文化协定	1980.3.26	北　京	文化部长	黄　镇
					扎伊尔外交和国际合作国务委员	恩古扎·卡尔·伊邦德
58	赞比亚	文化协定	1980.4.11	北　京	文化部长	黄　镇
					赞比亚外交部长	查库利亚
59	阿拉伯也门	文化协定	1980.4.23	北　京	文化部长	黄　镇
					阿拉伯也门新闻文化部长	叶海亚·侯赛因·阿尔希
60	中　非	文化合作协定	1980.6.4	班　吉	中国驻中非大使	李　石
					中非代合作部长	让·马隆吉
61	阿根廷	文化交流换文	1980.6.7	北　京	文化部长	黄　镇
					阿根廷外交和宗教事务部长	卡洛斯·华盛顿·帕斯托将军
62	巴巴多斯	文化协定	1980.6.13	北　京	国务院总理	华国锋
					巴巴多斯总理	杰弗里·亚当斯
63	塞浦路斯	文化合作协定	1980.7.7	北　京	文化部副部长	姚仲明
					塞浦路斯外交部秘书长	乔治·贝拉纪亚斯
64	刚　果	文化合作协定	1980.7.8	北　京	文化部长	黄　镇
					刚果外交和合作部长	皮埃尔·恩泽
65	圣马力诺	文化、教育合作协定	1980.8.26	圣马力诺	中国驻意大利大使	张　越
					圣马力诺外交和政务部长	焦尔达诺·雷菲
66	马达加斯加	文化协定	1980.9.2	塔那那利佛	外交部副部长	宫达非
					马达加斯加内政部长、代外长	安皮·奥古斯坦·波尔托

顺序	国 名	名 称	时 间	地 点	双方签字人姓名	
67	毛里求斯	文化协定	1980.9.4	路易港	国务院副总理	姬鹏飞
					毛里求斯总理	拉姆古兰
68	肯尼亚	文化合作协定	1980.9.16	北 京	文化部长	黄 镇
					肯尼亚总统办公室国务部长	比沃特
69	阿尔及利亚	文化协定	1980.9.17	北 京	文化部长	黄 镇
					阿尔及利亚驻华大使	阿里·阿卜杜拉维
70	荷 兰	文化合作协定	1980.10.30	北 京	外交部长	黄 华
					荷兰外交大臣	范德克劳
71	比利时	文化合作协定	1980.12.9	布鲁塞尔	中国驻比利时大使	康矛召
					比利时外交大臣	夏尔·费迪南·诺东
72	西班牙	文化、教育、科学合作协定	1981.4.7	马德里	国务院副总理	谷 牧
					西班牙外交大臣	何塞·佩德洛·佩雷斯·约尔卡
73	澳大利亚	文化合作协定	1981.4.29	堪培拉	对外文委主任	黄 镇
					澳大利亚外交部长	斯特里特
74	塞拉利昂	文化协定	1981.5.2	北 京	对外文委副主任	王仲方
					塞拉利昂外交国务部长	菲利·法博埃
75	津巴布韦	文化协定	1981.5.14	北 京	对外文委副主任	王仲方
					津巴布韦教育和文化部长	津加伊·穆通布卡
76	塞内加尔	文化合作协定	1981.5.21	达喀尔	中国驻塞内加尔大使	宗克文
					塞内加尔文化部长	阿萨纳·塞克
77	智 利	文化交流换文	1981.7.8	圣地亚哥	中国驻智利大使	唐海光
					智利外交部长	罗哈斯·加尔达梅斯
78	几内亚	文化协定	1981.7.22	北 京	对外文委主任	黄 镇
					几内亚青年、体育和艺术高级专员	塞杜·凯塔
79	阿 曼	文化、卫生、新闻合作协定	1981.8.15	北 京	对外文委主任	黄 镇
					阿曼驻中国大使	易卜拉欣·哈穆德·苏卜希
80	马 里	文化协定	1981.9.7	北 京	对外文委主任	黄 镇
					马里驻中国大使	高雷西

顺序	国　名	名　称	时　间	地　点	双方签字人姓名	
81	多　哥	文化协定	1981.9.27	北　京	对外文委主任	黄　镇
					多哥外交和合作部长	阿亚尼奥
82	哥伦比亚	文化协定	1981.10.1	北　京	对外文委主任	黄　镇
					哥伦比亚外交部长	卡洛斯·莱莫斯·西蒙兹
83	委内瑞拉	文化合作协定	1981.11.1	北　京	国务院副总理	康世恩
					委内瑞拉外交部长	桑布拉诺
84	尼日利亚	文化合作协定	1981.11.20	拉各斯	国务院副总理兼外交部长	黄　华
					尼日利亚副总统	亚历克斯·埃奎梅
85	加　纳	文化协定	1981.12.4	阿克拉	国务院副总理兼外交部长	黄　华
					加纳文化、体育部长	汤玛斯·金格雷·阿比拉
86	布隆迪	文化协定	1982.1.15	北　京	对外文委主任	黄　镇
					布隆迪驻华大使	加洪古
87	赤道几内亚	文化合作协定	1982.1.16	马拉博	中国驻赤道几内亚大使	林　松
					赤道几内亚教育、文化部国务特派员	莱安德罗·姆博米奥·恩苏埃
88	科威特	文化合作协定	1982.2.15	科威特	对外文委副主任	王阑西
					科威特文化、艺术和文学全国委员会秘书长	阿德瓦尼
89	摩洛哥	文化协定	1982.2.25	北　京	国务院总理	赵紫阳
					摩洛哥首相	马蒂·布阿比德
90	葡萄牙	文化科学技术合作协定	1982.4.8	北　京	对外文委主任	黄　镇
					葡萄牙驻中国大使	安东尼奥·加西亚
91	几内亚比绍	文化协定	1982.4.22	北　京	对外文委副主任	王仲方
					几内亚比绍青年和体育国务秘书	科雷亚
92	利比里亚	文化协定	1982.5.6	北　京	国务院总理	赵紫阳
					利比里亚总统	塞缪尔·卡尼翁·多伊
93	佛得角	文化协定	1982.5.15	北　京	国务院总理	赵紫阳
					佛得角总统	阿里斯蒂德斯·佩雷拉

顺序	国　名	名　称	时　间	地　点	双方签字人姓名	
94	厄瓜多尔	文化合作协定	1982.11.16	基　多	文化部副部长 厄瓜多尔代外长	吕志先 罗德里格·巴尔德斯
95	民主也门	文化合作协定	1982.12.27	北　京	文化部长 民主也门驻华大使	朱穆之 亚　辛
96	瑞　典	文化合作与交流会谈纪要	1983.3.22	北　京	文化部副部长 瑞典学会主任	吕志先 约兰·略夫达尔
97	塞舌尔	文化协定	1983.4.29	北　京	国务院总理 塞舌尔总统	赵紫阳 勒　内
98	卢旺达	文化和科学合作协定	1983.5.11	北　京	文化部长 卢旺达外交和合作部长	朱穆之 恩加卢基英特瓦利
99	尼日尔	文化协定	1983.5.12	尼亚美	文化部顾问 尼日尔外交和合作部长	陈辛仁 达乌达·迪亚洛
100	圣多美和普林西比	文化协定	1983.7.14	北　京	文化部长 圣普文化教育和新闻部长	朱穆之 若阿基·拉法埃尔布朗科
101	伊　朗	文化和科学技术合作协定	1983.9.14	北　京	外交部长 伊朗外交部长	吴学谦 专拉亚提
102	索马里	文化协定	1983.11.15	北　京	文化部长 索马里新闻与国民指导部长	朱穆之 穆罕默德·奥马尔·盖斯
103	芬　兰	文化协定	1984.1.30	北　京	国务委员兼外交部长 芬兰外交部长	吴学谦 帕沃·韦于吕宁
104	布基纳法索 (原上沃尔特)	文化协定	1984.2.21	北　京	文化部长 布基纳法索外交部长	朱穆之 迪亚洛
105	民主德国	文化协定	1984.5.10	北　京	文化部副部长 民主德国外交部第一副部长、国务秘书	吕志先 克罗利科夫斯基
106	加　蓬	文化协定	1984.5.26	利伯维尔	中国驻加蓬大使 加蓬国务部长、外交和合作部长	柳雨峰 马丹·邦戈

顺序	国名	名称	时间	地点	双方签字人姓名	
107	圭亚那	文化协定	1984.6.15	北京	国务委员兼外交部长 圭亚那副总统	吴学谦 穆罕默德·沙哈布丁
108	贝宁	文化协定	1984.6.24	北京	国务委员兼外交部长 贝宁外交合作部长	吴学谦 蒂亚米乌·阿吉巴德
109	阿根廷	文化协定	1984.8.9	布宜诺斯艾利斯	外交部长 阿根廷外交部长	吴学谦 丹特·卡普托
110	喀麦隆	文化协定	1984.8.27	北京	文化部长 喀麦隆青年和体育部长	朱穆之 易卜拉欣·姆博姆博·恩乔亚
111	莫桑比克	文化协定	1984.10.12	北京	文化部顾问 莫桑比克文化国务秘书	陈辛仁 路易斯·贝尔南多·翁瓦纳
112	科摩罗	文化协定	1985.4.25	北京	文化部副部长 科摩罗新闻、文化和研究事务国务秘书	吕志先 阿杜马内·阿卜杜
113	爱尔兰	文化合作协定	1985.5.17	都柏林	文化部长 爱尔兰外交部长	朱穆之 彼得·巴里
114	乌干达	文化协定	1985.6.19	北京	文化部长 乌干达文化和社会发展部长	朱穆之 詹姆斯·威廉·鲁瓦尼亚拉雷
115	利比亚	文化合作协定	1985.8.11	北京	国务委员兼外交部长 利比亚对外联络秘书	吴学谦 阿里·阿卜杜勒·萨拉姆·图尔基
116	巴西	文化教育合作协定	1985.11.1	巴西利亚	中国驻巴西大使 巴西外交部长	陶大钊 塞图巴尔
117	玻利维亚	文化合作协定	1986.5.5	北京	国务委员兼外交部长 玻利维亚外交部长	吴学谦 吉列尔莫·凡德雷加尔·古铁雷斯
118	波兰	文化和科学合作协定	1986.9.30	北京	文化部副部长 波兰外交部副部长	刘德有 扬·马耶夫斯基

顺序	国　名	名　称	时　间	地　点	双方签字人姓名	
119	秘　鲁	文化协定	1986.11.4	利　马	中国驻秘鲁大使	杨　迈
					秘鲁外交部长	阿兰·瓦格纳
120	保加利亚	文化合作协定	1987.5.6	北　京	国务院总理	赵紫阳
					保加利亚国务委员会主席	托·日夫科夫
121	苏里南	文化协定	1987.6.25	北　京	文化部长	王　蒙
					苏里南教科文部长	李福秀
122	匈牙利	文化、科学和教育合作协定	1987.6.17	布达佩斯	外交部副部长	钱其琛
					匈牙利外交部副部长	贝　尼
123	冈比亚	文化协定	1987.4.13	北　京	文化部长	王　蒙
					冈比亚文化部长	贾　邦
124	智　利	政府文化协定	1987.6.17	圣地亚哥	国务委员兼外交部长	吴学谦
					智利外交部长	哈依梅·德尔瓦利
125	古　巴	文化协定	1987.9.25	北　京	文化部副部长	高占祥
					古巴外交部副部长	马拉索
126	乌拉圭	文化教育合作协定	1988.2.3	纽　约	中国常驻联合国代表	李鹿野
					乌拉圭常驻联合国代表	保里约
127	印　度	文化合作协定	1988.5.28	北　京	文化部副部长	刘德有
					印度人力资源发展部秘书	瓦拉德拉坚
128	埃塞俄比亚	文化协定	1988.6.23	北　京	文化部副部长	英若诚
					埃塞俄比亚文化、体育事务部副部长	特斯法耶
129	安哥拉	文化协定	1988.10.22	北　京	外交部长	钱其琛
					安哥拉外交部长	姆宾达
130	加拿大	文化交流谅解备忘录	1988.11.4	北　京	文化部长	王　蒙
					加拿大驻华大使	荻　鄂
131	莱索托	文化合作协定	1989.6.1	马塞卢	中国驻莱索托大使	田长松
					莱索托军委委员、外交大臣	塔比·莱齐耶
132	尼加拉瓜	文化合作协定	1989.9.12	北　京	文化部副部长	刘德有
					尼加拉瓜外交部副部长	哈维尔·查莫罗

顺序	国 名	名 称	时 间	地 点	双方签字人姓名
133	老 挝	文化合作协定	1989.10.8	北 京	文化部副部长 刘德有 老挝外交部代部长 通沙瓦·凯坎皮吞
134	乍 得	文化合作协定	1989.11.28	北 京	文化部代部长 贺敬之 乍得文化青年体育部长 吉布里纳·侯赛因·格林吉
135	尼日利亚	文化教育合作协定	1990.3.28	拉各斯	国务院副总理 吴学谦 尼日利亚文化社会福利部长 安 卡
136	阿尔巴尼亚	文化、教育和科学合作协定	1991.1.24	北 京	文化部代部长 贺敬之 阿尔巴尼亚外交部长 马利列
137	吉布提	文化协定	1991.3.16	北 京	文化部副部长 刘德有 吉布提外交部长 穆 明
138	纳米比亚	文化协定	1991.3.27	温得和克	中国驻纳米比亚大使 吉佩定 纳米比亚外交部长 古里拉布
139	牙买加	文化合作协定	1991.6.5	北 京	国务委员兼外交部长 钱其琛 牙买加外交部长 库 尔
140	博茨瓦纳	文化协定	1991.9.20	北 京	文化部副部长 刘德有 博茨瓦纳外交部长 切 佩
141	巴 林	文化协定	1991.10.10	麦纳麦	文化部代部长 贺敬之 巴林新闻大臣 教育大臣阿里·法赫鲁代签
142	乌兹别克斯坦	文化教育卫生旅游和体育合作协定	1992.3.13	北 京	文化部副部长 刘德有 乌兹别克斯坦外交部长 拜·阿勃杜拉扎柯夫
143	科特迪瓦	文化合作协定	1992.4.18	北 京	文化部副部长 刘德有 科特迪瓦文化部长 昂里特埃·达格迪阿巴特
144	坦桑尼亚	文化合作协定	1992.4.30	多多马	文化部副部长 陈昌本 坦桑尼亚教育、文化部长 查尔斯·卡贝霍
145	亚美尼亚	文化合作协定	1992.7.4	北 京	文化部副部长 刘德有 亚美尼亚经济部第一副部长 盖克·萨尔基扬
146	哈萨克斯坦	文化合作协定	1992.8.10	北 京	国务委员兼外交部长 钱其琛 哈萨克斯坦外交部长 苏列伊麦诺夫

顺序	国　名	名　称	时　间	地　点	双方签字人姓名	
147	马耳他	文化合作协定	1992.8.29	北　京	文化部副部长	刘德有
					马耳他教育、人力资源部长	乌戈包尼其
148	密克罗尼西亚	文化合作协定	1992.9.19	北　京	文化部副部长	刘德有
					密克罗尼西亚外交部长	莫塞斯
149	乌克兰	文化合作协定	1992.10.31	北　京	国务委员兼外交部长	钱其琛
					乌克兰外交部长	阿兹连科
150	摩尔多瓦	文化合作协定	1992.11.6	北　京	文化部副部长	徐文伯
					摩尔多瓦文化和宗教部副部长	米哈依穆尔扎克
151	土库曼斯坦	文化合作协定	1992.11.21	北　京	文化部副部长	陈昌本
					土库曼斯坦副总理	阿依道格德耶夫
152	黎巴嫩	文化合作协定	1992.11.23	贝鲁特	文化部部长助理	高运甲
					黎巴嫩教育美术部长	达希尔
153	白俄罗斯	文化合作协定	1992.11.25	北　京	文化部副部长	高占祥
					白俄罗斯部长会议副主席	杰姆丘克
154	越　南	文化合作协定	1992.12.2	河　内	文化部副部长	刘德有
					越南文化通讯部副部长	武克连
155	俄罗斯	文化合作协定	1992.12.18	北　京	副总理兼外交部长	钱其琛
					俄罗斯外交部长	科济列夫
156	以色列	文化合作协定	1993.5.20	北　京	文化部长	刘忠德
					以色列外交部长	西蒙·佩雷斯
157	格鲁吉亚	文化合作协定	1993.6.3	北　京	文化部长	刘忠德
					格鲁吉亚外交部长	亚历山大·齐克瓦伊泽
158	克罗地亚	文化合作协定	1993.6.7	北　京	副总理兼外交部长	钱其琛
					克罗地亚副总理兼外交部长	马·格拉尼奇
159	爱沙尼亚	文化教育合作协定	1993.9.3	北　京	文化部长	刘忠德
					爱沙尼亚外交部长	特里维米·维里斯特
160	斯洛文尼亚	文化教育合作协定	1993.9.13	卢布尔雅那	副总理兼外交部长	钱其琛
					斯洛文尼亚副总理兼外交部长	洛伊泽·佩泰尔来

顺序	国　名	名　称	时　间	地　点	双方签字人姓名	
161	立陶宛	文化合作协定	1993.11.8	北　京	文化部长 立陶宛外交部长	刘忠德 波维拉斯·吉利斯
162	土耳其	文化合作协定	1993.11.9	安卡拉	文化部副部长 土耳其文化部副部长	刘德有 费克里·萨拉尔
163	塔吉克斯坦	文化合作协定	1993.12.27	杜尚别	中国驻塔吉克斯坦大使 塔吉克斯坦文化部长	郗照明 阿·霍扎耶夫
164	阿塞拜疆	文化合作协定	1994.3.7	北　京	文化部长 阿塞拜疆外交部长	刘忠德 哈桑·哈桑诺夫
165	韩　国	文化合作协定	1994.3.28	北　京	文化部长 韩国外交部长官	刘忠德 韩升洲
166	厄立特里亚	文化合作协定	1994.4.4	北　京	文化部副部长 厄立特里亚总统办国际合作主任	刘德有 贝哈尼·阿布里
167	吉尔吉斯斯坦	文化合作协定	1994.4.23	比什凯克	中国驻吉尔吉斯斯坦大使 吉尔吉斯斯坦文化部长	潘占林 钦·巴扎尔巴耶夫
168	蒙　古	文化合作协定	1994.4.29	乌兰巴托	外交部副部长 蒙古外交部副部长	唐家璇 扎·乔音霍尔
169	罗马尼亚	文化合作协定	1994.7.12	布加勒斯特	国务院副总理 罗马尼亚国务部长兼外交部长	李岚清 特·维·梅列什卡努
170	冰　岛	文化合作协定	1994.11.27	北　京	文化部副部长 冰岛驻华大使	刘德有 英维·西古尔杜尔·英瓦松
171	马其顿	文化合作协定	1995.5.31	北　京	文化部长 马其顿外交部长	刘忠德 斯·茨尔文科夫斯基
172	缅　甸	文化合作议定书	1996.1.8	北　京	文化部副部长 缅甸驻华大使	刘德有 吴　赛
173	泰　国	文化合作谅解备忘录	1996.8.8	帕塔亚	文化部副部长 泰国教育部长	徐文伯 素卡逸·朗实蓬
174	拉脱维亚	文化和教育合作协定	1996.9.2	里　加	文化部副部长 拉脱维亚文化部长	艾青春 利哈尔德·比克斯

顺序	国　名	名　称	时　间	地　点	双方签字人姓名	
175	新加坡	文化合作谅解备忘录	1996.10.15	北　京	文化部长 新加坡新闻及艺术部长	刘忠德 杨荣文
176	尼日尔	文化协定	1997.11.23	尼亚美	文化部副部长 尼日尔文化部代部长	孟晓驷 阿·拉·塞义杜
177	也门共和国	文化合作协定	1998.2.16	北　京	文化部副部长 也门住房建设和计划部副部长	孟晓驷 艾哈迈德·哈桑·阿德尼
178	中非共和国	文化协定	1998.7.1	北　京	文化部副部长 中非文化、艺术和旅游部部长	李源潮 加斯通·贝依纳·班迪
179	柬埔寨王国	文化合作协定	1999.2.9	北　京	文化部部长 柬埔寨文化部部长	孙家正 帕花黛薇
180	卡塔尔国	教育与文化合作协定	1999.4.9	北　京	文化部部长 卡塔尔国外交大臣	孙家正 哈马德·本·加希姆·本·贾比尔·阿尔·萨尼
181	斯洛伐克共和国	文化合作协定	1999.10.7	布拉迪斯拉发	文化部长特别助理 斯洛伐克文化部长	张华林 米兰·克尼亚什科
182	马来西亚	文化合作协定	1999.11.23	吉隆坡	外交部部长 马来西亚文化艺术旅游部部长	唐家璇 阿卜杜拉·卡迪尔
183	南非共和国	文化艺术合作协定	2000.4.25	比勒陀利亚	文化部部长 南非文艺科技部部长	孙家正 恩古巴尼

大型文化活动一览表(2000 年)

日期	活动名称	活动内容
2.1-8	“2000相约中国”知识竞赛获特等奖代表一行54人应邀来华参观访问	该活动在全球96个国家掀起了学习中国文化知识的热潮，有数百万人参加了这项活动。2000年初，来自45个国家的54名获特等奖代表来北京参观游览，40多家媒体对此报道，在国内外产生了强烈反响。
5.1-30	“2000相约北京”大型主题联欢活动。由文化部、北京市人民政府、国家广播电影电视总局、国家旅游局主办，中演公司、北京市文化局、北京市旅游集团承办。包括中国在内的4个国家的38个艺术团体参加了演出，共演出109场，其间还举办了6个展览，4个国家的文化周日，观众达30万人次。江泽民、李岚清等国家领导人和在华访问的印度总统、丹麦首相等外国领导人及部分国家的驻华使节和官员出席了联欢活动。联欢活动开幕式由北京市副市长刘敬民主持，孙家正部长致辞，于5月1日在北京世纪剧院举行。5月30日闭幕，人大副委员长出席，李刚局长主持了闭幕式，艾青春副部长宣布该活动闭幕。	（一）参加活动的外国艺术团共25个，其中: 1、特邀艺术团11个: 奥地利施特拉铜管乐队20人，4.22-5.5；美国杨伯翰大学艺术团50人，5.1-13；蒙古人民军歌舞团40人，5.5-8；韩国国立国乐管弦乐团50人，5.6-8；日本狂言艺术团11人，5.7-10；苏格兰皇家斯特林风琴演奏团18人，5.10-18；日本鼓童演奏团18人，5.12-13；哥伦比亚女高音歌唱家1人，5.15-18；以色列青年交响乐团94人，5.19-28；韩国国立芭蕾舞团57人，5.20-24；波兰冬布罗瓦人民间歌舞团36人，5.26-6.6。 2、官方及民间艺术团12个: 塞拉利昂国家歌舞团15人，4.27-5.13；罗马尼亚吟诗者民乐团22人，4.30-5.10；摩纳哥蒙特卡罗芭蕾舞团65人，5.2-15；南斯拉夫贝尔格莱德爱乐乐团80人，5.6-15；俄罗斯战争年代歌曲艺术团14人，5.6-15；缅甸艺术团27人，5.10-18；摩尔多瓦科德良格体育舞蹈团46人，5.14-6.10；埃及台努拉裙舞团20人，5.15-21；土耳其国家民间歌舞团56人，5.18-25；阿尔巴尼亚芭蕾舞小组15人，5.18-26；约旦艺术团23人，5.18-28；斯洛伐克卢施尼卡歌舞团46人，5.18-6.1。 3、商业艺术团2个: 丹麦皇家芭蕾舞团120人，5.5-17；奥地利维也纳联合歌剧院46人，5.13-18。 （二）参加联欢活动的中国艺术团共13个: 台北原舞者艺术团、中国交响乐团、中国京剧院、北京人民艺术剧院、中央民族乐团、中央芭蕾舞团、少林寺武僧团、银河少儿合唱团、中国青年艺术剧院、北京电影乐团、北京京剧院、北京儿童剧院、北京交响乐团。 （三）参加联欢活动的6个展览: “人类的记忆”世界民俗风情摄影展，5.13-21；南斯拉夫油画绘画展，5.12-18；斯洛伐克版画家弗拉基米尔·加诺维茨作品展，5.23-30；中国台湾美术精品大展，5.25-31；“99聚焦——外国摄影家眼中的中国”摄影艺术展，5.26-6.4；意大利小提琴展，5.26-6.2。 （四）参加联欢活动的4个外国文化周（日）: 南斯拉夫文化日，5.6-6.18；土耳其文化周，5.18-28；约旦文化周，5.18-29；斯洛伐克文化日，5.18-6.1

日期	活动名称	活动内容
8.24–9.17	“2000中华文化美国行”由文化部和国务院新闻办联合主办，先后在纽约、华盛顿等9城市展开，以主题演讲、文艺演出和艺术展览的形式，向美国人民生动展示了古韵悠远而又朝气蓬勃和充满自信而又热爱和平的当代中国的形象。它是中国在美国首次举办的最大规模的综合性文化外宣活动，得到了中美两国及联合国领导人的重视和支持，江泽民主席、克林顿总统、安南秘书长都为该活动题了词。	主题演讲：孙家正部长于9月6日在美国传媒颇具影响的电视广播博物馆作了《面向21世纪的中国文化：抉择与承诺》的主题演讲。美国前国务卿基辛格博士、美国三大电视网和五大有线电视网的负责人及最大出版机构豪森集团董事会主席豪森、赫斯特娱乐集团总裁贝纳克等各界名流350多人出席了演讲会。孙部长的演讲赢得了许多社会名流的赞誉和媒体的广泛大量的正面报道。 文艺演出：中央民族乐团一行80人和深圳锦绣中华民族舞蹈团一行67人，共演出14场，场场精彩，场场爆满，吸引了约3万观众，美媒体作了充分报道。文化部副部长孟晓驷、外联局局长李刚参加了相关活动。
9.28–10.13	第六届中国艺术节在南京、苏州、无锡、常州、扬州同期举行。	参加演出的外国团体有：奥地利维也纳斯特劳斯乐团56人；德国斯图加特芭蕾舞团112人；英国西方芭蕾舞团35人；日本石川县女子鼓乐团54人；日本中国民乐演奏团25人；刚果歌舞团20人；几内亚歌舞团10人。
10.15–16	《中英论坛》	《中英论坛》在北京举行。文化组代表20余人就中英两国文化产业合作、博物馆教育功能及实施、建立两国长期演出合作关系、数字图书馆的应用及合作等领域进行了充分的讨论，为中英两国在新世纪的合作奠定了良好的基础。
10.15–18	《伦敦“美国广播电视博物馆国际理事会”第五届年会》	孙家正部长在伦敦召开的美国广播电视博物馆国际理事会第五届年会上，作了文化媒体与数字化的主旨演讲。孙部长的演讲引起了来自25个国家和地区的全国性或跨国企业集团和媒体的主要领导人及社会名流120多位与会者的强烈反响。
10.17–11.11	“第三届北京国际音乐节”，由文化部和北京市人民政府联合举办，演出了30场，观众约6万人次。	匈牙利、意大利、美国等15个外国艺术团体组成的700多位艺术家和国内650多位艺术家参加了音乐节的演出活动。中共中央政治局委员、北京市委书记贾庆林和中共中央政治局候补委员吴仪出席了开幕式并观看了演出，中共中央政治局常委、国务院副总理李岚清出席了闭幕式。文化部部长孙家正、副部长孟晓驷和外联局局长李刚出席了开幕式和闭幕式并观看了演出，孟晓驷副部长为音乐节致开幕词。

10.23–29	"新世纪中非文化交流研讨会" 20 多个非洲国家及非统组织主管文化的高级官员以及国内有关部委、人民团体和科研机构的代表出席了研讨会。 会议提出了中非交流的六点建议和五项具体措施，获得了广大非洲国家的强烈响应和好评，为新世纪中非文化交流的进一步拓展开辟了广阔的空间。	研讨会期间，李岚清副总理在中南海会见了全体外国代表，全国政协副主席杨汝岱在政协礼堂会见了非统组织副秘书长及部分非洲国家的代表，并且一同观看了刚果(布)和几内亚国家歌舞团的同台演出。 孙家正部长为大会致开幕词，孟晓驷副部长做大会主旨报告，外联局局长李刚作大会总结发言，非统组织副秘书长杜图姆和肯尼亚等 5 个非洲国家的代表以及外交部非洲司司长刘贵今、社科院研究员张宏民等先后在大会发言。 参加研讨会的外国代表还赴天津进行了参观考察。为配合研讨会的召开，还举办了《中国与非洲》大型摄影图片展。
10.25–2001.2.25	《法国巴黎"中国文化季"》	10.25–11.8 ，以文化部副部长潘震宙为团长的中国政府文化代表团一行 7 人 赴法国主持"中国文化季"活动开幕式并致词，法国前总统德斯坦出席了开幕式。 10.28–29 ，中央民族乐团一行 85 人在巴黎香榭丽舍大剧院举行民乐晚会。 11.2–2001.1.28 ，国家文物局在巴黎小宫殿博物馆举办了"中国考古发现展"，潘震宙副部长和巴黎市市长共同主持了展览开幕式，法国前总理雷蒙 · 巴尔观看了展览。 11.3–5 ，中国京剧院一行 67 人在巴黎香榭丽舍大剧院演出了"杨门女将"。 11.21–2001.2.25 ，中国对外友好协会在巴黎音乐城举办"龙之声—中国钟铃艺术展"。 2001.1.8–20 ，文化部艺术人才中心在联合国教科文总部举办"中国当代书画艺术大展"。 中国驻法国大使吴建民、公使衔文化参赞侯湘华出席了"中国文化季"的有关活动。 文化部外联局副局长董俊新、计财司司长吕章申和中演公司总经理张宇等随团赴法参加了文化季活动。
10.28–11.3	"第四届中国武汉国际杂技节" 由武汉市人民政府和文化部外联局、艺术局、中演公司等联合主办，在武汉市举行。 法国"明日杂技节"主席、加拿大"太阳马戏团"艺术指导、朝鲜"牡丹峰杂技团"团长、蒙古国家马戏团团长等应邀出任杂技节评委。	美国、俄罗斯、波兰、朝鲜、蒙古、乌克兰、加蓬、哈萨克斯坦、乌兹别克斯坦等国家的杂技艺术家应邀参加了该活动。 文化部外联局副局长李冬文出席了开幕式，文化部副部长孟晓驷出席了闭幕式并观看了演出。

11.1-12.1	“第二届中国上海国际艺术节” 艺术节在上海举行，由文化部主办，上海市人民政府承办。	39个国家的艺术家和各类嘉宾1600多人参加了艺术节；国内外54台剧目参加了演出，其中外国剧目20台；举办了7项美术展览、5个大型群众文化活动和1个演出交易会。出席和观看演出的观众，约30万人次。 文化部孟晓驷副部长主持艺术节开幕式，孙家正部长致开幕词；潘震宙副部长出席了闭幕式并观看了演出。 文化部办公厅主任尹志良、市场局局长刘胜利、外联局副局长李冬文等出席了相关活动。
11.8-18	“第一届中国（广东）国际声乐比赛”	11个国家的39位选手参加了比赛。中国音乐学院吴碧霞获女子组第一名，中央音乐学院杨清获女子组第二名，中央歌剧院柳红玲和波兰选手阿列克桑德拉·库尔扎克并列女子组第三名，中国音乐学院阎峰获男子组第三名。 文化部副部长孟晓驷出席了闭幕式。

中国政府文化代表团、文化官员团出访一览表(2000年)

日期	团组名称	活动地点和活动内容
4.6-12	以国家文物局局长张文彬为团长的中国政府文化代表团一行4人	应邀赴朝鲜进行友好访问，参加《四月之春》艺术节活动，并参观平壤、板门店、妙香山国际友谊宾馆等地。
4.6-12	以办公厅主任尹志良为团长的中国文化工作者代表团一行10人	应邀赴朝鲜进行友好访问，参加《四月之春》艺术节活动，并参观部分文化设施。
4.9-19	以文化部部长孙家正为团长的中国政府文化代表团一行6人	应邀赴澳大利亚和巴西进行友好访问。拜会了两国政府领导人，与两国文化部长举行了工作会谈，广泛接触了两国主要文化机构负责人并参观了部分文化设施。外联局局长李刚和政策法规司司长贾明如随团往访。
4.23-28	以文化部部长孙家正为团长的中国政府文化代表团随同江泽民主席访问南非	访问期间孙部长与南非文艺科技部部长恩古巴尼共同签署了两国政府文化艺术合作协定。外联局局长李刚随团往访。
5.12-29	以文化部副部长潘震宙为团长的中国政府文化代表团一行5人访问日本、菲律宾、马来西亚、泰国	代表团拜会了四国的政府要员、文化部长，与文化主管部门进行了工作会谈，与泰王国教育部签署了《文化合作谅解备忘录2000-2001年执行计划》，并分别与菲律宾、马来西亚就落实新近签署的中菲文化合作执行计划和商签中马新的文化合作执行计划等事宜进行了商谈。
5.26-6.7	以文化部副部长孟晓驷为团长的中国政府文化代表团一行6人访问乌干达、坦桑尼亚和埃塞俄比亚	访问期间，坦桑尼亚、埃塞俄比亚议长分别会见了代表团。代表团分别与三国文化部长进行了工作会谈。
6.1-4	以文化部副部长李源潮为团长的中国政府文化代表团一行9人赴新加坡	代表团出席由上海国际艺术节中心和中国驻新加坡使馆联合举办的“第二届上海国际艺术节新闻发布会”。
7.10-20	以文化部副部长李源潮为团长的中国政府文化代表团一行5人访问捷克和阿塞拜疆	代表团会见了两国文化部长，并分别签署了“中阿2000-2004年文化合作议定书”和“中捷2000-2002年文化合作议定书”。
8.22-9.20	以文化部副部长孟晓驷为团长的中国政府文化代表团一行6人赴美国访问	代表团访问了纽约、华盛顿等地，参加了由新闻办和文化部共同举办的“中华文化美国行”系列活动，并赴芝加哥、洛杉矶等地视察“中华文化美国行”活动的准备情况。

日期	团组名称	活动地点和活动内容
9.4-22	以文化部副部长艾青春为团长的中国政府文化代表团一行6人访问白俄罗斯、罗马尼亚、爱沙尼亚	代表团与三国文化部和有关文化机构的代表进行了工作会谈，参加了在明斯克举办的“中国文化日”开幕活动，与罗马尼亚签署了两国政府“2001-2004年文化合作计划”，与爱沙尼亚签署了两国文化部“2001-2003年文化交流计划”。
10.25-11.8	以文化部副部长潘震宙为团长的中国政府文化代表团一行7人赴法国	代表团赴法国参加“中国文化季”的活动。法国前总统德斯坦出席了文化季开幕式，潘副部长为“中国文化季”开幕式致辞，与巴黎市市长共同主持了“中国考古发现展”开幕式。
12.3-12	文化部副部长孟晓驷随李岚清副总理率领的中国政府代表团访问俄罗斯	访俄期间，孟副部长出席了李岚清副总理和俄罗斯政府副总理马特维延科共同主持召开的中俄两国政府教育文化、卫生、体育合作委员会第一次会议，并同俄文化部长施维德科依进行了对口会谈。12月5日，孟晓驷副部长与俄外交部副部长斯列金签署了《中华人民共和国政府和俄罗斯联邦政府2001-2002年文化合作计划》，与俄文化部副部长图比金签署了《中华人民共和国文化部和俄罗斯联邦文化部2001-2002合作议定书》。
12.4-13	外联局局长助理殷福一行2人	赴法国巴黎出席了由文化政策国际网络工作小组主办的“文化政策国际网络关于文化多样性和全球化工作组第三次会议”及联合国教科文组织召开的“第二届文化部长圆桌会议”。
12.7-11	中国文化官员代表团	应日中文化交流协会邀请，文化部艺术司司长冯远等一行4人赴日访问，观看了由日中文化交流协会会长团伊玖磨创作的歌剧《小锣》，并就该剧2002年在华演出事宜与邀方交换了意见。
12.12-15	中国文化官员代表团	应韩国文化观光部和外交通商部邀请，文化部外联局局长李刚一行2人赴韩国访问，并参加了中韩第四次文化共同委员会会议，就进一步发展两国文化交流与合作，双方广泛深入地交换了意见，并商定将2002年定为中韩友好年。访问期间还对文化部在汉城设立中国文化中心的选址等问题进行了考察。12月13日，李刚局长代表文化部与韩国外交通商部文化外交局局长金胜义签署了《中华人民共和国政府与大韩民国政府2001至2002年文化交流执行计划》。

日期	团组名称	活动地点和活动内容
12.12−20	中国文化官员代表团	应国际表演艺术协会邀请，经国务院批准，文化部副部长潘震宙一行5人赴纽约参加了国际表演艺术协会第53届年会。潘副部长在会议开幕酒会上致辞，并在与会期间会见了国际表演艺术协会主要负责人，同有关演艺和传媒机构的负责人就进一步加强中外表演艺术交流进行了探讨。 在这次会议上，中国成功申办了2002年国际表演艺术协会中国会议。

中国艺术团体赴国外演出一览表（2000 年）

日　期	团组名称	活动地点和内容
1999.11.30-2000.1.17	湖南杂技小组一行 21 人	赴奥地利进行商业演出
1.9-19	湖南杂技小组一行 21 人	参加第三届布达佩斯国际马戏节
1.9-19	中国杂技团马戏学校	参加第三届布达佩斯国际马戏节
1.13-2.1	中国杂技小组一行 7 人	应新加坡传奇传播邀请赴新有偿演出
1.20-23	湖南杂技团	赴摩纳哥参加第 24 届蒙特卡洛国际马戏节
1.20-2.5	中央音乐学院居觐	赴南非首都比勒陀利亚参加第 9 届南非大学国际钢琴比赛
1.30	上海舞蹈学校方仲静等人	赴瑞士参加第 28 届洛桑国际芭蕾舞比赛
2.5	广州杂技团一行 12 人	赴摩纳哥参加第 12 届“初登舞台”国际杂技节
1999.7.23-2000.2.27	山东杂技团一行 45 人	赴荷兰、德国进行有偿演出
4.3-19	中国艺术团一行 63 人（东方歌舞团、湖南省杂技团）	应朝鲜文化省和平壤《四月之春》友谊艺术节邀请，参加“四月之春”友谊艺术节
5.9-17	中国少年儿童业余芭蕾舞团 15 人	参加德国弗莱堡国际儿童芭蕾舞比赛
5.18-6.11	广西杂技团一行 30 人	庆祝中越、中缅建交 50 周年，赴越南、缅甸进行访问演出
6.4-23	湖南木偶皮影剧院 17 人	赴捷克和斯洛文尼亚访问演出，并参加了布拉格第四届国际木偶节演出活动
6.9-11	上海宝钢管乐团一行 40 人	应邀赴波兰卢布尼克参加第九届“金竖琴”国际管乐节，并顺访奥地利哈德雷斯市
6.10-24	中央音乐学院民乐小组 8 人	应日本福冈经营企画邀请赴日参加第八届“中国之夜”音乐会演出
6.17-20	中国人民解放军军乐团一行 40 人	应邀参加比利时第四十届蒙斯国际军乐节
1999.2-2000.7	成都军区战旗杂技团一行 43 人	与加拿大太阳马戏团合作，先后赴加拿大、美国进行有偿演出，并将延长合作演出期 7 年
6.22-7.19	云南民族管弦乐团一行 20 人	赴波兰、罗马尼亚、亚美尼亚进行访问演出，并参加了中国在亚美尼亚举办的“中国文化日”的开幕演出
6.22-7.20	中央芭蕾舞团一行 73 人	应邀赴土耳其和以色列进行访问演出并在土耳其参加了“卡迈尔艺术节”演出活动
7.16-8.1	中国舞蹈代表团一行 9 人	赴保加利亚参加第 19 届瓦尔纳国际芭蕾舞比赛
7.16-8.1	北京舞蹈学院肖苏华	应比赛组委会邀请出任第 19 届瓦尔纳国际芭蕾舞比赛评委

日　期	团组名称	活动地点和内容
7.29-8.27	吉林“民乐、武术、气功艺术团”一行15人	赴英国参加爱丁堡艺术节，演出37场
8.4-11.22	中国扬州木偶团一行13人	赴巴西、墨西哥、乌拉圭、委内瑞拉、智利、厄瓜多尔、哥伦比亚和玻璃维亚8国的40多个城市演出90余场
8.24-9.17	中央民族乐团一行80人	参加“2000年中华文化美国行”活动的文艺演出（组约、华盛顿、芝加哥、旧金山等9个城市）
8.24-9.17	深圳锦绣中华民族舞蹈团一行67人	参加“2000年中华文化美国行”活动的文艺演出（组约、华盛顿、芝加哥、旧金山等9个城市）
8.27-9.14	黑龙江杂技小组一行7人	应意大利梅德拉诺马戏团邀请，赴意大利进行商业演出
8.31-9.17	中国铜管乐小组一行7人	应悉尼奥运会庆典部邀请，赴澳大利亚参加第二十七届奥运会开幕式“2000管乐队”进行表演。
9.14	江西艺术团一行20人	赴毛里求斯、留尼旺、南非、纳米比亚、博茨瓦纳、埃塞俄比亚等地访问演出
9.16-23	中央歌剧院一行四人	赴法国参加第43届图卢兹国际声乐比赛
9.12-22	上海音乐学院、中央音乐学院附中4人	参加波兰卢布森举办的第八届小提琴比赛
9.26-10.8	山东杂技小组等一行12人	赴芬兰参加“2000年通向赫尔辛基丝绸之路”艺术节活动
9.28-12.4	中国少林功夫团一行29人	赴美国、加拿大的27个城市访问演出34场
10.10-22	深圳艺术学校学生李云迪	赴波兰参加第14届肖邦钢琴比赛
10.18-25	中央民族乐团音乐小组一行10人	赴瑞典演出
10.21-2001.1	沈阳杂技团一行7人	赴法国进行有偿演出
10.28-11.8	外联局局长李刚率中国新民乐乐团一行12人	应日中友好会馆邀请，赴日本访问演出
10.28-29	中央民族乐团一行85人	参加在法国举办的“中国文化季”活动，在巴黎香榭丽舍大剧院演出“民乐晚会”
10.30-11.23	中央民族乐团一行30人	应突尼斯、叙利亚和约旦文化部邀请，赴该三国访问演出，并参加了在约旦举办的“中国文化周”活动
10.30-2001.5	战士杂技团一行45人	赴奥地利、德国进行有偿演出
11.3-5	中国京剧院一行67人	参加在法国举办的“中国文化季”活动，在巴黎香榭丽舍大剧院演出京剧《杨门女将》
11.5-7	中央音乐学院音乐小组2人	应国际交流音乐会邀请，赴韩国参加第12届“希史子国际交流音乐会”

日　期	团组名称	活动地点和内容
11.5–30	中央音乐学院教授谢楠等 2 人	应南非约翰内斯堡爱乐乐团邀请，赴南非访问演出
11.9–	北京杂技团一行 19 人	在西班牙冒险港游乐园进行了历时八个月的有偿演出后返京
11.16–12.4	北京舞蹈学院吴珍艳等	赴法国参加第 9 届巴黎国际舞蹈比赛
11.16–2001.1.15	上海马戏学校杂技小组 9 人	应瑞士可尼 · 兰德马戏公司邀请，赴瑞士演出
11.16–2001.1.15	成都军区战旗杂技团 2 人	应德国可可娱乐公司邀请，赴德国参加杂技表演
11.18–12.2	上海音乐学院王之炅等人	赴芬兰参加第八届西贝柳斯国际小提琴比赛
11.25–12.5	中国音乐学院吴碧霞等人	赴西班牙参加第八届毕尔巴鄂国际声乐比赛
12.8–2001.1.8	山东杂技团小组一行 22 人	应荷兰星辰国际马戏有限公司邀请，赴德国斯图加特参加 2000　001 年圣诞马戏演出，共演出 48 场，观众达 11 万人次。
12.17–2001.1.7	南京市杂技团一行 16 人	应荷兰星辰国际马戏有限公司邀请，赴荷兰阿姆斯特丹参加“世界圣诞马戏”演出，共演出 36 场，观众 6 万人次。
12.18	中国交响乐团小提琴副首席赵坤宇	赵坤宇以首席小提琴的身份参加了在波黑举办的“纪念巴赫逝世 250 周年萨拉热窝国际交响乐节”开幕式演出。
12.18–2001.1.8	中国对外文化交流协会组派成都军区战旗杂技团一行 11 人	应德国可可娱乐公司邀请，杂技团“双人双秋千”节目小组赴德国弗赖堡参加一年一度的圣诞杂技演出。

中国团体（个人）赴国外举办展览一览表(2000)年

日　期	展览名称	展出地点
5.30	中奥儿童美术作品展	中国对外文化交流协会向奥地利福拉尔贝格州首府布雷根茨儿童村提供作品30幅
6.4-13	中国民间工艺展	在马尼拉菲律宾文化中心展出
10.10-19	中国美术馆馆藏木版年画展	赴突尼斯展出
10.10-19	中国现代油画展	赴阿尔及利亚展出
10.21-31	清华大学美术学院教师作品展	赴科威特展出
10.25-31	中国现代油画展	赴摩洛哥展出
11.2-2001.1.28	国家文物局《中国考古发现展》	在巴黎小宫殿博物馆展出
11.21-2001.2.25	中国对外友好协会《龙之声—中国钟铃艺术展》	在巴黎音乐城展出
2001.1.8-20	文化部艺术人才中心《中国当代书画艺术大展》	在联合国教科文总部展出
11.14-21	中国当代油画展	赴约旦展出

国际比赛获奖情况表(2000 年)

日期	国家	比赛名称	参加单位	人数	获奖情况	其他
1.9-19	匈牙利	第三届布达佩斯国际杂技节	中国杂技团	5	《软钢丝》获金奖	自费
1.13-17	匈牙利	同上	湖南省杂技团	21	《抛绢》获铜奖	同上
1.18-2.3	法国	玛希国际马戏节	中国杂技团	10	《双顶技》获杂技少年组一等奖，与《头顶吊子》同获“新人奖”	自费
1.20-2.5	南非	第九届尤尼萨国际钢琴比赛	中央音乐学院	3	居觐获第 3 名及 JAMES VERWEY 纪念奖	文化部
1.20-27	摩纳哥	第 24 届蒙特卡罗国际杂技比赛	湖南省杂技团	19	《爬杆》获“银小丑”奖	文化部负担部分
1.22-31	瑞士	洛桑国际青年国际芭蕾舞比赛	上海舞蹈学校	7	方仲静获洛桑大奖（排名第 7），姚伟获洛桑希望大奖（排名第 4）	计划内自费
2.5	摩纳哥	第 12 届青少年“初登舞台”国际杂技比赛	广州军区战士杂技团	17	《滚环》获“金 K 奖”、斯狄芬尼公主杯等 4 个特别奖	文化部负担部分，计划内
3.22-4.3	俄罗斯	通向大师之路国际少年钢琴比赛	中央音乐学院	3	蔡云风获第二名，杨婧获特别奖	自费
5.10-15	德国	弗莱堡国际儿童舞蹈比赛	中国儿童舞蹈学会	16	《喜儿》获芭蕾舞少年组独舞一等奖和特殊成就奖，《前奏曲》获芭蕾舞少年组双人舞一等奖，《瓷娃娃》获儿童组有代表性舞蹈一等奖	自筹
5.18-21	瑞典	第三届“今日青年”国际马戏节	河北省杂技团	9	《流星》获大奖	自费
6.22-7.5	保加利亚	第 12 届国际青年歌剧歌唱家比赛	中国交响乐团	1	穆红获最佳演唱保歌曲奖（自费）	评委
6 月	波兰	“金竖琴”管乐节	上海宝钢管乐团	39	最高奖：“金竖琴”奖 单项奖：林有声获最佳指挥奖，王逊（小号）获最佳独奏奖	自费
7.7-16	奥地利	首届 2000 年奥林匹克国际合唱节	广东实验中学	56	广州实验中学合唱团分别获青少年混声及无伴奏民歌组金奖第一名	自筹

日期	国家	比赛名称	参加单位	人数	获奖情况	其他
同上	同上	同上	内蒙古蒙古族青年合唱团	46	内蒙古蒙古族青年合唱团获民歌有伴奏金奖第一名、民歌无伴奏金奖第二名、混声室内乐合唱	同上
7.18–31	保加利亚	第19届瓦尔纳国际芭蕾舞比赛	上海芭团、广州芭团	10	上海芭团孙慎逸、范晓枫分别获成人男子、女子组金奖，广州芭团郭菲、王琪分别获成人女子组铜奖和少年女子组银奖，北京舞蹈学院王玫创作的“红扇”获最佳编舞奖。	文化部
7.28–	哈萨克斯坦	第12届“亚洲之声”歌唱节	二炮文工团	4	孙洁获第二名	文化部
8.12–20	德国	第七届爱特林根国际青年钢琴家比赛	中央音乐学院、上海音乐学院	4	中央音乐学院蔡云峰、上海音乐学院宋思衡分别获A、B组特别奖，中央音院附中潘梦阳（自费）获二等奖	文化部
9.5–1	乌克兰	第十届“斯拉夫集市”国际艺术节流行歌手比赛	总政歌剧团	1	冯瑞丽获并列第一名	自费
9.14–25	波兰	第八届卢布林国际青少年小提琴比赛	中央音乐学院、上海音乐学院	4	上海音院黄蒙拉获青年组第二名，中央音院陈曦获少年组第五名	文化部
10.4–21	波兰	第14届肖邦国际钢琴比赛	中央音乐学院、上海音乐学院	6	深圳艺术学校李云迪获第一名，英国留学生陈萨获第四名，2人同获波罗乃兹舞曲奖	文化部
9.18–23	法国	第43届图鲁兹国际声乐比赛	中央音乐学院	4	中央歌剧院柳红玲获女子组第二名	文化部
11.8–18	中国	第一届中国（广东）国际声乐比赛			中国音乐学院吴碧霞获女子组第一名，中央音乐学院杨靖获女子组第二名，中央歌剧院柳红玲获女子组第三名，中国音乐学院阎峰获男子组第三名	文化部

日期	国家	比赛名称	参加单位	人数	获奖情况	其他
11.16 －12.4	法国	第九届巴黎国际舞蹈比赛	总政歌舞团、北京舞蹈学院	9	北京舞蹈学院吴珍艳获现代舞女子组金奖，上海师大表演艺术系方仲静获女子单人舞少年组“纽里叶夫基金奖”。上海芭蕾舞团季萍萍和付姝分别获女子单人舞成年组金奖和银奖（自费）	文化部
11、18-12.2	芬兰	第八届西贝柳斯国际小提琴比赛	上海音乐学院	3	上海音乐学院王之炅获第三名	文化部
11．25-12.5	西班牙	第八届毕尔巴鄂国际声乐比赛	中国音乐学院、中央歌剧院、中央音乐学院	4	中国音乐学院吴碧霞获第一名	文化部

2000年文化部及自费派出参加国际艺术比赛选手共获金奖（第一名）20枚，银奖（第二名）8枚，铜奖（第三名）6枚，其他奖项20枚。

中演公司承办派出参加国际艺术比赛团组及选手共获金奖（第一名）6枚，银奖（第二名）6枚，铜奖（第三名）5枚，其他奖项12枚。

部、局领导会见驻华使节等活动一览表(2000年)

日期	活 动 内 容
1.4	外联局局长李刚出席日本电通公司专门为庆祝中文版音乐剧《美女与野兽》在京成功演出而举办的新年招待会。
1.5	外联局局长李刚出席日本驻华使馆新年招待会。
1.18	文化部副部长孟晓驷在文化部分别会见了克罗地亚新任驻华大使热利科·基林契奇和罗马尼亚驻华大使约安·顿卡，双方就进一步发展中克、中罗两国的文化交流交换了意见。外联局副局长李冬文参加了上述会见。
1.19	文化部副部长孟晓驷在文化部会见并宴请德国驻华公使JESS夫妇及新闻参赞，双方就中德两国的文化交流的现状和前景交换了意见。外联局副局长刘槊参加了上述会见。
1.21	文化部副部长李源潮出席了日本驻华使馆捐资扩建山西娄烦县实验小学签字仪式。外联局局长李刚、日本驻华使馆临时代办宫本雄二以及山西娄烦县的领导出席了签字仪式。
2.1	文化部副部长孟晓驷应邀出席了约旦驻华大使杰布·凯苏里为来华参加2000相约北京知识竞赛获奖联欢活动的约旦皇家文化中心主任穆罕穆德·萨利姆·夏瓦克比举行的晚宴。外联局副局长刘槊参加了上述会见。
2.1	外联局局长李刚出席日本国际交流基金会北京事务所举办的新年招待会，并与安田所长交换了今年双方合作交流的有关事宜。
2.22	外联局副局长董俊新会见并宴请了即将离任的罗马尼亚驻华大使馆公使衔参赞康斯坦丁·鲁白安夫妇，并高度评价了鲁白安夫妇30多年来所做的大量工作，面交了感谢信。
2.23	文化部副部长李源潮会见了法国驻华大使毛磊，双方就今年在法国举办“中国文化季”、2003年在法国举办“中国文化年”、2005年在法国举办“中国音乐周”以及2002年在华举办“法国音乐周”、2003年后在华举办“法国文化年”等活动交换了意见。外联局副局长刘槊参加了会见。
2.23	孟晓驷副部长应邀出席了摩洛哥驻华大使为《摩洛哥书画展》的成功举办而举行的晚宴。外联局副局长刘槊参加了会见。
2.24	外联局副局长刘槊应科威特使馆之邀出席了科威特国庆招待会。
2.25	外联局局长李刚会见了加拿大驻华公使李普曼和参赞乐静宜女士。李局长介绍了中国文化方针政策，并就今年的重要文化交流项目与对方交换了意见。外联局副局长刘槊参加了会见。
3.2	外联局副局长董俊新在文化部会见了菲律宾驻华大使罗穆阿多·翁，双方就中菲建交25周年举办庆祝活动事宜交换了意见。
3.8	艾青春副部长应邀前往南斯拉夫驻华使馆,会见了南斯拉夫驻华大使翁科维奇并出席了晚宴,双方就今年签署两国文化交流计划、南文化部长访华、以及在华举办南斯拉夫文化日等事宜交换了意见。外联局副局长董俊新参加了会见。
3.15	孟晓驷副部长在文化部会见了前来进行礼节性拜会的波兰驻华大使科萨维利·布尔斯基。双方回顾了两国近年来文化交流所取得的成果，并通报了各自准备安排的文化交流项目。孟副部长还重申文化部对波兰前两任文化艺术部长访华的邀请继续有效，并代表了孙家正部长邀请新任文化和民族遗产部部长在其方便时访华。

日期	活 动 内 容
3.17	外联局副局长李冬文在文化部会见了古巴驻华公使衔参赞希尔达·洛佩斯女士。洛佩斯女士通报了今年5月古巴将举办第四届国际文化信息代表大会的有关情况，并邀请文化部派团参加；李冬文副局长向客人介绍了文化部文化信息网络发展情况，并表示愿意考虑派专业人员参加会议。双方还就留学生等事宜交换了意见。
3.20	孟晓驷副部长在文化部会见了巴哈马首任驻华大使阿瑟.·亚历山大.·福克斯，双方就进一步发展两国文化交流表示了良好的愿望。外联局副局长李冬文、巴外交部礼宾司司长及巴驻香港总领事参加了会见。
3.23	外联局副局长董俊新在文化部会见了亚美尼亚驻华大使马尔季罗相，双方就亚文化部长访华并签署两国文化合作计划以及今年两国将进行的文化交流项目等事宜交换了意见。
3.28	孙家正部长在文化部会见了韩国政府文化观光部次官金顺珪等一行。孙部长高度评价了中韩两国文化交流对促进两国人民的友谊和发展所起的重要作用，并就在新形势下如何保护和发展民族文化等问题发表了看法。孙部长还请金顺珪次官转达他对朴智元长官的问候和访华邀请。孟晓驷副部长和外联局副局长董俊新参加了上述活动。
4.7	孟晓驷副部长在文化部会见了哥伦比亚驻华大使罗德里哥·格鲁宾等2 人，双方就哥著名女高音歌唱家马尔塔·森于今年5 月来北京演出事宜进行了商谈。外联局副局长李冬文参加了会见。
5.9	孙家正部长在文化部宴请了即将离任的以色列驻华大使南月明女士。《人民日报》社长邵华泽、外联局局长李刚出席了宴请。
5.9	孟晓驷副部长出席了中国人民对外友好协会、中国俄罗斯友好协会在北京饭店举行的苏联人民卫国战争胜利55周年纪念会。外联局副局长董俊新出席了纪念会。
5.10	孙家正部长作为中国政府主宾出席了以色列国独立日招待会，外联局局长李刚出席了招待会。
5.11	外联局副局长董俊新在文化部会见了斯洛伐克驻华大使彼德·保伦，双方就5月下旬斯文化部长访华事进行了商谈。
5.12	外联局副局长刘桑在文化部会见了突尼斯驻华大使穆罕默德·蒙吉·拉比卜，双方就突政府文化代表团访华及在华举办《突尼斯文化周》等事通报了情况，交换了意见。
6.9	孟晓驷副部长出席了俄罗斯驻华使馆的国庆招待会，外联局副局长董俊新出席了招待会。
6.14	孟晓驷副部长在文化部会见了厄瓜多尔驻华大使费尔南多·科尔多瓦博萨诺，并与其共同签署了《中华人民共和国政府和厄瓜多尔共和国政府1999　001年文化交流计划》。外联局副局长李冬文参加了会见。
6.15	孙家正部长在文化部会见了美国MTV公司总裁毕龙季一行5 人，双方就该公司同中国中央电视台共同举办“MTV音乐盛典晚会”及进一步加强中美音乐交流等事宜交换了意见。外联局副局长李冬文参加了会见。
6.23	中国对外文化交流协会常务副会长刘德有出席了日本驻华大使在官邸为其专门举行的授勋仪式，接受了由日本驻华大使谷野作太郎代表日本政府授予的日本天皇颁发的二等旭日重光勋章。孟晓驷副部长、中国对外文化交流协会副会长吕志先、外联局副局长董俊新及中日文化艺术界友好人士和部分外国驻华使节出席了授勋仪式。

日期	活 动 内 容
7.6	李源潮副部长在文化部会见了法国驻华大使毛磊，双方就在今年11月中国在法举办“中国文化季”的有关事项 、中法分别在2003年和2004年举办文化年的筹备工作以及为配合今年10月希拉克访华法方在华举办展览等事宜交换了意见。李副部长还就法外交部对举办中国文化季活动的支持表达了谢意，并请毛磊大使转交他给法外交部的复函。
7.7	孟晓驷副部长在文化部会见了智利新任驻华大使豪尔赫·卡洛斯·塔鲁德等2 人,并与其就举办庆祝中智建交30周年活动等事宜交换了意见。外联局副局长李冬文参加了会见。
7.18	外联局局长李刚在文化部会见了即将离任的菲律宾驻华大使罗穆阿多·翁。
7.19	外联局副局长李冬文在文化部会见了秘鲁驻华大使卢斯米拉·萨纳布里亚等 2 人，双方就落实部分秘鲁来华交流项目及庆祝明年中秘建交30周年举办文化活动等事宜交换了意见。
8.2	外联局副局长李冬文在文化部会见了美国电影协会高级副总裁迈克尔·库诺斯,库诺斯转交了该协会主席杰克·瓦伦蒂致孙家正部长的信。瓦伦蒂主席在信中表示希望在孙部长访问纽约期间会见孙部长，并称该协会愿为孙部长纽约之行提供帮助。
8.22	潘震宙副部长在文化部礼节性会见了日本日中友好会馆副馆长野田英二郎一行。外联局局长李刚参加了会见。
8.30	孙家正部长在文化部会见了美国星光映佳集团总裁谢诚刚。孙部长对星光映佳集团与中国媒体保持良好合作关系和在向美国人民传播中国文化方面所起的积极作用表示赞赏,并向客人介绍了“中华文化美国行”活动的有关情况。外联局局长李刚参加了会见。
9.7	孟晓驷副部长在文化部会见了印度新任驻华大使麦农,并共同签署了《中华人民共和国政府和印度共和国政府文化合作协定2000　002年执行计划》的“总则和财务条款”部分。外联局副局长李冬文参加了会见。
9.12	孟晓驷副部长在文化部会见了前来礼节性拜会的马来西亚文化艺术旅游部副部长黄燕燕。外联局副局长董俊新参加了会见。
9.13	孙家正部长会见并宴请了到访的南非MIH 集团（荷兰米瑞德亚洲控股有限公司）董事长库斯·贝克一行3人。外联局局长李刚参加了上述活动。
9.14	孟晓驷副部长在文化部会见了前来礼节性拜会的斯里兰卡新任驻华大使博纳德·克纳蒂拉克。外联局副局长董俊新参加了会见。
9.21	外联局副局长董俊新在文化部会见斯洛文尼亚新任驻华大使加什帕里奇，双方就两国文化交流事宜交换了意见。
9.21	外联局局长李刚为日本使馆主管文化的吉择裕公使举行送行会。李刚局长对其任职期间对中日文化交流的支持表示感谢，并希望其回国任职后进一步加强双边合作，帮助和促成双方代表团互访。吉泽裕公使表示回国后将与文化部继续保持联系与合作，并进一步促成其就职的国际基金与文化部发展友好关系。
10.19	艾青春副部长在文化部会见了白俄罗斯驻华大使弗拉基米尔·鲁萨克维奇等一行3人。外联局副局长董俊新参加了会见。
10.19	中国对外文化交流协会常务副会长刘德有和副秘书长、外联局副局长董俊新在文化部会见了日本新任驻华公使宫家邦彦。

日期	活 动 内 容
10.23	孟晓驷副部长应约在文化部会见了伊朗驻华大使马拉埃克和文化参赞萨贝基。大使向孟副部长介绍了新任驻华文化参赞萨贝基，并再次邀请孙家正部长明年访问伊朗。双方还就明年中伊建交30周年举办文化庆祝活动事宜交换了意见。外联局副局长李冬文参加了会见。
10.30	孙家正部长应约在文化部会见了韩国新任驻华大使洪淳瑛。双方就两国文化交流与合作事宜交换了意见。洪大使向孙部长转交了韩国文化观光部长官邀其访问韩国的邀请信。外联局副局长李冬文参加了会见。
11.10	外联局局长李刚在文化部会见并宴请了日本新任驻华使馆公使宫家邦彦一行4人。
11.14	外联局副局长董俊新在文化部会见了立陶宛驻华大使沃维利斯，双方就商签两国文化部新的文化交流计划等事宜交换了意见。
11.21	孟晓驷副部长应约在文化部会见了土耳其新任驻华大使拉费特·阿克居纳伊。双方回顾了两国文化交流与合作的发展历史，并就进一步加强中土面向21世纪的合作关系及明年的部分文化交流项目交换了意见。外联局副局长李冬文参加了会见。
11.27	中国对外文化交流协会常务副会长刘德有、外联局局长李刚在双盛园宴请了日本著名舞蹈家花柳千代一行。
12.1	外联局副局长董俊新应罗马尼亚驻华大使约安·敦卡邀请，出席了罗马尼亚使馆举办的罗马尼亚国庆节招待会。
12.5	外联局局长李刚在文化部会见了美国波利尼西亚文化中心总裁奥吉尔一行4 人。奥吉尔总裁称该中心有一项旨在培养来自世界各国少数民族组织专业人员的计划，希望文化部派员参加该项目。李局长表示文化部愿意同该中心建立互利友好关系，双方互派1–2人到对方机构参加培训和访问。
12.6	孙家正部长在文化部会见了前来辞行的朝鲜驻华大使朱昌骏。朱大使对文化部在其任职期间对其工作的支持表示感谢，并希望文化部能继续支持朝鲜每年一度的“四月之春艺术节”明年选派总政歌舞团赴朝鲜参加艺术节。外联局局长李刚参加了会见。
12.8	外联局局长李刚在文化部会见并宴请了日本国际交流基金总务部长、前日本驻华使馆公使（文化负责人）吉泽裕，双方就中国在日本设立文化中心及该基金援助我艺术科研等事宜进行了探讨。
12.8	外联局副局长董俊新在文化部会见了法国驻华使馆文化参赞卜来世。董副局长介绍了法国巴黎“中国文化季”的情况后，就中法互办文化年事与卜来世参赞交换了意见，还向其转达了中方关于互办文化年的原则，并重申了明年3月底前举行中法文化年双边混委会会议的建议。
12.11	外联局副局长李冬文应邀出席了加拿大驻华使馆在北京中山音乐堂举办的“庆祝中加建交30周年联合音乐会”。
12.13	克罗地亚驻华使馆参赞欧泽恩·巴科维奇在建国饭店宴请了外联局副局长董俊新，对中方给予不久前访华的克文化部长热情接待表示感谢。双方还就明年两国文化交流项目进行了磋商。
12.13	外联局副局长李冬文应邀出席了澳大利亚驻华使馆为欢迎澳通讯信息技术和艺术部部长阿尔斯顿参议员而举办的酒会。
12.14	孟晓驷副部长在文化部会见了秘鲁驻华大使萨纳布里亚。双方共同签署《中华人民共和国政府和秘鲁共和国政府2001–2003年文化交流计划》。外联局副局长李冬文参加了上述活动。

日期	活 动 内 容
12.20	中国对外文化交流协会常务副会长刘德有和副秘书长、外联局副局长董俊新在文化部宴请了日本财团法人东南亚文化友好协会代表团一行4人。
12.25	外联局局长李刚、副局长董俊新应邀参加了日本国际交流基金北京事务所在北京饭店举办的忘年会。
12.26	孟晓驷副部长在文化部会见了阿曼新任驻华大使阿卜杜拉·本·塞义夫·侯斯尼。双方就阿方向泉州海上交通史博物馆赠款修建“伊斯兰石刻馆”、苏哈尔号船纪念碑维修、签署中阿两国新的文化执行计划等事宜交换了意见。

外国政府文化代表团、文化官员代表团来访一览表(2000年)

日期	团组名称	活动地点和内容
1.6	日中友好代表团一行10人	中国对外文化交流协会常务副会长刘德有会见该团。
1.16	日本文部和科学技术大臣中曾根弘文一行	孙家正部长在香格里拉饭店会见并宴请了应教育部邀请来华访问的中曾根弘文一行。
1.25	乌拉圭广播电视演出总署副主席克劳迪奥·拉马一行2人	文化部文化市场司司长刘胜利在文化部会见了应广电总局邀请来华访问的乌拉圭客人，并向客人介绍了文化部职能及中国文化政策等情况。
1.31	墨西哥文物局局长特蕾莎·弗朗哥女士一行5人	外联局局长李刚在文化部会见了墨文物局局长一行，并就文物局应邀赴墨参加大型系列展等与墨方交换了意见。
2.1-8	"2000相约中国"知识竞赛获特等奖代表团一行54人	应邀来华访问，在京游览了风景名胜，参观了中国国际广播电台、国家图书馆、东城区文化馆等文化设施，参加了地坛庙会、欢度除夕等民俗活动。孟晓驷副部长等出席了为欢迎该访问团举办的晚宴。
2.16-22	摩尔多瓦文化部副部长安德列·格佐万等一行	应邀随展来华访问，孟晓驷副部长会见并宴请了摩文化部副部长一行，双方就2000年两国文化交流事交换了意见。两国文化部副部长共同出席了《摩尔多瓦自然和文化遗产图片展》开幕式并讲话。
2.22	日中友好协会会长平山郁夫一行	平山郁夫一行来京是为纪念中日友协成立50周年拟在日本举办"中国国宝展"事搞签字仪式。孙家正部长在文化部会见了平山郁夫一行，会见时李刚局长等人在座。
2.28-3.5	以文化观光部次官金顺桂为团长的韩国政府文化代表团一行5人	韩国政府文化代表团应邀来华访问了北京、桂林、上海、杭州等地，代表团在京期间还拜会了国家体育总局、广电总局、国旅、全国青联等部门的有关领导。2月28日孙家正部长在文化部会见了代表团一行，会见后孟晓驷副部长宴请了代表团。
3.2	日中协会事务局局长白西绅一郎一行	外联局局长李刚在文化部会见了白西绅一郎一行，并就2000年在京举办《日中友好之旅－日本书法家尾崎邑鹏书作展》等与日方进行商谈。
3.10	日本京瓷株式会社名誉会长稻盛和夫一行	孟晓驷副部长会见了稻盛和夫一行，并向客人介绍了中国对外文化交流的情况。
3.13	美国亚洲协会会长卜励德一行	孟晓驷副部长会见了卜励德一行，并代表孙家正部长对中国政府文化代表团1999年访美时受到亚洲协会的热情接待表示感谢。双方就2001年亚洲协会拟举办中国甘肃宁夏文物展及2000年8、9月份中国在美举办大型文化活动事交换了意见。
3.22	葡萄牙东方基金会代表团一行6人	应中国对外文化交流协会邀请，葡萄牙东方基金会来华访问北京、上海、山西等地，两会还进行了工作会谈。
3.24	南非文艺科技部副部长玛班德拉女士一行	孟晓驷副部长会见并宴请了玛班德拉副部长一行，双方就签订文化艺术合作协定事及进一步发展两国文化关系等问题交换了意见。

日期	团组名称	活动地点和内容
4.1–7	以文化新闻部长马姆·阿卜杜拉·哈利格为团长的伊拉克政府文化代表团一行6人	人大副委员长许嘉璐接见了该团，双方就加强交流与合作交换了意见。孟晓驷副部长参加了会见。孙家正部长与代表团举行了工作会谈，双方回顾了传统友谊和文化交流概况，并就进一步加强两国文化关系交换了意见。李刚局长参加了会谈。
4.3	加拿大驻华使馆文化参赞乐静宜及演出商麦肯泰尔一行4 人	外联局局长李刚在我部会见了乐静宜及麦肯泰尔一行，并就2001年加拿大温尼伯皇家芭蕾舞团来华访演等事与加方交换了意见。
4.4	摩尔多瓦广播电视公司副总裁康斯坦丁·罗达鲁率3 人代表团	孟晓驷副部长接受了代表团采访，并就古代中国的灿烂文化、当代中国文化发展前景及中摩文化交流回答了提问。
4.5	日本宫崎县立艺术剧场理事长青木贤儿一行	外联局局长李刚在文化部会见了青木贤儿一行，并就中方派团参加5月在该县举办的第5届宫崎国际室内乐音乐节事与日方交换了意见。
4.15–25	墨西哥国家文化艺术委员会主任托尔瓦夫妇	应孙家正部长邀请，托尔瓦夫妇来华访问了北京、上海、桂林、西安等地。在京期间，人大副委员长布赫会见了托尔瓦夫妇，孙家正部长与托尔瓦夫妇进行了工作会谈，并由国家文物局局长张文彬等与托尔瓦夫妇共同签署了两国政府关于互办文化展览的意向书。
4.18	马耳他国民党副领袖劳伦斯·冈奇一行	孟晓驷副部长会见了应中联部邀请来华访问的马耳他国民党副领袖冈奇一行，双方就发展两国文化关系及共同关心的问题交换了意见。
4.21	俄罗斯外交部国际文化合作与联合国教科文事务司司长多洛欣一行2人	外联局局长李刚在文化部会见了途经北京的多洛欣一行，并就签订中俄两国政府2001-2002年文化合作计划及进一步加强双方文化交流等交换了意见。
4.27–5.6	以旅游和文化部长乔姆·贾洛为团长的塞拉利昂政府文化代表团一行3人	乔姆一行访问了北京、天津、成都等地。在京期间，政协副主席张思卿、孙家正部长分别会见了该团；孟晓驷副部长与乔姆部长进行了工作会谈，并签署了“会谈纪要”，孟副部长宴请了代表团。
5.1–5	以波恩市市长为团长的德国波恩市文化代表团一行4人	应中国对外文化交流协会邀请，代表团来华访问。在京期间，常务副会长刘德有会见并宴请了代表团。
5.6–6.18	以国际文化科学合作部部长切多米尔·米尔科维奇为团长的南斯拉夫政府文化代表团一行7人	代表团应邀访华,在京期间,人大副委员长程思远会见了代表团，孙家正部长与代表团举行了工作会谈，并与米尔科维奇部长共同签署了两国政府2000-2001年文化教育合作执行计划。
5.11	美国杨柏翰大学校长贝特曼一行6 人	文化部副部长李源潮会见了应中国青旅社邀请来华访问的贝特曼一行，并就该校文艺演出团来华演出事宜交换了意见。
5.15–17	以外交部文化司司长阿尔贝特·施彼格为团长的德国政府文化代表团一行5人	代表团访问期间，外联局局长李刚与代表团举行了工作会谈，并与施彼格司长共同签署了两国政府2000　002年度文化交流执行计划。

日期	团组名称	活动地点和内容
5.16	随埃斯特拉达总统来华进行国事访问的菲律宾外交部长西亚杜等人	孙家正部长和西亚杜部长在人民大会堂共同签署了中菲两国政府文化合作协定 2000-2001 年执行计划。江泽民主席和埃斯特拉达总统出席了签字仪式。
5.16	以黄燕燕副部长为团长的马来西亚文化艺术旅游部代表团一行 8 人	孟晓驷副部长会见并宴请了黄燕燕副部长一行，宾主就尽快签订两国年度文化交流执行计划和进一步发展双边文化交流事宜交换了意见。
5.18-25	以文化部长塔莱依·依思特米为团长的土耳其政府文化代表团一行 7 人	李岚清副总理在中南海紫光阁会见了代表团，孙家正部长与代表团进行了工作会谈，孟晓驷副部长和塔莱依部长为在京的土耳其展览开幕式致词、剪彩，并一同观看了土耳其艺术团在京的首场演出。除北京外，代表团还访问了西安、桂林、上海等地。
5.18-27	以文化部新闻大臣萨利赫·盖拉布为团长的约旦政府文化代表团一行 3 人	代表团访问了北京、上海、杭州。在京期间，李岚清副总理在人大会堂会见了代表团，孙家正部长在我部会见了代表团，孟晓驷副部长和萨利赫大臣为在京举办的《约旦综合艺术展》开幕致词，并一起观看约旦艺术团在京的首演。
5.22-27	以文化部长米兰·克尼亚什科为团长的斯洛伐克政府文化代表团一行 5 人	人大副委员长蒋正华在人民大会堂会见了代表团，孙家正部长与米兰·克尼亚什科部长举行了工作会谈，并共同签署了关于延长两国文化部 1999-2000 年文化合作计划有效期的协议，随后孙家正部长宴请了代表团。
5.22-30	以文化新闻部长加齐·萨拉赫·丁·阿特巴尼为团长的苏丹政府文化代表团一行 4 人	代表团访问了北京、上海、广州、深圳等地。在京期间，李岚清副总理会见了代表团，孙家正部长会见了代表团并与阿特巴尼部长共同签署了两国政府文化科技合作 2000-2001 年执行计划。孟晓驷副部长和李刚局长会见时在座。新华社、广电总局、中国国际交流协会的有关领导也分别会见了代表团。阿特巴尼部长在北京外国语大学阿拉伯语系作了题为“苏中关系前景展望”的演讲。
6.5-11	以文化部长阿卜代尔巴基·哈尔玛希为团长的突尼斯政府文化代表团一行 6 人	代表团访问了北京、西安、上海、苏州等地。在京期间，政协副主席钱正英会见了代表团，孙家正部长与代表团举行了工作会谈，代表团还拜会了广电总局负责人。潘震宙副部长和阿卜代尔巴基部长为《突尼斯综合艺术展》开幕致词、剪彩，并一起观看了突尼斯艺术团首演。
6.20	意大利外交部文化司司长波内蒂等一行	以文化部、教育部、国家文物局组成的中方代表团与专程来访的意大利代表团进行了工作会谈，外联局局长李刚与波内蒂司长共同签署了中意两国政府2000-2003年度文化交流执行计划。签字仪式后，李刚局长宴请了代表团。
6.21-28	以文化部长吴温盛为团长的缅甸联邦政府文化代表团一行 3 人	国务委员司马义·艾买提会见并宴请了代表团，孙家正部长在文化部会见了代表团。
6.22	随哈塔米总统访华的伊朗文化与伊斯兰指导部部长赛义德·阿塔拉·穆哈杰兰尼一行	孙家正部长在文化部会见了伊朗文化与伊斯兰指导部部长及其一行，并共同签署了两国政府 2000-2002 年文化与教育交流计划。

日期	团组名称	活动地点和内容
6.29	随总统夫人李姬镐访华的韩国文化观光部长官朴智元一行	孙家正部长在文化部会见了朴智元一行。
7.3-7	以文化青年体育部长罗兰特·沙罗扬为团长的亚美尼亚政府文化代表团一行3人	代表团访问了北京、上海。人大副委员长何鲁丽会见了代表团。孙家正部长和沙罗扬部长举行了工作会谈，并共同签署了两国政府2001-2002年文化合作计划。国家体育总局副局长李志坚会见了代表团。外联局局长李刚等参加了上述活动。
7.11-20	以文化部长安东尼奥·德尔加多为团长的佛得角政府文化代表团一行5人	代表团访问了北京、大连、郑州等地。人大副委员长许嘉璐会见了代表团，孙家正部长会见并宴请了代表团，孟晓驷副部长与代表团举行了工作会谈。
7.16-21	以文化委员会主席纳那·萨朋为团长的加纳政府文化代表团一行2人	代表团来华进行工作访问，除北京外还赴江西省访问。政协副主席宋健会见了代表团。孙家正部长和孟晓驷副部长分别会见、宴请了代表团。
7.17	日本日中友好会馆理事长村上立躬一行	孟晓驷副部长在文化部会见并宴请了应文化部邀请来华访问的村上立躬一行，双方就该会馆与中方进行长期文化交流与合作事宜交换了意见。
7.17-26	以青年体育文化部长伊萨·拉明为团长的尼日尔政府文化代表团一行3人	代表团访问了北京、西安、呼和浩特等地。李岚清副总理会见了代表团，孙家正部长会见并宴请了代表团，外联局局长李刚与代表团成员文化司长伊努萨·阿博杜举行了工作会谈。
7.19	德国联邦议院副议长福尔默女士	孟晓驷副部长在文化部会见了应中国人民外交学会邀请访华的福尔默女士，双方就进一步发展两国文化交流、加强文化遗产保护和合作问题交换了意见。
7.19	日本世界艺术文化振兴协会会长深见东州一行	潘震宙副部长在贵宾楼饭店会见了应邀来北大讲学的深见东州一行，外联局局长李刚和教科司司长冯远参加了会见。
7.23-31	以少数民族文化体育旅游青年事务部秘书萨明·简·巴伯尔为团长的巴基斯坦政府文化代表团一行5 人	该团访问了北京、上海、杭州等地，参观了国家图书馆、北京杂技学校、上海大剧院、上海博物馆、中国丝绸博物馆等文化设施，还观看了中国杂技团的表演。
7.24	日本画家吉田民尚一行30人	中国对外文化交流协会常务副会长刘德有在文化部会见了吉田民尚一行
7.24	日本日中友好会馆总务干事铃木繁一行	外联局副局长董俊新在文化部会见并宴请了日本日中有好会馆总务干事一行，双方就确立长期进行文化交流合作的方式及落实部分交流项目事宜交换了意见。
7.25	约旦友好作家苏尔坦夫妇	外联局副局长李冬文会见并宴请应文化部邀请访华的约旦友好作家苏尔坦夫妇。
7.26	日本国际商务交流协会秘书长室伏贵之	中国对外文化交流协会常务副会长刘德有在文化部会见了日本客人，双方就2000年秋季日方在京举办《短歌·汉诗朗咏会》事交换了意见。

日期	团组名称	活动地点和内容
7.28	匈牙利匈中经济文化交流发展协会文化常务副会长厄尔塞克·蒂博尔一行4人	中国对外文化交流协会常务副会长刘德有在文化部会见了匈牙利客人，宾主就双方进行合作的可能性进行了探讨。
7.31	埃塞俄比亚新闻文化部长沃尔多米切尔·查英一行2人	孟晓驷副部长会见并宴请了访问朝鲜后途经北京的查英部长一行。
8.4	以新任总会长戴小华女士为团长的马来西亚华人文化协会代表团一行9人	中国对外文化交流协会常务副会长刘德有在文化部会见了马来西亚文化协会代表团。
8.9	日本极光公司代表津田忠彦	外联局局长李刚在文化部会见了津田忠彦，双方就日本极光公司邀请武汉杂技团、湖北京剧团赴日本演出等事项交换了意见。
8.10-18	以青年、体育和文化部长阿布代尔·卡代尔·桑加雷为团长的几内亚政府文化代表团一行5人	代表团访问了北京、上海、南京。人大副委员长布赫在人民大会堂会见了代表团，孙家正部长会见并宴请了代表团，体育总局副局长于再清和全国青联副主席黄丹华分别会见了代表团，外联局副局长李冬文与代表团举行了工作会谈。
8.25	日中文化交流协会会长团伊玖磨一行	潘震宙副部长在文化部会见并宴请了团伊玖磨一行，双方就2002年纪念中日邦交正常化30周年该会来华演出新歌剧《小锣》等事宜交换了意见。外联局局长李刚参加了会见。
9.3-20	由阿尔及利亚国家电视台记者雅迈勒·马法率领的电视摄制组一行3人	应外联局邀请，阿尔及利亚电视摄影组来华赴北京、大连、上海、深圳、东莞、广州等地，拍摄反映中国改革开放和建设成就的专题电视片。
9.4-14	俄罗斯《电影世纪》公司电视摄制组一行5人	应外联局邀请，俄电视摄制组来华赴北京、济南、曲阜、泰山、威海、青岛等地，拍摄电视片《中国腾飞的奥秘》。
9.8	意大利各国议会联盟意中友好小组主席佩佐尼一行	孟晓驷副部长会见了应人大法律委员会邀请访华的佩佐尼一行，双方就在新形势下继承和发展民族文化，进一步促进两国之间的文化交流等事宜交换了意见。
9.13	南非MIH集团（荷兰米瑞德亚洲控股有限公司）董事长库斯·贝克一行3人	孙家正部长会见并宴请了到访的库斯·贝克一行，外联局局长李刚出席。
9.15	日本影法师剧团社长山崎靖明一行	孟晓驷副部长在文化部会见了日本客人，山崎靖明向孟副部长通报了影法师剧团将投资监制由中日韩三国参加演出的大型音乐舞台剧《孙悟空》的情况。
9.18	日本新国立剧场技术部长三田村一行	外联局副局长董俊新会见并宴请了三田村一行，宾主就中国舞台技术人员赴日本进修及剧院建设等事宜交换了意见。

日期	团组名称	活动地点和内容
9.20–27	阿塞拜疆国家电视台摄制组一行2人	应外联局邀请，电视台摄制组来华赴北京、上海、杭州等地拍摄介绍中国历史名胜、人民生活、医疗卫生、文化教育的专题电视片。
9.20–28	英格兰艺术委员会一行4人	应文化部邀请，代表团来华赴北京、上海、西安等地访问，并参观了中国音乐学院、北京音乐厅、中央歌剧院、上海大剧院等文化机构和设施，还与文化部外联局、艺术司、计财司有关领导进行了工作会谈。
9.21	日本伦理研究所地球伦理之林代表团一行13人	中国对外文化交流协会常务副会长刘德有会见并宴请了日本客人。
9.22	美国独立制片人露西·杰文斯一行	孙家正部长在文化部会见了杰文斯一行。杰文斯来华拟拍摄反映中国改革开放成就的电视片《中国，过去与现在》。
9.25	美国时代华纳集团总裁高级顾问彼得·沃夫一行	孙家正部长在文化部会见了彼得·沃夫一行，双方就进一步加强文化产业合作交换了意见。外联局局长李刚参加了会见。
9.25	荷兰荷中友好协会主席詹·科克曼夫妇	外联局副局长董俊新会见了来访的詹·科克曼夫妇，并就进一步加强双边合作、拓展合作领域及中国对外文化交流协会2002年派艺术团访荷等事宜交换了意见。
10.10–16	以国家文化艺术委员会主席海米·拉亚为团长的菲律宾政府文化代表团一行6人	孙家正部长会见并宴请了代表团，外联局局长李刚等参加了上述活动。
10.10–18	以文化部艺术旅游部秘书长阿劳丁为团长的马来西亚政府文化代表团一行7人	孟晓驷副部长会见并宴请了代表团，外联局副局长董俊新与阿劳丁秘书长共同签署了两国政府文化合作协定2000–2002年执行计划。
10.13	美国副国务卿利伯曼	孙家正部长在文化部会见了访华的美副国务卿利伯曼，宾主就进一步加强双边文化交流、促进中美人民间的了解和友谊等进行了友好交谈。外联局局长李刚参加了会见。
10.17	南非文艺科技部部长恩古巴尼一行6人	孟晓驷副部长在文化部会见并宴请了应中国科技部邀请来华访问的恩古巴尼一行。
10.19–29	以美国密执安大学音乐学会会长肯尼斯·费西尔为团长的美国艺术管理人员代表团一行13人	代表团访问了上海、杭州、北京。孟晓驷副部长在文化部会见了代表团，李刚局长等参加了会见。代表团访华期间，在北京、上海分别举行了圆桌会议，与文化部外联局及其他有关业务司局、与上海、浙江、江苏文化厅局及有关单位领导进行了对口会谈。该团还观看了文艺演出和参观了艺术院校。
10.23	美国时代华纳国际电视公司总裁施莱辛格一行4人	孟晓驷副部长在文化部会见了施莱辛格一行。
10.24–30	埃塞俄比亚新闻文化部副部长格绍特娜女士	孟晓驷副部长会见了格绍特娜女士并共同签署了两国政府文化协定2000–2002年度执行计划。

日期	团组名称	活动地点和内容
10.26	阿塞拜疆外交部长维拉雅特·古利耶夫	孟晓驷副部长在文化部会见了在京访问的维拉雅特·古利耶夫部长，双方就进一步发展两国文化交流与合作的事宜进行了友好交谈。
10.26–11.2	奥地利总理府文化国务秘书莫拉克率领的奥地利政府文化代表团一行4人	代表团访问了北京、西安和上海。人大副委员长布赫、文化部长孙家正、上海市长徐匡迪、广电总局副局长李东生、陕西省副省长潘连升分别会见了代表团。代表团还参观考察了部分文化机构和设施，出席了上海国际艺术节欢迎仪式。
10.28–11.7	英国来访艺术署代表团一行5人	代表团访问了北京、上海和四川。孟晓驷副部长会见了代表团，就中英文化关系及文化交流项目双方交换了意见。外联局副局长李冬文与代表团进行了工作会谈并宴请了该团。
10.30	以色列外交部主管文化的副总司长丹·基拉姆等人	孟晓驷副部长应约在文化部会见了丹·基拉姆等人，双方回顾了中以建交9年来发展迅速的双边关系，并就2001年中方在以举办“中国年”和以方在中国举办“以色列文化周”等事宜交换了意见。
10.30	尼日尔青年体育和文化部秘书长巴尔米尼	孟晓驷副部长会见了出席新世纪中非文化交流研讨会的尼日尔代表巴尔米尼，并与其共同签署了两国政府文化协定2001年–2003年度执行计划。
11.2	美国星光映佳亚洲传播公司总裁谢其美女士一行3人	外联局局长李刚会见了谢其美一行，并就中方派员参加该公司出资设立的“中国传媒高级管理人员培训班”等事宜双方交换了意见。
11.3	日本国际交流基金会理事长藤井宏昭一行	艾青春副部长在文化部会见并宴请了藤井宏昭一行。
11.3	日本株式会社日中文化制作中心代表理事工藤国房	外联局局长李刚在文化部会见并宴请了工藤国房。
11.3–8	尼泊尔王国文化旅游民航部联秘阿玛特亚夫妇	外联局局长李刚会见和宴请了阿玛特亚夫妇，并与阿玛特亚共同签署了两国政府2000–2002年文化交流执行计划。
11.5–12	以文化大臣莫唐为团长的莱索托政府文化代表团一行5人	代表团访问了北京、西安。孙家正部长会见和宴请了代表团，并与莫唐大臣共同签署了两国政府文化协定2001–2004执行计划。外联局局长李刚出席了上述活动。
11.7	欧盟培训司司长白那得蒂一行	外联局局长李刚会见并宴请了应外经贸部邀请来华考察的白那得蒂一行。李局长对欧盟与中国进行高翻培训项目表示兴趣，并就文化部参与的可能性交换了意见。
11.6–12	以文化部长安东·武伊奇为团长的克罗地亚政府文化代表团一行4人	代表团访问了北京、上海。人大副委员长布赫会见了代表团，孙家正部长与武伊奇部长进行了工作会谈并共同签署了两国政府2001–2003年文化教育合作执行计划，签字仪式后孙家正部长宴请了代表团。孟晓驷副部长和李刚局长参加了上述活动。
11.6–15	德国柏林市政府文化代表团一行3人	代表团访问了北京、西安、宝鸡、山东省青州市、上海等地，并与文化部外联局、北京市外宣办以及其他访问地的文化等有关部门进行了工作会谈，就中国作为主宾国参加2001年第三届柏林“亚太周”期间拟举办的文化活动与中国有关部门进行初步商谈。

日期	团组名称	活动地点和内容
11.7-14	瑞典学会文化遗产保护考察团一行5人	考察团访问了北京、上海、西安等地，并与国家文物局进行了专业对口交流。中国对外文化交流协会常务副会长刘德有会见并宴请了全团。
11.9-16	以文化部长尼亚丽女士为团长的刚果（布）政府文化代表团一行4人	代表团访问了北京、成都。孙家正部长会见和宴请了代表团，并与尼亚丽女士共同签署了两国政府文化协定2000-2002年执行计划。外联局局长李刚参加了上述活动。
11.16	俄罗斯特列季雅科夫画廊经理、俄总统艺术顾问拉吉昂诺夫	孟晓驷副部长在文化部会见并宴请了访华的拉吉昂诺夫，并就在华举办俄绘画展事进行了友好交谈。
11.17-25	新西兰亚洲2000年基金会执行主席蒂姆·格罗泽	格罗泽执行主席访问了北京、上海，拜会了教育部、外经贸部、北京市外办、北京电视台、中国国际航空公司、上海日报、中远上海集装箱公司等，参观了部分文化设施。孟晓驷副部长在文化部会见并宴请了格罗泽。
11.20-26	以文化旅游部长格雷姆·道格拉斯为团长的尼日利亚政府文化代表团一行3人	代表团访问了北京、杭州。孙家正部长会见和宴请了代表团，并与道格拉斯部长共同签署了两国政府文化、教育合作与交流执行计划议定书。国家旅游局局长何光伟会见并宴请了该团。
11.21-28	以教育部秘书长维尔霍·希尔维为团长的芬兰政府文化代表团一行3人	代表团访问了北京、西安、上海。孙家正部长在文化部会见并宴请了代表团，陕西省文化厅和上海市文化广播影视管理局分别宴请了代表团。代表团还拜会了教育部副部长韦钰。
11.22	日本国际贸易文化交流中心理事长冈田一行4人	日本国际贸易文化交流中心理事长冈田一行在京拜会了中国对外文化交流协会常务副会长刘德有。
11.25-12.4	以文化部执行秘书玛丽亚·埃米莉亚·德阿泽维多为团长的巴西政府文化代表团一行3人	代表团访问了北京、西安、桂林、上海。孙家正部长会见了代表团，孟晓驷副部长与代表团进行了工作会谈，双方就2001年互办文化周的具体事宜进行了商谈。国家文物局副局长郑欣森也与代表团进行了工作会谈。
11.30	澳大利亚电视七频道执行董事长、澳国家美术馆荣誉主席凯瑞·斯托克斯一行	孙家正部长在文化部会见了应北京市奥申委邀请来华访问的凯瑞·斯托克斯一行。外联局局长李刚参加了会见。
12.7-11	国际民间艺术节组织理事会	经文化部批准，由中国群众文学会接待国际民间艺术节组织理事会在北京召开了执行局5人会议。会议期间，文化部副部长潘震宙在部内会见了执行局成员，并就进一步加强双方合作等事宜进行了探讨。

日期	团组名称	活动地点和内容
12.13–20	埃及政府文化代表团	应文化部邀请，埃及文化部副部长古内姆一行4人来华访问了北京、昆明、桂林等地。12月14日，孙家正部长在部内会见了代表团，孟晓驷副部长与埃及政府文化代表团举行了工作会谈，并与古内姆副部长共同签署了《中华人民共和国政府和阿拉伯埃及共和国政府2001年－2002年文化合作执行计划》。
12.14	澳大利亚通讯、信息技术与艺术部部长阿尔斯顿参议员一行	应信息产业部邀请，阿尔斯顿部长一行对华进行友好访问。访华期间，文化部部长孙家正在部内会见了阿尔斯顿部长一行，对其来文化部做客表示欢迎，并邀请阿尔斯顿部长在方便的时候率澳大利亚政府文化代表团作为文化部的客人正式访华。孙部长对他本人今年4月率中国政府文化代表团访澳期间受到澳通讯、信息技术与艺术部特别是阿尔斯顿参议员热情友好的接待表示感谢。双方还就进一步加强文化交流与合作交换了意见。

外国艺术团体来华演出一览表(2000年)

日期	团组名称	活动地点和内容
1999.10.22–2000.1.3	日本四季剧团演出中文版音乐剧《美女与野兽》	在北京剧院举行闭幕式演出。潘震宙副部长、刘德有副会长、李刚局长和日驻华大使等出席了闭幕式，潘副部长为闭幕式致词。该音乐剧共在华演出60场，是“99中日文化友好年”大型活动之一。
1.5	哈萨克斯坦钢琴家苏尔丹诺娃独奏音乐会	在北京金帆音乐厅举办。孟晓驷副部长出席了音乐会。
1.12–29	日本山彦会剧团一行28人演出音乐剧《山灵的故事》	在北京、西安、杭州、上海进行演出。
1.31	俄罗斯莫伊谢耶夫国家模范歌舞团参加“99中国国际民族歌舞年”闭幕演出	在北京世纪剧院举行。人大副委员长布赫、孙家正部长、孟晓驷副部长、李刚局长等观看演出，孟晓驷副部长为闭幕式演出致词。
1.5–2.3	俄罗斯莫伊谢耶夫国家模范歌舞团一行83人	先后在上海、杭州、无锡、南京、武汉、青岛、北京等地演出16场舞蹈晚会、1场室内音乐会。
2.14	美国林肯中心爵士乐团	应邀来华访问。该团在京期间，孟晓驷副部长会见并宴请了该团。
3.2	日本影法师剧团与中方合作演出大型木偶局《三国志》	在中国儿童艺术剧院举行中日合作大型木偶剧《三国志》首场演出。孟晓驷副部长观看了首演。
4.17	瑞士日内瓦交响乐团一行95人	在北京中山音乐堂演出“瑞士葡萄园之梦”音乐会。
4.22–5.5	奥地利铜管乐队一行22人	先后在深圳、广州、上海、苏州、北京等地访问演出，并参加了“2000相约北京”大联欢活动。
4.27–5.13	塞拉利昂国家艺术团一行15人	先后在北京、天津、南宁、昆明等地访问演出，并参加了“2000相约北京”大联欢活动。该团在京期间，孟晓驷副部长观看了他们的演出。
5.5–10	瑞典音乐家一行3人	在北京等地进行访问演出。
5.5–17	丹麦皇家芭蕾舞团一行120人	为庆祝中丹建交50周年在北京等地访问演出，并参加了“2000相约北京 大联欢活动。朱镕基总理、孙家正部长、丹麦首相和丹麦驻华大使分别为该团访华演出题词。李岚清副总理、孙家正部长，孟晓驷副部长、丹麦首相和丹麦驻华大使等观看了首场演出。
5.6–15	贝尔格莱德爱乐乐团一行80人	在北京等地访问演出，并参加了“2000相约北京 大联欢活动。
5.9	瑞典音乐家一行2人	参加在钓鱼台国宾馆举行的庆祝中瑞建交50周年音乐会演出。吴邦国副总理和瑞典副首相等出席了音乐会。

日期	团组名称	活动地点和内容
5.13–14	比利时、英国、美国、古巴、荷兰、尼日利亚等7支乐队共90 名音乐家	参加了在北京日坛公园举行的“喜力节拍2000夏季音乐会”演出；日观众量达8000余人。
5.18–28	土耳其国家民间舞蹈团一行56人	先后在北京、上海、扬州等地访问演出，并参加了“2000相约北京”大联欢活动。孟晓驷副部长、李刚局长等观看了该团在京的首场演出。
5.18–28	约旦艺术团一行23人	先后在北京、烟台、济南等地访问演出，并参加了“2000相约北京”大联欢活动。孟晓驷副部长、李刚局长观看了该团在京的首场演出。
5.18–6.1	斯洛伐克国家歌舞团一行46人	先后在北京、上海、扬州等地访问演出，并参加了“2000相约北京”大联欢活动，孟晓驷副部长、李刚局长等观看了该团在京的首场演出。
5.24–6.5	印度小提琴家苏布拉马尼亚姆一行11人	为庆祝中印建交50周年应邀在北京、天津、上海等地访问演出。江泽民主席、李岚清副总理、孙家正部长、艾青春副部长、李刚局长等人观看了该团与北京交响乐团联合演出的音乐会。
5.26–6.2	意大利著名小提琴大师乌托·乌季访华举办专场音乐会	外联局局长李刚等人出席了在北京举办的音乐会。
6.1–10	波兰华沙爱乐乐团	应邀来华在北京、上海、南京等地访问演出。
6.3	菲律宾指挥莱丹托·罗米诺和女钢琴家桑塔玛利亚	应邀与北京交响乐团在北京中山公园联合举办音乐会。潘震宙副部长等出席了音乐会。
6.5–14	突尼斯民间表演艺术团一行17人	在北京、上海、苏州、西安等地访问演出。潘震宙副部长和突尼斯文化部长观看了首场演出。
6.22–28	西班牙霍金·科尔特斯舞蹈团一行45人	应邀来华访问演出。朱镕基总理和夫人、西班牙王国首相和夫人、孙家正部长、孟晓驷副部长等观看了该团6月26日在北京世纪剧院举行的首场演出。
6.22–29	伊朗民族乐团一行63人	在北京和上海访问演出。潘震宙副部长陪同来华访问的伊朗总统哈塔米观看了该团6月23日在中山公园音乐堂举行的首场演出。
8.19–25	南非开普敦文化合唱团一行45人	应邀来华进行观摩交流。
8.19–29	尼泊尔艺术团一行25人	应邀来华在北京、延吉、珲春、长春等地访问演出。
8.19–9.1	南斯拉夫“西莫努提”三重奏组一行4 人	应邀来华在北京、大连、青岛、上海、无锡、常州、南京、天津等城市访问演出。
8.21–25	韩国歌剧团一行160人	为庆祝中韩建交8周年和参加文化部举办的“第三届亚洲艺术节”来华访演。人大副委员长铁木尔·达瓦买提、潘震宙副部长、李刚局长等人观看了该团在北京世纪剧院演出的歌剧。

日期	团组名称	活动地点和内容
9.9–15	韩国钢琴家白建宇	应邀来华参加文化部举办的“第三届亚洲艺术节”，并与中国交响乐团合作演出2场音乐会。
9.30–10.26	刚果（布）国家舞蹈艺术团一行2 1人	应邀来华参加“第六届中国艺术节”，并赴南昌、大连、长春访问演出。在“中非文化交流研讨会”期间在京演出一场。
9.30–10.26	几内亚非洲歌舞团一行15人	庆邀来华参加“第六届中国艺术节”，并赴南昌、大连、长春访问演出。在“中非文化交流研讨会”期间在京演出一场。
9.27–10.11	德国斯图加特芭蕾舞团一行112人	应邀来华参加“第六届中国艺术节”，并先后在京、沪演出了经典名剧《罗米欧与朱丽叶》。孟晓驷副部长和德国驻华大使观看了该团在京的演出。
9.28–10.13	奥地利维也纳斯特劳斯乐团一行56人	应邀来华参加“第六届中国艺术节”演出。
9.28–10.13	英国西方芭蕾舞团一行35人	应邀来华参加“第六届中国艺术节”演出。
9.28–10.13	日本石川县女子鼓乐团一行54 人	应邀来华参加“第六届中国艺术节”演出。
9.28–10.13	日本中国民乐演奏团一行25人	应邀来华参加“第六届中国艺术节”演出。
10.12	新加坡指挥潭泽江	应邀来华与中国电影乐团在北京音乐厅联合举办了《新加坡作曲家潘耀田作品音乐会》。
10.12–18	马来西亚希普塔艺术团一行25 人	应邀来华参加“第三届亚洲艺术节”演出，并在北京、内蒙访问演出。
10.14	日本演奏家一行5 人	应邀在中央民族乐团音乐厅举办一场《柳井美加奈筝曲演奏会》。
10.20–11.8	俄罗斯克麦罗沃交响乐团一行80 人	应邀来华赴北京、沈阳、南京、上海、武汉、长沙、广州、深圳、成都等9个城市巡回演出。
10.21–31	芬兰赫尔辛基城市舞蹈团一行22 人	应邀来华参加庆祝中芬建交50周年活动，并在北京、上海进行访问演出。
10.31–11.9	朝鲜木偶工作者代表团一行4 人	在北京、天津两地进行访问，并与北京、天津两地的木偶艺术工作者进行了专业交流。
11.15–20	德国科隆萨克斯五重奏团一行6人	应邀来华演出。
11.21–29	秘鲁吉他演奏家拉拉乌尔·加西亚夫妇	应邀来华演出。
10.10–17	泰国艺术团一行20 人	由文化部艺术局副局长苏蒂女士率领的泰国艺术团应邀来华赴北京、石家庄演出，并参加“第三届亚洲艺术节”的演出活动。
12.2–8	塞浦路斯著名钢琴家塞浦瑞恩·卡萨瑞斯	应文化部邀请来华在京、沪两地访问演出。

外国来华举办展览一览表(2000年)

日期	展览名称	展出地点和活动内容
1.18–30	《摩洛哥书画家伊卜拉欣 · 哈宁作品展》	在北京中国美术馆展出。孟晓驷部长出席开幕式并为展览开幕致词、剪彩。
2.16–22	《摩尔多瓦自然和文化遗产图片展》	在北京中国美术馆展出。孟晓驷副部长出席展览开幕式并讲话。
3.1–10	《葡萄牙画家儒利奥 · 波马尔作品展》	在中国美术馆展出。中国对外文化交流协会副会长吕志先出席开幕式。
4.28–5.4	《情系故土—旅日画家王昭先生作品展》	在北京国际艺苑美术馆展出。
5.12–18	《南斯拉夫油画绘画展》	这5个展览全都在北京展出，均属“2000相约北京”大型主题联欢活动的内容。
5.13- 21	《“人类的记忆”世界民俗风情摄影展》	
5.23–30	《斯洛伐克版画家弗拉基米尔 · 加诺维茨作品展》	
5.26–6.2	《意大利小提琴展》	
5.26–6.4	《“99聚焦—外国摄影家眼中的中国”摄影艺术展》	
5.9–21	《丹麦潮—丹麦现代设计艺术展》	在上海博物馆举办。上海市副市长和丹麦王国首相保罗 · 纽儒普 · 拉斯穆森出席展览开幕式。
5.12–18	《中印儿童绘画比赛优秀作品展》	在北京东城区图书馆展出。
5.18–28	《神秘的博斯普鲁斯—土耳其1895—1941明信片展》	在中国美术馆展出。 属在北京举办的“土耳其文化周”活动之一。
5.18–29	《约旦综合艺术展》	在北京东城区图书馆展出。属在北京举办的“约旦王国文化周”活动之一。
6.3–14	《保加利亚画家安琪 · 格谢夫画展》	在北京炎黄艺术馆展出。孟晓驷副部长出席开幕式并剪彩。
6.7–20	《突尼斯综合艺术展》	在北京东城区图书馆展出。潘震宙副部长出席展览开幕式并为展览开幕致词、剪彩。
6.5–30	《奥地利歌德罗夫作品展》	在北京国际艺苑美术馆展出。潘震宙副部长出席了开幕式。

日期	展览名称	展出地点和活动内容
6.6–15	《孟加拉综合艺术展》	在北京炎黄艺术馆展出。外联局局长李刚为展览开幕式致词并剪彩。
6.7–25	《丹麦潮—丹麦现代设计艺术展》	在中国革命博物馆展出。潘震宙副部长出席开幕式并致词、剪彩。
6.8–27	《萨尔瓦多·达利绘画原作展》	在中国美术馆举办，参观者达8万，被誉为近年来最轰动的艺术展览。孟晓驷副部长等500多人出席开幕式；人大副委员长成思危、文化部长孙家正、西班牙首相阿斯纳尔夫妇出席闭幕式并致词。
6.14–18	《拉脱维亚之旅摄影展》	在北京云峰画苑展出。孟晓驷副部长出席开幕式并与拉脱维亚外长一起为展览开幕剪彩。
7.14–23	《彩色的佛得角——佛得角绘画作品展》	在北京炎黄艺术馆展出。孟晓驷副部长和佛得角文化部长出席开幕式并为展览开幕致词、剪彩。
7.24	《日本画家吉田民尚油画展》	在中国美术馆展出。
8.24–27	《日中友好之书展——日本书法家尾崎邑鹏书作展及由源选拔书作展》	在中国美术馆展出。潘震宙副部长、刘德有副会长等为展览剪彩，李刚局长同驻华大使和随展书法家尾崎邑鹏致开幕辞。
9.19–24	《菲律宾纸艺展》	在北京云峰画苑展出。
9.20–29	《朝鲜绘画展》	在北京炎黄艺术馆展出。外联局局长李刚和朝鲜驻华大使为展览开幕致辞、剪彩。
9.26–10.10	墨西哥《门槛上的画—透过窗户光亮中的胡安·索里亚诺作品展》	在中国美术馆展出。孟晓驷副部长、墨西哥驻华大使和画家本人出席开幕式。
9.28–10.8	《朝鲜图书、图片及手工艺作品展》	在天津市艺术博物馆展出。
9.29–10.8	《我手工中的世界—2000年国际儿童手工艺制作展》	在中国儿童活动中心艺术宫展出。
9.30	《中韩插花艺术展》	在中国妇女活动中心举行。
10.13–18	《蒙古艺术展》	在北京炎黄艺术馆展出。
10.16–2001.4.22	《亨利·摩尔雕塑大展》	分别在北海公园和中国美术馆举行。国务委员司马义·艾买提、孟晓驷副部长、刘德有副会长等400多人出席在北海公园的揭幕式。孟晓驷副部长等400多人出席了在中国美术馆的开幕式。
10.25–29	《中国与非洲—大型摄影图片展》	在北京故宫端门展出。孟晓驷副部长、非统副秘书长、非洲使团团长等出席开幕式。
10.26–11.14	《波兰的色彩—波兰艺术及传统手工艺展》	在北京炎黄艺术馆举办。
11.2–12	《来自大洋彼岸的缤纷世界—秘鲁女画家爱塔恰贝作品展》	在北京炎黄艺术馆展出。外联局局长李刚和秘驻华大使石川出席开幕式并致词。

日期	展览名称	展出地点和活动内容
11.3–15	《拉脱维亚针织艺术展》	在北京国际艺苑美术馆展出。外联局局长李刚和拉脱维亚驻华大使出席开幕式并致词。
11.7–26	《新加坡著名画家刘抗作品展》	在中国美术馆展出。孟晓驷副部长出席了开幕式并剪彩。
11.10	《以色列当代艺术画展》	在中国美术馆展出。
11.14	《泰国艺术展》	在北京东城区图书馆展出。
11.16–27	《日本偶人展及第四届亚洲漫画展》	在北京炎黄艺术馆展出。中国对外文化交流协会常务副会长刘德有等出席了展览开幕式。
12.8–2001.1.10	《外面的世界——美国当代艺术展》	展览在北京劳动人民文化宫举办，共展出78位美国画家创作的90幅现代绘画作品。外联局局长李刚等人共同为展览开幕剪彩。
12.13–21	《立陶宛摄影图片展》	根据中立两国文化部2000—2002年文化合作计划，由文化部主办、中展中心承办的《立陶宛摄影图片展》在北京云峰画苑展出。外联局副局长董俊新和立陶宛驻华大使沃维利斯为展览开幕致辞并剪彩，文化、新闻界代表及部分国家驻华使节约100人出席了展览开幕式。
12.27–2001.1.10	《2000年国际版画双年展》	由中展中心、青岛市人民政府、中国版画家协会主办的《2000年国际版画双年展》在北京炎黄艺术馆举办。孟晓驷副部长、外联局副局长李冬文等人及首都文化艺术界、新闻媒体约300人出席了展览开幕式。

对港澳特别行政区
和台湾地区的文化交流

综述

对港澳文化交流 2000年，根据中央“要确保香港繁荣稳定和澳门的繁荣发展”的指示精神，我们在开展对港澳文化交流的过程中，特别强调做好人心回归工作，让港澳同胞通过加强对祖国文化的认同加强对祖国的认同。在实际工作中，根据港澳回归后的情况，我们在稳步发展同港澳地区的文化交流的同时，注重追求交流的特色和质量，先后在香港推出了“唐宋名篇—诗歌音乐朗诵会”和中国交响乐团125人交响音乐会以及在澳门举办了“共庆澳门回归祖国—中国艺术大展”等规模宏大、影响深广、质量上乘的文化艺术交流项目，获得巨大成功，受到了港澳同胞的热烈欢迎和高度赞誉。与此同时，我们还十分注重文化交流的长期效应，切实加强港澳地区与内地青少年学生之间的直接交流，组织北京银帆乐团、金帆艺术团、中学生民乐团、中国音乐学院附中乐团以及上海芭蕾舞学校等赴港澳地区演出交流，并协助香港钢琴协会成功地举办了“青少年第二届中国作品钢琴比赛”，协助香港舞蹈学会举办国际舞蹈节专项活动。我们还注意培养港、澳当地的专门艺术人才，推动香港演艺学院开设粤剧班，协助聘请内地音乐学院、舞蹈学院、戏剧学院、戏曲学院以及中国艺术研究院等单位的教授赴港澳执教讲学，促成内地的专家学者赴港澳地区举办专题讲座或做示范性表演等活动。

据统计，截至2000年11月底，经文化部审批报国务院港澳办同意后实施完成的内地与港澳地区的文化交流共425项5211人次。其中内地赴香港的演出126项2791人次，内地赴香港的展览15项68人次，内地赴香港的访问考察、学术交流等123项293人次；香港来内地的演出38项368人次，香港来内地的展览6项16人次，香港来内地的考察访问、学术交流等27项110人次；内地赴澳门的演出34项1154人次，内地赴澳门的展览24项199人次，内地赴澳门的考察访问、学术交流14项87人次；澳门来内地的演出2项61人次，澳门来内地的展览1项5人次，澳门来内地的考察访问、学术交流等15项59人次。

对台文化交流 根据中央关于开辟更多更有效的入岛宣传渠道，加强对台宣传，继续推进祖国统一大业的指示精神，我们更加积极地开展对台文化交流，增强台湾同胞对中华文化同根同源的共识，沟通两岸同胞的骨肉之情，宣传改革开放的大好形势，增强对统一的认同，以便对两岸关系的发展起到推动作用。一年来，在部局领导下，按照中央“寄希望于台湾人民”的指示精神，我们充分利用两岸文化交流发展的良好势头，大力推动祖国优秀的民族传统文化项目赴台展演，同时精心安排组织 ，尽力促成台湾文化艺术团体和个人来祖国大陆进行文化交流。据统计，经文化部审批，报请国台办同意，全年共完成两岸文化交流项目340起，3634人次，比1999年又有了新的发展。特别是“中华少数民族民俗技艺博览会”、“风云再现—《三国演义》文化艺术展”、“兵马俑—秦文化特展”等重大文化活动更是取得了不同寻常的效果，产生了极为深远的影响。

由13个省、市、自治区55个民族250名演艺人员组成的“中华少数民族民俗技艺展演团”，于元旦、春节期间在台湾举办了“中华少数民族民俗技艺博览会”，历时50 多天，进行了各种演出800余场，观众达80余万人次，展现了中华各少数民族绚丽多彩、原汁原味的文化艺术，受到了台湾同胞的热烈欢迎和高度赞誉。这是自两岸开展文化交流以来大陆赴台人数最多、参与地区和参与民族最广、规模最大的一次文化交流活动，其影响和效果是近年来罕见的。

由中国艺术研究院策划、组织的“风云再现——《三国演义》文化艺术展”，将历史、文学和文化艺术融于一体，内容丰富，制作精细，既有学术性又有趣味性，文化品位很高。该展在台北、高雄两地共展出60天，引人注目，反响热烈，观众达20万人次，一些台湾名人和当局政要也纷纷前来参观，16家台湾报刊发表了60多篇报道和40余幅图片，32家电视台和广播电台播出相关节目和广告近600次，关于三国的网上活动铺天盖地，上网人次高达700万。

由国家文物局和陕西省文物局组织的“兵马俑—秦文化特展”，在台北历史博物馆展出。该展共有124件展品，其中属一级文物的兵马俑真品就有17件，这是第一次有这么多的兵马俑实物在西安以外的地方展出。“兵马俑—秦文化特展”在台展出3个月，引起了台湾同胞的轰动，仅12月

15日展览开幕式当天，参观人数就多达6000余人。

与此同时，我们还在“2000相约北京”系列文化活动中，安排了台北原舞者艺术团演出、台湾国画精品大展及台湾歌手参加“世纪之梦演唱会”等3项活动，既丰富了祖国大陆民众的文化生活，又有利于做台湾民众的工作。

对港澳台文化交流一览表

部局领导会见港澳台人士活动情况一览表(2000年)

日期	活动情况
4.24	李源潮副部长会见并宴请应国务院港澳办邀请来内地访问的澳门特别行政区社会文化司司长崔世安等一行8人，双方就进一步加强文化交流与合作交换了意见。港澳台司副司长田丹参加上述活动。
6.9	孟晓驷副部长在文化部会见了前来进行礼节性拜访的香港特别行政区政府驻京办主任梁宝荣、副主任潭荣邦及总新闻主任苏鉴洪等一行3人，双方就进一步加强内地与香港的文化交流合作交换了意见。港澳台司副司长李冬文会见时在座。
12.22	港澳台司司长李刚和副司长田丹在文化部会见了由台湾“行政院文建会”主任秘书张珑女士率领的两岸艺术交流访问团一行16人。

部级领导赴港澳参加活动情况一览表(2000年)

日期	活动情况
2.18-21	原文化部副部长、中国对外文化交流协会副会长吕志先率中国对外文化交流协会代表团一行9人，赴澳门参加《千禧濠情》大型书画展开幕式等活动。
3.19-23	文化部副部长李源潮应澳门特别行政区社会文化司邀请，赴澳门出席“共庆澳门回归祖国—中国艺术大展”开幕式活动。
3.22-29	文化部副部长、中国文化扶贫委员会副主任艾青春等一行3人，应香港亚洲农业研究发展基金会主席郭兆明邀请，赴香港出席该基金会在香港举办的新年团拜活动，并就该基金会对内地文化扶贫项目作进一步商谈。
7.14-21	原文化部部长、全国政协教科文卫委员会主任刘忠德等一行3人，应香港国际舞蹈节统筹陈宝珠邀请，赴香港作主礼嘉宾出席国际舞蹈节有关活动。
10.4	文化部副部长潘震宙率文化部代表团一行4人，出席香港文化艺术界庆祝中华人民共和国建国51周年盛大晚会，并作主礼嘉宾在晚会上致辞。
10.27-30	中纪委驻部纪检组组长常克仁以部长助理身份率文化部代表团一行4人，赴香港出席香港文化总会在华润大厦举办的创会庆典仪式活动并在会上致辞。
12.14-19	原文化部部长、全国政协委员、中国作家协会副主席王蒙携夫人崔瑞芳，应香港中文大学文学院副院长、新纪元全球华文青年文学奖筹委会主席王圣华的邀请，赴香港出席邀方举办的“新纪元全球华文青年文学奖”颁奖典礼活动。
12.15-20	国家文物局局长张文彬应香港文化博物馆的邀请，作主礼嘉宾出席该馆揭幕仪式等活动。

港澳组团来内地进行访问观摩、实习等活动一览表(2000年)

日期	活动情况
10.15-25	应中国舞蹈家协会的邀请，香港、澳门舞蹈界人士胡楚南、梁安琪等8人来浙江宁波以嘉宾身份观摩中国舞蹈《荷花奖》舞剧、舞蹈诗全国比赛。
2000.10-2001.10	经中国交响乐团同意，香港青年管弦乐团圆号演奏员张进德来北京在该团实习一年。

内地组团赴香港演出一览表（2000 年）

日期	团组名称	活 动 内 容
1.20–25	中央电视台银河少年艺术团郑淑珍一行 48 人	应香港中国 21 世纪友好协进会邀请，郑淑珍一行 48 人赴港演出。
2.11–21	新疆木卡姆艺术团逯新华一行 35 人	应香港纬讯制作有限公司邀请，逯新华一行 35 人参加香港艺术节活动，演出“十二木卡姆音乐会”。
3.2–7	唐山市皮影剧团王恩阳一行 19 人	应香港联谊机构有限公司邀请，王恩阳一行 19 人赴港演出 4 场皮影戏“三打白骨精”。
3.12–4.9	长春杂技团王晶敏等一行 19 人	应加拿大太阳马戏团亚太有限公司邀请，王晶敏等人与邀方合作演出。
3.14–19	中央实验话剧院赵有亮	应香港进念二十面体邀请，赵有亮院长作为顾问指导邀方排演“李尔王—实验莎士比亚”。
3.15–22	文化部文化艺术人才中心组派的北京爱乐女乐团刘燕等 31 人	应香港博爱医院邀请，刘燕等 31 人赴港参加“千禧神州博爱情”大型慈善文化活动演出。
3.18–27	中央音乐学院民乐系刘长福等 3 人	应香港龙音协会邀请，刘长福等 3 人赴港演出。
4.6–11	文化部艺术司组团王文章等 90 人	应香港中华文化城邀请，王文章等 90 人赴港参加“中华名篇—诗词音乐朗诵会”演出。
4.11–16	中国交响乐团李心草	应香港小交响乐团邀请，李心草赴港指挥该团一场音乐会。
4.24–5.3	中央民族乐团龚琳娜	应香港爱乐民乐团邀请，龚琳娜赴港参加该团举办的音乐会演出。
4.26–5.2	中国广播艺术团张高翔等 2 人	应香港龙音协会邀请，张高翔等 2 人赴港参加邀方举办的音乐会演出。
4.27–30	北京戏曲学校杨天娲	应香港小交响乐团邀请，杨天娲赴港参加邀方举办的音乐会演出。
5.1–10.4	天津歌剧舞剧院高久林等 9 人	应香港海洋公园邀请，高久林等九人赴港进行商业性演出，在海洋公园集古村表演中国舞蹈。
5.6–28	中央音乐学院民乐系王甫建	应香港演艺学院邀请，王甫建赴港指挥排演并参加邀方举办的音乐会演出。
5.8–18	中央音乐学院副教授周望	应香港邝绮萍古筝艺术中心邀请，周望赴港参加邀方举办的“秦土情筝乐音乐会”演出。
5.9–15	中央音乐学院附中杨晓宁	应香港儿童交响乐团邀请，杨晓宁赴港参加邀方举办的音乐会演出。
5.18–25	中央音乐学院民乐系马向华	应香港龙音制作有限公司邀请，马向华赴香港参加邀方举办的“民乐精英贺千禧”音乐会演出。
5.18–8.8	辽宁人民艺术剧院宋国峰	应香港话剧团邀请，宋国峰赴港参加邀方举办的“仲夏夜之梦”排练演出。
5.19–22	中国广播艺术团、中央音乐学院、中国音乐学院张高翔、戴亚等 5 人	应香港龙音制作有限公司邀请，张高翔、戴亚等 5 人赴港参加邀方举办的“民乐精英贺千禧”音乐会演出。

日期	团组名称	活 动 内 容
5.21–29	西藏自治区歌舞团欧珠多吉等3人	应香港中乐团邀请，欧珠多吉等3 人赴港参加“拉萨之音”音乐会演出。
5.24–30	陕西省歌舞剧院王高林等一行22人	应香港中国文化艺术交流协会邀请，王高林等一行22人赴港参加“山西锣鼓吹打音乐会”演出。
5.24–8.1	中国青年艺术剧院林熙越	应香港话剧团邀请，林熙越赴港参加邀方举办的“仲夏夜之梦”排练演出。
5.29–6.5	中国京剧院刘孝华等56人	应香港穆如室邀请，刘孝华等56人赴港参加香港特区政府康乐及文化事务署主办的大型京剧艺术推广活动“京啸翠雅”演出。
6.5–20	陕西省歌舞剧院阮高明等7人	应香港香宫管理有限公司邀请，阮高明等7人赴港在香宫香格里拉大酒店演出。
6.6–12	中央民族乐团庄正华等27人	应香港中国文化交流协会邀请，庄正华等27人赴港参加“中央民族乐团合唱团民歌演唱会”演出。
6.22–30	中国音乐学院张维良	应香港龙音制作有限公司邀请，张维良赴港参加“箫声震武林”演出。
6.25–7.4	中国交响乐团合唱团、中央歌剧芭蕾舞剧院交响乐团尹志良等125人	应香港中国文化交流协会邀请，尹志良等125人赴港参加香港特区政府康乐及文化事务署主办的“中国交响乐团合唱团音乐会”演出。
6.26–7.5	中央歌剧芭蕾舞剧院马梅	应香港特区政府康乐及文化事务署邀请，马梅赴港参加“歌剧精选音乐会”演出。
6.27–7.2	北京海淀万泉小学红领巾少年民乐团张乃莹等43 人	应香港大埔儿童合唱台邀请，张乃莹等43 人赴港参加“纪念香港回归三周年”演出。
7.7–18	中国交响乐团指挥严良堃夫妇	应香港明仪合唱团邀请，严良堃夫妇赴港指挥该团的音乐会演出。
7.10–22	中央民族乐团曾昭斌	应香港青少年合唱团邀请，曾昭斌赴港参加该团建团十周年专场音乐会演出。
7.12–17	北京青龙桥小学刘再平等70人	应香港学校音乐及朗诵协会邀请，刘再平等70人赴港参加“两岸三地中华古诗文演唱演奏音乐会”演出。
7.16–20	中央音乐学院赵寒阳等4人	应香港艺术表演团邀请，赵寒阳等4人赴港参加“辉煌琴艺四十年—王国潼师生二胡音乐会”演出。
7.19–24	北京巨龙文化公司组成的薛弈民为领队的北京军区战友歌舞团一行50人	应香港国际联艺有限公司邀请，薛弈民等50人赴港参加香港特区政府康乐及文化事务署主办的歌舞晚会。
8.3–7	北京戏曲学校孙毓敏等39人	应香港京昆艺术协会邀请，孙毓敏等39人赴港参加“国际综艺合家欢”演出。
8.6–10	山西省绛州鼓乐艺术团杨雷恒	应香港纬讯制作有限公司邀请，杨雷恒赴港参加香港特区政府康乐及文化事务署主办的“莫斯科爱乐交响乐团夏日音乐会”演出。
8–9 月	北京舞蹈学院民间舞蹈系明文军等12人	应香港紫荆舞蹈团邀请，明文军等12人赴港参加两场中国民间舞晚会排练演出。

日期	团组名称	活 动 内 容
8.9-15	北京市八一中学金帆管乐团和北京市十一学校金帆合唱团组成的金帆艺术团一行147人	应香港联艺文化交流中心邀请，金帆艺术团一行147人赴港与香港青少年艺术团体联袂参加“扬帆新世纪音乐会”演出。
8.15-30	上海音乐学院民乐系教授何占豪	应香港中乐团邀请，何占豪赴港为该团的“中港情怀音乐会”任客席指挥。
8.22-27	沈阳杂技团孙明山等64人	应香港新天有限公司邀请，孙明山等64人赴港演出大型舞台杂技节目“天幻”。
8.22-27	中央芭蕾舞团演奏员谢颜泽	应香港音乐协会邀请，谢颜泽赴港参加“2000年钢琴小提琴千嬉名曲大赛”演出活动。
8.24-9.3	中央芭蕾舞团赵汝蘅一行152人	应香港联艺机构有限公司邀请，赵汝蘅等一行152人赴港参加香港文化艺术基金会成立十周年庆典演出活动。
8.31-9.5	中国戏剧家协会组派的北京军区战友京剧团刘章寅等一行49人	应香港春晖制作有限公司邀请，刘章寅等一行49人赴港参加香港特区政府康乐及文化事务署主办的国庆贺演活动。
9.8-13	蓝天儿童艺术团贾乃正等一行14人	应香港海峡两岸和平统一促进会邀请，贾乃正等一行14人赴港参加由中央电视台与香港中华文化城有限公司等联合举办的《香江明月夜—中秋音乐歌舞晚会》的演出。
9.8-13	中央电视台赵安一行75人	应香港中华文化城有限公司邀请，赵安等一行75人赴港参加由中央电视台与香港中华文化城有限公司等联合举办的《香江明月夜—中秋音乐歌舞晚会》的演出。
9.10-26	中国交响乐团石叔诚	应香港城市中乐团邀请，石叔诚赴港参加“二十世纪中乐回顾”系列音乐会的排练演出等活动。
9.15-24	中央音乐学院戴亚2人	应香港龙音制作有限公司邀请，戴亚等2人赴港参加“青蓝相辉话薪传”的排练演出。
9.17-25	中国音乐学院教授王范地	应香港城市中乐团邀请，王范地赴港参加“二十世纪中乐回顾”系列音乐会的排练演出等活动。
9.24-27	江苏艺术团周加才一行24人	应香港江苏旅港同乡会联合邀请，周加才等一行24人赴港参加苏浙沪旅港同乡会主办的庆国庆演出活动。
9.29-10.10	上海舞蹈学校凌桂明等35人	应香港中西区区议会邀请，凌桂明等35人赴港参加庆国庆演出活动及中西区文化节开幕式演出活动。
9.30-10.6	中国音乐学院宋飞	应香港龙音协会邀请，宋飞赴港参加《纪念中国民间音乐家华彦钧逝世五十周年音乐会》演出。
10.1-6	天津朗诵艺术团范志芳等一行18人	应香港普通话天地邀请，范志芳等一行18人赴港参加庆国庆演出活动。

日期	团组名称	活 动 内 容
10.1-12	苏州市评弹学校邢晏芝、邢晏春和苏州市评弹剧团王勤、袁小良等4人	应香港上海戏曲艺术协会邀请，邢晏芝等4人赴港参加“评弹乡音书苑”演出。
10.1-20 01.2、28	北京京剧院何顺信	应香港京剧普及学会、学院邀请，何顺信赴港参加京剧辅导。
10.6-10	中国对外演出公司组派的东方歌舞团李谷一和济南军区前卫歌舞团马志良等80人	应香港岭南音乐团邀请，李谷一、马志良等80人赴港参加香港特区政府康乐及文化事务署主办的国庆演出活动。
10.8-11.8	湖北省京剧院朱世慧一行13人	应香港京昆艺术协会邀请，朱世慧等一行13人赴港参加小学巡回演出“京剧知多少”及“学京剧学普通话”等项活动。
10.10-21	西藏艺术团69人	应香港中国广告展览有限公司邀请，西藏艺术团69人赴港演出“雪域风采”并举办相关内容的展览。
10.15-20 01.1.15	北京京剧院演奏员沈媛	应香港振兴京剧社邀请，沈媛赴港参加邀方组办的演出。
11.3-19	中国歌剧舞剧院刘文金	应香港城市中乐团邀请，刘文金赴港为邀方举办的“二十世纪中乐回顾”系列音乐会任客座指挥。
11.11-22	中国广播艺术团姜克美等2人	应香港城市中乐团邀请，姜克美等2人赴港参加“二十世纪中乐回顾”系列音乐会演出。
11.12-19	陕西省歌舞剧院冯健雪	应香港特区政府康乐及文化事务署邀请，冯健雪赴港参加香港中乐团。“秦风秦韵音乐会”演出。
11.18-22	中国业余舞蹈竞技协会冯碧华	应香港体育舞蹈联盟邀请，冯碧华赴港出任“2000年ISDF亚太地区舞蹈运动锦标赛”裁判。
11.22-12.2	浙江省乐清县越剧团瞿纪凯等62人	应香港兆进文化娱乐有限公司邀请，瞿纪凯等62人赴香港演出。
11.24-30	广西海外联谊会组派的以刘流为团长的艺术团一行28人	应香港奇艺汇娱乐制作有限公司邀请，刘流等28人赴港参加“第十四届荃湾艺术节开幕典礼暨精英大汇演”演出。
12.3-17	上海音乐学院教授夏云飞	应香港中乐团邀请，夏云飞赴港担任该团的《龙鼓聚》音乐会客座指挥。
12.7-13	北京京剧院梅葆玖等4人	应香港鸣宇粤剧团邀请，梅葆玖等4人赴香港参加《南北红梅耀香江》戏曲演唱会。
12.10-21	中国交响乐团严良堃夫妇	应香港春天合唱团邀请，严良堃夫妇赴港任“迎接新纪元的中国旋律”音乐会指挥。
12.11-20 01.4.29	中国杂技团《软钢丝》节目组张帆等2人	应香港环球娱乐有限公司邀请，张帆等2人赴港参加商业演出。
12.16-26	广西杂技团·木偶剧团陈家明等一行20人	应香港奇艺汇娱乐制作有限公司邀请，陈家明等一行20人赴港参加“第三十五届香港国际工业品展销会”节目表演。
12.22-29	中国音乐学院王中山	应香港新声国乐团邀请，王中山赴港参加“民间传奇音乐会”演出。

内地组团赴香港举办展览一览表（2000年）

日期	团组（个人）名称	活 动 内 容
2000.1-2002.1	广州博物馆、广东历史博物馆	应香港历史博物馆请求，广州博物馆、广东历史博物馆向其出借文物21件、并为其复制文物6件，在港展出，借展期限两年。
6.13-22	中央美术学院副院长范迪安、吴作人的夫人萧淑芳等8人	应香港中华文化城有限公司邀请，范迪安、吴作人的夫人萧淑芳等8人赴港参加“吴作人画展”开幕式等活动，展出吴作人画作119件。
6.24-7.4	中国文联所属中华文艺音像出版社潘志忠等3人	应香港贸易发展局邀请，潘志忠等3人赴港参加“香港国际影视周”展览会活动。
8.28-9.9	中国美术家协会副主席刘大为	应香港美术家协会邀请，刘大为赴港参加“中国画艺术交流展”暨“刘大为作品学术座谈会”，期间展出刘大为作品50幅。
9.24-30	江苏省国画院萧平等3人	应香港肇丰针织有限公司邀请，萧平等3人赴港举办“江苏书画精品展”，展出作品82幅。
11.22-12.4	文化部艺术司雷喜宁等15人	应香港文化城有限公司邀请，雷喜宁等15人赴港举办“中国绘画、书法艺术大展”，展出作品 118幅。
12.8-27	故宫博物院裴焕禄等6人	应香港文化博物馆邀请，裴焕禄等6人赴港与邀方联合举办“清宫筵宴展”。
12月期间	中国摄影家协会邵奇惠	应香港中国旅游出版社邀请，中国摄影家协会邵奇惠赴港举办个人摄影作品展“可爱的中国、多彩的世界”，展出作品170幅。

内地组团赴香港进行考察访问、讲学科研等活动一览表（2000年）

日期	团组名称	活 动 内 容
1月中旬-8.31	北京舞蹈学院中国舞教师史敏	应香港演艺学院邀请，史敏继续在香港演艺学院任教。
1.20-2.11	中央音乐学院林耀基	应香港叶氏儿童音乐实践中心邀请，林耀基赴港讲学。
1.20-27	中央音乐学院戴亚等2人	应香港浸会大学邀请，戴亚等2人赴港访问、讲学. 演出。
1月下旬-2月下旬	中央民族大学舞蹈系何栋梁、沙呷阿依等2人	应香港雅健社舞蹈团等邀请，何栋梁、沙呷阿依等2人赴港编排舞蹈并演出。
2.22-27	中国音乐学院李西安	应香港中乐团邀请，李西安赴港任“香港中乐团二十一世纪国际作曲大赛”复赛阶段评委。
2.24-3.2	中央音乐学院周望等2人	应香港浸会大学邀请，周望等2人赴港讲学，演出。
2.26-3.26	中央音乐学院王直	应香港学校音乐及朗诵协会邀请，王直赴港任“第五十二届香港学校音乐节”评委。
3.1-4.10	北京舞蹈学院冯秀芳3人	应香港舞蹈总会邀请，冯秀芳3人赴港担任中国舞考级课程的教学和考试工作。
3.4-13	中央芭蕾舞团冯英2人	应香港艺术家协会邀请，冯英2人赴港观摩“2000年香港艺术节”。
3.5-10	中国艺术研究院冯双白	应香港舞蹈联盟邀请，冯双白赴港主持“舞蹈评论及写作“活动。
3.6-12	中央戏剧学院罗红涛	应香港城市当代舞蹈团邀请，罗红涛赴港进行交流、观摩活动。
3.8-12	故宫博物院郭福祥	应香港中文大学邀请，郭福祥赴港参加“中国古玺印学国际研讨会”。
3.8-14	中国音乐学院李西安	应香港中乐团邀请，李西安赴港任“国际中乐作曲大赛”评委。
3.9-13	文化部离退休中心陈泽美、中央芭蕾舞团赵汝衡2人	应香港艺术家协会邀请，陈泽美、赵汝衡2人赴港观摩“2000年香港艺术节”。
3.9-14	中央民族乐团俞松林、《人民音乐》杂志社于庆新、中国音乐学院王宁3人	应香港中乐团邀请，俞松林、于庆新、王宁3人赴港参加“大型中乐作品创作研讨会”。
3.10-20	中央实验话剧院、中国青年艺术剧院孟京辉等4人	应香港进念. 二十面体邀请，孟京辉等4人赴港参加“李尔王—实验莎士比亚”戏剧交流活动。
2000.3-2001.3	上海音乐学院李智胜	应香港演艺学院邀请，李智胜赴港在该校学习一年。
3.17-12.31	中央音乐学院罗明辉	应香港中文大学邀请，罗明辉赴港继续在该校从事博士后研究工作。
3.20-26	中央音乐学院郭淑兰等6人	应香港科技大学邀请，郭淑兰等6人赴港考察、访问。
3.20-28	中央音乐学院杨鸣	应香港钢琴学会邀请，杨鸣赴港任“2000第二届中国作品钢琴比赛”评委。
3.26-4.2	中央音乐学院刘红柱等6人	应香港浸会大学邀请，刘红柱等6人赴港访问、讲学。

日期	团组名称	活 动 内 容
3月下旬-6月下旬	北京杂技团李少敏	应香港京剧团邀请，李少敏赴港在邀方举办的京剧班讲学。
3.31-4.3	中国舞蹈家协会白淑湘	应香港芭蕾舞学会邀请，白淑湘赴港任“香港芭蕾舞超新星大赛”评委。
4.15-30	上海音乐学院郑石生	应香港叶氏儿童音乐实践中心邀请，郑石生赴港在该中心指导教学。
4.26-5.1	中国青年艺术剧院林克欢等2人	应香港国际演艺家评论协会邀请，林克欢等2人赴港观摩邀方举办的“旅程2000年”演出并参加研讨会。
4.29-2001.4.29	中央戏剧学院范欣	应香港话剧团邀请，范欣延长在该团工作，期限一年。
5.5-7	中国艺术研究院刘骁纯等2人	应香港艺术发展局视觉艺术委员会邀请，刘骁纯等2 人赴港参加邀方与香港中文大学、香港大学联合举办的“笔墨论辨: 现代中国绘画国际研讨会”。
5.9-30	中央音乐学院林耀基	应香港叶氏儿童音乐实践中心邀请，林耀基赴港讲学。
5.15-20	陕西省国际文化交流中心袁序等11人	应香港万爵国际有限公司邀请，袁序等11人赴港进行文化交流。
5.31-6.3	中国现代文学研究馆刘慧英	应香港大学亚洲研究中心邀请，刘慧英赴香港参加“九十年代两岸三地文学现象国际学术研讨会”。
6.1-7	部教科司林儒忠	应香港中乐团邀请，林儒忠赴香港参加台北柳琴室内乐团在香港的演出。
6.6-19	上海音乐学院沙汉昆、陈应时等2人	应香港大学邀请，沙汉昆、陈应时等2人赴香港参加香港大学音乐系主办、全国旋律研究会协办的“第二届全国旋律学学术研讨会”。
6.8-14	中国艺术研究院齐建中等4人、中国音乐学院李西安等3人、中央音乐学院袁静芳等4人、中国北方曲艺学校孙丽云	应香港大学邀请，齐建中、李西安、袁静芳和孙丽云等12人赴香港参加香港大学音乐系主办、全国旋律研究会协办的“第二届全国旋律学学术研讨会”。
6.10 27	清华大学美术学院教师白明	应香港自得窑工作室邀请，白明赴香港参加“中港当代陶艺家学术交流展”活动。
6.25-30	中国历史博物馆党委书记谷长江	应香港历史博物馆邀请，谷长江赴香港参加香港海防博物馆新馆开幕式活动。
7.10-22	中国歌舞团杨春林	应香港青少年乐团邀请，杨春林赴香港为该团建团十周年音乐会任指挥。
7.10-8.6	北京舞蹈学院付亮、宋毅2人	应香港芭蕾舞团邀请，付亮、宋毅2人赴香港参加该团的排练培训。
7.12-24	中国艺术研究院欧建平	应香港舞蹈总会邀请，欧建平赴香港参加“香港国际舞蹈教育研讨会”并观摩“香港舞蹈博览2000”。
7.12-24	中国舞蹈家协会主席白淑湘和副主席游惠海	应香港舞蹈总会邀请，白淑湘和游惠海2人赴香港观摩“香港舞蹈博览2000”和参加“香港舞蹈教育研讨会”。

日期	团组名称	活 动 内 容
7.16–30	中央音乐学院王甫建	应香港特区政府康乐及文化事务署邀请，王甫建为邀方举办的“香港青年音乐营”担任客席指挥。
7.17–8.4	天津图书馆徐隆沽	应香港岭南大学图书馆邀请，徐隆沽赴香港参加该馆举办的暑期研修班学习。
7.18–8.15	上海音乐学院教授郑石生	应香港叶氏儿童音乐实践中心邀请，郑石生教授赴香港讲学。
7.24–27	中国文物研究所王素	应香港敦煌学国际研讨会主席饶宗颐邀请，王素赴香港参加“纪念敦煌藏经洞发现100周年敦煌学国际研讨会”。
7.28–8.5	大庆石油管理局孙占礼、张树平等2人	应香港中华文化城有限公司邀请，孙占礼、张树平等2人赴香港出席邀方和中国摄影家协会联合主办的《孙占礼虎鹤摄影展》开幕式活动。
7.28–8.7	中央音乐学院学生杨雪霏	应香港吉他音乐社邀请，杨雪霏赴香港进行吉他交流和表演。
7–8	北京舞蹈学院教师张守和、张之春等2人	应香港舞蹈团体联会邀请，张守和、张之春等2人赴香港参加大型舞剧“龙情5000”部分舞蹈的编排工作。
8.5–8	中国人民抗日战争纪念馆张承钧等一行3人	应香港21世纪友好促进会邀请，张承钧等一行3人赴香港参加“战争与和平”历史图片资料展开幕式及有关交流活动。
8.10–10.30	中国对外演出公司袁正、孙永宁等2人	应香港海洋公园邀请，袁正、孙永宁等2人赴香港处理该公司与海洋公园合约结束后的有关善后事宜。
8.19–28	上海音乐学院黄晓同、张乐平夫妇2人	应香港音乐协会邀请，黄晓同、张乐平夫妇2人赴香港参加“2000年钢琴、小提琴千禧名曲大赛”活动并出任小提琴组评判及音乐会指挥。
8.20–30	上海音乐学院副院长朱钟堂等3人	应香港国际文凭考试评核会邀请，朱钟堂等一行3人赴香港担任在香港举行的上海音乐学院音乐考级主考官。
8.29–9.2	中国革命博物馆馆长夏燕月	应香港历史博物馆邀请，夏燕月赴香港出席香港海防博物馆新馆开幕典礼活动 。
9.1–12.31	中国文物研究所李均明	应香港中华文化促进中心邀请，李均明赴香港进行“简牍新出土西北史料编年”的研究工作。
9.1–2001.8.31	上海音乐学院学生彭嘉惠	应香港演艺学院邀请，彭嘉惠在香港演艺学院继续学习。
9.1–2001.8.31	中国戏曲学院附中教师董和平	应香港演艺学院邀请，董和平赴香港担任该校粤剧班教学工作。
9.1–2001.8.31	中国青年艺术剧院演员邢亮、桑吉加等2人	应香港城市当代舞蹈团邀请，邢亮、桑吉加等2人赴香港继续在该团工作。
9.1–2001.8.31	原中央民乐团演奏员许菱子	应香港演艺学院邀请，许菱子继续在该校执教1年。
9.1–2001.8.31	北京舞蹈学院教师裴长青	应香港演艺学院邀请，裴长青继续在该校执教。
9.1–2002.8.31	北京舞蹈学院中国民间舞蹈系教师刘友兰	应香港演艺学院邀请，刘友兰继续在该校执教。
9.1–2002.8.31	北京舞蹈学院附中陈荣	应香港演艺学院邀请，陈荣继续在该校中国舞系进修2年。

日期	团组名称	活 动 内 容
9-12	中华民族文化促进会王石	应香港董氏航海基金会邀请，王石赴香港参加筹备制作以董浩云生平为内容的电视文献纪录片前期资料整理及摄制工作。
9.3-25	上海音乐学院民乐系教授夏云飞	应香港城市中乐团邀请，夏云飞教授担任“二十世纪中乐回顾”系列音乐会客席指挥。
9.21-28	中国交响乐团演奏员李新陆和演员李克	应香港艺林琴行邀请，李新陆、李克夫妇2人赴香港参加音乐讲座等活动。
9.22-25	黑龙江省民族博物馆张敏杰	应香港孔教学院邀请，张敏杰赴香港参加孔子诞辰纪念活动及“孔子思想与中国统一大业学术研讨会”。
9.22-29	中国艺术研究院戏曲研究所胡芝风	应香港孔教学院邀请，胡芝风赴香港参加孔子诞辰纪念活动及“孔子思想与中国统一大业学术研讨会”。
9.27-29	上海音乐学院教授陈聆群	应香港中文大学邀请，陈聆群教授赴香港以校外委员身份出席该校研究生论文辩答活动。
10.1-12.31	北京舞蹈学院舞蹈系主任刘青戈	应香港“进念·二十面体”邀请，刘青戈赴香港进行学术交流。
10.9-16	中央音乐学院李祥霆	应香港城市大学中国文化中心邀请，李祥霆赴香港为该中心主讲3场艺术示范讲座。
10.16-29	中国青年艺术剧院赵家培	应香港城市当代舞蹈团邀请，赵家培赴香港为邀方排练的舞蹈《给你一点颜色》任服装设计指导。
10.22-28	中央音乐学院张伯瑜等6人	应香港中文大学邀请，张伯瑜等6人赴香港访问并讲学。
11.13-26	中国艺术研究院舞蹈研究所欧建平	应香港芭蕾舞学会邀请，欧建平赴香港参加香港演艺学院芭蕾舞教学座谈会并任客席讲师。
11.15-2001.2.25	武汉市艺术学校孙果	应香港云海艺术团邀请，孙果赴香港与邀方合作编排古典、民间及儿童舞蹈。
11.25-28	文化部文化市场发展中心康明等一行4人	应香港影业协会有限公司邀请，康明等一行4人赴香港，与邀方商洽录相带节目版权事宜并建立引进渠道。
12.15-21	国家文物局王立梅	应香港徐氏艺术基金会邀请，王立梅赴香港作为嘉宾出席香港文物博物馆开幕式等活动。
12.17-22	中央歌剧院王临友	应香港芭蕾舞邀请，王临友赴香港参加芭蕾舞剧“花木兰”的制作会议。
12.25-2001.3.6	广西桂剧团殷秀琴、胡利娜等2人	应香港天马音乐艺术团邀请，殷秀琴、胡利娜赴香港讲学。
2000.12-2002.12	中国艺术研究院中国文化研究所张慧敏	应香港中文大学邀请，张慧敏赴香港为完成博士论文延期在港学习两年。

香港组团来内地演出一览表（2000年）

日期	团组（个人）名称	活动内容
3.24–4.26	香港钢琴家郑慧	应中国文化艺术有限公司邀请，郑慧分别在上海大剧院和北京音乐厅举办钢琴独奏音乐会。
5.18–28	香港城市当代舞蹈团一行5人	应北京市文化局邀请，香港城市当代舞蹈团一行5人来京参加北京市舞蹈家协会、北京市舞蹈艺术中心和北京八棵树文化艺术有限公司共同举办的中国北京现代舞展现交流演出。
8.3–9	香港宋庆龄基金会少儿艺术团一行17人	应中国群众文化学会邀请，香港宋庆龄基金会少儿艺术团一行17人来广东参加第二届亚洲儿童艺术节的演出活动。
8.5–10	香港集羽青少年儿童芭蕾舞团	应“2000天津国际少年儿童艺术节”组委会邀请，香港集羽青少年儿童芭蕾舞团来天津参加艺术节演出活动。
9.20–26	香港树宁·现代式单位剧团一行9人	应上海音乐学院邀请，香港树宁·现代式单位剧团一行9人，来沪与上海音乐学院进行交流演出，演出了3场话剧《村上春树的井底现象—慢慢开往起点的火车》。
9.25–28	香港八和会馆粤剧团一行120人	应中国对外演出公司邀请，香港八和会馆粤剧团一行120人，来京在民族文化宫大剧院演出。

香港组团来内地展览一览表（2000年）

日期	团组（个人）名称	活动内容
3月–4月间	香港摄影家简庆福、连登良、黄贵树3人	应中国摄影家协会邀请，简庆福、连登良、黄贵树3人来内地在北京、南京、重庆、武汉、广州等地举办“香港三人行摄影展”，展出作品180幅。
5.4–10	香港书法家黄君实	应文化部文化艺术人才中心邀请，黄君实在北京中国美术馆举办“黄君实书法艺术展”，展出作品90幅。
5.20–7.20	香港中文大学	香港中文大学和浙江省博物馆在杭州联合举办“中国历代玺印艺术展”，双方各展出玺印藏品250方，同期举办中国篆刻艺术学术研讨会。

内地组团赴澳门演出一览表（2000年）

日期	团组（个人）名称	活 动 内 容
2.3-9	山西省新绛县绛州鼓乐团一行35人	应澳门市政厅邀请，绛州鼓乐团一行35人赴澳门参加春节演出。
2.13-21	中央电视台高建民等一行75人	应中央人民政府驻澳门联络办公室邀请，中央电视台一行75人赴澳门参加新春元宵晚会的演出。
3.22-27	中央音乐学院刘康华等一行38人	应澳门特别行政区政府邀请，中央音乐学院一行38人赴澳门参加澳门回归祖国后的首届澳门艺术节的演出。
6.3-26	中国交响乐团胡松华	应澳门艺音文化中心邀请，胡松华赴澳门参加在澳门文化中心综合剧院举办的“东方红”歌曲演唱会。
6.30-7.2	北京舞蹈学院吕艺生和景玉荣2人	应澳门彩虹腰鼓秧歌会邀请，吕艺生、景玉荣赴澳门参加该会成立两周年的庆典演出。
7.11-20	中国民航上海中等专业学校管乐团于再、俞锡奎等一行68人	应澳门管乐协会邀请，于再、俞锡奎等一行68人赴澳门参加“澳门管乐缤纷2000”演出活动。
7.17-21	北京青龙桥小学刘再平等一行70人	应澳门民乐协会邀请，刘再平等一行70人赴澳门与澳门圣保禄中学联合举办“京澳学生歌唱古诗词、朗诵古诗词”音乐会。
7.29-8.7	上海戏剧学院院长荣广润等一行12人	应澳门盛世集团节目及市场部邀请，荣广润等一行12人分批赴澳门演出话剧《别问我是谁》。
8.14-20	沈阳杂技团孙明山等一行64人	应澳门美亚市场传达顾问有限公司邀请，孙明山等一行64人赴澳门演出大型舞台杂技节目《天幻》。
9.4-9	中央芭蕾舞团赵汝衡、田丹等一行152人	应澳门旅游娱乐有限公司邀请，赵汝衡、田丹等一行152人赴澳门演出。
9.10-12	文化部离退休中心冯志孝	应中央人民政府驻澳门联络办公室邀请，冯志孝赴澳门参加邀请方举办的中秋晚会演出。
9.22-10.16	中国交响乐团李建初	应澳门特别行政区政府文化局邀请，李建初赴澳门参加第十四届澳门国际音乐节的演出。
9.22-10.16	中央歌剧舞剧院王世光、严良堃、丁毅等一行179人	应澳门特别行政区政府文化局邀请，王世光等一行179人分批赴澳门参加第十四届澳门国际音乐节的演出活动。
10.5-10	中央音乐学院张强	应澳门特别行政区政府文化局邀请，张强赴澳参加第十四届澳门国际音乐节的演出。
10.27-31	首都师范大学音乐系刘新丛等一行26人	应澳门公职人员协会邀请，刘新丛等一行26人赴澳门参加澳门公职人员协会新任主席就职联欢大会的文艺演出。
11.7-13	中国青年艺术剧院宋洁	应澳门临时市政局邀请，宋洁赴澳门参加“澳门——2000年”活动，演出“故事新编之出关篇”。
11.12-15	广西艺术表演团孙毅等一行41人	应澳门广西联谊总会邀请，孙毅等一行41人赴澳门参加在澳门举行的“世界广西联谊会2000年特别会”祝贺演出。
11.13-12.10	中国杂技团《软钢丝》节目组张帆等一行3人	应澳门体育发展局邀请，张帆等一行3人赴澳门进行商业性演出。

日期	团组（个人）名称	活 动 内 容
12.7–11	北京舞蹈学院附属中学郭志强等一行23人和北京舞蹈学院孙光言等一行8人	应澳门舞蹈协会邀请，郭志强等一行23人和孙光言等一行8人赴澳门参加澳门回归祖国一周年庆典文艺演出。
12.8–11	浙江省文联少儿艺术团周雅群等一行20人	应澳门少儿艺术团邀请，周雅群等一行20人赴澳门参加“庆澳门回归一周年少儿文艺汇演”的演出。
12.15–22	上海交响乐团和上海歌剧院杨小勇等一行89人	应澳门特别行政区政府文化局邀请，杨小勇等一行89人赴澳门参加“庆澳门回归一周年音乐会”演出。
12.17–22	中央歌剧院丁毅	应澳门特别行政区政府文化局邀请，丁毅赴澳门参加“庆澳门回归一周年音乐会”演出。
12.22–31	上海音乐学院民乐系教授陆春龄	应澳门长虹音乐会邀请，陆春龄赴澳门参加“长虹天河新声汇”大型民族音乐会的演出。
12.23–2001.3	总政歌舞团黄启诚	应澳门特别行政区政府文化局邀请，黄启诚赴澳门参加舞剧“澳门新娘”的排练演出。

内地组团赴澳门举办展览一览表（2000 年）

日期	展览名称	活 动 内 容
1.28–3.8	跨入新世纪——澳门大型灯会	应澳门国际文化艺术交流中心邀请，山西省忻州五台山大型彩灯有限公司石成生等一行 36 人分批赴澳门与北京天梦文化发展有限责任公司联合举办“跨入新世纪澳门大型灯会”。
1.31–2.4	百龙迎千禧——山西省剪纸艺术作品展	应澳门教科文中心邀请，山西省对外文化交流协会组派山西省剪纸研究会段改芳一行 3 人赴澳门举办“百龙迎千禧——山西省剪纸艺术作品展”。
2.13–19	“情暖澳门诗书画展”（展出作品 119 件）	应澳门《东方世纪》杂志社邀请，中国书画收藏家协会、中国秦文研究会和中国秦文学会阎振堂等一行11人赴澳门举办庆祝澳门回归“情暖澳门诗书画展”。
2.18–21	“《千禧濠情》大型书画展”	为庆祝澳门回归祖国，中国对外文化交流协会和中华老人文化交流促进会在澳门联合举办了《千禧濠情》大型书画展。
3.3–13	“盛世风华——北京故宫藏清代康雍乾书画器物精品展”	应澳门艺术博物馆邀请，故宫博物院潭斌、纪天斌等 2 人赴澳门参加“盛世风华——北京故宫藏清代康雍乾书画器物精品展”闭幕式等活动。
3.15–23	“共庆澳门回归——中国艺术大展”（展出作品 100 幅）	应澳门特区政府文化局邀请，文化部港澳台司副司长田丹等一行18人赴澳门参加由文化部港澳台司和华翰国际文化发展公司联合举办的“共庆澳门回归——中国艺术大展”开幕式及向澳门特区政府赠送作品仪式活动。
4.7–5.2	“中国年画展”（展出上海图书馆馆藏清末至民国初年的年画 60 件）	应澳门临时市政局邀请，上海图书馆副馆长王世伟等 5 人分批赴澳门举办“中国年画展”及参加开幕式等活动。
4.18–20	“知名书画家迎澳门回归祖国优秀作品展”（展出作品 119 幅）	应澳门麦行记有限公司邀请，中国国际友好联合会组派兰晓石等10人赴澳门举办“知名画家迎澳门回归祖国优秀作品展”。
5.2–6	天津美术学院国画系作品展（展出作品 56 幅）	应澳门临时市政局邀请，天津美术学院霍春阳等4 人赴澳门举办天津美术学院国画系作品展。
5.3–9	“第九届全国美术获奖及优秀作品选展览”（展出作品 90 件）	应澳门美术协会邀请，中国美术家协会王春立等 7 人赴澳门与邀请方联合举办“第九届全国美术获奖及优秀作品选展览”。
5.5–6.5	“中国美术馆馆藏路德维希夫妇捐赠国际艺术品展”（展出作品 80 件及图片、题词 4 件）	应澳门特别行政区政府文化局邀请，中国美术馆杨力舟等10人赴澳门参加该展开幕式及随展等活动。
6.2–8.1	“杨州八怪书画展”（展出 80 件，其中一级品 12 件）	应澳门艺术博物馆邀请，南京博物院奚三彩等8人分批赴澳门举办该展并参加展览开幕式等活动。
6.16–7.3	“徐悲鸿艺术回顾展”（展出 71 幅，其中一级品 9 幅）	应澳门特别行政区政府文化局邀请，徐悲鸿纪念馆馆长徐夫人廖静文等 6 人赴澳门举办该展并参加展览开幕式等活动。
7.6–12	“庆回归王雅平中国画邀请展”	应澳门书法家协会邀请，《吉林日报社》王雅平赴澳门举办该展并参加开幕式。

日期	展览名称	活 动 内 容
8.15–30	"澳门国际少儿中国书画精英赛"（内地参展作品120幅）	应澳门国际少儿中国书画精英赛组委会邀请，中国人民对外友好协会赴澳门，与澳门少儿艺术团、中华儿童文化艺术促进会蒲公英（澳门）儿童文化中心联合举办"澳门国际少儿中国书画精英赛"。
8.17–20	"澳门国际少儿中国书画精英赛"	应澳门少儿艺术团邀请，天津市华夏未来少儿文化艺术基金会方放等7人赴澳门参加该精英赛相关的活动。
9.1–11.26	"太原赵卿墓青铜器珍品展览"（展出109件，其中一级品11件）	应澳门临时市政局邀请，山西省文物局一行15 人分批赴澳门举办"太原赵卿墓青铜器珍品展览"并参加开幕式及随展等活动。
9.29–10.29	"走向世界的唐代文明"（展出文物60件，其中一级品12件）	应澳门临时市政局邀请，陕西省文物局一行7人赴澳门举办"走向世界的唐代文明"文物展并参加开幕式及随展等活动。
12.20–2001.3.19	"金相玉质——清代宫廷包装艺术展"（展出109件，其中一级品4件）	应澳门艺术博物馆邀请，故宫博物院张之铸等17人分批赴澳门举办"金相玉质——清代宫廷包装艺术展"并参加开幕式及随展等活动。

内地赴澳门进行考察、访问、教学、科研等活动一览表（2000年）

日期	团组（个人）名称	活 动 内 容
3.17–26	中国艺术研究院田本相	应澳门特区政府文化局邀请，田本相赴澳门作专题讲座并参加澳门艺术节的有关活动。
6.10–18	中国音乐学院教师陈铭道	应澳门欧洲研究学会邀请，陈铭道赴澳门讲学，介绍京剧艺术。
6.30–7.18	北京舞蹈学院李珍秀	应澳门舞蹈协会邀请，李珍秀赴澳门主持北京舞蹈学院与邀请方联合主办的中国舞考试考级。
10.20–25	国家图书馆景洪达等4人	应澳门中国现代书店"朝晖网络"有限公司邀请，景洪达等一行4人赴澳门考察澳门地区图书馆文献资源建设和共享情况，并与邀方商谈将来合作事宜。
11.5–9	中国书法家协会会员乔仁和	应澳门艺林书法学会邀请，乔仁和赴澳门参加邀方与中国书法教育研究会举办的"第二届国际书法教育学术研讨会"。
11月中旬	中国作家协会邓友梅、金坚范、白舒荣等3人	应澳门笔会邀请，中国作家协会邓友梅等3人赴澳门参加邀方举办的"澳门文学研讨会"。
11.30–12.3	中国艺术研究院田本相	应澳门大学社会及人文科学学院邀请，田本相赴澳门参加该院中文应届硕士研究生答辩会，并主持现代戏剧部分论文答辩。
12.7–11	文化部教科司王丰等2人	应澳门舞蹈家协会邀请，王丰等2人赴澳门参加邀方举办的"京港澳舞蹈精英荟萃"活动。
12.15–22	国家图书馆王东显等2 人	应澳门图书馆暨咨询管理协会邀请，王东显等2人赴澳门参加邀方举办的筹建全球孙中山数字图书馆工作会议。

澳门组团来内地演出情况一览表（2000 年）

日期	团组（个人）名称	活 动 内 容
8.3–9	澳门少儿艺术团一行 32 人	应第二届亚洲儿童艺术节组委会邀请，澳门少儿艺术团一行32人，来广东省顺德市参加“第二届亚洲儿童艺术节”的演出活动。
8.5–10	澳门少儿艺术团	应“2000 天津国际少儿艺术节”组委会邀请，澳门少儿艺术团来天津参加“2000 天津国际少年儿童艺术节”的演出活动。

祖国大陆组团赴台湾演出一览表（2000年）

日期	团组名称	演出地点和活动内容
1.20–4.19	贵州省杂技团一行10人	应台湾星泰影视传播事业有限公司邀请，蒋跃进一行10人赴台交流演出。
1.23–2.2	山西省五台山佛乐团一行16人	应台湾台北市立国乐团邀请，赵晋蓉一行16人赴台参加演出和佛教音乐文化活动。
3.1–15	四川省甘孜州歌舞团一行30人	应台湾传大艺术事业有限公司邀请，格桑洛布一行30人赴台交流演出。
3.10–20	安徽省黄梅戏剧院一行60人	应台湾红剧剧团场邀请，周心田一行60人赴台交流演出。
4.6–5.3	唐山市皮影剧团一行12人	应台湾传大艺术事业有限公司邀请，徐树山一行12人赴台交流演出。
4.7–5.15	祖国大陆京剧艺术家演出团一行10人	应台湾辜公亮文教基金会邀请，刘玉珠一行10人赴台与台湾复兴剧校排练并演出传统京剧。
4.10–25	内蒙古歌舞团一行5人	应台湾高雄实验国乐团邀请，李镇一行5人赴台演出。
4.13–18	广东省珠海市女子室内中乐团一行14人	应台湾高雄实验国乐团邀请，梁旭一行14人赴台参加“广东音乐之夜”演出。
4.24–6.16	内蒙古民族曲艺团一行15人	应台湾“蒙藏基金会”邀请，江喜一行15人赴台参加蒙古族传统歌舞表演及蒙古族风情系列活动。
4.25–5.5	文化部原直属院校表演艺术专业学生交流团一行33人	应台湾中华青年交流协会邀请，姚欣一行33人赴台参加“两岸青年表演艺术联谊营”活动。
5.23–6.8	上海越剧团一行9人	应台湾再兴青年越剧团邀请，钱亚丽一行9人赴台演出。
5.19–30	浙江省宁波民乐团一行30人	应台湾高雄实验国乐团邀请，周时奋一行30人赴台演出。
6.15–7.2	天津市青年京剧团一行68人	应台湾传大艺术事业有限公司邀请，叶厚荣一行68人赴台演出。
7.18–25	天津市曲艺团一行12人	应台湾台北曲艺团邀请，赵婉香一行12人赴台交流演出并进行艺术交流。
7.20–31	天津京剧院一行73人	应台湾申报社邀请，梁波一行73人赴台演出。
7.24–8.1	天津市人民剧院一行44人	应台湾“第三届华文戏剧节”筹委会邀请，许瑞生一行44人赴台参加“第三届华文戏剧节”演出。
7.29–8.5	上海市话剧艺术中心《商鞅》剧组一行57人	应台湾“第三届华文艺术节”组委会邀请，蔡正鹤一行57人赴台参加“第三届华文戏剧节”演出。
7.30–8.26	南京艺术学院民乐演奏团一行16人	应台湾宜兰县中国传统艺术推广协会邀请，陈建华一行16人赴台演出。
8.11–30	北京京剧院一行105人	应台湾红剧场剧团邀请，张和平一行105人赴台演出。
8.9–10.6	中央歌剧院一行13人	应台湾交响乐团邀请，刘月明一行13人赴台参加歌剧《塞维里亚的理发师》的排练及演出。
9.15–11.15	祖国大陆京剧艺术家演出小组一行11人	应台湾辜公亮文教基金会邀请，林鑫涛一行11人赴台排练及进行年度京剧演出活动。

日期	团组名称	活 动 内 容
9.19–10.6	杭州歌舞团一行41 人	应台湾威景国际文化事业有限公司邀请，李小华一行41人赴台演出。
9.19–10.9	黑龙江、吉林民间艺术团一行30人	应台湾周凯剧场基金会邀请，刘邦厚一行30人赴台演出。
9.25–10.2	上海戏剧学院一行11人	应台湾舞蹈空间舞蹈团邀请，葛朗一行11人赴台参加“小亚西亚2000戏剧”巡回演出。
10.2–9	深圳大学艺术学院一行22人	应台湾舞蹈空间舞蹈团邀请，熊源伟一行22人赴台参加“小亚西亚2000戏剧”巡回演出。
10.24–11.14	祖国大陆京剧艺术家演出团一行24 人	应台湾“中华国剧协会”和魏海敏艺术文教基金会邀请，孙南生等24人赴台参加“国剧文物200年大展—两岸国剧大联演”活动。
11.1–22	福建省梨园戏实验剧团一行39人	应台湾雅韵艺术传播有限公司邀请，王仁杰一行39人赴台演出。
12.2–17	中国艺术研究院薛若琳一行47人	应台湾戏曲专科学校邀请，薛若琳一行47人赴台参加“两岸小戏大展暨学术会议”。
12.5–2001.1.16	中华文化联谊会所属北京巨龙文化公司组团201人	应台湾新象文教基金会邀请，薛奕民一行201人赴台演出。
12.8–14	中国京剧院一行76人	应台湾多元化艺术事业有限公司邀请，吴江一行76人赴台演出。
12.22–29	江苏省南京民乐团一行20人	应台湾台北市立国乐团邀请，陈华光一行20人赴台演出。
12.28–2001.1.4	上海和平饭店老年爵士乐团一行10人	应台湾联聚和平文教基金会邀请，王济明一行10人赴台演出。
12.28–2001.1.2	内蒙古包头轻工技校女子军乐团一行52人	应台湾嘉义市管乐团邀请，徐恩和一行52人赴台参加嘉义市第九届管乐节演出活动。

祖国大陆组团赴台湾举办展览一览表（2000年）

日期	展览名称	展出地点和活动内容
1.6-17	中国大陆西北中国画邀请展及文化研讨会	应台湾勤宣文教基金会邀请，甘肃省文联谢富饶等5人赴台参加展览开幕式及文化研讨会的有关活动。
1.6-15	何曦个人画展	应台湾奥林匹亚体育文教基金会邀请，上海中国画院何曦赴台参加展览开幕式等活动。
1.18-4.9	中国历史博物馆馆藏之历代龙文物展（展品155件）	应台湾历史博物馆邀请，由副研究馆员王芳等11人组成的中国历史博物馆随展团分批赴台参加展览开幕式等活动。
1.26-6.18	天工开物—中国古代科技文物展	应台湾大丰文化事业有限公司邀请，中国历史博物馆张燕、苏州丝绸博物馆孙明南等9人分批赴台参加展览开幕式等活动。
2.14-7.12	唐宋元明百琴展	应台湾台北市立国乐团邀请，中国艺术研究院常务副院长曲润海等人随展赴台参加展览开幕式等活动。
3.22-4.10	张继馨.濮建生中国画联展	应台湾“中国艺术协会”邀请，苏州画家张继馨等2 人应邀赴台参加展览开幕式、学术交流及参观游览等活动。
4.18-23	澹宁书法协会成立20周年海峡两岸书画联展	应台湾澹宁书法协会邀请，青岛市中山书画研究会会长高小岩等8人赴台参加有关活动。
4.24-30	当代中国山水画油画、风景展精选作品展	应台湾山艺术文教基金会邀请，中国美术学院朱竹等6人赴台参加有关活动。
5.14-20	“墙”研究特展	应台湾历史博物馆邀请，中国长城学会罗哲文等3 人赴台参加有关活动。
6.1-12	陈建华.管朴学画展（展出作品25幅）	应台湾中华书画印艺学会邀请，山东艺术学院陈建华等2人赴台参加随展工作。
5.21-10.10	黄河文明—甘肃远古彩陶特展（展出陶艺文物120件）	应高雄市美术馆和台北鸿禧美术馆邀请，中华文物交流协会等单位贾若楠等15人赴台参加展览开幕式及随展工作。
6.3-8.31	《东亚油画的诞生与发展》展览（展出作品42幅）	应台湾沈春池文教基金会邀请，中国展览交流中心王复生等12人赴台参加随展工作。
6.15-29	中国书画名家邀请展	应台湾省彰化县艺术家学会邀请，桂林市中国画研究会李文庆等3人赴台参加随展工作。
6.19-2001.1	天工开物—中国古代科技文物展	应台湾大丰文化事业有限公司邀请，中国历史博物馆刘静等18人赴台参加该展延长在台展出的随展工作。
7.9-27	海峡两岸中华书画联合大展	应台湾“中华伦理教育学会”邀请，中华炎黄文化研究会张岂之等10人赴台参加有关活动。
7.5-25	杨金龙个人画展	应台湾太平洋文教基金会邀请，镇江市画家杨金龙赴台办展。
8.10-23	林若熹个人画展	应台湾“中国美术协会”邀请，应州美术学院林若熹赴台办展。
8.10-25	崔豫章画展	应台湾商犁文化事业有限公司邀请，东南大学建筑系教授、著名水彩画家崔豫章携夫人张霞第赴台办展。
8.16-27	魏学峰个人书法展	应台湾太平洋文教基金会邀请，四川省博物馆副馆长魏学峰赴台办展。
9.1-30	曹崇恩雕塑展	应台湾“中国文化促进会”邀请，广州美术学院教授曹崇恩赴台办展、
		讲学。
9.19-28	海峡两岸文化艺术交流展	应台湾新世纪文化艺术协会邀请，湖北省孝感画院画家潘直亮赴台办展。

日期	展览名称	展出地点和活动内容
9.20–10.31	内蒙古历史文物精品展	应台湾明祥传播企业有限公司邀请，内蒙古文化厅副厅长赵芳志等13人赴台布展、参加开幕式等活动。
10.24–11.18	京剧艺术200年展览	应台湾魏海敏京剧艺术文教基金会邀请，中国艺术研究院王泽州等4人赴台办展。
10.26–11.10	第二届两岸名家书画联展	应台湾传奇报道杂志社邀请，中华文化交流与合作促进会组团11人赴台办展。
11.1–12.22	李可染艺术世纪大展	应台湾时报文教基金会和李可染水墨画世纪大展筹委会邀请，李可染艺术基金会邹佩珠等7人分批赴台参加展览开幕式学术交流活动。
11.20–2001.4.20	2000冰雪乐园“大型冰雕艺术展”	应台湾“中国艺术协会”邀请，南京冠福建设工程技术有限公司曾建国等12人分批赴台参加该展前期工程建设和展期保障工作。
11.29–12.20	黄纯莼个人画展	应台湾太平洋文教基金会邀请，四川省美术家协会画家黄纯莼赴台办展。
12.6–2001.1.2	秦兵马俑展	应台湾历史博物馆邀请，陕西省文物局胡天声等11人赴台参加布展、开幕式等活动。
12.8–12	《书法的变革》展览	应台湾美术馆邀请，故宫博物院陈俊旗等2人赴台参加展览开幕式。
12.18–29	上海豫愿馆藏书画展	应台湾国父纪念馆邀请，上海豫园蒋一鸿等8人赴台办展。
12.19–2001.1.2	江苏四人绘画展	应台湾“中华书画艺术研究会”邀请，江苏省美术馆馆长朱葵等8人赴台参加开幕式并进行文化交流。
12.25–2001.1.15	田茂怀画虎个人美术作品展	应台湾“中国艺术协会”邀请，河北省衡水市美术师田茂怀赴台办展。

台湾组团来祖国大陆演出一览表（2000年）

日期	团组名称	演出地点和活动内容
1.23–25	台湾叶树涵铜管五重奏团一行5人	在福州演出《欢乐曲》、《卡们》组曲等一场音乐会。
1.30	台湾歌手张信哲林忆莲2人参加“江浙沪龙年春节联欢会”	参加“江浙沪龙年春节联欢会”。在上海体育馆演出。
4.6–10	台北交响乐团陈秋盛2人与中央歌剧芭蕾舞剧院合作演出	在北京音乐厅演出一场音乐会。
4.6–18	台湾朱宗庆打击乐团一行21人	赴陕西西安、宝鸡、咸阳、韩城和四川成都、绵阳等进行演出交流。
4.上旬	台湾歌手张信哲、张宇、江美琪等人参加颁奖晚会	参加浙江温州市举办的1999年度“中国流行歌曲榜”颁奖晚会。
5.3–7	台湾歌手郑智化	参加在上海举办的第五届全国残疾人运动会开幕式暨《生命礼赞》文体表演。
5.3–14	台湾原舞者舞蹈团一行30人	参加“2000年相约北京”主题大联欢活动并赴上海、广州进行交流演出活动。
5.26	台湾歌手齐秦.赵传.虞澄庆及“动力火车”演唱组合	参加“2000年相约北京”主题大联欢活动之一的“世纪之梦”演唱会。
6–7月间	台北越界舞蹈团一行10人	参加北京市舞蹈家协会等单位主办的“中国、北京现代舞展演”活动。
7–8月间	台湾歌手任贤齐等人	参加华文中国民间文化艺术发展公司举办的“禁毒宣传大型晚会”演出。
7.8	台湾歌手吴奇隆等2人	参加“粤港台原创音乐大联线新世纪广州演唱会”活动。
7.10–17	台湾台南市崇学小学国乐团一行27人	应中国民族管弦乐学会邀请，在京进行交流演出。
7.12	台湾歌手苏芮.林志炫2人	应青岛市海洋节办公司邀请，参加第二届海洋节开幕式演出。
7.17–28	台湾台中市妇女合唱团一行45人	应海峡两岸关系协会邀请，在北京、昆明进行交流演出。
7.22–28	台湾广青团21人、台湾曙光合唱团24人、台湾屏东县教师合唱团44人、台中市合唱团55人	应中国国际文化旅行社邀请，在京参加第五届中国国际合唱节。
8.3–9	台北淡水国小一行31人	应中国群众文化学会邀请，在广东顺德参加第二届亚洲儿童艺术节。
8.13–18	台湾歌手迪克牛仔周惠等5人	应“哈尔滨之夏”组委会邀请，参加“哈尔滨之夏”音乐会演出。
8.17	台湾依林模特经纪有限公司一行9人	应九州文化传播中心邀请，参加“八达岭长城SWATCH手表时装发布会”表演活动。
8.20–21	台湾新竹客家业余三脚采茶戏团一行32人	与广东汉剧院等单位进行联欢演出。

日期	团组名称	演出地点和活动内容
8.26	台湾歌手张信哲等 3 人	参加第五届长城电影节闭幕式演出活动。
8.26-9.10	台湾歌手齐秦、范晓萱等及迪克牛仔演唱组和动力火车演唱组	参加第十届青岛国际啤酒节演出活动。
9-10 月间	台湾全方位乐团一行 15 人	应九州文化传播中心邀请，赴北京、广东等地的大学进行 12 场演出交流。
9.12-20	台湾国光剧团一行 52 人	应中华文化联谊会邀请，与中国京剧院、北京京剧院交流演出。
9.16	台湾歌手张信哲 2 人	参加大连服装节开幕式演出。
9.27	台湾歌手齐秦 4 人	应深圳贸发局、深圳盐田区政府邀请，在深圳参加“民思克之夜”演出。
10 月	台湾吴佩倩舞极舞蹈团	参加南京第六届中国艺术节并赴徐州、淮北演出。
10.3	台湾歌手孟庭苇等 3 人	在呼和浩特参加“扶困助残、情系草原”公益演出。
10.13	台湾小提琴手王般若	应浙江大学艺术学院等邀请，赴杭州举行“王般若专场小提琴音乐会”。
10.19-21	台湾歌手王力宏等 3 人	参加长沙首届中国金鹰电视艺术节开幕式和颁奖晚会演出活动。
10.20-21	台湾歌手动力火车组合、潘美辰等一行 5 人	赴山西太原参加“美好家园”公益演出。
10.23	台湾歌手任贤齐等 3 人	赴西 安参加中国西安丝绸之路国家旅游节闭幕式演出。
10.28	台湾风雅颂古筝乐团一行 4 人	赴上海兰心大戏院与上海古筝演奏家合作演出一场古筝音乐会。
11.3-6	台湾“吹笛人家室内乐团”一行 15 人	参加第二届中国上海国际艺术节并举行一场祝贺演出。
11.28	台湾当代乐坊一行 20 人	与上海民乐团合作举办一场“丝竹与钢琴”音乐会。
11.20	台湾演唱家吴文修	赴上海参加亚洲男高音音乐会。
11.16-23	台湾凯旋业余粤剧团等 14 人、台北市广东业余音乐团一行 9 人	赴广州参加第三届羊城国际粤剧节演出。
11.17-21	台湾民歌手高事洋等人	参加 2000 年南宁国际艺术节演出。
11.27-30	台湾国光剧团魏海敏等 2 人	赴上海参加“名角名家名段群英荟萃”演出。
11.25	台湾歌手齐秦等人	参加“可口可乐每刻可乐、港台歌手激情 2000 上海演唱会”。
12.9	台湾吉他演奏家叶登民	为南京艺术学院学生讲授吉他演奏知识并进行演出交流。
12.10-15	台湾伊甸社会福利基金会所属合唱团一行 8 人	赴广州、深圳、珠海进行演出交流。
12.22	台湾歌手张信哲等人	赴北京参加全国妇联、北京市政府、中央电视台共同主办的“情系西部. 共享母爱”募捐义演晚会。
12.31	台湾盲童钢琴演奏家许哲诚	赴北京参加全国少工委办公室、中日青年交流中心共同举办的“扣响世纪之门新年音乐会”。

台湾组团来祖国大陆举办展览一览表（2000年）

日期	展览名称	展出地点和活动内容
1-2月底	台湾画家欧豪年画展（展品50件）	在深圳美术馆展出，画家本人随展并参加开幕式。
4.10-30	台北吕美丽精雕艺术展（黄杨木立体木雕作品60件）	在中国历史博物馆展出，台方5人随展并参加开幕式。
4.20-25	台北画家舒风采墨画展（展品45幅）	在江苏省美术馆展出。画家本人随展并参加开幕式。
5.6-31	台北吕美丽精雕艺术展（黄杨木立体木雕作品60件）	在浙江绍兴博物馆展出，台方5人随展并参加开幕式。
5.8-25	台湾画家王农个人画展（展品50件）	山东省台湾同胞联谊会邀请，在济南青岛展出，画家本人随展。
5.18-6.6	新千年海峡两岸书画名家联谊展览会（展品80件）	由山东省中江（烟台）旅游设施开发建设有限公司和烟台市文联在烟台举办。台湾文艺界联谊会会长丁中江及台书画家等28人 随展抵烟台。
5.25-31	台湾国画精品展览—“2000相约北京”系列活动之一（展品120件）	中华文化联谊会举办，在中国美术馆展出，台湾画家胡念祖等10人随展并参加开幕式等活动，并去承德参观游览。
6.10-7.10	台北吕美丽精雕艺术展（黄杨木立体木雕作品60件）	在安徽省博物馆展出。台方5人随展并参加开幕式。
6月中旬	台湾艺术家袁旃绘画展（展品23件）	在深圳何香凝美术馆展出，台湾画家本人随展参加开幕式。
7月下旬	台湾现代水墨画展（展品120件）	在成都国际会议展览中心展出，台湾画家10 人随展参加开幕式。
7.29-8.29	杨惠珊《现代中国琉璃艺术展》（展品34件）	由敦煌研究院邀请，在敦煌展出，为纪念敦煌藏经洞发现100周年而举办的系列活动之一。
8.11-15	台湾雅典艺术中心和《艺术新闻》艺术家4人参加2000年中国艺术博览会	由中国文化艺术有限公司邀请，在京参加2000年中国艺术博览会。
8.14	台湾南投县书法学会32人书法展（展品34幅、展期两天）	由山东艺术学院邀请，在该院名人画廊展出，台湾画家32人随展参加开幕式并进行书法艺术交流。
8.21-27	陈其铨及弘道书艺会书法作品展（台方展品160幅）	在北京中国美术馆展出，祖国大陆、台湾共同举办。台方25 人随展参加开幕式。
8.22-30	台湾画家张福英个人画展（展品60幅）	由中国历史博物馆邀请，在该馆展出，画家本人随展参加开幕式。
9.15-21	海峡两岸书画作品展（台方展品60幅）	台湾大汉书艺协会画家付建武一行14人随展赴淮南。
9.17-10.3	台湾画家陈其宽80 回顾展（展品80幅）	由中华文化联谊会邀请，在上海美术馆、北京中国美术馆展出，台方陈其宽等6 人随展参加京、沪两地开幕式。

日期	展览名称	展出地点和活动内容
9.19-23	台湾画家王农画展（展品50幅）	由泰安市文联、市文化局、市台办联合邀请，在泰安市岱庙展出，画家本人随展参加开幕式。
9月下旬	台湾摄影家许子专荷花摄影展（展品80 幅）	由日照市文化局、市摄影家协会邀请，在日照市博物馆展出，摄影家本人随展参加开幕式。
10.8-11	台湾摄影家吴绍同参加上海第五届国家摄影艺术展（展出《鹤的世界》作品60幅）	由上海第五届国家摄影艺术展组委会邀请，吴绍同参加该展开幕式及研讨会等活动。
10.14-31	台湾画家赵善灿书画展	由中华文化交流与合作促进会邀请，在北京中国美术馆. 天津艺术博物馆. 陕西博物馆展出，画家本人随展参加活动。
10.27-11.19	台湾画家冷继珊的作品《午间浮动》参加第五届水彩画水粉画展	广东省美术馆协会主办，在广东美术馆举办。
10-11 月	台湾画家孙家勤画展	由武汉市文史研究馆邀请，在武汉市展出。
11 月间	海峡两岸中华书画联展（两岸各展出作品100幅）	由中国艺术研究院所属中华炎黄文化研究会与台湾文化伦理教育学会联合在北京、珠海展出。台方12 人随展。

文物考古和博物馆事业

综述

召开全国文物局长会议 2月在北京召开全国文物局长会议，中央、全国人大、国务院、全国政协有关部门的同志，来自全国36个省、市、自治区、直辖市等文物行政管理部门的负责同志，国家文物局直属各事业单位的负责同志等133人参加了会议。会议首先学习了中央领导同志关于加强思想宣传工作、关于搞好文物、博物馆工作的一系列重要讲话、指示精神。在会议开幕式上，文化部孙家正部长作了重要讲话。强调了文物工作在社会主义精神文明建设中的地位和作用，对文物工作如何适应形势，推进改革，正确处理好几个方面的关系，进一步发展文物、博物馆工作的新局面等提出了具体要求。会议听取了国家文物局张文彬局长所作的工作报告。报告回顾了1999年中国文物、博物馆的工作，总结了所取得的成绩，着重阐述了当前文物、博物馆事业在改革过程中需要认真思考和处理好的几个问题，提出了2000年工作总的指导思想。

按照中央的统一部署，国家文物局和地方的文物部门积极开展了“讲学习，讲政治，讲正气”教育回头看活动 同时，积极开展学习江泽民同志“三个代表”的重要思想。国家文物局贯彻中央思想政治工作会议精神，狠抓党风廉政建设，对司局级领导干部配偶、子女个人经商办企业作出规定。认真开展调研工作，局领导亲自带队，多次到地方进行调研活动，为解决文物博物馆事业中的热点、难点、重点问题提供依据。

6月，国家文物局在贵阳召开邓小平理论与文物工作研讨会。来自全国20多个省、市、自治区的50多位代表参加了研讨会。提交了40多篇论文，内容涉及文物与旅游关系、文物市场管理、流散文物管理、文物业务机构改革、古文化遗址保护、民族文化村寨保护、文物人才培养、文物法制建设等方面。国家文物局副局长郑欣淼在会上作总结发言。要求广大文博工作者提高研究水平，提高解决实际问题的能力。要站在江泽民总书记提出的“代表中国先进文化的前进方向”的高度上认识自身工作的重要性；要坚持用邓小平理论的精髓指导我们的研究，指导我们的工作；要解放思想，敢于在实践中提出新的观点和看法；要将理论研究和实际工作相结合起来，大胆实践，大胆改革。

认真贯彻落实国务院办公厅《关于西部大开发中加强文物保护和管理工作的通知》精神，及时部署了西部大开发中的文物保护工作 西部大开发是党中央一项有重大政治、经济和文化意义的战略。文物、博物馆事业作为社会主义精神文明建设和文化事业的重要组成部分，在西部大开发中具有不可代替的作用。为此，国务院办公厅下发了《关于西部大开发中加强文物保护和管理工作的通知》。通知指出西部地区是中华文明的重要发源地之一，自古以来就是一个多民族聚居的地区，各族人民共同创造了辉煌灿烂的古代文化，留下了丰富而珍贵的文化遗产。保护和管理好这些文物，具有重要的历史意义和现实意义。加强西部大开发中的文物保护和管理工作，是各级人民政府和有关部门义不容辞的责任。要求在西部大开发中各级政府和有关部门要依法保护和管理好管辖区域内的历史文化遗产；要妥善处理好文物保护和经济建设之间的关系；要结合西部生态环境建设工程，做好古遗址、古墓葬的保护工作；要根据西部地区历史文物、少数民族文物和各类矿物、动植物标本相对丰富的实际情况，要加强抢救和保护，有计划、有重点地发展各具特色的专题博物馆；科学、合理地发挥文物特有的作用，依托西部地区丰富多样的文物资源优势，发展具有历史、民族特征的文物旅游，为西部大开发服务；作为宗教活动场所的古建筑和寺庙内收藏的各类文物，必须依据《文物保护法》进行有效管理；加强西部文物保护科研工作和人才培养；加大对盗掘、盗窃、非法交易和走私文物等违法犯罪活动的打击和防范力度。

为了认真贯彻落实通知精神，及时部署西部大开发中的文物保护工作，9月，国家文物局在新疆召开西部文物工作会议。国家文物局局长张文彬、副局长张柏出席了会议并发表讲话。会议结合西部的实际，研究加快西部文博事业发展的基本思路和落实国办《通知》的具体措施，明确了今后的工作重点是：加强西部文博事业发展战略研究，制定西部文物事业发展年规划，搞好与生态恢复、城乡建设及基础设施建设、产业结构调整的协调。加大对西部地区文物保护经费的投入，确保重点文物保护项目的实施，在今后5年内力争完成西部地区15项大型维修和保护工程。做好文物保护单位的普查工作和重点文物保护区的划定工作，组织人力积极做好配合西部大开发特别是大型基础设施建设的文物保护和考古发掘的前期调查工作。加快西部地区博物馆设施建设，健全现有博物馆的设施和功能，着重支持一些重点博物馆的改扩建工程，鼓励和扶持兴办具有地方和民族特色的博物馆，并把适当建立民族文化保护区、民族保护村寨和生态博物馆以及与大遗址保护结合的遗址博物馆（陈列馆）作为西部博物馆工作重点。加强文博队伍建设，增强文物保护工作的科技含量。西部地区的考古发掘工作坚持以配合基本建设为主，继续做好配合三峡工程的文物保护工作。

召开全国博物馆工作会议　10月，国家文物局在北京召开了各地区、各行业博物馆参加的全国博物馆工作会议。文化部部长孙家正发表《满怀信心地把中国博物馆事业推向21世纪，迎接中华民族文化的全面复兴》的讲话。国家文物局局长张文彬做了《加强管理 深化改革 开创博物馆事业的新局面》的报告。会议回顾了新中国成立以来特别是改革开放以来博物馆事业的发展历程，研究了世纪之交博物馆工作面临的机遇和挑战，总结、交流了1997年以来各地加强革命文物和革命纪念馆工作的情况，探讨了社会主义市场经济条件下博物馆、纪念馆改革与发展的新思路，提出新时期博物馆工作的主要目标和任务。新时期博物馆建设的重点任务是: 第一，强化精品意识，为公众提供优秀陈列展览。逐步将陈列展览精品的评选范围扩大至全国各行业博物馆。第二，继续做好文物、标本的征集、保护、管理等基础工作。切实抓紧抓好馆藏文物的清库、登记、鉴定、建档工作，设法改善库房条件，确保珍贵文物藏品安全，加快藏品电子数据库和信息化管理的步伐，积极做好考古发掘部门等单位的文物移交接收，加强对文物史料的调查、征集工作，努力拓宽藏品征集范围，实施有计划的征集和收藏。第三，调整结构，合理布局，努力建立各具特色、丰富多彩的专题博物馆，文物部门要把建立遗址博物馆作为重点，使大遗址保护与展示密切结合起来。此外，还应扩大门类，发展行业博物馆，个体法人也可兴办具有特色的专题陈列馆、博物馆。第四，努力发挥博物馆的宣传教育作用，把博物馆办成名副其实的精神文明建设阵地和窗口，办成实施科教兴国战略的重要设施，建立一支“专职、兼职、志愿者”三结合的宣教工作队伍，为社会和人民提供优质服务。在调查研究的基础上大力推出体现自身特色优势的宣传教育参观服务项目，适应假日经济发展的需要。第五，切实做好博物馆安全保卫工作，保障文物和观众的安全。第六，加强博物馆科学研究、人才培养和队伍建设。

召开全国文物博物馆科技教育研讨会　11月，国家文物局在安徽省召开全国文物博物馆科技教育研讨会。国家文物局副局长郑欣淼作了《团结奋斗 发展创新 把我国文物博物馆科技教育工作全面推向21世纪》的报告。董保华副局长作了《提高认识 深化改革 加强管理　锐意创新》的总结讲话。会议全面回顾、总结了新中国成立50年来特别是改革开放20年来中国文物博物馆科技教育工作的发展历程和取得的成就，分析了文博科教工作在新的历史条件下出现的新情况和面临的新问题，阐述了文博科教工作在新世纪的发展之路，强调了“十五”期间文博科教工作的重点任务是，积极探索社会主义市场经济条件下发展文物博物馆教育事业的新途径。加快建立中央、地方分级教育培训体系。加强文物科学基础研究和管理，“十五”期间，要加大文物保护的科技含量和创新力度，确定重点科研课题，组织力量攻关，加强文物科技成果的推广力度。建立区域性的文物科研保护中心和人才培训基地。加强文物博物馆信息化建设。“十五”期间基本建成《中国珍贵文物数据库》中的《馆藏珍贵文物数据库》，初步建立全国重点文物保护单位数据库。加大西部文物博物馆科技教育工作力度。

加强法制建设，积极参与了《文物保护法》的修改　《文物保护法》是中国文化领域中的第一部专门法律，1982年公布实施。对中国的文物保护工作发挥了巨大的积极作用。但是由于制订时间较早，内容的表述和规定的可操作性方面存在一定问题，特别是改革开放以来和社会主义市场经济体制建立过程中出现的一些新问题在现行法律中缺乏有效和科学的界定，使实践中及时制止

中國雜技團

地　　址：北京经济技术开发区若密路 2 号

Address: No.2,Ruomi Road,Beijing National Economic Zone Beijing,China

电话/Tel：(010) 60501891

传真/FAX：(010) 60501896

邮编/Post Card：101102

四川省文化厅

四川省文化厅党组书记、厅长张仲炎

四川省文化厅全体厅领导正在研究《四川省文化工作“十五”规划及2001年远景目标》

中共四川省委书记周永康（中）参观四川博物馆（新馆）模型

四川省文化厅副厅长胡继先向会议代表介绍苍溪县唤马镇民间艺术之乡特色

苍溪县云峰镇文化站川剧玩友座唱现场

地　址：四川省成都市东胜街19号
电　话：028-6630108
传　真：028-6646965
邮　编：610015

四川省歌舞剧院

China Sichuan Song And Dance Ensembl

歌舞剧院院长 伍明实

四川民族乐团

歌舞剧院剧场

地址：四川成都西大街97号

电话：028—6265741 6643282

传真：028—6640880 6275521

邮编：610031

2001年全国舞蹈比赛获奖节目“创造者”

四川交响乐团

歌舞剧院剧场

2001年全国舞蹈比赛获奖节目“摩梭女人”

济南市文化局

济南市文化局党委书记、局长 郐卫平

济南市杂技团王健、刘清、侯阿曼、侯毅表演的杂技《双层晃板》。该节目曾荣获第十四届蒙特卡洛世界杂技马戏比赛"银小丑"奖和杂技协会特别奖、全国首届"新苗杯"杂技比赛金奖。

济南市歌舞剧院创作排演的舞蹈诗《沂蒙风情画》剧照

中央电视台"新闻30分"节目主持人章伟秋正在采访考古专家鉴定出土编钟、编磬乐器。

地址：山东省济南市市中区经六路136号

电话：0551—2630072

邮编：250001

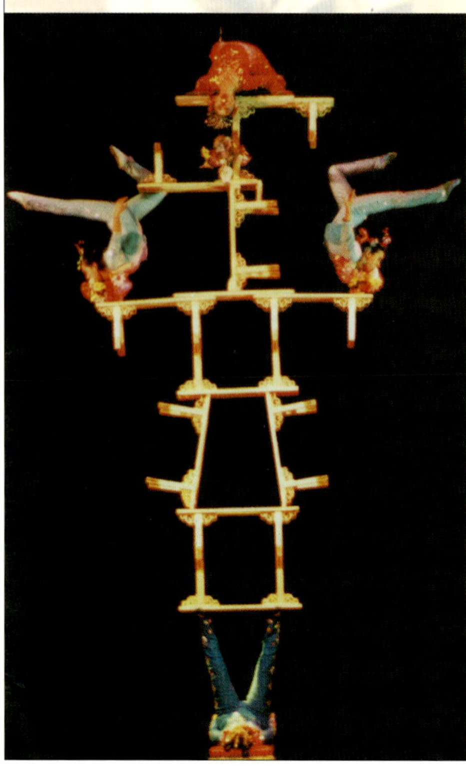

济南市杂技团邓宝金、孟燕、宋丽华、满志红表演的杂技《蹬板凳》。该节目曾荣获第十一届世界杂技锦标赛金奖和世界团体冠军"英航杯"、第十届世界杂技马戏大赛金奖、朝鲜"四月之春"艺术节金奖等。

济南北洋大戏院大门。该戏院已有近百年的历史，是目前省内一流的中小型戏剧演出场所。

澳门特别行政区文化局

澳门文化局

启动澳门申报世界文化遗产活动启动日

第十二届澳门艺术节舞剧—澳门新娘

第十五届澳门国际音乐节

演艺学院舞蹈学校

历史博物馆

澳门博物馆

地 址：澳门友谊大马路新安花园 87 号 U 座地下

电 话：(00853) 7993202　　传 真：(00853) 705820

贵阳市文化局

2001年12月9日贵阳市京剧团创作剧目《巾帼红玉》参加“第三届中国京剧艺术节”演出，获“优秀剧目奖”等五个大奖。

侯丹梅饰梁红玉　　获优秀表演奖

2002年贵阳市“迎春”秧歌舞大赛

1月2日市歌舞剧院乐团演出《2002年贵阳市“新年交响音乐会”》

2002年1月20日《金阳建设者之歌》大型慰问演出在金阳新区建设工地为金阳新区开工典礼演出

地址：贵阳市遵义路市广电大楼22层
电话：0851—5824654
邮编：550000

贵阳甲秀楼位于贵阳市区城南南明河中鳌矶石上，始建于明万历二十六年(1598)。楼高二十余米，座东向西，楼前有浮玉桥横跨河两岸。

1982年被列为贵州省省级文物保护单位。经多次维修，现保存完好。

楼联为清人刘蕴山所撰，比云南大观楼长联还多26字。

拉萨市文化局

拉萨市文化"三下乡"深入到农牧区慰问演出情况

拉萨市文化广播电影电视局党组书记兼副局长董成勤同志，在听取基层文化建设调查情况汇报。

拉萨市文化广播电影电视局副局长黄明清同志在销毁违法音像制品现场会上讲话

拉萨市文化广播电影电视局党组书记兼副局长董成勤同志（右起第三位），向国家广电总局张海涛副局长介绍拉萨市广电建设情况。

拉萨市文化市场管理委员会办公室，办证大厅。

地 址：拉萨市江苏东路24号
电 话：0891—6356923
邮 编：850000

青岛市文化局

新建成的青岛市文化博览中心及广场是青岛市的标志性文化设施之一

在市文化博览中心广场举办的庆祝建国五十一周年大型文艺晚会

青岛市文化市场管理不断加强。这是文化市场管理稽查人员在填写巡检记录

青岛市的对外文化交流活动日益增多

『欢乐假日』广场文艺展演每年演出三百多场，已成为青岛群众文化活动的一个品牌

地　址：山东省青岛市太平路11号
电　话：0532-2866258
邮　编：266003

青岛市文化局所属部分单位

青岛市歌舞剧院

大型舞蹈诗《大海梦幻》剧照

地 址：山东省青岛市兴安路15号
电 话：0532-2714671
0532-2714673
邮 编：266012

青岛市文物事业管理局

修复后的康有为故居纪念馆

美术作品陈列厅

地 址：山东省青岛市大学路7号
电 话：0532-2879381
邮 编：266003

青岛市京剧院

大型新编历史京剧《杨门女将》剧照

地 址：山东省青岛市延安一路76号
电 话：0532-2731741
邮 编：266023

青岛市话剧院

话剧《工人世家》剧照

地 址：山东省青岛市临清路12号
电 话：0532-2826019
邮 编：266011

青岛民族艺术剧院

地址：山东省青岛市延安一路78号
电话：0532-2789965
邮编：266023

舞蹈《春意》剧照

南宁市文化局

大型壮族舞剧《妈勒访天边》剧照

第九届中国金鸡百花电影节开幕式盛况

市业余团队演出的舞蹈《欢乐草原》

粤剧《紫金锤》剧照

南宁市群众文化活动演出的场面

地址：南宁市嘉宾路 1 号市政府
1 号楼 5 楼
电话：(0771)5531051
邮编：530028

山西省晋剧院

SHAN XI SHEN JIN JU YUAN

孙志勇

山西省晋剧院院长，山西省音乐家协会副主席，曾任山西省文化厅艺术处处长兼创作室主任。作品获“文华音乐创作奖”和中宣部“五个一工程”奖。

《打金枝》

晋剧优秀传统剧目。曾于50年代摄制戏曲影片。

《桐叶记》

新编历史故事剧“文华奖”获奖剧目。

《算粮》

晋剧优秀传统剧目。

王爱爱 饰 王宝钏

《富贵图》

晋剧改编优秀传统剧目“文华奖”获奖剧目。

地 址：山西省太原市新建南路44号

电 话：0351-4081921

邮 编：030001

苏州市文化局

发源于苏州的中国昆曲被联合国教科文组织列为"人类口头和非物质遗产代表作"

苏州评弹演出剧照

滑稽戏《一二三、起步走》剧照

大型舞剧《干将与莫邪》剧照

地址：苏州市富仁坊巷29号
电话：0512—8228172
邮编：215005

四川新华书店集团有限责任公司

集团批销中心—四川省新华书店发行有限公司批销中心

集团子公司—四川省新华书店发行有限公司旗下的营业面积6300平方米的西南书城，是集团的零售中心

集团董事长、总经理王庆同志

四川新华书店集团有限责任公司是新闻出版署确定的全国三个发行集团试点单位之一，于2000年3月29日正式成立。它是原四川省新华书店、四川省外文书店和四川省出版对外贸易公司资产重组组建的大型国有独资企业。

集团公司严格按照现代企业制度的要求进行改制，建立规范的法人治理结构和母子公司体制，逐步建立全方位、多层次、功能强大、技术含量高的营销网络体系，真正成为自主经营、自负盈亏的法人财产实体和市场竞争主体。

集团公司主营中外文图书、图片、音像制品、电子出版物、报纸、期刊、计算机软硬件、电教设备、办公用品的批发、零售，盒式录音带的复制加工，电子商务，物流配送，图书进出口及其它商品代理进出口，对外合作出版；兼营为出版服务的制作、展览、广告业务，旅游、酒店、文化娱乐业等。

集团子公司—四川新华书店集团外文书店有限公司

集团子公司—四川新星信息技术有限公司营业大厅

地 址： 中国四川省成都市东玉龙街52号
电 话： (028) 6741332
传 真： (028) 6758250
邮 编： 610017
Http://www.xinhuabookstore.com

四川省广安市文体局

全国重点文物保护单位——邓小平故居

南宋枢密院士安丙故宅——褒先寺前殿全貌

邻水县创作的话剧小品《雪山情》剧照

地址：四川省广安市广安区金广大道1号市文体局
电话：(0826)2332601
邮编：638000

全国重点文物保护单位——安丙墓墓内石刻

岳池县群众文化活动

省级重点文物保护单位，蜀中第一寨——宝箴塞

昆明市文化局

文体局送文艺精品参加上海国际演出交易会(左二市文化局局长周忻)

市民族歌舞团傣舞《水之歌》获全国第五届舞蹈比赛优秀奖

儿童剧《小小聂耳》获第八届全国“五个一”工程奖

昆明市委市政府领导视察在昆明举行的全国第十二届书市

昆明市文化局长期坚持送戏下乡

花灯剧《小河淌水》剧照剧本获第二届中国戏剧文学金奖

地址：云南省昆明市东风东路17号市政府1号楼10层

电话：0871—3162596　3123800

传真：0871—3134233

邮编：650011

文山州文化局

▲ 州府文山城的标志性建筑——文山州民族文化中心大楼

文山州民族歌舞团赴台湾演出民族歌舞——《七乡风采》▶

地址：云南省文山州文化局
电话：0876—2122604
邮编：663000

◀ 文山州民族歌舞团送戏下乡

第三届中国特产文化节开幕式大型文艺表演——《欢迎你到文山来》▶

取材于边境排雷的小品《雷场、情场》在省、州的演出活动中十分受欢迎。2001年12月荣获文化部颁发的“群星奖”金奖。▶

和处理各种违法行为造成了一定程度的障碍，影响了法律效力的发挥。在全国人大常委会的部署和国务院统一领导下，《文物保护法》的修订工作正在抓紧进行。关于《文物保护法》修改的具体建议，国家文物局已于1998年经文化部审议后上报国务院，目前正在国务院法制办公室研究作进一步修改。此次法律修改工作的重点在加强管理措施、规范文物流通领域和强化文物行政执法权力三个方面。法律修改的基本原则是：必须坚持党中央、国务院提出的“保护为主，抢救第一”和“有效保护，合理利用，加强管理”的原则，遵循文物工作自身规律，适应社会主义市场经济体制要求，为文物保护提供更加充分和完备的法律保障，促进文物工作和文物事业繁荣、发展，促进社会主义精神文明建设。

积极配合全国人大、全国政协开展了《文物保护法》执法情况检查。全国人大教科文卫常委会组成4个检查组，于4月至6月对陕西、山西、福建和河南等4个省近年来的情况进行了执法检查。彭佩云、何鲁丽、许嘉璐副委员长和范敬宜副主任委员以及6位委员参加了检查。检查组在各地听取了各级政府的汇报，实地检查了各级文物保护单位，召开座谈会与有关专家进行座谈，并与各省政府交换了意见。提出建议：1、必须从“三个代表”的高度深刻认识文物保护的重要性，把文物保护法的宣传工作提高到一个新水平。2、各级领导干部在实际工作中，要坚持把文物的社会效益放在首位，正确处理文物保护与利用、文物保护与经济建设、城市建设的关系。3、要迅速采取措施，制止在旧城改造中破坏历史文化名城的违法行为，加强对大遗址的保护力度，高度重视西部大开发中的文物保护工作。4、要针对当前出现的新动向、新特点，依法严厉打击文物犯罪活动，要采取有效措施，整顿文物市场秩序，强化管理。5、强化各级政府的职责，切实做到五纳入，进一步增加文物保护的经费投入，加强文物工作队伍建设。6、抓紧进行文物保护法的修改工作。

加大文物保护宣传的力度，扩大了文物工作在社会上的影响　文化部、甘肃省政府和国家文物局共同举行了纪念百年敦煌活动，在社会上引起了很大反响。7月6日，在北京人民大会堂隆重举行“敦煌藏经洞发现暨敦煌学百年纪念座谈会”。中共中央政治局委员、中国社会科学院院长李铁映，全国人大常委会副委员长丁石孙，全国政协副主席周铁农，国务院副秘书长刘奇葆，文化部部长孙家正，中央金融工委副书记阎海旺，甘肃省委书记孙英，甘肃省省长宋照肃，全国人大常委会财政经济委员会主任委员陈光毅，国家文物局局长张文彬，中国社会科学院副院长江蓝生，中国敦煌吐鲁番学会会长、北京大学教授季羡林，敦煌研究院名誉院长段文杰，敦煌研究院院长樊锦诗及中央、国务院有关部门的领导同志，首都和甘肃文化界、文物界、社会科学院、新闻界的专家学者和代表共200余人出席了座谈会。中共中央政治局常委、国务院副总理李岚清给座谈会发来了贺信。李岚清在贺信中向在敦煌文物保护第一线的文物工作者，长期在敦煌学研究领域默默耕耘的专家学者，全国从事文物保护、考古研究以及人文社会科学研究的同志致意。他指出，敦煌文化是我们每一个中国人的骄傲，是人类文化交流和智慧的结晶。中国敦煌学研究经过近百年尤其是近20年的不懈努力，已步入空前繁荣的阶段，成为国际敦煌学的中心。敦煌文物得到了有效保护和合理利用。他要求文化战线的同志们站在新世纪的起点上，以江泽民同志最近提出的“三个代表”的重要思想为指导，不断创造和推进有中国特色社会主义文化。

7月－8月在中国历史博物馆举办“敦煌艺术大展”。共展出复制洞窟4个、壁画临本30幅、雕塑临摹10件、藏经洞写经真迹14件、复制品10件、藏经洞绢纸画真迹6幅、复制品44幅，内容丰富全面，是迄今为止规模最大的一次敦煌艺术展览。展览期间，中共中央政治局常委、国家副主席胡锦涛，中共中央政治局常委、书记处书记尉健行，中共中央政治局常委、国务院副总理李岚清，参观了展览。

7月29日，国家文物局、甘肃省人民政府在敦煌莫高窟举办隆重的颁奖仪式，对在半个世纪以来在敦煌文物保护研究中做出特殊贡献的7位个人和3家机构予以表彰，并授予“敦煌文物保护研究特殊贡献奖”。获此殊荣的是常书鸿、段文杰、季羡林、饶宗颐、邵逸夫、潘重规、平山郁夫及中国敦煌研究院、日本东京国立文化研究所、美国盖蒂基金会。7月29日至8月3日，2000年敦煌学国际学术研讨会在敦煌莫高窟召开，来自中国内地、港澳台以及日、美、英等9个国家的近300名敦煌学专家、学者聚首莫高窟，共同回顾和总结了敦煌学产生、发展的百年历程，总结了研究成果和历史经验，共同探讨了敦煌学的发展趋势。

举办了第二届“文物保护世纪行”活动。“文物保护世纪行”活动是国家文物局组织的大型文物宣传活动。为了配合党中央、国务院的西部大开发战略部署，8月份国家文物局主办了第二届“文物保护世纪行”活动，由新华社、人民日报、中央电视台等多家新闻单位的记者组成的考察团，历时25天，行程5000多公里，先后考察了甘肃省、新疆维吾尔自治区的36个文物保护单位，以及13个博物馆和文物科研单位。在近一个月里，国内主要媒体集中对文物工作进行了报道，造成了强大的文物宣传声势，引起了社会各界对文物工作的重视，为文物部门今后更有效地开展工作奠定了基础。

建国以来，配合三峡等大型基本建设所进行的最大规模的文物抢救保护工程取得阶段性成果 国家文物局在三峡工程文物保护工作中的任务是指导和督促检查湖北省、重庆市的库区文物保护工作，并协调调集全国文物考古力量参与三峡工程文物保护工作。为此，国家文物局于1997年在重庆召开了对口支援三峡库区文物保护工作协调会，于1998年组织有关专家赴湖北省和重庆市检查了库区考古发掘工作，并于1999年会同公安部、三峡建委移民局组织了对三峡库区文物安全的检查工作。为进一步推动和促进库区文物保护工作，国家文物局又于2000年12月组织有关专家赴库区进行了全面的检查。湖北省和重庆市各级领导认真执行“保护为主，抢救第一”的文物工作方针，对三峡库区文物保护工作给予了高度重视。湖北省和重庆市均成立了三峡文物保护工作领导小组，分别出台了本省（市）的《淹没及迁建区文物保护管理暂行办法》，举办了多种形式的业务人员培训班，并各自在项目管理和验收、资料管理和报告出版、展览和宣传等方面取得了一定的经验。全国各地文物考古力量积极参与三峡库区文物保护工作，近50个单位先后参与了2000年三峡库区文物保护工作。可以说，三峡库区文物保护工作已基本步入正轨。在具体工作上，主要有以下几方面的成果：1、基本执行并完成了计划。三峡建委移民局从1997年下半年开始安排库区文物保护项目及经费。至2000年底，大多数库区地下文物发掘项目已经开展，部分已经完成，发掘面积20余万平方米，部分因经费下达时间晚的原因将延至2001年春季完成。2、较好地保证了工作质量，工地管理良好，没有发生安全事故。各考古发掘单位能按照《田野考古操作规程》的要求，认真做好地下文物抢救发掘工作，加强了工地管理，建立了临时库房，确保文物和资料的安全，也没有发生人员伤亡事故，基本得到专家们的首肯。3、取得了一批重要成果。经过几年来的考古发掘工作，已发现大量不同时代、不同类型的文化遗迹，出土各类文物标本数万件。发现了距今5—10万年的旧石器时代中、晚期遗物；基本掌握了三峡地区距今7500—4000年的史前考古学文化发展脉络；获取了一批探索古代巴文化的起源、分布以及巴与蜀、楚的关系等方面的重要资料；对汉、唐时期三峡地区文化遗存有了新的认识。可以说，整个三峡地区的考古学文化编年正逐步得到廓清，该区域长期以来的文化空白状况正得到填补。4、保持和发扬了文物考古工作者的优良传统。2000年是迄今三峡库区地下文物抢救发掘力度最大的一年。各考古发掘单位在时间紧、任务重、困难多的情况下，不等不靠，保持和发扬了文物考古工作者吃苦耐劳的优良传统，在库区各级文物部门的配合下，较好地完成了工作任务。

打击文物盗窃、走私犯罪活动取得显著成绩 青海都兰、内蒙古赤峰等地的严重的盗墓活动有所遏制。赤峰地区是中国北方古代文化的重要发源地之一，闻名于世的红山文化、兴隆洼文化、赵宝沟文化、夏家店文化、契丹—辽文化均发源于赤峰，全市范围内共有各时期古代文化遗存6800余处，约占内蒙古自治区总数的47%以上。从80年代初开始，赤峰地区盗掘古墓和文物走私犯罪活动就十分猖獗，当时主要是盗掘辽墓，到90年代这种犯罪行为屡禁不止，愈演愈烈，发展到盗掘红山文化的墓葬和遗址，夏家店上层文化的墓葬。据初步估算，赤峰地区近20年来被盗掘破坏的古遗址和古墓葬在5000处(座)以上。为进一步打击盗掘古墓和走私文物的违法犯罪活动，赤峰市委市政府和有关部门加大文物法律、法规的宣传力度，建立县、乡、村、组四级文物保护组织，整顿非法文物市场，遏制非法经营文物活动，开展打击文物犯罪活动的专项斗争，依法从重从快处理一批文物犯罪分子。近几年来，赤峰市公安机关共查获追缴文物4000余件。青海省开展打击盗窃都兰吐蕃古墓群专项斗争。自1999年以来，青海省都兰县境内的吐蕃墓葬群多处被盗，犯罪分子采用的盗掘手段十分恶劣，甚至动用推土机等大型机械推开墓葬封土，用车辆运送盗窃的文物，被盗现场人骨、棺木、封石、皮具等随葬品散落四处，破坏十分严重。据悉有珍贵的丝绸、金银器、陶器等出土文物落入犯罪分子之手。中央领导同志对此十分重视，并做出批示，要求采取果断措施，严厉打击盗墓的犯罪分子。青海省成立了打击盗掘吐蕃古墓葬专项斗争领导小组，收缴了一批文物，有力地打击了盗掘古墓犯罪分子的嚣张气焰。

博物馆建设，文物保护和安全设施建设有所加强 贯彻落实了《文物系统博物馆风险等级和安全防护级别的规定》，馆藏文物的安全防范能力得到明显增强。国家设立的文物抢救性保护设施建设专项资金，加大了对各级各类博物馆建设的资金投入，促进了各级博物馆文物收藏、有效地抢救保护了祖国珍贵历史文化遗产，也极大地促进了文物博物馆事业的发展。近十年来，中央补助地方文物保护设施建设专项资金共2.5亿元，首先，加强了对各地文物库房布局的指导有计划地建设了一批文物中心库，便于将文物相对集中保管，在大部分省市取得了较明显的效果。其次，较大地改善了博物馆文物保管条件，一定程度上缓解了各地库房狭窄、拥挤、潮湿、不安全的局面；第三，一些地方在基础设施改善的前提下，加强安全保卫的人力和技术措施，使博物馆特别是文物库房的发案率明显下降。

文物外事活动、对外文化交流活动取得明显成效 7月，国家文物局和建设部、联合国教科文组织、世界银行联合在北京召开了“中国文化遗产保护和城市发展”国际会议。文化部部长孙家正致辞，国家文物局局长张文彬做了主旨报告。会议最后达成了《北京共识》：要妥善保护城市中的历史文化遗产，迎接来自各个方面的挑战，必须采取相应的保护措施。首先需要制定一个完备的保护法规体系。其次，需要一个与城市建设相吻合的、切合实际的历史文化遗产保护规划，并且严格按照规划进行各项城市建设。第三需要城市的市长以及政府有关机构具有重视城市文化遗产保护的长远目光和胆识，需要广大公民，特别是城市中的居民能够充分认识到所负有的保护城市历史文化遗产的责任感和使命感，使保护历史文化遗产成为每一位公民的责任和义务。

在取得上面各项成绩的同时，也还存在着一些问题：

依法行政，依法管理还是一个薄弱环节，依法保护文物的基础工作有待加强。当前城市改造、农村城市化进程加快，许多古建筑、古遗址面临破坏，法人违法的现象较为严重。如何正确处理文物保护与基本建设工程的关系，正确处理文物保护与发展旅游的关系，正确处理文物工作与人民群众日益增长的精神文化生活需求的关系，是摆在我们面前的一个突出问题。

管理工作有待加强，特别是文物流通领域的无序状态并未从根本上得到改变。对于文物犯罪屡禁不止问题，需要进一步加强与公安、工商、海关等部门的密切协作。各级政府对文物保护的经费投入总量严重不足，数量众多的文物古迹缺乏必要的保护设施和保存条件。

文物、博物馆队伍的整体素质有待提高，文物保护科技人才门类短缺，学科带头人和高级管理人才严重不足，文物保护特种传统工艺后继乏人。

文物保护和考古工作

文物保护工作

文物保护专项经费的投入力度逐年加大 中国是个文物大国，地上地下文物极其丰富。党中央、国务院历来非常重视中国文物保护工作，为文物保护工作确立了“保护为主，抢救第一”的方针和“有效保护，合理利用，加强管理”的原则。多年来，中央财政对文物事业给予了极大的关注、理解和支持。特别是设立了国家文物保护专项经费，自1973年开始每年安排一定数量的专项经费，用于全国重点文物保护单位的维修保护。1992年大幅度地增加，由每年的5000万元增加到

1.05亿元。"九五"期间又逐年有所增加，至1999年每年已达1.3亿元。这些经费的投入，有效地抢救保护了一大批珍贵历史文化遗产，极大地促进了文物事业的发展。"九五"期间，中央财政共安排国家重点文物保护专项补助经费60800万元，用于2228项（次）文物保护项目，其中：全国重点文物保护单位保护维修1126项(次)，补助经费45620万元；重要省级文物保护单位保护维修200项（次），补助经费4634万元；考古发掘233项，补助经费1712万元 重点博物馆维修110项(次)，补助经费1656万元；文物征集120项（次），补助经费1415万元；安全防护设施115项，补助经费1212万元；馆藏文物保护39项(次)，补助经费986万元；其他项目285项，补助经费3565万元。中央财政文物保护专项补助资金的设立和逐年增加投入，对地方引起了极大的反响，促使地方更加重视文物保护工作。特别是在《国务院关于加强和改善文物工作的通知》下达后，不少没有文物保护专项资金的地方设立了专项资金，已有专项资金的地方加大了投入力度，使得文物保护工作在资金方面呈现出前所未有的新面貌。据不完全统计，"八五"期间，各地方专门用于文物保护的投入为2亿元，而"九五"前四年的投入已达4.5亿元。

一大批濒临损坏的珍贵文物得到及时地抢救和保护　"九五"期间，在中央财政主动投入和地方各级政府、文物部门积极参与下，一大批珍贵文物得到有效保护和抢救，在国内外产生重要影响。如吉林高句丽古墓群、河北广惠寺华塔、清东陵、西陵、定州开元寺塔、山西大同云冈石窟、晋祠、甘肃炳灵寺石窟、榆林窟、新疆阿巴霍加麻扎主室、克孜尔千佛洞、西藏布达拉宫、托林寺、古格王国遗址、河南济源济渎庙、洛阳龙门石窟、浙江良渚遗址、陕西药王山石刻、秦始皇兵马俑、延安革命旧址、西岳庙、乾陵、湖南长沙吴国简牍等等。到目前为止，国家重点文物保护单位中的古代、近现代建筑已经有2/3以上得到维修，一大批省市级文物保护单位也经过维修而基本解除了险情。同时，中国文物工作者综合运用传统技艺和现代科技技术手段，有效地减缓或防止了文物的自然损坏。2000年，审查批复了河南龙门石窟保护规划、宁夏西夏王陵保护总体规划、北京圆明园遗址公园规划等156项文物保护单位的保护规划和维修工程方案。

文物古迹是中国极为丰富的人文旅游资源中的重要组成部分，在中国旅游业的发展中发挥着重要作用　据不完全统计，每年到文物博物馆单位参观的达13888万人次。到故宫博物院参观的达到586万人次，其中境外游客180万人次；到陕西秦始皇陵兵马俑博物馆参观的达到156万人次，其中，境外游客31万人次；到敦煌莫高窟参观的达到25万人次，其中境外游客近3万人次；到洛阳龙门石窟参观的达80万人次，其中，境外游客近7万人。文物古迹成为旅游业发展和繁荣不可缺少的支撑。

开展遴选第五批全国重点文物保护单位的工作　新中国成立以来，党中央和中央人民政府对文物保护工作十分重视。在不可移动文物古迹的保护方面，采取了根据其价值大小分级公布为文物保护单位的做法，即分为全国重点文物保护单位、省(自治区、直辖市)级文物保护单位和县(区)级文物保护单位。1961、1982、1988和1996年，国务院分四批公布了全国重点文物保护单位共750处。据统计，在中国经普查登记的约40万处各类不可移动文物点中，已经公布为省级文物保护单位的约7000余处。全国重点文物保护单位主要是从省级文物保护单位中经过慎重筛选确定公布的。筛选的标准，首先是必须具有历史的真实性，是有物可看、有事可述的历史遗存。其次是必须具有突出而重大的历史、科学、艺术价值，而且其时代、性质、特征比较明确，保存状况较好。第三是必须有较高的典型性和较强的代表性，能充分反映某一地区、某一时代或某一民族独特的生产、生活状况和文化特点。评定全国重点文物保护单位的做法，为推动中国文物保护工作，起到了十分重要的作用，在国际社会上有着良好的影响。

开展遴选和公布第五批全国重点文物保护单位的工作意义在于：首先是国保单位的总体数量偏少。我们知道在世界四大古代文明体系中，只有中华民族的文明延绵不绝，中国广袤土地上保存的文物古迹遗存十分丰富，这已为世界各国所公认。而目前公布的全国重点文物保护单位仅有750处，与中国文明古国的历史地位及现存文物数量极不相称。其次，为了在控制数量的同时照顾地域上的平衡，一些文物相对集中的省份中的一些重要文物未能列入“国保”单位名单。如山西省就有许多珍贵的宋元时期的建筑尚未成为“国保”单位，并因此而遭受损坏，这是让人十分痛心的。第三，以往我们对反映民族、民俗和近现代文化生活、经济活动等文物的价值及其保护的迫切性认识还不够，很少将其纳入全国重点文物保护单位的范围。这种情况应该逐渐改变。第四，目前一些地方有大量文物古迹遭到破坏，一些犯罪分子也乘机盗窃、盗掘古遗址、古墓葬，造成的损失非常严重。在这样严峻的形势下，再新确定一批全国重点文物保护单位，对于进一步督促各级人民政府依法保护文物古迹，加大打击文物犯罪的力度，是十分有益的。第五，中国目前已经有23个重点文物保护单位和风景名胜区列入世界文化和自然遗产名录(全球现有630处)。其中一些综合项目包括有省级文物保护单位，如“武当山古建筑群”；也有的包含了几个全国重点文物保护单位，如长城。因此对前四批保护单位，也需要做少量调整与归并。目前，国家文物局组织有关学科的专家，分门别类地对候选单位进行了系统评估，确定预选名单，完成了第五批国保的遴选工作，已经报请国务院审查批准。主要是已经公布的省级文物保护单位(包括已经列入第四批全国重点文物保护单位预备名单的重要省级文物保护单位)，以及目前虽非省级文物保护单位，但是具有特别重要价值的文物。

世界文化遗产的申报和管理工作取得预想效果 1985年底中国正式加入《保护世界文化和自然遗产公约》，1987年以来，中国先后9次向联合国教科文组织推荐了世界文化和自然遗产。经过国家文物局、建设部、中国教科文卫委员会及遗产所在地主管部门的共同努力，中国已经成为(世界遗产公约)缔约国中的“遗产大国”，越来越多的中华民族优秀传统文化和自然遗产为世界瞩目。这些分布在中国各个地区的世界遗产也受到地方政府和人民群众的高度重视和严格保护，使它们日益发挥出弘扬民族文化和展现锦绣河山的巨大的社会效益，也带来可观的经济效益。但是，中国的世界遗产保护也同世界各国一样，面临着社会发展进步所带来的挑战。在保护和管理方面还有许多亟待解决的问题。有些问题已引起国际上的关注。

5月23日，由中国联合国教科文组织全国委员会、建设部、国家文物局共同举办的首次中国世界遗产地工作会议在苏州召开。来自全国23处世界遗产地的代表近百人出席会议，会议主要议题是总结十几年来中国世界遗产保护工作的成绩，探讨遗产地管理中存在的问题，共商新世纪世界遗产保护和发展大计。中国教科文全国委员会秘书长张学忠、国家文物局副局长马自树、苏州市副市长沈长全出席会议并讲话。与会代表及专家认为，目前存在的主要问题是如何正确对待申报成功后的遗产地的保护工作。世界遗产的保护是一个动态的不间断的过程，不是一进入遗产名录就等于进入了保险箱。北京大学教授谢凝高指出，目前联合国教科文组织定义对世界遗产的主要威胁有四项：国际冲突、地区冲突、大型基本建设、旅游。中国遗产地的主要破坏来自于旅游开发。不少地方将世界遗产地作为旅游开发的“金字招牌”和“摇钱树”，在遗产地的核心地区大量建设宾馆、商店、索道，破坏了地表植被，造成遗产地主要景区的城市化，带来游人的过度集中等问题。国家文物局副局长马自树在讲话中明确表示，国家文物局不赞成将世界遗产地作为旅游项目捆绑上市或租赁使用。这种行为是违背遗产保护的基本原则的。要求世界遗产地珍惜荣誉，认真对待国际公约的严肃性。对于中国已签署的世界遗产保护公约要严格遵守，高度重视，保护世界遗产的真实性和完整性。在谈到正确处理保护和利用的关系时，马自树强调，各遗产地的主管部门要认真对待世界遗产与旅游开发的关系问题，旅游设施泛滥，过度开发，将索道建在遗产地的门面上等做法，无异是自毁家园。中国教科文卫委员会秘书长张学忠在会上介绍了联合国教科文组织对世界遗产申报及保护方面的新思路和做法。在申报方面，更注重代表性原则和地区均衡原则，鼓励尚未申报的国家提出遗产项目，呼吁已有相当数量遗产的国家放慢申报速度，对遗产项目的评估和审核日趋严格。对遗产地周围环境(缓冲区)的要求越来越高。他提醒遗产地在接受国际专家评估时，对于存在的问题不要回避，否则后果将无法挽回。对于已经列入《世界遗产名录》的遗产地，教科文组织有一整套考察监测制度，对于出现严重保护问题者，将列入《濒危世界遗产名录》，甚至取消其遗产资格，这在国际上是有先例的，中国也有3处遗产地所存在的问题也受到国际专家的严重关切。会上，呼吁建立健全相应的法律法规，包括建立世界遗产委员会，设立遗产管理奖励基金，建立年度评审制度等。

中国世界遗产由23处增加到27处（组），位居世界第三。11月27日至12月2日，第24届世界遗产委员会会议正式在澳大利亚举行。会议通过将中国今年申报的洛阳龙门石窟，明、清皇家陵寝和安徽古村落等3处世界文化遗产项目列入《世界遗产名录》；将中国申报的文化与自然双重遗产项目——青城山及都江堰作为世界文化遗产列入《世界遗产名录》。另外，还通过了中国今年申报的两处世界遗产扩展项目：拉萨大昭寺，苏州古典园林中的沧浪亭、狮子林、耦园、艺圃、退思园。建设部主持申报的青城山及都江堰双重遗产中的自然部分被推迟再审议。目前，世界遗产总数691处。中国拥有遗产数列第三(27处)。第一位为西班牙35处；第二为意大利。中国将文化内涵、保存形态、文物特征以及时代相接近的遗产成组申报为世界文化遗产，受到与会代表赞扬。照顾到国际平衡的原则，要求已拥有较多的世界遗产的国家放慢甚至暂停申报的呼声更趋激烈。但今后申报时，“少而精”仍是须注意的原则。为此，国内应切实做好统一、协调工作。

11月，国家文物局主办，江苏省文化厅和南京市文物局联合承办在南京召开中国古城墙科学保护研讨会。参加会议的专家学者对《中国古城墙保护准则》的审议稿进行了讨论，并就中国古城墙的保护，城墙与城市可持续发展的关系，古城墙维修过程中的文保科技问题以及古城墙的历史、文物价值等方面问题进行了学术研讨与交流。

考古工作

考古发掘工作坚持以配合基本建设为主，做好三峡库区、小浪底水库以及国家大型基本设施建设、城乡建设和西部大开发中的考古勘探、调查、发掘工作。同时，还开展了以科学研究为目的的学术性发掘。2000年审查考古发掘计划450余份，颁发考古发掘执照245份，进行了2000年度考古发掘领队资格评议工作。

开展了1999年全国十大考古新发现的评选活动，评选出1999年全国十大考古新发现。5月30日，由国家文物局主办，中国文物报社承办的1999年全国十大考古新发现评选在京揭晓。这十项考古发掘上起新石器时代，下至明清，内容涉及城址、墓地、酒坊等多种遗迹，是1999年全国考古工作成果的集中体现，具有较高的学术价值，对于揭示中华文明发展历程、研究中国古代历史文化等方面都具有重要意义。1999年全国十大考古新发现获选项目，依时代顺序分别为：江苏江阴高城墩新石器时代遗址、辽宁桓仁五女山山城、吉林通化万发拨子遗址、河南焦作府城商代早期遗址、湖南沅陵虎溪山一号汉墓、云南昆明羊甫头墓地、山西太原隋代虞弘墓、安徽淮北柳孜隋唐大运河遗址、河北张北元中都、成都全兴水井街酒坊遗址。

对大遗址实施大规模的抢救保护工作，整治环境，制止破坏，从根本上改变大遗址保护的被动局面。中国是世界上少有的文明古国，历史上曾经是世界古文明中心之一。在中国，不可移动的文物古迹大多是处于遗址状态的。很多古遗址、古墓葬及其组群，包括原始聚落、古代都城、宫殿、陵墓区和宗教、工业、水利、交通、军事等建筑、设施遗迹，面积有几十、几百万平方米，或以平方公里计，甚至超过几十平方公里，我们称这些古迹为大遗址。长城和现大部分仍在使用的古运河都是世界最著名的大遗址，其他如周口店“北京猿人”遗址、良渚遗址群、三星堆遗址、殷墟、秦始皇陵及兵马俑、汉长安城遗址、楼兰古城、隋唐长安城及洛阳城遗址、赤峰辽墓群、西夏王陵等都是中国大遗址的典型代表。大遗址起迄年代久远，分布地域广阔，气魄宏大、埋藏丰富，综合并直接体现了中华民族和文明的起源、形成与发展，是构成中华五千多年灿烂文明史的主体，是中华文明曾经高度发达，并对世界各国的文明与进步产生过巨大影响的历史见证，是我们民族的骄傲。大遗址是深厚的科学与文化资源，也是有特色的环境景观和旅游资源，其价值和作用是许多其他文物无法替代的。近年来，特别是“九五”后三年，国家计委每年都安排一定数量的资金用于大遗址保护设施建设项目，为大规模抢救保护和利用创造了条件。各地从保护和利用的角度出发，积极地组织制订大遗址保护和利用规划。有些地方迁移了遗址范围内的村庄、单位，拆除了有影响的现代建筑，建设了遗址博物馆和保护展示遗迹的设施。对一些特别重要、又受城乡建设威胁严重的大遗址，国家进行了重点指导和支持，一些保护项目已经启动。如遵照江泽民总书记和李岚清副总理的指示，包括交河故城、高昌故城等遗址保护项目在内的制订《吐鲁番地区文物保护与旅游发展总体规划》工作已经启动；国家计委1999年安排1000万元用于宁夏西夏王陵三号陵园的保护项目，现总体规划已经国家文物局批准，项目正在实施中。但是由于千百年来人为与自然力的破坏使许多大遗址处于毁灭的边缘，特别是当前快速发展的城乡建设、基础设施建设、不合理的土地开发利用以及日益猖獗的对古遗址、古墓葬的毁灭性盗掘活动使本已异常脆弱的大遗址面临日益严重而致命的冲击。

加强边疆考古和民族地区的考古。完成本年度高句丽、渤海和新疆专题项目安排的初步意见。组织召开东北地区1-10世纪历史与考古学术研讨会。

博物馆工作

博物馆的建设

全国博物馆的数量和质量又有了新的提高。随着中国经济、文化的繁荣发展，博物馆的社会作用不断增强，各地区、各行业建设博物馆的积极性持续高涨。在各级党委 、政府的重视、关怀和全社会的积极支持下，2000年全国博物馆的数量和质量又有了新的提高。全国文物系统管理的博物馆由1999年的1356所增加到2000年的1397所，加上其他行业和民办的博物馆，全国各类博物馆数量已达到2000余所。博物馆的门类涉及综合类、社会历史类、革命史类、军事类、名人类、艺术类、自然类、地矿类、科技类、产业类、民族民俗类等多种类型。继近年来上海博物馆、南京博物院、河南博物院、中国科技馆、湖南省博物馆等完成新建、扩建之后，2000年广州艺术博物院、香港文化博物馆的建成开放；辽宁省博物馆、福建省博物馆建设工程的顺利进展，青海省博物馆新馆主体工程的竣工落成，重庆市中国三峡博物馆的开工兴建；首都博物馆、北京自然博物馆、天津博物馆、山西省博物馆、湖北省博物馆、四川省博物馆、新疆维吾尔自治区博物馆、甘肃省博物馆、宁波博物馆、深圳博物馆、成都博物馆等众多省市博物馆新建、扩建的前期准备工作抓紧进行，预示着世纪之交的中国博物馆事业将取得更加令人瞩目的新发展。

开展馆藏文物的登记、鉴定和建档工作。博物馆的藏品是博物馆全部业务活动的物质基础，也是展示和传达信息的主要依托。目前全国文物系统各级各类文博单位(含博物馆、考古研究所、文物管理所等)收藏、保管的文物达1200多万件，其中定为一、二、三级品的珍贵文物达90多万件。仅文物系统博物馆的藏品即达950多万件。1996年以前，中央和地方财政始终未安排过对这批珍贵文物进行技术修复和保护的专项经费。自1997年开始安排少量经费，4年中共安排补助57个项目，金额1036万元。自1999年国家文物局重点部署开展直属博物馆藏品清理、登记基础工作以来，故宫博物院、中国历史博物馆、中国革命博物馆等5家直属馆均加强了这方面的领导，制订工作规划，组织专门力量，在弄清家底，完善帐、卡、档案、实现管理工作规范化上做了大量工作，取得了明显进步。截止2000年末，已在完成上述工作的基础上，向国家文物局报审备案。各馆已完成清理、登记的藏品数为：故宫博物院：934808件，其中一级品8288件（已有7000件档案备案）；中国历史博物馆 329459件，其中一级品2097件（已报清单备案）；中国革命博物馆：78572件，其中一级品2140件（全部档案已报备案）；北京鲁迅博物馆：29837件，其中一级品1433件（已报清单备案）；国际友谊博物馆：13802件，正在研究定级问题（另有1000多件尚未编号）。

由国家文物局自1993年起组织开展的全国馆藏一级近现代文物鉴定、确认工作全面完成。共对31个省、自治区、直辖市416个博物馆、纪念馆和文物管理所收藏的12885件一级近现代文物进行了鉴定，从中初步确认一级品5702件。经过这项历时8年的工作，基本摸清了全国文物系统近现代文物的收藏状况，极大地促进了各地近现代文物特别是革命文物的保护、宣传工作。在此基础上，研究起草了《近现代一级文物鉴定参考标准》和《近现代文物征集参考范围》两个规章草案。

博物馆的陈列展览

2000年全国博物馆的陈列展览工作异常活跃，涌现了一大批内容丰富、种类繁多、社会效益、经济效益俱佳的优秀陈列展览。全国仅文物系统的博物馆就推出各类陈列展览7000多个，加上其他行业博物馆和民间博物馆举办的陈列展览，总数可达8500个，观众人数1.5亿人次，进一步丰富和满足了人民群众的精神文化需求。

2000年3月，国家文物局、中国博物馆学会、中国文物报社在北京举办了1999年度全国文物系统“十大陈列展览精品”的评选活动。来自25个省、自治区、直辖市和国家文物局直属单位的38个博物馆的45个陈列展览参加了评选，评出精品奖10个、提名奖5个。获得“十大陈列展览精品奖”的是：河北省博物馆《满城汉墓》陈列；南京博物院《艺术陈列馆》；洛阳博物馆《永恒的文明》陈列；包头博物馆《石破天惊—内蒙古古代岩画》陈列；四川省博物馆《巴蜀寻根》展览；西藏博物馆《西藏历史文化》陈列；翠亨孙中山纪念馆《孙中山先生生平事迹》陈列；荆州博物馆《江汉平原楚汉文化》展览；西夏博物馆《西夏历史文化》陈列。获得“十大陈列展览精品奖”提名的是：郑州市博物馆《石刻艺术》陈列；潍坊市博物馆《潍坊简史》陈列；合肥市文物处《李鸿章家族住宅旧址》陈列；首都博物馆《古都文化》展览；黑龙江省博物馆《黑龙江自然》陈列。

6月，国家文物局在广东孙中山纪念馆举办了1999年度全国文物系统“十大陈列展览精品”颁奖暨学术研讨会，隆重表彰了获奖单位，系统总结、交流了各地博物馆推出陈列展览精品的成功经验，深入探讨了陈列展览的文化、学术理论，对进一步提高陈列展览精品水平提出了努力方向，并决定编辑出版1997—1999年全国“十大陈列展览精品”成果汇编，扩大交流和宣传。

博物馆的宣传教育

2000年5月18日是第24个国际博物馆日。全国各地的博物馆紧密围绕国际博协确定的“致力于社会和平与和睦的博物馆”这一宣传主题，广泛开展了博物馆参观、咨询、宣传、文物鉴定、义务讲解等内容丰富、各具特色的纪念活动。国家文物局、北京市委宣传部、北京市文物局等于5月18日——21日联合在北京市劳动人民文化宫举办了大型纪念活动。故宫博物院、中国革命博物馆、中国历史博物馆、中国军事博物馆等76家博物馆，北京市园林、旅游系统的20处旅游景点，文物出版社、北京出版社等单位参加了该活动，共设摊位126个，统一制作展示和宣传国家文物局、北京市文物局及各博物馆内容的展板250块。同时还举办了文物鉴定咨询和文博知识讲座，免费为观众服务。北京各大新闻媒体以文物博物馆为主要内容，进行了相关的宣传报道。这次为期4天的国际博物馆日活动，得到了首都各界的普遍欢迎，增进了社会对博物馆的了解和认识。

国家文物局组织召开了由直属博物馆和北京重点博物馆主要负责人参加的4次座谈会：运用抗日战争文物驳斥日本右翼势力的反华行径暨促进爱国主义教育的座谈会；落实江泽民同志重要指示，建设好青少年校外活动场所的座谈会；落实中央思想政治工作会议精神，充分发挥博物馆宣传教育作用的座谈会；9月10日，国家文物局会同北京市文物局在京召开“假日经济与博物馆”座谈会，探讨了博物馆如何满足假日期间群众的精神文化消费需求，充分发挥博物馆服务社会，服务公众的职能。会议提出各博物馆首先要认清形势，转变观念，积极应对，主动出击；其次，要强化服务意识，改进服务理念，以优质服务吸引观众；第三要调整、充实陈列展览内容，美化参观环境，增加服务设施，做好游客的参观疏导工作，努力扩大服务的内容和范围，特别要针对假日期间观众的参观需求和观众流量的变化，事先拟订接待服务工作的计划或预案，游客集中、观众激增的单位还要提前公告每日观众临界的控制数量，在文物安全不受影响的情况下，采取适当延长开放时间，提前预约、暂停售票等措施，保证良好参观秩序和观众安全。

文物安全保卫工作

文物被盗案件和火灾事故情况

近年来，盗窃文物、盗掘古墓葬、走私文物案件屡禁不止，有的地区相当猖獗，文物案件有上升趋势。据公安部、海关总署统计，1999年全国各地公安机关共接报涉及文物方面的犯罪案件457起(不含由经济犯罪领域统计立案的68起走私案)，损失珍贵文物27845件，一般文物71723件。

一、馆藏、寺庙、田野文物被盗情况

据全国文物系统正式报告的数字统计(部分单位发生文物案件并未上报)，1997年以来，馆藏、寺庙、田野文物发生被盗案件195起(不包括盗掘古墓案件)，其中未遂22起，已侦破35起，丢失文物1284件。在发生的195起案件中，博物馆被盗41起，占被盗案件的20.1％，打死、打伤、捆绑值班人员的恶性案件20起，占被盗案件的10.3％。在1999年11月、12月的两个月时间里，山西省连续发生了6起文物被盗被抢案件(3起未遂)，其中3起为打伤值班人员或将值班人员捆绑后进行作案，犯罪分子手段极其恶劣。如11月24日，一伙歹徒持枪窜入山西省五台县南禅寺(全国重点文物保护单位)将电话线剪断，把狗毒死，把值班员捆绑并将腿打伤，盗走3尊佛像，并将主佛像胸部掏空。2000年全国发生文物被盗案件（不含盗掘古墓，走私文物，倒卖文物等案件）43起，其中未遂5起，已侦破15起，丢失文物270件。发案次数和丢失文物数量分别比1999年上升16.2%和82.4%。发生的文物被盗案件中，博物馆（含文物管理所）馆藏文物被盗6起，占发案总数的14%，田野石刻、寺庙文物被盗37起，占被盗案件总数的86%。

90年代初，全国盗掘古墓犯罪活动猖獗，各地公安机关采取一系列措施，开展打击盗掘古墓葬的专项斗争，盗掘古墓案件大幅度下降，古墓被盗掘现象有所遏制。如山西省，1995年在全省范围内开展了“南征北战”打击盗掘古墓葬犯罪活动的专项斗争后，使盗掘古墓之风得到有效遏制。自1998年以来，全国盗掘古墓案件大幅度上升，青海都兰、湖南湘乡、河南临汝、山西长治、内蒙古赤峰、湖北荆州等地都曾发生大规模的群体盗掘事件。1999年发生盗掘古墓案件比1998年上升300%。盗墓者扛着枪，带着炸药和氧气瓶，白天开着车，公开探洞。更有甚者，还对举报人进行报复，毒死举报人的家畜、家禽等，并扬言要杀死举报人的小孩。据统计，荆州地区盗墓团伙至少有15个，负案在逃的至少有100多人。当前，盗掘分子已形成智能化、武装化、专业化、暴力化团伙，集盗、运、销、走私出境于一身。

二、火灾事故情况

2000年全国文博单位、古建筑发生火灾事故6起，烧毁城楼一座，牌楼一座，古建筑5间。火灾事故比1999年上升了一倍。在发生的6起火灾事故中，其中3起为非文物单位使用管理。

文物被盗案件、火灾事故特点

1、馆藏文物被盗案件连续三年大幅度下降，2000年馆藏文物被盗案件比1999年下降了50%。

2、田野石刻造像、寺庙文物被盗案件在连续两年下降以后，又有上升的趋势。在文物被盗案件中占居比例较高，发案次数和丢失文物数量分别占86%和86.7%。

3、夜间、团伙作案突出，被盗的文物案件中，90%以上的案件为夜间、团伙作案，且盗窃大件文物案件上升。2000年，有30多件约重50公斤以上的文物被盗走，有的甚至重达几吨。

4、采用暴力手段捆绑值班人员抢劫文物的恶性案件时有发生，全年发生5起捆绑值班人员盗窃文物的案件，占发案总数的11.6%。

5、文博单位内部人员作案有所上升。2000年博物馆发生的6起文物被盗、丢失案件中，有2起属于内部人员作案或内部管理混乱，手续不清引起的。

6、全国重点文物保护单位及省级文物保护单位火灾事故突出。2000年发生了6起火灾事故，比1999年上升100%，且均系省级以上文物保护单位。

7、非文物部门使用管理的文物保护单位火灾事故突出，2000年发生的文物保护单位火灾事故中，非文物单位使用管理的单位占50%。

文物被盗的原因及存在的问题

1、博物馆技术防范工程虽然逐步得到加强，但是部分单位领导没有将文物安全工作放到应有的重要位置，有重视业务工作，轻视安全工作的现象。文物安全工作所需经费得不到落实，尤其是经济条件差的地区，落实《风险等级》达标工作难度很大，当地政府没有经费给博物馆安装报警设备，在技术防范上是空白，只靠人死看死守。“人防、物防、技防”基本条件都不具备，展厅、库房条件简陋，没有报警设备，甚至连保卫人员基本的防卫器具、报警通讯联络工具都不具备。

2、有的单位领导对文物安全工作缺乏风险意识、安全意识，思想麻痹，疏于管理。有的单位没有建立严格的规章制度，或有章不循，管理混乱，制度流于形式。有的单位对文物展厅、库房钥匙管理不严，造成文物被盗；有的单位文物长时间不清点，账物不符；有的单位陈列展出提取文物或更换保管员时不办理文物交接清点登记手续，致使文物丢失后长时间发现不了。待发现文物丢失后，责任难以分清。有的单位保卫人员不严格执行值班制度，责任心不强，工作不负责任，几百公斤重乃至上吨重的文物被盗后均不能及时发现。有的单位发生文物案件后，政府领导怕影响政绩，阻止案件上报。

3、部分文物保护单位"四有"工作不落实，田野石刻、寺庙文物长期处于无人管理的状态。有的文物保护单位在一个多月的时间里发生4次被盗。田野石刻大多分布在荒山野外，远离城镇和乡村，且分布点多、面广。寺庙文物大部分裸露存放，既没有技术防范设施，人防又不到位，致使田野石刻和寺庙文物成为盗窃分子盗窃的重要目标。

4、文物系统保卫人员队伍不稳定，有些文物保护单位保护组织不健全。保卫人员任务重，责任大，工作辛苦，危险性大，职称问题得不到解决，相应的待遇与同等条件人员相比普遍偏低，致使保卫人员队伍不稳定。有的文物保护单位没有设立相应保护机构，聘请业余保护员所需经费未列入财政计划，经费得不到保障，致使部分县级文物保护单位、省级文物保护单位甚至全国重点文物保护单位长期处于无人看管的局面；有的单位虽然聘请业余文物保护员，由于待遇低，风险大，人身安全得不到保障，不愿意干此项工作。如山西省聘请专职保护员月工资100元，业余保护员年工资120元，在连续发生暴力抢劫文物案件后，保护员纷纷要求辞掉该项工作，文物保护单位保护组织极不稳定。

5、有的单位片面追求经济利益，将展厅或古建筑出租，又不加强监督管理，致使文物被盗或发生火灾事故。

6、盗窃分子作案手段逐步向武装化、暴力化、现代化方面发展，他们利用现代化的交通、通讯工具，手持枪支、器械对文物保护员采取捆绑、殴打等暴力行动。文物部门虽竭尽全力，但无可奈何。近年来，此类暴力、恶性案件不断发生，并有发展的趋势。文物保护员缺乏必要的交通、通讯和自卫器械，人身安全得不到保障。

7、侦破文物案件所需警力多、办案经费多，由于公安部门警力不足，办案经费短缺，致使有些文物案件立案后，受警力、办案经费等条件的限制，不能及时侦破。有些案件虽然已破，但犯罪分子不能及时抓获，涉案文物不能追回。对举报、侦破文物案件有功人员的奖励经费得不到落实，致使文物案件情报信息不通，耳目不灵，不能调动举报人和公安办案人员的积极性。

采取有效措施，加强文物安全工作，确保文物安全

针对猖狂的盗窃文物、盗掘古墓、走私文物犯罪活动，文物系统主要采取了以下措施：

逐步健全文物保护组织。要求各博物馆建立保卫机构，保卫人员数量应达到全馆职工人数的10%以上。目前，博物馆的保卫组织较健全，有许多单位保卫人员总数超过全馆人员总数的10%。要求寺庙、古墓等文物保护单位有保护组织。目前大多数省级以上文物保护单位建立了文物管理所或设立专职文物保护员。在成立文物管理所和专职文物保护员有困难的单位，设立了业余文物保护员，承担起保护文物的任务。

进行全国范围的安全大检查。由于全国安全生产形势严峻，重特大事故连续发生，中办、国办分别下发了关于加强安全生产的紧急通知。为了认真贯彻执行通知精神，2000年4月、7月国家文物局先后两次向全国文物系统下发了《关于加强安全大检查的紧急通知》和《关于贯彻国务院加强安全生产的紧急通知》。要求各单位要立即行动起来，开展安全大检查。对存在的安全问题，要及时采取有效措施，坚决予以整改。7月、12月国家文物局领导带队分别赴北京、天津、河北、山西、黑龙江、河南、甘肃、宁夏及局11个直属单位进行安全检查。通过检查，增强了地方文物安全意识，消除了一批隐患。

博物馆采取现代化的技术手段加强防范。1992年，公安部发布了《文物系统博物馆风险等级和安全防护级别的规定》(以下简称《风险等级》)，文物系统正在抓紧落实。目前，第一批74个一级风险单位有2/3以上单位的报警设备已经达标或正在投入试运行，部分二、三级风险单位也完成了达标任务。安全技术防范在保卫文物安全工作中已发挥了重要作用。全国每年都有一些单位由于报警器报警当场抓获盗窃分子或及时发现盗情，终止盗窃分子的盗窃活动，避免文物遭到损失和破坏。2000年国家文物局、公安部联合下发了《关于进一步落实风险等级的通知》。《文物系统博物馆风险等级和安全防护级别的规定》是公安部发布的行业标准，实施8年来，防范文物被盗，收到明显效果。通知规定，第一批一级风险单位要在2000年底前达标或做出具体实施方案，第二批一级风险单位和二、三级风险单位在2002年底前要完成达标任务。不达标的单位，不得展出珍贵文物；没有报警设备的单位不得展出文物。不具备保管条件的单位的珍贵文物，由省、自治区、直辖市文物部门指定具备条件的单位代为保管。通知的下发，促进了达标工作的进程。

提高文物系统保卫人员的业务素质和技术素质，规范文博单位录用保卫人员。4月，国家文物局发布《文物系统安全保卫人员上岗条件暂行规定》，对文物系统安全保卫人员的政治思想、职业道德、身体条件和文化程度、专业知识和工作能力，以及专业培训等方面做出明确的规定。5月30日-6月8日，国家文物局在郑州举办了“博物馆安全技术防范业务培训班”。聘请了公安大学、公安部第一研究所、北京市公安局刑事科学研究所的教授、专家讲授最新的技防措施。学员参观考察了河南博物院等一级风险单位的报警系统工程，进行了现场教学。

加强文物博物馆安全技术防范工作。2000年国家文物局转发了公安部《关于外商独资企业从事安防工程建设有关事项的通知》。通知规定，外商独资企业不得介入文物博物馆技术防范工程。根据技术防范工程设计和施工中普遍存在的问题，9月国家文物局下发了《关于加强安全技术防范工程设计、施工管理有关问题的通知》。通知要求:

一、各省、自治区、直辖市文物行政主管部门要加强对技术防范工程的管理，根据《风险等级》规定，认真履行报批手续。

二、根据《文物防范工程程序要求》及有关规定，从事安全技术防范工程设计施工单位须持有省、自治区、直辖市公安技术防范管理部门颁发的安全技术防范工程设计施工许可证，方可进行设计施工；设计、施工单位从事技术防范工程的资质等级应与建设单位工程级别相符。

三、技术防范工程属于特殊行业，各单位建设技术防范工程时，设计、施工、调试工作必须统一由一个单位承担，并本着谁设计、谁施工、谁调试的原则。

四、技术防范工程采取招标方式选择设计施工单位时，招投标时须选择从事技术防范专业有经验的专家作为评委。

五、外商独资企业不得介入文物系统三级风险以上的文物、博物馆技术防范工程的设计、施工、调试工作。

六、各单位建设技术防范工程所使用的设备、器材，应在技术防范工程方案经相关部门审核批准并由甲乙双方签订合同后方可进行采购。

七、新建博物馆技术防范工程，要与基建工程同时考虑，同步进行，所需经费要纳入基建预算项目之中。国家文物局组织专家对河北省等23个一级风险单位的技术防范工程方案进行了审核。对湖南省博物馆等8个单位的技术防范工程进行了实施前实地考察指导。对上海一大会址等8个单位的工程等竣工项目组织了专家验收。此外，由国家技术监督局立项，公安部标准化委员会《建筑安全防范工程技术规范》系列标准制定工作已经开始。由国家文物局负责的文物系统建筑安全防范工程技术规范部分的起草组织工作已启动。

密切配合公安、海关等部门打击文物犯罪活动。对各地发生的文物案件和群众举报的文物犯罪活动及时向公安、海关等部门通报，并责成有关省文物部门与公安、海关等部门密切配合，联手打击文物犯罪活动。2000年11月9日至11日，公安部和国家文物局在河北省易县联合召开了部分省市打击文物犯罪工作协调会。来自北京、河北、河南、山西、陕西、湖北、广东7省市公安厅(局)、刑侦局（刑侦处、刑警总队）主管打击文物犯罪活动的领导同志和文物行政管理部门主管安全保卫工作的领导同志共41人参加了会议，海关总署、国家工商局有关部门的同志也应邀出席了会议。会上，国家文物局副局长董保华同志和公安部五局副局长黄祖跃同志先后做了讲话，有关省市公安、文物部门就本地区打击文物犯罪活动、加强文物安全防范工作做了发言。海关总署、国家工商局也介绍了打击走私工作和市场管理的有关情况。会议充分肯定了打击和防范文物犯罪工作取得的成绩。各级公安部门在文物等部门的积极配合下，强化侦察破案，破获一批大案要案，打掉一批犯罪团伙；文物系统博物馆落实《文物系统博物馆风险等级和安全防护级别的规定》，逐步健全保卫机构，博物馆馆藏文物失盗发案率已大幅度下降。并深刻分析了文物犯罪活动更加猖獗，危害日趋严重的严峻形势，提出了今后一个时期的工作重点:

1、各地公安、文物部门近期要抓紧制定和完善防范和打击文物犯罪活动的规划，积极争取纳入当地“十五”规划，切实落实《国务院关于加强和改善文物工作的通知》(国发 [1997]13号)提出的“五纳入”的要求。

2、进一步增强做好文物保护工作的自觉性，提高对防范和打击文物犯罪重要性的认识，增强紧迫感。切实把保护文物安全作为公安、文物等部门的一项长期重要任务抓紧抓实，尽快抓出成效。

3、积极设法，努力构筑文物安全防范体系。在文物案件多发地区，要依照《国务院关于加强和改善文物工作的通知》的精神，建立公安派出机构，加强领导，加强防范，打防并举。努力使文物行政管理人员和公安干警、专业科研部门和基层管理部门、社会保安与基层村镇社区群众等多种力量合理配置，将文物安全防范体系建设，列为社会治安综合治理的重要工作。

4、要继续加大工作力度，落实《文物系统博物馆风险等级和安全防护级别的规定》，实现达标。

5、进一步建立健全合作机制，加强治安防范和打击文物犯罪的部门之间的协作。建立由公安、文物部门牵头，有关部门参与的跨省区、跨部门、互通情报、协同工作的打击和防范文物犯罪的协作新机制，提高迅速跨省市打击文物犯罪的联合协作能力，形成打击文物犯罪的快速反应体系。建立防范和打击文物犯罪的联席会议制度。

6、切实取缔非法文物交易活动，堵塞犯罪分子销赃市场和渠道。改变当前文物监管品、文物拍卖市场管理混乱、古玩市场设置过滥的情况，从严审批，加大执法监督力度。要根据文物品种类别，有选择的收放，做到市场管理有名有实，使中国文物保护总体上不受影响。同时保护合法收藏，引导其有约束的健康发展。

7、为从根本上扭转文物犯罪活动的严峻局面，建议各级政府有针对性地建立防范和打击文物犯罪的经费投入保障机制，比较全面的大幅度的增加有关经费投入。

8、根据《中华人民共和国文物保护法》》的有关规定，建议尽快制订出台国家奖励防犯和打击文物犯罪的具体实施办法。

国家文物局通报文物被盗案件和火灾事故情况。在《2000年全国文物被盗案件和火灾事故情况的通报》中要求，各地文物行政主管部门和文物保护单位的使用、管理部门认真分析文物安全形势，切实把文物安全工作放在首位，严格执行有关规章制度，加强安全防范工作。健全文物保护组织和防范设施，按照国家文物局、公安部《关于进一步落实〈文物系统博物馆风险等级和安全防护级别的规定〉的通知》，做好技术防范达标工作。防止文物被盗案件和火灾事故发生。通报指出，文物安全形势依然严峻，各级文物行政管理部门和文博单位要汲取教训，务必高度重视文物安全工作，并做好以下工作:

1、各级领导要把文物安全工作纳入重要议事日程，克服麻痹思想和侥幸心理。教育全体职工树立安全意识，责任意识，风险意识。

2、加强保卫机构建设和制度建设，健全和完善文物保护单位的“四有”工作，做到文物安全工作组织落实，制度健全，工作到位。

3、抓紧落实《文物系统博物馆风险等级和安全防护级别的规定》的达标工作，完善技术防范设施，配备必要的保卫装备和报警通讯联络工具，以便发生案件及时报警，及时处理。

4、各单位要定期进行安全检查，一查人员落实情况，二查制度建立及执行情况，三查隐患整改情况。对查出的问题要限期整改，消除隐患，防止文物案件和火灾事故的发生，确保文物安全。

科技教育管理工作

加强文物保护技术科研项目的管理

"科学技术是第一生产力"，科技进步是经济和社会领域发展的决定性因素，文物保护科学技术工作在国家文物、博物馆和国家社会发展领域科技工作中占有重要地位，是文物事业长期发展的动力和基础。为了进一步加强文物保护技术科研项目的管理，并根据国家科技部的有关文件精神，国家文物局修订并颁布了《国家文物局文物科学技术研究项目开题及经费管理办法》和《国家文物局文物科学技术成果鉴定办法》，制定颁布了《全国文物、博物馆系统人文社会科学重点研究课题管理暂行办法》，起草了《文物、博物馆科技工作"十五"规划草案》、《文物、博物馆信息化"十五"规划草案》。使文物科学研究体系进一步完整，科研项目及科技成果管理工作逐步走上规范化、法制化的轨道。

文物保护科学技术研究

2000年度，国家文物局组织鉴定了文物科研项目2项：西安文物保护修复中心的乾陵石质文物保护研究；广东省文物考古所的田野考古2000软件均鉴定通过。

2000年度，国家文物局文物保护科学技术研究立项课题13项。其中，获国家科研经费补助项目1项，部级科研经费补助项目12项。

项目名称	承担单位	项目来源
出土竹木漆器脱水规模化保护研究	中国文物研究所	科技部
全国文物考古综合数据库规划研究	广东省文物考古所	国家文物局
辽代丝织品的鉴定与保护	中国丝绸博物馆	国家文物局
汉锦与多综多蹑机的研究	中国丝绸博物馆	国家文物局
潮湿环境下古代土建筑遗址保护加固研究	敦煌研究院	国家文物局
古陶瓷完整器的元素成分无损分析方法研究	上海博物馆	国家文物局
古陶瓷修复高强度仿釉涂料的研究	上海博物馆	国家文物局
青铜器文物修复焊接用钎料与钎剂的改性研究	上海博物馆	国家文物局
青铜器铸造技术、埋藏环境的保护及鉴定关系研究	西安文物保护修复中心	国家文物局
文物胶片资料长期保存新技术分子筛新材料研究	南京博物院	国家文物局
有机质地文物常见菌种对文物的危害研究	中国文物研究所	国家文物局
古代丝织品保存状况分析加固保护研究	中国文物博物馆学院	国家文物局
河南汝州严和店窑址出土瓷器研究	中国文物博物馆学院	国家文物局

全国文博社科重点课题立项评审

发布《全国文物、博物馆系统人文社会科学重点研究课题管理暂行办法》。为促进全国文物、博物馆系统人文社会科学学术研究的繁荣，提高中国文博事业整体水平，推动文博事业在21世纪获得全面健康的发展，国家文物局于2000年4月28日发布了《全国文物、博物馆系统人文社会科学重点研究课题管理暂行办法》。《暂行办法》规定：全国文物、博物馆系统人文社会科学重点研究课题面向全国文物、博物馆系统，实行公平竞争、择优立项、保证重点、国家资助的原则。文博社科重点课题分为拨款资助课题和自筹经费课题两类。根据每年度申报课题情况，国家文物局遴选符合申报条件的课题并确定当年准予立项的课题比例或数量；由评审委员会通过公开评议和无记名投票评出准予立项课题和优先立项顺序，其中自筹经费课题单列；国家文物局对评委会提出的课题立项意见进行审批，并公布获准立项的重点课题名单。

召开中国文物、博物馆系统的首次人文社会科学重点研究课题立项评审会。2000年度全国22个省、自治区、直辖市文博单位和国家文物局直属单位共申报课题140余项，内容涉及领域广泛，充分体现了文物、博物馆事业的交叉性质和综合特点。12月3日至5日中国文物、博物馆系统的首次人文社会科学重点研究课题立项评审会在北京召开，来自中国历史学、考古学和文物博物馆学界的20余名专家学者出任评委。国家文物局局长张文彬和副局长郑欣淼在评审会上分别发表了重要讲话。经过按程序评审，2000年度共有34项课题获准立项，名单如下（排名不分先后）：

1、中国文物学会李晓东申报的“文物保护单位防范体系研究”

2、国际友谊博物馆罗伯健申报的“博物馆陈列展览管理工作研究”

3、国家文物局文物保护司杨志军申报的“世界文化遗产——八达岭长城保护利用综合调查研究”

4、中国历史博物馆佟伟华申报的“山西垣曲盆地考古学文化与聚落形态研究”

5、洛阳市文物工作队叶万松申报的“伊洛河流域华夏文明起源的环境背景研究”

6、浙江省文物考古研究所刘斌申报的“崧泽文化与良渚文化比较研究”

7、广州市文物考古研究所冯永驱申报的“南越国宫苑石建筑遗迹考察与研究”

8、中国历史博物馆俞伟超申报的“河南龙山文化与二里头文化的古代DNA证据”

9、广东省珠海市博物馆肖一亭申报的“南海沙丘遗址文化与生态研究”

10、山东省文物考古研究所王守功申报的“鲁中南地区汉代墓葬的整理与研究”

11、江西省文物考古研究所刘诗中申报的“中国先秦铜矿研究”

12、南京博物院徐艺乙申报的“民俗文物研究”

13、江西省博物馆彭适凡申报的“中国南方古代青铜器”

14、中国历史博物馆王冠英申报的“馆藏春秋战国货币研究”

15、四川省博物馆魏学峰申报的“四川汉代画像砖研究”

16、四川省博物馆高大伦申报的“古玉器与中国文明”

17、山东省临朐县博物馆孙博申报的“临朐出土佛教造像研究”

18、广东省博物馆萧洽龙申报的“潮州木雕研究”

19、福建泉州海外交通史博物馆李玉昆申报的“泉州锡兰王裔文物研究”

20、福建泉州海外交通史博物馆王连茂申报的“宋元时期泉州的海洋文化与《光明之城》真伪研究”

21、辽宁省文物考古研究所万欣申报的“中国古代科技文物的考古发现与研究”

22、四川省文化厅文化科技研究站朱小南申报的“木结构小木作建筑转轮经藏研究”

23、中国文物研究所邓文宽申报的“敦煌本邈真新校与研究”

24、中国文物研究所胡平生申报的“中国简牍学概要；简牍资料数据库”

25、中国文物研究所王素申报的“高昌史稿·政制编”

26、故宫博物院刘雨申报的“近出殷周金文集录”

27、陕西省考古研究所吴镇烽申报的“金文字库及金文资料全文检索系统建设”

28、北京鲁迅博物馆陈漱渝申报的“颠覆与承传——论鲁迅的当代意义”

29、河北兴隆县文物保护管理所马廷奎申报的“1943年日本侵华时期制造的‘无人区’专题研究课题”

30、贵州省博物馆戴亚雄申报的“中国博物馆教育与社区文化教育关系发展现状及对策研究”

31、中国文物研究所盛永华申报的“中国博物馆藏品基本信息指标体系规范”

32、中国文物研究所吴加安申报的“国家重点文物保护单位信息标准化研究”

33、上海博物馆祝敬国申报的“馆藏文物计算机管理最低限度著录规范”

34、浙江自然博物馆康熙民申报的“自然类藏品分类定级标准研究”

其中，第 31至34项为国家文物局委托研究项目。

文物博物馆事业的信息化建设

21世纪人类将进入信息时代，进行文物博物馆事业信息化建设，逐步实行文物资源数字化，行业管理网络化，利用互联网搜集和传播准确、权威和丰富的文化遗产信息，是增强文物、博物馆事业综合实力，实施“十五”文博发展规划的重要保证。2000年度国家文物局加强文物、博物馆信息化建设，在中国珍贵文物数据库开发建设方面取得突破性进展，目前已完成中国珍贵文物数据库建设的可行性研究；馆藏珍贵文物数据库的信息指标的标准化研究；全国重点文物保护单位信息指标体系数据库的可行性研究。全国已有50余家文博单位建立了公益性专业网站。中国历史博物馆网站开通，利用互联网作为宣传中华民族优秀历史文化的新阵地，取得显著社会效益。故宫博物院、上海博物馆、河南博物院等单位信息网络建设在全国文物博物馆系统中居于领先地位。

文物博物馆教育工作

为了推动文博事业在新世纪迈上新台阶，为文博事业的长远发展奠定坚实的人才基础，国家文物局加大了教育培训工作的力度，起草了《全国文物、博物馆事业教育培训工作“十五”规划》(征求意见稿)，教育培训经费也有明显增加，充分发挥中国文物博物馆学院和地方优势，加强在职人员培训。目前，全国已有13所高等院校设立了考古学或博物馆学专业，培养大专、本科、研究生等各个层次的专业 人员，为中国的文物博物馆事业培养、输送了大批优秀人才，成为文物、博物馆事业的中坚和骨干力量。利用高等院校师资和教学条件，采取联合办学和委托培养等形式，重点培养和培训文博事业急需的文物保护、古建筑维修、文物鉴定、少数民族专业干部、外语专业等各级各类高层次人才，以适应文博事业发展的新形势。2000年国家文物局主办的培训、研讨班主要有：全国省级博物馆管理骨干高级研讨班；全国少数民族 文博干部培训班（东北片）；全国土遗址保护培训班；全国书画装裱培训班；全国文博系统安全技术防范培训。

文物市场和打击文物走私情况

文物市场

一、文物市场的基本情况

中国具有近代意义的文物市场形成于清朝中期，主要是满足文人士大夫的收藏和研究爱好，琉璃厂是典型代表。清末外国势力入侵中国后，国外对中国文物的大肆掠夺搜求使文物市场畸形发展，解放前达到极盛，各种古玩行、古玩店、古董店广布。解放后在社会主义改造中，古玩商店有些被取消，有些被合并为文物商店，其中相当一部分由商业和外贸部门管理，经营活动的主要目的之一是出口文物换取外汇，支援国家建设。1960年，国务院决定改变文物商业的性质和体制，“变纯商业性质为企业经营管理方法的文化事业单位，统一划归各地文化部门负责领导”。任务是“负责收集流散在社会上的传世文物，并有计划地供应各地博物馆、研究机关和学校作为陈列或研究参考之用；有计划有选择地供应国内需要和适当地组织出口，并办理废旧物资中的拣选工作”。文物是特殊商品，对外出口要坚持“少出高汇、细水长流”的方针。1986年为止，外贸部门将100万件文物全部移交国家文物行政管理部门，实现了由文物部门统一管理，归口经营。文物由文化部门管理和国有文物商店独家经营后，取得了巨大的成绩。仅全国四大文物商店（北京、上海、广州、天津）之一的天津，在1960年－1989年的30年间，就收购了112万件文物。1974年－1984年间，全国文物商店中59个单位，向博物馆、科研部门和大专院校等单位提供11万件藏品和资料，其中馆藏一、二、三级品占1/10，不少是稀世之宝。1978年－1999年的22年间，上海文物商店为国家创汇折算人民币近4亿元，上交上海文管会财政利润近2亿元人民币。所有这些，不但卓有成效地保护了传世文物，而且对国家的经济建设和其它文物、设施的保养维修作出了积极的贡献。90年代初，文物市场的形势发生了很大变化，国有文物商店专营的格局被打破。截止1998年，全国文物商店121个，从业人员3255人，库存文物商品计11800168件。1994年，针对“最近一段时间，社会上一些经营机构擅自在拍卖活动中向社会征集和投拍属于文物经营管理和监管范围内的物品，未按照规定事先报请文物管理部门批准”的现象，国家文物局发布了《文物境内试点暂行管理办法》，试点后批准了嘉德、瀚海等六家艺术品拍卖公司。1997年《拍卖法》出台，虽然对从事拍卖的条件做了一定的规定，但没有明确提出文物拍卖企业的设立须经文物部门提出审查意见，各拍卖行纷纷涉足文物拍卖。据最近的不完全抽样调查统计，全国有千余家拍卖行，其中140家从事文物拍卖或曾经参与文物拍卖。文物拍卖最火的北京、上海、天津三地，已经超过了文物商店的数量。集市式的文物市场也是90年代自发形成的，1992年的四部委文件《关于加强文物市场管理的通知》，试图对其进行规范化管理并将其定名为文物监管品市场。其后各地审批了一批文物监管品市场，现在的情况是：中等以上城市普遍有文物监管品市场，有的城市甚至有好几个。许多市场 的辐射能力远及城乡，有的甚至具有国际影响力，比如北京潘家园市场物品来源包括中国北方许多省份，可以影响香港乃至世界文物市场的价格。

二、文物市场存在的问题

1、经营者众。全国有120家文物商店，经营文物拍卖的拍卖行是140家，再加上中等以上城市遍地开花的文物监管品市场，数量之多，难以想象。文物是不可再生的特殊商品，传世文物更是一个定数。这么多人参与经营，僧多肉少的矛盾十分突出。

2、违规经营。根据文物法的规定，地下出土文物概归国家所有，不得个人收集和进入流通领域。对于传世文物的流通和出口，国家文物行政管理部门划了三条线，即1795年,1911 年和1949年,在这些年代跨度内，哪些品类可以、哪些品类不可以，以及由谁来认定，都有明确规定。为了扩大货源，牟取暴利，很多经营者都在或明或暗地购销出土文物、伪假文物和超限经营。在这方面，文物监管品市场和拍卖行尤甚。这样做引发的直接后果，一是大量文物被走私出境，造成了国有文物资产的流失；二是严重刺激了挖坟掘墓和文物盗窃活动的猖獗，使民族文化遗产遭受无可挽回的损失，在国际上对中国文物和中国政府的形象造成了极其恶劣的影响。

3、经营方式不规范。在文物收购、营销和拍卖活动中，文物监管品市场和文物拍卖行的经营者，在不同的层次上以不同的方式、手段包括不法手段激烈竞争，坑蒙拐骗行为大量存在，偷税漏税现象相当普遍。在这种市场环境中，国有文物商店面临文物监管品市场中的个体商贩和文物拍卖商的两面夹击，再加上国家取消了对文物商店在税收方面的优惠政策，货源日益枯竭，逐渐坐吃山空。有的店存文物基本告尽，名存实亡，有的已经改营他业，能够勉强维持的仅存一半左右。文物商店已经无力承担国家原来赋予它的职责，比如，在向博物馆等单位提供藏品方面，已经由1974-1984年的11.3 万件，减少到1989-1997年的16697件，1997年以后几乎是0。

4、审批失控，监管不力。文物市场的混乱，除了其他原因之外，审批失控、管理不力是一个重要因素。一些地方和部门，为了促进旅游，繁荣经济，极力鼓噪成立文物市场、古玩城和文物监管品市场，以及进行文物拍卖。由于工商、公安和文物等部门人手有限，加之文物及文物市场本身的复杂性，管理起来力不从心。上述三个问题的存在在一定程度上是管理不善的结果。

打击文物走私

近年来，虽然中国海关、公安等部门加强了打击文物走私的力度，截获了大量非法出境文物，但一些不法分子为了牟取暴力，走私文物犯罪活动依然相当猖獗，不择手段地进行走私文物犯罪活动，使中国每年有大批文物被偷运出境，而又走私文物的地下通道畅通。如甘肃省华池县双塔寺的一尊高12米的11层石塔，被犯罪分子分两次(2000年3月和5月)拆盗，很快就通过地下通道倒卖到了台湾。据不完全统计，首都机场海关1996年在旅检渠道查获的走私文物多达近百起，查扣文物2207件；1997年以来，全国海关通过货运、客运、邮寄等渠道查获走私文物案件600多起，查扣走私文物8000余件；天津海关在1997年通过进出口货运渠道就查获各类文物5675件，其中禁止出境文物4478件。1999年海关查获走私文物11起，收缴文物1000多件；2000年海关查扣非法走私文物2251件。据中国海关的官员估计，被海关查获 的走私案件可能只占整个走私案件中非常小的比例，实际上有大量文物走私境外。

文物走私的特点：

走私方式多样化。从个人携带，发展到通过集装箱夹藏偷运， 以一般贸易方式和通过邮运、快件渠道大批走私文物出境。

从事走私文物活动人员从普通公民，发展到法人，甚至部分外国驻中国使馆外交人员也利用其出入海关免检的特殊待遇进行文物走私活动。

文物走私流向多为美国、澳大利亚、英国、法国、韩国等国家和香港、台湾地区。香港是内地走私文物的主要接收地和中转地。1999年，美国、英国、法国、澳大利亚、比利时等国海关查 获6批中国走私出境的文物。国外一些拍卖行也经常拍卖中国走私出境的文物，文物局正与有关国家交涉返还问题。但因这批文物大部分属于盗掘古墓中的文物和田野石刻，很难拿出属于中国文物的有关历史资料证据，索回出境文物工作难度很大。

文物走私现象背后还隐藏着较强的政治目的。1996年以来，北京、天津、沈阳海关多次查获韩国人走私文物，走私者多为韩国旅客、常驻机构、商社人员，身份涉及文物收藏者、文物工作者，甚至有该国大学教授和历史学者。如沈阳、大连海关在1999年4月至6月两个半月时间内，查获3起韩国籍走私文物案件，涉案文物达130余件。

采取的措施：

颁布了《文物出境鉴定管理办法》等一系列的法规规章，逐步推行持证上岗制度，将文物出境鉴定工作纳入法制化轨道。加强文物出境鉴定工作，开展文物出境鉴定责任鉴定员的培训和考核工作，在多年的文物出境鉴定中为国家征购和留存了近百万件的珍贵文物，有效的防止了珍贵文物的流失。开展大规模抢救征集文物工作，加强文物拍卖标的鉴定管理工作。分步骤分阶段逐步开展民间收藏文物登记工作，在广州和天津市对私人收藏文物流通进行了文物档案管理的试点工作，为建立完善的社会流散文物市场准入、监管和民间收藏文物的流通、展示和利用的新体制，坚决制止非法、假冒文物上市流通和流失出境，提供有益的尝试。

中国政府积极参与国际社会保护人类共同的文化遗产的各项合作。1989年，中国加入了《关于禁止和防止非法进出口文化财产和非法转让其所有权的方法的公约》；1995年，中国又成为《关于被盗和非法出口文物的公约》的参加国。为了使有关的国际公约能够得到很好的落实，我们在全国范围内对公约的有关内容展开了广泛的宣传活动。1998年中国政府和联合国教科文组织共同在北京举办了《打击文物非法交易和走私》研讨班，联合国教科文组织的有关官员、专家以及国际刑警、世界海关组织、国际博物馆协会、加拿大文化财产管理部门以及艺术品遗失登记公司等的代表，与中国的文化遗产管理、海关、公安等部门的官员、专家就防止文物走私以及追索已被走私出境的文物的经验、方法等进行交流和研讨，并对如何加强文物登记、管理等基础工作，防止文物被盗掘、盗窃和走私等提出建议，取得了良好的效果。

中国于1984年参加国际刑警组织以来，在国内文物行政管理部门的配合下，中国公安人员在追缴走私文物方面取得了国际刑警组织协约国的友好合作。1989年在美国刑警组织的帮助下追回了湖北屈原纪念馆被盗走私到美国的战国铜敦；1999年又同浙江宁波海关等部门追回了偷运至美国洛杉矶的一对明代石狮子。1996年河南巩义市宋代永泰陵一石刻客使头像失盗并被走私到美国，中国公安部门通过国际刑警渠道与美国方面进行交涉，使这尊头像在1998年克林顿总统访华时被作为美国人民对中国人民友好感情的象征返还中国。

加入《关于禁止和防止非法出口文化财产和非法转让其所有权的方法的公约》等有关保护文化遗产的国际公约，依法追索流失海外的文物。1998年，国家文物局在国务院有关部门的配合下，通过法律途径一次从英国追回近年被走私出境的文物3000余件。

2000年2月，国家文物局了解到，美国佳士德拍卖行将于3月21日在纽约拍卖一块盗掘于王处直墓的汉白玉武士浮雕，随即致函公安部五局，请求通过国际刑警组织向美有关方面提出中止拍卖。3月，文物局向美国驻华使馆发函和照会，请其通知美国佳士德拍卖行停止拍卖该文物，并希望按照国际公约和中国有关法律规定及国际惯例，将被盗并非法走私出境的文物归还中国。于是，该拍卖行中止了对该文物的拍卖，文物被美国政府暂扣。3月28日，美国纽约地方检察官向纽约甫区(佳士德拍卖行所在地)法院提起诉讼，要求法院判定美国政府没收该文物，理由是该文物系非法进口美国。考虑到该文物是中国重要的文化财产，被非法盗掘和走私的文物理应归还中国；也考虑到国际社会对此事的进展情况十分关注，依法追索被盗文物有助于表明中国政府保护文物的坚定决心，文物局于4月21日委托律师开始办理有关法律手续，向美法院提出归还该文物的要求。国家文物局依法索还被盗文物的行动在国外产生了其它方面的积极影响。一美国著名收藏家安思远先生通过国家文物局发布的信息，发现自己也收藏了一块王处直墓被盗运出境的武士浮雕后，立即主动与国家文物局联系，表示要将该文物无偿捐赠给中国政府。遵照安思远先生的意愿，这件文物将由中国历史博物馆保存。

文物对外交流

政府间的国际交流与合作势头良好

1999年，中国加入了《关于武装冲突情况下保护文化财产国际公约》及其两个附加议定书；2000年初，中国正式加入了国际文化财产保护与修复研究中心。至此，中国已成为有关文化遗产保护的全部四个国际公约的参加国和三大国际组织的会员国。这不仅在文化领域进一步扩大和加强了中国的对外开放和交流，有利于发挥我们文明古国和文物大国的作用，而且也为国际文化遗产保护事业增添了新的活力。

1999年以来，中国先后参加了“促进文物归还其原属国政府委员会”第10次会议、联合国教科文组织的《武装冲突情况下保护文化财产公约》修订会议、《水下文化财产保护公约》的政府专家会议等，参与了一系列重要文件的制订和国际公约的修改，表明了中国政府对文化遗产保护领域一些国际事务的基本立场和态度。2000年，中国政府与秘鲁共和国政府签订了《保护和收复文化财产协定》，目前正向美国政府提出按照联合国教科文组织1970年公约限制进口中国文物的申请。这些工作，被国际社会普遍认为 是中国政府重视保护文化遗产的反映。1998年6月，国家文物局与联合国教科文组织等联合举办了“中国打击文物非法交易和走私研讨班”。2000年中国正式向联合国教科文组织提出加入“国际文化财产保护与修复研究中心”的申请，并于4月第一次派员参加了“国际文化财产保护与修复研究中心”的全体会议。参与了联合国教科文组织拟定《水下文化财产保护公约》的起草工作。派员出席了联合国教科文组织在法国召开的修改该公约草案的政府专家会议。派员出席了联合国教科文组织在日本奈良召开的“亚太地区文化遗产保护会议”、在越南召开的“联合国教科文组织关于保护可移动文化遗产法规条文研讨班”。在人员培训方面，与意大利外交部达成协议，无偿援助中国文物研究所150万美元，开办文物保护修复培训班；与美国梅隆基金会商定，从2001年开始资助国家文物局在美国培养博物馆管理人才。

三年来，国家文物局先后组团访问了美、英、德、法、意、日、朝、韩、加、挪、芬、澳大利亚和埃及等国，并与日本文部省文化厅建立了相对稳定的互访关系。每到一国，代表团都向对方宣传、介绍中国改革开放以来文物工作的成就，并就文物保护、陈列展览及人员交流等问题广泛与外方交换意见，取得积极成果。根据政府间文化交流协议，我们派团考察了一些国家的文博工作，还有不少省市政府和文物管理部门组团赴国外考察学习，扩展和丰富了同国外合作的领域和层次，扩大了中国文物工作的对外影响。

应美国国务院、美国驻中国大使馆和美国盖蒂基金会研究所的邀请，2000年4月22日至5月11日由国家文物局副局长张柏率领的中国文物代表团一行8人，访问了美国。参观、考察了华盛顿特区及其附近的历史文化名城、洛杉矶市、新墨西哥州和盖蒂研究所。经过考察，代表团成员普遍感到美国在对文物的保护管理方面有许多值得我们借鉴的地方。

应日本国文部省文化厅的邀请，以国家文物局副局长郑欣淼为团长的中国政府文物代表团一行7人，于2000年4月25日-5月5日，对日本进行了为期一周的友好访问。所至地区除东京外，主要是东北地区，包括仙台市、平泉町、角馆町、盛岗市、弘前市、秋田市、青藤市。访问期间，代表团先后参观、考察了日本的一些古建筑、古遗址保护、博物馆建设和传统街区保护的有关情况，与日本的文化厅长官在文物交流等方面的合作交换了意见。

2000年6月28日—7月12日，中国文物安全防范考察团赴美国进行为期两周的考察。在美期间，考察参观了洛杉矶盖蒂博物馆、旧金山亚洲艺术博物馆、纽约大都会博物馆、华盛顿美国国家艺术博物馆、佛利尔博物馆、航空博物馆、美国国家图书馆、西雅图艺术博物馆等。具体考察了美国关于保护文物的法律法规、博物馆的文物保护、经费来源、文物库房管理、保安机构设置、保安管理、保安、消防等安全技术防范设施等情况，同时参观了部分单位的报警中心控制室。通过考察，学习了美国的先进经验。

国际合作项目日益增多

文物对外交流已成为中国改革开放的一个重要窗口，在考古发掘、调查和文物保护方面，与国外进行了积极的合作与交流，取得了一系列重要成果。1998年以来，中国文物事业接受的国外援助资金已达500多万美元。在联合国教科文组织支持下，利用日本政府信托基金的援助进行了陕西西安大明宫合元殿遗址保护二期工程等两个项目；美国世界文化遗址基金会先后对中国四川三星堆、北京先农坛等遗址、建筑修复项目给予援助；在中国和意大利政府合作进行文物保护人员培训一期项目的基础上，中意两国政府又将开展二期项目，意方投入150万美元，在中国文物研究所建立文保培训中心，目前该项目已获意大利外交部的批准并完成了意方的招投标工作，即将进入在华实施阶段；美国友好人士罗斯夫人向上海博物馆赞助了价值100万美元的全套先进视听设备，等等。

辽宁、浙江、四川、重庆等省市分别同世界银行在文物保护方面进行合作。重庆市抓住世界银行为该市环境项目提供贷款的契机，按照国际惯例，将文化遗产保护同环境项目相结合，制定了《重庆文化遗产战略总体规划》及“IMAP紧急行动计划”，探索了可持续发展战略在文物及历史文化名城保护工作中理论与实践相结合的新思路。

美国盖蒂保护研究所与敦煌研究院合作保护敦煌石窟项目。该项目是经联合国教科文组织牵线搭桥，由国家文物局和美国盖蒂保护研究所签订的旨在加强中国文物科研工作的国际合作项目。第一期工作始于1988年，合作项目包括五个方面的主要内容：对莫高窟的整个环境和洞窟内小环境进行监测研究、壁画颜色的监测研究、莫高窟窟顶流沙的治理研究、石窟崖壁裂隙位移的观测研究和薄顶洞窟的加固。美国盖蒂保护所自1988年与敦煌研究院合作以来，累计提供了100多万美元的先进设备，建立了包括全门动气象站、防沙障、滴灌系统、窟内小环境监测系统等，并为敦煌研究院培养一支高水平的文物保护技术队伍，为敦煌文物保护事业作出积极的贡献。2000年7月29日，国家文物局和甘肃省人民政府授予美国盖蒂保护研究所“敦煌文物保护研究特殊贡献奖”，成为荣获中国政府奖励的第一个美国文物保护机构；10月30日，甘肃省文物局组织中国科学院寒区旱区环境与工程研究所、中国文物研究所、甘肃省林业科学研究所等单位组成的专家委员会，对敦煌研究院和美国盖蒂保护所承担的“敦煌莫高窟生物固沙研究”项目进行了成果鉴定。该项目从敦煌地区气候特征、自然地理状况入手，特别是在对水资源的储量、需水量及分布等进行详细调查论证的基础上，综合考虑自然因素，从植物品种的选择、滴灌系统设计、轮灌期的确定到苗木定植过程，严格制定了科学的技术路线。自1992年以来，引进了当今世界先进的滴灌技术，先后在鸣沙山脚下(距窟顶崖约1公里)，定植乡土沙生植物，累计建成长2公里、宽12米和14米的防风固沙试验林两条，节水、防沙效果显著。林带前沿及林内积沙厚度达0.2-1.5 米，直接控制了偏西风向窟顶戈壁及窟区搬运沙量的85%，为壁画、彩塑及古建筑创造了一个良好的保存环境。

中国援柬维修吴哥古迹工程。由中国政府出

资，中国专家进行的吴哥古迹周萨神庙保护维修工程，经过两年多的精心准备，于3月29日，在中华人民共和国和柬埔寨两国庄严、雄壮的国歌声中正式破土动工。这是中国首次参与的国际文物保护行动。柬埔寨王国政府文化和艺术大臣帕花痺维公主、中国驻柬大使晏廷爱、中国国家文物局副局长张柏以及联合国教科文组织的代表等出席了开工典礼。中国援柬维修吴哥古迹工程，从1996年开始立项，已经过近3年的前期准备。3年来国家文物局曾两次派出专家组赴柬进行选点考察，1997年征得柬外交合作部同意，确定了周萨神庙作为中国参与吴哥古迹保护的具体项目。财政部批准援助工程总经费为1000万元人民币。1998年以来，由中国文物研究所牵头，先后组织了3批包括文物保护、建筑、考古、地质和测绘专业的技术人员共16人次赴柬，对周萨神庙的现状进行了详细地测绘、考古发掘和工程地质方面的调查，取得了较为翔实的第一手资料，并向联合国教科文组织和柬埔寨政府提交了“周萨神庙维修工程前期研究报告”和“周萨神庙第一期维修工程计划”。1999年10月，联合国教科文组织正式批准了中国维修吴哥古迹工作队提交的两个报告，同意对周萨神庙进行维修保护。周萨神庙是一组规模不大的婆罗门教寺庙，包括围墙、地面在内共有10个单项维修工程。目前，整座寺庙损坏严重，各建筑的基座下陷、墙体倾斜、屋顶坍塌，有部分建筑只存基座，并有继续破坏的趋势，亟待修复整治。中国援柬吴哥保护工作队以中国著名古建筑保护专家姜怀英为队长，包括各相关专业的技术人员组成。他们曾主持并完成多项国内重大的古代建筑、石窟的维修保护工程，在长期的实践中积累了丰富的保护经验。两年来，工作队完成了维修工程的各项准备工作，对周萨神庙施工场地的环境进行了整理，组织当地民工清理了散落在建筑四周的石构件约4000余件，重点对第一期工程，即南图书馆、婆罗门道与十字平台上塌落下来的石构件进行了筛选和拼接、核对，并严格按照柬埔寨制定的对文物古迹维修保护的各项原则和具体要求，制定了切实可行的维修方案。周萨神庙维修工程将坚持“遗址保护、抢险加固和重点修复的原则”，首先排除周萨神庙的险情，同时把过去塌落的主要构件妥善地予以归安复位，体现周萨神庙的历史风貌。本着先易后难的精神，今明两年先维修南图书馆、婆罗门道、十字平台、东塔门和南塔门，2002年至2003年维修周萨神庙的主体建筑——中央圣殿，最后一年维修北图书馆、北塔门及围墙、地面等，争取2004年12月竣工。

库木吐拉石窟维修保护工程。库木吐拉石窟位于新疆维吾尔自治区库车县西北28公里。渭干河东岸，现有编号洞窟112个，存留有壁画的洞窟62个，壁画面积4000余平方米。该处石窟约始凿于公元5世纪，至公元11世纪逐渐衰废，延续约600余年，这里既有晋—北朝时期典型的龟兹风格的洞窟，又有唐代中原地区风格的壁画，融东西方文化于一体，是丝绸之路上一处极为珍贵的历史宝藏。1961年，被列为全国重点文物保护单位。20世纪初，随着外国所谓“探险家”的纷至沓来，库木吐拉石窟遭到了疯狂的劫掠，无序的盗掘、对壁画的剥割，使石窟受损严重。加之千百年来的水害、地震、风沙等自然因素的侵蚀破坏，库木吐拉石窟亟待保护维修。经联合国教科文组织驻京办事处、日本政府的共同努力，库木吐拉石窟的保护维修工程被列入中日文化交流项目之中。4月6—12日，由来自国家文物局、联合国教科文组织驻京代表处、日本政府的有关人员以及中日两国科研机构的专家组成的考察组对库木吐拉石窟等古遗址进行了考察。在完成对该千佛洞实地考察后，联合国教科文组织驻北京总代表野口升、日本驻华大使馆公使吉泽裕及中国文物保护官员在乌鲁木齐联合宣布：联合国教科文组织已确定立项保护修缮库木吐拉千佛洞的计划，初步决定由日本政府提供的150万美元资金将用于库木吐拉石窟维修保护项目的第一期工程。考察组一行通过在现场对库木吐拉石窟各种受损原因的观察分析以及与克孜尔石窟维修工程的对比，已初步明确了维修保护方案的基本原则。在国家西部大开发战略展开之际，库木吐拉石窟维修保护工程的实施将对进一步促进新疆文物保护事业的发展起到积极作用。

《故宫文化资产数字化应用研究》项目。6月9日，中国故宫博物院和日本凸版印刷株式会社就《故宫文化资产数字化应用研究》项目达成合作意向。日本驻华使馆公使吉泽裕，国家文物局局长张文彬，中国国际友好联络会副会长肖榕、李长春等出席签字仪式。世纪之交，全球性的数字化浪潮不断高涨，数字化技术已进入历史、文化领域。世界各地的博物馆已开始运用数字档案、虚拟现实因特网等数字技术，展开崭新的文化资产的保护和展示。故宫博物院管理着世界上独一无二的，占地72万平方米的古代建筑群，收藏着100多万件古代珍贵文物。据了解，目前对外开放的古建筑仅为1/3左右，展示的文物只有收藏文物的1/100。《故宫文化资产数字化应用研究》项目以当今世界上先进的大容量计算机图形工作站三维虚拟现实技术为核心，集合高清晰、超宽屏幕和环绕立体声数字音响的演播技术，辅以先进的影像采集、数字处理、压缩技术作后台技术支持，并将在故宫院内特别为此项目建立虚拟现实剧院。这种文化资产的数字展示，是利用高科技手段来表现文化遗产的创举，将成为故宫博物院与凸版印刷株式会社合作，向全世界传播古老的中国文化的一项创新工程。古建筑、宫廷文物的数字化，以及在此基础上制作的虚拟现实节目的上演，不仅能将为了保护而不能开放的建筑物无法展出的珍贵文物等中华传统文化带入全新的境界，而且可以丝毫无损于文物；文物的数字信息，还可将库房中的文物，通过各种各样的媒体，生动有趣、简明易懂地呈现在人们眼前。根据意向书，日本凸版印刷株式会社将为故宫虚拟现实剧院的建造和建好后的节目制作提供技术、设备等5亿日元(约3700万元人民币)的资金支持。10月31日，中国故宫博物院和日本凸版印刷株式会社在东京正式签订了共同进行“故宫文化遗产数字应用研究”的合作协议书。这一协议书规定了中国故宫博物院和日本凸版印刷株式会社对故宫文化遗产进行数字化应用、研究的方针、组织机构和机关设施设备等具体内容。双方合作的第一阶段从2000年6月至2005年5月。在此期间，日本凸版印刷株式会社从制作紫禁城的虚拟现实节目起步，逐步实现故宫文化遗产的数字化和数据库的建立，并在此基础上开展数字技术在博物馆公开展示活动中的应用研究。

中国博物馆界与国外一些著名的博物馆在管理工作、人员培训和学术研究等方面所进行的交流日益扩大。目前，中国各级各类博物馆已经和世界上几十个国家的数百座博物馆建立了良好的业务联系，这其中不乏历史悠久、藏品丰富、研究力量雄厚、管理水准高的世界级博物馆。在国家文物局的支持下，挪威有关方面与贵州省合作建设梭嘎生态博物馆，填补了中国博物馆建设的一项空白。以1999年中国历史博物馆举办《秘鲁文物展》为标志，中国引进外国文物展览的工作有了喜人的开端。同年6月至8月在上海博物馆举办了《大英博物馆藏埃及文物展》，取得了圆满成功。

2000年9月27日《MAYA——重现的文明》为主体的墨西哥古代文明大型巡回展览，在陕西秦始皇兵马俑博物馆开幕，随后在广州、北京展出。为了向中国人民宣传神奇而又迅速湮灭的玛雅文明，墨西哥方面精选了186件文物，包括巨石雕象、陶器、绿玉雕塑、金器等，其文化内涵涉及政治、经济、文化、宗教等社会各方面的内容。与此同时，以陕西文物为代表的中墨双方的交换展览《帝王时期的中国：西安王朝展》在墨西哥首都墨西哥城及墨西哥北部最大城市蒙特雷进行巡展。这也是陕西文物首次在发展中国家举办展览。

对外展览成绩喜人

出国(境)文物展览成绩喜人，法制管理继续加强。文物对外展览是文物对外交流的重要内容。改革开放以来，在宣传、弘扬中国优秀文化，增进中国人民与世界各国人民的友谊，配合中国政府的外交工作方面，发挥着日益增大的作用。改革开放以来，中国大约在境外举办了1000个文物展览，分别在美国、日本、法国、英国、德国、意大利、瑞士、韩国、阿根廷、加拿大、澳大利亚、丹麦、芬兰、挪威、墨西哥等20多个国家和港澳台地区举办各种专题的文物展览近百项，展览的地区及范围进一步扩大。纽约、华盛顿、伦敦、巴黎等西方国家的政治、经济和文化艺术的中心地区以及美国国立美术馆等一些世界著名的博物馆，相继举办了中国文物展览。展览水平提高，规模扩大，影响力和产生的轰动效应也不断提高。展览的形式也更为多样，既有大型综合性展览，也有规模较小的专题性展览，还有与国外博物馆收藏的中国文物联合举办的展览。国内参与举办展览的省份逐渐增多，全国大多数省、自治区和直辖市都在国(境)外举办过多种形式的文物展览。文物出国(境)展览取得良好的社会效益。中国文物展览所到之处，各国政要、社会知名人士纷纷出席展览开幕式，人们争相前往观看，在当地乃至整个国家掀起“中国热”，有力地配合了中国的外交和外宣工作。三年来，文物出国展览共为国家带来了近600万美元的收益，有力地支持了文物事业的发展。2000年审批了28个赴外展览项目，18个赴港澳台地区展览项目，并引进了《墨西哥玛雅文明展》。

为了配合法国开展的“中国文化季”活动，11月在法国巴黎小宫殿（巴黎市美术馆）举办了《中国考古发现展》。此展览共包括来自中国4个省、自治区17个收藏单位的175件（组）展品。是27年来在法国举办的第二次国家级的大型展览。展览在法国引起了极大反响，参观人数达到20多万人，法国总统希拉克亲自参观了展览。

10月—12月在东京国立博物馆举办《中国国宝展》。包括来自中国13个省29个收藏单位的160件（组）展品，其中130件（组）是曾在美国展出的《中国考古黄金展》的展品。展览在日本引起极大的轰动，展览期间参观人数达39万人次。

8月在日本展出《世界四大文明·中国古代文明展》。参展的121件（组）文物，涉及13个省、市的35个文博单位和考古科研机构。文物展品年代大约距今7000年前至公元1000年，历经新石器时代至隋唐时代，基本上勾画出了中国古代文明形成发展的轨迹，受到了日本观众的热情赞扬。

为增强中国与加拿大两国之间的文化交流和友好关系，中国文物流通协调中心和加拿大保护文物基金会，于10月起在加拿大维多利亚、温哥华、汉密尔顿、温尼佩格等城市举办了为期一年零三个月的《中国古代玉器》巡回展览。中加两国领导人对此展览都非常重视，朱镕基总理、孙家正部长、张文彬局长等中国领导人与加拿大克拉克总督、克里斯蒂安总理及阿克斯沃西外长、遗产部部长、加拿大驻华大使分别为展览题写了贺词。克拉克总督在贺词中高度赞扬这一展览：“这个展览使我们为艺术成就而折服，这个世界由于中国所作出的不可估量的贡献而变得丰富多彩，并且加拿大也因为这个展览而更加巩固了与一个民族和文化的亲密关系。”展览于2000年10月12日在维多利亚美术馆开幕，加拿大联邦政府环境部长大卫·安德森等及中国驻温哥华总领事宋有明出席开幕并讲话，维多利亚各界知名人士近200多人参加了开幕仪式。数月来，参观的来宾被展出的包括金缕玉衣和红山猪龙等120件套中国古代玉器精品深深吸引，对每一件展品都赞叹不已，为灿烂悠久的中华文明所折服，很多人纷纷向中国领馆人员表示祝贺和钦佩。同时美国的《星岛日报》、香港《明报》《世界日报》等华文报及当地六家英文报都做了报道并刊载了相关的图片。

1997年以来，国家文物局出台了一系列规范文物外展的法规性文件。特别是《文物出国(境)展览管理规定(试行)》，在总结实践经验的基础上，对文物出国(境)展览组织者的资格认定、项目的申报程序和审批权限、展览人员的派出等作出了明确规定，试行三年来，效果良好。1998年国家文物局颁布的《文物出国(境)展览包装规范暂行管理规定》，对文物外展中的包装工作提出了规范性要求。

涉外考古工作取得新进展

针对中国涉外考古工作在合作调查、勘探、发掘等方面的实际情况，国家文物局于1998年发布了《关于认真贯彻(中华人民共和国考古涉外工作管理办法)的通知》，有效地加大了依法管理、规范管理考古涉外工作的力度，使涉外考古工作在1997年以前取得初步成绩的基础上，又获得了新的发展。

1998年以来，国家文物局共批准了6项涉外考古合作项目，表现出新的特点：一是合作的形式和内容更加多样化，包括了调查、勘探、发掘和研究等各个方面；二是更加注重合作的科技含量和学术水平，在考古合作中积极运用高科技手段并注意把握世界考古学的研究方向；三是合作的对象有所扩大，过去客观上形成的以日本学术机构为主的情况有了明显改变，与其他国家的合作增多。这些合作使中国考古界接触到世界考古学的最新理论，丰富了研究的内容，提高了研究的层次，也对扩大中国考古学在世界的影响、提高中国考古学的国际地位产生了积极作用。

与中国香港、澳门特别行政区和台湾地区的合作、交流得到加强

香港、澳门地区相继回归祖国后，与内地的交往更加广泛，涉及文物、博物馆工作的多个领域。香港中国文物保护基金会投资400万美元复建故宫建福宫花园，目前正在进行一期工程。香港恒隆集团董事长陈启宗先生，热爱和支持祖国文物事业。他联合海内外实业家在香港成立了“香港中国文物保护基金会”，无条件资助中国文物保护事业，复建故宫建福宫花园是基金会对中国文物保护实施的第一个项目。故宫建福宫花园始建于清乾隆五年(1740年)，占地4000平方米，是紫禁城内第二大皇家花园。1923年6月27日夜失火，将花园内建筑焚烧一空，目前仅存台基和太湖石。1999年5月24日，国家文物局(中华文物交流协会)与香港中国文物保护基金会，在北京故宫漱芳斋举行复建故宫建福宫花园协议书签字仪式。国家文物局张文彬局长和香港恒隆集团陈启宗董事长分别代表双方在协议上签字。文化部孙家正部长、全国人大常委、华侨委员会主任委员甘子玉、全国政协常委启功、外交部美大司卢树民司长、故宫博物院领导、有关专家学者以及法国、美国、英国等驻华大使和代表、联合国开发计划署代表、中外记者等约200人出席了签字仪式。张文彬局长在仪式上讲话，对陈启宗先生及有关人士热爱祖国，支持祖国文物事业的行动给予很高的评价。中华文物交流协会将复建建福宫项目委托故宫博物院承担。故宫博物院成立了专门的工作部门，对建福宫花园的建筑历史沿革进行了周密细致的研究和实地考证，并就复建项目征询了有关古建专家意见。此项目得到国务院批准，中华文物交流协会和香港中国文物保护基金会共同监督管理。复建工程预计4年内全部完成。复建后的建福宫花园将完全恢复清乾隆年间的建筑风格。建福宫花园的复建，将填补紫禁城古建筑群的空白，使这一世界文化遗产得以恢复历史风貌。

祖国大陆文物部门在港澳台地区举办了多个重要文物展览，如赴台湾的《四川三星堆文物展》、《汉代文物展》、《秦兵马俑展》，赴香港的《战国雄风》、《中华人民共和国五十周年纪念展》、《山东青州龙兴寺出土佛教造像展》，赴澳门的《盛世风华展》、《中华百年历程展》等，受到了港澳台民众的欢迎。

几年来，内地一些文物、考古机构和院校继续协助香港、澳门主管部门进行了卓有成效的考古调查或发掘工作，为进一步密切两地与祖国大陆的关系做出了积极贡献。

艺术科研与文化科技

全国艺术科学“九五”研究状况与发展趋势

根据全国哲学社会科学规划办公室关于开展“九五”学科现状及发展趋势调研工作的要求，现将全国艺术科学“九五”研究现状及发展趋势报告如下。

一、“九五”期间全国艺术科学发展状况

“九五”期间，在党的文艺方针指引下，经过全国广大艺术科研工作者的艰辛努力，我国艺术科学学科建设取得了显著成绩。主要体现为:

（一）加强领导，全面规划，强化管理

“九五”期间，全国艺术科学规划管理工作得到了进一步重视。1996年，为理顺全国艺术科学规划管理体制，文化部决定将全国艺术科学规划领导小组办公室设在文化部教育科技司，并将建立健全规划管理规章作为工作重点。此后，全国艺术科学规划领导小组办公室陆续制定发布了《全国艺术科学规划重点课题管理暂行办法》、《全国艺术科学“九五”计划和2010年远景目标纲要》等规章和文件，开展并加强了学科规划、学科调研、学术研讨和课题管理工作，全国艺术科学规划工作进一步走上制度化、规范化、科学化管理轨道。

按照有关规定和要求，“九五”期间，全国艺术科学规划领导小组办公室开展了两次重点课题申报工作，共审定并组织进行了各类课题148项，资助经费总额为165.2万元。科研成果奖励工作得到重视。“九五”期间，为配合“国家哲学社会科学基金资助项目艺术科学优秀成果奖”的评选，组织进行了“文化部第一届文化艺术科学优秀成果奖”评选，65种文化艺术优秀成果分别获得一、二、三等奖，并向杨荫浏、周贻白、顾仲彝、缪天瑞、王朝闻、张庚、葛一虹、周巍峙、郭汉城等九位为我国艺术科研事业做出奠基性和开拓性贡献的老一辈专家授予特别奖。组织召开了国家重大课题《中国民族民间文艺集成志书》百卷出版嘉奖大会和“第二届全国民族民间文艺集成志书出版成果嘉奖会”。所有这些，特别是五十年来第一次全国艺术科学优秀成果奖励工作，极大地激励和鼓舞了全国广大艺术科研工作者，为艺术科研工作的队伍建设和学科发展，创造提供了有力的组织保证、健康的舆论环境和良好的工作条件。

（二）艺术科学研究成就斐然，艺术科研队伍稳步发展，学科地位进一步确立

“九五”期间艺术科学研究取得的成就值得充分重视。“八五”时期立项的70项国家艺术科学重点课题，截止目前，共完成52项，完成率达74%；出版30项，出版率为43%。其中《中国民间美术全集》(王朝闻主编)、《中国古代剧场史》(廖奔著)、《中国艺术学》(彭吉象主编)以及《中国民间目连文化》、《艺术掌握论》、《戏曲艺术长河》、《戏剧思维》、《艺术文化学》等分别获得首届国家哲学社会科学基金资助项目优秀成果奖一、二、三等奖。这些获奖成果及《中国舞蹈发展史》、《中国建筑艺术史》、《中国音乐文物大系》等一批代表我国艺术科学目前的研究水平，或在研究资料积累方面的标志性成果的完成出版，将艺术科学研究推进到新的高度。《中国民族民间文艺集成志书》的编撰工作取得了突破性进展，现已出版164卷，完成字数2.4717亿。这项始于“六五”期间，凝聚着全国5万多艺术科学研究人员的智慧与劳动，被誉为“中国文化建设的万里长城”的浩大工程将于2004年最终完成，对中国艺术科学研究已经产生并将继续产生极大的推进作用。

全国艺术科学“九五”规划重点课题进展顺利。由李希凡任总主编，由中国艺术研究院等单位众多资深专家为各分卷主编，共计14卷、600万字的全国艺术科学“九五”规划重大课题《中华艺术通史》，目前已有13卷完成初稿，10卷通过初审，将于2002年完成。《中国近现代当代舞蹈发展史》、《中国少数民族舞蹈史》、《电视文化栏目研究》、《“刀郎木卡姆”的生态与形态研究》、《满族萨满乐器研究》等课题已经完成或已经出版。《20世纪美术教育研究》、《中德音乐教育比较研究》等课题的进行，表明艺术教育的重要性得到全社会越来越普遍的肯定；探讨我国文化艺术事业发展和管理内在规律的《当代中国艺术管理问题研究》、《中国文化产业研究》等课题，也已经开始起步。

随着这些科研项目的进行和完成，艺术科研队伍得到调整充实。作为我国最重要的艺术科研基地的中国艺术研究院，设有艺术学多个分支学科的博士点和硕士点，“九五”期间舞蹈学科也开

始招收博士研究生；各地的艺术科学研究院所作为各省、市、自治区艺术科学研究基地，队伍也有所调整充实。高等艺术院校继续发挥教学与科研相结合的体制优势，是艺术科学研究领域不可忽视的重要力量。有条件的综合性大学和哲学社会科学研究单位，陆续组建了艺术学教学与科研机构，艺术科研队伍正在日益壮大。艺术科学研究的发展仍然以专门艺术研究机构与高等艺术院校为重心，并出现了一定程度上的社会化趋势。

（三）我国艺术科学发展存在的困难和问题

"九五"期间，我国艺术科学建设取得了显著的成绩，但是，应该清醒地看到，面对21世纪，与党和人民对艺术科学的殷切希望，与飞速发展的时代所提出的迫切要求相比，我国的艺术科学建设还存在着某些不足和问题。主要有:

1、对艺术科学的重要性认识不足。

党中央提出"科教兴国"战略，邓小平同志明确指出，"科学技术是第一生产力"、"科学中当然包括社会科学"，但是在实际工作中，忽视人文科学、尤其是忽视艺术科学研究的状况普遍存在，特别是在文艺工作实践中，轻视理论研究的情况比较严重。主要表现在国家经费投入严重不足、没有建立社会资助机制、艺术科学研究经费十分有限。由此带来了研究手段落后、科研骨干流失、队伍不稳等一系列问题；各地艺术研究机构经过长期搜集与研究积累起来的大量珍贵文献与音像资料，也因为没有良好的保存条件，有的已经损坏，有的正在损坏。艺术科学的发展建设十分艰难，妨碍了艺术科学研究与国家政治、经济、文化建设发展目标的有机结合，难以充分发挥对文化艺术建设重要的理论支持和指导功能。

2、全国艺术科学研究布局不够合理，科研体制改革滞后。

目前的艺术科研机构基本上沿用了行政体制，科研效益不高，缺乏面向社会需求的科研导向机制和以成果评价为核心的竞争激励机制。有限的经费使用亦不够科学、合理，文化艺术建设急需的某些重大课题的研究往往得不到应有的重视和支持，致使重大课题立项少，资助强度不够，宝贵的艺术科研资源还存在一定程度上的浪费现象。艺术科学研究缺乏有效的宏观组织协调，各研究机构的状况与水平参差不齐，缺少必要的协作。各地方艺术科研机构，还需要更自觉地充分利用当地文化资源并体现其地方特色。艺术科学的稳步发展缺乏制度性的保证。

3、科研成果的社会转化率低，研究队伍整体水平有待提高。

多年来，我国艺术科学研究人员开展了大量基础研究，但许多优秀研究成果与当前的文化艺术事业发展实践之间，还存在脱节现象，理论与实际的结合不够紧密。由于客观条件的限制，现有科研人员中，不同程度地分别存在知识结构不合理、对国内外学术动态缺乏全面透彻了解、缺乏实际经验、研究手段落后、创新意识和能力不强等缺陷。也存在着目的不明、学风不正、心态浮躁的现象。因此，某些研究成果质量不高，难以充分满足社会需求。

解决上述种种问题，加速艺术科研体制改革，是我国艺术科学"十五"规划的重要任务。

（四）艺术科学"十五"规划的努力方向

艺术科学是我国社会科学的重要组成部分，作为"先进文化"的重要体现，它对于当代中华文化建设，对于塑造民族精神，提高国民素质，具有重要意义。

面向新世纪的中国艺术科学研究，必须坚持以邓小平理论为指导，紧紧把握21世纪我国文化艺术建设所面临的新情况、新问题，特别是有中国特色社会主义文化建设过程中出现的重大课题，作出符合时代特征的科学解答，并在对时代脉搏和重大问题的准确把握、敏锐反应和科学解答中寻找学科发展新的生长点。由此，中国的艺术科学才能在解决新世纪一系列重大问题的社会实践中获得进一步发展，为中华民族的伟大振兴做出应有的贡献。

为此，"十五"期间，艺术科学研究规划应该重视以下几个方面:

一、加强规划、领导和协调，做到合理配置艺术科研资源，形成比较合理、较为科学的艺术科学研究格局；大力争取和创造条件，开拓资金渠道，加大艺术科研的资助力度，改善艺术研究的外部条件。同时，深化科研体制改革，强化完善竞争激励机制；切实加强科研管理，提高科研管理水平；规范学术研究、学术奖励，建立公正科学的学科评价体系和符合学科发展特点的学术发展评价体系，为艺术科学的健康发展营造良好的激励机制和学术氛围。

二、加强马克思主义文艺理论特别是邓小平文艺理论研究。以十五大精神为指导，紧密结合建设有中国特色社会主义文化的伟大实践，认真总结我国文化艺术建设的经验教训，密切关注当代科学技术的进步和人类社会的发展，进一步探索有中国特色社会主义文艺事业发展的内在规律，根据新的文艺发展实践做出新的理论概括，以指导新世纪的文艺事业建设。

三、加强基础研究。努力探索并建设有中国民族文化特色的，具有时代特征的艺术科学理论体系，在接受与吸收国外一切先进艺术科学研究成果的同时，逐渐完善我国艺术科学基础理论与应用理论体系。同时，加强对国外文化艺术基础理论的翻译、研究和介绍，关注并追踪国外当代艺术发展动态和科研前沿，加强学术态势分析，更好地借鉴国外优秀文明成果，推动我国文化艺术事业健康发展。

四、加强基础资料建设。由于各学科发展的不均衡，尤其是由于以往不同学科资料工作基础参差不齐，研究受到很大限制。这一情况，因“中国民族民间文艺集成志书”的推进而有了明显的改观。目前已经完成和即将完成的集成志书应该得到充分利用，使之真正成为中国艺术学科进一步发展、成熟的坚实基础。基于集成志书的研究，尤其是充分运用集成志书提供的新材料，填补目前艺术科学研究领域的空白，是“十五”期间艺术科学研究需要强调的重点之一。

五、切实加强现状研究和对策性研究。艺术现状研究包括对当前具有普遍性的艺术现象，艺术创作的新成就、新特点和发展趋势、急需解决的问题的总体性研究，也包括对影响较大的艺术作品的经验得失与创作规律的研究。因此，要选择与我国当前建设整体目标紧密结合、关乎中国未来文艺发展的战略问题，进行深入研究。鼓励百家争鸣，开创现状研究与批评的繁荣局面。

六、国家实施的西部开发战略，对艺术科学研究既是机遇，也是挑战。促进西部地区包括少数民族地区艺术资源的发掘、整理，同时研究在开发与开放过程中保护民族文化遗产的新路径。要切实加强对传统文化艺术的研究，尤其要重视对民间艺术、少数民族艺术、宗教艺术中某些独特而濒于失传的品种及其技艺的挖掘、抢救和整理工作。

七、加强创新意识，注意艺术科学方法论研究，拓展艺术研究的视野与方法。加强对新兴、交叉、边缘学科建设的支持，提倡运用多视角、多种方法研究艺术，促进艺术学科深入发展。重视新发现的出土文物和文献，加强从民俗学、社会学、宗教学和人类学等角度的艺术研究。要研究高科技对人们生活与文化艺术事业的复杂影响，注重研究手段的现代化，借助高科技发展艺术科学事业，利用高科技手段开展艺术科研。

八、加强艺术科研队伍建设和人才培养。2000年前后，改革开放以来为我国艺术研究做出杰出贡献的一批资深研究人员将要相继退休，部分学科的学术传承难以为继，人才培养迫在眉睫。各地、各有关艺术科研机构都要清醒地认识到问题的严重性，切实加强艺术科研队伍建设和人才培养，调整现有科研机构的人员结构并改善其知识结构 增加中国艺术研究院和专业艺术院校的研究生招生名额，加强在职研究人员的培养、提高；要充分认识到艺术研究专门机构与专业艺术院校在艺术科研事业中的特殊地位，并以更开放的心态，鼓励与吸引普通高校以及社会科学研究机构的专家学者参与艺术研究。集成志书等大型项目在基层培养了大批艺术科研人员，在这些项目完成或基本完成后，需要继续采取适当措施，发挥他们的作用，鼓励他们利用集成志书编纂过程中积累的大量资料，深入进行各艺术门类和地域性的史论研究。

二、艺术科学各学科现状及发展趋势

（一）一般艺术学

“九五”期间，在艺术科学发展进程中具有特殊意义的一般艺术学，确立了它作为一个独立学科的地位，取得了相当引人注目的成果。朱光潜、宗白华、邓以蛰全集和《王朝闻文集》的出版，都是“九五”期间我国艺术学研究领域十分重要的成果，对我国艺术学研究的当代发展，具有重要的理论示范意义。

艺术史整体研究的进展明显。由于各门类史研究比过去更加系统、深入和细致，启动了综合艺术史的研究，被列为全国艺术科学“九五”规划重大课题的《中华艺术通史》的编著，填补了我国艺术史领域的学术空白。目前，这一课题已经接近完成，为中华艺术发展史的整体研究，提供了一个新的起点。

经历了一段迷茫与纷乱的探索时期之后，国内中生代艺术学研究群体已经走向成熟，在艺术学及其分支学科、边缘学科方面出现了一批有相当学术功力的学者和有独到学术见地的专著。艺术学的通论部分，有彭吉象主编的《中国艺术学》、李心峰的《元艺术学》、邢煦寰的《艺术掌握论》等新著，使艺术学基础理论的研究领域得以拓展，其中《中国艺术学》、《艺术掌握论》和《艺术文化学》，均获得国家首届哲学社会科学基金项目优秀成果奖。

中国的艺术学研究起步较晚，因此，大量翻译国外艺术学研究名著，以资借鉴，就显得十分必要。改革开放之初到八十年代末，曾经有过一次大量翻译引进西方艺术理论经典著作的热潮；"九五"期间，国外艺术学的有关论著及现当代艺术研究领域的重要成就的译介方面有明显进展，尤其是二战以后具有世界影响的西方马克思主义学派——法兰克福学派的社会文化批评著作与后殖民主义理论的重要著作，有相当一部分已经被翻译介绍进来，中国社会科学出版社的"知识分子图书馆"系列和天津社会科学出版社的"先锋译丛"，都为国内艺术研究界了解世界艺术研究的最新动态，及时提供了宝贵资料。由四川人民出版社出版的"美学设计艺术教育丛书"，已出版十多种有关译著，对当代艺术学研究也颇有参考价值。

"九五"期间艺术学学科建设也存在一些值得指出的问题，概括言之，有以下几个方面：

第一，对艺术学学科本身包括艺术学基础理论、艺术批评、艺术史、艺术教育等的研究和建设，虽然取得一定进展，但基础理论研究相对薄弱的现象仍很突出，成熟、科学的艺术批评尚为数不多；一些同整个社会文化发展密切相关的艺术和艺术学研究的重大课题，还没有得到具体而切实的落实。如何以具有独特艺术表现手法、美学特色鲜明的本土艺术为基础，构建具有民族特色，能更好地解释中国艺术现象与发展规律的艺术学理论，乃至构建具有民族特色的现代艺术学体系，是摆在我们面前的艰巨任务。有中国特色的马克思主义的艺术学体系还远未形成。

第二，对艺术现状与艺术实践的研究、评论、总结和概括还很不够。理论脱离实际、理论与创作之间的滞后、隔膜的弊病，在我国当代艺术学研究中，仍然不同程度地存在着。对我国当代艺术发展的新现实、新思潮、新特点、新态势、新趋向有所疏离，对世界文艺发展的新现实、新思潮、新特点、新态势、新趋向有所隔膜，对信息时代的大众传媒文艺、网上文艺等新鲜的文艺形态和体制，关注和研究都很薄弱；剖析在社会主义市场经济条件下艺术发展的新特点、新规律的有分量、具有前瞻意义的研究成果还不多见。因此，要加强世界意识、现代意识和超前意识，要在世界文艺的大格局、大背景下考察中国文艺现状，在中外艺术发展的比较研究中把握世界文艺发展的普遍规律与中国文艺发展的特殊规律及其互动关系，从艺术学科的整体出发，对当代艺术发展过程中出现的那些带有普遍性的问题，给出统领全局的回应。

第三，由于历史的原因，目前中国青少年一代的艺术素质不容乐观，相对于整个教育领域飞速发展而言，艺术教育滞后的现象非常明显，艺术知识的普及与艺术素养的培育，已经成为关系到青少年一代身心两方面健康成长的迫切需要解决的问题。除了应该通过学科建设等手段加以引导，有组织地动员艺术研究人员更多地关注艺术普及工作以外，还需要继续通过多种途径强调艺术教育的重要性，并且深入研究艺术教育的规律，以推动青少年艺术教育事业的不断前进。

（二）戏剧学（含曲艺、木偶、皮影、杂技）

"九五"期间，中国戏剧学建设成就显著，研究水平不断提高，研究领域不断开拓，凸显中华民族艺术特点的戏剧理论已经初具规模。

基础研究成果斐然，出现了一批综合本世纪研究成果的权威著作，将戏剧、曲艺研究推进到了一个新的高度。

"九五"以前，已经有《中国大百科全书.戏剧》、《中国现代戏剧史稿》、《中国现代比较戏剧史》等重要成果。"九五"期间，出版了《陈瘦竹戏剧论集》等100多部话剧研究著作，《戏剧导演表演美学研究》、《焦菊隐戏剧理论研究》以及"北京人民艺术剧院艺术家丛书"等著作的出版，使话剧表导演艺术研究有了新的进展。对现当代重要作家作品的研究有新的进展，在《陈白尘论文集》、《曹禺文集》、《田汉全集》出版或即将出版的同时，出版了多部曹禺、田汉、洪深等重要剧作家的评传。《新时期戏剧述论》、《中国现代戏剧思潮史》是研究中国现当代话剧的力作。继《香港戏剧史》出版之后，“九五”期间又完成了《澳门话剧史》。在翻译方面，则有《外国戏剧理论丛书》的陆续出版。

继《中国大百科全书.戏曲曲艺》、《中国戏曲通史》、《中国戏曲通论》等全面、系统研究论述中国戏曲历史与发展规律的著作问世之后，“九五”期间，《中国戏曲志》全部出版，《中国戏曲音乐集成》大部分编纂完成，正在陆续出版。《全元戏曲》是第一部断代戏剧作品全集，凝聚着几代人的研究心得。大型集体项目《中国戏曲剧种大辞典》、《中国曲学大辞典》已经出版，《中国京剧大百科全书》即将完成。

戏剧史论的各个分支学科的研究更加深入。“九五”期间，戏剧理论、戏曲美学史、戏剧专门史和许多地方性的戏剧史和剧种史等著作出版。中国艺术研究院戏曲研究所编辑的“戏曲史论丛书”“九五”期间全部出齐。《中国京剧史》的完成，标志着京剧这个中国近代以来最重要的剧种终于有了一部完整的史著。获国家社科基金项目优秀成果奖二等奖的《中国古代剧场史》和获文化部第一届文化艺术优秀成果奖二等奖的《清代以来的北京剧场》等成果，代表了剧场研究这一新学科分支的成熟。《张庚评传》、《新时期戏曲创作论》、《中国戏曲现代戏史》对现当代戏曲文学、戏曲理论及其发展历程做了初步总结。“九五”期间，采取新视角、新方法的戏曲研究更受重视，开辟了许多新的研究领域。《中国戏曲志》的编纂推动了戏曲文物的考察和傩戏、目连戏研究的深入开掘，许多学者采取了文献研究与实地调查相结合的方法，召开了多次全国性的和国际性的学术会议，出版了《中国巫傩面具艺术》等多种研究著作。戏曲音乐研究方面，也有《近代戏曲音乐研究》等研究成果。

在曲艺研究领域，《中国曲艺志》和《中国曲艺音乐集成》的编纂与出版进展顺利。《中国曲艺史》、《中国曲艺艺术论》等成果相继问世。

八十年代以来，曲艺研究逐渐受到各方面专家、学者以及理论工作者的重视，曲艺学的学科建设取得了初步成就。在“九五”期间，《中国曲艺与曲艺音乐》、《词乐曲唱》、《中国相声史》、《山东曲艺史》等著作的出版，都体现该领域研究的推进与水平的提高。曲艺研究界对农村和多个城市的专业曲艺演出团体进行了多项现状调研活动，有关曲艺现状与21世纪曲艺发展趋势的研讨取得了引人注目的成果。

木偶、皮影、杂技历史与创作、表演的研究也有一定的成就。一些知名艺术家有意识地开始总结自己的艺术经历及艺术经验，撰写出版了《木偶戏艺术》、《中国木偶史》等多部全国性和地区性的木偶、傀儡、皮影方面的专著及杂技研究的一批论文，对这些艺术品种做了一定的基础性的资料积累和初步的理论梳理，为它们的发展提供了一定的理论支持。

由于注意到新的科技手段的运用，该时期戏剧、曲艺领域的研究成果呈现形式更加多样。运用图片和图文并茂的形式展示中国戏剧、曲艺发展历程和表演艺术的新著，如《中国戏曲脸谱艺术》图集、《中国京剧史图录》、《中国京剧艺术》图集、《中国戏曲服装图集》等，都受到读者欢迎。电视艺术片《戏曲艺术长河》用电视片的形式叙述戏曲历史，具有直观、生动的效果，获得首届国家哲学社会科学基金资助项目优秀成果奖三等奖。运用光盘、网络等新技术手段表现、传播戏剧、曲艺的成果也已开始出现。

客观地看，“九五”期间戏剧、曲艺研究比较突出和显著的成就，主要还在于学术积累方面。“十五”期间，为继续推动戏剧、曲艺领域的研究走向深入，还有以下一些亟待解决的问题:

一、戏曲、曲艺志书和音乐集成逐步出版，为戏剧、曲艺史论更新、更全面与更有学术深度的研究，提供了大量新材料。但是从目前的研究状况看，这些规模宏大、内容丰富的集成志书还没有被研究者充分利用，在学术界受到的关注与它们应有的作用地位还很不相称。应该有意识地鼓励研究人员在上述集成志书基础上开展新的研究。

二、应该进一步加强基础理论研究与现实研究之间的联系。近年来话剧研究成就比较突出的方面，主要是对经典作家作品的个案研究，但是在研究方法与视角方面，还有待于丰富，基础理论研究需要寻找新的突破口；鼓励研究人员从事历史与现实结合的研究，对当代话剧创作、演出存在的突出问题，给出有理论、历史依据和有思想深度的应答。要鼓励独立、科学的现状研究与批评，使之与新闻的商业化炒作分离开来。

三、曲艺学科的基础史论的学科建设，尚缺乏切实可行的整体规划和理论研究的总体构架。由于曲艺内涵丰富，包容庞杂，各不同曲种都具有自己的发展历史、艺术特色与创作表演的独特规律，要强调微观与宏观研究的结合，在扎实的微观研究基础上，推进曲艺的宏观研究。

四、要更加重视木偶、皮影、杂技艺术的研究。作为中华传统优秀文化的重要组成部分，我国的木偶、皮影、杂技艺术历史悠久，积淀丰厚，技艺精湛。但是由于这些艺术门类的综合性和技艺性较强，研究力量相对薄弱，因此，其理论研究与积累严重不足，也使这些艺术门类的继续发展和提高受到制约。“十五”期间，应高度重视这些艺术品种的研究，切实纳入规划并具体落实。

（三）电影电视学

“九五”期间，中国电影和电视研究进展显著，其中电视艺术领域的研究进展尤其明显，1999年，电视艺术学正式进入国务院学位委员会颁布的国家学科建设目录。除了专门的研究机构和影视专门艺术院校的电影、电视专业研究人员以外，普通高校也开始重视影视研究，并纷纷开设影视专业课程。大众传媒对影视的关注，远远超过任何一个艺术门类，使得影视日益成为人们精神生活中不可或缺的重要组成部分。影视事业本身的迅猛发展，极大地推动着影视学研究的发展。

“九五”期间，出现了一批认真总结中国电影、电视发展史，探讨影视艺术发展规律的重要著作。虽然影视出现的历史并不长，但是对中国影视发展历史的研究，仍然是影视学研究的中心之一，吴素玲《中国电视剧发展史纲》是第一部全面叙述中国电视剧发展的简短历史的著作，胡菊彬《新中国电影意识形态史（1949-1976）》、柯可《中国岭南影视艺术史》则从一个特定时段或局部，对电影史做了深入考察。

电影学研究在“九五”期间向着纵深发展，王志敏《电影美学分析》深入研究电影语言，罗艺军《中国电影与传统文化》探讨了电影的民族性等对中国电影至关重要的问题，在电影界具有一定反响。该时期出版的“电影学新论”丛书以及其它一些个人著作，从不同角度开拓了电影研究领域，使电影学研究的涉及面更广，更具深度。电视艺术研究也在近年里开始起步，已经出版的一些著作，虽然它们的学术价值还有待于学术界的认可，但是学者们的大胆探索，是值得肯定的。“九五”期间还出版了部分从当代文化批评的特定视角介入影视的有影响的著作。与其它艺术门类不同的是，在影视界，当代研究与批评比起史论研究来，受到更多学者的青睐。

“九五”期间，通过对影视的综合研究，探索电影和电视的共同规律，成为一部分学者的研究取向。他们将电影、电视视作一种共本同源的艺术形式，探讨新兴的影像声画语言的艺术特征，并且多能侧重于大众传播的视角，联系现实的社会、文化背景对影视审美现象进行梳理与分析。

“九五”期间，影视学方面虽然还没有出现重大的理论突破，也出现了可喜的发展趋势，电影本体研究与电影文化研究正在深化，电视艺术研究正在崛起，已经有学者借助社会学、经济学、传播学、文化学以及美学理论，对新兴的电视传媒艺术的制作、传播与接受作了多角度探讨与研究。但不可否认，在影视创作的繁荣景象面前，尤其是近年里电视在社会生活中的影响日益增大的背景下，影视艺术研究不能与之相适应，成果的质与量都远远不能满足社会与影视艺术发展的要求。

中国电影理论基本上仍停留在对西方电影理论的借鉴阶段，已经故去的钟惦斐先生在世之时就倡导编著的《中国电影美学》，至今依然未能完成。电视剧艺术理论研究、中国电影电视实践理论，中国电影批评史及影视教育学的研究还相当薄弱。中国电影史与世界电影史研究进展缓慢，如果说电视历史太短，目前尚无一部完整的电视艺术发展史是情有可原的，那么电影史研究的滞后现象，显然与现实的要求有一定距离。从中国美学的特殊角度出发，结合我国影、视艺术的创作与审美实践，深入地分析与探讨我国电影与电视艺术带规律性的审美方式，美感构成及审美经验范畴，从而构成具有指导性与学术性的中国电影、电视剧自身的理论体系，应该是影视理论界努力的主要方向。

影视艺术的各门类研究应该进一步加强。电影和电视的编剧、导演、表演、摄影、美术、录音等既是影视重要的艺术创作与技术部门，同时又是自成一体的学术研究领域。要提高影视艺术的创作水平，不可忽视这些基础性学科研究。

需要大力倡导影视艺术教育学的研究。影视教育目前发展趋势强劲，但是教育手段单调与缺乏合格师资的问题，也显得越来越突出。因此非常需要通过影视创作、研究人员和教育界的紧密合作，开展影视教育规律研究，探讨如何从提高画面视觉认知能力，影像思维能力及影像语言艺术的鉴赏能力等方面出发，更好地组织影视艺术教材的编撰，使影视教育作为一种有效的艺术教育手段，纳入21世纪国民素质教育体系。

（四）美术学

美术学是中国艺术研究领域的传统学科，在各门类艺术中，美术学较早成为一门独立且相对比较成熟的现代学科。“九五”期间美术学的研究成果，同样十分丰硕。至“九五”期间，全国已经建立十多家专门从事美术学研究与教学的机构，其中包括中国艺术研究院美术研究所、中央美术学院、清华大学美术学院（原中央工艺美术学院）和中国美术学院等艺术院校的史论系、故宫博物院研究部等，集中了相当一批高水平的研究人员，形成了一支可观的研究队伍。1999年，国家教育部在学科目录中正式将“工艺美术”改为“艺术设计”，对于工艺美术研究的对象与重心，都会产生一定影响。

“九五”以来，我国美术学研究在基础研究与现状研究两方面，都取得了一定进展。继《中国美术全集》出版之后，王朝闻主编的12卷本《中国美术史》也将于最近出版。刘正成主编的《中国书法全集》以古代到近现代的书法作品与书法家为研究对象，注重古代书法家以及文献考证，拟出版108卷 ，目前已经出版40卷；萧默主编的《中国建筑艺术史》，也是美术学研究领域近年里有价值的成果。工艺美术领域，出版了田自秉的《中国工艺美术史》和杭间的《中国工艺美学思想史》等著作。国外美术史研究领域有不少新作问世，如王镛的《印度美术史》、奚静之的《苏俄美术史》等。中外美术比较研究也有良好的开端。

近年里，美术学基础研究日趋系统化，大规模丛书的出版形成一种值得关注的新趋势。中国古代书画史论、近代名家和鉴定方法的研究是其中的热点，《明清中国画大师研究丛书》、《巨匠美术丛书》等50余种古代美术史丛书或书系的出版，为美术史研究材料的系统化，做了非常有益的工作。《中国书法文化大观》，汇聚了近年里有关书法艺术研究的主要成果与观点，《中国书学丛书》则集中了近年较有影响的一些书法研究人员的成果。《中国现代书法史》、《现代中国书法史》、《20世纪中国书法史》、《中国书法批评史略》等著作涉及到了书法史论研究的诸多领域。

在摄影艺术研究方面，《中国摄影五十年》和《大众摄影（珍藏本1958-1998）》是近五十年摄影作品的重要结集。

美术领域颇令人注意的现象，是现状研究十分活跃，而其它相关艺术领域在该方面往往比较薄弱。“九五”期间，20世纪美术现象的回顾与总结，始终是美术学研究领域的焦点，形成了一股真正意义上的“20世纪美术研究热”。“九五”国家重点研究课题邵大箴主编的《20世纪中国美术》和闻立鹏主编的《20世纪中国油画》已经完成或即将完成。目前已经出版的20世纪美术作品方面的丛书，还有《20世纪中国画》、《20世纪中国美术教育》、《20世纪外国美术丛书》等数种多部头的著作。《二十世纪中国画家研究丛书》是对本世纪十多位画家进行个案研究的一项重要工作，其中郎绍君著《齐白石》一书尤值得注意。

在批评史方面，“九五”期间也有收获，《中国美术批评史》和《西方美术批评史》以及研究中国当代美术批评史的著作相继出版。

“九五”期间美术学研究的重心，在美术史（包括现当代史）领域而非美术理论领域，相对而言，基础理论研究不够系统、扎实，一些重要的研究领域还缺乏有深度的专著。尤其是雕塑研究，向来是中国美术学的薄弱环节，中国古代雕塑史研究已经受到一定程度上的关注，但从整体上看古代雕塑创作和理论仍缺乏有深度的系统整理和分析，中国雕塑教学也偏于沿用西方模式，往往与中国古代雕塑传统脱节。“九五”期间的20世纪美术研究热，重在对近百年来美术现象的宏观把握。相对而言，区域性的研究以及艺术家个案研究，则略显不足，结合作品研究的专著也比较少。

“九五”期间美术学研究的成就，预示了中国美术学研究将呈现出整体推进与局部突破的格局。在基础研究领域，美术史研究，尤其是中国古代美术传统的发掘、梳理和阐释仍会是研究重点，但中国古代壁画研究、古代画派的综合研究等方面，有待于加强，美术理论也需要在结合历史与作品研究的基础上逐渐体系化。"20世纪美术研究热"仍将持续，但重心将会转向当代美术现象。世界华人圈美术和西方学者的中国美术研究，也将成为令人们感兴趣的研究对象。

国内研究比较薄弱的艺术设计学，包括国外设计理论的理论与思考需要加强。艺术设计研究在国际上是发展较快的学科。国内近年来艺术设计实践以平面设计和环境设计为先导，发展迅速，但是史论研究均明显滞后，迄今尚无一部完整的中国艺术设计史、设计概论著作；国外先进艺术设计理论与思想的引进方面，只有王受之编著的《世界现代设计史》；传统工艺美术的系统理论研究，也很不充分。因此，无论艺术设计还是传统工艺美术的有深度的研究，都是当务之急。

对国内外前卫艺术现象，美术理论界有必要开展进一步的深入研究。同时，美术研究还需要拓展研究领域，美术教育的研究、20世纪中国美术的区域研究、包括当代少数民族美术现状的中国少数民族美术史研究、美术批评研究、美术技法与材料研究，都应该纳入研究视野。外国美术的研究则需要进一步加强。

在美术史论研究领域，还有两个方面需要继续努力，其一是从弘扬优秀传统文化的意义上提高史论结合的水平，既要避免将未经消化的西方理论生硬地用于中国美术研究的倾向，也要防止变相沿袭古人而缺乏新意的研究；其二是从深入研究层面上加强个案与专题的研究。

（五）音乐学

"九五"期间，我国音乐学研究各个领域成果丰硕，景象繁荣。音乐史学、民族音乐学、音乐美学、音乐教育、音乐科技以及综合性学术研究等方面，都有不同程度的发展。学术规范日益受到重视，研究领域不断拓宽，成果质量有所提高。研究队伍明显扩增，研究人员素质有所提高。与其他人文学科的联系更加紧密，跨学科研究也有收获。

一批综合性的音乐学术研究项目的实施，极大地促进了音乐研究领域的整体发展。《艺术教育大系》中的音乐卷是在音乐艺术科研方面起着重要推动作用的系统工程。这项工程由文化部教科司直接组织、领导，音乐卷共16部，"九五"期间将完成其中的大部分。由中央音乐学院主持编写的《音乐百科全书》（600万字）工程已经启动，目前已完成全书条目框架制定工作，并已进入约稿撰稿阶段，这是我国第一部大型专业性音乐工具书，可望于2002年底完成并由中国大百科全书出版社出版。

在音乐史领域，"九五"期间，陆续出版了一些较为重要的史学理论专著和有关著作。这是建国以来音乐史学界长期努力的结果，也是音乐学整体学术水平提高的显著标志。

中国音乐考古学受到学术界较多关注。《中国音乐文物大系》大部分省卷已经完成，它是中国音乐史学和中国音乐考古学方面的基础工程。

音乐史学家的目光涉及到一些重要史学专题，有些学者作了较为深入的研究。黄翔鹏为当代重要的中国音乐史学家，他的《中国人的音乐和音乐学》是一部以中国音乐史研究为主体内容的研究论文集，在音乐史学界有重要影响。《中国上古出土乐器综论》、《荀勖笛律研究》、《中国弓弦乐器史》、《中国乐律学百年论著综录》等都是近年来有关中国音乐史专题研究的重要专著，在古谱学、乐律学史、音乐考古学、乐器学、音乐思想史、近现代音乐史、音乐文献学及其它音乐史领域，也都有一些重要论文问世。

西方音乐史学研究取得了很大进展。除了出版和发表了一系列西方音乐历史的专著和论文外，由中央音乐学院西方音乐史教研室集体撰写的60万字的《西方音乐通史》已经完成，并将出版。"九五"期间翻译、出版或即将出版的一些西方音乐史学经典著作，对促进我国的西方音乐研究有重要价值。

"九五"期间中国传统音乐研究的成果十分丰硕，它们在整体上使中国音乐学学科建设大大前进了一步，形成了选题范围广泛、方法多样、取向多元、思维活跃、队伍不断壮大的总体局面。一系列有关中国传统音乐的专著、文集相继出版，反映了这一领域的新面貌，使中国传统音乐的研究既有了认识论和方法论方面的指导，又有了研究实践的范例，无论在学科的学术积累方面还是学科规范方面都有较为重要的意义。五年来，散见于十余种音乐学术专刊上有关中国传统音乐内容的论文约320篇左右。从研究范围看，它们涉及到26个民族25个省区。从选题性质看，宏观研究与微观研究相结合；从研究方式看，文献资料与田野考察均受到重视 从研究对象、内容方面看，包括了26个乐种，15种民歌，10多种传统乐器和多种类型的宗教音乐。运用民俗学的方法研究各地区、各民族 多种多样的仪式音乐正在成为一个热点，受到本领域许多学者的关注。

音乐美学研究在“九五”期间呈现出基础理论与实践并重的研究趋势。关于中国古代音乐美学思想的研究，以及音乐美学文献资料编纂都颇见成果，继《中国音乐美学史》出版后，中国艺术研究院音乐研究所与福建省艺术研究所的合作课题“20世纪中国音乐美学”，4卷本的文献卷已出版，“作曲家音乐美学思想”已结集待出版。近年出版的还有于润洋完成的国家“八五”重点课题《现代西方音乐哲学导论》。音乐美育是近年来音乐美学关注实践问题研究的重点之一，是一个新的动向。“国民素质教育中的音乐审美”等重点课题的研究已经启动。音乐教育研究有飞跃性发展，研究成果数量多，质量逐年提高。在普通音乐教育与业余音乐教育方面，近年来出版了不少有影响的书籍，特别应该提及的是上海教育出版社出版的“学校艺术教育研究丛书”中的音乐教育丛书，内容相当丰富。

“九五”期间，在音乐科技方面，研究人员比较注重电脑技术在音乐艺术领域的应用。如建立音乐数据库，音乐网站和远程教学等，将电子技术、电脑MIDI系统应用于音乐教学的实践和理论研究也开始出现。

从这些研究成果看，五年来音乐学研究基本形成了音乐史学、民族音乐学、音乐美学及音乐教育学等四大学科分头发展的总格局，并且已经深入到其中的分学科，尤其是音乐史学中的音乐考古学、乐律学、图像学等；民族音乐学中的乐种学、音乐民俗学、音乐传承、音乐地理学；音乐美学中的基础理论、历史研究、音乐表演美学；音乐教育学中的教育心理学等，以及音乐治疗学等交叉学科也进入了起步阶段。

但是，该学科的研究仍然存在一些问题，有组织的立项研究在总比例上仍占少数，许多自发研究缺乏高水准的学术起点。音乐艺术科研在吸收国际国内新学术成果方面仍显得相对滞后。这些都有待于未来改进。

（六）舞蹈学

“九五”期间，舞蹈学科的发展成就突出，呈现出规模化、体系化发展的态势，在理论与实践两方面，都取得了此前从未有过的丰硕成果。

规模宏大的《中国民族民间舞蹈集成》是全国舞蹈研究界通力合作，对全国民族民间舞蹈现有遗存进行全面调查研究的产物，目前，各省卷已经基本完成并陆续出版，是中国舞蹈资料发掘与保存工作的标志性成果。《中华舞蹈志》项目开始启动，使中国舞蹈研究进入了一个新阶段。“九五”期间舞蹈学科的发展，同时表现为大量的个人研究成果。在“九五”期间，据不完全统计，国内共出版30余种研究专著，文章百余篇。一些重要的中国文化研究论著，也开始专门涉及民族舞蹈文化，说明舞蹈研究已经日益受到社会关注，传统舞蹈作为民族文化遗产的重要组成部分的价值，得到进一步认识与提升；它也使舞蹈学科的研究队伍进一步扩大，多学科的专家参与到舞蹈研究领域，必将对舞蹈理论与舞蹈史研究产生积极影响。

舞蹈史研究，尤其是通史性质的研究成绩突出。中国舞蹈史研究一直是我国舞蹈研究的强项，是代表国内舞蹈研究最高水平的主要研究方向之一。“九五”期间中国舞蹈史研究的成就，主要有王克芬和隆荫培主编的《中国近现代当代舞蹈发展史》，同时还有《中国少数民族舞蹈史》、《中国现当代舞蹈史纲》、《中国舞蹈史》和《宋辽金西夏舞蹈史》等，体现出中国舞蹈通史与断代史、民族史研究新的努力。《西方舞蹈文化史》和《西方舞蹈史》源于不同语种，也填补了西方舞蹈史译著方面的空白。

舞蹈理论研究方面有不少收获。“九五”期间，资华筠倡导的“舞蹈生态学”研究得到进一步开拓和应用，舞蹈研究的方法论受到特殊重视。关注与舞蹈密切相关的文化生态的变迁，保护文化生态，开发本土舞蹈资源，日益成为舞蹈研究界乃至各相邻艺术门类研究界的共识。受其影响，于平的《舞蹈形态学》运用“舞蹈形态分析”方法，将舞蹈特征研究、美学研究和本体研究导向科学的定性、定量的实证研究。中国艺术研究院舞蹈研究所多名研究人员和研究生继承上一代舞蹈研究人员的优良传统，在近15年时间里，深入到我国华北、西北、西南和京津地区农村社会，搜集民舞遗存，收获颇丰。

舞蹈是一门实践性很强的艺术，舞蹈基础理论与创作、教学实践之间的疏离状态，长期困挠、阻碍着舞蹈学科发展。因此，在舞蹈基础理论研究领域，如何探索理论与实践结合的途径，运用我国多年来舞蹈理论研究的成果，强化和推动舞蹈教学、普及工作，成为近年来颇受关注的研究课题。近年出版的《舞艺舞理》、《中外舞蹈思想教程 》、《中国古典舞教学》、《中国民间舞蹈文化教程》、《舞蹈编导基础教程》、《舞蹈编导参考资料》、《舞蹈教学参考资料》、《舞蹈批评写作教程》等著作，都是舞蹈理论研究与教学实践密切结合的有益尝试；国家重点课题“国民素质教育中的舞蹈美育训材科学化探讨”研究，正在顺利进行。

舞蹈基础理论的研究，在中国艺术理论各分支学科中，起步晚、起点低，一直受到忽视。但是在“九五”期间，随着一批有丰富实践经验的舞蹈家开始著书立说，中国艺术研究院舞蹈研究所培养的一批研究生的成长和成熟，舞蹈理论研究有了新的进展。《中国宫廷舞蹈研究》和《交响编舞理论》等著作开拓了舞蹈研究的新领域，舞蹈生态学、舞蹈形态学、舞蹈编导学等研究，已经初具雏形，而舞蹈艺术的基本艺理、中外舞蹈形态比较研究、吴晓邦和玛莎·格雷姆等中外舞蹈家的个案研究、当代西方舞蹈美学等成为新的研究热点。有关舞蹈的运动生理、运动心理及运动力学研究也已经起步。

由于舞蹈是特殊的形体艺术，仅仅停留在平面的、以书面文字为主要媒介的研究，在很多场合并不能充分体现舞蹈艺术的真谛。继艺术科研系列片《中国当代舞蹈精萃·大师专辑》的拍摄之后，中国艺术研究院舞蹈研究所和清华大学国家光盘中心合作出版的电子舞蹈图书，也在传统研究成果如何利用当代传播媒介方面，做了有益的探索。

“九五”期间舞蹈研究水平迅速提高，但是因为理论研究业已呈现出更丰富和更多样化的趋势，这就向研究者提出了向艺术与历史研究的新方法、新观念、新层面拓展的更高要求。为使舞蹈健康发展，需要继续开展有针对性的、独立的艺术批评。舞蹈生态学以及对舞蹈的民族学与人类学研究，正在日益受到重视，加强人才的培养与队伍建设，特别是注意从实践与院校等不同途径选取合适的研究人才，使之能够迅速适应研究重心的转变，也是亟需考虑与解决的重要问题。

（七）文化艺术管理学

八十年代以来，随着文化艺术事业的发展，文化艺术管理的研究开始起步，文化艺术管理学渐渐发展成为一个独立学科，并且取得了一定的成绩。

文化艺术管理学成为一个新的相对独立的学科的重要标志之一，是研究队伍初步形成，研究水平逐渐提高。文化艺术管理学科的研究力量扩展到以下三个方面：1、以中国艺术研究院、中央文化管理干部学院为代表的各级各类艺术研究机构和艺术院校；2、各级宣传、文化行政管理机关；3、普通高等院校和人文社会科学研究机构，特别是近年来一些高校新设立的文化艺术教育科研机构。以上几个方面的力量，大体上形成了一支专业与兼职相结合、理论工作者与实际工作者相结合的研究队伍。

近年里，文化艺术管理学科的诸多领域，取得了一批重要研究成果。在研究有中国特色社会主义文化和文化艺术的综合管理方面，出版了文化部组织完成的国家哲学社会科学“八五”重点课题“有中国特色社会主义文化理论建设丛书”（第一辑10种），以及“文化管理丛书”（7种）等；在研究文化艺术体制改革方面，有《中国改革全书·文化体制改革卷》；在研究文化力和文化与综合国力方面，有《文化力观》，《文化国力论》等；在研究文化与经济的关系方面，有《文化经济论稿》、《文化经济学》等；在研究文化艺术建设与社会主义市场经济体制方面，有《文化：潮边思索录》等；在研究国外文化艺术管理方面，有文化部对外文化联络局组织编写的《外国文化管理纵览》等。另外，上海还出版了我国第一部地方性文化蓝皮书《上海文化发展蓝皮书》。

改革开放以来，广大文化艺术工作者，特别是文化艺术管理工作者，解放思想，大胆探索，研究和总结深刻的历史教训，进行了文化艺术体制改革和管理方式的改革，实现了由计划经济体制下的文化艺术管理模式向初步建立适应社会主义市场经济体制的文化艺术管理模式转变这一历史性变革。当然，这一变革还需要进一步完善和发展，社会主义市场经济条件下的文化艺术事业管理面临一系列新的问题，譬如：政府职能转变和宏观调控的力度还不够强；文化法制建设不够完善；艺术生产与营销、分配机制、人才管理等与社会主义市场经济体制不能很好相适应；公益文化艺术事业需要建立必要的政策保障；国外先进的管理思想和管理方法需要努力学习借鉴；特别是针对我国加入WTO之后文化艺术领域可能面临的挑战和机遇，要制定相应的对策措施等。

建设先进文化，必须有科学的、先进的管理思想、管理方式、管理手段和管理水平。繁荣发展我国的文化艺术事业，必须加强管理，提高管理水平，而要提高文化艺术事业的管理水平，就必须重视对文化艺术管理的研究，加强文化艺术管理学的学科建设。近年来文化艺术管理学科建设取得了一定的成绩，但还存在一些不足。有中国特色社会主义文化建设还缺少有理论高度和系统深入的研究成果；对实际工作具有很强的针对性和指导性的研究成果比较缺乏，理论研究与实际工作脱节的现象仍然比较严重；前瞻性研究不够，借鉴国外先进的文化艺术管理思想和方法，往往停留在一般性介绍上，还没有上升到规律性研究；研究方法比较陈旧，较少利用各种先进和科学的方法、手段，研究中缺少必要的定量分析。这些都是关系到文化艺术管理学科发展的需要着重研究与探讨的重点问题。

全国艺术科学研究“十五”（2001—2005年）规划要点

为进一步推动我国艺术科学的健康发展和全面繁荣，更好地为新世纪建设有中国特色社会主义文化和我国改革开放、现代化事业服务，根据党的十五大提出的跨世纪宏伟目标和十五届五中全会通过的《中共中央关于制定国民经济和社会发展第十个五年计划的建议(草案)》的基本精神，按照《国家哲学社会科学研究“十五”(2001-2005年)规划要点 》的总体要求，结合我国艺术科学研究工作的实际，特制定全国艺术科学研究“十五”(2001-2005年)规划要点。

一、我国艺术科学“九五”发展现状和面临的形势

（一）我国艺术科学“九五”发展现状

党的十四大以来，在以江泽民同志为核心的党中央领导下，我国改革开放和社会主义现代化建设进入了新的历史阶段，深化改革，扩大开放和发展社会主义市场经济的伟大实践，为艺术科学的建设和发展，提供了更为广阔的活动舞台和更加强大的推动力。“九五”期间，在党的文艺方针指引下，经过全国广大艺术科研工作者的艰辛努力，我国的艺术科学学科建设取得了显著成绩。主要体现为:

1、加强领导，全面规划，强化管理

“九五”期间，全国艺术科学规划管理工作进一步制度化、规范化、科学化。1996年，为理顺全国艺术科学规划管理体制，文化部决定将全国艺术科学规划领导小组办公室设在文化部科学技术司。自此，全国艺术科学规划领导小组办公室将建立健全规划管理规章作为工作重点，陆续制定发布了《全国艺术科学规划重点课题管理暂行办法》、《全国艺术科学“九五”计划和2010年远景目标纲要》等规章和文件。审定并组织进行各类课题研究148项，资助经费总额为165.2万元。科研成果奖励工作得到重视。8种艺术科学科研成果获首届“国家哲学社会科学基金资助项目优秀成果奖”；65种文化艺术科研成果获“文化部第一届文化艺术科学优秀成果奖”，九位在我国艺术科研事业中做出奠基性和开拓性贡献的老一辈专家被授予特别奖。对艺术科学重大课题“中国民族民间文艺集成志书”，组织进行了两次编撰出版成果嘉奖活动。所有这些，极大地激励和鼓舞了全国广大艺术科研工作者，为艺术科研队伍建设和学科发展，创造了必要的条件。

2、艺术科学成就斐然，艺术科研队伍稳步发展，学科地位进一步确立

“九五”期间艺术科学取得的成就值得充分重视。“八五”时期立项的70项国家艺术科学重点课题，截止目前，共完成52项，完成率达74%；出版30项，出版率为43%。其中《中国民间美术全集》等8项成果分别获得首届国家哲学社会科学基金资助项目优秀成果奖一、二、三等奖。一批代表我国艺术科学研究水平或资料积累水平的标志性成果的完成出版，将艺术科学研究推进到新的高度。《中国民族民间文艺集成志书》的编撰工作取得了突破性进展，共出版164卷，完成字数2.5亿，对中国艺术科学研究已经产生并将继续产生极大的推进作用。《中华艺术通史》等一批“九五”规划重大、重点课题进展顺利，部分课题已经完

成或出版。艺术科研队伍得到一定的调整充实。艺术科学研究的重心仍以专门艺术研究机构与高等艺术院校为主,并出现了一定程度的社会化趋势。

应该清醒地看到,面对21世纪,与党和人民对艺术科学的殷切希望,与飞速发展的时代所提出的迫切要求相比,我国的艺术科学建设还存在着明显的差距。主要表现在:对艺术科学的重要性认识不足,科研经费投入不足,社会资助体系亟待建立;全国艺术科学研究布局不够合理,各学科发展不平衡;科研体制改革滞后,缺乏面向社会需求的科研导向机制和以成果评价为核心的竞争激励机制;对文化艺术发展的重大现实问题关注不够,理论创新能力有待提高;科研成果的社会转化率低;研究队伍整体水平有待提高。

解决上述种种问题,加速艺术科研体制改革,是我国艺术科学"十五"时期的重要任务。

(二)我国艺术科学研究面临的形势

21世纪将是人类社会发生深刻变革的时代,当今世界,现代科技突飞猛进,经济全球化进程加快。随着我国加入世贸组织,以经济、科技和民族凝聚力为主导的综合国力的竞争更加激烈。各种思想文化的相互激荡更加剧烈。这些,都使新世纪的文化艺术建设面临新的挑战和机遇,也向新世纪的艺术科学提出了诸多重大而迫切需要回答的课题。

艺术科学是我国社会科学的重要组成部分,作为"先进文化"的重要体现,它对于当代中华文化建设,对于塑造民族精神,提高国民素质,具有重要意义。从根本上说,民族文化的生存和发展,将取决于它的传统的保存和文化创新。以民族优秀传统文化为本并将一切先进文化的有益成分融入自身的文化创新,是时代的要求,是中华民族文化自立于世界文化之林的必由之路。面向新世纪的中国艺术科学研究,肩负着总结中国优秀传统文化艺术、借鉴世界先进文化,创建社会主义新文艺的历史重任。

二、"十五"期间我国艺术科学研究的中心任务和总体要求

"十五"期间我国艺术科学研究的中心任务是:以马克思主义、毛泽东思想、邓小平理论为指导,解放思想,实事求是,大胆探索,勇于创新,积极探索有中国特色社会主义文化的发展规律。要以有中国特色社会主义文化艺术建设和发展中的重大理论和实践问题为主攻方向,重点加强对"十五"期间与二十一世纪初我国文化艺术事业建设中关系全局的重大问题研究,为科学决策提供有力的依据;要认真总结和深入研究二十世纪以来特别是建国以来我国文艺建设的改革和发展历史,总结经验教训和基本规律,努力探索未来发展的基本思路和途径;要辩证地分析研究世界各国一切有益的文艺建设、文艺管理的经验、规律和艺术科学成果,为我所用。在加强应用研究的同时,继续重视和加强基础研究,梳理把握我国文化艺术历史发展的脉络与规律,为应用研究继承和发展我国文化艺术的优秀传统,作出科学论证。要下大气力加强对中华传统文化艺术的发掘、保护、整理和开发利用;要大力加强基础学科、新兴边缘交叉学科和跨学科综合研究,努力构建有中国特色的马克思主义的艺术科学学科体系,为党 和政府的决策服务,为两个文明建设服务,为提高全民族的思想道德和科学文化素质,为经济发展和社会全面进步提供强大的精神动力和智力支持。

"十五"期间我国艺术科学研究的总体要求是,将选题规划与学科建设、队伍建设、人才培养及文化艺术科研结构调整、合理布局结合起来,切实提高艺术科学规划水平和研究水平,力争做到:基本实现从材料积累为主到构建具有时代特点和中国特色的艺术科学学科体系为主的转变;在事关全局的重大理论问题和现实问题的研究上,基本实现从单兵作战、分门别类的研究为主向协同攻关、综合研究为主的转变。推出一批弘扬中华民族优秀传统文化、充满时代精神、有较高学术水准和推广应用价值、代表先进文化前进方向的文化艺术科学优秀成果;培养一支政治素质、业务素质较高,老中青、专兼群相结合的艺术科研队伍和一批国内外知名的艺术科研学科带头人;建设一批有较高学术水准和研究特色、具有示范意义的艺术科研实验基地和学科基地;形成有中国特色社会主义艺术科学学科体系的基本框架,为繁荣和发展社会主义文化艺术事业做出应有的贡献。

三、"十五"期间艺术科学研究工作应当坚持的方针原则

(一)坚持马克思主义的指导地位

坚定不移地巩固和加强马克思主义的指导地

位，绝不允许搞指导思想的多元化。要以马克思主义、毛泽东思想、邓小平理论为指导，深入研究和自觉宣传贯彻江泽民同志关于“三个代表”的重要思想，遵循并鲜明的体现“先进文化”的前进方向；以党的基本路线和建设有中国特色社会主义文化的基本纲领为座标，及时总结党和人民在有中国特色社会主义文化艺术实践中的新经验和新认识，有力地回答改革开放和当前文化艺术建设提出的重大实践问题和理论问题；要善于运用马克思主义的立场、观点、方法，去观察、分析、总结艺术科学各学科的历史和现实、学术思想资料和学术思潮，站在时代的高度，把本学科既已形成的基本范畴、观点、体系置于现实之中，使其内涵得到丰富，外延得到拓展，并提出符合实际的新观点，改造旧体系或建构新体系。为发展面向现代化、面向世界、面向未来、民族的科学的大众的社会主义文化艺术提供科学的理论依据。

（二）坚持“为人民服务，为社会主义服务”的方向和“百花齐放、百家争鸣”的方针

为人民服务，为社会主义服务，是我国哲学社会科学研究及艺术科学研究的根本出发点和归宿。“百花齐放、百家争鸣”是我党总结历史经验，揭示文化和科学发展规律，为繁荣哲学社会科学和文化艺术而确定的正确方针。不同学术观点、不同学派的争鸣，是艺术科学研究的必要条件和重要途径，也是推动艺术科学创新的重要动力。要努力创造艺术科学研究的民主、团结、和谐的氛围，实行学术民主和讨论自由，提倡学术流派和学术风格的多样化，积极开展和正确引导学术讨论，鼓励不同学派、不同学术观点的相互切磋和争鸣，形成学术空气活跃，百家争鸣，新思想、新观念、新学科、新学者脱颖而出，艺术科学生机勃勃的新局面。

要注意把握学术问题和政治问题的界限，不要把一般的学术问题当作政治问题，也不要把政治问题当作一般的学术问题。学术问题的研究和讨论没有禁区，政治理论包括党的方针政策的宣传要有纪律。

（三）坚持和发扬理论联系实际的学风

理论联系实际是我党一贯倡导的优良学风，也是繁荣发展艺术科学的根本途径。社会实践是艺术科学最深厚的源泉和最强大的动力。只有在正确回答国内外艺术建设和发展的重大理论问题和现实问题中发挥了应有作用，艺术科学才能实现和体现自身的重要价值。

随着有中国特色社会主义文化艺术事业的发展，对艺术科学理论成果的需求从来没有像今天这样广泛、急切。要切实提高艺术科学理论的逻辑性、思辨性、前瞻性和生动性，通过规划选题、成果评价方式引导广大艺术科学工作者以解决我国文化艺术建设的实际问题为中心，从改革开放和社会主义现代化的伟大实践中，从人民群众的伟大创造中汲取营养，在推动文化艺术建设和社会进步中实现理论的进步和艺术科学的价值。对理论联系实际也不能作狭隘的理解，要从各学科的具体情况出发，不能强求一律。

（四）坚持解放思想，实事求是，大胆探索，勇于创新

解放思想，实事求是，是我党的思想路线，也是艺术科学研究必须坚持的根本指导原则。创新，是一切科学研究的本质和生命力，也是艺术科学发展的内在要求和必由之路。要在艺术科学研究中，积极倡导和大力培育创新精神、创新意识，不断增强创新能力。无论是基础研究还是具有全局性、战略性、前瞻性的重大问题研究，都要努力做出新的理论概括和科学结论，积极探索构建有中国特色社会主义文化艺术科学学科体系，把我国艺术科学研究推上一个新台阶。

（五）正确对待民族传统文化和外来文化

大力弘扬中华民族传统文化和大胆借鉴吸收外来文化，是繁荣发展艺术科学的重要途径。中华民族丰厚的文化积淀和艺术传统，不仅是中华民族数千年文明史和民族智慧的宝贵结晶，也是世界文化宝库的重要组成部分。要全面深入地发掘、整理、研究，忠实地继承和发展中国古代优秀的学术传统，努力建构有鲜明民族特色的马克思主义的中国艺术科学学科体系。

中华民族优秀的文化艺术，是在同外来文化艺术的相互交流、碰撞和竞争中形成的，在我国改革开放、特别是现代信息技术日新月异的形势下，要大胆而辩证地吸收借鉴外来文化及其学术成果，不断拓展我们的学术视野，丰富我们的学术积累，加速艺术科学的建设发展。

四、全国艺术科学“十五”规划课题指南

（一）综合性研究课题

1、邓小平文艺理论、“三个代表”思想与有中国特色社会主义文化建设研究

2、21世纪中国文化艺术发展对策研究

3、20世纪中国艺术科学发展的回顾与总结

4、西部文化艺术资源的保护、开发研究

5、科技进步与有中国特色社会主义文化建设研究

6、民族传统文化艺术与现代化关系研究

7、民族民间文化艺术遗产及其保护、继承和发展研究

8、艺术教育、美育研究

9、儿童艺术研究

10、少数民族文化艺术研究

11、群众文化艺术研究

12、宗教艺术研究

13、重要艺术家研究

14、海峡两岸文化艺术交流历史、现状和发展趋势研究

（二）分类研究项目

一般艺术理论研究

1、中华艺术通论

2、艺术学原理研究

3、艺术批评学研究

4、大众文艺现状及发展趋势研究

5、艺术的社会学、民俗学、人类学研究

6、外国文化艺术理论及思潮研究

戏剧（含曲艺、杂技、木偶、皮影）研究

1、中国戏剧史论的分支学科研究

2、戏剧学术现状与发展趋势研究

3、20世纪中国戏剧发展研究

4、中国曲艺史论研究

5、现当代重要剧作家作品研究

6、外国戏剧与中外戏剧比较研究

7、中国戏剧珍贵历史资料的发掘、处理与保存

8、木偶、皮影史论研究

9、杂技史论研究

电影电视艺术研究

1、中国影视现状及发展战略研究

2、中国电影、电视剧理论研究

3、影视艺术史研究

4、影视艺术与科技研究

5、电影、电视剧批评研究

6、电影电视题材与类型研究

7、影视观众心理学研究

8、海外影视艺术及中外影视艺术比较研究

9、电影电视政策法规研究

音乐研究

1、中国音乐史学研究

2、大众音乐现状及发展趋势研究

3、民族音乐学研究

4、音乐美学研究

5、当代中国音乐批评研究

6、歌剧艺术研究

7、外国音乐及中外音乐文化比较研究

8、音乐作曲、表演研究

9、音乐心理学、音乐社会学与音乐教育研究

舞蹈研究

1、中国古代舞蹈及其文化意义研究

2、现当代农村民俗舞蹈与都市舞蹈文化研究

3、舞蹈生态学研究

4、舞蹈编导学、语言学与批评学研究

5、现当代舞蹈史与艺术思潮研究

6、外国舞蹈与中外舞蹈文化比较研究

美术研究

1、中国美术史研究

2、现当代中国美术创作与美术思潮研究

3、美术学基础理论研究

4、外国美术及中外美术比较研究

5、民间美术研究

6、中国美术市场研究

7、中国书法理论与批评研究

8、中国艺术设计及史论研究

9、建筑与环境艺术研究

文化管理研究

1、当代中国文艺体制改革研究

2、文化法制建设研究

3、文化市场研究

4、文化经济政策和文化产业研究

5、文化艺术信息化建设研究

6、社会文化建设研究

7、文化人才开发研究

8、中国图书馆建设研究

9、外国演出、展览市场研究

10、网络文化现状及发展趋势研究

五、实现全国艺术科学"十五"规划的主要措施

1、切实提高对艺术科学工作重要性的认识，加大对艺术科学的投入。各级政府和文化主管部门都要切实提高对文化艺术科研工作重要性的认识。要充分认识并将以下精神贯穿于文化艺术工作的始终；

——艺术科学是哲学社会科学的重要组成部分，作为"先进文化"的重要体现，在当前有中国特色社会主义文化艺术事业建设中具有重要的作用；

——艺术科学研究直接关系到国民素质的提高；关系到文化艺术工作的水平和质量；关系到在全社会形成和发展积极向上的舆论环境，使科学理论和正确思想在社会生活中发挥主导作用，广大干部和群众保持良好的精神面貌；关系到巩固和发展全国各族人民团结奋斗的共同思想基础

——造就一大批高水平的艺术科研工作者，和造就一大批高水平的艺术表、导、演和艺术管理人才同样重要；

——推出一批艺术科研的优秀成果，和推出一批优秀的艺术作品同样重要；

——在有中国特色社会主义文化建设中，艺术科研事业建设和艺术繁荣具有同样重要的地位和作用。

为此，各级文化主管部门对这一工作都要予以高度重视，切实纳入工作计划，并在组织机构、工作人员和经费等方面予以具体落实。要有专门的组织机构或专人负责此项工作。

积极筹措建立科研经费投入机制。认真落实《文化部贯彻〈中共中央、国务院关于加速科学技术进步的决定〉的几点意见》(文科发[1995]40号)的精神，设立文化科研发展基金，用于发展文化科研事业。多渠道筹集资金，争取每年的科研投入不低于文化事业经费的1%，为艺术科研工作提供必要和必需的经费，使艺术科学工作顺利开展，走上稳步、可持续发展道路。

2、认真开展全国艺术科学"十五"规划课题的申报评审工作。"十五"规划课题，要突出研究重点，控制立项总量，切实加大资助力度。组织论证并实施2—3个研究有中国特色社会主义文化艺术建设与发展战略问题的重点课题。将规划选题与学科建设、队伍建设、人才培养及文化艺术科研结构调整和合理配置艺术科研资源结合起来，力争形成比较合理、较为科学的研究格局，为学科建设的长远发展打下良好的基础。

3、深化艺术科研体制改革。探索建立艺术科研机构和艺术科研成果评价指标体系，形成以课题为中心的艺术科研管理体制。要以课题为重点进行并优化科研资源配置，强化竞争机制；加强并完善激励机制，积极开辟艺术科研经费渠道，深入探索艺术科研的社会化筹资途径、形式及运行管理机制等。

4、开展学科基地建设工作。"十五"期间，争取艺术科学各学科都建成一个学科重点科研基地。文化部将制定《全国艺术研究院（所）评估标准》，并在对全国艺术科研院所严格考察评估的基础上，确定并重点扶持3—5个全国艺术科学重点科研基地。

5、加强艺术科研队伍建设。培养造就一支学科结构合理、年龄结构合理的精干而又高水平的艺术科研队伍，包括：有创新能力的高素质的基础研究人才；具有战略远见和实践经验的重大现实性问题研究咨询人才；有高度社会责任感和献身精神的文献信息人才；有丰富系统的学科知识和专业素养、深谙艺术科研规律的科研管理人才。

6、加强学科前沿追踪和学术态势分析，注重并推动研究和管理手段的现代化。建立系统完善的学术文献数据库(包括研究成果、学术活动、学术机构、学术刊物、专家学者等内容)。要组织力量，系统翻译介绍国外重要的艺术科学学术著作，推出现代国外艺术科学学术文库；加强国内外学科前沿和学术态势分析，加强学术评论工作，适时调整研究方向和研究重点，创立新的研究优势。伴随着现代信息技术的发展，要及早建立全国艺术科研网络信息系统，开发建立系统的学术数据库，实现研究手段的现代化。

7、进一步完善并加强艺术科学管理规章制度建设，切实加强科研管理。加强艺术科学专家库建设，建立专家与课题的联系制度，进一步强化艺术科学各学科规划小组的建设及学术监督职能；进一步加强课题负责人在课题研究全过程的

管理职责与权限；建立与各研究领域重点科研人员、群体及其科研活动的联系制度。

建立健全并强化艺术科学中级管理机构及其管理职能。努力推进全国艺术科学规划管理的规范化科学化建设，以优质高效为努力方向，逐步实现全国艺术科学规划课题申报、评审立项、年度（中期）检查、鉴定结项、评奖、成果转化推广、综合统计及信息资料库等计算机网络化管理与咨询服务。

8、加强艺术科研成果的推广、宣传和奖励工作。通过全国艺术科研成果库和“成果要报”、“专题论坛”等形式，加大艺术科学优秀成果的宣传力度，不断深化全社会特别是各级政府决策部门对文化艺术科学研究在我国实现现代化建设第三步战略目标以及有中国特色社会主义文化建设进程中重要战略地位的认识。

建立健全艺术科研成果奖励制度，切实加强艺术科研成果奖励工作，使之成为优化、凝聚科研队伍，繁荣艺术科学的重要有效途径。

9、加强对国家重大课题的管理力度，加强民族文化艺术遗产的发掘、抢救和保护开发工作。“十五”期间，完成国家艺术科学重大课题《中华艺术通史》和《中国民族民间文艺集成志书》的编纂出版工作；继续并加强民族文化艺术遗产的发掘、抢救和保护开发工作；对在《中国民族民间文艺集成志书》编撰工作中收集的大量民族民间文艺基础资料进行数字化处理，使其得到永久保存；开展并初步建成“中国民族民间文艺基础资源数据库”，利用现代高新技术手段，通过英特网，大力宣传弘扬中华民族优秀文化。

全国艺术科学规划研究课题管理办法（2000年11月20日修订）

第一章　总则

第一条　为适应在改革开放和发展社会主义市场经济的新形势下，建设有中国特色社会主义文化艺术事业的需要，使全国艺术科学规划课题的管理更加科学化规范化，促进全国艺术科学的发展与繁荣，多出优秀成果，多出优秀人才，根据《国家社会科学基金项目管理办法》的有关规定和艺术科学研究的实际情况，特制定本办法。

第二条　本办法主要适用于全国艺术科学规划研究课题，包括国家资助的全国艺术科学发展中长期规划的重点课题、一般课题(又称中华社会科学基金课题)和青年社会科学基金课题，以及全国艺术科学文化部级重点课题和青年专项课题。按不同资金来源渠道，各类课题分为国家资助课题和自筹经费课题。自筹经费课题与国家资助课题的申报、评审和审批按同一标准和程序进行。

第三条　全国艺术科学规划重点研究课题包括：对我国社会主义文化艺术建设和发展具有重大实践意义和理论意义的研究课题；具有重要学术价值的基础理论和基础资料研究课题；在艺术学科建设和发展中急需的具有开拓性的新兴学科、交叉学科和边缘学科的研究课题；具有重大价值的历史文化艺术遗产的抢救和整理工作的课题，以及国家要求攻关的研究课题。

第四条　全国艺术科学规划课题的研究，必须坚持以马克思主义、毛泽东思想和邓小平理论为指导，坚持党在社会主义初级阶段的基本路线和基本纲领，坚持江泽民提出的关于“三个代表”的思想原则，坚持理论联系实际和“百花齐放，百家争鸣”的方针，坚持重在建设的原则，积极探索和努力遵循艺术科学的发展规律和研究规律，开拓创新，为党和政府决策服务，为两个精神文明建设服务，不断推出既弘扬民族优秀文化传统又充满时代精神的艺术科研优秀成果，全面发展和繁荣艺术科学。

第五条　全国艺术科学规划课题面向全国，公平竞争，择优立项，保证重点。有条件进行艺术科学研究的单位和个人均可按规定申报。

第六条　全国艺术科学规划课题实行目标管理与过程管理相结合，重点管理与一般管理相结合，统一要求与分级管理相结合。

第二章　组织

第七条　全国艺术科学规划领导小组受文化部委托，负责全国艺术科学研究的规划、管理与协调工作。业务上受全国哲学社会科学规划领导小组的指导。

全国艺术科学规划领导小组的职责是：

1、制定全国艺术科学发展规划，审核评定全国艺术科学研究机构；

2、制定并发布全国艺术科学研究课题指南，审批国家资助的全国艺术科学研究课题和列入全国艺术科学研究规划的自筹经费课题，对研究课题进行管理，对研究成果进行鉴定和验收；

3、制定并发布全国艺术科学规划重点研究课题管理办法及有关管理章程、规定；

4、管理、监督全国艺术科学研究经费的使用，筹措全国艺术科学研究经费；

5、评选和奖励全国艺术科学研究优秀成果；

6、领导全国艺术科学规划领导小组办公室和学科规划小组工作。

第八条　全国艺术科学规划领导小组办公室(以下简称“全国艺术科学规划办”)是全国艺术科学规划领导小组的职能部门和办事机构，设在文化部教育科技司，全国艺术科学规划办主任由教育科技司主管科研工作的负责人兼任，日常工作由教育科技司科研处承担。它的主要职责是：

1、负责制定全国艺术科学发展规划及课题指南的具体组织工作；

2、负责课题的评审、管理、成果鉴定、验收和推广等具体组织工作；

3、制定全国艺术科学规划重点研究课题管理办法及有关章程、规定；

4、具体监督、管理和筹措艺术科学研究经费

5、负责全国艺术科学研究优秀成果的评选和奖励的具体组织工作；

6、协调各学科规划组的工作，组织开展有关艺术科学的学术研讨活动；

7、调研全国艺术科学研究现状，组织交流全国艺术科学研究信息。

第九条　全国艺术科学规划领导小组下设若干学科规划小组，作为学术评议机构和咨询机构，并代行文化部文化艺术研究课题评审职责。其成员由全国艺术科学规划领导小组聘任，聘期一般为五年，在五年内可根据需要对部分成员作适当调整。

学科规划小组的职责是：

1、协助制订本学科的发展规划和全国艺术科学研究课题指南；

2、评审本学科申报的国家资助课题申请，提出资助金额建议；

3、参与本学科课题研究成果的检查、鉴定、验收和推广及评奖工作。

第三章　规划和选题

第十条　全国艺术科学规划课题的选题工作，由全国艺术科学规划办委托各学科规划评审组提出建议，并向各省、自治区、直辖市文化厅（局）及科研单位广泛征集研究课题，提出方案报全国艺术科学规划领导小组审定后，以全国艺术科学研究中长期课题规划和年度课题指南的形式发布。全国艺术科学规划课题的选题，要以我国改革开放条件下社会主义文化艺术发展中的重大理论问题与实践问题为主攻方向，积极探索有中国特色社会主义文化艺术的发展规律，同时注重基础研究、新兴边缘交叉学科和跨学科的综合研究，支持具有重大价值的历史文化遗产的抢救和整理工作，全面构建有中国特色社会主义文化艺术科学体系。申请人进行申报，主要应在此范围内选题。

第十一条　全国艺术科学规划课题每二年发布一次；年度计划的课题指南在上一年的第四季度发布。

第十二条　全国艺术科学规划课题设立重点课题、一般课题和青年课题，每两年左右评审一次。完成时限：研究报告一般为1年，专著一般为2-3年（从立项之日算起）。

第十三条　少数党和国家急需的重要课题的研究，以全国艺术科学规划特别委托课题的方式，经全国艺术科学领导小组负责人审定，单独立项。申请单独立项的课题须符合以下条件：

1、极少数急需的重大研究课题；

2、不宜进行公开招标、投标的课题；

3、全国艺术科学规划领导小组认为确有必要单独立项的其他课题。

第十四条　单独立项课题，须遵守如下程序：

1、由课题负责人向全国艺术科学规划办提出申请；

2、全国艺术科学规划办认为确有必要的，签署意见后，上报全国艺术科学规划领导小组；

3、经全国艺术科学规划领导小组审定后，由全国艺术科学规划办下达立项通知书，课题正式立项。

第十五条　全国艺术科学规划课题设立自筹经费课题，其选题、申报和评审办法与资助课题的要求相同，立项数量视当年申报的实际情况确定。

第四章 申报和评审

第十六条 全国艺术科学规划研究课题在全国范围内受理申请，其程序如下:

1、由全国艺术科学规划办在全国性报纸上发布公告，同时发布课题指南;

2、全国艺术科学规划办从发布课题指南之日起受理课题申请，受理期限一般为三个月;

3、文化部直属单位及在京高校人员，经由本单位科研管理部门向全国艺术科学规划办申报;其他申请人向各省(自治区、直辖市)文化厅(局)科研管理部门申报;

4、申请人向申报单位索购《全国艺术科学规划研究课题申请、评审书》(以下简称《申请、评审书》)及有关材料，按要求认真填报，经所在单位同意后，报送受理单位;

5、各省(自治区、直辖市)文化厅(局)科研管理部门受全国艺术科学规划办委托，受理本行政区划内的课题(文化部直属单位除外)，负责审核课题申请书和申请人所在单位意见，审查合格并签署明确意见后报全国艺术科学规划领导小组办公室。

全国艺术科学规划办负责对课题申请书进行技术审核，并组织有关学科专家进行课题评审。全国艺术科学规划办按全国哲学社会科学规划办公室的标准，收取评审补偿费和数据录入费。

第十七条 申请全国艺术科学规划课题的负责人应符合以下条件:

1、享有中华人民共和国公民权，遵守中华人民共和国宪法，拥护社会主义制度和中国共产党的领导。

2、重点课题和一般课题的申请人，应具有副高级以上(含副高级)专业职称，否则，须有两名同专业具有正高级职称的人员书面推荐；重点课题申请人必须承担并完成过省、部级以上社科研究项目（含艺术科研课题)。

3、必须真正承担和负责组织、指导课题的实施。不能从事实质性研究工作的，不得申请。

4、申请人同时只能申报一个课题。过去负责的国家社科基金项目（含艺术科研课题）已完成并通过鉴定、结项。

5、申请青年课题者（包括课题组成员）年龄不得超过35周岁(以申报截止日期为准)，不具备副高级以上技术职称的，须由两名具有正高级技术职称的同行专家推荐。

6、申请自筹经费课题，须交验出资单位的经费资助证明。

第十八条 课题申请人所在单位按本办法第十七条之规定进行审查，对申请书填报的主要内容和申请人能否胜任该课题的研究工作签署明确意见，并承诺提供研究条件和承担课题的管理任务及信誉保证。在申报期内，将本单位审查合格的申请书统一送交省、自治区、直辖市文化厅(局)艺术科研管理部门（在京单位可直接送交全国艺术科学规划办）审核。

第十九条 课题负责人所在单位上一年的课题按时完成率低于70%的，上报申请课题数不得超过其上一年申请课题总数的70%，低于60%的暂停申报。

第二十条 由多人参加的研究课题，必须注明一位主要负责人。主要负责人对该课题经费有最终支配权，其所在单位应承担信誉保证。申请书应由主要负责人签名报出。未注明课题负责人的，申请书视为无效。

第二十一条 一人不得同时申报两个以上(含两个)的研究课题。正在进行中的研究课题的负责人不得申请新的课题。一人不得同时作为两个以上(含两个)课题组主要成员或负责人进行申请。否则，申请视为无效。

第二十二条 申报的课题必须注明本课题曾经参加其他部门课题的申报和评审情况。承担省、部级以上(含省、部级)课题未结题者(包括负责人或课题组主要成员)不得申报；已结题者，应提供有关证明复印件，附于申请、评审书中。已取得研究成果者，在研究内容没有重大突破前，不得就相同选题重复进行申报。

第二十三条 每项课题申请交送申报、评审费(含申请报名费、计算机录入费)。经全国艺术科学规划办资格审查未合格者，扣除报名费，其余退还；资格审查合格者，无论经评审是否立项，费用一律不退。

第二十四条 全国艺术科学规划办在收到课题申请后，负责对申报课题进行录入、分类汇总、资格审查和组织各学科规划小组对所有符合申报要求的申请进行评审工作。

第二十五条 资格审查包括如下内容:

1、课题申请书内容填写是否完备，代码填写是否正确，申请材料份数是否符合要求，所需证明材料是否齐全；

2、课题申请人资格是否符合要求；

3、申请人所在单位是否具备申请资格，申请课题的数量是否符合规定；

4、申请人所在单位、所属文化厅(局)是否签署意见；

5、是否按时交纳申报、评审费。资格审查不合格者，不进入评审。

第二十六条　经资格审查和分类汇总后的课题交学科规划小组进行评审；单列课题或特殊课题可由艺术科学规划办组织有关专家评审。学科规划小组对课题的评审采用无记名投票方式表决，获三分之二以上多数票的课题为拟立项课题。由学科规划小组正副组长签署建议立项意见并提出资助经费建议。

全国艺术科学规划办对评审结果进行复核并综合平衡，提出经费资助意见，报领导小组审批。全国艺术科学规划领导小组对拟立项课题及资助金额行使最终审批权。

课题批准立项后，由全国艺术科学规划办报全国哲学社会科学规划领导小组备案，并按课题申报渠道下达立项通知书。

第二十七条　评审应按下列要求进行:

1、对于有中国特色社会主义文化艺术建设有一定的理论意义和实践意义；

2、有利于弘扬民族优秀文化艺术，振奋民族精神；

3、为党和国家的文化艺术事业发展决策提供依据和论证；

4、有较高的学术价值，对学科建设和发展有一定的促进和推动作用；

5、有良好的社会效益，预期成果有出版、使用、推广的保证；

6、论证充分，切实可行，经费预算合理，承担者具有按计划完成研究任务的政治素质、学术水准和科研能力。

第二十八条　制定保密制度和措施，以确保评审工作不受干扰。

参加评审的专家、领导、工作人员涉及与自己有关的课题时，一律采取回避措施。评审结果在未正式公布之前，任何人不得对外泄露。有关评审过程及结果的解释权在全国艺术科学规划领导小组，有关人员均不得违反评审保密制度。

第二十九条　参加评审的专家、领导、工作人员应遵守以下纪律:

1、评审会议期间原则上不允许请假，如有特殊情况需经艺术科学规划办同意；

2、以公正、负责、实事求是的态度，遵照有关程序和规定进行评审工作；

3、涉及与本人有关的课题时，采取回避措施

4、对评审过程和评审意见保密；

5、不得接受课题申请人的请客送礼，或参与以其它方式进行的有碍于课题公正评审的行为。

违反以上规定者，一经发现，评审委员予以解聘，有关工作人员予以严肃处理。

第五章　管　理

第三十条　全国艺术科学规划课题实行三级管理。按不同申报渠道，分别由全国艺术科学规划办、地方文化厅(局)科研管理部门或课题负责人所在单位、课题组进行三级管理。

地方文化厅(局)科研管理部门或课题负责人所在单位统称中级管理单位。

第三十一条　为促进课题正常进行，按时保质完成研究任务，课题负责人和各级管理部门要各负其责，共同做好课题各期管理工作。

课题负责人要按本办法的有关规定及管理部门的要求做好课题自我管理，组织和带动课题组成员按计划进度和质量要求完成研究任务。

课题负责人所在单位要将全国艺术科学规划课题纳入本单位的科研工作计划，加强对各类课题的跟踪管理，重点做好年度检查工作。要建章立制，采取具体措施，利用激励和制约机制，促进课题组按时高质量完成研究任务。

中级管理单位负责对本行政区划内的艺术科学规划课题及课题负责人所在单位的管理工作进行检查、督促和指导。

全国艺术科学规划办对课题完成情况、经费使用情况和各地单位管理情况进行必要的调查和抽查；通报课题完成情况，交流管理经验。

第三十二条　课题一经立项，其申请、评审书即成为具有约束力的课题协议，课题负责人和

课题组成员必须严格履行。

课题负责人全面负责课题的自我管理，并对课题的按时完成和质量承担责任。研究成果的内容不能违背协议书。未经中级管理单位和全国艺术科学规划办批准，不得随意更改协议的内容。

第三十三条　课题负责人及主要参加者所在单位，应对课题研究加强领导和管理，在时间、人力、物力等条件上给予支持。在业务考核和职称评定中，有关人员承担或参加重点研究课题的工作时间和成果应作为重要内容。

第三十四条　各管理单位必须建立科研档案，及时掌握课题综合情况，加强管理。

课题管理档案应包括以下内容：课题负责人及课题组成员情况；课题立项时间、研究周期；课题批准经费情况；课题进展情况及经费使用情况；人员调整情况；课题完成情况、鉴定情况、结题情况、出版情况；课题奖惩情况、成果推广情况等。

第三十五条　为了确保按计划完成课题，课题负责人所在单位承担以下义务：

1、在课题完成前，一般不调动课题组负责人和主要成员的工作，不派他们承担影响本课题研究的其他任务及工作；

2、未经批准，不更换课题组负责人和主要成员。确有需要，需征得所在地方文化厅(局)科研管理部门同意，报全国艺术科学规划办备案；

3、在研究经费和出版补贴方面对本单位承担的课题予以支持。

第三十六条　全国艺术科学规划课题实行年度检查制度，检查课题的研究进度、完成质量和经费使用情况。每年从11月至次年10月为一个课题管理年度。10月份为年度检查月，全国艺术科学规划办将提前部署并集中进行年度检查工作，对本年度应完成课题进行后期检查，对在研课题进行中期检查，对本年度立项的课题、特别是政策性比较强的课题进行早期检查，检查情况与续拨款挂钩。

中级管理单位按照全国艺术科学规划办的统一部署，负责组织课题负责人及其所在单位填写《全国艺术科学规划课题年度检查报告书》或《全国艺术科学规划文化部级课题年度检查报告书》(以下均简称《年检报告书》)，在全面审查的基础上认真填写有关情况统计表，并对当年在研课题的进展情况、事项变更、经费使用、已完成课题数量及质量、成果出版、成果获奖、存在问题、改进措施及建议等方面撰写年度检查综合报告，于10月31日前将《年检报告书》原件、年检综合报告及有关情况统计表寄送全国艺术科学规划办。

课题负责人应在规定时间内认真填写《年检报告书》，并报中级管理单位审查。

全国艺术科学规划办汇总课题年度检查情况，经领导小组审核，报全国哲学社会科学规划办公室检查，并对进展正常、经费使用合理的课题，续拨下期经费或安排鉴定、结项工作。对不按规定报送《年检报告书》、年检综合报告及有关统计报表等材料或经检查不合格的，暂缓拨付经费，并将情况在一定范围内予以通报。

第三十七条　年检报告书应包含如下内容：

1、课题基本情况；

2、年度检查报告；

3、经费收支情况；

4、下年度经费预算；

5、户名、帐号等变化情况。

以上内容，经课题负责人所在单位科研管理部门、财务管理部门签署意见后方可上报。

第三十八条　年度检查要严把政治学术质量关、研究进度关和经费使用关。

严把课题政治学术质量关，凡存在研究方向问题和学术水平未达到要求的课题要及时纠正和改进，否则一律不予结题。

课题实行分段管理，根据研究周期，划分不同时间段进行管理。课题进行时间和课题进度、经费使用比例必须协调，原则上应做到时间过半、经费划拨过半、任务完成过半。应用性课题、基础性课题分别只获准延期一年和三年，到期仍不能完成，由全国艺术科学规划办撤销课题。

第三十九条　凡有下列情况之一者，须由课题负责人或课题负责人所在单位提交书面请示，由中级管理单位审核并签署意见，报全国艺术科学规划办审批。

1、修改、变更课题协议，调整课题设计、改变成果形式、延长完成期限，中止课题协议；

2、课题进行过程中和成果出版等方面的涉外问题；

3、课题负责人不胜任所承担的研究任务，不具备继续进行研究工作的条件，或因课题负责人出国、重病、死亡或其他原因中止研究工作的申请延期、撤项或更换负责人的。

第四十条　有下列情况之一者，须由课题负责人所在单位提交书面请示,由地方文化厅(局)审批同意后，报全国艺术科学规划办备案。

1、课题组主要成员因故不能继续进行课题研究，申请退出课题组或更换课题组成员；

2、课题组需增补人员。

不通过地方文化厅(局)管理的课题,由全国艺术科学规划办审批。

第四十一条　任何组织、单位和个人均有权批评、反映下列情况和行为:

1、未经批准，擅自调整、更换课题负责人和课题组成员或终止项目协议；

2、未经批准，课题组负责人擅自修改课题设计和研究方向，撰写和出版有政治错误、学术质量低劣的作品；

3、学风极不严肃，弄虚作假，未经实质性研究而以不符合课题设计的其他作品代替课题成果，或抄袭剽窃他人成果；

4、违背课题经费管理办法，用课题经费请客送礼、游山玩水、购置固定资产、安装电话等，或贪污挪用；

5、课题组负责人对研究工作不予管理、放任自流，课题组成员干扰、阻挠课题研究工作的正常进行；

6、拒绝检查、监督或不按要求总结报告工作。

第四十二条　如发生本办法第四十一条所列之情况，经调查核实后，视其性质和情节，分别予以如下处理:

1、限期纠正、改正；

2、批评、通报批评；

3、缓拨、减拨或停拨课题经费；

4、追回或责令赔偿全部或部分课题经费；

5、撤换负责人或撤销课题，参与人员，2—5年内不得参加晋升职称的评定；

6、限制或取消以后的课题申请资格。

第四十三条　全国艺术科学规划办每年根据课题管理及检查情况提出本年度全国艺术科学规划执行情况的报告，并及时通过《中国文化报》等渠道进行反映和交流。

第六章　经　费

第四十四条　全国艺术科学重点研究课题经费主要来源于国家拨付的专项基金，文化部划拨的专项经费以及国内外社会团体、机构和个人的捐赠。

第四十五条　全国艺术科学规划重点研究课题，分为资助课题和自筹经费课题。对自筹经费课题，艺术科学规划办仍按有关规定进行课题评审检查、成果验收，并给予推广宣传和评奖。

第四十六条　资助课题经费由艺术科学规划办负责管理。艺术科学规划办根据课题经费情况，提出全国艺术科学中长期规划和年度计划各类课题的资助课题数和资助总金额，报经全国艺术科学规划领导小组批准后执行。

课题负责人所在单位为文化部直属单位及在京高校的，由艺术科学规划办直接管理；其他单位委托地方文化厅(局)科研管理部门负责管理。

课题负责人所在单位具体负责和实施对资助课题经费的管理，可以按规定提取管理费。

第四十七条　资助课题经费的管理和使用，必须符合国家有关规定和本办法的规定，同时要方便科研，有利于调动科研人员的积极性。

各地、各部门应广辟渠道，课题承担者应充分利用本地、本部门现有的科研和工作条件，以较少的投入取得较大的科研成果，使有限的经费获得较大的社会效益。

第四十八条　资助课题经费必须专款专用，任何单位、个人不得以任何理由和方式截留、挤占、挪用。资助课题经费的使用同时应接受上级财务部门和财政、审计部门的监督、检查。

第四十九条　全国艺术科学规划办在评审结果批准后的一个月内，向课题负责人的经费管理单位发出《全国艺术科学规划课题立项通知书》(或《全国艺术科学规划文化部级课题立项通知书》)。课题负责人在接到通知书后，按批准的资助金额编制经费开支计划，并根据要求认真填写通知书回执，在两个月内挂号寄回全国艺术科学规划办。逾期视为自动放弃。

第五十条　全国艺术科学规划课题资助经费一次核定，分期拨付，包干使用，超支不补。特别委托课题、重点课题一般拨款三次，立项当年以回执为凭拨付资助经费的40%，次年以检查合格的《年检报告书》为凭拨付30%，其余30%为预留经费。一般课题和青年课题拨款二次，立项当年以回执为凭，拨付资助经费的70%，其余30%为预留经费。预留经费在课题验收结项后拨付，未通过验收结项的，不予拨付。

课题经费拨付后，收款人必须及时开具收据寄全国艺术科学规划办。

第五十一条　课题负责人在本单位科研管理部门和财务部门的指导下，按计划自主支配课题经费。课题经费使用的范围主要包括：

1、资料费：指研究所需的资料收集、复印、翻拍、翻译等费用，以及必要的图书购置费等。

2、国内调研差旅费：指为完成研究工作而进行的国内调研活动开支的差旅费，其标准依照国家有关规定执行。涉及港、澳、台的调研差旅费须经全国艺术科学规划办审批。

3、小型会议费：指围绕课题研究举行的小型研讨会的经费开支。

4、计算机及其辅助设备购置和使用费：因研究需要确需使用计算机，而课题组负责人又无计算机的，须经课题负责人所在单位批准，可以购买一台（不含便携式机），其所有权归所在单位。计算机使用费指上机费、录入费以及用于课题研究的资料查询、信息交流等上网费和软件设计费等。

5、劳务酬金及咨询费 课题通过鉴定验收的，课题负责人可从该课题结余经费中提取40%作为劳务酬金，但提取数额不得超过总经费的10%。咨询费指为开展研究进行的问卷、专家咨询等支出的费用，提取额一般不得超过总经费的5%。

6、印刷费：指研究成果的印刷费、打印费和誊写费等。

7、出版费：课题结余经费（包括预留经费）可用于研究成果出版。

8、成果鉴定费：包括鉴定专家劳务费、邮寄费等，由全国哲学社会科学规划办公室在课题资助经费之外专款拨付。特别委托课题、重点课题成果的鉴定专家劳务费，由全国艺术科学规划办根据全国哲学社会科学规划办公室的有关规定核定拨付；一般课题、青年课题的成果鉴定费，由全国艺术科学规划办委托中级管理单位拨付。每位专家的劳务鉴定费根据最终成果类别和字数掌握在300—800元。

9、管理费：指课题负责人所在单位科研管理部门和财务部门提取的管理费（特别委托课题和重点课题每项2000元，一般课题和青年课题每项1500元，不得超额提取和重复提取，文化部级课题和青年专项课题每个不得超过1000元。）。科研管理部门和财务部门分配管理费的比例可为3:2。管理费应由经费管理单位与分期拨款同步按比例提取，不得按总经费比例一次提取。

第五十二条　　课题经费管理不得违背以下规定：

1、不得超额或重复提取管理费。除课题负责人所在单位按规定提取管理费外，其下属单位(如高校的系、教研室、研究院内设的研究所等)不得重复提取管理费或其他费用。

2、在课题未通过鉴定、验收前，课题组成员不得以任何理由从课题经费中提取劳务酬金；可公开出版但质量不高不能出版的研究成果，不得从课题经费中提取稿酬；有重要的学术价值和实际应用价值而又不宜公开出版的研究成果，可从课题经费中提取稿酬，但不得高于公开出版物的稿酬标准，并且要逐级报批。

3、不得把课题经费用于工资福利或工资福利性支出。

4、涉及港、澳、台地区及国外调研差旅费一律不得列支，调研差旅费不得用于课题组以外人员。

5、不得用课题经费购置固定资产(如安装电话、购置超出本办法限定的器材设备等)。

第五十三条　课题进行过程中，经检查有下列情形之一者，暂停拨款：

1、需要调整课题组负责人或主要成员；

2、需要修改、变更或中止课题设计；

3、未按规定时间及内容要求填报《年检报告书》；

4、未能按计划完成研究任务；

5、经费开支不符合本办法及有关规定。

第五十四条　课题经费可跨年度累计使用。研究课题按预期目标完成，并按有关规定验收合格的，课题负责人可从该课题结余经费中提取40%作为劳务酬金，根据贡献大小奖励课题组成员，但提取数额不得超过总经费的10%。其余部分可首先用作该课题最终出版成果的出版补贴。扣除劳务酬金和出版补贴后的结余经费，留给所在单位作为科研经费，课题负责人和课题组成员有优先使用权。未完成研究计划的课题或中止、撤销的课题，不得从结余经费中提取劳务酬金。

第五十五条　用课题经费购置的资料、图书的管辖权归所在单位，其中少量的、在整个研究过程中经常使用的工具书，经所在单位批准后，可转归课题组成员个人所有。

第五十六条　课题负责人因工作调动等原因更换科研管理部门及财务管理部门，须经调出、调入单位和省、自治区、直辖市文化厅（局）艺术科研管理部门同意，报全国艺术科学规划办审批。

第五十七条　课题一经立项，不得无故中止。对无故不完成研究任务或自行中止研究者，全国艺术科学规划办停止拨款，并追回已拨经费的余额。

课题负责人一年以上无故不参加本课题研究工作的，作无故中止课题处理。无故中止课题者，三年内不得申请新的课题。

课题进行过程中，对因课题负责人出国、生病、死亡或其他原因不能继续研究的课题，停止拨款，并追回已拨经费的剩余部分；对按本办法第四十一、四十二条予以撤销的课题，追回已拨经费，课题负责人无法赔偿的，由所在单位承担连带赔偿责任。上述情况的追款工作由省、自治区、直辖市文化厅（局）和课题负责人所在单位共同负责，追回经费的50%返还全国艺术科学规划办，省、自治区、直辖市文化厅（局）和所在单位各留25%，用于课题管理和资助全国艺术科学规划课题其他课题的研究和出版补贴。

第五十八条　课题资助经费的管理实行分级负责制。省、自治区、直辖市文化厅（局）和在京的课题负责人所在单位等中级管理单位受全国艺术科学规划办委托，对其管理范围内的课题资助经费行使监督、检查和指导职责；课题负责人所在单位科研管理部门和财务部门对课题资助经费实施具体管理，按财务制度要求，对课题经费开支情况进行检查，发现问题，及时纠正。财务部门应妥善保存课题经费帐目和单据，以备检查。对违反本办法规定的，视情节轻重分别采取书面警告、通报、批评和停止拨款、撤销项目等处理措施。触犯法律的，应依法追究有关人员的责任。

第五十九条　课题完成后，课题负责人应清理历年收支帐目，编制本课题经费决算表，并填写入《全国艺术科学规划研究课题鉴定结项审批书》，连同研究成果及总结报告一式两份，加盖单位公章。由地方文化厅(局)管理的课题，还须经其签署意见后，报送全国艺术科学规划办。

此项工作结束前，不得申请新的全国艺术科学规划研究课题。

第六十条　经批准列入规划的自筹经费课题，其经费的筹集、使用和管理必须符合国家有关财务制度及本管理办法的规定。

其筹集的课题经费主要由课题负责人所在单位财务部门进行管理。

第六十一条　全国艺术科学规划办每年年终向全国艺术科学规划领导小组、全国哲学社会科学规划办公室和文化部汇报当年经费使用情况。

第七章　鉴定和验收

第六十二条　为科学地评估全国艺术科学规划课题研究成果的质量和实际水平，课题完成后对最终成果进行鉴定，通过鉴定后予以验收结项。

第六十三条　全国艺术科学规划课题最终成果的鉴定一般由课题负责人所在单位、地方文化厅(局)和全国艺术科学规划办共同组织，以课题负责人所在单位和地方文化厅(局)为主。必要时，全国艺术科学规划办可单独组织对有关课题成果进行鉴定，也可授权课题负责人所在单位和地方文化厅(局)自行组织鉴定，鉴定结果报全国艺术科学规划办审核。

第六十四条　最终成果的鉴定主要采取聘请同行专家评议的方式，包括会议评议和通讯评议。专家鉴定组对鉴定负全面责任，并应对工作过程承担保密义务。

第六十五条　鉴定专家的选定：

1、全国艺术科学规划办、中级管理单位分别建立相应的鉴定专家库，组织鉴定时，随机挑选。

2、鉴定专家应具有高级专业技术职务或相当于高级专业技术职务，有较高的学术水平、理论水平、政策水平和丰富的实践经验，特别是在本学科领域要有较高水准的学术专著，具有良好的职业道德。

3、鉴定专家应按课题类型选择聘请。基础理论研究成果主要聘请同行专家学者参加，应用研究和对策研究成果主要聘请有关实际部门的领导和专家参加。凡可公开出版的成果，还应聘请出版方面的专家参加。

4、每个课题的鉴定专家必须为单数，一般应为5—9人。原则上重大课题为7人，也可根据实际需要确定人数。

5、课题组成员不能担任本课题的鉴定专家，所在单位及其上级主管部门参与鉴定的专家人数不能超过2人。

6、课题组不能参与选择本课题的鉴定专家，也不能参与鉴定的具体事务。

第六十六条　成果鉴定程序:

1、课题研究工作完成后，课题负责人及所在单位科研管理部门应以书面方式通过中级管理单位及时向全国艺术科学规划办提出鉴定申请，索取并填写《全国艺术科学规划课题鉴定结项审批书》(以下简称《鉴定结项审批书》)，经所在单位科研管理部门和财务部门审核及签署意见后，连同5套最终成果及相关资料报送鉴定组织者。

2、鉴定组织者按本办法第六十五条规定选定专家鉴定组成员及组长，并对课题负责人填报的《鉴定结项审批书》和最终成果进行技术审查，最终成果的内容和形式须符合立项申请的设计标准。审查合格后，将最终成果和《全国艺术科学规划课题最终研究成果专家〈个人〉鉴定意见表》(以下简称《专家〈个人〉鉴定意见表》)提供专家进行鉴定。

3、负责鉴定的专家在认真通读最终成果的基础上，本着实事求是的原则，对照课题申请、评审书预期目标，在《专家〈个人〉鉴定意见表》上写出客观、公正、全面的文字评语、提出成果等级建议、依照评估指标体系设定的指标量化计分。并由组长在归纳鉴定组专家意见的基础上负责撰写鉴定结论，填写《鉴定结项审批书》相关栏目。

4、如采取会议评议方式，课题组应在会议召开前一个月将研究成果的全套资料提交给鉴定专家审读。进入会议鉴定程序时，课题负责人应就课题研究的主要过程、成果的意义和其他有关问题作必要说明，课题负责人或课题其他成员对鉴定小组成员提出的问题作实事求是的回答与说明。

5、专家鉴定组应及时将按规定填写好的《专家〈个人〉鉴定意见表》和课题成果等材料交还鉴定组织者。鉴定的时间，专著类成果一般不超过2个月，研究报告、论文类成果一般不超过1个半月。

6、鉴定组织者汇总鉴定意见、计算分值、确定成果等级。根据鉴定专家的多数意见确定是否通过鉴定，成果评为一、二级和平均60分以上者为通过，三级和59分以下者为未通过。

7、鉴定组织者应及时将鉴定结论通知课题负责人及其所在单位。鉴定结项时对需要进行重要修改并重新申请鉴定的课题，可由鉴定结项管理部门汇总鉴定专家（匿名）的意见反馈课题负责人。鉴定未能通过的，允许课题组在一年内对成果进行修改，并重新申请鉴定，鉴定仍不能通过的按撤项处理。

第六十七条　鉴定的基本标准与内容:

1、课题研究成果坚持以马列主义、毛泽东思想和邓小平理论为指导，符合党的基本路线与基本方针;

2、课题研究达到了课题申请书有关成果的设计要求;

3、课题研究成果中提出的理论、观点、方法和建议、对策具有科学性与创造性;

4、课题研究成果所依据和使用的资料与数据准确、完整;

5、课题研究所运用的方法以及手段具有可靠性与先进性;

6、课题研究成果具有较重要的理论意义、实践意义与较高的学术价值，达到较高的水平，已产生或预期将产生较好的综合效益;

7、课题研究存在的问题与不足，该领域尚待深入研究的问题及今后的努力方向;

8、对课题研究成果能否通过鉴定作出明确的结论，并对通过鉴定的成果提出等级评定的参考意见。

第六十八条　具备下列条件之一者可免于鉴定:

1、获得省部级评奖二等以上奖励;

2、收到的反映足以证明已达到国内或国际先进水平，或提出的理论、政策、建议、构想等被省部级以上党政领导机关采纳吸收并取得明显效益

3、涉及党和国家机密不宜公开，而质量已得

到有关部门认可；

属于上述情况者，仍须填写《鉴定结项审批书》，注明免于鉴定的理由，并附有关证明材料，连同最终成果上报。

第六十九条　最终成果鉴定通过后，课题负责人应将填写好的《鉴定结项审批书》及完整的成果两套、研究工作总结报告一份及研究经费决算表（包括经费总支出情况表和资助经费决算表各一份）经中级管理单位审核并签署意见后报送全国艺术科学规划办。全国艺术科学规划办负责办理验收结项。验收合格的，全国艺术科学规划办向课题负责人发出结项通知书。

第七十条　验收结项材料要符合下列条件:

1、鉴定获得通过并符合程序，免于鉴定的有比较充分的证明材料；

2、经审计和检查，课题经费使用合理；

3、最终成果没有知识产权纠纷；

4、鉴定和结项材料齐备，符合规定要求。

第七十一条　验收结项材料应包括:

1、1份《全国艺术科学规划课题鉴定结项审批书》原件；

2、与参加课题鉴定专家人数相符的《专家〈个人〉鉴定意见表》原件或免于鉴定的证明材料；

3、3套最终成果（专著打印稿可1套，待正式出版后补送3套）。

第七十二条　验收合格的全国艺术科学规划课题最终成果，从2001年1月1日起，在正式出版或向有关领导决策部门报送时，在醒目位置标明“全国艺术科学规划课题”字样，作为参加国家社科基金项目及全国艺术科学规划课题等成果评奖的条件之一。

第七章　成果宣传、出版与评奖

第七十三条　全国艺术科学规划课题的研究成果是我国社会主义精神文明建设的宝贵财富，各省、自治区、直辖市文化厅（局）、各课题组和课题组所在单位，应采取各种积极措施加强对全国艺术科学规划课题研究成果的宣传、推广、应用和保护，充分发挥在党和政府决策、两个文明建设中的作用。

第七十四条　各级艺术科学研究管理部门应建立相对稳定的研究成果宣传推广渠道，充分利用刊物、报纸、网站、广播电视等媒体，逐渐形成机制。具有重要应用价值、重要学术意义的最终研究成果或阶段性成果要及时摘报全国艺术科学规划办和有关领导机关，或向社会广泛宣传。

第七十五条　各级艺术科学研究管理部门，应采取各种积极措施，资助或协助全国艺术科学规划课题优秀成果的出版。充分利用国家、省(区、市）宣传文化发展专项资金等有关政策和多种筹资渠道，设立出版基金。

第七十六条　全国艺术科学规划领导小组将建立全国艺术科学研究成果库并在全国哲学社会科学规划领导小组的指导下开展评奖工作，奖励艺术科学研究优秀成果。全国艺术科学规划课题每五年举行一次优秀成果评奖活动。办法另定。

第八章　附　则

第七十七条　本办法自发布之日起生效，其解释权和修改权属于全国艺术科学规划领导小组，以往其他暂行办法中的有关规定，凡与本办法不符的，均以本办法为准。

全国艺术科学“十五”规划课题申报、评审办法

为了做好全国艺术科学“十五”规划课题的申报、评审工作，现根据《全国艺术科学规划重点研究课题管理办法》和全国哲学社会科学规划办公室的有关规定，制定本办法。

第一章　课题申报

第一条　凡文化艺术工作者，文化艺术科研人员和热心于文艺科研的社会各界人士，均可根据《全国艺术科学“十五”规划课题指南》（以下简称《课题指南》）所提出的选题范围，向全国艺术科学规划领导小组办公室（以下简称“全国艺术科学规划办”）申报课题。

第二条　全国艺术科学规划办委托各省、自治区、直辖市文化厅（局）教科处（或科研管理部门）和文化部民族民间文艺发展中心作为申报受理单位，具体负责有关工作。各省、自治区、直辖市文化厅（局）教科处（或科研管理部门）负责受理本行政区划内单位人员的课题申报；文化

部民族民间文艺发展中心负责受理在京单位人员的课题申报和所有申报材料的分类整理工作。

第三条 自2000年12月28日起开始受理课题申请，截止日期为2001年3月28日，受理期限为三个月。受理期内，在京单位申请者可向文化部民族民间文艺发展中心，地方单位申请者可向所在省、自治区、直辖市文化厅（局）教科处（或科研管理部门）索购《课题指南》、《全国艺术科学规划课题申请、评审书》(以下简称《申请书》)、《全国艺术科学规划历年立项课题汇编》及本办法，每套收工本费20元（汇款时请在汇款单上写明所在地区邮政编码)，由受理单位开具收据，并留作受理单位工作经费。

以上申报材料均同时在全国哲学社会科学规划办公室网站发布，需要者也可直接从网上查询、下载(全国哲学社会科学规划办公室网址 http://www.npopss-cn.gov.cn ，上网后请点击“单列学科”栏目)。

第四条 申请人应按规定认真填写申请书，并按一式5份（1份原件，4份复印件）寄交课题申报受理部门。迟于规定截止日期（以邮戳为准）寄出的申请书，一律不进入本次评审。

申请人在报送申请书的同时，须通过邮局汇寄（或面交）评审补偿费（含计算机录入费）150元，由文化部民族民间文艺发展中心作为委托受理单位具体负责办理收费、登记及开具收据等事宜。凡只寄申请书而未交评审费的，一律不予评审。

第五条 由多人参加的课题必须注明第一负责人，该负责人对课题经费有最终支配权，其所在单位给予信誉保证。申请书必须由该负责人签名报出。

一个人不得同时申报两个以上（含两个）课题。

第六条 申请人原则上应具有副研究员（或相当于副研究员）以上的高级专业技术职称。否则，须有两名同专业的研究员（或相当于研究员）的书面推荐。

第七条 申请人所在单位须对申请书进行全面审核，对申请人的政治表现、业务能力、科研条件等签署明确意见并承担课题管理及信誉保证。

第八条 地方单位和人员的课题申请书，由各省、自治区、直辖市文化厅（局）教科处（或科研管理部门）受理并审核后，在规定时间内统一寄送文化部民族民间文艺发展中心进行分类整理。

第二章 课题种类

第九条 由全国哲学社会科学基金资助的课题：

1、国家重点课题；

2、国家一般研究课题（即中华社科基金课题)；

3、国家青年基金课题；

4、国家自筹经费课题。

第十条 由文化部资助的课题（课题负责人为文化部系统人员，课题组可适当吸收非文化部系统人员参加)：

1、文化部重点课题；

2、文化部青年专项课题；

3、文化部自筹经费课题。

第三章 课题立项原则

第十一条 所选课题应以《课题指南》为依据。

第十二条 课题立论根据充足，学术思想严谨，研究内容和攻关目标明确，研究方法科学，研究计划可行，具备按计划完成研究任务的各项具体条件。

第十三条 课题申请人必须是课题的第一负责人，即课题的实际主持者，能切实承担从课题的设计、实施到成果形成的实质性研究工作。

第十四条 课题组成员应具备课题研究所必需的业务水平、研究能力和健康条件，年龄、知识结构比较合理；其所在单位能为其研究工作提供必需的条件和时间。

第十五条 青年基金课题、青年专项课题的申报人及其课题组成员的年龄应在35周岁以下（含35周岁)。

第十六条 课题所提出的经费预算合理。对于能够自行解决研究经费的课题，其申报、评审按照同一标准进行。

第十七条 除特殊情况外，论文、研究报告须在1年内完成，专著须在2—3年内完成。除重要的基础理论研究外，鼓励以论文和研究报告作为最终研究成果进行申报。

第四章 课题评审程序

第十八条 课题评审工作由全国艺术科学规划领导小组及其下属的各学科规划小组承担，全国艺术科学规划办负责具体组织工作。

第十九条　全国艺术科学规划办负责各级申报课题的资格审查（资格审查的内容包括：申请者是否符合规定条件；申请书填写是否符合要求；申请手续是否完备等），资格审查结果记录备案。

第二十条　课题申请书经资格审查后，分类送各学科规划小组进行评审。对跨学科的综合性课题，届时组成综合评审组进行评审。

第二十一条　课题评审以会议方式进行。先由学科规划小组成员分别审阅课题申请书，并提出本人评审意见，然后进行集体评议。

第二十二条　在集体评议的基础上，学科规划小组采取无记名投票方式，对申请课题进行表决，参加投票人数必须超过学科规划小组人数的三分之二以上（含三分之二）方为有效；赞成票须超过实际到会人数的三分之二以上（含三分之二）方可提名立项。

为提高评审质量，对申报课题数量过多的学科将实行初评程序。即全国艺术科学规划办根据申报情况，提出需要组织初评的学科，征得学科规划小组组长同意后，由学科规划小组组长主持，组织本学科有关专家对申报课题进行初评（条件、程序见前）。经初评中选的课题不得少于本学科计划立项数量的2—3倍，以利复评有较充分的选择余地。初评落选课题应存档备案，中选课题交由学科规划小组进行复评。

第二十三条　由学科规划小组通过的评审结果，经全国艺术科学规划领导小组审定批准，并报全国哲学社会科学规划办公室备案。

第五章　课题评审要求

第二十四条　评审专家和有关工作人员必须严格遵守课题的申报、评审程序和有关规定，做好课题申报的受理和评审工作，保证立项课题的质量。

第二十五条　充分发扬学术民主。

第二十六条　坚持公平公正的原则。

第二十七条　课题评审中要妥善掌握各类课题的适当比例，其中，应用性研究课题一般不少于立项课题总数的60%。同时新兴的边缘、交叉学科的研究课题和对学科发展具有重大意义的基础性研究课题，以及一些重点、传统学科的“抢救”性研究课题也应占有一定比例。

第二十八条　申报课题要有比较充分的前期研究，同等条件下，有充分前期准备和阶段性成果者，应优先立项。对少数民族地区、边远地区的申报课题，在同等条件下优先考虑。

第二十九条　属于下列情况之一的，不予立项：

1、编著或一般性的译著；

2、一般性的工作研究；

3、以编纂丛书为目的；

4、“六五”至“九五”规划中已立过项的课题，而且申报论证中又无新的研究内容。

第三十条　有下列情况之一者，2001年度不承担新的课题：

1、无正当理由自行中止所承担的全国艺术科学规划课题或课题成果未达到应有水平，未通过专家鉴定的；

2、在全国艺术科学规划课题经费的使用中有严重违反财务制度的；

3、2000年底以前尚未完成所承担的全国艺术科学规划课题者；

4、“八五”课题完成率低于80%、“九五”课题完成率低于60%的课题负责人所在单位暂停申报；“九五”课题完成率低于70%的课题负责人所在单位，其申报课题数不得超过其上一次申报课题总数的70%。

第三十一条　评审本学科规划小组成员申报的课题时，申请人必须回避。

第三十二条　采取适当的保密措施，以保证评审工作不受干扰。评审结果在未正式公布以前，任何人不得对外泄露申请书内容、评审情况和评审意见。

第六章　其　他

第三十三条　为支持地方和有关部门的艺术科研工作，“十五”期间，继续设立全国艺术科学规划自筹经费课题。此类课题列入全国艺术科学“十五”规划，由地方、有关部门或承担者自筹研究经费；所筹经费的使用不得违反国家有关财务制度。此类课题的申报、评审办法适用于上述各项规定。

第七章　附　则

第三十四条　本办法自公布之日起实行。未尽事宜将另行制定具体办法和措施，或根据实际情况予以研究解决。

第三十五条　本办法的解释权和修改权属于全国艺术科学规划领导小组办公室。

全国艺术科学规划课题2000年度检查工作

根据全国哲学社会科学规划办公室《关于做好今年国家社科基金项目管理工作的通知》(社科规划办通字[2000]3号)要求和《全国艺术科学规划重点研究课题管理办法》的有关规定，文化部教育科技司暨全国艺术科学规划领导小组办公室于2月24日向各省、自治区、直辖市文化厅局及艺术研究院所、有关高等院校、部直属单位发出《文化部教科司关于开展全国艺术科学规划课题年度检查的通知》(教科函[2000]18号)，对“八五”规划课题及“九五”规划一期课题的完成计划及经费使用、成果出版及获奖、项目变动、存在问题及改进措施等方面情况进行年度检查。

一、汇总统计

根据各地各单位在规定时限内反馈的情况，可将主要检查内容汇总、统计如下:

1、课题完成情况

(1)“八五”规划课题

“八五”规划期间立项课题共70项，其中反馈情况的课题61项，占立项课题总数87.14%；未反馈情况的课题9项，占立项课题总数12.86%。

在反馈情况的61项课题中:

已完成研究计划的课题44项，占立项课题总数62.86%。其中：研究成果已出版或鉴定结项的课题28项，占立项课题总数40%；已完成研究计划待出版或鉴定结项的课题16项，占立项课题总数22.86%。

延期完成研究计划的课题12项，占立项课题总数17.14%。其中：计划本年度完成的课题5项，占立项课题总数7.14%；计划明年及其以后完成的课题7项，占立项课题总数10%。

已撤销立项的课题3项，占立项课题总数4.29%；申请撤销立项的课题2项，占立项课题总数2.86%。

(2)“九五”规划一期课题

“九五”规划期间第一期立项课题共53项，其中反馈情况的课题35项，占立项课题总数66.04%；未反馈情况的课题18项，占立项课题总数33.96%。

在反馈情况的35项课题中:

已完成研究计划的课题6项，占立项课题总数11.32%。其中：研究成果已出版或鉴定结项的课题4项，占立项课题总数7.55%；已完成研究计划待出版或鉴定结项的课题2项，占立项课题总数3.77%。

计划本年度完成的课题16项，占立项课题总数30.19%；计划明年及其以后完成的课题13项，占立项课题总数24.53%。

2、经费使用情况

(1)经费使用正常的课题

“八五”规划课题(已出版或鉴定结项、已经或申请撤项及未反馈情况等类课题除外)中：经费使用正常的课题24项，占未完成(含已完成待出版或鉴定)课题总数82.76%；“九五”规划课题(已出版或鉴定结项及未反馈情况等类课题除外)中：经费使用正常的课题29项，占未完成(含已完成待出版或鉴定)课题总数93.55%。

(2)、自筹经费落实情况较好的课题

“八五”规划课题1项，占立项课题总数1.43%；“九五”规划课题3项，占立项课题总数5.66%。

3、影响课题研究工作开展及进度的主要问题

(1)经费不足：“八五”规划课题9项，占立项课题总数12.86%；“九五”规划课题8项，占立项课题总数15.09%。

(2)行政、教学及其它工作影响：“八五”规划课题3项，占立项课题总数4.29%；“九五”规划课题10项，占立项课题总数18.87%。

(3)调查及资料收集困难：“八五”规划课题3项，占立项课题总数4.29%；“九五”规划课题7项，占立项课题总数13.21%。

(4)课题内部学术问题：“八五”规划课题1项，占立项课题总数1.43%；“九五”规划课题3项，占立项课题总数5.66%。

(5)人事问题及非学术干扰：“九五”规划课题2项，占立项课题总数3.77%。

(6)人员变动：“八五”及“九五”规划课题各1项，分别占立项课题总数1.43%和1.89%。身

体健康状况："八五"规划课题 1项，占立项课题总数1.43%。现行差旅费报销标准不切实际："九五"规划课题1项，占立项课题总数1.89%。

二、基本分析

从上述对此次年度检查内容的汇总、统计数字，可作出如下几方面具体分析：

1、中级管理机构的职能亟待加强

从课题年度检查情况低于90%的反馈率看，中级管理网络体系的职能作用及工作力度尚显不够。除了作为该体系主干的部分省、自治区、直辖市文化厅局因地方政府机构改革调整对其科研课题管理职能的履行影响较大这一重要原因外，问题主要在于这一职能的归属与履行还不够规范化制度化（如定部门定人定职责），常常缺乏连续性（如因部门因岗因人因时之变迁而异）。而大部分省、自治区、直辖市申报的课题并非每年每期均能获准立项，且立项课题数量及资助经费额度较小等，也是中级管理机构积极性不高、工作缺乏连续性的原因之一。反之，凡中级管理机构职能作用发挥较好的地区或单位，课题按计划完成率、管理检查的反馈率及质量均较高。如：福建省文化厅负责管理的3项"八五"规划课题和1项"九五"规划一期课题，均已按计划或基本按计划完成，其中获首届国家社会科学基金项目优秀成果三等奖和文化部首届文化艺术科学优秀成果三等奖的课题各1项，获奖率达50%；且能提交较规范的年度检查报告及汇总课题主要承担单位的规划管理意见与建议等。因而，应明确职责划分并落实到部门、岗位及具体人员，这是加强中级管理网络体系职能作用及工作力度的基础与根本。

2、课题计划完成期限的保证机制亟待完善

从"八五"规划课题中延期完成的课题至今仍占课题总数17.14%看，课题实际完成期限拖延过长。从课题立项的1992年算起，立项课题中最长的完成期限为1997年，至今也已超过3年，但仍有7项课题（占总数10%）需延期1年（个别课题甚至更长）才能完成。尽管经费不足、资料收集不够、行政及教学等其他工作影响、人员变动等是延期的基本原因，但主要还应深入探索并形成一整套贯穿课题研究全过程的切实有效的保证机制，如：在批准立项时即应考虑课题规模及难度、资助经费额度与计划完成期限三者间的平衡协调，明确超过课题计划完成期限的限度及处理办法等。"九五"规划一期课题已有部分超过计划完成期限（多数为1999年和2000年），应区分不同情况，采取相应措施保证在研课题按期完成或基本按期完成。也可考虑并探索采用具有法律约束力的协议、合同等方式逐步完善课题完成的保证机制。

3、影响课题进度的突出问题尚需具体分析与解决

影响课题进度的突出问题主要集中于经费、调查及资料收集、时间及精力分配等方面，其中有的问题之间还有交叉情况：

（1）经费不足的问题有几种情况：一是评审立项为自筹经费课题，但最终未筹集到经费或足够的经费；二是审批立项的资助额度低于申报课题的预算额度，导致完成原课题设计内容的经费不足；三是进行调查及收集资料的费用支出增幅较大，如：实地考察所需差旅费、被调查者所要劳务费、收藏单位对查阅及复制有关藏品资料收费较高等，这也是调查及收集资料困难的主要原因（属两问题交叉情况）；四是个别课题使用经费计划不当造成鉴定无或缺经费。前三种情况对课题承担人而言带有一定的不可预见性，但仍应采取适当措施尽量避免，如：自筹经费应有一定时限，逾期撤项；资助经费确定后，课题承担人应在一定时限内确认，否则撤项；对调查及收集资料费用的价格动态，课题承担人应预先有所了解或考虑，以便自行调节处理。

（2）本职及其他工作影响的问题也有几种情况：一是课题承担人担任行政领导职务，二是课题承担人担负教学、科研等业务工作，三是课题承担人被指派或聘请承担其他工作等，因工作繁重，时间、精力被大量占用，直接影响到所承担课题的研究进度。但此类问题原则上应由课题承担人自行调整解决，因而在课题审批立项时应考虑课题承担人的任职及业务活动情况等对完成课题的可能影响。

除上述基本分析外，尚有个别实际问题亦须以适当方式加以解决，如：现行差旅费报销标准与其最低实际价格不符，使个别课题的必要会议及考察难以实施，以致影响了课题研究的进度。此问题虽不普遍，却是一个实际问题，应根据实际情况以适当方式灵活处理。

全国艺术科学规划历年立项课题汇编（1983—2000）

（全国艺术科学规划领导小组办公室编）

编者说明

一、我国于1983年建立国家社会科学基金制度，至2000年度共有223项艺术学科研究课题获得国家社会科学基金资助。其中重大课题2项，重点课题34项，一般课题158项，青年课题29项。这些课题大体上反映了新时期我国艺术学学科建设与发展的轮廓，可为了解与掌握近20年来我国艺术学学科研究状况与发展趋势提供一定参考。为便于广大艺术科研工作者、从事艺术科学研究的单位和各级艺术科研管理部门了解、掌握有关情况，我们将1983年至2000年全国艺术科学规划课题的名称及简要情况汇编成册印发，并将根据具体情况续编印发，以保持本汇编的连续性与完整性。

二、本汇编采用分学科、按年度并根据课题类别的顺序编排。其中所列课题的名称、负责人及其所在单位、成果形式和完成时间均以批准立项时所报为准。

三、本汇编所列课题，有的已按时完成，其研究成果也已公开出版；有的虽已完成，但未能公开出版；有的尚未按时完成，有的名称已变更；极少数因故被撤销。

四、本汇编中，★为获第一届国家社会科学基金项目优秀成果奖标注符号。

一、一般艺术理论研究

（一）国家重大课题

立项年度	课题名称	负责人	工作单位	成果形式	完成时间
1979	中国民族民间文艺集成志书	周巍峙	文化部	专著	2004年
1997	中华艺术通史	李希凡	中国艺术研究院	专著	2001年

（二）国家重点课题

立项年度	课题名称	负责人	工作单位	成果形式	完成时间
1992	新时期文艺思潮评析	程代熙	中国艺术研究院	专著	1995年
1992	中国艺术学★	彭吉象	北京大学	专著	1995年
1992	中国民族文化大观	耿金声	中央民族大学	专著	1995年
1997	中国解放区文艺史	周巍峙	文化部	专著	2000年
1997	上海艺术史	高春明	上海艺术研究所	专著	2000年

（三）国家一般课题

立项年度	课题名称	负责人	工作单位	成果形式	完成时间
1992	艺术掌握论★	邢煦寰	中国艺术研究院	专著	1995年
1992	中外佛教艺术交流	王　镛	中国艺术研究院	专著	1997年
1992	民俗美学	宋德胤	黑龙江省牡丹江师范学院	专著	1996年
1994	东北民俗艺术	于国华	吉林省艺术研究所	专著	1997年

立项年度	课题名称	负责人	工作单位	成果形式	完成时间
1994	中央苏区文化艺术史	万　叶	江西省艺术研究所	专著	1995年
1997	草原艺术论	李宝祥	内蒙古赤峰市民族艺术研究所	专著	1999年
1997	神话的发生与流变理论新探	林在勇	华东师范大学	专著	1999年
1997	二十世纪西方文论史	朱立元	复旦大学	专著	1999年
1997	延安文艺运动史	贺志强	陕西省社会科学院	专著	1999年
1997	中国佛教艺术发展史	阮荣春	南京艺术学院	专著	1999年
1999	邓小平文艺理论研究	陈飞龙	中国艺术研究院	专著	2001年
1999	关于艺术创作和艺术市场调查研究	薛若琳	中国艺术研究院	研究报告	2001年
1999	中国少数民族萨满教艺术研究	扎木苏	中央民族大学	专著	2001年
1999	浙江歌谣源流考	朱秋枫	浙江省艺术研究所	专著	2003年

（四）国家青年基金课题

立项年度	课题名称	负责人	工作单位	成果形式	完成时间
1992	艺术类型学★	李心峰	中国艺术研究院	专著	1996年
1992	艺术文化学★	丁亚平	中国艺术研究院	专著	1994年
1997	当代传媒技术革命中的艺术生态	谭华孚	福建省艺术研究所	专著	1998年
1999	杜威艺术哲学思想研究	张宝贵	复旦大学	专著	2001年

（五）国家自筹经费课题

立项年度	课题名称	负责人	工作单位	成果形式	完成时间
1999	壮族艺术的人类学研究	廖明君	广西艺术研究所	专著	2001年

（六）文化部重点课题

立项年度	课题名称	负责人	工作单位	成果形式	完成时间
1998	邓小平文艺理论研究	李源潮	文化部	专著	2000 年
1998	中国河套艺术研究	李凝祥	宁夏民族艺术研究所	专著	2000 年
1999	《新荆楚岁时记》研究	韩致中	湖北省群众艺术馆	专著	2001 年

（七）文化部自筹经费课题

立项年度	课题名称	负责人	工作单位	成果形式	完成时间
1998	萨满教象征艺术研究	王宏刚	长春市艺术研究所	专著	2000 年
1999	稻、麦、羊—中国传统经济文化的三元结构	连晓鸣	浙江省文化厅	专著	2002 年

二、戏剧研究

（一）国家重点课题

立项年度	课题名称	负责人	工作单位	成果形式	完成时间
1983	中国戏曲通论	张　庚 郭汉城 等	中国艺术研究院	专著	1988 年
1983	中国戏曲通史	张　庚 郭汉城 等	中国艺术研究院	专著	1988 年
1983	中国话剧史	葛一虹	中国艺术研究院	专著	1985 年
1987	戏曲艺术长河★	颜长珂 李　愚 等	中国艺术研究院	录像资料	1990 年
1992	京剧大典	高占祥	文化部	专著	1995 年
1992	中国近当代戏曲史	余　从 王安魁	中国艺术研究院	专著	1996 年
1992	新时期戏剧艺术论	徐晓钟	中央戏剧学院	专著	1995 年
1992	现当代欧洲戏剧	丁扬忠	中央戏剧学院	专著	1995 年
1997	香港话剧史	田本相	中国艺术研究院	专著	2001 年
1997	中国剧场史	周华斌	北京广播学院	专著	2000 年
1999	中国社戏史	卜　键	中国艺术研究院	专著	2001 年

（二）国家一般课题

立项年度	课题名称	负责人	工作单位	成果形式	完成时间
1992	中国杂剧史	刘荫柏	中国艺术研究院	专著	1995年
1992	戏剧社会学	高新生	中国艺术研究院	专著	1994年
1992	山东戏曲剧目综述	谭源材	山东省艺术研究所	专著	1995年
1992	目连戏傩戏研究	周峥嵘	湖南省艺术研究所	专著	1994年
1992	戏剧思维★	陈世雄	厦门大学	专著	1995年
1992	九宫大成南北词宫谱译注	王正来	江苏省戏剧学校	专著	1997年
1993	中央苏区戏剧史（已编入《中央苏区文化艺术史》）	刘　云	江西省艺术研究所	专著	1995年
1993	中华曲艺通论	贾德臣	中国艺术研究院	专著	1994年
1993	中国傩文化	曲六乙	中国戏剧家协会	专著	1995年
1993	清代戏曲史	周传家	北京市艺术研究所	专著	1996年
1993	中国戏剧理论史	夏写时	上海戏剧学院	专著	1998年
1993	川剧美学	胡　度	重庆市艺术研究所	专著	1996年
1993		杨世祥	吉林省艺术研究所	专著	1996年
1993	喜剧美学	陈孝英	陕西省艺术研究所	专著	1995年
1993	重庆民间戏剧（最终成果名称：民间祭礼与仪式戏剧）	胡天成	重庆市艺术研究所	专著	1995年
1993	目连戏南戏源流与声腔形态研究	石生朝	湖南省艺术研究所	专著	1996年
1993	台湾歌仔戏史	陈　耕	厦门市台湾艺术研究所	专著	1995年
1994	黑土戏剧论（最终成果名称：黑土戏剧群体创造论）	经百君	黑龙江省艺术研究所	专著	1995年
1994	川剧艺术论	严福昌	四川省文化厅	专著	1997年

立项年度	课题名称	负责人	工作单位	成果形式	完成时间
1994	巴蜀傩戏	于　一	四川省 川剧艺术研究院	专著	1995年
1994	云南傩戏傩文化艺术	孙　军	云南省 玉溪地区文化局	专著	1999年
1997	中国当代曲艺发展研究	贾德臣	中国艺术研究院	专著	1999年
1997	戏曲音乐美学导论	张　刚	中国艺术研究院	专著	2000年
1997	中国皮影艺术	裴世虎	河南省 固始县文化馆	专著	1999年
1998	梆子戏与中国文化	曹　爽	陕西省 艺术研究所	专著	2000年
1998	昆剧志	王永敬	江苏省 文化艺术研究所	专著	2000年
1999	滑稽戏通论	夏芦庆	江苏省常州市 文化艺术研究所	专著	2002年
1999	弋阳腔发展史稿	苏子裕	江西省 艺术研究所	专著	2002年
1999	中国戏曲文化图典	刘文峰	中国艺术研究院	专著	2002年
1999	南戏通史	孙崇涛	中国艺术研究院	专著	2002年
1999	中国戏曲文学史	刘彦君	中国艺术研究院	专著	2002年
1999	清代内庭演剧始末考	丁汝芹	北京市 艺术研究所	专著	2002年
1999	莆仙戏史论	郑尚宪	厦门大学	专著	2002年
1999	河南曲艺史	张凌怡	河南省 艺术研究所	专著	2002年
1999	斯坦尼斯拉夫斯基演剧学说新论	胡　导	上海戏剧学院	专著	2002年
1999	高腔研究	路应昆	中国艺术研究院	专著	2002年

（三）国家青年基金课题

立项年度	课题名称	负责人	工作单位	成果形式	完成时间
1992	中国民间目连文化★	刘　祯	中国艺术研究院	专著	1994 年
1992	中国古代剧场史★	廖　奔	中国艺术研究院	专著	1995 年
1997	中国戏剧发生研究	刘　祯	中国艺术研究院	专著	1998 年
1999	中国古代演艺史的文物实证—戏曲绘画与戏曲雕刻的考察与研究	延保全	山西师范大学	专著	2001 年
1999	北京市剧场市场化研究	周　红	北京市艺术研究所	研究报告	2001 年

（四）国家自筹经费课题

立项年度	课题名称	负责人	工作单位	成果形式	完成时间
1997	东北二人转艺术	吕树坤	吉林省艺术研究所	专著	1999 年
1997	中国儿童剧史论	李　涵	中国福利会儿童艺术剧院	专著	1999 年
1997	二十世纪戏剧改革发展研究	傅　谨	杭州大学	专著	1999 年

（五）文化部重点课题

立项年度	课题名称	负责人	工作单位	成果形式	完成时间
1998	新时期黑龙江戏剧发展研究	朱雪艳	黑龙江省艺术研究所	专著	2000 年
1998	戏曲观众学	刘景亮	河南省艺术研究所	专著	2000 年
1998	天津曲艺史	刘梓钰	天津市艺术研究所	专著	2000 年
1999	张照及《劝善金科》研究	戴　云	中国艺术研究院	专著	2001 年

(六) 文化部青年专项课题

立项年度	课题名称	负责人	工作单位	成果形式	完成时间
1998	《聊斋志异》与川剧聊斋戏	杜建华	四川省 川剧艺术研究院	专著	2000年
1999	西皮二簧腔渊源形成研究	海　震	中国戏曲学院	专著	2002年

(七) 文化部自筹经费课题

立项年度	课题名称	负责人	工作单位	成果形式	完成时间
1998	中日戏剧交流史	宋延平	大连市 艺术研究所	专著	2000年
1999	客家祖地花灯研究	刘晓迎	福建省 三明市文化局	专著	2001年
1999	音乐剧创作论	廖向红	中央戏剧学院	专著	2002年

三、电影电视艺术研究

(一) 国家重点课题

立项年度	课题名称	负责人	工作单位	成果形式	完成时间
1999	中国电影摄影艺术发展史	郑国恩	北京电影学院	专著	2002年

(二) 国家一般课题

立项年度	课题名称	负责人	工作单位	成果形式	完成时间
1992	影视微相艺术	欧泽纯	湖南省 广播电视厅	专著	1994年
1992	电影审美学	王世德	四川大学	专著	1993年
1992	香港电影史	李以庄	中山大学	专著	1997年
1993	中国电影剧作艺术论 (已更名为: 中国电影诗学)	王　迪	北京电影学院	专著	1995年
1997	中国纪录片发展史	方　方	上海戏剧学院	专著	1999年

立项年度	课题名称	负责人	工作单位	成果形式	完成时间
1997	中国影视和中国文化传统研究	黄会林	北京师范大学	专著	1999 年
1997	现代影视技术、智能技术与影视艺术	潘秀通	上海大学	专著	1999 年
1999	广播电视节目策划研究	任金州	北京广播学院	专著	2002 年
1999	中国电影现实主义传统与美学形态史评	周　星	北京师范大学	专著	2002 年
1999	中国记录片导演创作研究	谢晓晶	北京电影学院	专著	2002 年
1999	影视艺术与高科技应用研究	李兴国	北京广播学院	专著	2001 年
1999	当代台湾电影电视剧研究	陈飞宝	厦门大学	专著	2002 年

（三）国家青年基金课题

立项年度	课题名称	负责人	工作单位	成果形式	完成时间
1997	电视栏目文化研究	张同道	北京师范大学	专著	1998 年
1999	中国电影的类型——叙事分析和作者研究	吴　琼	北京电影学院	专著	2002 年
1999	当代中国的影视艺术理论及美学建设	吕新雨	复旦大学	专著	2002 年

（四）国家自筹经费课题

立项年度	课题名称	负责人	工作单位	成果形式	完成时间
1999	一部电影的导演创作	谢　飞	北京电影学院	专著	2001 年
1999	中美电视艺术比较研究	苗　棣	北京广播学院	专著	2002 年
1999	“说话节目”主持艺术	王　群	上海华东师范大学	专著	2002 年

四、音乐研究

（一）国家重点课题

立项年度	课题名称	负责人	工作单位	成果形式	完成时间
1988	中国音乐文物大系 (一期工程)	黄翔鹏 王子初	中国艺术研究院	专著	1993 年
1992	中国近代音乐史	向延生	中国艺术研究院	专著	1997 年
1992	现代西方音乐哲学	于润洋	中央音乐学院	专著	1997 年
1997	中国音乐文物大系(二期工程)	王子初	中国艺术研究院	专著	2000 年
1999	乐律学大师朱载堉研究	冯文慈	中国音乐学院	专著	2002 年

（二）国家一般课题

立项年度	课题名称	负责人	工作单位	成果形式	完成时间
1992	当代中国音乐志述	乔建中	中国艺术研究院	专著	1996 年
1992	满族音乐研究	石光伟	吉林省 艺术研究所	专著	1996 年
1992	音乐文学研究（最终成果名称：中国歌词发展史）	刘以光	厦门大学	专著	1995 年
1993	交复式简谱计算机排版软件	周　宁	北京大学新技术公司	专著	1995 年
1993	中国近现代音乐史教学资料选	俞玉姿	中央音乐学院	专著	1996 年
1997	吴越民俗音乐研究	江明惇	上海音乐学院	研究报告 或专著	2002 年
1997	大众音乐社会运行导论	曾遂今	中国艺术研究院	专著	2000 年
1997	宋代音乐史料数据库建设	赵为民	河南大学	论文集	1999 年
1997	音乐学的历史和现状研究	周菁菁	中央音乐学院	专著	1999 年
1997	音乐价值学	王次炤	中央音乐学院	专著	2000 年
1997	中德音乐教育比较研究	杨通八	中国音乐学院	专著	2000 年
1997	“刀郎木卡姆”的生态与形态研究	周　志	新疆艺术研究所	专著	1999 年
1997	当代中国民族乐器乐器法	高为杰	中国音乐学院	专著	2000 年
1997	蒙古族长调艺术的继承与发展	吕宏久	内蒙古艺术学院	工具书	1999 年
1997	满族萨满乐器研究	刘桂腾	辽宁省丹东市文化局	专著	2000 年
1999	音阶的起源及流变	应有勤	上海音乐学院	专著	2003 年

立项年度	课题名称	负责人	工作单位	成果形式	完成时间
1999	山西乐户研究	项 阳	中国艺术研究院	专著	2001 年
1999	中国歌剧：过去、现在和未来的发展	居其宏	中国艺术研究院	专著	2003 年
1999	五声性调式和声研究	樊祖荫	中国音乐学院	专著	2002 年
1999	中国佛教音乐文化	袁静芳	中央音乐学院	专著	2002 年

（三）国家青年基金课题

立项年度	课题名称	负责人	工作单位	成果形式	完成时间
1992	中西歌唱发声体系的声音形态研究	韩宝强	中国艺术研究院	专著	1994 年
1992	音乐社会学	曾遂今	中国艺术研究院	专著	1995 年
1999	安徽地方戏曲音乐历史及美学理论研究	周显宝	厦门大学	专著	2002 年
1999	苗族芦笙志	邓 钧	中国艺术研究院	专著	2002 年

（四）国家自筹经费课题

立项年度	课题名称	负责人	工作单位	成果形式	完成时间
1997	汉唐清商乐调研究	丁承运	河南大学	专著	1999 年
1999	汉画与汉代音乐文化研究	李荣有	河南省南阳师范高等专科学校	专著	2002 年
1999	畲族音乐与西南相关民族音乐的比较研究	蓝雪霏	福建师范大学	专著	2003 年
1999	解放军音乐史研究	李双江	解放军艺术学院	专著	2001 年

（五）文化部重点课题

立项年度	课题名称	负责人	工作单位	成果形式	完成时间
1998	唐大曲与西安鼓吹乐比较	吕洪静	陕西省 艺术研究所	论文集	2000年
1998	当代中国艺术管理问题研究	谢大京	中国音乐学院	专著	2000年
1999	蒙古剧音乐研究	乌兰娜	内蒙古 艺术研究所	专著	2003年
1999	明代朱权《神奇秘谱》打谱研究与发掘整理	吴文光	中国音乐学院	专著	2002年
1999	音乐表演美学与心理学论稿	张　前	中央音乐学院	专著	2002年

（六）文化部自筹经费课题

立项年度	课题名称	负责人	工作单位	成果形式	完成时间
1999	宋代陈旸《乐书》点注	冯洁轩	中国艺术研究院	专著或论文（集）	2002年

五、舞蹈研究

（一）国家重点课题

立项年度	课题名称	负责人	工作单位	成果形式	完成时间
1987	中国舞蹈通史图录	董希玖 刘峻骧	中国艺术研究院	专著	1997 年
1992	中国当代舞蹈精粹	资华筠	中国艺术研究院	专著	1999 年
1996	中华舞蹈志	蓝　凡	上海艺术研究所	专著	2000 年
1997	中国近现代当代舞蹈发展史	王克芬	中国艺术研究院	专著	2000 年
1999	国民素质教育中舞蹈美育训材科学化探讨	资华筠	中国艺术研究院	专著	2001 年

（二）国家一般课题

立项年度	课题名称	负责人	工作单位	成果形式	完成时间
1992	秦汉乐舞志	黄笙闻	陕西省艺术研究所	专著	1994 年
1992	巴蜀舞蹈史	林　坤	四川省音乐舞蹈研究所	专著	1997 年
1994	河北民间舞蹈史	傅德全	河北省艺术研究所	专著	1995 年
1994	四川古代舞蹈图录集	吕　波	四川省音乐舞蹈研究所	专著	1997 年
1997	中国少数民族舞蹈史	纪兰慰	中央民族大学	专著	1999 年
1997	二十五史乐志集成及中国宫廷舞蹈研究	袁　禾	北京舞蹈学院	专著或工具书	2001 年

（三）国家青年基金课题

立项年度	课题名称	负责人	工作单位	成果形式	完成时间
1997	朝鲜－韩国二十世纪舞蹈发展史研究	李爱顺	延边大学	专著	1998 年
1999	二十一世纪朝鲜民族舞蹈训练体系	韩龙吉	延边大学	专著	2002 年

（四）国家自筹经费课题

立项年度	课题名称	负责人	工作单位	成果形式	完成时间
1997	精神文明建设与舞蹈教育研究	王国宾	北京舞蹈学院	论文（集）	2000 年

六、美术研究

（一）国家重点课题

立项年度	课题名称	负责人	工作单位	成果形式	完成时间
1983	中国美术史	王朝闻 邓福星	中国艺术研究院	专著	1990年
1992	中国建筑艺术史	萧　默	中国艺术研究院	专著	1995年
1992	中国民间美术史	王树村	中国艺术研究院	专著	1995年
1992	中国少数民族文字与书法宝典	关东升	中央民族大学	专著	1995年
1997	二十世纪中国美术研究	邵大箴	中央美术学院	专著或论文集	2001年
1997	中国书画论评注丛书	王朝闻	中国艺术研究院	专著	2000年
1999	二十世纪中国油画	闻立鹏	中央美术学院	专著	2001年

（二）国家一般课题

立项年度	课题名称	负责人	工作单位	成果形式	完成时间
1993	蒙古族美术史	鄂·苏日台	内蒙古呼伦贝尔盟展览馆	专著	1995年
1993	中国民间美术全集★	王朝闻 邓福星	中国艺术研究院	专著	1994年
1993	唐代服饰文化研究	徐　潮 钟漫天	中华服饰研究会	专著	1996年
1993	中国现代书法史	朱仁夫	湖南省岳阳大学	专著	1996年
1994	《历代名画记》研究	袁有根	山西师范大学	专著	1997年
1997	中国二十世纪美术教育研究	李树声	中央美术学院	专著	2002年
1997	西藏岩画研究	张亚莎	中央民族大学	论文集	2000年
1997	近现代中外美术交流与比较	袁宝林	中央美术学院	专著	1999年
1997	中国民间美术概论	靳之林	中央美术学院	专著	1999年
1997	中国古代书画之鉴定方法研究	薛永年	中央美术学院	专著	1999年
1997	山西龙山道教石窟艺术研究	张明远	山西大学	专著	2000年
1997	新时期城市雕塑、建筑壁画与其空间环境的研究	于美成	黑龙江省美术馆	专著	1999年
1997	中国绘画学科建设之研究	董欣宾	江苏省国画院	专著	1999年
1999	陈从周研究	宋凡圣	浙江大学	专著	2003年

立项年度	课题名称	负责人	工作单位	成果形式	完成时间
1999	顾恺之研究	袁有根	山西师范大学	专著	2002年
1999	闽台宗教壁画研究	林国平	福建师范大学	专著	2003年
1999	建国以来的新疆绘画	克里木·纳斯尔丁	新疆画院	专著	2002年
1999	青海蒙古喇嘛服饰文化研究	萨仁格日勒	中央民族大学	专著	2002年
1999	安徽摩崖石刻综合艺术研究	盛发和	安徽省文物考古研究所	专著	2003年
1999	摄影造型技巧理论研究	沙占祥	北京电影学院	专著	2003年

（三）国家青年基金课题

立项年度	课题名称	负责人	工作单位	成果形式	完成时间
1992	中国现代美术学史	陈池瑜	湖北美术学院	专著	1995年
1997	二十世纪中国工艺美术	徐　琛	中国艺术研究院	专著	2000年
1997	在多媒体软件开发中人机界面的屏幕美术设计	江岳平	上海教育学院	研究报告	1998年
1999	土家族民间美术的风格特征及表现形式	辛艺华	华中师范大学	专著	2002年
1999	20世纪中国版画与它的外部世界	安　滨	中国美术学院	专著	2001年
1999	汉代神画的神话艺术精神	李　立	广东省江门五邑大学	专著	2001年

（四）国家自筹经费课题

立项年度	课题名称	负责人	工作单位	成果形式	完成时间
1999	现代重彩画表现研究	张小鹭	厦门大学	专著	2001年
1999	高级时装设计理论、结构理论、特殊缝制技法理论研究	史　林	苏州大学	专著	2002年

（五）文化部重点课题

立项年度	课题名称	负责人	工作单位	成果形式	完成时间
1998	美术管理学研究	范迪安	中央美术学院	专著	2000年
1999	由墓葬文字对各时期书体书风的再研究	王宏理	浙江省博物馆	专著	2001年

七、文化管理研究

（一）国家一般课题

立项年度	课题名称	负责人	工作单位	成果形式	完成时间
1992	在对外开放与发展商品经济条件下深圳特区文艺走向	苏伟光	深圳特区文化委员会	专著	1994年
1998	各国图书馆法比较研究及我国图书馆法制定的基础实践问题	杜　克	文化部图书馆司	专著	2000年
1998	中国文化产业研究	王　华	文化部计财司	研究报告	2000年
1999	文化市场理论与实践研究	赵玉忠	北京电影学院	专著	2001年

（二）国家青年基金课题

立项年度	课题名称	负责人	工作单位	成果形式	完成时间
1999	边远贫困地区文化事业可持续发展研究	郝相礼	甘肃省文化艺术研究所	专著	2001年
1999	文化经济学研究	张朝霞	北京舞蹈学院	专著	2002年

（三）国家自筹经费课题

立项年度	课题名称	负责人	工作单位	成果形式	完成时间
1996	港、澳文化艺术发展成就及问题研究	杨宏海	深圳市特区文化研究中心	专著	1997年
1997	长江三峡文化长廊建设研究	王洪华	重庆市文化局	论文集	1999年
1999	文学艺术著作权保护制度研究	祝晓玲	河南省政法管理干部学院	专著	2001年
1999	中外文物保护法比较研究——兼论我国文物艺术品市场管理问题	陈文平	上海大学	专著	2001年

（四）文化部重点课题

立项年度	课题名称	负责人	工作单位	成果形式	完成时间
1998	中外公共图书馆标准研究及制定我国公共图书馆标准的设想	王林西	南京图书馆	研究报告	2000年
1998	我国艺术表演团体的体制与管理	李振远	大连市文化局	专著	2000年
1999	二十一世纪中国公共图书馆发展战略对策及评估体系的研究	宫爱东	南京图书馆	专著	2003年
2000	西部大开发文化战略研究	李　震	陕西省社会科学院	专著	2001年
2000	西部人文资源的保护开发和利用	方李莉	中国艺术研究院	专著及软件	2005年

（五）文化部青年专项课题

立项年度	课题名称	负责人	工作单位	成果形式	完成时间
1998	社会办团的艺术管理模式研究	张　余	上海市艺术研究所	研究报告	2000年

（六）文化部自筹经费课题

立项年度	课题名称	负责人	工作单位	成果形式	完成时间
1998	中国农村图书馆事业发展战略研究	王学熙	南京图书馆	研究报告	2000年
1999	世界主要国家图书馆比较研究	刘一平	国家图书馆	专著	2001年
1999	长江流域历史地志书目提要	白国安	湖北省图书馆	工具书	2001年

科研成果评奖

五十年艺术科研的丰硕成果——全国艺术科学及文化部文化艺术科学优秀成果奖评奖综述

一

经全国哲学社会科学规划领导小组和文化部文化艺术优秀成果奖评奖委员会审定，首届国家社会科学基金项目优秀成果奖艺术科学优秀成果和文化部第一届文化艺术科学优秀成果奖评奖工作顺利结束。杨荫浏、周贻白、顾仲彝、缪天瑞、王朝闻、张庚、葛一虹、周巍峙、郭汉城等九位对中国文化艺术科学研究事业做出具有奠基性和开拓性贡献的前辈专家学者荣获文化部文化艺术科学优秀成果奖特别奖；《中国民族民间美术全集》等8个全国艺术科学规划项目成果荣获首届国家社会科学基金项目优秀成果奖；《中国戏曲通史》等65个文化艺术科研成果荣获文化部第一届文化艺术科学优秀成果奖。

首届国家社会科学基金项目优秀成果奖的评选，是党和国家为贯彻落实党的十五大关于建设有中国特色社会主义文化的精神，为进一步调动全国广大的社会科学工作者的积极性和创造性，多出优秀科研成果，以加强中国社会科学事业建设的重要举措。1997年底前完成的国家哲学社会科学基金资助项目均可申请参评。这是建国以来在社会科学方面首次进行的国家级奖励，体现了党和国家对中国社会科学事业建设的重视、扶植，体现了党和国家对广大的社会科学工作者的极大的关怀和繁荣中国社会科学事业的期望。

借此东风，为调动文化部系统文化艺术科学工作者的积极性和创造性，提高文化艺术科学研究水平，创造高质量的研究成果，促进中国文化艺术科研事业的繁荣和发展，文化部党组决定，设立文化部文化艺术科学优秀成果奖，对50年以来，由文化部系统所属的文化艺术科研工作者完成的文化艺术科学优秀成果进行奖励。这是建国50年、改革开放20年以来，国家文化行政主管部门第一次设立的文化艺术科学奖项。作为本世纪末，为迎接新世纪，文化部在文化艺术科学工作方面的重要举措，文化部文化艺术科学优秀成果奖评奖被列入文化部建国50年献礼的总体工作，为此，文化部于1998年12月23日发出通知，要求各地文化主管部门对此予以高度重视，将此列入本部门1999年度工作计划，在人员和经费上予以支持，以保证这一工作的正常开展。

首届国家社会科学基金项目艺术科学优秀成果奖和文化部文化艺术科学优秀成果奖的评审工作均由文化部教科司暨全国艺术科学规划领导小组办公室具体组织实施。

截止1999年4月，共有35个国家社会科学基金项目成果申请参评首届国家社会科学基金项目优秀成果奖，经全国艺术科学规划领导小组办公室进行资格认定和初步遴选后，共有18个成果进入评审。根据一项成果至少要有3名以上评审委员审阅，每位评审委员，审稿最多不能超过5部著作的有关要求和惯例，文化部教科司暨全国艺术科学规划领导小组办公室聘请全国文化艺术科学各有关学科的14位在京的知名专家组成全国艺术科学规划项目优秀成果评审组，于4月下旬和5月中旬分别组织进行了通讯评审、初评和复评，共评出拟获奖成果8个，其中，一等奖1个，二等奖2个，三等奖5个。按有关规定，该名单报全国哲学社会科学规划领导小组审定后公布。

与此同时，共收到全国22个省（自治区）、直辖市报送的153项成果参评文化部文化艺术科学优秀成果奖，教科司科研处按有关评奖要求进行资格认定后，实际参评成果为148项。同样，根据一项成果至少要有3名以上评审委员审阅，每位评审委员审稿最多不能超过5部著作的有关要求和惯例，文化部教科司于5月上旬组织了有80余位在京的文化部文化艺术科学的专家学者进行了通讯评审，在此基础上，组织了有21名在京的文化部文化艺术科学各学科知名专家学者组成的评审组，于7月上旬进行初评和复评，共评出拟获奖成果65个。

这两次评审，为保证评奖工作的政治与学术质量，探索文化艺术科学研究和管理的规范化，首次以量化方式对文化艺术科学研究成果进行评估。文化部教科司暨全国艺术科学规划领导小组办公室在中国社会科学院科研局研制的《社会科学成果评估指标体系》的基础上制定了有关优秀成果奖评选评分表。评审过程紧张严肃，评审专家以极其严谨认真、高度负责的精神，不仅对参评成果进行严格审读、严格打分、严格评审，而且就加强文化部文化艺术科学规划和事业建设，严格学术规范、端正学风和学术道德等诸多问题提出了积极的建设性意见。

根据有关规定，此两次评奖设异议期，以实施社会监督。自拟获奖成果公布之日起的一个月内为异议期。在异议期内任何个人和单位均可对拟获奖成果和奖励等级向全国哲学社会科学规划办公室和文化部教科司提出异议投诉。投诉应以书面形式提出理由和事实根据，并写明投诉人的真实姓名、工作单位和联系电话。过期投诉或匿名等不按要求提出的异议，不予受理。利用提出异议投诉诬告他人的，一经查实，将依法追究其法律责任。

二

首届国家社会科学基金项目优秀成果奖和文化部文化艺术科学优秀成果奖的设置和评审，是互为补充和互为基础的。从某种意义上说，它们是对全国文化艺术科学建设的重要作用和地位的肯定和确立，是对全国文化艺术科学建设的回顾和总结，是50年文化艺术科学优秀成果和科研队伍的一次检阅和展示。它极大地促进了文化艺术科学工作，全国艺术科学界对此反响十分热烈，广大的艺术科学工作者由此受到了极大的鼓舞和振奋。评审工作坚持正确的政治导向，坚持政治标准和学术标准统一的原则，坚持质量第一、宁缺毋滥的原则；评审规则透明，程序严密，保证了评审的公正性。参加评审工作的专家认为，各地报送的参评成果情况和评审出的获奖成果的情况，大致可以反映出中国文化艺术科学发展的轨迹。如果将建国初期视为中国艺术科学的草创时期，那么，在50年中，尤其是改革开放20年来，经过几代人筚路蓝缕，艰辛努力，全国艺术科学建设已初具规模，成就斐然，十分可喜。突出表现为：

1、获奖成果的学科覆盖面较广。在文化部文化艺术科学优秀成果奖的65项获奖成果中，戏剧学28项，为43.1%；文艺学(含影视)12项，为18.4%；音乐学10项，为15.4%；美术学7项，为10.8%；舞蹈学2项，为3.1%；图书馆学3项，为4.6%；文化管理学3项，为4.6%。这其中，不仅涵括戏剧、音乐、舞蹈、美术等传统的艺术研究领域，而且有了艺术美学、文化管理等新兴学科；而在各学科领域中，不仅有学科基础理论研究成果，也出现了一批在边缘学科领域已相当深入的研究成果，如建筑艺术、书法艺术、宗教艺术、艺术类型学、艺术文化学、艺术民俗学等领域的研究成果。这些研究成果，不仅大大拓展了中国艺术科学的研究领域，使中国艺术科学研究更具有科学性和开放性；同时表明，中国艺术科学研究体系已初具规模，各学科、地域间多元互补的艺术研究格局已初步形成。

2、获奖成果向人们展示了艺术科研工作者以深厚的学养和严谨的治学态度所取得的丰厚的艺术科研实绩，也给人们带来艺术科研只有从社会和生活汲取营养，与时代结合，以不可取代的创新性和前瞻性关照现实，才能繁荣发展的重要启示。人们常常说理论是灰色的，或许，是在慨叹理论对于现实的滞后；人们也常常慨叹在文艺战线，艺术科研远不如舞台创作演出受到重视，因此怀疑艺术科研的存在价值和发展前景。但是，在此次评奖中，却有一批艺术科研成果以其独特的魅力展示出艺术科研对于社会现实、对于艺术事业建设的重要意义。《红楼梦新证》是周汝昌完成于1953年的旧作，就在本书出版的当年，三个月内，该书连续再版、三版（校订、增补），已为当时海内外人士诧为异事；20年后，于1976年再次增订刊印；又是20年后，至1998年，又再度印行。历经近50年的历史考验，该书依然为人们所推重的情形，实在令人慨叹。如果说，这是老一辈学人所具有的难能可贵的深厚的学养和严谨的治学态度所致（该书仅引用书目即达700多个）；那么，无独有偶，在近50年后，在艺术科研十分艰难的今天，由中年学者完成的《艺术掌握论》在出版之后很短的时间里即再次刊印，印数达8000册；而由青年学者完成的《艺术文化学》，也是在已出版不到一年的时间里印行三版，印数达8500册之多。这都表现出读者对这些成果的认可和厚爱，表现出社会对艺术科研的需要和期待。也展示了艺术科研是在对社会、生活和人民群众的参与中最终完成的，展示出艺术科研只要具备了前瞻意义和指导意义，就能向现实生产力转化，实现其独立存在的价值，从而才具有发展的可能。

3、成果类型比较齐全，表现出中国艺术科学正在引入和运用新的研究方法和研究手段，走向新的发展阶段。在文化部文化艺术科学优秀成果奖的65个获奖成果中，有专著44个，论文13个，调研报告1个，译著2个，工具书5个。这从一个方面表现出艺术科学研究的整体推进。而在国家社会科学基金项目艺术科学优秀成果奖的8个获奖成果中，出现了以音像形式为载体的艺术科研成果，如中国艺术研究院戏曲研究所完成的国家“八五”课题《戏曲艺术长河》。这是当时所能见到的唯一的一部音像形式的中国戏曲史，极具开拓意义。就其科研手段和完成形式，这部六集240分钟的录象带，不仅是国内首创的一部弘扬中华民族优秀文化的极好的教材，更具有填补空白和开启艺术科研新路的重要意义。尽管目前还只有一个这类形式的成果获奖，但这是一个非常可喜的开始。它表明，在运用传统的科研手段的同时，高科技手段开始进入艺术科学领域，尽管现在受客观条件制约，其规模和水平都很有限。但已经显示出，高科技手段的运用将会使艺术科学进入一个崭新的天地。

4、两个奖项的评奖，在某种意义上说，也是中国艺术科研队伍的一次大检阅，大会师。在拟获奖成果的作者中，既有年过九旬的老前辈，也有刚满30岁进入文化艺术科研战线不久的新同志。而在由他们完成的获奖成果中，既有在前辈学者专家带领下，由众多艺术科研工作者共同完成的具有艺术科学奠基意义的集体攻关成果，也有德高望重的老专家以丰厚的学养和严谨的治学态度几十年孜孜以求完成的厚重之作，还有一批由中青年学者独立完成的具有鲜明风格特色的个人成果。这一切，不仅向人们展示了中国艺术科研队伍人才济济，也表现出在老一辈艺术科研工作者的培养下，一批艺术科研新人健康成长的可喜局面，更向人们展示了使艺术科研充满了活力和朝气的大有希望的明天。

三

毋庸讳言，任何评奖都难免“遗珠之憾”，更何况，此次的两个奖项的评审工作，是50年来的第一次，没有任何的经验可资借鉴；因此，无论是在艺术科研本身还是艺术科研管理方面都存在着许多有待探讨和改进的问题。

1、就艺术科研管理而言，此次评奖的动员和发动不够充分，未能使广大的艺术科研工作者普遍参与，有许多非常优秀的成果未能报送参评，因此，在这个意义上，此次的获奖成果还不能全面完整的反映出中国50年来艺术科研所取得的成就和所达到的学术水平。应当说这是此次评奖的最大遗憾。它从一个侧面暴露出艺术科研工作长期以来不受重视，艺术科研管理渠道不畅、管理水平低下的诸多问题。此两次评奖，文化部先后发出了三次通知，但是，仍有8个省(区)没有报送任何成果参评；按照有关要求和参评条件，应由当地的文化科教主管部门组织专家进行遴选后再行报送参评成果，但有个别省区不仅没有进行遴选，甚至连应有的审核手续都没有认真履行，以至申请书的填写不合要求，甚至出现申请者本人不具备参评资格的情况。由此，也降低了本地区、本部门参评成果本应具有的学术水准。

在评奖工作中，为探索艺术科学管理的规范化，文化部教科司暨全国艺术科学规划领导小组办公室在中国社会科学院科研局研制的《社会科学成果评估指标体系》的基础上，修改制定了全国艺术科学优秀成果奖评选评分表。在评审过程中，收到了很好的效果。这表明，艺术科学成果的量化评估和规范化管理是可以实现的。专家希望，认真总结评奖经验，进一步调整和完善有关政策和实施办法，建立艺术科学激励机制，更好地利用“评奖”这一杠杆，以达到激励队伍和加强学科建设的目的。

2、严格艺术科学的学术规范

评审情况表明，艺术科学的学术规范亟待加强。许多参评成果，不仅具有相当的学术水准，而且十分注重学术规范。刘梦溪的《中国现代学术要略》，近5万字的论文后有51条注释，约1万字，表现出严谨的学术品德，令人折服。但也有相当一些参评成果，虽然具有一定的学术水平，但就是因为有学术规范方面的“硬伤”，而最终未能进入获奖成果名单。对此，专家尽管感到十分遗憾，但仍坚持了不予获奖，以保证评奖的严肃性和权威性。在这方面，评审专家率先垂范，表现的十分突出。评审意见有理有据，逐条引证，有的评语竟达数千字，本身就是一篇严谨的学术论文。专家希望，由此促进加强艺术科学的学术规范建设。专家认为，学术规范问题，不仅体现了学术水平，也是学术道德问题。它不仅体现了对前人劳动的尊重，也是科研的起点和基点，关系着科研选题本身的必要性和严肃性。必须加强、严格艺术科学的学术规范，才能使艺术科学更加健康地发展建设。

3、艺术科学发展的地区不平衡问题

在65个文化部文化艺术科学优秀成果奖获奖成果中，由中国艺术研究院完成的有25个，占38.46%；由部属高校完成的有15个，占23.1%；由地方艺术科研工作者完成的为23个，占35.3%；这大致可以看出中国艺术科学的布局情况。它反映出文化部文化艺术科研三足鼎立的队伍状况，反映出中国艺术研究院作为中国艺术科研的主体所具有的研究实力和研究水准，但由此也可看出中国艺术科学发展的地区不平衡情况。尽管地方艺术科研的获奖率和中国艺术研究院相比，不差很多，但就获奖等级来说，是无法相比的。23个获奖成果中的20个是三等奖，而就其地区情况看，23个奖项分布在全国的14个省区。由此可以明显地看出，艺术科研发展中的地区不平衡问题。中国是一个有着12亿人口、有着5000年文明历史、有着56个民族的文化大国。各地区、各民族都有着极为丰富、也极具特色的文化艺术资源，亟待抢救、保护开发和利用。因此，地方，特别是边缘地区和少数民族地区的文化艺术科研任务十分繁重。地方文化艺术科研的实力、水平急待提高和加强，有关经费投入问题急需解决。这一状况应当引起重视，并应有相应的措施。

4、艺术科学的特殊性

参评成果情况较为突出地表现出艺术科学的特殊性。艺术科学是社会科学的重要组成部分，但是又有自身的特殊性，即它的研究对象具有活生生的形象性，因而要求其科研成果也应当具有形象性，尤其是当前已经进入了高科技的数字化生存时代。也因此，需要有较多的经费投入。但这恰恰是当前艺术科研十分匮乏的。由中国艺术研究院音乐研究所进行的《中国音乐文物大系》，从立项之初至一期工程的十卷完成，科研人员历尽艰辛，遇到的主要问题就是资金的匮乏。尽管对该成果评价很高，但因为该成果的二期工程还在进行中，需待全部完成后才能参加有关评奖。当前遇到的主要困难也是资金问题。对此，评审委员都感到十分遗憾，为艺术科研工作的艰难而慨叹！而此类情况，在各地的艺术科研中十分普遍。

专家认为，艺术科学的特殊性，还表现在艺术科学的诸多学科与自然科学之间的越来越多的交叉及其越来越明显的交叉发展趋势。因此，专家呼吁，有关主管部门要针对艺术科学工作的特殊性，在经费投入和政策上也要具有前瞻性。要给予倾斜，为艺术科学的正常发展提供必要的条件，当然，艺术科学工作者也要为之付出更多的努力，加大科研体制改革的力度，积极探索在市场经济条件下艺术科研发展的途径，探索艺术科研如何更好地和人民、和社会生活的结合，更好地服务于有中国特色的社会主义文化事业。

金风送爽，在纪念共和国50华诞的时刻，1999年9月23日，获奖者将自豪地走进人民大会堂，走上庄严的领奖台。在鲜花和掌声中，中国的艺术科研工作者将会以百倍的努力，和共和国一起，迎接中国文化艺术建设事业的新世纪，创造中华文化艺术科学事业辉煌的新纪元！

国家社科基金项目优秀成果奖艺术科学奖励成果名单

一等奖（1项）

中国民间美术全集　　总主编：王朝闻

二等奖（2项）

中国古代剧场史　　廖　奔

中国艺术学　　彭吉象主编

三等奖（5项）

中国民间目连文化　　刘　祯著

艺术掌握论　　邢煦寰著

戏曲艺术长河（音像资料）　　颜长珂　李　恩　刘沪生

戏剧思维　　陈世雄著

艺术文化学　　丁亚平著

文化部第一届文化艺术科学优秀成果奖获奖成果及获奖者名单

特别奖获得者（9人）

杨荫浏、周贻白、顾仲彝、缪天瑞、王朝闻、张庚、葛一虹、周巍峙、郭汉城

一等奖（8项）

中国戏曲通史　张　庚　郭汉城主编
斯坦尼斯拉夫斯基全集　郑雪来等译
湖南地方剧种志　湖南省戏曲研究所
聂耳全集　周巍峙主编
曾侯乙钟磬铭文乐学体系初探（论文）　黄翔鹏著
齐白石　郎绍君著
红楼梦新证　周汝昌著
红楼梦大辞典　冯其庸　李希凡主编

二等奖（18项）

中国戏曲文化　周育德著
中国曲学大辞典　陈　多　等主编
戏曲意象论　沈达人著
《西厢记》的文献学研究　蒋星煜著
西厢记集解　傅晓航编辑校点
汉剧音乐漫谈　李金钊著
中国音乐词典　缪天瑞　吉联抗　郭乃安主编
律吕精义（点注本）　冯文慈点注
中国佛教京音乐研究　袁静芳著
中国舞蹈发展史　王克芬著
敦煌建筑研究　萧　默著
中国宗教美术史　金维诺　罗世平著
书法学　陈振濂主编
李希凡文艺论著选编（一）——论鲁迅的五种创作　李希凡著
曹雪芹家世新考　冯其庸著
马克思主义文艺学大辞典　陆梅林等主编
中国现代学术要略（论文）刘梦溪著
我国最早的木活字印刷品——西夏文佛经《吉祥遍至口和本续》（论文）　牛达生著

三等奖（39项）

当代西方舞台设计的革新　胡妙胜著
巴蜀目连戏剧文化概论　杜建华著
晋昆考　张雨林著
二十世纪西欧戏剧　廖可兑著
潮剧志　连裕斌主编
歌仔戏史　陈　耕等著
清代以来的北京剧场　李　畅著
目连戏、南戏源流与声腔形态研究　石生朝　黎建明著
中国现代比较戏剧史　田本相著
贵池傩文化艺术　吕光群编著
中国话剧通史　葛一虹主编
豫剧表导演艺术　谭静波著
振兴川剧十年　严福昌　王定欧主编
论戏曲音乐的历史分期（论文）　何　为著
清宫演戏史事（论文）　丁汝芹著
武汉戏剧文化现状调查报告（调查报告）　蒋锡武著
戏曲表演（论文）　黄克保著
明应王殿元代戏剧壁画调查札记（论文）　刘念兹著
粤剧风格论（论文）　郭秉箴著
民族音乐概论　中国艺术研究院音乐研究所
音乐学概论　俞人豪著
中国民间音乐　伍国栋著
音乐审美经验的感性论原理（论文）　邢维凯著
现代音乐欣赏辞典　罗忠熔主编
中国古典舞教学　朱清渊著
中国美术通史　王伯敏主编
戏出年画　王树村著
艺术发展史（译著）　范景中译
中央苏区文化艺术史　刘　云主编
艺术类型学　李心峰主编
中西宗教与文学　马焯荣著
山东艺术发展研究　谭源材主编
王国维美学思想研究　周锡山著
电影语言学导论　贾磊磊著
中国丛书综录补正　阳海清编撰
康有为、梁启超与维新运动（图集）

李才垚主编

《无垢净光大陀罗尼经》译刻考（论文）

李致忠著

四川贫困地区文化发展战略研究综述（论文）

胡继先 杨茂成 杨红梅（总撰）

谈新高技术与当代文化事业发展的关系（论文）

胡清亮著

重要科研成果简介

已出版重点课题成果：

类别	名 称	承担人	出版情况	备 注
国家级	中国美术史	王朝闻 邓福星	山东齐鲁书社 明天出版社	12卷，约500万字，彩图3000幅，线描图、黑白图3000幅
国家级	中国建筑艺术史	萧 默	文物出版社	小八开2册，约120万字，1911幅线图，392幅彩图
国家级	中国近现代当代舞蹈发展史	王克芬	人民音乐出版社	62万字
国家级	中国戏曲发展史	刘彦君	山西教育出版社	140万字

在研重点课题：

类别	名 称	情 况	承担人	单 位
国家级	中国音乐文物大系	延期至2001年	王子初	中国艺术研究院
国家级	中华艺术通史	未到期	李希凡	中国艺术研究院
科技部	西部人文资源环境基础数据库	未到期	方李莉	中国艺术研究院
文化部	西部大开发文化战略研究	未到期	李 震	陕西省社会科学院

中国“十部民族民间文艺集成志书”

中国“十部民族民间文艺集成志书”包括《中国民间歌曲集成》、《中国戏曲音乐集成》、《中国民族民间器乐曲集成》、《中国曲艺音乐集成》、《中国民族民间舞蹈集成》、《中国民间故事集成》、《中国歌谣集成》、《中国谚语集成》、《中国戏曲志》、《中国曲艺志》。是为全面、深入地挖掘、整理中华民族民间文艺的宝贵遗产，弘扬民族 优秀传统文化，由文化部会同国家民委、中国文联有关文艺家协会，自1979年始陆续发起的一项被誉为“修筑中国文化万里长城的伟大工程”。每部丛书按中国 现行行政区划分省立卷，每省（直辖市、自治区）各十卷，共计300卷（香港、澳门、台湾卷暂缺），450册，约5亿字。收集、整理了流传于中国各民族民间的音乐、戏曲、舞蹈、曲艺、民间文学诸门类丰富宝贵的文字、图谱、曲谱、舞谱、图片及音像等文艺基础资料，堪称中华民族民间传统文艺最具代表性的大型文献。

这一工程由文化部牵头负责、由全国艺术科学规划领导小组直接领导指挥，文化部民族民间文艺发展中心具体组织实施。中国文艺界老前辈张庚、吕骥、钟敬文、周巍峙、吴晓邦、李凌、孙慎、马学良、贾芝、罗扬等担任各部文艺集成志书主编。截止2000年底，十部民族民间文艺集成志书300部省卷中已完成初审245卷、出版173卷。其中，《中国戏曲志》和《中国民族民间舞蹈集成》30部省卷已全部出版。按照全国艺术科学规划领导小组的总体规划，全部300部省卷将于2002年完成审稿工作，2004年全部出版。

“十部民族民间文艺集成志书”编纂出版工程被全国艺术科学规划领导小组列为“六五——九五”国家重点科研项目，并于1999年经全国哲学社会科学规划领导小组批准列为“国家社会科学基金重大项目”。

《中国美术史》

该书是一部论述中国美术和与之相应的中华民族审美意识自发生至清末发展演变史的专著。由中国艺术研究院美术研究所承担，为“六五”、“七五”、跨“八五”的国家重点科研项目。该书规模大，内容包括从史前到清末的绘画、书法、雕塑、工艺和建筑等造型艺术的各个门类，主要按朝代更迭为序，分作11卷，加附卷《年表索引卷》共12卷。全书约500万字，线描插图、图表和黑白图不下3000余幅，彩色图版近3000幅，图文并茂，体大思精。

总主编：王朝闻、副总主编：邓福星，齐鲁书社、明天出版社出版，共12册，约500万字，线描图、图表和黑白图片3000余幅，彩色图版近3000幅。

《中国建筑艺术史》

该书涉及城市、宫殿、坛庙、陵墓、寺观、佛塔、石窟、园林、衙署、民间公共建筑、王府、民居、长城、桥梁和牌坊等众多类型，补充了直至90年代中期新发现的资料和成果，规模宏大，论述全面，资料丰富。全书由引论和五编——萌芽与成长（史前、三代、秦汉、魏晋）、成熟与高峰（隋唐、五代、宋辽、元）、充实与总结（明清）、群星灿烂（藏蒙、维回、西南少数民族）、理性光辉（理论专编）——共18章组成。上起史前，下迄清末。

方法 本书在研究方法上具有突破性意义，强调宏观史学与微观史学的结合，特别重视变描述式史学为阐释式史学，史论结合，论从史出，重点关注对象的文化和艺术层面，通过对作品的艺术分析，发掘出深蕴其中的文化内核和艺术规律。

主编：萧默，文物出版社出版，1999年6月，120万字，1911幅线图，392幅彩图。

《中国近现代当代舞蹈发展史》

该书为“全国艺术科学‘九五’规划国家重点课题”，课题组成员既有老一代舞蹈史论家也有在学术上卓有成就的青年学者，如王克芬、江东、欧建平、张世龄、徐尔充、隆荫培和苏祖谦等。全书共分四编：由绪论、第一编近现代中国舞蹈（1840 – 1949）、第二编当代中国舞蹈（1949 – 1996）、第三编香港台湾舞蹈发展概况、第四编中华舞蹈的传播与中外舞蹈交流组成。周巍峙为本书作序。全书共62万余字。是迄今为止文化部比较全面、系统论述150多年来中国舞蹈艺术发展历史的专著。具有较高的文献价值和准确翔实的史料价值。

主编 王克芬、隆荫培，人民音乐出版社2000年出版，62万余字。

重要学术活动及对外交流

“经济全球化与中华文化走向”国际学术研讨会

2000年10月26日至29日，中国艺术研究院、中华炎黄文化研究会、中国人民大学三单位在北京联合主办了“经济全球化与中华文化走向”国际学术研讨会。会议收到了中共中央政治局常委、全国政协主席李瑞环的贺信和原中共中央顾问委员会副主任薄一波的贺词。全国人大副委员长程思远出席了开幕式。来自中国内地、香港、澳门、台湾和日本、韩国、新加坡、美国、德国、英国等国的120多位知名学者出席了会议，并提交了90多篇高质量的学术论文或论文提要。

研讨会重点围绕以下几个重要议题进行了研讨：

①经济全球化的实质及其与中国现代化的关系。学者们认为，经济全球化作为生产力发展的必然结果，是建立在市场经济和科学技术，特别是信息科学迅猛发展基础上的。总结经验，我们应当采取的国策要点是 实现社会主义现代化，需要建立完善的市场机制；需要建立社会与自然协调发展的机制；需要用法律和文化来协调人与社会、人与自然的关系，需要体现人文精神与科学精神统一的科学技术体系及教育体制等，所有这些都不能离开世界。

②对经济全球化的文化思考。在经济全球化的历史潮流中，文化问题比以往任何时候都显得更加重要而迫切，因而中华文化应该有一个恰当的定位；开拓创新，开展对话，使中华文化走向

世界，抵制文化霸权主义，坚持多样文化的互补共荣。历史证明，善于汲取世界优秀文化，才能使自己的民族文化得到创新和发展的营养。在21世纪，中国需要有一大批有世界眼光的兼通中外文化的学者。

③对中华文化走向的几个问题进行了讨论。关于中华文化"认同"的标准和尺度。有学者认为，中国人和全世界华人对中华文化认同的尺度和标准就是中华民族的复兴。这是100多年以来人们饱经忧患和痛苦得出的结论。一个富强文明的中国屹立于东方，才为中华文化的认同提供了坚实的基础。关于文化的民族性和世界性的关系，任何一种文化都有民族性，有个性，人类文化在个性中又含有一定的共性。全球化是指越来越多的"联合"，而非"类似"，各国文化的分流和相互联合的方式共存；本土文化不可能在全球化下消亡，反而可能衍生出新质文化。关于中国独特的民族主体文化问题，有学者提出：在经济全球化前提下应当发展中国独特的民族主体文化，同时吸收优秀的外国文化。但是，对于中国民族主体文化的内涵还应进行深入的研究和探讨。对在文化问题上的"拿来主义"和"送去主义"来说，汲取外国优秀文化与推出中国民族文化是相辅相成的，互不可少的。关于经济估量和广义文化估量的结合与统一。近年来中国经济发展取得了巨大成绩，而在前进道路上也还会有许多困难。因此在观察和分析问题的时候，既要有经济估量，又要有广义的文化估量；既要有宏观考察，又要看微观研究。

第三届华文戏剧节

"第三届华文戏剧节"于2000年7月24日至8月1日在台北举行，来自祖国大陆和港澳台地区共300多名代表出席了本届戏剧节。

华文戏剧节始于1996年。1996年8月，中国艺术研究院话剧研究所在北京举办了"96中国戏剧交流暨学术研讨会"，邀请了大陆各地及港台地区15台戏剧参加展演，并举行了华文戏剧的学术研讨。后经大陆和港澳台四地代表讨论商定，将此次会议定名为"第一届华文戏剧节"，以后每隔两年，在四地之间轮流举办。

"第二届华文戏剧节"于1998年11月在香港举行。

"第三届华文戏剧节"由台北"中华戏剧协会"等联合举办，内容分为四个部分：1，来自两岸四地的八个剧目的展演；2，以"华文戏剧的根、枝、花、果"为主题的学术研讨会；3，大陆戏剧代表与台湾戏剧团体的交流；4，两岸四地舞台美术今年成就展示。大陆地区参加本届"华文戏剧节"的代表约170人，其中有一个学术代表团，一个观摩团，两个演出团和几位舞台美术家。由中国艺术研究院组成大陆代表总团。中国艺术研究院常务副院长曲润海任总团团长。

"第三届华文戏剧节"的学术研讨会就华文戏剧的历史与发展等问题进行了探讨。来自大陆的学术代表团18人参加，中国艺术研究院话剧研究所所长田本相任团长。与会代表除大陆、港澳台学者外，还有来自日本、新加坡等国的华文戏剧研究学者参加。研讨论文的主要内容可分为几类：1，对华文戏剧历史的回顾；2，对华文戏剧的寻根，探讨中国戏曲同话剧的互动关系；3，对当代戏剧运动和创作的分析与讨论；4，对外国戏剧理论与创作的研究；5，对"华文戏剧节"和华文戏剧发展的研究。

来自大陆的上海话剧中心演出了大型历史剧《商鞅》，天津人民艺术剧院演出了津味话剧《蛐蛐四爷》。

三国演义文化艺术展

1999年12月11日至2000年2月15日，中国艺术研究院应台湾沈春池文教基金会的邀请，赴台湾举办"三国演义文化艺术展"，先后在台北、高雄两地各展出一个月。由中国艺术研究院副院长呼世安为团长的代表团一行12人随展赴台交流。

"三国演义文化艺术展"的特点是将历史、小说与文化艺术集为一体，兼容学术知识性与观赏趣味性。整个展览分为两大部分。第一展厅以大量图片图表、说明文字和文物文献等为主要内容，展示自"汉末风云"至"天下归晋"的三国历史发展过程，以及"三国演义"小说作者生平，小说取材成书，版本及研究成果等。第二展厅则展示了以小说"三国演义"衍生出的文化艺术题材，戏曲、影视，民间工艺，绘画书法雕塑，关公文化等等。

展品中有文物珍品汉代大型铜鼓，汉代弩机、箭簇等，还有赤壁之战的孙吴战船模型，木牛流马模型，“三国雕苑”的“五虎上将”，“三英战吕布”等26组三国典故群雕和由36件精心复制的汉代青铜斧车、骑俑组成的战阵。

“三国演义文化艺术展”在台湾引起了巨大的反响，台湾的媒体对展览及相关活动进行了连续报道。据不完全统计，各种台湾杂志，报纸刊发的消息报道近70篇，图片40余幅；电视台、广播电台播出的报道、专访、专题及广告多达600次以上。台湾著名作家柏杨亲自为展览作电视广告。台湾联合新闻网，番薯藤网及其他相关网站关于三国主题的网络活动，上网达700多万人次。据台湾主办单位统计，在台北、高雄两地的展览中，累计参观人数近20万人。

展览期间，围绕展览还举办了一系列的相关活动。如专题演讲，分别从历史事实，经营策略，戏曲和民间艺术、民俗、宗教等各方面论述三国的文化及影响，还有三国布袋（木偶）戏展演，三国文化游园会，三国网络征文与猜谜，三国人物陶艺制作大赛，三国读书会，三国书法比赛，三国寻踪之旅等等，吸引了大批观众参与。

京剧艺术200年展览

2000年10月28日至11月16日，中国艺术研究院应台湾魏海敏京剧艺术文教基金会邀请，在台北与该基金会共同举办“京剧艺术200年展览”。这次展览是中国艺术研究院与台湾魏海敏京剧艺术文教基金会等单位共同举办的“禧新艳旧——跨世纪京剧大展”的一个重要组成部分，同时举办的活动还有海峡两岸京剧艺术家共同主演的京剧剧目精选。中国艺术研究院派出了以副院长王泽洲为团长的4人代表团赴台随展。

这次展览的特点是由珍贵的京剧历史文物和京剧历史图片贯穿始终。为了筹办这次展览，中国艺术研究院戏曲研究所从陈列室、资料室、音响室的藏品中精选了4000余幅珍贵的京剧历史图片，上百册有关京剧历史的善本图书资料及二、三十年代戏曲期刊的珍本，同时还有清代宫廷戏装、历史陶俑、面具、脸谱等文物精品，并为此次展览专门制作了“颐和园德和园大戏台”、“北京广和茶楼大戏台”、“江南水乡大戏台”等三组戏台模型。

京剧艺术在台湾有着广泛的群众基础，加之这次展出的图片和实物是十分难得的珍品。因而展览开幕后，引来了大批的观众，有大专院校的教授带着大学生，也有小学和幼儿园的老师带着小孩子，有些年纪大的戏迷反复来看了许多次，看过展览还要在电视机前的长凳上看上几出京剧录相。台湾的多家电视台和报刊都报道了展览的消息。

“十部民族民间文艺集成志书”编纂出版工作表彰活动

为推动“十部民族民间文艺集成志书”这一文化建设工程持续开展并确保早日完成，文化部和全国艺术科学规划领导小组先后开展了三次全国性文艺集成志书表彰活动。

第一次表彰活动：1988年10月，文化部、国家民委会同中国文联有关文艺家协会，召开了“全国文艺集成志书第一届表彰会”。目的是对处于发动时期的民族民间文艺集成志书工作进行鼓动和促进，以资料普查深入、已完成省卷初稿、并通过初审的单位和个人为表彰重点。共表彰先进集体44个、先进工作者197名、荣誉奖177名、纪念奖3427名。初步实现了十部民族民间文艺集成志书由发动、组织阶段向编纂成书阶段的转折。

第二次表彰活动：1997年底，文化部、全国艺术科学规划领导小组召开了第二次表彰会，对完成终审的省卷编辑部和工作成绩突出的同志进行了表彰。以文化部名义表彰“编审成果集体奖”4个（总编辑部）、“编纂成果集体奖”166个（省卷编辑部）、“组织工作集体奖”36个（省文化厅）、“个人奖”250名、“组织工作奖”43名。以全国艺术科学规划领导小组名义表彰“编纂成果奖”一等奖325名、二等奖491名，“编纂出版工作荣誉奖”47名。

第三次表彰活动：为推动全国文艺集成志书编纂工作在两年内全部完成，文化部和全国艺术科学规划领导小组主办、文化部民族民间文艺发展中心承办的“第三届全国文艺集成志书优秀成果表彰暨工作会议”于2000年12月21-22日在北京举行。文化部向黑龙江省文化厅等10个集体颁发“组织工作奖”锦旗、向《中国民族民间器乐曲集成》北京卷等63个省卷编辑部颁发“成果集体奖”奖状；全国艺术科学规划领导小组向卢肃等331人颁发“成果个人奖”证书、向樊祖荫等

113人颁发“优秀编审工作奖”证书。全国艺术科学规划领导小组提出了十部民族民间文艺集成志书编纂出版工作的总体规划：300部省卷2001年基本完成全部初审工作，2002年完成全部审稿工作，2004年全部出版。文化部部长孙家正、副部长艾青春，中宣部副部长龚心瀚，全国艺术科学规划领导小组组长周巍峙，中国文联党组副书记、副主席赵志宏等领导同志出席会议并讲话。

第三届庄子国际学术研讨会

主办单位：中国艺术研究院

协办单位：中国社会科学院哲学研究所、安徽蒙城县人民政府

时间：2000年11月15-17日

地点：北京

参加人：70人参加

汤显祖诞辰450周年学术研讨会

主办单位：中国艺术研究院、中国戏曲学会、中国戏曲学院、戏曲研究所、上海戏剧学院、上海复旦大学、武汉大学、大连外语学院

时间：2000年8月22-24日

地点：大连

参加人：曲润海、王安葵、戴云

中美舞蹈文化交流

主办单位：中国艺术研究院舞蹈研究所

协办单位：北京舞蹈团

时间：2000年9月6日

地点：北京

参加人：45位美国现代舞演员和重点大学舞蹈系主任

曹禺学术研讨会

主办单位：中国艺术研究院话剧研究所

协办单位：湖北省潜江市文化局

时间：2000年10月11-14日

“桑振君舞台艺术研讨会”、“杨兰春戏剧语言艺术研讨会”、“曲剧表演艺术家胡希华舞台艺术研讨会”分别于2000年8月28日、12月1日和17日在河南郑州市举行，分别就桑派艺术特点及其在豫剧中的地位、杨兰春语言艺术的特点及其形成根源、胡希华从艺40年的舞台艺术成就等进行了深入的研讨、总结。

“台湾豫剧皇太后张岫云舞台风华六十庆典活动”2000年1月2-18日由台湾传统艺术研究中心和台湾国光剧团联合举办，冀、豫两省戏剧表演及艺术科研工作者应邀赴台参加，石磊在研讨会上作了题为《张（岫云）派艺术的形成及其艺术特色》的重点发言。

“川剧与市场”研讨会暨四川省川剧理论研究会第十三届年会于2000年12月25日在成都举行，会议就社会主义市场经济体制下川剧与市场的关系问题进行了研讨。

《藏戏及其面具研究》讲学活动2000年8月由西藏艺术研究所副所长刘志群应邀赴台湾艺术学院举办，为期两个月，受到高度评价。所著《藏戏与藏俗》、《西藏祭祀艺术》二书已由西藏人民出版社、河北少年出版社与河北教育出版社于2000年3月联合出版。

《西藏艺术研究》汉文版与藏文版2000年共出版六期，发表具有一定学术价值的文章60余篇，共计98万字。

中国艺术研究院

中国艺术研究院是经国务院批准于1980年10月定名的，其前身中国戏曲研究院、中央音乐学院民族音乐研究所、中国绘画研究所都成立于建国初期。从毛泽东主席1951年4月3日为中国戏曲研究院成立题词“百花齐放，推陈出新”并题写院名算起，中国艺术研究院已走过半个世纪的历程。

进入新的历史时期以来，中国艺术研究院已走上了全面建设与发展的新阶段。如今，它已经具备了与国家级艺术科学最高研究机构相适应的人才储备、基本建制和学科设置以及相应的规模。

中国艺术研究院现设置中层机构29个，包括戏曲研究所、音乐研究所、美术研究所、舞蹈研究所、话剧研究所、曲艺研究所、电影电视研究所、红楼梦研究所、马克思主义文艺理论研究所、中国文化研究所、摄影艺术研究所、建筑艺术研究所、《文艺研究》杂志社、图书馆、研究生部、艺术培训中心、创作研究中心、文化艺术出版社等18个科研业务单位，在职人员近600人（不含印刷厂），其中在学术上有独立建树的高级研究人员180余人，并有一批具有重要学术影响的老、中、青学科带头人。而张庚、王朝闻等十多位蜚声国

内外的前辈专家学者，仍在科研领域耕耘不息。

凭借着这支实力雄厚的科研队伍，五十年来，特别是近二十多年来，中国艺术研究院在艺术科学研究领域的各个学科都取了瞩目的成绩，硕果累累，建树颇丰。特别是在中国戏曲、中国美术、中国音乐、文艺学、美学等领域的史论研究方面完成了奠基性的著作，为我国艺术学科的建设作出了重要贡献。同时，各学科的研究人员也积极参与对创作实践和艺术发展现状的研究，为推动我国的创作繁荣作出了努力。

中国艺术研究院在民族艺术遗产的挖掘、抢救、保存和文化传播方面，也取得了很有价值的成果。经典民族乐曲《二泉映月》等一大批优秀艺术遗产正是由于中国艺术研究院专家的抢救，才得以流传于世。

在人才培养方面，中国艺术研究院是我国改革开放以来首批招收艺术学科硕士研究生和博士研究生的科研机构，是国务院第一批公布的艺术学博士、硕士授予权单位，是国家教育部最早批准的可以开展艺术学科在职人员申请硕士学位工作的单位之一。全院现有博士生导师29名，硕士生导师40余名。自1978年以来，从中国艺术研究院研究生部毕业和结业的近800名学生，分布祖国各地，为发展文化艺术事业奉献自己的力量。

中国艺术研究院所属《文艺研究》、《红楼梦学刊》、《文艺理论与批评》、《中国音乐学》、《中国文化》、《世界汉学》、《美术观察》、《都市影视(学术版)》、《中国摄影家》、《中华文化画报》、《传记文学》等10余种期刊，多年来为传播学术成果作出了努力。其中，院刊《文艺研究》是研究古今中外文学艺术的综合性大型理论刊物，1991年12月，被中宣部等单位评为“全国优秀文艺评论报刊”；1998年1月，被国家新闻出版署评为“全国百种重点社科期刊”；2000年1月蝉联第二届“百种期刊”，同时荣获首届“国家期刊奖”，在国内外学术理论界享有盛誉。院属文化艺术出版社自成立以来，共出版图书2000余种，以大量优秀图书为文化传播和文化积累作出了贡献。

中国艺术研究院在党的“百花齐放，百家争鸣”方针指引下，以丰硕的艺术科学研究成果和对民族艺术遗产抢救、保存、研究的重要贡献，确立了艺术科学高级研究机构的地位；同时，也显示了在挖掘、继承、发展民族优秀艺术遗产中的极其重要的作用。

2000年，在中央和文化部领导的直接关怀下，中国艺术研究院的全体员工倍受鼓舞，在继续进行史论研究的同时积极组织人员从事现状的研究，使科研工作在原有的基础上又向前迈进了一大步。

5月21日，文化部孙家正部长召开部长办公会，专门听取了中国艺术研究院关于“中国艺术研究院概况”、“1999年工作中存在的主要问题”、“2000年主要工作和希望党组解决的问题”的工作汇报，要求部机关各司局要为中国艺术研究院服务、要支持中国艺术研究院的工作，要求中国艺术研究院要继续坚持以科研为中心。并在《文化部办公会议纪要》中拟定了要努力把中国艺术研究院办成“全国一流、世界知名”的中国文化艺术的科研中心和咨询中心；把中国艺术研究院的工作放在文化工作的重要位置，列入党组重要议程；加大对艺术科研的投入，教科司、计财司要从科技部、文化部两个渠道积极协调，争取年度投入有所增加；决定从艺术创作专项费中每年拨出经费100万元支持艺术研究；在对外文化学术交流中，外联局要增加艺术研究交流项目，并安排专家随访等8点意见。这些措施是对中国艺术研究院工作的支持，对中国艺术研究院的发展有着重要的推动作用。

6月2日，著名社会学家、人类学家、原全国人大常委会副委员长费孝通先生就中国艺术研究院“西部人文资源保护、开发和利用”课题立项一事专程到中国艺术研究院作学术报告。他在报告中指出，人们在解决了吃饱、穿暖之后，就要涉及到艺术和发展艺术了。我们的文化走向就要在研究上进入一个新的阶段，解决一个全世界都需要解决的文化和艺术关系的问题。50年代，我们党是通过文化艺术工作先接触、团结各少数民族的，现在我们同样要通过文化艺术的工作促进西部地区的建设发展，现在和将来也是通过文化艺术使中国走向世界。我们要深入实地、深入西部调查研究，发掘蕴藏于西部的人文资源，把西部的文化艺术资源开发出来，贡献给全世界。这次学术报告受到了文化部、中国文联以及其他文化团体的重视，中国文联主席周巍峙、文化部部长孙家正，以及文化部各司局主要负责人都出席了费孝通先生的报告会。

9月13日，中共中央政治局常委、国务院副总理李岚清、国务院副秘书长徐荣凯、国家计委副主任郝建秀、教育部副部长吕福源、财政部副部长娄继伟，还有北京市领导林文漪、徐锡安等，在文化部部长孙家正、副部长潘震宙的陪同下，就音乐博物馆工程建设和艺术科研工作之事，视察了中国艺术研究院，并与中国艺术研究院的20多位专家举行了座谈。李岚清同志要求中国艺术研究院要与其他应用科研院所一样，也要开门办院（所）；要与高校联合，与大的艺术团体合作；培养人才要为我所用，不要为我所有，完成课题后人才可以进入社会；人员要采用聘任制。并鼓励中国艺术研究院要关注现状、多参与社会艺术活动。

在各级领导的关怀下，中国艺术研究院积极构建新的研究体系，在注重史论研究的同时更加注重艺术现状的研究，在2000年度经申报审批正式立项的16项课题中，有关现状研究和现状调查的课题共多达12项，占总数的75%，这些课题主要有“重大革命历史题材影片创作现状调查”、“中国电视剧创作现状调查”、“北京地区龙舞调查”、“中国民间美术家现状调查”、“西部人文资源的保护、开发和利用”、“中国当代艺术史”、“当代电影现状”等。并在文化部教科司、计财司的支持下，组织申报了“西部音乐文化资源与西部开发战略相互关系的调查与研究”、“青海海东地区开发与无形文化财产的保护、挖掘和利用”、“文化艺术在科技美学中的地位和作用”三项国家软科学研究计划项目。研究人员在国家西部大开发号召的鼓舞下，在启动“西部人文资源的保护、开发和利用”课题的同时，在费孝通先生的支持下，又向科技部申报了“西北人文资源环境基础数据库”课题，被批准立项为“中央级科研院所科技基础性专项资金”项目，获得资助100万元。国家“九五”重大课题14卷本的《中华艺术通史》以及财政部资助200万元的重大课题《中国音乐文物大系》进展顺利。正在进行的课题中，已经完成了1999年立项的全国艺术科学课题“关于艺术创作和艺术市场调查研究”中的“活跃在市场经济大潮中的天津曲艺团”部分。

2000年，中国艺术研究院进行中的国家、部委、院级重点课题共91项，其中完成和出版国家、部委、院级重点成果33项。全年共出版专著55部，发表论文、评论513篇，其中关于现状研究的有277篇。研究人员参与创作18部，参与教学730课时，举办大型国际学术活动6次，举办对港、澳、台的学术展览4起，派出赴海外进行学术交流和访问的学者约180人次。

另外，为了鼓励青年研究人员多出成果、出好成果，中国艺术研究院还举行了第五届优秀科研成果评奖即“中国艺术研究院2000年首届青年优秀科研成果奖”，专门为35岁以下的青年的论文进行评选，共选出12篇优秀论文，其中一等奖二名、二等奖三名、三等奖七名。而且，两个一等奖和一个二等奖都是硕士研究生的毕业论文。评选结果表明，研究生部培养人才的理论水平有了进一步的提高，同时也反映出指导教师较高水平的教学能力和认真的教学态度。

中国艺术研究院2000年的工作和成就，为下一年度的机构改革和聘任制的实行奠定了基础。

文化科技“十五”(2001 -2005)发展规划

一、文化科技面临的形势和任务

二十世纪世界格局发生了重大而深刻的变化，经济全球化日益加快，政治多极化日趋明显，文化多元化正在形成。未来世界综合国力的竞争，将首先表现为科技实力的竞争。江泽民同志站在二十一世纪党的建设和现代化建设的高度，提出了“三个代表”的思想，深刻揭示了作为现代化基础的生产力、作为民族灵魂的先进文化和作为党的根本宗旨的人民群众根本利益的辩证关系，为全党和全国人民迎接新世纪和知识经济时代的到来指明了前进的方向，也对有中国特色社会主义文化的建设提出了更高的要求。

随着高新技术的飞速发展和知识经济时代的来临，人类生产方式、生活方式、学习方式、思想观念、管理理念和体制结构将产生深刻的变化，物质与精神文化需求将呈现多样化趋势。高新技术正在不断向社会各个领域渗透，世界发达国家更加注重用高新技术来武装本国文化。在国内，信息传播业的发展十分迅猛，广播电视正在由模拟进入到数字化网络化变革的时代；互动数字电视的研发，使有线电视进入“点播时代”；出版业也在积极向电子出版业进军。提高文化的科技含量，建设科技与艺术高度完美结合的文化，已经成为一种趋势。科学精神的昌明、科学技术的运用，将直接决定中国先进文化的前进方向、竞争能力和被中外文化市场认可的程度和发展水平。

为了全面贯彻和落实党的十五大提出的建设有中国特色社会主义经济、政治、文化的基本纲领和江泽民同志提出的“三个代表”的思想，文化部制定了《文化事业发展“十五”规划和到2010年远景目标》。文化科技工作应当为文化事业各个领域的发展和进步提供技术支撑，全面提高文化事业的科技含量，促进文艺的繁荣与发展，为我国在下个世纪实现社会主义现代化和中华民族的伟大复兴这一宏伟目标贡献力量。

二、文化科技的发展状况

(一)“九五”期间文化科技的重大进步

“九五”期间文化系统共组织实施了189项科技项目（其中国家级课题7项、部级课题66项），有133项按计划完成，结题率达到70%；共有9项科技成果获得国家级科技奖励，82项获省、部级科技奖励。

1、在舞台科技方面，通过对舞台灯光计算机自动化控制设备及关键技术、舞台机械设备及自动化控制、专用舞台灯具、剧场声学特性等重要课题的研究与开发，使文化行业形成了一支具有较强实力的舞台工程设计、安装、调试技术力量。特别是“ZSE全数字舞台灯光控制系统”等项目的完成，标志着我国电磁干扰抑制等关键技术已达到了国际领先水平。

2、在乐器科技方面，取得了“阮咸”、“高胡、二胡、中胡拉弦乐器高音区的音质、音量的改良”、“系列36簧加键方笙”等一批重要乐器改革成果。乐器改革由过去凭经验小改小革朝着以理论为指导进行科学实验的方向转变，曾获1998年度国家科技进步三等奖的“五度双音石编磬”是在理论指导下首创并掌握一磬双音机制的成功范例。这些成果的推广应用，对我国民族音乐的发展起到了积极的作用。

3、在图书馆科技方面，“九五”期间，图书馆自动化建设取得了飞跃发展。随着互联网技术的广泛应用，我国公共图书馆已初步形成以中南、华东、华北沿海地区为主的，上连国家图书馆，下连各市级图书馆或其他文献信息中心的计算机信息网络，使联机编目、联机检索达到实用化水平。目前，省级以上公共图书馆基本实现了自动化、网络化管理。图书馆自动化系统的开发和推广应用取得突破性进展，由深圳图书馆研制的“图书馆自动化集成系统(ILAS)”在国内图书馆界已成为自动化管理系统的主流产品，用户达1500余家。“中国国家书目回溯数据库（1949-1995）”的完成，为图书资源的共建共享树立了典范。以国家图书馆为主承担的“中国试验型数字式图书馆”课题于2000年底完成，这预示着我国图书馆在下世纪将朝着建设数字环境下信息资源中心的方向迈进。

4、在标准化建设方面，确立了文化行业技术标准体系并制定了15项技术标准，其中国家标准3项，文化行业标准12项。如《中国机读目录格式(CNMARC)》，为我国图书馆提供了书目信息计算机处理的标准格式并与国际通用的

UNIMARC格式成功接轨。

5、在行业技术管理方面，“公共娱乐场所声光特性测试系统”为我国歌舞娱乐场所的建设和管理提供了现代化测试手段，为贯彻文化部已经颁布和将要颁布的行业标准，对全社会进行行业技术管理开辟了一条道路。

6、在科技产业方面，“九五”期间，文化系统的文化科技产业已具雏形。一批科技型文化企（事）业实体已具备了自主研发、独立经营、参与市场竞争的能力。如：浙江舞台设计研究院作为集科研、设计生产工程为一体，灯光音响舞台机械全面发展的舞台技术基地，近年来成功地完成了一批重大课题和重点工程，产生了很大的影响。深圳图书馆现代化技术研究所通过对其拳头产品“图书馆自动化集成系统ILASII”的不断完善和升级，为全国图书馆界提供优质服务，从而获得了自我生存和发展能力，为图书馆事业的发展做出了积极的贡献。

（二）我国文化科技事业发展中的问题

1、思想认识问题。文化科技的重要性尚未得到各级文化行政管理部门领导的高度重视。“科技与文化艺术关系不大”，“文化科技可有可无”的模糊观念普遍存在。在具体工作需要科技时重视，在制订宏观战略时忽视，客观上造成科技工作没有摆上应有的位置，文化科技工作难以持续、稳定地发展。

2、管理体制问题。文化科技的开展需要管理体制的保障，而一些地方20年来初步形成的全国性管理体系和专家咨询队伍在机构改革中受到了很大影响，不少省市文化厅局的科技管理机构近年来受到削弱，文化科技工作的开展遇到了很大的困难。

3、科技经费问题。我国实施“科教兴国”战略以来，在财政负担很重的情况下，采取一系列措施，确保科技投入总量逐年增长。据最新统计，1999年全国共筹集科技活动经费总额1460.6亿元，比上年增加170.9亿元，同口径增长12.5%，1999年国家财政科技拨款达543.9亿元，比上年增加105.3亿元，实际增长26.8%，科技拨款占国家财政支出的比重为4.1%。一些部委在“八五”期间就已经按事业费的1%进行科技投入，“九五”期间又有新的增长，有的达到3%。相比之下，文化系统科技经费投入远远低于全国平均水平。

4、队伍建设问题。一是科技管理人才队伍和研究、开发、经营人才队伍近年来出现了较大变动；二是现有人员知识老化，素质偏低。“十五”期间的队伍建设问题非常突出，需要引起足够的重视。

5、理论建设问题。文化科技理论的贫弱，是文化科技跟不上全国科技事业和文化事业发展的一个原因。这几年虽有进步，有些著作出版，但凤毛麟角，不足以指导新形势下的文化科技工作。

三、发展文化科技的指导思想

“十五”是我国经济发展和社会进步的关键时期，是我国文化事业发展的关键时期，也是文化科技工作面临考验、迎接挑战、承担重担、开拓进取的关键时期。

1、以邓小平同志关于“科学技术是第一生产力”的理论和江泽民同志关于“科技创新”、“三个代表”的思想为指针。

2、以文化事业“十五”规划和2010年远景目标以及市场需求为依据，以文化事业信息化建设为龙头，全面提升文化事业的科技含量，促进文化事业的跨跃式发展。

3、以文化事业急需科技工作者解决的难点、重点、热点问题为工作重点，以满足人民群众日益提高的文化生活需求为目标，为繁荣我国文化艺术事业做实事，出实力。

4、以科技创新为动力。一是要进行科技体制创新，重点解决好科研机构改制问题；二是要进行运行机制创新，重点解决好“依靠”与“面向”的结合问题；三是要进行管理工作创新，重点解决好党的科技方针、政策的落实问题；四是要进行技术创新，充分应用高新技术为文化艺术生产服务。

四、文化科技的发展目标

1、艺术科技

在中直院团，推出一批利用高新技术和多种先进技术手段，大大增强舞台艺术表现力的深受群众欢迎的剧目。

开展歌剧院、话剧院、戏剧院、音乐厅等专业化剧院以及多功能剧院剧场工艺研究，为在全国建设舞台设备具有国际先进水平的歌剧院、音乐厅等专业剧院和高水平多功能剧院服务。

各项舞台技术要在原有基础上有较大发展，灯光控制技术要跟踪国际最新发展动态；研制一批接近九十年代国际先进水平的新灯具；通过中外合作，掌握现代化舞台机械技术；研制有全新舞台效果的高亮度动态天幕系统；提高建筑声学设计和音响技术水平。制定一批剧场设备配置及舞台设备的标准和规范。

建设我国自己的、能承担专业剧院、多功能剧院灯光、音响、舞台机械工程设计，安装调试及部分产品生产能力的舞台设计、舞台工程基地。培养一批先进舞台设备的使用、维护人才。

将计算机技术引入艺术创作，研制舞台灯光等舞美计算机辅助设计系统；加强对优秀文化艺术作品的开发、利用，实现优秀艺术作品数字化，建设一批多媒体、数字化的中华优秀艺术资源库。

结合民族音乐发展的需求，重点进行大型民族管弦乐队低音拉弦、吹管、弹拨乐器，尤其是低音拉弦乐器的改革。积极开展古代乐器、少数民族乐器、乐器新材料的研究。

加强“艺术嗓音医学”研究，开展“艺术形体医学”，“艺术化妆皮肤学”和“艺术心理学”的研究。为文化艺术人才的科学选才、培养和成才，为演员的职业性疾病的预防、保健和治疗，为艺术家延长艺术青春提供理论依据和技术保障。

加强计算机技术等现代高新技术在美术创作领域的应用，开展美术技法和美术颜料、画布、纸墨的革新，加强美术专用设备的研制。

2、图书馆科技

加快中国数字图书馆工程建设，在关键技术的研究、规模型数字资源库的建设，相关标准规范的研究与应用的基础上，构筑因特网环境下的中国数字图书馆。建成一批实用的中国文化、教育、科研、经济信息资源库及具有地方特色的资源库等中文数字资源，总容量不小于20TB，搞好特藏资源数字化工作，建成具有较高价值的古籍善本、手稿字画、地方文献和各种特色文献资源库。

加强文献资源的开发与利用，健全国家书目数据中心的运行机制与职能，促进网上联机编目工作的开展。同时扶持地方版文献联合采编网络运作，组织全国图书馆发挥各自的优势共同建设中文文献信息数据库，实现全国大部分地区图书馆资源的联机采编及馆际互借。

大力提高公共图书馆的入网率，省级馆在“十五”期间达到100%、地方级馆达到80%、县级图书馆达到30%以上。

加强网络环境下文献信息资源共建共享的研究，建成中国数字图书馆国家中心和文化、教育、科技等若干个分中心和地区中心，通过国家骨干通信网向全国和全球提供服务。

在图书馆自动化过程中积极推广Z39、50开放系统互连的信息检索应用服务定义和协议规范，以利于不同系统之间的资源共享。加强相关软件的开发与研制，其中包括自主开发、联合开发和购买等多种方式。

继续做好公共图书馆的文献保护研究工作，进一步加强文献缩微工作，扩大视听资料的开发与利用范围，充分发挥多媒体资源的作用。所有善本书库应配置恒温恒湿设备，基本上消灭书本虫害与霉变。同时开展文献纸张脱酸技术的研究，做好纸张严重脆化文献的保护研究工作，使文献脆化状态得到缓解和有效控制。

3、文物科技

建立全国及各省的现代考古与发掘、文物保护与修复、现代化馆藏与陈列专业技术人才库，建立上述三大类学科技术培训中心，加强各类文物协会（学会）的科学研究、学术交流和行业技术管理。

建设研究中心及重点实验室。建设现代考古与发掘技术、馆藏与陈列技术研究中心；建设青铜器保护技术、竹木漆器保护技术、纸质及纤维类文物保护技术、古建筑保护技术、文物微生物防治技术、石质文物保护技术等重点实验室、陶瓷与泥胚文物保护技术等重点实验室。

建设全国文博信息网站。建立全国馆藏文物数据库，“十五”期间完成80%，前三年完成50%；建立文物保护数据库（包括人才、成果、全国重点文物保护档案信息数据库），“十五”前三年完成60%；建立全国历史文化名城数据库，前三年完成60%；建立国家文物考古信息库，“十五”期间完成总信息量的50%；完成中国珍贵文物信息库的“珍贵文物数据库”并运行；开展中国地理信息系统（GIS）研究。

开展一批重点课题的研究。文物环境的系统

技术、壁画加固技术、地下文物探测技术、考古发掘现场出土文物保护技术、石质文物防风化材料的研制、有机质文物虫蛀霉烂防治技术、青铜器及铁器保护技术、陶器及泥胚文物的保护技术、纸质及纤维类文物保护技术。

搞好技术标准和法规建设。“十五”期间完成《博物馆建设规范》；“十五”前三年完成《文物陈列馆技术标准》、《文物库房技术标准》，“十五”后二年完成《文化部推广文物科技成果管理办法》和《不可移动文物维修保护工程规范》及相关标准。

4、艺术教育科技

建立全国及各重点艺术学校的科学选材、科学训练以及现代化教学的专业教师、技术研究人员的人才库，在全国艺术职业教育教学指导委员会设立相应的专业委员会。建立嗓音发声、形体训练、计算机辅助教学、现代舞台艺术照明、现代舞台美术等重点教研室和实验室。完成发声、变声的研究及科研成果的推广；完成杂技、舞蹈、戏曲表演专业的科学选材和科学训练方法及器材的研究；完成现代化灯光、扩声、乐器模拟训练系统、现代舞台艺术照明及应用、舞台扩声技术及应用、舞台机械及控制系统的使用等一批亟待解决的重点项目的研究。

建成全国国家级、省部级重点学校的艺术教育网站。

制定中等艺术学校设计、建设规范，舞蹈及戏曲排练场、练功房技术标准，琴房、练声房技术标准等建设规范和技术标准。

5、文化市场科技

强化文化市场的技术管理工作，在文化市场管理中加入技术管理的内容。

建立技术管理队伍及队伍管理制度，“十五”期间，省级稽查机关应基本配齐既懂市场管理又懂高新技术和相关检测手段的管理人员及相应的技术检测设备。

建成国家级、省级文化市场管理信息网络、网站，并与相关的新闻出版、公安等系统互联；建成全国演出、电影票务网络、网站和全国性艺术品评估、鉴定、登记网络系统；力争“十五”前二年建成各省市文化市场管理信息网络、网页，建成全国文化市场管理网站。

制定必要的文化娱乐场所和设施的专业技术标准、规范，包括大型娱乐、游艺设备的技术标准和安全操作规程。

开展特殊、专用检测设备的研制和文化市场管理理论的研究。

6、社会文化科技

群艺馆、文化馆等社会文化基地的文艺专用设备要逐步更新，采用先进设备。研制新一代的流动文化车，研制适合广场文化使用的可装拆的舞台。

建设社区文化活动网；为开办老年大学、举办少年儿童艺术培训班等各种社区文化活动提供技术支持；为城市居民提供广场文化活动、演出、影视和文化旅游等方面的信息。

建立群艺馆、文化馆建设的技术标准和管理规范。

开展社会文化资源数字化研究和各类展览的互动技术研究。

7、对外联络科技工作

建设对外文化宣传网站，充分利用网上资源和网上空间宣传我国建设有中国特色的社会主义文化的方针、政策以及巨大成就，传播优秀的中华民族文化和各个专业的文化艺术精品，弘扬中国文化。

广泛开展国际文化科技交流，学习借鉴国外开展文化科技事业的成功经验和利用文化科技繁荣文化艺术事业的成功经验，同时对外推广我国的文化科技成果。

8、科技管理

加强全国文化科技管理队伍建设，各级文化行政管理部门要根据各自的实际情况，强化科技管理职能，重视专业管理队伍的建设。“十五”期间，通过文化科技管理工作的实践以及开展各种形式的科技管理干部培训活动，逐渐形成一支具有较高素质和管理水平的文化科技管理队伍。同时，要注重发挥专业学（协）会等中介组织的作用，强化行业技术管理。

建立文化科技管理信息数据库，“十五”前两年实现文化科技管理工作网络化，前三年完成各省科技管理部门资料数字化，“十五”期间完成文化科技管理信息数据库。

开展文化科技管理理论研究，主要内容是文化艺术与科技的关系研究、文化科技研究的方向、建立稳定的文化科技队伍的政策研究、文化科技成果的推广研究、文化科技工作的可持续发展研究、文化科技研究与新技术应用等。

制定、修订文化科技管理办法，包括文化科技工作管理办法（"十五"第一年完成）、文化科技成果奖励办法（"十五"第一年完成）、文化科技市场管理办法（"十五"前两年完成）、文化行业技术管理（资质管理）办法、基础文化设施建设的技术管理办法、贯彻国家标准的实施办法等。

五、发展文化科技的政策与措施

"十五"期间，文化科技工作将承担艰巨的任务，要切实解决好几个影响文化科技事业发展的问题，制定出相应的政策与措施。

1、切实解决好认识问题。加深对"科学技术是第一生产力"理论和"科教兴国"战略的理解，认清科学技术进步对繁荣文化艺术事业的重要作用。要把文化科技工作列入各级文化行政管理部门重要议事日程，切实把弘扬科学精神、树立科学观念、倡导科学方法、普及科学知识、强化科学管理贯彻到日常工作中。

2、切实解决好管理体制问题。文化科技工作要进一步面向文化建设，文化工作也要增强科技意识，协调好部业务司局间的文化科技工作关系；指导并督促各省市文化厅局在机构改革后健全文化科技管理职能，形成新的适应文化事业发展和科技事业发展的管理网络。

3、切实解决好经费问题。科技投入是科技进步的必要条件，要争取多渠道筹集文化科技资金，特别是政府部门要保证一定数额的引导资金，根据国务院关于科技投入总量按比例逐年增加的办法和比照有关部委做法，"十五"期间，按年度从文化事业发展专项基金中提取一定比例的资金用于文化科技研究、开发和成果的推广应用，其总量不低于年度事业经费的1%，以保证对科技工作的投入。在对重大文化工程建设的投入中，预留一定比例资金用于技术措施和创新开发。重大项目的拨款，重大设备的引进，应先由科技主管部门组织相关专家进行论证。

4、切实解决好队伍建设问题。重视科技人才的培养与引进，坚持以科研带队伍，以科研促发展；要通过举办各种类型的培训班、研讨会，提高他们的理论素质、专业水平、操作技能；要加强调查研究，深入了解文化建设对科技提出的需求，定期发布课题指南，引导文化科技活动面向文艺繁荣与文化事业发展；改革奖励制度，调动和鼓励科技人员创新的积极性。

5、切实推进科技体制改革。"十五"期间，要建立起文化科技运行的新机制。文化科技工作的开展既要遵循社会主义市场经济规律又要适应文化事业发展规律。要注重应用技术的研究、引进、消化、吸收和实用技术成果的推广应用，科研要面向文化建设，实现社会效益和经济效益的统一。科研院所要积极贯彻国家科技体制改革的方针政策，加快转制的进程，以求得在市场经济环境中的生存与发展。

6、切实解决好重点与一般的问题。要有所为，有所不为，加强文化科技理论研究，完成"当代中国文化科技发展史"、"中国文化科技管理概论"等重点课题 以文化事业信息化建设为龙头，以舞台科技、图书馆科技、文物保护科技、文化市场科技和办公自动化为重点，开展科技创新，促进高新技术成果在文化领域中的应用和转化，使文化科技对文化事业的发展起到应有的促进作用。

2000年度文化科技发展情况

2000年围绕文化部的中心工作，文化科技以面向文化事业发展和艺术繁荣为目标，注重提高文化产品质量和管理水平，文化工作者的科技意识不断加强，科学技术在文化事业中起到了越来越显著的作用。在全国文化科技工作者的共同努力下，文化科技工作取得了新的进展。

一、转变职能，开展行业管理

随着全球科学技术的高速发展和经济结构的变革，人类已经开始进入一个以物质、能源和信息为基础的信息时代。而标准化作为一种有效和必要的现代化管理手段，在保证全球各领域技术的协调发展，增强科技实力，实现科技成果向现实生产力转化，提高产品质量和服务质量，确保安全、健康、保护环境，提高军事实力，促进国际贸易等方面的作用越来越显著。在文化行业的技术管理中，标准化同样也起到不可或缺的作用，因此，做好标准化工作对推动文化行业的技术管理有着十分重要的意义。

1、文化行业技术管理工作的推进

为推进行业技术管理的规范化、法制化进程，逐步建立文化行业舞台工程设计、施工资质管理体系，教科司于2000年4月11～13日在北京召开舞台工程资质管理研讨会。

会议邀请了部分省市文化厅局科教处的负责同志和舞台技术行业研究开发机构的专业技术人员参加会议。教科司副司长童明康、建设部勘察设计司市场处处长修璐到会并讲话。

童明康在讲话时指出，开展舞台工程资质管理是贯彻家正同志围绕繁荣发展，着力两个提高，推进五项基础性建设的讲话精神的具体体现，是落实文化部2000年工作要点的具体措施。他说，改革开放以来，随着国家对文化投入力度的逐渐加大，随着人民对精神文化生活需求的日益提高，在全国范围内已经或正在兴建大批文化设施，许多旧的娱乐场所、剧场也面临着改造，因而形成了一个特殊的行业——舞台技术行业。但这个行业尚未纳入法制化管理轨道，没有“行规”，缺乏约束，不可避免地存在着市场竞争无序，工程质量低劣的现象；给用户造成经济损失，使人民群众人身安全受到威胁，同时也制约了这个行业的健康发展。建立行业资质管理体系的目的就是在于以法制的手段严肃行业行为规范，在培育、扶持高素质实体的同时，促进市场竞争的有序化、规范化，避免不正当竞争和不规范行为。

建设部勘察设计司市场处处长修璐在讲话中充分肯定了开展舞台工程资质管理的重要性和必要性，认为这是符合国家强调要加强建设工程质量管理的政策和方针的。

他向与会代表介绍了中国建筑行业现行资质管理体制以及在市场经济条件下与加入“WTO”后管理体制改革的框架思路，并对文化行业开展资质管理工作提出了建设性意见。

会议期间，与会代表就开展舞台工程资质管理的必要性、可行性及管理体制的建立进行了深入的研讨，对《文化行业舞台设备工程设计、施工资质等级标准（初稿）》等相关管理法规性文件进行了审议。

2、标准化工作的开展

继续抓好“九五”期间的标准制修订工作。对“九五”期间的标准化工作进行督促检查。审定、发布一项行业标准（《歌舞厅灯具通用技术条件》），该标准的制订，对规范中国歌舞厅灯具的制造、销售、工程安装、验收、学术交流等具有指导性的作用；对中国艺术科技研究所起草的《舞台大幕机装置》标准文本提出修改意见；下达一项行业标准的制订任务（《舞台灯具专业单相三极接插件》）；与建设部联合审定行业标准《剧场建筑设计规范》。

3、举办标准宣传贯彻培训班

9月23日至26日，教科司与社会文化图书馆司联合举办行业标准《图书馆建筑设计规范》培训班，来自全国18个省市的28个单位的32名同志参加了学习。《图书馆建筑设计规范》是由建设部、文化部、教育部共同组织修订的行业标准，已于1999年10月1日发布实施。为了使该标准在今后新馆建设的实施过程中得到贯彻执行，特举办了此次培训班。参加培训的有部分省、自治区、直辖市文化厅（局）的局级领导以及基建处、计财处、社文处负责同志；部分图书馆主管新馆建设的馆长及相关人员；以及高校图书馆的有关领导。

二、制定“十五”规划

1.制定《文化信息化建设“十五”规划》

2000年7月文化部颁布了《文化信息化建设“十五”规划》。文化信息化是国民经济信息化的重要组成部分，是经济和社会可持续性发展的重要保证，是国家和民族在现实社会和网络空间存在的客观反映，是人的生活质量提高和人的全面发展的需要。本规划提出的主要目标是：以先进的信息技术为手段，加强有中国特色文化的影响力和传播力，增强文化发展能力，满足人民群众对文化信息日益扩大的需要，加速我国“十五”文化事业发展规划的实施。要把文化资源数字化、文化管理网络化、文化事业信息化作为“十五”信息化规划的主体工程，使文化事业真正成为信息社会中的有机组成部分。文化信息化将为建设面向现代化、面向世界、面向未来的，民族的、科学的、大众的社会主义文化事业奠定基础，在实现中华民族伟大复兴的过程中发挥应有的作用。

2. 制定文化科技“十五”(2001－2005)发展规划

2001年2月文化部颁布了文化科技“十五”(2001—2005)发展规划。本规划分析了高新技术的飞速发展和知识经济时代的来临，使人类生产方式、生活方式、学习方式、思想观念、管理理念和体制结构将产生深刻的变化，物质与精神文化需求将呈现多样化的趋势。根据《文化事业发展“十五”规划和到2010年远景目标》，提出文化科技工作应当为文化事业各个领域的发展和进步提供技术支撑，全面提高文化事业的科技含量，促进文艺的繁荣与发展，为我国在下个世纪实现社会主义现代化和中华民族的伟大复兴这一宏伟目标贡献力量。本规划从艺术科技、图书馆科技、文物科技、艺术教育科技、文化市场科技、社会文化科技、对外联络科技等方面提出了今后五年的发展目标并为实施规划中确定的任务提出了相应的政策和措施，为“十五”期间文化科技工作的开展制定了指南。

三、科技立项情况

1、2000年度部级科技项目立项情况

2000年度文化部教科司受理来自文化厅(局)及直属单位申报的16个科技立项项目，经过专家评审论证，11个项目列入本年度部级计划。

2. 2000 年度国家项目立项情况

为配合国家发展计划委员会的高技术应用发展项目的申报工作，并结合文化艺术事业发展的实际需要，组织申报了项目《影剧院的影剧功能转换声学系统研究与开发》。

该项目得以立项并得到了国家一定经费的支持。它的研制成功将有效地解决影剧院影、剧声学功能的转换，较好地解决许多影剧院的生存、

2000年度文化部科技立项项目一览表

序号	项目名称	申报单位	研制单位
1	舞台灯具专用单相三极接插件	上海舞台技术研究所	上海舞台技术研究所
2	现代电声设备与扩声技术	江苏省文化厅	江苏省文化科技协会
3	剧场扩声系统声学特性指标	江苏省文化厅	江苏省文化科技协会
4	亚热带海洋经济数据库与网络化服务	广东省文化厅	湛江图书馆
5	民族低音乐器的研制	四川省文化厅	四川音乐学院
6	宁夏回族民间自娱乐器研制和开发	宁夏自治区文化厅	宁夏自治区群众艺术馆
7	西部音乐文化资源与西部开发战略相互关系的调查与研究	中国艺术研究院	中国艺术研究院
8	抗染发剂过敏和吸收技术的应用推广	天津市文化局	天津医科大学总医院
9	文化艺术在科技美学中的地位和作用	中国艺术研究院	中国艺术研究院
10	青海海东地区的开发与无形文化遗产的保护、挖掘和利用	中国艺术研究院	中国艺术研究院
11	中国少年儿童信息大世界 -- 网上图书馆	深圳市少儿图书馆	广东省文化厅

发展与过渡的现实问题。

四、2000年度项目鉴定情况

2000年度文化部科技成果鉴定一览表

序号	项目名称	完成单位	鉴定形式
1	中国琉璃脱蜡铸造技术	台湾琉璃工房	函审鉴定
2	形体学生训练对胫骨上端股骨下端骨骺的良性影响	浙江艺术学校	函审鉴定
3	出国批件护照签证计算机网络信息管理系统	文化部外联局 北京科技大学	会议鉴定
4	通用蒙古文著者号码表	内蒙古自治区图书馆	会议鉴定
5	系列36簧加键方笙	中央民族乐团 北京民族乐器厂	会议鉴定

鉴定项目介绍:

1、中国琉璃脱腊铸造技术

该项目以试验考古学的方法研究、发掘、恢复中国失传已2000年的脱蜡法琉璃制造技术，并以此铸造出一批具有深厚中国文化内涵，有很高艺术价值的琉璃制品。该项目在塑型、翻模铸造、脱模，特别是退火过程中应力破碎等关键技术都有重大突破。作品已在中国和欧美、日本、东南亚各国展出，特别是部分作品已被北京故宫、英、美、日等世界著名博物馆、美术馆作为永久性收藏。

2、形体学生训练对胫骨上端股骨下端骨骺的良性影响

《形体学生训练对胫骨上端、股骨下端骨骺的良性影响》课题，是浙江省艺术学校提出和研究所承担的部级项目。在多年的研究测试中，运用科学统计方法，取得较为可靠的数据，并依据学员的不同年龄段制定毯子功教学训练，实行有益的教学实践，为艺术学校选材提供了参考。

3、出国批件护照签证计算机网络信息管理系统

申报批件、申办护照签证和赴港澳通行证签证工作是对外领事工作的重要组成部分。

为适应工作的需要，文化部外联局和北京科技大学联合开发了《出国批件护照签证计算机网络信息管理系统》。该系统包括了出访团组的各个环节和事后的信息管理。从申报批件、申办护照签证、签证规定的查询、模拟组团、表格处理、日常的护照管理、出访团组查询、出访及组团情况的统计分析等功能。该系统设计思想独特、新颖，对提高中国对外办公现代化水平有重大意义。

4、通用蒙古文著者号码表

该项目通过对蒙古文文献责任者，特别是蒙古姓名的特点及其规律性的广泛、深入的调研，在掌握了大量数据的基础上，进行了科学的分析，借鉴了国内外著名著者号码表，编制出《通用蒙古文著者号码表》。它的编制完成，为蒙古文同类图书的有序排列提供了一种比较科学的工具，起到了与《通用汉语著者号码表》互补的作用。它对完善蒙古文文献分类标引工作，提高蒙古文文献的规范化管理，建立蒙古文文献统一的报导和检索体系，具有重要作用。

5、系列36簧加键方笙

笙是中国古老管乐器，相传至今已经3000年的历史。笙作为中国民族乐器对世界乐器史曾产生了十分重要的作用。经过几十年的研制，《系列36簧加键扩音方笙》在保留传统笙的音色、造型和演奏技法的基础上，采用加键、背管等技术手段，改善了乐器的音质，形成了高、中、低音系列组合，拓宽了笙的艺术领域，丰富了笙的表现力。为作曲、指挥、创作奠定了一个十分优越的创作环境。

五、2000年度获国家科技进步奖项目

2000年度文化部推荐的《高胡、二胡、中胡

(系列)高音区音质、音量的改良》项目荣获国家科技进步二等奖。

该项目是由天津音乐学院和四川音乐学院联合开发的,它通过对乐器振动膜和共鸣体的研制,在基本保留传统音色的基础上,改善了胡琴高音区的音质、音量。为中国民族乐队的建设做出了积极、突出的贡献。

该项目在乐器厂已批量投产,产品的制作成功率由传统工艺的30%上升到近100%。

六、编撰出版《中国文化科技志(1978—1998)》

由教科司主编的《中国文化科技志(1978—1998)》,于2000年1月出版发行。文化科技工作自文化部1978年成立科技管理机构以来已经走过了不平凡的20年。20年来,文化科技工作在文化部以及地方各级文化主管部门领导的关心和支持下,在全国广大文化科技管理人员和科研人员的共同努力下,克服了重重困难,建立了以各省、自治区、直辖市文化厅局和部直属单位科教(研)处为主体的科技管理队伍和以部属、地方文化厅局属的科技研究所为主体的科研队伍。共取得了近2000项文化科技成果。其中有43项成果获得国家级科技奖励,815项获文化部级科技奖励,涌现了一大批文化科技英才。

为了回顾历史、总结经验,把文化科技工作20年历史(1978-1998)记录下来,文化部教科司组织了全国26个省、自治区、直辖市文化厅(局),11个部直属单位以及电影、出版、文物等43个单位100余人参加的写作班子,历经2年编撰出版了这部共60余万字的《中国文化科技志(1978—1998)》。该书不仅是对文化科技20年的总结,也是借修史编志向祖国50年华诞献礼。该书收录了文化系统1978年至1998年的科技史料及珍贵的历史图片资料。主要内容由"综述"、"文化科技管理"、"文化科技机构"、"文化科技成果"、"文化科技人物"、"大事记"、"附录"等七部分组成。在该书的编纂过程中,得到了文化部、国家新闻出版署、国家文物局、国家广播电影电视总局电影局和各省市文化厅局以及有关直属单位有关领导的大力支持和全力配合,同时得到了中国学术界有关资深专家的支持与关心,一些离退休的老同志对初稿提出宝贵的意见。著名科学家钱学森、文化部副部长潘震宙、文化部教育科技司司长冯远分别为本书作序。

七、文化专业分会召开第二届理事会会议

经教科司同意,中国科技成果管理研究会文化专业分会第二届理事会于2000年10月18日-20日在浙江省温州市召开,出席会议的理事和特邀代表共计50余人。

本次会议的主要议程有:第二届研究会工作总结,文化科技学术交流,文化科技管理工作要点,换届选举第三届理事会和常务理事会,研讨文化科技"十五"规划等。

在会议开幕式上,温州市人民政府陈莲莲副市长首先对本会在温州市召开表示祝贺,并介绍了温州市经济改革的概况和经验,以及温州市文化艺术与科技的发展设想。文化部教科司童明康副司长在会上就加强文化科技工作的重要性,科技与文化的关系,文化科技"十五"规划的制订原则以及在新形势下如何搞好文化科技工作讲话。浙江省文化厅文化产业电影处陆耀亭处长也代表浙江省文化厅在会上讲了话。会上,林儒忠理事长做了"第二届理事会的工作报告",并对换届选举原则及其他工作做了说明。

在会上还进行了学术交流,国家图书馆孙承鉴、深圳图书馆王大可,江苏省文化厅胡清亮,浙江省文化厅罗永祥等同志分别就"中国数字图书馆工程"、"ILAS图书馆自动化管理系统"、"第六届艺术节文化科技应用"、"文化科技工作的管理与思考"等在会上进行了交流。

会议根据换届选举原则意见精神,选举产生了第三届理事会及常务理事会组成人员。接着,第三届常务理事会召开了第一次会议,选举产生了理事长,副理事长,秘书长,副秘书长等(理事、常务理事名单详见附件2)。常务理事会就有关"加强文化科技的理论研究","强化科技人员的素质培训","搞活文化科技成果的推广形式","拓宽会费资金来源"等方面的工作展开了讨论。

研究会受教科司委托,还对教科司组织编写的文化科技"十五"规划进行了讨论。教科司童明康副司长还对社会科学软课题管理工作,科研处李秋立副处长就有关文化科技的管理工作在会上做了讲话。会议讨论通过了林儒忠理事长的工作报告，通过了文化专业分会章程以及会议纪要，林儒忠理事长做了会议小结。

八、赴西欧三国“数字图书馆技术考察”情况

2000年11月12日至12月2日，文化部教育科技司组织了以原国家图书馆副馆长孙承鉴研究员为团长、文化部教科司李秋立、社文图书馆司贾璐、国家图书馆镇锡惠、辽宁省图书馆李东来、广东中山图书馆莫少强、深圳图书馆王大可一行7人的《中国试验型数字图书馆》项目技术考察团，以英、法、德三国的数字图书馆技术研究现状与发展目标为重点考察内容，分别对德国法兰克福的国家图书馆、德国SOFTWARE AG软件公司、科隆HBZ大学图书馆研究所、德国柏林的国家图书馆、德国国家图书馆研究所、SUBITO研究所、ZIB数字技术研究所、法国国家图书馆、法国国家数字技术研究所、法国国家信息技术自动化研究所、英国国家图书馆、伯明翰大学图书馆数字化技术项目组、英国国家文献信息提供中心等13个单位，进行了较全面的技术考察，初步掌握了西欧三国及欧盟成员在进行数字图书馆技术合作和应用领域的基本情况，较全面地了解了西欧各国数字图书馆研究的进展状况及发展目标。

通过这次数字图书馆技术考察和学术交流，对英、德、法的国家图书馆、一些大学图书馆和研究机构以及欧洲数字图书馆研究动态有了较全面的了解，主要表现为以下几个方面：

（一）较全面地了解了英、法、德三国的数字图书馆项目进展及应用概貌。从考察中了解到，西欧的数字图书馆项目计划及实施，是在欧盟成员国中共同合作，相互协调，分散建库，资源共享的前提下开展工作的，在欧盟成员国中，有一个合作计划，既数字化资源共建共享合作计划。

（二）各国都十分重视数字图书馆项目的研究工作，并在资金上给予重点投入。目前，西欧各国都投入了大量人力、物力、财力，开展数字图书馆项目规划、技术开发和资源建设工作。

（三）信息资源的开发与社会化服务是数字图书馆的发展方向。从发达国家数字化图书馆的计划与实施可以看出，数字图书馆的关键问题是资源建设，既合理地组织资源，建立资源库，并向社会提供服务。

（四）国外数字图书馆的技术研究仍处于起步阶段，没有成熟的产品面市，大都在进行技术开发、试用过程中，有些技术和试用产品可以供我们借鉴。

考察团通过此次考察，在分析了国外数字图书馆的应用与发展趋势的基础上，结合我国图书馆事业发展现状，提出了以下几点建议。

（一）国内在数字图书馆技术研究方面与国外差距并不大，但在资源建设和提供应用上有较大差距，我国应加大资源库建设的力度。

（二）标准化问题。要加强宏观指导，组织力量，制订有关标准和推广国际上已有的标准，以加速我国数字化资源库建设的速度。

（三）各馆之间要加强协作，实现资源共建共享，避免重复建库现象。

（四）政府要加大对数字图书馆的投入，以推动我国数字化技术和信息产业的发展。

文化信息化建设“十五”规划

一、序言

以互联网为代表的信息化浪潮已经席卷全球，许多发达国家都制定了相应的“国家信息基础结构（N I I）”或“国家进入信息社会”计划。人们已将信息化从技术和产业的层面提升到建构未来社会的高度来认识。在我国，信息化已列为“十五”时期国民经济和社会发展的主要任务。目前，国家信息化已成为提高综合国力，推动各行业在世界范围内参与竞争的巨大发展契机。

文化信息化是国民经济信息化的重要组成部分。党的十五大报告明确指出：有中国特色社会主义的文化，是凝聚和鼓励全国各族人民的重要力量，是综合国力的重要标志。因此，文化信息化在国家信息化进程中占有特殊的地位。它是经济和社会可持续性发展的重要保证，是国家和民族在现实社会和网络空间存在的客观反映，是人的生活质量提高和人的全面发展的需要，也是在数字化生存中突出“以人为本”的必要措施。

在当前的互联网空间中，以美国为代表的西方文化占有绝对优势。如果我们在新形势下不加快文化发展，就势必会面临失去中国文化的未来发展空间的危机。加快我国文化信息化的步伐，是对我国各族人民持久地进行中华民族文化教育，占领网络空间，捍卫民族文化，促使中华民族文化向全世界传播的重要手段。利用互联网传播准确、权威和丰富的中文信息，使中国文化取得应有的份额，是我们的重大历史责任。

文化部信息化规划的主要目标是以先进的信息技术与手段，加强有中国特色文化的影响力和传播力，增强文化发展能力，满足人民群众对文化信息日益扩大的需要，加速我国“十五”文化事业发展规划的实施。要把文化资源数字化、文化管理网络化、文化事业信息化作为“十五”信息化规划的主体工程，使文化事业真正成为信息社会中的有机组成部分。文化信息化将为建设面向现代化、面向世界、面向未来的，民族的、科学的、大众的社会主义文化事业奠定基础，在实现中华民族伟大复兴的过程中发挥应有的作用。

二、文化信息化国内外发展现状和存在问题

从世界范围来看，把文化的快车驶入覆盖全球、连通世界的信息高速公路，已经成为西方各主要发达国家新的战略选择。据统计，互联网上80%以上的信息是英语信息，法语和中文约占10%，其他众多语种加起来大概不到8%。法国总统希拉克说：“当今世界正面临着单一文化的威胁”，“这是一种新形式的殖民主义”。美国的网上书店亚马逊公司通过互联网向全球100多个国家销售美国书籍。克林顿政府在1999年度预算中拨出巨款，扶持美国所有的文化资源上网工程。相比之下，我国目前进入互联网的信息量与我们五千年悠久文化，十二亿人口大国的地位极不相称。

在西方国家中，法国由于其文化的特殊性，对英语文化的发展趋向极为警惕。法国外交部启动了名为France的特别互联网服务系统，专门用于向全世界宣传法国文化。法国政府文化主管部门也已经制定了规模庞大的文化上网计划，包括博物馆、展览馆、图书馆、名胜古迹、考古发现、电影节、电影资料以及艺术院校等。其中的卢浮宫上网工程取得了极好的效果，每八名到卢浮宫参观的人当中，就有一人是事先通过互联网了解卢浮宫的。在亚洲，日本早在1993年就建成了世界民俗文化博物信息中心，专门负责向全世界发送日本文化信息，在1994年开始建设ASAHINET。日本文部省制定了多媒体信息化实施计划，着手建立多媒体文化信息网络。还有一些发展中国家，如土耳其也在文化部成立了对外文化信息中心，开通了对外文化网站，设有土语、英语、德语和俄语等四种语言的版本，有15000页的信息容量，在扩大土耳其的对外影响方面发挥了极大的作用。

目前我国因特网的用户已突破一千万，但信息流的进出口逆差达到四倍以上。我们必须清醒地认识到网上信息流进出口逆差对社会潜在和深远的影响。据中国互联网信息中心（CNNIC）在2000年1月发布的第五次中国互联网络发展状况统计，在我国上网人群中，18-35岁的年轻人占85.8%，其中学生占21%。他们年纪轻，思想灵活，对未知社会充满好奇，同时比较容易受到外界、尤其是强势文化的影响。这是全球文化信息化环境给我们带来的冲击和挑战。当然，挑战也是机遇。信息技术的发展同时也给我们带来了振兴中华文化的难得机遇。目前，我国已经建成了八纵八横的光纤主干网络，通信网络的规模在全世界居于第二位。客观上，我国已初步具备了把文化工作

全面推向信息时代的环境和条件。

1998年，为跟上国家信息化建设的步伐，推进文化工作信息化进程，文化部成立了以李源潮副部长任组长，各司局领导参与的信息化工作领导小组，负责研究、协调、管理文化部的信息化建设与发展工作。1999年，文化部在互联网上建立了对外文化宣传站点，今年又配合“2000年相约中国全球中国知识竞赛”活动建立了MeetChina网站。目前已经建成为“中华文化信息网”和已经启动的中国数字图书馆工程建设，标志着当前文化信息化建设的主要成绩。

中华文化信息网是文化部主管的行业性政府网站，面向国内外用户，免费提供大众化的文化艺术知识信息，是人们了解中国文化的窗口。其主要任务是面向全世界宣传、弘扬中华灿烂文化。中华文化信息网的信息涵盖了文化艺术的各主要领域，在文化信息领域具有较高的权威性、时效性和实用性。从1999年4月份正式开通运行以来，发展迅速，截止到2000年6月底，已开发了23000多个网页，信息总量近2G，累计访问量超过250万人次以上，平均每月超过20万人次，2000年6月访问量为1245000，在政府网站中居于前列。

中国数字图书馆工程是跨地区、跨行业、跨部门、规划宏大的系统工程。此项工程建设已列为文化事业建设的重点之一，正在组织制定建设规划与实施方案，即将进入有规划、有组织、科学有序的实际操作阶段。目前，省级以上公共图书馆基本实现了自动化、网络化管理，并从建立馆藏书目数据库、部分特色文献全文数据库向着以面向读者提供数字化内容服务为主要目的的方向迈进，为数字图书馆的建设奠定了基础。

文物系统的信息化工作也有了较大进展。主要博物馆的馆藏文物计算机管理系统都已建立，有的博物馆（如上海博物馆）的计算机网络管理系统已达到相当的规模，具有较高的应用水平。一批发展较快的博物馆，如故宫博物院、陕西历史博物馆、河南博物院等已经上网。网民们足不出户就可以看到各种精美的文物图片。敦煌博物院在美国梅隆基金会的帮助下正在实验将石窟影像信息搬到网上。目前拟研究开发的四个项目有：1、全国馆藏文物数据库系统；2、全国重点文物保护单位档案数据库系统；3、全国历史文化名城档案数据库系统；4、中国文物GIS（Geographic Information System地理信息系统）系统。这四个项目不仅用于文物行政管理决策的服务和为科学研究服务，同时也将有选择地向社会公众开放。

在文化管理信息化方面，国家计委已于1998年立项进行“全国文化管理信息系统”的研究与开发。这个项目旨在逐步建立起以计算机信息技术为基础的全国文化管理体系，改革传统工作模式，促进办公自动化，管理科学化、规范化，以跟上信息时代的步伐。目前已经完成的项目有：文化部机关信息化建设，部分演出单位的联网售票系统和艺术信息数据库等。目前正在进一步完善文化部机关大楼信息化建设，实现同各部委、各省市文化厅的互联以及接入互联网，建立统一的文化信息资源数据库，和相应的行政业务管理信息子系统的开发及集成。

文化信息化现存的主要问题有：

1、对文化信息化的重要性认识不足。政府宏观管理部门和文化系统自身对文化信息化重要性的认识尚不到位。文化信息化在国家信息化整体规划中没有占据应有的位置。机构调整后，文化部信息化领导小组被撤消，信息化管理体制不顺。文化行业内有些从业人员甚至对网络的发展持抵制态度。

2、缺乏宏观调控和规范管理。以“文化”命题的网站一拥而上，重复建设，良莠不齐。一些网站格调低下，出现黄色、封建迷信等不健康内容甚至反动信息，造成极坏影响。

3、经费和人才不足。文化部门多数属社会公益事业，自身产出难以支撑文化信息化所需的巨大投入。信息人才缺乏，既懂科技又懂文化的人才尤为缺乏。

4、现有成果多数为早期开发，未能考虑网络环境，数字化程度较低，且宣传推广不够。不少已经开发的数字化文化资源在社会上没有产生应有的影响。其原因一方面是宣传推广不够，另一方面是成果未能以网络的形式提供服务，在一定程度上造成资源的浪费。

5、未广泛采用国际信息化相关标准与规范。信息化的要求是统一和共享，没有标准和规范的支持，共享的目的就难以达到，同时也会在信息化的进程中走许多的弯路。标准和规范的制定已经成为文化信息化发展的瓶颈。

6、对外交流和宣传不够。没有注意在网络环境中充分引导和译介国外的优秀文化站点。国内许多已经数字化的资源，由于没有充分地向外推广和采用信息化环境中行之有效的交互式、多语种的推广方法，未能产生应有的效果。

7、有关法律法规尚不完善，文化信息资源在传播和使用过程中，知识产权没有完全得到适度保护，版权纠纷时有发生，保密系统也有待进一步完善。

三、指导思想和发展战略

(一)指导思想

文化信息化的指导思想是：坚持以邓小平理论为指导，全面贯彻邓小平和江泽民同志关于社会主义文化建设和信息化的重要指示，坚持“统筹规划，国家主导；统一标准，联合建设；互连互通，资源共享”的方针，根据国民经济和社会发展的总体要求，加快文化信息化建设的步伐，积极建设面向现代化、面向世界、面向未来的，民族的、科学的、大众的社会主义文化，为促进社会全面进步发挥更大的作用。

江泽民同志在1999年全国对外宣传工作会议上指出：“互联网的应用，使信息达到的范围、传播的速度都有显著的增大和提高。世界各国争相运用现代信息技术加强和改进对外传播手段，力争在二十一世纪的世界舆论格局中占据有利位置。我们必须适应这一趋势，加强信息传播手段的更新和改造，积极掌握和运用现代传播，为扩大对外宣传服务。”

文化信息化要全面考虑、长远考虑和超前考虑，要有立足对“信息功能”和“信息社会”的深刻理解和主动态度。对我国未来社会的文化信息活动，要掌握主动权，面对国际上的“文化信息大潮”要抢先占领阵地和份额，体现代表先进文化的前进方向。

文化信息化要以观念创新、技术创新、制度创新为中心，充分认识以互联网为基础的新技术对未来生活的影响，认识到新技术形势下，文化向多样化和个性化发展的趋势，站在构造未来社会的高度制定文化信息化规划，采取法律和技术等措施杜绝不良文化利用新技术广泛传播。

要充分认识到互联网的特点，即网络无界，语言有界，采用多语种（英语、法语、阿拉伯语、俄语以及西班牙语等主要语种）多文字统一编码，提供多种操作平台，突破传统传播局限，向全世界宣传中华民族优秀文化。

（二）发展战略

结合“十五”期间国民经济和社会发展的重大战略及实际需求，遵循社会主义市场经济规律，把社会效益放在首位，突出重点、注重实效，积极、稳步的推进文化资源数字化、文化管理网络化、文化事业信息化。

通过因特网对全世界服务，对于正确认识中华民族的发展历史，继承和发扬民族文化传统，增强民族自信心和凝聚力，以及向全世界人民宣传我们的国家、民族、文化，都具有非常重要的意义。通过文化管理网络化，也有利于管理的透明、规范和科学，并在打击非法经营方面起到重要的作用。通过数字化、信息化这种门槛低、易于使用的新技术，促进欠发达地区的文化发展。要占领网上文化空间，形成有中国特色的信息文化，在现实和虚拟两个空间发挥作用。

统一规划基础设施和标准规范，注意各类文化事业和产业发展的内在联系；强调信息的普遍服务和高度共享原则；加强国内外的双向交流，充分吸收一切人类的先进文化；增加对欠发达地区的援助，避免造成新的不平衡；采取相应的法律和技术措施，加强对不良文化的监管；加强本行业内相应工作人员的培训，制定有效的新人才引进措施和政策。

将文化信息化纳入国家信息化及国民经济和社会发展的规划，使文化信息化建设成为21世纪初期我国文化事业发展的有机组成部分。

四、发展目标和任务

(一)2010年远景目标展望

到2010年，全国重要的民族文化遗产、艺术作品、文化艺术科研成果和历史文物，都制成数字化产品，在人民群众文化生活、对外文化宣传、爱国主义教育、文物保护等方面起到重要作用；通过对网络辐射，将更多的文化资源传播到全国各地，一定比例的区县满足一定的信息资源应用标准；在城市和发达地区建构虚拟文化社区，对文化事业的发展起到主干作用；中文的文化信息资源在整个互联网上占到一定的比例，对整个互联

首都图书馆原名京师通俗图书馆。1913年由鲁迅先生筹建。新中国成立后，1956年周恩来总理亲自批准将其搬迁至清朝太学国子监，1957年馆址由宣武门内大街迁至元、明、清三代的最高学府——国子监，并改名首都图书馆，郭沫若先生提写了馆名。目前馆藏图书250万册，除相当数量的古代，近代孤、善本图书外，还收集大量典藏的古词、杂曲、民俗，特别是北京地方文献非常丰富。由于馆藏、阅览条件相对落后，市政府决定建设新馆，并选址在东三环华威桥东侧，以弥补城区东南部文化基础设施薄弱的不足。

位于东三环华威桥东侧的首都图书馆新馆，是市政府投资兴建的大型标志文化设施。成为本市东南角的一个虚实结合的壮丽景观，现有的东三环与左安东路相连处形成敞开式绿化景观带，在新馆大楼广场上设有音乐喷泉，泛光照明灯。整体建筑外饰浅灰色釉面砖，首层辅以米黄色花岗岩蘑菇石，加上银色铝窗，给人清新、明快之感。四分之一圆狐状的建筑外形，酷似一本开启的图书，两翼曲形屋面也宛如翻置的书籍，寓意书中蕴藏着丰富的知识营养和精神食粮。

新馆总建筑面积3.7万平方米，地下一层，地上8层，檐高49.5米，内设图书阅览室17个，总阅览座位1065个，总藏书量可达400万册，并有报告厅、多功能厅、展览厅、视听会议室、图书资料采编中心、计算机管理中心等。楼内整体布局突出“以人为本”，即人流和书流有机结合和分开，达到一个科学的流程。同时充分考虑读者的实际需要尽量扩大和满足为读者服务的空间，对37000平方米的大楼总面积进行了合理的分配。如为读者服务面积包括：阅览室、读者研究室、教室、大堂、共享空间、检索目录厅、报告厅、多功能厅，它们占总面积的40%，书库占23%，办公面积占12%，附属用房占25%。

首都图书馆作为智能化的真正内涵是建立一套先进的、科学的、实用性强的图书馆综合信息管理系统。系统包括电子浏览、图书订购、库存管理图书采编标引、声像影视制作、图书咨询服务(web side)、图书借阅注册、财务管理和系统管理员等功能。根据图书馆业务的特点，综合信息管理系统应完全嵌入世界先进的图像管理系统，使其达到图文并茂、声像结合的同步管理。考虑到系统今后的扩展、升级和一致性，系统可采用完全的客户/服务器(Clint/server)方式，并根据图书馆作业需求，分别建立中央数据库和分布式数据库。

管理智能化、设施现代化是首都图书馆的最大特点，新馆全部实行计算机管理，藏书实行数字化管理。馆中将采用综合布线系统、数字自控系统、自动消防和安防系统等，业务服务则运用计算机网络系统、光盘数据存储与检索服务系统、自动小车运输系统等。外借图书的读者只需列出书目，计算机网络将把信息传到各书库，自动小车就会把所需的资料书籍送到服务台，免去读者馆内上下奔波。新馆还将提供网上服务，读者在家中就可以浏览馆内藏书，并能通过导航获取世界各国公共图书馆的信息。

在新馆的建设施工中，许多新技术被运用。据北京建工集团五建公司首图项目部负责人介绍，新馆为全现浇框剪结构，造型复杂，放线、施工难度大。针对弧型结构的特点，施工放线采用了极坐标法，并使用先进的全站仪进行辅助放线：为避免顶板抹灰易开裂、易脱落的质量通病，12个书库、近万平方米的顶板，采用胶合板模板，取消了抹灰层。他们并且采用钢筋冷挤压连接、碗扣式脚手架、粉煤灰综合利用等新技术。

自动化的 首都图书馆

湖南歌舞剧院

彭德成

现任院长兼党总支书记

交响乐团、声乐艺术团演出照

大型舞剧《边城》剧照

大型舞剧《边城》剧照

大型舞剧《边城》剧照

地　址：湖南省长沙市人民中路9号
电　话：0731－5563229
传　真：0731－5562620
邮　编：410011

珠海中苑酒店

中苑酒店大楼外部景观

中苑酒店位于珠海市中心繁华地段，交通便利，是一座集餐饮、客房、娱乐为一体的商务性涉外三星级酒店。拥有风格各异的豪华客房及标准客房近百间，房内设施齐备，装修豪华高雅。中、西餐厅皆由名厨主理，装修富丽堂皇，是您商务应酬及知己畅叙的理想选择。设计新颖独特，设有大型梦幻镭射激光舞池的卡拉Ok歌舞厅，伴您度过一个开心愉快的夜晚。此外，酒店还设有商务中心、美容美发等多项服务设施，使宾客在居停期间享受到周到便捷的服务。

“顾客至上、服务一流”是中苑酒店的服务宗旨，酒店全体同仁将以热诚、细微的服务为每位顾客带来宾至如归的感受。

中苑酒店大堂

中苑酒店豪华房

中苑酒店中餐厅

中苑酒店大堂

地　址：珠海香洲区人民东路101号
电　话：0756-2233118
传　真：0756-2111422
邮　编：519080
网　址：www.zh-zy.com

浙江省曲艺杂技总团

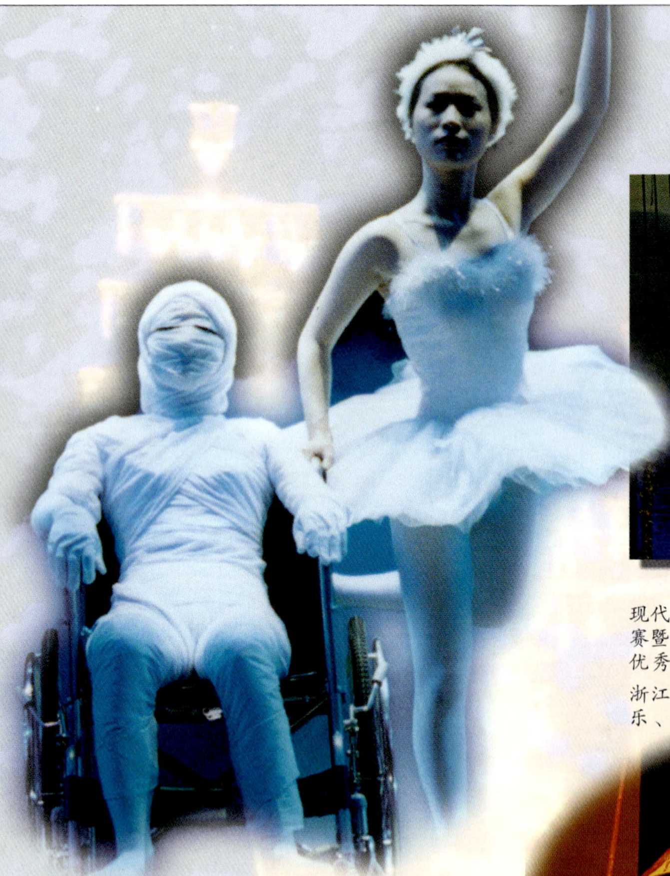

大型警世悲喜剧《天鹅劫》，以生动感人的艺术形象，揭露批判了"法轮功"邪教反人性、反科学、反社会的邪恶本质，2001年11月晋京演出，引起轰动。

浙江曲艺杂技总团创作、演出。

现代短篇苏州弹词《上岗》，在第六届中国艺术节苏州评弹比赛暨首届中国苏州评弹艺术节上荣获优秀节目奖、优秀创作奖和优秀表演奖。

浙江曲艺杂技总团 & 浙江曲艺团创作、演出。表演者：陆嘉乐、方晏磊。

清装滑稽戏《苏州两公差》，于1999年赴台北演出，首次把滑稽戏这一剧种介绍到台湾，引起台湾同胞的浓厚兴趣。

浙江曲艺杂技总团&浙江滑稽剧团整理、演出。

大型现代滑稽戏《大路朝天》，通过浙江小商品市场的发展，反映改革开放20年来所发生的深刻变化。该剧曾获浙江省第八届戏剧节优秀演出奖、优秀编剧奖、优秀导演奖等奖项。

浙江曲艺杂技总团 & 浙江滑稽剧团创作、演出。

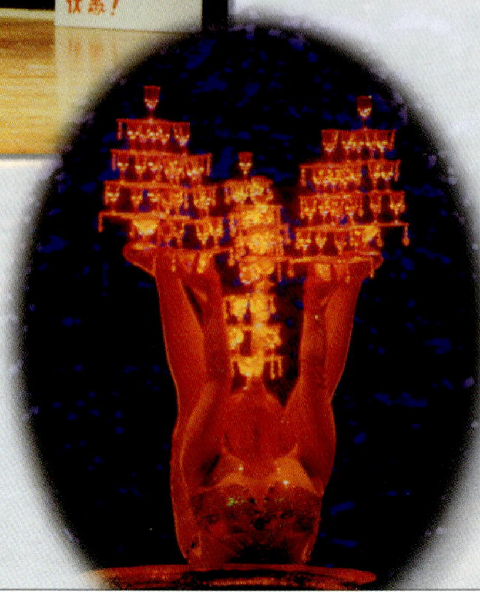

杂技"滚杯"，在2001年法国第五届"舞台之火"国际杂技魔术比赛中荣获"城市奖"和"公众形象奖"，

浙江曲艺杂技总团 & 浙江杂技团演出。主演：陆丹。

地址：浙江省杭州市西湖区影业路7号

电话：0571—88915941

邮编：310012

秦始皇兵马俑博物馆

秦始皇帝陵文物陈列厅

秦俑一号坑军阵

秦陵铜车马

秦俑二号坑出土彩俑

秦俑博物馆一号坑外景

地 址：陕西省西安市临潼区秦陵镇
兵马俑博物馆
电 话：029-3911961-3012
邮 编：710600

桂林市群众艺术馆

第21届“漓江之声”民间艺术决赛演出的节目《盘王舞》

舞蹈老师在为2001年文化馆站干部培训班学员做示范动作

2000年春节广场文艺演出的节目《爱我中华》

在1996年广西群众优秀节目会演中荣获演出、编导、作曲三项金奖的舞蹈《漓水扇韵》

地　址：广西省桂林市正阳路 7 号
电　话：0773-2827633
电　挂：2688
邮　编：541001

诗圣故居 千秋草堂

成都杜甫草堂博物馆

（茅屋竹影）

（碑亭晨曦）

成都杜甫草堂，是中国唐代大诗人杜甫流寓成都时的故居，现被誉为中国文学史上的圣地。杜甫离开成都后，草堂便倾毁不存。五代前蜀时，诗人韦庄寻得草堂遗址，重结茅屋。

至宋代又重建，并绘杜甫像于壁间，始成祠宇。此后草堂屡兴屡废，其中最大的两次重修，是在明弘治十三年（1500）和清嘉庆十六年（1811），基本上奠定了今日草堂的规模和布局。

1952年，杜甫草堂又经全面整修后，正式对外开放。1955年成立杜甫纪念馆，

1961年被国务院公布为全国重点文物保护单位，1984年更名为杜甫草堂博物馆。

（草堂影壁）

（林塘清幽）

草堂总面积有240多亩，其建筑为清代风格，园林是非常独特的“混合式”中国古典园林。草堂旧址内，照壁、正门、大廨、诗史堂、柴门、工部祠排列在一条中轴线上，两旁配以对称的回廊与其它附属建筑，其间有流水萦回，小桥勾连，竹树掩映，显得既庄严肃穆、古朴典雅而又幽深静谧、秀丽清朗。工部祠东侧是“少陵草堂”碑亭，这座草亭象征着杜甫的茅屋，令人遐想，已成为成都市的著名景观。1997年2月，政府又拨出专款，借鉴川西民居的特点，重建了杜甫的茅屋。茅屋故居位于碑亭北面，占地一万平方米，建筑面积240平方米。主体建筑5开间，4座配房，竹条夹墙，裹以黄泥，屋顶系茅草遮苫，再辅以篱、菜园、药圃，使整个建筑古朴中透露出浓浓的文化色彩。游人漫步其中，既可发思古之幽情，又可享受悦目清心的乐趣。

（草堂正门）

杜甫草堂

Du Fu's Thatched Cottage

地　　址：四川省成都市外西草堂路
电　　话：028-7336795
　　　　　028-7319258
邮　　编：610072
法人代表：周维扬

四川省锦城艺术宫

四川省锦城艺术宫是四川省人民政府进行文化艺术交流的窗口，地处具有“天府之国”的四川省成都市市中心——面向天府广场，北临蜀都大道，是四川省首府的标志性建筑之一，其立体建筑的设计尽显心思，外墙墙面镶嵌的中国红大理石上绘有17幅内容连贯，又独立成章的线刻贴金艺术绘图，系统地表现了中华民族从远古传说到现代艺术发展历史，这17幅刻画与大门前的巨型贴金铜雕“蹈”一起被列为国家级艺术珍品。艺术宫主体——剧场的舞台设备设施齐全先进，其建筑音响效果极佳，此点被评为全国最优。自1987年3月开幕以来，已有超过数百家国内演出团体和来自20几个国家和地区的演艺团体在艺术宫献艺，其不仅仅是一所进行文艺展演而被社会公认的文化艺术殿堂，它更发挥着弘扬中国民族文化艺术，进行世界文化交流的作用。

① 剧场大厅内演出盛况

② 锦城艺术宫夜景，五彩的路灯和周边的绿草成茵将艺术宫衬托得多姿美丽

③ 现代化辉煌的观众大厅

④ 宽敞的演员化妆间后台

⑤ 白天侧面景观

地　址：四川省成都市人民东路61号
电　话：028-6658557
传　真：028-6657674
邮　编：610015
E-mail：www.sc-jcysg.com.cn

河南南阳博物馆

诸葛亮殿

武侯祠山门

诸葛草庐

地 址：河南省南阳市卧龙路121号
电 话：0377-3512907
邮 编：473000

北京奔腾文化发展公司
杜若飛
董事长
北京电视艺术家协会会员
北京奔腾文化发展公司
北京奔腾万里广告公司
1，与广东蓝带啤酒集团刘允忠董事长一起
2，参加哈尔滨电视台建台二十周年台庆
3，与著名京剧演员袁世海、张君秋、孙岳、刘长瑜一起
4，在巴黎与服装设计大师皮尔•卡丹交谈
5，与SOHU首席执行官张朝阳合影
6，与体育届老前辈荣高棠一起
7，与广电总局杨伟光一起
《长征组歌》演唱会
地址：北京市西城区阜外大街34号《解放军报》彩印楼5层510室
邮编：100832
传真：(010)68570827
电话：(010)68570842
68582278
手机：13901118602
寻呼：64662266呼605

东莞市长鸿实业发展公司

▲

长鸿实业发展有限公司总裁杨贺尧(左二)、副总经理关庆华与美方商人合影留念

▲

精巧别致的假山，自由游玩的小鱼，亭台楼阁与宫灯交相辉映，编织人间仙景。

▲

美国开利轮胎东莞专门店在东莞市长鸿实业发展有限公司隆重开业

▲

茶艺馆委婉动听的古筝古乐声轻拂你的脸

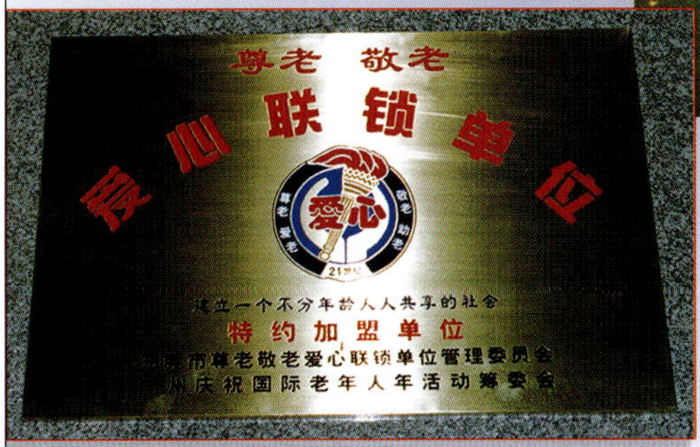

地址：广东省东莞市红荔路富雅花园C座3楼
电话：(0769)2291418转8030　8018
邮编：523107

徐悲鴻紀念館

XU BEIHONG MUSENM

徐悲鸿纪念馆

XU BEIHONG MUSENM

群奔（1942年） 徐悲鸿作

Galloping horses (1942) painted by Xu Beihong

徐悲鸿画室

Xu Beihong Studio

国画展厅

Exhibiting hall for traditional Chinese paintings

现任馆长为廖静文女士

地址：北京新街口北大街53号
电话：62252042　62252187
邮编：100035

巴南新华书店

2001年7月，装修后的图书、音像、文化用品综合门市于2000年8月25日开业

2001年7月，中层干部竞聘会现场

音像、文化用品门市一角

1997年11月，“三下乡”在农民镇摆摊现场

地　址：俞洞镇黄溪口新华书店办公室
电　话：023-66222122
邮　编：401320

龙门石窟研究所

1

2

4

5

3

1 奉先寺之尊—卢舍那大佛

2 宾阳中洞之尊（释迦牟尼）

3 万佛洞

4 莲花洞

5 奉先寺大卢舍那像龛

地　址：中国洛阳龙门

电　话：0379—5981650

邮　编：471023

网产生重要的影响，争取扭转文化领域内信息进出口逆差的局面；世界主要文化遗产、文物、艺术品的信息资源有中文的版本，大众可以更为便捷地吸收人类的优秀文明成果；文化事业管理全面实现信息化，形成高效、公开、灵活的信息化办公体系；文化领域内的信息化人才充足，并已经形成成熟的人才培养体制；信息社会下的信息文化成为文化事业中的一种主要形式，有相当数量的优秀网络作品出现。

总体思路是：以信息共享为主要出发点，促进文艺繁荣和文化事业的进一步发展，提高中华文化在互联网中的地位和作用，建立适应新形势的文化管理体制 努力研究开发文化信息资源，积极扩大对外文化交流，全面地将社会文化生活提升到信息时代。

（二）"十五" 发展目标

文化信息化"十五"发展目标是逐步实现政府职能管理、社会公益服务和文化市场运营三位一体协调发展的信息化体系。开发、建设好以政府网、 公益网、商业网和文化信息网站、演出信息与交易网站、文物网站、对外文化宣传网站、虚拟社会网站、音像网站等"三网六站"的网络体系。

1、文化资源数字化

继续抓紧中国数字图书馆工程建设和中华文化信息网的建设，完成大部分具有较高价值的善本古籍、文献资源、手稿字画、音乐戏曲、历史文物、文化遗产、博物馆、文化艺术科研成果等文化资源的数字化。

2、文化管理网络化

在静态文化资源数字化的同时，以全国的文化生产、文艺演出、各类文化市场为对象，利用先进的计算机信息技术，进行 网络化动态管理。形成网络化实时动态交互的文化管理环境，统一规划现有的文化资源，将文化艺术科研、文化生产、文化市场联为一体，实行优化组合，最大限度地发挥效用。

3、文化事业信息化

将信息社会中文化事业从文化部的范围辐射到国民经济和人们社会生活的各个层面。着眼于文化事业与全社会的互动，通过县乡一级网上文化社区的建立，将文化事业辐射到全社会。推动文化事业与各行业网站的互动和共享。

（三）主要发展任务

1、推进文化部政府网站的建设。以扩大中华文化网占有量、加大中华民族在互联网中的利益比重为目的，定位于建设面向公众服务的电子政府网站，丰富中华文化信息量，增加民族文化在互联网中的比重，运用网络技术移植政府职能，形成高效网上政府，逐步实现电子政府的延伸职能。

2、加快中国数字图书馆工程建设。在关键技术的研发、规模型数字资源库的建设、相关标准规范的研究与应用的基础上，构筑在因特网环境下的中国数字图书馆。建成中华文明史资源库、中国科学技术资源库、中国教育资源库、中国医药学资源库、知识宝库（科普教育）、农业资源库、名人资源库、中国艺术资源库、中国旅游资源库、中国经济信息资源库等中文数字资源库群，总容量不低于20TB。地市级以上 图书馆80%联网，县级图书馆入网率达到30%以上。加快图书馆文献信息资源的开发与利用，实现全国大部分地区图书馆资源的联机采编及馆际互借。建成中国数字图书馆国家中心和文化、教育、科技三个分中心及七个地区中心，通过国家骨干通信网向全国和全球提供服务。

3、完善中华文化信息网。配合这一网络的建设，加大对艺术资源的开发利用，包括各种民族民间文化艺术科研成果、民族节日、民间艺术、音乐、戏剧、舞蹈、美术、曲艺、杂技等，快捷、准确反映、传播各项重大艺术活动和艺术现象，加强对外宣传。

4、进一步丰富网上文物资源，建立全国馆藏文物数据库，基本完成故宫博物院、上海博物馆、河南博物院馆藏文物数据库，80%的省级博物馆着手建立馆藏文物数据库。开展全国重点文物保护单位档案数据、全国历史文化名城档案数据库、中国文物GIS（地理信息系统）系统研究。建立国家文物考古信息库。

5、配合国家文化艺术管理信息系统建设，建立文艺演出市场、电影电视市场、图书音像市场、文化娱乐市场、艺术品市场、社会流散文物市场、文化旅游市场和艺术培训市场等的信息管理系统，实现文化管理网络化。

6、搞好社区文化活动网建设。在中华文化

信息网址下设立社区文化活动网站。通过网络，开办老年大学，为老年人学习书画、交谊舞、健身知识和棋类活动等提供服务。举办少年儿童艺术类培训班和各种文化知识的竞赛活动。为城市居民提供广场文化活动：演出、影视和文化旅游等方面的信息。在此基础上，不断丰富网站内容，吸引社区各阶层人群通过网络参与文化活动获取社区文化活动信息，力争使这些社区成为广大群众的文化活动中心，成为他们生活中的一个组成部分，也成为文化界和人民大众交流的桥梁。

7、实施对外文化宣传交流网站建设。以反映我国改革开放、社会进步、爱好和平及法制建设为宗旨，面向世界宣传我国的国际形象。以国内文化要闻、友好文化快讯、中外文化交流专题和新闻报道为主要内容，同时注重介绍我国文学、艺术、哲学、宗教、旅游、教育、医学等方面内容。网站建设按三个阶段进行。第一阶段（2000年底前）：完成首期上网中、英文语种内容；第二阶段（2002年底前）：在试运行的基础上加以改进，建立主要由91个派驻使馆文化处组供稿的分页，增加各省市的地方分页并使网上信息语种增加到7种；第三阶段（2004年底前）：完成主页和每个国家及国内各省分页的社会力量赞助，即文化交流网为宣传国内知名品牌提供便利，并进入稳定运行，将网站建设成为具有政府导向、数据准确、最具权威的高层次的中外文化交流信息中介和宣传中国的窗口。

8、对信息化条件下文化方面的法律法规进行专题研究，并根据文化信息化过程的需要，健全和建立相应的法律、规范和技术标准，完善各类保密措施。

9、加强艺术院校中复合型信息化人才培养，在近期，应注意对文化行业内部人员的培训和对外界专业人才的引进。

五、主要政策措施

根据“文化信息化”建设的特点，充分认识政府在制定规划，制定规范，建设主导系统，组织重点工程等方面的责任，围绕文化信息化重点任务和重大项目，提出促进文化信息化发展的主要政策和措施。

（一）加强领导，统一规划，健全机构，完善法制。

尽快组建由部领导挂帅、有关司局领导参加的文化部信息化领导小组，建立相应的办事机构，以规划、规范和协调全国的文化信息化工作借鉴国外与文化信息化有关的现行法律、法规和标准规范，完善符合我国国情的相关制度和标准，使文化信息化工作在法制轨道上有序发展；加强对网络文化传播有关的知识产权研究，对网上信息做到适度保护，合理使用，推动文化信息化的良性发展。

（二）争取国家优惠政策和专项资金，建立市场化运行机制，发挥多方面的积极性。

鉴于文化事业的公益性特点，在建设中，国家给予相应的优惠政策；文化信息化建设享有国家科教政策的优惠，对文化信息化项目比照国家对高新技术项目给予优惠。在重大项目启动阶段，国家给予资金支持。广开投融资渠道，建立国家文化信息化发展基金，引导、吸引外资、企业资金、民间资本以及各种形式的捐赠、赞助、合作，用于文化信息化建设。建立适度竞争机制和市场化运行模式，鼓励、扶持、培育和发展不同形式的文化信息企业。

（三）加快复合型人才的引进和培养，积极推动成果的普及和应用。

文化信息化需要大量既懂文化又懂信息技术的复合型人才。要加大这类复合型人才的引进和培养力度，鼓励艺术院校的学生学习和钻研信息技术。鉴于目前信息技术类人才紧缺的情况，可考虑在人才管理、使用制度上采取专兼职并行的方法，利用合理的奖励和分配机制，吸引文化信息化人才。要积极推动现有信息化成果的普及和应用工作，让社会各阶层用户在实践和应用中理解文化信息化的重要性。

（四）加大文化信息化对外交流力度，在世界范围内协同建立优秀文化的网上空间。

在文化信息化过程中，既要注意弘扬民族文化，又要注意加强国际合作。要充分利用发达国家先进的信息化技术，在世界范围内协同开发优秀的文化信息资源。要积极参与有关的国际组织，参与世界文化信息化规则的制定，掌握文化信息化的主导权。要有选择地介绍和翻译国外优秀文化站点的资料和信息资源，介绍外国文化信息化的发展和经验，为我国的文化信息化发展提供借鉴。

艺术教育综述

2000年，中国艺术教育是进一步深化改革、进一步显示出勃勃生机和取得重大进展的一年，同时也是发生重大变化的一年。

2000年，全国专业艺术教育、成人教育顺利地实现了"九五"计划确定的有一所高校进入"211工程"、建立15所国家级重点中专，为国家输送毕业生16000人等主要发展目标和任务，有力地推进了中国艺术教育事业的发展。这一年艺术教育取得的重大进展主要体现在以下几个方面：

艺术院校教材建设取得了丰硕成果。《中国艺术教育大系》（本科卷），系以本科专业艺术教育为主，兼顾普通艺术教育的系列教材，包括音乐、美术、戏剧、戏曲、舞蹈等共77种，至2000年年底基本完成了全套教材的出版计划，并启动了《中国艺术教育大系》（中专卷）编写工作。《中国艺术教育大系》（本科卷）的出版，结束了高等艺术院校长期以来无统一教材的历史。

部属院校校园建设迈上一个新台阶。在党中央和国务院领导的关心、支持下，中国戏曲学院、中央美术学院和中央音乐学院附中新校舍的迁建工作进展顺利。这三项共耗资98123万元的基建工程完成后，将使以上三所院校的校舍建设迈上一个新台阶。2000年9月，中国戏曲学院已经全部迁入新校址，该校的基建工程还被评为当年建筑行业的最高奖——"中国建筑工程鲁班奖"。另外两项工程将于2001年竣工并投入使用。中国美术学院校园改造工程于2000年6月正式启动。该工程作为杭州西湖整体改造工程的重点项目，预计3年完成。中国美术学院在进行校园改造的同时，还进行扩大办学规模的探索，先后组建了艺术设计职业技术学院和上海艺术设计学院。两个学院均属"民办公助"性质，具有独立法人资格。

教育部、国家发展计划委员会正式批准中央音乐学院作为"211工程"项目院校。中央音乐学院作为全国唯一的一所艺术学校被列入"211工程"，是文化部经过多年努力争取的结果。为了使中央音乐学院早日进入"211工程"，文化部和中央音乐学院先后投入1553万多元，用于与"211工程"相配套的基础设施建设，终于在最后期限通过了专家评估，顺利进入"211工程"行列。中央音乐学院"211工程"的总体建设目标是，到21世纪初，使学院在教育质量、学科建设、科学研究管理水平和办学效益等方面得到明显提高，部分学科达到国际同类学科先进水平。

青少年艺术大赛第六届"桃李杯"舞蹈比赛取得圆满成功并总结了新的经验。"桃李杯"舞蹈比赛创办于1985年，每三年举办一次，系文化部主办的十大系列艺术比赛之一，2000年7月15至23日在上海举办了第六届"桃李杯"舞蹈比赛。通过比赛，众多富有才华和潜质的优秀选手脱颖而出，并推出一大批具有创新意识的新剧目。同时，这次比赛在组织工作方面作了一系列的调整和改革，总结了新经验，其经验专门刊登在主送中央和国务院领导同志的2000年第21期《文化要情》上。

艺术院校众多学生在国际大赛中频频夺冠，为祖国赢得了荣誉。2000年，中国选派了一大批艺术院校学生参加各种国际艺术比赛，他们不负众望，取得了优异的成绩，为祖国赢得了荣誉。其中，中央音乐学院居觐获尤尼萨国际钢琴比赛第三名，中国音乐学院吴碧霞获第八届毕尔巴鄂国际声乐比赛女子组第一名，北京舞蹈学院吴珍艳获第九届巴黎国际舞蹈比赛现代舞比赛女子组第一名，上海音乐学院附中王之炅获第八届西贝柳斯国际小提琴比赛青年组第二名，上海舞蹈学校姚伟、方仲舒分别获得第二十八届洛桑国际芭蕾舞比赛第三、四名。特别突出的是，深圳艺术学校学生李云迪，2000年10月19日在被誉为钢琴比赛"诺贝尔"奖的波兰肖邦国际钢琴比赛中，在历时15年连续两届第一名空缺之后，以无可争议的优势夺得金奖，成为肖邦钢琴赛事70多年历史中最年轻的金奖获得者和首次获得第一名的中国人。他的获奖，是中国艺术教育成果的突出体现。国务院李岚清副总理和文化部孙家正部长亲切接见了李云迪。

成功地举办了中国京剧和民族声乐、器乐优秀青年演员研究班，集中培养了一批具有研究生学历的跨世纪优秀艺术人才。第二届中国京剧优秀青年演员研究班，招收学员26名，由中国戏曲学院承办；中国民族声乐、器乐优秀青年演员研究班，招收学员31名，由中国音乐学院承办。经过两年学习，均于2000年秋毕业，中央领导同志观看了京剧班学员的毕业汇报演出并给予了充分肯定，这批学员已经成为弘扬民族艺术的骨干力量。

此外，为贯彻党中央、国务院实施西部大开发的重要决策，为西部大开发提供文化支持，2000年6月，由文化部教科司组织中国戏曲学院、上海戏剧学院、上海音乐学院的有关人员，专程赴西藏进行专业招生考试和讲学；10月，又协调有关部门和艺术院校，选派了包括钢琴、舞蹈、绘画、书法等专业在内的6名教师赴宁夏艺校进行为期1个月的讲学，促进了该校的师资队伍建设。2000年12月5日，《中国文化报》在头版以《艺术播种到宁夏》为题，报道了这项富有意义的艺术教育活动。

2000年，中国艺术教育在管理体制和主要职责方面，也发生了重大变化，艺术教育又面临新的机遇和挑战。

艺术教育管理体制发生了重大变化。建国以来，艺术教育工作作为文化部一项重要职 能，曾投入大量的人力物力，使中国的艺术教育事业有了巨大的发展，初步形成了比较完备的具有中国特色的艺术体系。文化部所属的9所高等艺术学院和8所中等艺术学校，为中国培养了大批各艺术门类不同层次的优秀人才，为繁荣和发展中国的文化艺术事业作出了积极的贡献。但是，随着中国教育体制改革的深化，部门办学的弊端越来越明显，越来越不适应市场经济和文化事业发展的要求。根据《国务院关于进一步调整国务院部门（单位）所属学校管理体制和布局结构的决定》（国发［1999］26号）和《国务院办公厅转发教育部等部门关于调整国务院部门（单位）所属学校管理体制和布局结构实施意见的通知》（国办发［2000］11号）的精神，文化部于2000年4月顺利完成了9所艺术学院和1所中等艺术学校（中国北方曲校）的划转工作，其中中央音乐学院、中央戏剧学院和中央美术学院划归教育部管理，中国音乐学院、中国戏曲学院、北京舞蹈学院、上海音乐学院、上海戏剧学院、中国美术学院等6所高校实行“中央与地方共建，以地方管理为主”的新的管理体制，北方曲艺学校划归天津市人民政府管理。艺术院校管理体制的变化使艺术院校建设进入了一个新的发展阶段。

成立了中等艺术教育教学指导委员会。为适应院校体制改革的新形势，2000年初，受教育部委托，成立了中等艺术教育教学指导委员会，并于同年召开了首次会议。会议确定了中等艺术教育教学改革的基本思路和规划，制定了主要工作计划。

社会艺术水平考级工作正式纳入艺术教育管理工作之中。根据国务院副总理李岚清同志的批示，文化部作为艺术考级工作的主管部门，加强了艺术考级的管理工作。针对目前艺术考级管理混乱的状况，文化部和教育部于2000年10月11日联合下发了《关于加强全国社会艺术水平考级管理工作的原则意见》，明确了社会艺术水平考级工作的归口管理单位，社会艺术水平考级活动的定位以及现阶段如何对社会艺术水平考级活动进行管理等原则问题。并明确了下一步将建立健全考级工作的组织管理机构，出台《全国社会艺术水平考级工作管理暂行办法》、《全国社会艺术考级管理工作实施细则》。

调整了教育科技司“三定”方案。在部属艺术院校划转之后，为适应工作需要，文化部对教育科技司的职能、机构、编制等进行了相应调整。其主要职责由原来的以艺术教育管理、科技科研工作并重，调整为以管理文化科技、科研工作为主，成人教育及有关培训职能划转给人事司承担机构设置由原来的四个处室，即：综合处、教育处、教学处、科研处，调整为科学技术处（办公室）、社会科学处、教育处三个业务处；人员编制由原来的 18名精简为15名，司领导职数2名。教科司领导班子也作了调整，童明康任司长，吴开英任副司长。调整后的教科司将认真贯彻《文化部关于调整教育科技司“三定”方案的通知》（文人发［2001］2号）精神，重点做好文化科技、科研管理和支持教育部门办好重点高等艺术院校、配合有关省市办好共建的艺术院校、指导地方文化厅局办好所属的艺术院校、积极开拓社会艺术教育以及管理艺术考级等项工作。

重要工作和活动

文化部直属艺术院校划转工作

文化部于2000年4月4日、26日和27日分别在北京、天津、上海和杭州召开划转院校交接工作会议，以庄重简朴的方式，与北京市、天津市、上海市和浙江省人民政府，完成了文化部所属艺术院校的交接工作。文化部部长孙家正、副部长潘震宙，北京市委常委徐锡安、上海市委副书记龚学平、浙江省副省长鲁庭松等领导同志出席了当地的交接工作会议并讲话。

根据《国务院关于进一步调整国务院部门（单位）所属学校管理体制和布局结构的决定》（国发[1999]26号）和《国务院办公厅转发教育部等部门关于调整国务院部门（单位）所属学校管理体制和布局结构实施意见的通知》（国办发[2000]11号）的精神，文化部所属的9所艺术学院和1所中等艺术学校（中国北方曲校）完成了划转工作。其中中央音乐学院、中央戏剧学院和中央美术学院划归教育部管理，其他6所高校实行“中央与地方共建，以地方管理为主”的新的管理体制，北方曲艺学校划归天津市人民政府管理。调整学校管理体制和布局结构，是党中央国务院为优化教育资源配置，培养面向21世纪的高素质人才以及转变政府职能而做出的一项重大决策。为了确保国务院《决定》的顺利实施，文化部党组对院校划转工作非常重视，成立了以部党组成员、副部长潘震宙为组长的院校划转工作领导小组，并多次召开会议进行专门研究和部署。院校划转交接工作会议之前，教科司又多次与7所艺术院校所在地教委领导具体协商有关划转事宜。与此同时，计财司、人事司等部门也按有关要求积极开展工作。

孙家正部长出席了4月4日上午与北京市政府举行的交接工作会议并发表了讲话。他首先代表部党组对北京市委常委、教委主任徐锡安以及北京市政府有关部门负责同志的到来表示欢迎，对前段时间双方围绕院校划转开展的各项工作给予了充分肯定。孙家正指出，文化部党组以非常认真负责的态度贯彻国务院的《决定》。在北京市政府以及中国音乐学院、中国戏曲学院和北京舞蹈学院的密切配合下，划转工作进行顺利，学校教学和各项工作秩序良好，教职员工思想稳定。孙家正还满怀深情地介绍了3所院校的历史沿革、办学特色、教学成果等方面的情况。他说，这3所院校，和另外6所院校一样，不仅在国内，而且在国际上也享有盛誉。从感情上，我们确实舍不得。但从国家的大局、改革的大局出发，我们必须坚决服从党中央和国务院的决策。孙家正表示，这3所院校划转之后，尽管管理体制发生了变化，但文化部将继续一如既往地关心、支持3所院校的建设和发展，使其在全国继续保持其独特的地位。孙家正还就如何开展共建工作提出了要求。他指出，在今后的工作中一定要把文化部的力量和地方的力量结合起来。共建双方应明确责任，相互配合，形成合力，共同把共建工作做好，为首都北京和全国培养出更多优秀的艺术人才。

在北京举行划转院校交接工作会议之后，潘震宙副部长又率领由教科司、计财司、人事司等有关职能部门的领导组成的工作小组，专程赴上海、浙江进行划转院校交接工作。潘震宙副部长在文化部与上海市和浙江省政府举行的交接工作会议上明确表示，文化部党组坚决贯彻执行党中央、国务院的决定，将从各方面继续关心、支持这几所艺术院校的建设。他还全面介绍了划转院校的基本情况。潘震宙特别指出，实行新的管理体制之后，可以更充分地发挥中央和地方两个积极性，为艺术院校的建设创造更有利的条件。共建后艺术院校建设将进入一个新的发展阶段，同时也面临着一个更好的发展机遇。文化部真切地希望上海市和浙江省政府把这3所院校当做重点院校来建设，保持艺术院校的相对独立；各艺术院校要在当地党委、政府的领导和教育行政部门的指导下，加大改革的力度，进一步提高教学质量和办学效益，为文化艺术人才培养、为繁荣文化艺术事业做出更大的贡献。

在交接工作会议上，北京、上海、浙江的领导同志也都发表了讲话。他们由衷地感谢文化部召开这样郑重的会议进行划转院校的交接工作。他们一致认为，在这次院校划转工作中，文化部是做得最认真的。这几所艺术院校划转地方之后，填补了当地没有艺术高校的空白，使高校布局更趋合理。他们表示，一定认真贯彻国务院的《决定》，将这几所院校纳入到当地的高等教育管理体制改革和社会发展规划之中，努力保持其稳定，尊重艺术教育规律，扎扎实实地与文化部搞好共建，尽可能为这几所艺术院校的发展创造条件，把这几所院校办得更好、更有特色。交接工作会议之前，北京市政府专门召开了欢迎会，上海市委领导专门去上海音乐学院、上海戏剧学院视察，浙江省政府则为中国美术学院下拨了一笔较大的基建经费。

文化部办公厅主任尹志良、计财司司长王华、人事司司长杨炳延、副司长张文民、教科司司长冯远、副司长戴嘉枋，以及当地教育、人事、财政等部门领导和各有关院校党政领导出席了会议。

社会艺术水平考级工作

2000年，社会艺术水平考级工作认真贯彻国务院领导关于加强宏观管理的指示精神，从制定管理规章入手，加大管理工作力度，清理整顿考级单位，使艺术考级工作向规范、有序发展的方向迈出了坚实的一步。

制定考级管理规章，加强宏观管理。考级源于英国，系指对非艺术专业的人员按一定的要求进行测试以确定其艺术水平和等级的做法。改革开放以来，随着人民生活水平的提高和业余艺术教育的逐步普及，一些单位借鉴国外的做法，开始在国内进行考级。近年来，由于经济利益的驱动和缺乏规范的管理，随着参与艺术考级人员逐年增多，开办考级的范围逐步扩大，暴露的问题也越来越明显。主要表现为艺术考级泛滥，有相当一部分不具备条件的单位开办考级，这些单位没有统一的考级标准，开考的艺术门类和专业具有很大的随意性。即使考级工作组织得比较好的单位，也因为他们之间做法的差异使考生难以适从。艺术考级泛滥的状况引起了社会各界的关注，近几年来，两会代表连续提交要求加强管理的提案，并提出许多很好的意见和建议。国务院领导也非常重视这项工作，2000年6—7月间，李岚清副总理曾3次就这项工作做了批示，明确全国社会艺术水平考级工作由文化部进行宏观管理。根据岚清同志的指示，2000年6月，文化部、教育部有关业务司局专门召开工作会议，研究确定工作思路、工作步骤。2000年10月，文化部在征求了国务院有关部委以及团中央、全国妇联、中国文联等单位意见后，和教育部联合印发了《关于加强全国社会艺术水平考级管理工作的原则意见》(以下简称《原则意见》)。这个文件对社会艺术水平考级管理工作作了原则性规定，明确社会艺术水平考级工作归口管理单位的同时，对各级文化行政管理部门和教育行政管理部门提出了要求："各级文化行政部门要加强对本行政区划内社会艺术水平考级工作的管理和监督。各级文化、教育行政管理部门不得直接参与和组织社会艺术水平考级活动，已经参与或组织考级的应立即退出、停止。"文件明确指出，社会艺术水平考级不得与各级各类学校学生的升学考试挂钩，也不得将社会艺术水平考级结果作为认定特长生的依据。文化部、教育部希望通过这个《原则意见》，构建社会艺术水平考级管理工作的框架，消除不利于当前考级工作发展的因素，引导考级走上规范发展轨道，为下一步工作奠定基础。《原则意见》是艺术考级的第一个文件，标志着艺术考级走上了规范化发展轨道。与《原则意见》相配套的《全国社会艺术水平考级管理暂行办法》及其实施细则目前也正在制定中。

清理整顿考级单位。文化部有关业务司局对考级管理工作十分重视，在《原则意见》出台之前，曾对当时直属文化部个别单位的不当行为进行了整顿并取得了一定的成效。《原则意见》出台后，根据文件精神，各地纷纷就本地的艺术考级工作进行了清理整顿。如北京市教委下发通知，将艺术考级结果与艺术特长生招生脱钩；四川省文化厅、教育厅联合下发了《关于清理整顿全省社会艺术水平考级活动的通知》，要求本省各开办考级单位上报有关工作情况，主管部门将按有关部门管理规章重新对考级单位的资格进行审批、监督。市一级文化行政管理部门行动也非常积极，如浙江省金华市文化市场管理办公室下发文件，停止了本市个别不符合条件单位的艺术考级工作。有的单位在开展与考级有关工作的过程中，主动向文化部核实情况、请示工作，及时识破了一些非法开办考级的单位，维护了考级工作的严肃性。考级的清理整顿工作，在社会上反响强烈，《北京日报》、《北京青年报》、《北京晚报》等报刊均有报道。开办考级的单位对清理整顿持赞成意见，他们对文件进行了认真的学习，并认为通过管理，纠正考级变成新八股、偏离艺术教育初衷的状况，还艺术考级本来面貌是十分必要的。考生和家长也比较满意，绝大多数人都认识到规范后的考级活动将更加符合艺术教育自身规律，对考生的发展是十分有益的。

建立健全全国社会艺术水平考级管理工作的管理机构。文化部对主管艺术教育的业务司局教科司进行了调整，根据新的工作职能重新设置了处室和编制，新的教科司“三定”方案中，“负责艺术水平考级管理工作”成为教育处的重要职责之一，艺术考级管理工作正式纳入了艺术教育管理范畴，从组织上予以了保障。文化部还正在酝酿建立专门机构，对考级的日常工作进行管理，即由专门机构来承办考级。同时，艺术考级管理工作的专家咨询机构“全国社会艺术水平考级工作专家指导委员会”已就人选问题征求意见完毕，将于近期正式成立。下一步文化部将按“专家论证、政府决策”的指导思想开展工作。

附:《文化部、教育部关于印发<关于加强全国社会艺术水平考级管理工作的原则意见>的通知》

广播电影电视总局、共青团中央、全国妇联、中国文联、各省、自治区、直辖市文化厅（局）、教育厅（教委）:

现将《关于加强全国社会艺术水平考级管理工作的原则意见》印发给你们，请遵照执行。

关于加强全国社会艺术水平考级管理工作的原则意见

改革开放以来，随着人民生活水平的提高，社会业余艺术教育逐步得到普及和发展，社会艺术水平考级现象也随之自发产生。现阶段，蓬勃发展的社会艺术水平考级活动，作为一种有一定群众基础的社会艺术教育现象，已成为专业艺术教育的一种补充形式。

社会艺术水平考级是指由符合条件的专业机构依照规定程序对业余学习艺术者的水平 通过考试形式进行鉴定和指导的行为。开展社会艺术水平考级工作，应以普及艺术教育、提高国民素质为宗旨，坚持把社会效益放在首位，为素质教育服务。

随着社会艺术水平考级活动的发展，也逐步暴露出一些问题。由于受经济利益驱动，考级工作多头介入，各类考级泛滥，良莠不齐；由于没有明确归口管理的行政部门，多家考级主体自成体系，各自为政，缺乏规范，给管理工作造成较大难度；有些地区将考级结果与升学挂钩，片面强调了考级的功利目的。考级工作的混乱状况亟待政府部门实施有效管理。

为了使考级工作健康、有序地发展，根据国务院领导同志关于社会艺术水平考级工作的指示精神，结合考级工作的现状，现提出如下原则意见:

一、文化部宏观管理全国社会艺术水平考级管理工作，教育部协同做好有关工作。

各级文化行政管理部门要加强对本行政区划内社会艺术水平考级工作的管理和监督。各级文化、教育部门不得直接参与和组织社会艺术水平考 级活动，已经参与或组织考级的应立即退出、停止。

准确定位社会艺术水平考级活动。社会艺术水平考级结果不得与各级各类学校学生的升学考试挂钩，也不得将社会艺术水平考级的结果作为认定特长生的依据。

社会艺术水平考级必须坚持考生自愿参加的原则，各中、小学校和教师不得动员和组织本校学生参加艺术水平考级。社会艺术水平考级活动不得在中、小学校内进行。

二、针对社会艺术水平考级工作中出现的问题，行政管理部门将首先对现阶段社会艺术水平考级活动进行清理整顿，为规范社会艺术水平考级活动打好基础。

自本意见下达之日起，有关部门不得批准新的考级单位。目前已开展考级的单位，不得增设新的考点，并根据本原则意见的精神进行自查自纠。待有关管理办法发布后，主管部门将对考级单位重新进行审批。目前国外机构在中华人民共和国内以及港澳台地区的机构在中国大陆（内地）开办社会艺术水平考级活动一律暂停，管理办法将另行制定。

三、建立健全全国社会艺术水平考级工作的组织管理机构。

由文化部牵头，有关部门组成全国社会艺术水平考级管理工作领导小组。领导小组是全国社会艺术水平考级工作的决策机构，其常设机构为办公室，设在文化部教育科技司，负责处理领导小组的日常工作。领导小组下设全国社会艺术水平考级工作专家指导委员会，对全国社会艺术水平考级工作进行业务指导。

四、文化部将按“专家论证、政府决策”的指导思想，通过论证，尽快制订发布《全国社会艺术水平考级工作管理暂行办法》，并逐步制订相应的实施细则，使全国社会艺术水平考级工作规范化。各级文化行政管理部门将按有关管理规章重新对考级单位的资格进行审批、监督。

艺术教育援藏招生工作

1998年文化部与西藏自治区人民政府签订的文化援藏项目，包括由文化部教育科技司在两年内为西藏文化厅培训10名专业教师，和帮助西藏艺术团体培训编创人员的项目。2000年6月，为落实这一援藏教育项目，文化部教育科技司组成了以副司长童明康为组长的援藏招生工作小组，由上海音乐学院副院长朱钟堂、上海戏剧学院副教授李建平、中国戏曲学院讲师赵伟明等参加。援藏小组的同志到达西藏后，克服了高原气候不适、缺氧等困难，在西藏文化厅的全力支持配合下，招生学校顺利地进行了招生专业考试，确定了专业合格、可以参加全国文化课统考的考生，圆满地完成了招生考试任务。经过全国统一的文化课考试，并经过教科司与有关招生管理部门的协调，招生学校录取了西藏文化厅急需的作曲、戏曲、话剧编剧、导演等考生。此外，北京舞蹈学院在2000年也接受了西藏文化厅推荐的一批学员，为西藏定向培养舞蹈编导人才。

招生小组在西藏期间，还进行了短期培训，童明康、朱钟堂、李建平、赵伟明同志分别作了现代科技在文化建设中的应用、音乐基本理论、话剧导演研究、戏曲现状研究等专题讲座，西藏文化厅机关各处室的干部、西藏文化厅所属艺术创作、艺术研究单位的专业人员100余人参加了培训。

教科司组织“艺术教育讲师团”赴宁夏讲学

为落实2000年4月7日部长办公会议确定的由教科司协调有关部门和艺术院校选派专业教师到宁夏进行短期讲学，以提高宁夏艺术学校师资水平的任务，10月24日至11月22日，由教科司组织的“赴宁夏艺术教育讲师团”在宁夏回族自治区文化厅和宁夏艺术学校的密切配合下，经过1个月的紧张工作，圆满地完成了音乐、舞蹈、油画、书法等专业教学工作。

这次讲学活动得到了教育部和北京市教委所属有关艺术院校的大力支持。参加讲师团的各专业教师均系按宁夏回族自治区文化厅、宁夏艺校的需要特别选派的骨干教师，他们分别是中央音乐学院钢琴系副教授李民（讲授钢琴教学法）、中央美术学院油画系讲师李荣琳（讲授油画）、北京舞蹈学院民间舞系讲师杨金卫（讲授民间舞蹈）、助教苏雪冰（讲授基本功训练），中国书法家协会会员、教科司综合处处长吴开英（讲授书法艺术）。参加讲学的同志赴宁夏前分别进行了精心准备。讲师团按照与宁夏方面商定的工作计划，重点以宁夏艺校为主，兼顾宁夏大学艺术系有关专业师生，以及部分群艺馆、文化馆、演出团体和宁夏舞蹈家协会有关专业人员；在方法上采取集中辅导和示范教学等方式，对各专业任课教师和业务人员有针对性地进行培训。由于计划周密，安排得当，在各专业教师的悉心指导下，各学科任课教师的业务水平均有明显提高，钢琴、舞蹈、油画、书法等专业直接接受面授的学生也一致反映，各位老师专业水平高，教学方法科学、灵活，不但使他们学到了许多新的知识，还进一步激发了他们的学习信心和学习热情。讲师团在进行专业教学的同时，还通过举办邓小平文艺理论和教师职业道德修养等专题讲座，帮助宁夏艺校全体教职员工提高综合素质。

为使这次讲学活动更加扎实有效，教科司还为宁夏艺校购置了教学用的幻灯机和100本《邓小平文艺理论读本》、两套《世界著名画家经典作品幻灯片》、150册《书法练习册》等教材和有关材料。讲学结束前，宁夏回族自治区文化厅王邦秀厅长、薛亚平副厅长和文化厅有关处室负责人以及宁夏艺校领导，与讲师团教师以及专程前往调研的文化部社图司民族文化处王勇才同志座谈，听取各位教师对宁夏艺校建设和加强学科教学工作的意见和建议。王邦秀厅长代表文化厅和艺校，对各位教师的敬业精神、工作作风和教学上取得的成效给予了很高的评价，对文化部采取有效措施支持宁夏文化建设表示由衷感谢，并希望文化部将这一易于组织、效果良好的助学项目延续下去，坚持3至5年，以推进宁夏艺术人才培养工作上一个新台阶。

中国青少年艺术大赛第六届“桃李杯”舞蹈比赛

由文化部主办，上海市文化广播影视管理局承办，上海市舞蹈学校、上海市演艺公司、东方电视台协办，以发现、选拔舞蹈新人新作，繁荣舞蹈剧目创作，推动我国舞蹈事业发展；在世纪之交检阅我国舞蹈专业教学成果，总结交流教学及创作经验，提高教学和表演水平为宗旨的中国青少年艺术大赛第六届“桃李杯”舞蹈比赛于2000年7月15—23日在上海成功举办。本届比赛在组织工作上进行了新的尝试和改革：1、在比赛的章程上进行了调整，增加了群舞比赛，扩大了社会力量办学的院校参加比赛；2、在评委会的组建上增加了透明度和公开性和普遍性；3、在选手资格的认证上首次采取在报纸上设立资格争议期的办法；4、制定了严谨、规范的《评委会工作细则》；5、第一次编制、使用了计算机评分软件；6、第一次在颁奖晚会上当场公布获奖名次。本届比赛使众多富有才华和潜质的优秀选手的脱颖而出，一大批具有创新意识的新剧目的出现，使3年一届的“桃李杯”舞蹈比赛在本届跃升到一个新的高度，体现了专业舞蹈教学的勃勃生机和巨大潜力。

中国中等艺术教育学会第十四届年会顺利召开

2000年10月15日至19日，中国中等艺术教育学会第十四届年会在杭州召开。来自全国各地68所中等艺术学校的82名校领导参加了本届年会，文化部教科司、浙江省政府、浙江省文化厅、浙江省教委有关领导分别出席了会议开幕式和闭幕式。

本届年会的主题是进一步贯彻落实全国教育工作会议精神，加强中等艺术教育中素质教育和创新教育。围绕主题，会议就中等艺术教育在教育领域中的地位、作用和面临的主要问题进行了交流和研讨，共同探索了新形势下全国中等艺术职业教育新动向和发展新路子，并就如何进一步加强学会建设，发展艺术教育事业作了理论和实际两个方面的探讨。

本届年会对各中等艺术学校选送的137篇主题论文进行了评比，获奖论文将被选入《中国中等艺术教育学会年会论文集》。

重新调整评估国家级重点中等艺术学校

为了贯彻落实国务院批转教育部《面向21世纪教育振兴行动计划》中提出的“努力在各地办出一批有较高社会声誉的职业技术学校”的要求，推动职业艺术教育改革与发展，文化部教科司受教育部委托，于2000年3月组织有关专家对1994年原国家教委审批公布的国家级重点中等艺术学校以及各省新申报的一批国家级重点艺术学校共21所进行了严格的评审，本着实事求是、客观公正、认真负责的原则，对所有申报学校提出了公正的评价和推荐意见。2000年5月31日教育部公布了首批国家级重点中等职业学校名单，其中中央音乐学院附中、北京舞蹈学校附中、北京市戏曲学校、辽宁省艺术学校、四川省川剧学校、山东潍坊艺术学校、山东省艺术学校、吉林省戏曲学校、云南省艺术学校、山西省戏曲学校、安徽艺术学校、四川省舞蹈学校、湖南省艺术学校、黑龙江省艺术学校、天津市艺术学校、江苏省戏剧学校、大庆市艺术学校进入了首批国家级重点中等艺术学校的行列，第二批国家级重点中等艺术学校申报、评审工作已经结束并已经教育部专家组审核通过。

中国中等艺术教育教学指导委员会成立

2000年3月全国中等艺术教育教学指导委员会正式成立。委员会成员由文化部教科司领导及中央音乐学院附中、中央美术学院附中、北京舞蹈学院附中15位教育教学专家组成。艺术职业教育教学指导委员会的职能是 研讨中等艺术教育的培养目标、基本规格、教育年限和教学的基本要求，对中等艺术学校的专业划分、课程开发、教学计划、教学大纲的制定和教材工作提出规划和实施性方案，组织开展相应的教育教学评估工作，指导中等艺术学校开展教学、学术研究和咨询、服务工作。根据上述职能，会议确定了中等艺术教育教学改革的基本思路和规划，制定了近期主要工作计划。

西部美术教育研讨会

面对西部大开发的历史机遇，为进一步落实第三次全教会的精神，探讨市场经济发展与高等美术教育改革的关系，加快美术教育改革的步伐，文化部教科司于2000年11月召开了西部美术教育研讨会，就新时期美术教育模式及当代特征，西部美术教育的现状及其展望，当代美术教育结构调整与市场经济，专业教师队伍动态管理及待遇等问题进行了深入的研讨。全国27所高等美术艺术院校近80名代表参加了会议。

文化政策法规

综　述

文化领域的现行立法，以专项文化法律和行政法规为骨干，辅以相当数量的部门规章和地方性文化法规。具体可分为三个层次:（1）法律。除宪法和其他法律法规关于文化的内容外，主要包括文物和著作权两大部分。文物方面的立法主要是《文物保护法》及实施细则，目前正在修订。全国人大八届五次会议修订通过的《中华人民共和国刑法》，还专门设立了“妨害文物管理罪”。知识产权方面的立法有《著作权法》、《著作权法实施条例》等，与此同时，中国还参加了《伯尔尼公约》、《世界版权公约》和《日内瓦公约》等知识产权保护方面的国际公约。（2）法规。国务院颁布的行政法规主要有《音像制品管理条例》、《营业性演出管理条例》、《娱乐场所管理条例》、《传统工艺美术保护条例》、《电影管理条例》、《广播电视管理条例》、《外国记者和外国常驻新闻机构管理条例》、《出版管理条例》、《印刷业管理条例》以及与《文物保护法》配套的几个行政法规等。此外，还有各省、自治区、直辖市出台的地方性法规。（3）规章。主要指文化部、国家广播电影电视总局、新闻出版署、国家版权局等中央国家机关以部长令的形式发布的行政规章和规范性文件、地方人民政府发布的政府规章等。三个层次的文化立法，相互配合，使文化事业管理逐步走上了法制化轨道。

2000年国务院及中央国家机关制定、发布的文化法规及法规性文件主要是:

1、中共中央办公厅、国务院办公厅关于加强青少年学生活动场所建设和管理工作的通知(中办发[2000]13号)

2、《互联网信息服务管理办法》(国务院令第292号)

3、国务院关于支持文化事业发展若干经济政策的通知(国发　[2000]41号)

4、国务院办公厅转发文化部等部门关于开展电子游戏经营场所专项治理意见的通知（国办发[2000]　44号）

5、国务院办公厅关于西部大开发中加强文物保护和管理工作的通知(国办发[2000]60号)

6、《文化市场行政执法错案责任追究暂行办法》(文化部令第18号)

7、《文化类民办非企业单位登记审查管理暂行办法》(与民政部联合发布)

8、《文化部关于音像制品网上经营活动有关问题的通知》

9、国家广播电影电视总局关于加强体育比赛电视报道和转播管理工作的通知

10、关于进一步加强电视剧引进、合拍和播放管理的通知

11、关于加强广播电视节目电影片进口管理的通知

12、国家广播电影电视总局关于加强动画片引进和播放管理的通知

13、信息网络传播广播电影电视类节目监督管理暂行办法

14、新闻出版署关于进一步加强出版物发行管理的通知

15、新闻出版署关于颁发《出版物批发市场管理暂行办法》的通知

16、中央宣传部、新闻出版署关于印发《关于建立违纪违规报刊警告制度的意见》《违纪违规报刊警告制度实施细则》的通知

17、新闻出版署关于发布、实施《出版物条码管理办法》的通知

18、新闻出版署关于规范涉外版权合作期刊封面标识的通知

19、音像制品条码实施细则

20、新闻出版署关于进一步完善出版物市场管理备案制度的通知

21　、新闻出版署关于加强光盘复制管理若干问题的通知

22、国家版权局关于制作数字化制品的著作权规定

23、国家版权局关于加强对国外著作权认证机构中国常驻代表机构进行管理的意见

24、国家版权局公告（第7号）

中共中央办公厅、国务院办公厅关于加强青少年学生活动场所建设和管理工作的通知

中办发　[2000]　13号

各省、自治区、直辖市党委和人民政府，各大军

区党委，中央和国家机关各部委，军委各总部、各军兵种党委，各人民团体：

改革开放以来，在党中央关于“全党全社会都来关心少年儿童健康成长”的号召下，青少年学生校外活动场所建设得到各级党委、人民政府和社会各界的重视，有了长足的发展。但是，在青少年学生校外活动场所建设和管理方面，也存在不少问题，无论在数量上、布局上、规模上，都难以满足2.4亿青少年学生健康成长的需要。为了贯彻落实江泽民总书记关于“原有少儿活动场所严禁移作它用。同时各级政府还要尽可能设法多建设一些健康的青少年活动场所和设施”等批示的精神，全面推进素质教育，为广大青少年学生创造良好的社会育人环境，经党中央、国务院同意，现就加强青少年学生校外活动场所建设和管理工作有关问题通知如下：

一、认真加强青少年学生校外活动场所的管理

（一）地方各级党委和人民政府，中央和国家机关各有关部门近期要对青少年学生校外活动场所和设施进行一次全面检查，针对检查中存在的问题，及时进行整改。凡挤占、出租青少年学生活动场所的，必须在规定时限内予以改正。各级财政部门要对需进行维修和更新设施的青少年学生活动场所优先给予经费支持，重点保障。

（二）由国家和省、自治区、直辖市有关部门命名的“爱国主义教育基地”、“青少年科技教育基地”、“德育基地”等场馆、设施，要低费或积极创造条件免费向青少年学生开放。全国各级革命博物馆、纪念馆、陈列馆、展览馆、革命烈士陵园等单位，要执行《中共中央办公厅、国务院办公厅关于转发〈中央宣传部、国家教委、民政部、文化部、国家文物局、共青团中央关于加强革命文物工作的意见〉的通知》（中发办〔1998〕2号）精神，对中小学校师生有组织的参观活动实行免费，对普通高等学校师生有组织的参观活动可实行免费或半价优惠。地方各级党委和人民政府，中央和国家机关各有关部门要制定具体政策、措施，对上述活动予以保障。

（三）其他各类博物馆、纪念馆、科技馆、文化馆（站）、体育场（馆）、影剧院、工人文化宫（俱乐部）等公共文化设施和企事业单位、社会团体所属的文化体育设施及校外教育设施，必须坚持公益性原则，增加向青少年学生开放的时间，节假日免费或低费向青少年学生开放。地方各级人民政府和各有关部门要在资金、税收政策等方面给予必要的支持。

（四）各级各类学校要充分利用学校内部的各种活动场所、设施和实验室、语音室、计算机室等功能教室，安排好青少年学生的课外活动和校园文化生活，节假日也要向学生开放。要配合社区教育活动，与所在社区的青少年活动场所建立密切联系，积极创造条件丰富青少年学生的校外文娱、体育、科技活动。

二、切实做好青少年校外活动场所的规划和建设工作

（五）地方各级人民政府要设法多建设健康的青少年学生校外活动场所和设施。“十五”期间，国家将对缺乏青少年学生校外活动场所的地区，特别是中西部贫困地区给予资金支持。各级人民政府要将面向青少年学生的活动场所和公共文化、体育设施建设纳入国民经济和社会发展规划。青少年学生校外活动场所作为公益性设施，所需建设投资以各级人民政府投入为主。各级人民政府计划部门要高度重视，调整投资结构，加大投资力度。各级政府要认真做好“十五”期间青少年宫和活动中心的建设规划，根据实际需要和建设条件，在充分利用现有设施的基础上，新建和扩建一批青少年宫和活动中心，特别是科技、体育、文化等活动场所，大力改善青少年学生校外活动场所条件。在城市建设、旧城改建、居住区建设中必须严格按照国家有关法规和标准的规定，建设青少年学生校外活动场所，并注重内部设施和软件建设，力争到“十五”末期，全国90%以上的县（市）至少有一所青少年宫或活动中心等青少年学生校外活动场所。

（六）各级人民政府财政部门要高度重视，调整支出结构，加大对青少年学生校外活动场所的资金投入。中小城市人民政府财政部门要尽可能增加投入，用于建设青少年学生活动场所。各级财政部门支持青少年学生开展课外活动和维修青少年学生活动场所的经费开支，可以在地方财政对教育经费增加的一个百分点中安排。如果本地区尚未对教育经费采取增加一个百分点的政策，也要克服困难千方百计挤出资金，积极支持青少年学生活动场所建设。

除了各级人民政府的财政资金投入外，还可以从体育彩票和福利彩票的公益金中拿出一部分，专门用于补助青少年校外活动场所的建设和维护。请财政部会同国家体育总局、民政部制定经费筹集意见。

（七）要积极鼓励和支持社会力量兴办青少年学生校外活动场所和捐助各种活动设施及经费。积极发展以社区为依托、公办和民办相结合的青少年学生校外活动场所。地方各级人民政府和国务院有关部门要因地制宜，制定优惠政策，如减免土地出让金、免征配套费等，以引导社会资金，鼓励和支持社会力量兴办公益性的青少年学生活动场所。

三、全社会都要积极支持青少年学生活动场所建设和管理工作

（八）新闻宣传、广播影视、新闻出版、文化艺术等部门要加强对青少年学生的宣传教育工作。宣传部门要及时宣传各地加强青少年学生校外活动场所建设和管理的好经验、好做法。继续加强爱国主义教育示范基地建设，充分发挥示范基地的作用，加大宣传力度。广播影视和新闻出版部门要创作生产和发行播映更多的弘扬主旋律、有益于青少年健康成长的精神产品。充分发挥优秀影视作品在青少年学生教育中的作用。加大投入力度，认真做好儿童影视片的制作和发行放映工作。加强文化市场管理，严格审查制度，严禁播放和出售渲染凶杀、暴力和不健康内容的文化作品。要深入持久地开展“扫黄”、“打非”斗争。国家设立的图书馆、文化馆等公益性文化设施要为青少年学生提供免费服务。

（九）公安、政法、文化、工商等部门要认真贯彻执行《中华人民共和国未成年人保护法》、《中华人民共和国预防未成年人犯罪法》、《娱乐场所管理条例》和《音像制品管理条例》，要切实加强对营业性歌舞娱乐场所、电子游艺厅、录像厅等社会文化场所的管理。加大治理力度，坚决取缔各类非法社会文化场所。校园周围200米以内不得开办电子游艺厅。游艺娱乐场所中设置的电子游戏机，除法定节假日外，不得向未成年人提供。所有营业性舞厅、卡拉OK厅等娱乐场所不得接待未成年人。在2000年6月30日以前，所有歌舞娱乐场所和设有电子游戏机的游艺娱乐场所应当在其入口的显著位置悬挂禁止或限制未成年人进入的标志牌。对设置带有赌博性功能的电子游戏机和非法定节假日允许未成年人入内的电子游戏厅，要坚决予以取缔。对社会文化娱乐场所，要从严审批，加强日常管理和对经营管理人员的法制培训工作。

（十）税务部门要采取措施，鼓励公益性青少年学生活动场所的发展。对公益性青少年学生活动场所、单位暂免征企业所得税；社会力量通过非营利性的社会团体和国家机关对青少年学生校外活动场所（包括新建）的捐赠，在缴纳企业所得税和个人所得税前全额扣除。省级人民政府对游戏厅的营业税，一律按20%的税率征收。对账证不全、核定征税的游戏厅，相应提高税收定额。由国家税务总局制定具体实施办法。

（十一）教育、文化、科技、体育等部门要把做好引导和安排青少年学生课余生活及活动场所的建设和管理工作列入重要日程。教育部门要将所辖的校外教育机构和各级各类学校的活动场所、设施建设及管理作为教育督导检查的重要内容。科技部门要积极创造条件，加快青少年科技教育基地的建设，推动有条件的科研机构面向青少年学生设立开放日。要在社区和旅游景点开辟青少年科普教育阵地。有条件的国家和高等学校重点实验室要定期向青少年学生开放。体育部门要采取措施，督促所有向群众开放的公共体育场馆对大中小学生参加体育健身活动提供优惠服务。

（十二）工会、共青团、妇联和科协等群众团体要积极配合有关部门，共同做好青少年学生校外教育工作。工人文化宫、俱乐部等要扩大服务范围，面向青少年学生开放。青少年宫、青少年科技活动中心和妇女儿童活动中心等以青少年为主要服务对象的校外活动场所，要坚持把社会效益放在首位，积极接纳青少年学生参加各种校外活动，决不允许进行以营利为目的的经营性活动。

四、切实加强对青少年学生校外教育工作的领导

（十三）为了加强对青少年学生校外教育工作的领导，成立“全国青少年校外教育工作联席会议”，统筹协调和指导全国青少年学生校外教育工作以及青少年学生校外活动场所建设和管理工作。地方也可参照成立相应的协调机构。全国青少年学生校外教育工作由教育部牵头，中央和国家机关各有关部门、群众团体共同参与，做好青少年学生校外教育工作。全国青少年校外教育工作联席会议办公室设在教育部。

（十四）地方各级党委和人民政府，中央和国家机关各有关部门、群众团体要从实施科教兴国战略、推进两个文明建设的高度，以对党和人民高度负责的态度，把青少年学生校外教育工作以及青少年学生活动场所的建设和管理工作作为一件大事来抓。地方党委和人民政府主要负责同志要负总责，统筹协调各有关部门和群众团体，切实加强对青少年学生活动场所的规划、建设、管理、监督、检查工作的领导，落实目标管理责任制。

（十五）各省、自治区、直辖市党委和人民政府，中央和国家机关各有关部门、群众团体要根据本通知精神，结合本地区、本部门、本单位实际，制定加强青少年学生校外教育工作以及青少年学生校外活动场所建设和管理工作的规划及具体措施，将建设规划及贯彻落实本通知情况于2000年10月底前报教育部，由教育部汇总后报党中央、国务院。中共中央办公厅、国务院办公厅将在2000年底前，组织有关部门对各地区、各部门和各单位的贯彻落实情况进行检查，并通报检查结果。

中共中央办公厅
国 务 院 办 公 厅
2000年6月3日

互联网信息服务管理办法

【颁布单位】 国务院
【文号】国务院令第292号
【颁布日期】2000/09/25
【实施日期】2000/09/25

第一条 为了规范互联网信息服务活动，促进互联网信息服务健康有序发展，制定本办法。

第二条 在中华人民共和国境内从事互联网信息服务活动，必须遵守本办法。

本办法所称互联网信息服务，是指通过互联网向上网用户提供信息的服务活动。

第三条 互联网信息服务分为经营性和非经营性两类。

经营性互联网信息服务，是指通过互联网向上网用户有偿提供信息或者网页制作等服务活动。

非经营性互联网信息服务，是指通过互联网向上网用户无偿提供具有公开性、共享性信息的服务活动。

第四条 国家对经营性互联网信息服务实行许可制度；对非经营性互联网信息服务实行备案制度。

未取得许可或者未履行备案手续的，不得从事互联网信息服务。

第五条 从事新闻、出版、教育、医疗保健、药品和医疗器械等互联网信息服务，依照法律、行政法规以及国家有关规定须经有关主管部门审核同意的，在申请经营许可或者履行备案手续前，应当依法经有关主管部门审核同意。

第六条 从事经营性互联网信息服务，除应当符合《中华人民共和国电信条例》规定的要求外，还应当具备下列条件：

（一）有业务发展计划及相关技术方案；

（二）有健全的网络与信息安全保障措施，包括网站安全保障措施、信息安全保密管理制度、用户信息安全管理制度；

（三）服务项目属于本办法第五条规定范围的，已取得有关主管部门同意的文件。

第七条 从事经营性互联网信息服务，应当向省、自治区、直辖市电信管理机构或者国务院信息产业主管部门申请办理互联网信息服务增值电信业务经营许可证(以下简称经营许可证)。省、自治区、直辖市电信管理机构或者国务院信息产业主管部门应当自收到申请之日起60日内审查完毕，作出批准或者不予批准的决定。予以批准的，颁发经营许可证；不予批准的，应当书面通知申请人并说明理由。

申请人取得经营许可证后，应当持经营许可证向企业登记机关办理登记手续。

第八条 从事非经营性互联网信息服务，应当向省、自治区、直辖市电信管理机构或者国务院信息产业主管部门办理备案手续。办理备案时，应当提交下列材料：

（一）主办单位和网站负责人的基本情况；

（二）网站网址和服务项目；

（三）服务项目属于本办法第五条规定范围的，已取得有关主管部门的同意文件。

省、自治区、直辖市电信管理机构对备案材料齐全的，应当予以备案并编号。

第九条　从事互联网信息服务，拟开办电子公告服务的，应当在申请经营性互联网信息服务许可或者办理非经营性互联网信息服务备案时，按照国家有关规定提出专项申请或者专项备案。

第十条　省、自治区、直辖市电信管理机构和国务院信息产业主管部门应当公布取得经营许可证或者已履行备案手续的互联网信息服务提供者名单。

第十一条　互联网信息服务提供者应当按照经许可或者备案的项目提供服务，不得超出经许可或者备案的项目提供服务。

非经营性互联网信息服务提供者不得从事有偿服务。

互联网信息服务提供者变更服务项目、网站网址等事项的，应当提前30日向原审核、发证或者备案机关办理变更手续。

第十二条　互联网信息服务提供者应当在其网站主页的显著位置标明其经营许可证编号或者备案编号。

第十三条　互联网信息服务提供者应当向上网用户提供良好的服务，并保证所提供的信息内容合法。

第十四条　从事新闻、出版以及电子公告等服务项目的互联网信息服务提供者，应当记录提供的信息内容及其发布时间、互联网地址或者域名；互联网接入服务提供者应当记录上网用户的上网时间、用户帐号、互联网地址或者域名、主叫电话号码等信息。互联网信息服务提供者和互联网接入服务提供者的记录备案应当保存60日，并在国家有关机关依法查询时，予以提供。

第十五条　互联网信息服务提供者不得制作、复制、发布、传播含有下列内容的信息：

（一）反对宪法所确定的基本原则的；

（二）危害国家安全，泄露国家秘密，颠覆国家政权，破坏国家统一的；

（三）损害国家荣誉和利益的；

（四）煽动民族仇恨、民族歧视，破坏民族团结的；

（五）破坏国家宗教政策，宣扬邪教和封建迷信的；

（六）散布谣言，扰乱社会秩序，破坏社会稳定的；

（七）散布淫秽、色情、赌博、暴力、凶杀、恐怖或者教唆犯罪的；

（八）侮辱或者诽谤他人，侵害他人合法权益的；

（九）含有法律、行政法规禁止的其他内容的。

第十六条　互联网信息服务提供者发现其网站传输的信息明显属于本办法第十五条所列内容之一的，应当立即停止传输，保存有关记录，并向国家有关机关报告。

第十七条　经营性互联网信息服务提供者申请在境内境外上市或者同外商合资、合作，应当事先经国务院信息产业主管部门审查同意；其中，外商投资的比例应当符合有关法律、行政法规的规定。

第十八条　国务院信息产业主管部门和省、自治区、直辖市电信管理机构，依法对互联网信息服务实施监督管理。

新闻、出版、教育、卫生、药品监督管理、工商行政管理和公安、国家安全等有关主管部门，在各自职责范围内依法对互联网信息内容实施监督管理。

第十九条　违反本办法的规定，未取得经营许可证，擅自从事经营性互联网信息服务，或者超出许可的项目提供服务的，由省、自治区、直辖市电信管理机构责令限期改正，有违法所得的，没收违法所得，处违法所得3倍以上5倍以下的罚款；没有违法所得或者违法所得不足5万元的，处10万元以上100万元以下的罚款；情节严重的，责令关闭网站。

违反本办法的规定，未履行备案手续，擅自从事非经营性互联网信息服务，或者超出备案的项目提供服务的，由省、自治区、直辖市电信管理机构责令限期改正；拒不改正的，责令关闭网站。

第二十条　制作、复制、发布、传播本办法第十五条所列内容之一的信息，构成犯罪的，依法追究刑事责任；尚不构成犯罪的，由公安机关、国家安全机关依照《中华人民共和国治安管理处罚条例》、《计算机信息网络国际联网安全保护管理办法》等有关法律、行政法规的规定予以处罚；对经营性互联网信息服务提供者，并由发证机关责令停业整顿直至吊销经营许可证，通知企业登记机关；对非经营性互联网信息服务提供者，并由备案机关责令暂时关闭网站直至关闭网站。

第二十一条　未履行本办法第十四条规定的义务的，由省、自治区、直辖市电信管理机构责令改正；情节严重的，责令停业整顿或者暂时关闭网站。

第二十二条　违反本办法的规定，未在其网站主页上标明其经营许可证编号或者备案编号的，由省、自治区、直辖市电信管理机构责令改正，处5000元以上5万元以下的罚款。

第二十三条　违反本办法第十六条规定的义务的，由省、自治区、直辖市电信管理机构责令改正；情节严重的，对经营性互联网信息服务提供者，并由发证机关吊销经营许可证，对非经营性互联网信息服务提供者，并由备案机关责令关闭网站。

第二十四条　互联网信息服务提供者在其业务活动中，违反其他法律、法规的，由新闻、出版、教育、卫生、药品监督管理和工商行政管理等有关主管部门依照有关法律、法规的规定处罚。

第二十五条　电信管理机构和其他有关主管部门及其工作人员，玩忽职守、滥用职权、徇私舞弊，疏于对互联网信息服务的监督管理，造成严重后果，构成犯罪的，依法追究刑事责任；尚不构成犯罪的，对直接负责的主管人员和其他直接责任人员依法给予降级、撤职直至开除的行政处分。

第二十六条　在本办法公布前从事互联网信息服务的，应当自本办法公布之日起60日内依照本办法的有关规定补办有关手续。

第二十七条　本办法自公布之日起施行。

国务院关于支持文化事业发展若干经济政策的通知

【颁布单位】　国务院

【文号】　国发(2000)41号

【颁布日期】　2000/12/18

【实施日期】　2000/12/18

各省、自治区、直辖市人民政府，国务院各部委、各直属机构：

改革开放以来，特别是党的十四大以来，党中央、国务院先后出台了一系列文化经济政策，对改革宣传文化管理体制和完善宣传文化机构内部经营机制，促进精神文化产品生产和宣传文化设施建设，改善宣传文化机构的物质条件，发挥了积极作用，推动了宣传文化事业健康发展。

为认真贯彻《中共中央关于制定国民经济和社会发展第十个五年计划的建议》中关于“继续实行支持文化事业发展的有关政策，增加对重要新闻媒体和公益文化事业的投入”的精神，深化宣传文化管理体制改革，推动宣传文化事业发展，在“九五”结束后，要继续执行《国务院关于进一步完善文化经济政策的若干规定》(国发〔1996〕37号）及相关文件并加大财税支持力度，对现行的各项文化经济政策加以调整和完善。现将有关问题通知如下：

一、继续征收文化事业建设费。

(一)各种营业性的歌厅、舞厅、卡拉OK歌舞厅、音乐茶座和高尔夫球、台球、保龄球等娱乐场所，按营业收入的3%缴纳文化事业建设费。

广播电台、电视台和报纸、刊物等广告媒介单位以及户外广告经营单位，按经营收入的3%缴纳文化事业建设费。

(二)文化事业建设费由地方税务机关在征收娱乐业、广告业的营业税时一并征收。中央和国家机关所属单位缴纳的文化事业建设费，由地方税务机关征收后全额上缴中央金库。地方缴纳的文化事业建设费，全额缴入省级金库。

(三)文化事业建设费纳入财政预算管理，分别由中央和省级建立专项资金，用于文化事业建设。文化事业建设费的管理和使用，继续按照财政部、中宣部《关于颁发〈文化事业建设费使用管理办法〉的通知》(财文字〔1997〕243号）执行。

二、对下列出版物的增值税继续实行先征后退的办法。违规出版物和多次出现违规出版物的出版社不得享受此项政策。

(一)中国共产党和各民主党派的机关报和机关刊物。

(二)各级人民政府的机关报和机关刊物。

(三)各级人大、政协、工会、共青团、妇联组织的机关报和机关刊物。

(四)新华通讯社的机关报和机关刊物。

(五)军事部门的机关报和机关刊物。

(六)大中小学的学生课本和专为少年儿童出版发行的报纸和刊物。

(七)科技图书和科技期刊。

三、全国县（含县级市）及县以下新华书店和农村供销社销售出版物的增值税，继续实行先征后退的办法。

四、继续实施下列发展电影事业的五项经济政策。

(一)对经国务院批准成立的电影制片厂销售的电影拷贝收入，免征增值税；对电影发行单位向放映单位收取的发行收入，免征营业税。

(二)从电影放映收入中提取5%建立“国家电影事业发展专项资金”，用于电影行业的宏观调控。

(三)从电视广告纯收入中提取3%建立“电影精品专项资金”，用于支持电影精品摄制。

(四)从进口影片收入中提取部分资金用于电影制片、译制。

(五)特别重点影片的创作生产，可个案报批财政补贴。

五、继续增加对宣传文化事业的财政投入。

(一)中央和省级财政继续按宣传文化企业上半年上缴所得税的实际入库数列支出预算，建立宣传文化发展专项资金；中央和省级财政要继续在预算中安排部分专项经费，纳入宣传文化发展专项资金。

(二)适当增加“万里边境文化长廊”补助经费。在民族事业费和边境建设费中安排一定数量扶持边远地区、民族地区发展文化事业。有关地方人民政府也应逐步增加对边远地区、民族地区文化事业的投入。

六、建立健全专项资金制度。为促进宣传文化事业发展、增强调控能力、保证重点需要、规范资金管理，中央和省级要建立健全有关专项资金制度。专项资金的来源为财政预算资金和按国家有关规定批准的收费等预算外资金。财政部门要做好专项资金的预算安排，有关部门要严格按照规定征收预算外资金。要进一步完善“宣传文化发展专项资金”、“优秀剧（节）目创作演出专项资金”、“国家电影事业发展专项资金”、“电影精品专项资金”和“出版发展专项资金”等专项资金制度。

专项资金是财政资金，要按照有关财政法规的要求健全制度、加强管理，保证专项专用并接受财政和审计部门监督检查。

七、继续鼓励对宣传文化事业的捐赠。社会力量通过国家批准成立的非营利性的公益组织或国家机关对下列宣传文化事业的捐赠，纳入公益性捐赠范围，经税务机关审核后，纳税人缴纳企业所得税时，在年度应纳税所得额10%以内的部分，可在计算应纳税所得额时予以扣除；纳税人缴纳个人所得税时，捐赠额未超过纳税人申报的应纳税所得额30%的部分，可从其应纳税所得额中扣除。

(一)对国家重点交响乐团、芭蕾舞团、歌剧团、京剧团和其他民族艺术表演团体的捐赠。

(二)对公益性的图书馆、博物馆、科技馆、美术馆、革命历史纪念馆的捐赠。

(三)对重点文物保护单位的捐赠。

(四)对文化行政管理部门所属的非生产经营性的文化馆或群众艺术馆接受的社会公益性活动、项目和文化设施等方面的捐赠。

八、抓好落实，加强管理。各级财税部门要认真落实各项文化经济政策。宣传文化主管部门要充分发挥文化经济政策的宏观调控作用。宣传文化机构要深化内部改革，转换经营机制，健全财务制度，加强资金管理，接受的捐赠资金要专门用于发展宣传文化事业，不得挤占、挪用甚至私分，也不得以捐赠为由搞乱摊派、乱集资等活动。对出现的各种违法违纪行为，要追究责任，严肃处理。

国务院办公厅转发文化部等部门关于开展电子游戏经营场所专项治理意见的通知

国办发［2000］44号

各省、自治区、直辖市人民政府，国务院各部委、各直属机构：

文化部、国家经贸委、公安部、信息产业部、外经贸部、海关总署、工商局《关于开展电子游戏经营场所专项治理的意见》已经国务院批准，现转发给你们，请认真贯彻执行。

国务院办公厅

二〇〇〇年六月十五日

关于开展电子游戏经营场所专项治理的意见

文化部　国家经贸委　公安部　信息产业部　外经贸部　海关总署　工商局

（2000年6月12日）

近年来，电子游戏经营场所过多过滥，一些地方监督管理不力，从而出现了大量违法、违规经营现象，严重危害了青少年的健康成长，扰乱了社会治安秩序，已成为社会一大公害，广大人民群众对此反应十分强烈，到了非彻底治理不可的地步。为了切实加强对电子游戏经营场所的监督管理，有效打击和遏制电子游戏经营场所出现的有害现象，并逐步彻底解决电子游戏经营场所问题，现提出如下意见：

一、2000年7、8、9三个月，在全国集中开展电子游戏经营场所专项治理。专项治理工作由文化部牵头，会同国家经贸委、公安部、信息产业部、外经贸部、海关总署、工商局联合进行。

要通过从严治理，取缔非法经营和严重违规经营的电子游戏经营场所，进一步明确电子游戏经营场所应具备的条件，大力压缩经营场所的数量，切实加强监督管理，严格实行电子游戏经营场所的依法规范经营。

二、自本意见发布之日起，各地要立即停止审批新的电子游戏经营场所，也不得审批现有的电子游戏经营场所增添或更新任何类型的电子游戏设备。

三、对存在以下情况的电子游戏经营场所，除由文化部门会同公安、信息产业、工商行政管理等部门依照有关规定分别处罚外，工商行政管理部门要吊销其营业执照或予以取缔，构成犯罪的，依法追究刑事责任：

（一）无证照或证照不全的。

（二）在中小学校周边200米以内的。

（三）在国家法定节假日以外接纳未成年人进入的。

（四）违反国家消防安全规定的。

（五）将电子游戏经营场所转包他人经营的。

（六）以“电脑屋”、“网吧”、“网络咖啡屋”等各种名义利用电子计算机从事经营性电脑游戏活动的。

（七）设置具有退币、退钢珠、退奖券、荧屏记分和其他中奖方式等赌博功能的电子游戏机型、机种电路板的。

（八）电子游戏机内设计、装置的游戏项目中含有反对宪法确定的基本原则，危害国家的统一、主权或者领土完整，危害国家安全、利益或者社会稳定，破坏民族团结，煽动民族分裂，侵害少数民族风俗习惯，宣扬淫秽、色情、迷信或者渲染暴力，有害消费者身心健康，违背社会公德或者诽谤、侮辱他人等内容的。

（九）经营者有其他违法经营和严重违规经营行为的。

四、要进一步明确电子游戏经营场所应具备的条件，完善和提高场地、环境、管理等方面的要求，严格按照有关规定对电子游戏经营场所进行重新审核登记。

经所在地县级以上人民政府文化、公安部门重新审核合格的，由工商行政管理部门重新核发营业执照；重新审核不合格的，要立即停业，关闭，由工商行政管理部门注销登记或吊销营业执照。

因违法经营或严重违规经营被取缔或吊销营业执照的电子游戏经营场所，其经营者不得再从事电子游戏经营活动。

五、经重新审核登记的电子游戏经营场所，营业时间不得早于8时、晚于24时，并须在场所外显著位置悬挂限制未成年人进入标志以及场所名称牌匾。违反上述规定的，由文化部门责令改正；拒不改正的，由文化部门提交工商行政管理部门依照有关规定予以处罚，直至吊销营业执照。

六、自本意见发布之日起，面向国内的电子游戏设备及其零、附件生产、销售即行停止，任何企业、个人不得再从事面向国内的电子游戏设备及其零、附件的生产、销售活动。一经发现向电子游戏经营场所销售电子游戏设备及其零、附件的，由经贸、信息产业部门会同工商行政管理等部门依照有关规定进行处理。

除加工贸易方式外，严格限制以其他贸易方式进口电子游戏设备及其零、附件（海关商品编号95041000、95043010、95049010)，对电子游戏设备及其零、附件的加工贸易业务，列入限制类加工贸易产品，并实行加工贸易保证金台帐实转制度，外经贸部门要严格审批和管理，海关加强实际监管，其产品只能返销出境；逾期不能出口的，由海关依法予以收缴，或监督有关企业予以销毁，各地海关要加大查验力度，实施重点查控，坚决打击通过伪报、夹藏等方式走私电子游戏设备及其零、附件的非法行为。

七、各级文化、经贸、公安、信息产业、外经贸、海关、工商行政管理等部门要统一思想，提高认识，进一步明确各自的职责，在当地党委和政府的领导下，各司其职，各负其责，密切配合，把专项治理和日常监督管理工作认真落到实处。

文化部门要发挥电子游戏经营场所主管部门的作用，认真做好对电子游戏经营场所的日常监督管理工作，及时研究解决电子游戏经营场所出现的问题，会同公安、工商行政管理等有关部门，共同做好对电子游戏经营场所的重新审核登记，查处违法违规经营活动。

外经贸部门和信息产业部门要管好电子游戏设备及其零、附件的生产、销售环节，会同工商行政管理等有关部门对非法从事生产、经销者进行查处和打击，信息产业部门要坚决查处和取缔计算机信息网络经营场所（即“电脑屋”、“网吧”、“网络咖啡屋”等）中的电脑游戏活动。

公安部门要加强对电子游戏经营场所的治安管理和经常性的消防安全检查，及时排除各种安全隐患，依法查处并严厉打击赌博、淫秽、色情、渲染暴力等违法犯罪活动。

外经贸部门要认真做好对电子游戏设备及其零、附件加工贸易的审批和管理工作；管好以加工贸易方式生产的电子游戏设备及其零、附件的返销出口，配合海关打击走私电子游戏设备及其零、附件的违法活动。

海关要加强对电子游戏设备及其零、附件进出口的监管，认真查处并严厉打击走私电子游戏设备及其零、附件的违法活动。

工商行政管理部门要会同文化、公安部门做好对电子游戏经营场所的重新审核登记工作，对未经文化、公安部门审核合格的电子游戏经营场所要注销登记或吊销营业执照；对有违法经营和严重违规经营活动的电子游戏经营场所，要吊销营业执照；对非法设立的电子游戏经营场所，要坚决取缔并依法没收其违法所得及其从事违法经营所使用的器材设备等，对以内销为目的从事电子游戏设备及其零、附件生产、销售活动的生产、经销者，要依照有关规定吊销其营业执照。

八、各地在开展电子游戏经营场所专项治理的工作中，要充分发挥新闻媒体的作用，切实做好宣传教育和舆论引导工作。要通过公布有关部门的举报电话、建立必要的表彰奖励制度等方式，广泛发动人 民群众参与，形成全社会共同抵制、打击电子游戏经营场所违法、违规经营活动的良好态势。

九、地方各级人民政府要从贯彻江泽民同志“三个代表”重要思想的高度，本着对党和人民高度负责的精神，充分认识开展电子游戏经营场所专项治理对保障青少年的身心健康，促进社会主义精神文明建设，保护广大人民群众根本利益的重要意义，将专项治理列入重要议事日程，坚持守土有责，切实加强领导，协调有关部门，组织专门力量，坚决稳妥地开展工作，并妥善处理好停止生产、销售电子游戏设备的善后等问题，使专项治理取得预期的成效。

国务院办公厅关于西部大开发中加强文物保护和管理工作的通知

国办发［2000］60号

各省、自治区、直辖市人民政府，国务院各部委、各直属机构：

西部地区是中华文明的重要发源地之一，自古以来就是一个多民族聚居的地区，各族人民共同创造了光辉灿烂的古代文化，留下了丰富而珍贵的文化遗产。这些文物是各族人民开发西部、建设西部，并在这里生活、繁衍、生息的历史见证。保护和管理好这些文物，具有重要的历史意义和现实意义。现就有关问题通知如下：

一、加强西部大开发中的文物保护和管理工作，是各级人民政府和有关部门义不容辞的责任。有关地方、部门要以对国家和民族文化遗产负责的态度，充分认识西部大开发中做好文物保护和管理工作的重要意义，切实加强和改善对这项工作的领导。要加强宣传、贯彻《中华人民共和国文物保护法》等相关法律法规的力度，大力提倡、动员和引导全社会参与文物保护，依法保护和管理好管辖区域内的历史文化遗产。要抓紧研究制订或修改当地文博事业发展规划，搞好与生态恢复、城乡建设及基础设施建设、产业结构调整的协调，将文博事业发展列入区域经济和社会发展“十五”规划。

二、要妥善处理好西部大开发中文物保护和经济建设之间的关系。文物部门要进一步加强西部地区文物调查、评估和公布文物保护单位等基础性工作，摸清底数，加快完成西部各省（自治区、直辖市）文物普查和文物地图集的编纂等工作的进度、在可能埋藏文物的地方做好重点文物保护区域的划定工作。在重点文物保护区域内的基本建设项目，在进行前期立项、论证、选址等工作时，要充分征求文物行政管理部门的意见；在工程施工范围内有可能埋藏文物的地方应事先进行文物调查、勘探工作；对调查、勘探中发现的文物，应及时提出处理意见，避免发生毁坏文物的事件。因基本建设进行文物勘探、考古发掘所需费用，按照《中华人民共和国文物保护法》和国家计委、财政部文件（计价费〔1997〕1220号）的有关规定，由建设单位从项目投资中列支。

三、结合西部生态环境建设工程，做好古遗址、古墓葬的保护工作。要把古遗址、古墓葬特别是大型遗址的保护纳入当地退耕还草（林）和土地利用规划；对遭到耕作破坏严重或埋藏较浅的大遗址，可列入退耕还草（林）的重点目标，加以妥善保护，以减缓耕作和自然力对遗址的剥蚀，防止新的破坏。

四、根据西部地区历史文物、少数民族文物和各类矿物、动植物标本相对丰富的实际情况，要加强抢救和保护，有计划、有重点地发展各具特色的专题博物馆；改善博物馆的地区分布和品类布局，健全博物馆的设施和功能；强化精品意识和服务意识，面向社会，面向群众，面向广大青少年，提高博物馆及其他文博机构藏品保护、陈列展示和社会教育的水平，努力满足各族人民群众日益增长的精神文化需求。

五、科学、合理地发挥文物特有的作用，为西部大开发服务。依托西部地区丰富多样的文物资源优势，发展具有历史、民族特征的文物旅游，有利于促进资源优势转化为经济优势，有利于西部地区的产业调整，有利于加强爱国主义教育和增强民族凝聚力。同时，文物保护单位对社会开放必须具备相应的开放条件，必须有助于文物和生态环境的保护，必须符合《中华人民共和国文物保护法》等有关法律法规的规定。

六、作为宗教活动场所的古建筑和寺庙内收藏的各类文物，必须依据《中华人民共和国文物保护法》进行有效管理。已公布为全国和省级重点文物保护单位的寺庙，要制订专项保护法规或规章制度、建立相应的管理组织，自觉接受文物行政管理部门的指导、监督和管理。

七、加强西部文物保护科研工作和人才培养。要努力增加科研经费的投入，促进科技成果推广，增大文物保护工作的科技含量。要加强西部文博队伍建设，充分利用西部高等院校培养文物、博物馆事业的急需人才，特别要重视对少数民族文物干部的培养，同时努力创造条件，吸纳各门类专业人才。

八、加大对盗掘、盗窃、非法交易和走私文物等违法犯罪活动的打击和防范力度。公安、工商行政管理、海关、文物等有关部门要密切协作，相互配合，对各种文物犯罪分子特别是那些破坏性强、危害严重的盗掘团伙和走私集团，必须坚决摧毁，依法予以严厉打击。

二〇〇〇年八月三十一日

文化市场行政执法错案责任追究暂行办法

【颁布单位】　文化部

【文号】文化部令第18号

【颁布日期】2000/05/15

【实施日期】2000/05/15

第一章　总则

第一条　为了加强对文化市场行政执法的监督，促进文化市场行政执法部门及其执法人员依法行使职权，保证法律、法规、规章的正确实施，维护公民、法人及其他组织的合法权益，根据《行政处罚法》、《国家赔偿法》等有关法律、法规制定本办法。

第二条　本办法所称文化市场行政执法，是指文化市场行政执法部门及其执法人员依照有关法律、法规及规章对公民、法人及其他组织的文化经营活动进行监督、检查及处理的具体行政行为。

前款所称文化市场行政执法部门，是指依法进行文化市场行政执法的文化行政部门、经委托或者授权进行文化市场行政执法的组织。

第三条　本办法所称文化市场行政执法错案，是指文化市场行政执法部门及其执法人员，在文化市场行政执法过程中不严格履行法定职责造成严重后果，或者违法行使职权作出错误或者不当处理，或者 侵犯公民、法人及其他组织合法权益的案件。

文化市场行政执法错案，应当追究责任。

本办法所称错案责任，指行政责任，需要追究民事责任、刑事责任的，从其他法律、法规规定。

第四条　文化市场行政执法错案责任追究，应当坚持实事求是、法律面前人人平等、惩戒与教育相结合的原则。

第五条　各级文化市场行政执法部门实行对结案案件定期评审复查制度。

第二章　责任形式

第六条　文化市场行政执法部门及其执法人员在执法过程中有下列情形之一的，应当追究责任:

（一）越权或者滥用职权执法的;

（二）认定事实不清，主要证据不足的;

（三）适用法律、法规、规章出现明显错误的;

（四）违反法定程序的;

（五）违法行使职权侵犯公民、法人及其他组织合法权益的;

（六）不严格履行法定职责造成严重后果的;

（七）干扰、阻挠案件公正、公平处理的;

（八）其他违反法律、法规或者规章的行为。

第七条　文化市场行政执法错案责任追究的形式有:

（一）责令检查;

（二）通报批评;

（三）行政处分（警告、记过、记大过、降级、撤职、开除）。

错案责任追究部门可以同时提请行政执法证件发放机关暂停或者取消被追究责任人员的行政执法资格。

前述行政处分由有行政处分权的机关按照干部管理权限依法作出。

第八条　由于文化市场行政执法错案导致行政赔偿的，文化市场行政执法部门应当向有关责任人追偿部分或者全部赔偿费用。

第三章　责任承担

第九条　文化市场行政执法部门对本部门及所属执法人员造成的执法错案，应当承担责任。情节严重的，一并追究主要负责人的责任。

第十条　文化市场行政执法人员因故意或者过失造成错案的，应当追究责任。

文化市场行政执法部门作出错误或者不当决定导致行政执法人员造成错误的由文化市场行政部门承担主要责任。

文化市场行政执法人员弄虚作假、隐瞒事实真相，导致行政执法部门造成错案的，行政执法人员承担主要责任。

二人以上共同导致错案的，依过错程度分别承担责任。

第十一条　干预文化市场行政执法部门及其执法人员履行法定职责造成错案的，追究干预人员的责任。

第十二条　具有下列情形之一的，可以从轻、减轻或者免予追究:

（一）主动承认过错并及时纠正的;

（二）出于过失且未造成严重后果的。

第十三条　具有以下情形之一的，应当从重追究:

（一）故意隐瞒事实真相，拒不报告的;

（二）拒不承认并纠正过错或者阻碍对其过错进行调查追究的;

（三）后果严重、影响严劣的;

（四）由于徇私枉法、贪污受贿等原因造成错案的。

第四章　责任追究

第十四条　各级文化行政部门对本部门执法人员的文化市场行政执法错案进行追究。

上级文化行政部门、委托部门以及法律、法规规定的部门分别对下级文化行政部门、受委托的组织、授权执法组织等执法部门及其执法人员的文化市场行政执法错案进行追究。

本办法不排除其他部门依法对文化市场行政执法错案责任进行追究。

第十五条　错案责任追究部门发现文化市场行政执法部门及其执法人员出现执法错案时，有权依据本办法提出改正意见，责令纠正并追究有关责任部门及人员的责任。

第十六条　文化市场行政执法错案责任追究实行集体讨论决定制。

第十七条　文化市场行政执法出现下列情形之一的，错案责任追究部门应当立案调查。

（一）人民法院撤销、变更文化行政处罚决定的判决或者裁定生效的；

（二）复议机关撤销、变更文化行政处罚决定生效的；

（三）导致行政赔偿的；

（四）经评审复查确认为错案的；

（五）其他依法确认为错案的情形。

第十八条　文化市场行政执法错案责任追究应当自立案调查之日起60日内处理完毕；有特殊情况的，经错案责任追究部门主要负责人批准可延长30日。

第十九条　对文化市场行政执法错案有关责任部门或者责任人作出处理决定前，应当全面、客观、公正地调查取证、查清事实，并充分听取其陈述和申辩。

处理决定作出后，应在10日内以书面形式通知责任部门或者责任人。

责任部门或者责任人对处理决定不服的，可在接到处理决定之日起30日内，向责任追究部门申请复核，或者向上一级机关提出申诉；其中对行政处分决定不服的，也可以向行政监察机关申诉。

第二十条　文化市场行政执法部门及其执法人员在行政执法过程中有下列情形之一的，由错案责任追究部门根据情节予以责令检查、通报批评或者建议有行政处分权的机关给予责任人警告直至记大过的行政处分。

（一）当场处罚以及按一般程序进行调查或者检查时，拒绝出示或者多次不主动出示文化市场行政执法证件的；

（二）使用无效的、与本人身份不符的行政执法证件或者将证件交由他人使用的；

（三）对文化市场非法经营行为及违法经营活动的举报不予受理、不予处理或不当处理，造成公民、法人及其他组织的合法权益、公共利益和社会秩序遭受损害的；

（四）依法应当追究的其他文化市场行政执法错案。

第二十一条　文化市场行政执法部门及其执法人员在行政执法过程中有下列行为之一的，由错案责任追究部门根据情节予以责令检查、予以通报批评或者建议有行政处分权的机关给予责任人警告直至开除的行政处分。

（一）利用职务或者工作上的便利索取、收受他人财物，或者支持、纵容、包庇文化市场违法经营活动的；

（二）收缴罚没款、物据为己有的；

（三）违法行使职权侵犯公民、法人及其他组织合法权益的；

（四）对应当制止和处罚的违法行为不予制止、处罚，或者违法适用从重、从轻情节，致使公民、法人及其他组织的合法权益、公共利益和社会秩序遭受损害的；

（五）违法对他人实施查封、扣押等行政强制措施的；

（六）严重失察、失职导致本地区市场秩序混乱或者酿成严重后果的；

（七）干扰、防碍、阻挠重大案件查处的；

（八）依法应当追究的其他文化市场行政执法错案。

出现前款规定的情形，错案责任追究部门应当同时提请行政执法证件发放机关暂停或者取消其文化市场行政执法资格，暂扣或者收回行政执法证件。

第二十二条　对文化市场行政执法人员暂停行政执法资格的期限为30日以上90日以下，由行政执法证件发放机关负责执行。

文化市场行政执法人员在被暂停行政执法资格期间，不得继续从事行政执法活动；本人继续从事行政执法活动的，依照本办法从重处理；其所在部门安排其继续从事行政执法活动的，追究该部门主要负责人责任。

文化市场行政执法人员在被取消行政执法资格之后，应当调离行政执法岗位，不得再从事文化市场行政执法活动。

第二十三条　错案责任追究部门对发生文化市场行政执法过错的部门和人员负有纠正、查处、追究的责任，违反本办法的有关规定，对应当立案查处的违法案件不予立案，或者故意拖延、放弃纠正、查处和追究责任的，由其上级主管部门依照本办法追究相应责任。

第五章　附则

第二十四条　本办法由国务院文化行政部门负责解释。

第二十五条　本办法自发布之日起施行。

文化类民办非企业单位登记审查管理暂行办法

【颁布单位】文化部／民政部

【文号】[文人发(2000)60号]

【颁布日期】　2000/12/04

【实施日期】　2000/12/04

第一条　根据国务院《民办非企业单位登记管理暂行条例》(以下简称《条例》)，结合文化类民办非企业单位发展的特点，制定本办法。

第二条　本办法所称文化类民办非企业单位，是指企业、事业单位、社会团体和其他社会力量以及公民个人利用非国有资产举办的，从事非营利性文化服务活动的社会组织。

第三条　文化类民办非企业单位根据其依法承担民事责任的不同方式，分为民办非企业单位(法人)、民办非企业单位（合伙）和民办非企业单位（个体）三种。

第四条 文化行政部门是文化类民办非企业单位的业务主管单位。文化类民办非企业单位的设立须经文化行政部门审查，并依照《条例》和民政部《民办非企业单位登记暂行办法》的规定进行登记。

第五条 文化行政部门负责民办非企业单位成立、变更、注销登记前的审查；监督民办非企业单位遵守宪法、法律、法规和国家政策，指导其按照章程开展业务活动；负责民办非企业单位年度检查的初审；协助有关部门查处民办非企业单位的违法行为；会同有关机关指导民办非企业单位的财产清算事宜。

第六条　文化部负责全国文化类民办非企业单位的业务指导工作。负责在民政部登记的文化类民办非企业单位的设立审查工作，具体办法由文化部制定。

县级以上(含县级)文化行政部门负责本辖区文化类民办非企业单位的业务指导和设立审查工作。

第七条 申请设立文化类民办非企业单位，除符合国家和登记管理部门规定外，还应具备下列条件：

（一）拟定名称需经登记管理机关预审。

（二）业务活动范围属于文化行政部门的职能权限。

（三）有符合文化行业从业资格的业务人员。

（四）有开展业务活动必需的设备、器材、场所和其他设施。

第八条　文化部审查、民政部登记的民办非企业单位，最低开办资金不低于30万元人民币。县级以上(含县级)文化行政部门审查、民政部门登记的民办非企业单位，最低开办资金不低于3万元人民币。

第九条　文化类民办非企业单位按其所从事的业务范围，划分为以下类型：

（一）从事舞台艺术创作、演出和传统艺术整理、加工和保护的民办艺术表演团（队）；

（二）从事艺术人才培养和教育的民办艺术院（校）；

（三）从事老年文化活动、辅导、培训的老年文化大学；

（四）从事文化艺术辅导及丰富群众文化生活业务的民办文化馆或活动中心（站）；

（五）从事图书、资料、文献情报借阅及社会教育工作的民办图书馆（室）；

（六）从事文物宣传、保护、展览等活动的民办博物馆（院）；

（七）从事艺术收藏、展览及交流的民办美术馆（室）、书画雕塑馆（室）、名人纪念馆、名人故居纪念馆、收藏馆（室）；

（八）从事艺术发掘、整理、研究、咨询及艺术科技开发的民办艺术研究院（所）；

（九）从事文化传播、交流的文化网络中心

(站);

(十)从事文化艺术活动的其他民办非企业单位。

第十条 申请设立文化类民办非企业单位,申办人应当向文化行政部门提交以下材料:

(一)设立申请书;

(二)场所使用权证明;

(三)会计师事务所验资报告或银行资信证明及每年收入支出的估算情况材料;

(四)拟任负责人的基本情况、身份证明、申办地户籍证明及固定住址和联系方式;

(五)章程草案;

(六)主要业务人员的从业资格证明;

(七)与开展业务活动相关的设备、器材和其他设施清单;

(八)文化行政部门要求的其他材料。

第十一条 文化行政部门自收到全部有效文件之日起60日内,作出审查决定。对审查合格的,向申请人出具审查文件;对审查不合格的,以书面形式通知申请人。

第十二条 依照法律、法规,经有关主管部门审核或登记,已经取得相应的执业资格证书的文化类民办非企业单位,需经文化行政部门复查认定后办理登记手续。

第十三条 文化类民办非企业单位变更登记事项,应向文化行政部门提交由法定代表人或单位负责人签署并加盖公章的变更登记申请书,申请书应载明变更事项、变更理由及变更方案等,并按审查登记要求,出具相应变更文件。

文化类民办非企业单位业务活动超出本办法第九条规定的业务范围,应办理业务主管单位变更手续。

文化行政部门自收到全部有效文件之日起30日内作出同意或不同意的答复。

第十四条 文化类民办非企业单位申请注销登记的,应向文化行政部门提交以下文件:

(一)法定代表人或单位负责人签署并加盖单位公章的注销登记申请书,法定代表人或单位负责人因故不能签署的,应说明理由,提交证明文件;

(二)登记证书副本;

(三)依法成立的清算组织出具的清算报告;

(四)注销登记的善后情况;

(五)文化行政部门要求的其他文件。

第十五条 文化行政部门自收到注销登记申请书及全部有效文件之日起30日内出具审查意见。注销登记手续完成前,文化行政部门应继续履行业务管理职责。

第十六条 文化类民办非企业单位可以依法通过以下方式获得发展资金:

(一)接受捐赠、资助;

(二)接受政府、企事业单位、社会团体及其他社会组织和个人的委托项目资金;

(三)为社会提供与业务相关的有偿服务获得报酬;

(四)其他合法收入。

第十七条 文化类民办非企业单位接受捐赠、资助,应当向文化行政部门报告接受、使用捐赠、资助的有关情况,并将有关情况以适当方式向社会公布。

第十八条 文化类民办非企业单位根据财政部《关于对明确民办非企业单位财务管理制度等问题的函》的规定,参照文化事业单位财务制度规定执行。

第十九条 文化类民办非企业单位用人一律实行聘用制。

第二十条 文化类民办非企业单位每年3月31日前,向文化行政部门提交上一年度的工作报告。报告内容包括:遵守法律法规和国家政策的情况、履行登记手续的情况、按照章程开展活动的情况、人员和机构变动情况以及财务管理情况等。文化行政部门自收到报告之日起30个工作日内作出初审意见。3月31日之后成立的文化类民办非企业单位,参加下一年度年检。

第二十一条 文化类民办非企业单位违反本办法规定的,责令限期改正。情节严重的,文化行政部门提请登记管理机关撤销登记。

第二十二条 本办法由文化部和民政部负责解释。

第二十三条 本办法自发布之日起施行。

文化部关于音像制品网上经营活动有关问题的通知

【颁布单位】 文化部

【文号】文市发(2000)12号

【颁布日期】2000/03/17

【实施日期】2000/03/17

各省、自治区、直辖市文化厅（局）、音像市场行政管理部门:

为规范音像制品网上经营活动，保护知识产权，打击非法经营活动，促进音像市场健康发展，根据《音像制品管理条例》，现将有关事项通知如下:

一、音像制品网上经营活动实行许可证制度。禁止未经音像市场行政管理部门备案、批准，擅自从事音像制品网上经营活动。

二、经批准成立的音像制品出版、批发、零售、出租经营单位，可以通过本单位建立的网站、网页，从事音像制品网上购销和租赁经营活动。

从事音像制品网上经营活动的音像制品经营单位须备齐本单位的法定代表人、网站或所链接网站名、电子邮件地址等材料，向所在地省（自治区、直辖市）音像市场行政管理部门申报备案，备案核准后方可经营。

三、信息网络经营单位从事音像制品网上经营活动，必须根据《音像制品管理条例》的有关规定，向所在地省（自治区、直辖市）音像市场行政管理部门申领《音像制品经营许可证》，经批准后方可经营。

四、禁止外商投资、中外合资合作的信息网络经营单位从事音像制品的网上经营活动。

五、上网经营的音像制品必须是国内音像出版单位出版的合法音像制品。经营单位要标明音像出版单位名称、标准编码，属引进出版的，还要标明引进批准文号。

禁止经营《音像制品管理条例》第三条所列禁止内容的音像制品和走私、盗版等非法音像制品。禁止在网上经营从海外进口的音像制品成品。禁止经营从网上下载的MP3音乐制品。不得在网上从事音像制品批发业务。

六、从事网上经营的单位应在网站或网页的显著位置标明音像制品经营许可证号码、备案机关及发证机关的电话号码。

七、音像制品网上经营活动必须严格执行音像市场管理的法规制度，接受音像市场行政管理部门的监管。违反本通知的有关规定，音像市场行政管理部门应依据《音像制品管理条例》和有关法规予以处罚。文化部的举报信箱是yx@ccnt.gov.cn 。

八、已开展音像制品网上经营的单位，应于2000年5月1日前按本通知的要求办理备案、审批手续。

国家广播电影电视总局关于加强体育比赛电视报道和转播管理工作的通知

【颁布单位】国家广播电影电视总局

【文号】广发办字（2000)42号

【颁布日期】2000/01/24

【实施日期】2000/01/24

各省、自治区、直辖市广播影视厅（局)、新疆生产建设兵团广播电视局、总局机关各司局、各直属单位:

为维护体育比赛电视报道和转播的正常秩序，确保体育比赛电视报道和转播的正确导向，满足广大电视观众收看体育比赛电视报道和转播的需求，防止国内外重大体育比赛电视报道和转播中出现不协调的现象与事故，现就加强广播电视系统对体育比赛尤其是国内外重大体育比赛电视报道和转播管理的有关问题，通知如下:

一、重大的国际体育比赛，包括奥运会、亚运会和世界杯足球赛（包括预选赛)，在我国境内的电视转播权统一由中央电视台负责谈判与购买，其他各电视台（包括有线广播电视台）不得直接购买。中央电视台在保证最大观众覆盖面的原则下，应就地方台的需要，通过协商转让特定区域内的转播权。

二、国内重大的体育比赛，包括全国运动会、城市运动会和少数民族运动会的电视转播，由中央电视台牵头召集各有关电视台进行协商，制定出合理的补偿方式及电视信号制作标准，并由中央电视台负责谈判和购买电视转播权，其他各电视台不得直接购买。

三、其他体育比赛的电视转播权，各电视台应本着公平、合理的原则购买或转让。

四、根据《广播电视管理条例》的有关规定，各教育电视台不得转播体育比赛(大学生运动会、中学生运动会等学生体育运动会除外)。

五、各电视台在报道和转播体育比赛的过程

中，要遵守有关电视宣传报道和节目播出的规定，把握正确的舆论导向，遵循新闻报道的职业道德要求，遵守体育比赛的规则，真实、客观、公正地进行赛事报道和解说。

六、各电视台要本着支持体育事业、满足观众需要和加强行业与系统团结合作的原则，共同做好体育比赛的报道和转播工作，对哄抬报道权价格、进行恶性竞争的要予以严肃查处，同时要防止只讲经济效益、该播不播的现象出现。凡电视台之间已达成转播协议的，有关各台及相关部门要提供必要的技术保障，确保节目信号的传输安全、畅通。

七、各电视台要严格按照本通知的要求做好体育比赛的报道和转播工作。各级广播电视行政部门要做 好对本通知贯彻执行情况的督促检查工作。

关于进一步加强电视剧引进、合拍和播放管理的通知

【颁布单位】国家广播电影电视总局

【颁布日期】2000/01/04

【实施日期】2000/02/15

各省、自治区、直辖市广播影视厅（局），中央电视台：

近来，一些电视台、有线广播电视台超量播放引进剧（含电视台播放的电影片，下同），尤其是在黄金时间超量集中播放引进剧的问题日趋严重，一些带有明显引进剧色彩的假国产剧、假合拍剧也在屏幕上经常出现，观众意见较大。根据中央有关指示精神，为规范电视剧播出秩序，促进国产电视剧繁荣，进一步加强对引进、合拍电视剧的宏观调控，现将有关事宜通知如下：

一、进一步重视和加强引进剧的管理。严格遵守《广播电视管理条例》和《电视剧审查暂行规定》（总局令第1号）等有关法规，要加大引进剧产地和题材的调控力度，避免集中引进同一个国家、地区或题材重复雷同的电视剧。以宫廷和武打题材的引进剧要从严控制，该类题材的引进剧 不得超过年引进剧 总量的25%

二 、严格控制引进剧的播放比例和播出时段。各电视台、有线广播电视台应根据《关于引进播出境外电视节目的管理规定》（原广电部第10号令），严格将黄金时间 （18时至22时）播放引进剧的比例控制在15%以内。其中，各电视台、有线广播电视台在19时至21时30分的时间内，除经广电总局确定允许 播放的引进剧外，不得安排播放引进剧 。同一部引进剧不得在三个以上的省级电视台上星节目频道中播放。

三、进一步规范合拍剧的制作和播放。取得《电视剧制作许可证（甲种）》的单位必须生产完成60集国产剧，并经审查通过后，方可申请与境外合拍一部20集的电视剧。其完成片经总局电视剧审查委员会审查通过后，由总局根据其思想艺术质量，确定是否可以在黄金时间播放。

四、进一步加强对境外演职员参与制作的国产剧管理。聘请境外演职员参与制作的国产剧，应按规定事先报总局外事司批准，其完成片经当地省级厅（局 ）或上级主管部门初审后，报总局电视剧审查委员会审查，由总局核发《电视剧发行许可证》。

五、本通知自2000年 2月 15日起开始执行。请将本通知及时转发各有关电视台、有线广播电视台和电视剧制作机构，认真遵照执行。同时要加强对所辖各电视台、有线广播电视台播出情况的有效监督管理，如发现有超量播放引进剧等违纪行为的，应按照有关法规作出严肃处理。

关于加强广播电视节目电影片进口管理的通知

【颁布单位】国家广播电影电视总局／中华人民共和国海关总署

【颁布日期】2000/02/24

【实施日期】2000/03/01

各省、自治区、直辖市广播影视厅（局）文化厅（局）、海关总署广东分署、各直属海关：

为进一步加强对进口广播电视节目和电影片的管理，现就广播电视节目、电影片进口管理有关问题通知如下：

一、境内广播电台、电视台、有线广播电视台、教育电视台、中国电影集团公司、中国电影资料馆及广播电视节目制作经营机构（以下简称“进口单位”）从国外及港、澳、台地区进口广播电视节目、电影片、资料带等，统一由国家广播电影电视总局归口管理。各省、自治区、直辖市

广播影视厅局负责本辖区内广播电视节目进口管理工作。进口电影片由国家广播电影电视总局 电影事业管理局统一归口管理。

二、本通知所称广播电影电视节目是指录有内容的电影胶片、录音带、录像带、唱片、激光唱片、激光视盘(商品名称及其HS编码见附件一)等。

三、进口电影片(包括随片宣传带及光盘)按《电影管理条例》第四章办理进口手续。

四、不论何种贸易方式进口广播电影电视节目，海关均凭国家广播电影电视总局统一印制的《进口广播电影电视节目带（片）提取单》(见附件二）及其他有关单证办理报关验放手续。

五、节目带进口前，中央、国家机关所属进口单位，向国家广播电影电视总局社会管理司申领《进口广播电影电视节目带(片)提取单》(其进口节目审核专用章印章格式见附件三)；地方进口单位向当地省级广播影视行政部门申领《进口广播电影电视节目带（片）提取单》，各省厅（局 ）进口节目审核专用章具体使用办法另行通知(《进口广播电影电视节目带（片）提取单》编号见附件四)。

六、申领《进口广播电影电视节目带(片)提取单》应出具以下材料：

1、申请报告；

2、提取货物凭证；

3、进口协议等；

4、其他相关材料。

七、《进口广播电影电视节目带(片)提取单》一式两联，进口单位凭第一联向海关办理进口报关手续，第二联由签发部门存留。

八、《进口广播电影电视节目带(片)提取单》为一批一证，不得多次使用。证面内容不得修改，进关证明必须在证面注明口岸使用，不得转让。

九、个人携带和邮寄节目带进出境，按照海关有关规定办理验关手续。

十、随机器设备同时进口的记录操作系统、设备说明、专用软件等内容的节目带，按照海关的有关规定办理进口手续。

十一、进口的广播电影电视节目，如用于出版发行，进口单位应向进口地主管海关办理补纳进口关税和进口环节增值税手续。

十二、各进口单位必须按规定办理相关手续，违反海关规定的，由海关依法处理。构成犯罪的，依法追究刑事责任。

十三、本通知由国家广播电影电视总局 负责解释，涉及海关业务的，由海关总署负责解释。

十四、本通知自2000年3月1日起施行。

附件：1、商品名称及其HS 编码（略）

2、存根、进口广播电影电视节目带（片）提取单（略）

3、国家广播电影电视总局 社会管理司进口节目审核专用章（印章样式）(略)

4、进口节目审核专用章编号（略）

国家广播电影电视总局关于加强动画片引进和播放管理的通知

【颁布单位】国家广播电影电视总局

【文号】[广发社字（2000)137号]

【颁布日期】2000/03/20

【实施日期】2000/03/20

各省、自治区、直辖市广播影视厅（局)、总局直属各单位：

为加强境外动画片引进和播放管理，保护少年儿童的身心健康，促进社会主义精神文明建设，根据《广播 电视管理条例》的有关规定和中办、国办《关于加强新闻出版广播电视业管理的通知》(厅字(1996)37号)，用于电视播出的境外动画故事片（包括与境外合作制作的动画故事片）由国家广播电影电视总局统一审查。现将有关事宜通知如下：

一、引进境外动画故事片（下简称引进动画片）由广电总局 指定或批准的机构进行，其他任何单位和个人不得从事引进动画片的业务。

二、引进动画片由广电总局电视剧审查委员会审查，审查标准参照《电视剧审查暂行规定》国家广播电影电视总局令第1号）执行。

三、引进动画片应由引进机构报当地省级电视剧审查机构初审后，再报广电总局电视剧审查委员会审查（中央单位直接报广电总局电视剧审查委员会审查)。经审查通过后由广电总局社会管理司核发《动画片发行许可证》。

四、送审引进动画片，应当提交下列实物和材料 ：

1、图象清晰、伴音清楚、内容完整的录像带;

2、省级电视剧审查机构详细的初审意见;

3、版权证明书和授权书的复印件;

4、版权贸易合同或协议的复印件;

5、详细的剧情介绍。

五、各电视台、有线广播电视台应严格遵守《广播电视管理条例》第四十条的规定，对引进动画片严格按比例播出，每天每套节目中，播放引进动画片的时间不得超过少儿节目总播放时间的25%，其中引进动画片不得超过动画片播放总量的40%。

六、自2000年6月1日起，各电视台、有线广播电视台不得播放未取得《动画片发行许可证》的引进动画片。

七、举办国际性动画片展览、展播、交易等活动，应事先报广电总局批准。

八、自本《通知》发布之日起，已经引进但尚未发行或播放的引进动画片，应根据本《通知》的要求，报广电总局审查。

请将本通知及时转发各有关单位，并认真遵照执行。

信息网络传播广播电影电视类节目监督管理暂行办法

【颁布单位】国家广播电影电视总局

【文号】广发社字(2000)166号

【颁布日期】2000/04/07

【实施日期】2000/04/07

第一条　为促进社会主义精神文明建设，规范广播电影电视类节目的传播秩序，加强信息网络传播广播电影电视类节目的监督管理，制定本管理办法。

第二条　本办法适用于开办通过信息网络以非广播方式（包括但不限于点播方式）传播广播电影电视类节目的业务及相应的编辑、播放、传输广播电影电视类节目类等活动，以广播方式播放、传输节目，属于广播电视节目的传播，由《广播电视管理条例》规范，不适用本办法。

第三条　本办法所称的信息网络，是指通过无线或有线链路相联接，包括卫星、微波、光纤、同轴电缆、双绞线等各种具体的形式，由信息发送、传输、接收、处理设备组成的，使用多种媒体进行信息传播的系统。信息网络包括广播电视传输覆盖网、通讯网、计算机网、闭路电视系统等。

本办法所称的广播电影电视类节目，是指在表现形式上类同于广播电视节目或电影片，由可连续运动的画面组成的图象或可收听到的连续的声音。

本办法所称的广播电影电视类节目传播者，是指将广播电影电视类节目素材组织编排后，通过信息网络向公众传播的机构。

本办法所称的信息网络经营者，是指提供信息网络硬软件平台及其它技术支持的机构。

第四条　国家广播电影电视总局是信息网络传播广播电影电视类节目的主管部门，负责制定全国信息网络传播广播电影电视类节目的发展规划，确定广播电影电视类节目传播的总量、布局和结构。

各级广播电视行政部门负责本辖区内信息网络传播广播电影电视类节目的发展规划和监督管理工作。

第五条　国家广播电影电视总局对信息网络传播广播电影电视类节目的业务实行许可管理。持有《网上传播广播电影电视类节目许可证》，方可开办通过信息网络向公众传播广播电影电视类节目的业务。

第六条　国家广播电影电视总局 对通过信息网络传播的广播电影电视类节目按以下四个类别实行　分类管理: 1、新闻类; 2、影视剧类; 3、娱乐类，包括音乐、戏曲、体育等; 4、专业类，包括科技、教育、医疗、财经、气象、军事等。

第七条　开办通过信息网络向公众传播广播电影电视类节目的业务，应当同时具备以下基本条件：

（一）符合通过信息网络向公众传播广播电影电视类节目的具体规划、技术标准和管理要求;

（二）有与业务规模相适应的自有资金、设备及场所;

（三）拥有与其业务规模相适应的符合国家规定的广播电影电视类节目资源;

（四）拥有必要的专业人员;

（五）符合国家法律、法规及其他有关规定。

通过信息网络传播不同类别的广播电影电视类节目，还应当具备相应的申办条件。

第八条 开办通过信息网络传播新闻类节目的业务，除具备本办法第七条规定的基本条件外，还应当具备以下条件之一：

（一）已取得《网上传播广播电影电视类节目许可证》，从事娱乐类或专业类节目传播业务3年以上；

（二）依法设立3年以上的新闻机构。

第九条 开办通过信息网络传播影视剧类节目的业务，除具备本办法第七条规定的基本条件外，还应当具备以下条件之一：

（一）取得《网上传播广播电影电视类节目许可证》，从事娱乐类节目传播业务2年以上；

（二）依法经营3年以上的影视制作经营机构。

第十条 开办通过信息网络向公众传播广播电影电视类节目业务，须持与本办法第七条、第八条、第九条规定有关的书面材料，经省级广播电视行政部门审核同意后，报国家广播电影电视总局审批。中央直属单位和在国家工商行政管理局注册的企业，可直接向国家广播电影电视总局提出申请。审查合格者，由国家广播电影电视总局发给《网上传播广播电影电视类节目许可证》。取得许可证后，只能按照《网上传播广播电影电视类节目许可证》载明的标识、传播方式、传播载体、传播范围和节目类别开办传播业务。需变更以上事项者，应当按上述程序办理有关的变更审批手续。

取得《网上传播广播电影电视类节目许可证》后，如果开办单位的名称、地址、网址、网站名、法定代表人等项目发生变更时，应当在变更后的三十日向原发证单位申请换证。

第十一条 申请成立专门机构开办通过 信息网络传播广播电影电视类节目业务的，由发起单位按本办法第十条的规定办理审批手续。以企业形式经营此类业务的，到工商部门办理注册登记手续前，须先取得《网上传播广播电影电视类节目许可证》。

第十二条 取得许可证的单位应当在一年之内正式开通业务；逾期不能开通的，由发证机关收回许可证。

第十三条 国家实行《网上传播广播电影电视类节目许可证》年检制度。

《网上传播广播电影电视类节目许可证》有效期为三年。在有效期内，取得《网上传播广播电影电视类节目许可证》的单位，应当在规定的期限内提交年检报告，办理年检手续。年检不合格者限期整改，整改后仍不合格的，收回《网上传播广播电影电视类节目许可证》。未按规定办理年检手续的单位，其许可证自动失效。有效期届满，需要继续经营的，应当在许可证届满前六十日办理续证手续。

年检的具体办法由国家广播电影电视总局另行制定。

第十四条 信息网络的拥有者和经营者不得以任何形式将网络出租、出让给未持有《网上传播广播电影电视类节目许可证》的单位用以向公众传播广播电影电视类节目，不得向未持有《网上传播广播电影电视类节目许可证》的单位提供网络硬软件平台和其它与传播广播电影电视类节目有关的服务。

第十五条 用于通过信息网络向公众传播的新闻类节目限于境内广播电台、电视台、广播电视台制作、播放的节目。

用于通过信息网络向公众传播的影视剧类节目须从广播电影电视类节目专用目录中选取。

广播电影电视类节目专用目录由国家广播电影电视总局编制。专用节目片目由各类节目的版权持有者提供，报省级以上广播电视行政部门审核登记。国家广播电影电视总局负责将载入目录中的节目片目等情况定期向持有《网上传播广播电影电视类节目许可证》的单位公布。

用于通过信息网络向公众传播的娱乐类、专业类节目须符合国家有关法律、法规的规定。

第十六条 禁止通过信息网络传播有以下内容的节目：

（一）危害国家的统一、主权和领土完整的；

（二）危害国家的安全、荣誉和利益的；

（三）煽动民族分裂、破坏民族团结的；

（四）泄漏国家秘密的；

（五）诽谤、侮辱他人的；

（六）宣扬淫秽、迷信或者渲染暴力的；

（七）虚假的信息 ；

（八）不列入广播电影电视类节目专用目录的影视剧类节目；

（九）从网络或境外媒体上收录下来的境外

节目；

（十）法律、法规规定禁止的其它内容。

第十七条 广播电影电视类节目传播者必须对所传播节目的合法性承担责任。

第十八条 国家鼓励广播电台、电视台通过国际互联网络传播本台广播电视节目。

通过信息网络直播、转播、使用广播电台、电视台节目的，应取得该广播电台、电视台的许可。

第十九条 各级广播电视行政部门应通过监听监看、建立相应的公众监督举报制度等方式，对信息网络传播广播电影电视类节目进行监督管理。

第二十条 违反本办法，有下列行为之一的单位，由省级以上广播电视行政部门责令停止违法活动，给予警告，没收违法所得，可以并处人民币3万元以下的罚款。违反治安管理规定的，由公安机关依法给予治安管理处罚；构成犯罪的，依法追究刑事责任。

（一）未经许可，擅自开办通过信息网络向公众传播广播电影电视类节目的业务的；

（二）违反本办法第十五条、第十六条的规定传播广播电影电视类节目的。

第二十一条 本办法自发布之日起施行。

新闻出版署关于进一步加强出版物发行管理的通知

【颁布单位】中华人民共和国新闻出版署

【文号】新出发（2000)966号

【颁布日期】2000/07/27

【实施日期】2000/07/27

各省、自治区、直辖市新闻出版局：

随着社会主义市场经济的发行体制逐步建立和完善，出版物市场日趋活跃，但是，在出版物发行工作中各种违法违规的现象仍时有发生。为加强管理，整治出版物流通秩序，规范经营行为，特重申和补充出版物发行管理有关规定如下：

一、关于出版物发行许可证制度

任何从事出版物发行的单位，必须申请获得《出版物发行许可证》，申请从事出版物总发行业务的单位，应经其上级主管机关同意，省、自治区、直辖市新闻出版局审核后，报新闻出版署批准，颁发《出版物发行（总发行）许可证》。

申请设立出版物批发单位或申请从事出版物批发业务的单位，经地市级新闻出版行政管理部门审核，省、自治区、直辖市新闻出版局批准，报新闻出版署备案，由省、自治区、直辖市新闻出版局颁发《出版物发行（批发）许可证》。

申请设立出版物零售、投递、出租单位或申请从事出版物零售、投递、出租业务的单位和个人，由当地县级新闻出版行政管理部门批准，经地市级新闻出版行政管理部门报省、自治区、直辖市新闻出版局备案，由当地县级新闻出版行政部门颁发《出版物发行（零售、投递、出租）许可证》。

二、关于出版物发行员资格证书制度

出版物发行员属于持职业资格证书就业的工种，自2000年1月1日起，用人单位招用出版物发行员，必须从取得出版物发行员职业资格证书的人员中录用。对未取得相应资格证书、且已从事多年的人员，限期参加培训并通过职业技能鉴定取得资格证书。

经考核取得初级技术等级证书的出版物发行员，即获得出版物发行员从业资格，可以从事出版物发行工作；取得中级以上（含中级）技术等级证书的出版发行员，即获得出版物发行员执业资格，可以独立开业。

县级新闻出版或文化管理机关审核私营、个体书店（摊）开业申请时，对没有获得中级工技术等 级证书的，不予审批。

职业介绍机构和用人单位，在推荐办理出版物发行员就业或上岗的有关手续和签订劳动合同时，必须执行出版物发行员资格证书制度。

对违反国家关于出版物发行有关法规和规章，参与"制黄"、"贩黄"和非法出版活动，以及严重违反出版物发行职业道德者，不得授予出版物发行员资格证书，并永远不得从事出版物发行工作；获得资格证书后有上述行为者，由新闻出版和劳动行政部门吊销出版物发行员职业资格证书。

三、关于出版物征订委托书制度

出版物总发行是指出版物印制（复制）完成后，统一由具有总发行资格的出版物发行单位负责该出版物在全国发行的经营行为。

出版单位委托出版物总发行单位征订发行出版物，应使用统一《出版物征订委托书》，不得向无出版物总发行权的单位转让或变相转让出版物总发行权，不得委托无出版物批发权的单位批发出版物或代理出版物的批发业务，不得委托非出版物发行单位发行出版物。

出版单位可从事其出版物的总发行、批发、零售等业务，但不得开展其他出版单位出版物的总发行业务。

出版物总发行单位在接受委托开展出版物征订业务时，应检查委托授权的出版单位开具的内容完备的《出版物征订委托书》。出版单位开具的《出版物征订委托书》填写项目不全或出版单位不提供《出版物征订委托书》，出版物总发行单位一律不得接受委托开展出版物征订业务。

四、关于出版物的批发与零售

出版物批发是指以一定折扣、批量，在一定区域内向出版发行单位销售出版物的经营行为。组建出版物批发、零售等交易市场，设立读者俱乐部等进行出版物交流、零售活动的经营性组织，应经当地省级新闻出版行政部门批准，报新闻出版署备案。

除新华书店、外文书店和出版单位直接进行的批发业务外，其他批发单位一律进场开展批发业务，不得在批发市场外从事批发业务。凡进场销售的书刊必须经当地书刊市场管理部门审查批准。

不具有出版物总发行权的发行单位，一律不得从事出版物的总发行业务。二级批发单位不得跨省（自治区、直辖市）开展出版物的征订发行业务。

零售是指直接向用户或读者销售出版物的经营行为。设立全国性的出版物连锁销售组织，应经总部所在地省级新闻出版行政部门审核，报新闻出版署批准；开办中外合资、中外合作的出版物零售单位，应经当地省级新闻出版行政部门审核，报新闻出版署批准。

五、关于网上书店

经批准从事出版物发行业务的单位，根据新闻出版行政部门核准的经营范围，在原审批部门备案后，可进行互联网上出版物的购销活动，非出版物发行单位不得开办“网上书店”或进行互联网上出版物的购销活动。

六、从事出版物发行、出租等业务，必须遵守下列规定：

1、不得发行、散发、附送和出租含有反对宪法，危害国家利益和主权，违反国家民族政策，宣扬淫秽、迷信、暴力及法律法规禁止的出版物;

2、不得发行、散发、附送和出租国家命令查禁的出版物;

3、不得发行、散发、附送和出租盗版、盗印的出版物;

4、不得发行、散发、附送和出租无书号、刊号、版号及伪造、假冒出版单位的非法出版物;

5、不得以任何形式参与买卖书号、刊号、版号;

6、不得发行和出租内部资料性出版物;

7、不得从非出版发行单位和出版物零售单位进货;

8、不得超出新闻出版行政部门核定的经营范围经营，也不得超出新闻出版行政部门限定的区域、地点经营;

9、不得张贴和散发法律、法规禁止或有欺诈性文字内容的征订单、广告和宣传画;

10、不得搭配销售、出租出版物和强行推销出版物;

11、不得擅自更改出版物标价和版权页;

12、《出版物发行许可证》应在经营场所明显处张挂，不得涂改、复制，不得以任何形式出借、出租、转让和转包。

13、任何出版物发行单位（店、摊）要加强业务管理，完善各项制度，只能从正式渠道进货，并妥善保存进货凭证备查。

七、其他有关规定

1、严格按照规定开展书刊展销活动。省、自治区、直辖市新闻出版局和全国性出版、发行行业协会，可以申请主办全国性的出版物订货、展销活动。具有出版物总发行权的出版、发行单位，省级出版发行协会，可以申请主办本省地方性或专业性出版物订货、展销活动，可以接受委托承办全国性的出版物订货、展销活动。不具有出版物总发行权的发行单位，不能主办或接受委托承办任何出版物订货、展销活动。

2、按照有关部门规定进口的境外出版物由新闻出版署核准的出版物发行单位经营。其他单位发行或展销境外出版物，应经省、自治区、直辖市新闻出版局审核同意后，报新闻出版署批准。

境外出版物不得用于营业性出租。台湾地区和香港、澳门特别行政区的出版物参照境外出版物管理。

3、按规定内部发行的出版物，应由省、自治区、直辖市新闻出版局核准的出版物发行单位或者出版单位在内部出售，其他出版物发行单位及个人均不得经营。

内部发行的出版物，禁止在公开发行的报刊、广播、电视等宣传媒体上宣传和刊登广告，禁止在门市部公开陈列。

新闻出版署关于颁发《出版物批发市场管理暂行办法》的通知

【颁布单位】新闻出版署

【文号】新出发(2000)967号

【颁布日期】2000/07/27

【实施日期】2000/07/27

各省、自治区、直辖市新闻出版局:

为加强对出版物批发市场的管理，规范出版物批发行为，培育出版物批发市场，维护出版物批发市场的正常秩序，我署制定了《出版物批发市场管理暂行办法》，现予颁发，请认真贯彻执行。各地可结合本地区的实际情况，制定该办法的实施细则或补充规定。在执行中如有重要情况，请及时向我署报告。

出版物批发市场管理暂行办法

第一章 总则

第一条 为加强对出版物批发市场的管理，维护出版物批发市场正常秩序，培育和规范出版物批发市场，促进出版发行事业的发展和繁荣，依照国家有关法律、法规，制定本办法。

第二条 本规定所称出版物批发市场，是指以出版物批发为主体的集中经营场所。

第三条 出版物批发市场必须遵守国家有关法律、法规和规章，坚持为人民服务、为社会主义服务的方向。

第二章 批发市场的建立及审批

第四条 建立出版物批发市场，必须经当地省、自治区、直辖市新闻出版局批准，报新闻出版署备案。

第五条 出版物批发市场一般设立在直辖市、省会城市、自治区首府，其它地区需设立出版物批发市场的，应由当地省级新闻出版局审核，报新闻出版署批准。

第六条 出版物批发市场的主办单位需经当地省级新闻出版行政管理部门确认。

第七条 出版物批发市场需具备下列条件:

（一）有充足的供批发单位集中经营的固定场所;

（二）有健全的出版物批发市场管理机构和规章制度;

（三）具备基本的办公、仓储、通讯设施，能为经营单位提供办公室、库房、电话、代办托运、打字复印、安全保卫、卫生等服务项目;

（四）出版物批发市场管理机构及经营单位能够全部实行计算机统一管理。

第八条 申请建立出版物批发市场须提供以下材料:

（一）申请报告;

（二）出版物批发市场名称、地址;

（三）出版物批发市场的主办单位及其主要负责人姓名;

（四）出版物批发市场的管理机构及组织章程;

（五）出版物批发市场的平面设计图和透视图。

第九条 出版物批发市场一经建立，本行政区域内从事出版物批发业务的单位，均应入场经营。

第十条 建立出版物批发市场要符 合新闻出版署关于出版物市场结构、布局和总量控制的要求。

第三章 出版物批发市场的管理机构

第十一条 出版物批发市场应成立由省级新闻出版行政部门和当地政府有关部门参加的出版物批发市场管理委员会，并配备专职的市场管理人员。管理委员会下设市场管理、出版物审读、治安保卫及后勤服务等部门。

出版物批发市场管理委员会协助新闻出版行政部门监督检查批发市场。

第十二条 出版物批发市场凡涉及如安全、消防、保险、卫生、宣传等事项，应由该管理委员会统一办理。

第十三条 出版物批发市场管理委员会须制

定本市场交易管理、出版物审读、人员培训、消防保卫和其它完善的内部管理制度，保证市场的良好秩序。

第十四条　出版物批发市场管理委员会人员要强化管理意识、服务意识，严格执法，不以权谋私，不得侵犯经营者的合法权益。

要建立监督机制，公布举报电话。

第四章　出版物批发市场的管理

第十五条　出版物批发市场的管理机构及场内经营单位应按照要求使用统一的出版物批发市场管理软件，实行规范化管理。

第十六条　出版物零售单位不得进入批发市场经营。

第十七条　出版物批发市场的交易活动要公开化、票据化和规范化，禁止非法交易和场外交易行为。市场内的经营单位不得为非法交易活动提供条件。

第十八条　出版物批发市场管理委员会要保护合法经营，打击欺行霸市、强买强卖等不法交易行为。

第十九条　出版物批发市场要建立严格的工作制度，制定岗前培训制度、出版物准销证制度、统一购销单制度、出版物准运放行制度等。

第二十条　出版物批发市场的出版物广告、征订单和宣传品必须按规定印制和张贴，不得含有法律、法规禁止的内容以及低级、庸俗、迷信的语言或画面，不得有虚假和欺骗性宣传。

第二十一条　出版物批发市场要保持整洁、卫生的环境，出版物摆放整齐。

第五章　经营单位管理

第二十二条　出版物批发市场内的经营单位必须持有省、自治区、直辖市新闻出版局签发的《出版物发行（批发）许可证》和在当地工商行政管理部门依法领取的营业执照，并张挂在经营场所的显著位置。

第二十三条　出版物批发市场内的经营单位必须是一店一证一照。许可证和营业执照不能出借、转包、转让、买卖和出租，不准无证、无照经营。

第二十四条　出版物批发市场内经营单位要严格遵守“售前送审”制度，不准经营含有法律、法规禁止内容的出版物以及国家规定不能经营的其它出版物。

第二十五条　出版物批发市场中的经营单位不得超出新闻出版行政部门核定的经营范围经营，必须从正式渠道进货，并持有和保留进货凭证备查。

第二十六条　出版物批发市场中经营单位要照章纳税，遵守场内的各项规章管理制度，举报违法经营活动，服从管理人员的检查、监督，维护市场内的经营秩序。

第二十七条　出版物批发市场中经营单位要按照当地新闻出版行政管理部门的要求，认真参加年检和重 新换证登记工作。

第二十八条　出版物批发市场中经营单位的主要负责人必须持有省级新闻出版行政部门签发的相应资格证书。

第二十九条　出版物批发市场中的经营单位要做到遵纪守法，文明经营，讲求信誉，服务热情。

第三十条　出版物批发市场中的经营单位因故停业或歇业，必须上报市场管理委员会登记。连续歇业6个月以上的，视为自动退场，并由原发证机关吊销其出版物二级批发许可证。

第三十一条　经营单位凡违反第二十二至第三十条规定的，由新闻出版行政管理部门视情节轻重给予 1000-30000元的罚款　。

第六章　附则

第三十二 条　本办法自公布之日起施行。

中央宣传部、新闻出版署关于印发《关于建立违纪违规报刊警告制度的意见》《违纪违规报刊警告制度实施细则》的通知

【颁布单位】中央宣传部／新闻出版署

【文号】新出联（2000)19号

【颁布日期】2000/05/29

【实施日期】2000/07/01

各省、自治区、直辖市党委宣传部，新闻出版局

中央宣传部、新闻出版署《关于建立违纪违规报刊警告制度的意见》已经中央同意。为贯彻落实建立违纪违规报刊警告制度的要求，中宣部、新闻出版署制定了《违纪违规报划警告制度实施细则》。

现将《关于建立违纪违规报刊警告制度的意

见》、《违纪违规报刊警告制度实施细则》印发给你们，请认真贯彻。

中央宣传部、新闻出版署关于建立违纪违规报刊警告制度的意见

加强对宣传思想文化阵地的管理，包括加强对报刊特别是小报小刊等传媒阵地的管理，坚持确立和维护马克思主义的指导地位，严格宣传纪律，不给错误的言论提供传播阵地，是当前各级党委宣传部门和新闻出版行政管理部门的重要任务。为确保报刊正确的舆论导向，促进报刊业繁荣健康发展，现就建立违纪违规报刊警告制度提出如下意见：

一、建立警告制度是强化新闻舆论工作宏观管理约束力的重要措施

党的十四大以来，宣传思想战线总结历史经验，根据新形势下出现的新情况、新问题，加强宏观管理，建立健全管理制度的机制，对于新闻舆论工作坚持正确的舆论导向，为人民服务、为社会主义服务、为全党全国工作大局服务，发挥了重要的保障作用，取得了明显的成绩。但是，对一些报刊管理不到位、措施不落实的问题仍然存在，特别对小报小刊的管理始终是一个薄弱环节。建立违纪违规报刊警告制度，是为了强化约束机制，进一步建全和完善宏观管理制度，坚持以正确的舆论引导人所采取的重要措施。建立警告制度，有利于增强新闻舆论工作宏观管理的约束力，保证党的新闻宣传工作的方针政策更好地贯彻落实；有利于规范报刊的管理，维护正常的宣传秩序；有利于促进报刊业的繁荣健康发展。

二、实行警告制度的职责要求

按照分级管理的原则，中央宣传部负责对中央级报刊新闻宣传工作的管理，对出现违纪违规问题的中央级报刊提出警告意见，由新闻出版署发出《警告通知书》，抄送该报刊的主管、主办单位，并向中央宣传部备案。各省、自治区、直辖市党委宣传部要严格实行属地管理，负责对本地报刊，包括中央国家机关和中央级媒体在本地所办报刊新闻宣传的管理工作，对出现的违纪违规问题提出警告意见，由当地新闻出版行政管理部门发出《警告通告书》，抄送该报刊的主管、主办单位，并向中央宣传部、新闻出版署和党委宣传部备案。

党委宣传部和新闻出版行政管理部门对报刊出现的以下违纪违规问题提出警告：

1、否定马列主义、毛泽东思想、邓小平理论的指导地位，造成恶劣的社会影响；

2、违背党的路线、方针、政策，出现严重的政治错误；

3、泄露国家秘密，危害国家安全，损害国家利益；

4、违反民族、宗教政策，危害民族团结，影响社会稳定；

5、宣扬凶杀、暴力、色情、迷信和伪科学，思想导向错误；

6、传播谣言，编发假新闻，干扰工作大局；

7、党委宣传部门和新闻出版行政管理部门认定的其他严重错误。

三、警告制度的实施办法

1、党委宣传部门和新闻出版行政管理部门发现管辖范围内的报刊出现违纪违规问题，新闻出版行政管理部门要及时发出《警告通知书》，指出问题，提出警告。

2、党委宣传部门和新闻出版行政管理部门对违纪违规报刊提出警告意见后，该报刊主管、主办单位要作出书面检查，并对造成错误的报刊负责人和责任人，给予相应处分。新闻出版行政管理部门要将有关报刊发生的违纪违规情况，记录在案。

3、党委宣传部门和新闻出版行政管理部门对报刊提出警告的情况，统一刊登在中央宣传部新闻局主办的《内部通信》上，在新闻出版系统公布。

4、对一年内受到三次警告的报刊，由新闻出版署给予停业整顿的行政处罚。该报刊的主管部门要撤换该报刊总编辑或社长，给予有关责任人必要的行政处分，党委宣传部门要会同新闻出版行政管理部门督促处罚工作的落实，对违纪违规报刊的整改情况认真验收。

5、违纪违规报刊停业整顿结束后，如再发生违纪违规问题，出现严重导向错误，由新闻出版署撤销该报刊的刊号。

各级党委宣传部门和新闻出版行政管理部门要充分认识加强报刊管理对于全党全国工作大局

的极端重要性，进一步增强政治意识、大局意识、责任意识。要加强领导，组织专人和专门机构做好报刊阅评工作，严格把关，认真落实违纪违规报刊警告制度。

违纪违规报刊警告制度实施细则

中央宣传部、新闻出版署《关于建立违纪违规报刊警告制度的意见》，已经中央同意。现制定违纪违规报刊警告制度实施细则如下：

1、建立违纪违规报刊警告制度，是在新形势下针对报刊宣传出现的新情况、新问题，为强化新闻舆论宏观管理约束力，坚持以正确的舆论引导人所采取的一项重要措施。党委宣传部门和新闻出版行政管理部门，要充分认识加强报刊管理对于全党全国工作大局的极端重要性，加强领导，严格把关，紧密结合新闻舆论宏观管理的各项制度、机制和报刊的行政管理，认真组织实施这项管理制度。

2、中央和各省、自治区、直辖市的党委宣传部门、新闻出版行政管理部门，共同负责实施违纪违规报刊警告制度。

3、中央宣传部按照文件有关规定，对中央级报刊出现的违纪违规问题进行认定后，提出给予警告的正式书面意见，报经中央宣传部主管领导同意，由新闻出版署发出《警告通知书》，并向中央宣传部备案。新闻出版署在行政管理中，对中央级报刊出现的违纪违规问题，可按文件的有关规定，经新闻出版署主管领导同意，直接发出《警告通知书》，同时向中央宣传部通报并备案。

4、省级党委宣传部按照文件有关规定，对本地报刊，包括中央国家机关和中央级媒体在本地所办报刊出现的违纪违规问题进行认定后，提出给予警告的正式书面意见，报经省级党委宣传部主管领导同意，由当地新闻出版行政管理部门发出《警告通知书》，并报中央宣传部、新闻出版署和省级党委宣传部备案。省级新闻出版局在行政管理中，对本地报刊，包括中央国家机关和中央级媒体在本地所办报刊出现的违纪违规问题，可按文件的有关规定，经省级新闻出版局主管领导同意，直接发出《警告通知书》，同时向省级党委宣传部通报并备案，再由省级党委宣传部和省级新闻出版局向中央宣传部、新闻出版署备案。

5、《警告通知书》由新闻出版署制定统一格式，主要包括违纪违规主要事实、查处依据、查处要求等内容。《警告通知书》由新闻出版行政管理部门下达违纪违规报刊，并抄送违纪违规报刊的主管、主办单位。

6、受警告报刊的主管、主办单位，在接到《警告通知书》10天内，要向党委宣传部和新闻出版行政管理部门报送书面检查和对有关责任人的处理意见。新闻出版行政管理部门要将有关报刊发生的违纪违规情况，记录在案。

7、中央宣传部新闻局主办的《内部通信》，根据对违纪违规报刊实行警告的有关备案材料，以通报的形式在新闻出版系统公布。

8、对受到首次警告后一年内累计三次警告的报刊，由新闻出版署给予停业整顿的行政处罚。该报刊的主管部门要撤换该报刊总编辑或社长，给予有关责任人必要的行政处分。

9、对于受到停业整顿处罚的报刊，党委宣传部门要会同新闻出版行政管理部门督促处罚工作的落实，包括是否已对有关领导和责任人进行必要的处分，是否建立健全有关规章制度，认真验收该报刊的的整改工作。

10、受到停业整顿处罚的报刊复刊后，如再发生违纪违规问题，出现严重导向错误，经党委宣传部门和新闻出版行政管理部门认定后，由新闻出版署撤销该报刊的刊号。

11、党委宣传部门和新闻出版行政管理部门认定的有特别严重违纪违规问题的报刊社，可由新闻出版署直接给予停业整顿直至撤销刊号的行政处罚。

12、负责具体实施警告制度的职能部门，要定期召开联席会议，交流情况、沟通信息，认真研究报刊宣传管理工作中出现的新问题，形成管理合力。

13、违纪违规报刊警告制度从2000年7月1日起实施。

14、本细则由中央宣传部和新闻出版署负责解释。

附件

报刊违纪违规警告通知书

省别　　　　　　　　　　　　编号

<table>
<tr><td>违纪违规报刊名称</td><td colspan="3"></td></tr>
<tr><td>刊　　号</td><td></td><td>违纪违规报刊刊期</td><td></td></tr>
<tr><td>违纪违规主要事实</td><td colspan="3"></td></tr>
<tr><td>查处依据</td><td colspan="3">根据《关于建立违纪违规报刊警告制度的意见》中提出警告的第　条:</td></tr>
<tr><td>查处要求</td><td colspan="3">10天内作出检查并提出对责任人的处理意见。</td></tr>
<tr><td>备注</td><td colspan="3"></td></tr>
</table>

省新闻出版局

年　月　日

新闻出版署关于发布实施《出版物条码管理办法》的通知

【颁布单位】新闻出版署

【文号】新出技(2000)404号

【颁布日期】2000/03/29

【实施日期】2000/05/01

各省、自治区、直辖市新闻出版局，各条码分中心，新华书店总店，各有关单位:

为加强对出版物条码的管理，推进条码技术在新闻出版行业的应用，加快新闻出版行业的信息化建设，特制定并发布《出版物条码管理办法》。

本办法自2000年5月1日起实施。请各单位认真贯彻执行。

出版物条码管理办法

第一章　总则

第一条　为了规范出版物条码管理，保证出版物条码质量，加快出版物条码推广应用，促进社会主义市场经济发展，根据国家有关规定，制定本办法。

第二条　凡在中国注册并获准使用ISBN、ISSN、ISRC号的出版单位，必须办理和使用出版物条码。

第三条　出版物条码是由一组按EAN规则排列的条、空及其对应字符组成的表示一定信息的出版物标识。出版物条码包括图书条码、期刊条码、音像制品条码和电子出版物条码。

第四条　各级出版行政管理部门和有关部门，应当积极引导和鼓励出版发行单位规范使用出版物条码，推广应用出版物条码技术。

第二章　出版物条码的组织机构和管理

第五条　新闻出版署是全国出版物条码工作的主管部门，履行下列职责:

（一）制定全国出版物条码工作的方针、政策和法规;

（二）组织制修订、宣传、贯彻和实施出版物条码的有关标准;

（三)组织全国出版物条码工作的监督检查;

（四）处理出版物条码工作中的其他问题。

第六条　新闻出版署条码中心是全国出版物条码工作机构，在新闻出版署领导下，履行下列职责:

（一）贯彻执行出版物条码工作的方针、政策、法规和标准;

（二）统一组织、协调、管理全国出版物条码工作;

（三）负责全国范围内出版物条码技术培训，提供出版物条码技术咨询与服务;

（四）开展与出版物条码技术有关的国内和国际交流与合作;

（五）负责审批出版物条码申请单，并提供符合质量标准的出版物条码软片。

第七条　新闻出版署条码中心地方分中心接受所在省、自治区、直辖市新闻出版局的领导，其业务工作接受新闻出版署条码中心的指导、检查和考核，履行下列职责:

（一）贯彻执行出版物条码工作的的方针、政策、法规和标准；

（二）组织、协调和集中管理本地区的出版物条码工作；

（三）负责审核和汇总本地区出版物条码申请单；为本地区出版单位发放条码；

（四）负责本地区出版物条码质量检测、技术培训，提供出版物条码技术咨询与服务。

第三章 出版物条码的制作和申办方法

第八条 为了切实达到出版管理的目的，确保出版物条码软片的制作质量，出版物条码软片统一由新闻出版署条码中心制作。其它单位一律不得从事此项业务。

第九条 北京地区中央级出版单位向新闻出版署条码中心申办条码，在各省、自治区、直辖市的出版单位向所在地的新闻出版署条码中心地方分中心申办条码。

第十条 条码的申办按下列程序进行：

1、图书出版单位申办条码，持省、自治区、直辖市新闻出版局或中央、国务院各部委出版社主管部门、解放军总政部宣传部出具的含有书号分配数量、书号起止号的证明信，经新闻出版署图书出版管理司核准后，到中国ISBN中心领取书号的顺序号、校验码，然后按第九条的规定申办条码。

当出版单位重印图书的价格与上一次印刷不同时，须申办带有附加码的条码。出版单位持加盖单位公章的条码申请单，按第九条的规定申办条码。

2、期刊出版单位申办条码，须到中国 ISSN中心办理ISSN号后，携带期刊登记证和加盖单位公章的条码申请单，按第九条的规定申办条码。

3、电子出版物出版单位申办条码，持由新闻出版署音像和电子出版管理司核发电子出版物的批准文件、中国ISBN中心核发的ISBN号和加盖单位公章的条码申请单，按第九条的规定申办条码。

4、音像出版单位申办条码，持中国ISRC中心分配的版号批准文件和条码申请单，到新闻出版署条码中心申办条码。

第十一条 新闻出版署条码中心收到条码申请单后，须在三个工作日内完成条码软片的制作。

第十二条 出版物条码软片的模块尺寸应符合国家标准 GB12904。

第四章 出版物条码的应用

第十三条 无条码的出版物或印有不符合质量标准条码的出版物不得上市销售。

第十四条 出版单位不得将一个条码在多种出版物上使用，出版单位对其相应出版物的条码享有专用权。

第十五条 出版单位应当按照有关对出版物条码的颜色及印刷位置的标准和规定印刷出版物条码。

第十六条 印刷单位应当按照有关国家标准印刷出版物条码，不得随意缩小。如需使用缩小版的条码，应在申办条码时向新闻出版署条码中心注明，由该中心制作缩小版的条码软片，以保证出版物条码的印刷质量。

第十七条 任何单位或个人不得伪造、冒用出版单位的出版物条码。

第五章 罚则

第十八条 违反本办法第二、八、十三、十四和十七条规定，责令改正，并可处以5000元罚款；情节严重的，可处以10000元罚款。

第十九条 本章所规定的行政处罚由各省、自治区、直辖市出版管理部门负责实施。

第二十条 从事出版物条码管理工作的有关人员滥用职权、徇私舞弊的，由主管部门予以行政处分；构成犯罪的，依法追究其刑事责任。

第六章 附则

第二十一条 出版物条码收费按照国家有关规定执行。

第二十二条 本办法由新闻出版署负责解释。

第二十三条 本办法自2000年5月1日起施行。

新闻出版署关于规范涉外版权合作期刊封面标识的通知

【颁布单位】新闻出版署

【文号】新出报刊(2000)430号

【颁布日期】2000/04/10

【实施日期】2000/04/10

各省、自治区、直辖市新闻出版局，总政宣传部新闻出版局，中央国家机关期刊管理部门：

1999年，新闻出版署相继颁发了《关于严格期刊刊号管理问题的通知》[新出报刊(1999)1114号]、《关于规范期刊刊名标识的通知》[新出报刊(1999)1115号]、《关于进一步加强期刊刊期变更审批管理的通知》[新出期刊(1999)1189号] 等规范性文件，对加强期刊出版管理特别是规范期刊标识发挥了积极作用。但是，在涉外版权合作期刊的封面标识问题上，目前还存在混乱现象。为进一步规范涉外版权合作期刊的封面标识，现通知如下：

一、本通知所称的涉外版权合作，是指经新闻出版管理部门审核批准的正式期刊，在不改变期刊名称、办刊宗旨和主办单位的情况下，通过与境外出版单位或其他机构签订合同，由境外出版单位或其他机构定期向我方提供其享有版权的作品的合作行为。涉外版权合作期刊，不是我方与境外出版单位或其他机构共同合作办刊。

二、期刊社与境外出版单位或其他机构进行版权合作必须经新闻出版署批准，并且应严格贯彻执行新出报刊(1999)1145号关于“未经新闻出版署批准，不得以中文或外文将与其进行版权贸易的境外出版单位或其他机构的名称在期刊封面上刊出”的规定。

三、经新闻出版署批准的与境外出版单位或其他机构版权合作的期刊，可以“本刊与××（国家）××杂志或出版机构进行版权合作”字样在期刊封面上刊出。其中“××杂志或出版机构”可用英文或其他外文，但字号必须明显小于中文期刊名称。

四、未经新闻出版署批准已与境外出版单位或其他机构进行版权合作的期刊，应按新办期刊程序向新闻出版署重新办理申请手续，同时提供原审批机关的批件和与境外出版单位或其他机构签订的版权合同（复印件 ）。

五、未经新闻出版署批准，又不能提供原审批机关批件，视为擅自与境外出版单位或其他机构进行版权合作，应立即停止。如继续违规出版，将根据情节给予警告、罚款的行政处罚。

各地、各部门接到本通知后，请立即传达到有关期刊社（编辑部）。

音像制品条码实施细则

【颁布单位】新闻出版署

【文号】新出音(2000)1137号

【颁布日期】2000/09/01

【实施日期】2001/01/01

第一条　为加强对音像出版的标准化管理，规范音像制品的经营活动，实施音像制品条码制度，特制定本实施细则。

第二条　音像制品条码由13位数 字组成，共分4段，第一段为出版物前缀（共3位），第2段为出版者前缀（共6位），第3段为出版物序号（共3位），第4段为校验码（共1位）。

第三条　音像出版单位的出版者前缀由新闻出版署分配，并向出版单位颁发《出版者前缀证书》。

第四条　出版物序号自实行条码之日开始计算，不分年度，按出版单位的音像制品出版顺序依次累加。出版物序号使用完后，需重新申请出版者前缀。

第五条　音像出版单位申请版号时，须提交《音像制品条码（版号）使用目录》（附件一）一式两份；申请出版者前缀时须填报《申请出版者前缀数据单》（附件二）。

第六条　音像制品条码与中国标准音像制品编码（版号）是相互对应的，对于同一品种、不同载体的音像制品，将使用不同版号和条码，以保证条码的唯 一性。

第七条　条码软片由新闻出版署 条码中心统一制作，其他单位不得从事此项业务。条码软片制作费用按国家规定的标准，每个条码收取人民币 48元。

第八条　各音像出版单位在接到新闻出版署分配的版号额度后，持批文和《音像制品条码申请单》（附件三） 到新闻出版署条码中心申办条码。新闻出版署条码中心收到条码申请单后，应在三个工作日内完成条码软片的制作。

第九条　条码须印制在彩封、封套背面的显著位置，条码软片的尺寸为38 ×13mm。印制单位应当按规定印制条码，不得随意缩小。

第十条　音像制品条码自2001年1月1日起正式实施，自实施之日起，所有的音像制品均须使用音像制品条码。对不按规定使用条码者将按照《音像制品管理条例》、《出版物条码管理办法》等有关规定进行处罚。

第十一条 在实施条码的过程中，有关技术问题，可向新闻出版署条码中心咨询。

本细则由新闻出版署负责解释。

新闻出版署关于进一步完善出版物市场管理备案制度的通知

【颁布单位】新闻出版署

【文号】新出发(2000)1093号

【颁布日期】2000/08/02

【实施日期】2000/08/02

各省、自治区、直辖市新闻出版局:

为了提高出版物市场的科学化管理水平，及时了解出版物市场信息，掌握全国出版物市场发展动态，做好出版物市场管理备案这一基础性工作十分必要。根据《出版物市场管理暂行规定》和《出版管理行政处罚实施办法》的有关规定，现就进一步完善出版物市场管理备案制度的有关事项通知如下:

一、各省、自治区、直辖市新闻出版局负责本行政区域内的出版物市场管理备案工作。各级新闻出版行政部门应给予高度重视，切实加强领导，认真做好出版物市场管理备案工作。

二、下列有关登记项目，经各省、自治区、直辖市新闻出版局批准后三十日内报新闻出版署备案:

（一）经批准设立的出版物批发单位或批准从事出版物批发业务的单位，其备案登记项目包括: 单位名称、经营地址、邮政编码、联系电话、法定代表人、注册资本、企业类型、经营范围、经营期限、许可证号、银行账号、纳税人号、审批机关、审批时间等。

（二）经批准开办的出版物批发、零售交易市场，其备案登记项目包括: 市场名称、地址、邮政编码、联系电话、市场管理机构负责人、经营范围、开办时间、总营业面积、单位摊位面积、摊位数、主办单位、主管单位、审批机关、审批时间等。

（三）经批准开办的出版物读者俱乐部等进行出版物交流、销售活动的经营性组织，其备案登记项目包括: 读者俱乐部名称、经营地址、邮政编码、联系电话、法定代表人（负责人）、注册资本、企业类型、会员人数、经营范围、设立时间、审批机关、审批时间等。

（四）经批准的出版社在注册城市之外设立的发行分支机构，其备案登记项目包括: 分支机构名称、经营地址、邮政编码、联系电话、分支机构负责人、注册资本、企业类型、经营范围、设立时间、主管单位、审批机关、审批时间等。

（五）经批准举 行的地方或专业性出版物订货、展销活动，其备案登记项目包括: 活动名称、地点、场所、举办时间、主办单位、主办单位地址、邮政编码、联系电话、主办单位负责人、展销范围、参展单位名单、审批机关、审批时间等。

三、经县级新闻出版行政部门批准设立的出版物零售、投递、出租单位或批准从事出版物零售、投递、出租业务的单位和个人，由审批部门将有关登记项目于批准后三十日内，经地、市级新闻出版行政部门报当地省级新闻出版行政部门备案。

备案登记项目包括: 单位名称、经营地址、邮政编码、负责人、注册资本、企业类型、经营范围、许可证号、审批机关、审批时间等。

四、开办网上书店或从事出版物网上购销活动的出版物发行单位，应于网上书店设立登记后三十日内，将有关登记项目报原审批部门备案。

备案登记项目包括: 网上书店名称、住所、经营地址、法定代表人（负责人）、注册资本、企业类型、经营范围、通信地址、联系电话、注册域名、网络地址、开办单位名称、审批机关、审批时间等。

五、出版物批发单位的年检情况，由各省、自治区、直辖市新闻出版局 于年检结束后三十日内，将年检情况报告等材料报新闻出版署备案。

六、对出版物发行单位或个人的行政处罚情况，各省、自治区、直辖市新闻出版局每半年向新闻出版署提交一次统计报告；对处以10000元以上罚款、责令停业整顿、吊销许可证等重大行政处罚，各省、自治区、直辖市新闻出版局于行政处罚决定作出后三十日内，将行政处罚决定书等案件相关材料报新闻出版署备案。

七、已经备案的登记项目发生变更的，应于批准变更后三十日内，按照本通知第二、三、四条的要求报新闻出版行政部门重新备案。

八、本通知下发前，已经批准设立的出版物发行单位，应按照 本通知第二、三、四条的要求于三十日内报新闻出版行政部门备案。

九、对于各地出版物市场管理备案制度的执行情况，新闻出版署将定期进行情况通报。对于出版物市场管理备案工作中出现的问题及有关建议，请及时报新闻出版署。

新闻出版署关于加强光盘复制管理若干问题的通知

【颁布单位】新闻出版署

【文号】新出音(2000)1592号

【颁布日期】2000/11/22

【实施日期】2000/11/22

各省、自治区、直辖市新闻出版局、音像复制行政管理部门，各光盘复制单位:

我国光盘复制行业经过1994年以来的治理整顿、建章立制和结构调整，秩序明显改观，结构趋向合理，技术条件稳步提升，产业规模逐渐扩大。目前，多数光盘复制单位能够认真执行国家的有关法律、法规和规章，守法经营。但仍有少数单位存在着不同程度的违法违规经营行为，有的单位凭伪造、变造复制委托书复制产品，个别单位甚至使用无光盘来源识别码(SID码)的定模镜面复制侵权盗版光盘，在行业内和社会上造成恶劣影响。为了进一步加强对光盘复制行业的管理，完善行业管理制度，维护行业正常秩序，现做如下通知:

一、完善复制委托书使用管理制度

(一)光盘复制单位必须凭新闻出版署统一印制的《音像制品复制委托书》或《电子出版物复制委托书》(以下简称“委托书”)受托复制光盘，不得接受其复印件、传真件委托的复制业务，不得在接受复制委托书前先行复制光盘，接到委托书后，光盘复制单位必须向出版单位或发证机关核查其真伪，并留存核查凭证一年备查。因接受伪造、变造的委托书复制侵权盗版光盘，光盘复制单位应当承担相应责任。

(二)光盘复制单位接受复制委托时，必须要求委托方完整、准确、规范地填 写委托书，栏目填写不得缺略。一份委托书只能一次性用于一种光盘的复制，不得用于成系列或无确定节目名称光盘的复制。光盘复制单位所复制光盘的节目名称、数量必须与委托书填写内容一致。

(三)严禁光盘复制单位之间的转委托行为。光盘复制单位因某种原因不能按期完成与委托方约定的复制加工业务时，可由其协调推荐其他光盘复制单位，但必须经委托方同意并重新开具委托书。

(四)严格委托书备案手续。交委托方所在地省级新闻出版局或音像出版行政管理部门或发证机关备案联，由委托方负责自委托书签发之日起一个月送达；交光盘复制单位所在地省级新闻出版局或音像复制行政管理部门备案联，由光盘复制单位负责自委托书签收之日起一个月内送达。本通知颁布前关于委托书备案时限的规定与本通知不相符的，以本通知为准。

二、严格执行SID码制度

SID码由新闻出版署统一分配，并由新闻出版署 指定机构蚀刻在光盘生产专用模具定模镜面(以下简称“定模镜面”)的规定位置上，不得将SID码蚀刻在模具衬套上。如确需将SID码蚀刻在非规定位置上时，必须明确申报，经新闻出版署音像和电子出版物管理司同意后，方可蚀刻。本通知颁布前未按规定位置蚀刻SID码的定模镜面，应当在2001年2月28日前按照上述要求重新蚀刻。

光盘复制单位使用、保存的所有定模镜面均须蚀刻SID码。光盘复制单位应当确保SID码清晰完整地复制在其光盘产品上，并不得保有无SID码的定模镜面。定模镜面及其复制在光盘上的SID码，不得仿冒、遮蔽和蓄意损毁。当SID码自然损毁或难以辨认时，光盘复制单位应当及时申请重新蚀刻。

定模镜面蚀刻或重新蚀刻SID码后，光盘复制单位应当在15日内向新闻出版署 音像和电子出版物管理司缴送该定模镜面复制的光盘样品一式五份。本通知颁布前未按上述规定缴送光盘样品的，应当自本通知颁布之日起15日内补缴。

三、加大监管力度，依法查处违法行为

有关省、自治区、直辖市新闻出版局和音像复制行政管理部门要加强对光盘复制单位的日常监督和管理，对从事违规经营和盗版活动的单位，一经发现要及时立案，依法严肃查处。违反本通知规定的，依据《出版管理条例》、《音像制品管理条例》和有关法规予以处罚。

国家版权局关于制作数字化制品的著作权规定

【颁布单位】国家版权局

【颁布日期】1999/12/09

【实施日期】2000/03/01

为了有效实施著作权法，促进社会主义文化和科学事业的发展与繁荣，并理顺著作权人、数字化制品经营单位和社会公众的法律关系，特作如下规定:

第一条　本规定所称数字化制品，是指将受著作权法保护的作品以数字代码形式固定的有形载体，包括激光唱盘（CD)、激光视盘（LD)、数码激光视盘（VCD)、高密度光盘（DVD)、软磁盘(FD)、只读光盘(CD-ROM)、交互式光盘(CD-I)、照片光盘(Photo-CD)、高密度只读光盘(DVD-ROM)、集成电路卡(ICCard)等。

第二条　将已有作品制作成数字化制品，不论已有作品以何种形式表现和固定，都属于《中华人民共和国著作权法实施条例》第五条(一)所指的复制行为,即《中华人民共和国著作权法》所称的复制行为。

第三条　除著作权法另有规定外，利用受著作权保护的他人作品制作数字化制品的，应事先取得著作权人的许可；可以直接向被利用作品的著作权人取得许可，也可以通过著作权集体管理组织取得许可。

第四条　国家批准建立的著作权集体管理组织管理各类作品的利用，包括以数字化制品形式的利用。

中国音乐著作权协会管理受著作权保护的音乐作品。音乐作品以外的受著作权保护的其他作品，在其集体管理机构建立之前，暂由中国版权保护中心管理。

著作权集体管理组织收取未与其签订著作权集体管理合同的著作权人的报酬，应及时转交相应的著作权人，并为此发布公告。

第五条　著作权集体管理组织制订的收费标准须经国家版权局审批后方能生效。

第六条　本规定生效之前，未经被利用作品著作权人许可已经制作、出版或者发行的数字化制品，其经营单位自本规定生效起60天应直接与被 利用作品的著作权人补签合同或者通过著作权集体管理组织补签合同。

第七条　本规定生效后，未经著作权人或者著作权集体管理组织许可，将受著作权保护的他人作品制成数字化制品的，或者在本规定生效前制作、出版或者发行数字化制品，违反本规定第六条，未在规定期限内补签合同或者拒绝补签合同的，除应承担相应的民事责任外，著作权行政管理部门可依照《中华人民共和国著作权法实施条例》第五十条 、第五十一条（二)、第五十二条、第五十三条给予行政处罚。

第八条　将表演者的表演、录音录像制作者的录音录像制品、广播电视组织的广播电视节目和出版者的版式设计制作数字化制品的，适用本规定。上述权利人的此项权利，在其集体管理机构建立之前，暂由中国版权保护中心管理。

第九条　本规定自 2000 年 3 月 1 日起施行。

国家版权局关于加强对国外著作权认证机构中国常驻代表机构进行管理的意见

【颁布单位】国家版权局

【文号】国权(2000)24号

【颁布日期】2000/07/20

【实施日期】2000/07/20

国际唱片业协会北京代表处、美国电影协会北京代表处、美国信息产业机构北京办事处:

为了进一步贯彻实施国家版权局和国家工商行政管理局联合制定的《国外著作权认证机构在中国设立常驻代表机构管理办法》,加强对国外著作权认证机构中国常驻代表机构进行管理，国家版权局提出如下意见:

一、国家版权局与国家工商行政管理局1996年联合发布的《国外著作权认证机构在中国设立常驻代表机构管理办法》是规范国外著作权认证机构中国常驻代表机构的部门规章，各常驻代表机构在其申请设立及实际工作中，要严格依照该管理办法执行。

二、根据《国外著作权认证机构在中国设立常驻代表机构管理办法》规定，常驻代表机构应当接受国家版权局和国家工商行政管理局的监督检查，并于每年3月1日前向国家版权局提交上一年度业务活动情况报告，同时还应提交下一年度的工作计划。

三、《国外著作权认证机构在中国设立常驻代表机构管理办法》规定常驻代表机构只能以自己的名义从事与著作权认证有关的联络活动，不得从事其他业务活动。各常驻代表机构应严格遵守该规定，除常驻代表机构自身的事务外，不得从事超出此业务范围的活动。

四、各常驻代表机构向国家有关部门进行侵权纠纷投诉，应以其代表的协会的名义，不得以该常驻代表机构本身名义进行。

五、国外著作权认证机构及其会员协会在中国单独举办与版权有关的活动，以及与地方版权局或其他部门联合举办与版权有关的活动，如举办培训班、研讨会、组织人员互访等，应事先报告国家版权局。

六、国外著作权认证机构及其会员协会基于认证而与有关部门进行合作，例如出具侵权物品鉴定、出具法律意见书等应以著作权认证机构的名义，而不是以常驻代表机构名义，并应将相关文件送国家版权局备案。

七、国外著作权认证机构及其会员协会在版权认证中发现的问题应通过常驻代表机构及时与国家版权局 及中国版权保护中心进行沟通，协商解决。

八、国家版权局将与各国外著作权认证机构及其会员协会继续合作，开展多种形式的版权培训、研讨、交流等活动。

请各常驻代表机构将本意见转达本协会及其成员。

国家版权局公告（第7号）

【颁布单位】国家版权局

【文号】国家版权局公告(第7号)

【颁布日期】2000/05/26

【实施日期】2000/06/01

为进一步改进计算机软件著作权登记工作，简化登记程序，提高审查效率，方便软件著作权人进行著作权登记，经研究，决定对《计算机软件著作权登记办法》的有关条款（以下简称《办法》做如下修订:

一、《办法》第九条规定“申请软件著作权登记时，申请者应当向软件登记中心提交软件著作权登记申请表、该软件的鉴别材料及相关的证明文件各一式两份”，改为“申请软件著作权登记时，申请者应当向软件登记中心提交软件著作权登记申请表、权利保证书和该软件的鉴别材料及相关的证明文件各一份。另外，申请者还可以向软件登记中心提交载有 全部目标程序的产品样本一份”。

二、《办法》第二十六条规定“软件登记中心应当自受理日起一百二十日内审查所受理申请”，改为“软件登记中心应当在受理日起六十日内审查所受理申请”。

三、《办法》第三十条规定“软件登记中心应当将异议请求书影印件转给软件登记者。软件登记者应当在收到异议请求书影印件之日起一百二十天内提出书面答复，无正当理由逾期不予书面答复的，其登记视为无效，予以公布”，改为“软件登记中心应当将异议请求书影印件转给软件登记者。软件登记者应当在收到异议请求书影印件之日起六十日内提出书面答复，无正当理由逾期不予书面答复的，其登记视为无效，予以公布。”

四、《办法》第六条增加第二款“申请者可通过中国软件登记中心在部分省、市设立的软件登记代办处申请软件著作权登记”。

上述修订自2000年6月1日起施行。

特此公告。

文化先进人物、集体和地区

2000年全国文化系统劳动模范和先进工作者名单（22人）

王玉珍（女） 北京京剧院院长
赵有亮 中央实验话剧院院长
关牧村（女） 天津歌舞剧院一级演员
武俊英（女） 山西省运城地区蒲剧团名誉团长、一级演员
额尔德木图 内蒙古自治区民族剧团演员
李倩胜（女） 辽宁歌剧院院长
邓惜华 吉林省戏曲学校校长
尚长荣 上海京剧院艺术指导
顾　芗（女） 苏州市滑稽剧团名誉团长
吕忠文 泉州市艺术馆馆长
王少媛（女） 福建省仙游县鲤声剧团团长
罗晓航 赣州市群众艺术馆研究馆员
郎咸芬（女） 山东省吕剧院院长、党总支书记
丁小秋 济南市儿童艺术剧院院长、党支部书记
虎美玲（女） 郑州市豫剧二团团长
宋少华 长沙市文物考古研究所所长
王佳纳（女） 广东省艺术研究所一级导演
何天宠（女） 重庆市杂技艺术团团长
侯丹梅（女） 贵阳市京剧团副团长
丹增贡布 西藏自治区文化厅艺术处副处长
吴永琪 秦始皇兵马俑博物馆馆长
阿迪力·吾守尔 新疆杂技团达瓦技队队长

1999年全国文化系统先进工作者名单（256人）

北京市

王新纪 北京京剧院编剧
陈安琪（女）首都图书馆阅览部副主任
凌金玉 北京市曲剧团团长、党总支书记
任若平 朝阳区文化文物局局长、党委书记
刘玉泉 大兴县文化文物局局长、党组书记
王金绵 密云县文化馆馆长

天津市

刘乃刚 天津市儿童艺术剧团团长、党支部书记
孔方恩 天津图书馆副馆长
崔连润（女）天津评剧院演员
姜玉明 静海县图书馆党支部书记

河北省

边献海 河北省艺术学校吴桥杂技分校校长
左志清 昌黎县文化局局长
彭秀兰（女）唐山市实验唐剧团团长
赵同安 河北省图书馆馆长
贡淑芬（女）河北省艺术研究所《大舞台》编辑部主编
李翠霞（女）新河县教育文化体育局副局长
王新占 满城县文化体育局局长
乔文斗 安平县文化体育局局长
张殿仁 唐山市文物管理处主任
史学术（女）石家庄市图书馆馆长
郭鲁泰 邯郸市文化局副局长

内蒙古自治区

布仁巴雅尔 呼伦贝尔盟文化体育广播电视局局长、党组书记
曹勒门 阿拉善左旗嘉尔嘎勒赛汉镇文化站站长
傅　敏（女）兴安盟文化体育局局长
张文琴（女）哲里木盟图书馆馆长
李炅峰 赤峰市文化局局长、党组书记
田自强 伊克昭盟文化局局长、党组书记
王秀英（女） 呼和浩特市艺术学校分部副主任、党支部委员

辽宁省

杨　赤 大连京剧团副团长
翟贞华（女）鞍山市话剧团导演
汤亚良 抚顺市歌舞话剧院院长
张广志 本溪市群众艺术馆馆员
杨显武 锦州市文化市场管理办公室主任
郝静中（女）西丰县图书馆馆长
杜　铁 辽宁省文化厅厅长、党组书记
宋国锋 辽宁人民艺术剧院院长
李　刚 辽宁省艺术学校校长
孟昭凯 朝阳市文化局局长
尹德翠（女）大连市中山区文化局局长

吉林省

尹俊明 吉林省文化厅艺术处处长、吉林省歌舞剧院院长、党委书记
周国瑞 吉林市歌舞团团长、党总支书记

王　辉　　白城市文化局局长
吴庆发　　辽源市艺术团团长
费善有　　白山市文化局局长、党委书记
傅丽明（女）四平市群众艺术馆馆长
姚玉霞（女）通化市文化局局长、党委书记
管玉华（女）敦化市文化体育局局长、党委书记

黑龙江省

王焕兴　　齐齐哈尔市文化局局长、党委书记
杨利民　　大庆市艺术创评室编剧、省作协副主席
王广贺　　黑龙江省农垦总局文化局局长
马延椿（女）牡丹江市群众艺术馆馆长、党支部书记
孙永林　　虎林市文物管理所所长
朱学林　　伊春市戏曲剧院院长
王仁佳　　尚志市电影发行放映公司经理、党支部书记

上海市

黄豆豆　　上海歌舞团演员
赵其华（女）上海市群众艺术馆馆长、党支部副书记
朱芸芳（女）宝山区文化局局长、党委书记
吴德英（女）闸北区图书馆馆长
马承源　　上海博物馆顾问、馆员
岳美缇（女）上海昆剧团演员
高美芬（女）上海京剧院天蟾京剧中心副总经理
刘京方　　徐汇区社会文化管理办公室主任
俞瑾云　　上海市文化艺术档案馆馆长

江苏省

金德华　　周恩来纪念馆馆长
强银娣（女）锡山市洛社镇文化站站长
赵玉明（女）镇江市图书馆馆长、党支部书记
袁华定　　武进市西夏墅镇文化站站长
张克勤　　苏州市滑稽剧团演员
牛小艾（女）常熟市文化馆副馆长
乔学大　　宝应县安宜镇文化站站长
张　让　　沛县文化与体育局副局长
焦祝平　　东台市文化局市场股股长
刘　燕（女）盱眙县文化局局长、党组书记、体委主任
顾晓群　　南通市文化局剧目工作室主任
汤承英（女）灌南县文化局局长
黄素萍（女）泰州市淮剧团演员

浙江省

侯　军（女）杭州越剧院院长、党支部书记
王燕芬（女）宁波市海曙区文化馆馆长
阮望盛　　温州市白鹿影城经理
吴凤花（女）绍兴小百花越剧团演员
程建中　　湖州市群众艺术馆馆长
吴衍明（女）嘉兴市电影发行放映公司总经理
杨　翎（女）舟山市群众艺术馆副馆长
周鸣岐　　义乌市文化馆馆长
雷一培　　景宁畲族自治县民族文化工作队副队长
魏真柏　　浙江曲艺杂技总团团长
俞剑咏（女）浙江省博物馆副馆长、党支部书记

安徽省

王　蓉（女）安徽省杂技团演员
余　顺　　安徽省黄梅戏剧院一团演员队队长
陈小妹（女）芜湖县横岗镇文化站站长
方学成　　蚌埠市淮光娱乐总汇经理、党支部书记
夏积成　　安庆市黄梅戏一团团长、党支部书记
孙以宽　　凤台县文化局局长
尚庭松　　安徽剧院总经理、党支部书记
窦保民　　淮北市文化市场管理办公室副主任、稽查队队长
陆鹤龄　　安徽省艺术馆馆长、书记
赵纯钢　　安徽省京剧团演员队副队长

福建省

林　瑛（女）福建省实验闽剧院院长、党总支书记
吴永珍（女）福建省文化厅艺术处主任科员
李竹松　　福鼎市文化局局长
陈文耀　　莆田市涵江区文化馆馆长
黄云裕　　龙岩市艺术馆馆长
高　勉　　建阳市文化局局长

江西省

何盛林　　九江市话剧团团长、党支部书记
何益萍（女）波阳县赣剧团演员
罗晓航　　赣州市群众艺术馆馆员
邱锡荣　　萍乡市文化局局长、党组书记
金　麟　　江西省话剧团副团长

龚平荣　江西省赣剧团团长、党支部书记

山东省

高鼎铸　山东省艺术馆馆长
田子淳　山东省杂技团副团长
赵　宇　济南市歌舞团副团长
苏积玉　青岛市艺术研究所名誉所长、编剧
刘心德　淄博市文化局局长、党委书记
孙晋强　枣庄市薛城区文化局副局长
董翠娜（女）烟台市京剧团团长
王振民　潍坊市文化局局长、党组书记
张丽华　莱芜市文学戏剧创作室编剧
田峰泉　威海市文化局局长、党委书记
邢仁强　禹城市文化馆馆长、党支部书记
何西良　菏泽市大平调剧团团长、党支部书记
何乃磊　莒县文化局副局长、莒州书画院院长
薛　岩　临沂市歌舞团团长

河南省

郭建华（女）开封县电影发行放映公司经理、党支部书记
董建磊　叶县文化局文物仓库管理干部
张宝英（女）安阳文化艺术学校名誉校长
贾　璐　濮阳市文化局戏剧创作研究室主任
薛宗耀　舞阳县文化局局长
王建中　南阳市文化局副局长
陈永省　信阳市文化局局长、党组书记
郑崇海　济源市文化局局长、党委书记
崔　明　河南省歌舞剧院演员
马亚非　河南省雕塑书画院美术师
艾　立　许昌市豫剧团团长、党支部书记
张惠民　郑州市图书馆馆长

湖北省

陈立海　大冶市图书馆馆长、党支部书记
张　雁（女）汉川市图书馆馆长
杜忠道　襄樊市文化局艺术科科长
肖书秀（女）荆州市图书馆副馆长、党支部书记
秦湘麟　鄂州市艺术创作研究所导演
刘建恩　利川市文化局局长
赵建新　随州市文化局局长、党组书记
金亚敏（女）崇阳县文化局局长
张月生　蕲春县李时珍纪念馆馆长
陈　光　仙桃市文化局办公室主任、党委委员

湖南省

杨源明　长沙市文化局局长、党委副书记
缪桂芳　株洲市文化局局长、党组书记
梅　实　岳阳市文化局局长、党组书记
王一飞　湖南省群众艺术馆馆长、党总支书记
宋纪元　湖南省祁剧团团长、党支部书记
阳春香（女）双峰县图书馆馆长
蔡上矢　慈利县文化体育局戏剧创作工作室主任
龙京沙　湘西土家族苗族自治州文物管理处副队长

广东省

张润华　广州歌舞团团长
王大可　深圳图书馆馆长助理、计算机部主任
邓晓薇（女）深圳罗湖区文化局局长助理、宣传部部长助理
李瑞香（女）南澳县潮剧团女演员组组长
陈苑芳（女）梅州市群众艺术馆馆长
李景文　惠州市文化局创作室主任
罗派钧　东莞市可园博物馆馆长
萧润君　翠亨孙中山故居纪念馆馆长
余阳丽（女）江门市粤剧团副团长
张耀光　顺德市容奇镇文化站站长、党支部书记
林奕军　肇庆市文化局局长、党组书记
陈　鹏　潮州市潮剧团团长
杜路坤　罗定市文化局副局长、粤剧团团长
王佳纳（女）广东省艺术研究所导演
杨锦燕　广东省文化厅文化稽查总队副队长

广西壮族自治区

韦壮凡　广西壮族自治区文化厅巡视员
黄唯国　钟山县图书馆馆长
凌祖余　玉林市文化局局长、党组书记
胡庆玲（女）桂林市群众艺术馆馆长、党支部书记
胡　勖　广西壮族自治区艺术研究所所长
覃厚彰　南宁地区文化市场管理办公室主任

海南省

陆宇圣　海南省文化艺术学校校长
孙　凯　海南省民族歌舞团团长

黄循荣　万宁市文化体育局局长

重庆市

王明凯　重庆市文化局社会文化处处长
何　渝（女）沙坪坝区文化局局长、党委书记
周先鸣（女）渝北区文化局局长
柯愈劢　重庆市歌剧院院长
董　政　三峡歌舞剧团团长、党支部书记
邵小英（女）北碚区文化馆馆长、党支部书记、重庆广播电影电视艺术学校校长

四川省

李茂群　巴中地区文化体育局局长、党委书记
王本杰　遂宁市文化局局长、党委书记
马成富　阿坝藏族羌族自治州文化局社会文化市场管理科负责人
曾发明　泸县文化体育局局长、党委书记
王希异　大竹县文化局副局长
李文福　阆中市图书馆馆长
张尔君　绵阳市图书馆馆长、党支部书记
景志龙　简阳市文化馆馆长
张科佳（女）自贡市群众艺术馆馆长
吴世光　宜宾县柏溪镇文体办公室主任、文化中心站站长
唐大玉（女）成都市木偶皮影艺术剧院院长、党支部书记
曾洪永　内江市文化局局长、党委书记

贵州省

潘国贤　遵义市杂技团团长
朱仕明　玉屏侗族自治县文化广播电视局局长
彭荫荪　贵定县文体广播电视局局长
张剑平　紫云苗族布依族自治县文化广播电视局副局长、文化馆馆长

云南省

禹崇全　临沧地区行政公署文化局局长
秦桂珍（女）昆明市文化局局长、党委书记
泽仁培措　德钦县奔子栏乡文化站站长
吴明俊　昭通地区图书馆副馆长
黄乃镇　丽江纳西族自治县文化局局长
杨荣所　曲靖市花灯团团长
王建才　武定县近城镇麻栗棵文化站站长
刀亚斌（女）勐腊县文化体育局局长

西藏自治区

丹增贡布　西藏自治区文化厅艺术处副处长
巴　桑　日喀则地区文化局局长、党组书记
洛　嘎　昌都地区文化广播电视局副局长

陕西省

赵德志　宝鸡市群众艺术馆馆长、党总支书记
梁澄清　咸阳图书馆馆长、党支部书记
高谦良　铜川市文化局副局长
薛登安　汉中市汉台区文化体育广播电视局局长
杨宏明（女）安塞县文化文物馆馆长
樊恩民　洛南县剧团团长、党支部书记
雷玉平　秦始皇兵马俑博物馆副馆长、党委书记
丁金龙　西安市秦腔一团团长、党支部书记
窦晓宇　陕西省民间艺术剧院“小喇叭演出队”队长

甘肃省

王继位　庆阳地区行政公署文化处处长、党组书记
李　江　白银市平川区陡城乡文化中心专干
任志翔　临夏回族自治州书画院院长
刘德田　甘肃省图书馆《四库全书》书库负责人
朱小勤　兰州市文化实业发展总公司总经理

青海省

许新国　青海省文物考古研究所所长
桑太本　果洛藏族自治州文化体育广播电视局局长
李　鸣　西宁市城北区文化体育局局长
杨素琴（女）格尔木市文化局局长

宁夏回族自治区

曹元升　青铜峡市文化馆馆长、党支部书记
黄建光　平罗县文化局局长、党总支书记
马晓琳（女）固原地区文化广播电视体育局副局长
王志洪　宁夏回族自治区话剧团团长

新疆维吾尔自治区

阿迪力·穆罕默德　喀什地区文管所副所长
库尔班比比（女）　克孜勒苏柯尔克孜自治州群众艺术馆馆长

热合买托拉　阿勒泰市萨尔胡松乡文化站站长
俞友仁（女）　阿克苏地区文化局局长
周义森　伊犁州电影发行放映公司经理、党支部书记

新疆生产建设兵团

姜书艺　新疆生产建设兵团文化中心总经理
林忠杰　新疆生产建设兵团杂技团团长

部直属单位

于魁智　中国京剧院演员
陈　颙（女）中国青年艺术剧院导演
杨鸿年　中央音乐学院指挥系教授
张　宇　中国对外演出公司总经理
王培录　东方歌舞团舞美设计
赵有亮　中央实验话剧院院长
孙　毅　中国歌剧舞剧院演员
欧阳逸冰　中国儿童艺术剧院副院长

1999年全国文化工作先进集体名单（147个）

北京市　北京歌华文化发展集团
中国杂技团
石景山区少年儿童图书馆
天津市　天津市青年京剧团
平津战役纪念馆
天津市河东区图书馆
河北省　河北省艺术学校
张家口市青年晋剧团
廊坊市文化局文化市场稽查队
唐山市图书馆
河北省群众艺术馆
大厂县评剧团
山西省　河曲县人民文化馆
临猗县眉户剧团
阳泉市豫剧团
山西省文化艺术学校
内蒙古自治区　内蒙古展览馆
开鲁县文工团
包头市歌舞剧团
卓资县电影发行放映公司
辽宁省　辽宁歌剧院
辽宁省图书馆
沈阳杂技团
建平县文物保管所
吉林省　吉林省民间艺术团
延边歌舞团
长春图书馆
吉林市群众艺术馆
黑龙江省　哈尔滨市图书馆
富锦市向阳川镇文化站
牡丹江市文化市场管理办公室
大庆市话剧院
黑龙江省北方剧场
上海市　上海少年儿童图书馆
上海交响乐团
中国福利会儿童艺术剧院
江苏省　江苏省京剧院
无锡市歌舞团
常州文化艺术学校
南京市艺术小学
浙江省　温州市图书馆
嘉兴市南湖革命纪念馆
舟山市普陀区蛟头镇文化站
浙江话剧团
浙江省群众艺术馆
宁波市文化市场稽查队
安徽省　安徽省歌舞团
霍邱县姚李镇文化站
阜阳市图书馆
安徽省电影发行放映总公司
马鞍山市黄梅戏剧团
福建省　福建省图书馆
漳州市芗城区文化馆
南安市高甲戏剧团
连江县图书馆
厦门小白鹭民间舞团
江西省　弋阳县图书馆
赣州市文化市场稽查支队
萍乡市采茶剧团
新余市渝水区良山镇文化中心站
江西省文艺学校
山东省　山东省戏曲学校
东营市艺术团

	济宁市豫剧团
	泰安市泰山画院
	滨州地区吕剧团
	聊城市杂技团
河南省	河南博物院
	郑州市豫剧团
	辉县市城关镇文化站
	柘城县电影公司
	焦作市豫剧团
	鹤壁市文化局文化市场管理办公室
湖北省	武汉话剧院
	湖北省实验花鼓剧院
	十堰市图书馆
	天门市电影发行放映公司
	湖北省艺术学校
湖南省	永州市群众艺术馆
	衡阳艺术学校
	溆浦县低庄镇文化站
	安仁县花鼓戏剧团
	常德市鼎城区花鼓戏剧团
广东省	南越王宫博物馆筹建处
	深圳锦绣中华发展有限公司
	东莞市大朗文化站
	佛山市图书馆
	湛江艺术学校
	广东省星海音乐厅
广西壮族自治区	广西壮族自治区彩调剧团
	桂林图书馆
	宜州市怀远镇文化站
	田东县右江革命纪念馆
海南省	海口市群众艺术馆
	琼海市中原文化站
重庆市	重庆杂技艺术团
	重庆市博物馆
	重庆市群众艺术馆
四川省	隆昌县文化馆
	甘孜藏族自治州歌舞团
	会理县民族艺术团
	攀枝花市群众艺术馆
	雅安地区群众艺术馆
	旺苍县图书馆
	四川省电影公司
	四川省舞蹈学校
贵州省	贵阳市图书馆
	都匀市歌舞剧团
	六枝特区落别乡文化站
	从江县民族文工队
云南省	沧源佤族自治县文工队
	怒江傈僳族自治州群众艺术馆
	马关县文化馆
	大理州电影发行放映有限责任公司
	云南省艺术学校
	屏边苗族自治县大围山民族歌舞团
西藏自治区	乃东县文化馆
	索县乌兰牧骑歌舞队
陕西省	咸阳市群众艺术馆
	洛川县文化馆
	榆林地区文工团
	镇巴县文工团
	西安市青年秦腔艺术团
	陕西省戏曲研究院青年实验剧团
甘肃省	甘肃省图书馆
	张掖地区七一秦腔剧团
	西峰市寨子乡文化站
青海省	青海省平弦实验剧团
	青海省藏剧团
宁夏回族自治区	银川市图书馆
	宁夏回族自治区展览馆
新疆维吾尔自治区	新疆歌舞团
	克拉玛依市图书馆
	额敏县文化市场稽查大队
长廊共建单位	黑龙江省农垦总局红兴隆分局
	黑龙江省军区 81675 部队
	黑龙江省东方红林业局
	新疆维吾尔自治区公安边防总队
	辽宁省丹东海关
	辽宁省丹东市振安区浪头小学
	海南省国营龙江农场
部直属单位	中国交响乐团

东方歌舞团
中央民族乐团
国家图书馆
北京舞蹈学院
中国美术学院

1999 年全国文化先进县名单（53 个）

北京市东城区
北京市西城区
天津市大港区
河北省河间市
河北省赞皇县
山西省泽州县
山西省太原市小店区
内蒙古自治区鄂温克族自治旗
内蒙古自治区东胜市
辽宁省沈阳市铁西区
辽宁省彰武县
吉林省汪清县
吉林省长岭县
黑龙江省巴彦县
黑龙江省海伦市
上海市黄浦区
江苏省盐都县
江苏省南京市大厂区
浙江省乐清市
浙江省宁波市北仑区
安徽省合肥市中市区
安徽省宣州市
福建省厦门市同安区
福建省泰宁县
江西省贵溪市
江西省吉安市
山东省青岛市李沧区
山东省淄博市周村区
河南省孟津县
河南省灵宝市
湖北省武汉市江汉区
湖北省宜城市
湖南省沅江市
湖南省湘潭市雨湖区
广东省番禺市
广东省澄海市
广西壮族自治区象州县
广西壮族自治区那坡县
海南省文昌市
重庆市铜梁县
四川省新都县
四川省峨眉山市
贵州省遵义县
云南省峨山彝族自治县
云南省景谷傣族彝族自治县
西藏自治区拉萨市曲水县
陕西省凤翔县
陕西省旬阳县
甘肃省静宁县
宁夏回族自治区隆德县
新疆维吾尔自治区玛纳斯县
新疆维吾尔自治区喀什市
新疆生产建设兵团农一师十二团

1995 年全国文化先进集体名单

北京市	北京市儿童艺术团
	北京市青年京剧院
	崇文区图书馆
天津市	天津市歌舞团
	天津图书馆
	河西区小海地街文化站
	天津杨柳青博物馆
河北省	承德话剧团
	丰润县评剧团
	三河市文化馆
	黄骅市博物馆
	丰宁满族自治县电影发行放映公司
	承德市文物园林管理局
山西省	山西省少年儿童图书馆
	大同市晋剧二团
	长治文化艺术学校
	曲沃县图书馆
	寿阳县文艺宣传队
内蒙古自治区	奈曼旗电影发行放映公司
	宁城县评剧团
	包头市文化局

	鄂尔多斯歌舞剧团
	伊克昭盟文化处
辽宁省	辽宁人民艺术剧院
	沈阳艺术团
	大连市电影发行放映公司
	丹东市图书馆
	阜新市群众艺术馆
	义县文物保管所
吉林省	白山市红旗电影院
	吉林市文化市场管理办公室
	白城市洮北区文化馆
	吉林市歌舞团
黑龙江省	牡丹江市文化局
	肇东市文化馆
	大庆市电影发行放映公司
	哈尔滨市儿童艺术剧院
	佳木斯市文化局
	八五一一农场文化馆
	佳木斯市图书馆
	孙吴县文物营理所
上海市	南市区图书馆
	上海木偶剧团
	上海兰心大戏院
	上海市社会文化管理处
江苏省	江苏省戏剧学校
	周恩来纪念馆
	海安县文化局
	常州亚细亚影城股份有限公司
	镇江市文物商店
	宿迁市王宫集乡文化中心
	扬州市木偶剧团
	连云港市连云区文化馆
浙江省	绍兴小百花越剧团
	海盐县澉浦镇文化站
	宁波市文化市场管理办公室
	湖州市图书馆
	浙江省电影总公司
	余杭市文物管理委员会办公室
安徽省	安徽艺术学校
	安庆市黄梅戏二团
	芜湖市影剧公司
	歙县图书馆
	淮北市文化市场管理办公室
	无为县文化馆
	宣州市文化局
福建省	福州市闽剧一团
	同安县博物馆
	三明市文化市场管理委员会办公室
	福建省杂技团
	莆平市图书馆
江西省	赣南采茶剧团
	抚州市图书馆
	萍乡市电影发行放映公司
	江西省文物商店
	江西画报社
	江西省文艺学校吉安分校
山东省	山东省艺术馆
	济南市儿童艺术剧团
	青岛市话剧院
	济宁市吕剧团
	泰安市文物局
	威海市文化委员会
河南省	鄢陵县豫剧团
	开封市图书馆
	南阳汉画馆
	中牟县电影发行放映公司
	洛阳市文化市场管理办公室
	河南省文物考古研究所
湖北省	武汉市楚剧团
	荆州地区博物馆
	宜昌县文化馆
	黄石市图书馆
	湖北电影制片厂
湖南省	长沙市电影发行放映公司
	衡阳市杂技马戏团
	湘潭市花鼓戏剧团
	常德市图书馆
	新化县文工团
	永顺县石堤镇文化站
广东省	广东粤剧院
	深圳图书馆
	广东翠亨孙中山故居纪念馆
	台山市文化馆

	东莞市电影发行放映公司
	顺德市容奇镇文化站
	佛山市文化局
广西壮族自治区	河池地区电影发行放映公司
	浦北县张黄镇文化站
	玉林市图书馆
	右江革命文物馆
海南省	乐东黎族自治县歌舞团
	海南省电影发行放映公司
四川省	成都话剧院
	巴中市曲艺团
	攀枝花市川剧团
	重庆市沙坪坝区图书馆
	四川省川剧学校
	剑阁县张王乡文化站
	泸州市文化局
	遂宁市电影发行放映公司
	三峡杂技艺术团
	凉山彝族自治州文化局
贵州省	遵义市杂技团
	贵阳市文化局
	黔南布依族苗族自治州歌舞团
	黎平县文化局
	金沙县文体广电局
云南省	丽江纳西族自治县博物馆
	红河哈尼族彝族自治州电影发行放映公司
	楚雄市文化局
	大理白族自治州白剧团
西藏自治区	西藏自治区歌舞团
	林芝地区电影发行放映公司
陕西省	周至县剧团
	安塞县文化文物馆
	渭南市图书馆
	陕西文化音像出版社
	西安市电影发行放映公司
	宝鸡市渭滨区文教局
	秦始皇兵马俑博物馆
甘肃省	敦煌研究院
	敦煌艺术剧院
	白银市文化局
青海省	青海省图书馆
	青海省杂技团
宁夏回族自治区	青铜峡市剧团
	宁夏电影发行放映公司银川市分公司银川市文化局
新疆维吾尔自治区	吐鲁番地区文管所
	莎车县文工团
	新源县阿热勒托别乡文化站
	石河子市群众艺术馆
文化部直属单位	上海戏剧学院
	中央芭蕾舞团
	中国革命博物馆

1995 年全国文化模范地区名单

北京市通县
天津市和平区
河北省丰南市
河北省涿州市
山西省洪洞县
山西省平定县
内蒙古自治区林西县
辽宁省大连市中山区
辽宁省沈阳市沈河区
吉林省延边朝鲜族自治州
吉林省榆树市
黑龙江省鸡西市
黑龙江省绥化市
上海市虹口区
江苏省南京市秦淮区
江苏省江阴市
江苏省苏州市
浙江省余姚市
浙江省桐乡市
安徽省天长市
安徽省蒙城县
福建省泉州市
福建省古田县
江西省宜丰县
江西省南昌县
山东省淄博市
山东省烟台市
山东省临朐县
河南省济源市

河南省林州市
湖北省武汉市青山区
湖北省石首市
湖南省临澧县
湖南省桂阳县
广东省广州市海珠区
广东省曲江县
广西壮族自治区桂林市
广西壮族自治区合浦县
海南省琼山市
四川省重庆市北碚区
四川省绵竹县
四川省三台县
贵州省仁怀县
云南省元江哈尼族彝族傣族自治县
云南省腾冲县
西藏自治区江孜县
陕西省兴平市
陕西省城固县
甘肃省庄浪县
青海省西宁市城北区
新疆维吾尔自治区麦盖提县

1991 年全国文化先进集体

北京市	门头沟区图书馆
	海淀区双榆树文化站
	北京京剧院二团
	大钟寺古钟博物馆
天津市	和平区图书馆
	宁河县潘庄镇文化站
	天津乐团
河北省	河北省京剧团
	吴桥杂技职业中专学校
	张家口市图书馆
	秦皇岛市图书馆
	故城县郑口镇文化站
	清西陵文物管理处
	保定市群众艺术馆
山西省	山西省歌舞剧院
	晋中地区艺术学校
	长治市群众艺术馆
	临汾地区眉户剧团
	太原市晋祠博物馆
内蒙古自治区	内蒙古杂技团
	包头市昆都仑区文化馆
	呼伦贝尔盟话剧团
	鄂托克旗乌兰牧骑
辽宁省	辽宁儿童艺术剧院
	沈阳市话剧团
	大连市图书馆
	凌源县博物馆
	铁法市文化馆
	锦州市京剧团
吉林省	吉林省民间艺术团
	延边歌舞团
	扶余市图书馆
	德惠县文化馆
黑龙江省	齐齐哈尔市马戏团
	牡丹江市群众艺术馆
	宝清县艺术团
	黑龙江省龙江剧实验剧院
上海市	上海京剧院
	上海市舞蹈学校
	黄浦区图书馆
江苏省	南京市太平天国博物馆
	南京市秦淮区文化馆
	扬州市图书馆
	苏州市滑稽剧团
	睢宁县儿童画活动中心
	射阳县淮剧团
	海安县文化馆
	张家港市兆丰乡文化站
浙江省	浙江小百花越剧团
	余姚市姚剧团
	嘉兴市嘉兴书场
	宁波市群众艺术馆
	黄岩市文化馆
	温州市文物管理处
	舟山市普陀区图书馆
	浙江舞台电子技术研究所
安徽省	天长县扬剧团
	宿县地区梆子剧团
	合肥市文化市场管理办公室
	马鞍山市群众艺术馆

	安徽省黄梅戏剧院
	淮南市少年儿童图书馆
	桐城县博物馆
福建省	福建省图书馆
	厦门市少年儿童图书馆
	福建省梨园戏实验剧团
	古田会议纪念馆
江西省	新干县采茶剧团
	赣南画院
	江西省文艺学校宜春分校
	波阳县赣剧团
	九江市图书馆
	安源路矿工人运动纪念馆
山东省	山东歌舞剧院
	新泰市图书馆
	临沂地区银雀山汉墓竹简博物馆
	禹城县文化馆
	威海市北洋海军提督署文物管理所
	邹县城关镇文化站
河南省	许昌市豫剧团
	淅川县博物馆
	洛阳市文物工作队
	舞阳县文化馆
	陕县大营乡文化中心
	安阳市文化艺术学校
	密县青屏影剧院
湖北省	湖北省京剧团
	江陵县文化馆
	竹溪县山二簧剧团
	黄石市博物馆
	当阳市图书馆
	武汉市杂技团
湖南省	长沙市南区文化馆
	龙山县文化馆
	永兴县塘门口镇文化站
	宁远县中和乡文化站
	衡阳县花鼓戏剧团
	常德市鼎城区花鼓戏剧团
	双峰县剧院
广东省	鸦片战争博物馆
	广州市演出公司
	广东省中山图书馆
	潮州市潮剧团
	梅州市群众艺术馆
广西壮族自治区	百色地区右江民族歌舞团
	柳州市演出公司
	南宁市少年儿童图书馆
	桂林市群众艺术馆
海南省	海南省琼剧院
	海口市图书馆
四川省	重庆市歌乐山烈士陵园管理处
	犍为县川剧团
	凉山彝族自治州歌舞团
	宝兴县文物管理所
	泸州市图书馆
	甘孜藏族自治州藏画研究院
	宜宾地区杂技团
	巴中县川剧团
	攀枝花市歌舞剧团
	营山县骆市镇文化中心
	自贡市川剧团
贵州省	黎乎县民族文工队
	铜仁地区文工团
	遵义县图书馆
	安顺地区花灯剧团
	大方县文化馆
云南省	云南省杂技团
	大理白族自治州博物馆
	贡山怒族独龙族自治县文化馆
	腾冲县图书馆
	迪庆藏族自治州民族歌舞团
西藏自治区	西藏自治区群艺馆
	山南地区文物管理委员会
陕西省	商洛地区剧团
	陕西省歌舞剧院
	宝鸡市金台区文化馆
	大荔县文化馆
	西安市儿童艺术剧院
	陕西省戏曲研究院
	茂陵博物馆
甘肃省	敦煌市博物馆
	兰州市兰州剧院
	华亭县秦剧团
宁夏回族自治区	宁夏回族自治区话剧团

	银川市图书馆
青海省	黄南藏族自治州民族歌舞剧团
	大通回族土族自治县图书馆
新疆维吾尔自治区	塔城地区图书馆
	哈密地区文物管理所
	新疆歌剧团
	新疆生产建设兵团农一师十团
文化部直属单位	中央音乐学院《文艺理论与批评》编辑部

1991 年全国文化工作先进地区

北京市崇文区
天津市河西区
河北省辛集市
河北省宽城满族自治县
山西省晋城市郊区
山西省临猗县
内蒙古自治区赤峰市元宝山区
内蒙古自治区东乌珠穆沁旗
辽宁省大连市金州区
辽宁省锦县
吉林省柳河县
吉林省桦甸市
黑龙江省富裕县
黑龙江省尚志市
上海市南汇县
江苏省常熟市
江苏省无锡县
浙江省绍兴县
浙江省余杭县
安徽省亳州市
安徽省滁州市
福建省尤溪县
福建省莆田县
江西省萍乡市
江西省于都县
山东省莱州市
山东省滕州市
山东省新泰市
河南省南阳市
河南省鲁山县
湖北省潜江市
湖北省沙市市
湖北省随州市
湖南省临湘县
湖南省鄠县
广东省南海县
广东省台山县
广西壮族自治区钟山县
广西壮族自治区浦北县
海南省琼海县
四川省重庆市沙坪坝区
四川省苍溪县
四川省什邡县
贵州省贵阳市云岩区
云南省路南彝族自治县
云南省玉溪市
陕西省汉中市
陕西省三原县
陕西省户县
甘肃省武威市
青海省湟中县
宁夏回族自治区中卫县
新疆维吾尔自治区莎车县
新疆维吾尔自治区阜康县

文化设施建设

综述

文化设施建设回顾与展望

文化设施是文化事业赖以生存的基础，是文化事业发展的阵地和载体。随着人民物质生活水平的提高，人们对精神文化生活需求也日益提高。近年来，增加文化投入，加快建设各类文化设施，为广大群众提供更多的文化宣传阵地和休闲娱乐场所，已成为各级政府的共识。

2000年是“九五”计划的最后一年。在这一年中，全国文化(文物)当年基本建设计划投资额为33.31亿元，其中国家投资15.39亿元；全年完成投资额为30.43亿元；交付使用项目272个，竣工面积122.7万平方米。

2000年，举世瞩目的国家大剧院开始建设；天桥剧场翻扩建工程已经竣工。部分省、市投资在亿元以上新开工的大型文化设施项目有江苏剧院、杭州大剧院、浙江省嘉兴市文化中心。全国投资在5000万元以上的在建项目38个，其中投资在亿元以上的有：河北艺术中心、辽宁文化艺术中心博物馆、黑龙江省图书馆新馆、上海马戏娱乐城、上海黄埔区图书馆、南京图书馆、南京市文化艺术中心、杭州剧院、浙江红星文化大厦、山东省图书馆业务楼、湖南大剧院、湖南省长沙田汉大剧院、广东演艺中心、深圳音乐厅、深圳中心图书馆、汕头市图书馆、云南省图书馆。

2000年，全国投资5000万元以上的文化设施竣工项目有：首都图书馆新馆、武汉市图书馆、浙江图书馆新馆、上海卢湾区文化馆、江苏京剧院影剧场、无锡市图书馆、武汉影城。

“九五”期间文化设施建设成绩回顾

“九五”期间，全国文化设施建设取得了很大成绩，主要有以下几个特点：

一、投资规模和建设规模有了较大的增长。

五年间，全国文化(文物)基本建设当年计划累计投资152.1亿元，其中国家投资66.7亿元；累积完成投资135亿元，竣工项目1479个，竣工面积533.1万平方米。全国文化事业当年计划累计投资125.54亿元，其中国家投资49.76亿元，分别比“八五”期间增加62.82亿元和31.69亿元，增长100.2%和175.3%；“九五”期间累计完成投资额为98.85亿元，比“八五”期间增加45.68亿元，增长86%；五年中共完成基本建设项目1174个；竣工面积413.2万平方米，比“八五”期间增加113.9万平方米，增长38.1%。

在一些省区，“九五”期间文化设施建设项目之多，投资规模之大，投资效果之好，是前几个五年计划中没有的。如北京市区县2000年财政拨款比1996年增加171%，“九五”期间平均每年比上年增加1000万元。湖北省比“八五”期间增加投资4.7亿元，增长139.82%，大中型项目建成交付使用率为77.3%。广东省“九五”期间建设项目894个，其中新建项目占75%，建设总投资64.12亿元，建筑面积达343.38万平方米。浙江省完成建设项目121个，比“八五”增加42个，完成基建投资10.38亿元，比“八五”增长217.5%，竣工面积43.7万平方米，增长183.8%。福建省1996年以前的几十年间，公共文化设施建筑总面积为70万平方米，而“九五”期间建成使用的文化设施总面积达到32万平方米，呈现文化设施建设投入最多，设施面积增幅最大，设施改造建设最快的鲜明特点。

二、建设了一大批代表当地文化风貌的标志性大型文化建筑，各省区省会城市和大城市的龙头地位突现。如北京市重点文化设施总建筑面积达到10万平方米，投资总额7.6亿元，其中市重点工程有首都图书馆新馆、长安大戏院，建成的大型文化设施还有中山公园音乐堂改建工程、中国评剧剧场、东城区图书馆、东方国际文化交流中心、西城区图书馆、西城区青少年儿童图书馆、朝阳区文化馆等。上海的文化设施与城市的建设得到同步发展，大型文化设施建设总投入24.9亿元，建筑面积23.5万平方米。建成的项目主要有上海大剧院、上海图书馆、上海马戏城、上海美术馆新馆、上海艺海大厦，以及上海话剧艺术中心和上海美琪大戏院扩建工程，建设了上海黄埔区图书馆、卢湾区文化馆等。天津市建设的标志性大型文化设施项目有平津战役纪念馆、周恩来邓颖超纪念馆、自然博物馆。江苏省建设了南京文化艺术中心、南京博物院展厅、省群众艺术馆、影视百花苑、江苏京剧院影剧场、图书音响城、古楼文化艺术中心；还建设了无锡大会堂、无锡市图书馆、苏州市图书馆新馆、苏州工业园区文化中心、张家港市图书馆、南通市人民剧场、镇江艺术中心、扬州剧院、徐州市博物馆、徐州市图书馆、宿迁市文化综合馆、泰兴市文化艺术中心、姜堰市图书馆等大型文化设施。广东省建设的大型文化项目有广东省星海音乐厅、广东演艺中心（在建）、深圳书城、深圳文化中心（在建）、深圳关山月美术馆、珠海市图书馆新馆（在建）、东莞市文化广场、东莞市海战博物馆、湛江市图书馆、汕尾市文化中心等。湖北省武汉市在“九五”完工交付使用的大中型文化建设项目约占全省的1/3，完成投资5.52亿元，占全省的62.9%。其中包括标志性建筑武汉市图书馆，以及武汉市博物馆、武汉影城、武汉市民众乐园，全省建设的大型文化设施有湖北剧场、黄冈市文化活动中心、十堰市文化活动中心、十堰市东风剧场等。四川省相继建成了成都艺术中心、成都川剧艺术中心、崇州市艺术中心、绵阳市博物馆和群众艺术馆、乐山市艺术馆、大邑县艺术中心、广汉三星堆博物馆等标志性工程和大中型文化设施。陕西省建成了陕西省图书馆、陕西省美术博物馆、西安市图书馆、西北电影城、延安文化艺术中心等重点标志性文化项目。河北省建设了河北艺术中心、石家庄市群艺馆、沧州市艺术中心、保定市图书馆等。辽宁省建设了省艺术中心博物馆工程、“九、一八”历史博物馆、锦州市博物馆、铁岭市博物馆、大连现代博物馆、大连艺术大厦、旅顺博物馆、大连市图书馆、抚顺市图书馆等。浙江省建成的标志性重点文化项目有浙江图书馆新馆、浙江音乐厅、杭州红星文化大厦、绍兴图书馆新馆等。安徽省新建了安徽省图书馆、合肥市图书馆、芜湖市大众影都等。江西省建成了江西艺术剧院、由革命博物馆、历史博物馆和自然博物馆馆组成的省博物馆新馆。河南省建成了河南博物院、郑州博物馆、巩义博物馆、三门峡虢国博物馆、新郑市文化艺术中心、新乡市图书馆等。湖南省建设的大型文化设施项目有湖南大剧院、湖南省博物馆陈列楼、长沙市田汉大剧院、刘少奇纪念馆、娄底市文化艺术中心等。广西自治区建成了南宁市图书馆、北海市图书馆、桂林市美术馆、柳州市艺术中心等大型文化设施。贵州省进行了贵州省图书馆改扩建，建设了贵阳市图书馆、黔东南影乐大厦。云南省进行了省图书馆改扩建工程，建设了昆明市博物馆、玉溪市博物馆等大型文化设施。甘肃省建设了新兴影视综合楼、兰州市图书馆、酒泉地区文化活动中心。新疆维吾尔自治区建设了新疆维吾尔自治区图书馆、新疆维吾尔自治区博物馆（在建）。其他省区建设的大型文化设施还有黑龙江省的省图书馆新馆，山东省的省图书馆业务楼，西藏自治区的自治区博物馆（在建），青海省的省博物馆，内蒙古的自治区图书馆新馆，海南省的三亚市图书馆等。（详见设施建设一览表）

三、结合创建文化先进县，文化先进乡镇活动，基层文化设施建设特别是县级图书馆、文化馆建设有了长足的进展。万里边疆文化长廊建设取得了可喜的成绩。

为实现“县县有图书馆、文化馆”的建设目标，各级政府采取措施加快了县级图书馆和文化馆的建设步伐。“九五”期间，国家增加对县级图书馆、文化馆建设和边疆地区文化设施建设专项补助资金，进一步推动各省区县级图书馆、文化馆的建设。五年间，省地市县投资县级图书馆、文化馆建设资金约12亿元，新建、改建扩建县级图书馆、文化馆650多个。基层图书馆、文化馆、站已经成为社区和广大农村精神文明建设的主要场所。地市级文化设施建设也取得了很大的成绩。“九五”期间，北京市区县文化设施总投资7亿元，竣工交付使用的文化设施建筑面积达21.7万平方米。其中文化馆、图书馆两馆投资约2.7亿元，增加建筑面积7万平方米。全市在加快文化馆、图书馆建设同时，也加强了街道、乡镇等基层文化设施建设，“九五”期间对基层文化站的投资约3.8亿，建筑总面积12.21万平方米。上海市区县文化建设项目共105个，投资19.7亿元，建筑面积53.57万平方米。形成了包括市级2个、区县级33个、街道乡镇级311个、里弄（村）图书馆2、8万个的四级公共图书馆网络体系 由39个文化馆，302个街道、乡镇文化站组成的公共文化馆、站网络。天津市区级文化设施总投资9786万元，建筑面积5.1万平方米。相继建成河东区图书馆、河西图书大厦、南开区文化馆、塘区文化馆、南区图书馆、武清区图书馆文化馆、泰达青年宫青年园等建设项目。

“九五”期间实施的万里边境文化长廊工程，建设各类文化设施数百个，边疆各级政府和有关部委及文化单位投入资金十多亿元，极大地改善了边疆地区文化基础设施落后状况，增进了民族团结，防止了境外腐朽文化的渗透，宣传扩大了社会主义中国的影响，稳固了边防，对于加强两个文明建设，丰富活跃边疆各族人民的文化生活，起到了极大的促进作用，成效十分显著。如云南省以边疆文化长廊工程为主要内容开展的文化基础设施建设，是建国以来数量最多、规模最大的时期，五年中建成图书馆49个，文化馆44个，乡镇文化站36个，边境口岸文化站12个，影剧院13个，博物馆4个，竣工面积24.7万平方米，总投资3.15亿元，有10个群众艺术馆，100个文化馆，577个乡镇文化站达到省级规范化建设要求，89个图书馆达到国家规范化建设要求。云南省实施的千里边疆文化长廊工程，共安排基础设施建设及部分原有设施的维修项目269项，建成投入使用136项，改扩建完成48项，在建27项，建设规模达21.5万平方米，总投资2.92亿元。吉林省新建、改扩建县（市）级图书馆14个，县（市）文化馆6个，县（市）文化活动中心3个，乡镇文化中心12个；全省初步实现了县县有图书馆、文化馆，乡乡有文化站的目标。边境文化长廊工程的实施，使边境地区一线的文化设施进一步完善。广西壮族自治区建设基层文化设施130多个，其中边境乡镇文化站70多个。内蒙古自治区筹措资金5800余万元，新建、改建和完善乡镇文化站1300多个。西藏自治区新建29个县级综合文化馆图书馆，建设36个乡级文化站，350个农村文化室。

文化设施建设中的经验

一、领导重视，政策得力是文化设施建设取得成绩的有力保证。

“九五”期间，各级党委政府按照党的十五大要求，认真贯彻落实国务院一系列文化经济政策，并根据各地实际情况，制定并出台当地的文化经济政策文件。计委、财政和城市规划等有关部门也给予大力支持。一些省区的省委、省政府提出“建设文化大省，发展文化产业”，强化中心城市的文化集聚和辐射功能，将文化建设与历史文化名城建设、文化旅游资源开发利用及城市文化环境建设相结合，加强了公益性文化基础设施建设，推动了文化设施建设和整个文化艺术的繁荣与发展。如江苏省各级党委、政府高度重视文化设施建设，选择当地有代表性的文化设施列入政府实事工程和“九五”规划，认真组织实施。在各级政府关心重视下，由有关部门安排建设资金、调拨建设用地、规划立项并明确建设周期，保证了全省一批重要的文化设施顺利开工和建成。湖北省的湖北剧场工程建设，省政府为此两次召开省长办公会，专题研究立项、资金、设计等问题，省委书记办公会集体审定其建筑设计方案，省计委将其列为全省重点工程，省市有关部门为其减免了1000多万元税费等。

二、多渠道，多方式筹集资金是文化设施建设的有效举措。

“九五”期间，一些省区尝试拓宽资金来源渠道，取得了新的突破。在完成的文化设施建设投资中，政府拨款性文化建设投资比例进一步缩小，土地级差调整进行的投资比率增加，多元组合（政府之间、中外资之间、社会其他合作之间以及职工个人集资、参股）的合作性投资项目增加，银行借贷方式运作项目增加。如北京市采取联合开发的办法，建设了长安大戏院、中国评剧院和北京戏校排演场，合作建设资金共计3.66亿元。湖北省武汉市民众乐园同新加坡亮阁私人投资有限公司合作，引进外资3.15亿元（包括部分“八五”期间完成投资），对老民众乐园进行投资改造；省电影公司同香港鑫乐娱乐有限公司合作，投入5511万元，兴建了设施一流，设备一流，6个豪华立体声小厅的湖北鑫乐银兴电影城。仅此两项外资投入达3.7亿元。四川省拓宽多渠道社会集资的路子，“九五”期间，银行贷款达2330万元，通过社会广泛筹资6877万元。福建省利用毗邻港澳台和著名侨乡的优势，积极鼓励与海外各界人士的沟通联系，争取了一批侨、台港澳、外资兴建文化设施，投入资金约占基建投资总数的1/3。吉林省敦化市几年来策划和包装的招商项目60多个，重点项目聘请权威人士和专家论证，面向社会进行方案招标。骨干产业以商招商吸引和利用外来资金总额达到1125万元，追加投入到工程建设、内部装修和设备购置，增强了基础设施建设的资金实力。安徽省由省国债服务部独家赞助了省图书馆新馆扩建工程；马鞍山市图书馆引入私企“宝石娱乐总汇”230万元，建设了1700平方米的儿童图书馆；滁州市由文化部门出地皮，社会力量投资，按比例分成建成了群众艺术馆。青海省建造的省博物馆工程，获得外资捐助5500万元，占投资总额的65%。

三、加强管理，开拓创新，是促进文化设施建设发展的根本保证。

“九五”期间，全国各级文化部门在建设文化设施过程中，严格管理，注重质量，在实践中创造和取得了不少新的经验和做法。如江苏省文化设施建设，坚持按基建程序办事原则，建筑工程的设计、监理、施工队伍的确定，以及主要工程设备、材料，必须通过建筑有形市场招投标；工程预、决算由各级财政、审计部门全过程跟踪审计；工程质量必须通过当地质检部门的监督检查把关。湖北省武汉市博物馆全面实行了“交钥匙工程”。湖北剧场扩建工程全面推行项目业主负责制、工程监理制、招投标、标准合同管理制。如省保密局全程监控标编制工作，还专门召开新闻发布会，省、市新闻单位对工程实行“四个监督”质量监督、工期、管理监督、廉政，成为省招标投标中心的样板，也成为其他单位借鉴的对象。云南省坚持实事求是，因地制宜的原则，严格控制建设规模，量力而行，尽力而为，省级补助的重点是扶持积极性高、项目配套资金落实的贫困地区，同时在项目实施过程中，省文化厅与各地政府签订项目实施责任书，明确双方责任，使文化建设成为县市长工程。这样既集中了精力和资金，投资又发挥了效益。促使全省的文化设施建设基本上按规划实施。福建省在文化设施建设过程中强化内控制度，单位纪检监察部门对工程项目的各个阶段、各项招标均进行全过程的跟踪监督，各单位的财物为工程建设资金制定出明确使用办法和规定，工程建设的各个环节透明，实行民主决策。在建设中，严格各项资金审批制度。建设单位、监理单位、施工单位三家明确共同的工程质量目标，建立良好的协作关系，甲乙双方尽最大的努力寻求各自利益的最佳结合点。如福建省博物馆工程，在大宗材料采购上采取在与乙方协调一致的基础上，切割出来实行各方厂家相互竞价的办法，最大限度地降低工程造价。

许多地方在文化设施建设中，开拓创新，探索文化建筑的新和美，突出了文化建筑和区域文化的特性。如：上海市文化建设采取软硬件并举发展，建筑设施标准（外观、装修、空调、消防、保卫设施）得到较大提高；环境要求（绿化、交通、泛光照明等）进一步优化；技术含量大幅度增强，计算机、互联网、多媒体技术为代表的手段大量应用；资源共享和资产综合利用率进一步提升。为充分发挥文化设施的总体效益奠定了基础。在突出“特色”方面，文化设施建设规模定位进一步明确以人为本，并和市场经济定位结合起来。上海的剧场建设以剧定位，大剧院高档综合性定位，美琪大戏院音舞定位，适应杂技和动物表演，上海艺海大厦戏曲定位，话剧艺术中心话剧定位，有利于剧院发展、观摩效果和降低演出成本。同时为充分吸引观众，增加滞留时间，设计安排有娱乐、休闲、接待的场地和活动内容。

一些省市的文化设施建设依据当地的人文历史、商业状况和居民现状，发展了地区特色的文化建设。如北京市宣武区提出了文化兴区的口号，提出把文化产业作为第三产业中的主要产业，适度超前的发展战略目标，并规划开发琉璃厂文化旅游园区、大栅栏古都风貌街区，开发了文物艺术品市场，开拓北京南城商演市场等重点工程。此外，文化广场的建设成为文化设施建设中的一个亮点，延庆的妫川文化广场、平谷的世纪文化广场、大兴的康庄文化广场、通州的运河文化广场等相继建成并投入使用。上海建设了虹口区的“多伦路历史文化名人一条街”、徐汇区的“徐家汇商圈广场文化”、黄浦区的“福州路文化街”等。

文化设施建设中存在的问题和困难

“九五”期间，文化设施建设虽然有了一定的发展，但仍存在许多问题和困难，主要是：

文化设施建设投入仍然偏少，比例偏低。近年来，全国文化事业费逐年有所增加，但相对于财政收入的增长，其增幅仍然较小，比例仍然过低。文化事业费占国家财政支出的比例长期在０．４５%左右徘徊；许多大中型文化设施建设在纳入规划以后，由于投资没有保证得不到实施，文化事业基建投资占国家基建投资的比重近十年来在0.22%左右（低于“七五”期间的0.4%）。文化投入不足，使基层公共文化设施建设滞后，文化事业建设落后于经济建设的发展和人民文化生活的需求。“六五”计划提出的“县县有图书馆、文化馆，乡乡有文化站”的目标至今尚未实现。目前，全国仍有144个县无图书馆，108个县图书馆无馆舍，159个县图书馆馆舍面积低于300平方米；仍有57个县无文化馆，221个县文化馆无馆舍，143个县文化馆的馆舍面积小于300平方米。全国既无图书馆又无文化馆的县有51个。全国还有5000多个乡镇没有文化站。

建设资金缺少是困扰文化设施建设的关键问题。在文化设施建设中，拖欠工程款和银行贷款的现象十分突出，许多文化设施建设后期或建成后的尾部工程基建欠款无法落实，使一些文化设施停建或建成后不能投入使用。

全国现有文化设施普遍存在陈旧简陋，面积狭小的状况。一些省区的省级文化设施亟待改善。全国的剧场、影剧院建设滞后，大多数剧场、影剧院已投入使用几十年，年久失修，破旧不堪，许多成为危房亟待整修。许多省区图书馆、文化馆、群众艺术馆设施破旧、狭小，特别在中西部地区，图书馆和文化馆未达标的占很大比例。全国乡镇文化站没有独立业务用房的占50%左右。

文化设施维持费用不足的问题突出。一些省市建设的文化设施，由于正常的维持经费没有保证，造成初始投入的浪费，严重影响这些设施社会效益和经济效益的充分发挥。

一些政策不落实、不配套。近年来，新开发、新建设的城镇居民小区，应配套的文化设施未予以重视。开发商注重小区建设的经济效益而忽视社会效益，使小区配套文化设施有的在规划中有，而实际未建设，文化设施用地改作他用；有的预留了空地，但始终没有建设应配套的文化设施；有的虽然建成了文化设施，没有交给文化部门管理使用，而出租、出让、出售给其他单位，影响小区居民的文化活动和精神文明建设。在一些城市建设中，没有给文化设施建设留有必要的用地。公益性文化设施建设从数量和规模上，与人民的文化需求都有一定的差距。在建设文化设施中，免费提供建设用地或减收土地租金，免征各种市政建设配套费、水电增容费等各种税费；在城市改造、余地置换、商业合作中，保证文化设施地段的规划、国拨资金以及设施使用功能不受影响等有待进一步完善。

由于各地区经济条件的制约，文化设施建设发展不平衡。中西部地区发展滞后于东部沿海地区，广大农村的发展滞后于城市，城市中郊区和县的发展滞后于市区。中西部地区特别是贫困地区、革命老区、少数民族地区的基层文化设施仍然十分落后。

“十五”期间文化设施建设展望

“十五”计划的实施，将给文化设施建设带来新的机遇和希望。全国文化设施建设将坚持实事求是，量力而行，优先安排，填遗补缺的原则，达到既有高起点、高科技、高标准的大型文化设施，又有规模适当、标准适宜、满足群众文化活动基本要求的基础文化设施。形成省、市、县、乡多层次，布局合理、功能先进的文化设施网络。

“十五”期间，将继续建设一批标志性的文化设施，发挥大城市文化中心的辐射作用。其中在北京、上海、广州、深圳、南京、武汉、成都、西安等大城市建设与国际大都市相适应的文化设施，提高城市文化设施建设的品位，发挥作为全国和区域文化中心的辐射作用。在西部大开发的同时，12个西部省、市、自治区将建设省级大中型文化设施50余个，建设规模约100万平方米，计划总投资75亿元。

在北京，将建成国家大剧院，将进行国家博物馆、中国美术馆改扩建、国家数字图书馆工程的建设。北京市将建设北京市少年儿童图书馆、齐白石现代艺术馆、北京市群众艺术馆（社会文化活动中心）、首都图书馆新馆二期工程，还将利用引资合资等方式完成西单、吉祥、双井、广和等剧场、影院建设，筹建马戏演出中心、电影城等。上海市将建设上海文化艺术中心、上海东方艺术中心。广东省将完成广东演艺中心、深圳文化中心（图书馆和音乐厅工程）、汕头市图书馆的建设，将进行广东省博物馆（二期）、广东省中山图书馆改造、友谊剧院改造等工程以及深圳博物馆、深圳多功能影城、当代艺术博览馆的建设。天津市将建设天津博物馆、元明清天妃宫遗址博物馆、天津文化艺术中心。江苏省将完成南京图书馆新馆、南京中国近代史遗址博物馆的建设，将建设江苏剧院、现代美术馆、金陵图书馆新馆、朝天宫古代艺术博物馆；还将建设苏州图书馆新馆、苏州博物馆新馆、无锡市博物馆新馆、常州市博物馆新馆、常州市群众艺术馆新馆、徐州汉画像二期工程、徐州彭城剧场、扬州市博物馆新馆、南通更俗剧场、南通少儿图书馆、淮阴市图书馆新馆、盐城市群众艺术馆、连云港市博物馆新展厅、连云港市文化活动中心、泰州市博物馆新馆、宿迁市文化综合馆等。重庆市将建设中国三峡博物馆、国泰大戏院、重庆图书馆、重庆自然博物馆等大型文化设施。湖北省将进行省博物馆(二期工程)、红楼环境整治工程、湖北省美术馆、省图书馆(二期工程)、江汉剧场改造、湖北省艺术宫的建设。四川省将兴建四川博物馆,续建四川省图书馆,建设四川省艺术中心,三星堆遗址二期工程。陕西省将重点建设省图书馆现代信息化工程,建设陕西音乐厅、陕西民间艺术博物馆、陕西美术博物馆、陕西戏曲大剧院、扩建西安人民剧场等。浙江省以承办2003年中国艺术节为契机,加大剧院的建设力度,将完成杭州剧院改扩建、浙江红星文化大厦工程,将建设浙江儿童艺术中心、杭州大剧院,萧山歌剧院,宁波大剧院、绍兴大剧院,金华大剧院,嘉兴市文化中心,台州市文化艺术中心,丽水文化艺术中心等。还将进行浙江社会文化大厦、浙江小百花艺术中心、良渚国家遗址公园、浙江京昆剧院、浙江自然博物馆新馆等项目的建设。山西省将兴建山西文化艺术活动中心、山西博物馆。内蒙古自治区将建设内蒙古民族博物馆、内蒙古民族文化中心、内蒙古马文化博物馆,进行内蒙古博物馆维修改造工程。辽宁省将建设辽宁艺术大厦、辽西博物馆。吉林省将建设省东方大剧院、省自然博物馆和革命博物馆,扩建省图书馆。福建省将建成福建省博物馆、昙石山遗址博物馆(二期),进行福建大剧院和艺术中心的前期立项工作,并在一些中心城市建设一批现代化、标志性的文化设施,主要有福州市海峡文化艺术交流中心、福州现代影城、厦门市博物馆、厦门市图书馆、漳州大戏院、漳州市图书馆、泉州市图书馆、泉州海洋交通馆、三明大剧院、莆田艺术馆、南平大戏院、南平博物馆、龙岩市闽西大剧院、宁德市文化艺术中心等。江西省将建设江西省美术馆。河南省将建设河南大剧院、开封市文化艺术中心、商丘市图书馆、鹤壁市文化艺术中心、漯河市图书馆和群艺馆、安阳市图书馆、周口市群艺馆、洛阳市群艺馆、濮阳市艺术中心。湖南省将建成湖南大剧院、湖南省博物馆陈列楼、长沙市田汉大剧院。广西壮族自治区将建设广西文化艺术中心、广西壮族自治区数字化图书馆、广西壮族自治区图书馆、广西壮族自治区群众艺术馆、河池地区民族图书馆等大型文化项目。海南省将建设海南省数字图书馆、海南省博物馆。贵州省将完成贵州省图书馆改扩建项目,将建设贵阳大剧院、河滨文化娱乐中心、贵阳电影城、贵州龙博物馆,进行贵州省博物馆和贵阳历史博物馆改扩建工程。云南省将完成省重点文化标志性工程云南省图书馆的建设,将建设云南民族文化活动中心、云南省博物馆、云南民族大剧院。西藏将完成自治区博物馆建设,将新建西藏大剧院、西藏展览中心、西藏自治区图书馆数字化工程、拉萨市群众艺术馆等。甘肃省将建设甘肃大剧院、《四库全书》藏书楼。青海省将建设青海大剧院、中国藏传佛教博物馆、青海彩陶博物馆、青海都兰吐谷浑邦国博物馆。宁夏回族自治区将建设宁夏文化艺术中心、宁夏民族博物馆、宁夏图书馆、宁夏展览馆、宁夏回族自治区群众艺术馆。新疆维吾尔自治区将完成自治区博物馆建设,将新建新疆文化艺术活动中心、新疆美术馆、新疆维吾尔自治区群众艺术馆、新疆音乐厅、团结剧场等。

"十五"期间,继续加强基层文化设施建设,县级文化馆、图书馆和乡镇、街道文化站的建设将有一个更大的发展,以进一步改善群众文化活动的服务设施和环境,提高水平。五年间,力争完成"县县有图书馆、文化馆,乡乡有文化站"的建设目标,全国将建设县级图书馆和文化馆800余个,乡镇文化站5000个,初步形成县乡文化基础设施网络。

北京市提出普遍建立街道、乡镇文化站,建成50个特色文化广场和文化公园,10至20个艺术特色村。河北省将继续建设以图书馆、文化馆为主体的基层综合文化设施,"十五"期间,建设70个图书馆,80个文化馆,使全省80%县级以上公共图书馆和70%的文化馆达到部颁标准。吉林省将新建县图书馆9个,文化馆13个,同时改善建筑面积小于1000平方米的17个县图书馆和10个县文化馆达到1500平方米以上。福建省将在填补图书馆、文化馆、文化站空白基础上,使80%以上的行政村有文化室(中心)。海南省将建设县级图书馆和文化馆11个,全面完成县县有图书馆、文化馆的建设目标。四川省将在汉族地区完成县有图书馆、文化馆的建设目标，民族地区大力推广文化馆、图书馆、文管所两馆一所的文化中心，建筑总面积6万平方米，总投资6000万元。陕西省将完成20个县级图书馆，22个县级文化馆，100个镇和500个乡文化站建设；同时在中小城市，改造和扩建电影院、影剧院、综合性剧场50个。贵州将新建、改扩建县级图书馆和文化馆43个，新建乡镇文化站800个。内蒙古自治区将继续实施“边境文化长廊建设规划”和“彩虹文化计划”。广西自治区将建设县图书馆、文化馆38个，建筑总面积7.4 万平方米，总投资7000万元；将实施广西乡村电子信息馆工程，在1363个乡村配置乡村电子信息馆设备，总投资5500万元；将建设500个乡镇文化站，建筑总面积20万平方米，总投资1.05 亿元。云南省将建设地州县图书馆36个，文化馆22个，乡镇文化站8 75个，总建筑面积52.35万平方米，总投资约4.6 亿元。其中千里边疆文化长廊将进入二期工程，准备建设昆水线、滇黔线、滇藏线、滇川线、昆罗线，建设规模17.7万平方米，总投资2.1 亿元。西藏自治区将新建、改扩建36个县级综合文化馆图书馆，487个乡级文化站，基本实现地市有群艺馆、图书馆，县县有多功能文化馆图书馆，牧业县、边境县有文化流动车，3/4的乡镇有文化站，2/3的行政村有文化活动室。

展望未来，中国的文化事业，将进入一个新的发展时期，让我们迎接文化设施建设新的高潮!

“九五”期间部分省区市文化设施建设一览表

项目名称	总投资（万元）	建筑面积（平方米）	建设性质
北京市			
天桥剧场	22390	23481	翻扩建
首都图书馆新馆	26000	37800	新建
长安大剧院	21962	20237	新建
中山公园音乐堂	11500	11847	新建
中国评剧院剧场	7350	10544	新建
北京戏校排演场	7300	8830	新建
七色光儿童剧场	1572	3899	改建
东城区图书馆	5600	11500	新建
东方国际文化交流中心	30000	34000	新建
十字坡影剧院	800	3420	改建
西城区图书馆	10405	9950	新建
西城区少儿图书馆	3000	6166	新建
朝阳区文化馆	3248	11000	改建
丰台区少儿图书馆	860	2775	新建
燕山少年宫	800	4500	新建
天津市			
平津战役纪念馆	16998	13996	新建
自然博物馆	10100	12000	新建
周恩来邓颖超纪念馆	8367	7150	新建
河东区图书馆	950	4000	新建

河西区图书大厦	2600	8000	新建
南开区文化馆	1200	5600	新建
塘沽区文化馆	2000	8600	新建
津南区图书馆	1080	6200	新建
武清区文化馆	695	6000	新建
泰达青年宫	1000	4300	改建
河北省			
河北省艺术中心	25458	24912	新建
石家庄市群艺馆	3400	9049	新建
保定市图书馆	1415	10752	迁建
沧州市艺术中心	3062	15000	新建
元氏县文化宫	600	9000	新建
藁城市图书馆	400	6522	新建
辽宁省			
辽宁文化艺术中心博物馆工程	45900	58700	新建
“九一八”历史博物馆	12900	12600	扩建
朝阳市艺术馆	683	5343	新建
锦州市博物馆展厅	1800	5640	新建
本溪市工人文化中心	900	4500	改建
铁岭市周恩来纪念馆	1000	8800	扩建
铁岭市博物馆	2300	7000	新建
葫芦岛市图书馆	800	4000	新建
辽河大剧场	1500	5800	新建
大连艺术大厦	2400	9600	新建
大连少儿图书馆	1500	6500	新建
旅顺博物馆	2617	9900	扩建
大连市图书馆	5000	7000	扩建
大连现代博物馆	15000	30000	新建
盘锦市图书馆	1092	5000	新建
抚顺市图书馆	5570	15096	新建
上海市			
上海大剧院	125000	62800	新建
上海图书馆	67000	83000	新建
上海马戏城	22500	33100	新建
上海美术馆	11197	18000	改扩建
上海艺海大厦	23000	38334	新建
黄浦区图书馆	18900	20500	新建
大上海电影院	6390	7778	新建
远东娱乐广场	24800	35293	新建
和平电影院	4490	5525	新建
闵行区地铁文化广场	1200	12000	新建
闵行区文化馆	1600	5030	新建

长宁文化艺术中心	6000	9600	新建
沪西文化大厦	6900	12000	新建
青浦文化中心	2300	5000	新建
青浦徐泾影剧院	2000	5070	新建
金山区第一少年宫	880	6000	新建
卢湾区文化馆	8000	13000	新建
马陆镇文化体育中心	2000	11000	新建
娄塘景花苑广场	2100	21300	新建
曹王镇文化中心	1200	4224	新建
崇明县图书馆	1217	4328	改建
宋园茶艺馆	1500	3000	改扩建
沪北电影院	4014	8030	新建
闸北文化馆（二期）	3500	5000	新建
泰山文化馆	1300	2600	新建
徐汇区文化艺术中心	6300	6000	新建
梅陇文化馆	3000	7500	新建
杨浦大剧院	5400	10000	新建
九歌文化馆	2890	11372	新建
普陀区文化馆	3000	10000	改建
普陀区甘泉文化馆	2000	7000	新建
上海松沪抗战纪念馆	2150	3490	新建
宝山区文化馆	1740	5286	新建
罗店文化馆	1300	5608	新建
浦东新区文艺指导中心	620	7400	新建
浦东图书馆、少年宫	19000	35000	新建
虹口文化艺术馆	800	2500	新建
邮电俱乐部	7000	9324	新建
奉贤县绿地文化广场	5500	27000	新建
江海文化广场	1500	14000	新建
奉贤县工人俱乐部	900	3500	新建
松江图书馆新馆	2200	6500	新建
江苏省			
南京文化艺术中心	30000	30000	新建
影视百花苑	4500	15000	新建
图书音响城	3000	10000	新建
古楼文化艺术中心	3600	9094	新建
南京博物院展厅	11000	17000	新建
省京剧院影剧场	7500	12000	新建
省人民剧场	2340	5000	维修、改建
省群众艺术馆	3500	5000	新建
无锡大会堂	24000	28000	新建
无锡市图书馆	6600	26851	新建

无锡北塘区文化馆	1500	9222	新建
江阴周庄文化站	2300	10080	新建
锡山前州娱乐城	2100	14400	新建
宜兴官林文化宫	1500	6000	新建
苏州市图书馆新馆	10600	23500	新建
苏州工业园区娄葑镇文化中心	5000	17000	新建
吴江图书馆、文化中心	1200	7800	新建
吴江市博物馆	800	3652	新建
张家港市博物馆	2260	6920	新建
张家港市图书馆	3000	8200	新建
常熟市博物馆	1300	4300	新建
常熟青少年活动中心	1160	4477	新建
常州群众艺术馆	1540	6234	改建
武进淹城博物馆	1147	6000	新建
镇江艺术中心	2300	7000	新建
镇江图书馆二期	1500	8280	新建
丹阳文化城一期	1300	6740	新建
丹阳文化城二期	1700	17300	新建
南通市人民剧场	5000	12000	新建
通州市文化馆	1800	7300	新建
扬州市图书馆	1700	10300	新建
扬州剧院	4500	12000	新建
徐州市博物馆	3268	8100	扩建
徐州市图书馆	4500	20000	新建
徐州贾汪文化大厦	1240	9000	新建
淮安博物馆	1280	5000	新建
宿迁市文体馆	5000	18000	新建
盐城滨海图书馆	600	5230	新建
泰兴市文化艺术中心	1200	2700	新建
中国海军诞生地纪念馆	7000	29000	新建
姜堰市图书馆	3000	3800	新建
浙江省			
浙江图书馆新馆	12441	30800	新建
浙江音乐厅	3590	8700	新建
浙江西湖美术馆	940	2507	新建
杭州剧院	19000	56210	改扩建
浙江儿童艺术中心	1500	5800	新建
绍兴图书馆新馆	4200	13000	新建
温州市图书馆新馆	2130	8500	新建
杭州少儿图书馆	1604	5482	新建
杭州红星文化大厦	16000	31454	新建
河姆渡遗址博物馆二期	1100	2300	扩建

绍兴绍剧艺术中心	2800	6000	新建
安徽省			
安徽省图书馆	7000	25000	扩建
合肥市图书馆	8000	12000	新建
马鞍山市图书馆	1015	7200	新建
淮南市博物馆	1600	9810	新建
芜湖市大众影都	6500	12800	新建
马鞍山市华夏娱乐城	1400	3288	新建
宣城市文化中心	1500	3000	新建
江西省			
江西省博物馆	17000	34000	新建
河南省			
河南博物馆	27000	78762	新建
郑州博物馆	3170	8337	新建
南阳汉画馆	1100	8000	新建
三门峡虢国博物馆	2500	6000	新建
巩义博物馆	2800	12300	新建
郑州艺术馆	1700	10271	改建
新郑市文化艺术中心	2200	8898	新建
洛阳市图书馆	1532	13000	新建
安阳市群艺馆	1069	7019	新建
林州市文化馆	675	6156	新建
濮阳市杂技艺术馆	900	4000	新建
许昌市图书馆	620	5400	扩建
平顶山市文化中心	1159	8000	新建
三门峡市图书馆	1836	10684	新建
新乡市图书馆	2300	12597	新建
湖北省			
湖北剧场	6800	11767	改建
鑫乐影城	5511	7200	新建
省歌舞剧院欧帕娜	2000	17050	新建
武汉市博物馆	6651	17834	新建
武汉市图书馆	15000	32975	新建
武汉影城	5100	18300	新建
武汉市民众乐园	31540	39000	改建
武汉市江岸剧场	1500	9000	改建
武汉剧场	1100	5034	改建
黄石市群众活动中心	800	8000	新建
黄冈市文化活动中心	5000	16200	新建
荆门市银海大厦	1100	10000	新建
十堰市东风剧场	2400	9600	改建
十堰市文化活动中心	2000	11500	新建

仙桃市图书馆	1500	5685	新建
湖南省			
湖南大剧院	15000	38385	新建
湖南省博物馆陈列楼	8420	15970	新建
湖南省花鼓戏剧院大舞台剧场	600	5172	新建
长沙市田汉大剧院	12000	26500	新建
刘少奇纪念馆	2000	8000	新建
岳阳市博物馆	1700	6400	新建
郴州市影视城	1400	7678	新建
永州市博物馆	850	7000	新建
娄底市文化艺术中心	4650	28000	新建
广东省			
广东省星海音乐厅	25360	16483	新建
广东演艺中心	10699	61799	新建
韶关博物馆	2200	7500	新建
深圳书城	18717	55000	新建
深圳戏院	1600	6100	新建
深圳画院	2550	5057	新建
深圳关山月美术馆	6645	14689	新建
深圳文化中心	159700	91023	新建
深圳福田院剧院	3500	7562	新建
深圳罗湖区图书馆	1507	7014	新建
深圳南山区图书馆	6800	16400	新建
深圳保安区文化艺术馆	2500	9200	新建
深圳中英街历史博物馆	960	1688	新建
珠海市图书馆新馆	8500	15987	续建
佛山市梁圆工程	3617	4900	修复
南海市影剧院	4800	8574	新建
南海市平州文化中心	3800	13500	新建
南海市黄岐文化中心	1800	15000	新建
江门市陈白沙纪念馆	1350	18000	新建
汕头市图书馆新馆	4961	28675	新建
汕头市博物馆新馆	4236	19295	新建
汕头市艺都大剧院	1000	8000	新建
东莞市文化广场	50000	59000	新建
东莞市长安文化广场	4500	100000（占地无建筑）	新建
东莞市虎门文化广场	3700	47000（占地无建筑）	新建
东莞市樟木头文化广场	4000	110000（占地无建筑）	新建
东莞市东城文化广场	6000	13000	新建
东莞市黄江文化广场	1300	830	新建
东莞市清溪文化广场	1500	25000	新建
东莞市麻涌文化广场	1000	40000（占地无建筑）	新建

东莞市大宁文化广场	2400	52000（占地无建筑）	新建
东莞市寮步文化广场	1503	1000（占地无建筑）	新建
东莞市横沥文化广场	2300	10656	新建
东莞市厚街文化中心	833	6700	新建
东莞市石碣江滨公园	1300	56000（占地无建筑）	新建
东莞市桥头影剧院	1500	5500	新建
东莞市横沥文化中心	1700	6500	新建
东莞市凤岗文化中心	3500	13000	新建
东莞市茶山影剧院	1200	4500	新建
东莞市大朗文化站大楼	6603	4126	新建
东莞市大朗文化公园	1180	7884	新建
东莞市海战博物馆	14000	10000	新建
东莞市大平影剧院	1200	2500	新建
东莞市清溪文化站	5000	12000	新建
东莞市望牛墩文化中心	2500	18000	新建
东莞市樟木头影剧院	3500	3800	新建
东莞市樟木头文化大楼	1600	7800	新建
东莞市大岭山文化中心	1720	10000	新建
东莞市长安图书馆	4000	30000	新建
东莞市长安公园	3800	146520（占地无建筑）	新建
东莞市长安笔迹山公园	800	23310（占地无建筑）	新建
东莞市高埠文化中心	700	49950（占地无建筑）	新建
东莞市石碣文化中心	2500	30636（占地无建筑）	新建
梅州市梅江区三角镇文化站	960	12000	新建
梅州市梅县文化中心	800	5000	新建
梅州市博物馆	2200	12000	新建
湛江市图书馆	6200	21000	新建
肇庆市群众艺术馆	805	3000	新建
肇庆包公祠	1000	3000	新建
肇庆市星湖牌坊文化广场	4500	28000	新建
中山市孙中山纪念馆	4000	6000	新建
云浮市影剧院	1500	6089	新建
汕尾市文化中心	5000	12000	新建
陆丰碣石镇文化中心	1000	7950	新建
顺德市北镇文化广场	3700	20000	新建
顺德市桂洲文化广场	1500	3800	新建
广西壮族自治区			
南宁市图书馆	3500	11700	新建
北海市图书馆	6219	18000	新建
桂林市美术馆	1961	5182	新建
柳州市艺术中心	8800	25600	新建
海南省			

三亚市图书馆	1225	9666	新建
四川省			
成都艺术中心	13000	27840	新建
成都川剧艺术中心	4495	11954	新建
成都市图书馆书库	800	2112	新建
青羊区文化综合楼	2200	13200	新建
大邑县艺术中心	1700	8000	新建
金牛区文化艺术中心	1000	4982	扩建
崇州市艺术中心	3000	8000	新建
新津县影视中心	800	6500	新建
自贡市图书馆	848	6140	新建
绵竹市图书馆	700	5500	新建
绵阳市群众艺术馆	1000	8500	新建
乐山市艺术馆	1400	6800	新建
乐山市图书馆	700	6300	新建
宜宾市酒都剧场	890	5790	改建
广汉三星堆博物馆	3900	14000	新建
绵阳市博物馆	6200	19200	新建
贵州省			
贵州省图书馆	5000	21800	改扩建
贵阳市图书馆	1640	9448	新建
贵阳市新华影业大厦	763	5408	新建
黔东南影乐大厦	1300	12000	新建
毕节地区图书馆	750	8100	新建
云南省			
云南省图书馆	10513	28652	改扩建
云南省艺术剧院	2200	舞台改造	改扩建
昆明市博物馆	4500	7400	新建
玉溪市博物馆	4950	1200	新建
保山地区文图馆博物馆	2300	10000	新建
文山州文化综合大楼	3770	10817	新建
西藏自治区			
西藏自治区博物馆	9600	23508	新建
陕西省			
陕西省图书馆	12000	40000	新建
陕西省美术博物馆	2778	10710	新建
陕西大剧院	690	5298	改建
西北影城	7000	12000	新建
西安市群艺馆	2050	17000	新建
西安红光影院	800	9500	改扩建
西安光明影院	15000	20000	新建
西安儿童影剧院	4500	6500	新建

西安五一剧院	2000	10000	新建
西安易俗大剧院	3000	11000	新建
西安市图书馆	3600	13000	新建
西安文商大厦	20000	30000	新建
延安文化艺术中心	2800	12000	新建
甘肃省			
新兴影视综合楼	1800	9303	新建
兰州市图书馆	1276	8400	新建
酒泉地区文化活动中心	950	9462	新建
嘉峪关市文化活动中心	936	5520	新建
新疆维吾尔自治区			
新疆维吾尔自治区图书馆	4400	24700	新建
新疆维吾尔自治区博物馆	6500	17229	新建

地方文化事业

北京市

2000年北京市文化局系统按照江总书记“三个代表”的要求，创造性地开展工作，在艺术生产、群众文化、文化市场管理等方面做出了新的成绩，为北京市两个文明建设发挥了重要作用，继1999年之后北京市文化局再次被评为市政府政绩突出单位。

艺术生产

以出人出戏为宗旨，加强了对艺术生产的领导。在舞台艺术方面重点抓了《宰相刘罗锅》一、二本，《贫嘴张大民的幸福生活》，《四世同堂》，《想变成蜜蜂的孩子》，《太阳岛，月亮船》，《路在延伸》等重点剧目以及小剧场京剧《马前泼水》，三下乡小戏《春满燕山情》等剧目的生产，全年创作新剧目13台；在影视生产方面，紫禁城影视公司拍摄《美丽的家》、《刮痧》2部影片，北京文化音像出版社拍摄了《汪洋中的一条船》、《冰糖葫芦》、《大清药王》等6部125集电视剧。通过重点作品带动全市文艺创作全面繁荣。

组织了一系列重大艺术活动。为弘扬京剧流派艺术，推动京剧发展，举办了艺术大师荀慧生、尚小云诞辰一百周年纪念活动，为培养新世纪文艺人才举办了以中青年尖子人才为主的“百人剧场”活动，全年推出44人演出38场，并举办了“百人剧场”大回放综合演出。组织了“打开音乐之门2000暑假系列音乐会”；在建党79周年之际，组织了“七一抒怀——首都戏曲名家演出”活动；中秋佳节组织了“天涯共此时，海峡两岸京剧名家共度中秋演唱会”，与市委宣传部、北京大学组织了“一二·九爱国主义诗歌朗诵会”。这些艺术活动进一步繁荣了首都文艺舞台。

在艺术生产经营机制方面进行了大胆的改革。京剧《宰相刘罗锅》、评剧《贫嘴张大民的幸福生活》等剧目打破地区局限、院团局限，实行跨地区、跨剧种、跨部门合作，借助外部力量加盟艺术生产，一些剧目的创作生产由过去的剧团经营模式转变为剧目经营模式，一些剧目采取主创人员与投资者利益捆绑在一起共担风险的新的创作生产机制，对于强化艺术表演团体的市场意识，进一步激发艺术生产的生机和活力起到了积极的作用。

2000年在国际、国内的重要艺术赛事中，取得了优异的成绩。市属艺术表演团体有29个剧（节）目获得41个奖项，57位个人获得51个奖项，获奖数额大、获奖面宽、获奖层次高，是历年来成绩最好的一年。《宰相刘罗锅》一、二本获第六届全国艺术节大奖，评剧《祥子与虎妞》、昆曲《琵琶记》、儿童剧《想变成蜜蜂的孩子》等分别在全国性昆曲、评剧、儿童剧等剧种评比演出中获奖，影片《红色恋人》和《不见不散》、电视剧《红岩》等4个作品获北京市文学艺术奖；杂技《软钢丝》等一批优秀杂技节目在多项国际比赛和第五届全国杂技比赛中获多枚金奖，北方昆曲剧院史红梅、北京曲剧团张绍荣获第十七届梅花奖；北京歌舞曲艺艺术中心钟玉杰获中国曲艺牡丹奖鼓曲唱曲大赛金奖。

在艺术研究方面，完成了全国艺术科学九五规划课题“北京市剧场市场研究”和重点科研项目《北京戏剧通史》，出版了《清代内廷演剧始末考》。《中国民族民间器乐曲集成北京卷》获全国文艺集成志书成果集体奖，《中国京剧史》获第十二届中国图书奖。在艺术教育方面，北京戏校与北京师范大学合办的“北京师范大学表演艺术学院”正式挂牌，北京戏校增设芭蕾舞、国际舞、木偶、音乐理论、管弦乐、美术专业，招收新生165名；北京国际杂技艺术学校增设武术、美术、影视、舞蹈、特殊文秘等5个专业，招收新生163名。

群众文化

社区群众文化四级网络基本形成，组织召开了北京市社区文化工作经验交流会，介绍了社区文化工作的经验，阐明了发展社区文化工作的意见，组织19个区县文化馆干部学习、参观了东城区安贞苑居委会文化室、北新桥街道文化站、建国门街道文体中心建设的经验，进一步推动了社区文化工作的开展。117个街道共建立文化站99个，占全市街道总数的85%,214个乡镇，共建立文化站207个，占总数的96.7%　，共建居（家）委会、村文化室3371个，初步形成了市、区、街、居四级社区文化网络体系。

节日群众文化活动丰富多彩，2000年春节，九家具有北京传统和特色的庙会活动相继亮相京城，有以仿清“祭地”表演的地坛庙会，以民间花会大赛为主的龙潭庙会，以展现红楼文化为特色的大观园红楼庙会，还有各具特色的民间花会、秧歌大赛在12个区县开展了“走街串乡”和比赛活动，参与群众达759万人次。

2000年4月至10月，18个区县开展了丰富多彩的夏日文化广场活动，其中“颂歌献给亲爱的党”和“千万市民齐参与，争做文明北京人”等两项主题活动得到了群众广泛的参与，夏日文化广场共举办演出3093场，参与群众1001万人次。

2000年5月1日至30日，文化部和北京市政府共同举办了“2000年相约北京”活动，活动以“多元文化的春之盛宴”为主题，来自25个国外艺术表演团体和国内13个表演团体在14个剧场、5个文化广场上演了109场各具特色的节目，其中，11个国外演出团体参加了广场演出，演出节目70余个，吸引观众约10万人次。

为了活跃群众文化生活，不断提高北京市业余文艺创作水平，推动北京市群众文化事业发展，北京市市委宣传部、市文化局、市总工会联合举办的以群众歌咏大赛为主要内容的“五月的鲜花”群众文艺活动在2000年增加了舞蹈、戏剧、曲艺等内容。其中群众业余舞蹈大赛，为北京市参加全国第十届“群星奖”比赛选拔和储备了优秀作品。全市各区县、单位、学校的50支代表队参加比赛，舞台舞蹈比赛，共评出成人组节目奖一等奖4个，二等奖8个，三等奖12个，优秀奖17个。少儿组节目奖一等奖2个，二等奖2个，三等奖3个。广场舞蹈评出一等奖2个，二等奖3个，三等奖4个，优秀奖3个。选出广场舞蹈2个，舞台舞蹈10个，参加了全国第十届“群星奖”舞蹈大赛获得了6金4银1铜的好成绩。这次戏曲、曲艺、小品文艺大赛是为2001年全国“ 群星奖”大赛做准备，全市共有16个区县65个作品进入决赛，其中曲艺类作品占42个。曲艺类作品有28个分获一、二、三等奖；小品类作品有9个分获一、二、三等奖；戏曲类作品有4个分获一、二 、三等奖。全市“五月的鲜花”演出1279场，表演节目21210个，参与群众334万人。

由文化部、北京市政府主办，北京市委宣传部协办的第三届北京国际音乐节于2000年10月17日开幕，历时25天。音乐节期间，匈牙利布达佩斯节日乐团、中国交响乐团、北京交响乐团、上海交响乐团、意大利维罗纳歌剧院、波兰爱乐合唱团等国内外的1000多名艺术家演出了歌剧《托斯卡》、《少年维特的烦恼》等30 多场精彩音乐会。北京音乐节已成为北京的一项标志性文化活动。

2000年12月31日，文化部、中共北京市委、北京市人民政府举办了以“迎接新世纪”为主题的2001年北京新年音乐会。中央歌剧院交响乐团、北京交响乐团、上海交响乐团、中央歌剧舞剧芭蕾舞剧合唱团、中国交响乐团合唱团组成了强大演出阵容，著名指挥家陈燮阳、汤沐海、谭利华轮流执棒，并邀请旅居海外的华人艺术家及意大利艺术家加盟演出了《红旗渠》、《梁祝》等一组组中外经典音乐作品。中共中央政治局常委尉健行、李岚清，政治局委员贾庆林等领导和首都各界群众一起观看演出。

2000年4月27日至5月4日，北京市文化局、中山公园音乐堂共同举办了第二届“北京盛世音乐文化周”。

“十一”期间，北京市文化局举办了“百台大戏唱金秋”的假日演出活动，43个表演团体在首都31个舞台演出108台266场精彩节目。组织了“百项活动火京城”的系列群众文化活动，市群众艺术馆、各区县文化馆、图书馆和街、乡文化站举办了“京腔京韵”、“风采展示”、“读书天地”等8个板块100余项活动，深受百姓欢迎。较好地满足了节日期间的群众文化需求。

此外开展了“北京市十佳特色文化广场”评选活动，制定了评选办法，王府井文化广场、西单文化广场等9个文化广场被评为首批特色文化广场。

群众文化创作工作进一步加强。北京市文化局与农工委共同组织创作了10个新秧歌舞，举办了新秧歌培训班，在全市14个远郊区普及、推广并开展了新秧歌比赛；在全市10个区县戏曲干部中推广、普及小评剧《谁当家》；积极挖掘群众创作潜力，举办“为了明天”征歌活动，征歌825首。为了提高群众文化干部的专业素质，组织了5个艺术表演团体与6个区县文化馆结成对子，实行“团馆合作”，发挥专业艺术人才的优势，推动专业文化与业余文化的结合，提高群众文化工作水平。

群众文化活动取得了历史上的最好成绩。在全国第十届“群星奖”舞蹈比赛中，《红扇》等六个舞蹈获金奖，《向往》等四个舞蹈获银奖、《赛格女焊工》获铜奖。在中央电视台举行的“首届CCTV电视舞蹈大赛”中《红扇》获三等奖。在“五月的鲜花”群众业余戏剧（小品）曲艺比赛中，有18个区县90个节目参赛；在“五月的鲜花”群众舞蹈（舞台舞蹈、广场舞蹈）大赛中，18个区县60个节目共1000人参加了比赛。全年群众文化活动在全国性比赛中18个节目、个人获奖。2000年北京群众文化活动的影响力进一步增强。

公共图书馆事业的服务和教育功能进一步增强。累计发放借书证119373个，流通11846万人次，外借图书10757万册次，信息服务咨询10310条，代检索课题2712项，编制二三次文献646种。围绕着传播科学思想，倡导科学方法，弘扬科学精神，全市公共图书馆系统开展了“服务宣传周”活动，14家图书馆组织了宣传咨询、街头办证和为小读者服务的活动。在18个区县图书馆以审定参评和读者问卷调查的方式开展了“读者喜爱的图书馆”和“优秀读书家庭”评选活动，评选出东城区图书馆等6个读者喜爱的图书馆和五个文化部命名的优秀读书家庭。在全市公共图书馆系统举办了计算机知识竞赛，为推动公共图书馆的网络化、自动化、数字化建设打下了基础。

文化市场

2000年在文化市场管理方面取得了突出的成绩。

截止到2000年底，北京市文化娱乐业共有经营单位1908家，其中歌舞厅271家，舞厅40家，卡拉ok厅486家，电子游艺厅96家，台球厅331家，保龄球79家，旱冰场5家，综合娱乐场所125家，其他（餐饮ok）150家，录像放映厅98家，画店、画廊175家，棋牌室52家；从业人员21,137人，主营营业收入38,888.1 万元，主营营业税金及附加3,579.4 万元，应交所得税422.9 万元。1999年，北京市文化娱乐业共有经营单位2,299 家（以下均不含录像厅），从业人员29,490 人，主营营业收入51,772.5 万元，主营营业税金及附加5,054.1 万元，应交所得税643.4 万元。2000年北京市文化娱乐业经营单位、从业人员、主营营业收入、应交所得税四项指标分别是1999年的81.3%、71.7%、75.1% 和65.7%。

大力整治文化娱乐市场 根据国务院精神和市委、市政府统一部署，北京市从3月份开始在全市范围内对文化娱乐场所特别是对电子游戏经营场所做专项整治工作。在全国率先将电子游戏经营场所税率由10%提高到了20%，而对适合少年儿童的文体项目税率由10%调低至5%。经整治，北京市电子游戏经营场所由整治前的562家压减到96家，压缩了82.9%，是全国达到整治合格的七个省市之一。歌舞娱乐场所的数量得到有效压减，违法违规经营活动明显减少。

全年共进行文化娱乐市场执法检查4210次，出动执法检查人员24335人次，检查各类文化娱乐场所18875家次。共查处违法经营活动610起，其中：予以警告或责令限期改正289家；责令停业整顿126家；取缔非法经营的文化娱乐场所169家；取缔非法演出10起；查处色情表演活动7起；会同工商部门取缔电脑游戏场所10家。收缴具有赌博功能的电子游戏电路板5119块，赌博机1265台，台球设备39副，音响设备156台，暂扣电子游戏板422块，赌博机81台，罚没款218298.50 元。

大力促进演出市场繁荣 北京地区共有营业性艺术表演团体99家（含艺术院校7家）。其中：中直院、团22家，部队系统15家，市属院、团12家，区、县属7家，社会办团43家；营业性演出场所70家，观众座席达103,739 个；演出经纪机构49家(其中文化部审批31家，市文化局审批18家）。

为促进演出市场繁荣，丰富群众文化生活，2000年北京市文化行政主管部门依法审批营业性演出195台4600场，其中涉外演出110台3593场，涉外娱乐场所演出39台2764场，外省市来京演出12台723场，体育场、馆大型演出17台30场。

北京市属剧院、团全年演出5330场，为1999年的102.7%，演出收入1954万元，为1999年的121.9%。社会力量办团全年演出4333场，收入1539万元，分别比1999年提高45%和17%。

积极参加文化、卫生、科技三下乡活动，参加“燕山情”等“三下乡”演出100余场。抓住“五一”引发的假日文化经济现象，及时总结经验。大规模地组织了国庆节和元旦期间以“百台大戏唱金秋”、“新北京、新世纪、新年”为主题的假日系列文艺演出活动，在社会引起强烈反响。在人民大会堂举办的2001年新年音乐会作为首都标志性的文化活动，汇集了160人的管弦乐团和200人的合唱团的强大演出阵容，让观众感受了世纪音乐盛典的风采。由中华人民共和国文化部和北京市人民政府主办的第三届北京国际音乐节于2000年10月17日至11月11日在北京举行，在为期25天的第三届北京国际音乐节中，千余名中外音乐家共演出了30场。北京市文化局、北京中山公园音乐堂、北京音乐厅主办的“打开音乐之门”——2000暑期系列音乐会，共推出了53场演出，平均票房为91%，其中27场演出票房超过100%，使北京越来越多的中小学生离开电子游戏厅走进了音乐厅、剧场等健康的文化场所。

努力推动电影市场 北京市现有电影发行单位15家，电影放映单位66家，23个小厅，共计89块银幕。2000年共投放新片107部，其中国产片65部，进口片42部，票房超百万的影院有27家，全年缴纳国家电影事业发展专项资金530余万元。

全年共放映电影122,103场次；观众8,707,691人次；片款33,378,530 元，为上年同期的111.6%；票款99,069,736 元，为上年同期的108.9%，居全国前列。努力加强国产片宣传、经营，国产片票房占53.4%。其中反腐倡廉影片《生死抉择》放映3519场，观众123万人，票房收入1683万元，创北京市国产影片票房、上座率、单片平均日票房、单拷贝创值四最。

首次开展了星级影院评定活动，分两批为23家星级影院挂牌。35家电影院在全国率先装备了电影院计算机售票管理系统。

利用农村电影启动资金15.5万元购买95部拷贝，国家电影事业发展专项资金北京管委会、新影联共同投资10万元，为农村购买30 余个科教片100个拷贝，无偿提供农村放映，支持农村电影放映事业。

10月，北京市文化局与北京市广播电视局完成了录相放映管理交接工作，并完成了北京市97家录相放映单位的年审和重新审核登记工作。

加强文化市场法制工作 北京市文化局会同市公安局、工商局制定了《北京市实施〈娱乐场所管理条件〉办法》、以市政府令（64号）发布，2001年1月1日起施行。

发布了《北京市文化局行政复议案件审理程序》、《北京市文化局行政审批（审核、核准）监督管理办法》，市文化局会同市旅游局共同发布了《北京市涉外旅游定点演出场所管理暂行办法》并据此《办法》首次审批了11家涉外旅游定点演出场所。

为加强对文化经纪人的管理，北京市文化局会同市工商局首次举办了两期文化经纪人资格认定培训班，对394名文化经纪人进行了文化市场法规和经营知识培训，371人获文化经纪人资格证书。

部分审批（审核）项目下放区县文化文物局 根据中共中央、国务院和北京市关于改革行政审批制度的精神，依据北京市文化行政审批事项清理方案：保留审批4项、审核1项；取消审批2项、备案1项；下放审批4项、核准4项，于2000年7月将下放区、县级文化行政部门的审批、审核项目进行了顺利交接。

全年基础设施建设总投资近6000万元，竣工面积近40000平方米。首都图书馆新馆竣工并实现部分开馆，二期工程的论证工作积极推进；北京画院画库建成；前门小剧场恢复“广德楼”的老字号翻建工程完成；改建了中山公园音乐堂周边环境；确定了北京京剧院二期工程方案，积极推进吉祥戏院、西单剧场易地建设工作。区县文化设施建设步伐加快，新建、改建、扩建了一批区县和基层文化设施，朝阳区、丰台区少年儿童图书馆建成并开馆，文化广场建设成为文化设施建设的新亮点，平谷科技文化广场、大兴星城文化广场、通州运河文化广场相继建成并投入使用。

文化法制建设

针对娱乐市场存在的问题，北京市文化局联合市公安局、市工商局制定了《北京市〈娱乐场所管理条例〉实施办法》，发布了《北京市文化局行政复议案件审理程序》、《北京市文化局行政审批（审核、核准）监督管理办法》，与市旅游局共同发布了《北京市涉外 旅游定点演出场所管理暂行办法》，进一步规范文化市场经营秩序；开展了公共图书馆的立法调研；组织了两期执法人员培训班，培训人员120人。制定了《北京市文化局推进依法行政工作实施方案》。根据转变政府职能和简化审批手续的精神，重新修订了局有关规范性文件和 执法文书，换发了新的执法证件。

对外文化交流和对台文化交流

局系统出访团组批次和人数稳步增长，全年出访团组87批1417人次，出访30个国家和地区。

赴台项目20批125人次。来京演出、展览项目97个，其中市属单位引进项目35项，丰富了群众的文化生活。

重大会议

2000年11月23日，北京市召开文化工作座谈会，总结"九五"北京市文化发展的情况，座谈"十五"文化事业发展的目标和任务，18个区县分管文化工作的书记、区县长，宣传部长、文化文物局局长以及市文化局机关处以上干部参加了会议，市委副书记、宣传部部长参加了会议并讲了话。

会上，北京市文化局局长张和平总结了"九五"北京市文化设施建设、群众文化事业发展、文化市场管理等方面的情况，介绍了"十五"北京市文化事业发展的目标和任务，北京市东城区、崇文区、海淀区、大兴县交流了文化建设的经验，龙新民就加快文化产业发展、加强文化市场管理和发展社区文化事业等方面提出了任务和要求。

行政管理机构

机构改革后，北京市文化局共有13个处室，其中业务处室7个：艺术处、社文处、文化市场处、外事处、文化产业处、文化设施建设处、政策法规处；综合处室3个：办公室、计财处、人事教育处；党务处室3个：组宣处、纪检监察处、老干部处。机关人员编制为55人。局文化市场稽查大队设立行政编制18人。

天津市

"九五"期间，是天津历史上经济发展最好、改革开放步子迈得最大、群众得到实惠最多的时期之一，是全市人民精神面貌发生深刻变化，整个社会充满生机和活力的时期。与此相适应，应该说，"九五"期间，也是天津市文化事业发展最好、艺术创作成果最多、文艺舞台最繁荣、群众文化最活跃、设施建设速度最快、改革步子迈得最大的时期之一。在市委、市政府的领导下，高举邓小平理论伟大旗帜，认真贯彻党的"十五大"和十五届三中、四中、五中全会精神，全面落实市七次党代会的要求，坚持"二为"方向，贯彻"双百"方针，弘扬主旋律，提倡多样化，开拓创新，奋力拼搏，各项文化工作都取得了新的进展，一些方面还走在了全国的前列，文化工作整体上了一个新水平，为跨世纪发展打下了坚实基础。

艺术生产

坚持以繁荣创作为中心，积极实施精品战略，艺术创作和生产成果丰硕。五年中，共创作新剧（节）目110多个，在全国性奖项评比中连获佳绩，有6个剧（节）目获得文化部"文华奖"，有3个剧目获得中宣部"五个一工程"奖。举办了第34届世体赛开、闭幕式文艺演出，迎香港、澳门回归文艺晚会等数十项产生较大影响的文化活动。启动了"京剧集粹"工程，录制了一批优秀剧目。2000年以咬定青山不放松的精神，加强对艺术生产的组织领导，艺术创作和生产跃上新台阶。完成了京剧《华子良》等一批新剧目的创作，修改加工了芭蕾舞剧《精卫》等一批剧目。在全国各类文艺评奖中，共获得81个奖项。群众文艺创作取得了突破，在全国"群星奖"评比中，摘得一金、一银、一铜，创出历史最高水平。还推出了一批有强烈吸引力、感染力、好看、经 看的剧（节）目，创造了良好的经济效益。《尼玛·太阳》全年演出超过百场，累计演出300多场，观众高达30多万人次；话剧《蛐蛐四爷》演红北京、台北，收入35万元，创造单场演出收入历史最好成绩；评剧《狗不理传奇》北上南下，先后演出100场，受到观众的热烈欢迎。文化活动丰富、活跃。全年策划和组织了20多个大型文艺演出，使本市文艺舞台好戏连台，繁花似锦。《世纪颂》大型晚会，气势恢宏；京剧名家演出，观众如潮；国际少儿艺术节，精彩圆满；任贤齐演唱会，盛况空前。艺术的繁荣、市场的活跃，带动了社会各方面参与文化活动的积极性不断高涨，带动了艺术院团管理机制的改革日渐深化。《狗不理传奇》、《一千零一夜》，试行了剧目制作人和演出经纪人制，增强了市场适应能力，增加了演出场次和演出收入。天津杂技团坚持两个效益一起要，不仅在节目上创新，在全国杂技比赛中一次拿到两块金牌，而且勇闯市场，在国外大显身手。2000年，市文化局直属艺术院团共演出各类剧节目2300余场，观众达220万人次，同比分别增长9%和22%。

社会文化

实施了创建文化先进区县、万里边疆文化长

廊建设、少儿蒲公英计划、知识工程等四大文化工程，取得明显成效，累计有9个区、县被命名为全国文化先进区县，10个区县成为市级文化先进区县。天津图书馆、市少儿图书馆、河东区图书馆、塘沽区图书馆、河西区图书馆、静海县图书馆、宝坻县图书馆被评为国家一级馆。"九五"期间，共放映电影30万余场，图书馆接待读者2320万人次。群众文化活动特色鲜明，高潮迭起，先后组织各类文化活动4022个。做到了一年四季不间断，春夏秋冬有特色。2000年，又推出了农民艺术节、老年音乐周、老年书画展等多项活动。企业文化、社区文化、校园文化、军营文化、家庭文化广泛开展。"和平杯"中国京剧票友邀请赛已成为本市一大文化品牌。

文博事业

以维护天津历史文化名城地位提高其知名度为目标，对文化资源进行了抢救与开发，制定了《天津市历史文化名城专项规划》，公布了60个市级文物保护单位，命名了2个国家级文物保护单位，投资上千万元，修缮了大沽口炮台、广东会馆、文庙、张园、独乐寺等古建筑，并配合基本建设和城市改造，挖掘了大直沽天妃宫遗址，完成马场道、大胡同等街区的保护规划。各博物馆举办特色展览180多个，接待观众5000多万人次。自然博物馆、周邓纪念馆的基本陈列还获得全国博物馆系统十大精品展览奖和提名奖。本市博物馆、纪念馆还获得4个国家级和3个省部级爱国主义教育基地称号。2000年，各博物馆服务中心任务，贴近群众，挖掘资源潜力，举办了70多个特色展览，接待群众130余万，其中《百年潮——天津世纪回顾展》、《为了明天——预防青少年违法犯罪展览》等吸引了大批观众，反响强烈。有的博物馆带着展览闯市场，巡展十多个省市，取得了较好的社会效益和经济效益。

文化市场

继续贯彻"一手抓繁荣，一手抓管理"的方针，文化市场既有长足的发展，又得到了进一步规范。这几年，娱乐形式多样，经营主体增加，在一定程度上满足了人民群众求知求乐的需求，缓解了社会就业压力，促进了经济发展。为引导文化市场健康发展，制定和颁布了《天津市文物市场管理条例》、《天津市文化娱乐业管理办法》、《天津市美术品市场管理办法》、《天津市电影发行放映管理暂行规定》等7项管理法规与规范性文件。同时，实行文化、公安、工商三局联合，共同管理，开展创先争优活动，实行行业自律，加强专项治理，查处违法违规行为，文化市场管理工作进一步加强，并逐步纳入依法管理轨道。2000年，开展了为期三个月的电子游戏专项治理，取缔非法电子游戏厅380多家，收缴违法机器1000余台，全市电子游戏经营场所由428家压缩到21家，压缩比例达95%以上，受到国务院验收领导小组的充分肯定和人民群众的广泛欢迎。

人才培养

实施"百家工程"，培养了一批尖子人才。有12人享受国务院特贴，6人获戏曲"梅花奖"。举办了两届"文艺新人月" 活动，共有232人分别获得"新秀奖"、"新人奖"、"新苗奖"。2000年，以培养艺术后备人才为目标，对实验京剧团进行集训，充实了曲艺团青年队。实验京剧团认真排练，推出了15个传统京剧剧目，演出后大受好评，曲艺团青年队在全国大赛中摘金夺银，赴港台演出获得广泛赞誉。天津艺校荣升国家级重点中专。天津艺校、中国北方曲艺学校 、工艺美院3个艺术院校共培养各类人才1821人。艺术研究出了一批成果、圆满完成《全国文艺集成志书天津卷》文化局承担的编纂任务。

对外交流

本市已与102个国家和地区建立并保持了文化往来关系，"九五"期间引进派出各类文化团体553个，人数达10517人次。重点加强了对台文化交流，先后组织了50个项目、474人次赴台。特别是2000年6 、7月，青年京剧团等4个院团先后赴台演出，在台湾掀起了天津热，弘扬中华文化，扩大了天津影响，促进了两岸往来。

设施建设

在发展经济的同时，本市把文化设施建设作为现代化建设的重要内容，纳入经济和社会发展整体规划。五年中，新建了平津战役纪念馆、周恩来邓颖超纪念馆、自然博物馆等标志性文化设施。同时，维修、改造了艺术博物馆、戏剧博物馆和市少年儿童图书馆等。全市新建了11个区县图书馆和7个区县文化馆、文化中心，完成9个电影院、影剧院的技术改造，建成了延安多厅立

体声电影城，填补了本市影城的空白。建设了一批文化广场。到“九五”末，本市已拥有21座博物馆和纪念馆，2个市级图书馆，29个区县图书馆，19个文化馆和文化中心，58个电影院和影剧院，适应了城乡群众的文化需求。2000年，经过5个月的奋战，圆满地完成了被列入市政府改善城乡人民生活20件实事的中国大戏院维修改造工程，改善了观赏与演出条件，使享誉海内外的具有六、七十年历史的剧场焕发青春。天津博物馆的筹建工作获得进展，国家计委已批准立项，设计方案招标顺利进行。

文化产业

到2000年，全市文化系统经营单位已达216个，经营范围涉及15个行业近百个项目，创增加值3.4亿余万元，增强了文化事业的“造血”功能。电影公司一业为主多种经营，保持良好发展势头。红楼大酒店改造后，成为文化系统第一座三星级饭店，为公司发展增添了后劲。2000年，建立了民族文化光盘有限公司。市文化局还与所属的8家文化企业签订了经济目标责任书，促进了经营管理水平和效益的提高，文化经营收入达到1.3亿元，文化企业产值增加了586万元。特别是杨柳青画社领导班子调整后，带领全社职工顽强拼搏，从调整结构、加强管理入手，以提高出版物品种质量为中心，开创了画社工作新局面。全年销售收入1138万元，比上年度增长21%，令同行刮目相看。

党建工作

以江泽民同志“三个代表”重要思想为指导，按照党要管党、从严治党的方针，高标准、严要求，圆满完成了局领导班子、领导干部“三讲”教育和“回头看”工作。2000年，又集中力量，搞好市文化局系统2个副局级单位和33个处级单位的“三讲”教育，使各级领导班子、领导干部思想上有明显提高，政治上有明显进步，作风上有明显改进，纪律上有明显增强，保证了各项工作的健康发展。在党风廉政建设方面，开展了警示教育活动，落实了党风廉政责任制，加强了“收支两条线”的管理，提高了各级领导班子及领导干部的警示意识、纪律意识、法律意识与防范意识。市文化局的党风廉政建设作为先进典型，在全国文化系统纪检监察会上介绍了经验。在干部队伍建设方面，制定了《文化系统机关处室、基层单位领导班子、领导干部队伍建设三年规划》及实施意见，先后对18个局属单位和4个机关处室领导班子作了调整，有7名专家走上了领导岗位，并完成了市高级人才库后备干部和年轻干部的民主推荐工作，从而使干部队伍整体素质明显提高，年龄结构更趋合理。在加强思想政治工作方面，旗帜鲜明地开展了同“法轮功”邪教组织的斗争。根据市委七届三次会议精神，把思想政治工作摆到更加突出的位置，先后制定了《关于加强离退休干部思想政治工作的若干意见》、《关于进一步加强和改进思想政治工作的若干意见》。建成了局老干部活动中心。广泛开展了“学先进、创一流，树立跨世纪主人翁新形象”教育活动，涌现了一批德艺双馨的文艺人才。2000年，市文化局有8人被评为天津市“九五”立功先进个人，2个单位获“九五”立功先进集体称号。市文化局先后被评为天津市“三五”普法先进单位、“人事工作先进单位”、“消防安全先进单位”和“社会治安综合治理先进集体”等。

河　北　省

2000年，在邓小平理论和党的十五大、十五届五中全会精神指引下，河北省文化厅认真学习江泽民同志“三个代表”重要思想，深入贯彻“二为”方向和“双百”方针，紧紧围绕省委、省政府中心工作，站在历史发展的高度，认真分析、对比本省文化工作发展态势和位次，深入开展“解放思想，转变观念”大讨论活动，立足当前，谋划未来，真抓实干，开拓创新。经过全系统广大干部职工的共同努力，各项工作都有较大突破和进展。

专业艺术

专业艺术突出改革主题，推进了艺术生产的健康繁荣。

1、文艺体制改革又有新的进展。制定了《河北省文化厅直属艺术表演团体体制改革的意见》，大力引入市场竞争机制和先进管理经验，提高决策的科技含量和市场含量，建立精神文化产品市场化的营销战略。在剧目生产、投资排戏方式、理顺政府和院团的关系、改革用人、分配机制等方面进行了大胆改革。2000年，省直专业院团共演出1504场(其中下乡演出554场)，收入达447.3万元，比上年都有较大幅度增长。省歌舞剧院借助外来资金排演了《乘愿再来》；省交响乐团推出12台不同曲目的交响音乐会，完成了东北巡演；省京剧院恢复排演了十几个折子戏；省梆子剧院新排了《花木兰》、《阿Q正传》、《奈河桥》等剧目；省话剧院和承德话剧团均在名篇、名著艺术朗诵等方面进行了卓有成效的探索。

2、成功举办了首届中国（唐山）评剧艺术节及全省河北梆子“家乡戏”展演活动。

3、专业艺术“精品”连台，奖项不断。全省专业艺术工作者在国际国内各类比赛中共获奖一百多项。第九届“文华奖”，河北省《代国情》、《圣旅》两部大戏同获“文华新剧目奖”；小品《随礼》获“文华新节目奖”；3名编演人员获“文华剧作奖”和“文华表演奖”。

大型魔术剧《玄光》在第六届中国艺术节上赢得广大观众热烈欢迎；省杂技团的杂技节目《流星》获瑞典第三届“今日青年”国际马戏节最高奖。

省艺校青年教师梁召金在“步步高杯”全国电视歌手大赛中勇夺专业组美声唱法第一名；梁维玲获第十七届中国戏剧“梅花奖”。

4、艺术教育实现了较大规模的扩大招生。全省各艺术学校在校生人数已达3289人，比上年增加857 人。其中省艺术学校在校生人数已达1065人，比上年增加200人。

社会文化

社会文化工作继续保持良好的发展势头，“四基”建设得到加强，群众文化日趋活跃。

1、努力延伸和拓展文化发展空间，精心构建全省大文化格局。配合全省小城镇建设以及假日经济特点，提出了在全省开展“假日文化”、“旅游文化”、“小城镇文化建设”的新思路，并制定了相关的实施意见，逐步在全省实施。

2、深入实施小康文化工程，推动社会文化事业的全面发展。在全省认真开展了“两馆一站”调查，实施了群艺馆、文化馆、文化站评估定级工作，文化基础设施建设得到进一步加强；广泛深入地开展文化下乡活动，为基层赠送了万册《文艺演唱材料》；馆陶等6 县市被文化部命名为“中国民间艺术之乡”。

3、群众文化精品不断涌现。举办了河北省“燕赵群星奖”、“燕赵新苗奖”、京剧票友、评剧票友大赛。全国第九届“群星奖”比赛获4金4银2铜的优异成绩。全国首届蒲公英奖暨新苗奖第四届少儿京剧邀请比赛，获4金1银7铜的好成绩。全国京剧票友比赛，获两个全国“十大名票”称号。由4个地方剧种、5个现代农村题材小戏组成的集锦《捎来燕赵春讯》晋京演出受到领导及广大观众的高度评价。

4、社区文化建设进一步加强。彩色周末活动得到拓展延伸，采取政府推动、市场运作的方式，举办了规模最大、范围最广、时间最长的省会“消夏广场文化活动周”。组织开展了“六个十佳”评选活动。认真组织开展了元旦、春节期间文化活动。老年文化工作出现了新的景象，文化部在全国设立的5个老年大学试点，本省玉田县文化馆、易县文化馆名列其中。

5、群众文化单位改革开始启动。省群艺馆实行了竞争上岗和全员聘用制。组织开展了全省群艺馆业务人员专业技能竞赛评比活动，队伍建设得到加强。

电　影

1、城市电影事业不断发展。举办了庆祝建国51周年和纪念抗美援朝50周年优秀国产影片展映月活动；全省电影发行放映系统成功地实行了“双统双结”的结算方式；圆满完成了本省中华院线电影院装备计算机售票管理系统工作。

2、积极推动农村电影工作。农村电影放映“2131”工程和“两个一”目标继续深入推进，年放映场次30余万场，观众达4亿余人次，涌现出馆陶县等18 个全省农村电影放映“两个一”达标先进县和20个全省农村电影先进放映队。

图书馆

1、省图书馆引进资金150 万元，建成了两个电子阅览室；实行人员聘用制，形成了有图书馆特色的管理风格方法，激活了内部运行机制；与文博、艺术、群文单位合作，进行河北文化网站的开发和利用工作；从2000年下半年起，创造性地实行全年无闭馆日制度，并在双休日、法定节假日举办各种与图书馆有关的文化活动。

2、各级图书馆举办培训班1500 多期，送书下乡300万册、科技信息资料300余万份。全省评选出20个“优秀读书家庭”，其中5个“全国优秀读书家庭”。省图书馆6次荣获全国“读者喜爱的图书馆”称号。

文化市场

严格执法、注重实效，文化市场管理继续保持稳定发展态势。

1、发出了《关于加强娱乐场所管理，严厉打击危害青少年身心健康的各种违法经营活动的紧急通知》，以省政府名义下发了《电子游戏经营场所专项治理方案》，起草了《全省音像市场专项治理整顿实施方案》等规范性文件，为文化市场的治理整顿提供了政策法规依据。

2、电子游戏市场集中整顿成效明显。在7、8、9三个月集中治理整顿期间，先后出动人员16031余人次，出动车辆2403台次，检查电子游戏经营场所2659家，查处违法经营场所521家。在此基础上，对违反《娱乐场所管理条例》、《营业性演出管理条例》的违法违规电子游戏经营场所进行了大规模的压缩，由治理前的3255家压缩到1150家，取缔2105家，压缩总量达65%。

3、认真抓好音像市场管理。自7月接管音像市场管理工作以来，面对音像市场盗版等违法经营活动猖獗的严峻形势，从9月起在全省开展3个月的音像市场专项治理。对全省较大规模的音像制品集中经营场所进行了集中检查，由原来的7家压缩为3家，出租、零售、放映场所压缩近50%，初步改变了音像制品经营场所的混乱局面。

文物考古和博物馆事业

文物工作坚持“保护为主，抢救第一”的方针和“有效保护，合理利用，加强管理”的原则，取得了突出成绩。

1、文物抢救保护和维修工作取得了丰硕成果。

年内向国家和省直有关部门争取文物保护专项资金3738万元，比上年增加759万元，同比增长25%，安排文物维修、考古、博物馆和基本建设项目76个。

清西陵、清东陵申报世界文化遗产工作获得通过，作为中国“明清皇家陵寝”项目列入《世界遗产名录》。

2、文物勘探和考古发掘取得新收获。

年内共组织文物勘探和考古发掘项目45个，勘探面积115万平方米，揭露遗址2.8 万平方米，发掘古墓葬150座，出土文物3000余件。张北元中都考古发掘获重大进展，被国家文物局评为1999年度“全国十大考古新发现”。

3、博物馆、纪念馆建设取得显著成绩。全省各级博物馆、纪念馆和爱国主义教育基地共举办各类陈列展览250多个，接待各界观众600多万人次，全省各类文物旅游景点共接待观众8000余万人次。省博物馆的《金缕玉衣的故乡——满城汉墓》专题陈列被国家文物局评为1999年度“全国文物系统十大陈列展览精品”。

对外及对港澳台文化交流

成功举办了一系列互访交流活动。其中，河北省戏剧小组和美国得梅茵歌剧团进行了互访演出，实现了河北省与衣阿华州结好17年来的首次大型文化交流，受到双方政府的高度重视和两省州人民的热烈欢迎；河北交响乐团、河北民间歌舞团赴欧洲演出引起巨大轰动。具有燕赵特色的音乐、舞蹈节目赢得“音乐世界2000”组委会和观众的高度赞誉，《古筝独奏》、《民族器乐合奏》、《放风筝》、《金孔雀》等节目荣获大奖。

2000年，全省共实现交流项目106个，813人次，比上年分别增长了14个和36人次，涉及20多个国家和地区。其中，派出团组70个，528人次，派往25个国家和地区，比上年分别增长22个、191人次、11个国家和地区。来访团组36个、285人次、12个国家和地区。

文化基础设施建设和产业开发

1、文化基础设施建设得到加强。在对全省“两馆”设施状况进行广泛调研的基础上，积极争取了国家对“两馆”建设的补助资金，省级配套补助资金又有大幅度提高；落实了国家对基层文化设施设备维修补助经费和基层文化馆、图书馆建设补助经费。

2、省杂技团新排练场主体工程基本完工；省交响乐团综合办公楼已经立项，并通过了初步设计方案，由精神文明建设专款列支的省交响乐团综合楼建设资金全部落实。

3、省艺术中心工程得到省委、省政府的大力支持，收尾项目正在加紧进行；建立了省直预算网文化厅工作站，及时、优质地完成了省直文化部门2001年度文化部门预算、2000年度财务决算及全省文化产业统计会审汇编工作；组织各省直事业单位对财产配置和完整情况、固定资产的使用年限和使用状况及内部财务制度进行了全面清查登记。

4、产业开发组织机构和人员配置工作基本完成，开展了文化产业情况调查研究，拟定了《河北省“十五”文化产业计划纲要（草案）》。

文化艺术节庆活动

1、由文化部、河北省文化厅、唐山市政府主办的首届“中国（唐山）评剧艺术节”，荟萃了北京、天津、辽宁、吉林、黑龙江及河北省12台优秀评剧剧目。同时还举办了名家名段演唱会、评剧票友比赛。本届评剧艺术节注重突出时代性、开放性、群众性，参演剧目分别在唐山城乡演出，并以良好的组织工作和各参演单位高水准的演出赢得了观众好评。

2、为了做好振兴河北梆子工作，省文化厅于国庆节前后，在全省范围内，组织了历时近一个月的河北梆子家乡戏展演活动，17台大戏、22台小戏和折子戏在全省各地演出，展示了河北梆子艺术整体水平，激发了河北梆子观众的热情，受到戏剧爱好者和有关专家的肯定。

机构设置

一、办公室（政策法规研究室）

协助厅领导对有关工作进行综合、协调、督促、检查；管理机关行政事务，研究拟定全省文化事业发展战略及中长期发展规划、年度执行计划；研究拟定文化艺术工作政策；编制并组织实施文化立法规划，拟定文化法规、规章草案；起草厅重要文件报告；负责文化行政复议工作；拟定机关内部规章制度和年度工作计划。

二、计划财务处（文化产业处）

研究拟定文化经济政策和文化产业发展规划；监督指导文化企、事业单位财务和统计工作；管理文化、教育、科研、外事等文化事业经费；拟定文化设施标准，规划、指导省重点文化设施建设；管理机关及直属单位基本建设、房地产及国有资产等工作。

三、人事处

研究拟定文化艺术人才发展规划并组织实施；指导并推动文化系统人事劳动制度改革；按照有关规定管理机关及直属单位人事、机构编制工作；承担全省性文化社团资格审查。

四、艺术处

管理全省文学、艺术事业，编制并组织实施艺术事业发展规划；指导艺术创作及生产，协调文艺事业发展结构和布局调整；研究指导艺术改革工作；协调全省性艺术比赛、展览和非营业性演出等重大文艺活动；指导厅直属艺术单位业务建设；研究拟定并组织实施所属院校艺术教育、文化科技发展规划和年度执行计划，指导所属院校教育制度改革和业务建设；指导和推动全省文化科技工作。

五、社会文化处

管理全省社会文化事业，研究拟定群众文化、少年儿童文化、少数民族文化、各类图书馆等社会文化事业发展规划并组织实施；指导图书文献资源建设、开发和利用；推进图书馆间协作和标准化、现代化建设；指导城乡各类群众文化设施建设和业务建设；负责全省电影发行放映网点建设；指导、协调全省性重大社会文化活动。

六、文化市场处

管理全省文化市场，管理以商品形式进入流通领域、文化精神产品和文化娱乐经营活动；管理音像制品批发、零售、出租、放映；调查研究文化市场发展态势，拟定文化市场管理政策，起草地方性法规并监督实施；指导文化市场稽查工作。

七、对外文化联络处（港澳台文化事务办公室）

归口管理全省对外文化工作和对香港、澳门特别行政区及台湾地区文化交流工作；研究拟定并组织实施全省对外和对香港、澳门特别行政区及台湾地区文化交流计划，承办对外和对香港、澳门特别行政区及台湾地区文化交流事项的审核报批；负责对外文化宣传工作。

机关党委。负责厅机关及直属单位的党群工作。

山 西 省

2000年山西省的文化工作围绕中心，服务大局，开展得有声有色、红红火火，取得了显著的成绩，受到了社会各界的广泛好评。

思想理论建设进一步加强，顺利圆满地完成了机构改革

中共中央总书记江泽民同志在广东考察时提出了"三个代表"的重要思想，从根本上回答了在新形势下中国共产党应该建设一个什么样的党和怎样建设党的问题。山西省文化厅党组在号召全省文艺工作者深入学习江泽民总书记"三个代表"的重要思想，深入理解"三个代表"的重要内涵的同时，还结合本省文化工作的现状，理论联系实际，以"三个代表"特别是"代表先进文化前进方向"思想指导各项工作。以清醒的头脑和积极向上的精神风貌去完成2000年繁重的文化工作任务。

根据中央和省委关于机构改革的精神，从2000年6月28日开始，文化厅开展了机关机构改革，到7月14日，完成了定编、定岗、定员工作，10月23日顺利通过人事厅、省编办验收。省文化厅的机构改革，坚持以优化人才结构、提高行政效率、转变政府职能和机关作风，建立精干、廉洁、高效 的高素质的公务员队伍为主要目标，精心组织、周密安排，积极慎重、稳步推进，做到了"思想不散、秩序不乱、工作不断"，达到了预期的目的。编制由原来的65人精简为38人，精简幅度为41.5%，处级干部职数由原来的22名精简为18名，精简幅度为18%，内设机构由原来的10个精简为8个。

在机构改革中，文化厅坚持贯彻省委、省政府关于竞争上岗的精神，坚持党管干部的原则，坚持公开、平等、竞争、择优的原则，通过公布职位、自我推荐、资格审查、个别谈话、民主推荐、组织考察、党组研究、任前公示和民主测评、决定任命等程序公开选拔干部，形成了"靠政绩、靠群众基础、靠组织"的良好风气。同时，将竞争上岗和轮岗结合起来，推进干部交流，对在同一职位任职5年以上的机关领导干部都进行了轮岗。这次文化厅机关的机构改革，正处级领导干部的轮岗率达100%，副处级领导干部达75%。

经过机构改革，公务员队伍整体素质明显提高，结构更加合理。机关公务员平均年龄由改革前的42.75岁，下降为41.58岁，处级领导干部的平均年龄由以前44.37岁，下降为现在的42.6岁，实现了干部的年轻化。整体学历层次较以前有大幅度提高，现有的机关公务员全部为大学专科以上学历。其中，有大学本科以上学历的人员25人，占全部人员总数的71%。专业 结构由以前的戏曲类专业人员比例偏大，转 化为由戏曲、音乐、舞蹈 、文学、经济、哲学、法律、财会等专业人员共同组成的文化艺术管理队伍。

舞台艺术百花绽放，好戏连台

2000年是舞台艺术大面积丰收，演出市场异常活跃的一年：

文化厅重点扶持、组织推荐的省京剧院新编历史故事剧《大脚皇后》、省歌舞剧院的大型舞剧《傲雪花红》、晋城市上党戏剧院二团的新编历史故事剧《初定中原 》，三台剧目同获第九届文华新剧目奖 。

文化厅组织、安排、指导选送的省曲艺团的武乡琴书《"爱哼哼"喜唱"心连心"》在"中国曲艺牡丹奖鼓曲（北方片）大赛"中获得银奖，王颂、苏友谊获创作银奖，马小平、张霞获表演银奖。

文化厅推荐的忻州地区北路梆子剧团现代戏《香火》获得第八届全国人口文化奖二等奖。临汾眉户剧团现代戏《凤凰岭》、省曲艺团小品《爷爷·儿子·孙子》获得优秀奖。

太原市杂技团的《醉狐滚杯》、《皮条》在第五届全国杂技比赛中分别获得金狮奖，银狮奖。

2001年1月，现代戏《风流三部曲》应文化部和中国剧协之邀进京演出获得成功。文化部部长孙家正对该团长期坚持送戏下乡和为基层创作，为基层演出的精神给予高度赞扬。主演张建琴获得"梅花奖"。

9月28日－10月13日，第六届中国艺术节在江苏省举行，本省歌舞剧院的大型舞剧《傲雪花红》、太原市话剧团的《走向胜利》两台剧目参加展演 ，分别获得优秀剧目奖和优秀演出奖。

2000年 10月 ，省歌舞剧院的舞剧《傲雪花红》又获第二届"荷花奖"舞剧决赛银奖，张娅君获得最佳女主角奖。

10月下旬 ，应文化部艺术司、中国剧协艺委会、中国艺术研究院的邀请，临汾蒲剧院《土炕上的女人》在京演出大获成功，首都观众和戏剧界的专家对该剧和主要演员给予很高的评价。

2000年12月中旬，太原市实验晋剧院青年二团赴京演出新编现代戏《大院媳妇》和胡嫦娥折子戏专场，场场爆满，获得好评。

以上剧目基调鲜明，题材广泛，门类齐全，风格多样。艺术创作体现了弘扬主旋律，提倡 多样化的精神。各种题材的作品，无论是散发着泥土芳香的农村题材作品，还是刻划历史人物，塑造领袖形象的作品，或是展示妇女风采，渲染英雄主义的作品，在深度和广度上均有新的发掘和开拓。各个剧种，无论是话剧、舞剧，还是晋剧、蒲剧、雁剧、上党梆子、京剧、眉户、杂技、曲艺，在思想性、艺术性和观赏性上都有了新的探索、提高和突破，涌现出一批受到观众欢迎的佳作。

2000年艺术院团送戏下乡、送戏到连队、节日庆典等活动也开展得如火如荼，为庆祝国庆51周年组织的省城文艺展演月，共演出了21台剧(节)目；为迎接21世纪，举办的大型文艺晚会《胜利迈向新世纪》阵容强大，内容丰富，热情讴歌了新中国50年特别是改革开放20年来的辉煌成就，反响强烈。这些均极大地丰富了城乡人民的精神文化生活。

社会文化工作扎扎实实，呈现蓬勃发展的新气象

创建文化先进县活动带动和促进了基层“大文化”的发展，越来越显示出它作为地区性文化建设龙头工程的综合效应。各地创建的内容不仅包括了艺术创作、群众文化、公共图书事业、电影放映、文博事业、文化市场管理，而且还包括了科技普及、业余教育、广播电视和群众教育等等。社会“大文化”的内容，在巩固创建成果中得到了体现。

创建活动带动了全省群众文艺精品生产。2000年本省群众文艺创作喜获丰收。2000年12月在浙江台州举行的全国第十届“群星奖”决赛中，本省荣获“三金四银一铜”的好成绩。

社会文化社会办呈现出良好的发展态势。文化户、“文化大院”迅速发展，个体业余演出队活跃在山村窝铺，个体电影队走村串乡，家庭图书室和农民书屋星罗棋布，农村读书看报蔚然成风。民办文化的发展给本省基层群众文化事业带来了蓬勃生机。

2000年对创建先进县的指导思想与工作实践同以往相比更加符合实际，更加注重实效。对先进县的复查验收重点强化了三个方面的工作 一是增强了复查工作的科学性。二是增强了复查工作的透明度。三是增强了复查工作的主动性。

“知识工程”的继续实施使群众读书活动再掀高潮，农民书屋纷纷建立，各种形式的读书报告会及科技讲座，群众参加踊跃。省图书馆因势利导，图书馆（站）传播知识、传播先进科学文化思想的主阵地作用得以充分发挥。

少儿蒲公英计划，着眼于少儿素质教育，致力于少儿文化事业繁荣，成绩喜人。2000年，全国首届“蒲公英奖”暨新苗杯全国第四届少儿京剧邀请赛，本省选送的曲艺类节目《卖火柴的小男孩》，舞蹈《枣儿红红》、《故事王》、《果园妞妞乐悠悠》、戏剧《苦柚》获蒲公英大赛创作银奖，另有8个作品获铜奖。京剧《夜奔》获第四届少儿京剧邀请赛二等奖，《巡营》、《醉酒 》同获三等奖。

千里文化长廊建设是重点体现本省实施经济文化协调发展所提出的一项重大文化举措，有目的、有规划，形成了“抓好一条线，辐射一大片”，点线连动发展的可喜局面。

文化市场健康规范，为今后的发展奠定了一个好的基础

通过简化审批手续、调控演出布局等倾斜措施，鼓励外地演出团体到农村及偏远地区进行演出；通过对全省演出经纪机构的达标、定级活动，调动演出经纪机构积极性，激活演出市场；通过重点扶持省演出公司、太原市演出公司，开展对高雅剧节目的引进 通过鼓励创办“健康活泼、雅俗共赏”的综艺节目，培育出了以迎泽宾馆、焦点演歌台为代表的社会效益、经济效益俱佳的娱乐场所。其中焦点演歌台综艺节目荣获首届全国娱乐场所演出节目交流会大奖。

在促进文化市场健康繁荣的同时，在日常管理上坚持监督检查和治理整顿相结合的原则，对文化市场的违法行为进行坚决打击。有效地遏制了娱乐场所违法违规接纳未成年人问题；在全省范围内开展了“净化校园周边文化市场”的行动；对一个时期一些地区存在的突出问题，如农村庙会期间色情歌舞猖獗的现象，进行了阶段 性集中治理，抓重点、查要案，先后严厉查处了静乐县色情演出事件，大同市凤凰商城色情演出事件，对一些疏于管理，不负责的管理人员，给予了通报、调离工作岗位或撤职等必要的处分；根据国务院“6 · 30”和省委、省政府“7 · 3”关于加强娱乐服务场所管理暨电子游戏经营场所专项 治理工作的电视电话会议精神，组织了全省性三次集中清查治理统一行动，共调动各级文化市场稽查人员1800多人次，严厉打击无证经营和利用电脑屋、网吧等进行电子游戏经营活动的场所，共查处取缔违法违规经营的电子游戏经营场 所2100多家。受到了省委、省政府领导和全国专项治理领导小组办公室的表扬。

实施素质教育，培养艺术人才，科教事业欣欣向荣

山西省文化艺术学校和山西职工文学院2000年9月21日正式合并改制为山西艺术职业学院，并于同年招收了学院的第一批新生，这是本省艺术教育史上一项突破性成果，也是文化厅在调整艺术教育结构，提高艺术教育办学层次方面迈出的成功一步。同时，依托省歌舞剧院、省话剧院和省音乐舞蹈曲艺研究所建起三个教学科研实践基地，有效挖掘和合理配置全省艺术教育资源，实现艺术资源共享和优势互补。

调整改革本省艺术院校招生办法，使全省12所国办艺术中专学校招生生源充足，2000年全省12所艺术中专学校下达招生计划数为2705名，其中包括3+2学制高职计划300名。实际报考人数近5000人，实际招生数达2939名，是1998年招生并轨时所招人数的两倍，完成计划率达到108.65%，创本省艺术中专学校招生人数历史最高纪录。

狠抓文化课教学，在总结各校办学经验的基础上，采取一系列有效措施，努力提高艺术院校文化课教学水平和学生文化素质。规范专业课教学，组织省内各艺术院校专业教师分赴北京、上海、南京、杭州、宁波等省市艺术院校进行规范化教学观摩和培训考察，邀请北京舞蹈学院副院长于平、新加坡杰出华乐指挥家郑朝吉、上海歌剧院首席指挥曹丁等专家、教授赴晋进行讲学授课和教学实践指导。

全省艺术中专第五届音舞赛，在组织形式、比赛内容、评比方法等方面都作了一些新的尝试，比赛与教学相结合，结合教学搞比赛，通过比赛促教学，涌现了一批新人新作。2000年7月，在中国青少年艺术大赛第六届“桃李杯”舞蹈比赛中，本省选 手分别夺得中国古典舞少年甲组二等奖、三等奖。山西文化艺术学校舞蹈专业教师王建军等分获园丁奖。取得这样优异的成绩，在本省艺术教育的历史上是空前的。对此，文化部特别作了通报表扬。

积极组织参加各级各类演出赛事活动，大大培养和锻炼学生实践能力。2000年组织参加了全国戏曲“小梅花”比赛，并获得了一金三银的好成绩；参与组织全国少儿“蒲公英”大赛山西地区选拔赛；举办了由新加坡著名华乐指挥家郑朝吉先生执棒、省艺校交响乐团演出的大型交响音乐会《在我的记忆里》；举办了由上海歌剧院首席指挥曹丁先生执棒、省戏校交响乐团演出的《世纪之春》大型交响音乐会。

有效开展山西艺术教育对外交流活动。一年内，共组织了省艺术学校访美艺术团、省戏曲学校民间艺术团和舞蹈演出分队、大同艺校舞蹈演出分队、太原艺校舞蹈演出分队等多个团队分赴世界十多个国家进行文艺交流。

采取有效措施，确保中国民族民间十大文艺集成志书山西卷编撰工作顺利进行。《中国民族民间器乐曲集成 · 山西卷》已出版发行，该卷获文化部表彰的编撰成果奖；《中国曲艺音乐集成 · 山西卷》初审会已经召开；《中国曲艺志 · 山西卷》资料本已印刷完成。

对外文化交流在加强归口管理的同时，有了新的进展

2000年，本省对外文化交流工作进一步加强了归口管理。同时，加大对外宣传力度，积极拓展交流渠道，不断扩大对外文化交流的规模和范围，全年共 审批交流项目67个，其中，出访团体19个，222人；来访团体14个，100余人。这些交流活动，在增进与出访、来访国家、地区人民的相互了解与友谊的同时，大大地提高了山西文化艺术乃至山西在海外的知名度。

内蒙古自治区

2000年，内蒙古文化工作以邓小平理论和江泽民同志“三个代表”重要思想为指导，紧紧围绕国家和自治区的中心任务和实施西部大开发战略而展开，各项事业取得了新的成绩，突出表现于：理论学习和调查研究的风气更为浓厚，学习的主动性和自觉性进一步加强；文化工作适应市场经济的能力增强，改革力度加大，效果更为显著；艺术创作和演出佳作迭出，群众文化生活繁荣活跃，文化市场得到进一步规范。

文化体制改革

2000年自治区艺术、社会文化、文物、电影发行放映等各行业改革均有新进展。艺术方面重点调整了表演团体布局结构。在内蒙古歌舞团和民族剧团的基础上，组建了内蒙古民族歌舞剧院。文化企事业单位改革稳步推进。全区许多群艺馆、文化馆、图书馆进行了不同程度的人事和分配制度的改革，有些成效十分显著。自治区文化厅还制定了一些优惠政策和激励措施，激发了民营企业办文化的积极性，并促成了中国第一家民营电影发行放映公司——满洲里市扎赉诺尔区银河16毫米电影公司的成立。该公司在呼盟和通辽市等地开展活动，使一些多年看不到电影的地区恢复了电影放映。目前，在自治区初步形成了国营、集体、民营共同办文化的新格局。

专业艺术

艺术创作和演出繁荣活跃 内蒙古文化厅制定了年度创作规划和《内蒙古自治区“十五”期间重点剧节目创作规划》，对全区艺术创作进行规划和指导。各盟市也在此基础上出台了创作规划。自治区文化厅举办了一系列艺术演出和比赛活动。8月，举办了全区优秀剧节目展演。这是内蒙古自治区改革开放以来规模最大的综合性艺术展演。全区17个艺术团体的17台剧节目参加了演出，历时21天，共演出34场。在此期间，举办了第七届全区舞蹈比赛和草原金秋声乐大赛。8月7日至9月7日，内蒙古歌舞团和民族剧团开展了“民族歌舞天天演”活动，受到来自治区参观的国内外游客的好评。12月末，自治区文化厅举办了庆元旦大型文艺晚会。全年全区艺术表演团体共演出13400余场，观众达到2023万人次。其中商业演出6500余场，观众667万人次；下乡演出7000余场，超额完成全年下乡演出任务。

在国内外各类艺术比赛中获奖 全年自治区艺术工作者在国内外各项比赛中共获奖40余项。内蒙古蒙古族青年合唱团在2000年首届国际奥林匹克合唱大赛中，夺得了民歌有伴奏混声合唱、民歌无伴奏混声合唱、室内混声合唱三项金奖。蒙古剧《满都海斯琴》荣获文化部第十届文华奖新剧目奖和4个单项奖，该剧还在第六届中国艺术节上荣获大奖。由赤峰市艺术学校创作演出的现代京剧《赖宁》在2000年全国儿童剧优秀剧目展演中获剧目奖。

进一步加强了乌兰牧骑建设 对全区乌兰牧骑进行评估，对评出的18个一类乌兰牧骑进行表彰奖励。于5月成立了自治区乌兰牧骑培训中心，并举办了乌兰牧骑编创人员培训班。

社会文化和图书馆事业

加强基层文化设施建设 为巩固和加强基层文化馆、图书馆、文化站、民间剧团的建设，在全区开展了创建10个优秀文化馆、10个优秀图书馆、30个优秀文化站和6个优秀民间演出团队的“1136”创优活动，取得了较好的效果。

开展全区广场文化活动 从6月中旬到国庆节期间，全区300个大的集镇及旗县所在地以上城镇开展了内容丰富、形式多样、主题突出的广场消夏文化活动，有69万人参演，观众达到1400多万人次。该活动丰富和活跃了全区各族人民的文化生活，产生了很大的社会反响。

获奖成绩显著 在2000年文化部举行的“群星奖”、“蒲公英奖”等社会文化比赛中，自治区共获25个奖项。是近年来获奖最多、成绩最好的一年。

图书馆事业向规范化方向迈进 2000年8月，自治区人大通过并颁布了《内蒙古自治区公共图书馆管理条例》，从而标志着自治区图书馆管理工作迈入了规范化和法制化的轨道。

电影

农村牧区电影工作进展显著。全区农村牧区1476支电影队在13426个放映点，全年放映电影16.5万场。比上年增加7000余场，农牧民群众平均一年能够看到12.3场电影，超额完成了年初制定的目标责任制。继续开展“科普之春”电影汇映活动，放映适合各地的农牧业科技知识及法律、卫生、计划生育等知识的影片，深受农牧民群众欢迎。

文物考古和博物馆事业

加强了文物的保护和利用 制定了《内蒙古自治区配合西部大开发文物保护、博物馆建设总体规划》，向国家计委呈报了26项"十五"期间自治区文物保护大遗址规划。配合自治区重点建设项目托克托电厂、呼包高速公路、呼集高速公路等的建设，开展了文物的抢救性清理挖掘工作。

严厉打击文物犯罪活动 保护和抢救了一批社会流散文物。接受公安部门移交的珍贵文物7件，其中一级文物3件。征集了内蒙古工业大学林宝军教授的历代带钩900余件，其中三级文物100余件。

博物馆工作取得新进展 6月至11月，"内蒙古文物考古精品展"在上海展出，观众每日达到4000余人，获得了社会效益和经济效益的双丰收。巴盟博物馆正式开馆；内蒙古博物馆世纪厅建成使用；二连恐龙博物馆破土动工；通辽博物馆建设正式立项。全年全区各类博物馆和文博开放部门接待国内外观众65万人次，超额完成了预订任务。

文化市场

加快文化市场管理法制化进程 对全区文化市场加强了宏观管理和政策指导。在认真调研的基础上，制定了《全区文化市场"十五"期间发展规划》，制定下发了关于加强经营性文化艺术培训活动和演出市场管理的一系列规范性文件，使全区文化市场发展向着规范化方向迈进。

开展"扫黄打非"专项治理活动 活动取得了显著成果。2000年1月至7月，全区各地共出动检查人员28600余人次，机动车5700辆次，检查音像制品出租、零售放映点3530家，收缴非法录音、录像带2600盒，非法光盘52000余张，非法书刊43000余册。

开展全区娱乐场所和电子游戏厅治理整顿工作 共关闭和取缔不符合国家要求的娱乐场所2282家，电子游戏厅压缩到319家，使全区电子游戏厅压减比例达到87.44％。开展了打击侵权盗版的专项斗争，特别是加大了对盗版民族音乐、戏曲的打击力度。

对外文化交流

2000年，自治区共派出各类文化团组23个，249人次，分别赴美国、韩国等国家和台湾地区进行交流和演出。接待国外艺术团组10个，121人次。2000年自治区的对外文化交流工作适应市场经济的意识进一步加强，积极与国外优秀的艺术表演团体联系，全年共引进6个国外艺术表演团体在自治区进行商业演出，从而开拓了自治区演出市场。

重要活动

全区优秀剧节目展演 这是自治区改革开放以来规模最大的综合性艺术演出，于8月5日至25日在呼和浩特市举办。全区17个艺术表演团体的17台剧节目、1300多名演职员参加了演出，展演还特邀东方歌舞团来呼献艺。第七届全区舞蹈比赛和第三届全区草原金秋声乐大赛在此期间举行。非洲艺术大展也同期开展。展演共演出37场，观众达19万人次。参加演出的剧节目都是近年来自治区艺术创作中的优秀作品。展演评出特等奖4个，一等奖5个，二等奖8个。展演首次尝试了艺术演出与市场运作相结合的方式，获得了良好的效果。展演的圆满成功达到了为西部大开发营造良好的文化氛围、集中检阅艺术创作成果、培育和开发演出市场、活跃群众精神文化生活的目的。

全区消夏广场文化活动 6月中旬至国庆节期间，自治区300多个大的集镇及旗县所在地以上的城镇均开展了大规模的以"热爱内蒙古、建设内蒙古"为主题内容丰富、形式多样的广场消夏文化活动。在此期间，各地举办各类群众文化活动2660余场，涉及部门和单位40多个，参演人员达69万人次，观众达1400多万人次。活动极大地满足了不同层次群众的文化生活需求，带动了全区企业文化、校园文化、社区文化、村镇文化、军营文化、老年文化等竞相展开，取得了良好的社会效益。

机构设置

内蒙古自治区文化厅按照自治区党委、政府的统一部署，于2000年5月进行了机构改革。改革前文化厅内设职能处室为12个，分别是：办公室、计财处、社文处、艺术处、文物处、电影处、科教处、市场处、老干部处、人事处、纪检组、机关党委。改革后文化厅内设职能处室为11个，分别是：办公室、计财处、社文处、艺术处、文物处、电影处、市场处、老干部处、人事教育处、纪检组、机关党委。

辽 宁 省

截至2000年底，全省文化部门机构总数为2282个，从业人员近2万人。其中：艺术表演团体79个；艺术表演场所70个；公共图书馆129个（其中少儿图书馆14个）；艺术馆、文化馆126个，文化站1403个；电影发行及35毫米放映单位136个；文博机构109个（博物馆30个，文物保护管理机构67个，文物科研机构3个，文物商店9个）；文化艺术院校及科研单位14个。另外，全国重点文物保护单位26个，省级文物保护单位154个；文化市场各类经营单位约15000个。

2000年，省委、省政府认真落实“三个代表”要求，主要领导多次视察文化工作，并做出重要批示；厅党组一班人团结奋进、求真务实，以“代表先进文化前进方向”为己任，坚持不断深化改革，推动全面工作；加强党风廉政建设和思想政治工作，营造了良好的工作环境，调动了广大干部职工的积极性；各方面工作都有较大发展。

专业表演艺术事业

民族芭蕾舞剧《二泉映月》已演出80多场，话剧《父亲》已演出200多场，在全国产生良好影响。在第九届文华奖评比中，话剧《父亲》获文华大奖，舞剧《白鹿额娘》、京剧《西门豹》、话剧《北方的湖》获文华新剧目奖。在第六届中国艺术节上，《父亲》和系列舞剧《月牙五更》获大奖，歌剧《沧海》、京剧《西门豹》获优秀剧目奖。在第八届全国人口文化奖评比中，《白鹿额娘》荣获一等奖。成功地举办了第四届沈阳音乐周，恢复了这一传统品牌。成功地举办了东北三省二人转邀请赛、全省杂技评比演出等活动。

社会文化事业

从2000年开始，省里每年拨300万元，设立了专项资金，有计划地建设乡镇文化中心，首批建设的30个有11个已经竣工，有5个已经完成主体工程。全省已建成市级文化广场16个，县区文化广场156个，许多乡镇和一些村也建起了文化广场。创建文化先进县1个，文化先进乡镇10个；首次开展了文化先进村创建活动，有30个村进入先进行列。群众文化艺术活动成绩显著：在全国首届“蒲公英”奖及“新苗杯”少儿京剧邀请赛上，参赛的5个节目获4金1银；在第十届全国“群星奖”评比中，又取得了1金4银4铜的好成绩，首次拿到了成人舞蹈金奖。成功地举办了辽宁省第四届业余舞蹈调演、全省老年秧歌表演赛、全省戏剧、曲艺调演，与省民委共同主办了辽宁省第五届少数民族业余文艺调演，与省残联共同主办了辽宁省残疾人文艺调演。

图书馆事业

全省公共图书馆共接待读者约1200万人次，外借图书1300万册次。开展了“百馆送百万册图书下乡（基层）”活动；举办了“读者喜爱的图书馆”、“优秀读书家庭”、“科技示范户”等评选活动；组织各类读者活动1400余项，参与读者达百万；举办了全省公共图书馆业务竞赛活动。图书馆自动化建设有了一定进展，75个图书馆拥有计算机设备，36个馆全部或部分应用了图书馆自动化管理软件，8个馆建立了电子阅览室，9个馆建立了馆内区域网。省文化厅与电信公司合作，在全国率先开始实施辽宁省网上图书馆工程。

电影事业

辽宁北方电影股份有限公司与中影公司联合，成立了中影北方股份有限公司，确立了在东北电影市场的绝对优势。建成了辽宁省第一家电影“超市”，激活了电影市场，公司直属影院的门票收入由日均3000元上升到近万元。与有关部门共同举办了“崇尚文明、崇尚科学”、“消防教育”、“国庆电影周”等汇映活动。70%的农村县区制定了有关政策，使1925个16毫米放映队能正常开展活动。电影大篷车为农民巡回放映35毫米电影近2000场。全省电影发行收入达2500万元，放映收入达4316.4万元，观众达1079.1万人次。

文物事业

投资近400万元，维修了九门口长城、兴城城墙、朝阳南塔、海城金塔等10余处省级以上文物保护单位；投资近百万元，完成了葫芦岛市博物馆、铁岭市博物馆和省博物馆报警工程的施工和维修，完成了朝阳市博物馆安防工程方案的论证；投资近80万元，对葫芦岛市博物馆、建平县博物馆、凌源市博物馆库房进行了维修。完成考古发掘项目10个，发掘面积1万多平方米，五女山山城入围全国十大考古新发现。组织专家对盘锦、抚顺、铁岭、沈阳的馆藏二级文物进行了鉴定，确认二级文物668件。打击文物走私工作取得新进展，接收了大连海关、大东港海关、鲅鱼圈海关移交的查没文物4048件。

文化市场

严格治理与促进繁荣并举，加快了规范化建设进程。对全省音像制品集中经营场所进行了整顿，集中经营场所由原来的13个压缩到2个。打击盗版音像制品，全省共查缴盗版音像制品百万盒，举行两次集中销毁活动，共销毁盗版音像制品近51万盒。开展了第二届音像市场法制宣传周活动，全省共出动人员3400人次，设咨询站点120个。开展了电子游戏专项治理行动，全省共出动检查人员7734人次，检查场所2524家次，没收赌机5270台、电路板8776块，销毁赌机2504台、电路板7765块，查处群众举报案件657件，取缔无证业户368家。全省电子游戏经营场所总量由原来的1973家压缩到1187家，压缩比例为40%，超额完成了省政府下达的压缩25%的任务。与省财政厅联合下发了《关于文化市场管理经费纳入财政预算有关问题的通知》，为各市解决文化市场管理经费提供了政策依据。投入资金近30万元，建设了辽宁省文化市场电脑网络管理体系。

艺术教育事业

全省文化部门所属的6所艺术院校，2000年度招生861名，目前在校生达到2419人。辽宁省艺术学校被教育部、文化部确定为全国重点艺术中专。省直四个院团经过教育部门批准，均办起了附属学校，有在校生900多名。辽宁芭蕾舞团附属学校被中央电视台称为“目前我国最大的芭蕾舞学校”。

文化产业

着手清理不良资产，盘活存量资产。改造了中华剧场，续建了职工艺术大学综合教学楼，辽艺对青年剧场实行了全建制接收并着手进行整体改造。将演出经营业作为支柱产业重点开发，全省县以上艺术表演团体共演出10775场，收入1400万元；其中省直院团演出1130场，收入478.4万元。有效保护、合理利用文物资源开发文物旅游业，全省文物旅游景点全年接待游客283.3万人，总收入1970万元。全省文化产业增加值超过12亿元。

对外文化交流

对外、对港澳台文化交流团组160个，其中出访团组96个，来访团组64个。在文化交流中，商业演出比重加大，沈阳、大连、鞍山、营口及省直专业院团，努力开发国际演出市场，产生了良好影响，取得了经济效益。文物外展在文化交流中发挥了良好作用。与国内有关单位合作，先后赴美国、新加坡、韩国、法国等国家和台湾地区，举办了《中国考古黄金时代展》、《中国古代书画真伪对照展》、《中国北方草原游牧文化展》、《中国古代鞍马文化大展》等6个展览。辽宁省政府代表团赴日本、韩国访问期间，文化厅代表发表讲演，介绍了辽宁的文化资源，提出了加强中、日、韩文化交流的设想，得到热烈响应，并就一些具体项目达成了意向。

重大事件

2月25日，省委办公厅《咨询文摘》1999年68期刊发了李默然《为文学艺术创作工作者提供必要条件》的建议，省委书记闻世震、省委副书记张行湘、副省长张榕明作了重要批示。

根据省领导的批示精神，省文化厅制定了《关于进一步加强艺术创作队伍建设的意见》（辽文办字[2000]43号），印发各市及省直各院团，要求结合本单位实际，认真组织实施。

3月25日，《辽宁文化》正式出版。省文化厅决定，对《文化要情》和《文化工作》进行改版，创办新简报《辽宁文化》。

3月31日，召开“机构改革总结大会”。仅用了10天时间，文化厅的机构改革就完成了职能配置、机构设置和人员编制配备“三定”工作。原有的12个处室减少到10个，原有的71人精简到44人。

4月4日，厅党组下发文件，号召全省文化系统各级领导班子要认真学习、讨论省委书记闻世震3月31日关于话剧《父亲》演出的批示（对《父亲》的演出给予充分肯定），开展向《父亲》剧组学习活动。

6月18日，辽宁省委、省政府召开表彰大会，表彰辽宁芭蕾舞团创作演出的芭蕾舞剧《二泉映月》和辽宁人民艺术剧院创作演出的话剧《父亲》，并奖励两个剧组各50万元。

重要工作会议

2月29日，召开全省文化局长会议，各市文化局局长、办公室主任出席了会议。会议传达了朱镕基总理、李岚清副总理关于文化工作的重要谈话，传达了文化部孙家正部长等在全国文化厅局长会议上的讲话精神，总结了1999年的工作，确定了今年的主要任务。

3月8日，省文化市场管理工作会议在沈阳召开，各市文化局主管文化市场管理工作的局长和市场办主任参加会议，刘文艳副厅长就全省文化市场管理情况作《认清新形势，开拓新思路，把繁荣健康的文化市场带入新世纪》的讲话，曾维厅长作总结发言。

5月23日，省文化厅召开纪念毛泽东《在延安文艺座谈会上的讲话》发表58周年暨“辽艺现象”研讨会，省内文化艺术界理论家艺术家50多人济济一堂，以《讲话》精神为指导，深入学习“三个代表”的重要论述，结合辽宁人民艺术剧院50多年坚持现实主义创作原则，不断推出为人民群众所喜爱的艺术精品的实践，对如何担负起“代表先进文化前进方向”的历史重任进行了研讨。

5月24-26日，全省文物工作会议在沈阳召开。曾维厅长、顾玉才副厅长到会并发表讲话。会议传达了全国文物局长会议精神，交流了各地文物工作经验，确定了今后一个时期全省文物工作的思路和目标。

7月5日－6日，为落实全国艺术创作会议精神，全省艺术创作会议在鞍山召开，各市文化局长、艺术处长及重点剧作者100多人出席会议。曾维厅长、刘效炎副厅长分别讲了话。会议将深化专业艺术表演团体改革，建立有利于坚持正确导向的艺术生产机制、有利于调动广大文化艺术工作者积极性的投入机制、有利于正确体现两个效益关系的演出机制作为主要议题进行了深入研究；对第五届艺术节创作任务进行了具体布置。

重要活动

2月22日，为表彰辽宁歌剧院声乐演员张岩生在意大利举办的“纪念普希金诞辰200周年”的国际声乐比赛中荣获一等奖，省文化厅召开表彰大会并奖励张岩生1万元。张岩生的获奖，实现了辽宁省歌剧演员在国际比赛中获奖零的突破。

3月21日，辽宁省暨沈阳市非法音像制品销毁活动在文化厅机关院内举行。此次共销毁非法音像制品11万余盘（张），其中淫秽光盘2000多盘（张），淫秽封面包装17000多张。

5月29日－6月3日，由辽宁省近现代史博物馆承办的庆祝张学良将军百岁华诞活动分别在北京、沈阳和美国夏威夷举行。活动期间，举办了《张学良将军业绩展》和《纪念张学良将军百岁华诞书画作品展》。本次活动受到众多中外媒体的广泛关注。

7月24日－25日，辽宁省业余舞蹈调演在沈阳举行。在参加调演的15个节目中，评出一等奖4个、二等奖5个、三等奖6个。

8月12-18日，全省公共图书馆馆长培训班在沈阳市举办，14个市的80余名市、县、区图书馆馆长参加了培训学习。刘文艳副厅长参加了开班仪式并讲话，文化部社会文化图书馆司副司长周小璞做了《我国公共图书馆事业现状及发展》的专题报告。

8月21日，为表彰辽宁人民艺术剧院院长宋国锋在话剧舞台上所取得的优异成绩，祝贺他荣获17届中国戏剧梅花奖，省文化厅召开了“宋国锋同志荣获中国戏剧梅花奖”庆功会，会上对宋国锋给予了通报表扬并颁发奖金两万元。

9月2-3日，由省文化厅主办、省群众艺术馆承办的“辽宁省老年秧歌表演赛”在北陵公园举行，评出优胜表演奖6个、优秀表演奖5个、优秀组织工作奖8个、组织工作奖4个。

9月8日－11日由省民族事务委员会、省文化厅联合主办的辽宁省第五届少数民族业余文艺调演，在辽宁人民会堂举行。从13个市推荐的近百个节目中选拔出来65个节目参加了调演，有舞蹈、声乐、器乐、曲艺和戏剧等艺术门类，充分展现了满、蒙、回、藏、维、朝等民族的艺术特色和民族风情。本次调演共演出五场，评出一等奖22个、二等奖23个、三等奖20个。

9月18日－21日，由省文化厅、省曲艺家协会、吉林省曲艺家协会、黑龙江省曲艺家协会主办，海城市人民政府承办的辽宁省二人转比赛暨东北三省二人转邀请赛在海城市举行。

10月25-27日，“辽宁省第四届戏剧、曲艺调演”在大连金州区举行，共评出一等奖8个、二等奖6个、三等奖5个。

10月30日，“辽宁省暨沈阳市集中销毁非法音像制品活动”在省体育馆举行。当场销毁各种非法音像制品41万余盘（张）。

许世元及施利华分别赠书予澳科大图书馆

澳门科技大学“爱心助学项目”签约仪式在京举行

地址：澳门凼仔伟龙马路

电话：（00853）881122

传真：（00853）827222

澳门科技大学纪念基本法实施两周年研讨会

与中国政法大学签订了两校合作协议

澳科大日前举行开放日

澳门科技大学

中国劳动社会保障出版社

China Labour & Social Security Publishing House

面对未来的呼唤，面对新的挑战和发展机遇，本社要继续发扬艰苦创业、团结奋斗的精神，在江总书记“三个代表”重要思想的指引下，以改革和发展总揽工作的全局，加强管理，优化结构，提高质量，进一步发扬本社的出版特色，把中国劳动社会保障出版社建设成为综合实力更强、社会影响更大、权威性更高的一流的出版社，为劳动社会保障事业和社会主义文化建设作出新的贡献。

社长兼总编——张梦欣

我们出版社经过20年的发展，从小到大，从弱到强，成为具有较强经济实力较有影响的出版社。这是在上级部门和部领导的指导、支持下，坚定贯彻党的出版方针，坚持正确发展方向的结果，也是本社历届领导班子带领全体职工艰苦创业、努力拼搏的结果。出版社的发展历程贯穿着一种精神，那就是不论遇到什么困难曲折，全体职工都坚韧不拔，毫不动摇地奋斗进取。这是本社的力量所在，也是希望所在。

地址：北京市朝阳区惠新东街1号
电话：（010）64929196
传真：（010）64911489
邮编：100029

天津市艺术学校

俄罗斯芭蕾舞专家谢尔盖·费佳宁先生在为学生上课

本校学生参加天津市纪念建党80周年庆祝演出张立昌、李盛霖、房凤友、刘峰岩、宋平顺、刘胜玉等天津市党政领导与本校小演员亲切合影

2000年5月本校被评为首批国家级重点中专，市教委副主任龙德毅在庆祝会上讲话

地 址：天津市河东区津塘路77号
电 话：022-24314275
邮 编：300170

澳 门 理 工 学 院

Instituto Politecnico de Macau

Macao Polytechnic Institute

内地报名联系资料：

地址：澳门高美士街
澳门理工学院学术事务部

电部：academic_service@ipm.edu.mo 或
mhcheang@ipm.edu.mo

网址：www.ipm.edu.mo

电话：(00853)5996 273/5996 111

传真：(00853)308 801

澳门理工学院是一所公立、综合性大学，属下设有以文科课程为主的语言暨翻译高等学校、管理科学高等学校、公共行政高等学校、体育暨运动高等学校、艺术高等学校、高等卫生学校和长者书院共七个教学单位。另设有两个中心：成人教育及特别计划中心，负责短期培训课程；语言培训测试中心，负责国家级普通话水平测试，并且为'雅思(IELTS)'国际英语水平测试澳门区唯一定点考场。此外，本院还设有中西文化研究所，专门从事中西文化和澳门文化研究。

澳门理工学院秉承“注重应用学科、致力专业培训、培养实用人材”的办学宗旨，建立了以本科教育为主的教学体制。本院的一些课程已经得到美国、澳大利亚等国部分高校的认可，毕业生可以直接到该些高校继续升学。经国家教育部批准，本院在内地招生已扩展到北京、上海、天津、重庆、广东、广西、福建、湖南、湖北、四川、浙江、江苏、辽宁及海南等十四个省市。

本院2002/2003学年计划学士学位课程面向内地招生，内地高中毕业生只需要参加全国统一高考而成绩达到所在省市本科录取分数线便可报读。

澳门理工学院教学与科研并重‘经常举办或参与国际性学术研讨会、组织科研调查、出版学术著作及教材、以及制作多媒体教材等。本院遵循‘扎根澳门、背靠祖国、面向世界、争创一流’的方针，与国内外著名大学广泛交流，为亚洲太平洋大学协会和葡萄牙语大学协会会员、葡萄牙理工高等院校协调委员会特邀会员、香港理工大学发起的持续教育联盟成员，并且与北京大学、北京语言文化大学、北京外国语大学、上海外国语大学、上海体育学院、广州大学、广州体育学院、香港大学、香港理工大学、澳大利亚墨尔本皇家科技大学等有密切的合作。澳门理工学院科研氛围浓厚、教学设施现代化，正在努力建成一所适应二十一世纪形势要求的现代化高等学府。

二〇〇二/二〇〇三学年计划向内地招生课程：

语言暨翻译高等学校

中葡翻译学士学位课程

中英翻译学士学位课程

管理科学高等学校

电子商贸学士学位课程

管理学学士学位课程

公共行政高等学校

社会工作学学士学位课程

电脑学学位课程

体育暨运动高等学校

体育及运动学士学位课程

艺术高等学校

综合设计学士学位课程

高等卫生学校

全科护理学士学位课程

诊疗技术人员学士学位课程

大赛车博物馆

地　址：澳门特别行政区政府旅游局

（旅游活动中心，澳门高美士街431号）

电　话：(00853)7984126

(00853)3971201

传　真：(00853)510104

山东省艺术学院

山东艺术学院外景

音乐系学生正在排练

外籍教师在上课

国画教研室老中青教师探讨切磋教学方法

地 址：山东省济南市文化东路91号
电 话：0531-6956993
邮 编：250014

中國甲午戰爭博物館
江澤民
中国甲午战争博物馆

湖北省艺术学校

学校校长 罗佩华

大型舞蹈诗剧《金陵十二钗》剧照。

张国光省长（左一）在省文化厅长蒋昌宗（左二）陪同下视察学校，与荣获第七届高中生国际音乐艺术大赛古筝并列第一名的孪生姐妹黄莺、黄燕亲切交谈。

地址：湖北省武汉市武昌武珞路694号
电话：027—87882311
邮编：430070

学校现址外貌

怒江州文化局

怒江州译制室将民族语影片送到农村放映。

全国人大蒋正华副委员长到北京中华民族大观园看望为怒江州傈僳、独龙、怒、普米四个民族馆落成开馆演出的怒江州歌舞团演员

怒江州歌舞团自创编排的曾参加云南省2000年迎接新世纪新剧节目展演并荣获二等奖的《怒江神韵》歌舞节目之一

怒江州民族语电影译制室演职员正在配译傈僳语电影

地　址：云南省怒江州文化局
电　话：0886-6694262
邮　编：673100

湛江艺术学校

湛江艺术学校创建于1959年，系省级重点普通中专。在4万余平米的校园里，总面积2.5万余平米的文化、艺术教学楼、实验剧场、学生公寓、图书馆和食堂综合楼等建筑，矗立于绿树繁花簇拥之中，如茵草坪内点缀着廊、亭、雕塑。闭路电视、高配置多媒体微机、钢琴和数码钢琴等电教设备齐全，戏剧、美术专业教具充足，师资队伍素质优良，中高级职称达80%。现开设戏剧、音乐、舞蹈、美术和美术设计等专业，2000年、2001年先后与星海音乐学院和汕头大学分别联办音乐大专班和美术大专班，在校大中专生900余人。1991年以来先后荣获“文明单位”、“花园式单位”和“全国文化工作先进集体”等荣誉称号。

地　址：广东省湛江市赤坎康宁路3号
电　话：0759-3332242
传　真：0759-3310361
邮　编：524033

江苏省戏剧学校

地址：江苏省南京市长白街334号
电话：025—6642904
邮编：210002

四川省犍为县文体旅游局

县文体旅游局党组成员

罗城麒麟灯表演

犍为县庆香港回归大型文艺晚会场景

县文化馆活动大楼外景

地　址：四川省犍为县文体旅游局
电　话：028-4221331
邮　编：614400

浙江台州市文体局

2001年是新世纪的第一年，台州市文化工作认真贯彻江泽民总书记“三个代表”重要思想，大胆改革，锐意进取，全市文化体育事业上了新台阶。

文化艺术创作取得新成果。路桥选送的小品《沥沥雨，红红伞》获第六届华东地区戏剧小品比赛一等奖，获全国第十一届群星奖比赛金奖，这是我市建国以来戏剧小品荣获的最高政府奖。在省乡镇文艺会演和浙江省广场民间灯彩舞蹈大赛中，我市选送的作品获得金奖7个、大奖1个、银奖3个，取得大面积丰收，名列全省前茅。

围绕重大庆典，开展大型文化活动。去年是中国共产党建党80周年，6月26日晚，我们在台州实验中学体育馆隆重举行庆祝建党80周年大型文艺晚会《太阳颂》。著名歌颂家郭颂、京剧表演艺术家童祥苓等名家加盟演出。市四套班子领导和2000多观众现场观看了演出，掀起了庆祝活动的高潮。

文化市场整治取得新成效。去年，文化市场整治被国务院列入整治、规范市场经济秩序的一个重要内容。在中央、省、市委统一部署下，我市整治、规范专项工作取得明显成效。至去年12月初，全市共出动各类检查人员约8300人次，检查经营单位4360家次，收缴非法书刊3万余册，盗版VCD25万余盒、录音带5万余盒，电子出版物1.7万余盒，依法取缔和查处了违法检查单位400多家。全市8个商贸市场中非法设置的音像制品经营摊点基本上得到了清理和取缔，非法经营活动得到了有效的遏制。

紧紧围绕文化产品的生产和服务，以实现社会效益和经济效益有机统一为目标，进一步深化文化体制改革。以台州文化艺术中心建设为契机，在文化体制改革中引入市场机制，社会力量办文化发展态势良好。去年我们与星星集团合资成立了我市第一个专业文艺团体——台州市星星艺术团(台州市歌舞团)。

以“东海明珠”为龙头的基层文化建设继续全面推进。积极开展台州市广场文化主题月活动、台州市文艺精品下乡巡演活动和农民文化活动月活动，深受群众好评。

台州文化艺术中心规划设计方案已通过台州文化艺术中心工程领导小组评审。

经国务院公布，临海台州府城、桃渚古城、天台国清寺为全国重点文物保护单位，实现了我市“国保”单位零的突破。

地　址：浙江省台州市文体局　　邮　编：317700
电　话：0576—8511118　　传　真：0576—8511119

福建省福州市文化局

闽剧《兰花赋》剧照

《兰花赋》剧照

《画龙记》剧照

闽剧《画龙记》剧照

地　址：福建省福州市于山路9号
电　话：0591-3345941　3356956
邮　编：350001

佛山南海影剧院

南海影剧院夜景

2000年10月6日德国Yambo爵士乐队音乐会

2000年10月26日中央歌剧院音乐会

2000年10月广州粤剧一团表演的剧目

南海市文化局
地 址：广东省南海市桂城区南新四路
电 话：0757-6228954
传 真：0757-6235322
邮 编：528200

南海市影剧院
地 址：广东省南海市桂城区南新三路
电 话：0757-6281382
传 真：0757-6281382
邮 编：528200
网 址：www.jswm.net

营口日报社

营口日报社创刊于1957年5月1日，是中共营口市委机关报，面向全国发行。

营口日报社现领导班子5人，党组书记、社长田华，总编辑马维秋，副总编辑李玉光、杨贵之、周丛一，另有编委会委员栾福东、郭德林、刁家浩、刘秋烈。全社现有干部职工173人，其中具有高级职称的11人，中级职称的36人。

营口日报办报宗旨是坚持正确的舆论导向，贯彻“二为”方针，紧密围绕党的中心工作，全面准确地宣传党的路线、方针、政策，及时传递国内外政治经济和社会生活信息，传播科学文化知识，承担起舆论监督职能，切实发挥党、政府和人民群众的喉舌作用，架起上下沟通的桥梁。

营口日报为对开8版，专栏众多，编排大方，贴近社会，贴近生活，贴近群众，重点栏目“赤甲红”、“和风地”、“消费天地”、“视觉新闻”及《辽河湾》周末版等已成为广大读者喜闻乐见的名牌栏目或版面。目前，营口日报采编系统已基本实现网络化，工作效率明显提高。报社印刷厂拥有先进的激光照排系统和新型的印刷设备，可印制报纸及各种黑白、彩色书刊，质量上乘，2000年曾荣获辽宁省地市级党报印刷质量第一名。

地　址：辽宁省营口市站前区菜市街互助里　　邮　编：115003
电　话：(0417)2693424　　传　真：(0417)2637354

辽宁近现代史博物馆 张学良旧居陈列馆

张氏帅府鸟瞰图

张作霖一九一八年为五夫人寿氏修建的中西合璧式的小青楼。一九二八年张作霖被炸伤后即被抬入此楼一楼西屋，结束其富有传奇色彩的一生。

一九二八年任东北讲武堂监督时的张学良，此时已晋升为陆军上将。

张作霖早期的卧室、办公室，就是从这里，张作霖由中将师长发展成为北洋军阀末代国家元首。

张作霖一九二二年建成的大青楼，是当时沈阳城内最高建筑，也是张作霖身份地位的象征。

幽居台湾时的张学良。

地　址：沈阳市沈河区朝阳街少帅府巷46号
电　话：024-24843696
邮　编：110011

山东省枣庄市台儿庄区文化局

台儿庄区位于苏鲁交界处，山东的南大门。古运河横贯东西，土地面积538.5平方公里，辖5镇1个办事处，343个行政村，28万人口。台儿庄历史悠久，文化灿烂，素有“天下第一庄”之称。

多年来，区委、区政府把文化建设纳入全区经济社会发展规划。在区驻地文化建设上标准高、发展快，先后建起了台儿庄大战遗址火车站、中正门、清真寺、台儿庄大战纪念馆、李宗仁史料陈列馆、贺敬之文学馆、革命烈士纪念馆，兴建了区图书馆、文化馆。

台儿庄区文化局班子团结实干，作风正派，事业心强，廉洁勤政，能认真贯彻上级党政、文化部门的方针、政策和工作部署，常年坚持组织开展歌舞戏曲演出，电影放映、民间游艺展演、书画展览、全民读书、歌咏比赛等活动，连续多年抓了春节文艺晚会，慰问演出、文化下乡活动、文艺大看台活动，每年都参加市文化广场艺术展演比赛。区文化局、图书馆连续七年被区委授予“文明单位”称号；文化局连续三年被区委、区政府授予“先进集体”称号。

台儿庄区文化局广泛发动组织群众参加社会文化活动，仅近三年就开展文化活动120余场，参与人员达5万人。认真落实有关文件，送科技电影下乡，努力解决农村电影“两难”问题。积极开展文化下乡活动，特别是在春节期间、农闲季节送戏、送书、送电影、送书画到农村。区文化馆、镇办文化站均建立了门类齐全的业余文艺骨干队伍常年组织开展活动。区文化馆还注重文艺创作，每年都有作品上报国家、省、市参评并获奖，如《我的家乡台儿庄》歌曲报送中国音乐家协会举办的“世纪之声”歌曲大赛，万余首中入选百首并获银奖；参加全省器乐邀请赛5个项目喜获2金3银；挖掘整理的民间艺术成果显著，如区皮影剧团作品报省及国家参赛，民间艺人杨念寅被联合国科教文组织评为“国际民间工艺美术家”称号。传统艺术“渔灯秧歌”、“花鼓舞”在国家和省电视台播出，影响较大，一批书画艺术家30余件作品相继在国家、省市书画大展获奖并入书画集。本区积极开展企业文化、校园文化、乡村文化、社区文化和广场文化活动，注重文化艺术活动为当地经济建设和生产科研服务，特别是企业和文化联办文化活动每年都在30余场次以上。

文化市场发展较快，文化经营户由起初十几家发展到目前的300余家。为管好文化市场，区建立了文化市场管理委员会，成立了办公室，组建了文化市场稽查队，配备了6名专职管理人员和交通、通讯工具等管理设施，并不断加强自身业务建设，经常开展“扫黄打非”活动，对电子游戏机经营场所、网吧经营场所、音像制品经营、出版物市场、印刷业等进行整顿规范，净化了文化市场。

全区先后建成了府前文化广场、体育广场、大战纪念馆广场，连续三年在区府前文化广场举办了为期6天的春节文艺大看台，除各镇办、各部门组织专场演出外，还从苏北、济南等地请艺术团体演出，参加演出人员达1000多人，观众达15万多人次。每年正月里都组织民间唢呐队、秧歌队和狮子龙灯在区驻地主要街道巡回展演，同时参加全市的民间游艺展演活动。连续两年在区体育广场举办了迎新春民间艺术展演，各乡镇、各部门分别组织了狮子龙灯、秧歌、舞蹈、武术队伍参加，展示了全区人民欢庆佳节的喜悦心情和崭新的精神风貌，

台儿庄区政府自筹资金2000余万元，于1993年兴建了台儿庄大战纪念馆。该馆座落在风景如画的古运河畔，占地面积34000平方米，总建筑面积6000平方米，整个建筑庄严肃穆，气势恢宏。纪念馆集展览馆、影视馆、全景画馆、布景画馆于一体。展览馆展出的实物、图片、沙盘模模型及音像资料，反映了台儿庄大战中敌我双方的战役意图和部署，临沂、滕县战场和台儿庄战场激战情况。影视馆播放当年战地记者拍摄的战斗实况及电影《血战台儿庄》、《参战将士访谈录》，资料非常珍贵，真实动人。《血战台儿庄》全景画馆是我国唯一一家以国民党正面抗战为题材的全景画，包括绘画、地面塑形、灯光、音响和解说五个部分，艺术地再现了中国军队在台儿庄以阵地战痛击日军，浴血奋战，直到取得胜利的历史过程，并配有特殊声、光、电等现代科技，战斗气息极为浓烈，给人以身临其境之感。《今日台儿庄》布景画馆通过100余米的巨幅画卷，向人们展示了新中国成立后，特别是改革开放以来台儿庄的沧桑巨变。

台儿庄大战纪念馆自1993年开馆以来已接待中外游客280多万人次。纪念馆先后被国家教委、文化部、民政部等六部委命名为“全国中小学爱国主义教育基地”，被中宣部命名为“全国爱国主义教育示范基地”，2001年又被中国侨联命名为“爱国主义教育基地”。

地址：山东省枣庄市台儿庄金光路108号　　邮编：277400
电话：（0632）6611769

老舍纪念馆

老舍故居客厅一角

展厅内景

老舍卧室一角

老舍故居院落 —“丹柿小院”一角

老舍纪念馆正门全貌

地 址：北京市东城区灯市口西街丰富胡同19号
电 话：010-65599218
邮 编：100006

11月29日，省文化厅与辽宁省电信公司举行了辽宁省网上图书馆工程签字仪式。

12月6日，省委宣传部、省文化厅在厅机关会议室召开了辽宁人民艺术剧院创作演出的话剧《父亲》演出200场新闻发布会。《辽宁日报》辟专版刊登了有关专家撰写的对《父亲》的评论文章。

12月20日，全省音像制品无盗版经营单位评选活动结果揭晓，辽宁省唱片发行公司等15家单位被评为“正版音像制品经营单位”。

重要文化场馆建设

大连市旅顺博物馆分馆　占地2300平方米，建筑面积4900平方米，其中陈列展厅面积2300平方米，工程总投资1000余万元人民币。目前，土建工程和内外装修已经全部完成，陈列设计工作基本结束，2001年第一季度对外开放。

锦州博物馆新馆　占地面积2500平方米，建筑面积5663平方米，其中陈列面积2300平方米，库房面积2000平方米，工程总投资1800万元人民币。锦州市政府把建设新博物馆列为2000年为人民办的39件实事之一，当年开工，当年建成。目前部分陈列工作已经完成，2001年6月正式对游人开放。

铁岭市博物馆新馆　占地面积5000平方米，建筑面积7000平方米，其中展览面积3500平方米，办公及技术用房3000平方米，文物库房600平方米，工程总投资2000万元人民币。目前，新馆已交付使用，布展工作全面展开，2001年5月1日正式向游人开放。

机构设置

设办公室、计财处（与产业处合署办公）、市场处、艺术处（与外联处合署办公）、社文处、文物处、监察处、机关党委、老干部处。

文化艺术节庆活动

第四届沈阳音乐周　由辽宁省文化厅、辽宁省音乐家协会、沈阳市文化局共同主办的第四届沈阳音乐周于9月2日至10日在沈阳举行。省直、沈阳市和沈阳军区专业艺术团体、艺术院校以及西班牙、日本、德国的艺术家和艺术团体共演出了16台节目，上演各类音乐作品200多个，其中新作品50多个，1000多人参演，观众达2万多人次。演出节目中既有大歌剧，又有独唱、独奏音乐会；既有大型交响音乐会和民族音乐会，也有小型室内乐演出。辽宁歌剧院创作的歌剧《沧海》作为开幕式演出，引起巨大反响，辽宁民族乐团首次亮相，一炮打响。沈阳音乐学院、沈阳军区前进歌舞团、辽宁交响乐团、辽宁电声乐团、沈阳歌舞团、辽宁省艺术学校等都取得了好成绩。沈阳市的20个文化广场还举办了群众演唱活动。音乐周期间，还举办了靳哲、李青、张岩生演奏演唱艺术研讨会和辽宁音乐创作研讨会。

本届音乐周是时隔20年后恢复的音乐节庆活动，集中展示了辽宁音乐创作的新成果，推出了一批音乐新人，为进一步繁荣音乐艺术作了思想和理论准备，因而受到音乐界的热烈响应和广大人民群众的好评，也得到了各级领导的高度重视和支持。

优秀文化单位

辽宁省图书馆　馆舍面积33640平方米，藏书335万多册，开放服务窗口24个。多年来辽宁省图书馆始终贯彻“读者至上，服务第一”的办馆宗旨，持续深化改革，内抓管理，外树形象，不断提高办馆水平，成为全省精神文明建设重要窗口。

2000年，辽宁省图书馆开展了一系列创新活动：配合中小学教育改革，成立了中小学生图书借阅室，推进了素质教育；探索新的办馆模式，成立了“辽宁省图书馆东陵区农业分馆”；加大文献信息开发力度，开展了会议服务、简报服务；加强了数字化、网络化建设，新建了张学良专集、辽宁文化信息库、东北历史图书数据库，拓展了服务领域，提高了服务质量。全年接待读者118万人次，外借图书131万册次；配合社会上的热点问题，举办读者活动40次，参加人数达16万人次；积极开展送书下乡活动，送书下乡16万册。

2000年，辽宁省图书馆先后被文化部、人事部授予“全国文化工作先进集体”称号；被辽宁省委、省政府授予“文明单位标兵”称号；在文化部开展的“读者喜欢的图书馆”评选活动中，被评选为“读者喜欢的图书馆”。

辽宁人民艺术剧院　辽宁人民艺术剧院原名为东北人民艺术剧院，1951年成立于沈阳，1954年东北行政区撤销，改名为辽宁人民艺术剧院，1999年3月辽宁儿童艺术剧院并入，使辽宁人民艺术剧院成为集话剧、儿童剧、声乐、舞蹈、电声乐团、电视艺术中心为一体的国内大型专业艺术团体。现任院长宋国锋，名誉院长李默然。

剧院历届领导非常重视创作演出反映现实生活、与时代同步、与人民同心的话剧艺术作品，在辽宁乃至全国产生了广泛影响，其代表剧目有:《妇女代表》、《春风吹到诺敏河》、《白卷先生》、《秦始皇》、《报春花》、《高山下的花环》等等。于1999年创作演出的话剧《父亲》是又一部在全国产生较大影响的精品力作。至2000年末共演出了210场，观众达22万人次。该剧先后获得东北三省话剧节金奖、第六届中国戏剧节金奖、曹禺戏剧文学奖、中国第六届艺术节大奖、第九届文华大奖、作为唯一一台话剧入选中国上海第二届国际艺术节，产生了热烈反响。

文化人物

杨仁恺　杨仁恺是著名的博物馆学家、书画鉴赏家、书画家，现任辽宁省文史馆名誉馆长、辽宁省博物馆名誉馆长。

杨仁恺，男，生于1915年，原籍四川省岳池县，幼年丧父，家道中落，勉强就读旧制高中理科，辍学后在成都一家私立女子中学讲授语文和历史。抗日战争时期移居重庆，与文化界名人郭沫若、徐悲鸿、沈尹默、金静安、谢无量、马衡、老舍诸先生接触频繁。1945年移居北平。1949年任东北人民政府文化部文物处研究员。1952年被派往长春处理溥仪伪皇宫流散书画和善本图笈。东北人民政府文化部撤销后，任东北博物馆研究员，后任辽宁省博物馆研究室主任、副馆长。从20世纪80年代起，与著名书画鉴赏家谢稚柳、启功等人共同担任全国书画巡回鉴定专家小组成员，对全国各博物馆、图书馆、大专院校、文物商店所藏书画逐一过目，鉴定真赝，编辑出版文字图目，历时8 年，鉴定书画两万多件。在从事博物馆工作50年间，他先后撰写论文近百篇 著有《聊斋志异原稿研究》、《国宝沉浮录》、《中国古代书画鉴定学稿》等专著10部 主编《中国书画》、《中国古代书画图录》、《中国古代书画真伪图典》、《齐白石画集》等图书20余种。

杨仁恺曾应邀访问亚、欧、美的十几个国家和地区，传播中华民族传统文化，多次促成中外文化交往活动和国际学术会议。他在国内外多所大学兼任教授和顾问等职务，培养新人、奖掖后进。在海内外学术界、美术界享有很高的声望。

为表彰杨仁恺50年如一日的爱岗敬业精神和突出业绩，辽宁省人民政府于2000年10月授予他“人民鉴赏家”称号。

宋国锋　男，1950年生于内蒙古赤峰市，1966年参加文艺工作，1976年加入中国共产党，1978年调入辽宁人民艺术剧院。国家一级演员。现任辽宁人民艺术剧院和辽宁儿童艺术剧院院长、党委书记、辽宁省文联副主席、辽宁省戏剧家协会主席。

20多年来，宋国锋先后在几十部话剧中担任主角，塑造了一批古今中外不同类型的人物形象。如:《于无声处》中的欧阳平、《报春花》中的吴小峰、《高山下的花环》中的梁三喜、《原野》中的仇虎、《李尔王》中的爱德蒙、《仲夏夜之梦》中的希西阿斯·奥伯朗等。

宋国锋先后获得中国戏剧第五届梅花奖；中国第二届文华表演奖；中国话剧第三届金狮奖；中国戏剧第十七届梅花奖(二度梅)；中国第九届文华表演奖；第六届戏剧节表演金奖，以及辽宁省颁发的优秀文艺成果奖。近几年由他主持创作并领衔主演的三台话剧荣获一个文华新剧目奖，两个五个一工程奖；2000年他主演的话剧《父亲》荣获第九届文华大奖。

宋国锋1996年被评为辽宁省专业技术拔尖人才，授予辽宁文艺新星称号；1999年被授予辽宁省德艺双馨文艺家称号；2000年被评为全国文化战线先进工作者。

冯玉萍　女，1959生人，1973年开始从事评剧表演艺术事业，现任沈阳评剧院国家一级演员、中国振兴评剧促进发展会理事、辽宁省戏剧家协会副主席。

冯玉萍曾主演过评剧《穆桂英挂帅》、《三节烈》、《牧羊圈》、《谢瑶环》、《白蛇传》、《洪湖赤卫队》、《风流寡妇》、《疙瘩屯》等几十出大戏 主演了电视戏曲片《多彩的梦》、电视剧《选择》、电视小说《芹菜与鲜花》等。她曾先后荣获中国第五届戏剧梅花奖；辽宁省政府颁发的优秀文艺成果奖；第六届中国戏剧节优秀表演奖；中国首届评剧节优秀表演奖 第十七届中国戏剧梅花奖(二度梅)，曾获得沈阳市劳动模范、沈阳市“三八红旗手”、辽宁省德艺双馨艺术家称号。

吉林省

专业艺术工作

（一）举办了吉林省第13届戏剧文学“文华奖”评奖活动和迎接建党八十周年戏剧剧本征集评奖活动，召开了全省艺术创作会议、全省重点剧本讨论会、大型剧本讨论会和吉剧剧本研讨会等，调动了广大创作人员的积极性，对全省的艺术创作工作做出了整体部署，为不断推出优秀作品创造了条件。

（二）继续深化省直艺术表演团体改革。《关于深化省直艺术表演团体改革的意见》，省政府办公厅已经转发（吉政办发[2000]94号）至各市、州参照实施。在此基础上进一步制定了《深化省直艺术表演团体改革的实施方案》，确定了省直剧院办团目标和工作任务，明确了深化改革的主要措施和深化改革的方法步骤，提出了实施深化改革工作的具体要求，深化省直文艺表演团体改革工作已经全面展开。

（三）成功地举办了吉林省第15届二人转新剧目评奖推广会暨第5届戏剧小品比赛，圆满地完成了省委、省政府交办的各项演出任务，省直剧院对外演出工作成果显著。

（四）在国家各类文艺赛事中，取得丰硕成果。

1、延边歌舞团舞蹈诗《长白情》获第八届文华大奖和第六届中国艺术节大奖，省曲艺团小品《盖章》获第九届文华新节目奖，吉林市戏曲剧团二人转《胡知县断案》获第九届文华新节目奖，省曲艺团张宏获文华新节目创作奖，吉林市戏曲剧团闫学晶、省曲艺团王润菁获文华新节目表演奖。

2、全国首届（唐山）评剧艺术节，省歌舞剧院交响乐团、长春评剧院联合演出的评剧交响音乐会获优秀剧目演出奖。

3、中国曲艺节“牡丹奖”：

闫书平、佟长江表演的二人转《西厢幽会》获表演奖；

杨宏伟、董连海表演的二人转《矬乡长》获表演奖；

马金萍创作的二人转《矬乡长》获文学创作奖。

4、在中国文联、中国曲协联合举办的“中国曲艺牡丹奖”鼓曲唱曲大赛中，省民间艺术团二人转《三调芭蕉扇》获表演金奖，剧本获创作铜奖，省曲艺团西河大鼓《节日令》获表演铜奖，剧本获创作铜奖。

5、在2000年全国艺术歌曲比赛中延边歌舞团朴美花获演唱奖。

6、在全国电视CCTV舞蹈大赛中，延边歌舞团《长鼓舞》获表演铜奖、优秀作品奖、全国电视观众最喜爱的节目。

7、在第二届中国舞蹈“荷花奖”比赛中，延边歌舞团《长白情》获铜奖，咸顺女获优秀表演奖，金玉子、李承淑、许淑获优秀服装设计奖，延边舞蹈家协会获组织奖。

艺术科研工作

（一）艺术理论研究方面：

“国家‘九五’重点艺术科研项目”《二人转艺术》（30万字）5月通过终审，交由国家级出版社出版；“国家‘八五’重点艺术科研项目”《吉剧史》（28万字）已经出版；《中国曲艺志·吉林卷》（75万字）完成终审，所承担的7部集成志书已全部完成编纂任务；共发表论文50多篇。

（二）艺术理论期刊编辑方面：

编辑《当代艺术》4期（50万字），《吉林文化动态》12期（30万字）。

（三）“当代艺术论坛”召开4次大型会议，均受好评。

分别是：庆祝建国50周年艺术理论研讨会，金士贵二人转音乐研讨会，周维杰厅长讲话《当好戏剧创作之船的摇橹人》座谈会，吉林省二人转“四大名旦”、“四大名丑”艺术理论研讨会。

文化科技工作

（一）6月份开始进行二人转低音喷呐的研制，目前该喷呐已做出小样，现正在进一步改进。

（二）芦荟系列化妆品和田鸡油系列保健品的研制，3-8月份已完成了查找资料的工作，8-12月份做出小样，目前已为2001年的“临床观察”做好了前期工作。

（三）2000年完成了10万元的经济指标，比1999年增长了25%以上。

艺术节庆活动

（一）5月30日至6月7日，在长春市举办了吉林省第15届二人转新剧目评奖推广会暨第5届戏剧小品比赛。全省9个市、州积极参与，广大艺术工作者热情高涨，推出了一大批优秀剧目，共创作排演了100余部二人转和小品，精选出95个作品参加了这次活动。

这次活动，无论从参赛作品的数量，还是从参赛作品的质量上看，都是近几年来最多、最好的一次。参赛的剧目内容丰富、形式多样，贴近群众、贴近生活，集中展示了本省二人转和戏剧小品最新创作成果，也体现了广大艺术工作者崭新的精神风貌。在荟萃于长春舞台的14台近80个参赛剧目中，本着坚持思想性、艺术性与观赏性的统一和严格、公正、公平的原则，评出了剧目奖和编剧、导演、编曲、表演等单项奖。此外，还评出了舞台美术设计、服装设计、人物造型设计、乐队伴奏奖和新人新作奖及优秀组织奖等，特别是评出了本届赛事的“四大名旦”和“四大名丑”。

在这次活动中涌现出了一批朝气蓬勃、奋发图强的艺术新人，为本省的艺术人才队伍注入了新鲜血液。

这次活动，尝试了市场运作与政府投入相结合的方式，得到了一些中、小企业的赞助，尽管数额不多，但为今后运用市场运作方式举办艺术活动进行了有益的尝试。

为适应市场经济的要求，保护知识产权，本次活动采取有偿转让剧目演出权、播放、播映权的办法，到活动结束时，已同省内外演出团体签订了28份购买演出权的意向性合同。

（二）12月31日，承办了省委、省政府暨长春市委、市政府主办的迎接新世纪大型交响音乐会，演出获得了圆满成功，受到了省、市领导的充分肯定。

（三）为调动广大创作人员的积极性，不断推出优秀作品，活跃演出市场，检阅本省艺术工作者1999年剧本创作、戏剧评论及理论研究成果，于4月举办了吉林省第13届戏剧文学“文华奖”评奖活动，有5个大型剧本、6个小型剧本、7篇理论文章分获一、二、三等奖。

（四）12月份举办了迎接建党80周年新创作剧本征集评奖活动，为举办迎接建党80周年暨吉林省新时期第18届创作剧目评比演出做准备。

文化市场

全省电子游戏经营场所及娱乐服务场所专项治理工作取得明显效果。针对近年来电子游戏经营场所过多、过滥，违法经营活动频繁发生的状况，按照国家的统一部署，2000年7、8、9三个月开展了专项治理工作。这次专项治理工作，持续时间之长，打击力度之大，整顿效果之好都是前所未有的。经过专项治理，全省电子游戏经营场所由治理前的2683家，压减至1178家，压减率为56.1%。有515家因从事违法经营活动被吊销许可证和营业执照，207家因距中小学校不足200米被取缔，812家因达不到重新审核登记标准被关闭。经过专项治理，全省电子游戏经营场所过多、过滥、盲目发展的状况得到有效控制，违法经营频繁发生问题得到遏制，专项治理工作顺利通过国家检查组的检查验收并得到了充分肯定。

全省文化行政执法工作得到进一步规范，执法水平得到进一步提高。2000年，以贯彻实施行政处罚法、娱乐场所管理条例为重点，以规范执法文书为突破口，通过学习培训、检查评比推进了各地文化行政执法工作。省人大执法检查组对长春、辽源和省直文化行政执法工作进行全面检查后给予了充分肯定。

通过开展“影企联姻，送电影下乡”活动，启动农村电影市场。2000年为全省40个县（市）免费送电影1900场，其中科教影片900场，深受全省广大农民观众的欢迎。8月份，在四平市与省委宣传部、省教育厅联合召开全省中小学生影视系列化教育工作现场会，并下发了新文件，推动这项工作的深入开展。继续调整电影发行放映经营思路，大力宣传国产影片，使《生死抉择》、《一声叹息》等影片取得了良好的社会和经济效益。

社会文化事业

（一）2000年10月，吉林省参加了文化部社图司组织的全国部分省市农村题材小戏调演活动，由二人转《喜莲》、拉场戏《两枚戒指》等6个节目组成的一台晚会《长白山春情》在北京长安大戏院上演，得到了首都观众和文化部的肯定。年末，由文化部主办，吉林省文化厅具体承办，在长春市召开了全国七省市农村题材小戏精选剧目筹备会，会议取得圆满成功。

（二）11月，参加了文化部在浙江省台州市举办的“群星奖”评奖活动，本省参赛的4个舞蹈全部获奖，其中：群舞《浪里人》获金奖，单人舞

《雪娘》、《田园鼓声》、双人舞《探亲到军营》获银奖。

（三）吉林省省委、省政府高度重视农村文化工作。2000年7月，接到了省政府关于开展农村文化调研的明传电报，由省委宣传部、省精神文明办公室、省文化厅等12个部门组成大文化调查领导小组。从7月24日到8月下旬，由各个部门组成的5个调研小组深入到全省各市县、村屯、农户进行调研，采取座谈、走访、听汇报等多种形式，取得了十分宝贵的第一手材料，调研取得圆满成功。在此期间，全哲洙副省长在四平、辽源地区调查时作了重要讲话。10月23日，省委、省政府下发了文件：吉林省委办公厅、省人民政府转发《关于吉林省农村文化工作的调查报告》，这个文件的下发对全省的农村文化工作将起到极大的推动作用。

（四）吉林市昌邑区桦皮厂镇漂洋村农村儿童文化园在省级文化园的基础上，经过努力，达到了国家级儿童文化园的标准，于4月份接受了文化部有关领导的验收。

（五）全省文化广场活动形式各异，丰富了全省人民的业余文化生活。据不完全统计，2000年，全省文化广场活动共演出500场，观众100多万人。例如：为了丰富减负后的学生文化生活，长春市从5月到9月下旬，每个周末，由省文化厅组织，省群众艺术馆承办，开展“轻轻松松过周末”文化广场系列活动。吉林市开展群众文艺消夏晚会和高雅艺术欣赏晚会等。

（六）在创建文化先进县活动中，靖宇县、通化县、蛟河市在设施方面得到明显加强，文化投入增加。并且响应省里的号召，积极开展文化广场活动，拟被评为“先进县”；在“百镇”文化中心辐射工程活动中，松原市长春岭镇、靖宇县景山镇、东辽县寿山镇等20多个乡镇拟被评为先进文化乡镇。

文物考古博物馆图书馆事业

加大了文物保护力度，对长白灵光塔进行了加固维修；在敦化六顶山古墓群设立了铁栅栏和铁丝网，有效地进行了保护；完成了集安部分壁画墓的封护工作；完成了和龙西古城南城墙的保护工作。考古发掘工作取得了新成果，在即将兴建的长春国际机场用地范围内进行了抢救性考古发掘工作；对集安国内城几处城建工程进行考古调查和发掘工作；对前郭县塔虎城进行抢救性发掘，发掘面积达5000平方米，为本省有史以来发掘面积最大、参加人员最多的一次。此外，通化万发拨子遗址2000年被评为1999年全国十大考古新发现，这在本省历史上还是第一次。

依法加强了文物市场的管理。对涉案文物进行鉴定10次，共鉴定文物364件，其中涉案文物（物品）344件，有力地配合了公安部门打击文物犯罪活动；对新开辟的和平世界古玩城依法实行监管，制定了相关的管理办法，派驻了监管人员；成立了吉林省文物鉴定委员会，统一规范了全省的文物鉴定工作。

全省图书馆继续加强文献信息资源建设，努力改善读者服务工作，积极拓展服务范围，深化课题跟踪服务，为本省各地的经济建设做出了一定贡献。省图书馆克服困难，不等不靠，多方努力，筹集资金120余万元，集中进行自动化建设，已建成馆域网，并开通DDN专线，接入INTERNET，使省图自动化建设上了一个新台阶。

举办了各类活动。省革命博物馆的《关东抗日英烈珍闻展》、《一个中国——台湾的历史与现实》图片展、《王希天生平业绩陈列》，省博物馆的《吉林省书画展暨李琦书画展》，白城市博物馆的《校园警示录》图片展，和龙市博物馆的《为了明天——预防青少年违法犯罪》等展览，形式新颖，内容丰富，社会反映较好。其中，省革命博物馆《一个中国——台湾的历史与现实》图片展采用市场运作方式，取得了较好的经济效益，对博物馆如何走向市场进行了积极的尝试。此外，全省各博物馆还广泛开展了国际博物馆日宣传活动，省直4家博物馆联合行动，用4台宣传车上街宣传，受到了社会各界的好评，省电视台、吉林日报等多家媒体对此做了专门报道。全省图书馆在加强自身业务建设的同时，充分发挥馆藏文献资源优势，举办了各种读书活动，深化了读者服务。5月末至6月中旬，全省各地图书馆举办了以“传播科学知识、宣传科学思想、倡导科学方法、弘扬科学精神”为主题的图书馆服务宣传周活动；7月－10月组织开展了以“致富思源、富而思进”为主题的全省农民读书征文活动；长春市图书馆等5个馆荣获“读者最喜爱的图书馆”称号，评选出10个“优秀读书家庭”、“农民读书示范户”；12月全省各地开展了“全民读书月”活动；为配合中小学生减负，省图书馆专门开办了青少年阅览室，成立了小读者俱乐部，同时积极开展军民共建图书分馆活动，取得了良好的社会效益。

文化产业

2000年全省文化部门共有文化产业机构1172个，从业人员16204人。由于机构改革，文化产业机构比上年减少了73个，人员减少了3556人。但是，运行质量和工作效率都有提高。其中：艺术业机构178个，人员6408人；图书馆业机构610个，人员3045人；群众文化业机构610个，从业人员3045人；文化娱乐业6516家，从业人员19527人；文化部门文化娱乐业机构37个，从业人员146人，非文化部门文化娱乐机构6479家（卡拉OK974家，音像制品经营单位879家，电子游戏厅1252家，图书批发零售457家），从业人员19381人；文物机构63个，从业人员1129人；电影机构206个，从业人员3090人；科研及其他文化产业机构55个，从业人员808人。

全省文化产业增加值13105万元。全省文化事业财政补助收入17546万元，比1999年增加591万元，增长3.6%。全省创收补文收入3900万元，比1999年增加2%，占同期财政拨款的22%。

全省文化设施建设项目7个，新建博物馆库房1座，扩（改）建剧场、文化馆综合楼、剧团办公楼等6座，计划总投资3499万元，计划建筑面积25900平方米，本年实际完成投资1793万元。

全省文化产业开展活动成绩显著，一是各类剧团演出6623场，艺术表演团体经营收入173万元，相当于同期财政拨款的3.4%，演出收入1051万元，相当于财政拨款的21%。二是全省群众艺术馆举办各种展览24个，组织文艺活动288次，举办培训班74次，创收收入104万元，相当于同期财政拨款的9.8%。全省文化馆举办各类展览325个，组织各类文艺活动1487次，举办各种训练班804次，录像放映2676场，创收收入212万元，相当于同期财政拨款的11%。

文化人物、优秀文化单位

2000年受到文化部表彰的吉林省先进工作者有：吉林省文化厅艺术处处长、吉林省歌舞剧院院长、党委书记尹俊明；吉林市歌舞团党支部书记、团长周国瑞；白城市文化局局长王辉；辽源市艺术团团长吴庆发；白山市文化局党委书记、局长费善有；四平市群众艺术馆馆长傅丽明（女）；通化市文化局局长、党委书记姚玉霞（女）；敦化市文化体育局局长、党委书记管玉华（女）；获得文化部优秀专家称号的演员：吉林省歌舞剧院独唱演员刘春梅。

2000年受到文化部表彰的先进县有：汪清县、长岭县；先进集体有：吉林省民间艺术团、延边州歌舞团、长春市图书馆、吉林市群众艺术馆。

机构设置

2000年吉林省政府机关机构改革之后，省文化厅机关行政编制由改革前的57人减少到43人，机关工勤人员事业编制由改革前的6人减少到5人；厅机关内设职能处（室）由改革前的11个减少到8个，包括：办公室（对外联络处）、规划财务处（文化产业处）、人事处、艺术处、社会文化处、文物博物图书馆处、文化市场管理处、老干部处及机关党委。

对外及对港澳台地区文化交流

先后派出延边歌舞团、省京剧院、延吉市朝鲜族艺术团、省歌舞剧院民族乐团、长春市杂技团等7个艺术表演团体、175人次，分赴韩国、日本、意大利、丹麦、英国等国家进行商业演出，进一步拓展了国外演出市场，提高了吉林省的国际知名度，也取得了显著的经济效益。世界各地的优秀艺术表演团体来本省演出，丰富本省的文艺舞台。俄罗斯小白桦歌舞团、罗马尼亚吟诗者民乐团、摩尔多瓦现代舞蹈团、突尼斯斯伐克斯艺术团、日本黎明女子合唱团、刚果（布）国家歌舞团等8个国外演出团体，相继来吉林省进行友好访问演出，受到了观众的欢迎。涉外艺术展览交流活动也十分活跃，共举办或赴外参加书法、绘画、雕塑艺术展览10余次。吉林省与港澳台地区的文化交流也取得了较大进展。应台湾财团法人周凯剧场基金会的邀请，吉林省民间艺术团一行20人于9月19日至10月9日赴台湾巡回商演，所到之处均受到热烈欢迎，为海峡两岸文化交流作出了积极贡献。

黑 龙 江 省

“九五”时期的五年，是黑龙江省文化工作沿着有中国特色社会主义道路胜利前进的五年，是文化事业快速发展、文化阵地不断巩固，为全省中心工作服务不断加强的五年。这期间全省的文化工作在全国范围内不仅巩固和保持了原有的影响和地位，而且在一些领域又有新的突破和提高；文化工作不断努力为城乡广大群众提供优秀健康的作品和丰富多彩的活动，文化产品与文化服务更加丰富，人民群众的文化生活日益改善，文化发展与群众需求之间的矛盾不断缩小，文化工作在社会生活中的地位明显提高；文化工作坚持巩固阵地，服务大局，在鼓舞和激励全省人民投身“二次创业、富民强省”伟大实践中，在创造良好文化氛围，在推动社会文明进步中发挥了不可替代的作用，为全省经济、社会发展与精神文明建设做出了应有的贡献。“九五”时期各项文化事业的发展，为新世纪文化工作的进一步繁荣奠定了坚实的基础。

艺术创作生产再获丰收，城乡艺术舞台空前繁荣 “九五”以来，继续实施“精品战略”，坚持弘扬时代主旋律和“四大精神”，创作了一批艺术水准上乘、地方特色浓郁，能够教育人、鼓舞人的优秀作品。全省共新创作生产剧目近百个，其中，话剧《地质师》、《托起明天的太阳》、《一人头上一方天》，评剧《大森林》，舞蹈诗剧《大荒的太阳》先后获得“文华奖”、“五个一工程奖”、“文华新剧目奖”、“曹禺戏剧文学奖”等15项大奖，龙江剧《梁红玉》、话剧《脊梁》获第六届中国艺术节演出奖。特别是大庆话剧团创作演出的话剧《地质师》囊括了1997年“文华大奖”第一名及五个单项奖、“五个一工程奖”、“曹禺戏剧文学奖”等全部国家级大奖，在全国戏剧精品评奖活动中实现了历史性突破。全省还有58人次获“文华奖”、“梅花奖”等个人奖项。在优秀剧目晋京展演等活动中，也充分展示了本省戏剧精品创作生产的喜人成果。隔年举办的“哈尔滨之夏”音乐会，规模和影响不断扩大，成为全国著名的音乐艺术盛会。重大庆典晚会《祖国在召唤》、《历史永远铭记》、《创业颂》、《创业新世纪》等的创作演出展现了黑龙江人意气风发、艰苦创业的精神风貌，产生了良好的社会影响。音乐、舞蹈、曲艺、杂技等各艺术门类的创作、生产也取得了很好的成绩。在“群众文艺也要出精品”思想指导下，群众文艺创作水平不断提高，在每年一度的群文领域政府最高奖“群星奖”评奖活动中，本省取得了金牌总数连续多年全国领先的好成绩，实现了群文战线音乐、舞蹈、曲艺、小品以及美术、书法、摄影等各个领域的整体进步。在抓好艺术创作生产的同时，全省各级各类表演团体积极走进市场，贴近群众，为经济工作服务，全省城乡文艺舞台空前活跃。大型节庆主题文艺晚会、“沿江消夏晚会”等各种演出活动异彩纷呈，共累计演出近10万场，取得了社会效益和经济效益的双丰收。此外，“九五”期间艺术研究、艺术集成和文化史志编撰方面，也取得了较大进展。

社会文化事业成果丰硕，群众文化生活日益丰富 文化先进县建设、万里边疆文化长廊建设、少儿“蒲公英计划”、“知识工程”等文化建设重点工程不断向纵深发展，开创出新的局面。文化先进县建设创造性地向大中城市的区和农村的乡镇扩展，大幅度地推进了基层文化工作。又有肇东、龙江等17个县（区）被命名为全国文化先进县（区）；边疆文化长廊建设进入整体推进的新阶段，又有绥芬河市、建三江农管局等12个地区被命名为全国边疆文化长廊建设先进地区；少儿“蒲公英计划”得到全面实施，少儿文化艺术活动丰富多彩。在首届少儿文艺“蒲公英”大赛中本省取得了好成绩，安达市天泉镇农村儿童文化园被命名为国家级农村儿童文化园；按照“知识工程”要求，图书馆业务建设水平不断提高，全省一半以上图书馆达到国家三级以上标准，在图书馆现代化管理方面进行了有益探索，为经济建设服务的功能得到进一步发挥，青少年读书活动初见成效，广泛开展了“城对乡”捐书活动并建立乡镇图书馆100多个。基层文化馆站建设取得突破性进展，基本实现了县县有文化馆、图书馆，乡乡有文化站的目标，健全完善了乡镇文化站的机构和人员编制。以“金色田野”为代表的农村群众文化活动开展得有声有色，“文化下乡”、“文化留乡、文化兴乡工程”深入发展。城市社区文化、广场文化、校园文化、企业文化、军营文化、老年文化等多种形式的文化活动丰富多彩。业余文艺创作群体不断扩大，已达到1000多个。文化工作在占领思想文化阵地，丰富城乡群众文化生活方面发挥了日益重要的作用。电影发行放映工作在困境中积极进取，近年开展的百部“爱国主义影片展映”、“科教影片汇映”等活动取得了良好的社会效益。

文化市场管理水平进一步提高，城乡文化市场协调发展 认真贯彻“一手抓管理、一手抓繁荣”的方针，全省城乡各类文化市场呈现出总量、布局、规模协调发展，规范管理不断加强的局面。通过扶持和引导，文化市场投资主体多元化、经营服务规范化，音像、演出、艺术品、文化艺术培训市场及大众型娱乐经营活动渐趋活跃，电子游戏和歌舞娱乐场所经营活动总量得到控制，质量有所提高，农村文化市场得到进一步启动开发。针对各类文化市场存在的问题，不断加大整治力度，特别是取缔博彩电子游戏经营活动和歌舞娱乐场所、电子游戏经营场所压缩整顿工作取得显著成果。全省文化市场在不断为人民群众提供各种丰富多彩的文化服务方面发挥了应有的作用。

文物发掘保护不断加强，博物馆开发利用取得突破性进展 全省的考古发掘取得突出成果，发掘重要文物遗址23处，发掘面积达5万余平方米，出土文物精品600余件，其中虹鳟鱼场渤海基地被评为1996年度的全国十大考古发现之一，配合莲花水电站建设的考古发掘、七星河流域友谊县凤林古城址的发掘、宁安渤海上京龙泉府遗址的发掘均取得突破性进展。到“九五”末期，本省的全国重点文化保护单位达到9处，省级文物保护单位达到176处，国家级历史文化名城1处，省级历史文化名城5处，大遗址保护利用规划正在加紧制定实施。按照国家要求，文物保护工作正在被纳入当地经济和社会发展规划、城乡建设规划、财政预算、体制改革、各级领导责任制，文物保护工作的社会地位明显提高，基本建设中文物被破坏现象得到了一定程度的控制，文物违法犯罪活动得到有效扼制。连续三年开展的“黑龙江考古千里行”活动，极大地增强了全省人民群众的文物保护意识。博物馆的业务基础建设得到全面加强，陈列展览质量和服务水平显著提高。全省各级各类博物馆共推出新的陈列展览200多个，修改并重新开放基本陈列90多个，举办各种流动展览100多个，观众500多万人次。阿城的《金上京历史陈列》被评为1999年全国十大陈列展览精品，省博物馆的《黑龙江自然陈列》被评为2000年全国十大陈列展览精品提名奖。全省各级各类博物馆在普及知识、弘扬爱国主义、集体主义和社会主义精神方面发挥了重要的阵地作用。

基础文化设施建设得到前所未有的加强，文化事业发展的基础条件逐步得到改善。“九五”时期是城乡基础文化设施建设发展最快的时期。全省新建文化设施16.2万平方米，完成投资2.4亿元；维修改造县级影院64家，补助投资1470万元；补助投入重点文物保护专项奖金1910万元，同时还多渠道筹措资金维修了一大批陈旧破损的文化设施。省直基础文化设施的面貌得到很大改观，省博物馆、东北烈士纪念馆、省民族博物馆、革命领袖纪念馆已完成大规模的维修改造，省龙江剧院、省艺术学校也完成了翻建、扩建。特别是作为全省标志性文化工程的省图书馆新馆占地2.8万平方米，投资1.04亿元，目前土建工程已基本完成。各地也高度重视文化设施建设，新建或改建一批标志性文化设施。牡丹江市群众艺术馆、佳木斯市博物馆、伊春恐龙博物馆、七台河市文博图大楼、阿城市金上京博物馆等大型文化设施陆续投入使用，这些已经建成或正在建设中的文化设施，为文化事业的进一步发展提供了重要载体。

对外文化交流活动日益活跃，交流渠道进一步拓宽 “九五”以来，全省对外文化交流的渠道进一步拓宽，共派出文化交流团组207个，接待国外来访团组59个；已和欧、亚、美、澳的30多个国家和地区开展了文化交流活动。黑龙江艺术团赴东南亚各国访问、黑龙江文物赴美国、加拿大展出等都在当地引起强烈反响。对外文化交流的规模不断扩大，档次不断提高，由过去单一的艺术类演出活动，扩展为包括群众文化活动、文物展览等多个领域的多种文化交流形式。这些重要的对外文化交流活动对外传播了中国和黑龙江的文化，增进了所到国家和人民对我们的了解和友谊。

“九五”时期全省文化工作之所以能取得这些成绩，得益于省委、省政府的正确领导和各地党委、政府的重视与关心，得益于各级文化部门的共同努力和全省广大文化工作者的忘我奉献，得益于全省人民的大力支持和帮助。总结这五年的工作，深切体会到：

——各级党委、政府把文化工作摆上位置、纳入规划、大力支持是全省文化事业发展的关键所在。 各级党委、政府坚持两个文明一起抓，把文化工作纳入经济和社会发展总体规划，摆上重要位置，常抓不懈。省委、省政府的主要领导和主管领导对全省文化工作指明方向，明确任务，并亲自帮助解决全省文化事业发展的重大问题。各地市领导对文化事业的发展也倾注了很大精力，千方百计解决文化部门遇到的困难，支持和帮助文化事业的建设和发展。为促进文化事业的发展繁荣，省委、省政府先后出台了《关于进一步繁荣发展文艺事业的若干意见》、《关于加强农村文化工作的若干意见》、《关于进一步加强文物保护工作的通知》、《黑龙江省人民政府关于进一步完善文化经济政策，促进全省文化事业发展的通知》等，这些政策性文件对推动全省文化工作发挥了重要作用。各级宣传、计划、财政等部门在资金紧张的情况下，对文化事业的发展经费予以倾斜并逐年有所增加，为文化事业的发展提供了必要保障。

——文化战线思想观念不断更新解放、文化体制改革不断深入，是文化事业发展的思想动力。 在建立市场经济的过程中，下功夫抓了解放思想工作，破除了一些计划经济条件下形成的旧的思想观念，树立了一些适应市场经济发展要求的新思想、新观念。全省文化事业的发展与思想观念的更新解放密切相关，全省各类文化事企业单位逐步改变“依靠国家、伸手向上”的陈旧思想，不断增加自身造血功能，进一步树立起市场观念，依靠市场求生存求发展的能力有所增强。佳木斯市话剧团创作演出的儿童话剧《托起明天的太阳》三年演遍祖国大江南北，创造了一出戏上演4000场的奇迹；省杂技团、齐齐哈尔马戏团以市场化的运作方式全力进军国际市场，连年“出口创汇”。“九五”期间，文化体制改革首先从转换内部机制，增强文化事企业单位活力入手，按照积极稳妥的原则逐步冲破计划经济条件下形成的旧体制约束，积极探索实践符合市场经济要求、符合文化艺术发展规律的新体制、新机制。省级文化管理机关机构改革已经顺利完成，职能正在进一步转变。文化事业单位的体制改革也进行了有益的探索，省直各艺术表演团体及牡丹江市、鸡西市等地的文艺体制改革取得初步经验。

——文化艺术队伍整体素质的不断提高，是文化事业发展的坚实基础。 在全省文化战线大力加强了思想建设和职业道德教育，特别是“三讲”教育和“双评”工作取得明显成效。广大文艺工作者坚持“为人民服务”和“为社会主义服务”的方向，讲政治、顾大局，思想政治水平和道德水平不断提高。广大文化艺术工作者潜心钻研业务，苦练本领，在实践中不断提高工作水平。“九五”以来，更加注重优秀专业人才培养，以省艺术学校晋升为国家重点中专为标志，专业艺术教育跃上了新台阶，为国家培养专业人才1338人。全省文化工作者和专业人员的在职教育培训得到普及，累计培训艺术创作、社会文化、图书馆管理、电影放映专业人员及文化市场与文物保护执法人员31期共1559人次。通过教育培训，全省文化艺术队伍整体素质不断提高，涌现出了一批德艺双馨、扎根龙江做奉献的专业人才。

——文化法制建设步伐加快是文化事业发展的重要保障。 随着国家民主法制建设的不断加强，认真贯彻实施国家有关文化事业建设与管理的法律、法规，使本省的文化事业发展逐步从单纯依靠政策转向既靠政策又靠法制的轨道。按照依法治省的要求，从实际出发，本省制定颁布了文化法规、规章和规范性文件70多个，文化市场建设管理、文物调查勘探、发掘保护和其他方面基本实现了有章可循、有法可依。文化执法队伍得到充实和扩大，执法能力和水平不断提高，执法监督机制进一步健全，在贯彻落实文化法规特别是维护文化市场秩序方面发挥了积极作用，文化法制建设保障了文化事业的健康发展。

上　海　市

2000年，上海文化界在市委、市政府领导下，高举邓小平理论伟大旗帜，以江泽民总书记“三个代表”重要思想为指导，深入贯彻党的十五大、十五届五中全会精神，开拓创新，做了大量富有成效的工作，取得了两个文明的双丰收，为新世纪文化事业的跨越式发展打下了基础。

文化广播电影电视系统

2000年4月，经上海市人民政府批准，撤销原上海市文化局和原上海市广播电影电视局建制，组建上海市文化广播影视管理局。承担文化广播电视宣传、文化影视创作、行政管理、组织人事管理及与之相关的行业立法等工作。全局共有72个直属单位。其中主要有：6个新闻宣传单位（上海电视台、上海东方电视台、上海有线电视台、上海人民广播电台、上海东方广播电台、《每周广播电视报》社），16个文艺表演院团（上海京剧院、上海沪剧院、上海越剧院、上海昆剧团、上海淮剧团、上海滑稽剧团、上海木偶剧团、上海歌剧院、上海话剧艺术中心、上海歌舞团、上海杂技团、上海交响乐团、上海芭蕾舞团、上海民族乐团、上海评弹团、上海广播交响乐团），5个集团公司［上海电影电视（集团）公司、上海永乐电影电视（集团）公司、上海动画影视（集团）公司、东方明珠股份有限公司、上海广播电影电视发展总公司］，3个演出（演艺）经营公司，4个艺术院校（上海市舞蹈学校、上海市戏曲学校、上海市马戏学校、上师大表演艺术学院），2个美术馆（上海美术馆、刘海粟美术馆），2个画院（上海中国画院、上海油画雕塑院），1个图书馆，1个艺术创作中心及技术中心，节目中心等。

2000年，上海市文化广播影视管理局以强烈的改革创新精神，以高昂饱满的工作激情，以严谨求实的实干作风，开拓进取，圆满完成了两局撤二建一等任务，以宣传为中心、以文化影视创作为重点的各项工作取得了令人瞩目的成绩。

1、唱响主旋律，打好主动仗，提高了舆论引导水平。抓好主线宣传、经常性宣传和战役性宣传，发挥了党、政府和人民的“喉舌”作用。组织重大节庆、活动的报道，在第八届上海电视节、第二届上海国际艺术节、第五届残运会、第27届奥运会等一系列节庆、活动中，策划制作了一批融思想性、艺术性、观赏性于一体的节目。抓好对外宣传，举办或参与举办了《世纪之交看上海》拍摄展播、《上海——悉尼2000大跨越》、《东方明珠广播电视塔与加拿大多伦多电视塔的新世纪对话》、《为中国喝采——伦敦千禧宫晚会》等活动。上视、东视向CNN、MHK提供新闻145条。卫视制作的30分钟英语专题节目《上海艺术风景线》在CNN完整播放，首次实现了长专题节目进入西方主流媒体。上视的纪录片《一个叫做家的地方》获上海电视节“最佳人文类纪录片”大奖，上视、东视、卫视的多部作品获中国彩虹奖一、二等奖。制订下发《关于提高广播电视节目质量若干问题的决定》、确定了提高节目质量的56个工作项目，设立了“创新奖”，建立了短新闻大赛、新闻中心（部）主任月度例会和听评节目制度，开展了“上海十佳电视艺术工作者”评选活动，聘请30位市人大代表和政协委员担任广播电视节目评议员，编发《视听评议专报》，对提高节目质量起到了促进作用。加强对安全播出的组织领导，确保了安全播出。全年广播播出129164.9小时，停播率0.23秒／百小时；电视播出159794.7小时，停播率0.22秒／百小时。

2、围绕出人出戏，抓好重点剧（节）目，繁荣和丰富了上海的荧屏、银幕和演出市场。全年共完成电影12部、电视剧26部471集、影视动画5000分钟。有22部电影、电视剧、广播剧、动画电视片在各类评比中获奖40项。特别是上影的《生死决择》，题材重大，主题鲜明，具有强烈的震撼力和深刻的警示作用，受到中央领导的高度评价。票房收入创下近1亿2千万的新高。该片还与永乐的《黄河绝恋》一起，在第20届中国金鸡、第23届百花奖评比中，分别获得金鸡奖最佳故事片奖和百花奖最佳故事片奖。该片还获得金鸡奖最佳剧本奖、最佳男配角奖。上影的《紧急迫降》获金鸡奖最佳故事片特别奖，永乐的《说好不分手》获百花奖最佳女配角奖。此外，《紧急迫降》、《黄河绝恋》还荣获1999年度中国电影华表奖优秀故事片奖，《宝莲灯》获优秀美术片奖。抓了现代戏、优秀剧目、小剧（节）目和迎接建党80周年献礼剧（节）目的规划、创排和演出，全年共新创戏剧(戏曲)剧目20个，新创作加工提高音舞剧(节)目10个，在国际、国内重大比赛中获奖40余个。其中经过深度加工修改后的京剧《贞观盛事》荣获本届中国艺术节金奖；昆剧《牡丹亭》，参加首届中国昆剧节获优秀剧目奖第一名。话剧《商鞅》获本届中国艺术节银奖，与市文化宫联合创作演出的话剧《中国制造》，在赴京演出期间，中央一些领导同志看后给予了肯定。经过修改的舞剧《闪闪的红星》参加中国舞蹈“荷花杯”比赛，获得了金奖和最佳导演奖。舞剧《金舞银饰》在法国里昂戏剧舞蹈节上演出，引起了哄动。沪剧《董梅卿》、越剧新人版《红楼梦》、话剧《WWW.COM》和《正红旗下》、评弹《权衡》、皮影《羚羊飞渡》、芭蕾《红的畅想》等剧（节）目演出后，普遍受到好评。世界超大型景观歌剧《阿依达》和舞剧《野斑马》参加中国上海国际艺术节演出取得成功，得到社会各界的广泛赞誉。组织小剧（节）目汇演，有24个小剧（节）目获奖，24位舞台新人受到表彰。组织了经常性群众文化活动和节日期间的各类文艺联欢、广场文艺演出和社区文化大赛等活动，开展了公共图书馆创“优质服务窗口、优质服务标兵”和第二批公共图书馆规范达标评估工作，评出优质服务窗口50个，优质服务标兵50个，有276家达标，占图书馆总数的90%，举办大小美术展70余个。

3、坚持依法行政，促进了管理工作的科学化、规范化和制度化。修订了19项宣传管理制度，统一了全局电视、重要体育节目的购买，规范了专题节目的购买。加强了热线直播节目、国际新闻、新闻评论节目和特别文艺专题节目的管理，全局热线直播节目全部使用了延伸器。出台实施了电视剧和动画片播出管理办法，制定了播音员和主持人管理办法，对106家有线电视与卫星电视使用单位、20家音像出版单位、13家音像复制和光盘单位及3000余家娱乐场所经营单位进行年检换证。狠抓卫星地面接收设施管理，加强演出市场管理，完成了《上海市营业性演出管理办法（草案）》的起草修改工作，开展电子游戏经营场所专项治理，对全市918家电子游戏经营场所进行重新审核登记，386家被停止营业，对5831家歌舞娱乐场所和326家录像放映场所进行了审核，收缴销毁非法音像制品800余万盘。加强对电影市场管理，对市区32家影院的票务管理进行了抽查。落实农村电影“2131”目标，帮助30余个乡镇添置35毫米流动电影放映设备。

4、以撤二建一为重点，整合体制，激活机制，形成了文广强强联合的新优势。按照市委、市政府和市委宣传部的部署，4月15日，组织了以文广合流为重点的机构改革，确保了撤二建一任务的顺利完成。在深入调查研究的基础上，推出了以资源共享、优势互补为重点的内部体制改革举措，组建了上海市文化广播影视市场管理办公室、局艺术创作中心、文化广播影视人才培训中心、局老干部活动中心、上海市文化广播电视资料馆。同时，在保留木偶剧团建制的基础上，实行了木偶与动画两个相近艺术门类的联合。顺利完成了卫视并入上视的工作。推进人事制度和分配制度改革，对8个单位进行了人事制度改革调研，在东视进行了干部人事制度改革试点。组织第二批播音员、主持人持证上岗审核领证工作，为102名合格者颁发了上岗证书。抓紧了《每周广播电视报》、《有线电视报》、《上海电视》的机构整合搬迁和《新闻午报》的试刊工作，正式出版了《新闻午刊》（文广影视版）。

文学界

2000年，上海文学界主要围绕认真学习邓小平理论和党的十五大精神，为迎接新世纪的到来，认真落实有关重点创作任务，联络团结广大会员，认真组织作家深入生活、参观采风，努力为广大会员服务，取得了较大的实效。

1.面对世纪之交，重点抓好几项工作

3月份，针对文学界出现的“70年代以后”创作现象，组织召开“70年代以后”小说研讨会，邀请了20多位著名评论家、作家与“70年代以后”的写作群体代表人物开展积极地对话，本次会议引起了文学界和社会的广泛关注，并得到了中宣部、中国作协的肯定。

4月份，发起“全国百名评论家推荐评价90年代最有影响的作家作品活动”，推荐出王安忆等名列前十位的最有影响的作家和《长恨歌》等名列前十部最有影响的作品。在全国文学界引起关注，并得到众多文学批评家的支持和响应。

7月份，举办《罗洛文集》首发暨研讨会。50多位作家、诗人、评论家、编辑与会，比较详尽地分析、探讨和高度评价了罗洛在诗歌、译诗、诗论、散文、科学论著方面所取得的成就。

9月份，召开“新时期青年文学座谈会”，邀请了一批70年代以后出生，又有别于“另类写作”的青年作家和作者参加，对新时期文学的发展现状、特点及趋势等问题展开了热烈的讨论。

10月份，举办“90年代文学研讨会”，这是一次规模较大、层次较高的全国性研讨会。并将组织、编辑出版《90年代文学研讨会论文集》。

2．积极组织开展各类学术研讨活动，努力推动和繁荣上海的文学事业

2000年，创联室与《文学报》合作，开辟“上海青年评论家巡礼”专栏，定期组织中老年评论家撰写文章，介绍上海35岁以下青年评论家的情况和研究成果。起到了进一步扶持培养青年评论家和展示他们的研究成果的作用，繁荣上海的文艺评论。另外，还就各个门类的情况有针对性地举办了一系列的研讨活动。主要有：“任溶溶诗歌研讨会”、“上海诗人迎春诗会”座谈会、“上海儿童文学创作研讨会”座谈会、“散文与时代探讨会”、“新时期小说走向研讨会”、“关于古典文学研究的学术前沿信息”座谈会、“上海诗人话诗坛”座谈会、“光荣与梦想——90年代上海影视剧作回顾研讨会”、“黎焕颐诗歌创作研讨会”、“展望新世纪儿童文学研讨会”第三辑、“现代文学与翻译文学”座谈会等。1999年8月至今年2月，举办“第二届上海幼儿文学奖”活动。评出二等奖：《大方的熊爷爷》、故事《可以大喊大叫的地方》；三等奖：儿歌《老老虎和老老头》、童话《火鸡的好办法》。一等奖空缺。在巴金96华诞之际，举办“庆贺巴金96华诞暨《世纪巴金》影集首发式”活动。继续组织“大上海小说丛书”的创作，出版了《汽车城》、《99玫瑰》两部长篇小说。作家们还在全国各地、各刊出版、刊登了大量文学作品，在读者中引起巨大反响。并组织上海作家向上海图书馆捐书，建立“上海作家作品陈列室”。

3．组织专业作家学习和深入生活

3月份，组织专业作家学习，传达了江总书记“三个代表”的精辟论述，传达中国作协委员会精神，还参观了卢湾区石库门旧区改造基地。并组织老作家赴青浦参观、采风活动。

图书系统

1．共建共享走出新路，上海中心图书馆启动

6月份，上海市文献资源共建共享工作会议暨“上海市文献资源共建共享”协作网主页开通，完成区县图书馆建立上图WEB镜像方案，实现书目资源共建共享方案，与南汇、静安、黄浦 、上海音乐学院图书馆签署“上海市中心图书馆共建协议”，走出一条文献资源共建共享新路。

2．数字图书馆取得突破性进展

数字图书馆是21世纪图书馆发展方向，也是上海图书馆走可持续发展道路的重要业务项目。为此，网络中心完成现有网络的扩容和升级，建立知识库，完成主页的全面改版工作，重新设计数字图书馆等多项主页，完成数字图书馆IBM平台7项资源库的资源入库和软件开发，该项成果已通过专家验收，达到国内先进水平。

3．决策咨询服务成为领导智囊参谋

依据图书、情报合一的人才、资源和技术优势，通过深化业务改革，寻求新的业务增长点。决策咨询服务正日益受到社会的重视，成为领导的智囊参谋。信息咨询研究中心今年在承接市纪委“国外重点行业发展跟踪研究”项目后，积极参与信息的收集、整理、加工，撰写了有分析、有数据的报告十二篇，提供了极其丰富的信息和依据。近年来，中心为政府部门、国内外客户提供各类决策咨询，受到社会的广泛好评。

4．读者服务工作有新举措，借阅人次突破1000万

在国内图书馆率先推出参考馆员制度，更有效地方便读者获取各种信息，截止6月13日，上图新馆读者借阅人次突破1000万。新增网上读者服务，使读者可用EMAIL在网上推荐新刊，供工作人员订购参考；也可网上浏览，获取国内外最新电子期刊信息。

5．历史文献工作取得硕果，国宝级文物“翁氏藏书”回归祖国

文献资料从被动采访向主动出击转化，世人瞩目的国宝级文物“翁氏藏书”80种，在市政府、市财政局大力支持下，回归祖国，入藏上海图书馆。此外，上海图书馆还召开“浦牒研究及其资源开发”中国族谱国际学术研讨会，与新加坡合建咨询网站，积极申请万博基金，并与之签订支助协议，使《观藏旧版日文文献总目》工作得以顺利进行。整理出版馆藏文献《宋拓孤本郁孤台法》、《上海图书馆馆藏家谱提要》、《中国古籍抄校稿本图录》、《清末年画》、《图书馆古籍整理工作》等。举办《中国近代妇女运动史料展》、《中国人民抗击八国联军历史图片展》，并赴新加坡举办《上海图书馆中国十大文化名人手稿展》，受到海内外友人广泛欢迎。

6. 对外交流呈现多元化，国际影响日益提高

积极参与国际图书馆的业务合作和学术活动，继与美国、韩国、日本、俄罗斯等国家的图书馆签署合作协议后，2000年，上海图书馆又先后与澳门中央图书馆、澳门大学图书馆、新加坡国家图书馆和埃及亚历山大图书馆签署友好合作备忘录，共同开发信息资源，与瑞典斯德哥尔摩大学联合主办“中欧经济和教育合作与发展”学术研讨会，就中国进入WTO对外商直接投资的影响，技术创新与资本市场等问题进行交流。《中国年画展》和《中国文化名人手稿展》先后在澳门和新加坡成功展出，展示了优秀的民族文化和丰富的馆藏，使海外华人对中国传统文化有了更深的认识。此外，上图还与台湾中央研究院近代史研究所签署友好合作备忘录，扩大了两岸图书馆同行的交流，增进了相互的友谊。

7. 采编坚持特色服务，图书文献入藏创历史之最

截止2000年11月底，中文图书文献采购55492种280905册（件），比1999年增长51.7%和64.4%，外文图书文献采购22719种，比上年增长48.7%，中文图书文献入库54949种278186册，比1999年增长45.7%，外文图书文献入库21263种22114册，比上年增长43.5%，共编制中文新书书目数据54949条，西文新书书目数据16937条，比上年增长45.7%和46.9%，创图书文献入藏历史之最。

8. 展览讲座会议紧跟形势，立体塑造窗口形象

全年举办或承办各种展览活动68个，承办各种会议690余场。境外展览和重大会议应接不暇，如“丹麦现代设计展”、“加拿大蒙特利尔历史展”、“2000年上海科技论坛”、“方成漫画展”、“黄苗子、郁风书画展”等，引起广大市民和各新闻媒体极大关注，市场竞争力增强，形成品牌效应。“新世纪论坛”报告会吸引众多听众，成为街头巷尾议论的热点。在艺术研究馆工作方面，先后举办《互联网艺术资料演示会》、《著名越剧表演艺术家傅全香艺术资料捐赠展》、征集艺术家俞振飞、吴君玉、杨华生、顾圣婴艺术资料上百件。同时开发中外老唱片，为弘扬、保存、研究、开发民族艺术作出贡献。

博物系统

中共“一大”会址纪念馆扩建工程于5月27日上海解放纪念日竣工并对外开放。中共中央总书记江泽民为中共“一大”会址纪念馆题词“没有共产党就没有新中国”。中共中央政治局委员、上海市委书记黄菊、市委副书记、市长徐匡迪在竣工开放仪式上为江泽民题词揭牌，被评为精神文明建设十大新闻之一。此外，“一大”会址纪念馆还被团市委命名为“上海市十八岁成人意识教育基地”。自8月20日起，每逢周六对大、中、小学生团体观众实行免费参观。

2月29日，中日鲁迅文学交流座谈会在上海鲁迅纪念馆举行，以奥村正雄先生为团长的日本鲁迅文学交流考察团一行26人出席了座谈会。6月26日，上海鲁迅纪念馆与市政协、市文史馆联合举办“曹聚仁诞辰100周年纪念座谈会暨《曹聚仁先生纪念集》首发式”。7月10日，上海鲁迅纪念馆和日本藤野先生纪念馆共同举办的“藤野先生纪念展”在上海鲁迅纪念馆开幕，9月30日，该展览结束。

3月4日，上海博物馆举行接受美国上海博物馆之友里昂·勃兰克先生捐赠战国青铜龙纹壶仪式。3月5日，“中国古代青铜器学术讨论会”在上海博物馆召开。这是为配合上博同时举办的《古乐新韵——中国古代青铜乐器展》而举行的专题学术讨论会。

5月18日，为纪念第24届国际博物馆日，2000年“5·18国际博物馆日活动周”在上海博物馆举行开幕仪式。文管委与上博联合开展了以“2000博物馆与现代都市”为主题等一系列的纪念活动。

7月1日，上海市推出上海数字化博物馆，上海博物馆及上海文博系统信息正式上东方网。

8月30日，在张闻天诞辰100周年纪念日，上海市和浦东新区领导一行40人瞻仰了张闻天故居，并召开了座谈会。9月16日，中央党史办向张闻天故居赠送张闻天年谱上、下集。徐州师范学院时善刚教授向故居赠张闻天在重庆编辑出版的《南鸿》1-8期、《夜鹰》9-12期。

10月16日，著名国画大师黄君璧画作捐赠仪式在上海博物馆举行。黄君璧女儿黄安霞女士在她父亲辞世十周年前夕将父亲名作《树里人家》捐赠上海博物馆。

12月8日，上海市文物管理委员会、静安区人民政府在蔡元培故居前举行了“纪念上海命名为国家历史名城十四周年暨蔡元培故居陈列揭幕仪式”。

此外，2000年还开展了《上海博物馆藏中国绘画展》、《草原瑰宝——文物考古精品展》、《夏弘宁捐赠夏丏尊旧藏弘一法师墨迹回顾展》、《中国历代花鸟画精品展》、《双艺合璧——瑞士摄影家献伊代克镜头中的大师贾珂梅梯》、《中国书法年展》、《上海青年书法邀请展》、《上海博物馆藏晚清名家篆刻鉴赏讨论会》、《上海市发展行业博物馆座谈会》、《施嘉擀先生旧藏中外钱币展》、《朱德群画展》、《吴朗西先生纪念集》首发式、《第六届上海版画汇展》等活动。

江　苏　省

2000年，江苏文化工作在文化部和省委、省政府的正确领导下，以邓小平理论和党的基本路线为指导，深入学习贯彻江泽民总书记“三个代表”的重要思想，高举建设文化大省旗帜，唱响主旋律，打好主动仗，以承办第六届中国艺术节为契机，把多出优秀作品作为中心工作来抓，推出一批具有较高思想性 、艺术性和观赏性的优秀作品，艺术生产取得喜人成绩。以创建全国文化先进县（市）区为龙头，大力推进小康文化建设和城乡文化事业基本现代化进程。依法大力整治电子游戏经营场所和娱乐服务场所，卓有成效。文化工作贯彻执行国家文物保护方针，抓好文物保护单位的基础工作，上报28处文物保护单位材料，待国家文物局审批。认真研究和规划世纪之交的文化工作，积极稳妥地进行机关的事业单位的改革，以改革创新为动力，大力加强文化建设和管理，为新世纪本省文化事业的更大发展奠定了基础。

承办第六届中国艺术节

第六届中国艺术节于2000年9月28日至10月13日在江苏举行。在南京主会场和苏州、无锡、常州、扬州四个分会场，展演了105台不同品种、风格的优秀剧节目。举办了600多场次系列群众文化活动、50余个中外艺术与民间民俗展览，组织了44次下乡下厂演出活动。这届艺术节以前所未有的盛大规模、整体水平和人民群众的广泛参与，体现了“中国先进文化的前进方向”和“艺术的盛会、人民的节日”的宗旨，表现了继往开来、繁荣创新的主题，圆满完成了预定的各项任务。艺术节期间，在5台大型群众业余文艺创作优秀节目专场演出基础上，组织了600余场规模不等的 群文演出、比赛和娱乐活动。本届艺术节首次引入竞争机制，设立了中国艺术节大奖、优秀剧目奖、优秀演出奖。本省夺得了26席“中国艺术节大奖”中的6席、28席“中国艺术节优秀剧目奖”中的4席。本届艺术节采用了政府支持、社会集资和演出经营相结合的多元筹资机制，总计筹措资金5850万元，获得了良好的社会、经济效益。本届艺术节引进了外国和台、港、澳9个艺术团体演出，扩大了文化交流。本届艺术节还开设了“第六届中国艺术节网站”，访问数量超过了10万人次。本届艺术节组织工作扎实，接待和安全工作受到了广泛的好评。

机关机构改革

按照“精简、统一、效能”的原则和建立“精干高效、结构合理、责任明确、行为规范”的省级政府管理体制的要求，积极稳妥地完成了文化厅机关机构改革任务。拿出13个处级职位实行竞争上岗，通过民主推荐、笔试、面试、民主测评、组织考察、党组研究、张榜公示等程序，有13名同志通过竞争走上了处室领导岗位。其他同志也经过双向选择确定了工作岗位。

专业艺术

在第九届文华奖评比中，江苏省的京剧《骆驼祥子》、舞剧《阿炳》获文华大奖，民间歌舞《好一朵茉莉花》、舞剧《干将与莫邪》、滑稽戏《我要做好孩子》、话剧《世纪彩虹》、《秦淮人家》等 5个作品获文华新剧目奖。此外，还获得了4个“文华新节目奖”和编剧、导演、编导、音乐创作、舞台美术、表演等类别的22个单项奖。在“金狮奖第五届全国杂技比赛”中，本省的《群钗喜春——抖空竹》、《绿影婆娑——转碟》夺得“金狮奖”，《扬帆远航——地圈》夺得“银狮奖”第一名，实现了本省杂技节目金牌榜上“零”的突破。《群钗喜春——抖空竹》还代表中国参加蒙特卡罗国际杂技比赛，并荣获特别奖。徐州市京剧团的李雪梅获第十七届梅花奖。

社会文化和图书馆事业

新命名13个省级“蒲公英”儿童文化园。上报7个国家级儿童文化园获文化部批准，使本省国家级农村儿童文化园达到13个，占全国总数近1/4。组队参加全国首届“蒲公英”奖暨全国第四届“新苗杯”少儿京剧邀请赛决赛，取得“蒲公英”奖6金4银8铜的好成绩，省文化厅获组织奖。在全国第十届“群星奖”决赛上，又取得了4金4银的好成绩。

制定下发《江苏省公共图书馆事业“十五”发展纲要》。命名表彰1997-1999年度省级文明图书馆及图书馆工作先进集体和先进个人。组织“读者喜爱的图书馆”、“全国优秀读书家庭”评选活动和“全民读书月”活动。总结推广射阳县普及村级千册图书馆建设的成功经验，促进了全省城乡基层图书馆事业的发展。

文化市场

坚持“一手抓繁荣，一手抓管理，促进文化市场健康发展”的方针，依法进行管理。与公安、经贸、信息产业、邮电、工商 、海关等七个部门通力合作，对电子游戏经营场所进行专项治理，全省有650家无证照的电子游戏经营场所被依法取缔，2990多家不合格场所被依法吊销证照，共压减场所3640多家，压减比例为55.8%。

文物考古和博物馆事业

坚持“保护为主，抢救第一”的方针，做好文物考古发掘工作。调查勘探鸿山彭祖墩新石器文化遗址，发现从太湖流域最早的马家浜文化至吴文化的十万平方米文化遗址，有望揭开吴文化源头之迷。高城墩遗址被评为1999年中国十大考古新发现。实施“栖霞山石窟”、“明孝陵”、“六朝帝王陵调查与勘探”等考古课题，以及紫金山六朝祭坛遗存的发掘清理和象山王氏家族墓地的考古勘探。对苏嘉杭高速公路北段开展考古调查，常熟战国古墓发掘取得初步成果。发掘清理徐州古城墙遗址，并提出保护方案。

以第六届中国艺术节为契机，推动博物馆事业发展。维修改造部分市、县博物馆，更新基本陈列，积极探索文化与旅游紧密结合的路子，充分发挥博物馆的文物资源优势。围绕六艺节举办特色展览，抓住学校“减负”和社会热点，精心策划系列专题展览，取得良好社会效益，同时提高自身经费的自给率。

编辑出版《江苏文物丛书》中的《江苏文物古迹通览》、《江苏考古五十年》、《江苏馆藏文物精华》三本书，及《江苏文化画册》“文物卷”。完成《中国文物地图集·江苏分册》的初稿编写工作。

对外文化交流

强化规划指导、管理协调的职能。积极拓展对外及港澳台地区的文化艺术交流空间，全年办理89批文化艺术团组（个人）共555人赴世界25个国家及港澳台地区进行交流访问，接待43个国家及港澳台地区的122批文化艺术团组3310人来访，与上年相比，出访总批量增长近22%，来访总批量增长近45%，总人数增长近97%，出访总量在全国名列前茅。

艺术科研与文化科技

向文化部、国家文物局和省科技厅申报并立项一批科研项目。社会科学方面获准立项的国家级课题有3个:“滑稽戏通论”、“高级时装设计理论、结构理论、特殊缝制理论的研究”及“21世纪中国公共图书馆发展战略对策及评估体系的研究”。自然科学方面获准立项的国家级课题有6个:“脆弱青铜器加固”、“新型多功能古建筑防火剂的研制及应用”、“苏南建筑遗产评估体系及应用研究”、“剧场扩声系统声学特性指标”、“现代电声设备与扩声技术”、“影剧院的影剧功能转换声学系统研究与开发”。此外，“扩声系统图符代号及制图规划”、“剧场设备配置规范”、“MES多功能电声测试系统” 3项文化部课题已完成，待评审结题。

重要会议

全省文化局长会议 1月18日至19日在南京召开。会议认真学习了江泽民总书记对宣传思想工作和精神文明建设所做的重要批示以及胡锦涛在全国宣传部长会上的重要讲话，总结交流了全省1999年文化工作情况，研究部署了2000年文化工作任务，动员全省一致以承办第六届中国艺术节为中心，做好2000年各项文化工作。省委副书记顾浩到会并讲了话。文化部文化市场司副司长刘玉珠、文化产业司副司长金一伟分别就中国加入WTO文化面临的机遇和挑战、发展文化产业的意义及其对策作了辅导报告。

重要文化场馆建设

南京文化艺术中心 是一座新建的现代化综合性文化建筑，总建筑面积30000平方米，坐落于南京市中心的长江路101号。文化艺术中心设有国际水准的剧场和专业音乐厅。

文化艺术中心剧场拥有观众席1200座，其中池座1000个，楼座200个。音乐厅设有观众席400个，其中10个贵宾包厢为50个座席。音乐厅采用自然扩声系统，适用于交响乐、民族管弦乐、室内音乐及声乐演唱等各类音乐演出。

剧场舞台具备升降、平移功能，台口宽18米，台口高18米，台深22米。台口设自动防火闸门。剧场舞台设有51道电动吊杆，灯光、音乐系统设施先进，能满足各类大型演出的需要。

紫金大戏院 是为迎接第六届中国艺术节新建的现代化剧院，坐落在南京小火瓦巷20号，总建筑面积11571平方米。该戏院是一座集演出剧场、演员公寓、餐饮、娱乐的综合性的大型文化活动场所。

紫金大戏院舞台台口宽16米，台口高9米，台深21米，侧台面积288平方米，台前升降乐池80平方米。台口设自动防火闸门。

演员化装室面积160平方米，服装室面积160平方米，贵宾休息室84平方米。室内设置集中冷暖空调。

演出设施配置42道电动吊杆，512回路灯光控制系统和各类演出灯具，以及基本的音响系统和相关设备。

南京艺术学院音乐厅 坐落在南京艺术学院，依托古林公园风景，面临虎踞北路。音乐厅建筑声学设计和非电声建筑声学效果达到了国际先进水平，是大型音乐演奏、声乐表演的专业场馆。南京艺术学院音乐厅拥有811个席位，其中池座543个，楼座268个，舞台及可伸缩台可同时容纳120人的交响乐团和200人的合唱团，排练厅和化妆间共200多平方米，可供演出人员同时使用。音乐厅设有指挥、首席演员和主要演员专用的化妆室、休息室，以及面积为75平方米的贵宾休息室，室内设有中央冷暖空调系统。演出设施有12组电动吊杆，并配备先进的摄像、录音装置。音乐厅供电总容量500KW，演出设施供电容量240KW。

扬州剧院 位于扬州经济区文江南路，建筑面积12000平方米，是一座以歌舞、戏曲、音乐为主，并兼有会议、放映、接待、娱乐等功能的综合性大型演出场所。观众厅有1049个席位，其中池座668个，楼座381个。舞台台口宽16米，台口高9米，台深22米。侧台面积280平方米，台前升降乐池面积35平方米，演员化妆室面积280平方米，贵宾休息室面积80平方米，室内配有中央冷暖空调。演出设施配置56道电动吊杆，260回路灯光控制系统和基本演出灯具，以及较齐全的音响系统和相关设备。剧场供电总容量2430KW，演出设施供电容量630KW。

无锡大会堂 无锡大会堂观众厅有1461个席位，其中池座1008个，楼座453个。舞台台口宽18米，台口高10米，台深24米。侧台面积280平方米，台前升降乐池面积45平方米。演员化妆室面积250平方米，服装间面积100平方米，贵宾休息室面积64平方米。室内配有中央冷暖空调。演出设施配置30道电动吊杆，125回路灯光控制系统和各类演出灯具，以及先进的音响系统和相关设备。剧场供电总容量2000KW，演出设施供电容量700KW。

省国画院美术馆 具有传统园林风韵，飞檐画窗，古朴典雅，建筑面积1000多平方米，分设东西二个展区，共有5个展厅，展线240多米。厅内采用了先进的展览光源配置和严密的消防、防盗设备，可定期举办各类综合性美术作品展。

该馆为第六届中国艺术节重要展览场地之一。目前已展出郑板桥、傅儒、黄宾虹、吴昌硕、齐白石、潘天寿、徐悲鸿、张大千、傅抱石、钱松嵒、宋文治等历代书画大家的作品近百篇，及当代“草圣”林散之的书法作品近百幅。

重要活动

1、3月22日至26日，江苏省京剧艺术团一行66人，应澳门文化局邀请赴澳门参加第十一届澳门文化艺术节，并演出了两场京剧《骆驼祥子》。这是澳门回归祖国后，内地派往的第一个大型演出团组。演出前一天，澳门文化局专门举办了一场京剧艺术讲座，由江苏省文化厅副厅长刘俊鸿、江苏省京剧院院长高舜英及《骆驼祥子》主创人员和主要演员主讲，演员们进行了示范表演，并回答了观众的现场提问。约有3000名观众观看了两场演出。全国政协副主席马万祺、中央人民政府驻澳门特别行政区联 络办公室负责人观看了演出并与全体演员合影留念。

2、3月31日至4 月6日，在苏州成功承办首届中国（苏州）昆剧艺术节暨优秀古典名剧展演。整个艺术节历时7天，演出剧目28场次（其中8台为展演比赛剧目），参演及外地观摩人员1800人，观众达4万多人次。文化部孙家正部长、潘震宙副部长、全国文联周巍峙主席、江苏省委、省政府 、省文化厅、苏州市委、市政府领导和来自北京的专家、学者出席了开、闭幕式，亲切看望了昆剧表演艺术家们并观看演出。

本届艺术节上，苏昆剧团的《花魁记》获“演出特别奖”。江苏省昆剧院的《桃花扇》、《看钱奴》，苏昆剧团的《钗钏记》、《长生殿》获“优秀古典名剧展演奖”。

机构设置

江苏省文化厅下设：办公室、人事处、计财处、纪检、监察、厅机关党委、艺术处、社会文化处、科教处、外事处、文物处、文化市场管理处、省文管会办公室、省文化市场管理办公室。

浙 江 省

2000年，全省文化工作以邓小平理论和党的十五大精神为指导，紧紧围绕贯彻江泽民同志“三个代表”重要思想和建设文化大省总体目标，结合年初提出的工作思路，统筹规划，狠抓落实，扎扎实实开展了以下几项工作，并取得了良好的成效。

一、深入开展调查研究，拟订浙江省文化事业“十五”计划，文化发展目标进一步明确

根据省第十次党代会提出的浙江省提前基本实现现代化和建设文化大省的目标，深入开展调查研究和理论研讨。较早地对开展建设文化大省和编制浙江文化事业“十五”计划及至2020年远景目标调研工作进行了部署，成立编制工作领导小组和办公室，对调研工作的时间和步骤作了周密安排。通过调研，拟定了《关于实现文化现代化，建设文化大省的调研报告》、《关于文化经济政策执行情况的调查报告》等十余个调研报告。在综合、分析这些调研报告的基础上，提出了文化大省建设目标和措施的建议，拟定了《浙江省文化事业“十五”计划及2020年远景目标》、《浙江省文物、博物馆事业“十五”计划及2020年远景目标纲要》、《关于加强农村文化工作的若干意见》（代拟稿）等文件。在广泛征求省有关部门意见的基础上，反复论证、修改，将调研成果报送省有关部门，并充实进《浙江省建设文化大省纲要（2001–2020年）》。

二、深化文化体制改革，文化发展后劲进一步增强

以国有艺术表演团体为主的事业单位改革进一步深化。根据《浙江省省级专业艺术表演团体改革暂行办法》要求和“总体规划，分步实施，先行试点，梯度推进”的思路，以浙江歌舞剧院、浙江小百花越剧团和浙江曲艺杂技总团为改革试点单位，在领导体制、用人机制、分配机制及职称评聘等方面进行改革。

以文化产业发展为重点的文化企业改制工作有序推进。根据省政府对省属企业改革的要求，启动了厅属企业的改革。浙江舞台设计研究院的改革方案已开始实施，进行了改制的资产评估工作和滨江地块的开发工作；对演出公司的组建，主要做好各组成单位的产权明晰工作；完成了全省电影发行体制改革方案的拟订工作，电影行业的整体改革提上日程。

积极稳妥地完成厅局机关机构改革。省文化厅机关现内设机构11个，行政编制62名。在机构改革中，坚持干部“四化”方针，注重德才兼备原则，改革了干部任用制度。对处长及主持工作的副处长采用任前公示、会上演讲、群众评议、组织考察的办法；对其他副处长采用竞争上岗的办法；对处以下干部采用各处室编制内双向选择的办法。机构改革后，省文化厅行政编制比原来减少37人，减幅为36%。

三、以筹办中国艺术节为契机，加快全省文化事业建设步伐

申办2003年第七届中国艺术节获得成功。省委、省政府对申办第七届中国艺术节工作十分重视，文化厅也把这项工作作为推进本省文化事业繁荣发展的重要抓手，认真做好申办工作。3月初，省委、省政府在杭州召开了浙江省申办2003年中国艺术节协调会。3月底，文化部考察组对本省申办2003年中国艺术节准备工作进行了考察，对本省的申办准备工作表示满意，并支持浙江申办第七届中国艺术节。7月3日，国务院正式同意浙江省承办2003年第七届中国艺术节。

演出场馆规划和建设步伐加快。根据省委、省政府关于“以杭州为中心，联合周边城市共同承办2003年第七届中国艺术节”的指导思想和“相对集中、适当分散、合理布局”的原则，对杭州、宁波、温州、绍兴、嘉兴等地的30余个剧场作了初步规划和设想，制定了《第七届中国艺术节演出场馆要求》。全省各相关市及县都加强了对演出场馆的规划和建设工作，一批现代化演出场馆已立项并着手建设。

剧目创作和规划力度加大。召开全省重点剧（节）目创作动员会和《戏文》笔会，部署省属艺术院团及重点市的艺术创作任务，研究制订近三年的创作规划。改革剧目创作和生产的方式，省文化厅与茅威涛戏剧工作室签订了《合作策划创作2003年第七届中国艺术节部分参演剧目的合同书》。组织一批艺术创作骨干深入生活，汲取营养。做好邀请省外知名艺术家来本省创作新剧目和向全国征集优秀剧本的准备工作。

文艺人才队伍建设进一步加强。着力抓好青年演员的培养和提高，举办全省越剧青年演员大奖赛和省婺剧演（奏）员基本功大赛，以期通过几年的努力，为一批优秀青年演员脱颖而出创造条件，使之在2003年中国艺术节上一展风采。

四、以繁荣文艺为出发点，专群文艺活动异彩纷呈，社会文化图书馆事业蓬勃发展

重大文艺演出高潮迭起。省文化厅会同省委宣传部等单位举办的2000年浙江省广场文化艺术节、2001年新年音乐会，杭州市举办的中国民间文艺“山花奖”暨首届全国广场民间歌舞大赛和西湖博览会开幕式文艺晚会演出，宁波市承办的第二届中国“荷花奖”舞蹈比赛，台州市承办的文化部第10届“群星奖”广场舞蹈比赛等大型文化活动，均取得圆满成功。

文化下乡活动如火如荼。继续组织实施全省专业剧团“6552送戏下乡计划”、社会文化下乡“八个百”活动和电影下乡“千百万”活动。全省出动了50多个专业剧团，分海岛渔区送戏线、革命老区送戏线等6条线路，赴全省500多个县、镇、乡村为广大观众演出2000场以上。组织晋京展演的《水乡春来早》和省戏剧小品邀请赛优秀节目赴舟山、金华、丽水等地农村巡回演出，受到广大群众的好评。采取举办农村电影节等多种形式送电影下乡，共放映电影近25000场，观众达500万人次。

对外文化交流活动十分活跃。全省完成对外文化交流项目共177批，3032人次。对外文化交流项目从数量、规模上继续保持强劲的上升势头，并呈现出多种艺术门类齐头并进，共同繁荣的良好局面。

广场文化活动广泛开展。首次举办的浙江省广场文化艺术节，以杭州为主会场，同时在11个市设分会场，规模大、范围广、内容丰富、群众参与度大、富有浓郁乡土气息和民间地方特色，各类群众性文化艺术活动融入其中，异采纷呈。

一批优秀文艺作品和个人在全国性评奖活动中取得优异成绩。在台州举办的全国第十届群星奖评比中，浙江省获得5金7银1铜的好成绩；在首届全国少儿蒲公英奖评选中，浙江省获得8块金牌，均在全国名列第二。越剧《孔乙己》、《荆钗记》、舞剧《阿姐鼓》获文化部第九届文华新剧目奖。浙江小百花越剧团董柯娣、杭州市黄龙越剧团孟科娟获得第17届中国戏剧“梅花奖”。浙江婺剧团陈美兰被授予2000年度“文化部优秀专家”称号。浙江京昆艺术剧院《西园记》、永嘉昆曲传习所《张协状元》获首届中国昆剧节优秀展演奖（最高奖）等。

认真实施浙江东海明珠工程、文化先进县、少儿蒲公英计划、知识工程等四大文化工程，取得成效。申报并命名了5个中国民间艺术之乡，命名了11个省级民间艺术之乡，拟定了6个省级农村儿童文化园示范试点。组织验收了第五批54个“浙江东海明珠”乡镇，命名了第三批10个“省级文化先进县（市、区）”。

图书馆的社会作用进一步得到发挥。全省各级公共图书馆因地制宜，精心策划，开展了2000年度图书馆服务宣传周、“读书月”活动。为加快本省公共图书馆信息化、网络化、数字化进程，浙江图书馆与浙大图书馆、省科技情报研究所共同签订了“数字化文献资源共建共享合作协议书”，并开通“数字化文献资源共享网”，使本省在文献资源共享和数字图书馆的建设方面迈出了第一步。浙江图书馆开馆两年来，已接待读者220多万人次，取得了很好的社会效益。

五、强化文化法制建设，文化立法工作得到加强

积极参与《浙江省文化市场管理条例》、《浙江省文物流通管理办法》的修订工作，起草了《浙江省公共图书馆管理办法》等部门规章。结合机构改革，完善了厅行政执法责任制实施方案，修改并实施《浙江省文化厅公开办事制度》，把与群众有直接联系的政务项目、审批程序等向社会公开，接受群众监督。

六、加快文化基础设施建设步伐，文化产业电影工作进一步发展

加强以浙江职业艺术学院新校园（占地11.7万平方米）和杭州剧院改建工程（总建筑面积49511平方米）为重点的省本级文化设施建设。目前，两个工程已全面施工，进展顺利。积极参与西湖文化广场前期工作，完成浙江儿童艺术中心工程主体结顶和中国丝绸博物馆二期工程奠基。启动浙江曲艺杂技总团迁建项目、省电影总公司“电影乡村”项目、沙孟海书法艺术馆等工程的前期工作。

电影事业有了新发展。拟订《农村电影放映“2131”目标·浙江农村电影“银星工程”规划》。全省电影收入有所回升。浙江庆春电影大世界年票房收入达到1560万元，成为全国影院第一大户。

文化产业发展思路日渐拓宽。进一步强化产业意识，把发展文化产业摆上重要的议事日程、加快了发展文化产业的步伐。总股本金为5000万元的中国丝绸文化中心股份有限公司已经组建，13个省属单位组建演出、舞台科技、电影三大有限责任公司的改制工作已全面铺开，文化产业集团公司的组建工作已开始酝酿。

七、坚持文物工作方针和原则，文物保护和管理工作继续得到加强

文物保护规划的编制和抢救工作有序进行。深入贯彻《浙江省历史文化名城保护条例》，完成《南河头历史街区保护规划》等的编制工作。扩大历史文化遗产保护范围，完善三个层次的分区、分级保护体系。历史文化名城和大遗址保护工作得到强化。配合省政府召开了良渚遗址群保护领导小组会议，对良渚遗址群保护中的一些重大问题进行研究并作出决定。对舟山历史文化名城保护问题进行了专题调查。加强对考古工作的管理，实施了雷峰塔遗址、杭州南宋临安府址、金丽温高速公路沿线等多项重大考古发掘项目。

八、加强管理，促进文化市场进一步健康有序发展

2000年，浙江省文化市场管理工作根据文化部和省委、省政府的部署，以“繁荣、管理”为目标，围绕年初提出的“抓依法行政、重自身提高、促市场繁荣”的指导思想，齐心协力，扎实工作，努力加强队伍建设，注重提高行政效率，在净化文化市场，促进文化市场健康、有序发展上取得了明显的成效。

根据第十二次全国“扫黄”“打非”工作电视电话会议精神和文化部工作部署，浙江省委、省政府高度重视，各级文化行政部门在当地党委、政府的领导下，迅速行动，积极组织开展了“扫黄”“打非”集中行动，加强了经常性管理，积极发挥“9633523”专用举报电话的作用，查处了一批大要案，净化了出版物市场。10—11月，杭州市根据群众举报查获非法贩运的盗版音像制品370件（约20万张盒，其中被公安部门确定为淫秽内容的约20070张），这次查获的非法音像制品案，是浙江省文化市场管理历史上集中查获数量最大的案件。据不完全统计，2000年，全省文化行政部门共受理举报4166次，出动稽查人员95018人次，检查文化经营单位114268家次，取缔无证经营户2408家，收缴各类非法音像制品894426盒/片，书报刊513449册，非法电脑板等其他物品52064件。收缴淫秽音像制品22365盒/片，反动、淫秽书刊4688本。

3-5月，浙江省开展了全省电子游戏经营场所专项整治，各级文化市场管理部门在当地党委、政府的领导下，会同有关部门采取有效措施，电子游戏经营场所专项整治取得了初步成果。根据国务院的统一部署，7-9月，浙江省又开展了电子游戏经营场所专项治理工作。通过为期三个月的专项治理，全省电子游戏经营场所由9121家（治理期间核实数）压减到3405家，压缩了62.7%。同时，面向国内的电子游戏设备及零附件生产和销售单位全部关闭。专项治理期间，共组织集中检查5133次，出动检查人员28086人次，检查经营场所20052家次，注销、吊销证照5716家，收缴电路板3457块，查扣电脑997台，销毁赌博机923台。电子游戏经营场所盲目发展和小、散、滥的局面从根本上得以扭转，违法违规经营现象也得到了有效控制。专项治理工作结束后，为进一步加强电子游戏经营场所管理，巩固治理成果，根据专项治理工作中暴露出来的一些问题，文化、公安、工商三部门又联合发出通知，要求各地严格执法，加强日常管理，继续压减电子游戏经营场所总量，落实电子游戏经营场所的长效管理措施。

2000年，浙江省在行政审批制度改革和政务公开方面迈出了扎实的步伐。经省政府审定，取消了“国家兴办的文艺团体进省营业性演出、国家兴办的文艺团体出省演出、省管演出场所接待国家兴办的文艺团体演出、省管文化企业的设立、变更和终止、省管文化企业产权变更”等五项原有的审批事项；下放“省管经营性文化艺术培训设立及其活动开展、省管临时性文化经营活动的开展、文物商店内销门市部的设立、市、县级文博单位在本市举办文物巡回展览、省级文保单位向社会开放、涉及县文保单位的影、视、照拍摄、城市雕塑建设管理、中外合资娱乐场所立项”等八项审批事项的权限；转移“省管图书报刊出租单位的设立、图书报刊零售单位的设立、文物鉴定”等三项审批事项的权限。进一步明确了行政执法机关的权限和职责，做到审批（核）条件、办事部门、经办人员、办事程序、审批期限等一律对外公示，所有文化经营单位的设立审批全部进入省行政审批中心，实行并联审批。

《浙江省文化市场信息管理系统》软件开发已基本完成。该系统采用开放式网络结构，面向全省各级文化市场管理、稽查机构，提供上下级部门间的公文传送、业务处理、信息发布、数据统计及公众信息服务等功能，最大限度地实现资源共享。目前，局域网在省文市办和稽查队全面运行，广域网进网已有20多个市、县，预计该系统将在2003年全面建成。这是浙江省为适应新的形势和任务，提高行政效率和管理水平，运用科技成果，促进文化市场管理现代化、规范化所取得的初步成效。

近年来，浙江省坚持每年对市、县文市办和稽查队负责人进行执法培训，2000年6月，省文化厅和省委党校函授学院联合举办了全省文化市场行政执法培训班，各市、县文市办主任、稽查队长共71人参加了首期培训，取得了较好的效果。二年一次的文化市场稽查机构规范执法考核于12月底结束，一些市、县稽查机构结合考核，组织稽查人员进行行政规范执法培训和法规业务培训，学习掌握有关法律、法规、业务知识，提高管理人员办案质量和执法水平。在1999-2000年度第三轮稽查机构规范执法考核中，全省有41个稽查队获得“优秀稽查队”称号，表明经过几年的努力，全省稽查队的整体素质已有了较大的提高。

2000年，浙江省省级机关机构改革期间，省政府作出部署，全省音像市场管理职能划归省文化厅。文物市场的管理职能也统一由浙江省文化市场管理办公室承担，并将省文化市场管理办公室更名为省文化文物市场管理办公室，省文化市场稽查队更名为省文化文物市场稽查队，人员编制由原定12名增加至20名，机构规模由副处级升格为正处级。

安徽省

2000年，全省文化工作高举邓小平理论伟大旗帜，深入学习贯彻江总书记关于“三个代表”的重要思想，大力推进“打好徽字牌，唱响黄梅戏，建设文化强省”的文化发展战略，各项文化事业取得了可喜成绩，推动了文艺事业的整体繁荣和发展。

黄梅戏艺术事业

2000年是实现黄梅戏“梅开三度”的关键之年，在五、六十年代黄梅戏“梅开一度”和八、九十年代黄梅戏“梅开二度”的基础上，全省上下奋力拼搏，形成了黄梅戏艺术发展的新高潮。

韩再芬喜获第17届中国戏剧梅花奖，是继马兰、黄新德之后本省黄梅戏演员中的第三位“梅花奖”获得者。《徽州女人》于6月获“文华新剧目奖”。9月，在中国第六届艺术节上获最高奖项——中国艺术节大奖。韩再芬、黄新德因出演《徽州女人》而荣获上海戏剧“白玉兰”奖。

制作了四部黄梅戏影视作品，以黄梅戏舞台剧《风雨丽人行》为基础，摄制电视艺术片《风雨丽人行》，并制作发行中国首套戏曲DVD光盘。以1998年黄梅戏艺术年涌现的舞台剧《柳暗花明》为基础，拍摄了黄梅戏电影《山乡情悠悠》。以1998年黄梅戏艺术年涌现的舞台剧《斛擂》为基础，改编摄制黄梅戏电影《生死擂》。完成了10片黄梅戏VCD光盘的录音录像工作。

《黄梅戏通论》和《黄梅戏唱腔精选》出版发行。这是全面阐述黄梅戏美学价值的学术论著，旨在总结艺术成果，探索艺术规律。

第六届省艺术节

第六届安徽省艺术节是20世纪最后一届艺术节，本着繁荣创新的宗旨，回顾与展示、创新与发展并举。艺术节活动持续了三个多月，圆满完成了各项预定任务。

艺术节期间，来自全省各地的上千名艺术家和文化工作者，满怀豪情地向广大观众和听众奉献了自己的精湛技艺。在艺术节的剧场里和广场上，欢声如海，人流如潮，近50台不同样式和风格的优秀剧（节）目，近百场热情欢快的群众文艺演出，4个琳琅满目的美术书法作品展览，以前所未有的盛大规模、整体水平和人民群众的广泛参与，成功表现了“展示艺术成果，推动全面繁荣，满足群众需要，代表前进方向”的主题。

综观艺术节的各项活动，具有四个方面的鲜明特征：内容上有强烈的时代性。从艺术节入选作品看，深入生活，深入群众，反映改革开放和现代化建设实践的作品构成了创作内容的主旋律，如新剧目调演的14台作品中，有10台现代题材的作品，这种现代戏与古装戏的比例是以前的历次戏剧调演从未有过的。样式上具有丰富的多样性。本届艺术节改变了以往历届艺术节以戏剧样式为主体的做法，大大增加了音乐、舞蹈、美术、书法等各种艺术样式的分量，构成舞蹈周、音乐周、美术周、戏剧周等块面依次滚动展开，不断形成高潮的全方位推进格局。艺术上具有积极的开拓性。艺术的生命力在于开拓创新。在本届艺术节上，一大批思想深刻、手法新颖的优秀作品闪亮登场，把本省的艺术创作水平提升到一个新的高度。如《青春之歌》对于京剧现代化的追求，《何家庆》对话剧结构的独特处理都给人耳目一新之感。组织上具有广泛的群众性。本届艺术节突出了专业文化和社会文化的结合，舞台艺术和广场艺术的结合，提高和普及的结合，为增强本届艺术节的群众性，吸收更多的群众参与进来，开幕式以后组织了大规模的广场文艺演出。全省各地共组织广场文艺演出近百场，观众达10万人次，仅合肥市在一个月之内举办广场文艺演出就达16场。

社会文化事业

省、市、县三级“杜鹃花工程”继续向前推进。全省已建成省级点95个，市级点240多个，县级点350多个。合肥市中市区、宣州市荣获全国文化先进县（市、区）光荣称号，桐城市等5个市（县）被省政府命名为省文化先进市（县），至此，全省创建的省文化先进县（市、区）已达18个。太和县坟台镇和灵璧县朱集乡建成省级“蒲公英工程”试点。怀远县、界首市被文化部命名为“中国民间艺术之乡”。文化创建真正成为实现农村小康目标，不断提高基层群众精神文化生活质量的重要措施和有力手段。

文化下乡红红火火。以省歌舞团为主，省直有关单位组成的省文化厅“文化下乡”慰问演出团赴宿州、五河、泗县、凤台等地进行了十余场规模较大的慰问演出，行程2000多公里，观众达10多万人次。丰富多彩的文艺节目受到群众的极大欢迎。“六一”晚会盛况空前。六一期间，省文化厅与省妇女儿童工作委员会联合主办了“世纪，花朵，畅想”为主题的大型文艺晚会。承办了安徽省九运会开幕式及闭幕式大型文艺表演，受到社会各界赞誉。参加一系列由文化部主办的全国性重要文化活动并获大奖。如“蒲公英”奖评奖及“新苗杯”少儿京剧邀请赛、第二届中国京剧票友安徽选拔赛、第二届亚洲儿童民间艺术节、中国艺术节群文专场演出等。其中，少儿文艺荣获5个金奖、5个银奖、9个铜奖的优异成绩，展现了本省少儿文艺的实力。

在调查研究的基础上，与省财政厅联合制定并下发了《安徽省农村电影16毫米拷贝补贴暂行办法》，此办法指导思想明确，措施具体、有力、且利于操作，深受本省各级文化、电影部门的欢迎，已见成效；同时也得到了国家广播电影电视总局电影局的肯定和称赞。

文化市场

根据省委办公厅、省政府办公厅关于全省2000年"扫黄打非"行动部署和文化部《关于2000年音像市场管理暨音像市场"扫黄打非"工作的通知》精神，省文化厅及时制订了2000年全省音像娱乐市场"扫黄打非"实施方案，各级文化部门积极开展行动，领导重视、行动坚决，取得显著成果。

针对游戏机市场管理存在的一些问题，省文化厅下发了《关于开展全省电子游戏机市场专项治理工作的决定》，全省文化系统积极进行了电子游戏机专项治理工作，其中蚌埠市、安庆市、芜湖市、马鞍山市等地开展了大规模集中清理整顿，电子游戏机市场有了较大改观，受到社会各界和广大群众的称赞。

在省公安、工商部门的支持下，全省集中开展了电影市场行政执法活动，加大了发行、放映非法电影片的收缴、打击和处罚力度。各级电影主管部门严格依照《电影管理条例》的有关规定，依法治理电影市场，合肥、安庆、蚌埠、池州、芜湖、阜阳等地、市，积极共管，协同检查，效果明显。认真贯彻文化部关于加强公共娱乐场所消防安全工作的决定，在全省积极开展娱乐场所消防安全大检查，取得了良好的社会效果。

文博事业

淮北市柳孜隋唐大运河遗址被国家评为1999年度"全国十大考古新发现"。含山凌家滩新石器遗址和柳孜隋唐大运河遗址的发掘保护工作，先后受到省人民政府的通报表彰。配合国家重点工程宁西铁路安徽段、连霍公路安徽段的考古发掘工作获得重要成果。合肥"晚清重臣李鸿章"陈列，荣获1999年度"全国文物陈列十大精品"提名奖。省博物馆于4月下旬举办的《崇尚科学、反对愚昧》陈列，形式生动活泼，对批判法轮功、弘扬科学知识起到了良好的宣传作用，得到社会好评。文化厅会同有关部门积极将黟县西递和宏村申报为世界文化遗产。2000年年底联合国教科文世界文化遗产委员会主席团已经将西递和宏村列为世界文化遗产名录，使全省世纪文化遗产上升为两处（全国共有27处），对推动皖南地区文物保护和旅游经济的发展都将产生重要影响。

文化基础设施建设

全省纷纷加大文化投入，文化基础设施建设取得可喜成绩，一批标志性文化设施已经建成或正在建设。如合肥市图书馆，桐城市图书、科技馆等一批重点项目都在抓紧施工。省直重点抓了以下文化工程：省图书馆扩建工程进展顺利，现已结构封顶，正进行内外装饰。具有教学、舞蹈排练、图书阅览等功能、建筑面积5600平方米的省艺校综合楼落成，使该校的教学条件得到了很大的改善。投资1000万元，建筑面积2000多平方米的现代化黄梅戏艺术馆工程，集演出、展览、排练和研究于一体，现正抓紧施工。总投资2000多万元省高级知识分子安居楼群已全面完工，并陆续交付使用。总投资约5000万元，建筑面积约30000平方米的省电影大院开发工程正积极筹划。投资260多万元的省杂技团排演中心顺利竣工。

对外及对港澳台文化交流

2000年，全省的对外文化交流工作成绩显著，大型的文化交流团组显著增加，文化交流涉及的国家和地区更为广泛，除亚洲之外，欧洲、美洲、大洋洲也开始有较多交往。交流项目包括戏曲、歌舞、文物、杂技、书画等。其中黄梅戏出访出境演出盛况空前。省黄梅戏剧院及《徽州女人》剧组先后于3月和11月赴台湾演出，促进了两岸文化交流。8月份黄梅戏赴澳大利亚演出，盛况空前。民间歌舞出访反响较大，省歌舞团参加墨西哥的萨卡特卡斯国际民间艺术节，展现了花鼓灯舞蹈的艺术魅力。池州古代的傩戏傩舞开始走出国门，先后赴新加坡和韩国交流，深受欢迎。此外还有省杂技团赴美、德、法、日本、马来西亚、葡萄牙演出，省歌舞团赴澳门演出，安庆市杂技团赴波兰、日本演出。来访方面，主要接待菲律宾、哈萨克斯坦、俄罗斯、德国等国艺术表演团体。通过对外文化交流，展示了安徽文化特色，展现了改革开放后安徽人民的精神风貌，增加了世界对安徽的了解，扩大了安徽在国外的知名度。

福　建　省

2000年，全省各级文化主管部门和广大文艺工作者高举邓小平理论伟大旗帜，认真贯彻江泽民总书记关于"三个代表"的重要思想，依照年初制定的工作目标，团结奋斗、开拓进取，努力繁荣和发展社会主义文化艺术事业，各项工作取得预期成效，为开创文化建设新局面打牢基础。

一、加强思想理论建设，把握文化工作的正确方向

2000年初，江泽民总书记对宣传思想工作和精神文明建设作了重要的批示，朱镕基总理、李岚清副总理也对文化工作发表了重要讲话，各级文化部门紧密联系实际，认真组织学习贯彻，同时，在全省文化系统中深入开展邓小平理论和党的基本路线教育，开展马克思主义唯物论、无神论教育和科学精神教育，大力普及科学文化知识，反对和抵制迷信愚昧和各种歪理邪说，推进全省文化系统理论学习不断深入，进一步形成讲学习、讲政治、讲正气的良好氛围。文化厅领导班子按照中央和省委的部署，高标准、严要求地开展了"三讲"教育"回头看"活动，经民主评议，干部群众的满意和基本满意率达到95.3%，基本收到预期成效。为贯彻《中共中央关于加强和改进思想政治工作的若干意见》，8月中旬，召开了全省文化系统思想政治工作会议，对进一步探索做好文化系统新时期思想政治工作起到了积极的促进作用。

江泽民总书记"三个代表"的重要论述发表后，在全省文化系统引起热烈反响。一年来，陈明义书记、习近平省长、何少川副书记、潘心城副省长等省领导先后到省文化系统调研，省领导在调研中就如何认真学习江总书记关于"三个代表"的重要讲话精神，始终代表先进文化的前进方向，加快海峡西岸文化繁荣带建设问题作了深刻阐述。这些使人们从理论与实际相结合的层面，进一步深化了对江总书记这一重要思想的认识。省文化厅先后召开地市文化局长会议以及省直文化系统学习座谈会，进行传达贯彻。厅党组书记、厅长黄启章也先后在省里有关会议上作了专题发言，并于纪念中国共产党成立79周年之际，就学习贯彻"三个代表"重要思想的有关问题，给省直文化系统全体党员干部上了一堂内容丰富的党课。厅党组还结合厅领导班子、领导干部"三讲"教育"回头看"活动的开展，进一步要求各级文化部门要把学习"三个代表"作为文化系统各级党组织和广大党员的一项重大而紧迫的政治任务，把"三个代表"的要求与贯彻"从严治党"的方针结合起来，进一步加强党风廉政建设，增强搞好世纪之交文化工作的责任感和使命感，把学习的着眼点放在推动文化事业的跨世纪发展上，把着重点放在广大党员和干部尤其是各级文化部门领导班子的成员身上。倡导先进文化，弘扬先进文化，建设先进文化，推进文化工作再上一个新台阶。

为了加强对跨世纪文化发展战略等重大理论和实际问题的研究，规划下世纪初文化建设蓝图，全省各级文化部门在充分调查研究的基础上，认真总结了"九五"规划的完成情况，研究分析了存在的主要问题和主要矛盾，努力把握文化建设与各地社会、经济和其它事业协调发展的关系，研究制定各地文化发展的"十五"规划，力争把文化建设的主要发展指标列入当地国民经济和社会发展的总体发展规划之中。文化厅在充分调研的基础上，制定了《福建省文化事业和文化产业发展"十五"计划》。

二、繁荣文艺创作，推动精品生产

2000年全省艺术工作，按照江总书记"三个代表"的要求，努力繁荣艺术创作，着力推动精品生产，为文化艺术事业跨世纪繁荣和发展奠定坚实的基础。一是以剧目建设为重点，繁荣艺术创作，向建党80周年献礼。在全省范围组织开展"向建党80周年献礼"优秀现代戏剧本征文活动，并于4月在泉州召开全省剧目室主任会议，部署艺术创作任务，以现代题材、儿童题材、革命历史题材为主题，抓好剧目创作，推出一批主题鲜明、内容丰富、具有强烈现代意识和深厚舞台实力的优秀剧本。各地市和省属艺术院团都按此要求分别进行了广泛的组织和发动。二是认真组织优秀剧目参加"文华奖"、第六届中国艺术节等全国性专业艺术重大活动，获得喜人佳绩。在获奖剧目中，话剧《沧海争流》获第八届"文华大奖"和"第六届中国艺术节大奖"，梨园戏《皂隶与女贼》、歌剧《素馨花》、木偶戏《少年岳飞》获第九届"文华新剧目奖"，木偶剧《五里长虹》获第九届"文华新节目奖"，还获得了导演、演员等四个单项奖。在第十七届全国"梅花奖"评选中，仙游鲤声剧团团长、莆仙戏著名演员王少瑗和在泉州市歌剧团创作演出的歌剧《素馨花》中赛玉妲的扮演者李海珍金榜题名。三是加强艺术创作的基础性建设，加强艺术创作后备人才的培养。为进一步科学规划和组织艺术创作和艺术生产，全面提高艺术创作的整体水平和质量，成立了福建省艺术指导委员会，恢复了省厅的重点剧目工作室，完善了以省艺术研究所为龙头的省地县三级创作网络，以进一步加强全省艺术创作的整体规划和指导。四是认真完成省委、省政府交办的各项重大接待任务和演出任务。先后完成潘副省长率省“情注山海”艺术团赴闽东文化下乡慰问演出活动，第四次闽宁对口扶贫协作会议的演出任务和接待宁夏回族自治区艺术团工作，上海越剧院《沙漠王子》剧组来闽演出活动，南京军区第四次国防动员大会的节目创作和演出任务，西藏自治区歌舞团《珠穆朗玛》剧组来闽演出和文化下乡、文化拥军工作。

在艺术教育和艺术科研以及对外、对港澳台文化交流方面，也取得了积极进展。先后完成了省艺术学校参加省部级重点中专的评估考核，并对其升格改办高等职业艺术教育问题进行了深入的调查研究，形成了组建福建艺术职业学院的申请报告和组建方案。召开了“新时期福建戏剧创作研讨会”，对新时期以来福建戏剧创作进行了比较全面的理论总结，并对进入新世纪的戏剧创作进行了前瞻性的研讨。根据文化部的要求，完成了6个全国艺术科研重点课题的结题工作，并对7个正在进行的课题调研进行检查落实。在文化部、全国艺术科学规划领导小组联合召开的第三届全国文艺集成志书优秀成果表彰工作会议上，省文化厅因完成全部七卷的初审工作而荣获组织工作奖，《中国戏曲音乐集成·福建卷》编辑部、《中国曲艺音乐集成·福建卷》编辑部和《中国民族民间器乐曲集成·福建卷》编辑部荣获编纂成果集体奖，还有一批编纂（审）人员分获编纂成果个人奖和优秀编审奖。继续发挥福建的人文和区位优势，坚持全方位、宽领域、多层次的交流方针，把加强闽台之间的文化交流作为工作的重点。一年来，全省共组织了38批、552人次的文化艺术交流团组，赴美国、德国等14个国家和地区开展文化交流活动。同期接待了18个国家和地区的26批、1054人次的文化艺术团组来闽进行文化交流和考察。在不断扩大对外、对港澳台文化交流的同时，注重文化交流的实际效果，认真组织对外、对港澳台文化交流重点项目的实施，注意集中力量，举办高层次、高质量、大规模和综合性的对外、对港澳台交流活动，先后完成了“第六届中国泉州国际南音大会唱”、“中华民俗技艺展演团”、省梨园戏实验剧团赴台演出；省歌舞剧院赴新加坡、厦门交响乐团赴泰国访问演出；省杂技团赴新加坡、阿联酋，闽西客家艺术团赴香港商演；泉州提线木偶剧团赴西班牙参加国际木偶艺术节等重大团组交流项目。同时，还重点接待了台湾、金门、马祖民俗文化、文物考察团。此外，进一步加强了对外、对港澳台文化交流的基础性工作，建立了对外、对港澳台文化交流的项目库，更新文化交流的手段，加大对外宣传传播力度，扩大交流的覆盖面。

三、加强农村和基层文化建设，推动创建文化先进县工作再上新台阶

以创建文化先进县为龙头，大力推进“海峡两岸文化走廊建设规划”、“百花计划”、“芳草计划”、“蒲公英计划”、“知识工程”等重点文化工程建设，进一步推动基层文化的全面发展是文化工作的一项重要内容。省文化厅按照重新修订颁发的《福建省创建文化先进县标准》，在各级政府完成第二批全省文化先进县初评申报工作的基础上，组成了由厅领导带队的三个核评小组，分赴福州市鼓楼区、闽侯县、福清市、晋江市、石狮市、上杭县、沙县、武夷山市等8个县（市、区），进行了深入细致的核评验收，有效地促进了当地创建活动的深入开展，使创建文化先进县活动进一步向乡镇、街道、村居等基层单位延伸和辐射。在历时近一年的评选申报工作基础上，批准命名了一批“福建民间艺术之乡”，其中，莆田县、仙游县、莆田市涵江区、松溪县、永春县、柘荣县、石狮市蚶江镇、华安县、漳州市芗城区、晋江市钱陂村、福州市晋安区等11个县（区、镇）被文化部命名“中国民间艺术之乡”。南安市图书馆被文化部评选为“读者喜爱的图书馆”。5月下旬全国政协副主席张思卿率全国政协教科文卫委和文化艺术界部分委员来闽进行社区文化建设考察，对群众文化事业的生存与发展、兴衰与繁荣给予全面的关注，对本省社区文化建设的成功经验与举措给予好评，认为具有普遍意义。

为进一步活跃基层文化生活，满足人民群众日益增长的文化精神生活需求，集中展示和检阅全省近三年来在音乐、舞蹈创作、演出中所取得的成绩，在2000年8至9月间成功地举办“第九届福建音乐舞蹈节”，较好地将丰富的思想内涵与多姿多彩的艺术形式、专业艺术与群众文化相结合，充满激情地展现了本省人民迈向小康生活“致富思源、富而思进”的喜悦和欢乐，讴歌了八闽儿女在有中国特色社会主义现代化建设进程中的精神风貌。来自全省各地4000多名音乐舞蹈工作者参与了八大类赛项的角逐，这是世纪之交本省艺术舞台一次人才荟萃、华彩流溢的艺术盛会。为了回顾和展示建国50年来全省书画艺术的发展历程和所取得的成就，以省政府名义于国庆前夕在北京中国美术馆举办了《福建当代书画展》，展出的作品均选自本省书画家不同时期、风格各异的精品力作，基本反映了半个世纪来福建当代书画艺术在不同时期的主要成就，是对流金岁月的历史性回顾和艺术总结，是福建当代书画艺术展望新世纪、酝酿新跨越的重要展示活动。贾庆林、王兆国、王汉斌、孙家正、龚心翰、习近平、潘心城等领导以及首都美术界、书法界、出版界的专家学者、在京的乡贤乡亲和国内外书画爱好者近万人参观了书画展，并给予了较高的评价，展览获得了很大成功。

在全国第十届“群星奖”和首届“蒲公英奖”等社会文化评奖活动中，福建省选送的参赛作品分别获得2金、4银、1铜和2金、4银、11铜的优异成绩，其中，群舞《偶趣》、《海网渔歌》获得“群星奖”金奖，童话剧《公鸡生蛋》获得“蒲公英奖”创作、表演金奖。此外，省文化厅还与省文联共同组织开展了全国“星海杯”少儿钢琴比赛福建省选拔赛的工作，组织了全省2000年“知识工程”宣传周活动，与省民宗厅共同组织开展了第三届全省少数民族文艺调演，与省老龄委共同组织举办了“助老济困”文艺晚会，举办了海峡两岸灯谜邀请赛等群众积极参与的大型文化活动。

四、文化市场管理得到加强，发展得到规范

为深入贯彻国务院颁布的《娱乐市场管理条例》，进一步规范娱乐市场的经营行为，省文化厅制定下发了《关于进一步加强娱乐场所管理的通知》，对全省1.03万家娱乐场所进行了重新审核，审核合格的为8609家，审核不合格的为703家，其余未参加审核。省政府办公厅转发了《关于调整娱乐业营业税税率解决娱乐场所监督检查所需经费的意见》，初步解决全省文化市场监督检查的经费来源问题。

2000年7至9月，根据国务院办公厅转发的《关于开展电子游戏经营场所专项治理整顿意见的通知》精神，省文化厅积极会同省经贸委、省公安厅、省信息产业厅、省外经贸厅、福州海关、省工商局等部门，联合制发了《关于开展电子游戏经营场所专项治理工作方案》，在全省范围暂停了歌舞娱乐场所、录像放映厅及电子游戏经营单位的审批，召开全省文化市场管理专项治理工作会议，就7、8、9月间开展专项治理整顿工作进行具体部署，并对全省电子游戏经营场所进行了重新审核登记。在集中开展对电子游戏机经营场所专项治理整顿中，各级文化部门共出动1.2万人次，查处违规经营单位1264家，取缔无证经营250家，吊销经营许可证69家，查禁违禁机种1757台，没收违禁机种电路板1927块，没收赌资4.5万元，同时关闭了校园周边200米范围内的电子游戏厅，取缔了58种明令禁止使用的电子游戏机，收缴、销毁了一批涉黄、涉赌的电子游戏机，全省电子游戏经营场所由原来的4527家压减为1775家，压减比例为60.7%，受到了人民群众的广泛拥护。

2000年，全省各级文化执法部门在开展“扫黄”、“打非”和音像市场管理工作中，通过公布举报电话、集中统一行动、进行明查暗访等方式，加大了执法力度。共出动检查2558次，出动检查人员1.12万人；检查了5755家经营单位，处罚了1106家经营单位，其中警告419家，停业整顿230家，吊销经营许可证81家，取缔无证经营340家，移交公安部门36起；收缴了各类非法音像制品和书报刊21.36万片（盒、本）。为加强公共文化单位和文化经营场所安全工作，在全省范围开展了文化经营单位安全检查，加强对营业性演出场所和娱乐场所演出活动的管理，保证了全省歌舞娱乐场所、电影院、录像厅等文化娱乐经营单位的消防安全和安全生产。

五、开展“全省博物馆、纪念馆宣传建设年”活动，文博事业得到进一步拓展

全省文物工作以开展“全省博物馆、纪念馆宣传建设年”活动为龙头，带动全面工作，取得一定成绩。一是完成了第五批全国重点文物保护单位的申报工作。根据国家文物局的通知要求，通过对全省54处候选名单进行认真考察、论证，推荐了闽侯昙石山新石器时代遗址等31处文物保护单位，申报第五批全国重点文物保护单位。二是文物考古科研取得了新的成果。目前，基本完成对三明万寿岩旧石器时代遗址第一期考古发掘工作（经科学鉴定，观音洞文化堆积距今20—24万年，双连洞文化堆积距今2—3万年），并以省政府名义在三明市举行新闻发布会，在国内外产生了积极的效应；抢救保护了漳诏高速公路、福宁高速公路建设中发现的一批新石器时代、商周时期珍贵文物和宋元窑址堆积；应用国际先进器材设备对连江定海进行了水下考古，达到预期效果对宁德霍童一带进行考古、发掘，出土了一批旧石器时代打制石器，为闽东地区首次发现。三是加强重点文物的保护维修工作。全国重点文物保护单位莆田三清殿、省级文物保护单位漳州文庙等一批重要古建筑的修缮工程相继上马，福鼎分水关等一批文物依法得到就地保护整治，在社会产生良好影响。四是申报“世界文化遗产”和“世界吉尼斯纪录”工作取得重大突破。继武夷山申报列入世界文化和自然遗产成功之后，省里专门成立了以潘心城副省长为组长、汪毅夫副省长和黄启章厅长为副组长、省直有关部门和漳州、龙岩两市领导担任成员的福建土楼申报世界文化遗产工作领导小组，各项工作正在抓紧进行，已通过国家文物局审定，列入预备名单。厦门胡里山炮台的280毫米德国造克虏伯大炮，经国家文物鉴定委员会组织专家确认，以世界现存原址的最早、最大、最完整的后膛海岸炮申报列入世界吉尼斯纪录。五是文博设施建设加紧进行。省博物馆新馆按照省重点工程建设进度要求，加紧施工建设，并于年底前封顶；昙石山遗址博物馆相继完成了第一期工程及周边环境整治，第二期工程正积极申报立项；漳州市博物馆等一批市、县级博物馆建设陆续竣工；全省博物馆、纪念馆评估定级方案已修定颁布实施。六是加强文物执法力度。积极配合公安、司法部门严厉打击文物盗窃、盗掘、走私活动。6月中旬，全国人大常委会许嘉璐副委员长一行来闽检查福建省《文物法》执法情况，在深入福州、泉州、龙岩、厦门等地文物保护单位、博物馆、纪念馆视察后，充分肯定了福建省文物工作所取得的显著成绩，并勉励要继续加强文物的宣传普及，抓紧研究如何在社会主义市场经济条件下把文物工作做得更好。

重要会议、重大事件和重要活动、重要文化场馆建设、机构设置

重要会议：

全省文化局长会议　3月1日至2日在福州举行。省文化厅厅长吴凤章在会上作题为《面向新世纪，实现新跨越，为开创21世纪福建文化事业新局面而奋斗》的报告。这次会议的主要任务是：传达贯彻全国文化厅局长会议、全国文物局长会议精神及省政府第二次务虚会议、全省宣传部长会议精神，总结交流1999年全省文化工作的主要成绩和基本经验，部署2000年文化工作任务，表彰在1999年文化工作中取得显著成绩的单位和个人，动员全省各级广大文化艺术工作者，团结一致，积极进取，以昂扬向上的精神状态，创造出更优异的业绩，迎接新世纪的到来。

全省文化系统思想政治工作会议

8月18日至19日召开全省文化系统思想政治工作会议。会议主要内容是：认真贯彻江泽民总书记在中央思想政治工作会议上的重要讲话精神和全省思想政治工作会议精神；开展文化系统思想政治工作理论研讨；交流思想政治工作经验，对加强和改进全省文化系统思想政治工作进行再动员、再部署。省委宣传部副部长卓家瑞作重要讲话，省文化厅党组书记、厅长黄启章作主题报告。

重大事件和重要活动：

“三下乡”活动

1月14日至17日，由省文化厅组织的省“情注山海”艺术团，在副省长潘心城、省文化厅厅长吴凤章、副厅长范碧云的带领下，赴革命老区闽东开展文化下乡活动。先后在霞浦、福安、宁德等地举行了四场慰问演出，并深入到农村、工厂、学校、部队以及乡镇文化站广泛开展调研活动，慰问部分困难户、五保户、烈军属。1月12日至13日，郭勋安副厅长率省歌舞剧院，随同省委宣传部、省文化厅、省广电厅等部门组成的“三

下乡”分队，赴莆田、惠安等地开展文化科技卫生“三下乡”活动。1月13日，范碧云副厅长率省人民艺术剧院《当兵的人》剧组，到驻闽某集团军慰问演出。元月以来，省图书馆、省电影公司、省艺术馆、省实验闽剧院等也纷纷组织人员，赴农村、基层，送图书、送电影、送春联、送戏下乡，掀起了省直文化系统新春文化下乡的热潮。

“博物馆、纪念馆宣传建设年”活动

省文化厅把世纪之交的2000年确定为博物馆纪念馆宣传建设年，以此推动全省博物馆、纪念馆事业更上一个台阶。这一活动的主要内容包括省博物馆新馆工程的建设在年内基建结构封顶，继福州市博物馆在元旦开馆之后，积极促成漳州市博物馆新馆等一批市、县级博物馆落成或陆续动工兴建；组织开展全省博物馆、纪念馆首次评估、定级工作；举办全省文化系统博物馆、纪念馆馆长研讨班；召开福建省考古博物馆学会会员代表大会暨21世纪文物考古和博物馆建设学术研讨会；进一步加强各门类文物的调查征集和保护利用工作；充实各级博物馆的馆藏和陈列展览；表彰1995年至2000年在文物保护管理、考古、科研和博物馆、纪念馆建设等方面涌现出的先进集体、先进个人；编制福建省文物考古和博物馆、纪念馆建设“十五“规划和中长期发展计划。

闽剧《灞陵伤别》获奖

由文化部艺术司、中国剧协等联合主办的中国第五届映山红民间戏剧节评奖结果于1月18日在京揭晓，福清市闽剧团创作演出的新编历史剧《灞陵伤别》获得演出一等奖和优秀伴奏奖、导演一等奖、服装设计一等奖等多项奖；林闽锦获演员一等奖，陈孝珠获优秀乐手奖，剧团团长何文灯获育花奖，获得的奖项数居各参演剧团之首。

尹桂芳逝世

中国共产党优秀党员、著名的越剧表演艺术家，芳华越剧团和越剧“尹派”艺术创始人，福建省芳华越剧团名誉团长尹桂芳因病医治无效，于2000年3月1日8点40分在上海逝世，享年81岁。

民间（闽剧）职业剧团调演

为期7天的“福建省民间（闽剧）职业剧团调演”于3月7日晚在福州光荣剧场落下帷幕。这是建国以来省政府为单一地方剧种的民间艺术团体举办的一次调演活动，旨在进一步活跃城乡民间戏剧舞台，提高民间职业剧团演出水平和管理质量。

王少媛李海珍获梅花奖

在最近公布的第十七届梅花奖名单中，仙游县鲤声剧团团长、莆仙戏著名演员王少媛与在泉州市歌剧团演出的歌剧《素馨花》中赛玉妲的扮演者李海珍金榜题名。

十一个县（区）、镇获“中国民间艺术之乡”称号

在文化部召开的“中国民间艺术之乡”命名表彰会上，下列县（区）、镇荣获“中国民间艺术之乡”称号：漳州市芗城区、石狮市蚶江镇获中国民间艺术（灯谜）之乡，永春县获中国民间艺术（纸织画）之乡，仙游县、莆田县获中国民间艺术（戏曲）之乡，莆田市涵江区获中国民间艺术（音乐）之乡，柘荣县获中国民间艺术（剪纸）之乡，华安县获中国民间艺术（玉雕）之乡，松溪县获中国民间特色艺术（版画）之乡，晋江磁灶钱陂村（书法艺术）之乡，福州晋安区（寿山石）之乡。我省这次获得荣誉称号总数在全国各省、市、自治区排序中位列第五。

“文华奖”评奖

在文化部组办的“文华奖”评选中，福建省选送参评的5台剧（节）目全部获奖。话剧《沧海争流》（福建省人民艺术剧院演出）获第八届文华大奖的殊荣。梨园戏《皂隶与女贼》（福建省梨园戏实验剧团演出）、歌剧《素馨花》（泉州市歌剧团演出）、木偶儿童剧《少年岳飞》（漳州市木偶剧团演出）和木偶剧《五里长虹》（晋江市木偶剧团演出）获第九届文华新剧目奖。《少年岳飞》导演洪惠君获文华导演奖，《少年岳飞》造型设计杨君炜获文华舞台美术奖，在《素馨花》中饰赛玉妲的李海珍、饰康海生的严东东获文华表演奖。获奖数位居全国前列。

“蒲公英奖”评选

8月6日至10日在贵州省举行的全国首届“蒲公英”评选中，福建省选送的9个节目，在创作、表演18个奖项中，获得金奖2个、银奖5个、铜奖11个，省文化厅获组织工作奖。其中，厦门市选送的《公鸡下蛋》（童话剧）获创作金奖，表演金奖；福州市选送的《青蛙买泥塘》（讲故事）获创作铜奖，表演银奖；福州市选送的《少年冰心》

(讲故事)获创作铜奖，表演铜奖；福州市选送的《救命粮》(小品)获创作银奖，表演铜奖；南平市选送的《鸟笼》(小品)获创作银奖，表演铜奖；漳州市选送的《台湾阿姐到我家》(锦歌)获创作铜奖，表演铜奖；宁德地区选送的《竹卜惊雀》获创作银奖，表演铜奖；泉州市选送的《火盆花，好春光》(舞蹈)获创作银奖，表演铜奖；三明市选送的《醉茶》获创作铜奖，表演铜奖。

“福建当代书画展”

在新中国成立51周年国庆来临之际，由福建省人民政府主办，中共福建省委宣传部、福建省文化厅、福建省文联承办的“福建当代书画展”大型展览于2000年9月20日至26日在北京中国美术馆举行。参展的350幅作品，揽括了中国画、油画、版画、水彩水粉画、漆画和书法等6个门类，其中绝大部分作品在建国以来全国性的美术书法大展和省级权威性大赛中获过奖，还有少部分为国家级美术馆和省博物馆、省美展馆收藏的珍品。因此，这次进京举办的《福建当代书画展》代表了福建50年来书画艺术的整体水准。

省文化厅机关机构改革“三定”工作

自9月7日召开厅机关机构改革动员大会以来，省文化厅机构改革及机关“三定”工作历时三个月已告完成。文化厅精减公务员编制15名，工勤人员编制1名，精简内设机构1个。厅党组慎重研究推出社会文化处处长、文化市场处副处长、计划财务处副处长3个职位，通过竞争上岗来确定任职人员。通过报名、资格审查、书面考试、演讲答辩、组织考察、党组研究、任前公示等程序，产生了上述三个职位的任职人员。同时，根据厅机关干部任职表现和任职年限等情况，从有利于事业发展、有利于形成干部梯次结构的要求出发，考核提拔了一批年轻干部。

《偶趣》、《海网渔歌》获奖

在文化部组织的全国第十届“群星奖”评比中，福建省组织创作并选送的舞蹈作品共获得2金、4银、1铜和5优秀的好成绩。其中泉州市文化局选送的群舞《偶趣》、《海网渔歌》获金奖，厦门市文化局选送的群舞《丰年祭》、泉州市文化局选送的群舞《山菊花》、《好年冬》以及省厅老干部艺术团的群舞《元宵圆》获银奖；漳州市文化局选送的广场歌舞《水仙情韵》获铜奖；《茉莉飘香阿里山》、《沧海争流》、《阿妹》、《位置》以及广场舞蹈《闽东渔汉》等5个节目获优秀节目奖，省文化厅荣获优秀组织工作奖。

万寿岩旧石器时代遗址重大考古发现

11月28日下午，福建省文化厅和三明市人民政府在三明举行“三明万寿岩旧石器时代遗址重大考古发现”新闻发布会。经国家文物局考古专家组、中科院和北京大学的专家认真考察论证，认定三明万寿岩遗址将福建省人类生活的历史上溯到20万年前，并发现了全国迄今最早的人工石铺地面，距今2至3万年。这是中国旧石器时代考古的重大发现。三明万寿岩位于福建三明市三元区岩前村，阜立于四周环山的一片谷地边，由上石炭系船山组灰岩构成，岩溶发育，生成若干洞穴，旧石器时代早期和晚期的文化遗址就埋藏于其中的两个洞穴中。

第三届福建省少数民族文艺调演

由福建省民族与宗教事务厅、福建省文化厅联合主办第三届福建省少数民族文艺调演于11月4日、5日在福州隆重举行，来自全省9地市和省直单位的近300名演职人员（汉、畲、回、满、高山、藏、白、维吾尔等民族）汇聚榕城，在两场演出中有28个少数民族节目与观众见面。参加调演节目的专业和业余演员，在演出中展示了本省少数民族的精神风貌和民族地区两个文明建设的丰硕成果。共评出组织奖3个单位，演出金奖3个、演出银奖12个、演出铜奖11个，创作一等奖1个、创作二等奖、创作三等奖3个和参演奖2个。在这次调演的基础上将选拔部分优秀节目参加2001年国家民委、文化部举办的新世纪少数民族文艺调演。

第九届福建省音乐舞蹈节

8月15日至9月15日，第九届福建省音乐舞蹈节在福州、厦门、泉州、莆田等地成功举办。音乐舞蹈节三年一届。本届音乐舞蹈节由比赛评奖和汇报演出二个阶段组成，初赛由各地市、省直专业艺术表演团体、各大中专艺术院校、驻闽部队、各民间艺术社团组织选拔和推荐，共有来自全省各地的4000多名选手，在声乐、器乐、舞蹈三大门类中的8个赛项中角逐，为了公开、公平、公正地开展各项赛事评奖活动，组委会设立了评奖委员会，聘请了100多个省内外音乐舞蹈界专家担任各赛项评委，同时还成立了监审组，对各项评奖活动进行监督。

第二届泉州旅游节暨第六届中国泉州国际南音大会唱

2000年元宵节期间，福建省文化厅、福建省旅游局与泉州市人民政府联合举办第二届泉州旅游节暨第六届中国泉州国际南音大会唱。本届盛会举行了南音整弦游街、海内外南音比赛、南戏展演、南音艺术座谈会、专题文艺演出和花灯展览等，共邀请海外17个南音团组、国内14个南音团组参加。充分展现了泉州独特文化风韵和丰富的旅游资源，促进海峡两岸经济繁荣和文化走廊建设。

机构设置

福建省文化厅内设七个职能处室 办公室、艺术处、社会文化处、文化市场处、对外文化处、计划财务处、人事教育处。机关党委，负责厅机关和直属单位的党群工作。根据有关规定派驻的纪检组与监察室合署办公，按照《党章》和《行政监察法》履行职责。省文化厅机关行政编制为35名。机关工勤人员事业编制6名。老干工作人员单列编制: 工作人员3名，司机4名。挂靠单位: 省文物局（省文物管理委员会办公室），机关事业编制10名。

江　西　省

2000年，在省委、省政府的正确领导下，在社会各界的关心和支持下，全省文化系统干部职工，高举邓小平理论伟大旗帜，以江泽民总书记“三个代表”重要思想为指导，坚持文艺“二为”方向和“双百 ”方针，解放思想，振奋精神，努力拼搏，扎实工作，全省文化事业取得了优异成绩。

一、突出特色，创作精品，文化工作继续走在全国前列

1.艺术生产硕果累累

话剧《古井巷》荣获中宣部“五个一工程”奖，并与赣剧《还魂后记》同获文化部“文华新剧”奖10月，两剧被文化部选调参加在江苏举办的第六届中国艺术节展演，双双荣获“优秀剧目奖”。

6月，杂技《双人单臂倒立》参加华东区预选赛，荣获一等奖；10月被文化部选调参加在大连市举办的第五届全国杂技比赛，荣获“银狮奖”。

8月，少儿舞蹈、戏剧节目参加由文化部主办的全国首届少儿“蒲公英”奖文艺比赛，摘取5金7银7铜。省文化厅荣获组织工作奖。

12月，群众舞蹈节目参加由文化部举办的全国第十届“群星奖”舞蹈比赛，获得1金1银2铜。省文化厅荣获组织工作奖。

2.文化活动影响全国

4月－10月，与省委宣传部等六家单位联合举办了“新世纪之声”优秀歌曲征集活动，吸引了不少全国著名的词曲作家参加，共收到应征作品1377件。聘请生茂、石祥、周荫昌、雷蕾、冯世全等著名音乐家担任评委，评选出50首获奖歌曲，在全国音乐界产生了强烈反响。

6月，少儿节目《小小男子汉》晋京参加由文化部、全国妇联主办的“六一”少儿文艺演出，在中南海演出时受到中央领导的接见，并由中央电视台新闻联播作为节目播放。

9月，从首届江西农民艺术节优秀剧目中精选出5个小戏，组成一台“红土地春韵”，晋京参加由文化部主办的全国优秀农村题材小戏调演，获得首都戏剧家和观众的好评。

10月，与省委宣传部、抚州市委、市政府共同主办了汤显祖诞辰450周年纪念活动，全国及海外60多名“汤学”专家云集抚州，在全国戏剧界产生重要影响。

3.农村文化建设成效显著

一是积极开展社会文化先进县、百强文化中心（站）创评活动。全省共有2个县市被评为全国文化先进县，全省达标的“社会文化先进县”8个，百强文化中心（站）67个。

二是全国“艺术之乡”由12个增至17个。

三是安义县龙津镇农村儿童文化园被文化部命名为国家级农村儿童文化园。

二、服务大局，精心组织，为经济建设营造团结奋进的良好氛围

2000年是文化活动最多、影响最广、参与人数最多的一年。文化活动的开展，配合了党和政府的中心工作，活跃了群众文化，营造了良好氛围，也使全省文化工作迈上了新台阶。

1、农民艺术节成果辉煌

举办了首届江西农民艺术节，历时半年之久，在全省广大农村形成了“农民写、农民演、农民看、农民争相参与”的喜人景象。据统计，艺术节期间上演近万个节目，参演人数5万人，共演出7600场，观众达683万人次。是本省历史上参演人数最多、上演剧目最多、观众人数最多、政府投入最多的一次群众性文化活动。

2、合唱节反响强烈

元旦前，举办了全省“世纪之光”合唱节，在全省各地产生了很大影响。这次合唱节是继农民艺术节之后的又一次规模宏大的全省性群众文化活动。全省各级党政机关、企事业单位、大专院校和群众团体，踊跃报名，积极参与，形成了高唱主旋律歌曲，热爱党、热爱祖国、热爱社会主义，满怀豪情喜迎新世纪的热潮。

3、各项文艺活动蓬勃开展

7月16日至18日，省文化厅和省妇联在省文联艺术展览中心，共同举办全省巾帼风采美术、书法、摄影获奖作品展。本次展览作品311幅，评出一等奖32名、二等奖62名、三等奖80名，入选71名。

5月，省文联、省教委、省文化厅组织“辉煌五十年——江西硬笔、毛笔书法大赛”的评奖工作，评奖分中老年组、青年组和儿童少年组等三组进行。在全省1100件作品中，硬笔类评出一等奖5个、二等奖14个、三等奖15个、优秀奖42个；毛笔类评出一等奖9个、二等奖28个、三等奖41个、优秀奖42个；组织奖9个、园丁奖8个。

赣州市提出以广场文化活动推动群众文化发展的新思路，广场文化建设要以组织引导与群众自娱自乐相结合，传统性活动与创新活动相结合，专业艺术与群众文化相结合，政府力量与社会力量相结合，经济效益与社会效益相结合，自2000年6月份以来，共举办各类文艺演出60余场，放映电影40余场，参加演出的企（事）业单位、专业剧团、学校、街道办事处等共300多个、群众演员达2000多人次。国庆期间，广丰县开展了“世纪秋韵”大型系列广场文化活动，历时20天，主要有“今日广丰”大型文艺晚会，时装、武术表演，美术书法摄影展，全区象棋赛，以及酒文化、茶文化介绍等10多个活动项目。6月10日至10月28日，崇义县举办了“人民广场消夏文体、娱乐活动”，演出24场，节目300多个，参加活动单位40多个，演职员1600多人次，观众达16万多人次，活动不仅吸引了县城群众，城郊的渔梁、左溪，甚至铅厂的石底河、关田的柯树岭群众每逢活动日租乘专车驱车几十里到县城观看演出。万载县成立了广场文化活动领导小组，投资30多万元，在广场兴建了一个舞台，自6月起每月至少举办2次以上的广场文化活动。

西湖区文化馆组织居民成立了京剧队、民乐队和常青艺术团，为他们提供音响、灯光器材、舞台设施并创造了演出条件。1月至10月，三个乐队深入辖区街道、居民庭院、学校、企业等单位，义务演出23场，观众达17000多人。西湖区还依托街道文化站和居委会文化室两大阵地，指导和辅导群众开展社区群众文化活动，精心策划制定了“西湖区首届社区文化艺术节系列活动方案”，10月1日，在孺子亭公园举办了“西湖区庆国庆‘爱我中华’千人歌会”，拉开了社区文化艺术节的序幕。

4、文化下乡红红火火

继续开展“百团下农村、百戏送农民”活动，全省全年共有70多个专业剧团和近百个业余剧团，深入农村演出7239场；开展了“百馆下农村，图书进万家”送书下乡活动，送书下乡55321册；全省电影公司送电影下乡56771场。文化下乡受到广大农民群众的欢迎。

5、文化市场有序发展

以娱乐市场、音像市场、演出市场为主体，电影市场、美术品经营市场、文艺培训市场、文物市场、农村文化市场为辅的市场体系已经形成。引进了一批中外一流专业艺术表演团体和表演艺术家、著名歌手来本省演出，提高了演出市场的品位。

针对电子游戏机室数量多、赌博现象有死灰复燃之势、非法定节假日接纳未成年人等情况，4月4日，省文化厅、省工商局、省公安厅下发《关于对电子游戏机市场进行集中治理的通知》，决定对电子游戏机市场进行为期一个月的集中治理。主要内容是：集中治理时间为2000年4月10日至5月10日；文化、工商、公安部门在集中治理期间要组成联合检查组，采取现场办公的方式，对电子游戏机市场进行全面检查，并按《娱乐场所管理条例》规定的职责权限对发现的问题进行及时查处；今后对新开办的电子游戏机室要从严掌握审批程序，从严控制发展数量，合理布局。一个月来，全省共检查电子游戏机室2507家，取缔68家，查处123家，收缴赌博机336台，电路板962块，就地销毁所有电脑游戏机和具有赌博功能的电子游戏机。

根据国办发［2000］44号《国务院办公厅转发文化部等部门关于开展电子游戏经营场所专项治理意见的通知》，文化部、国家经贸委、公安部、信息产业部、外经贸部、海关总署、国家工商行政管理局《关于实施电子游戏经营场所专项治理行动方案的通知》（文市发［2000］29号），省政府办公厅《转发省文化厅等部门关于江西省电子游戏经营场所专项治理行动方案的通知》（赣府厅字［2000］91号）等一系列文件精神，2000年7月－12月，本省开展了电子游戏经营场所专项治理行动。成立了省加强娱乐服务场所管理暨电子游戏经营场所专项治理工作领导小组，省委副书记、常务副省长黄智权任组长，省委常委、省政法委书记、省委秘书长彭宏松任副组长，下设两个专项行动办公室，电子游戏经营场所治理办公室设在省文化厅。治理的目标是大力压减电子游戏经营场所的数量，规范经营；工作重点是对电子游戏经营场所进行一次重新审核登记，不符合规定的坚决关停，坚决查处违法经营行为，情节严重的坚决取缔；重新审核的标准是省会城市和地市所在地城市经营场所，面积不少于150平方米，游戏、游艺机不少于20台，房屋建筑结构坚固，符合消防安全规定，并不得在可能干扰学校、医院、机关正常学习、工作秩序的地点设立，游戏机的机型、机种、电路板必须经文化部门审查亲自加贴《准营证》，经营场所法定代表人和主要从业人员没有刑事犯罪记录，并取得文化部门核发的资格证书。时间安排是7月为调查摸底重点治理阶段，8月为重新审核登记阶段，9月为检查验收阶段。半年来，全省各级文化行政部门对电子游戏经营场所和娱乐服务场所进行专项治理，共出动人员23635人次，检查电子游戏经营场所4073家，歌舞娱乐场所2362家，录像放映场所361家，取缔违法电子游戏经营场所1748家，收缴违法游戏机3900台，电路板5901块，全省电子游戏经营场所从治理前的4073家压减到1543家，压缩率为62.1%。达到大力压减的目的。

三、抓紧编制《江西省文化事业发展“十五”规划》，明确发展思路、发展目标

党的十五届五中全会召开后，根据《建议》精神，文化厅加大了文化事业发展“十五”规划的编制力度，强调围绕发展主题，将文化事业纳入全省国民经济和社会发展全局工作中通盘考虑。主要做了以下几项工作：

一是积极争取省领导、上级部门对本省文化工作的重视、关心。与分管省长多次到文化部、国家文物局汇报工作。

二是主动协调、沟通省财政、省计委等有关部门，取得共识，争取支持。10月23日，省计委胡幼桃副主任率工作组前来本厅，就“十五”期间文化设施建设等问题进行了座谈。

三是召开各种会议，专门研讨“十五”规划的制订工作。多次召开厅党组会、厅长办公会，专题研究“十五”规划的编制工作；召开了一系列业务工作会，分口研究“十五”规划的具体内容、具体任务、具体目标等。如，全省革命文物工作会、全省艺术创作会、厅直单位文化产业工作会等，就“十五”期间本省文化事业发展问题，邀请文化系统内外领导、专家、学者，进行了一系列座谈。

四是进行了一系列调研。为摸清情况、了解现状，明确发展思路、发展目标，分头派出调查小组赴全省各地，就文物与旅游的关系、文化经济政策落实情况、农村文化现状、专业剧团基本情况、厅直单位文化产业收入等，进行了一系列调查，形成了若干调研报告，为编制好“十五”规划，奠定了坚实基础。目前，本厅的规划编制工作已进入最后的细化、完善阶段。

四、在省委、省政府的统一部署下，积极稳妥地进行了厅机关机构改革

首先厅级领导做了大幅度的充实与调整。厅领导班子年龄结构、学历结构大为改善。平均年龄由53岁下降到42岁。厅领导中现有博士1人，硕士1人，研究生1人，本科2人，正高职称3人。

其次，精减了机构与人员。厅机关内设机构

由12个减为10个，行政编制由86人减为47人。

再次，通过竞争上岗和干部轮岗等途径，调整了处级领导干部。正处级领导干部平均年龄由56岁下降到46.8岁，副处级领导干部平均年龄由46.6岁下降到42.4岁。6名副处级干部提任正处级领导职务，8名助理调研员、主任科员提任副处级领导职务，5名处级干部从领导职务转为非领导职务，5名处级领导干部、6名副处级领导干部进行了交流换岗，轮岗面分别达到50%、75%。8名离岗退休。

机构改革虽然力度很大，但运行平稳，厅机关作风大为改善，干部职工精神面貌焕然一新。

五、适应形势，转换机制，增强了文化事业的内在活力

1、文物保护管理和基础工作得到进一步加强。省政府正式公布竹山园遗址等48处为第四批省级文物保护单位，10处并入原有保护单位。这样，本省省级文物保护单位增至265处，数量居全国第12位；经专家论证和认真研究，向国家文物局推荐上报21处第五批全国重点文物保护单位。文物保护规划工作有了突破，全国重点文物保护单位吴城遗址的《保护展示规划》通过省级专家论证。

考古方面，完成省重点工程黎温高速公路245公里的考古调查；对鹰潭角山窑址进行主动发掘，并有馒头窑等重大发现。

文物修缮工程方面，完工的大中型工程有省博物馆安全技术防范系统工程、九江锁江楼塔纠倾加固工程、湖田窑宋元遗址保护房工程、南昌绳金塔维修工程等。

博物馆方面，全年文物系统共向社会提供陈列展览200余个，接待观众400多万人次，其中省博物馆引进《关东抗日英烈展》和《为了孩子——全国禁毒图片展》，南昌八一起义纪念馆将《南昌起义》流动展推向广州，从广州引进《黄埔军校史迹展》，反响很好；八大山人纪念馆的《八大山人明清书画真迹展》、景德镇官窑博物馆的《大明王朝极盛期官窑展》很受欢迎；9件新干青铜器入选《中国国宝展》在美、日等国展出，引起轰动。

宣传科研方面，全省发表在《中国文物报》的文章、通讯等有60余篇，省考古所在国家级刊物《考古》上刊发江西考古组稿；本省申报的“中国先秦铜矿研究”、“中国南方古代青铜器”两个课题，被列为2000年度全国文物博物馆系统人文社会科学重点研究课题。

执法方面，南昌海关、青云谱公安分局将依法没收、追缴的888件文物移交给省文物局和南昌市博物馆；派员配合省人大教科文卫委在全省范围内开展了文物法律法规执行情况检查。

初步建立了全省文物保护三种模式：一是与旅游发展战略相结合的模式，如与教育基地相结合的井冈山模式，从旅游门票收入中拿出文物保护资金的庐山模式；二是以瑞金为代表的文物认护模式，即充分发挥个人、集体及各部门的力量来认护文物，既解决了资金又培养了人们的文物保护意识；三是民居建筑保护与生态保护相结合的模式，如流坑、婺源、赣南客家围屋等。去年，全省文博单位效益显著。如井冈山革命博物馆门票收入从1999年385万元上升至511万元；省博物馆开馆一年来门票收入就有130万元。

2、开拓演出市场，创新办团模式。如省歌舞剧院坚持面向农村、面向基层演出，全年收入从1999年24万元增至2000年的102万元。省杂技团全年收入也达到61万元。

3、创新艺术教育体制，增强艺术教育活力。去年9月，省文艺学校与南昌大学联合办学，成立了南昌艺术学院二部。2000年省文艺学校招生，收入增至948万元，比1999年翻了一倍。

4、对全省76个专业剧团体制改革状况和发展方向进行了广泛调查研究。这是建国以来的第一次，为今后推进全省专业剧团体制改革、制定发展规划奠定了基础。

六、夯实基础，重点扶持，加大了文化基础设施建设力度

2000年，全省新建、扩建公共图书馆9个、文化馆4个、文物库房6个。

江西省美术馆列为2000年大中型基本建设项目，建筑面积为1.25万平方米，总投资1.2亿元。目前，省美术馆建设前期工程进展顺利，选址方案的分析报告已经完成，功能设计也在规划之中。

鹰潭市博物馆暨中国道教文物收藏馆于11月11日隆重开馆，该馆系鹰潭市“九五”重点工程，总投资近600万元，于1997年4月破土动工，历时两年半落成，新馆占地面积为3142平方米，造型别致，环境幽雅，设施齐全，是鹰潭市文化的标志性建筑。该馆拥有包括国家等级文物在内的馆藏文物6000余件，展厅占地面积约900平方米，设有“鹰潭文明之光”、“道教文化炼珠”、“华夏之宝拾遗”、“现代文明撷英”等多个展厅。该馆主要负责角山文化、龙虎山崖墓文化、道教文物的收集、整理，是国内独树一帜的道教文物收藏专业馆。

七、文化法制建设得到加强

一是重视文化立法工作。为做好《江西省文化厅市场管理条例》修订的前期调研工作，下文并召开各市和部分县级文化市场管理稽查负责人专题座谈会，征求修改意见，12月11-15日，与省人大教科文卫委一道到赣州市、章贡区、定南县、信丰县进行调研，为《条例》的修改做好了准备，编印了《文物法律法规选编》。

二是努力提高依法行政水平，对文化市场执法队伍进行培训。举办了全省县以上文化市场稽查队长培训班，专门邀请了文化部市场司有关领导和专家前来授课；举办了文物稽查人员培训班。

三是按照中央的统一部署，与公安等部门联合出击，开展了整治电子游戏和娱乐服务场所、打击非法盗版音像制品、走私盗版电影等专项治理工作和“扫黄打非”斗争，净化了文化市场。

四是加大对文物走私的打击力度和对文物市场的监管力度。如，对滕王阁文物市场，明确由南昌市文化、工商、公安三家实行联合监督；南昌市政府牵头，组成了文化、工商、公安、城管、法制、旅游等部门参加的“滕王阁文物市场整治领导小组”，制定了整治方案，颁布了《关于加强南昌市文物市场管理的通告》。

五是开展了法律法规宣传活动。结合“3·15”保护消费者权益活动，向经营者和消费者广泛宣传《音像制品管理条例》；结合悬挂禁止和限制未成年人不得入内标志牌活动，向社会广泛宣传《娱乐场所管理条例》；开展了打击盗版音像制品宣传周活动、“国际博物馆日”暨“文物保护宣传周”等宣传活动。

六是自觉接受人大监督。派员配合省人大教科文卫委在全省范围开展文物法律法规执行情况检查，针对文物保护与基本建设、文物保护与发展经济和法人违法等问题，实地检查了20多个文物保护单位、文博单位和旧货市场等。并根据省人大教科文卫委归纳整理的意见和建议向各区市文化局下发了《关于做好〈文物保护法〉、〈江西省文物保护管理办法〉执行情况整改事宜通知》。同时，抓紧落实督办工作（有关落实的情况报告已抄报省人大教科文卫委）。年底省检查组又对一些重点、难点问题落实情况进行了抽查回访，继续进行督促落实。

八、对外及对港澳台文化交流成绩喜人

2000年，对外文化交流坚持“积极引进来，努力走出去”，文艺演出、文物展览等各种文化交流项目增至60多项，是1999年的2倍 。

主要项目有:

2000年9月14日至10月29日，受文化部组派，中国江西艺术团一行20人，赴南非、毛里求斯、纳米比亚、埃塞俄比亚五个国家及留尼旺(法)进行友好访问，受到文化部嘉奖。

2000年10月22日至28日，省文化厅姚亚平厅长参加《中国国宝展》代表团任副团长赴日本东京参加该展开幕式。本省有8件青铜器参展。

2000年7月 17日至19日，以加纳国家文化委员会主席纳那·萨朋为团长的加纳政府文化代表团来本省进行友好访问。

2000年1月1日至3日，哈萨克斯坦国家交响乐团68人应邀来本省南昌访问演出3场。

2000年7月18日至23日，南昌市少年宫少儿艺术团一行20人应邀赴日本高松市访问演出。

2000年8月18日至9月5日，江西艺术团一行18人应邀赴日本冈山县访问演出。

2000年8月19日至24日，景德镇市少儿艺术团一行18人应邀赴日本濑户市访问演出。

2000年10月7日至11日，非洲刚果（布）及几内亚国家歌舞团一行38人来本省南昌市访问演出。

2000年12月2日至17日，赣南采茶剧团一行8人应邀赴台湾参加“两岸小戏大展”演出活动。

山 东 省

截至1999年底，全省文化系统共有企事业单位3620个，从业人员3.1万人。其中艺术表演团体117个，剧场111个，公共图书馆131个，艺术馆、文化馆159个，乡镇（街道）文化站2466个，博物馆70个，艺术学校9所，电影发行放映公司136个。

2000年，在省委省政府的领导下，全省文化工作以邓小平理论为指导，认真贯彻落实党的十五大、十五届五中全会精神和江总书记“三个代表”的重要思想，坚持文艺的正确方向，经过广大文化工作者的共同努力，全省文化工作取得新的进展。

艺术创作

2000年共完成剧本创作70部，其中，话剧11部，戏曲48部，歌舞、音乐剧6部，儿童剧5部。省吕剧院《苦菜花》首获文化部“文华大奖”，填补了本省在此项目上的空白。青岛市话剧院《工人世家》、济南市儿童剧《宝贝儿》获文化部“文华新剧目奖”。《工人世家》获中宣部“五个一工程奖”。《苦菜花》、《工人世家》、济宁市《儒乡鼓韵》参加了第六届中国艺术节演出，《苦菜花》获艺术节大奖（首次设奖），《工人世家》获优秀剧目奖。山东省杂技团节目《车技》、《草帽》、《转碟》分别荣获全国杂技比赛最高奖——“金狮奖”和八个单项奖，聊城市《小飞叉》获“银狮奖”。《宝贝儿》、淄博市五音戏《腊八姐》获得第八届“中国人口文化奖大奖”。省吕剧院演出《书记大姐》，受到社会广泛关注，省委省政府给予了充分肯定。山东地方小戏《齐鲁春晖》、淄博市京剧团《红嫂》、《保鼎记》应邀晋京演出，受到广泛欢迎。群众文艺创作进一步活跃，在全国第十届“群星奖”评选中，获得1金2银5铜的成绩，在第四届“新苗奖”少儿京剧邀请赛中，取得1个一等奖和2个二等奖，在全国首届少儿文艺“蒲公英奖”比赛中，获得9个金奖。一年来，全省有一批优秀文艺人才在各类比赛中取得优异成绩，先后有15人次在全国重大文艺比赛和评奖中获奖。

按照省委省政府的部署，举办了《齐鲁风》大型歌舞晚会、“迎国庆大型文艺晚会”、迎接新世纪广场大型文艺演出等重大文艺活动。完成了山东艺术精品系列光盘制作等方面的工作。

社会文化

全省创建“社会文化先进县”活动，进一步巩固、发展、提高，带动了全省社会文化工作的开展。省文化厅与省委宣传部联合召开了全省海疆文化暨基层文化建设经验交流会，推广了荣成市海疆文化建设的经验。举办了全省曲艺汇演，集中展示了全省近年来曲艺工作的成果。2000年，潍坊寒亭区、青岛崂山区等8个县乡被文化部命名为“中国民间艺术之乡”，目前，全省由文化部命名的“中国民间艺术之乡”已达23个。

各地广泛开展了丰富多彩的群众性文化活动和广场文化活动。济南市消夏广场文艺演出300余场，参与演出的人员达6000余人。青岛举办的“青岛之夏”艺术节，泰安举办的首届农民文化艺术节，济宁市第六届农民文化艺术节，聊城市“首届消夏文化艺术节”以及烟台、日照、东营、临沂、滨州等地开展的各类广场文化活动等，进一步丰富和活跃了基层群众的文化生活。全省“文化下乡”活动深入开展，受到群众的广泛欢迎。

为解决农民群众看电影难的问题，省政府办公厅转发了省文化厅等有关厅局《关于加强全省农村电影工作的报告的通知》；全省组织开展了“第二届农业科教电影千片进村”活动，放映电影15万场，观众约7500万人次；以推广“院线制”以及国产优秀影片的宣传放映为重点，积极拓展城市电影放映市场。

文化市场工作

坚持“一手抓繁荣，一手抓管理”，集中开展了电子游戏经营场所专项治理、打击非法音像制品专项斗争及农村演出市场专项治理等活动，管理力度进一步加大。全省共查缴各种音像制品34万张（盘），电子游戏经营场所由原有的4512家压减到352家，压减比例为92.2％，位居全国前列。全省开展了让未成年人远离“三厅一台”活动，组织举办了山东省首届“圆梦杯”少儿小提琴大赛、首届山东省推新人大赛和山东青年歌手卡拉OK大赛等活动，强化文化市场引导培育，有效保证了全省文化市场的健康、有序发展。

文物工作

坚持“保护为主，抢救第一”方针和“有效保护，合理利用，加强管理”的原则，配合重点工程建设，考古里程1300余公里，章丘洛庄汉墓、五莲丹土遗址等考古发掘都有重大发现。各级各类博物馆在展览、陈列和讲解服务等方面努力形成自己的特色，组织举办了全省博物馆“每馆一展”、“石刻艺术展”、“宋元明清青铜艺术展”、“长清双乳山济北王陵出土文物展"和"山东古代石刻拓片展"等一系列展览活动。经省政府批准，省文化厅与省建设厅公布了首批山东省历史优秀建筑，积极开展了"齐鲁碑林"建设的准备工作，完成了第一批碑刻的制作。全省文化、公安等部门积极配合，打击文物走私犯罪活动，促进了文物保护管理。

艺术教育和文化科技工作

举办了全省第五届中等艺术学校教学会演、全省第二届职业暨成人艺术教育教学会演和全省第二届艺术教学论文评选活动，并对1996－2000年省文化厅艺术教育园丁奖进行了表彰；省艺术学校、潍坊艺术学校被评为国家级重点中专。"灵岩寺罗汉像绘画与研究"和"蓬莱阁丹崖岩体加固保护技术"荣获山东省科技进步奖。

文化法规建设

《山东省刘公岛甲午战争纪念地保护管理规定》经省人大通过，成为本省第一部区域性单项地方法规，开展了《山东省文化市场管理条例》的修改、《山东省文化设施保护管理条例》等立法项目的准备工作。

文化设施

投资5000万元的山东剧院改造工程正在紧张的筹备中。济南市建筑面积为4500平方米的综合服务楼竣工投入使用，艺术大厦、艺校正在建设之中。济宁、东营等市文化设施建设的步伐也大大加快，为全省文化事业面向新世纪，实现更大的发展和繁荣，提供了切实的物质保障。

对外、对港澳台文化交流

全省共办理文化交流项目150起，其中，出访45起，268人次，接待52起，423人。省杂技团、济南市杂技团等分别赴欧美演出，以及《原始瓷器展》、青州龙兴寺佛教石刻造像参加《中国国宝展》等展出活动，都产生了广泛影响。

重要会议、重大事件、重要活动、重要场馆建设、机构设置

全省海疆文化暨基层文化建设经验交流会　2000年10月24-27日，省委宣传部、省文化厅在山东荣成联合召开"全省海疆文化暨基层文化建设经验交流会"，沿海市地宣传部、全省各市地文化局分管领导等参加了会议。会议介绍了荣成"千里海疆文化长廊"建设的经验，交流、总结了全省社会文化工作的经验和做法。会议要求，要根据各地实际情况，结合文化部三大社会文化建设工程，进一步推动全省基层文化工作的开展，满足人民群众不断增长的文化生活需要。

章丘洛庄汉墓考古发掘取得重大发现　洛庄汉墓位于章丘市枣园镇洛庄村西一公里处。因墓葬封土几乎被挖掘殆尽，2000年，经山东省文化厅批准，济南市考古研究所和山东大学考古系对洛庄汉墓外围遗迹进行了抢救性调查发掘。已初步探明，墓葬呈东西向，平面呈"中"字形，东墓道长近100米，西墓道长40余米，墓室面积约1300平方米，深度约在15米以下。在主墓周围发现陪葬坑和祭祀坑32座，出土文物近3000件，尤以实用编钟一套19件和编磬6套107件最为珍贵。从该墓形制、布局及陪葬坑出土的陪葬品等考察，应属西汉早期的诸侯王墓，墓主与吕王有关。

文化部门接管烟台山文物保护区　烟台山位于烟台市芝罘区北端，占地420余亩，三面临海，风光秀丽，文物荟萃。自1860年烟台开埠以来，英、美、法、德、俄、日等17国在烟台山建立的领事馆，开办的商行、洋行、俱乐部等庞大的外国近代建筑群体，是外国列强侵华的历史见证。长期以来，烟台山一直为当地驻军所用。为加强对烟台山文物的保护管理和开发利用，经多方研究、协商，2000年6月13日，烟台市政府作出决定：调整烟台山管理体制，由原来的市建委管理，改为市文化局管理，建立隶属于市文化局的烟台山文物管理处，全面负责烟台山文物的保护管理和开发利用。

山东省曲艺汇演活动　为进一步推动山东曲艺艺术的繁荣发展，以丰富多彩的文化活动迎接新世纪，省文化厅组织举办了"山东省曲艺汇演"活动，于2000年12月25-28日在济南举行了正式汇演。这次汇演经过广泛发动，层层选拔，来自各市地、驻军和大企业的18支群众代表队、4支专业代表队，共41个节目250余名演员参加。省委常委、宣传部长陈光林，副省长邵桂芳，省政协副主席朱铭以及省直有关部门的领导，出席了汇演活动的颁奖仪式暨汇报演出。通过举办本次汇演，抢救了一批濒临失传的艺术形式，挖掘、整理了一些传统的地方曲种，涌现了一批新的曲艺作品和后起之秀，对全省曲艺艺术的发展起到了

重要的导向、示范作用。

山东省图书馆新馆建设 山东省图书馆始建于1909年，是全省的藏书中心，已跻身于全国十大图书馆之列，也是国内历史最悠久的省级图书馆之一。现有藏书422万册，中外文报刊4982种，其中有珍贵的古籍2300余种、“易庐易藏”千余种。为适应经济建设和文化事业的发展，山东省图书馆新馆已开始建设。该馆占地面积436公顷，建筑面积35830平方米，主体结构为六层中空式、模数化设计，气势恢宏而结构紧凑，坚实厚重而不失俊雅，是齐鲁文化的现代象征。目前主体工程已竣工，二期工程正在进行之中。

“爱书人”音像电子配送超市 “爱书人”音像电子配送超市，是山东省文化厅根据文化部“压缩总量、调整结构、规范发展”的要求，在山东省内建立的一个经营正版音像电子制品的最大音像电子配送超市。

“爱书人”音像电子配送超市，位于山东省会济南市最繁华的商业区，由山东爱书人(集团)公司与山东省科技文化发展中心共同投资1500万元，于2000年5月兴建，经营面积2000平方米，经营三辰影库、少年儿童、百科知识、软件、艺术、影视、CD磁带、生活教育等八大类，共4万多个音像电子品种。开业以来，“爱书人”围绕着保护和发展民族文化产业、打击盗版音像制品，开展了“舍弃盗版、我算一个”等一系列卓有成效的活动。“爱书人”以其奋发、创新的精神和优异的经营业绩赢得了群众的拥护、领导的赞誉及全国同行的肯定。

山东省文化行政部门机构设置 根据鲁政发[2000]125号文件精神，通过机构改革，山东省文化厅内设9个职能处室和离退休干部处、机关党委，编制58人。职能处室分别是：办公室、计划财务处、人事处、艺术处、科教法规处、文化市场处(挂电影处牌子)、社会文化处、文物处、外事处(挂港澳台文化事务办公室牌子)。此外，省纪委在省文化厅设有纪检组。

河 南 省

2000年，河南省文化厅抓住龙门石窟申报世界文化遗产、参加第六届中国艺术节、举办河南省第八届戏剧大赛等重点工作，以邓小平理论为指导，认真学习贯彻江泽民总书记“三个代表”重要思想，按照代表先进文化的要求，坚持文化工作“二为”方向和“双百”方针，以繁荣创作为中心，努力提高精品意识和管理水平，推进文化系统思想建设、体制创新和机制建设、文化法制建设、阵地建设、队伍建设等基本建设，各项工作捷报频传，文艺精品硕果累累，受到了省委、省政府和省委宣传部的表彰。

强化精品意识，狠抓艺术创作，艺术创作与生产呈现出了良好的发展势头 大型现代豫剧《香魂女》一举夺得中国第六届艺术节大奖，杂技《狮林春光》荣获全国杂技比赛最高奖——金狮奖以及第四届武汉国际杂技节最高奖——“黄鹤”杯金奖，现代豫剧《老子·儿子·弦子》等作品在“文华奖”评选中获得“文华新剧目奖”，《老子·儿子·弦子》、《香魂女》和《桑榆唱晚》获得全国人口文化奖二、三等奖和优秀奖。应文化部的邀请，组织农村小戏集锦《春满中原》于11月24日晋京演出，引起强烈反响。成功组织了2000年豫沪经贸洽谈会演出和《中原情》文艺晚会赴新疆慰问演出。为李鹏委员长视察河南组织的《河南精品节目荟萃》文艺晚会和为全国监察干部工作会议举办的《相聚中原》文艺晚会，均获得巨大成功，受到了省委组织部、省委宣传部的嘉奖。

2000年，全省各级文化主管部门采取积极措施，抓好艺术创作尤其是剧本创作，成功组织了河南省新剧本评选活动，全省参评新剧本达到94个。在充分论证的基础上，重点对《香魂女》、《清明上河图》、《黄河十八湾》、《刘邦与萧何》等一批基础好、有潜力的剧本和剧目进行加工，提高艺术水平。建立健全艺术创作的竞争激励机制，鼓励出作品，出人才。成功举办了河南省第八届戏剧大赛，全省共有17台新创剧目参赛；成功举办了“金狮奖第五届全国杂技比赛中南大区预选赛”，来自中南六省区的9个参赛团的300名杂技演员参加了比赛。加强对艺术人才的培养，着重提高创作队伍素质，加强专业艺术队伍建设。改革对艺术生产的投入机制，将演出场次补贴改为演出人均收入补贴，鼓励艺术团体多演出，多出效益，逐步增强市场意识和产业化意识，在市场中磨砺出精品。将艺术生产经费分为无偿划拨和生产周转金两种，对艺术精品生产和参赛剧目，实施无偿划拨。对艺术团体选好的商演剧目，实行周转金借支、两年偿还的经费投入办法；加大了精品剧目及优秀剧目的奖励幅度，设立了“创作专项资金”、“重点剧目加工专项资金”，以加强创作和重点作品的加工修改力度。2000年全省各级艺术表演团体共演出5万多场，其中到农村演出达4万多场。

积极发展各项社会文化事业，促进城乡文化全面繁荣 大力开展文化先进县、文化先进乡镇创建活动，带动农村文化全面发展。自1992年开展创建文化先进县活动以来，已先后命名两批共19个县（市）为省级文化先进县（市），其中有14个县（市）被文化部命名为全国文化先进县。对1999年申报的6个先进县进行了验收。命名表彰了100个文化先进乡镇。在对农村文化建设情况进行调查研究的基础上，形成了《关于我省农村文化建设基本情况的调查报告》。

抓好少儿文艺创作，繁荣少儿文艺事业。组织了“迎接新世纪河南省少儿书画精品展”，推出了一批少儿优秀书画作品。“六一”期间，在省会组织了一台庆六一少儿文艺节目汇演。组织河南省南街村少儿戏校的豫剧《打虎上山》，济源市的歌伴舞《飞啊，飞》和省少儿艺术团的古筝合奏《汉江韵》参加文化部组织的“六一”晋中南海少儿文艺专场活动。在全国17个节目参加的组台演出中，本省有3个节目入选，是入选节目最多的省份；在8月份全国首届“蒲公英奖”评比中，河南代表队以7金、7银、4铜和1个组织奖位居全国第四。

开展全民读书活动，加快图书馆建设步伐。以落实江泽民总书记、李岚清副总理视察国家图书馆时所作重要指示精神为契机，改进服务，营造读书、求知的良好氛围，推动全民读书学习活动深入开展。全省各级图书馆普遍开展了群众性的读书活动。在全省各级公共图书馆中选出13个开展全民读书活动的先进典型，在全省推广了他们的经验。成功地组织了河南省“第三届图书馆为经济建设服务成果评奖”活动，引导各级图书馆开展主动服务，定题跟踪服务，为当地经济建设、知识扶贫和社会主义精神文明建设开展工作。在全省开展了“图书馆就在您身边”、“图书馆服务周”等活动，在办好分布全省乡村34个馆外借书点的同时，增加社区服务网点，增设少儿图书馆借阅处，定期更换新书，加强图书馆工作的宣传，尽力满足读者需求，为城乡基层群众服务。加快图书馆自动化、网络化、数字化建设。在数字化图书馆建设已经完成论证阶段的基础上，逐步走向应用阶段。

组织各种形式的文化赛事活动，繁荣社会文艺创作，丰富群众文化生活。成功地举办了全省首届舞龙大赛、全省“大河上下”艺术摄影展、少儿美术书法精品展、全省青少年器乐大赛、河南省跨世纪国画人才展、河南省第六届歌曲创作评奖等。在全国九省区“大河上下”艺术摄影展中，本省推荐的作品获一等奖1个，二等奖3个，三等奖5个。在第五届“和平杯”中国京剧票友邀请赛中，本省选手获得了最高奖——“十大名票”及两个优秀票友奖。在全国社会文化政府最高奖“群星奖”比赛中，本省群众艺术舞蹈《愚公魂》荣获最高奖——金奖，有5个节目获得银奖，3个节目获得铜奖。积极开展文化下乡活动，完成了文化下乡“三百”目标，受到了广大农民的欢迎。特别是“麦佳之旅戏曲下乡活动”，探索了由宣传、文化部门牵头、企业出资、文化单位组织的文化下乡新路子。

加强文化基础设施建设，为繁荣和发展全省文艺事业提供物质保证，组织对部分市地的市级图书馆、群艺馆和20多个县级图书馆、文化馆进行了检查。在“三馆”建设中，县级图书馆、文化馆建设项目开工、竣工10个，在建13个，分别超目标完成5个。省直文化单位基础建设进展顺利，豫剧三团排练厅、艺术幼儿园竣工投入使用。争取国家财政投入70万元，用于省图书馆的维修。

依法行政，依法管理，促进文化市场繁荣发展 2000年，文化市场管理工作以进一步加强依法管理、依法行政为重点，根据国家的统一部署，在省委、省政府的领导和各有关部门的配合下，积极开展大规模的专项治理工作，实现了全省文化市场的规范有序，稳步发展，得到了国家有关检查验收组的充分肯定。按照省委、省政府统一部署，由省文化厅牵头，公安、工商、教育等部门配合，对校园周边文化经营单位进行为时2个多月的全面整顿，对检查中发现的学校200米以内的368家歌舞厅、录像厅及电子游戏室，全部取缔或责令迁移。在对全省9679家娱乐场所（含录像厅、影剧院）的检查中，共查出无消防登记证的3224家，无证经营的880家，责令整改3991家，对无证经营的880家全部取缔。按照国务院和省委、省政府的统一部署，开展了为期三个月的电子游戏专项治理。文化部门会同公安、经贸、邮电、工商、海关等部门共检查经营场所7000余家，收缴电子游戏机5726台，公开销毁1765台。全省电子游戏机室由4117家压减至458家，取缔无证经营的633家，从而扭转了电子游戏经营场所过多过滥的局面，经营秩序有了明显好转。国务院专项治理检查验收团认为河南的专项治理"工作非常扎实，实效非常明显，达到了预期目标"。

进一步深化电影体制改革，成立了"河南省电影发行放映体制改革领导小组"，推动电影发行放映行业朝着集约化、规范化经营方向发展。积极支持省会电影院将市场机制引入电影票价的尝试，在全国率先推出了"2元钱"票价，电影市场开始逐步走出低谷。认真落实《河南省农村电影实施2131工程目标意见》，开展农村电影2131工程，引入竞争机制，进一步开放农村电影市场，鼓励社会力量参与农村电影经营活动，完成了农村电影2131工程第一阶段目标。继续组织农村电影放映"百县万场"活动，全年在农村放映电影10000多场，农民看电影难的问题正在逐步得以解决。

对外和对港澳台文化交流进一步扩大　全年共完成对外和对港澳台文化交流项目103个。先后引进中央芭蕾舞团、白俄罗斯国家舞蹈团等国内外高水平艺术表演团体9个，在省会及安阳、濮阳等市（地）巡回演出37场，观众10万余人，社会反响良好。郑州市豫剧团赴南联盟、波黑访问演出；少林武僧艺术团赴英国巡回演出，杂技团赴挪威、英国的巡回演出，都在当地引起了轰动。

认真贯彻"保护为主，抢救第一"的方针，文物保护与管理工作成绩显著　11月30日，龙门石窟被联合国世界遗产理事会全体会议全票通过为世界文化遗产。这是河南省文物强省建设取得的一个标志性成果。同时，省文物局还邀请中国世界文化遗产委员会秘书长到登封、安阳，对嵩山和殷墟申报世界遗产工作进行实地考察，明确今后申报遗产的工作方向，并向省政府提交了关于申报登封嵩山、安阳殷墟为世界文化遗产的工作方案。文物保护维修工作也取得了新进展，提请省政府核准并公布了203处第三批省级文物保护单位，使全省省级文物保护单位达到了730处，居全国第一。完成了全省75个文物保护单位申报第五批全国重点文物保护单位的工作。全年共争取国家文物维修经费1193万元，省拨文物保护经费722万元，文物旅游景点建设资金3100万元，对济源济渎庙、周口关帝庙、淮阳太昊陵等10多处全国重点保护单位和省级保护单位进行了维修。考古勘探发掘工作成果丰硕，全年共进行考古发掘项目120个，组织实施了对宝丰清凉寺瓷窑址、潢川黄国墓地、登封法王寺塔二号塔地宫等的发掘工作，在国内外引起了较大反响。焦作府城遗址的发掘被国家文物局评为1999年度"全国十大考古新发现"。为加强近现代文物和革命文物的保护工作，在全省开展了"继往开来·百年文物征集"活动，全省共征集近现代文物5万余件，经鉴定三级品以上的达到2万余件。

2000年，全省各级博物馆加强爱国主义教育基地建设，共举办各类展览200多个，接待观众800多万人次，为社会主义精神文明建设和爱国主义、唯物主义、科学精神教育做出了重要贡献。洛阳博物馆的"永恒的文明"陈列和郑州博物馆"石刻艺术"陈列分获全国十大陈列展览精品奖和提名奖。

与各市地签订"2000年文物安全经济奖惩责任书"，进一步加强文物安全保卫工作。配合国家文物局对国家一级风险单位洛阳文物队仓库及濮阳博物馆、郑州博物馆等单位文物库房安全和技防设备进行了验收，会同公安、消防部门加强了对部分市地和省直文博单位进行了文物安全大检查。

深化文化体制改革，实现工作重点和工作职能的转变，推进文化体制创新和新的文化运行机制建设　省文化厅机构改革工作于4月中旬全面铺开，努力实现工作重点由办文化为主向管文化为主转变，工作职能由统包统管向服务、监督、检查的转变，该项改革于8月底结束。改革后省文化厅行政编制58名（不含纪检、监察），人员精减比例26.6%。积极稳妥地推进文化事业单位机构和人事制度改革。在省直文化系统总结并推广了河南博物院改革劳动人事制度的经验，推动全省文化系统事业单位机构和人事制度改革工作全面展开。省直院团在深化艺术表演团体改革上也进行了有益的探索，开始出现了良性发展的势头。通过改革，初步建立起了符合事业单位自身发展规律和特点的人事管理体制和运行机制，为全面深化文化体制改革打下了坚实的基础。

不断加强领导班子建设和文化队伍建设，建立和完善领导班子、领导干部定期考核制度，引入竞争机制，厅机关处级领导干部平均年龄下降到41岁，其中35岁左右的青年干部占48%，优化了厅机关处级干部的年龄结构和知识结构。进一步改革办学体制，深化教学改革，调整教育结构，优化专业设置，提高教育质量和办学效益。

落实文化经济政策，不断加大对文化事业投入，促进文化产业发展 2000年，全省各级文化部门继续加强文化经济政策的贯彻落实工作，保证各项文化工作的正常进展。一方面，努力争取政府对文化事业的投入，另一方面，坚持社会文化社会办的原则，积极争取社会资金投资兴办文化活动。

2000年，全省的文化产业开发工作稳步推进。召开了省直文化产业工作会议，制定了《省直文化产业发展意见》，与湖北省文化厅联合组织了文化产业培训班，进一步理清了文化产业的发展思路，为今后文化产业的发展打下了基础。

2000年大事记

3月 召开全省文化局长会议，总结1999年的工作，对2000年全省文化工作做了部署。

5月 现代豫剧《老子·儿子·弦子》、《红果，红了》等在 “文华奖”评选中获得“文华新剧目奖”，这是本省第六次获得此项奖。

7月 召开全省艺术创作会议，安排全省艺术创作工作。

8月 舞蹈《蜜蜂飞舞》、《学文化》等节目在全国首届“蒲公英奖”评比中表现出众，以7金、7银、4铜的好成绩位居全国第四。

9月28日 河南省豫剧三团排演的大型现代豫剧《香魂女》，在中国第六届艺术节一举夺得大奖，这是河南省专业艺术在全国赛事活动中获得的最高奖，也是河南省戏剧发展史上获得的第一个国家级大奖。

10月22日 省杂技团的节目《狮林春光》荣获全国杂技比赛最高奖——金狮奖。11月3日，该节目又在第四届武汉国际杂技节上荣获最高奖——“黄鹤杯”金奖。

10月 举办了河南省“卧龙杯”讲解员讲解大赛。

11月1-4日 与湖北省联合举办文化产业培训班。

11月6-28日 成功举办了河南省第八届戏剧大赛，全省共有17台新创剧目参赛，通过比赛，选拔出一批优秀剧目和优秀演员。

11月7-9日 举办全省第十三届图书馆馆长联席会，探讨“十五”期间图书馆事业的发展以及2001年的业务工作。

11月24日 组织农村小戏集锦《春满中原》晋京演出，引起强烈反响。河南是受邀的7个省份之一。

11月30日 龙门石窟被联合国世界遗产理事会全体会议全票通过为世界文化遗产，实现了河南省世界文化遗产零的突破。

11月 在全国人口文化奖评选中，现代豫剧《老子·儿子·弦子》获得二等奖，《香魂女》获得三等奖，洛阳市豫剧团演出《桑榆唱晚》获得优秀奖，省文化厅获得组织奖。

12月4日 舞蹈《愚公魂》在全国社会文化政府最高奖“群星奖”舞蹈大赛中一举夺冠，荣获最高奖——金奖。

12月 成功地组织了河南省新剧本评选活动，鼓励、调动了全省创作队伍的积极性，促进艺术创作的发展。

重要活动

剧本评奖活动，每年一次，旨在调动广大文艺工作者的创作积极性，提高文艺产品质量，繁荣文艺舞台。

全省图书馆馆长联席会，每年一届，旨在交流经验，研讨图书馆的发展思路和战略方向。已举办14届。

戏剧大赛，每两年一届。旨在实施精品战略，引入竞争机制，“一手抓剧目，一手抓人才”，繁荣艺术创作， 在普遍繁荣的基础上推出精品。已举办八届。

戏剧小品大赛，歌曲创作评选，艺术摄影展，每两年一届。旨在繁荣社会主义文化事业，组织、引导人民群众开展科学、文明、健康的各类文化活动，丰富群众的文化生活。

杂技比赛，每三年一届。旨在推动杂技艺术事业的发展，继承、发展优秀文化遗产，丰富和满足人民群众日益增长的文化需求。已举办四届。

民间音乐舞蹈比赛，每四年一届。旨在整理、发扬地方特色的文艺形式，推动农村文化建设的全面发展。

组织参加历届中国艺术节、全国群众文化"群星奖"、少儿文艺"蒲公英奖"、"文华奖"、"五个一工程奖"、声乐、杂技等各项赛事。

不定期举办河南省声乐、舞蹈、器乐、曲艺比赛和青年演员大赛。

文化厅机构设置

河南省文化厅内设办公室、计财处、人事科技教育处、社会文化处、艺术处、文化市场管理处、对外文化交流联络处、老干部处、厅直党委、纪检组十个处室。

湖　北　省

2000年，湖北省文化厅在省委、省政府和上级宣传文化部门的领导下，高举邓小平理论伟大旗帜，认真贯彻江泽民同志"三个代表"重要思想和十五届五中全会精神，着眼于全省文化事业的繁荣发展，抓住年初确定的体制改革、精品创作、设施建设、文化产业等重点工作和八项重点工程，对外积极争取社会各界支持，对内严格落实责任制，推动了各项工作的有效开展，为新世纪文化事业的更快发展奠定了扎实基础。

一、文化体制改革迈出重要步伐，各项改革举措全面实施

厅机关机构改革取得圆满成功。根据省委、省政府的统一部署，本厅工作主动，公开透明，在省直机关率先落实了新的"三定"方案。厅机关减少25人，精简幅度达47%，分流人员全部到位。机构改革后，新上岗人员以更加务实、高效的精神投入工作，办事质量和工作效率明显提高。省文物局机关的机构改革也顺利进行。

厅直单位布局结构得到合理调整，艺术资源得到优化配置。经过充分的调查研究和深入细致的工作，本厅从有利于事业发展的实际出发，对湖北省话剧院与湖北省人才艺术交流中心进行了合并重组；将湖北省楚剧院、湖北省汉剧院合并组建成湖北省地方戏曲艺术剧院；在原湖北省艺术学校、省电影学校的基础上联合组建了新的湖北省艺术学校。合并后的省话剧院、新组建的省地方戏曲艺术剧院、省艺术学校，其艺术生产、艺术教育、产业开发等各项工作都呈现出好的发展势头。

湖北省歌剧舞剧院作为省直艺术剧团改革试点单位，改革取得实质性进展。该院在领导体制、经营机制、艺术生产组织形式、全员聘任上岗、分配方式等各方面都突破了过去的格局。改革运行几个月来，内部管理和运行机制得到激活，面向市场求生存、谋发展初见成效。

为全面指导厅直单位的改革，本厅出台了《关于深化直属单位领导体制改革和人事制度改革的意见》。在干部制度、人事制度、分配制度等方面进行了大的调整。在干部选拔任用制度改革方面，首次在省群众艺术馆采取面向全省文化系统公开招聘的办法，选拔聘用了2名副馆长。省图书馆、省美术院 在用人制度上实行全员考核聘用和岗位目标管理；在分配制度上，初步确立了符合事业单位特点的分配激励机制。厅直其他单位的改革也有不同程度的进展。通过各项改革，厅直单位干部职工的工作热情和积极性得到充分调动，精神面貌有了较大改观。

各地文化部门抓改革，促发展，收效较大。本厅推广黄石"三团合一"、深化内部改革的经验，在全省产生广泛影响。

二、文艺创作喜获佳绩，群众文化生活进一步活跃

专业创作方面，年初确立的10个省重点剧目大都立于舞台。荆门市的荆州花鼓戏《闹龙舟》、武汉市的舞剧《山水谣》、鄂州市的少儿京剧《小凤》获得了文化部第九届"文华新剧目奖"。《闹龙舟》、《山水谣》应文化部之邀参加了在南京举办的第六届中国艺术节。武汉市的儿童剧《春雨沙沙》和楚剧《你是一条河》获第八届中国人口文化奖，其中《春雨沙沙》获得了本年度全国儿童剧优秀剧目奖第一名。武汉杂技团的节目《大跳板》、《顶碗》分获武汉第四届国际杂技艺术节成人组金奖和少儿组银奖。本省的朱世慧、蔡建庭入选本年度“梅花奖”评选，其中朱世慧为第二次获“梅花奖”。在全国第十届“孔雀奖”少数民族舞蹈比赛中，省歌剧舞剧院的双人舞《龙船调》获三等奖。选送部分作品参加全国第九届美展，《五角星》、《世纪三峡》获金奖，另有2件作品获银奖，4件作品获铜奖。组织推荐全省少儿文艺优秀作品参加全国“蒲公英奖”和“新苗奖”少儿京剧邀请赛，获得了7金7银5铜的好成绩。

业余文艺创作方面，开展了全省第五届“楚天群星奖”评奖活动，选调30件获奖作品来汉向省委、省政府作汇报演出，在此基础上推荐了12个节目参加全国“群星奖”的角逐，其中《三棒鼓》、《土家老幺妹》、《长阳巴山舞》等3个节目获金奖，另获银奖4个，铜奖1个，优秀奖3个。省文化厅连续第七次获组织工作奖。本省选送的作品《龙船调》、《三峡，我的家乡》、《山路十八弯》入选“中国世纪民族之歌”。

组织全省专业艺术表演团体积极开展第九次百团上山下乡暨新春金秋演出季活动，前三季度完成演出场次13125场，团均演出144场，提前完成年初的预定目标。与省委宣传部、武烟集团联合组织了“第十届红金龙送戏下乡活动”，省直、武汉市有20余位知名艺术家参加，在17个县、市巡回演出，受到基层群众的欢迎。部分省直剧团还完成了省委、省政府迎接新千年广场文艺晚会、省暨武汉市国庆51周年广场文艺晚会等重要演出任务，受到有关方面的好评。本厅与黄冈市、孝感市联合举办了第四届黄梅戏艺术节和第二届楚剧艺术节，与十堰市联合举办了武当中国京剧票友节。省京剧院建院30周年纪念活动和京剧保留剧目展演受到社会广泛关注。

三、文化先进县创建工作深入开展，公共图书馆事业有新的发展

文化先进县的创建工作受到各级党委、政府的重视。武汉市洪山区、武昌区、黄梅县、宜都市、赤壁市、保康县、大冶市、利川市等10余个县、市、区正在努力创造条件，积极申报第四批省级文化先进县。不少地方创建工作热情高涨，从人力、物力和财力方面加大对文化工作的投入，推动了基层文化事业的发展。

举办全省群艺馆、文化馆长岗位培训班，加强了对社会多重文化的组织引导。各地积极开展广场文化、社区文化、校园文化、企业文化和村组文化活动，用先进文化占领城乡思想文化阵地，丰富全省城乡人民群众的精神文化生活。鄂州市被命名为省民间艺术之乡。贯彻文化部《关于加强老年文化工作的意见》，筹划创办省老年文化大学和老年艺术大学的工作正在抓紧进行。

图书馆事业进一步发展。开展全省公共图书馆网络化建设，各地图书馆在硬件和软件建设上都有了明显的进步。全省已有56%的图书馆购有电脑，27%的图书馆实现了基础业务计算机管理自动化。在中等城市图书馆中，有60%实行计算机管理。全省还开展了第十二届图书馆服务宣传周活动。各级、各类图书馆送书下乡25万余册，服务读者151万余人。起草了《湖北省公共图书馆条例》（草案），已送省人大审议。

四、文化市场专项整顿成效显著，管理工作进一步规范

根据国务院和省委、省政府的统一部署，在省综治办的组织协调下，4月底以来，各地文化部门与公安、工商等部门密切配合，在全省开展了对电子游戏经营场所的集中整治，收到良好效果。厅里先后派出5个工作组，由厅领导带队，对各地查处电子游戏机、电脑网吧违法经营的工作进行明查暗访和检查督办。据11月底的统计，全省查处违规电子、电脑游戏和电脑网吧经营场所6000多家，收缴、暂扣电脑5125台、赌博机及游戏机电路板6475块。取缔中小学周边电子游戏经营场所1034家，销毁违禁游戏机具1500多台。取缔销售电子游戏机及零配件单位80家。移交公安机关治安处罚、拘留的有347人。目前全省电子游戏机经营场所由原来的5728家压减为627家，压减比例为89%；电子游戏机台数从12.2万台压减至3.5万台，压减比例为71%；电脑网吧由原来的2232家压减为1562家；2264家利用电脑网吧、咖啡屋、休闲屋之名从事电脑游戏的非法经营场所被取缔。其中武汉市的力度最大，电子游戏经营场所由906家压至80家，压减比例为91%；电脑网吧669家压至173家，压减比例为74%。

在开展整顿电子游戏机和电脑网吧的同时，

各地文化部门配合公安部门对娱乐场所进行了治理，重点打击色情陪侍、赌博等违法活动，受到广大群众的热烈拥护。

加强了对音像、出版物市场的管理，开展全省第十二次“扫黄打非”行动。全省共收缴非法音像制品7万多件，取缔关闭了一批录像放映场所。理顺了音像管理体制。省广播电视局已将其直接管理的22家音像制品批发单位、57家经营单位及全省各级广电部门管理的4100家经营单位名册移交本厅。武汉、宜昌、十堰的交接工作完成，其他市、县的交接工作正在进行。本厅正在组织对全省音像市场进行摸底调研，制定音像市场管理方案。

各地认真开展文化经营场所安全大检查。共检查文化娱乐场所4354家，录像放映厅831家，停业整顿645家，取缔关闭226家。本省各类文化经营场所全年无重大安全事故发生。

五、文物考古发掘有重大发现，文物保护、利用工作再上新台阶

配合襄荆高速公路等工程开展文物抢救保护工作，在荆门左冢等地发掘了大型战国古墓群，出土了一批重要的楚文物。三峡文物抢救工作取得突破性进展，国务院批准了三峡文物保护总体规划。湖北省境内库区的考古发掘工作全面展开，地面文物保护抢救工作有了较大进展，已制订了屈原祠、新滩民居搬迁保护方案。配合宁西（合肥——西安）铁路的考古发掘工作进展顺利，配合其他零星建设工程的文物保护工作也获得重要收获。在荆州市沙市区长湖边抢救发掘的一座楚国贵族墓——天星观二号墓，出土了包括目前已知器型最大的虎座鸟鼓和楚墓中首次发现的蛙座凤鸟羽人、特大龙型银带钩等在内的200余件珍贵文物，在曹家山墓地一号墓出土的镶嵌错金铭文“越王”字样的青铜剑等都具有重要价值。

文物保护基础工作有了新突破。11月，经联合国教科文组织世界遗产委员会第24次会议评审，钟祥市明显陵与清东陵、清西陵组成的“明清皇家陵寝”被正式列入《世界遗产名录》。组织了第五批全国重点文物保护单位申报工作，在申报的52处中，有20余处已通过国家文物局初审。组织制订了龙湾大遗址保护方案。协调处理了钟祥梁庄王墓发掘主体之争，并完成了勘探工作，为发掘作好了准备工作。组织了国家文物局考古领队申报工作，武汉市考古所和一批业务骨干分获团体领队和个人领队资格。完成《湖北文物地图集》的编辑工作。

文物管理工作得到加强。省政府印发了《关于切实加强文物工作的通知》，规范了经济建设与文物保护的关系。认真查处省博物馆编钟馆壁龛跨塌致使文物受损事件，从中汲取教训，进行了整改。妥善地处理了全国人大、全国政协关注的樊城城墙被毁事件。处理了枝江赫家洼遗址盗挖等文物破坏事件。实现了全省文物消防安全年、馆藏文物安全年。博物馆陈列展出工作又上新台阶，荆州博物馆《江汉平原楚汉文物展》被国家文物局评为全国十大文物陈列精品展览。

加大了文物犯罪打击力度，贯彻蒋祝平省长批示精神，配合公安机关在荆州开展了为期一个月的打击盗墓专项斗争，成效明显。

六、积极探索文化产业发展新思路，大力发展文化产业

在机构改革中，厅机关新成立文化产业处，加强了对发展文化产业的组织领导。本厅与河南省文化厅在宜昌联合举办了文化产业培训班，学习推广重庆等地发展文化产业的先进经验，研究探讨了发展文化产业的有关理论和实践问题 。

为进一步发挥演出业在文化产业中的龙头作用，本厅提出了加快全省演出网络建设的构想。湖北省演出公司、湖北剧场、黄鹤楼剧场从省演出中心剥离，并划归省文化厅直接管理，以充分发挥上述单位在演出和三产方面的自主经营权。目前，湖北剧场电脑售票系统、网上商务服务、新闻媒介公告体系等多种形式现代化的服务和管理模式正在抓紧建设之中。不久前的湖北省部分优秀剧目营销洽谈会，吸引了来自北京、上海、江苏、河南、广西、四川等十几个省市及本省众多演出机构和大型演出场所，本省十几部优秀剧节目签订了明年的演出合同。

各级电影部门调整思路，深化改革，主动出击找市场。本省已建成以省电影总公司为龙头的全省电影联营（集团）经营总格局，并逐步实现规范经营和规范管理。全省发行放映工作各项经济指标继续稳步回升，发行收入、放映收入、票房收入及观众人次四项经济指标连续数年居全国前10位，本年度电影专项基金征缴居全国第7位。优秀影片《生死抉择》在本省放映2000余场，票房收入超过500万元，居全国第6位。农村电影工作逐步恢复。全省已有20%的县市达到“一村一月一场”的要求，大多数县市落实了农村电影放映政策，保证了农民每年可观看8-12场电影。

各地十分重视寻求社会力量办文化，文企联姻，相互支持，共谋发展。如本厅与武汉烟草集团公司联合举办“红金龙”楚剧艺术节和“红金龙”送戏下乡活动；武汉国际杂技艺术节采取广告集资形式吸引企业联办，并采取商业化运作，包括神龙汽车公司、武汉钢铁公司等在内的近400家单位和个人踊跃资助，不但解决了活动经费，而且产生了较好的经济效益。

大力发展文化旅游业。各地文化部门在各种大型会节活动中唱主角，如武汉市第四届国际杂技艺术节、荆州市的国际龙舟节、恩施州的清江闯滩节、汉正街市场文化艺术节等，为地方文化旅游业发展创造了良好条件。省博物馆加强管理，提高服务水平，全年接待游客50余万人次（含外展），展览收入达300余万元（含外展），纪念品销售收入达100余万元，显现出好的经济效益。

作为省直重点文化产业工程的《中国故事》杂志，在不断强化内部管理和责任意识、提高刊物质量的同时，努力抓了发行工作，本年度的发行量有所回升。

七、对内、对外文化交流工作取得积极成果

一年来，本厅致力于以文化宣传工作服务于全省的工作大局，其中组织优秀艺术精品在国内巡回演出、展览，努力扩大湖北在国内的影响是重要内容之一。民族经典歌剧《洪湖赤卫队》先后在上海、深圳、珠海、长沙等城市演出，场场爆满。各大新闻媒体给予充分关注，仅中央电视台就以新闻、专题等形式进行了十余次报道，在全国产生广泛影响。本厅还策划组织了著名画家汤文选先生在烟台、郑州等地举办画展，受到各地观众的喜爱。

对外文化交流方面，本省在全国占重要地位。4月，由省博物馆和美国沙可乐美术馆联合举办的“孔子时代的音乐”文物展览在美国华盛顿获得很大成功，中国驻美大使李肇星和来自世界各地的社会知名人士及美国观众对展览给予高度评价。美国的《华盛顿邮报》等主要报纸及新华社、《光明日报》、中央电视台等主要媒体均作了报道。9月，省京剧院赴日本进行为期两个月的巡回演出，受到热烈欢迎；武汉杂技团在日本商演420场，观众达11万人次。10至11月，组织编钟、编磬赴德国商演，《龙之声——中国钟铃艺术展览》在法国举办，《中国文明展》在日本举办，均获成功，向各国人民介绍了中国悠久的历史和灿烂的文化，加深了他们对中国特别是对湖北的了解，引起较大反响。

八、文化基础设施建设步伐加快，在建项目进展顺利，规划项目全面筹备

以标志性文化设施工程建设为重点，文化设施落后的面貌正在逐步改变。湖北剧场扩建工程已累计完成投资4200万元，主体工程和部分设备安装完工，完成各项招标20个。省博物馆二期工程已初步完成立项，此工程总投资2.5亿元，目前已到位部分资金，开始“三通一平”工作。辛亥革命纪念馆的维修及环境整治工程进度加快，主楼的维修全面展开。江汉剧场扩建工程完成了立项，有关引资等工作开始启动。厅机关、省文物局机关办公楼搬迁工程已报有关部门立项，前期准备工作正在进行之中。省歌剧舞剧院艺苑剧场维修改造工程9月完工并投入使用，改变了省歌剧舞剧院艺术生产环境，也部分解决了省直院团目前缺少演出场所的困境。省美术院美术展览馆改造扩建工程10月完工，为展示本省的美术艺术、加强对外美术交流、宣传湖北，建立了一个新的窗口。目前，该馆已举办了各类美术展览4个，产生了较好的社会效益。省文物总店中南大楼扩建改造工程年底完工投入使用。

各地加快了文化设施建设的步伐，一批规模大、档次高的标志性文化设施先后建成。如武汉市新图书馆建设工程 已于2000年11月15日开馆投入使用；武汉市博物馆建设工程 2000年11月完工，该馆收藏文物约10万余件；荆门市新图书馆建设工程于2000年初完工投入使用；仙桃市新图书馆建设工程年底完工；黄冈市文化艺术中心建设工程预计2001年建成投入使用，现已完成主体土建工程。

九、党建工作受到重视，文化队伍建设不断

加强

文化厅以学习贯彻江泽民同志“三个代表”重要思想为重点，认真抓好理论学习。各级中心理论学习组结合文化工作实际，就“三个代表”中“始终代表中国先进文化前进的方向”这一主题，组织专题讲座、开展讨论。召开学习“三个代表”暨警示教育演讲会，厅领导及部分厅直单位领导交流了学习体会。认真学习贯彻十五届五中全会精神，结合实际，制定了本部门、本单位“十五”发展规划。

认真开展“三讲”教育“回头看”活动。厅领导班子及个人先后三次分析讨论了“三讲”集中教育以来整改措施落实的情况，对自查自看和干部群众提出的批评意见和建议，逐条分析研究，特别是对涉及到厅党组制定的“八大工程”的进展情况，多次集体听汇报，集体决策，加强督办检查，取得了良好效果。厅直单位也认真开展了“三讲”教育“回头看”活动。贯彻《中国共产党党和国家机关基层组织的工作条例》，制定下发《关于加强厅直基层党组织建设的意见》，调整充实了部分厅直单位的领导班子，加强了对厅系统党务干部的培训和对党员的教育，使厅系统党组织的凝聚力和战斗力不断增强。

加强纪检监察工作。开展对厅系统领导干部住房超标、公款配备住宅电脑、公车私用等方面的专项清理，没有发现违纪现象。开展警示教育活动，组织观看了反腐影片《生死抉择》及《胡长清案件警示录》等教育片。积极推进党风廉政建设责任制的落实，受到省党风廉政建设责任制检查组的好评。加大了监督检查的力度，特别是介入重点工程的招投标工作，受到多方欢迎。

重视老干部工作，老干部的政治、生活待遇得到落实。加强财务管理，推行会计委派制度的工作正在进行。厅系统财务部门实现了微机管理，会计电算化基本落实。厅系统干部职工积极参加义务献血、各种扶贫助困活动。厅机关健全和完善各项规章制度，全面加强了机关内部管理。

2000年文化工作存在的困难和不足主要表现为：文化改革工作难以整体推进，文化产业发展缓慢，部分基层文化单位生存艰难。

湖 南 省

2000年，湖南省文化厅抓改革，促工作，在完成理顺体制、精简机构、精简编制、精简职位、职责定岗的同时，与全省文化工作者一道共同努力，创造了湖南文化事业繁荣发展的新局面。

专业艺术

新世纪伊始，湖南文艺界艺术创作全面丰收，演出活动色彩斑斓。湖南省湘剧院湘剧《马陵道》获文化部第9届文华大奖及剧作、导演、表演、音乐、舞美5个文华单项奖，剧中扮演车前子一角的演员王阳娟获第十七届中国戏剧梅花奖。湖南省花鼓戏剧院《乡里警察》获第9届文华新剧目奖及剧作、舞美2个文华单项奖，并于第六届中国艺术节上获优秀剧目奖。湖南省话剧团话剧《水下村庄》获国家计划生育委员会、文化部等七部委颁发的第八届中国人口文化奖，陈健秋获最佳编剧奖。湖南省昆剧团昆剧《荆钗记》获首届中国昆剧艺术节优秀展演奖。常德市鼎城区丝弦戏剧团丝弦戏《旋转的钞票》获中国第五届映山红民间戏剧节金奖，并应邀晋京汇报演出，取得圆满成功。湖南省木偶皮影艺术剧院所演木偶剧《猎人海力布》等，在捷克国际木偶节上获得“最佳传统表演奖”；该院的皮影戏《缺心眼在多心国》和木偶戏《西门豹》获全国儿童剧展演剧目奖。湖南省第三届新剧（节）目会演中，涌现了22台、29个大小新剧（节）目，包括湘剧、祁剧、京剧、昆曲、话剧、歌剧、长沙花鼓戏、邵阳花鼓戏、阳戏、常德丝弦戏、侗歌剧、小品、舞蹈、舞蹈诗、轻音乐剧、木偶戏、皮影戏、歌舞诗剧、民族管弦乐等19种艺术表演门类，这是近年来湖南戏剧创作的一次全面丰收，成果超过了以往任何一届会演。另外，全国儿童剧优秀剧目展演、湖南省高校文化艺术活动月、“洞庭杯”民族器乐系列大赛等大型文艺活动，为湖南人民奉献了丰盛精美的精神文化食粮。

为鼓励中青年演员积极进取，湖南组织举办了1989-1999年度湖南戏剧芙蓉奖评奖，11人荣获芙蓉奖，2人获提名奖，1人获荣誉奖，9个单位获园丁奖。为迎接全国京剧优秀青年演员评比展演，湖南省京剧团选拔、推荐出12名演员和14个折子戏参加文化部的复赛，其中有3人脱颖而出，进入了最后的决赛并获得2项银奖，1项铜奖。

湖南省艺术学校晋升为国家级重点中专，湖南省电影学校已完成由职工中专向普通中专的转制，被列为湖南省合格中专学校，衡阳市艺术学校、邵阳市艺术学校、常德市艺术学校均实现了搬迁重建，以上学校办学条件明显改善，办学规模扩大，教学质量显著提高，为社会培养了大批艺术人才。

文化市场

湖南在抓好文化市场建设，规范经营行为，加强文化市场法制建设，理顺文化市场管理体制，建立健全管理机构和稽查队伍等方面，取得了显著成绩。娱乐和电子游戏经营场所治理成效显著，全省电子游戏经营场所由6463家压减为2319家，人民群众对此普遍感到满意。对音像制品集中经营场所的压缩整顿，对非法音像制品的打击，演出市场的活跃繁荣，艺术品市场、艺术培训市场的逐步规范，均促进了文化市场健康有序地发展。文化稽查工作得到了重视和加强，目前，全省已有139个文化稽查机构，形成了省、市、县（市、区）三级文化稽查管理网络，专职稽查人员已达1180人。2000年，省文化市场稽查队组织举办了全省文化稽查工作档案现场交流会，制定了《全省文化市场稽查机构目标管理考核考评办法》，并纳入到省文化厅对各市、州文化行政管理部门的目标考核中。2000年，全省各级稽查部门在电子游戏经营场所专项治理和音像市场集中整治中共收缴具有赌博功能的游戏机3351台，赌博电路板5777块，非法音像制品67万余张（盒），淫秽音像制品15290余张（盒）。查处了益阳市梓园宾馆淫秽表演案，邵阳三资娱乐城赌博案，长沙日银大酒店出租、播放淫秽音像制品案，长沙富丽华大酒店、株洲醴陵瓷城电影院门面利用游戏机赌博案，社会反响强烈，树立了文化行政执法部门的威信和良好的文明执法形象。

文化产业

文化单位自身的文化产业发展初具规模，财政支持大幅增长。县级以上文化单位以文补文覆盖率达100%，文化系统经营创收额占文化事业支出额的比例逐年增加，已上升到58%，省直文化单位达到63%，并形成了以湖南大剧院为龙头的，集电影业、演出业、娱乐业、艺术培训业等多业一体的支柱产业，产生了良好的效益。财政补助文化文物事业经费大幅增长，文化口增幅为30%，文物口增幅为61%，增长值和幅度均为历史之最。社会文化产业更是蓬勃发展，到2000年上半年，全省有文化市场经营单位（户）12000余家，从业人员近20万人，出现了清水塘艺术品市场、定王台书市等知名文化市场，已形成多种经济形式并存、协调发展的格局，文化市场已成为第三产业中一个重要的经济增长点。

社会文化和图书馆事业

湖南全省拥有图书馆115个，群众艺术馆和文化馆139个，文化站2527个。

农村文化工作，一直是湖南社文工作的重中之重。通过农村文化先进县、百强集镇文化站、百佳民间剧团、百优艺术之乡以及每乡一个文化站、一个广播站、一个电影队、一个图书室、一个农科教中心的农村文化“五个一工程”建设，极大地促进了社会文化事业的全面发展。全省有12个县（市、区）被授予“全国文化先进县（市、区）”称号，8个乡镇被授予“中国民间艺术之乡”称号，涌现了94个“百强集镇文化站”，52个“百佳民间剧团”，88个“百优群众文化艺术之乡”，农村县、乡群众文化活动网络已基本形成。在文化部第十届“群星奖”的舞蹈评奖和决赛中，湖南共获3个银奖、1个铜奖，7个优秀奖。文化部首届少儿艺术“蒲公英奖”评选活动中，湖南获得了1金1银4铜的好成绩。目前，全省群众文化活动形势喜人，5月份，湖南省委宣传部和湖南省文化厅联合召开了全省社会文化工作暨广场文化经验交流会，对全省社会文化工作进行了部署，部分地市及单位交流了开展社区文化、企业文化、广场文化工作的经验，现场观摩了株洲市“周周乐”广场文化活动。会后，根据会议要求，各市州联系本地实际，学习株洲经验，开展了各具特色的广场文化活动，带动、活跃了全省群众文化活动。岳阳市选派的少儿群舞《雨咕咕叫了》参加广州亚洲儿童艺术节，获得好评。省文化厅推荐的金沙艺术团双人舞《淌过心田的月亮》参加文化部、国家民委、广电总局联合主办的第四届孔雀杯少数民族舞蹈比赛，获编导、表演二等奖。在省会长沙的群众文艺舞台上，少儿、青年、老年合唱活动丰富多彩，十分活跃，湖南省歌舞剧院合唱团、省文化厅艺术幼儿园“新星艺术团”、省艺术研究所知音合唱团、省老干歌舞团均是名闻遐迩，蜚声艺坛。湖南大剧院也已组建文化艺术培训中心，目前该中心主抓少儿艺术培训，拟将组建少儿艺术团。

全省公共图书馆115个，藏书1660多万册，馆舍总面积25万平方米，从业人员1900多人。在文化部全国公共图书馆第二次评估中，湖南省共有95个图书馆上等级，其中一级馆13个，二级馆47个，三级馆35个。湖南图书馆、湖南省少儿图书馆在国际互联网开辟了自己的网站，走出了湖南公共图书馆数字化的第一步，省少儿图书馆已成为全国青少年科普教育的基地。

电影、文学事业

湖南积极推广“影企联姻”经验，组织送电影下乡活动，既解决了农民看电影难的问题，又给了企业一个宣传、推介、销售产品的机会。为配合全省科教兴农战略，充分发挥科教电影在农村两个文明建设中的特殊作用，湖南组织、开展了全省农村科教片汇演活动，举办了农民电影节等系列电影展映活动，同时，在解决农村电影放映设备、拷贝购买、放映队伍、放映场次、收费方式等方面作了大量改进工作，使农村电影工作迈上了新台阶。在电影市场管理上，对优秀影片，不仅从经营运作方面加以扶植，还积极支持做好宣传配合工作。10月25日是中国人民志愿军抗美援朝出国作战50周年纪念日，湖南电影界在省会长沙组织放映了《毛泽东和他的儿子》等一批反映抗美援朝战争的优秀影片，受到人民群众欢迎。全省中小学生每年平均能看到6场爱国主义教育片。另一方面，抓紧了对影片走私活动的打击，繁荣、净化了电影市场，进一步规范了电影市场经营秩序。

谷雨戏剧文学社作为湖南著名的文学社团，一直致力于湖南戏剧文学创作的繁荣发展，并为培养湖南的戏剧创作队伍做出了显著的贡献。谷雨文学社会员多年来创作出不少优秀作品，并多次荣获曹禺戏剧文学奖、文华剧作奖、艺术节剧作奖等各类国家级、省级以上文学奖项。

对外文化交流

对外文化交流成绩突出，交流规模不断扩大。既引进了大量境内外优秀艺术表演团体近200场高水准的演出，也派遣了各类艺术团体25个，共计2514人次赴国外及港、澳、台等地区进行商业性演出、学术交流、文物展览和参加民间艺术节活动，向各国人民展示了湖湘文化艺术的风采。例如:

湖南省木偶皮影艺术剧院受文化部派遣，于6月15日至21日，赴东欧参加捷克第四届国际木偶节，所演木偶剧《猎人海力布》等，获“最佳传统表演奖”，此后顺访斯洛文尼亚，也受到外国朋友一致好评。

湖南省杂技团分5个演出队全面出击，在德、美、日三国作长时间商业演出，赢得了较好的社会效益和可观的经济效益。

潇湘民间艺术团赴英国参加第三十七届比林汉姆国际民间艺术节，湖南电力艺术团、湘潭市少儿艺术团赴法国、德国、西班牙等地演出获得成功。

俄罗斯国家红军歌舞团、格鲁吉亚国家芭蕾舞团、奥地利管乐团、柬埔寨国家艺术团、刚果（布）与几内亚国家艺术团等来湘访问演出，均获得了巨大成功。

与港澳特别行政区及台湾地区的文化交流

湖南省花鼓戏剧院应邀赴台湾参加海峡两岸文化交流演出，演出的花鼓传统小戏《小砍樵》、《讨学钱》、《调叔》等五个节目引起台湾同胞的强烈反响，中央电视台作了专题报道。

1999年9月至2000年2月，湖南省博物馆牵头举办的《汉代文物大展》在台北故宫博物院展出，观众达26万人次，这是湖南省博物馆主办的有史以来规模最大的精品展览。

文物考古和博物馆事业

2000年3月28日，湖南省人民政府首次召开全省文物保护“五纳入”工作先进县（市）表彰大会，南岳区、中方县、绥宁县、宁远县获得省人民政府的表彰和奖励。根据省政府和省文物管理委员会的要求，会后，各市（州）文物管理委员会进行了重新调整，各地加大了文物保护事业的投入，进一步加强了建设工程中的文物保护，破坏文物的现象得到了有效遏制，打击文物违法犯罪取得了较大成绩。

4月，在湘西凤凰县发现建于明万历年间的“苗疆边墙”，此为本省文物调查的重要发现。

5月23日-25日，湖南省文物局在南岳衡山召开文物行政执法座谈会，参加会议的各市州文物局（处）长着重研究了自1996年以来全省文物行政执法工作中的问题，会议部署了2000年的文物执法检查中文物部门要做的准备工作。

10月8日-18日，湖南省人大教科文卫委员会会同省文化、文物部门赴各市（州）就《中华人民共和国文物保护法》和《湖南省文物保护条例》的贯彻执行情况进行执法调研，共听取7个市、州和15个县（市、区）政府及有关部门的汇报，召开了20个不同层次的座谈会，实地察看了国家级和省级文物保护单位35处，解决了近年来一直制约湖南文物保护工作的一些难题，为湖南文物工作的未来发展奠定了良好的基础。

2000年9月-10月底，湖南省博物馆先后举办了黄永玉、李自健、潘玉良画展，收到良好的经济效益和社会效益。

在文物征集方面，也取得了较大进展。2000年全省共征集近万件文物。其中，在纪念抗美援朝50周年活动中，征集了数千件有关文物。

为更好地发挥湖南省革命文物丰富的优势，做好近现代革命旧址、爱国主义教育基地保护管理和宣传利用工作，湖南文物部门加强了近现代革命旧址、尤其是革命纪念地、爱国主义教育基地的环境风貌的保护，逐步实现旧址、陈列和环境三位一体的有效保护与合理利用。如刘少奇故居、胡耀邦故居、黄兴故居、杨开慧故居等，均取得了很好的成效。

艺术科研

艺术科研方面，湖南文艺界同样成绩斐然。继湖南省艺术研究所编《湖南地方剧种志丛书》1-5卷获文化部第一届文化艺术优秀成果一等奖，石生朝、黎建明合著《目连戏·南戏源流与声腔形态研究》及马焯荣著《中西宗教文学》获三等奖之后，湖南省又对近五年来的优秀戏剧理论成果进行评比和表彰，首届“田汉戏剧理论成果评奖”共评出优秀专著3本，优秀论文11篇，对湖南戏剧理论和文艺评论工作起到了促进作用。湖南省文联主编、湖南文艺出版社出版的《文艺湘军百家文库·戏剧方阵》9卷，其中戏剧剧本8卷，戏剧评论1卷，共收入新时期以来获本省一等奖或全国重要评奖二等奖以上剧作66部，新时期以来在省级以上刊物发表的颇有分量的关于戏剧创作方面的论文38篇。湖南省艺术研究所主编的《沅湘傩戏论文集》已由时代文艺出版社出版。《目连戏与宗教》、《戏剧哲学》、《湖南戏剧史纲》等著作，也体现了湖南艺术研究本年度的研究水准。

文化人物

全国劳动模范和先进工作者（1人）

宋少华　男，1953年生，河北曲周人，中共党员，现任长沙市文物考古研究所所长兼文物工作队队长，副研究馆员。

他刻苦钻研，自学成才，先后参加国家社科重点课题“长沙楚墓”、“长沙窑”和国家重点图书《中国漆器·汉代卷》的研究编撰工作，发表过《长沙走马楼三国吴简——J22发掘报告》、《湖南秦墓初论》、《西汉长沙国（临湘）中小型墓葬分期概论》等报告、论文20余篇。参加抢救发掘古墓葬、古遗址2000余处，保护了一批国家级珍贵文物。他主持发掘“西汉长沙王室墓”、“长沙三国吴简”的工作取得重大成果，被国家文物局评为1993年和1996年全国十大考古新发现。1998年2月荣获“全国文博先进个人奖”，1998年5月荣获全国“五一”劳动奖章。2000年被授予全国劳动模范称号。

全国文化系统先进工作者（8人）：

杨源明　湖南长沙市文化局局长、党组副书记

缪桂芳　湖南株洲市文化局局长、党组书记

梅　实　湖南岳阳市文化局局长、党组书记

王一飞　湖南省群众艺术馆馆长、党总支书记

宋纪元　湖南省祁剧团团长、党支部书记

阳春香（女）　湖南双峰县图书馆馆长

蔡上矢　湖南慈利县文化体育局戏剧创作工作室主任

龙京沙　湖南湘西土家族苗族自治州文物管理处副处长

优秀文化单位

湖南省全国文化工作先进集体（5个）：

永州市群众艺术馆

衡阳艺术学校

溆浦县低庄镇文化站

安仁县花鼓戏剧团

常德市鼎城区花鼓戏剧团

政策法规

湖南省文物局根据国家文物局的工作思路和湖南省政府指示，紧紧围绕贯彻落实党的十五届五中全会精神和文物工作方针、原则，着眼于文物事业大的发展趋势，经反复研究，制定了《湖南文物保护和事业发展十五规划》(征求意见稿)，下发了《关于加强文物考古发掘资料整理的若干规定》。

重要会议

2月18日，湖南省艺术研究所主办"2000年省会艺术沙龙迎春茶话会"，邀请省会文艺界人士和新闻工作者共60余人出席，与会者交流信息，畅所欲言。

3月，省文化厅市场处承办了全国娱乐场所节目交流会。

3-4月，省文化厅社文处举办少儿及成人舞蹈班，从北京蓝天艺术团、北京舞蹈学院聘请专家来湘讲课。

4月，湖南省文化厅艺术处组织举办了省直院团演出营销培训班，来自湖南各省直院团的院团长和专职演出营销人员共14人参加了培训。学习班采取理论知识学习和实地考察相结合的方式，请有关专家、领导上课共11节，实际工作经验介绍4节。学员们实地考察了苏州市文化局、无锡市歌舞团、上海话剧艺术中心、上海演艺公司等。

5月8日-18日，湖南省博物馆纪念馆讲解员培训班在板仓湖南省文物干部培训中心举行，来自全省 14个市、州的43名在职讲解员参加了培训。

5月，湖南省委宣传部和湖南省文化厅在株洲市联合召开了全省社会文化工作暨广场文化经验交流会。

5月23日-25日，湖南省文物局在南岳衡山召开文物行政执法座谈会，全省文物部门负责人着重研究了自1996年以来全省文物行政执法工作中的问题，会议部署了在2000年检查中文物部门要做的准备工作。

7月、9月、11月，湖南省文物局举办了三期全省文物局（所）长培训班，每期8-9天。通过三期培训，全省100余名县、市文物局（所）长基本轮训完毕。

10月25日-11月4日，湖南省文化厅社文处在湖南省图书馆分别举办地市级图书馆、县级一级图书馆馆长研讨会和各市（州）、县图书馆计算机系统管理员提高班。

重大事件

4月，在湘西凤凰县发现建于明万历年间的"苗疆边墙"，此为湖南文物调查的重要发现。

8月，湖南株洲成功举办了中华炎黄圣火传递活动暨2000年中国株洲炎帝节庆祝晚会。

9月，永州市首次公祭舜帝陵，并排演了一台题为《舜帝魂 ·九嶷颂》的文艺晚会，分《序》、《舜帝魂》、《九嶷情》、《潇湘潮》等篇章计20个节目，7日、8日各演一场，每场观众数万人。

重要活动

4月份，湖南省文化厅艺术处组织9名知名词曲作家在常德桃花源举行"歌曲创作笔会"，共创作歌词40余篇，歌曲20余首。经组织湖南省歌舞剧院演员试唱，对其中7首基础较好的作品进行了深度加工并包装录制，有四首在全省"迈向21世纪"优秀歌曲征集活动比赛中取得了2金1银1铜的突出成绩，它们是《十月的礼花》、《好美的一个秋》（一等奖）、《都市的梦》（二等奖）和《新世纪的童话》（三等奖）。

5月底，全省图书馆开展以科普宣传为重点的图书馆服务宣传周活动。湖南图书馆与省科协、湖南科技出版社、湖南教育出版社联合举办了科普图片巡回展览，在省图书馆馆内、长沙街头和省内部分县、市巡展，产生了良好的社会影响。该馆还在综合借阅大厅新增24个科普图书展示架，在门厅内和视听室反复播放科普录像，还举办了科普系列讲座。湖南省少儿图书馆安排了科普知识竞赛等26项活动，这些活动注重让孩子们自己动手，开动脑筋，培养创造思维能力，受到孩子、家长和老师们的热烈欢迎。湘潭市图书馆、湘潭市少儿图书馆印制数千份科普宣传资料免费发放，岳阳市图书馆联合市内各大图书馆组成科普宣传一条街，并组织宣传车在街头巡回宣传，其他各市州也都开展了形式不一的科普宣传活动。

6月份以来，全省开展了评选"读者喜爱的图书馆”和“十佳服务员”活动，湖南图书馆、湖南省少儿图书馆、常德市图书馆、岳阳市图书馆、湘潭市少儿图书馆、永州芝山区图书馆、龙山县图书馆被全国“知识工程”领导小组授予“读者喜爱的图书馆”称号，10人被湖南省文化厅授予公共图书馆“最佳服务员”称号，11人被授予“优秀服务员”称号。

7月－12月，全省开展家庭读书和评选城市“优秀读书家庭”的活动，湖南省有何光岳等6个家庭被文化部、全国妇联评为“城市优秀读书家庭”。

11月19日－25日，全省开展“热爱祖国文物宣传周活动”，各市（州）共张贴、悬挂宣传标语2000余条，浏阳市排演了两场宣传文物保护的文艺节目，郴州、嘉禾等十余个县的领导同志在县电视台发表了保护文物的讲话，衡阳、常德、永州等市在街头制作了宣传栏，出动了宣传车在城乡巡回宣传。

11月29日，湖南省戏剧家协会和湖南省艺术学校在湖南大剧院召开新闻发布会，联合向全国征集优秀戏剧剧本。征集活动自2001年起，音乐剧、戏曲、话剧、歌剧、舞剧文学脚本均在征集之列。戏剧专家将从参选作品中选出1-2部高质量的剧本，大戏剧本奖励2万元，小戏剧本奖励5千元，并由《戏剧春秋》与省艺校筹资投排。这次征集活动，体现了湖南戏剧界力争推出精品力作的决心。

12月，在全省范围内开展了“全民读书月”活动。全省近20万少年儿童参加了这次读书活动。在湖南省少儿图书馆承办的2000年湖南省少年儿童“做新世纪小主人”科普小制作、小发明竞赛活动中，近15万人参加小发明小制作，31人获一等奖，100人获二等奖，200人获三等奖。

重要文化场馆建设

湖南图书馆

湖南图书馆创建于1904年3月，是中国最早用“图书馆”命名的省级公共图书馆，是毛泽东同志曾经自学过、何叔衡同志曾经工作过的地方。

湖南图书馆现馆舍位于长沙市韶山路38号，于1984年建成并对外开放，由胡耀邦同志题写馆名。该馆占地43700平方米，主楼建筑面积22900平方米，设有大小阅览室、研究室、陈列室等36个，书库可藏书500万册，拥有计算机、复印机和缩微视听等现代化设备。

湖南图书馆藏书近400万册，其中以毛泽东著作版本、地方志、古籍、稿本、湖南地方文献和中文工具书丰富著称，设有“毛泽东著作版本藏阅室”、“徐特立同志藏书阅览室”、“湖南名人资料中心”、“湖南贺滋友好文库”等专藏。湖南名人资料中心接受海内外湘籍和长期在湘工作的外籍人士馈赠的著作、手稿、书画作品、藏书并永远珍藏。

随着计算机技术和通信技术的发展，湖南图书馆加快了现代化的进程，在采、编、流等主要工作环节上全面实行了计算机管理，逐步建立和完善了机读目录数据库，新设了“电子阅览室”，进入国际互联网，开展信息查询、光盘检索及远程联机检索服务。

湖南图书馆设采编、阅览、信息服务、历史文献、地方文献、计算机服务、缩微复制、研究辅导等业务部门，拥有工作人员200多人。

湖南图书馆1989年被评为全国文明图书馆，1993年在全国省级图书馆评估中名列第四。

湖南省少年儿童图书馆

湖南省少年儿童图书馆成立于1981年12月31日。1992年建成7000平方米富于儿童特色的新馆舍，江泽民同志题写了馆名。该馆位于长沙市中山路50号，藏书60多万册，报刊1100多种，工作人员69人。为建立现代化图书馆，现已在采购、分编、借阅及期刊管理、参考咨询等方面实现了计算机管理，并实现了人事、财务、档案管理的办公自动化。该馆利用图书资料的借阅和丰富多彩的读书活动引导少年儿童多读书、读好书，为培养跨世纪的“四有”新人不断做出新的贡献。

湖南省博物馆

湖南省博物馆坐落于长沙市东风路28号，占地面积51000平方米，建筑面积21785平方米，现有160多名职工，其中不乏在国内外享有声望的专家学者，是湖南省最大的综合性历史艺术博物馆，也是中国南方颇有影响的博物馆。

湖南省博物馆文物藏品丰富，其中马王堆汉墓文物、商周青铜器、楚文物、汉唐陶瓷、历代书画等藏品蜚声中外，馆藏珍品先后在美国、法国、荷兰、日本、韩国、新加坡及中国台北、香港等地展出，受到各地人们的欢迎。现馆内有马王堆汉墓文物陈列、马王堆墓坑遗址陈列、湖南古墓复原陈列、湖南名人名胜陈列及其它临时展览，常年对外开放，每年接待海内外观众50多万人次。2000年竣工的新陈列大楼建筑面积达1万多平方米，三楼曾举办《黄永玉2000年画展》、李自健《人性与爱油画作品展》、《潘玉良画展》等展览，观众达数十万人。

湖南省博物馆是国家文物局和湖南省委宣传部公布的全国爱国主义教育基地，是湖南省文物局评定的文明博物馆，是湖南省外事办公室、湖南省旅游局对外宣传中国悠久历史灿烂文化的重要窗口。

湖南大剧院

湖南大剧院位于长沙市韶山路和解放路交汇处，与华天大酒店、通程国际大酒店等十几座高层建筑毗邻，地理位置十分优越。

湖南大剧院是一座集电影放映、文艺演出、文化娱乐、艺术培训（教育）、中西餐饮、体育健身、会议庆典、商贸办公为一体的大型现代建筑，第一期工程10层（含地下3层），建筑面积4.1万平方米，楼前广场3千多平方米，工程总投资1.5亿元。

湖南大剧院装修豪华，设备先进，拥有最现代化的舞台设施和观演模式，大、中、小电影厅共有7个，座位总数达2500个，大厅和中厅均引进当今世界最先进的杜比数码立体声5.1声道电影环音系统，同时还拥有一流的中央空调系统、消防设施及高档自动扶梯和高速电梯。

田汉大剧院

田汉大剧院是一座以专业演出为主的现代化剧院，位于长沙市劳动路与芙蓉路的交汇处，占地15.4亩，建筑面积2.8万平方米，总投资1.5亿元。共分大剧场、音乐厅、田汉纪念厅及艺术展廊、前坪文化广场等四大部分，1999年10月1日启用。

大剧场设1206个座位，拥有国内一流的16米旋转升降舞台；全数字化控制的音响灯光设备；世界顶级的斯坦威钢琴。为了保障艺术精品的完美展示，田汉大剧院特请清华大学建筑声学教授按高标准专业演出剧院的要求进行设计，混响达1.6秒，并大胆采用石材装饰风格，且科学采用吸音材料，使剧院的声反射达到最佳效果。

音乐厅采用全自然声设计，有840个座位，厅堂装修格调清新、典雅，是举行交响乐和室内乐的演出和独唱、独奏、重奏的专业性音乐厅。

为了纪念著名作家田汉先生，大剧院特别建立了田汉纪念厅及艺术展廊，为长沙人民提供了一个欣赏精品文化的艺术空间。

机构设置

湖南省文化厅下设7个处室 办公室、艺术处、社会文化处、文化市场及电影处、文化市场稽查队、计划财务与产业处、人事教育处。湖南省文物局（副厅级）下设3个处室：综合处（加挂政策法规处牌子）、文物保护处、博物馆处（加挂流散文物办公室牌子）。湖南省文化厅下辖直属单位22个：湖南省湘剧院、湖南省花鼓戏剧院、湖南省京剧团、湖南省歌舞剧院、湖南省话剧团、湖南省杂技团、湖南省木偶皮影戏剧院、湖南省演出公司、湖南省文化音像出版社、湖南省电影公司、湖南省文化物资公司、湖南省文化娱乐中心、湖南图书馆、湖南省少年儿童图书馆、湖南省群众艺术馆、湖南省艺术研究所、湖南省艺术学校、湖南省电影学校、湖南省博物馆、湖南省考古研究所、湖南省文物商店、湖南省文化厅艺术幼儿园。

广 东 省

在改革开放的历史大潮中，广东先走一步，在经济迅猛发展的同时，全省文化事业也发展很快。2000年，广东省有专业艺术表演团体152个，业余剧团300多个，群众艺术馆22个，文化馆120个，县级以上图书馆125个，博物馆130个，文化站1904个。全省有国家级历史名城6座，省级历史名城16座，国家重点文物保护单位30处，省重点文物保护单位183处。被文化部授予“中国民间艺术之乡”称号的县、乡镇、村累计23个。文化市场发达兴旺，从业人员约17万人，文化娱乐业资本金约50亿元，年主营收入约33亿元。

艺术

2000年广东舞台美术研讨会 1月7日始，由广东省文化厅及省戏剧家协会、省舞美学会等8个单位联合举办，分别在广州和汕头举行。广东省舞台美术界人士、著名戏剧家、剧场经理以及来自京、沪等地的专家、学者近百人参加了会议，围绕“梁三根作品与粤剧舞美研究”三个专题，进行了研讨。

粤剧艺术大师马师曾一百周年诞辰纪念活动 4月初，广东省文化厅在广州举办了粤剧大师马师曾百年诞辰纪念活动。马师曾是富有爱国主义思想和民族气节的艺术家，对粤剧艺术的推陈出新做出了卓越的贡献。

预防未成年人犯罪法制文艺小品巡回演出 为宣传《中华人民共和国预防未成年人犯罪法》和《中华人民共和国未成年人保护法》，由广东话剧院创作和演出的预防未成年人犯罪法制宣传文艺小品剧《为了明天——未成年人法制教育文艺专题演出》于10月16日在广州培正中学举行了首演式。之后，这台小品在全省各地中小学进行了巡回演出。

广东专业艺术作品在全国获奖 在江苏南京举行的第六届中国艺术节上，广州歌舞团的《星海·黄河》获优秀剧目奖；在第九届文化部文华奖评比中，广东话剧院话剧《绿色的阳台》、广州歌舞团的舞剧《星海·黄河》、深圳歌舞团的《深圳故事·追求》获新剧目奖；在“2000年中国艺术歌曲比赛”中，广州交响乐团的张艳获三等奖。

2000年小剧场戏剧展暨学术研讨会 由广东省文化厅、广东省戏剧家协会、中国艺术研究院话剧研究所和广州市文化局联合举办的2000年小剧场戏剧展暨学术研讨会，于12月8日至14日在广州隆重举行，共有12家参演单位的13台质量上乘的小剧场戏剧参加。与“展演”同期举办的“小剧场戏剧研讨会”共有60余名国内外专家、学者参加，取得了较好的成果。

社会文化

命名第三批“广东省民族民间艺术之乡” 10月11日，广东省文化厅正式命名18个单位为第三批“广东省民族民间艺术之乡”，他们是：广州市番禺区钟村镇粤剧曲艺艺术之乡、广州市越秀区大新街粤曲艺术之乡、广州市越秀区洪桥街客家山歌艺术之乡、广州市越秀区东风街戏剧曲艺艺术之乡、广州市荔湾区岭南街岭南书画艺术之乡、广州市荔湾区龙津街书画艺术之乡、广州市荔湾区华林街书画艺术之乡、深圳市盐田区沙头角镇鱼灯舞艺术之乡、梅州市五华县新桥镇竹马艺术之乡、东莞市樟木头镇麒麟舞艺术之乡、东莞市麻涌镇新基曲艺艺术之乡、中山市坦洲镇民歌艺术之乡、佛山市南海市大沥区美术书法艺术之乡、顺德市杏坛镇民俗艺术之乡、顺德市容桂镇摄影艺术之乡、云浮市郁南县都城镇曲艺艺术之乡。从而使全省命名的民族民间艺术之乡总数达到86个。

广东省第五届少儿艺术花会暨CIOFF第二届亚洲儿童民间艺术节 8月3日至9日，由广东省文化厅、省教育厅、省广电局、中国群众文化学会、省妇联、省少儿文艺协调委员会联合主办，顺德市人民政府承办的“广东省第五届少儿艺术花会暨CIOFF第二届亚洲儿童民间艺术节”，在顺德市举行。广东省22个市，韩国、日本等7个国家以及香港特区、澳门特区、台湾省、重庆市、河北省等11个省市区、3120人参加本次活动。文化部副部长艾青春、广东省副省长李兰芳等领导出席了8月3日晚的开幕式。本届“花会（艺术节）”共举行了13场比赛演出。最后评出广东省获奖节目：金奖32个，银奖53个，广州、东莞、深圳市文化局、顺德市文体局获得组织奖，顺德市人民政府获得特别荣誉奖。

参加第十届“群星奖”总成绩和金奖数量居全国第一 11月28日至12月5日，在浙江省台州市举行的第十届全国“群星奖”舞蹈决赛上，省文化厅组织15个节目参赛（其中4个节目参加录像评比），获得8个金奖、3个银奖、1个铜奖、3个优秀奖和1个组织奖，总成绩和金奖数量居全国第一位。

全国首届蒲公英奖广东获19个奖项 由文化部主办的全国少儿文化艺术最高政府奖首届全国“蒲公英奖”于8月6日至11日在贵阳市举行，广东省文化厅组织9个节目参加比赛，获创作、演出10个金奖、6个银奖，共19个奖项。

广东省19个单位被文化部命名为“中国民间艺术之乡” 5月12日，文化部正式命名广东省19个单位为“中国民间艺术之乡”。分别是：广州市番禺区沙湾镇（广东音乐飘色）、广州市番禺区石基镇沙涌村（鳌鱼舞）、汕头市澄海市（灯谜）、韶关市曲江县枫湾镇（采茶）、梅州市大埔县茶阳镇（花环龙）、梅州市丰顺县埔寨镇（火龙）、中山市沙溪镇(民间艺术)、东莞市石排镇中坑村(醒狮舞蹈)、东莞市道滘镇（粤曲)、东莞市长安镇(醒狮)、新会市荷塘镇（纱龙）台山市半山镇浮石管理区（飘色)、南海市大沥区（醒狮)、南海市盐步镇（粤曲)、湛江市吴川市梅录镇（飘色、泥塑)、肇庆市封开县大洲镇（五马巡城)、清远市连南县南岗乡新村管理区(瑶族长鼓舞)、揭阳市榕城区（潮州音乐)、云浮市郁南县连滩镇（山歌)。

2000年中国合唱节 11月16日至19日，“中山火炬杯”2000年中国合唱节在中山市举行。广东省中山合唱团等获3个金奖、2个银奖、2个铜奖、2个优秀奖、5个创作曲目奖和1个女声小合唱特别奖。

2000年广东省群众美术、书法大展 12月25日，省群众艺术馆与省美协、省书协联合在东莞市举办，共收到作品1300件，展出800多件。

广东省“世纪新星”少儿美术、书法、摄影作品大赛 由省群众艺术馆举办的本次大赛，共收到全省各地参评的少儿美术、摄影作品400多件，评选出获奖作品300 多件。7月至9月，先后到广州、东莞 、台山、新会、三水、 云浮、湛江等地进行获奖作品巡展。

公共图书馆

2000年,全省公共图书馆已发展至125所,比1999年增加4所。全省公共图书馆建筑馆舍面积达38万平方米，文献总藏量2330万册（件)。全省人均公共图书馆藏书0.31 册。2000年，全省公共图书馆接待读者2516.7 万人次，外借书刊1234.2万人次。

2000年度图书馆服务宣传周活动 5月份，全省各级公共图书馆围绕“传播科学知识、宣传科学思想、倡导科学方法、 弘扬科学精神”的主题,广泛开展了2000年度图书馆服务宣传周活动。

“全民读书月”活动 12月1日至31日，举办以“倡导全民读书，建设阅读社会”为主题的“全民读书月”活动。

文物博物

文物工作 全省认真贯彻执行党中央、国务院制定的“保护为主，抢救第一”和“有效保护，合理利用,加强管理”的文物工作方针和原则，努力做好文物保护工作。全省现有全国重点文物保护单位30处，省级文物保护单位183处，市、县级文物保护单位1300多处；国家级历史文化名城6座，省级历史文化名城16座；博物馆、纪念馆130座。

抢救保护了一批重要文物。全年批准的维修项目33项，竣工7项；向国家文物局推荐第五批全国重点文物保护单位37处；开展了第四批省级文物保护单位和将客家围屋申报为世界文化遗产的材料准备工作。

广东省文物考古的重大发现层出不穷，在广州市儿童公园内试掘发现的南越国宫殿建筑遗存和为配合广惠高速公路建设而在博罗县境内抢救发掘的300多座“两周”墓群，均为突破性的考古新发现。

拍卖和鉴定管理工作 重新核定文物购销经营单位14家，其中外销7家、内销5家、从事古书画、古籍等购销经营业务的3家；文物拍卖单位7家，文物监管物品拍卖单位7家；审核文物拍卖145场，标的28595件，拍卖总金额约6000万元，经济效益明显。

广东省文物部门配合海关鉴定涉案文物134宗3579件，配合公安部门鉴定涉案文物32宗1027件，配合工商部门鉴定涉案文物1宗146件，配合法院及检察院鉴定涉案文物3宗108件。

博物馆 孙中山故居纪念馆的“孙中山先生生平事迹陈列”入选第二届全国十大陈列精品的行列；由建筑设计大师莫伯治主持设计的西汉南越王墓博物馆被选为20世纪世界建筑精品；投资2亿元的全国规模最大的艺术类博物馆于2000年9月23日开放。

长期以来，广东省文物部门与省内海关 、公安、工商等执法机关密切合作，严厉打击文物非法交易和走私犯罪活动。几年来，文物部门从海关、公安、工商等执法机关中接收依法没收、追缴的文物49批，4000多件。省文化厅将这些文物分132批无偿拨给省内的106个文博单位，丰富了博物馆的藏品。2000年，广州、黄埔海关将历年查获的走私文物2万多件移交给广东省文化厅，这是全国海关系统移交的最大一批依法没收、追缴的文物，起到了示范作用，受到了国家文物局和省人民政府的表扬和奖励。

对外及港澳台文化交流

出访交流 2000年广东省派出各类文化艺术团组共421批4650人次（赴香港团组182批2244人次，赴澳门团组71批987人次，赴台湾团组21批106人次），其中艺术表演团组186批3991人次，展览团组28 批125人次，访问、考察、交流团组207批534人次，涉足30个国家和地区。南海市文明镇业余合唱团一行60人应邀赴美国演出，穿越美国21个州，十几个城市，行程7000多公里，取得良好效果。广东实验现代舞团先后赴英国、法国进行巡回演出，参加了英国布来顿艺术节和德国国际艺术节。广东歌舞剧院舞蹈团两次赴印度尼西亚演出，受到广大印尼华侨的欢迎。潮州铁枝木偶剧团赴白俄罗斯、南斯拉夫参加国际木偶节，被主办单位授予“保护传统文化奖”和“最佳传统木偶剧团奖”。深圳艺术学校学生李云迪、陈萨赴波兰参加第14届国际肖邦钢琴比赛，李云迪获第一名，陈萨获第四名。广东歌舞剧院汪洌赴俄罗斯参加俄罗斯德尔菲国际艺术大赛，荣获“德尔菲”委员会大奖。广州芭蕾舞团郭菲、周罡、王琪三人赴保加利亚参加2000年瓦尔纳第十九届国际芭蕾舞比赛，分别获得银奖和铜奖。广东实验中学合唱团一行56人赴奥地利参加奥林匹克国际合唱比赛，荣获第一名。

来访活动 2000年广东省接待来自42个国家和地区的各类文化艺术团组共计315批3918人次（来自香港团组118批592人次，来自澳门团组7批122人次，来自台湾团组13批167人次），其中艺术表演团组242批3009人次，展览团组30批285人次，访问、考察、交流团组43批624人次。1月，举办了亚洲现代舞小剧场展演。11月，由文化部和广东省人民政府主办，广东省文化厅承办的《中国（广东）第一届国际声乐比赛》在广州举行。比赛邀请了来自英国、德国、罗马尼亚、波兰、乌克兰等国家的著名声乐艺术家担任比赛评委。有19个国家和地区50多名选手参加比赛。中国选手吴碧霞荣获一等奖和中国歌曲演唱奖。

文化市场

演出市场 2000年，广东省演出市场形成规模，市场运作活跃，经济效益明显，形势喜人。广东与北京、上海并称为“全国三大演出市场”。全省现有演出团体530个，从业人员19909人。现有演出经济机构32个，从业人员255人。全省现有演出场所965间，总座位数849208个，从业人员13057人。其中，影剧院752间，座位数588953个；音乐厅(包括大型歌舞厅)162间，座位数30692个；能演出的体育场馆51间，座位数229563个。上述演出场所在2000年共接待各类演出团体3487个（其中涉外演出团体182个），演出场次25083场，观众人数1080万人次，平均上座率 40.3%(其中涉外演出团体平均上座率为58.4%)，全年票房总收入超过一亿元(10197.67 万元)。

文化娱乐市场 1980年，广州市东方宾馆办起了全国第一家音乐茶座，组织了第一支轻音乐队，自此，广东省的文化娱乐市场蓬勃发展，至90年代初、中期，文化娱乐业的规模、总量都达到了高峰。基本形成了以音像、娱乐、演出、电影为主的门类齐全的文化市场体系，成为广东省第三产业重要组成部分，对服务于经济建设，为满足人民群众日益增长的文化生活需求发挥了积极作用。近年由于经营单位数目日趋饱和及群众娱乐方式的多样化，文化娱乐场所的总量有所回落，并逐步向规模化、综合化和高档化方向发展，一些规模小，内容单一（如卡拉ok等）的经营项目日渐萎缩，而高档次、综合性的歌舞娱乐场所则有较大的发展；过去星罗棋布的小型电子游戏机室随着治理力度的加大而逐步走向消亡，保留下来的已转向旅游点、星级宾馆、大型商场内发展或演变成为儿童游乐场所。

歌舞娱乐场所经过治理整顿，总量大幅度压减，宏观管理的力度不断增大。2000年，全省有歌舞娱乐场所5183家，其中：歌舞厅890家，舞厅438家，卡拉ok厅2487家，综合娱乐场所1368家。总量比上年压减了25%.

电子游戏经营场所经过治理整顿后，2000年全省由原来的10159家236192台压减到3161家，总量压减达到63%，经营秩序有了明显的好转。目前，各地市县仍在进一步采取措施压减该项目的经营。许多市县已明令禁止电子游戏经营，该项目总的趋势将逐渐走向消亡。

音像市场 2000年，广东省大力开展对音像制品集中经营场所的压缩整顿工作，全省26家音像制品集中经营场所已有半数关闭。截止年底，全省音像批发单位158家，音像零售、出租单位10942家，音像放映单位3186家；与上年同期相比，音像批发单位增加23.4%，音像零售、出租单位基本持平，音像放映单位减少35.2%。与此同时，还下气力突出抓了广东音像城的内部管理：全面贯彻落实和完善音像制品售前登记制度；基本完成对城内经营单位的年审核证工作；广东音像城已发展成为中国最大的音像制品发行基地。

在大力压缩和规范音像制品经营场所的同时，广东省在保护知识产权、扫黄打非专项斗争中取得重大成果。2000年，广东查处了“2.16”、“3.01”两个非法印制非法出版物大案，收缴非法出版物554,778册（张），各类非法音像制品及电子出版物7000万张，非法图书出版物902万册，盗版软件一大批，盗版玩具实用艺术品43000件，查获地下非法光盘生产线18条，其中在全国首次破获非法DVD光盘生产线2条，母盘生产线1条。至此，自1996年至2000年底，广东省破获地下生产线共达95条，有力地遏制和打击了盗版与走私的嚣张气焰，为净化音像市场作出了突出贡献。

电影市场 2000年度，全省有电影院675间，电影放映队600个。广东省电影公司发行35毫米节目79个，拷贝180个；代理片方在广州市分帐发行影片55部，在其他市（深圳市除外）分帐发行影片32部。全年全省放映电影18万多场（不含广州市所属放映单位），观众2764多万人次；全省票房总收入7000多万元。

2000年，广东省各级电影公司和放映单位推动国产影片发行工作再创新绩：全年国产影片票房3700多万元，一批优秀国产影片如《生死抉择》、《漂亮妈妈》、《说好不分手》、《说出你的秘密》、《一声叹息》等，票房在全国均列前矛，其中抓住全省开展“三讲”活动的有利时机发行的《生死抉择》票房突破600万，超过所有美国大片成为2000年广东票房冠军，也打破了广东国产影片票房历史纪录。

由于种种原因，广东省与全国其他省市一样，电影经营至今未能走出困境。电影经营四项指标全部大幅度下滑。绝大部分县级电影公司和相当一部分市级电影公司已无力开展业务活动，几乎所有的电影公司电影经营部分亏损，要靠其它经营项目来维持公司的运作。大部分放映单位设备落后、设施残旧，却没有资金进行更新改造，市场竞争力十分低下，整个电影市场形势令人堪忧。为尽快扭转这种局面，广东省电影公司正准备进一步深化电影发行放映机制改革，改造、新建一批现代化的放映单位，大力开拓农村电影市场，以适应我国入世后更为激烈的市场竞争形势。

文物市场 改革开放前，广东省仅有文物商店2家。改革开放后，成立了外、内销文物商店19家，分布在全省。从事文物监管物品销售的市场有广州、深圳、佛山、江门及汕头等5个，经文物部门登记的经营店铺241家，从业人员约600人。文物购销经营单位14家，其中外销7家，内销5家，从事古书画、古帖、古文房用品等专项文物购销业务单位2家。

全省有文物拍卖资格企业7家，文物拍卖专业人员51人。2000年1至11月，全省文物拍卖145场，28595件，其中禁止出境文物319件，文物商品及监管物品6395件，新工艺品21881件，禁拍文物56件，定级文物5件，拍卖总额约6000万元。

2000年，广东省文物部门配合海关鉴定涉案文物134宗，3579件，其中禁止出境文物651件，文物商品149件，文物监管物品917件，新工艺品369件；配合公安部门鉴定涉案文物32宗，1027件，其中禁止出境文物501件（6件2级，33件3级），文物商品68件，文物监管物品89件，新工艺品369件；配合工商部门鉴定涉案文物1宗，146件，其中禁止出境文物62件，文物商品2件，文物监管物品6件，新工艺品76件；配合法院及检察院鉴定涉案文物3宗，108件，其中禁止出境文物12件，文物商品11件，文物监管物品5件，新工艺品8件。

互联网上网服务营业市场 随着电子游戏市场的萎缩，近年兴起了一个新的市场——互联网上网服务营业场所。它如雨后春笋，发展势头很猛，吸引了众多的有电脑知识的人们及广大青少年。据统计，2000年广东全省互联网上网服务场所总数2208家，上网计算机台数以万计。

由于“网吧”是一个新兴的文化市场，不可避免地带来一些需要治理整顿的问题，如：法律法规不健全、不完善，无证经营或证照不全的相当普遍，经营面积和计算机台数达不到规定要求，部分“网吧”的消防设施不足，对用户上网的登记制度和青少年进入“网吧”的管理比较松懈，对上网内容的监管还不够有力，等等。所有这些问题，都有待进一步治理整顿，使这一市场健康有序发展。

新兴文化市场 随着人民物质生活的日益提高，对文化的需求呈多样化趋势，一些新兴的文化市场便应运而生。如各类文化艺术培训中心、基地、学校，主要从事书法、美术、音乐 、舞蹈的培训，据统计，2000年广东省就有816个，培训人数达74700多人；校园文化，2000年度广东全省有5867个，参加人数达165万人；企业文化2279个，参加人数达35万多人。

报刊图书市场 2000年，广东省有图书出版社20家，年出版图书4800种，总印数3.5亿册，综合实力居于全国前列。这些图书的主要特点是反映改革开放先行一步的广东学习、贯彻邓小平理论取得的新成就、新经验，如《增创新优势 更上一层楼》、《跨世纪广东发展战略丛书》；大众文化精品与学术文化精品并重，有提倡科学、普及文化的，如：《创新革命》、《院士科普书系》；有面向农村和青少年读者的通俗读物，如：《新世纪通俗文库》；有站在世纪之交回顾与前瞻的，如：《中国经济学百年经典》、《目击中国100年》；有高品位的学术著作，如：《马克思主义哲学原生形态探微》、《语言文字应用研究丛书》；实用类图书品种多、领域广，医药卫生、汽车电器修理、农村种养、饮食保健、金融股票、旅游休闲、物业管理等丛书、系列书形成规模效应，如："建设二十一世纪新农村图书"、《新通胜》、《完全上网手册》、《股市实战丛书》等。

广东省现有报纸出版单位136家，《南方日报》、《羊城晚报》、《广州日报》成立了报业集团；广东报业已形成一批知名度高、发行量大、影响力强、实力雄厚的大报。

广东共有期刊社345家，总印数2亿多份。广东期刊坚持正确的舆论导向，形成了党刊、时政文化类为主，主渠道畅通、主旋律突出、品种层次多样，适应改革开放和不同读者需要的格局。广东期刊门类齐全，发行量大，贴近生活，具有浓郁的岭南特色。《家庭》荣获"全国优秀社会科学期刊奖"；《家庭》、《少男少女》、《南风窗》、《黄金时代》、《广东支部生活》等被列为全国百种重点社科期刊。

广东有音像出版单位21家，电子出版物单位1家，音像复制单位39家，光盘生产企业25家，在音像的出版与复制方面走在全国前列，是目前中国最重要的音像生产基地之一，音像制品复制能力约占全国的一半。近年来，广东制作和出版了一批优秀音像制品，如《春风绿南粤》、《辉煌童年》、《巨人之声》等分别获得"全国优秀文艺制品奖"。

广东现有各类印刷企业11000家左右，固定资产净值超过180亿元，工业总产值 约400亿元，从业人员40万人。广东省印刷企业数量居全国第一，而且设备先进 、印制质量好、生产周期短，工艺技术和生产能力居于全国前列，实现了"激光照排 、电子分色、胶印印刷、装订联动"的工艺技术变革，赶上或达到了国际的先进技术水平。

广东全省有发行企业9686家，其中新华书店和其他国有书店284家。全省有四个集中设立的图书市场：广东省图书批发市场、广州市新东园图书批发市场、深圳市八卦岭图书批发市场、东莞市虎门图书音像市场。图书二级批发单位188家；报刊二级批发单位58家；社会零售网点9534家；发行行业从业人员38000人，营业网点14000个，资产总额37亿元，固定资产净值近10亿元，销售收入47亿元。全省发行行业整体运行良好，各方面呈稳定增长趋势，国有书店在企业数目、销售和利润等指标上有较大的增长，报业集团连锁店快速扩张，国有发行企业各项指标所占比重均超过60%。

集邮市场 广东的集邮市场在全国占有重要地位，省会广州市是全国三大集邮都会之一（还有北京、上海 ），深圳、珠海毗邻港澳，在集邮市场的对外交往中占有先机，广东集邮市场的动态发展对全国邮市影响甚大。广东拥有集邮会员160000人，全省集邮人数达180万人之多（约占全国1/10），广东还是现代集邮品发源地之一。

广东集邮市场可细分一级市场和二级市场。一级市场是发行主体，以国营集邮公司为主导，经营新邮票的发行，邮品开发，老票 、外票的批发零售及信托经营等。广东省集邮总公司是广东省邮政局直属单位。是经营集邮业务的专业公司，属下22个地市集 邮公司和78个县级集邮公司，全省共有810个集邮营业网点，集邮从业人员900多人。2000年全省集邮实现收入4.91亿元。二级市场是纯市场运作的流通交易市场，以私营个体邮商为主。营业的主要形式是集中在一个场地中进行交易。广东省主要的邮市有广州“中圆邮票钱币交易中心”、“应元邮市”和深圳“书城邮市”，号称广东“三大邮市”。2000年，“中圆邮票钱币交易中心”，成交额约8500万元，“应元邮市”交易总额达3.2亿元，深圳“书城邮市”全年交易总额约2500万元。除三大邮市外，省内约有250家经营邮票集藏品的邮社，分布在各市县。2000年收入总额约5000万元。

广东省集邮总公司是设计、开发集邮品的主要渠道，公司设置有策划制作及设计加工部门，针对社会热点和市场需求开发集邮产品，发行的集邮品种有首日封、纪念封、明信片、邮折、活页片、贺卡、专题邮册等。2000年，全省共开发集邮品312种，总数量达551.85万册（枚、片、折），其中集邮册73种，44.49万册，邮折104种，202.75万本，封类103种，232.67万枚。其他邮品32种共71.94万（张、本）。这些集邮品均产生较广泛的社会影响，受到集邮收藏者的欢迎。

2000年，广东全省各地共组织了5次集邮展览，其中“广州国际邮票钱币博览会”是本年度规模最大的集邮展览活动。澳大利亚、德国、法国、意大利、美国、匈牙利、中国香港、中国澳门等50多个国家和地区的邮政、造币局（厂）与邮票、钱币经销商及国内上百家省级集邮公司、钱币公司参展，展览面积8000平方米，参观人数20多万人次。为博览会特别发行的《悉尼奥运会》双连体小型张引发了抢购热潮，6万套邮折在四天内销售一空。博览会专场拍卖会有414项拍卖品，成交152项，成交额251.79万元，成交率36.71%。

文化旅游市场 2000年，广东旅游行业紧密围绕省委、省政府提出的旅游业要为广东率先基本实现现代化作出新贡献的总要求，不断拓宽工作层面，大环境日益改善，旅游全面繁荣的态势正在形成。

2000年，全省旅游业实现外汇收入41.12亿美元，较上年增长25.67%，占全国的1/4强；旅游业总收入合1149.95亿元人民币，增长19.56%，约占全国的1/4。全省入境旅游接待人数超过6729万人次，增长13.6%；其中城市接待国际旅游人数1198.94万人次，增长12.50%；外国旅游者达212.85万人次，增长5.63%。全省出境旅游总人数116.20万人次，增长24.48%，其中香港游34.07万人次，澳门游51.99万人次，海外游30.13万人次。

截止2000年，全省纳入旅游统计范围的旅游企事业单位2300余家，其中旅游饭店1200家，星级饭店750家；旅行社499家，国际旅行社175家；旅游景（区）点300余个。全省已开发成旅游点的省级以上森林公园40个，自然保护区30个。

广东省各级党委、政府对旅游业的重视和扶持力度继续加大，旅游业的动力产业地位正逐步得到确立。省委、省政府对旅游业的重视和扶持更加落实和显出成效。在省委八届六次全会上和《广东省经济和社会发展“十五”规划》中，省委、省政府要求旅游业切实担当起支持全省对外开放、释放文化经济潜能、带动局部地区和城市经济腾飞，进而全面推动国民经济和社会发展的重任。广州、深圳、珠海、肇庆、汕头、中山、佛山等市继续将旅游业作为重点产业，从实施可持续发展战略、产业结构调整和基本实现现代化的高度来发展旅游业。韶关、河源、茂名、云浮等东西两翼和山区腹地地区将旅游业作为启动新一轮经济增长的突破口来抓，取得明显成效。

各级旅游部门抓住全省经济稳定回升、进入良性循环的契机，针对周边市场、欧美市场和其他市场的特点，组织旅游企业大力开展对外促销工作，积极参加各类国际国内旅游展示会、交易会和博览会，取得了良好效果，使全省入境旅游、国内旅游均有较大增长，出境旅游也在积极慎重的方针指导下平稳上升，港澳台市场持续上扬。

2000年广东省旅游宣传促销工作出现了新的特点：广州、深圳两市以塑造城市旅游新形象、建设现代化旅游中心城市为目标，大力加强宣传促销工作。广州市“一年一小变，三年一中变”工程取得丰硕成果，使这座千年历史名城焕发出新的生机与活力，受到海内外游客的广泛赞誉。深圳市确定了“世纪新城、中华之窗”的城市旅游形象定位词和“深圳——每天都带给你一个新的希望”的宣传口号，并通过各种包装手段，在各种旅游展销、推介会上进行宣传推介，极大提升了深圳旅游的知名度和吸引力。2000年，深圳市成为中国首座“国际花园城市”。珠海、肇庆、中山、江门、河源等市还组织专门人员对城市旅游整体形象进行了专题研究和设计，并提出了推广方案。

按照全国假日办的统一部署，省及各市政府，乘势而上，强化管理，使广东省假日旅游市场形成了繁荣而有序的局面。2000年国庆黄金周期间，全省旅游城市接待人数830万人次，比“五一”期间增长18.57%；实现旅游收入42.5 亿元人民币，比“五一”期间增长41.67%。全省各地组织开展了“ 休闲度假好去处”和“假日观光新亮点”大型推介活动，在节日期间向社会推出了200家“休闲度假好去处”和“假日观光新亮点”，引起了社会的广泛反响，有效分散了客流。同时，省及各市建立的假日旅游信息统计的预报系统发挥了疏导作用和信息功能，全省假日旅游市场已基本形成了一个以电台、电视台为主，其他媒体和旅游网站为辅的旅游信息传播网。

粤港澳大三角旅游区建设取得突破性进展。主要表现在：一是向国家旅游局提出把粤港澳大三角旅游区建成21世纪国家重要的旅游目的地的请示，得到了充分重视。二是国务院已经同意扩大在深圳实行的“72小时便利签证”的适用范围，对到港澳的外国人组团进入珠江三角洲九城市和汕头市旅游提供“144小时便利签证”。

大力加强旅游行业管理。全省各地认真贯彻国家有关规定，加大处罚力度，对违法经营单位实行“一次性死亡法”。全省各级旅游质监所认真履行职责，把质监所办成旅游者的“投诉之门”、旅游企业经营的“监管之窗”和旅游行政管理部门对违规行为的“处理之手”。2000年，全省质监部门共受理旅游投诉578宗，受理旅游投诉人数3069人，给游客的经济赔偿金178.29 万元，至年底，新增星级饭店288家，总数达750家。同时，加强对全省旅游人力资源的开发和人才培训的工作，现已初步形成了省、市、县、企业多领域、多层次、多方面的旅游教育培训体系，至2000年底，全省有7所高等院校设立了旅游学校和旅游专业，旅游中专4所，旅游职业中学10多所，各旅游企业还普遍设立了培训中心。

加快旅游资源开发和景区建设。一是深挖文化内涵，突出优势，推陈出新，使许多景区（点）焕发新活力。如广州市推出的“广州经典线路——一日读懂二千年”，涵盖了本市主要的城市景观和人文历史遗存。肇庆星湖通过扩大范围，美化环境，修建宝鼎园，使整个景区大放异彩。江门市结合创优，下大功夫铸造旅游精品，使圭峰山、小鸟天堂、立园、梁启超故居等景区（点）的管理水平得到了显著提高。佛山市加快了对祖庙、梁园、西樵山、南海影视城等一批自然景观和人文景观的保护和开发进程。深圳市“明斯克航母世界”开业后，已成为该市旅游的新亮点；“假日号邮轮”、西部海上田园风光、香密湖度假村改造工程等新项目、新景点也都在加紧筹建中，受到海内外游客的关注。珠海市针对本市旅游景点分散、难以形成影响力的现状，以“项目意识”和“精品意识”统揽全局，全力推进圆明新园、梅溪牌坊、农科中心等景区（点）的充实和建设。中山沙溪服装城将购物与旅游结合起来，形成了购物休闲游的独特魅力。湛江市建成了长达1.7 公里的观海走廊。山区市县结合当地的工农业生产、城市建设和民俗风情，明确了旅游精品建设的主攻方向，推出了一系列具有时代特色和民族风情的新的旅游项目。根据国家旅游局的统一部署，广东省旅游行政管理部门在全省开展了旅游区（点）质量等级评定工作。全省有60个 景区参加了评定，至年底，有广州白云山和香江野生动物世界、深圳华侨城和观澜高尔夫球会、珠海圆明新园、佛山西樵山、肇庆星湖、中山孙中山故居、韶关丹霞山、清远清新温矿泉、阳江海陵岛大角湾等11家景区（点）高分通过国家旅游局的评定验收，成为首批具有示范效应的国家最高级别的4A级旅游区（点）。在2000年国家旅游局验收中，中山、佛山、江门、汕头、惠州和南海等市荣获“中国优秀旅游城市”称号。

广西壮族自治区

2000年，在自治区党委、自治区人民政府领导下，广 西广大文化工作者高举邓小平理论伟大旗帜，坚持“二为”方向和“双百”方针，贯彻落实党的十五大精神，贯彻执行中央和自治区有关文化建设的各项方针、政策，围绕繁荣文艺这个中心，解放思想，转变观念，深化改革，开拓进取，全区文化事业继续保持良好的发展态势，取得了可喜的成就，文化的综合实力大大增强，展现了改革开放新形势下广西文化建设蓬勃发展的崭新局面。

一 、艺术园地好戏连台，一批优秀剧（节）目在全国获奖

2000年举办了广西第五届戏剧展览会，全区14个地、市及区直剧团集中南宁进行展演，其中歌舞剧《白莲》、儿童音乐剧《太阳童谣》、桂剧《漓江燕》、彩调剧《大山小村官》、舞剧《妈勒访天边》荣获桂花金奖，其余剧（节）目分获一、二、三等奖，充分展示了广西舞台艺术的创作成果。同时《妈勒访天边》、《太阳童谣》、《白莲》、《咕哩美》分别参加中国艺术节、上海国际艺术节、全国荷花奖舞剧比赛，获得较好奖项，其中《妈》剧获得“荷花”奖金奖头名并荣获宁波市长奖（宁波市长奖是对参展剧目中售票最多及剧场观众反映最好、最受欢迎的剧目进行综合评定，参展15台剧目只授予二台剧目）以及中国艺术节优秀剧目奖。此外，广西参加全国少数民族孔雀奖舞蹈独、双、三人比赛获得好成绩，广西歌舞团的双人舞《担》、南宁市的独舞《姑娘不穿鞋》荣获一等奖，其他6个节目分获二、三等奖。这次比赛是广西参加全国舞蹈比赛进入决赛节目最多、获奖奖次最高的一次，广西舞蹈创作有了质的飞跃。全年区直剧团演出1199场次，观众约172,573 人次。

二、群众文化活动丰富多彩，社会文化工作质量显著提高

举办2000年“八桂群星奖”全区农村文艺会演，会演分为舞台艺术类和广场艺术类。其中，舞台艺术类，全区群众业余文艺队共创作各门类节目近400个，通过逐级演出、选拔，全区共演近100场，观众达18万多人次；广场艺术类与南宁国际民歌节同时举办，共有12个队参演，在南宁演出时观众就达10万以上。举办“大型中国龙展览”，分别在南宁、柳州市、鹿寨县、东兴市、防城港市等五个地、市、县共展出240场，观众达12万人次。广西参加文化部举办的全国首届“蒲公英”少儿艺术评奖活动，5个节目获得演出金奖1个，银奖2个，铜奖2个，获得创作金奖3个，银奖2个，文化厅荣获组织奖；组织12个业余舞蹈节目参加文化部举办的全国“群星奖”评奖活动，有3个舞蹈入选，并参加全国决赛（入选节目都已具备三等奖以上的资格）全部获得银奖。乡镇图书馆（室）到年底止建馆率达到99%；在广泛开展全区农民读书活动月的基础上，举办了农民读书演讲比赛和农民读书成果巡展，听众和观众分别为1300余人和近10万人；在全区开展以图书阅览、科技咨询、讲座、发放资料、图片展览为内容的“送知识下乡、图书馆宣传周”活动，受益面达60多万人次，参加活动的图书馆达百家以上。

三、电影发行放映工作重现生机，文化产业开发取得新进展

对优秀国产影片《下辈子还做母子》进行全区性营销，使该片在全区共放映678场，观众20多万人次，票房收入近50万元，成为2000年上半年票房收入最高的影片；以反腐倡廉为内容的国产影片《生死抉择》在全区各地上映，共放映2300多场，观众63.65 万人次，票房收入611.53 万元，创国产影片票房收入的最高纪录，在全国处于中上水平； 春节期间在南宁市人民公园举办“文化欢乐节”活动，活动内容包括美国自行车队特技表演、汽车模型赛、家庭开心竞赛等，实行商业运作，共演出近50场、观众达10万人次，整个公园门票收入约达30万元。此外，自治区和各地剧团在开展送戏下乡演出的同时，也积极开拓国内外演出市场，取得了较好的社会、经济效益，不断增强自身活力。桂林的“漓江刘三姐歌圩”、“中华特技苑”等大型文化产业项目建设取得新进展。

四、文物抢救保护工作进一步加强，大遗址保护和重点文物保护单位材料申报工作富有成效

合浦汉墓群、邕宁顶蛳山遗址、桂林靖江王陵、贺州临贺故城等四个保护规划列入国家“十五”文物保护展示建设体系规划项目库。容县经略台真武阁、三江县程阳永济桥等28个全国、自治区重点文物保护的 维修保护项目列入“十五”国家文物保护项目库。7月19日自治区人民政府公布“太平天国南王冯云山指挥所旧址”等55个单位为第五批自治区文物保护单位，至此，广西的自治区级文物保护单位已达276处。此外，将凭祥市友谊关等22处申报全国重点文物保护单位材料上报国家文物局审批。为了贯彻国务院办公厅《关于西部大开发中加强文物保护和管理工作的通知》(国发［2000］60号)精神，2000年11月21至22日召开了广西文物工作会议，参加会议的代表有来自14个地区行署、地级市的分管副专员、副市长、合浦、兴安、恭城、容县、贺州、百色市市(县)长，自治区计委、民委、文化厅、建设厅、财政厅、公安厅、国土资源厅、旅游局、工商局、政策法规室、南宁海关、柳铁等单位领导，会上自治区吴恒副主席、文化厅容小宁厅长就贯彻国务院办公厅《通知》及全区文物保护工作作了重要报告和讲话。

五 、文化市场管理工作力度加大，专项治理活动取得阶段性成果

2000年7月至10月开展全区电子游戏经营场所专项治理行动及加强娱乐服务场所管理、严厉打击卖淫、嫖娼、赌博、吸毒、贩毒等社会丑恶现象专项行动，全区文化行政管理部门共出动检查人员18396人次、车辆2190车次，清查歌舞娱乐、录像放映、电子游戏经营场所7800家，取缔无证经营804家，吊销证照158家，停业整顿315家，限期整顿696家，罚款69家，收缴违禁电子游戏机1364台，违 禁电路板958块，经过三个月专项治理，完成了全区预期要求的压减任务，清理整顿前全区共有歌舞娱乐、电子游戏、录像放映场所8036家，清理整顿后保留4035家，压减4001家，压减率近50%，取得了阶段性的成果。同时，开展“第二届全国音像市场法制宣传活动广西宣传周活动”，全区组织业主学习音像管理法律、法规约1000人，在人员流动集中的广场、街头、公共场所发放宣传资料传单等，宣传周还集中出动执法人员2093人，检查经营点1119家，收缴并销毁非法音像制品337394张。8月1日自治区文化厅在首府南宁举行了公开销毁走私、盗版音像制品现场会，共销毁14万多盒非法音像制品。贯彻文化部《关于开展打击非法音像制品专项斗争的通知》精神，文化稽查总队分组赴14个地市重点检查专项斗争落实情况，共收缴非法录音制品17万盒(张)，取得阶段性胜利。广西文化厅文化市场管理处、文化稽查总队荣获“全国打击走私电影工作先进单位”称号，另有一名同志获“全国打击走私电影先进个人”荣誉。

此外，在对外文化交流、与港澳特别行政区及台湾地区的文化交流、艺术科研与文化科技、政策法规等方面，也取得了较好的成绩。

海 南 省

专业艺术

专业艺术团体、单位

海南省琼剧院 前身为广东琼剧院，创建于1959年，1988年海南建省，改名为海南省琼剧院。全院编制280人，其中获中级以上专业技术职称人员86人。

40多年来共演出各类剧目300多个，其中包括挖掘整理传统剧目、改编移植古装及现代剧目、创作现代剧目、古装剧目和新编历史剧目等。

海南省歌舞团 前身为海南歌舞团，创建于1953年，1991年定名为海南省歌舞团。全团实有106人，其中获中级以上专业技术职称人员46人。

40多年来，创作、演出各类音乐、舞蹈节目近千场，其中多数为自己创作的节目。

海南省民族歌舞团 前身为1959年成立的崖县民族歌舞团(驻三亚)，1964年改为海南黎族苗族自治州歌舞团(驻通什)，1989年改为海南省文化艺术团，1992年更名为海南省民族歌舞团。全团编制75人，现有在职人员60人，外聘人员12人，其中获中级以上专业技术职称人员22人。

40余年来，以创作演出海南黎族苗族歌舞为主，1997年牵头创作新编海南人偶剧《鹿回头》，获得巨大成功。

海南省艺术研究所 前身为1953年成立的海南行政区戏剧工会，后改称海南戏剧工作室，建省后更名为海南省艺术研究所。

全所现有人员18人，其中获高级专业技术职称的4人，中级专业技术职称的1人。

近年来，该所编撰完成了《黎族音乐史概论》、《传统琼剧剧目精选》、《中国民族民间戏曲集成·海南卷》等课题，创作了《椰岛九歌》、《望海湾传奇》等音乐、琼剧、电视剧作品。

海南省文化艺术学校 前身为1960年成立的广东海南艺术学校，1961年后先后更名为广东海

南琼剧学校、海南琼剧学校。1989年改为海南艺术学校，1996年更名为海南省文化艺术学校。现设有琼剧音乐、琼剧表演、舞蹈、声乐、器乐、公关礼仪、群众艺术、美术八个专业，在校学生550人。在校教职工117人，专业技术人员78人，其中获中级以上专业技术职称人员49人。

专业艺术主要成就

2000年，海南省专业艺术工作取得了很好的成绩，主要表现在：

大型剧目创作取得突破性成果：新编海南人偶剧《鹿回头》在6月份获得文化部第九届文华大奖、文华剧作奖、文华导演奖、文华音乐奖，10月份获得第六届中国艺术节大奖；新编历史琼剧《苏东坡在海南》获得第九届文华新剧目奖、曹禺戏剧文学奖新剧本题名奖，该剧电视舞台纪录片获全国电视戏曲展播奖。

舞蹈创作成绩显著：三人舞《种山兰的女人》获第十届“孔雀奖”少数民族舞蹈比赛编导一等奖、表演二等奖、音乐三等奖；双人舞《鼻箫悠悠叮咚响》在该比赛中获编导二等奖、表演二等奖。

社会文化和图书馆事业

群众文化　全省业余艺术创作水平有较大的提高。舞蹈《调声缘》（海口市群艺馆）等4个节目参加全国第十届群星奖评比获得银奖1个、铜奖2个、优秀奖1个、个人组织工作奖2个、省文体厅获组织工作奖。民族歌手牛玉乾（儋州市歌舞团）、王秀莲（通什市二中）参加2000年南宁国际民歌艺术节获“中华民间歌手邀请赛最佳歌手奖”。

千里环岛文化长廊建设　2000年主要抓海域东线文化长廊点建设，共发展6个文化长廊点，分别为三亚警备区西岛海防连、三亚海关、兴隆康乐园、兴隆热带植物花园、兴隆热带植物研究所、兴隆泰国风情村。

蒲公英计划　2000年实施少儿文艺蒲公英计划组织开展的活动主要有：本省少儿艺术团受文化部委派代表中国参加在土耳其举行的第22届国际儿童联欢节，并顺访叙利亚，圆满完成对外文化交流任务。组织开展了“海南省第三届少儿蒲公英奖竞赛活动”，获舞蹈一等奖4个、二等奖4个、三等奖2个、优秀奖2个；曲艺一等奖2个、二等奖1个、优秀奖1个，优秀组织工作奖12个；少儿舞蹈、戏剧、曲艺作品参加文化部在贵州举办的全国少儿“蒲公英”奖决赛，获创作奖金奖1个、银奖4个、铜奖4个，表演奖银奖3个、铜奖6个，省文体厅获组织工作奖。组织省少儿艺术团赴上海参加“上海国际儿童艺术节”并获好评；组织省椰娃少儿舞蹈团赴广东参加“广东省第五届少儿艺术花会暨CIOFF第二届亚洲儿童民间艺术节”；组织省少儿美术作品参加“日本第三十届国际少儿美术画展”，获金奖3枚、银奖7枚、铜奖15枚。

知识工程　根据全国知识工程领导小组的要求，于5月份的最后一周组织全省市县开展“图书馆宣传周”活动，各市县文化部门认真贯彻，组织了形式多样的宣传活动，向群众宣传党的路线、方针、政策；组织以科普知识为内容的研读会和读书演讲及法制教育故事会。组织市县图书馆参加全国知识工程领导小组举办的“读者最喜爱的图书馆”评比活动，经全国知识工程领导小组审定，本省海口市图书馆、昌江县图书馆、保亭县图书馆被评为“读者最喜爱的图书馆”。10月，组织省市县读书家庭参加文化部和全国妇联举办的“全国优秀读书家庭”评选活动，黄培平（琼山）、陈河明（琼海）两个家庭被评为“优秀读书家庭”。12月，落实《2000年全国知识工程工作要点》，开展“全民读书月”活动。发动全社会“买一本书、读一本书、送一本书”活动，省直机关干部赠送书籍3000余册，分别送到了本省中部地区屯昌县大同乡文化站、琼中县红毛乡文化站。省新华书店向本省受水灾严重的定安县龙洲乡罗温村赠送书籍3000多册。

文化市场

2000年，海南省的文化娱乐市场经过治理整顿后，平稳发展，共有文化市场经营单位1700多个，较上年减少约800个。

“扫黄”“打非”常抓不懈。主要开展了打击非法音像制品专项斗争、音像市场法制宣传周和非法出版物清理活动，成果突出。全省共出动检查车辆约1600车次，检查人员8000多人次，检查印刷厂5家，出版物经营场所1300多家，处理违规经营单位400多家，收缴非法音像制品13万多件、非法电子出版物约1.8万张、非法书刊10多万册。其中，“8.26”非法书刊发行案查获非法书刊4.3万册，盗版光盘5000多盒。9月份查处了万宁、琼海非法印刷课本案。此外，组织全省集中销毁行动，共销毁非法音像制品20多万件，抑制了全省非法音像市场的不良发展势头。

治理工作有声有色。根据国家和省里的统一部署，开展了几次文化市场专项治理活动，成效明显。开展大规模的扫赌行动，摧毁澄迈县盈滨半岛3个特大赌场，缴获赌资100多万元，抓获涉赌人员852人，澄迈县委县政府有关责任人受到处分。开展全省电子游戏经营场所专项治理，全省共出动3400多人次，清查电子游戏经营场所1474家。其中，有证经营的电子游戏经营场所839家，取缔570家违规电子游戏经营场所，收缴清理违规机型4487台，销毁赌机1497台，处罚101家，罚没款59.7万元。取缔了216家距离学校周边200米以内的电子游戏经营场所。通过清理整顿，海南省电子游戏娱乐场所压缩比例达80%，总量控制在180家以内，过多过小过滥的情况得到基本改观。海南和其他6省市的专项治理工作受到了国家文化部的表扬。合理配置演出市场，打击演出市场违法行为。根据全省演出市场需求和消费承受能力，调节省外文艺团体来琼演出的时间和场数、地点，加强演出市场的日常管理，坚决查处无证演出和色情演出。外来演出团体共26个，在各级文体部门跟踪管理下，有效地遏制了表演团体的违规现象，使演出市场健康发展。维护电影电视市场正常秩序，坚决打击电影走私和盗版活动。9月中旬开展全省影视市场大检查，调研了东线市县电影市场，完成了国家广电总局、文化部关于开展农村电影放映现状调查工作。查处了多起电影片走私、盗版案件和广西柳州电影公司跨地区发行放映事件，维护了本省的电影市场发行放映秩序。同时，协助查处无证销售有线电视器材，无证安装广播电视接收设备等广播电视市场的非法经营行为。

加强娱乐场所安全检查。先后两次与公安、消防部门联合对全省公共娱乐场所进行安全检查，重点检查“迪士高”、歌舞厅、电子游戏经营场所、影剧院、录像厅等场所的建筑物承受力、消防措施、安全设施是否符合安全和消防规定，做到早检查早发现早整改，及时消除隐患，增强文化市场的安全意识。

完善文化市场法制建设。经过市场调研，制订了《海南省文化市场管理条例实施细则》(送审稿)、《海南省体育市场管理暂行规定》(送审稿)，拟订《海南省文化市场管理条例》修订计划，为文化市场的规范发展奠定法律基础。此外，指导全省的文化市场执法，加大依法治市的力度，提高办案质量，增强执法人员的法律意识。

对外及港澳台文化交流

截止2000年12月5日，本年度海南对外交流项目共24起，242人次。其中出访20起，181人次；来访4起，61人次。文化艺术类16起，193人次；体育类5起，43人次；广电类2起，4人次；新闻出版类1起，2人次。出访了日本、韩国、越南、新加坡、泰国、土耳其、摩洛哥、阿尔及利亚、突尼斯、叙利亚、奥地利、德国、法国、波多黎各、美国、加拿大、澳大利亚等17个国家和香港、澳门特别行政区。英国、美国等国和香港特区有团组和个人来访。

2000年的对外文化交流特点表现在发挥民族文化的作用上。6月中旬至7月，省歌舞团出访北非西亚四国，精选的节目绝大部分以表现黎族人民生活的歌舞为主。7月中旬，省外事侨务办公室组团赴日本兵库县参加“2000年日本花卉造园博览会海南日”表演活动，省民族歌舞团派员出访。11月，省琼剧院赴港澳演出，带去了极富乡土气息的琼剧节目。

这些富于海南民族特色的文化，以其清新、独特的魅力，深深打动了各国观众的心，给人们留下了难忘美好的印象，让更多的人了解中国海南的艺术，联络了海外桑梓情谊。

电影

2000年，电影工作通过多种形式、多种渠道努力开拓农村电影市场，采取举办“电影周”和与有经济实力的企业联营等办法，把电影送到农村，送到老少边穷地区，以点带面在全省展开。10月至12月与中国联通海南公司举办了为期两个月的电影下乡活动，省电影公司先后组成4个电影放映队，下到全省19个市县100个乡镇89个农场放映电影215场，观众达16万人次，收到了较好的社会效益。

文物考古与博物馆事业

制定海南省“十五”文物抢救保护计划，确定了今后文物保护抢救工作的重点；召开美郎双塔（全国重点文物保护单位）总体保护规划论证会，为更好地保护文物及其周边环境，同时为开发利用打下了良好的基础；召开《中国文物地图集·海南分册》第三次编撰暨初审工作座谈会；完成《中国文物地图集·海南分册》的终审工作；组织完成申报第五批全国重点文物保护单位的工作；继续指导各市、县文物保护工作；组织指导各市、县完善各级文物保护单位的“四有”工作；协同省政协调查各市、县文物保护工作情况；组织抢救清理了琼山市美秋村宋墓；协助国家文物局、中国历史博物馆进行中国水下考古基地的选址工作。

组织制订了省博物馆建设可行性方案，使省博物馆建设提上重要议事日程，列入省的“十五”计划。荟萃全省各级文博单位的文物精品，举办了“海南解放五十周年文物展”，为庆祝海南解放五十周年献上了一份厚礼；组织召开了省民族博物馆防盗报警安防方案论证会，使该方案得到国家文物局的批准；对全省各地文博单位的安防工作进行细致的布置，指导各级文物收藏单位加强安防措施，确保文物安全。全力配合国家文物局，做好了明年初在海南举办的“南方地区少数民族文物业务干部培训班”的筹备工作。

与省公安、边防部门协调处理渔民盗掘西沙水下文物案件，加大对文物犯罪的打击力度；在《中国文物报》上刊登专版《艰苦创业五十载　琼岛文博著新篇》，介绍、宣传海南文物工作五十年来所取得的成绩。

机构设置

海南省19个市县均建立了文化局或文化体育局。

海南省文化广电出版体育厅主管全省文化艺术、广播电视、新闻出版、体育运动事业。2000年机构改革后，海南省文化广电出版体育厅设置13个处室：办公室（含对外文化交流）、政策法规处、组织人事处（含厅直属机关党委、工会）、计划财务处、文化处（含文管办）、艺术处、广播电视社会管理处、广播电视科技管理处、图书音像版权处、报刊印刷发行处、群众体育处、竞技体育处、文化市场处。公务员编制82人。

文化人物

陈育明（1937～　）　男，汉族，海南省文昌市人。现任海南省海口市琼剧团团长。国家一级演员，1991年全省第一个获国家级津贴，中国戏剧家协会理事、海南省文学艺术界联合会副主席、海南省戏剧家协会主席、中国民主促进会中央委员、海南省第一、二届人大常委。1998年当选为第九届全国政协委员。

1952年从事文艺工作，成功主演上百部不同类型的艺术形象。代表作有《红楼梦》中的贾宝玉、《梁山伯与祝英台》中的梁山伯、《红叶题诗》中的文东和、《红色娘子军》中的洪常青、《杜鹃山》中的雷刚等。曾十多次赴泰国、新加坡、马来西亚等国家和香港、澳门、台湾地区演出。1984年中国唱片公司广州分公司录制了《陈育明琼剧唱腔选》，1995年获得中央广电部中国唱片总公司颁发的“金唱片奖”，成为琼剧史上第一个获此殊荣的琼剧演员。1998年被收入《中国当代文艺家名人录》、《中国戏剧家、电影家名人辞典》、《中国文艺家传集》、《国际华裔著名艺术家辞典》。

李放（1941～　）　男，汉族，海南省文昌市人。现任海南省琼剧院院长兼院党总支书记。国家一级编剧，海南省首批有突出贡献优秀专家，国家特贴专家、中国戏剧文学学会副会长、省政协委员、省剧协副主席、中国戏剧家协会会员、省作协会员。

1985年在上海戏剧学院结业，1990年中国文学函授大学毕业。从事乡土文学艺术生涯30余年，是海南省乡土文学艺术倡导者之一。其诗歌、剧本先后发表于《诗刊》、《剧本》、《人民日报》等国内多种刊物；新、马、泰等国外华文报刊也曾予采用，部分剧作被国外琼剧团搬上舞台。先后创作、改编、整理《东坡劝学》、《苏东坡在海南》、《青梅记》等42个剧本供剧团上演。发表学术论文《如何把人物写得生动感人——戏剧作品创作谈》等。有《世界名人录》等27部辞书载入其个人传记。

陈光洲（1943～　）　男，汉族，海南省琼山市人。现任海南省艺术研究所所长，中国音乐家协会会员，中国少数民族音乐会学会常务理事、海南省音乐家协会副主席，国家一级作曲。海南省突出贡献优秀专家，国务院政府特贴专家。

1963年毕业于广东省音乐学院理论作曲系，一直从事音乐创作及音乐研究。创作的作品体裁广泛、题材多样，写过多部交响音乐，包括序曲、组曲、协奏曲、交响诗等30多件作品，11件作品获国家级奖、20多件作品获省级奖。这些作品由中国国际广播播送，大部分作品、个人专集已录成唱片出版。

陈进和（1945～　） 男，汉族，海南万宁市人。1959年参加民盟。原万宁县琼剧团团长，现任海南省琼剧院艺术指导。海南省政协第二、三届常务委员会委员。中国戏剧家协会会员，国家一级演员，国家特殊津贴专家。

40余年的舞台生涯中，担任过《梁山伯与祝英台》等30多部剧目的主角。其中琼剧《广东开科》被中国戏曲研究所选录作为琼剧艺术资源存档。《林攀桂》剧被中央电视台拍摄播放。《广东开科》、《林攀桂》、《寒梅芳心》、《孟程公主》等剧还录音录像发行国内外。曾随团出访新加坡、澳门、台湾等地演出。

黄庆萍（1946～　） 女，汉族，海南省海口市人。现任海南省海口市琼剧团副团长，国家一级演员、国家特贴专家、中国戏剧家协会会员、海南省戏剧家协会理事、海南省人大代表、海口市人大常务委员。

1963年考入海口市琼剧团，30多年的舞台生涯中，担任过传统戏《梁山伯与祝英台》、《秦香莲后传》、现代戏《杜鹃山》、《红色娘子军》等20多个剧的主要角色。1980年获海南区琼剧汇演演员二等奖，1987年获广东省中青年戏曲演员“百花奖”，1992年获海南省优秀民族艺术展演“椰花奖”，1995年出席由联合国组办的世界妇女亚洲论坛大会，曾由广州太平洋影音公司出版发行《黄庆萍琼剧唱腔珍藏特辑》，多次随团赴新、马、泰、文莱、港、澳、台等地演出。

陈素珍（1961～　） 女，汉族，海南省万宁市人。国家一级演员、获国家级津贴、中国戏剧家协会会员，海南省剧协副主席、海口市政协委员。

1976年在海南省乐东县文艺宣传队，1979年考入海南省海口市琼剧团担任主要演员，曾成功主演《凤冠梦》、《秦香莲后传》等十多个大型剧目，1987年在《丘浚变奏》中饰演龙小姐获广东省第三届艺术节表演三等奖，1995年在《喜团圆》中饰演孙淑琳，获海南省专业琼剧调演优秀演员奖。同年以方言独唱《海口好》获海南省民族民间文艺调演“优秀演员奖”。2000年被邀请出席中国文联文艺家协会第三次德艺双馨座谈会。多次随团出访泰国、新加坡、马来西亚、文莱等国家和香港、澳门、台湾地区演出。

倪承为（1959～　） 男，汉族，海南琼山市人。国家二级作曲、中国音乐家协会会员、海南省音乐家协会副主席，国务院特殊津贴专家。曾在广州音乐专科学校艺术系攻读低音提琴、指挥、作曲、音乐教育等专业。现任海南省歌舞团艺术创作室主任兼乐队指挥。

主要作品有：交响组曲《海南风韵》、交响音画《海恋》、民族管弦乐《椰风情趣》、声乐套曲《山魂》《南海明珠》、合唱《海南，你没有冬天》、电视配乐《海南惊涛》等。主要声乐作品收录在《倪承为声屏歌选》。《种山兰的女子》获得2000年全国第十届孔雀杯音乐铜奖。主要作品被中央电台、电视台、中国国际电台、北京电台、电视台以及《歌曲》、《广播歌选》、《上海歌声》、《音乐周报》和各省市广播电视台采用。

王荷花（1963～　） 女，河南永城人，二级演员，国家特贴专家，中国剧协会员，海南省剧协会员。

1982年毕业于海南琼剧学校，分配海南省琼剧院任演员，在十多年的舞台艺术生涯中，先后在琼剧《秦香莲后传》、《青梅记》、《苏东坡在海南》等20余个剧目中扮演主角或重要角色，1992年参加海南省首届椰子节展演中获“椰花奖”，三次随团出访新加坡、泰国演出。

蒙麓光（1956～　） 女，回族，国家二级编导。中国舞蹈家协会理事，中国少数民族舞蹈家协会会员，国家文化部优秀专家。原黑龙江林业文工团副团长，90年代入编“中国当代文艺家大辞典”。

来琼十年，多次担任海南省国际椰子节、香港、澳门等节庆日大型文艺晚会的总导演，舞蹈总监。

1995年，《高跷舞》获第二届中国艺术节广场舞大赛最高奖：“优秀编导奖”。2000年，《种山兰的女人》、《鼻箫悠悠叮咚响》分别获全国第十届

“孔雀奖”创作金、银奖。同年，其参与编导的《鹿回头》获第六届中国艺术节大奖，1999年首届“五指山文化艺术节”特等奖和海南专业调演“特别奖”。《钱腰索》获96文化部“群星奖”创作铜奖。《快乐的话务员》获全国总工会文艺评比“最佳节目奖”。《三叶，美丽家园》获“新世纪全国企业之声”大赛创作金奖。《依恋》获96全省专业舞蹈比赛创作一等奖。《鼻箫恋》获99全省专业舞蹈比赛创作一等奖。

孙凯（1957～ ） 男，汉族，海南三亚市人。现任海南省民族歌舞团团长兼支部书记。国家二级编剧。海南省作家协会会员、中国《词作家》会员、中国木偶皮影艺术协会常务理事、中国艺术研究院特约研究员。

主要作品是1997年编创的舞剧《鹿回头》被列入海南省“五个一工程”重点剧目；1999年12月被国家人事部、文化部授予“全国文化系统先进工作者”称号。2000年6月《鹿回头》获第九届文华大奖。个人获文华剧作奖、文华导演奖。同年10月该剧获第六届中国艺术节大奖。

周冰（1946～ ） 女，汉族，湖南衡东县人。国家二级导演，中国剧协会员，海南省剧协理事。

执导过一批优秀剧目，多次获省及全国级奖。1992年调进海南省琼剧院工作，先后导演《苏东坡在海南》等30余台剧目和折子戏，其中有十个剧目分别出国演出，十多个剧目分别被中央、海南电视台拍摄成戏曲片。1995年导演小品《考察》参加全国普通话小品比赛获优秀演出奖。1997年导演琼剧小品《接宝记》获全国“群星奖”铜奖。1998年被评为海南省德艺双馨优秀艺术家。

黄良冬（1943～ ） 男，汉族，海南文昌市人。高级讲师，中国剧协会员、中国中等戏曲艺术教育学会理事、海南剧协副主席，海南省琼剧院副院长。

1985年进修于上海戏剧学院，1989年函授于香港西太平洋函授学院。撰写的论文《如何使戏校高年级学生转为演员》获海南戏剧评论二等奖，1996年3月荣获全国中等艺术学校戏曲教学大赛“园丁奖”。三次应邀赴新加坡讲学、传艺。其艺术简介收入《中国文艺家传集》和《中国当代艺术界名人录》、《东方之子》多部辞典。

吴多东（1960～ ） 男，汉族，海南琼山市人。国家二级演员，中国剧协会员、海南剧协理事、海南琼剧院一团团长。

1982年毕业于海南琼剧学校。主攻小生，曾成功主演几十个不同类型的艺术形象，如《西湖公主》等。曾五次随团访演新、马及香港地区，并被邀请到新加坡传艺和义演。1987年获广东省首届青年戏曲演员“百花奖”，1993年获省“腾龙杯”琼剧卡拉OK大奖赛专业组一、二等奖。1996年出版《吴多东唱农会专辑》。

王宏夫（1959～ ） 男，黎族，海南白沙县人。国家二级演员，海南剧协理事，海南省琼剧院二团团长。

1976年参加文艺工作，1986年在上海戏剧学院导演系进修。1990年调进省琼剧院。他是琼剧院唯一的黎族演员，曾经在《苏东坡在海南》等十多个剧目中担纲主演。三度随团访演新加坡和泰国。先后获琼剧表演电视大奖赛专业青年组三等奖和“凯华杯”全国歌戏双栖明星广播演唱大赛铜奖。

王兆京（1942～ ） 男，黎族，海南保亭县人。国家二级作曲，现任海南省民族歌舞团创作室主任兼作曲。

他创作的黎族器乐曲《利咧与叮咚》获1991年第一届中国民族文化博览会“最佳民族艺术特色奖”；舞曲《山魂》获1991年部分省市地区“单双三”民族舞比赛二等奖；1999年参加新编海南人偶剧《鹿回头》的音乐创作，获文华大奖音乐创作奖。

赵琼霞（1961～ ） 女，纳西族，云南省大理市人。毕业于中央民族学院艺术系声乐专业。现任海南省歌舞团独唱演员，中国音乐家协会会员、中国文化纳西学会理事、海南省音乐家协会理事，国家二级演员。

1982年参加全国少数民族歌手大奖赛获一等奖。同年中央电视台、电台在黄金时间作了专题介绍。1986年参加中央电视台举办的全国青年歌手电视大奖赛获荧屏奖，并被聘为中央电视台特约演员。1987年参加中央电视台举办的春节联欢晚会，1992年被评为有突出贡献的国家青年专家，享受政府特殊津贴。

曹时娟（1963～ ） 女，汉族，湖南衡阳人，国家二级演员，大专毕业。现任海南省歌舞团歌队队长，中国音乐家协会会员，中国声乐学会会员，海南省政协委员，海南省音乐家协会副主席。

主要业绩：1994年荣获全国青年电视歌手大赛专业组优秀奖，1995年获全国音乐电视MTV大奖赛银奖，1998年成功地举办了“曹时娟演唱音乐会”，曾多次出访日本、韩国、突尼斯、摩洛哥等国家演出。

陈忠（1958～ ） 男，黎族，海南乐东县人。毕业于中央民族学院。海南省音乐家协会理事，海南省歌舞团歌队队长。国家二级声乐演员。

曾参加过一、二、三、四届全国少数民族青年歌手大赛。获“三等奖”“优秀奖”“优良奖”“演唱奖”等奖项。获全国农民歌手辅导银奖。先后灌录海南民歌卡带《海南狂热》、海南黎族民歌卡带及VCD影碟《五指山之歌》、海南歌曲CD唱碟和CVD影碟《琼岛乡音》等音像制品。

黎明亮（1952～ ） 男，汉族，海南乐东县人。国家二级演员，中国舞蹈家协会会员，海南省舞蹈家协会副主席，现任海南省文化艺术学校副校长。

1970年考入广东民族歌舞团，1972年参加该团排演的歌舞晚会中担任主要演员，主演《喜送粮》、《开山歌》、《野营大军过山来》等节目。二十世纪80年代，主演了《摸螺》、《起义者》、《踩波曲》，其中《起义者》在全国舞蹈比赛中荣获二等奖。曾多次赴北京参加重大演出活动。90年代在海南省歌舞团参与编导的黎族舞蹈《爱情的节日》于1990年参加中南六省、区春节电视文艺晚会中荣获编导奖。

重庆市

2000年对于文化工作是特殊的、重要的一年。西部大开发战略的全面实施、江泽民总书记关于“三个代表”重要思想的提出、中央思想政治工作会议、十五届五中全会的召开为文化的发展提供了难得的机遇，也提出了更高的要求。重庆市文化工作者在重庆市委、重庆市人民政府的领导和文化部的指导下，认真学习，统一思想，开拓进取，辛勤耕耘，忠诚奉献，推进了重庆市文化事业的新发展，向党和人民递交了一份优秀的答卷。

一、艺术建设年文艺精品异彩纷呈，获奖数量质量达到历史最高水平

重庆市文化局将2000年确定为艺术建设年。全年共获奖171项，国家级32项，其他139项。

其中川剧《金子》荣获第六届中国艺术节大奖，第九届文华奖大奖、文华剧作奖、文华导演奖、文华表演奖、文华音乐创作奖，首届中国川剧节金奖，首届中国戏剧文学奖，中国文联主办的曹禺戏剧奖文学剧本奖，重庆市“五个一工程”奖。沈铁梅获第十七届中国戏剧梅花奖(二度梅)。第十一届上海“白玉兰”戏剧表演艺术奖，沈铁梅获主角奖，张建平、陈雪获配角奖，是“白玉兰”评奖一个戏同获三个奖的突破。曲艺清音表演唱《搬上新居迎太阳》获文华新节目奖。

推出了大型古典组舞《龙族风韵》。

举办“舞台艺术之星”汇演活动，推出93个剧节目。

市直专业院团完成演出1462场，送文化下乡204场。

举办了《重庆市国画精品展》等10个大型画展。

二、群众文化星光灿烂，硕果累累

举办了210场大型广场文化活动，建成市级特色文化单位2个：南川市石溪乡“板凳龙舞之乡”、九龙坡区含谷镇“火龙之乡”。举办了首届重庆中国铜梁龙灯艺术节等大型活动。

重庆市选拔参加全国首届少儿“蒲公英奖”决赛的7个节目，获创作金奖3个、银奖3个、铜奖1个，获表演金奖5个、银奖1个、铜奖1个，列全国各省区市前茅；推荐重庆孩子艺术团《太阳出来喜洋洋》和《采花调》两个节目赴北京中南海参加全国“世纪娃进京少儿文艺演出”，受到党和国家领导人好评；选派5名歌手参加“第二届中国西部‘沙湖杯’民歌（花儿）歌手邀请赛”，获得1个金奖、2个银奖、2个铜奖的出色成绩；参加全国第十届群星奖评奖，广场舞蹈《二龙戏珠》，舞台舞蹈《山野小曲》、《天堂》获金奖，《望夫石》等7个节目获银奖，另获优秀奖2个，组织奖1个，个人组织工作奖2个，获得了大丰收。

三、文物保护抢救利用成效显著

《红岩魂形象报告展演》在中央思想政治工作会议期间应邀进京演出，轰动京城，受到中央领导的高度评价。该展演已在北京、上海、成都等地演出250多场。

全面实施三峡库区文物保护规划。1999年度（1999年7月-2000年6月）完成36个地下文物的考古发掘工作和石宝寨、张飞庙、白鹤梁题刻、大昌古镇等地面文物保护规划。开展了2000年度地下文物发掘项目75处，地面文物保护项目135处。与来自全国的51家文物保护单位签订地下项目合同66项，地面文物28个项目。11月15日，中共中央政治局常委、全国人大常委会委员长李鹏在忠县参观了重庆库区文物保护成果汇报展，对重庆库区文物保护工作表示满意。

公布了重庆市第一批重点文物保护单位148处。向国家文物局申报列入第五批全国重点文物保护单位26处。全面完成并实施重庆文化遗产战略总体规划。将巫山龙骨坡遗址、合川钓鱼城等9处具有鲜明地方特色和特殊历史价值的古墓葬和古遗址上报争取列入国家大遗址保护范围。

完成了酉阳红三军司令部旧址等5处重点文物的维修。

四、文化市场进一步规范

在全市组织实施电子游戏经营场所专项治理工作和娱乐服务场所专项行动。

7、8、9三个月按照国务院统一部署组织实施电子游戏专项治理工作和娱乐服务场所专项行动，取得明显成效。全市电子游戏经营场所从治理前的4701家减少到现在的1184家，压减率达到74.8%，全市文化部门出动检查人员10091人次，检查电子游戏经营场所5578个；取缔无证或证照不全的经营场所1168个，关闭不符合条件的场所3228家，依法取缔查处违法违规经营户4284家；组织公开销毁赌博电子游戏机及电路板3278台（块）。

组织实施了“西南六城市时装模特大赛”等一系列全市性文化市场示范导向活动。

五、推进机构改革，促进文化产业发展

完成了局机关第二轮机构改革。市美术公司改为股份有限公司、市电影公司改为股份有限公司工作进展顺利。

承担了“2000中国西部大开发文化经济展示周”重庆展馆的策划、设计、制作、布展及相关活动的组织工作。荣获组委会授予的“最佳组织奖”和“最佳设计奖”。

大足石刻、歌乐山烈士陵园、红岩馆“五·一”、“十·一”黄金周取得突出效益。

六、以贯彻落实农村电影放映“2131”工程为重点，推动农村电影工作

市政府办公厅印发了《关于认真贯彻落实农村电影放映“2131”目标的通知》，这是重庆市直辖以来由政府发出的第一个农村电影工作文件。目前有17个县区提出了贯彻措施。

成立了“重庆市农村电影16毫米影片服务中心”，面向40个区县及周边各农村电影市场，形成重庆地区16毫米影片服务网络。

召开了全市农村电影“2131”目标工作座谈会。代表中宣部、广电总局、文化部向贫困县赠送16毫米放映设备12套，对区县文化部门奖励、资助16毫米电影设备18台。

组织实施了“影企联姻”送电影下乡，放映电影500场。

全年全市共放映电影12.9万场，其中城区6.89万场，农村6.01万场。

七、完成对外文化交流44起

出访24起，140人次，赴13个国家或地区进行访问、考察、学习培训、学术交流、演出、展出、国际比赛等。

接待来访20起，300余人次，来自10个国家或地区的人士来渝进行考察、商谈、学术交流、演出、参观等。

八、加强了队伍建设

与北京大学、重庆师范学院联合办文博研究生班。职称评审通过250人，其中高级95人，中级127人，初级（代评）28人。申报享受政府特殊津贴专家6名。组织全市电影放映员培训、技术等级考试63人；组织局系统技术工人专业培训、技术等级考试140人。

九、按期推进“十五”文化发展计划纲要的制定

十、承办了全国性会议和区域性艺术比赛

6月17日-21日，承办文化部召开的全国艺术创作会议。

6月10日-13日，承办文化部召开的全国文化产业工作经验交流会。

10月24日–31日，承办了第十届孔雀奖少数民族舞蹈比赛。

2月23日–26日，承办了金狮奖第五届全国杂技比赛西南大区预选赛。

7月16日，重庆艺校承办西南地区艺术中专青年教师器乐比赛。

市少儿图书馆承办了全国（中南西南）少儿图书馆工作交流暨理论研讨。

十一、文化设施建设有成效

投资2179万元，建筑面积5370平方米的红岩陈列馆竣工，主体工程、外墙装饰均被评定为优良工程。

积极促进重庆中国三峡博物馆的建设，前期工作、设计方案招标工作顺利开展。

重庆市博物馆等单位集资建房正在积极推进。

重要会议、重大事件、重大活动、重要文化场馆建设、机构设置

2000年度全市文化工作会议 2月29日至3月1日，召开重庆市文化工作会议。会议传达了全国文化厅局长会议精神、全国文物局长会议精神，总结了1999年全市文化工作，部署了2000年工作任务，表彰了1999年度在国际、国内重大文化活动中取得优异成绩的单位和个人，通报了1999年度区县（自治县、市）文化局综合考核结果，并对获奖区县进行了表彰。市委副书记刘志忠，市委常委、市委宣传部长邢元敏、副市长程贻举等领导出席会议。

中共重庆市委书记贺国强视察文化工作 2月25日，中共重庆市委书记贺国强率市级有关部门负责人视察市川剧院、市杂技团等文化单位，并在重庆市文化局召开座谈会。在座谈会上贺国强书记指出，要进一步提高对文化战略地位的认识，要把文化事业发展纳入经济社会发展规划之中，切实加以重视，要坚持正确的方针，繁荣文化事业，要解放思想，转变观念，走大文化的发展路子，要加强文化法制建设，要在抓经济增长的同时，不断增加对文化事业的投入，要加强队伍建设，提高整个文化系统干部队伍的素质。并强调近期要办好十件大事。

川剧《金子》获得多项殊荣 由重庆市川剧院改编自曹禺《原野》的川剧《金子》获得巨大成功，荣获第六届中国艺术节大奖，第九届文华奖大奖、文华剧作奖、文华导演奖、文华表演奖、文华音乐创作奖，首届中国川剧节金奖，首届中国戏剧文学奖，中国文联主办的曹禺戏剧奖文学剧本奖，重庆市“五个一工程”奖。

沈铁梅荣获2000年“振兴重庆争光贡献奖” 沈铁梅是重庆市川剧院著名青年川剧表演艺术家，其主演的川剧《金子》荣获第六届中国艺术节大奖，第九届文华奖大奖，首届中国川剧节金奖，重庆市“五个一工程”奖。沈铁梅获得第十七届中国戏剧梅花奖（二度梅）、第十一届上海“白玉兰”戏剧表演艺术奖主角奖、第九届文华表演奖，川剧《金子》在北京、上海、南京、深圳、杭州、苏州、常州、无锡、扬州、成都等全国10个城市演出了100多场，产生了广泛的影响。因沈铁梅的突出表现为重庆市争得了荣誉，重庆市人民政府授予她2000年“振兴重庆争光贡献奖”。

《红岩魂形象报告展演》为中央思想政治工作会议演出 发挥重庆市革命文物资源丰富的优势，运用革命文物资源，创作《红岩魂形象报告展演》，开展宣传教育工作取得极大成功。由重庆歌乐山革命纪念馆创作演出的《红岩魂形象报告展演》在中央思想政治工作会议期间应邀进京演出，轰动京城，受到中央领导的高度评价。该展演已在北京、上海、成都等地演出250多场，接待观众30余万人次，产生了广泛的影响。为此，重庆市政府为歌乐山革命纪念馆记集体一等功。

2000年重庆市专业艺术表演团体“舞台艺术之星”汇演 列入重庆市“艺术建设年”重要内容、以发现和培养艺术新人为目的的2000年重庆市专业艺术表演团体“舞台艺术之星”汇演8月10日–8月18日举行，共有93个节目、117名选手参加比赛。此次汇演共有声乐、器乐、舞蹈、曲艺、杂技、川剧、京剧、小品、话剧、音乐方言剧等8个专场。经评选，市歌舞团段波等9人获得一等奖，市京剧团刘柱等24人获得二等奖，市京剧团张立等36人获得三等奖，市曲艺团琵琶弹唱《神女吟》等4个节目获得集体奖，刘永红等13人获得表演奖，李沙、刘志勇2人获得特别奖，万州区文化局、涪陵区文化局、永川市文体委、重庆市京剧团、重庆市曲艺团5个单位获得组织奖。

第十届孔雀奖少数民族舞蹈比赛在重庆举行 由文化部、国家民委、国家广电总局、重庆市人

民政府共同举办，重庆市文化局、民宗委、广电局具体承办的第十届孔雀奖少数民族舞蹈比赛2000年10月25日-10月31日在重庆举行。本届比赛共有16个省区市和中直院团的22个参赛代表队、220名演员、63个节目参加决赛。

海南的黎族舞蹈《种山兰的女人》、内蒙古的蒙古舞《漠柳》等获表演一等奖；《种山兰的女人》等获编导一等奖；《水中月》获作曲一等奖。重庆市参赛3个节目，《飞铰》获表演、编导二等奖，《野山椒》获编导二等奖、表演三等奖，《打谷娃》获表演三等奖。

文化部副部长艾青春、国家民委副主任李晋有、重庆市委副书记刘志忠、市委常委、宣传部长邢元敏、副市长程贻举、市政协副主席张国忠、辜文兴等为获奖节目颁奖。

重庆杂技艺术团在加拿大表演圆满成功 应加拿大卡迪诺市热气球节组委会的邀请，重庆杂技艺术团赴加拿大进行访问演出。由于时值中加建交30周年，中国驻加拿大使馆将演出纳入庆祝中加建交30周年及中国文化季的大型庆典活动。演出获得圆满成功，9月7日，中国驻加拿大使馆专门向本局及重庆杂技艺术团发来贺电。贺电认为"贵市少儿女子杂技团以其精湛的技艺在加表演圆满成功。在访加期间，该团充分展现了具有中国民族特色的杂技艺术和中国少年儿童的精神面貌，小演员们的精彩表演吸引了众多观众，给观众留下了美好的印象，受到加拿大观众的热烈欢迎和高度赞扬。他们的来访不仅宣传和弘扬了中国的杂技艺术，而且为中加人民之间的友谊做出了贡献。"

积极开展送文化下乡活动 广大文艺工作者坚持送戏到区县，下乡下厂为人民群众演出。各专业艺术院团赴黔江、万州、涪陵、永川、巴南、垫江、梁平、荣昌等区县演出204场，观众达180多万人次。组织剧作家、表演艺术家走进大学校园举办系列文艺专题讲座，深受广大师生的欢迎。国庆期间，组织了全市专业艺术院团的20多台节目赴合川、荣昌、渝北、九龙坡等地企事业单位、部队、院校演出。

首届中国铜梁龙灯艺术节 重庆·首届中国铜梁龙灯艺术节2000年10月21日-25日在铜梁举行。21日在铜梁运动场举行开幕式及"龙之魂"大型歌舞晚会；22日上午举行中国龙文化与龙舞艺术研讨会、投资贸易洽谈会开幕式；22日上午在铜梁博物馆举行重庆铜梁龙博物馆暨铜梁博物馆落成仪式、"龙之韵"龙文化艺术展开展仪式；10月24日上午举行2000年中华龙舞邀请赛；10月25日晚在铜梁运动场举行艺术节闭幕文艺焰火晚会。10月21日-25日，中华铜梁龙灯街头大游乐。艺术节获得成功，扩大了重庆在全国的影响，推动了铜梁县的招商引资工作和文化工作的深入开展。

举办2000年老年文化活动周 在中国传统的敬老爱老的重阳佳节之际，由重庆市老龄工作委员会、重庆市文化局、重庆有线电视台共同主办，市群众艺术馆承办的"重庆市2000年老年文化活动周"于10月9日至15日在市文化宫隆重举行。

本次活动周的内容包括重庆市老年书画摄影展览、重庆市老年广场民间舞蹈比赛、重庆市老年风采时装表演赛、电影专场及丰富多彩的游园会活动。老年书画摄影展共收到12个区市县及市属机关直接选送的179件作品参展。老年广场民间舞蹈比赛及老年风采时装表演赛，分别有来自全市10余个区市县的24支和14支代表队参赛。10月13日的电影专场专为老人们放映国产彩色故事片《金婚》。

全面实施重庆库区三峡文物抢救工作 2000年完成了重庆库区文物实物指标的复核任务，完成了36个地下文物的考古发掘工作，发掘面积3万余平方米，取得一批重要成果。地面文物方面完成了石宝寨保护设计的招标委托，张飞庙搬迁保护方案的初设方案已正式上报国家文物局审批；白鹤梁题刻复建保护方案已开始着手设计；大昌古镇的整体搬迁保护规划已完成。地下发掘总量已达20万平方米，出土珍贵文物2000件，一般文物10000余件，资料近10万件，李家坝遗址、中坝遗址考古发掘列入全国10大考古发现。获得了从旧石器至明清时期的大量文物资料，填补了峡江地区考古及巴文化的空白。

公布第一批市级文物保护单位 为了保护、建设好历史文化名城，2000年9月4日，重庆市人民政府常务会议审核通过公布第一批市级文物保护单位148处。这148处文物中，有距今200万年的巫山龙骨坡遗址等古遗址10处，有小田溪战国墓、巴蔓子墓、丰都汇南汉墓、巫溪荆竹坝岩棺群等古墓葬17处，有白帝城、钓鱼城、张飞庙、石宝寨、湖广会馆等古建筑44处，有大足石刻、白鹤梁水文题刻、潼南大佛寺、涞滩二佛寺等石窟寺及石刻19处，有黄山、南山陪都遗迹、“中美合作所”集中营旧址、重庆谈判旧址、八路军重庆办事处旧址、法国水师兵营等近现代重要史迹46处，有大昌民居、重庆人民大礼堂等近现代代表性建筑12处。

重庆市文化局与北京大学等联合举办西南地区考古学与博物馆学研究生课程班 重庆市文化(文物)局与北京大学、重庆师范学院联合举办的北京大学西南地区考古学和博物馆学研究生课程班2000年8月21日在重庆师范学院开学，首期来自四川、宁夏、贵州、重庆等地的20名学员入学。这是北京大学在外地开设的第一个研究生班，该班依托重庆师范学院，严格按照北京大学的教学大纲进行培养，主要课程由北大教师教授，两年内学生完成12门课程并通过考试考核后，由北京大学发给结业证。

积极组织实施电子游戏经营场所专项治理工作和娱乐服务场所专项行动 3-6月，重庆市文化局会同市公安、工商局联合下发《关于集中清理整顿校园周边200米内电子游戏机经营活动的紧急通知》。会同市未成年人保护委员会下发《关于在全市统一设置“禁止或限制未成年人入内”标牌的通知》。7、8、9三个月按照国务院统一部署组织实施电子游戏专项治理工作和娱乐服务场所专项行动，取得明显成效。全市电子游戏经营场所从治理前的4701家减少到现在的1184家，压减率达到74.8%。全市文化部门出动检查人员10091人次，检查电子游戏经营场所5578个；取缔无证或证照不全的经营场所1168个，关闭不符合条件的场所3228家，依法取缔查处违法违规经营户4284家；组织公开销毁赌博电子游戏机及电路板3278台（块）。

全国（中西南）少年儿童图书馆工作交流暨理论研讨会在重庆市召开 全国（中西南）少年儿童图书馆工作交流暨理论研讨会2000年9月12日-15日在重庆市会仙楼宾馆召开。来自全国各地的少年儿童图书馆馆长、少年儿童教育专家、学者近100人，围绕“少年儿童图书馆如何迎接新世纪的挑战”的主题进行了工作交流，探讨少儿图书馆改革思路。与会代表还就少儿图书馆的自动化、网络化发展方向；实现文献信息资源共享的策略、方法及途径；加强少儿图书馆职工队伍建设和少儿图书馆、中小学图书馆在实施素质教育中的地位和作用等若干问题进行了研讨。

积极参加重庆市发展环境综合整治工作，根据重庆市人民政府统一布署，开展了发展环境综合整治工作。共清理文件167件，包括文化市场管理，文化产业管理，社会文化、图书馆管理，文物保护、博物馆管理，艺术管理，计划财务管理，人事管理，审计、综合管理九大类，废止70件，占文件清理总数的41.9%，停止适用27件，占清理总数的16.2%，继续适用56件，占清理总数的33.5%，需修改14件，占清理总数的8.4%。清理审批49项，按有关精神要求，保留42项，废止7项。清理行政事业性收费3项，废止1项。与机关脱钩公司1家。实施了政务公开，制定了《重庆市文化局办事指南》，上墙上网向全社会公布。公布了局公开电话、举报和投拆电话。

开门制定重庆市文化发展“十五”计划 重庆市文化局集中力量开展了“十五”计划的制定工作。组织专门的工作班子，争取到市计委、市规划局的支持，由三家共同制定重庆市文化发展“十五”计划，并将其作为全市国民经济和社会发展“十五”计划的重点专题计划之一，主要内容纳入全市总体计划之中。在计划制定过程中，先后召开了艺术家和专家、直属单位负责人、区县(自治县、市)文化局领导座谈会，听取各方意见。党的十五届五中全会和市委一届八次全会召开后，又根据会议精神，对文化事业“十五”计划进行了多次修改，以保证计划高质量、可操作、对全市文化事业有指导意义。

重庆中国三峡博物馆建设工程启动 重庆中国三峡博物馆工程于2000年12月29日正式启动。中共重庆市委书记贺国强、市长包叙定、市政协主席张文彬、驻渝部队负责人及重庆各界群众上万人参加了开工仪式。

重庆中国三峡博物馆是经国务院批准冠名的国家级大型博物馆，位于重庆市人民大礼堂中轴线西侧，占地23000平方米，建筑面积42000万平方米，建筑格调采用传统的地域文化符号与简洁、大气的现代风格相结合。建筑立面造型活泼，尺度宏大，整体色彩凝重素雅，既折射出巴渝历史的影像，又凭借现代建筑语言焕发出时代的光芒。馆内除了展示三峡的自然演化、社会变迁历史外，还将再现三峡移民和库区文化保护进程。馆内增设的城市发展厅，将按照城市发展主线再现重庆各个历史时期的变迁。人民广场三期工程与一、二期广场和重庆中国三峡博物馆将连成一体，成为市民文化、休闲广场，并兼有集会功能。人民广场三期工程于2001年完工，重庆中国三峡博物馆将于2003年建成向市民开放。

红岩革命纪念馆新陈列馆投入使用 被重庆市人民政府列为为民办实事形象工程之一的重庆红岩革命纪念馆陈列馆，在1999年部分投入使用后经过努力建设于2000年全部正式投入使用。整个工程总体投资2000万元，建筑面积5300平方米，占地面积1780平方米。新陈列馆共4层，一层为主入口序厅、贵宾接待室、多功能厅、消防控制室等；二层为重庆谈判蜡像馆；三层为基本陈列厅；四层为综合展厅。无论是建筑面积还是其内部功能配置，在目前西南地区文化系统内可称得上一流的现代化陈列馆。

重庆市文化局机构设置 现设处室13个：办公室、人事处、计划财务处、艺术处、社会文化图书馆处、文物保护处、博物馆处、三峡文物保护工作领导小组办公室、产业处、市场管理处、离退休人员管理处、纪检组（审计处、监察室）、机关党委。

文化局直属文化单位

重庆图书馆
重庆市少年儿童图书馆
重庆市群众艺术馆
重庆市艺术研究所
重庆市歌剧院
重庆市歌舞团
重庆市话剧团
重庆杂技艺术团
歌乐山烈士陵园管理处
重庆大韩民国临时政府旧址陈列馆
重庆市博物馆
重庆自然博物馆
重庆市文物商店
大足石刻艺术博物馆
重庆市电影发行放映公司
重庆市美术公司
重庆市川剧院
重庆市京剧团
重庆市曲艺团
重庆渝中区川剧团
重庆市越剧团
重庆艺术学校
重庆市演出公司
重庆市玉屏文化中心
重庆红岩革命纪念馆
重庆文华房地产综合开发公司
重庆国画院
重庆市文化局创作室

四　川　省

2000年，四川省文化厅坚决贯彻落实党的十五届五中全会精神，用江泽民总书记“三个代表”重要思想统揽全局工作，在文化部的正确指导下，在四川省委、省政府的领导支持下，经过各级文化主管部门和全省广大文艺工作者的共同努力，圆满实现了全省文化事业“九五”既定目标，四川省文化事业呈现出“全面繁荣、整体推进”的良好发展势头。四川省文化厅荣获了四川省政府授予的“2000年省政府目标管理先进单位”、四川省政府办公厅授予的“2000年四川省省级机关目标管理工作先进集体”等称号。

一、艺术创作演出繁荣活跃，文艺舞台异彩纷呈。

1、四川省文化厅抓好世纪之交文艺繁荣工作，进一步实施文艺创作精品战略，落实创作滚动计划，发挥戏剧创作优势，推动了全省文艺创作的重点繁荣、普遍繁荣和持续繁荣，全年全省共创作重点剧（节）目45台，创作小型剧（节）目460个，其中省直剧（院）团新创重点剧（节）目4台，上演4台。

2、2000年，四川省一批优秀剧（节）目参加全国重大艺术演出活动，取得可喜成绩。经文化部专家选拔，四川省2台优秀剧目赴南京参加第六届中国艺术节演出，入选参演剧目居全国各省区前列，其中四川省川剧院川剧《变脸》获艺术节大奖，四川人民艺术剧院方言话剧《抓壮丁》获艺术节优秀演出奖。川剧《变脸》继获艺术节大奖后，又获文化部第八届文华大奖。参加文化部第九届文华奖评选，四川人民艺术剧院音乐剧《未来组合》获文华新剧目奖和文华音乐创作奖；自贡市川剧团川剧《中国公主杜兰朵》获文华新剧目奖和文华表演奖；成都市木偶皮影艺术剧院木偶剧《红地球、蓝地球》获文华新剧目奖；成都市曲艺团四川清音《蜀绣姑娘》获文华新节目奖和文化新节目表演奖。四川省获奖剧（节）目总数居全国前茅。本省选送了12个舞蹈节目参评文化部第十届“群星奖”，获得“一金、三银、两铜”的优异成绩，四川省文化厅荣获组织工作奖。参加2000年全国儿童剧优秀剧目展演，成都市木偶皮影艺术剧院木偶剧《红地球、蓝地球》获优秀演出奖、优秀舞台美术奖、优秀表演奖。此外，本省还有一批文艺节目在参加2000年全国艺术歌曲比赛和第五届全国杂技比赛中获奖，有40多个节目在2000年全省舞蹈大赛中获奖。

3、四川省文化厅、四川省舞协、华西都市报社于2000年7月至9月在成都联合举办四川省舞蹈大赛，全省1000多名专业、业余舞蹈演员演出的140多个节目参加了预赛，80多个节目参加了复赛，40多个节目参加了决赛。经过层层选拔，共评选出优秀舞蹈节目15个。由获奖优秀舞蹈节目组成了《世纪之舞》暨四川省舞蹈大赛颁奖晚会的演出，引起观众强烈反响，此台晚会作为四川省庆祝建国51周年电视文艺晚会通过卫星电视向全国作了转播。

4、2000年，全省专业剧院团演出场次达9300多场，其中下乡、下基层演出为7000余场，国办剧团年均演出90场以上，元旦、春节期间全省各地集中送戏下乡演出 达3000多场。2000年11月，四川省委宣传部、省文化厅组织了川北文化列车赴广元川陕革命根据地和绵阳科技城慰问演出，共演出10场，现场观众达20余万人，受到了革命老区群众和科技工作者的热烈欢迎。

5、2000年，省文化厅在认真组织调查研究、深入分析论证的基础上，按照中组部、人事部《关于加快推进事业单位人事制度改革的意见》的要求，参照《文化部关于直属艺术表演团体深化改革的意见》，借鉴省内外艺术院团改革的经验，结合四川省的实际情况，草拟了《四川省文化厅关于省直属艺术表演团体深化改革的意见》，并报送省委、省政府审批，同时在四川省歌舞剧院进行深化改革试点工作。经四川省编委、省文化厅批准，省歌舞剧院增挂“四川交响乐团”牌子，乐团采用全新运作方式，以省歌乐员为主向社会公开招聘演职人员，首任团长由成都艺术中心总经理兼任。

二、社会文化事业全面发展，群众文化活动成效显著。

1、2000年，全省文艺工作者下乡、下基层演出7000-8000场，积极解决基层“看戏难”；全省组织了76万册流动图书深入基层开展借阅活动，以解决农村“读书难”；帮助农村文化站（室）培训农村业余文艺骨干4.3 万人次。在四川省委和省政府的支持下，全年投入150万元，对全省18个乌兰牧骑式演出队予以扶持。2000年，四川省委宣传部表彰全省文化系统“三下乡”先进集体13个，先进个人27名。

2、深入开展农村“千乡电影工程”，努力提高农民群众文化生活质量。成都市委将恢复农村电影，加强与改善农村思想政治工作作为市委、市政府为民办的十件实事之一，该经验受到四川省委及中宣部的充分肯定。2000年，四川省贫困县恢复发展农村电影队80个，至2000年底，全省农村电影队已达3500个，全年农村电影放映总场次达14万场，进一步解决了农村“看电影难”的问题。

3、坚持以小康文化建设为目标，以创建文化先进县为手段，推动基层文化工作。经过深入开展创建文化先进县、文化先进乡镇的活动，2000年经四川省文化厅考核验收，省政府审批，全省新命名的省级文化先进县19个，文化先进乡镇185个。至此，四川省省级文化先进县已达52个，文化先进乡镇已达373个。

4、大力加强公益性群众文化设施建设，提高农村文化建设投资效益。2000年，全省改扩建基层文化馆、图书馆25个，维修基层文化设施总面积达1.5 万平方米。

三、进一步拓宽对外文化交流渠道，多层次、全方位开展对外和对港澳台地区的文化交流工作。

1、2000年，经省文化厅申报批准的各类文化出访团（队）共116批，931人次，涉及20个国家和地区。组织和协调了19批文化团组赴国外和港澳台地区进行文化交流，艺术形式除民族歌舞、戏曲表演和文物展览外，还涉及书画、灯彩、杂技、木偶、皮影等民间艺术，交流领域更加广阔。邀请和接待来川进行文化交流的国（境）外文化团队20批，1001人次，涉及31个国家和地区。

2、2000年，省文化厅组织专门力量，收集、整理和翻录了全省6个市、地、州及厅直属的共计13个专业艺术表演团体的演展录像带31盘，演出剧照、图片172幅以及相关的文字资料、介绍47份，涉及川剧、歌舞、木偶、杂技、话剧、灯展等艺术门类，同时争取文化部和中国驻外使领馆的支持与配合，对外宣传介绍四川省具有民族传统精神和传统风格的优秀文化，积极向外推荐各个艺术表演团体及其精湛演技，以拓展文化艺术交流渠道，丰富文化交流内容。

3、几次重大对外文化交流活动效益颇丰。

——2000年12月3日至18日，应美国华盛顿州西雅图艺术博物馆和加拿大多伦多皇家安大略博物馆的邀请，四川省文物管理局、四川省文物考古研究所联合组团赴美国、加拿大考察访问，与美国方面签署了2001年5月1日至2002年6月16日在美国西雅图艺术博物馆、得州金玻尔艺术博物馆和纽约大都会博物馆举办中国四川省古代文物精品展的协议；与加拿大多伦多皇家安大略博物馆谈判并签署了2002年8月3日至2002年11月10日在该馆举办《中国四川三星堆文物展》的意向协议书。

——2000年9月1日至4日，应加拿大加狄诺市政府热气球节组委会邀请，成都市灯会办组织彩灯组“熊猫乐园”赴该市参加第十三届国际热气球节。通过灯展和带去的各种宣传品，让加拿大民众认识了四川，认识了成都，他们对四川的熊猫和成都精湛的民间彩灯传统文化赞不绝口，达到了“以灯为媒，广交朋友，宣传成都，宣传四川”的目的，从而为成都灯会走向北美、走向世界积累了经验。

——2000年6月20日至7月3日，四川省音乐舞蹈研究所组团随中国图书文化展团赴澳大利亚参加中国图书文化展，宣传中国西部大开发战略和宣传四川文化。书展期间，《巴蜀文化乐器精品图鉴》和《巴蜀古代乐舞戏曲图像》两本样书，由中华书籍社销售并代行订购；发放英文宣传资料百余份，并与读者广泛交流，对外介绍四川古老文化传统和四川在中国西部大开发中的战略地位与作用；《巴蜀文化艺术精品系列丛书》首次进入国际书市，并得到读者喜爱，中华书籍社成为该系列丛书在境外设立的第一个代销点，也是四川艺术科研成果走向国际市场的一个新起点。

——2000年10月11日至17日，为纪念中国四川省与日本国山梨县建立友好省县15周年，应日本国山梨县政府之邀，“中国四川省古代文物展”在山梨县隆重举行，日本的各大新闻媒体，如《朝日新闻》、《山梨日日新闻》等均作了图文并茂的报道，称赞这是两个友好省县合作关系不断发展的一个盛事，为增进两国人民相互了解和扩大合作谱写了新的篇章。

四、文物保护、文物安全、考古发掘、人才培训、文物“四有”基础等工作取得较大成绩，发挥了文博优势，丰富了旅游文化。

1、2000年，四川省文物维修与保护工作、考古发掘，总体投入经费1215万元，其中中央财政785万元、省级财政430万元，是历年来投入经费最多的一次。全省共安排文物保护、发掘项目达102项，其中中央安排23项、省级安排79项，完成10处重点文物保护单位的修缮任务。由于资金投入较大，为全省文物保护与考古发掘工作提供了强有力的保证，其中泸定桥与宜宾真武山古建筑群的维修经费均在1000万元以上；成都市商业街58号工地战国时期大型船棺葬的发掘正式启动与广汉三星堆月亮湾的发掘全面铺开。两处发掘现场经中央电视台播出后，在国内外引起极大反响，对古蜀文化的研究产生了深远影响。

2、成都市文物考古研究所、四川省文物考古研究所、四川省博物馆联合发掘的“成都水井街酒坊遗址”被国家文物局评为1999年“全国十大考古新发现”，该项工作是由四川省文化厅组织实施的一项重大考古发掘工作。四川省博物馆《巴蜀寻根》展览获国家文物局颁发的1999年度“十大陈列展览精品奖”。该项工作是由四川省文化厅组织实施并作为向建国50周年献礼的一项重要文物展览活动。

3、2000年，省文化厅加强了全省基层文博队伍培养工作，并针对四川省是全国石刻文物大省的实际情况，与北京大学文博考古学院合作，联合在四川广元市举办了“石刻保护及其测绘”培训班，受训人员达到80人，取得了良好效果。全省文物“四有”基础工作在过去的基础上有了较大改善，文物普查更加深入，新发现的遗址、墓葬和文物点增加了数百处，《中国文物地图集·四川卷》的编撰也取得了较大进展。

4、2000年，全省重点文物保护单位的消防设施得到较大改进，全年基本实现文物安全年。全省博物馆系统和文保单位充分发挥各自优势，积极挖掘潜力，举办各种生动活泼、内容丰富的展览。在加强对广大群众特别是对青少年进行爱国主义、社会主义和党的优良传统教育的同时，积极配合全省旅游事业发展，在“五一”、“十一”假日期间开展了系列专题教育活动，为全省两个文明建设作出了贡献。

5、广泛开展对外文物交流活动：2000年10月，为庆祝四川省与日本国山梨县结为友好城市15周年，四川省文化厅在日本山梨县举办了《四川古代文物精品展》，从全省遴选出40余件具有代表性的文物在山梨县展出，徐世群副省长率团出席了开幕式，展览3个月受到日本各界一致好评；同年12月21日，由四川省文化厅与澳大利亚新南威尔士艺术博物馆合作，在澳大利悉尼举办了《四川广汉三星堆文物精品展》，张仲炎厅长率团出席了开幕式，并发表了热情洋溢的讲话，该展览于2001年3月结束。

五、开展全省“扫黄打非”活动，进行文化市场专项斗争。

1、2000年，省文化厅按照中央关于“一手抓繁荣，一手抓管理”的批示精神，大力开展“扫黄打非”集中行动和电子游戏经营场所的专项治理工作。在打击非法音像制品的专项斗争中，全省共收缴盗版音像制品428469盘（盒），实施行政处罚1095个，其中吊销营业执照59家。2000年7月9日，按照国务院、四川省委、省政府关于开展电子游戏经营场所专项治理工作的统一部署，省文化厅组织全省文化部门对违法的电子游戏场所及违法经营行为进行了严厉打击，坚决关闭“小、乱、差”的经营场所，使全省电子游戏经营场所从治理前的7652家减少到现在的2603家，压减率达到66%，有效地遏制了全省电子游戏经营场所恶性发展趋势。

2、全省全年共进行文化市场大检查6次：1月21日，四川省文化、公安部门联合检查成都音像市场，收缴非法音像制品20581盘；2月16日，四川省人大组织检查瑞达、城隍庙、大发音像市场，同时四川省综治办、四川省、成都文化、公安部门联合检查五块石音像市场；3月6日，四川省、成都市、区文化部门清理整顿电子游戏市场；7月21日，四川省政府组织省文化、公安、工商、监察、新闻出版、精神文明办、消防部门联合检查娱乐场所；12月13日，四川省、成都市文化部门、消防总队、支队联合检查娱乐场所。全年组织开展全省文化市场局部检查12次：查处资阳走私电影案；查处绵竹走私电影案；4次赴市、地、州检查电子游戏专项治理情况；检查成都音像市场，收缴4863盘非法音像制品；检查成都城隍庙音像市场3次，配合成都市、金牛区文化局关闭城隍庙金碟音像经营区；查处香港歌星在金牛区体育场销售福利彩票现场违规演出；在简阳查处通过公路运输非法音像制品案。全省全年各地日常检查达90余次。

3、按照四川省委、省政府的要求和有关择优录取的规定，组建了四川省文化稽查总队。

六、加强文化产业对策研究，加快文化产业发展步伐。

1、2000年，省文化厅开展了长达半年的对策研究工作，对全省文化系统文化产业状况进行了问卷摸底，深入到绵阳、德阳、成都、眉山、自贡、甘孜、阿坝等地开展实地专题调研，还组织调查组赴北京、上海、浙江等地了解情况，学习借鉴其发展文化产业的经验，形成了《培育和加快发展四川文化产业的对策研究报告》和《四川文化产业考察团赴京、沪、浙考察报告》。在基本摸清四川文化产业发展现状的基础上，四川省文化厅着重对完善文化产业经济优惠政策进行了探讨，分别就财税政策、投资政策、用地政策、文化产业项目进出口政策等提出了建议，为四川省政府出台发展文化产业的决定作出了基础准备。

2、2000年9月，省文化厅在成都召开了“全省文化产业工作会暨研讨会”，厅长张仲炎就发展文化产业作了主题报告，副厅长胡继先就四川省文化产业发展“十五”规划作了说明，省文化厅表彰了2000年度四川文化产业“十佳”单位和先进个人。四川省召开全省性的文化产业工作研讨会及建立全省“十佳”文化产业单位和先进经营者个人表彰制度在全国尚属首例。四川省文化厅将该会交流的各地发展文化产业先进典型经验以及近年来文化产业理论研讨成果汇编成《发展文化产业，实践“三个代表”——四川文化产业文集》出版。

3、2000年，省文化厅正式发布《四川省文化产业发展“十五”规划》，该规划是在总结《四川省文化产业“九五”规划》基本经验的基础上制定的，体现了文化产业在西部大开发中将有所作为的开拓精神，具有鲜明的时代特征。该规划提出了文化产业GDP增长速度为年均15%，“十五”末全省文化产业总值将占全省国内生产总值的2%，要将城镇居民人均文化娱乐消费支出占全部消费性支出的比重提高到7%，全面推进文化产业向全省国民经济支柱产业方向发展；强调了文化旅游业、文化信息业、电影及音像业、演出展览业、文化艺术教育业、文化娱乐业等六大行业为四川文化产业发展重点，以及为实施该规划构建了相应的保障措施体系。

4、2000年，省文化厅起草了《四川省文化信息网络建设初步方案》，并对《四川文化信息网发展规划》作了修改，组织直属单位文化资源内容上网，以省图书馆为主，共同做好“四川文化信息网”的启动和建设工作。“四川文化信息网”是一个多层次多功能的文化信息化服务体系，它不仅仅是四川省委、省政府对全省各级文化机构进行有 效管理的高科技手段，而且由于其网络结构包括网络信息中心、地区级信息中心、县级网站，成为了一个超大型的远程广域网，整个网络电信数据专线接入国际互联网络，并通过服务器向国际互联网络发布信息，这是四川文化走向世界的一大标志，为四川文化产业信息化发展奠定了基础。

5、2000年，省文化厅加大了招商引资力度，为文化产业注入了新的活力。一年来，全省上下有不少资金注入到文化产业开发中去，如眉山引进资金联合开发长寿文化园区，总额2亿元，首期5000万元已进场；四川省川剧院与四川新诚信公司合作组建了九寨沟艺术团；成都青年羊区文广局引进加拿大风险投资562万美元等。同时，四川省文化厅为文化产业的招商引资创造了良好条件：① 2000年，四川省文化厅首先组团参加了5月份四川省政府举行的全省一号“开放工程”——博洽会，并使其文化产业展区成为整个会展的亮点和现场成交最多的展区，受到张中伟省长的高度评价。②四川省文化厅和省招商引资局共同起草了《关于加强招商引资工作的通知》，规定了招商引资项目的范围主要包括文化设施建设，文化艺术产品生产及项目策划，文艺演出、展览、信息化、电影、音像、艺术教育，文化旅游，大型文化项目规划、策划及其他文化产业等项目；文化产品征集的范围主要包括美术品、民间工艺品、文物仿制品、文化旅游纪念品、工艺装饰品、民族及舞台服饰、宗教文化艺术品等。四川省文化厅将建立全省文化招商引资项目及产品数据库，与省招商引资局工作相衔接，纳入全省对外开放和招商引资的总体布局。③四川省文化厅提出了建立四川文化产业协会设想，通过多种方式和企业界建立更密切的联系渠道，引导更多的人力、财力投入文化产业，推动文化产业体制创新工作上新的台阶。

重要文化工作文件和管理办法

1、四川省文化厅在认真总结2000年全省文化事业“九五”期间发展情况的基础上，提出了《四川省文化事业“十五”规划及2010年远景目标》；

2、按照中央实施西部大开发战略的决策部署和四川省委、省政府关于实现“追赶型、跨越式”发展的要求，省文化厅拟定了《四川省文化事业在西部大开发中追赶型、跨越式发展的几点意见》；

3、根据中央、四川省有关文件精神，省文化厅制定了《四川省文化产业发展“十五”规划》；

4、参照文化部文件要求，四川省文化厅草拟了《四川省文化厅关于省直属艺术表演团体深化改革的意见》，并上报四川省委、省政府审批；

5、在充分调查研究的基础上，四川省文化厅起草了《四川省娱乐市场管理办法》；

6、根据中央、四川省委关于加强党风廉政和干部队伍建设的要求，省文化厅党组制定了《中共四川省文化厅党组关于把党风廉政建设不断引向深入的意见》、《中共四川省文化厅党组关于实行党风廉政建设责任制的分工意见》和《中共四川省文化厅党组关于贯彻党政领导干部选拔任用条例，加强和改革干部工作的意见》、《中共四川省文化厅党组关于进一步加强中青年干部队伍建设的意见》；

7、为加大机关内部的改革和建设力度，省文化厅党组出台了《四川省文化厅厅长办公会议制度》、《中共四川省文化厅党组会议议事规定》，省文化厅制定了《四川省文化厅机关各部门实行部门预算管理的建议》、《四川省文化厅后勤服务改革方案》等。

重要文化工作会议和重大文化活动

1、举行全省文化局长会议，总结1999年文化工作和部署2000年文化工作；

2、召开各市、地、州文化局长参加的“西部大开发，文化怎么办？”座谈研讨会，统一思想，探讨思路；

3、举办“2000年四川省舞蹈大赛”，展示全省专业、业余舞蹈界的最新最佳成果；

4、开展“全省文物执法大检查”，雷厉风行，成绩显著；

5、召开全省文化产业工作会暨研讨会，迈出文化产业新世纪的步伐；

6、举行《川剧与市场研讨会》，研究讨论21世纪川剧发展的导向问题；

7、召开全省音像制品批发暨演出市场管理工作会议，进一步完善和强化音像制品市场的管理以及演出经营机构的整顿。

贵州省

2000年，贵州省文化工作在文化部的指导下，在贵州省委、省政府和各级党委、政府的领导下，经过全省文艺工作者的不懈努力，各项文化工作均取得了较好的成绩，为21世纪贵州文化艺术事业的繁荣发展奠定了较好的基础。

一、以西部开发为契机，认真制定“十五”规划

为了抓住西部大开发给贵州文化事业发展带来的良好机遇，本厅在总结以往文化工作的基础上，结合全省文化工作实际，制定和修改了《贵州省“十五”文化发展规划和2010年远景目标》、《贵州省“十五”文化产业发展规划和2010年远景目标》以及《贵州省“十五”文物事业发展规划思路》，从而使贵州文化事业发展在今后的工作中有了确定的目标和方向。

二、艺术生产好戏连台，艺术比赛成绩可佳，文艺演出初显繁荣

2000年，除大型歌舞《好花红》在京演出受到赞誉，京剧《吏治惊天》在第六届中国艺术节上获得了优秀表演奖的殊荣外，在第十届孔雀奖少数民族舞蹈比赛中，本省苗族双人舞《吆嗬》、三人舞《糍粑乐》获三等奖，双人舞《磨》、三人舞《水中月》获优秀奖；在第五届杂技比赛中，《玩草帽的苗娃》获金奖、《蹦床情趣》、《寻》获铜奖；京剧《范仲淹》获第九届文华奖文华新剧目奖；话剧《黑山汉子》在获文化部颁发的全国少数民族题材创作孔雀金奖后，现已改编、拍摄成电视连续剧。

此外，组织开展了到国有大中型企业和重点工程“心系建设者”慰问演出活动；组团随省委、省政府、省军区慰问团前往西藏向贵州籍官兵和在藏干部进行慰问演出；与有关部门联合组织演出了《告别昨日，重塑生命》、《全省计划生育文艺调演》、《山欢水笑迎开发》等大型歌舞晚会。

另外，本省的十大文艺集成志书编纂工作也进展顺利。目前，《中国民族民间舞蹈集成·贵州卷》、《中国戏曲音乐集成·贵州卷》、《中国曲艺音乐集成·贵州卷》已基本完成，《中国民族民间器乐曲集成·贵州卷》力争2001年上半年完成书稿并提交国家初审。

三、保护与开发相辅相成，文博事业发展形势喜人

民族村镇的保护和生态博物馆建设有了新的进展。草拟了《贵州省生态博物馆建设实施意见》和2个管理规定，4个生态博物馆所在县（区）均成立了实施领导小组，还分别在本省的六枝和挪威的奥斯陆举办了两期生态博物馆人员培训班，使本省生态博物馆建设上了一个新台阶。

文物保护工作得到加强，2000年共完成了国保单位9处、省保单位145处保护范围的划定工作；在25个文物维修项目中，有5个上了省政府目标的重点维修工程，这些工程有的已全部完成，有的正在进行维修。此外，还联合公安、消防等部门对贵阳市、遵义市、毕节地区的5个国保单位进行了文物保护、消防检查，指出了存在的问题，下达了整改通知书。

考古发掘有新的发现。经国家文物局批准，由中国、美国、加拿大和希腊四国考古学家组成的考古发掘队于4月26日至5月29日对盘县大洞进行了科学考察，获一颗距今26万年前的人牙化石，整理石制品5000余件，在发掘中还发现了许多保存较好的动物化石和少量石器；9月至10月，省考古研究所在赫章可乐乡发掘战国秦汉夜郎墓葬111座，出土陶、铜、铁、漆等器物540余件，其中处理死者头、脚的方式特殊，国内考古资料中罕见，出土的青铜兵器、装饰品为研究夜郎青铜文化增加了一批新资料，这次发掘是建国50年来夜郎考古最重大的一次发现。

博物馆在发挥爱国主义教育基地作用方面有了新的进展。据不完全统计，省博物馆全年举办各种展览及征集宣传活动26次，其中文化、时事、科技类19次，尤其是出色地承办了“2000北京·贵州文化活动周”《贵州民族服饰精品展》，得到了组委会的表彰；策划、组织了《纪念党的一大代表邓恩铭诞辰100周年展》，并配合展览，进行了宣传演讲和专题讲座，使爱国主义教育走出了馆门，扩大了宣传力度。

四、社会文化工作取得新进展

在全省经济相对滞后的情况下，“三大重点文化工程”建设已逐步纳入当地政府的总体规划中，有的还使具体实施项目列入到当地政府每年要办的实事之中，使文化建设变部门行为为政府行为。据不完全统计，2000年，全省共兴建和扩建了5个县级文化馆、图书馆，续建了20个县文化馆、图书馆（其中有6个已竣工）；新增国家级农村儿童文化园2个、省级农村儿童文化园1个。成功地举办了“全国首届蒲公英奖决赛暨全国新苗杯第四届少儿京剧邀请赛”。

加快了电影发行放映体制改革的步伐，拟定了《贵州省35毫米电影发行放映管理暂行办法(讨论稿)》，提出了加强电影发行放映的管理措施。2000年在第一、二批农村电影启动县恢复农村电影放映工作后，又启动了13个农村电影工作试点县，发放电影放映设备87台（套），并在对县级电影公司管理、放映、维修人员培训的基础上，举办了“贵州省首届农民电影节”，争取到了全国名优企业送科技电影下乡活动在本省放映电影1500场。据不完全统计，仅农民电影节和送科技电影下乡两项活动，就给农民放映电影3000多场，观众近500万人，这些都在一定程度上缓解了本省农民看电影难的问题，推动了本省电影市场的发展。

图书馆硬件建设得到增强，服务质量和服务水平有了提高。贵州省图书馆改扩建工程到2000年底，已累计投入3000多万元，现已进入封顶施工阶段。在全省开展了“读者喜爱的图书馆”评选活动，有5个图书馆被评上“读者喜爱的图书馆”；与省妇联联合开展了“优秀读书家庭”活动，有7户家庭被评为“优秀读书家庭”；开展了以“传播科学知识、宣传科学思想、倡导科学方法、弘扬科学精神”为主题的图书馆服务宣传周活动等。

文化下乡活动也开展得有声有色。组建了“贵州省文化下乡艺术团”，创作、排练了一批适合农村实际的文艺节目深入少数民族边远山区进行文化下乡演出，并在文化下乡活动中对当地文艺骨干和电影放映员进行了培训。据不完全统计，2000年，仅省文化下乡艺术团就到了11个县及部分乡镇，演出14场，放映电影13场，观众近30万人，送图书1000余册，文化用品10余箱，辅导业余文艺骨干近200人。

五、加强管理，整顿市场，文化市场更加繁荣、健康、有序，文化产业有了新的进展。

2000年加快了文化市场法制建设，草拟了《贵州省文化市场管理条例》，及时出台了娱乐场所“费改税”政策，很好地解决了各级文化稽查队在费改税后面临的经费问题。

在积极开展文化法制宣传的同时，全省共审核换证3600多家。开展了电子游戏经营场所专项治理行动、查禁有奖游戏机赌博专项治理和学校及其周边治安秩序集中整治工作、对录像放映厅进行专项治理等各种专项治理行动。据不完全统计，在2000年专项治理行动中，共出动人员7538人次，检查电子游戏经营场所4672家，取缔无证或证照不全、用电脑从事游戏经营、赌博、违法违规经营单位1789家，压减比例达到56．5%。

文化产业的发展步伐加快。2000年进一步修改了《贵州省省直文化产业工作管理办法》，拟定了《全省文化产业项目管理办法》。在省政府的大力协调下，与省工商银行签订了《中国工商银行贵州省分行·贵州省文化厅合作协议书》，细化了文化产业项目贷款程序。2000年经省政府批准的文化产业贴息贷款项目14个，贴息金额270万元，目前，已有4个项目与银行签订了贷款合同，其余10个项目正在申贷过程中。

此外，本省的对外文化交流工作也取得了较好的成绩，全年对外及对港、澳特别行政区及台湾地区文化交流项目11起，参加交流人数达166人次，特别是文物文化交流有了新的进展，杂技艺术成为文化交流的主力军。

重要会议

3月13日至14日　贵州省文化局长会议在贵阳召开。九个地、州、市及县级市文化局、省直文化系统各单位、厅机关各处室主要负责人共100余人参加了这次会议。省人大、省政府、省政协、省委宣传部、省民盟、省民进等有关部门的领导出席了会议。副省长龙超云到会并作了讲话，张继增厅长作了工作报告。

会议讨论了《贵州省“十五”文化事业发展思路》和《贵州省“十五”文化产业发展思路》；会上本厅与九个地、州、市文化局签订了《2000年发展文化产业目标责任书》；向被评为1999年度社会治安综合治理“平安工程”红旗单位、被评为国家安全工作先进单位、被评为艺术档案工作先进单位进行了表彰，并颁发了奖牌。

3月15日至16日　贵州省文化市场管理工作会议在贵阳召开。各地、州、市及所在地市（区）、县级文化局分管局长、市场科长、稽查队长、省直文化系统有关单位、厅机关有关处室负责人共70余人参加了会议。省公安、工商、新闻出版等部门有关领导出席了这次会议。董林生副厅长作了工作报告。

3月30日至31日　贵州省文物工作会议在贵阳召开。九个地、州、市及省直有关单位的同志共70余人参加了会议。龙超云副省长到会并作了重要讲话，李嘉琪副厅长作了工作报告。

5月16日　贵州省电影工作会在贵阳举行。龙超云副省长出席并作了重要讲话。

6月7日至9日　全国“邓小平理论与文物工作”研讨会在贵阳召开。来自全国23个省市的代表出席了会议。国家文物局副局长郑欣淼出席大会并作了重要讲话。

8月6日至14日　中挪生态博物馆国际研讨班在我省六枝举办。贵阳市、六盘水市、黔东南州文物主管部门专职干部和梭戛、镇山、隆里、堂安四个生态博物馆的村民代表共21人参加了培训。

8月15日至16日　贵州省电子游戏经营场所专项治理工作会议在贵阳召开。

11月14日至15日　西南地区第二届演出市场管理暨演出市场协作会在贵阳召开。来自四川、云南、广西、贵州、重庆、成都、贵阳等地的文化市场管理部门和文化艺术演出单位近80位代表参加了会议。

12月19日至21日　全国文化市场处长年会在贵阳召开。来自全国各省（市）、自治区、直辖市文化厅（局）市场处处长近70人参加了会议，文化部市场司刘胜利、刘玉珠、姚函等领导自始至终参加了会议，省政府副省长龙超云出席了开幕式并作了讲话。

12月29日　省文化厅机构改革工作总结大会在厅机关召开。至此，厅机关机构改革工作已全部结束。

重大事件和重要活动

1月10日　慰问国有大中型企业首场演出在北京路影剧院举行。贵州省政协主席王思齐、省委副书记、常务副省长王寿亭、省委副书记王三运等出席并观看了演出。

1月起至2月　省委副书记王三运、省委常委、宣传部部长张健、省政府副省长刘长贵、龙超云分别率领由本厅组织的“国有大中型企业慰问团”慰问了贵阳铝厂、开阳磷矿、茅台酒厂等国有大中型企业。

4至6月　开展了查禁有奖游戏机赌博专项治理和学校及周边治安秩序集中整治工作。

5月16日至19日　国家文化部、国家计委、国家财政部有关领导到本省遵义县、安顺市、兴仁县、兴义市等地考察文化馆、图书馆和文化站等文化基础设施建设情况。

6月8日至10日　国家文物局副局长郑欣淼等领导到本省考察了花溪、息烽、遵义等地的文物工作。

6月14日　本厅授予平坝县城关镇阳光儿童文化园省级农村儿童文化园称号。

7月18日至23日　全省京剧票友大赛在贵阳举行，110名京剧票友参加了比赛。

7至9月　在全省范围内开展了电子游戏经营场所专项治理行动。

8月6日至10日　全国首届蒲公英暨新苗杯第四届少儿京剧邀请赛在贵阳举行。

8月10日　本厅与省工商银行签订《中国工商银行贵州省分行、贵州省文化厅合作协议书》，龙超云副省长出席了签字仪式。

8月17日　大型广场文艺节目《山欢水笑迎开发》在省体育馆演出。全国政协副主席孙孚凌、中共贵州省委书记、省人大常委会主任刘方仁、中共贵州省委副书记、省长钱运禄、省政协主席王思齐、全国乡镇企业东西合作经贸洽谈会主任、农业部副部长齐景发等领导及部分参加贸洽会的代表观看了演出。

8至10月　开展了对录像放映厅专项治理工作。

9月1日至5日　2000北京·贵州文化活动周在北京举办，由本厅组织编排的大型民族歌舞《好花红》在京演出获得赞誉。

9至10月　省文物考古研究所对赫章可乐战国至汉代古墓进行发掘，获得夜郎考古重要成果，出土文物500余件。

9月28日至10月13日　本省选送的新编历史京剧《吏治惊天》于南京举办的第六届中国艺术节上荣获优秀表演奖。

10月20日　贵州省首届农民电影节在普定县举行。龙超云副省长及省有关方面负责同志出席了开幕式。

节庆活动

全国风筝比赛　时间：2000年4月29日至5月3日，地点：贵阳市白云区。2000年全国风筝比赛已是在本省贵阳市白云区举办的第十届比赛，来自全国各省市和部分国家、地区的风筝爱好者参加了比赛。

中国苗族侗族服饰文化节　时间：2000年10月3日至4日，地点：黔东南州凯里市，主办单位：贵州省文化厅、黔东南州人民政府。主要有民族服饰、民族歌舞表演《古风丽服》专场服饰表演；专业艺术表演团体歌舞、服饰表演；文博、服饰展览等。

贵州苗族姊妹节　时间：2000年4月18日至20日（农历3月14日至16日），地点：黔东南州台江县。主要有民族歌舞土风表演、民间踩鼓、跳芦笙、斗牛、苗族祭祖演示，苗族服饰演示，苗族“游方”（谈恋爱）表演，吃姊妹饭等。

中国·凯里国际芦笙节　时间：2000年8月18日至20日，地点：黔东南州凯里市。主要有芦笙舞表演及比赛，民族服饰展演“三王争霸赛”（鸟王争霸赛、牛王争霸赛、鸡王争霸赛），大型广场芦笙歌舞表演，大型民族歌舞晚会，“民族风情之夜”篝火晚会，民族饮食文化、民族民间工艺品展销一条街活动及民族风情美术摄影展等。

中国侗族鼓楼文化艺术节　时间：2000年11月15日至16日，地点：黔东南州黎平县。主要有侗族鼓楼、侗族大歌、侗族风情表演等。

安龙“荷花节”　时间：2000年8月，地点：黔西南州安龙县。

兴仁“八月八”苗族风情节　时间：2000年9月，地点：黔西南州兴仁县。

重要文化场馆建设

贵州省图书馆改扩建工程是1997年贵州省省委、省政府10件实事之一。工程预算5000多万元，建筑面积21000余平方米，目前，已累计投入3000多万元，进入了封顶施工阶段，预计于2002年上半年完工。

机构设置

贵州省文化厅行政机构：办公室（对外文化联络处）、计划财务处（文化产业处）、人事处、艺术社会文化处（少年儿童艺术处）、文化市场管理处、政策法规处（文化市场稽查总队）；党的机构：机关党委办公室；单列机构：贵州省文物局、离退休干部处；派驻机构：纪检组、监察室。

云　南　省

2000年，云南省文化工作迈出了坚实的一步。全省文化系统干部职工以邓小平理论和江泽民同志“三个代表”重要思想为指导，全面贯彻党的十五大、十五届五中全会精神和省委六届十一次会议精神，以建设民族文化大省为目标，以抓创作精品为中心，以农村文化工作为重点，以改革为动力，努力实践先进文化前进方向，促进全省文化事业的健康发展，取得了显著成绩，为本省的进一步改革开放和两个文明建设做出了积极的贡献。

一、积极推进民族文化大省建设，文化“三大工程”取得显著成绩

在省委、省政府建设云南民族文化大省的战略目标鼓舞下，本省文化建设的“艺术精品工程”、“民族文化工程”、“千里边疆文化长廊建设工程”等三大文化工程成绩显著，硕果累累。为“九五”文化事业发展规划的最后完成画上了圆满的句号，为“十五”文化事业发展规划的起步打下了坚实的基础。

(一)抓创作，繁荣艺术有新的成果。

在全省艺术创作会议之后，本省剧节目的创作、加工、修改工作进一步深化，精品意识不断增强，在全国性艺术比赛活动中有48个剧(节)目和1人获奖；创作出了一批题材、体裁各异的剧节目，其中共有47台报名参加新剧节目展演，有20台入选迎接新世纪2000年云南省新剧节目展演。到目前为止，已完成“九五”创作规划和1998-2000年全省文艺创作规划提出的目标任务。全省文化系统精品意识不断增强，在全国性比赛中获得了好成绩。专业创作和群文战线的艺术创作双翼齐飞，为本省优秀作品的创作赢得了荣誉。云南省歌舞团创作演出的舞蹈诗剧《泼水节》在第六届中国艺术节上获得了优秀剧目奖(银奖)；省杂技团杂技节目“浪桥飞人——《捞月亮》”、“蹬技——《山花浪漫》”在第五届全国杂技比赛中分别获得金狮奖、铜狮奖、并获得教师奖；昆明市儿童艺术剧团创作演出的《小小聂耳》获综合奖的优秀演出奖；保山地区歌舞团创作演出的舞蹈诗《啊！傈傈》获得全国第二届“荷花杯”比赛银荷花奖；昆明市滇剧团创作演出的新编历史滇剧《瘦马御史》荣获第九届“文华新剧目奖”，9人获得文华单项奖；在“第十届全国少数民族舞蹈比赛”中，本省8个节目获得了8金、4银、6铜的好成绩。玉溪市滇剧团的优秀青年演员冯咏梅荣获第十七届中国戏剧梅花奖。

在全国第十届“群星奖”评比中，本省有昆明市石林县民族民间艺术团的《洗麻歌》等12台节目获得了1金、6银、5铜的好成绩；在参加全国新苗奖第四届少儿京剧邀请赛上，昆明市京剧艺术家联谊会《打焦赞》等3个节目获三等奖。

全年全省共获得了49项奖励。经省政府批准，省文化厅对2000年获得全国性奖项的剧节目进行了表彰奖励。

美术、摄影、书法艺术创作势头良好，佳作不断涌现。

(二)以农村文化工作为重点，“民族文化工程”和全省社会文化工作取得了明显成绩。

组织12个舞蹈节目参加全国第十届“群星奖”舞蹈类作品比赛并获奖，组织12个少儿节目参加全国首届“蒲公英奖”比赛。参与起草《云南省民族民间传统文化保护条例》工作。目前，《条例》已由省人大第九届常务会第16次会议审议通过，于9月1日正式施行。开始了对全省民族民间歌、舞、乐调查工作的前期准备工作。继续开展创建文化先进县、“中国民间艺术之乡”的推荐活动。年初，本省有2个县被国家人事部、文化部命名为全国文化先进县，6个集体被命名为全国文化工作先进集体，8人被命名为全国文化工作先进个人。命名和表彰了16个省级文化先进县，推荐命名本省16个乡、镇、村为中国民间艺术之乡。到目前为止，本省已有全国文化先进县12个、全省文化先进县29个；全国文化长廊建设先进县14个；有28个乡镇获得了“中国民间艺术之乡”的称号。进行了第三次全省文化馆、站评估定级工作，进一步推进了文化馆、站的规范化、制度化、科学化管理。目前，本省达到省级标准的文化馆、群艺馆105个、乡镇文化站744个，分别占总数的71%和46%。有89个图书馆达到国家三级以上标准。

同时，社区文化、村镇文化、校园文化、企业文化、军营文化、老年文化、少儿文化等各类群众文化得到了蓬勃发展。

(三)千里边疆文化长廊建设和文化基础设施建设成绩喜人。

如期完成了千里边疆文化长廊建设的第一期工程，七年共建成文化设施215项，建筑规模27.3万平方米，总投资3.8亿元。制定了本省一期长廊工程扩大工程规划和二期长廊建设规划，启动了部分二期长廊工程。标志性文化设施建设有了新的突破，目前，省图书馆主楼工程已完成并交付使用，附楼工程已启动。完成了省博物馆前期选址论证和省群艺馆建设可行性研究报告。本省文化设施陈旧落后的面貌有了突破性的改变，逐步提高了各族人民的文化生活质量。全年共补助新建、扩建、维修改造及设备购置项目217项，补助资金2163万元，是近年来补助地县文化设施建设最多的一年。

二、抓改革，推动文化事业的发展

在省话剧团改革试点的基础上，形成了省直艺术表演团体的改革思路。召开了省直艺术表演团体改革座谈会，拟定了省直艺术表演团体改革方案等七个规范性意见。组织人员对全省文化事业单位改革与发展进行了调查研究，并形成了省直文化事业单位改革实施意见。圆满完成了省文化厅机关的机构改革工作，做到人心稳定、秩序不乱、工作不断。

电影发行放映业进一步寻求市场见成效，实行电影资源的优化配置，收到了一定效益。

全省部分文化事业单位结合本单位的实际，深化了内部管理体制的改革，也取得了一定成效。

三、努力完成省委、省政府部署的重大任务，出色完成各项大型文艺演出、展览活动

精心组织了首届昆明国际旅游节开幕式《云南神韵》民族艺术大游演和《美丽的地方》闭幕式晚会演出，为昆明国际旅游节成功举办做出了贡献；成功地举办了第二届中国昆明国际艺术节的中外演出；精心组织了中国昆明国际花卉节大型文艺游演活动的《花卉彩云南》花车游演，《春城飞花》开幕式大型演出以及《花海飞歌》闭幕式演出。五彩缤纷的艺术展示展演，令中外宾客大饱眼福，突出宣传、展示了花卉节的主题。组织了首届全国民营企业交易会的文艺晚会活动；组织了2000年中国上海国际旅游交易会《云南之夜》的晚会演出。得到了省委、省政府及中外宾客的高度赞扬。精心策划组织了云南文化产业展览洽谈会文化展区展览，第一次展示了云南文化产业发展资源优势和发展潜力，受到了中外各方面人士的好评。积极配合中央电视台综艺大观在云南石林大型演出的节目组织创排，积极参加云南省电视台“民族团结艺术团”的组建、节目创作和演出活动，获得较好的社会效益。这些活动的成功举办，提高了云南的知名度，展示了云南改革开放的新形象和民族文化大省建设的成就，极大地推进了旅游等支柱产业的发展。

四、依法行政、加强管理，加大文化市场清理整顿工作力度

强化了依法行政、依法管理的力度。一是贯彻文化部精神，对以昆明市为重点的全省音像制品市场进行了压缩清理整顿，有力地打击了全省音像市场“制黄、贩黄、走私、盗版、盗印”的违法行为，净化了文化市场，遏制了非法音像制品的上升势头，为中国昆明国际旅游节、中国昆明国际花卉节、中国首届“民交会”等重大活动的成功举办创造了良好的文化环境。同时，组织了规模较大的音像市场法制宣传活动，收缴十多万盘黄色、盗版音像制品，取缔一批非法经营者，对本省文化市场的法制建设起到了积极的促进作用。按照国务院电视电话会议精神，结合省委“三讲”整改措施，对电子旅游经营场所进行专项治理，积极协调公安、监察、工商、文明办，对群众反映强烈的突出问题和重点地区进行集中、重点治理整顿。全省电子游戏机由3461户压缩为1488户，压缩率为57%，对一些非法经营场所进行了严历打击，对抽查的8个地、州、市的1233户经营户进行不同程度的处理。按文化部通知要求，组织了打击盗版民族音乐和戏曲节目音像制品的专项斗争，保护了本省民族音乐和戏曲节目音像制品的权益。同时，对全省文化市场管理机构和文化市场稽查队建设情况进行了调研，为省委、省政府的决策提供了参考。

五、树立服务意识，文化下乡取得好成绩

全省各地文化馆（站）、图书馆等公益性文化事业单位在服务群众方面有了很大的改进。做到了节假日和休息日照常开门服务；群文、图书、电影、文艺演出下乡活动常抓不懈。电影方面，全年共译制出近百部少数民族语故事片和科教片送往少数民族地区，解决了边疆各族群众看懂 、看好电影的问题。开展了与全国各优秀企业联合送科教电影下乡活动，共组织了7个地、州30个县，放映1500场，观众近百万人次，深受农村干部群众的欢迎；积极响应省委宣传部等十一个部门组织的全省“三下乡”活动，连续9年组织“百团千场百万观众”送戏送文化下乡活动。全省126个艺术表演团体参加了活动，演出场次达4307场，观众人数达520多万人次。地、州、市、县图书、群众文化辅导下乡活动随着目标责任制的建立，做到了常下乡、下好乡。

文物保护维修工作成绩突出。经过评审，向国家文物局推荐国家级文物保护单位申报项目18个；安排省级文物维修项目45项，落实国家补助文物保护项目9个，开始进行羊甫头二期考古发掘，完成保山 陶宫村火葬群的抢救清理；配合基本建设，完成了昆明——石林、嵩明——待补两条公路沿线的考古调查，基本完成全省地、州、市馆藏珍贵文物105040件的登记、建档工作；支持省文物总店举办的本省民间收集文物精品展览和省文化艺术品拍卖公司举办的文物艺术品拍卖会，取得了较好的社会和经济效益。

文化艺术教育工作的教育管理和教育质量得到提高，办学思想得到 拓宽；艺术研究、文艺集成志、文化史志工作开展顺利；民族音像制品发行势头较好；厅直属单位编辑报刊质量有所提高；全省文化宣传和政务信息工作也取得了较好的成绩。

六、“架桥铺路”，对外、对港澳台文化交流成绩显著

文化交流在2000年云南相继举行的首届中国昆明国际旅游节、第二届中国昆明国际艺术节、首届中国昆明国际花卉节上群芳竞艳，异彩纷呈。不仅成为本年度云南对外、对港澳台文化交流的亮丽景观，而且为云南建设绿色经济强省、民族文化大省和通往东南亚、南亚的国际大通道“架桥铺路，呐喊助威”。

据统计，2000年全省共派出各类文化艺术团组和个人52起、620人次，分别出访日本、韩国、越南、老挝、缅甸、泰国、新加坡、菲律宾、马来西亚、埃及、英国、法国、德国、瑞士、意大利、葡萄牙、爱沙尼亚、波兰、罗马尼亚、亚美尼亚、美国、澳大利亚、新西兰等23个国家。其中，省地方戏花灯首次频频走出国门访问演出：云南省花灯剧团赴老挝、韩国，昆明市花灯剧团赴韩国，玉溪市花灯剧团赴越南，展示了被誉为“云岭红山茶”的花灯剧艺术风采，受到热列欢迎。云南省歌舞团赴日本演出，其民乐队赴波兰、罗马尼亚、亚美尼亚巡回访演，云南省群众艺术馆、楚雄州双柏县彝族民间艺术团 、临沧地区沧源县佤族民间艺术团联合组团赴法国巡演，昆明市民族歌舞团赴瑞士、意大利演出，昆明市曲剧团赴埃及参加国际民间艺术节，云南省杂技团分别赴越南、缅甸演出，丽江纳西古乐会分别赴爱沙尼亚、葡萄牙演出，峨山县文工团、迪庆州藏传佛教艺术团、丽江地区东巴文化研究所、云南龙都少儿艺术团分别赴新加坡演出，云南大学师生赴德国参加“哥廷根国际民族学电影节”，云南篆刻家代表团访问日本并参加“日本篆刻艺术展”，都取得了在国际上弘扬中华民族优秀文化，宣传介绍云南的积极效果。对外文化交流派出的项目之多、人数之众，都超过了1999年。

同时，云南省接待了外国文化艺术团组及人士42起、625人次，分别来自21个国家。其中，老挝、缅甸、越南、韩国和埃塞俄比亚文化部副部长分别率领本国政府文化代表团访问了云南。在首届中国昆明国际旅游节，云南省文化厅邀请了意大利阿莱佐“斯班迪舞旗表演队”、西班牙“特瑞维亚葵花表演队”、法国巴黎“驼鸟表演队”、俄罗斯民间舞蹈团、塞拉利昂“黑火舞蹈团”，云南省旅游局组织了越南老街艺术团、老挝民间艺术团、泰国民间艺术团、缅甸民间艺术团、日本民间艺术团参加演出。外国艺术团来昆10起、共180人，游演3次，观众达88万人次，使得首届中国昆明国际旅游节开幕式游演及晚会壮丽辉煌，不仅展示了中国和云南各地的艺术精华，同时也囊括了亚洲、非洲、欧洲、美洲和大洋洲的艺术风采，受到了中外来宾和人民群众的热烈欢迎和高度赞赏。在第二届中国昆明国际艺术节，云南省文化厅邀请了奥地利维也纳施特劳斯节日乐团、日本伊丹谷良介黑龙现代乐团、越南中央歌舞团、瑞典女歌唱家克里斯蒂娜·富尔巴肯和钢琴家克里斯特·帕尔姆、美国著名黑人流行歌手大卫·戈尔夫、著名黑人少女歌手阿丽森·爱碧、加拿大

TNT现代音乐演唱组、塞拉利昂国家舞蹈团、美国俄勒冈州“阿丽欧”管乐五重奏团前来演出，使世界的宾朋来到了云南，认识了云南。外国艺术团来昆10起、140人，来自8个国家，在昆明地区演出18场，观众达22000余人次。这对于云南建设绿色经济强省、民族文化大省和中国通往东南亚、南亚的国际大通道，促进边疆民族地区的改革开放都发挥了不可替代的积极作用。同年，西双版纳州举办的中老缅泰越五国边境文化艺术节盛况空前，越南首次派团参加，不仅增进本省与周边国家的睦邻友好关系，而且促进了澜沧江——湄公河流域国家经贸、文化、旅游的开发与合作。

2000年云南省对港澳台文化交流也很活跃，共派出赴港澳台文化交流团组和个人14起 、180人次。其中，云南省花灯剧团首次登上祖国宝岛台湾的艺术舞台和学术讲坛，参加“海峡两岸小戏大展暨研讨会”。由云南省青年联合会组织的祖国大陆和平小天使访问团赴台湾演出，大展风采。这些对于宣传和平统一、一国两制，增进祖国大陆和台湾的骨肉亲情，驳斥台湾当局鼓吹的“两国论”，都发挥了积极作用。西双版纳州歌舞团、德宏州歌舞团、保山地区歌舞团同赴香港特区参加经贸文化展销会演出，这对于提高云南在海内外的知名度，发展滇港间经贸、文化、旅游的交流与合作，也发挥了积极作用。

重要会议、重要活动和重要文化设施建设

云南省文化工作会议 2000年2月28日至29日在昆明召开。会议传达学习了中央、国务院和省委对文化工作的指示和全国文化厅局长会议精神，总结了成绩和经验，部署了2000年文化工作。梁公卿副省长作了讲话。会议要求全省文化系统要紧紧抓住国家实施西部大开发战略和省委、省政府建设民族文化大省宏伟目标的历史机遇，以改革创新精神，实施“艺术精品工程”，“民族文化工程”和“千里边疆文化长廊建设工程”，抓好民族艺术人才培养和文化产业开发两项措施的落实，并对农村文化工作、文化 阵地建设、文化体制改革以及队伍的思想、组织、作风建设等议题进行了深入的研究。

云南省文化厅对2000年全国性获奖作品进行表彰奖励 本省广大文艺工作者认真贯彻党的文艺方针，实践代表先进文化前进方向的伟大思想，积极建设民族文化大省，实施舞台艺术精品工程和民族文化工程，创作了一批优秀的文艺作品并在全国性的各类文艺评奖比赛中频频获奖，为云南争得了荣誉。云南省文化厅发出通知对本省在2000年度全国性评奖比赛活动中获奖的文艺作品和个人给予表彰奖励并于12月7日召开了表彰大会。梁公卿副省长出席大会并讲话。受到表彰的作品有云南省歌舞团创作的舞蹈诗剧《泼水节》等38个，受到表彰的个人有玉溪市滇剧团演员冯咏梅等近百人。

云南省文化厅完成机构改革 云南省文化厅根据省人民政府［云政办发(2000)144号］文批准的“三定”方案，自8月至10月底进行了厅机关机构改革。

这次机构改革，文化厅党组坚持精简机构和人员、严肃编制纪律的原则，厅机关内设机构由原来的8个减为7个，精简了12.5%（厅机关党委单列）；人员编制由原来的62人减为40人，精简了36.6%；15个处级领导职位，有13名人员竞争，处级干部的平均年龄由54 岁下降到39.5 岁，21名处级以下人员双向选择上岗，14人轮岗，轮岗面达35.9%。做到了人心稳定，秩序井然，工作不断。

云南省人民政府设立两项文化专项资金 云南省委、省政府专题研究云南省文化事业改革与发展问题。决定为切实支持全省文化事业改革和发展，推动民族文化大省建设，促进西部大开发战略全面实施，在省政府原已制定的支持文化事业改革和发展的行之有效的政策继续执行，原已建立的文化事业发展专项资金继续保留的原则下新设立两项文化专项资金，一是精品创作扶持资金，每年1000万元，由省财政预算内安排；二是贫困地区贫困县（国家贫困县）两馆一站（文化馆、图书馆、文化站）建设资金，每年1000万元，由省计委在基本建设资金中安排。以上两项资金的设立将大大推进云南文化精品创作及文化基础设施建设进程，为云南民族文化大省建设打下坚实基础。

西双版纳五国边境文化艺术节 经国家文化部批准，由西双版纳傣族自治州人民政府主办的“第八届中国、老挝、缅甸、泰国、越南边境文化

艺术节”于2000年10月18日——20日在西双版纳州府所在地景洪举行。来自国内外的8支艺术团体307人参加了演出。其中，国外团体141人，老挝、缅甸、越南派出了国家级艺术表演团体参加了演出。西双版纳州组织演出了集2121名学生和民间艺人参与的开幕式大型文艺表演《世纪之歌》。州民族歌舞团演出了大型民族舞蹈诗《美丽的地方——西双版纳》专场演出，还举办了“傣语经典演唱会”，“贝叶文化展演暨傣语古乐演奏会”，“少数民族民歌对唱”等。共组织了10场演出，演出节目105个，观众达4万多人。

这次题为“加强艺术交流，增进五国友谊，繁荣五国经济”的艺术盛会，弘扬了中华民族优秀文化，增强了边疆各族人民的自信心和自豪感，加强了与参演各国人民之间的友谊，并将使中、老、缅、泰、越边境地区的文化交流和经济合作推向一个新的阶段。

昆明国际花卉节文化艺术活动 2000年9月，云南省委、省政府充分利用云南丰富的花卉资源和多姿的民族风情，围绕“人与自然和谐发展”的主题，举办了“中国昆明国际花卉节”在花卉节开幕式上，精心组织了大型文艺表演《春城飞花》文艺演出及48辆用鲜花装饰造型别具一格的花车巡游展演；节期还举办了《云南野生花卉展》、《插花艺术展》、《花卉摄影艺术展》、“花仙子”表演评奖活动，闭幕式上举办了颁奖音乐会《花海飞歌》。

千里边疆文化长廊建设 “九五”期间，云南省委、省政府根据国家文化部在全国实施以文化设施建设为主要内容的“万里边疆文化长廊”建设工程总体部署，决定实施“云南省千里边疆文化长廊”工程。几年来按照逐步成龙配套，形成规模，改善全省文化设施陈旧落后面貌，为云南改革开放和经济建设服务的目标，全省共建成文化设施178项，在建37项，建筑规模273100平方米，总投资35356万元。共建成文化馆38个、在建16个，图书馆36个、在建10个，文工团队业务用房27项、在建6项，重点乡镇文化站56个，口岸文化站12个，博物馆4个，其他文化设施5项。目前全省县图书馆馆均使用面积已达1100平方米，比1979年馆均增加879平方米，增加4.4倍，县文化馆馆均面积达897平方米、博物馆馆均面积达2850平方米。经过评估定级全省147个县以上公共图书馆有89个达到国家三级馆标准；147座文化群艺馆有100个达到省级标准，其中36个达到国家标准；1603个文化站，598个达到省级标准。云南省文化设施陈旧落后的面貌有了突破性的改变。同时在省委、省政府的关心重视下，全省文化标志性设施建设成效显著，总投资1.4亿元新建的图书馆主楼已交付使用，预计2001年可全部建成。新建省博物馆、云南民族大剧院、音乐厅、省群艺馆已经列入全省基本建设规划，进入前期工作阶段。云南省千里边疆文化长廊工程及标志性文化设施建设促进了全省社会经济的全面发展，为云南民族文化大省的建设奠定了坚实的基础。

昆明市历史文化名城保护和建设工作 文物保护是历史文化名城保护和建设的重要组成部分。多年来，昆明市的文物保护工作认真贯彻“保护为主、抢救第一”的方针，全市14个县（市）区公布了各级文物保护单位243项，建立健全了文物保护单位“四有”档案，完成了文物保护单位保护范围和建筑控制地带的划定；“九五”期间，市政府共投入资金305万元，完成了近30项各级文物保护单位的抢救性维修工作；昆明市文化行政管理部门会同规划部门，制定出台了《昆明市历史文化名城保护条例》，并正在参与实施真庆文化广场、官渡历史文化名镇及东西寺塔文化联廊的建设工程。

西藏自治区

2000年，西藏自治区文化系统广大文化文艺工作者在区党委、政府的领导下，在国家文化部、文物局等有关部门的指导下，文化厅系统各单位认真学习江总书记“三个代表”的重要思想，进一步贯彻党的十五届五中全会和中央召开的第三次西藏工作座谈会、区党委五届六次全委（扩大）会议精神，不断解放思想，更新观念，大胆改革，锐意进取，积极开展反分裂斗争，以“三讲”教育为动力，尽心敬业，扎扎实实地开展了各项文化工作，取得优异成绩。

一、主题性文艺活动和创作双获丰收

表演艺术团体积极开展各项业务工作。全年10个专业文艺演出团体演出988场，观众1057470人次。下乡为农牧区群众演出511场，观众676830人次，其中区直二团全年演出468场，观众415660人次，并组织不同形式的演出队，先后赴阿里7个县、林芝、昌都、那曲等地区下乡为农牧民基层群众演出234场，观众达254450人次。

文艺创作成绩突出。全区共创作新剧（节）目213个，区直3个艺术表演团体创作舞蹈节目8个，声乐作品20首，民族交响曲1部，歌词30首，剧目2台，曲艺小品作品19个，剧节目台本7个，全年上演晚会7台。7月份举办了"2000年全区专业曲艺戏剧小品比赛"，各专业文艺团体创作了大量曲艺、戏剧小品，34个作品参加比赛。8月份召开的全区艺术创作座谈会，交流创作经验，制定了今后相应的五年创作规划。

2000年是本区艺术获奖的丰收年。新近改编的大型乐舞《珠穆朗玛》荣获第六届中国艺术节大奖，由区歌舞团创作的双人舞《珞巴人的刀》、《天鼓》荣获第十届孔雀奖少数民族舞蹈比赛编导一等奖，表演一等奖，作曲三等奖和少数民族舞蹈比赛编导三等奖，表演三等奖。区话剧团的现代化大型话剧《寻迹唐古拉》荣获文华新剧目奖，男主角格桑群培获文华表演奖，区话剧团演员丹增卓嘎获第九届金鸡百花电影金鸡奖最佳女主角特别奖。区内各专业团体在全区专业曲艺、小品比赛中获37项奖，区歌舞团在第二届才旦卓玛艺术基金奖中获9项奖。

二、文化市场健康、规范发展

经自治区人民政府批准设立了西藏自治区文化市场管理联系会议制度，明确了本区文化市场管理重大问题由联席会议研究决定，印发了《关于进一步加强文化市场管理工作的通知》，并对《西藏自治区文化市场管理暂行条例》进行了全面修正，统一制定了"禁止未成年人进入"的标志牌，下发了《关于加强我区演员个人营业演出工作的通知》，制定了《演员个人营业演出许可证考核标准》。

一年来，本区共查缴非法音像制品20818盘（张），其中黄色淫秽光盘1247盘（张），有严重政治问题制品19551盘（张），取缔无证照或放映黄色淫秽录像节目的音像制品经营场点8家，检查场点110家，关闭6家电子游戏经营场所，查封94台模拟机及其它机型，没收拆除赌博机102台，责令停业2家无证照经营场所，暂扣电脑主机2台，吊销营业执照1家，公开销毁非法音像制品12113盘（张）。从而达到了保护合法，打击违法，取缔非法，规范管理，净化文化市场的目的。

三、社会文化工作稳步推进

群众文化工作特别是农牧区群众文化工作，一直是本区文化工作的重要组成部分和中心任务。本区那曲地区群艺馆的《打墙舞》在全国首届"蒲公英"评奖暨全国新苗杯第四届少儿戏剧邀请赛中获创作、表演、辅导三等奖，区文化厅组织举办了来自全区近100幅作品的少儿美术、书法比赛，挑选70件作品出国参展，并会同有关部门举办了庆"六一"文艺演出，接待并组织西南航空公司少年合唱团在拉萨的专场演出。向国家文化部推荐11个舞蹈作品，其中8件作品入围。11月份在浙江省台州市决赛中分获2项金奖、2项银奖、4项铜奖。10月，自治区图书馆分馆城关区文化馆正式开馆。内设开架阅览室、期刊阅览室、少儿阅览室等。为了提高县级文化馆（站）长和乌兰牧骑业余文艺创作人员的素质，11月在区群艺馆举行了业余文艺创作培训班，此次培训班共有来自4个地区21个县的23名文化馆长，14个县的33名业余创作人员参加了培训。向"世纪民族之歌"评选组委会办公室推荐《欢乐的歌儿唱不完》等10首歌曲参加全国评选并在云南昆明市举行的复决赛中1人获一等奖、1人获优秀奖。

四、艺术研究工作取得进展

区艺术研究所继续以艺术七大集成抢救、编纂工作为重点，2000年《中国民族民间舞蹈集成·西藏卷》继上年完成终审的基础上完成了主要卷的校改和清样，并于2000年10月份正式出版。该卷共有50个有代表性的舞种，包括100多万字、绘图1742张、照片78张、音乐342首，被列为中国社科基金重大项目，在文化部召开的"第三届全国文艺集成志书优秀成果表彰暨工作会议"上，艺研所丹增次仁同志获编纂一等奖，阿旺松热和拉巴卓玛同志获二等奖，大次旦和王希华同志获三等奖，《中国民族民间舞蹈集成·西藏卷》编辑部获集体优秀成果奖。2000年继续完成了《中国民族民间舞蹈集成·西藏卷》综述的初审，进一步修改了《中国曲艺志·西藏卷》，原初审稿已完成，除音乐及曲目外其它文字部分共计约70万字。《西藏艺术研究》汉文版和藏文版完成了2000年共六期的出版工作，全年藏汉文字版共发表了具有一定学术价值文章60余篇，共计98万字。

五、对外及港澳台文化交流不断拓展

2000年本区对外文化交流异常活跃，上半年本区10名演艺界人士，参加了由中国艺术总公司举办的为期2个月的包括全国55个民族230余人的中华民俗技艺团赴台展演活动。10月13日由西藏自治区人民政府、国家外经贸部联合主办的《2000西藏自治区（香港）投资经贸洽谈会》，文化厅派出69人的艺术团参加此次洽谈会演出、展览活动，受到了香港各界人士的高度评价。本区博物馆于9月22日赴韩国参加为期一个月的“中国西藏民族文化艺术展”，艺研所边多同志应台湾南华大学邀请，参加了在台湾举办的音乐学术研讨会，副所长刘志群及面具制作工艺师加央益西于9月11日至10月30日赴台湾为该校授课、交流。

2000年以来，本区接待北京通用技术集团国际广告展览有限公司总裁及德国汽车展览协会秘书长彼得一行4人。邀请新加坡文华大酒店营业总监陈远藕先生入藏进行文化考察活动，接待日本京都书画院常务理事兼事务局长濑田保二对本区进行文化考察，协助自治区外宣局、区外办、自治区人大、区政协、区文联等单位，完成了各项重要的接待任务。布达拉宫管理处处长强巴格桑参加了中国藏学家出访欧洲四国学术交流团，在德国、意大利、西班牙、丹麦做了多次学术报告和演讲。西藏博物馆完成了美国中国区域语言导览公司藏、汉、英、日语音导览系统工程的安装和3万余字的文字编写、翻译、录制任务。组织文物赴韩国参加了《中国藏族文化展》，取得了很好的宣传效果，区文物局和西藏博物馆、布达拉宫管理处在上海博物馆成功举办了《西藏文物精华展》。

六、文物考古和博物馆事业不断发展

自治区文物局坚持“保护为主、抢救第一”的文物工作方针，分别对布达拉宫地垄和黄房子、罗布林卡、萨迦寺、扎什伦布寺四世班禅灵塔殿和集会大殿进行了建筑实测工作。自治区人民政府投资200多万元修建了罗布林卡灌溉水渠，成功申报了大昭寺作为布达拉宫世界文化遗产扩展项目，完成了布达拉宫世界文化遗产扩展项目罗布林卡的文字、图片、录像等资料的整理和申报工作。西藏博物馆共派出专业人员10人次到对口支援单位及内地大专院校学习文物保护陈列艺术设计等业务知识。

认真做好文物登记建档工作，布达拉宫管理处完成2402件各类文物登记造册，拉萨市完成5处自治区文物保护单位约500件文物的登记建档，日喀则地区完成3处文物保护单位633件文物的登记建档，山南地区完成300多件文物登记建档，那曲地区完成58件文物登记建档，西藏文物总店重新对总店的库存文物进行定级和估价。

对本区实施《中华人民共和国文物保护法》和《西藏自治区文物保护管理条例》进行检查，先后前往拉萨市、日喀则地区、阿里地区，历时一个月，行程4000多公里，对近年本区执行文物法的情况进行了全面检查。2000年追缴文物1000多件，从农牧民手中收回100多件出土文物。组织文物考古工作者先后赴昌都、林芝、拉萨、日喀则等地区进行文物资源补（复）查工作，与四川大学历史文化学院合作，组织文物考古工作者对昌都沙贡遗址进行了考古调查和发掘工作，与中国社会科学院考古研究所合作，组织文物考古工作者对山南邦嘎遗址进行了考古调查和发掘工作，组织对阿里文物抢救工程维修考古报告的编撰工作，完成了《阿里文物抢救工程修缮报告》的部分文字编写工作，并完成图片整理归类。

目前，全区共有各级群众艺术馆、文化馆(站)400多个，各类专业文艺演出团体25个，群众性业余演出团体160多个，县乌兰牧骑演出队17个，各类文化娱乐场点近3000家，文化市场经营项目20多种，从业人员达5000多人。

重要会议、重大事件、重要活动、重要文化场馆建设

1月初，区歌舞团、区话剧团组成自治区文化“三下乡”演出队，由自治区副主席群培和自治区党委宣传部副部长沈开运率领，下乡演出。

2月份，根据区党委的统一部署，在文化厅党组的直接领导下，文化系统集中进行了“讲学习，讲政治，讲正气”为主要内容的党性党风教育。

2月20日，向文化部"世纪民族之歌"征集活动报送9首西藏少数民族歌曲。

4月15日，在拉萨召开了为期三天的2000年全区文化（文物、新闻出版）局长会议。

5月份，自治区文化厅会同有关部门共同举办了"第二届才旦卓玛艺术基金奖"大赛。

6月2日，自治区文化厅与区文联组建的本区文艺理论研究机构"西藏文学理论研究会"正式成立。

6月份，自治区文化厅在拉萨市内进行了对娱乐服务场所、电子游戏经营场所专项治理，关闭6家电子游戏经营场所，查封94台模拟机，没收102台赌博机，整顿压缩了56家歌舞娱乐和录像放映场所，没收赌资9972元。

6月11日，自治区文化厅组织参加了在云南召开的"迎接新世纪民族民间歌手比赛"，有6名选手进入决赛，1名获一等奖，1名获优秀奖。参加了文化部举办的2000年全国首届"蒲公英奖"评奖暨全国新曲杯第四届少儿京剧邀请赛，《打墙舞》进入决赛。

6月20日，自治区歌舞团和区话剧团优秀演员组成慰问演出团赴阿里、日喀则地区巡回演出，历时28天，行程4690公里。

7月15日，自治区文化厅市场处召开了销毁非法音像制品现场会，公开销毁非法音像制品38900多盘(张)，当天在全区共销毁64988盘(张)非法音像制品。

7月17日，在自治区群艺馆举办了为期三天的《2000年全区专业曲艺、戏剧小品比赛》，获奖作品向自治区领导及广大城乡群众做了汇报演出。

8月20日，国家文物局局长张文彬率领赴藏考察组对拉萨、日喀则、山南等地考察了10多个文物保护单位，听取了自治区文物局文物工作汇报，并对西藏文物的保护与管理工作做了具体指示。

8月23日，自治区文化厅召开了由区直属三团、六地一市的负责人和创编人员参与的2000年全区艺术创作会议，并安排建党80周年、西藏和平解放50周年的文艺演出工作。

8月28日，中共中央政治局常委、国务院副总理李岚清同志在藏视察工作，先后视察了西藏博物馆和布达拉宫，对布达拉宫的维修、文物展示、环境等工作做了具体指示。

9月10日，自治区文化厅组织了"知我西藏、爱我西藏、兴我西藏"读书知识竞赛活动。

9月23日，大型西藏乐舞《珠穆朗玛》赴南京参加"第六届中国艺术节"。随即赴内地五省一市十五个大中城市进行巡回演出，共演出25场，总行程18460余公里，直接观众达39600余人次。

12月10日，在拉萨召开了全区文物工作会议，各地市行署分管领导、文化局长、文物局(科)长、区直有关部门和文博单位的领导参加了会议。会议研究了在国家实施西部大开发进程中，加强西藏文物保护与管理的措施，研究制订了西藏文物博物馆事业"十五"发展计划。

山南地区

1月初，成立山南地区下乡演出团，下乡演出21场，观众达8.4 万人次。

4月30日，深入开展"讲学习、讲政治、讲正气"为主要内容的党性党风教育。

6月20日，山南地区桑耶寺给水工程和电源线路改造工作竣工。

7月份，山南地区泽当镇光纤电视入网工程竣工。

8月21日，"山南地区第九届群众业余文化调演"隆重开幕，有来自地区12个县的611名演员参加此次业余文化调演，共演出20场，183个文艺节目。

9月1日，举办了"2000年中国西藏雅砻文化节"，有590名演员参加，其中以100人组成的卓舞方队最为壮观。

12月份，山南地区120座"村村通"广播电视站建成并完成了验收。

11月底，山南地区多名演员赴浙江台州市参加第十届"群星奖"现场决赛，共获得1金3铜奖。

那曲地区

3月初，那曲地区文化局县级领导班子和党员干部开展了以"讲学习、讲政治、讲正气"为主要内容的党性党风教育。

6月28日，召开了那曲地区文化广播影视工作会议。

7月15日，在"全区统一销毁非法音像制品日"活动中，公开销毁2月份至7月份以来收缴的非法音像制品9500余盘（张）。

8月10日，举办了恰青赛马艺术节，同时，由地区艺术团、各县乌兰牧骑演出队在赛马场和影剧院进行了多场演出。

10月份，那曲县乌兰牧骑演出队参加了全国第十届“群星奖”舞蹈比赛，并获银、铜奖。

11月底，那曲地区双湖区、比如县文化馆建成。

日喀则地区

4月份，日喀则文化局结合工作实际，拟定了《日喀则地区文化艺术事业“十五”规划和2015年远景目标》。

5月12日，日喀则文化局召开县级领导班子和党员干部“讲学习、讲政治、讲正气”为主要内容的党性党风教育会议。

7月15日，在“全国统一销毁非法音像制品”活动中，公开销毁非法音像制品2487盘（张）。

阿里地区

4月份，阿里地区札达县文物局成功举办了一次文物展览。

昌都地区

9月份，举办了“昌都解放50周年大庆活动”文艺演出和大型成就展览。

10月初，芒康县乌兰牧骑队赴浙江台州参加全国第十届舞蹈“群星奖”大赛获金奖。

10月份，投资70万元建成的芒康、丁青两县文化馆投入使用。

11月份，昌都地区选拔推荐2名歌手赴昆明参加全国民间歌手大赛获优秀奖。

自治区文化行政管理部门机构设置

西藏自治区文化厅机关

机关行政编制为47人，内设机构6个处室。办公室（文化产业处）8人，计划财务审计处7人，艺术处（对外文化交流联络处）7人，社会文化处6人，文化市场管理处（政策法规处）5人，政工人事处（机关党委、纪检监察室）7人。

机关后勤服务中心，事业编制7人。

西藏自治区文化厅厅属单位7个：自治区话剧团，事业编制90人。自治区歌舞团，事业编制180人。自治区藏剧团，事业编制100人。自治区群艺馆，事业编制48人。自治区图书馆，事业编制50人。自治区民族艺术研究所，事业编制18人。自治区展览中心，事业编制40人。

西藏自治区文物局机关

机关行政编制17人，内设机构5个。办公室5人，文物博物处4人，宣传处3人，文物鉴定组5人。

机关后勤服务中心，事业编制3人。

自治区文物局下属单位4个：自治区博物馆，事业编制70人。罗布林卡管理处，事业编制50人。布达拉宫管理处，事业编制50人。自治区文物总店，事业编制10人。

山南地区文化局

机关行政编制17人，内设5个科室，办公室9人，政工科2人，文化科2人，广播影视科2人，文化市场科2人。

山南地区文化局下属单位6个：山南地区文联，事业编制8人。山南地区民族文化遗产抢救办公室，事业编制3人。山南地区群艺馆，事业编制30人。山南地区艺术团，事业编制60人。山南地区文物局，事业编制10人。山南地区新华书店，事业编制10人。

那曲地区文化局

行政编制34人，内设7个科室，行政办公室10人，政工人事处2人，计财科3人，文化文物科4人，文化市场科3人，文联办公室4人，广电科2人。

日喀则地区文化局

机关行政编制15人，内设3个科室，县级领导职数4人。

日喀则地区文物局行政编制8人。

日喀则地区文化局下属单位3个：日喀则地区群艺馆，事业编制21人。日喀则地区文工团，事业编制72人。日喀则地区新华书店，事业编制14人。

阿里地区文化局

机关行政编制18人，处级干部4人，科级干部4人。

阿里地区文化局下属单位3个：阿里地区新华书店，事业编制5人。阿里地区群艺馆，事业编制10人。阿里地区艺术团，事业编制45人。

昌都地区文化局

机关行政编制22人，处级干部6人，内设5个科室，办公室9人，政工科2人，文物科2人，广播电视科1人。

昌都地区文化局下属单位3个。昌都地区群艺馆，事业编制20人。昌都地区民族歌舞团，事业编制80人。昌都地区新华书店，事业编制9人。

陕西省

2000年，陕西文化艺术工作者高举邓小平理论伟大旗帜，认真学习领会江总书记"三个代表"重要思想，深入贯彻党的十五届五中全会精神，紧紧围绕全省工作大局，配合西部大开发战略的实施，充分发挥文化工作整体优势，全面推进各项文化艺术事业健康、协调、深入发展，为全省改革开放和经济建设提供了强大的精神动力和良好的文化氛围，在加快全省跨世纪发展中做出了积极的贡献。

一、实施精品战略，促进文化艺术事业的更大繁荣

强化精品意识，狠抓重点剧（节）目的创作，推出了一批艺术佳作。全省专业艺术团体在国际和全国性重大文化艺术活动中共获奖129项，其获奖层次之高，数量之多，是历年所没有的。其中眉户现代戏《迟开的玫瑰》一举获得中宣部"五个一工程"奖，文化部"文华大奖"，第六届中国艺术节大奖等多种奖项；在文化部"文华奖"评选中，共获8项奖；在文化部"金狮奖"比赛中，本省杂技实现历史性突破，获金奖1项，铜奖1项在"2000年中国曹禺戏剧奖、小品小戏奖"评选中，获2项一等奖；在首届中国秦腔艺术节上，共获各类奖项99个；在中国戏剧"梅花奖"评选中，本省3人获"梅花奖"。

精心组织了"东西部合作与贸易洽谈会开幕式文艺晚会"、"金狮奖第五届全国杂技比赛西北大区预选赛"、"2000年全国艺术歌曲比赛陕西选拔赛"，"中央电视台'心连心'艺术团赴杨凌慰问演出活动"、"公祭黄帝陵文艺演出"等大型演出活动，成功举办了"纪念尚小云先生诞辰100周年"研讨活动、"全省秦腔清唱、折子戏大赛"、"陕西省第五届国际标准舞锦标赛"、"陕西省《帝豪杯》专业 舞蹈大赛"等，组织了眉户现代戏《迟开的玫瑰》参加第六届中国艺术节和应邀赴贵州演出，歌剧《司马迁》参加第二届上海国际艺术节，"2000年中国西部大开发文化经济展示周"等一系列大型文化活动。

国家重点艺术科研项目十大文艺集成的编撰工作有了大幅度的进展。《中国谚语集成·陕西卷》已顺利出版；《中国戏曲音乐集成·陕西卷》、《中国歌谣集成·陕西卷》如期完成了编撰任务，目前正在集中终审，2001年付梓《陕西文化艺术志》送审稿已报省方志办终审；《1991-1999年度文化大事记和机构沿革史》已完成编撰工作。

二、以农村文化建设为重点，推动社会文化事业的协调发展

根据国家对新形势下文化事业单位改革的要求并结合本省实际，适时召开了全省群众艺术馆、文化馆改革座谈会，起草、讨论了《省文化厅深化文化（群众艺术）馆改革的意见》，部署了文化馆评估定级试点工作；举办了全国第十二届图书馆宣传周，开展了群众喜爱的图书馆评选活动，召开了全省公共图书馆工作会议；抓紧了《陕西省农村文化工作条例》的起草、论证、上报工作；开展了全省民间美术现状调查，起草了《陕西省民间艺术保护和管理办法》；在落实县级文化馆、图书馆和乡镇文化站的业务活动经费及人员、建设标准上也做了大量工作。

加大城乡公益性文化设施建设的投入力度，安排下达了全省文化馆 、图书馆和剧场维修专项资金458万元，安排文化站专干生活补贴20万元，落实了国家补助本省两馆"基建投资80万元，着重解决了一批贫困县的"两馆"建设工程遗留问题和公益性文化设施的建设问题，安排了全省首批21个集镇文化中心建设项目，使基层文化工作硬件设施建设上了新台阶。

进一步加强对广场文化、社区文化、村镇文化、企业文化、军营文化、校园文化 、家庭文化以及老年文化等社会文化活动的管理和政策指导，积极组织开展各类示范性、导向性的文化活动，活跃基层广大群众文化生活，满足不同社会群体人们的精神文化需求，不断提高人民群众的文化素养。先后组织了陕西省《金粟杯》青少年舞蹈大赛，陕西省首届青少年电脑节暨绘画、书法、声乐、 器乐大赛等群众性文化活动；"八一"期间，由省人民艺术剧院编排的话剧《绿荫里的红塑料桶》在西安地区驻军巡回慰问演出，获得部队官兵的热烈欢迎和好评。各市（地）也举办了丰富多彩的群众性文化活动。西安市开展了“百镇(乡、街）群众文化舞台迎春联赛”，“红五月”音乐会等活动；宝鸡市举办的广场群众文化活动丰富多彩；延安市成功举办了首届老年文化艺术节、第二届校园文化艺术节；铜川市连续六年举办了消夏纳凉晚会，极大地活跃和丰富了群众文化生活。

广泛深入开展文化下乡活动，把文化下乡工作重点放在示范、引导、激励表彰等环节上，坚持阶段性和经常性相结合的方针，采用灵活多样的形式，使文化下乡的水平进一步提高，内涵逐步扩大，内容从送电影、送戏下乡发展到送书、送科技资料、送致富信息、送辅导书刊下乡。通过对文化下乡活动的精心组织和文艺工作者的乐于奉献，全省全年送戏下乡8000多场，送电影下乡2万余场，送书下乡20多万册，深入基层辅导群众创作、演出活动5万多人次，受到了广大农村群众的欢迎和好评。

三、强化依法治理，净化文化市场，营造健康、良好的文化氛围

根据国务院“加强娱乐服务场所管理暨电子游戏经营场所专项治理工作电视电话会议”精神，按照省政府的统一部署，组织开展了全省电子游戏经营场所专项治理行动。在为期三个月的专项治理活动中，全省查处无证照场所425家，违法违规经营户674家，各类违规人员288名，停业整顿1919家；取缔中小学周边200米以内游戏厅160余家，不符合重点审核登记条件的1911家，销毁不符合规定的电子游戏机2819台，电路板块3572块。经过三个月的从严 治理，全省电子游戏经营场所由治理前的3789家压减到1350家。压减比例为65%。电子游戏经营场所违法违规活动猖獗的状况得到遏制，文化环境进一步净化，受到了社会各界的好评。为巩固治理成果，防止违法、违规经营活动回潮，按照省政府要求，延长3个月时间继续在全省深入开展专项治理工作，各地各部门在巩固已有成果的基础上，进一步加大工作力度，确保了治理工作取得实效。

同时，在全省组织开展了打击非法录音制品及打击侵权盗版民族音乐和戏曲节目等专项活动；组织开展了陕西省第二届音像市场法制宣传周活动和音像市场专项治理活动；检查、督办了西安郊区、汉中洋县等地的非法色情演出；督查了渭南韩城毛阿敏大型演唱会失败一事；查禁了流窜在一些县城非法色情演出的外省大棚剧团。

在一手抓管理的同时，一手抓繁荣，把不断丰富和活跃人民群众文化生活作为文化市场管理工作的主要目标，努力培育并发展城乡各类文化市场。一是认真贯彻国务院《娱乐场所管理条例》，借全省娱乐场所及省直经营单位年检换证之机，狠抓娱乐场所硬件设施达标工作，加强娱乐场所经营规模与布局的宏观调控，使各种娱乐场所的数量、布局、结构更趋合理；二是下大力激活电影市场。在城市电影工作方面，通过召开全省电影公司经理会议，进一步理顺全省35mm电影发行渠道，成立了“三秦院线”，积极为全省电影行业的股份制创造条件。在农村电影工作方面，组织召开了全省农村电影工作会议，出台了省政府陕政办发(2000)56号《批转省文化厅关于落实农村电影放映“2131”目标的实施意见》及《关于切实做好全省中小学生爱国主义教育影片发行、放映工作的通知》，既部署了全省农村电影放映“2131”规划，又解决了农民看电影难的“收费”政策和中小学生“爱教片”的有偿服务政策。利用省财政支持的16mm拷贝补贴经费，鼓励县级公司购买拷贝，由省16mm交易中心销售拷贝近千部，经营额逾百万元。还下大力抓了重点影片的发行放映，配合全省的“警示教育”活动，在全省组织了反腐片《生死决择》的发行、放映工作，全省共放映1800多场，观众达30多万人次，票房收入300多万元，创国产单片票房历史最高记录。三是积极促进音像市场生产流通领域的改革，巩固和支持作为主渠道的出版社 、国有书店、专营店等连锁经营，实行音像制品市场准入及经营登记制度，组织开展音像制品单位的年检换证工作，对省直音像总批发、批发单位悬挂“音像制品经营监督警示牌”，提高正版音像制品市场占有率；四是全面贯彻国务院《营业性演出管理条例》及其配套法规，规范发展演出市场。在完成2000年演出单位年检审核工作的基础上，将重点稽查与日常管理相结合”，审查批准了“3.15 文艺演唱会”、“群星耀古城大型演唱会”、“两岸同声——童安格演唱会”、“西安旅游节闭幕大型演唱会”等多台演出活动。同时，从建立竞争激励机制和多方位、多层次的协作网入手，大力发展二类、三类演出经纪机构；五是通过完善美术品拍卖审批制度，加强了对全省美术品市场的规范管理。

进一步加强文化市场法规建设，制订了《文化市场稽查举报制度》，出台了加强娱乐场所和电子游戏经营场所管理的有关规定。同时，从健全执法网络、规范执法程序、严格执法纪律、文明执法行为等方面入手，全面加强文化市场管理队伍建设。举办了“陕西省第二届文化市场管理理论研讨会暨文化市场稽查培训班”，提高了执法人员依法行政的水平。各市(地)对文化市场稽查工作日益重视，目前，全省已有稽查机构94个，人员715人，在打击文化市场的违法经营行为，维护文化市场的正常经营秩序方面做出了积极贡献。

四、充分利用文化资源，积极开拓渠道，对外文化交流进一步扩大

一年来，先后邀请、接待了来自26个国家和地区的57批、476人次的团组来陕进行文化考察、参观访问、举办展览、洽谈项目等交流活动。引进了英国南安普顿青年交响乐团、缅甸国家歌舞团、日本山彦音乐剧团、台湾朱宗庆打击乐团等来陕进行了精彩演出。组织本省艺术家与美国、日本等国和香港特区的有关专家举行了多种类型的座谈、研讨、学术报告会。举办和协办了澳大利亚、日本等国家和台湾地区的7个艺术展览。参与了“陕西香港节”文化活动的筹备、组织工作。

同时，以优秀节目不断开拓国际文化市场，全年组派了51批510人次的文化艺术团体和个人赴美国、法国、日本等23个国家和台湾地区进行了演展文化交流活动。省歌舞剧院赴法参加“巴黎音乐节”演出，引起轰动；陕歌赴日本福冈演出获得优秀奖；由本省雕塑家创作的“中日友好万古常青”紫铜雕塑在日本落成，产生极大反响；赵长军武术学院小演员赴德国、奥地利，与来自世界十几个国家和地区的演员演出大型音乐剧“国王与我”，受到一致好评；组织省国画院与日本京都书画院在日本成功举办“第21届中国陕西·日本京都书画联展”。

五、加快发展文化产业，为社会主义文化注入活力

进一步探索新形势下发展文化产业的新思路、新途径。正式出台了《陕西省文化厅关于加快发展文化产业的意见》，制定了《陕西文化产业“十五”规划（草案）》，明确了本省发展文化产业的长远规划。各级文化部门和文化单位，进一步重视文化产业，把发展文化产业作为文化工作的一项重要内容，列入议事日程，建立了文化产业的组织机构，加大了经营管理人才的培养力度，从文化工作的全局和战略发展的高度，重视文化产业的开发和拓展，取得了显著成效，21个省直文化单位均全面完成了年初签订的创收任务。进一步落实经济政策，扩大招商引资，增强文化单位创收能力。帮助省电影公司、省京剧团、招待所等单位解决了引资开发合同执行中的一些重点难点问题。以国有资产的保值增值为目标，加强了省直文化系统兴办经济实体和经营开发的规范化管理。

同时，抓好重点项目建设，加快文化设施基本建设进程。组织设计了“人民剧院加固整修设计方案”；落实了省艺术研究所、省书学院、省雕塑院业务办公楼缺口资金340万元；落实了省杂技艺术训练场地的立项审批工作；上报了省图书馆搬迁图书整理经费计划和常规设备购置经费计划，组织了省图书馆计算机管理系统数字化图书馆建设方案的设计和论证；组织接收了新建的省美术博物馆；落实了2000年经济适用住房建设计划，新开工17800平方米；完成了省文化广厦工程前期和总体工程建设任务及售房工作，落实了文化广厦物业管理问题。

重大事件、重要活动、机构设置

首届中国秦腔艺术节　首届中国秦腔艺术节于2000年11月3日至15日在西安举行。这是世纪之交中国戏剧界的一大盛事，也是新中国成立50多年来秦腔艺术改革发展取得丰硕成果的一次大展示，是秦腔有史以来的一次盛会。

11月3日晚，开幕式在西安人民剧院隆重举行。陕西省文化厅厅长秦天行主持开幕式，中共陕西省委常委、宣传部部长张保庆宣布首届中国秦腔艺术节开幕，中国剧协主席、艺术节组委会主席、著名表演艺术家李默然致祝辞；陕西省副省长潘连生代表陕西省委、省政府致了开幕辞；参加开幕式的有文化部艺术局原局长姚欣，中国剧协党组副书记、秘书长王蕴明，中国剧协副主席何孝充等国家文化艺术方面的领导；有首都戏剧界的专家学者；有陕西省党政部门的领导崔林涛、李溪溥、周雅光、孙天义等，还有西北四省区和新疆生产建设兵团文化部门的负责人。开幕式后陕西省戏曲研究院演出了新编秦腔历史剧《太尉杨震》。

首届中国秦腔艺术节历时13天，参加这次艺术节赛演的单位有来甘肃、宁夏、青海、新疆和东道主陕西五省区及新疆生产建设兵团的20多个艺术表演团体，艺术节展示了近年来秦腔艺术创作与改革的新成果，检阅了创作实力、人才状况和后备力量，繁荣了戏剧舞台，促进了西北五省区之间的友谊和艺术交流。13天当中，共上演了23台本戏，7台33个折子戏，4台清唱，数千名演职人员尽显才华，数十万秦腔迷过足了戏瘾。期间，召开了2000年曹禺戏剧奖·剧本奖颁奖大会和戏剧观念与秦腔艺术理论研讨会，举办了梨园书画展、秦腔脸谱展、戏曲图片展等活动，为艺术节增添了品位与分量。同时，艺术节还评选出一批优秀剧目奖、优秀导演奖、优秀表演奖等各类奖项。

11月15日晚，艺术节闭幕式在西安人民剧院举行。中共陕西省委常委、宣传部部长张保庆代表陕西省委、省政府在闭幕式上致了闭幕词，中国剧协党组副书记、秘书长王蕴明作了讲话，省文化厅厅长秦天行代表本届艺术节组委会，向下一届秦腔艺术节承办单位宁夏回族自治区文化厅移交了艺术节会旗。

“纪念尚小云先生诞辰100周年”活动 由陕西省委宣传部、省文化厅、省文联、省剧协联合主办，陕西省京剧团承办的“纪念京剧艺术大师尚小云先生诞辰100周年”活动于2000年元月10日至12日在西安人民剧院隆重举行。

这次纪念会以“三台戏”和“一个座谈会”为主要内容，为古城观众上演了京剧《大闹天宫》、《梁红玉》及以著名京剧表演艺术家尚长荣先生为代表的名家折子戏专场等三场专场晚会，受到了观众们的热情欢迎。演出期间，潘连生、李雅芳、周雅光等领导观看了演出，并对演员们的精彩表演给予了热烈赞扬和鼓励。中国京剧院等艺术团体送来了花篮、贺匾并致函、致电以示祝贺。陕西省电视台、省有线电视台、省人民广播电台、《陕西日报》等十余家媒体进行了宣传报道。

“西部大开发与陕西文化发展战略”研讨活动 为了深入贯彻落实西部大开发的战略决策，切实加强本省文化工作，推进全省文化事业的繁荣和发展，从而促进陕西经济与社会的全面进步，6月22日到6月28日，省文化厅先后三次组织召开“西部大开发与陕西文化事业发展”主题研讨会，来自省社会科学院、西安交大、西北大学等高校及省艺术研究所的部分专家、学者参加了研讨会，省文化厅厅长白智民亲自主持了研讨活动。

此次研讨以贯彻落实党中央关于西部大开发的战略决策为主线，遵循江总书记提出的“三个代表”的重要思想，以科学、实事求是的态度，从全省工作大局出发，深入研讨、分析了本省文化工作的现状、经验教训、存在问题及发展前景，重点探讨了在西部大开发中，文化部门应采取怎样的战略、政策、措施，充分发挥自身优势，服务大局，实现文化与社会、经济的协调发展，为西部大开发创造良好的文化氛围，提供强大的精神动力和智力支持。

同时，省文化厅成立了专门的课题小组，吸收社科院、部分高校的专家学者参与，就研讨会上总结分析出的问题，做进一步的梳理、归纳，从而形成能够指导全省文化事业长足、健康、协调发展的基本规划。

《迟开的玫瑰》喜获中国艺术节大奖 由国家文化部主办、江苏省人民政府承办的第六届中国艺术节10月13日在江苏南京落下帷幕。由陕西省戏曲研究院青年团创作演出的眉户现代戏《迟开的玫瑰》以其思想性、艺术性、可观赏性的统一和其贴近时代、关注现实，描写普通人的平凡生活，在朴实平凡中再现崇高向上的精神风貌的深刻思想内涵，成为艺术节的耀眼亮点，喜获本届艺术节大奖。

省文艺集成志书编辑工作受文化部表彰 2000年12月，文化部在北京召开了第三届全国文艺集成志书优秀成果表彰暨工作会议。陕西省十大集成志书已出版了七部，二部进入终审阶段，只剩下《曲艺志》没有进入初审，进度在全国排位第12名。在文化部所表彰的具有重要成果和突出成绩的73个先进集体中，本省的戏曲音乐集成编辑部和歌谣集成编辑部名列其中，荣获了编纂成果集体奖；许德宝、刘笑海获得由全国艺术学科规划领导小组颁发的编纂成果个人一等奖，刘建洲、汪树亚等11人分别获得二、三等奖及优秀编审工作奖。

省图书馆建成"省情文献书目索引信息系统及全文检索系统" 根据程安东省长"建立省情数据库很有必要"和"数字化建设一步到位"的指示精神，按照省文化厅确定的"高起点高要求、突破传统、高水平服务"、"在有限资金内做好地方文献数字化起步工作为全省公共图书馆提供经验"的原则，由省图书馆组织实施的"省情文献书目索引信息系统"及全文数据库工程目前已完成系统建设并初步投入运行。

该项目是省图书馆在有关专家的全力帮助下，与易宝北信、蓝溪计算机公司密切合作，利用国内具有先进水平的中文全文检索TRS软件系统和开发图书搜索引擎，共同研讨、开发出的适用于省图书馆地方文献数字化建设系统。该系统建设为西北地区公共图书馆首例，不仅结束了省图书馆在地方文献建设方面的落后历史，使其迈入地方文献数字化建设先进行列，更为全省图书馆探索数字化建设提供了有益的借鉴。

陕西省文化厅机构设置 省文化厅设办公室、人事处、艺术处、文化市场处、文化经济处、文化市场稽查处、社会文化处、对外文化处、机关党委、纪检（组）监察室。

甘肃省

2000年，甘肃省文化厅在省委、省政府的正确领导下，在文化部的有力指导下，紧紧抓住西部大开发的良好机遇，认真学习江泽民同志"三个代表"的重要思想，坚持"二为"方向和"双百"方针，积极努力，认真工作，使全省各项文化事业都有了新的进步。

一、积极宣传西部大开发，参与西部大开发

为贯彻省委、省政府和文化部关于实施西部大开发的总体思路，结合甘肃文化工作的实际情况，提出了《实施西部大开发战略加快甘肃文化建设的意见》。

为了支持、宣传、服务西部大开发，年内重点组织实施了宣传西部大开发系列文化活动：

1、7月中、下旬举办了以西部大开发为主题的甘肃省第二届群星艺术节，参加人员来自群众文化单位、机关、部队、学校、厂矿、乡村、企业等社会各界及老年人组织，共5000余人。涉及的艺术门类包括声乐、戏曲、话剧、小品、曲艺、舞蹈、美术、摄影等。共演出各类节目11场，观众1.2万人次。

2、配合敦煌百年·甘肃黄河风情旅游节、兰洽会等大型活动，在6、7、8月份演出了一批西部地域特色、民族特色鲜明的剧目。主要有舞剧《丝路花雨》、《大梦敦煌》，乐舞《敦煌古乐》、《敦煌组舞》，杂技晚会《敦煌梦幻》，儿童剧《九色鹿》，交响音乐晚会《夏之韵》，藏戏《扎西德杰》等。

3、8月份举办了"西部大开发主题书画笔会"，沈鹏等一批国内著名的书画家参加了笔会。

4、国庆节前夕，举办了以西部大开发为主题的文艺晚会——《金色的十月》。

5、开展了西部大开发主题读书活动。并在此基础上开展全省"优秀读书家庭"评选活动。

6、结合"敦煌百年"纪念活动，举办了三个大型展览。7至8月份在北京中国历史博物馆举办了敦煌艺术大展；7至8月份在省博物馆举办了藏经洞发现百年特别展；7月份在敦煌莫高窟陈列馆举办藏经洞文物陈列展。

7、组织专业和业余文艺工作者演出若干台以反映西部大开发为主要题材的小剧目。

8、9月份举办了一场由本省音乐家和邀请省外的音乐家联袂演出的西部大开发主题音乐会——黄河之恋音乐会。

9、举办西部大开发创作歌曲评奖活动和获奖作品演唱会。共组织创作宣传西部大开发的歌曲97首，其中33首作品获奖。

这几项活动的开展，为本省的大开发营造了良好的社会文化氛围，得到了社会各界的充分肯定和好评。

二、艺术创作和演出取得了较好的成绩

一是对已有剧（节）目进行修改复排。敦煌艺术剧院复排了该院代表性的经典舞剧《丝路花雨》，复排了大型乐舞《敦煌古乐》，使其在艺术品位方面有新的提高，应邀于2001年初赴日本进行商演；在舞美和音乐方面进行了加工提高，在兰州演出多场；对新创大型舞剧《悠悠雪羽河》进行了修改，参加了第六届艺术节演出，并获得优秀剧目奖。省歌剧团、省话剧团分别对歌剧《红雪》和话剧《邓小平在江西》作了进一步修排，并在省内和省外进行了多场演出，赢得了较高的评价。

二是有一批新创剧（节）目上演。兰州歌舞剧院创排的舞剧《大梦敦煌》在兰州及国内巡演几十场，受到了广泛的欢迎，并在艺术界引起了轰动，获得了国家级舞蹈荷花奖银奖。省秦剧团的秦剧《飞将军李广》参加了首届中国秦腔艺术节演出，获得了优秀剧目奖等7项大奖。省陇剧团创作的陇剧《魂断敦煌》已经投排。省杂技团新创节目《敦煌梦幻》、《蹬花环》获全国杂技比赛银狮奖、铜狮奖和舞美设计奖。

三是举办了一批有影响的大型演出活动。过去的一年里，由省文化厅直接组织策划的大型演出活动，呈现出异常活跃的态势。送文化下乡演出普遍开展，坚持不懈；节庆日慰问党政军部门、老干部、老专家的公益演出节目，质量有了明显提高。省民族歌舞团、敦煌艺术剧院的作品以其浓郁的地域特色、民族风情和高超的表演、创编技能，连续二年获选参加中央电视台春节晚会的表演。为了积极主动地配合省委、省政府西部大开发战略的实施，通过重大的文艺演出活动，营造良好的文化舆论氛围，激励人心，促进发展，本厅先后围绕“西部大开发”和敦煌“藏经洞”发现百年纪念等社会活动，主持策划了一系列演出活动。其中包括：大型精品创作剧目的系列演出、西部大开发交响音乐演出、敦煌“藏经洞”发现百周年暨敦煌学国际研讨会实景演出以及“优秀剧（节）目演出周”活动。配合黄河风情旅游节及甘肃省第九届运动会，创编演出了大型文艺表演节目。还先后为“兰洽会”、38国驻华使节、江总书记、钱其琛副总理组织了精美的专场文艺演出，获得广泛好评。此外还精心创排了“五一”、“七一”、“十一”、“元旦”等节日的大型主体晚会。这些晚会程度不同地体现了主题鲜明、精品荟萃、特色鲜明、异彩纷呈的特点，有的还在电视播放，受到各界观众的较高评价。

三、群众文化工作成绩显著

群众文化工作在继续全力建设小康文化，实施“333211”工程的同时，积极开展社区文化、老年文化、少儿文化、校园文化、企业文化、军营文化的建设，工作成绩显著。

一是小康文化建设继续前进。2000年，继续下大力气狠抓了创建文化先进县活动，其中平凉市、华亭县、肃南县创建力度较大，投入多，效果好，文化建设的各方面都有了明显的发展，县、乡、村三级文化网络基本形成，经过本厅组织专业人员实地考察，已通过省文化先进县评审委员会初步审查。

消除文化建设空白乡、镇，是2000年的一项重点工作。为实现乡乡有文化站的目标，年初文化厅与有关地区签订了消除文化站建设空白点目标责任书，并且在安排小康文化建设专项经费时，对空白点较多的甘南、临夏、陇南三地、州进行重点扶持，继续采取适合建站的鼓励建站，不适合建站的帮助解决流动文化车等方法，努力消除文化站空白点。全年共消除文化站建设空白点44个，消除率达47.8％。

丝绸之路文化长廊2000年重点是进行达标建设，对一些标准不高的文化站充实提高，共扩建维修了16个文化站，使其达到了二类以上标准。至此，丝绸之路文化长廊沿线二类以上标准文化站已达102个，占总数的85.7%。同时，对其他已建文化站中标准较低的，也进行了达标建设。全年共建成一、二、三类标准文化站54个。

落实乡镇文化站机构和编制是2000年基层文化队伍建设的重点。为此，一方面正面督促和宣传，一方面采取对不落实机构、编制政策的县不予申报省级文化先进县，不安排小康文化建设资金等措施，督促这项工作。经过努力又有4个县落实了文化站的机构和编制。目前，全省累计已有69个县、市、区落实了文化站机构和编制。

二是开展创建“文化先进社区”活动。2000年，在兰州市的城关区、七里河区、安宁区、西固区进行了两次详细的调研，同时对省内其他地、市进行了书面的调查，基本掌握了城市社区文化的基本现状和存在的突出问题。在调查研究的基础上，制定下发了创建文化先进社区的标准，并安排部署了开展创建“文化先进社区”的活动。各地的创建活动已经展开，已有4个社区申报“文化先进社区”。

三是组织参加了一些全国性的群文活动，并

取得了优异成绩。有12个节目参加了第十届全国“群星奖”评选，共获1个金奖、4个银奖、3个铜奖、3个优秀奖，省文化厅获组织工作奖。这是本省参加全国“群星奖”评奖活动以来获奖最多的一次；参加了第五届“大河上下”摄影艺术展，选送了近300幅作品，获1个金奖、2个银奖、3个铜奖；黄河少儿艺术团参加了第23届马尔马拉国际民间艺术节；组织少儿节目进京参加了全国庆祝“六·一”儿童节晚会；组织参加少儿文艺“蒲公英奖”评选活动，报送了4个少儿舞蹈和3个少儿京剧节目，荣获“蒲公英”金奖2个、铜奖1个，成绩居西部省、市、区前列。

四、文化娱乐市场的管理得到进一步加强

1.加强全省文化娱乐市场的规范化管理，针对全省文化娱乐市场经营和管理中暴露出的问题，重点从五个方面强化了规范化管理工作。一是规范审核程序。严格依照有关法规的规定和授权，会同省公安厅、省工商局重新制定了开办娱乐场所的审核条件和标准，并印发全省各级文化机关执行。统一和规范了对娱乐场所的审核条件和审核程序。克服了以情代法、随意放宽标准的倾向，从市场准入的源头上规范了管理。二是规范行政行为。以法规为依据，明确职责范围，明确执法的权限范围和程序。在具体的行政行为中，严格按程序办事，按法规处理。基本做到了处理有据，程序得当，手续齐全。特别是针对以往注重实体执法，忽视程序执法的倾向，重点对执法程序做出了规范性要求，进一步明确了执法过程的步骤、环节。特别是对处罚的简易程序和一般程序都做出了明确的要求和规范的操作方法。而且，要求执法人员必须至少两人上岗，持证检查。对执法文书也提出了规范性要求。使执法程序得到了规范。由于严格依据法律、法规行政，2000年未发生行政复议和诉讼的案件。三是建立健全监督约束机制。修定和完善了各项管理制度，公开了办事程序，增加了工作的透明度，建立了定期向省委、省人大、省政府、省政协有关部门报告工作的制度。还在省直单位推行了执法责任制，并制定和落实了量化考核标准，强化了对执法的监督检查。四是坚持开展培训工作。为了使培训工作规范化，切实提高管理者和经营者的素质，印发了培训大纲，指导编写了培训教材，使培训工作的质量得到了保证。经检查，截止2000年底，经营者经培训持证上岗的达到了98%，管理人员参训率达到95%以上。

2.组织实施了对娱乐市场的专项治理，使经营秩序明显好转。一是结合“扫黄打非”部署并组织实施了元旦、春节期间对文化娱乐市场的专项治理；二是参加了由省公安厅牵头，由文化、工商、广电、监察等五部门联合组织的娱乐服务场所专项行动。先后组织全省文化管理单位进行了几次集中行动，重点对群众关注、社会反映较大的营业性“三厅”封闭式包厢、色情和变相色情服务、校园周边环境，以及娱乐场所的无证经营、超时营业、噪声扰民等问题进行了全面的清理整顿。通过专项治理，使这些突出问题得到了有效遏制。三是根据国务院和省政府的部署，由本厅牵头，公安、工商等七部门参加，对电子游戏场所进行了专项治理。全省共出动执法检查人员8735人次、车辆1505台次，检查电子游戏经营场所和电脑网吧1706家，责令停业48家，取缔无证照经营450家，收缴销毁赌博型游戏机2270台，收缴并销毁电路板2721块，收缴、查扣电脑主机489台，罚款近16万元；立案查处32件，处罚120人。全省电子游戏经营场所的总量由1367家压减至274家。专项治理后，全省已有一个地区和39个县市区在辖区内全部关闭了电子游戏经营场所。达到了国家规定的大力压减总量，规范经营的工作目标。在全国电子游戏专项治理办公室组织的综合考评中，甘肃居全国第8位。

3.完成了对《甘肃省文化娱乐市场管理条例》的修订和相关配套政策的出台。1999年，国务院颁布实施了《娱乐场所管理条例》，本省人大常委会1997年颁布实施的《甘肃省文化娱乐市场管理条例》与之有不一致之处，按照“下位法”必须服从“上位法”的原则，省厅向省政府写出了专题报告，建议将《条例》的修订列入2000年的立法计划，得到了批准。同时，省厅先后派人深入天水、武威等七地市开展了调研，广泛征求了各方的意见，草拟了《条例》的修正案送审稿及相关的材料。多次修改后，经省政府常务会讨论并报省常委会第九届人大十七次会议审议通过，修定为《甘肃省娱乐场所管理条例》，于7月25日颁布实施。

五、电影、外事、图书馆工作进展顺利

电影发行放映工作在改革中前进，农村电影工作取得了明显的成效。一是努力恢复和发展农村电影发行放映活动。召开了全省农村电影工作会议，部署了今后三年的农村电影工作。向部分县级电影公司配发了两级16毫米电影放映设备，改善了基层的设备状况。争取到省财政每年拨出20万元，作为农村电影补助经费，调动了基层的工作积极性。为了掌握农村电影工作的现状，进行了普查，已有6个地市提前实现了农村电影“2131”的目标。二是积极探索城市电影发行放映的改革办法。根据全国电影工作会议的精神，结合本省的实际，提出了以建立35毫米影片交易中心，形成统一开放的电影市场秩序为目标，分步骤、分阶段实行改革的具体意见，探索城市电影的改革之路。同时，还探索通过电影的汇映活动带动城市电影市场，如兰州市组织的“纪念抗美援朝50年电影展映周”，收到了良好的效果。

外事工作继续加强归口管理，积极拓展对外文化交流与合作，工作成绩显著。一是进一步加强对外和对港澳台的文化交流工作归口管理。在议事制度、办事程度上严格执行文化部、省外办、公安厅和文化厅的有关规定，认真审核、把关对外文化交流项目，全年共批准、实施了对外、对港澳台文化交流项目53起、494人次。已完成的项目操作规范，实施顺利，得到了有关方面的好评。二是成功地联系和组织了一批对外交流项目。为了配合纪念“敦煌藏经洞发现百年”活动邀请了17个国家和地区的45位敦煌学专家前来参加国际学术研讨会；协调安排台湾8家新闻机构的11位记者采访了纪念活动，审核办理了26位台湾学者参加“海峡两岸敦煌文化学术讨论会”的有关手续。根据主管省长的指示，组织部分地、州、市主管文化工作的领导赴欧洲进行了文化考察。组织本省4个少数民族的9位演职人员赴台参加了“第一届中华少数民族博览会”，受到了国务院台办、文化部外联局和省台办的通报表彰。组织甘肃黄河少儿艺术团一行26人参加了在土耳其伊斯坦布尔市的23届马尔马拉国际民间艺术节的演出活动。三是积极拓展对外文化交流渠道。与法中文化交流中心签订了《中国甘肃省文化厅与法中文化交流中心开展文化交流合作协议书》。促成了与德国盖柏有限公司总裁吴少春代理本厅对德文化交流经纪工作，打开了本省对德交流渠道。参与了北京民间对外文化机构“吴氏策划”创意的“丝绸之路·古道寻踪”中国西部大型对外宣传系列活动的前期准备工作。

图书馆工作继续以扩大宣传、搞好服务、方便读者、加强自动化建设为重点，全面实施“知识工程”。一是继续实施“知识工程”。组织召开了全省“知识工程”领导小组第四次会议和全省“知识工程”试点经验交流会，总结交流了12个试点地县和单位试点工作的经验，对今后一个时期的“知识工程”的几项工作进行了安排部署。协调“知识工程”领导小组成员单位开展“送书下乡”活动，向肃南县图书馆和武都县图书馆捐赠新版农业科技图书和少儿读物2400多册。在全省范围内组织开展“优秀读书家庭”的评选活动，评选出全省“典型示范读书家庭”88户、“优秀读书家庭”500户。完成了对全省乡镇图书馆（室）调查工作，评选出甘肃省图书馆、兰州市图书馆、白银市图书馆、武威市图书馆、天水北道区图书馆为“读者喜爱的图书馆”。二是图书馆自动化建设取得新的进展。举办了“全省地、县图书馆自动化系统业务培训班”，有60多名业务骨干接受了培训。兰州、白银、嘉峪关、高台、玉门、敦煌、定西、靖远、庆阳、甘南等地图书馆出台了自动化建设规划。各地的图书馆都在积极尝试，配备了电脑、多媒体等设备，力争建成自动化的图书馆。

重要会议、重大事件和重要活动、重要文化场馆建设、机构设置

全省文化处局长会议　2000年3月13日至14日，全省文化处局长会议在兰州召开。来自14个地、州、市文化处、局和厅属单位、厅机关处、室的50余名代表参加了会议。会议以邓小平理论为指导，深入学习、全面贯彻党的十五大精神，传达学习了朱镕基总理关于文化艺术工作的讲话和李岚清副总理在听取文化部党组汇报工作时的谈话要点，传达学习了全国文化厅局长会议精神。结合西部大开发的历史机遇，讨论了会议主题报告，修改了《甘肃省文化事业“十五”计划》和《甘肃省文化厅2000年工作要点》。

甘肃黄河少儿艺术团赴土耳其演出　受文化

部委派，甘肃黄河少儿艺术团一行26人，应土耳其马尔马拉民间舞蹈团的邀请，于5月17日至22日赴土耳其伊斯坦布尔参加了第23届国际马尔马拉民间舞蹈艺术节。演出了舞蹈《小卓玛》、《牛角鼓与铜铃铛》等少儿舞蹈节目。小演员的精彩表演深受土耳其人民和其他参加国观众的喜爱和高度称赞，获得了巨大成功。

宣传西部大开发系列文化活动 甘肃省文化厅于6月至 12月，以文化艺术的形式，采取专业和业余相结合的办法，举办了宣传西部大开发系列文化活动：主要有以西部大开发为主题的甘肃省第二届“群星”艺术节，配合敦煌百年、甘肃黄河风情旅游节、兰洽会等活动的特色剧节目展演，“西部大开发主题书画笔会”、以西部大开发为主题的文艺晚会——《金色十月》、黄河之恋音乐会、西部大开发主题读书活动、结合“敦煌百年”举办了三个大型展览、西部大开发创作歌曲演唱会和评奖活动等九项。这一系列活动，为本省的大开发营造了良好的社会文化氛围。

甘肃省图书馆与国家图书馆签署合作协议 为贯彻落实文化部《关于实施西部大开发战略，加强西部文化建设的意见》，开展对口文化支援工作，甘肃省图书馆与国家图书馆本着“资源共享，优势互补，互惠互利，共同发展”的原则，达成了馆际间合作协议。6月9日，在北京举行了协议签署仪式。根据协议，两馆将在文献资源共享、文献与信息服务、数字图书馆与网络建设、人员培训等四个方面进行合作。这项协议的签署，开创了各省图书馆与国家图书馆进行馆际合作的先例。

敦煌藏经洞发现暨敦煌学百年纪念活动 2000年为敦煌藏经洞发现和敦煌学诞生100周年。为了进一步加大对世界人类优秀文化遗产——敦煌莫高窟的研究和保护，推动敦煌学的学科发展，也为了配合西部大开发战略的实施，扩大甘肃在海内外的影响，文化部、甘肃省人民政府和国家文物局主办了敦煌藏经洞发现暨敦煌学百年纪念活动。主要活动内容有六项：一是7月上旬在北京人民大会堂举办了“敦煌藏经洞发现暨敦煌学百年纪念大会”；二是7月上旬在中国历史博物馆举办了《敦煌艺术大展》；三是7月29日晚在莫高窟举办了“敦煌文物保护研究特殊贡献奖”颁奖大会；四是在甘肃省博物馆举办了“敦煌藏经洞发现百年特别展”；五是7月下旬在莫高窟举办了“藏经洞文物陈列馆陈列展”；六是7月29日至8月3日在敦煌市举办了“敦煌藏经洞发现暨敦煌学百年国际学术研讨会”。

文化部孙家正部长来甘肃考察 7月24日至30日，文化部部长孙家正、国家文物局局长张文彬一行在甘肃省人大副主任陈绮玲、副省长李重庵的陪同下，考察、调研、检查本省文化工作。先后视察了省图书馆、省博物馆、武威百塔寺遗址复原保护工程、张掖市碱滩乡文化中心、张掖市文化馆、酒泉市银达乡文化中心等，观看了银达村农民业余剧团演出，参加了敦煌藏经洞发现100周年纪念活动。孙部长在甘肃考察时指出，党委、政府部门要像解决物质温饱一样重视解决人民群众在文化生活方面的新的需求。基层文化工作要作到深入、扎实、经常、持久，就必须要有基本阵地、基本队伍、基本的活动内容和基本的活动方式。

出台《实施西部大开发战略，加快甘肃文化事业发展的意见》 7月底，为贯彻省委、省政府关于实施西部大开发战略的总体思路，结合全省文化工作实际，甘肃省文化厅出台了《实施西部大开发战略，加快甘肃文化事业发展的意见》，就在实施西部大开发战略中，如何推进全省文化建设提出了12条措施。

39个县、市、区关闭电子游戏经营场所 2000年7月全国电子游戏经营场所专项治理统一行动前，全省有21个县市关闭了所有的电子游戏经营场所。在专项治理中，全省各地全力做好电子游戏经营场所的清理整顿和重新审核登记工作，下决心关闭不符合条件的电子游戏经营场所，截止12月底，全省的86个县、市、区中，已有39个关闭了电子游戏经营场所，较好地完成了国办发[2000]44号文件关于大力压减电子游戏经营场所总量的要求，有效地遏制了违法违规经营活动的滋长和蔓延。

第二届甘肃省“群星”艺术节 7月18日至29日，旨在检阅近年来甘肃省社会文化艺术成果，交流社会文化艺术工作经验，展示全省社会文化艺术人才聪明才智和艺术才能的第二届甘肃省“群星”艺术节在兰州举行，由甘肃省文化厅主办。

郑州博物馆

基本陈列《古代石刻艺术陈列》场景

郑州博物馆外景

讲解员为驻郑解放军学员讲解专题展览

基本陈列《古都风采　郑韩故城》一隅

地　址：河南省郑州市嵩山南路168号
电　话：0371-7447301
邮　编：450006

首都老艺术家协会
old Artist's Association In The Capital

北京首艺歌舞团总团团长：刘　建

北京首艺歌舞团是国家批准成立的大型专业艺术表演团体，建团以来，歌舞团形成了具有“强烈的时代精神、亮丽的青春旋律、鲜明的民族特点”的艺术风格。歌舞团荟萃了一批批具有深厚艺术造诣、演技娴熟的歌唱家、舞蹈家、演奏家和词曲作家、编导及形象设计师。歌舞团面向市场，发扬传统、开拓创新自成立以来，先后访问了德国(慕尼黑、斯图加特、曼海姆)法国、比利时、荷兰、卢森堡等国家，带去了诚挚的友谊和深情的问候，在海内外引起了极大的反响。同时北京首艺歌舞团作为国家专业的艺术表演团体，又迎来了与中央电视台文艺频道联姻协作、优势互补、共同发展的新机遇，使北京首艺歌舞团成为新世纪灿烂夺目的“艺术之花”。

北京首艺歌舞团艺术培训中心是北京首艺歌舞团为了满足中国文化市场的需要而建立的。发现新人、培养新人和推出新人是她的办学宗旨，她不但为北京首艺歌舞团提供了坚强的后备力量，而且也为了向国家各艺术团体输送一流的艺术表演人才奠定了坚实的基础。

地　址：北京市西城区南安里34号
电　话：010—66061234　66061270
传　真：(010) 66081229
邮　编：100031

安徽省京剧团
地址：安徽省合肥市环城南路46号
电话：(0551)2630072
邮编：230001

hkat
香港艺术团
Hong Kong Art Troupe
慈善非牟利团体
音乐、舞蹈、戏剧、美术
公开招收团员
艺术导师交流及培训
表演团互访
欢迎与各地团体学院合办艺术交流活动
Tsuen Wan, Sheng shui, Tsing Yi, Sai Kung
Yuen Long, Shau Kei Wan, Tuen Mun, Sha Tin
Tel: (00852) 31424452 Fax: (00852) 31424459

温州市歌舞团

大型音乐舞蹈诗《瓯越情韵》生活在瓯越大地的人民，他们就像只腾云驾雾的白鹿，不知疲倦地奔波在天南地北，他们就如那簇绚丽多姿的茶花，迎风沐雨在开放在海角天崖。

2000年歌唱家卢桂芳杭州、温州《丹桂情韵》独唱音乐会

舞蹈《喊山的山哈娘》，以质朴和且有民族风格的生活语言，通过夸张变形的舞姿和造型，凸显出畲家妇女劳动时洋溢、欢悦的独特心态和情态。

大型音乐舞蹈诗《瓯越情韵》片段“山之歌”黎明，在山的呐喊中醒来：太阳，带着地平线断裂的声音，开始了新的分娩。畲民们用自己耕耘的汗水、辛勤的劳作，在大地的五线谱一谱写着生活的七彩乐章。

地 址：浙江省温州市鹿成文化中心
电 话：0577-88339181
邮 编：325000

沈阳故宫博物院

故宫全景

大政殿

地 址：沈阳市沈阳路171号
电 话：024-24844192
邮 编：110011

山东临朐文化局

图为文化局局长、局党委书记刘成杰。

图为文化局领导班子（左起工会主任张树法、副局长赵聚兴、局长刘成杰、副局长李建民、党委副书记兼纪委书记李云泉）。

临朐县图书馆。

临朐县编排的小品剧《借媳妇》

地　址：山东省临朐县民主路98号
电　话：0536-3212443
邮　编：262600

重庆喜剧艺术团

《身在福中》剧照

《陈老板奇遇》剧照

《麻辣烫》剧照

《身在福中》剧照

地　址：重庆市中山一路181号5楼
电　话：023-63508078
邮　编：400013

北京市丰台区青少年儿童图书馆

北京市丰台区青少年儿童图书馆是新建的现代化公共文化设施，是纯公益型的社会文化事业单位。单位位于繁华的丰台镇，于1998年8月20日开始兴建，2000年5月竣工，“六一”举行了开业典礼，于8月中旬正式向社会开放。馆舍面积2180平米,地下二层、地上四层。馆内有低幼儿童活动室、采编部、外借借阅处、期刊阅览处、视听室、多媒体室、主控室、多功能厅。本馆将用一流的服务水平为广大青少年儿童提供多种形式的服务。本馆环境优雅，图书种类繁多，拥有现代化的设施，是青少年儿童愉悦身心、提高文化修养的理想去处。

北京市石景山区
少年儿童图书馆

北京市石景山区少年儿童图书馆全貌

北京市石景山区少年儿童图书馆建于1984年，位于古城南路，是区级公共图书馆。建筑面积3236平方米，有工作人员17人，现有藏书17万册，报刊500多种。设有外借处、集体外借处、低幼家庭借阅室、中学生自学室、小学生自学室、计算机学习室、视听室、教育资料室、报告厅及文学、艺术、科普、英语、报刊、低幼、多媒体阅览室，共16个服务窗口。有阅览座位500多个，可同时接待600多人，每周开放46小时。1999年被文化部评定为一级图书馆。

四川省阆中市文化局

国家历史文化名城阆中——古城保护区

古巴渝舞遗风——巴相鼓

地址：四川省阆中市东街7号
电话：(0817)6223420
邮编：637400

民间皮影艺术家王文坤赴奥地利演出剧照

全国重点文物保护单位——汉桓侯祠(张飞庙)

古巴渝舞遗风——巴相鼓

大型团体文艺表演《名城颂》场景

乐山市市中区文体局

地址：四川省乐山市中区嘉定中路111号
电话：(0833)2130427
邮编：614000

图片说明

1、农村基层文化活动广泛普及
2、曾参加过海南"三亚国际椰子节"和"中国民间艺术节"等活动的"舞龙队"
3、城区社区文化活动蓬勃开展
4、乐山市市中区文化体育局办公大楼
5、曾在"四川农村风情画展"中获奖的四川省诗书画艺协会会员—童家镇农民书画家毛福同新创作的作品《满是富贵》

昭通市文体局

①《乌蒙欢歌》颂铁军

② 文化下乡暖山村 春贴送给庄户人

③ 笙歌唱朱提

④ 舞蹈《我的黑颈鹤》

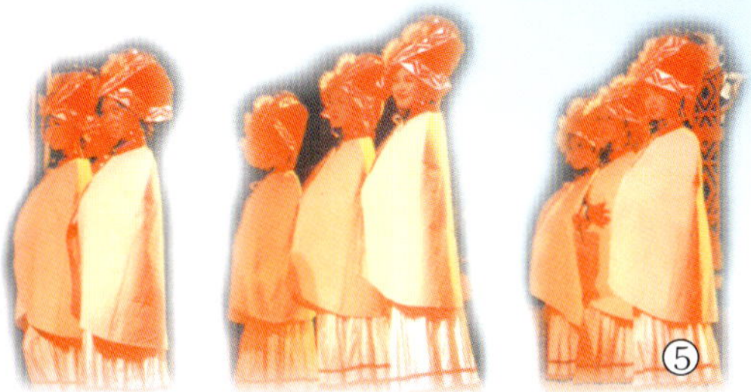

⑤ 大型舞蹈史诗《乌蒙之路》

地 址：云南省昭通市青年路中断
电 话：0870—2123187
邮 编：657000

无锡歌舞团

大型歌舞《江南好》

舞蹈诗《太湖鱼米乡》

民族舞剧《阿炳》

地 址：江苏省无锡市清扬路23号文艺大楼
电 话： 0510-5036237
邮 编：214021

四川省合江县文化体育广播电视局

地址：四川省合江县合江镇广东街35号文体广大楼
电话：(0830)5222194
邮编：646200

合江县城全景

佛宝古镇

国家森林公园－佛宝

汉代画像石棺

香港芭蕾舞团

《木兰》

《魔偶情缘》

《白蛇》

《胡桃夹子》

地址：香港跑马地蓝塘道六十号地下　电话：(852)2573-7398　传真：(852)2572-8035　网址：http://www.hkballet.com　电邮：marketing@hkballet.com

四川省仪陇县文化体育局

朱德同志故居纪念馆正门

朱德同志旧居全貌

为爱国主义教育基地朱德铜像纪念园被命名

地　址：四川省仪陇县金城镇文化路
电　话：0817-7222728
邮　编：637600

广东音乐曲艺团

1 广东音乐曲艺团团长：薛子亮（右二）、书记：卢盛霞（右一）、副团长：黄润根（左二）、副团长：张远明（左一）参加在广东省顺德市均安镇举行的中国曲协工作会议与中国文联原副主席、中国曲协主席合影。

2 广东音乐曲艺团演出基地彩虹曲苑旅游剧场。

3 广东音乐曲艺团在广州市南方剧院举行庆祝建党八十周年大型综合晚会《曲新艺巧献神州》。

4 广东音乐曲艺团在广州市星海音乐厅演奏广东音乐。

地　址：广东省广州市西华路120号
电　话：020-81381189
邮　编：510170

福州闽剧院

图 片 说 明

1，闽剧《兰花赋》荣获2001年第七届中国戏剧节“曹禺优秀剧目奖”

2，闽剧《拜石记》1993年第三届中国戏剧节荣获优秀演出奖

3，闽剧《丹青魂》荣获第三届全国“文化新剧目奖”，获第六届曹禺文学奖

4，闽剧《御前侍医》1993年第三届中国戏剧节获优秀演出奖

5，闽剧《天鹅宴》荣获首届“文化新剧目奖”

地　址：福州市鼓楼区道湖路52号
电　话：(0591)7613024
传　真：(0591)7556340
邮　编：350001

珠海市文化局

地址：珠海市海滨北路15号
电话：(0756)2224901
邮编：519000

首都老艺术家协会

old Artist's Association In The Capital

1991年5月27日，一批五、六十年代活跃在艺术舞台的老艺术家们在老舍茶馆欢聚一堂，宣告自己的组织——首都老艺术家协会正式成立。

首都老艺术家协会是经国家批准成立的具有独立法人资格的社会团体，会员来自全国各条文化战线。他们具备精湛的艺术造诣，丰富的表演经验，一丝不苟的敬业精神和全心全意为人民服务的崇高信念。协会自成立以来一直以弘扬中华民族优秀的文化传统为己任，始终把邓小平建设有中国特色的社会主义理论和江泽民“三个代表”的重要思想作为协会的指导方针，为建设两个文明，贯彻江总书记“文化要为改革和发展提供精神动力”的指示，为繁荣我国社会主义文艺舞台，挖掘、培养文艺新人兢兢业业地工作着。

首都老艺术家协会秘书长：刘　建

为纪念世界电影诞生100周年，中国电影诞生90周年，协会于1995年底主办了全国中外电影歌曲大赛，引起了社会各界的广泛关注。尤其是协会自1994年起主办的每年一届的全国“推新人”大赛，在艺术界掀起了一股推新人热潮。2000年协会又主办了首届全国电视“希望之星”大赛，在全国又形成了一个文化新视点。中央电视台将历届的比赛盛况在黄金时间已面向全国播出。同时首都老艺术家协会又独家投资拍摄了14集电视连续剧《推新人的故事》，本剧所有演员都是从历届推新人大赛、希望之星大赛中走出来的优秀选手，本剧所有主要演员启用的都是新人，这在我国电视剧制作史上还是第一次，在我国电视剧制作业中引起了巨大轰动。

几度春风，几番秋雨，首都老艺术家协会正健康地成长着。

地　址：北京市西城区南安里34号　　电　话：010—66050640　66071471
传　真：（010）66081229　　邮　编：100031

浙江绍剧团

《大禹治水》剧照

《葫芦案》剧照

《孙悟空三打白骨精》剧照

《咫尺灵山》剧照

地 址：浙江省绍兴市延安东路491号
电 话：0575-8643824　　8656462
邮 编：312000

武汉市京剧团

《射雕英雄传》剧照

《艳阳楼》剧照

《岳飞夫人》剧照

地址：湖北省武汉市
江岸区合作路35号
电话：027-82835017
传真：027-82835017
邮编：430014

泸县文体局

泸县创作的川南音乐小品《抢『财神』》剧照

群众文化活动

地址：四川省泸县福集镇
文化体育广播电视局
电话：0830—8192546
邮编：646106

泸县雨坛彩龙

新县城花园干道

全国重点文物保护单位—龙脑桥

北京市东城区文化馆

北京市东城区文化馆新馆大楼于1990年7月25日正式竣工开业。该馆是一座较现代化的多功能的大型群众文化活动场所，大楼面积7600平方米，是东城区文化艺术活动中心。1990年东城区文化馆被文化部授予全国先进文化馆：1998年被命名为全国标准文化馆。楼内有多功能剧场、展览厅、阅览室、报告厅、音乐、舞蹈排练厅、书画室、摄影室、棋牌室等活动厅室以及高雅舒适、设备豪华的歌厅、舞厅、台球厅等娱乐设施。文化馆常年对社会开放，各厂、社会团体可在本馆组织会议、办班、展览展示、厂庆、院庆、联谊活动以及各种文化娱乐活动。

文化馆的艺术培训学校，每年为社会办班近百个，班种30余个，每年培训学员4000余人。其中男子健身、女子健美、书画、声乐、器乐等10余个班种，更是受到各界群众的好评。

真诚的期待着各界朋友的光临。

北京市西城区文化馆

北京市西城区文化馆座落于繁华的西单商业区，拥有6950平方米建筑面积。馆内布局合理，设施先进。设有宽敞、舒适的交谊舞厅和卡拉OK歌厅，气派典雅的多功能厅，古色古香、京味四溢的犁园茶座(中老年活动中心)，还有各类教室、舞蹈排练厅、摄影室及画廊、展厅等。

目前，西地区文化馆共设有十个部门：办公室、财务部、物业管理部、艺术部、艺术培训党校、歌舞厅、多功能剧场、台球厅、音响工程部、事业拓展部；三个专业协会：西城区书法家协会、西城区创意美术协会、西城区长城摄影协会。

河北省承德市文化局

拟建的文化大厦(承德市)、位于最繁华的“二仙居”黄金地段

连续五届避暑山庄文化艺术节为承德的两个文明建设发挥着积极的作用

地址：河北省承德市文化局

电话：(0314)2022980

传真：(0314)2022980

邮编：067000

文化活动在双拥模范城建设中起到了积极的推动作用

廣西桂林市文化局

2001年5月18日，由桂林市人民政府、中国历史博物馆主办，桂林市文化局、桂林博物馆承办的“靖江藩王遗粹——桂林出土明代梅瓶展”在北京展出

桂剧《漓江燕》剧照

大型儿童音乐剧《太阳童谣》剧照

地址：广西桂林滨江路64号

电话：(0773)2822756

邮编：541001

桂林市七星区小太阳中英文幼儿园演出的舞剧《山妹》

甑皮岩遗址进行再次考古发掘

参加艺术节的演展项目有广场舞蹈、成人舞台舞蹈，戏剧、曲艺、小品，少儿舞台舞蹈，成人卡拉ok、少儿卡拉ok，美术、摄影作品展览等一系列比赛活动。共有全省12个地、州、市代表团和70多个单位代表队的5000多人参加艺术节的各项比赛。本届艺术节演展的节目和作品中，大部分是紧贴时代，反映现实生活题材，内容丰富多彩，具有浓郁的生活气息和现实意义。艺术节还涌现了一批优秀作品和新人，达到了出人出作品的目的。为全省群众文化事业的发展起到了积极的推动作用。

甘肃省文化厅机构设置 文化厅设办公室、人事处、计财处、艺术处、文化市场电影处、群众文化处、图书馆处、外事处、纪检监察室、机关党委等10个处室。

省文化厅所属文化单位

甘肃省文物局

敦煌研究院

甘肃省图书馆

甘肃省博物馆

甘肃画院

甘肃省群众艺术馆

甘肃敦煌艺术剧院

甘肃省话剧团

甘肃省歌剧团

甘肃省京剧团

甘肃省秦剧团

甘肃省陇剧团

甘肃省杂技团

甘肃省曲艺团

甘肃省文化艺术研究所

甘肃省艺术学校

甘肃省电影学校

甘肃省文化市场稽查队

甘肃省文物考古研究所

甘肃省文物保护维修研究所

甘肃省文物商店

麦积山石窟艺术研究所

甘肃省演出公司

甘肃省电影公司

甘肃省永靖炳灵寺文物保护研究所

甘肃省庆阳北石窟寺文物保护研究所

甘肃省秦安大地湾文物保护研究所

青 海 省

综述

一、确立了新的发展思路

青海省文化厅党组于2000年初在《1995年至2010年发展振兴青海文化艺术事业基本框架》的基础上，研究制定出《在实施西部大开发战略中加快发展青海文化事业的基本构想》，规划出今后十五年青海文化事业发展的宏伟蓝图，制定了逐步把青海建成特色文化大省的战略目标。《构想》先后得到省人大、省政协专委会讨论认可，最后经省委常委会讨论通过。

二、基础设施建设成果丰硕

总投资近1亿元、总建筑面积2万余平米的青海省博物馆新馆建设工程经过18个月的紧张施工，于2000年10月23日提前竣工；青海剧场改造工程完成前期工作；柳湾彩陶博物馆完成了工程立项并已开始地下文物发掘工作；都兰吐谷浑博物馆工程完成了总体规划；青海省图书馆信息网络工程资金到位，进入实施阶段；完成第一轮为全省30个牧业县各配备一辆高原流动文化服务车的目标。

三、艺术生产喜获丰收

截止2000年11月底，全省14个专业艺术表演团体累计演出887场，观众逾135万人次，演出收入77万元。全省艺术生产捷报频传，在全国各类剧节目比赛、评奖中有12个剧(节)目共获17个奖项。其中，藏戏现代戏《金色的黎明》获第九届文华新剧目奖；大型民族交响乐《智美更登》获第六届中国艺术节优秀剧目奖；舞蹈《踏雪》获第十届“孔雀杯”少数民族舞蹈比赛表演三等奖和优秀编导奖；《魔术——山花怒放》获第五届金狮奖全国杂技比赛铜奖；舞蹈《跳吧，草原》、《快乐的尕撒拉》、《憧憬》分别获得首届全国“蒲公英奖”表演与辅导、创作1银2铜；杂技童话剧《小龙的梦》获第八届中国人口文化奖优秀奖；本省老干部表演的传统小戏《飞虎山·牧羊》获第五届“和平杯”中国京剧“双十佳票友”称号，省文化厅获优秀组织奖；舞蹈《阿姐鼓》、《吉祥》、《卓舞》获中国第十届“群星奖”1银2铜。互助县东沟乡和大通县被文化部命名为“中国民间艺术之乡”。省平弦实验剧团、省藏剧团被文化部授予全国文化工作先进集体称号，省考古研究所所长许新国等4人被授予全国文化系统先进工作者称号。

四、社会文化活动呈现新势头

命名全省第三批31个“特色文化乡”、150个“小康文化村”，使全省命名的“特色文化乡”总数达到68个、“小康文化村”达到240个；组织开展了全省首次州、县、乡三级文化网络”调研，为实施三级文化网络建设提供了科学的依据 元旦、春节及农历“六月六”两个高潮期的群众文化活动更加丰富活跃，健康有序。2000年全省社会文化活动更加突出了民族民间特色，节庆文化彼伏此起，如黄南同仁热贡艺术节、兴海、同德的民间艺术节、门源油菜花艺术节、贵德的梨花艺术节、海南畜洽会广场演出等，活动中融入了文化与农业、文化与畜牧业、文化与旅游业结合的新内容，使社会文化活动在方式、规模、档次等方面呈现出新的发展势头。

五、文化市场宏观管理力度加大

文化市场管理以转变职能为中轴，以法制建设为重点，以集中治理为手段，宏观管理的力度不断加大。2000年将第二批也是最后一批共计57家文化市场经营单位的管理权限下放到所属西宁市四区；《青海省文化市场管理条例》经进一步修改后正式上报省政府法制办立项，以期通过省人大立法上升为地方性法规。《青海省营业性演出管理办法》、《青海省文化市场稽查办法》、《青海省文物市场管理办法》、《青海省文物考古勘探管理办法》经充实完善再次上报省政府法制办，争取上升为政府规章。举办了文化市场管理人员、稽查人员、各类文化经营场所经营者、从业人员等五期培训班；根据文化部部署，开展了五次大规模的集中治理行动，其中电子游戏经营场所专项治理活动为期三个月，取得阶段性成果。

六、文博事业前景喜人

青海省博物馆新馆《青海史前文明展》、《青海藏传佛教艺术精品展》、《青海民族文物展》等陈列方案的内容设计和形式设计全面完成，进入实施阶段。完成了全省第五批国家级重点文物保护单位的申报工作和14处大遗址保护范围、50多处文物保护、考古发掘项目的上报工作；配合基本建设积极开展了抢救性考古调查、勘探、发掘工作。在与中国社会科学院考古研究所共同发掘民和喇家遗址时，首次发掘出一处4000年前的灾难遗迹，还发现了迄今为止世界上最大的“石磬”。

七、各项改革进展顺利

省文化厅机关机构改革工作按照省委、省政府的总体部署和要求，历时两个多月顺利完成，分流人员各得其所，情绪稳定。省直剧团改革通过进一步调研，完善了以往出台的一系列改革措施，正式制定《青海省直艺术表演团体深化改革方案》报省政府待批。艺术培训面向市场，走产业化道路，实施规模经营，改革分配体制，自我积累、自我发展的能力大大增强。

八、干部队伍建设措施有力

圆满完成厅处两级“三讲”教育“回头看”活动。召开了省直文化系统第二届思想政治工作会议，制定了今后一个时期思想政治工作的重点内容和主要任务。召开了省文化厅培养选拔优秀年轻干部工作会议，制定出台了《青海省文化厅培养选拔优秀年轻干部工作规划》。完成了厅级后备干部推荐、考察和上报工作。与省委党校、省委宣传部联合举办了两期文化干部培训班。举办了处级干部“艺术表演团体改革培训班”和“文化事业单位改革培训班”。对厅系统财务人员进行了不同层次的培训。干部队伍的整体素质进一步提高。

九、对外和对港澳台文化交流日益活跃

组织召开了“海峡两岸昆仑文化考察与学术研讨会”，接待了近50名台湾学者和近40名国外学者来青考察，展示了青海丰富的民族民间文化。与广东侨鑫集团公司合作完成了大型歌舞《梦回唐古拉》赴广州的演出，开创了与省外文企联姻、文商结合之先河。组织青海少数民族民间艺术展演团赴台湾进行了为期二个月的海峡两岸民间艺术、民俗文化交流活动，在台湾反响强烈。青海省“民族民间艺术团”赴上海进行了为期三个月的商演，取得社会效益和经济效益双丰收。与广东省博物馆签订了文物调拨、联合展览合作协议。省考古所与日本奈良丝绸之路博览会合作完成了国际交流财团第二年度“南丝绸之路”文化考察活动。省民族歌舞剧团赴日商演获得圆满成功。

此外，2000年还完成了全国“西部文化工作座谈会”的承办工作;《中国民族民间舞蹈集成·青海卷》、《中国戏曲音乐集成·青海卷》通过终审;《青海省志·文化艺术志》、《青海省志·文物志》完成终校，并出版。

重要会议、重要活动、重要场馆建设、机构设置

全省文化局长会议 2000年1月14日至15日在西宁召开。省文化厅党组书记、厅长陈秉智作了题为《世纪之交：对青海文化工作的思考与展望》的工作报告。白玛副省长到会讲话。与会代表集中、深入地讨论了在西部大开发中如何以大举措、大动作、大手笔开发青海文化资源、建设特色文化大省两个议题，进一步提高认识，为在西部大开发中建设具有特色的青海文化初步奠定了思想基础。

海峡两岸昆仑文化考察与学术研讨会 2000年8月8日至14日在高原古城西宁召开。由青海省文化厅、台湾传统艺术中心主办，中国傩戏文研究会、中国艺术研究院宗教戏剧中心协办。其间，来自大陆、台湾和日、韩、德、美等国的中外学者一百多人考察了存在于青海地区的藏戏、曲艺、民歌、傩祭、宗教舞蹈等民族民间传统文化，就昆仑文化的产生、流传、影响进行了探讨，共同研究了中华民族文化的历史渊源。两岸学者一致认为，我们在创造现代文明的同时，抢救、挖掘、收集、整理民族传统文化，把中华民族宝贵的文化遗产继承下来，是华夏儿女的共同责任，更是中华民族对人类文明做出的新贡献。

西部文化工作座谈会 由文化部主办、青海省文化厅承办，2000年8月22日至26日在西宁召开。会议的主题和任务是：以邓小平理论和江泽民同志“三个代表”重要思想为指导，贯彻落实党中央关于实施西部大开发战略的重大决策，认真研究加快西部地区文化发展的战略目标和基本思路，明确今后的工作任务和努力方向，促进西部的文化建设。文化部及国家有关部委和西部六个省、区的领导同志，以及全国各省区的文化厅局长、专家、学者共120余人出席会议。座谈会由文化部副部长李源潮主持。文化部部长孙家正就西部大开发中的文化建设作了重要讲话，指出要牢牢抓住西部大开发的历史机遇，遵循中国文化的前进方向，坚持科学态度，发扬务实精神，积极进取，推动西部文化，乃至中华文化的伟大复兴。文化部副部长艾青春代表部党组作了题为《实施西部大开发战略，大力推进西部文化建设》的报告。

青海省博物馆落成 2000年10月23日，青海省博物馆新馆落成，结束了青海无省级博物馆馆舍的历史，标志着青海文物展览、研究、开发、利用进入一个崭新阶段。此项工程是青海“九五”基础设施建设重点工程，总投资近1亿元人民币，总建筑面积20800平米，其中文物库房4000平米，各类展厅11个，自1999年4月21日动工兴建，历时一年半。日本友人小岛镣次郎先生为新馆建设捐资7亿日元。

省直文化系统第二届思想政治工作会议 2000年10月26日至28日召开。会议听取了厅党组书记、厅长陈秉智所作的《为青海文化事业的更加繁荣和发展提供动力，排除阻力，形成合力》的报告，讨论、部署了结合文化工作实际进一步开展思想政治工作的思路，即必须坚持不懈地抓好三个环节——抓灌输以提供精神动力，抓转变以排除思想阻力，抓调节以形成思想合力。同时，还必须注意加强领导，加强自身队伍建设，运用超前性、针对性、层次性和生动性等工作方法，使思想政治工作取得实效。

培养选拔优秀年轻干部工作会议 2000年10月28日至29日召开。会议通过了《省文化厅培养选拔优秀年轻干部工作规划》，确定了今后五年培养选拔优秀年轻干部的目标要求及主要措施。会议指出，在合理使用其他年龄段的优秀干部时，要大胆选拔任用优秀年轻干部，注重年轻干部的文化层次，重视选拔优秀年轻女干部、少数民族干部和非中共党员干部；必须不拘一格选人才，建立健全有利于选拔任用优秀年轻干部的用人机制，加大公选力度；一定要按照中央、省委的要求，加强领导，精心组织，狠抓落实。

机构设置 2000年5月7日，青海省人民政府办公厅印发《省文化厅职能配置内设机构和人员编制规定的通知》。根据通知，省文化厅在当年厅机关机构改革中，将内设机构调整为6个处(室)，即办公室、人事处、艺术处、社会文化处、市场法规处、财务产业处。另外，青海省文物事业管理处(事业处)和省纪委驻省文化厅纪检组均设在省厅。

宁夏回族自治区

宁夏回族自治区现有各类文化事业机构386个，其中艺术事业机构32个（艺术表演15个，影剧院17座）；公共图书馆20座，总藏书量339.4万册；群众文化事业机构299个（群艺馆4个，文化馆22个，文化站273个）；电影放映单位656个（其中农村电影放映单位503个）；村级文化室3000多个。基本形成了县有文化馆、图书馆，乡镇有文化站，村有文化室的多级文化网络。全区文化系统现有各类专业技术职称人员1063人。初步形成了一支专业化程度较高的文化工作队伍。

2000年，全区的文化工作高举邓小平理论伟大旗帜，紧密团结在以江泽民同志为核心的党中央周围，深入贯彻党的十五届三中、四中、五中全会精神和自治区党委八届三次会议精神，坚持“二为”方向和“双百”方针，弘扬主旋律，打好主动仗，以迎接西部大开发为契机，抓改革、抓创演、抓阵地、抓交流、抓保护，努力为“西部大开发，宁夏要争先”营造良好的文化环境。

一、加强理论学习，促进观念转变，以思想大解放迎接西部大开发

认真组织学习党中央、国务院关于实施西部大开发战略决策和自治区党委八届三次全体会议精神，在文化系统深入开展了“西部大开发、文化怎么办”的大讨论，进行思想大发动。召开了厅直系统西部大开发专题研讨会，以西部大开发统一了干部群众的思想和行动。在此基础上研究制定出了自治区文化事业“十五”及2015年发展规划，并主动向文化部汇报文化发展思路和项目，积极开展与上海、福建的文化合作交流，在争取重点文化项目立项、文化交流合作、人才培训、文化基础建设资金等方面初见成效。认真学习贯彻江泽民总书记“三个代表”重要思想和十五届四中、五中全会精神，在全系统组织学习会、讨论会，听专题报告，增强了各级干部群众做好文化工作的责任感和使命感。同时培养树立典型，召开了全系统向宁夏话剧团学习动员大会，号召全区文化系统向话剧团学习，做先进文化代表的实践者。自治区宣传部发出了号召全区思想文化战线向话剧团学习的通知。

二、繁荣文艺创作，为西部大开发创作精品，努力建设发展宁夏特色的文化

精品制作获得优秀成果。《大棚情缘》获中宣部“五个一工程”奖和第九届文华奖新剧目奖。大型歌舞《塞上花儿情》参加第六届中国艺术节的演出获优秀表演奖。宁夏话剧团、京剧团儿童课本剧，参加了全国儿童剧展演获文化部、中国文联特别奖。银川市杂技团节目参加第五届全国杂技比赛获银狮奖。自治区秦剧团与银川市秦剧团参加首届中国秦腔艺术节，分获18项和19项奖，取得了丰硕成果。

文化交流成绩突出。紧紧围绕“西部大开发，宁夏要争先”这一主题，充分发挥宁夏自身的文化优势，挖掘民族文化资源，扩大了对外文化交流的规模和范围，树立了宁夏改革开放的良好形象。宣传部、文化厅联合举办了“宁夏宣传文化月”活动。引进上海芭蕾舞团、“小白桦”舞蹈团等十几个知名文艺团体来宁演出，丰富了群众文化生活。宁夏民族歌舞节目，随自治区党政代表团访问福建、上海交流演出受到各界群众热烈欢迎。圆满地完成了接待中央领导来宁考察、驻华使节访问及国际国内大型会议的演出任务。积极配合西部大开发各种大型文化和经贸洽谈活动进行文艺展演。表现黄河、回族和西夏历史的歌舞节目，参加了在宁夏举办的“中国国际摩托车旅游节”、“中国大漠黄河国际旅游节”、“宁夏宣传文化系列活动”、“中国清真食品展销会”以及北京举办的“宁夏宣传文化周”等活动，通过广泛的文化交流活动，拓展了宣传宁夏的领域，扩大了宁夏在国内外的影响。

三、全面加强群众文化特别是农村文化工作，促进了精神文明建设

成功地举办了“第二届西部民歌（花儿）歌手邀请赛”，组织召开了“第二届宁夏国际岩画研讨会暨2000年国际岩画委员会年会”和“西部图书馆事业发展战略研讨暨东西部合作论坛”会议；举办了2000年少儿美术、书法、摄影展；参加文化部首届“蒲公英”奖比赛，获表演、创作金奖。全区完成广场文艺演出559场，演出节目7800个，参加演出人员5.36万人，表彰了14个先进文化广场，有力地推进了社区文化、村镇文化、企业文化、校园文化、家庭文化的发展。

广泛深入地开展了“三下乡”活动，增强了“文化下乡”的社会效益和辐射功能。邀请中央慰问团到本区慰问演出，组织宁夏心连心艺术团到全区基层慰问演出，鼓舞了干部群众投身西部大开发的热情。组织区直三团和地市县专业剧团常年送戏下乡3000余场，极大地丰富活跃了群众文化生活。加强了城乡文化基础建设和公共图书馆的建设。争取中央支援不发达发展资金，用好自治区财政划拨资金，新建了21个宣传文化中心，维修了12个文化馆、图书馆。目前，全区新建宣传文化中心已达85个，占总数1/3，改善了基层文化工作条件。

全面启动了农村电影市场，地市县全面实现了“2131”目标。

四、加强管理，促进了文化市场健康有序的发展

持续开展了打击录音制品和电子游戏经营场所专项治理活动。收缴非法音像制品10万余盘，各种盗版书刊42475册，依法查处游戏机经营业主286家，取缔非法经营网点256个，收缴赌博机116台，电脑65台和大批电路板，公开销毁，有效地净化了文化市场。

五、以科学规范为原则，为文物开发保护利用奠定持续发展的基础

加强文物保护基础工作，申报了全国第五批和自治区第三批重点文物保护单位，并建立起三级管护网络，落实管护责任。重点加强了西夏陵、拜寺口双塔、水洞沟、一0八塔、贺兰山岩画、须弥山石窟、同心清真寺及平罗玉皇阁、吴忠董府、横城古长城等重点文物保护单位的文物保护设施建设、景区建设和法制建设，争取到国家保护西夏陵拨专款1000万元，组织清理西夏王陵3号陵园重要遗存。促进了文化旅游事业的发展。

六、顺利完成了厅机关机构改革任务和厅直属单位“三讲”教育任务。使文化工作整体步入了稳定、有序、高效运行的轨道。

重要会议

1.全区文化工作先进表彰大会暨全区文化局长会议

3月24日至25日，宁夏回族自治区文化工作先进表彰大会暨文化局长会议在银川举行。自治区领导任启兴、王正伟、冯炯华、金晓昀及有关单位的负责人出席会议。会上，自治区文化厅党组书记、厅长刘长宗总结了1999年工作，并对2000年工作做了安排部署。自治区政府副主席冯炯华对全区文化工作提出了要求。会上，对宁夏文艺集成志书编纂工作集体、进京参加国庆50周年演出、展览活动的有关单位，自治区文化先进县和银川市图书馆等单位进行了表彰，授予杨站宁等24名同志“全区文化系统先进工作者”荣誉称号。

2.全区农村电影工作会议

2000年5月，宁夏回族自治区召开了全区农村电影放映实现“2131”目标先进表彰暨2000年工作会议。国家广电总局领导赵实、杨步庭，自治区有关领导出席了会议。赵实副总局长做了讲话，自治区文化厅党组书记、厅长王邦秀作了《把握机遇，真抓实干，全面推进我区农村电影工作再上新台阶》工作报告。自治区人民政府表彰了全区农村电影实现“2131”目标的先进单位；自治区党委宣传部和文化厅表彰奖励了“第二届宁夏农民电影节”的先进集体和先进个人，自治区文化厅对全区农村电影放映实施“2131”目标“达标单位”的市、县（区）人民政府进行了表彰。会上，自治区政府向各县、市、区赠送放映设备和影片。

3.首届中国西部地区图书馆事业发展战略研讨暨东西合作论坛会议

由中国图书馆学会及西部各省、市、区图书馆学会联合主办，9月24日至29日在银川召开。会议主题：贯彻落实党中央西部大开发战略，促进图书馆发展战略研究，宣传宁夏，推动西部图书馆和本区图书馆事业发展。会上收到论文500余篇，评出一、二、三等奖82篇，优秀奖163篇，参会代表130余人，均来自全国各地公共、社科高校图书馆。

4.第二届宁夏国际岩画研讨会暨2000年国际岩画委员会年会

经国家文化部批准和国际岩画委员会同意，由宁夏回族自治区人民政府主办、宁夏文化厅、宁夏对外文化交流中心承办，宁夏外事办协办，9月2日至7日在宁夏银川国际饭店召开。会议就世界各地岩画，特别是中国宁夏贺兰山岩画的研究，进行了学术交流、探讨，讨论中国和世界各地对岩画的研究、记录和保护、利用等方面所采取的理论、方法和措施。会议取得了积极成果，对促进世界岩画和中国岩画及宁夏贺兰山岩画的研究、保护工作起到了推动作用。会上，除安排有关学术交流、研讨外还安排会议代表参加相关的文化艺术、科技、经贸洽谈活动。会上收到中外岩画专家提交的论文及论文提纲50余篇，来自13个国家（包括中国）的110余名中外岩画专家参加会议。自治区党委副书记任启兴，自治区党委常委、宣传部长王正伟，自治区人民政府副主席冯炯华等参加了会议，并分别做了重要讲话。

5.全区文化系统开展向宁夏话剧团学习动员会

2000年9月，宁夏回族自治区文化厅召开全区文化系统开展向宁夏话剧团学习动员大会。宁夏文化厅党组成员、副厅长薛亚平宣布了厅党组关于向宁夏话剧团学习的决定；厅党组书记、厅长王邦秀提出了4点要求；自治区党委常委、宣传部部长王正伟做了重要讲话。

宁夏话剧团十几年来，行程60余万公里，演遍了全区乡镇、各大中学校和80%的小学，演到了北京、上海等十几个省、市，成为全区宣传文化战线的一个先进典型，是深受群众普遍欢迎的一个剧团。自治区文化厅号召全系统要学习宣传宁夏话剧团的先进事迹。

重大事件

1.国务院总理朱镕基视察西夏王陵

1999年11月国务院总理朱镕基在自治区各级领导的陪同下视察了西夏王陵，就西夏王陵的保护、研究和开发利用作出重要指示，针对文物保护中资金短缺的现状，特批复解决维修专项资金1000万元。该项目正在按照国家文物局批准的西夏陵保护总体方案分阶段实施。

2.国家文物局专家组考察西夏王陵3号陵

7月18日－24日，国家文物局文物考古专家组一行12人来宁，实地考察西夏王陵，现场研讨和审定《3号陵园保护工程设计方案》、《3号陵园遗址清理发掘计划》。在宁期间，区、市领导就落实朱镕基总理视察西夏陵时的指示和宁夏文物古迹的抢救保护弘扬利用问题，与文物局专家组成员广泛交换了意见。

3.中日原州联合考古队圆满完成原定考古发掘及研究工作任务，取得重大收获

经国家文物局批准，由中日两国文物考古学术单位组成的原州联合考古队，于1995－1996年在宁夏固原发掘北朝至隋唐墓葬两座，出土了大量珍贵文物，经过数年的整理和合作研究，出版了《北周田弘墓》、《唐史道洛墓》考古发掘报告，本年度双方合作圆满结束。

4.自治区人大常委会委员对全区文化市场进行专题调研

为了深入了解本区贯彻实施国务院《娱乐场所管理条例》和《宁夏回族自治区文化市场管理条例》的情况，了解文化娱乐场所特别是人们关注和议论较多的歌舞娱乐场所的经营、管理状况，由自治区人大常委会组成的调查组于2000年3月3日至6日与区人大科教文卫委、区文化厅有关领导共同在银川市、石嘴山市、吴忠市进行专题调研活动，通过召开座谈会和实地考察，与从业人员直接交谈等多种形式，从不同角度了解和掌握了本区文化市场的情况。

5.自治区八届人大常委会第十二次会议审议了文化厅关于文化市场管理情况的汇报

2000年3月27日，自治区文化厅副厅长刘长宗受自治区人民政府的委托，向自治区人大常委会汇报了本区文化市场管理工作情况。自治区八届人大常委会第十二次会议在听取汇报后，分三组进行了审议。会议认为，文化市场主管部门在依法管理和繁荣发展本区文化市场方面做了大量工作，全区文化市场总体上是健康、积极向上的，管理工作还是较严格的，同时委员们对今后加强文化管理工作也提出建议和意见。

6.现代眉户剧《大棚情缘》获中宣部“五个一工程”奖和第九届文华奖新剧目奖

现代眉户剧《大棚情缘》是自治区成立40周年的一台献礼剧目。在首场演出中，该剧以新颖的舞美设计，富有地方特色的故事情节获得了广泛好评，被认为是近年来宁夏戏剧舞台上一出不可多得的好戏。其后，1999年在庆祝新中国成立50周年晋京献礼演出活动中，受到北京观众的广泛赞誉。在1999年中宣部“五个一工程”评奖中，《大棚情缘》脱颖而出一举获奖。同时，在文化部

第六届文华奖评奖过程中，该剧又喜获文华奖的新剧目奖。

7.大型歌舞《塞上花儿情》参加第六届中国艺术节获优秀表演奖

《塞上花儿情》是在《塞上春潮》的基础上进行修改、加工、创新的一台大型歌舞晚会。接到文化部关于组织参加第六届中国艺术节的通知后，文化厅党组立即着手准备，于2000年7月份将《塞上春潮》的节目编排、舞美、灯光设计进行再度创作，形成了一台具有浓郁民族特色的大型歌舞晚会《塞上花儿情》。2000年9月30日至10月1日，这台晚会在第六届中国艺术节常州分会场演出两场，文化部、江苏省的有关领导亲赴现场观看了演出，并对这台晚会予以了高度评价。经第六届中国艺术节组委会评选，大型歌舞晚会《塞上花儿情》获六艺节优秀表演奖。

8.宁夏话剧团、京剧团儿童课本剧参加全国儿童剧展演获文化部、中国文联特别奖

为参加在湖南长沙举行的2000年全国儿童剧优秀剧目展览演出，宁夏话剧团、京剧团大篷车课本剧演出队于6月1日至7月5日历时35天，横跨7省区（宁、甘、陕、豫、鄂、湘、赣），行程14000余里，演出20余场，观众达3万人次，胜利完成了参赛演出任务，所到之处受到当地政府及广大师生的热烈欢迎。演出队获得了参赛演出的最高奖项——特别奖，同时还有三名演员获得了表演奖。

9.银川市杂技团节目参加全国第五届杂技比赛获银狮奖

由国家文化部主办、大连市人民政府承办的“金狮奖”第五届全国杂技比赛2000年10月17日至10月22日在辽宁省大连市举行，这是全国杂技的最高赛事。来自全国26个省、市、自治区及各大军区的专业杂技团共39个代表队的69个节目分5台节目进行激烈角逐。本区银川市杂技团选送的节目为《生日礼赞——软功技巧》。此次参赛的演员大的17岁，小的只有9岁。演员们勇于拼搏，最终夺得银奖“银狮奖”和一个单项——教师奖，这是本区杂技节目在全国大赛中获得的最高奖。

10.区秦剧团、银川市秦剧团参加首届中国秦腔艺术节，分获18项和19项奖，成果丰硕

2000年11月3日至15日，首届中国秦腔艺术节在西安隆重举行。此次艺术节由中国戏剧家协会、陕西省文化厅、陕西省戏剧家协会联合举办，有来自西北五省（区）及新疆建设兵团在内的22个专业秦腔剧团20台本戏、7台33个折子戏、4台清唱共31台约100个剧（节）目参加了演出评奖。本区、市秦剧团参演剧目有本戏《穆桂英大破洪州》、《狸猫换太子》、折子戏《敬德打朝》、《汉宫惊魂》及6个清腔唱段。评比中，区、市代表队分获优秀剧目奖等18项和19项奖。

11.少儿舞蹈《沙窝窝雨》获全国首届“蒲公英”创作、表演金奖

该节目由本区宁夏大学艺术系教师冯雅莉、沈西兰编导，宁夏电视台小燕子艺术团演出。8月6日至11日参加文化部在贵州省贵阳市举行的首届“蒲公英奖”，该节目以其新颖独特的构思手法和深遂的意境获创作和表演两项金奖。

12.宁夏农村电影放映在全国率先全面实现“2131”目标

世纪末，宁夏回族自治区大多数乡镇已做到“村村挂银幕，人人看电影”，全区农村共放映电影6万多场，平均每个行政村放映电影24场（含科教纪录短片），宁夏提前 在本世纪末全面实现了农村电影放映“2131”工作目标。

近年来，宁夏回族自治区党委和政府出台了一系列扶持农村电影放映的政策，自治区文化厅制定了切实可行的措施，积极开拓农村市场，创造性地持续策划组织了全区性大规模电影专项活动。各级文化部门狠抓落实，创造性地开展工作，对推动宁夏农村电影实现“2131”目标起到了重要作用。

13.自治区人民政府办公厅转发《关于调整我区娱乐业营业税税率，解决娱乐业场所监督检查所需经费意见的通知》

为贯彻国务院1999年颁布的《娱乐场所管理条例》关于“文化行政主管部门对娱乐场所实施监督检查，不得收取任何费用，所需经费可通过调整娱乐业营业税税率的方法予以解决”的精神。自治区人民政府2000年2月17日出台了《关于调整本区娱乐业营业税税率解决娱乐业场所监督检查所需经费的意见》，依法调整了本区娱乐业营业税税率，从政策上解决了本区各地、市、县文化

市场管理工作所需经费。

14.西夏王陵获国家建设部授予的全国风景名胜先进集体奖

近几年，西夏王陵管理处不断完善陵区的配套设施和景点建设，2000年全年接待了国内27个省区及欧、美、亚洲等17个国家和地区的游客17万余人，经济收入320万元，分别比上年增长68%和77%。

国家建设部的全国风景名胜大奖，8年评一次，宁夏西夏王陵获得了“全国风景名胜先进集体”奖，西夏陵管理处负责人也被国家建设部授予“全国风景名胜区先进个人”称号。

15.文化厅直属事业单位“三讲”教育工作结束

根据中央和自治区党委统一部署，文化厅直属处级事业单位“三讲”教育在自治区“三讲”办和文化厅“三讲”教育领导小组直接领导下，自7月20日开始至9月25日结束，为期65天。在“三讲”教育的过程中，坚持以整风精神开展“三讲”教育，严格按照“三讲”教育的步骤和程序，对文化厅直属16个处级事业单位领导班子及62名领导干部进行了“三讲”教育。通过“三讲”教育，使各单位领导班子及领导干部在思想上有明显提高，政治上有明显进步，作风上有明显转变，纪律上有明显增强。

16.文化厅机构改革顺利完成

根据自治区党委、政府关于区直党政机关机构改革精神，文化厅机构改革工作在厅党组领导下，于2000年5月下旬全面展开。此次机构改革，文化厅机关内设机构由原来的9个精简为7个，处级干部职数由原来的33名精简为19名，人员编制由原来的52名精简为31名，完成了定编、定岗、定员工作，2000年1月10日通过了自治区编办、人事厅验收。至此，文化厅机关机构改革顺利完成。

重要活动

1.第二届西部民歌（花儿）歌手邀请赛

8月4日至10日先后在宁夏沙湖、银川市举办。主办单位：文化部社图司和宁夏区党委宣传部、宁夏文化厅、宁夏农垦局及西部各省、区文化厅（局）和新疆建设兵团。有9个省、市、自治区组队70余名优秀歌手参赛。比赛期间有数万名游客观看邀请赛。评出一等奖9个、二等奖24个，三等奖29个，8月10日在宁夏人民会堂举行隆重的颁奖晚会，8月11日组织部分获奖歌手赴固原、泾原演出，获得巨大反响。该活动对促进西部地区民族艺术发展，宣传西部大开发、宣传宁夏产生积极作用。

2.首届大漠黄河国际旅游节

由宁夏回族自治区人民政府主办、宁夏旅游局、宁夏文化厅、银川市人民政府等部门承办，于7月12日至16日在银川举行。自治区文化厅承办旅游节开幕式和闭幕式文艺表演的组织策划工作。

3.“塞上农家情”全区美术书法摄影展览

由自治区党委宣传部、自治区文化厅、自治区农牧厅等部门主办，自治区群艺馆承办。展览收到全区各地选送作品200余件（幅），2001年元月10日至18日在宁夏展览馆展出。参展作品全部为农村题材，作者绝大多数为农民作者和业余作者，作品以浓郁的农村生活气息和强烈的时代感，受到观众的好评。

4.“闹春乐”首届全区社火大赛

2001年元月26日（正月初三）在银川光明广场举办。主办单位：自治区党委宣传部、自治区文化厅、自治区经贸委、自治区总工会、自治区老龄委、宁夏军区政治部、武警总队政治部等部门主办，自治区群艺馆承办。元月26日上午10:30分文化厅厅长王邦秀宣布大赛开幕，顿时锣鼓震天、狮龙起舞，来自全区各地14个社火表演队，2000余名演员在凛冽的寒风中以饱满的热情参加大赛表演，受到观众热烈欢迎。自治区党委常委、宣传部长王正伟，自治区人民政府副主席冯炯华兴致勃勃地观看表演并为获奖的表演单位颁了奖。14个代表队均获得最佳表演奖。

5.全区先进文化广场表彰活动

自1997年下半年开始，本区各地、市、县（区）学习沿海地区经验，积极组织开展广场文化活动，取得了积极的社会效果。仅1999年，全区完成广场文艺演出550余场，演职人员约1万余人。为了进一步推动本区广场文化活动的纵深发展，提高广场文化活动水平，2000年5月20日自治区党委宣传部，自治区文化厅在银川光明广场举行全区先进文化广场表彰颁奖晚会，对近两年开展广场文化活动成绩突出的14个单位进行了表彰，并颁发了奖牌和奖金。

6.中央慰问团来宁慰问演出

受中共中央宣传部、国家文化部的委托，由中国歌舞团组成的中央慰问团于2000年9月10日至9月18日来宁夏进行慰问演出。慰问团来宁之前，自治区党委宣传部、文化厅做了精心的准备工作。慰问团在宁期间分赴固原、同心、吴忠、石嘴山、银川作了9场演出，观众人数达20余万人。慰问团在各地的演出受到当地政府高度重视，并受到了观众们的热烈欢迎。慰问团演出后，分别受到了自治区党委、政府及中宣部、文化部的表彰。

7.“西部大开发，宁夏要争先”宣传、文化系列活动

为响应党中央实施开发西部的战略，落实自治区党委、政府提出的“西部大开发、宁夏要争先”的决策，自治区党委宣传部、文化厅在2000年9、10月间开展了“西部大开发，宁夏要争先”宣传、文化系列活动。为此，宁夏文化厅在对演出市场的管理中既加强管理，又做好服务，积极扶持引进优秀文艺节目，使整个系列活动内容丰富、形式多样，极大地满足了人民群众对精神文化的渴求。宣传、文化系列活动期间，共办理了十余台剧（节）目的审批手续，其中有中国歌舞团的大型歌舞、辽宁芭蕾舞团的《二泉映月》，中国武警文工团的《祝福大西北——张保和曲艺专场》等。为“西部大开发，宁夏要争先”开创了良好的社会环境和文化环境。

8.自治区人民政府组织参加2000年西部大开发文化经济展示周活动

西部大开发文化经济展示周活动是由文化部举办的一次旨在展示西部省区市的经济、文化的全国性活动。自治区人民政府在组织这次活动时，将文化演出任务交给了文化厅。文化厅7月份开始组织了一台反映宁夏民俗、民情的歌舞专场《回乡风情》，这台歌舞包括12个节目，有着浓郁宁夏地域特征。经过一个月的排练，于2000年8月18日起，《回乡风情》在北京进行了为期一周的演出。在展示活动中，《回乡风情》的表演引起了各界的关注，为宣传宁夏、促进宁夏经济的发展增添了一份力量。

重要场馆建设

1.西夏王陵3号陵区抢救清理和维修加固一期工程完成

根据国家文物局批准的西夏陵《3号陵园保护工程设计方案》和《3号陵园遗址清理发掘计划》，由宁夏文物局组织，敦煌研究院、宁夏文物考古研究所分别承担保护和发掘任务，并聘请中国社会科学院考古研究所专家为学术顾问。一期工程于2000年11月分别完成，并取得重大收获。

2.区秦腔剧团综合楼建成

1999年文化厅自筹资金60万元拨付区秦腔剧团，开发建设综合楼3200平方米。2000年10月建成使用。一、二层为商用房，三、四层为招待所，五、六层为业务用房和办公室。综合楼的建成使用极大地改善了该团的办团条件，促进秦腔艺术的发展，增强了剧团的活力。

3.陶乐县文化中心广场建成

陶乐县原有文化中心广场位于县城中心，面积约12000平方米，多年来一直是全县举行大型集会和文化活动的唯一场所。经20多年的使用，房屋陈旧，面积小，容量少，为丰富陶乐县城乡人民的文化生活，促进两个文明建设，2000年5月1日至2000年7月1日筹集资金150万，予以新建；新建舞台240平方米，观看台500平方米，广场绿化美化4000平方米，广场硬化3000平方米。大大改善了该县文化环境落后的局面。为满足城乡文化需求做出了贡献。

4.固原博物馆文物库竣工

固原博物馆位于宁夏回族自治区固原县境内，占地3.6万平方米，建筑面积1.2万平方米，始建于1983年，主体坐西朝东，为仿古建筑形式，一幢三层，设有展厅、陈列室和安全保卫。是全国重点博物馆之一。藏品11000多件，馆藏包括绘画、书法、碑刻、石刻等，从新石器时代至西周、春秋战国、汉、北魏、北周、隋唐、宋、金、元等时期的历史文物，具有重大历史价值。

多年来，没有文物库房，对文物的安全造成很大威协。1999年底投资562万元，2000年5月建成3000平方米文物库房。具有文物保管、文物修复等多种功能，大大改善了馆舍条件，增强了文物的安全度，促进了文物事业的发展。

2000年5月18日，国家文物局局长张文彬、自治区政府副主席冯炯华、文化厅党组书记、厅长王邦秀为固原博物馆文物库房落成剪彩。

5.维修平罗县玉皇阁

平罗县玉皇阁是自治区重点文物保护单位，多年来未进行修复、加固。2000年6月该县突降暴雨，致使玉皇阁墙体倒塌13米，基座严重下沉。事故发生后，区、市、县领导非常重视，自治区旅游局投资15万，文化厅拨款10万进行维修，对原墙面进行清洗，外围增加青砖护砌墙体，墙体基础进行加固，二层走道进行油毡防水处理，用青砖铺设。整个维修过程中严把质量关，用好专项资金，维修面积达1400多平方米。经过这次维修，使这一古建筑得到有效保护，而且更加宏伟，壮观。

6.银川市图书馆二期工程建设完成

银川市图书馆原面积为3700平方米，不能满足首府人民群众日常的文化需求。银川市政府批准1999年立项二期扩建工作。2000年4月25日开工兴建，12月中旬竣工。该工程为四层板架结构，建筑面积2320平方米，附设200平方米甲板书库、运书小电梯、木地板及铝合金隔断构造的多媒体阅览室附属设施。二期工程总投资260万元。扩建完成后，该馆增设了少儿阅览室、少儿借书处、少儿书库、少儿活动室、多媒体阅览室等场所。极大地缓解了原图书馆馆舍狭小，书库小，座位少，少儿没有独立活动场所等困难。也使银川市图书馆达到了国家规定的地市一级图书馆6000平方米的面积标准。

7.青铜峡市文化馆基建

青铜峡市文化馆从1992年起，根据城市规划要求和有关文件精神，进行了三次大规模翻建，翻建面积6860平方米，预计投资723万。经文化馆8年努力，截止2000年底三栋楼全部竣工投入使用。在6860平方米建设中，商贸面积1800平方米。公用设施5060平方米，主要有展厅、排练厅、音乐厅、阅览室、棋艺室、教室、办公室。极大地发挥了文化馆公益性功能的作用。有力地促进了该县精神文化建设。

机构设置

宁夏回族自治区文化厅设办公室、艺术处、社会文化处、文化市场管理处、文化产业处、人事处、机关党委和宁夏文物局。

新疆维吾尔自治区

文艺创作演出硕果累累

一年来，以繁荣文艺为中心，服从和服务全局为重点，开展形式多样的文艺演出活动，推出一批精品文艺节目。除了春节晚会《龙腾天山》外，在人民剧场举行了“迎新春歌舞晚会”和“世纪之春交响音乐会”。年初，新疆歌舞团、木卡姆艺术团、新疆杂技团联合组织文化艺术慰问演出队，随同自治区党委宣传部组织的“三下乡”慰问团前往喀什地区进行慰问演出活动。新疆歌舞团带着《我们新疆好地方》剧组，先后到江苏、山东、浙江、上海、广西、湖南、广东7省市进行商演，行程3万多公里，演出60多场。木卡姆艺术团由买买提明·扎克尔副主席带领，应邀参加了香港艺术节，受到香港各界人士和国际友人的高度赞扬。新疆歌剧团排练一台《最美的还是我们新疆》，于8月隆重推出，受到各界同仁的好评。新疆杂技团先后赴库尔勒、吐鲁番等地演出上百场，到马来西亚、泰国等地商业演出，完成全年演出任务527场，收入突破百万元。新疆话剧团《吴登云》剧组从上演到年底，演出123场。伊宁县文工团译演的维语话剧《吴登云》在南北疆少数民族群众中进行90多场公演，产生热烈反响。

在国内外艺术比赛中，佳绩频频传来。克孜勒苏柯尔克孜自治州歌舞团排演的大型歌舞乐《山父水母》，获文化部第九届文华奖“新剧目奖”；阿克苏地区歌舞团参演的大型歌舞《多浪之花》获第六届中国艺术节“优秀剧目奖”；新疆歌舞团的单人舞《戴面纱的姑娘》获第十届“孔雀奖”少数民族舞蹈表演一等奖、编导二等奖、音乐三等奖；喀什歌舞团的三人舞《爷爷的琴声》和巴州歌舞团的三人舞《胡尔登沙吾尔登》均获优秀编导奖、优秀表演奖；高空王子阿迪力·吾守尔横跨湖南衡山芙蓉至祝融峰，以52分22秒的优异成绩，再创新的吉尼斯纪录。

社文工作把重点放到基层

会同自治区计委、财政厅组成调查组，对全区县乡文化设施情况进行了实地调查摸底，基本掌握了基层文化设施的现状。同时，还组成4个检查组，行程2万多公里，深入全疆15个地州市、25个县（市区）、78个乡镇、132个村，进行边疆文化长廊和文化先进县的评比验收和复查工作，为制定自治区"十五"规划提供了翔实、准确的依据。

在全国首届"蒲公英"奖暨全国新苗奖中，本区报送的塔吉克族舞蹈《帕米尔小花蕾》获表演金奖、创作银奖；维吾尔族双人舞《追求》和哈萨克族集体舞《请你停一停》都获创作铜奖。本厅少儿办组织选送的17幅少儿美术作品，获第十一届日本神奈川国际儿童画展优秀奖；在文化部举办的"第五届中国国际合唱节"中，本厅协助组建的"新疆天山红盾合唱团"，一举获得银奖。自治区群艺馆在全区调选了23个节目，在全国"群星奖"比赛中，6个节目进入决赛，并赴南宁参加"国际民歌艺术节"；该馆文艺部创作的油画《西部的等待》获"中国十大企业美术精品展"铜奖；少儿部创作的舞蹈《好女孩》获全国"小荷风采"少儿舞蹈表演二等奖。新疆艺术研究所与新疆师范大学合作举办了《中国传统音乐学会、中国少数民族音乐协会2000年年会》和组织老艺术家赴英国演出等活动，都产生了极大的影响。

在社会文化方面，也是一个丰收年。库车是全国驰名的"歌舞之乡"，他们充分利用龟兹文化的发祥地优势，成功地举办了第十五届农牧民文艺汇演，有11个乡镇场，250名民间艺术人才登台献艺。克州文体局于7月在阿合奇县举办了"迎接新世纪文艺调演"，演出了43个节目，观众达万余人次。塔城地区、阿勒泰地区在8月份举办了独具一格的"反腐倡廉专题文艺调演"和第十届、第十三届阿肯弹唱会。昌吉州米泉市举办了社火、灯展、戏曲演唱会；呼图壁县开展了以"龙"为主题的秧歌、元宵节灯会等活动；州文化局还筹划了一台由著名声乐人才组成的民族歌舞团管弦乐队，举办中学生教材音乐会，受到广大师生的热烈欢迎。自治区图书馆举行了"迎接西部大开发、振兴新疆图书馆事业"的研讨会，全区县以上图书馆和科研院校图书馆百余名代表参加了研讨、交流。阿瓦提县强化"为农服务"意识，抓好农村电影放映工作，基本消除了该县农村电影放映空白点，年放映场次达到1410场。由文化部命名，本区阿克苏库车县、哈密巴里坤县奎苏乡、塔城达斡乡、阿克苏新和县塔什艾日克乡、克州阿合齐县色帕巴衣乡、塔城乌苏市甘河子镇，巴音沟乡等，为"中国民间艺术之乡"称号。此外，在自治区知识工程领导小组的统一部署下，开展了捐书助农建设的"千村书库"活动。动员区级机关各族干部职工和出版单位、新华书店捐赠图书18000册，发往30个贫困县，每个县建立5个村文化室书库。

文化市场管理工作得到了加强

根据文化部的安排，结合《2000年"扫黄打非"行动方案》，文化厅于6月至8月开展了全区音像市场法制宣传和打击盗版盗印、光盘走私的专项斗争，收缴和销毁了一批音像制品，打击了非法音像经营活动，取得了明显成效。对出版民族音像制品，实行审查发行资格制度，规范自治区民语音像制品发行销售行为。下半年会同公安、工商部门开展了电子游戏专项治理工作的大检查，全疆共检查电子游戏经营场所1190家，依法取缔违法经营场所148家，停业整顿207家，213家违规场所受到不同程度的行政处罚，压缩电子游戏经营场所40.9%，达到了中央提出的要求。通过一年来的努力，净化了音像制品、电子游戏经营场所，取得了阶段性的成果。

文博工作取得了新收获

在自治区党委、政府的关心支持下，文物局升格为二级局，标志着新疆文物保护事业迈出了新的起点。由国家文物局列入国家重点文物维修保护项目的克孜尔石窟和联合国教科文组织援助的库木吐拉石窟维修保护项目正式立项，并将于年内开工；国家文物局在乌鲁木齐召开全国西部文物工作会议，会议期间自治区主席阿不来提·阿不都热西提与国家文物局局长张文彬为新疆维吾尔自治区文物局升格为二级局主持了揭牌仪式。9月30日自治区主席阿不来提·阿不都热西提亲自主持新疆维吾尔自治区博物馆新馆奠基仪式。博物馆新馆工程已于年底开工，计划2002年竣工。

在文物保护维修工程中，完成了哈密回王陵中第四世回王陵寝建筑的维修加固工程；完成了吐鲁番苏公塔清真寺维修保护项目，同时，由联合国教科文组织援助的库木吐拉石窟维修保护项目启动。在文物"四有"工作方面，全疆95%以上的文物点办理了土地证，适于设立文物保护标志牌的文物点均设有标志。楼兰古城遗址、尼雅遗址两项保护管理办法，已报政府法制局审议。自治区博物馆赴韩国成功举办了《中国新疆丝绸之路文物及民族工艺品展》和《庆洲世界文化2000年博览会文物展览》。

新疆文物考古所开展文物考古调查和保护工作，并落实了国家重点考古调查发掘项目。在喀什地区疏附县乌帕尔乡细石器地点的调查中，发现多处细石器遗址，采集标本数百件；对伊宁墩麦里古墓群进行了抢救、清理；尼雅遗址部分木器、陶器等遗物的绘图、墓葬出土遗物的年代测定工作已完成。新疆龟兹石窟研究所完成了克孜尔千佛洞谷内区加固工作的前期三通一平工作，并配合有关单位，进行实地勘查、选点、定位、拍摄、监护等工作，并获得了第一手资料。在文物研究方面，龟兹研究所的同志，完成了12万字、300幅图片的《克孜尔石窟内容总录》；完成古代龟兹壁画和伯孜克里克的壁画复制400平方米。新疆博物馆专业人员在报刊、杂志上发表论文和文章50多篇；文物考古所在国家和自治区级刊物上发表调查发掘简报10余篇，科研论文20余篇。这些科研成果已受到国内外的广泛关注。

对外文化交流呈现活跃趋势

全年，文化厅审批、派出组团49个，前往18个国家和地区，有439人次出访；同时审批、接待来自13个国家和地区，共22个团组，268人次。演出管理中心经营涉外演出团体1 2个，接待国外演员322人次，演出227场，纯利润92万元。年初，自治区买买提明·扎克尔副主席亲自带队的木卡姆艺术团参加了香港艺术节。2月，新疆杂技团赴泰国、马来西亚进行演出。5月，瑞士多里安室内乐团首次来华访演。11月，被誉为“夜莺”的迪里拜尔在乌鲁木齐人民剧场进行了精彩的演出。通过市场运作的演出活动也很活跃，丰富了演出市场。

2000年“龙腾天山”春节文艺晚会

2000年1月23日，受自治区党委、自治区人民政府的委托，由自治区文化厅、新疆电视台联合举办了“新疆2000年‘龙腾天山’春节文艺晚会”。晚会在精选自治区的优秀剧节目的基础上邀请了香港著名演员温碧霞、梁雁羚及国内演员郭冬临、满江、戴娆、廖忠等参加演出。

文化艺术“三下乡”活动

为深入贯彻实施中宣部《关于进一步做好文化、科技、卫生“三下乡”工作的通知》精神，2000年1月26日－2月1日，由自治区文化厅党组组织选调了以新疆歌剧团、新疆木卡姆艺术团、杂技团组成的文化艺术慰问演出队一行35人，随同由自治区党委宣传部牵头组织的“三下乡”慰问团，赴喀什地区进行慰问活动，为自治区拉开了文化、科技、卫生“三下乡”活动的序幕。

1月13-25日，由吐鲁番地委宣传部牵头，地区文化、科技、卫生部门联合组成的“三下乡”慰问团，为农牧民群众送去了科技文化图书3000余册，科普咨询宣传单11000份，致富信息150份，在近两周的文艺演出中，观众达3万人次，地区新华书店销售图书700多册。

新疆电影发行放映会议

2000年2月23日，自治区电影发行放映公司召开了“2000年全疆电影发行放映会议”。自治区党委常委、宣传部部长吴敦夫出席会议并作了重要指示：1、要坚持一个统一的电影发行渠道；2、抓紧、抓好城市电影院的改造工作；3、切实重视和加强农村牧区电影工作;4 、认真抓好民语影片的译制和发行放映工作;5 、坚决打击走私盗版电影，维护电影版权。

全疆文化局长会议

2000年3月9－11日“2000年自治区文化局长会议”在乌鲁木齐召开。文化厅党组书记徐华田作了《全区文化事业“十五”规划思路》、《全区文化产业“十五”规划思路》的讲话；厅长祖农·库提鲁克作了《抓住实施西部大开发战略机遇谱写自治区文化建设事业新篇章》的工作报告。会议就全国文化厅（局）长会议上所确定的2000年文化工作总思路，结合本区的实际情况提出了：在新形势下加强思想政治工作；发展文化艺术和文博事业；制定文化发展“十五”规划，推进农牧区文化建设，提高行业管理水平；文化阵地建设、文化法制建设、文化运行机制建设、文艺队伍建设（即：“一个加强、两个发展、三个重点、四项建设”)的基本思路 。

新疆文化艺术与文化产业发展研讨会

2000年3月11－13日“新疆文化艺术与文化产业发展研讨会”召开。与会的文化艺术界领导、专家、学者进行了多角度的研讨发言。文化厅党组书记徐华田作了总结性讲话并提出：一要深刻认识有中国特色社会主义文化的战略地位和作用，进一步增强荣誉感、使命感、责任感、紧迫感；二要努力做好2000年的各项工作，为开创21世纪本区文化事业建设的新局面而夯实基础，把各项工作落到实处；三要加强党的领导，搞好自身建设，努力塑造一支合格的社会主义文艺工作者队伍。

新疆重点文物维修保护工程领导小组成立

为了加强自治区区内国家级、自治区级重点文物保护点的抢救维修工作，2000年3月31日，经自治区文化厅党组研究决定，成立了以自治区文化厅党组书记徐华田为组长的“自治区重点文物维修保护工程领导小组”。该小组的主要任务是贯彻落实国家和自治区关于文物抢救保护的政策方针和部署精神，负责全区范围内国家级、自治区级重点文物维修保护工程的协调组织和立项实施工作。

新疆图书馆馆长会议

2000年5月11日－13日，自治区图书馆组织召开了“全区县以上图书馆馆长会议”。来自全疆县以上公共图书馆和科研院校图书馆近百名代表以“迎接西部大开发、振兴全疆图书馆事业”为主题进行了认真热烈的讨论，并提出要为西部大开发提供良好知识基地。

新疆歌舞娱乐市场实行准播制度

2000年5月1日，自治区文化厅根据文化部关于打击“金华纳”、“新音乐干线”等系列盗版音像制品及全国第十二次“扫黄打非”电话会议精神的安排部署，确保正版音像制品的市场占有量，保护正版音像制品的合法权益，从5月1日起，在全疆实行准播制度。全疆各地歌舞娱乐场所使用音像制品的准播证编号分别为：自治区文化厅——0000；乌鲁木齐市——0100；克拉玛依市——0200；吐鲁番地区——0300；哈密地区——0400；和田地区——0500；阿克苏地区——0600；喀什地区——0700；克州——0800；巴州——0900；昌吉州——1000；博州——1100；伊犁州——1200；伊犁地区——1300；塔城地区——1400；阿勒泰地区——1500；石河子——1600。编号由文化厅统一制定，各地、州、（市）文化行政部门印制核发。自行进货的娱乐场所，必须购买好音像正版制品，并在当地文化部门加标识后，方能进入娱乐场所。

维吾尔语话剧《吴登云》公演

2000年5月11日，由伊犁地区伊宁县文工团排练演出的维吾尔语话剧《吴登云》，在新疆民族团结月中正式演出。在两个月演出28场后，于8月30日赴南疆进行巡回演出。该剧是伊宁县文工团多里昆·依斯马依，根据程万里编剧、新疆话剧团排演的话剧《吴登云》翻译、由新疆歌剧团莫合塔尔导演的。11月4日，《吴登云》剧组结束了在阿克苏、克州、喀什、巴州22个县市的演出，行程17000多公里，共演出95场次，观众达66200余人次。

《山父水母》获“文华新剧目奖”

2000年6月13日，由文化部设立的第九届全国“文华奖”评奖结果揭晓。自治区选送的柯尔克孜族大型民族歌舞《山父水母》获“文华新剧目奖”。

新疆杂技在全国第五届“金狮奖”西北预选赛中获奖

2000年5月30日，全国第五届“金狮奖”杂技西北地区预选赛结束。新疆杂技团参赛的《情鸽》获金奖；手技《切砖》获银奖；蹬技《转毯》获铜奖。

新疆世纪行巡回演出活动

2000年7月1日，文化厅在人民剧场举行了“庆祝建党79周年大会”，东方歌舞团和新疆的部分著名演员同台欢庆。东方歌舞团一行70人，是应自治区文化厅的邀请，参加由文化厅主办的“新疆世纪行”，由乌鲁木齐——伊宁、昌吉、库尔勒、吐鲁番等地的巡回演出活动的。

新疆首次中国舞（少儿）考级培训班

为了发展新疆少儿舞蹈艺术事业，规范少儿艺术培训市场，经全国舞蹈考级中心核准，委托新疆少儿艺术委员会、自治区文化厅少儿办于2000年7月18——27日，在乌鲁木齐市新疆幼师学校举办了首次“新疆2000中国舞考级教师培训班”。培训班特邀了北京舞蹈学校中国舞考级中心的专家来疆，为来自全疆各地的维吾尔、回、汉等民族的32名幼儿教师学员进行授课培训，经过单科测试有6位学员取得了优良成绩、17位取得了合格。

克孜尔石窟、库木吐拉石窟列入国家重点保护项目

8月由国家文物局列入国家重点文物维修保护

项目的克孜尔石窟和联合国教科文组织援助维修保护的库木吐拉石窟维修保护项目正式立项，并将于2001年启动开工。

新疆博物馆新馆奠基

2000年9月自治区主席阿不来提·阿不都热西提亲自主持新疆维吾尔自治区博物馆新馆奠基仪式。博物馆新馆总投资6500万人民币，设计建筑面积17229平方米，工程已于2000年底开工，计划2002年竣工。

自治区文物局升格为二级局

2000年9月，由国家文物局举行的“全国西部文物工作座谈会”在乌鲁木齐召开。会上自治区主席阿不来提·阿不都热西提与国家文物局局长张文彬分别讲话并为新疆维吾尔自治区文物局升格为二级局主持了揭牌仪式。

阿迪力新创吉尼斯纪录

2000年10月6日15时18分30秒，新疆杂技团演员阿迪力·吾守尔在“中国南岳衡山高空走钢丝世界挑战赛”中，以52分13秒成功地走过了宽1399米（目前最长的有斜拉索的钢丝），高436米的衡山芙蓉峰——祝融峰，再创新的世界吉尼斯纪录。10月10日，自治区文化厅在人民剧场举行“庆贺阿迪力跨越衡山成功大会”进行表彰并奖励人民币5万元。11月15日，中国文联、国家民委、中国杂技家协会在北京人民大会堂为阿迪力·吾守尔成功跨越衡山举行庆功大会，中国杂协授予阿迪力“空中勇士”称号，并推选担任中国杂技协会副主席。

《多浪之花》获“优秀剧目奖”

2000年10月13日，由文化部主办的“第六届中国艺术节”在江苏省南京市落下帷幕。由新疆维吾尔自治区推荐选送的大型民族歌舞《多浪之花》（阿克苏地区歌舞团演出）在本届艺术节上获得“中国艺术节优秀剧目奖”。

“第十届孔雀奖少数民族舞蹈比赛”获奖

10月31日，由国家文化部、民委、广电总局、重庆市人民政府联合举办的全国“第十届孔雀奖少数民族舞蹈比赛”在重庆结束。由自治区文化厅选送的维吾尔族舞蹈《戴面纱的姑娘》（新疆歌舞团）、三人舞《爷爷的琴声》（喀什歌舞团）；蒙古族三人舞《胡尔登沙吾尔登》（巴州歌舞团）分别闯入决赛。其中新疆歌舞团维吾尔族女青年舞蹈演员阿曼古丽表演的《戴面纱的姑娘》获表演一等奖，提力曼（维吾尔族）获编导二等奖，依克木（维吾尔族）获作曲三等奖；喀什歌舞团维吾尔族女青年舞蹈演员阿丽娅、阿米娜、热汗古丽表演的三人舞《父亲的琴声》，巴州歌舞团蒙古族女青年舞蹈演员乌兰、沙仁、尔登表演的三人舞《胡尔登沙吾尔登》分别获优秀表演奖；喀什歌舞团编导阿不都艾力（维吾尔族）、巴州歌舞团编导巴音达来（蒙古族）分别获优秀编导奖。

“和平杯”票友奖

10月27日，两年一度的“和平杯”中国京剧票友邀请赛在天津中国大戏院结束。由自治区文化厅选送的李建平（乌鲁木齐市眼科医院）参赛演出的京剧《凤还巢》片段、封承智（新疆生产建设兵团第一建筑公司）参赛演出的《巡营》片段均获二等奖——“中国双十佳票友奖”；徐亚莉（自治区建筑运输公司）参赛演出的《红娘》片段获三等奖——“中国京剧优秀票友奖”。

2000年度边疆文化长廊建设先进地区和单位

近年来，在深入贯彻党的十五大精神的推动下，自治区丝绸之路边疆文化长廊建设工程在全区各地得到了进一步的深入开展。为了鼓励先进，进一步推动自治区丝绸之路边疆文化长廊建设工程，经自治区共建丝绸之路边疆文化长廊领导小组2000年11月23日会议研究决定，授予：昌吉回族自治州、阿勒泰地区、伊犁地区、阿克苏地区、巴音郭楞蒙古自治州、塔城地区、博尔塔拉蒙古自治州、乌鲁木齐市、乌鲁木齐海关、武警新疆边防总队为2000年度“自治区边疆文化长廊建设先进地区和单位”荣誉称号并予以表彰。

“新疆文化艺术活动中心”破土动工

11月新疆乌鲁木齐人民剧场左侧的文化长廊落成竣工后，文化厅各族文化工作者期盼的“新疆文化艺术活动中心”又破土动工。该中心位于乌鲁木齐人民剧场东侧，建筑面积11000平方米，是集艺术研究、演出娱乐、学术交流、展览为一体的八层建筑，工程将于2001年底竣工。

新疆首次引进社会资金对文物进行保护

11月，新疆文物局与新天国际经济合作有限公司签署正式协议，由新天国际经济合作有限公司出资1500万元对国家级重点文物保护单位北庭故城西大寺进行保护维修，这是新疆首次引进社会资金对文物进行保护。

新疆秦剧表演获奖

2000年11月3——15日，由中国剧协、陕西省文化厅、陕西省文联、陕西省剧协共同主办的首届“中国秦腔艺术节”在陕西省西安市举行。新疆的大型新编历史秦剧《易宝情缘》(乌鲁木齐市秦剧团)、大型现代秦剧《白衣圣人》参加了“艺术节”的演出活动，《易宝情缘》剧组获“优秀剧目奖”、“优秀演出奖”等20个奖；《白衣圣人》剧组获“振兴秦腔个人贡献奖”等4个奖；自治区文化厅、乌鲁木齐市文化局分获“组织奖”。

新疆电影票价实行降价

2000年11月18日 起，试行进口和国产新影片(包括美国大片)票价一律降为5元，复映片低于5元。

新疆哈萨克艺术团在阿拉木图

应哈萨克斯坦共和国文化委员会的邀请，2000年11月20日，由自治区人民政府副秘书长阿日甫·卓热别克为团长的中国新疆哈萨克族文化艺术家代表团，一行20人携带文化艺术展品200余件（其中字画40幅、图书40册、手工艺品80件、哈萨克族传统服饰30件等)，参加了2000年11月23—27日，由哈萨克斯坦文化委员会在阿拉木图组织举办的“中国哈萨克族手工艺品、书画及图书展览”活动。

新疆文化、文物工作座谈会

2000年12月17—19日，新疆维吾尔自治区文化、文物工作座谈会在乌鲁木齐召开。自治区党委常委、宣传部部长吴敦夫、自治区人大常委会副主任米吉提纳斯尔、自治区副主席买买提明·扎克尔、自治区政协副主席帕夏依夏等出席了会议。吴敦夫、买买提明·扎克尔分别在会议上发表重要讲话。自治区文化厅党组书记、副厅长徐华田主持会议并传达了文化部“西部文化工作座谈会”精神；自治区文化厅厅长祖农·库提鲁克作文化、文物工作报告，并就今冬、明春工作作了具体的安排；全疆各地、州、市文化（体）局、文管所负责人及厅直属单位、厅机关各处室共120余人参加了会议。

“中国民间艺术之乡”授牌仪式

2000年12月17日，文化部命名新疆维吾尔自治区一批“中国民间艺术之乡”授牌仪式在乌鲁木齐举行。自治区党政领导吴敦夫、米吉提·纳斯尔、买买提明·扎克尔等向被命名单位颁发牌匾。被文化部命名的有：新疆阿克苏地区库车县齐满乡（木卡姆)、哈密地区巴里坤县奎苏乡（歌舞社火弹唱)、塔城地区阿西尔乡(民族歌舞)、阿克苏地区新和县塔什艾日克乡（歌舞)、克孜勒苏柯尔克孜自治州阿合奇县色帕巴衣乡（库姆孜弹唱)、塔城地区乌苏市甘河子镇（歌舞)、塔城地区乌苏市巴音沟乡(民族刺绣)、新疆建设兵团143团花园镇（军垦锣鼓、秧歌)。

向贫困县赠送电影设备仪式

由中宣部、中央文明办出资、国家广播电影电视总局负责生产、国家文化部负责赠发，向全国的国家级贫困县赠送一套适用于农村牧区的电影放映设备(含小型便携式发电机)。其中配发给新疆的电影设备已基本到位，2000年12月19日，自治区党委宣传部、自治区精神文明办、自治区文化厅和自治区广播电影电视局在乌鲁木齐举行向自治区贫困县赠送（价值50万元人民币）50套电影放映设备仪式。

2000年小岛康誉奖

2000年12月19日，“小岛康誉新疆文化文物优秀奖”颁奖仪式在乌鲁木齐举行。自治区副主席买买提明·扎克尔和自治区人民政府文化顾问小岛康誉为获奖的20个单位和个人颁发奖金和证书。新疆杂技团达瓦孜队、阿克苏地区文工团《多浪之花》剧组、克孜勒苏柯尔克孜自治州歌舞团《山父水母》剧组获得小岛康誉新疆文化事业优秀集体奖 自治区文物局获得文物事业优秀集体奖 阿迪力·吾守尔、库来西·热介甫、阿曼古丽·斯地克、娜乌拉·加汗、杨丽娜、热比娅、高延明获得小岛康誉文化事业优秀个人奖；艾尔肯·米吉提、玛依努尔、于志勇、马国玉、迟文杰、阿不都卡得尔·吐尔逊、李金国、关恒真、阿巴白克尔·达尼希9人获小岛康誉新疆文物事业优秀个人奖。

文化厅创建为自治区“文明机关”

自1999年12月被自治区机关工委授予自治区“文明机关”以后，经有关部门的检查复验，文化厅机关再度被命名为2000年自治区“文明机关”。

机构设置

区文化厅下设7个职能处（室)：办公室、计划财务处、人事教育处、艺术电影处、文化市场管理处、社会文化处、对外和港澳台文化联络处。另外还有机关党委、纪检组（监察室）、老干部工作处。事业单位包括：机关服务中心、新疆文化市场稽查总队。

文化单位荣誉榜

北京国际音乐节组委会

北京国际音乐节是经中华人民共和国文化部和北京市委、市政府批准举办的大型音乐活动。北京国际音乐节欢迎国内外著名的音乐家、音乐团体参加。音乐节包括交响乐音乐会、歌剧、独奏音乐会、室内音乐会、经典爵士乐音乐会、歌舞剧、演唱会等多种世界水平的艺术演出活动，是具有国际性的音乐盛事。

北京国际音乐节组委会是一个非盈利的专业组织机构，由具备丰富经验的艺术家和经营管理人士组成。他们在北京市委、市政府的领导下，运用其专业知识和艺术实践以及与国际文化艺术界的广泛联系，为广大的音乐爱好者奉献高水准的艺术节目。

北京国际音乐节的标志采用传统毛笔书法，用三笔勾绘出五线谱中的音乐符号，体现了中国文化传统的渊源以及东西方文化融汇和悠久历史。上半部分的华表形状是首都北京的象征；下半部分谕示乐谱中的F谱号，又与英文里“节庆”一词Festival的首字母相对应。

华表+音符+节庆　构成整体图案

中文为：北京国际音乐节

英文为：Beijing Music Festival

锦城艺术宫

文化艺术的盛殿——四川省锦城艺术宫是四川省人民政府进行文化艺术交流的窗口，座落在中国文化名城成都市市中心的天府广场的东侧，北临蜀都大道，是四川省首府的标志性建筑之一，其立体建筑的设计尽显心思，外墙墙面镶嵌的中国红大理石上绘有17幅内容连贯，又独立成章的线刻贴金艺术绘图，系统地表现了中华民族从远古传说到现代艺术发展历史，这17幅刻画与大门前的巨型贴金铜雕“蹈”一起被列为国家级艺术珍品，其艺术价值与剧场一样倍受各界瞩目。

锦城艺术宫主要经营各类文化演出交流项目，可承接音乐会、话剧、戏剧、舞蹈、歌剧、会议及讲座等，是一座现代化多功能文化活动场所。整个剧场场馆营业占地面积为18850平方米，剧场座位有1455座，舞台台口宽16米，台口高9米，舞台深21米，副台面积左右各占12 × 16平方米，台口乐池可升降，其舞台设备设施齐全先进，配备有世界现代水平的一流音响装备，完美的灯光调配系统，舒适的中央空气调节设备；观众厅采用扇形设计，尽量拉近观众与舞台的距离，座位视线无阻，座位排列可达到最佳视线效果。剧场良好的声音设计，即使在最后一排也能清楚聆听演员的声音，其建筑音响效果极佳，此点被评为全国最优。其先进的舞台机械设备和器材，皆可让使用者发挥无限的创意。另外还拥有大型停车场，可供百余辆车辆同时停放。周边绿草成茵，环境优美，为观众提供了一个亲切舒适的观赏环境。

在这里不仅使广大成都市民有机会欣赏来自全国和世界各地不同演艺形式及风格的艺术家演出，在培育文化艺术人才方面也作出了贡献。自1987年3月开幕以来，已有超过数百家国内演出团体和来自20几个国家和地区的演艺团体在艺术宫献艺。作为社会公认的文化艺术殿堂，许多里程碑式的文化艺术活动，都载入艺术宫的史册，从开业初期的中国艺术节，到法国芭蕾剧团，前苏联国家库班歌舞团，四川国际电视节，第七届全国运动会闭幕式等均在艺术宫隆重举行。还有来自美国、英国、荷兰、澳大利亚、印度、日本等国的艺术家、歌星登台献艺，以及中国京剧团，东方歌舞团，上海芭蕾舞团，先后到此表演，省内各类文艺团体的表演不胜枚举，其不仅仅是一所进行文艺展演而被社会公认的文化艺术殿堂，它更发挥着弘扬民族文化艺术，进行世界文化艺术交流的作用。

锦城艺术宫在四川省文化市场建设和培育方面也取得了显著成绩，艺术宫在本身实际情况下，因地制宜，结合演出市场和物业管理经营，每年演出场次约百余场，演出经营年收入达到300万元左右，目前演出份额约占成都市文化市场覆盖率的30%-40%，其物业经营年收入达600余万元，在精神文明和物质文明两方面取得了双丰收。艺术宫职工人数共计120人，其中人才层次分布均匀，既有善经营的管理人员，又具有各种舞台专业人员和各种技术人员及服务人员，这些都为艺术宫在本地乃至全川文化艺术领域里享有一定的地位和影响力。

未来在党的十五届五中全会精神指引下，在“十五”计划的纲领的指导下，在西部大开发的宏伟蓝图鼓舞下，按照江泽民总书记提出的“三个代表”的要求，艺术宫将认真贯彻各项会议精神，特别是在建设社会主义精神文明，发展有中国特色社会主义文化，坚持为人民服务，为社会主义服务的方向和百花齐放，百家争鸣的方针，弘扬民族优秀文化，吸收外国文化有益成果，抵制不良文化，提高全社会的文化生活质量方面做出一定贡献。在促进文化艺术交流方面更要起到重要作用，使四川艺坛大放异彩，成为四川文化发展的生力军。在改革开放的环境孕育下，让艺术之花盛开，并成为各界值得自豪的场所和文化艺术成长的摇篮，为成都市民提供更丰富的文化生活，促进四川的文化艺术积极向上发展。

四川新华书店集团有限责任公司

2000年3月29日，经新闻出版署和四川省人民政府批准，创建于1952年的国有图书发行单位——四川省新华书店与四川省外文书店、四川省出版对外贸易公司进行资产重组，组建了大型国有独资公司——“四川新华书店集团有限责任公司”。同时，集团公司以资产为纽带，分步对全省新华书店系统进行公司化改造，并吸纳经过公司化改造的全省各地新华书店加入集团，努力成为跨地区、跨行业、跨所有制结构直至跨国经营的大型文化产业集团。新闻出版署把四川新华书店集团公司确定为全国三家发行集团试点单位之一。

一、集团管理体制

四川新华书店集团公司建立了规范的法人治理结构和母子公司体制。集团公司总部为决策中心、信息中心、投资中心、管理中心，所属子公司为利润中心，目前，集团公司下辖教材发行分公司和14个全资、控股子公司。集团其它成员单位还有全省163个市、地 、州、县新华书店。

改到深处是产权。集团公司积极、稳妥地在产权制度改革上进行探索，集团公司下属的部分集团公司积极探索引入多元化产权结构。有恒产者有恒心，通过吸纳员工个人资本，以建立企业目标与员工个人目标相容的激励机制，增强企业的凝聚力和竞争力，从而提高资本的运营效率。在员工个人自愿参股的同时，集团公司将在经营者团队和骨干持大股、试行股份期权制等方面，积极进行探索，以确保人力资本的有效应用和长期激励的有效形成。

二、重组人力资源

集团公司把改制的突破点放在人事制度改革上，努力建立经营者能上能下、人员能进能出、收入能增能减的优胜劣汰新机制，构建一流的经营团队。

一是改革用工制度，建立企业和职工双向选择的用工制度，实行全员竞争上岗和考核制度，引入适度而有序的竞争机制，促进队伍的结构优化和人员的合理流动。集团公司及所属公司员工一律实行聘用制，取消干部与工人、正式职工与外聘员工身份界限，同工同酬，采取多种方式分流冗员。

二是改革人事制度，实行管理人员竞聘任期制，根据管理绩效，适时调整，动态管理。除集团公司董事长和董事会其他成员以外，所有岗位均实行聘任制。

三是改革分配制度，按照效率优先、兼顾公平的原则，采取多种有效的分配形式，使员工收入与其岗位职责、绩效挂钩，并实行易岗易薪。初步建立了对人力资本按质论价的考核体系，以岗位工资为基础，辅之以绩效薪，并适时探索按股分红、配股、股票期权等多种分配形式，允许和鼓励资本、技术等生产要素参与收益分配。

全员竞聘上岗仅是人力资产开发与管理的第一步，人力资源的动态管理和深度开发是集团公司今后长期探索和坚持的工作。

三、重组业务资源

1、锻造独具特色的商业模式和业务流程。

集团公司明确提出了“二次创业，再造企业”。集团公司按照“客户第一，最大限度为客户创造价值”的原则，对业务流程、服务方式等进行重新设计，逐步建立全方位、多层次、功能强大、技术含量高的营销网络体系。今后几年，集团公司将着力建立通畅快捷的物流系统、信息平台、销售网络，在这三大支撑点上设计、构建独具特色的商业模式、业务流程和企业文化，以形成强大的核心竞争能力。

集团公司将对组织结构进行动态调整，通过不断的创优汰劣，在对有市场潜质的所属公司不断增大投入的同时，进行存量资产和经营结构的合理调整，把资源最有效地集中在集团有相对优势的关键业务上。

2、对全省新华书店系统进行战略性改组。

集团公司即将开始对全省各市、地、州、县新华书店的改制工作。为充分发挥全省新华书店系统的网络优势，集团公司将以资产为纽带，本着统一规划、自愿互利的原则，按照建立现代企业制度的要求，分步对全省新华书店进行公司化改造，逐步吸纳公司化改造后的市地县新华书店加入集团，使人财物统一管理的规范的企业集团逐渐扩展其资本规模和管理边界。

3、与一流出版发行机构建立战略伙伴联盟。

集团公司正积极尝试与北京、上海等地有卓越品牌、商誉和实力的一流出版发行企业，特别是经营业务上和集团公司有极强互补性，管理理念、机制上和集团公司有极强相容性的出版发行机构，建立长期、双赢的战略协作关系，共享双方的战略资源，以经济、快捷的方式实现双方的扩张。

四、发展战略

集团公司发展战略体系简言之，以集约化经营求强，以规模化发展求大，以科学化管理求精(精细)，以多元化开拓求活(灵活)。集团公司将紧紧抓住中央深化国有企业改革、实施西部大开发战略和我国即将加入WTO的历史机遇，把主要精力集中于最具实力的经营领域，通过长期的努力和积累，培养企业核心竞争能力，创造竞争对手难以撼动的竞争优势。

在集团各成员企业的整个经营过程中，要自始至终贯彻品牌战略、人才战略、创新战略。

品牌战略　集团各成员企业出售的不只是各类出版物，更重要的是“出售”服务和信誉。提供质优价廉的商品和服务，是各成员企业的基本功能和赖以生存的基础，各成员企业的一切经营活动都要以此为中心来进行。通过贯彻经营活动全过程的优质服务和引入全面展示企业优势、特点的CI战略，不仅要树立四川新华书店集团作为知名品牌的整体形象，还要力求展示各成员企业与众不同的独特个性和形象，不断提高知名度、信任度和美誉度。

人才战略　集团公司将制定人力资源开发与管理的中长期规划，实行全员培训，做到未雨绸缪，使人才的供给紧随企业的发展步骤，使一流的人才服务于一流的商机。同时，根据产业结构和经营结构的调整，转移过剩人才或更新其知识和技能，增加新的人力资产，盘活旧的人力资产，实现人力资产的升级换代。

创新战略　在经营观念、组织模式、经营战略、营销方式等方面突破陈规、大胆试点、开拓创新，通过以特有的组织方式、独到的经营手法和自行开发的经营品种，在关键环节、关键功能上磨砺超越竞争对手且竞争对手又难以模仿的经营管理“绝招”，确立竞争对手在一段时间内难以赶超的竞争优势，特别要重视高新技术在出版产业中的应用和发展，把科技创新能力作为市场竞争能力的坚实后盾。

集团全体员工决心不辱全国发行集团试点单位光荣使命，当好图书发行体制改革排头兵，奋力拼搏、卧薪尝胆、开拓创新，继承和发扬新华书店的光荣传统，把商品经营与资产经营、实体资本经营与知识资本经营有机结合，以出版发行产业为基础介入相关产业，实现多种媒体互动开发，追求适度而有效的规模，获取规模效益，真正成为有实力、有影响的现代文化传媒企业集团。

老舍茶馆

在北京前门箭楼一带，汇聚着众多老字号。“全聚德”、“瑞蚨祥”、“都一处”、“老正兴”等名店无人不晓，而大碗茶历来也是前门一带最为引人瞩目的景观。如今这里最著名的茶馆就是“老舍茶馆”。茶馆正门并不大，但它那古色古香的门楣，却能屡屡留住人们的脚步。

走进大门，小过厅里挂着写有一天的营业内容的告示牌。缓步走上楼梯，只见楼梯走廊两侧摆放着传统工艺品泥人，看着那栩栩如生、形态各异的老北京人物，仿佛使人进入到了一座京味民俗博物馆。当您步行缓步走到三层茶馆，正对楼梯口的墙面上，环饰着紫木透雕，位居正中的老舍茶馆金字牌匾下方，人民艺术家老舍先生的铜像屹然凝视着远方。老舍先生的崇高品质和他笔下的京味《茶馆》感染了无数大众，也让这融茶道、民族艺术于一体的老舍茶馆名扬中外。

推门进入大厅，满目书画楹联，顿觉一股浓浓的书香气息，而那整齐排列的八仙桌、靠背椅，屋顶上悬挂着的一盏盏宫灯，以及一侧柜台上挂着标有龙井、乌龙等各式名茶的小木牌，又使人感到这里京味十足。清新、古朴、典雅的环境每天吸引了大量的客人，有来自京城的老戏迷，有来自全国各地的旅游者，以及慕名而来的世界五大洲的外国客人。当您坐在八仙桌边，用细瓷盖碗冲上一杯香茶，边品尝着宫廷糕点和北京风味小吃，边欣赏着民乐演奏，的确是不失一种高雅的享受。如有雅兴，您还可以即兴上台客串，一展风采。

老舍茶馆创办至今虽只有十余年的光阴，但它却如同它的创办人一样有着许多神奇的故事。茶馆的创办者尹盛喜总经理，1979年带领一批返城知青，靠几千元贷款，从卖“二分钱”大碗茶开始，艰苦创业，一点一滴的积累，逐步发展成现在资产近亿元的商贸集团公司。80年代末期，社会上受西方思潮的影响，京城流行音乐盛行，迪斯科、霹雳舞大行其道，而我们的民族艺术却受到很大冲击，许多戏曲失去了原有艺术舞台。面对这一状况，身为民族企业家的尹盛喜总经理深信：“日箫月笛半年笙，一年的胡子没法听”。毅然投资开办了京城第一座茶馆——老舍茶馆。此举当时得到了京城各界人士的支持和赞同。胡挈青女士亲笔题字，中顾委的老同志、北京市领导、以及文艺界的知名人士参加了开业仪式。

老舍茶馆的开办，不但为沉寂一时的首都戏曲舞台重新带来了活跃；同时也为开发首都文化旅游市场探索了一条新路。时至今日，在那座不大的舞台上已经先后有京剧界的各个流派名角梅葆玖、袁世海、王金路、李世济、杜近芳、谭元寿、马长礼、赵荣琛、冯志孝、李维康；京昆名角洪雪飞；曲艺名家马三立、侯宝林、骆玉笙、马增慧、马季、姜昆、冯巩；演艺名人谢添、于是之；以及坐着轮椅的评剧表演艺术家新凤霞和嗓子动过手术的相声演员李文华等著名艺术家们都曾到老舍茶馆登台演出。如此名角荟萃，在全国也是罕见的。而作为北京一带民俗文化的汇聚地，这里每天还上演着许多地方优秀的传统节目。如关学增的北京琴书、孙书筠的京韵大鼓、马增蕙的单弦、马玉萍的河南坠子等。老艺术家们的精彩演唱为人们在欣赏之余也感受到了京味民俗文化的醇厚。曾几致失传的含灯大鼓、双簧等民间艺术在这里也得到了新生和发扬。含灯大鼓乃是演员口里含着点燃蜡烛的灯架进行演唱，那字正腔圆的唱腔，显示了演员深厚的艺术功底；而双簧演员的默契配合，惟妙惟肖的表演，让人看了更是拍案叫绝。原国家主席杨尚昆在老舍茶馆观看天桥八怪之一——艺名“大狗熊”孙宝才表演的双簧后，对双簧这一表演形式的再现和老艺人的表演艺术给予了高度评价并合影留念。艺术的不断挖掘以及市场的良好运作，给老舍茶馆带来了良好的经济效益。2000年年销售额已达到600万元，全年演出场次600场，接待中外宾客10多万人次。美国前总统布什、前国务卿基辛格，俄罗斯前总理普里马科夫，日本前首相海部俊树，新加坡总统王鼎昌，柬埔寨首相洪森，泰国公主诗琳通等各国政要也都曾是这里的座上宾。老舍茶馆的历史并不长，但如今这里已是中外宾客了解中国悠久民族艺术的文化窗口。

近些年来，老舍茶馆又在积极为民族文化艺术的世界交流以及中国茶文化的宣传和普及推广起着积极的作用。1995年奥地利维也纳约翰·施特劳斯交响乐团曾到老舍茶馆欣赏中国的传统民族艺术，其间乐团著名指挥弗兰茨·鲍尔－托塞尔亲自上台，指挥老舍茶馆民乐队演奏一曲《拉得斯基交响曲》，台上台下气氛热烈，中西方的文化在这里得到了一次良好的交流。为了让更多的外国朋友了解我们，并学习国外的先进管理和经验，老舍茶馆还应邀先后到泰国、日本、新加坡进行访向、宣传、交流和学习。通过走出去，不但与国外的许多同行建立了联系，拓宽了经营渠道，也扩大了影响，学到了东西。

为弘扬祖国茶文化事业，1999年老舍茶馆组织成立了自己的茶艺表演队。表演队可以进行乌龙茶、文式茶、农家茶、茉莉花茶及八宝茶等各类名茶茶艺表演。在古筝的伴奏下，小姐们款款走上舞台，一个个神态端庄、秀美，目光清秀、宁静，表演时动作娴熟，嗓音清脆甜美。2000年在《第五届中国茶与瓷文化展暨第八届国际西湖北京茶会》期间,老舍茶馆茶艺表演队的现场茶艺演示受到了与会代表及北京市旅游局、旅游行业协会领导的赞同。

1998年10月5日是老舍茶馆发展历史上具有重要意义的一天。这一天老舍茶馆拥有了自己独立的网站和域名 http://www.laosheteahouse.com 至此老舍茶馆的中、英、日、韩和大五码五种版本的介绍材料首次进入国际互联网络。此举一方面可以通过互联网更广泛地宣传老舍茶馆,宣传中国的茶文化 另一方面通过互联网可以及时了解世界茶文化的最新动态,开阔经营思路,拓展经营范围。

可以相信,把传统的民族文化产业和现代化的信息产业有机的结合起来,将会为老舍茶馆谱写出新的历史篇章。

南海市演出市场

广东省南海市位于珠江三角洲中北部,与广州市、佛山市接壤,全市面积1150.51平方公里,常住人口107万人。改革开放以来,经济发展迅速,两个“文明”建设成就显著,1991年已被评为全国文化先进地区(县)。经过多年的发展,南海市已形成了有一定规模的文化娱乐市场、音像市场、演出市场、报刊图书市场、电影市场。市、镇两级设有专门的管理机构,管理工作日趋完善,文化市场健康、有序发展。

演出市场是南海市文化市场的重要组成部分,几年来发展较快,全市共有影剧院52间,其中2间被广东省评为特级影剧院,5间被评为一级影剧院,其余的影剧院绝大多数都配备了先进的灯光、音响设备。演出活动根据本地区市场需求,实行多元化艺术表演,收到雅俗共赏的效果,也收取了较好的社会效益和经济效益。近年来曾邀请了东方歌舞团、中央歌剧院、战友文工团、广州交响乐团、广州芭蕾舞团、广东省粤剧院、广州市粤剧团、广州战士杂技团以及国内一些轻音乐团作经常性演出。另外,一些国外艺术表演团体和境外歌星亦常作艺术交流演出。

南海影剧院是南海市几十家影剧院中最具代表性的、多功能的大型现代化影剧院,在演出市场中占有重要位置。该剧院位于南海市桂城区,占地面积5024平方米,建筑面积8574.8平方米,主厅设有座位1177个,可提供演出使用的26229米的大舞台一处,化妆室6间,并配有全套进口专业音响,全套舞台灯光和部分电脑效果灯,干冰,烟雾,雪花等舞台效果设备齐全。放映方面配有世界先进水平的SRD六声道杜比数码环绕系统,场内采用现代吸音材料,声、光效果达到了国内先进水平。除上述功能和作用外,该剧院还配有教学培训室20多间,可开办旅游接待、公关文秘类文化艺术培训业务。该剧院设施共投入5000万元。剧院以其先进的管理和优质的服务被广东省评为特级影剧院。

顺德市清晖园

清晖园,素有广东四大名园的美誉,是省级文物保护单位,位于顺德市大良区清晖路段,地处市中心。她不失为岭南园林的杰出代表,在建筑上集亭、榭、厅、堂、轩、楼、阁、廊等中国古典园林建筑艺术形式于一身,又具有鲜明的岭南水乡特色,水景比重较大。园区内有宽阔的池塘,满池的荷花绿叶,小溪的翩翩游鱼,香蕉、菠萝、杨桃等岭南瓜果,挂满枝头,加上灰雕、木雕、蚀刻彩色玻璃等鲜明地方风格特色的工艺,融汇了岭南能工巧匠的睿智,凝聚了清代富庶南国的风情。

清晖园在庭园式布局上不拘一格,规避中国古建筑物的古板对称式格调,追求灵活多变。假山小品,树木花草,绝不重复,各具特点。建筑物以“间”为单位组合而成一个个风格各异的庭院,每间建筑物都正面朝着院子,并设置门窗。通过这些一组一组相对独立的景区,造就“园中有园”,活而不乱,变幻有序的效果。

清晖园有丰富的文化内涵,其中之一为灰塑。清晖园内有浮雕式主题壁画八大件,其中在凤来峰观瀑厅的墙壁有两幅灰塑壁画,一幅为李白名诗,另一幅题为“秦时明月,汉国山河,高山流水,琴瑟长鸣。”图画内立体的人物,仿佛正欲飘然而下,与游人把臂同游。“绿云”吸水石山下走廊间凉亭内,有两副以唐宋故事为题材的灰塑壁画,东面“解语之花”、北面“放鹤亭记”,画面人物栩栩如生，民间艺术特色浓郁。笔生花馆西窗上墙壁，一幅“苏武牧羊”苏武思乡之情跃然壁上，此灰塑壁画更是园区内过百年的古物。

除了灰塑壁画，清晖园的木雕工艺水平也颇为精湛，其技法既有简练粗放，又有精雕细刻，互为映衬。碧溪草堂正门圆形门框，雕镂成两束交叠的翠竹，“小姐楼”顶壁的通排窗格，也雕刻成竹叶图案，用镂空成芭蕉形状的双面木雕做落地间隔，人在厅中，恍如置身蕉林婆娑、竹荫蔽天的珠江三角洲水乡之中，凉风习习。

留芳阁与红渠书屋门前的透雕木门框，则以松鹤、梅雀为题材，散落于游廊亭榭间的各色岭南佳果木雕装饰，刀法朴拙可爱，着色大红大绿，富丽斑斓，极富岭南园林的独有特色。

闲暇信步于这一岭南名园中，使人驻足流连的，还有那流光溢彩、玲珑有致的玻璃小筑。沐英涧里的玲珑榭，名符其实，人在屋子中走动，五彩光影透过赤黄蓝绿的彩色玻璃窗格，撒落身上，人如置身于仙界之中，飘飘然也。园内最高建筑物的留芬阁，亦层层叠叠嵌入五彩玻璃，宛然琼楼玉宇，人间仙境。

值得一提的是沐英涧入门上方的“旧羊城八景”蚀金片玻璃，为仅存于世的清代作品，初步鉴定为国家一级保护文物。留芬阁首层镶嵌的六块蓝片玻璃，也是仅存于世的清代“八仙图”所余下的；玲珑榭门窗上，以历史传说人物为题材构图的八块红片玻璃，也是清代玻璃制品，都是具有极高收藏价值的珍贵文物。

清晖园的清与雅，正是恰到好处地运用了色彩，其中也有陶瓷艺术的一份功劳。新大门入口处的蓝色陶瓷屏风，为清代石湾的出品；读云轩的蓝釉瓷、青花瓷、彩绘瓷三大瓷鼓，均为清代制品，有鲜明的清代绘画风格。

最令人难以忘怀的，是那俯仰可拾的妙联佳句。清晖园里的诗情画意，无处不在散发出来。这些有赖于清晖园的几代园主。最早的园主黄士俊，为明万历三十五年状元；清代乾隆年间，龙应时购得此园。龙家饱读诗书者盈门，一门竟出了子孙三个进士，典型的书香门第。园内妙联佳句有含蓄之妙，也有点到即止，它使游人在指红道绿的同时，又添几分吟趣，余味无穷。

珠海市至尊娱乐有限公司
至尊俱乐部

珠海至尊俱乐部是至尊娱乐有限公司下属的几个子公司之一。由香港世杰控股有限公司全权策划管理，是香港和珠海市香洲投资公司共同参股的一家中外合资企业。位于珠海拱北夏湾，距澳门关口仅几分钟的车程。

至尊俱乐部主要经营卡拉OK歌舞、饮食和烟酒零售。公司面积达2300多平方米，于1994年7月18日开业，装修耗资1200多万元人民币。超过2300平方尺的表演厅可以容纳超过300位客人跳迪士高和进行大型歌舞表演。并配备有最先进的影音设备及欧洲进口镭射灯光音响。另外还设有休闲吧，该吧具有环境舒适、休闲怡情之特色，为三五知己及情侣谈心之理想场地。至尊俱乐部有卡拉OKVIP房、情侣房共40间，各具特色。由最小可容4人的情侣房，到小型VIP房、中型VIP房、大型VIP房到特大型VIP房到适合公司组织活动、可容下30至40人的最大贵宾房——至尊厅（即俗称的“玻璃房”）。各种房型齐全，可满足贵宾的各种要求。

至尊俱乐部设有会员制度。有入会意向的人士须先提出申请，再按规定办理好手续，并经过公司董事局有关成员集体审查和表决，最后获得批准方可入会成为至尊俱乐部会员。而今持有至尊会员金咭已成为珠海成功人士、成功身份的重要标志之一。

由于有自己独特的、行之有效的管理办法，有科学、专业的培训计划，加上公司高层都有多年在海外和国内从事娱乐事业经营和管理的经验，因此“至尊”这个名字早已家喻户晓，名扬珠江三角洲。特别是在港、澳、台尤其是在台湾地区和电脑网页上已拥有很高的知名度。在珠海特区，“至尊”可能是最有名的娱乐场所。“零点”、“黑豹”、“超载”等著名乐队曾在此作精彩演出，专业一流的“太阳”乐队为至尊俱乐部常驻乐队。香港不少影艺界明星经常光顾这里。比如，珠海首届电影节期间荣获珠海电影节最佳配角奖的演员泰狄罗宾以及导演界人士陈欣健、吴思远、许冠文、张坚延、“阿叻”陈佰祥、影视歌星张国荣、谭耀文、谭咏麟等，甚至澳门博彩娱乐业巨子何鸿森先生也对至尊情有独钟，空闲之时，偶尔也大驾光临。

至尊俱乐部开业以来，逐渐由一个只拥有20多间小型卡拉OKVIP房的娱乐场所发展到目前拥有一个大型表演厅、一个休闲厅、40间卡拉OKVIP房的超大型、超豪华娱乐场所。然而，公司高层并没有因此而满足，相反，公司充分评估了市场环境，充分利用政府给予的各种优惠政策，数年中，先后在中山投资兴建了大型的桑拿健康场所——至尊桑拿健康中心，以及在珠海投资一亿多元人民币兴建了一座超大规模的娱乐商业综合城——至尊堡——目前珠海市规模最大的迪士高——至尊三度空间迪士高。

短短的几年内，至尊风风雨雨，苦心经营取得了让世人瞩目的成绩。她已成为珠海娱乐行业中的一面旗帜。这其中浸透了公司高层和全体员工们的辛勤汗水。公司不仅取得了可观的经济效益，同时也获得了巨大的社会效益，为珠海的社会主义精神文明建设，活跃群众的文化生活，弘扬大众的、民族的文化艺术作出了应有的贡献。

近年来，珠海的同行业掀起了效仿至尊管理模式的风气。至尊的名牌效应在某种程度上很大地影响和提高了整个珠海市娱乐业、服务业的服务水平。至尊的人才成了同行争取的热门对象。在激烈的求职竞争中，在同等条件下，曾有在至尊工作经历的人往往被用人单位优先录用。几乎各大娱乐公司甚至一些饮食行业都有从至尊走出去的人才，下到一般的干部、员工，上到经理、总经理遍布了各个阶层。虽然职位不同，他们都有着一个共同的经历，那就是都曾在至尊锻炼、工作过。都有一个共同的特点，那就是：纪律严明，团结协作，吃苦耐劳的至尊精神。在珠海，同行中广为流传着一句话“至尊是珠海娱乐界的黄埔军校！”。这句饱含了高度评价与赞誉的话，真切地反映出至尊的人才和至尊的成功经验已为社会广泛接受和肯定。也让人们看到了至尊在珠海娱乐业中举足轻重的地位和不可忽视的龙头作用。

在新世纪来临之际，至尊高层不失时机地又针对新的千禧年里公司的发展战略在运筹帷幄，决心在中央有关精神和珠海市文化主管部门的指导下，继续发扬至尊的优良传统，合法经营、文明经营，计划不久的将来，不仅仅满足于现在在卡拉OK歌舞、迪士高业、桑拿洗浴业中所取得的成就，更将公司业务逐步向饮食业、酒店业、地产业发展。新世纪的至尊更加辉煌！

长讯宾馆

长讯宾馆，三星级标准，坐落于肇庆市康乐北路38号，主楼高13层，另有顶层观光建筑结构，建筑面积一万多平方米，面临肇庆市体育中心，背倚星湖名胜风景区。登斯楼，西可鸟瞰体育中心的各种比赛、康体运动；东可远眺烟波浩瀚之十里星湖，湖光山色尽收眼底。宾馆按星级标准装修，星级配套服务，星级经营管理，集饮食、旅业、娱乐、商务于一体。内设88间豪华客房，一个可供300人同时用餐的大型中餐厅和十间雅座，一个多功能大型歌舞厅和29间配备电脑的全自动卡拉OK房，宾馆的各种设施豪华先进，是旅游休闲、公务出差及各界人士居住的理想选择。

中国杂技团

中国杂技团成立于1950年，是在周恩来总理直接关心指导下，中华人民共和国成立后由国家组建的第一个杂技团。中国杂技团拥有杂技、马戏、魔术、驯兽、高空节目、口技等几乎广义的杂技概念所涵盖的各个门类和品种的节目，是目前国内队伍规模最大、节目品种最全、总体实力最强的杂技团之一，拥有总资产一亿多元。

近十多年来，在党和国家领导同志的关心以及北京市党和政府部门的领导下，中国杂技团在事业方面取得了长足进展，在艺术创新方面获得了丰硕成果。50年来，中国杂技团在国内外各类杂技比赛中成绩斐然，先后有24个节目32次获得全国和国际金奖。中国杂技团多次随中央和北京市党政代表团出访，承担对外文化交流的重要任务，为增进中国和世界人民的友谊做出了重要贡献。

中国杂技团在继承传统杂技精华，发扬本团传统节目特色的同时，将杂技、音乐、舞蹈、戏剧、武术等有机结合起来，从编导、舞美、服装、灯光等方面入手进行全新制作，相继推出了多台主题杂技晚会。其中，1998年推出的大型杂技主题晚会《唐人百戏——中华魂》成为本团的艺术生产代表作，1999年被选为中华人民共和国建国50周年献礼晚会。2001年，这台晚会经过再次加工，以“中华魂”作为主题，在第一届中国杂技艺术节上获得惟一剧目“金菊”奖。

中国杂技团现有演职员300余人，其中高级专业艺术人员55人。中国杂技团现有两个杂技演出团、一个马戏团、以及以“李宁魔术工作室”命名的魔术队。两支杂技团长期在北京天地剧场和朝阳剧场演出，马戏团近年定点在北京动物园马戏大篷演出。这几处演出点已成为北京市文化和旅游市场上的重要品牌。

下属院团校

青年团　中国杂技团青年团是一个以杂技、魔术表演为主，拥有众多老、中、青年杂技表演艺术家的演出团体。该团实力雄厚，人才济济，节目丰富多彩。演出节目中既有《双爬杆》、《钻圈》、《花盘》、《车技》、《皮条》、《花盘》等气势宏大的集体节目，又有《滚杯造型》、《空中顶技》、《空竹》、《蹬人》、《滚杯》、《晃管》、《顶碗》等技艺高超、造型优美的表演，更兼有魔术师表演的《钓鱼》、《飞牌》等魔术节目和《手影戏—口技》这样的特色节目穿插其中。其精湛的杂技技巧，整体的艺术构思成为杂技舞台上新的突破，令人眼花缭乱，目不暇接。以上节目很多在国内外杂技比赛上获得过大奖。该团曾编排表演的几组大型杂技专场晚会如《唐人百戏》、《中华神韵》、《花的彩虹》等，均被国内外人士看好，被应邀在国外演出。2001年11月，该团再次推出新创编的杂技主题晚会《世纪风彩》，受到首都演艺界的关注和好评。

中国杂技团青年团团长丁素琴，国家一级编导；副团长刘勇，国家二级演员。

中国大马戏团　中国大马戏团是隶属于中国杂技团的一个相对独立的演出团体，成立于1958年。马戏节目主要由驯兽、大型高空节目、滑稽和马术等节目组成。表演惊险精湛，幽默风趣，深受广大观众喜爱。

40多年来，中国马戏团创作了几十个既富有民族色彩，又富有时代气息的优秀节目，在国内及国外演出中受到好评。有一大批卓有成就的马戏表演艺术家和青年演员，他们表演的《蹦网飞人》、《集体马术》、《驯熊》等节目在省市及全国比赛中获奖。《一字飞人》在第三届全国杂技大赛中获奖，《驯马和骆驼》、《马上手技》在第四届全国杂技大赛中获金、银奖。

中国马戏团在不断探索和创新的基础上，还同俄罗斯、美国、朝鲜、波兰、泰国、日本等国外马戏团进行了广泛的交流，为增进中国人民和世界人民的友谊做出了贡献。

马戏团团长李永臣，国家一级演员。

李宁魔术工作室　李宁魔术工作室是中国杂技团魔术创作和魔术节目艺术生产、市场运作的专门机构。这个工作室由李宁等一批专业和专门人才组成。品牌节目《移形换影——三变》，不仅获得了国内比赛的奖项，而且还在摩纳哥第16届蒙特卡罗国际魔术比赛中夺得了“金魔棒奖”，成为国内获奖水平最高的节目。李宁工作室多次完成国际文化交流的任务，受到国内外观众的广泛好评。2001年，李宁荣获“北京市优秀青年知识分子”称号。

实验团　中国杂技团实验团是一支年轻的队伍，由北京市杂技学校95级的毕业生为主，与北京市杂技学校学员组成一套完整的教学和演出阵容，经过系统严格的专业训练，杂技技巧和舞台表演都达到了很高水平。该团自1997年以来，有13个节目在国内外赛场上夺得16枚金牌。《七人顶碗》、《集体空竹》、《地圈》、《软钢丝》、《双蹬人》、《蹦梯顶技》、《单手顶》、《爬杆》等节目已成为国内外知名品牌节目。

中国杂技团实验团阵容整齐，富有朝气，多次出色完成重要的对外文化交流和商业演出任务，受到上级领导和广大观众的广泛好评。

实验团团长 张玉生，国家一级编导; 副团长李金相、井小义，国家二级演员。

北京市国际艺术学校暨北京市杂技学校　中国杂技团还拥有北京市文化局所属、中国杂技团主办的北京市国际艺术学校暨北京市杂技学校。该校是北京市教委批准建立的国家正式中等专业学校。北京市国际艺术学校是北京地区惟一定位面向国际办学的艺术类学校，目前拥有俄罗斯、越南留学生20多人。学校现开办有杂技、舞蹈、影视表演、美术、武术、特殊文秘等多个专业。经教委批准，音乐、舞台技术管理和制片经纪人等专业正在筹备中。魔术、滑稽等杂技分支专业也在筹备中。外省市学生由学校统一办理北京市集体户口。学生毕业后颁发正式的中专文凭。

学校地处北京经济技术开发区南端，交通便利、地理位置优越。学校占地面积38000平方米，现有建筑面积14000平方米，建有设备先进的教学楼、练功厅、形体房、健身房、图书馆、电脑室、文化、音乐、美术教室，以及宿舍楼，正在建设的综合教学楼、业务教学楼、教师宿舍楼，面积16000平方米。校园花木茂盛，风景优美。

学校师资力量雄厚，同时还特聘北京舞蹈学院、解放军艺术学院、中央戏剧学院、北京电影学院、中央美术学院、北京师范大学、北京体育大学等名牌院校的教授兼任主教。学校具备聘请外籍专家的资格，具有招收外国留学生的资格。

学校的建立和发展一直受到中央有关部门和北京市委政府的关心和重视。目前，学校已成为北京市文化艺术教育对外交流的崭新窗口，经常接待各国的文化艺术团体和外国贵宾来校参观，得到了一致的赞誉。学校制定了“创建全国一流，世界一流艺术学校”的发展目标，全力培养21世纪最优秀的艺术人才。

北京市国际艺术学校校长由中国杂技团团长李恩杰兼任；贺谊方为常务副校长；孙力力、于龙为副校长。

下属经营机构

中国杂技团舞美中心：北京市文化艺术科技研究所　中国杂技团舞美中心与北京市文化艺术科技研究所为一套人马两块牌子，科技研究所是北京市文化局直属的科技事业单位，是以高新技术为先导的技工贸一体的科研实体。其办所方针是：促进文化艺术与科学技术的结合，使先进的科学技术为文化艺术事业的繁荣和发展服务。

研究所的功能有以下几个方面：

一、文化科研项目的研究与开发；

二、执行行业性技术管理，对本市文化娱乐设施的音响、灯光进行技术检测；

三、承接文化娱乐设施的音响、灯光、舞台设计安装工程；各类舞台道具、布景的制作；

四、文化科技情报咨询。

研究所的机构有舞美工程部、科技开发部、技术检测部、舞台设备经营部、工程技术咨询服务部。

北京市文化艺术科技研究所期盼与您的合作，愿真诚、热情、周到的为您服务。

http://www.cncircus.com/jigou/ntm

金佳丽服装服饰商社（原中国杂技团服装社）　商社的服装包括舞台服装、民族服装、职业服装、武术服装、舞台幕布、饭店服装、舞狮道具、锦旗彩旗。

成立于1982年的服装服饰商社十几年来一直致力于舞台表演服装、职业服装的开发及研究，积累了宝贵经验。服装服饰社拥有一批高水平的技师及制作人员。1998年，与法国著名服装工艺师米高乐女士合作，为北京赛纳歌舞团有限公司、大铁塔歌舞团有限公司在北京推出的中华人民共和国建国以来投资最大的商业演出提供服装。

信誉第一、用户至上、价格合理、服务周到是金佳丽服装服饰商社的宗旨。

北京大金龙文化娱乐演出公司　北京大金龙文化娱乐演出公司是经中国文化部批准成立的经营中外演出的专业演出公司。多年来，曾先后接待和协助接待了多个外国演出团在中国各地进行巡回演出，都取得了良好的效果。同时还向美国、法国、意大利、日本等国多次派出艺术表演团，受到各国演出商和广大观众的热烈欢迎，大金龙演出公司拥有一批具有涉外演出经验的业务人员，有先进的通讯、交通设施，工作效率高，质量好，为客户服务周到。

大金龙演出公司愿意和世界各国的演出公司、演出经济人、艺术表演团体合作。欢迎与本公司联络、合作。

法人代表、总经理：李恩杰

常务副总经理：南崇培

北京文化旅行社　北京文化旅行社成立于1994年2月，隶属于中国杂技团。旅行社业务范围广泛，与各航空公司、铁路交通及旅游有关部门有着良好的合作关系，声誉甚佳。

旅行社愿以热情周到的服务、合理完美的旅游线路为您提供全方位的旅游服务。

徐悲鸿纪念馆

徐悲鸿（1895—1953）是中国杰出的画家和美术教育家，早年留学法国，曾任中央美术学院院长和中国美术家协会主席。他的作品表现了高度技巧，有浓厚的民族特色，被誉为中国现实主义美术教育的奠基人、中国现代绘画之父。中国政府在北京建立了徐悲鸿纪念馆，面积为3700平方米。有7个展厅，长期展出他的国画、油画和素描、速写、画稿等。观众流连于这些珍贵的作品之前，既能感受画家笔端的美妙，也能唤起对那个时代的记忆。徐悲鸿的坚毅、正直、勤奋、爱国的高尚情操，也融化在这些作品中。他的全部作品都被列为国家文物，徐悲鸿纪念馆出售他的画册和复制品，馆内还设有《徐悲鸿画室》，向国内外招收进修生，由中央美术学院的教授执教。

徐悲鸿纪念馆每周星期二至星期日开馆

9.00 ——12.00　　13.00 ——17.00

现任馆长为廖静文女士。

新亚洲文化基金会

新亚洲文化基金会有限公司成立于1985年，创办人范止安先生是香港资深文化工作者，1966年即在香港成立新亚洲出版社有限公司，专业编印适合港澳及海外学生学习的大、中、小学教科书、参考书。惟创业艰难，历经风霜，所幸绩效良好，业务蒸蒸日上，前景乐观，冀望与新世纪同步迈进。范先生心怀国是情操，为了促进两岸文化交流，并期两岸早日和平统一，又凝聚资源，成立了新亚洲文化基金会，开拓一系列文化服务项目，尽绵薄、作贡献。

重点工作之一，编印发行各类学术性图书，包括《中国当代小说选》、《当代新闻文学选》、《中山颂－孙中山诗传》、《当代西藏问题研究》、《海峡两岸关系文集》、《百年中华文学史话》、《中国当代女作家文选》、《大陆儿童丛书》、《论语精译三百篇》、《范仲淹研究文集》、《各国语言手册》、《从世界屋脊到三江平原》巨型画册，各类字、词典等百余种之多，涵括了人文及社会科学多个范畴，陆续面世后，颇受好评。复与内地学者合作编写高水平的书籍，以飨读者。冀期当代和后代人士阅读这些作品，可从心灵深处发出各种回响，深切思考，抚观过去，注视现在，瞻望未来。这也是范先生不惜工本编制这类作品的真正愿望，并谓散布下优质种子，必有美好的收获。

另一方面，1990年以来，范先生以基金会名义主办多次两岸三地的文化、经济等类型的研讨、交流活动，如台港东北地区经济合作与发展研讨会，环渤海地区经济研讨会，与中国社会科学院合作主办香港史研讨会；与北京艺术研究院合办“红楼梦大观园模型巡回展览”等等，都产生了一定的实质效应。范先生也曾在中央电视台、中央人民广播电台发言，呼吁两岸同胞同心合力，发扬爱国精神，促进祖国和平统一早日实现。

范止安先生是先贤文正公的30世裔孙。他深受范仲淹创办义学理念的感染，于1997年以其私蓄在香港成立景范教育基金会，参加希望工程行列，先后在内地19个省区的少数民族或教育落后地方，筹办“景范希望小学”等单位，现已完成30余所。这项培育英才的工程，幸承各方人士援手协助，虽然困阻重重，还是具有显著绩效。范先生说：为了响应科教兴国政策及承传先祖遗教，区区贡献，微不足道，仍愿再尽绵薄，竭力扩大成果，迈向更高指针的境界；留下甘为孺子牛的一页史话，并为甘为孺子牛的同路人树立榜样。范先生拳拳之心，希望引起广泛共鸣，为儿童教育略尽心力。事实证明，受惠的学子，已在多所希望小学高唱感谢范先生的爱心之歌！

景范教育基金会的作业方向，不只筹办希望小学而已，还与中国社科院合作在陕西省丹凤县设立景范保健培训中心，及在江苏省如皋市兴建范止安图书馆、范公苑景区，又在内地组成多所教育性的机构，如与四川大学文学与新闻学院合作成立的范仲淹研究中心，与黑龙江省社会科学院在哈尔滨市合办的景范教育培训中心等等，还有一些新的项目，正在筹划或进行之中，希望通过学术研究和教育培训，激励大家与范文正公的学术思想和爱国精神同步迈进，使中华民族文化更加光大。

范止安先生1916年出生于江苏省如皋市，上海大夏大学法律系肄业，抗日军兴，投笔从戎，历任军队要职，1944年铨叙陆军少将。1948年退除军役，1950年携眷定居香港。1966年创办的新亚洲出版社，数十年来的经营方针是，不断改善机制，创新各类出品；操作策略是，从稳定中扩张发展。虽然现在承传有人，但是范先生仍然不辞辛劳地忙于内外事务，揆其心态，恰如他常说："人，生于有事做，死于无事做。"真的表现出老骥伏枥，壮心不已。尤足称道的，他热爱祖国，不计毁誉，热心公益，回馈社会。范先生不只投入希望工程，甘为孺子牛，更大的愿望，呼吁各方人士对范文正公"先忧后乐"的宏观思想，在共识的推动下，奉献出宝贵的智商，呼应江泽民主席"吃苦在前，享受在后"的正确指导，为范仲淹公的不朽遗教，各尽心力，促其发扬光大。范先生并建议采取西方人传播福音的方式，把她输送到世界各地，带动文化交流，促进共识，冀期各族人民相互关注，相互帮助，爱己及人，和平共存。这项颇具前瞻性的主张，已引起各方热心人士的关注，并在积极推动和渐形茁壮之中，假以时日，必为中华民族的灿烂文化增姿采！她的光环将会普照全世界。

范止安先生现任新亚洲出版机构总裁、新亚洲出版社有限公司董事长、新亚洲文化基金会主席、景范教育基金会创办人、香港出版总会名誉会长、世界杰出华人基金会常务理事、北京东方景范文化信息有限公司董事长、中国和平统一促进会名誉理事、东北财经大学客座教授、中国社会科学院研究生院特邀教授、四川大学荣誉教授、世界华人退伍军人联合总会名誉会长、中国人民大学客座研究员、中山综合研究院（美国注册）荣誉董事长等职务。

香港艺术团

香港艺术团由一群具有十多年艺术经验的人士所组成之"慈善非牟利"社团组织，一直致力推广各类型艺术活动。每年该团邀约各类型团体及演艺者，安排演出，让各界人士接触艺术发展的动态。而在香港各剧院及会堂，也编演大型舞蹈、戏剧节目及音乐会，并积极邀约国际知名团体来港演出，以达成艺术文化交流的功能。以百花齐放新景象于表演艺术的历史上写下重要的一章。

艺术是引领人们生活在真·善·美快乐境界中的一门学问，它既是娱乐，也是运动，更是哲学，在充满蓬勃朝气的艺术天地里，来自海内外各地执著奉献的老师，或驻团教学或客席指导，积极引发儿童及青少年学习艺术的兴趣。因应学员个别才能，悉心教导，使他们在身心、智能、情绪及社交方面得以均衡发展。以培育他们高尚的生命质素及正确的价值观为目标，引导他们积极参与社区活动，培养学员的责任感及自信心，透过音乐、舞蹈、戏剧、美术等各类活动发挥他们的潜能及陶冶高雅之情操，一切教学编制及课程都得从头做起，逐步拟订，教材、设备、师资等更是群策群力，广搜博纳，以确实能衔接各国大专院校以及专科学院的艺术教育为大前提，期使学员熟悉不同文化传承的艺术始原及创作，修习中西艺术史、艺术鉴赏、艺术导论、解剖学及艺术行政，无论节目制作、编排、表演，到行政、公开、票务；以及幕后工作，均由各班分工合作，一方面呈现过去所学，一方面为踏入社会做最好的准备，为他们将来更上一层的专业学习奠基。

舞蹈为该团历史悠久的学科，平日除了固定的练习外，还定时有表演活动及一连串的巡回公演，欣赏团外团体表演，观摩切磋舞艺，这些都是为了使同学有更多的机会接触舞蹈的领域。以往本团的上课内容以芭蕾舞蹈为主，现在则注重中国舞，另有现代舞、爵士舞、民族舞等为辅，由本团艺术总监陈美琪老师指导，主要训练学员的肢体语言，并培养创造能力，期能与艺专院校的教育理念相结合。除了社团活动时间外，并安排课外教学活动加强练习，以提升素质。寒暑假的短期集训，更可综合式的训练肢体语言。除原来的任教导师之外，另有外聘的中西外籍资深舞蹈家或远赴海内外艺术学院进行习训，且学习的种类包罗万象；借此可更深入了解舞蹈。近年该团正筹划一系列的交流计划。

"艺术交流综合计划"

整项综合交流计划，目的让两地团体有计划及系统性地进行文化艺术交流，借这些活动更希望能聚集各地区演艺团体来港研讨及交流，共同推广表演艺术，整项交流主要由以下三大计划所组成：

1，"导师交流计划"——希望能让内地新一代艺术导师，有机会来港作学术教导性交流，从而加深认识，并让他们能从中了解两地的管理、教学方式及有关之文化。

2,“艺术家交流计划”——让内地著名艺术家有机会来港作普及性交流，从而更了解两地艺术差异及不同的文化风格。

3,“舞蹈团交流计划”——邀请不同地区舞蹈团或团体来港作艺术推广表演。

有意参与之团体、学校或导师可直接电该团（852-31424452）与该计划负责人张国雄先生查询。

自贡恐龙博物馆

自贡恐龙博物馆修建在举世闻名的四川省自贡市大山铺“恐龙公墓”之上。她以收藏、研究、展示世界稀有的中侏罗世恐龙动物群和拥有亚洲惟一的恐龙化石群埋藏遗址而蜚声中外，是世界上三大恐龙遗址博物馆之一。该馆拥有相当一批恐龙学者、专家和博物馆学等多方面专业人才，特别是恐龙研究人才在国内外都是占有一席之地的。

“大山铺恐龙化石群埋藏遗址”是一座无与伦比的化石宝库。遗址内化石埋藏之集中、古生物门类之丰富、数量之众多、保存之完好在古生物学上堪称一绝。丰富而珍贵的中侏罗世恐龙化石群，填补了恐龙演化史中间阶段缺失的空白，具有十分重要的科学价值，在世界恐龙领域占有不可替代的重要地位。联合国教科文组织已将该遗址列入《全球地质及古生物遗址预选名录》。

依托雄厚的资源优势，自贡恐龙博物馆是世界上收藏和展示中侏罗世恐龙及其他古脊椎动物化石标本最丰富的博物馆。恐龙标本中，有不少稀世罕见的珍品：世界上最古老的剑龙、恐龙皮肤、恐龙足迹、蜥脚类恐龙“尾锤”、剑龙“肩棘”和完整度极高的恐龙头骨、骨架等等，这些都是世界古生物中的无价之宝。

张爱萍、方毅、乔石、万里、李铁映等党和国家领导人及许多国内外知名学者、专家，各界名流都曾视察、参观过恐龙博物馆。方毅同志题写了馆名。

近年来，该馆在各级文化部门的带领下，坚持“二为”方向和“双百”方针，不断地更新观念、创新工作，既坚持文物工作的方针和原则，又十分重视不断强化“以人为本，服务社会”的办馆理念，全面加强博物馆建设，把教育与旅游，保护与开发，社会效益与经济效益有机地结合起来，工作取得了显著成绩，树立了良好的社会形象。

恐龙馆以馆区为基地，把服务社会，搞好科普宣传教育作为工作的出发点和落脚点，开展了形式多样、内容丰富、观众喜闻乐见的教育活动：黄金周的主题系列活动，送恐龙展览下乡活动，面向青少年学生的大型寓教于乐竞赛活动，与学校共同建设“爱国主义教育基地”、“科普教育基地”和“素质教育基地”的共建“三基”活动等。此外，标本的征集、收藏、保护、发掘，科学研究、科普创作和陈列展览等工作也都取得了可喜的成绩。基础设施建设和科学管理全面加强，馆区面貌焕然一新。独特的展品、别具一格的建筑和优美的园林环境，以及高档的服务设施、热情周到的服务，都给观众留下了良好深刻的印象。

恐龙馆还走出去，积极开展对外展览。一方面是多次应邀赴国（境）外展出，先后三渡日本，轰动泰国，亮相丹麦，名扬美国，远涉南非，走进香港。自贡恐龙所到之处无不受到当地人们的欢迎。观众纷至沓来，争睹“远古使者”风采，当地新闻媒体竞相报道，各界要人亲临观赏，展览掀起一阵又一阵“恐龙热”。另一方面，在境内展览市场上也显示出非凡的吸引力，先后应邀赴珠海，上海，福州等全国14个省，市的20多座大、中城市展出，所展出的恐龙骨架，模型和仿真机器恐龙，无不受到观众青睐。恐龙外展，获得了良好的社会效益和经济效益。

自贡恐龙博物馆是“四川省文物保护单位”，“中国旅游胜地四十佳”，省、市“爱国主义教育基地”、省级“科普教育基地”、“科普教育工作先进集体”。2001年，本馆又被命名为首批“国家地质公园”，国家“A级旅游景点”，中国古生物学会“科普教育基地”，还荣获了国家文物局授予的“2000年度全国十大陈列精品奖”。该馆的工作多次受到市、省和国家文化部门的表彰和奖励。

在新的世纪，自贡恐龙博物馆正以只争朝夕的精神开创着恐龙事业的新天地，它的未来将是一座世界一流的恐龙博物馆和恐龙主题游乐公园。

四川省文化厅

“九五”期间，四川文化工作在改革开放大道上速跑，几乎一年奔上一个台阶，各项工作全面推进，局面创新。2000年，四川省文化厅终于划上了5年奋战的圆满句号。

“九五”期间，全省文化事业呈现出新中国成立以来最为繁荣兴旺景象，基本上实现了“文艺创作繁荣与文化活动普及、文化产业增长与文化市场健康有序、文化设施基本完备与文物保护、合理利用成效显著、对外文化交流活跃”等4个方面的重点突破，向建设四川文化大省战略目标迈出了坚实的一大步，也为“十五”期间四川创建西部文化战略高地创造了有利条件和打下了良好基础。

——文艺创作演出进一步活跃。四川坚定不移地实施“九五”精品战略，制定和推行《全省创作滚动计划》。1998至2000年，全省共创作重点剧节目120多个，其中荣获全国大奖剧节目达52个，获奖项、次均名列全国前茅。省、市、州级涌现出一批优秀文艺创作杰出人才，其中荣获国家单项奖励28人，获中国戏剧“梅花奖”3人；优秀剧作家魏明伦、徐棻等不断推出舞台戏剧新作，被全国戏剧界称之为“魏明伦、徐棻观象”。全省专业艺术表演团体100个，年均演出百场以上，3年“三下乡”演出达38322场，观众达2695万人次。

——群众文化事业进一步发展。四川“九五”期间确立的以“建设小康文化为目标，创建文化先进县为手段”的群文事业发展战略思路全面贯彻落实，硕果累累：全省已有全国文化先进县12个，省级文化先进县52个，中国民间艺术之乡、民间特色艺术之乡的县，乡镇21个，省级文化先进乡镇373个；农村电影队由1996年的1417个，发展到2000年的3000多个；电影放映总场次达50余万场；全省民族地区乌兰牧骑式演出队从1996年的18个，发展到2000年的56个，启动了少数民族地区流动文化服务节工程。全省重点扶持，总结推广了苍溪县“庭园文化”建设经验，充分发挥广大农民群众在农村文化建设中的主体作用，创造了农村文化、农村经济、农民利益“三结合”的农村基层文化建设新路子和新模式。

——文化市场监管进一步增强。到2000年底，全省文化市场结构、布局、数量趋于合理；四川省首府成都市三大音像制品市场全部关闭；全省文化市场主营收入达8.58亿元，从业人员达6.4万人，年利润达2.58亿元，上缴营业税金达1.1亿元。从1998—2000年，全省文化市场大检查达21次，检查场所15498家，收缴非法音像制品42万余张，游戏机整机1221台，游戏机电路板3410张，电脑游戏软件3755张，整治工作成效显著。

——文物保护抢救进一步改善。四川“九五”期间文物工作成绩突出：①全省年平均完成抢救维修项目达40个以上，其中重点维修工程10处以上，一大批地面不可移动文物得到了妥善有效地保护；②积极配合基本建设，抢救发掘地下文物，发掘整理了华莹安丙墓、成都平原史前城址群、成都市水井街老烧坊遗址，成都市商业街战国船棺墓葬群寺，并取得重大研究成果；③成都金沙遗址已发掘近万平方米，出土文物2000余件，是四川省至今为止规模仅次于三星推的古蜀文化遗址；④在邛崃，“邛窑”遗址的发掘，引起全国考古学者注目，认为邛瓷色彩与唐三彩相比，则更为丰富和烧制难度更大；⑤成都杜甫草堂考古发掘出的诸多唐代陶器，展示了诗人所在浣花溪生活圈的器皿用具，引起社会极大关注；⑥乐山大佛维修工程获得圆满成功，成为海内外关注的大事件之一；⑦四川省博物馆新馆于2000年12月25日破土动工，新址定在杜甫草堂附近，成都春羊街和浣花南路交道口，建筑面积3万平方米，投资3.3亿元，是全省“十五”期间重点文化标志工程，预计3年建成。

——文化产业进一步开发。“九五”期间四川文化产业发展很快，步子很稳，成绩突出。以2000年为例，全省文化产业经营总收入达27亿元。年增长率为9%，全省文化产业生产经营单位总数为1.55万个，从业人员9.5万人，税后利润4.7亿元。

——对外文化交流进一步活跃。“九五”期间四川对外文化交流逐步向官方与民间、计划与商业相结合的多渠道、多层次的全方位开放方向发展。1998—2000年，全省文化部门各类出访团（组）共338批，3277人次，涉及31个国家和地区；来川进行文化交流的国外团（组）共185批，2083人次，涉及23个国家和地区。

——文化设施建设进一步加强。“九五”期间的全省人均文化事业费逐年增加，由1995年的1.56元，上升到2000年的2.44元。文化基础设施建设迈上新台阶，1998年至2000年，全省新建改建公共图书馆、文化馆62个，完成文化设施的维修工作达196处，维修面积近10万平方米；维修重点文物保护单位37项，投入资金3625万元；新建改建博物馆10个，面积达3.2万平方米；四川博物馆（即新馆）占地面积达80余亩，省上拟投入资金数亿元。

乐山大佛景区

一、概况

乐山大佛风景区位于四川省西部，与中国历史文化名城——乐山城隔江相望。它以精粹的人文遗产和丰富的自然遗产的有机结合为特色，以"极世界佛像之大"的乐山大佛著称于世。景区内有国家重点文物保护单位2个，省级文物保护单位5个，以高71米的唐代摩崖造像乐山大佛为中心，有秦代离堆——乌尤山、汉代崖墓群、唐宋佛像、宝塔、寺庙、注易洞、龙湫虎穴明清建筑群，宋代苏东坡读书楼、当代郭沫若纪念堂以及栈道、碑林、佛国天堂，可谓两千年历史博物馆，加上梅园、桂园、海棠园、樱花园等，更使人留连忘返，乐不思归。自古以来，墨客骚人至此，均被其景色所感而留下许多千古绝唱。1983年，乐山大佛景区被列入全国重点风景名胜保护区，2000年由国家建设部评为"4A"级风景旅游区。如今，畅达的交通、科学的保护和管理，吸引着更多的中外游人。1991年，乐山大佛在全国以原有人文景观为主的十佳评比中，仅次于八达岭长城位居第二。1984年被列为全国重点文物保护单位，1996年联合国教科文组织全票通过峨眉山、乐山大佛一并列入世界自然与文化遗产名录。

2000年，乐山大佛景区继续坚持"四统一"的原则，以创建国际旅游品牌为景区发展目标，进一步深化内部改革，加强景区的硬件投入和软件建设，加强世界遗产的保护，发展旅游，使景区面貌发生了明显变化。创"4A"旅游区一次申报成功，两个文明建设再谱新篇，旅游人次连创佳绩。

二、深化人事改革

一年来，大佛景区进一步坚持贯彻乐委发（1998）11号文件精神，统一领导、严格管理、深化内部改革，引入竞争机制，推行干部竞争聘任、职工竞争上岗，岗位与经济效益挂钩的用人制度。在管理上，实行分级负责制，严格实行部门目标考核，加强监察管理，奖惩过硬，使景区的管理更加规范化、制度化。积极加强岗位培训、提高队伍素质，增加服务意识，调动了干部职工的工作积极性和主动性。

三、景区的保护、开发建设

大佛景区管委会以《世界遗产公约》和《文物保护法》为准则，在完成《总规》的基础上，抓紧项目的实施和完成。建成了"龙池"小区、"沫若观景台"、"千峰洞"、"凌云山仿石窟山门"等，景区水网工程、东坡楼栖鸾峰危岩加固工程，将原大佛修建史馆和维修史馆改封闭式为开放式，并进行了调整、充实和扩展，丰富和完善了展馆内容。

四、"4A"旅游区申报成功

大佛管委会在圆满完成市府下达的创建中国优秀旅游城市工作的各项任务之后，又向创建国家"4A"旅游区冲刺。为确保创"4A"旅游区成功，管委会制定方案、精心组织，多方筹集资金，加大了硬件建设的力度，增加了景区现代旅游功能，完成了中英文标识牌和公共信息图形符号882个、游客咨询投诉中心5个、触摸屏电脑2台、IC卡电话亭9个、电话18部、游人快餐中心一个、游人中心一个、地方土特产品专卖店2个、医疗急救中心1个、多功能演展厅1个等旅游服务设施。同时，全面改善景区环境，新建改造星级厕所5个，增添了环卫设施，增加了园林绿化面积300平方米，培植栽种树木花草5000余株（盆），新辟桫椤沟已成规模。积极开展ISO14000环境管理体系认证工作。与此同时，加强对景区软环境的治理，整顿规范旅游市场，把创"文明景区"、"青年文明号"等活动与创"4A"旅游区工作结合起来，对景区各行业从业人员进行专业培训，做到了统一着装、佩证上岗、礼貌待客、文明服务、行为规范，景区内做到了坐商归店、摊点归区、亮证经营、明码标价。景区软环境发生了深刻的变化，2001年1月，乐山大佛景区被国家旅游局批准为首批国家"4A"旅游区。

五、接待工作

2000年，大佛景区管委会全年完成接待任务

300余次，其中重大接待70余次。特别是在完成接待中央首长、联合国教科文组织遗产中心官员、国际及世行规划专家、日本市川市代表团以及西部论坛、“4A”旅游区检查团等任务中，安排周密，确保了安全，领导和贵宾均表示满意，并受到各级领导的肯定和表扬。

六、创历史高峰的旅游黄金周

2000年“五一”和“国庆”节，是旅游的高峰期，大佛景区管委会以此为切入点，把旅游热做为改善景区面貌、提高服务质量的契机，早预案、早准备、早部署、早安排。一方面加大硬件投入，增设加固防护栏、设置广播站、增加旅游设施、扩大停车场，同时，对景区内景点、线路做了科学合理的布局和调整，形成了点、线、面、块相结合的网络形环形旅游线路，增强了景区的舒适度。另一方面，采取各种有效措施，短期效应和长期效益相结合，向干部职工提出了“当好旅客服务员、做好景区管理员”的要求，统一认识、明确分工、各司其职、责任到位、任务到人，从车辆调度、停放、快餐店的设置到救援人员的安排、防护栏的监查、水上安全检查等均做了合理安排。“五一”和“国庆”期间，共为旅客排忧解难6000余件、调解纠纷60余件、寻找失散旅客100余人、接受游客咨询4000余人次、寻找丢失物品90余件，抢救轻生妇女一人，抓获携巨款在逃嫌疑犯一名，为国家挽回经济损失60余万元，共接待游人22.7万人，创历史同期最高记录，保证了有序、安全的旅游秩序，达到了景区零投诉和无一安全事故发生。据抽样调查，旅客满意率分别为90%、98%，节后共收到电话、信件等各种形式的表扬信300余件，为景区至乐山树立了良好的旅游形象。

重庆市巴南区新华书店

重庆市巴南区新华书店地处重庆市郊，长江以南约20公里，位于巴南区人民政府所在地鱼洞镇。

巴南区（原巴县）新华书店建立于1953年10月，至今已有48年的建店历史。从无到有、从小到大，图书经营规模逐渐壮大，职工由少到多，从1953年的7人增加到2001年的54人；图书发行量从1953年的1. 1万册、888元，增加到2001年的168万册、1448余万元；农村图书发行网点遍布全区各中心乡镇。为巴南区宣传马列主义、毛泽东思想、邓小平理论，宣传党的路线、方针、政策，传播科学文化知识，丰富人民群众的文化生活，为巴南区的社会主义精神文明建设和物质文明建设，起到了积极的促进作用，1990年被评为区级文明单位并保持至今。

建店初期，巴南区店办公、营业面积共293平方米，经过几十年的发展，现办公、营业面积达3000平方米；并在鱼洞镇、西彭镇、木洞镇、姜家镇、接龙镇、界石镇、一吕镇、南泉镇、鹿角镇设立了下伸图书门市部，在李家沱、惠民两地开办了图书经营连锁店，使图书市场覆盖率达到85%以上，农村图书发行量在近5年内一直保持在年销售700万元以上。

巴南区新华书店，为适应图书市场形势，开拓发展多元化经营，强化经营管理，在音像制品、文化用品开发经营中，取得较好效果，2001年音像制品销售达36万元，文化用品销售达26万元。

巴南区新华书店针对内部机构，人员素质远不能适应图书市场发展需求，根据重庆新华书店集团《关于做好三项制度改革的通知》精神，对内部机构和人员进行了改革，采取了对中层干部竞争上岗，择优录取，一般员工双向选择，聘用上岗，实行定员、定岗、定薪，打破了原有的工资分配制度，调动了全员的工作积极性。“三项制度”改革后，精减职工人数13人，占职工总数的22.96%。

提高职工素质，重视职工培训，这是巴南区新华书店班子成员长期坚持的原则，先后采用自身培训、送出去学习、支持职工自考、进修等形式，培训了一批业务骨干，优化了职工素质结构。目前，大专以上文化程度9人，占在职职工的31%，有专业技术职称的17人，占在职职工的58.5%。为图书发行工作，开发图书市场打下了良好基础。

巴南区新华书店，在图书发行工作中，将继续坚持为人民服务，为社会主义服务的方向，以高昂的工作姿态，忘我的奉献精神，在图书市场竞争激烈的严峻形势下，勇于开拓、不断进取，站稳脚跟，立于不败之地。

桂林群众艺术馆

桂林，世界著名的风景游览城市，历史文化名城，改革开放的窗门，浓郁的文化氛围熏陶了一代代桂林人，这是一片文化人辛勤耕耘的热土，是群文工作者为之奋斗的乐园。改革开放的22年，是桂林市群众艺术馆开拓进取，旧貌换新颜的22年，是桂林市群文事业蓬勃发展的22年，是群文工作者争当精神文明建设排头兵的22年，在改革开放的大潮中他们昂扬奋进奏响了动人的旋律。

筚路蓝缕　展事业宏图　一座门窗凋敝的旧剧场，一幢摇摇欲坠的既是办公楼又是排练场的危楼，一台50年代的扩大机和两个旧话筒，还有18000元欠款……这一个个历史镜头是80年代初该馆的真实写照。1984年新的领导班子上任，他们面对困境没有退却而是乘改革开放的东风，大胆解放思想，筚路蓝缕，奋发图强，为适应群众日益高涨的文化需求，开展多方位，多层次的群文活动，以出色的工作成果获得了各级领导和社会各界的支持，使该馆真正成为全市群文活动中心、辅导中心、研究中心，大大满足了群众的文化需求。另一方面，他们不断开拓创办文化产业的路子，依靠自身优势，先后相继办起桂林首家卡拉OK舞厅，百花书屋，音像书店等。1994年又建起一座2100平方米的现代化综合文化娱乐大楼。2000年又投入400多万元在闹市区购建了800多平方米门面，并成立了三立文化发展有限公司及红蜻蜓艺术团，文化产业年收入近百万元。目前全馆拥有固定设施设备等资产3656.8万元，业务用房6256平方米，设有百花剧场、排练厅、教室等活动厅室12个和1620平方米的广场活动场所一个。设施设备的改善，创造了良好的办馆条件，更好地发挥了社会职能，为发展群文事业提供了可靠的保证。

多彩多姿　群文活动遍城乡　党的十一届三中全会以来，桂林市的群众文化事业蓬勃发展。其主要大型活动有"漓江之声"、春节群文活动、农村新春文化活动月、桂林山水旅游节、庆祝"八一"、"国庆"等各种专题性的群文活动以及贴近群众参与性强的广场文化活动。丰富多彩的群文活动，如春风化雨润物无声，潜移默化地陶冶了群众的思想道德情操，活跃了城乡群众文化生活，提高了市民的审美水平。

"漓江之声"是桂林市坚持连续举办了22年的大型群众性文艺演出活动，它始于1980年，从单独的群众性歌咏活动发展成为融音乐、舞蹈、戏剧、曲艺等文艺形式于一体的群众文艺演出活动，2000年又增加民间艺术比赛和山歌赛，目前，第22届"漓江之声"正在进行当中。如今，"漓江之声"已成为群众文化生活中不可或缺的重要内容。并成为全市群众文化的龙头，成为桂林市精神文明建设的拳头产品。

广场文化活动采取政府组织与群众积极参加、自娱自乐相结合，经常性活动与节庆活动相结合，行业活动与全市大型活动相结合，邀请区内外优秀文艺团体来广场演出与当地文艺团体演出相结合的办法，组织各县、各城区、各系统每周末在中心广场演出一场体现民族特色或行业特点的文艺晚会，以展示本县、区、系统的两个文明建设成果，丰富活跃城乡群众文化生活。该馆作为广场文化活动的具体组织操作单位，负责联络演出单位及节目的排练、审查。至2001年8月底为止，广场文化演出已达61场，演出节目610余个，参演单位300多个，观众近80万人次。这一活动已成为桂林市又一群众文化的龙头，塑造城市形象的主要阵地，并作为旅游文化精品项目受到了中外游客的欢迎。

此外，春节群文活动、农村新春文化活动月、迎春漫画展、山水旅游节以及"军民鱼水情"、"腾飞吧，桂林"等专题性文艺活动的蓬勃开展，使桂林的群众文化活动呈现出多方位、多层次、多样化的格局，汇成了桂林市群众文化多姿多彩的宏伟画卷。

树立精品意识　培养大批人才　改革开放给文艺带来了百花争艳的春天，也给群众文化工作者带来了展现才华的机会，他们在开展群众文化活动的同时，努力搞好创作，树立精品意识，提高创作质量，从1995年到2000年，全馆人员就获得国家级、省级授予的音乐、舞蹈、文学、曲艺、论文等奖项160件之多，其中有壮族末伦《漓江行》获中国曲艺最高奖"牡丹奖"、广西文艺创作最高奖"铜鼓奖"，《漓水扇韵》（舞蹈）获1996年广西群众优秀文艺节目会演"金奖"并被中央电视台录播。收集到民间艺术遗产400多万字，写出有关论文、调查报告近30篇，出版著作8部，同时采取下基层辅导、办班等形式培养文艺骨干，10余年来共举办音乐、舞蹈、美术等培训班1100多期，辅导培训2万多人次。这里已成为培养群众文化人才的基地、摇篮。

“火车跑得快，全靠车头带”，领导是群众的领头雁。该馆的领导班子团结有力，具有凝聚力。注重以人格培养来提高领导班子的威信。馆党支部注意以结合业务工作为切入点去开展政治工作，全馆同志业务学习、政治思想学习蔚然成风，在馆领导的率先垂范下，该馆建立起了一支政治强、业务精、作风正的队伍。这支队伍在1991年被文化部授予全国文化先进集体称号，1992年获得国家文化部、财政部颁发的“金马奖”。书记、馆长胡庆玲1997年荣获文化厅颁发的文化突出贡献奖，1999年又荣获全国文化先进工作者称号，副书记苏韶芬被评为桂林市1998至1999年度劳动模范。被上级领导誉为特别能战斗、过得硬的队伍，是桂林市精神文明建设的排头兵。

如今，在全馆干部群众的共同努力下，群艺馆已对外树立了能打硬仗的良好形象。确保了桂林市群众文化事业的大发展。目前桂林市的群众文化活动已呈现出大小活动相结合，常年活动与节日活动相结合，全市性活动与基层活动相结合的良好态势，社区文化、企业文化、旅游文化、村镇文化、军营文化蓬勃开展，多姿多彩的群文事业已成为一道亮丽的风景线，为该市的精神文明建设增辉添彩。

秦始皇兵马俑博物馆

秦始皇兵马俑博物馆是在秦始皇陵兵马俑陪葬坑遗址上建立的一个大型遗址性博物馆，馆内保存、展出着上万件文物，其中国宝级文物在国内也是居于前列。1979年10月1日开馆，20多年来，共接待观众4000多万人，其中外宾400多万人。

1974年秦俑坑发现的当年，国务院就决定在兵马俑坑遗址上建立博物馆。第一期投资580多万元，首先在一号坑遗址上建成了占地16000平方米的展厅。1979年10月1日，秦始皇兵马俑博物馆正式对外开放。

从1986年开始，又投资两亿多元进行二期扩建工程。1989年9月27日，秦俑三号坑遗址展厅建成开放，1994年10月1日，秦俑二号坑遗址展厅开放，同年环幕影院开放，1999年10月4日，秦始皇帝陵文物陈列厅落成开放。

秦俑博物馆的主要展出内容是 秦兵马俑一、二、三号坑遗址展厅；秦始皇帝陵文物陈列厅(展出秦陵铜车马和临时展览)；环幕电影院。五个陈列大厅建筑雄伟，各具特色，馆内绿化得体，草坪、灌木、乔木三个层次，为观众提供了幽雅舒适的参观环境。

20多年来，在省委、省政府和省文物局的领导下，经过努力，使往日的荒滩变成了一座集考古发掘、文物保护、科学研究和陈列展览、宣传教育为一体的现代化的遗址博物馆。1994年，秦俑博物馆被评为“全国旅游四十佳”；1997年被评为西安市十大景观第一名；2000年，通过国家质量监督局和国家旅游局4A级景点评比，并获得创佳评差最佳单位的称号；自1989年以来连续11年保持省级文明单位的称号；1997年秦陵一号铜车马修复技术获国家科技进步二等奖；1995年被国家文化部、人事部评为全国文化系统先进集体；1988年又被人事部、国家文物局评为全国文博系统先进集体；多年被陕西省文物局评为局系统先进单位。

秦俑博物馆的发展始终得到党和国家领导的关怀。叶剑英元帅早在开馆之前就到秦俑坑现场视察，并为博物馆题写了馆名。开馆以后，中央领导邓小平、李先念、杨尚昆、李鹏等先后来到秦俑馆指导工作。1999年，江泽民、朱镕基、李瑞环又一次到秦俑博物馆视察，朱总理还为筹建中的秦陵博物院题写了院名。

秦俑博物馆历届馆领导班子齐心协力，带领职工艰苦创业，博物馆事业蒸蒸日上，日新月异，获得了社会各界的肯定。现任馆领导为：秦俑博物馆名誉馆长袁仲一(研究员)，馆长吴永琪(研究员)，党委书记雷玉平。

湖南省歌舞剧院

湖南地处江南，山清水秀，人杰地灵，八百里洞庭湖歌韵亢远，十万座武陵山舞风豪旷。湖南民族众多，民族民间歌舞艺术丰富多彩，源远流长。具有深厚底蕴的湖湘文化艺术孕育出今日璀灿的潇湘歌舞艺术之花。

湖南省歌舞剧院成立于1953年，她的前身是湖南民族歌舞队、湖南民间歌舞团、湖南省歌舞团，至今已近50年。曾演出大型舞剧、歌舞剧20余部，大型文艺晚会30余台，交响、民族音乐会20余台，以及数以千计的舞蹈、歌曲和乐曲。20世纪五、六十年代，该团发掘、收集、整理和创作了一大批具有民族、地方特色，又不乏时代色彩的优秀民间歌舞。如：大型神话舞剧《刘海砍樵》、历史舞剧《红菊》，歌曲《挑担茶叶上北京》、《洞庭鱼米乡》、《今年春天绿得早》、《湖南民歌联唱》。在发展民族民间歌舞艺术的同时，广采博纳中外民族艺术精华，创作演出了轰动一时的大型亚非拉歌舞《风雷颂》。70年代至80年代，该团凭着深厚的业务基础，学习排演了现代芭蕾舞剧《白毛女》、《红色娘子军》，创作演出了革命历史舞剧《红樱》、大型歌舞《潇湘风情》、《三湘杜鹃红》、《山风》，乐曲《火车进山寨》、《苗岭的早晨》、歌曲《小背篓》等。

进入90年代，该院现任领导班子对剧院体制进行了一系列改革，健全和完善了各项制度。在内部分配机制上，坚决取消平均主义的分配方式，从而大大提高了演职员的演出积极性。他们关心群众疾苦，关注职工生活，增加职工福利，改善住房、工作条件，打造人文环境，让演职工安居乐业，献身歌舞艺术，振兴歌舞剧院。对于剧院的业务建设，他们呕心沥血，在继续发展民族民间艺术、提高演员业务素质的同时，高度重视艺术精品创作，从而使该院步入了艺术上精益求精出精品，又以精品立人、精品立团、精品立院的良性发展轨道。根据沈从文同名小说改编创作的大型舞剧《边城》就是一部清新完美、雅俗共赏、不可多得的艺术精品。1996年，该剧一举获得文化部颁发的第六届文华大奖，实现了该院乃至全省零的突破。该剧还囊括了剧本、编导、音乐、演员、舞美设计（包括舞台美术、服装、灯光）等多种单项文华奖。1997年，又获得第五届中国戏剧节的曹禺戏剧奖优秀剧目奖、优秀主角奖、优秀配角奖和优秀编导、音乐、舞美设计、灯光设计、服装设计、优秀群舞等奖项。此外，还创作演出了毛泽东诗词交响乐舞《长岛人歌》、大型歌舞剧《遥远的侗寨》、大型文艺晚会《改革颂》、《世纪之光》等。2001年，该院又一部酝酿、创作多年，十数次修易其稿的大型歌剧《古汉伊人》即将投入排练，该院将集中精力、财力，精心打造，使之成为又一部精品力作。把歌舞剧院的艺术生产推上一个新的台阶。

在湖南省及全国音乐、舞蹈比赛中，该院曾多次获得殊荣，如：舞蹈《农夫与蛇》、《巴人》、《侗乡明月夜》、《过山瑶》、《试嫁衣》、《浏阳河》、《火塘边》，管弦乐曲《苗寨狂欢节》等。三人舞《猴儿鼓》在中华人民共和国文化部主办的第一届全国舞蹈比赛中获二等奖和音乐奖、表演奖，群舞《笑哈哈》在全国第二届舞蹈比赛中获编导二等奖和群舞演出奖，双人舞《苗鼓咚咚》在全国首届少数民族舞蹈比赛中获二等奖和音乐奖、服装设计奖。歌曲《洞庭鱼米乡》获全国首届金唱片奖。声乐艺术团在1999年北京国际合唱节上荣获银奖；2001年，在波兰国际合唱节上，由该院创作或改编的《围坐火塘唱苗歌》、《峨眉姐》等曲目的演唱夺得最高奖——特别奖。

建院50年来，该院重视业务建设，注重人才培养，造就了一批造诣精深的著名艺术家。现在在职的有：歌唱家何继光、陈萍、虢建武；作曲家刘振球、张杰林、杨天解；编导刘永尧、王端仪、王小元；指挥家肖鸣；舞蹈家杨霞、柳岳波；演奏家杨明、李小逸、沈小放；舞美设计师吴介隆、唐国文、周亚加等。

在国际交往中，该院曾接待过许多国家的政府首脑、文艺团体和友好人士。同时，作为文化使者先后出访过日本、朝鲜、意大利、尼日利亚、塞内加尔、几内亚、塞拉利昂、喀麦隆、加蓬、布基拉法索、波兰、奥地利、俄罗斯等国家以及中国的香港、澳门和台湾地区，增进了相互了解和友谊。

建院50年，创业半世纪，湖楚文化育新花，潇湘舞乐今为盛。现在的湖南省歌舞剧院，欢歌劲舞、急管繁弦，精品迭出、好戏连台，演出繁忙、出访频频，尤其是艺术生产上的精品战略，扩大了该院在省内外乃至国内外的影响，慕名前来邀请出省出国演出的多了，国内外著名艺术家和剧目商外请或前来参加合作演出的多了。经过50年的建设，该院已由初建伊始的民族歌舞队发展成为下辖四团（歌舞团、交响乐团、声乐艺术团、民族乐团)、两室(艺术创编室、舞台美术室)和附属舞蹈学校的颇具规模、国内外有影响的歌舞艺术表演团体。

歌舞团 演员队伍年轻，阵容齐整。该团以舞蹈演员为主，加上部分技艺高超、训练有素的独唱和独奏演员，不仅是该院演出的主要力量，也是本省惟一省级专业歌舞表演团体。他们常年活跃在国内外文艺舞台上，为中外观众奉献了一台又一台精彩的歌舞剧(节)目，备受欢迎。

现任团长王琪。

交响乐团 该团是湖南省惟一一支双管编制的大型乐团，在团长兼指挥肖鸣的带领下，精心排演了十多台中外经典名曲交响音乐晚会，在湖南高雅音乐舞台上引起了强烈反响。该团多次赴北京、广州等地巡回演出，还与国外芭蕾舞团合作演出名著《天鹅湖》，获得巨大成功。

阵容齐整，双管编制，推介传播高雅音乐，中外名家倾情合作，演奏世界经典名曲。

现任团长兼指挥肖鸣。

民族乐团 50年来，创作并上演了大批有民族特色的、在国内外有影响的优秀曲目，还完成了剧院许多重大节目(舞剧、歌舞、音乐诗)的演奏、伴奏，以该院民乐团为主力筹建的湖南省民族管弦乐团，新千年伊始，初登舞台就始现辉煌。在庆祝建党80周年的民乐晚会上，再度精彩亮相，从参加演出的乐手之多，到演出曲目之上乘，都是空前的，真正开创了湖南民乐史上的新纪元。该团曾先后访演亚欧多国，其精湛的技艺和独特的国乐湘曲，使国外观众如醉如痴。

广采博收民族精华，创作演奏民乐精品，多次出访亚欧各国，展示民族艺术魅力。

负责人杨明。

声乐艺术团 该团大部分声乐演员都来自各音乐院校，并有多位在全国各种声乐比赛中获奖。他们独唱、领唱技艺精湛，组唱、合唱声情并茂，演出形式灵活多样，多次获得国际合唱节大奖，为剧院、为湖南、为中国争得了荣誉。

根植民族音乐沃土，发掘民族音乐源泉，名家新秀技艺精湛，国际国内连获大奖。

现任团长虢建武。

舞台美术室 该室是该院一个不可或缺的综合性艺术部门。这一支20余人的优秀专业队伍，敬业、勤奋、苦干、创新。在该院舞剧《边城》的创作演出中，他们的精美制作和效果，获得了舞台美术、灯光、服装等单项文华奖。该室的灯、服、道、效，设备尖端、齐全，专业人才荟萃，不仅能装饰宏观大气的室内舞台、转台，而且能承接大型室内外场、馆的舞台装置。其极佳的音响设施和效果以及富有创新的灯光烘托，还有富有变化和想象力的大手笔舞台装置和制景，使之成为湖南省直文艺界的第一实力单位。

现任主任王江华。

北京市昌平区文化馆

昌平区文化馆始建于1949年9月。占地面积7380平方米，建筑面积4800平方米。文化设施、设备、展厅、专用教室齐备。全馆人员34人，其中业务人员22人，大专以上学历17人，高级职称者2人，中级职称者7人。

昌平区文化馆负责昌平地区群众文化娱乐活动的领导、组织、辅导工作。承担地区大型节日庆典，艺术展览、民间花会、文艺比赛等活动。为专业院校、艺术团体培养和输送艺术人才，并积极开展社区文化、老年文化工作。

昌平区文化馆曾组织参加历次天安门建国庆典大型文化活动。在北京电视台多次演出自身创作的文艺节目，《中国文化报》曾多次报道昌平群文活动情况。其音乐作品、文学作品、摄影作品、美术作品在《人民日报》,《人民文学》等国家级刊物发表，并获全国、市级奖励。

昌平区群众文化活动遍及全区每个城镇与乡村。艺术团送戏下乡，亲临阵地辅导并推出精品，在全区文化工作中做出了较大贡献。

延边歌舞团

延边歌舞团成立于1946年3月10日。现拥有50多名高级专业职称的艺术人才。建团55年来，曾经赴京先后参加过建国一周年、10周年、30周年、40周年、50周年庆祝演出活动，博得良好的声誉。建国一周年庆祝活动时，该团在中南海怀仁堂演出后，毛主席即席赋词《浣溪沙》。建团以来，曾30多次进京演出，先后出访10多个国家和地区演出，足迹遍布五洲四海。

延边歌舞团从建团那一天起，就深深地扎根于民族民间艺术的土壤之中，不断推出具有鲜明民族特色、浓郁生活气息的优秀歌舞节目，以其独特的民族风格和高雅的艺术精品蜚声海内外。先后近80多部作品获国家级奖。如60年代，大合唱《长白之歌》、歌曲《闺女之歌》均获国际银奖，群舞《扇子舞》获国际金奖；七、八十年代，伽耶琴弹唱《啊！长白山，我们的骄傲》、鼓并唱《我们的生活蒸蒸日上》、舞蹈《农乐舞》、《顶水舞》、《看水员》、《喜悦》、伽耶琴独奏曲《沈青》和90年代小提琴协奏曲《长白魂》、交响曲《神奇的长白山》、随想曲《我的故乡》等均成为国内外观众喜闻乐见的作品。

1999年隆重推出大型舞剧《春香传》，参加第十一届亚运会艺术节，饮誉京华；同年又隆重推出大型歌剧《阿里郎》，参加全国歌剧观摩演出，荣获惟一的头奖——优秀剧目奖。这两部大型作品均荣获文化部第一届文华大奖，并有17名创作人员和演员荣获单项文华奖。

1997年，大型舞蹈诗《长白情》参加全国舞剧观摩演出，以具有鲜明的时代特色和浓郁的民族风格的艺术表演荣获优秀剧目奖，并有15名创作人员和演员荣获单项优秀奖。1998年《长白情》荣获文化部第八届文华新剧目奖，1999年荣获中宣部《五个一工程》奖，2000年又荣获文化部文华大奖，第六届中国艺术节大奖，第二届“荷花杯”舞蹈比赛银奖。合唱《长白山，母亲之爱》参加首届98全国合唱比赛中荣获创作一等奖和表演二等奖。

1999年，大型舞蹈诗《长白情》和交响曲《神奇的长白山》被中宣部、文化部、广电总局定为国庆50周年重点演出节目进京献礼。

2001年在全国首届“金钟奖”音乐比赛中，该团节目又荣获4个奖。

2001年9月在第二届全国少数民族文艺汇演中，大型朝鲜族歌舞《欢腾的长白山》荣获创作金奖、表演金奖、舞美金奖和组织奖及13个单项奖。

1992年文化部授予延边歌舞团为“出人才、出作品、走正路”的先进单位，1993年和2000年文化部先后两次命名延边歌舞团为全国文化工作先进单位。团长朴瑞星1999年被文化部授予“优秀专家”称号，一级编导李承淑被中国文联评为“德艺双馨优秀会员”。

延边歌舞团犹如怒放在长白山上的一束金达莱，将以更加鲜艳的花朵和更加芬芳的花香，永远盛开在祖国艺术的百花园中。

济南市文化局

济南市文化局（文物事业管理局）是市政府主管全市文化艺术和文物事业的职能部门，政府机构改革后，机关编制总数46人，配备党委书记、局长1人，副书记1人，副局长4人，处级领导职数19人。下辖歌舞剧院、京剧院、吕剧院、儿童艺术剧院、杂技团、曲艺团、豫剧团、图书馆、博物馆、群众艺术馆、画院、影剧公司、考古研究所、艺术创作研究所、文物店、文化市场稽查队、演出公司、古建筑维修公司、艺术学校等31个单位，共有干部职工2080人，其中，具有高级职称的专业技术人才344人。

近几年来，济南市文化局坚持以改革为动力，全面推进体制和机制创新；以人才为核心，努力建设高素质的文化艺术队伍；以繁荣发展为目的，不断满足人民群众日益增长的文化需求，文化、文物工作一年一个新台阶，局机关连续3年被市委、市政府评为“两个文明建设先进单位”。

艺术创作和演出成绩显著。2000年以来，市直7个专业艺术院团先后创作排演了儿童剧《少年大舜》，儿童科幻剧《真实的游戏》，京剧《辛弃疾》、《双英会》，吕剧《菱花镜》，舞蹈诗《沂蒙风情画》，曲艺专场《千年泉城千年情》以及大型音乐诗剧《红岩诗魂》等反映济南历史文化和时代特点的剧（节）目，获省级以上奖项近50个，获国家级奖项12个。其中，儿童剧《宝贝儿》获文化部第九届“文华新剧目奖”、“文华剧作奖”、“文华舞台美术奖”和第八届“中国人口文化奖”一等奖、最佳编剧奖；山东琴书《生灵叹》获中国曲艺“牡丹奖”创作金奖、表演金奖；山东琴书《大实话》获第八届晋冀鲁豫“山河杯”曲艺幽默小段大赛金奖第一名。2001年，重点围绕纪念建党80周年举办了一系列文化活动。组织举办了“新世纪之春新剧目会演”、纪念建党80周年优秀剧（节）目展演活动，全市7个专业院团轮流上演了新创作剧（节）目和京剧《红灯记》、《沙家浜》，吕剧《父母官》、《姊妹易嫁》、《墙头记》、《井台会》、《闹房》，豫剧《包青天》、《义烈女》、《朝阳沟》、《秦香莲后传》、《清风亭》，以及歌舞、杂技、曲艺等70多台传统剧目。庆祝建党80周年大型文艺晚会《泉城儿女的祝福》、《辉煌80年》、《泉景》、“山证之夜”等专场晚会，主题鲜明，阵容整齐，内容丰富，赢得社会各界广泛好评。

群众文化工作特色鲜明。济南历来为文化艺术荟萃之地，素有“曲山艺海”之称。其商河鼓子秧歌、平阴加鼓通、长清手龙舞以及抬芯子、皮影等，享誉海内外。随着国民经济的快速发展，群众文化事业进一步繁荣，队伍迅速壮大。目前，全市群众文艺队伍已发展到300余个，80%以上的县（市）区建起了图书馆、文化馆，95%的乡镇（街道）建起了文化站，多数村（居）建起了文化大院，初步形成了四级社会文化网络。以泉城广场等30余个大型广场为载体的群众消夏广场文化活动特色鲜明，内容丰富，成为泉城文化新亮点。每当夜幕降临，节假日里，群众文艺演出此起彼伏，观者如潮。2000年以来，群众文化创作演出共获省级以上奖项38个，获国家级奖项13个。其中，小品《卖报的小哥哥》荣获全国首届“蒲公英奖”创作金奖、表演银奖，群舞《绿了母亲河》获全国第十届“群星奖”铜奖，摄影作品获全国第五届“大河上下”艺术摄影作品展三等奖，历下区姚家镇被文化部命名为“中国民间艺术之乡”。在刚刚结束的全国第二届“蒲公英奖”评比中，歌曲《飞吧，蒲公英》获创作金奖、表演银奖。歌曲《到处都有你》获创作、表演双银奖。歌曲《太阳少年》获表演银奖。器乐《植树苗》获创作、表演双铜奖。歌曲《我们的心愿》获表演铜奖。

文化市场繁荣有序。全市各级文化市场管理部门，坚持依法管理文化市场，相继对全市歌舞娱乐场所进行了重新审核登记，开展了电子游戏经营场所专项治理工作，清理了中小学校周边的歌舞厅、录像放映厅，取缔了设在中小学校周边200米范围内的电子游戏经营场所，对互联网上网服务营业场所进行了治理整顿和审核发证，实行了《演出市场目标管理责任制》、《文化市场管理社会承诺制度》、《文化市场管理便民“六上门”制度》，确保了文化市场规范有序，健康发展。目前，在全市文化市场主管部门登记的各类文化经营单位有 3912家，其中卡拉 OK厅 1800家，歌舞厅（夜总会）500余家，电影（录像）放映厅57家，营业性艺术表演团体14家，台球、棋牌室103家，电子游戏厅29家，保龄球馆9家，书报刊、美术品经营300家，其他文化经营项目约500家；互联网上网营业服务场所420家，音像制品零售、出租600余家，从业人员达6万余人，实现营业收入1.5亿元，上缴各项税金约3000万元。

文物保护管理和考古发掘工作成绩斐然。济南是一座具有悠久历史的文化古城，历代遗存文物丰富，1986年12月被国务院公布为历史文化名城。去年以来，成立了济南市文物专家组，制发了《济南市文物损失赔偿办法（试行）》，拟定了《济南市考古发掘管理办法》，研究制定了70余处国家、省、市级文保单位保护范围和建设控制地带划定意见。重新调整、修订了地下文物保护区划定方案，依法对辖区内部分国有不可移动文物土地进行了确权工作。对全市重点保护的古建筑等文物进行了维修。济南洛庄汉王陵抢救性考古发掘获得重大成果，截至目前，已发掘各类陪葬坑、祭祀坑33个，出土珍贵文物3000余件，包括编钟一套19件、编磬六套107件，后者的数量比目前全国汉代考古发现编磬的总和还要多，并首次发现了“分层祭祀”。海内外媒体进行了广泛报道，包括钱其琛等国家领导人、全国知名考古专家在内的考察参观者络绎不绝，引起了社会各界的广泛关注。举办了《洛庄汉墓出土文物临时展览》、《洛庄汉王陵首期出土文物精品展》、《古城辉煌——济南历史及馆藏文物展览》。

对外文化交流进一步扩大。市杂技团一行20人自1999年11月至2000年12月，与著名的美国玲玲马戏团合作演出382天，在美国40多座城市演出437场，观众达400余万人次。市杂技团另一支15人的队伍赴香港演出220天，共演出866场，观众达21.6万人次。市京剧院、吕剧院先后赴日本、巴布亚新几内亚等国家和地区进行了访问演出。同时，组织接待了约旦、波兰、哥伦比亚、委内瑞拉、埃塞俄比亚等国家艺术表演团体来济演出，活跃了济南演出市场。

贵阳市文化局

贵阳是贵州省的文化中心，贵阳文化像高原上千姿百态、绚丽多姿的山岩一样，独具特色、异彩纷呈。

负责全市文化工作的贵阳市文化局（贵阳市新闻出版局、贵阳市版权局）作为市政府的一个职能部门，对市直专业文艺、群众文化、文物保护与利用、文化市场（书刊、音像、娱乐市场）、电影发行放映、文化旅游单位等进行管理。

贵阳市文化局1995年按照中央《关于推进艺术表演团体体制改革的意见》，经过不懈的努力，文艺体制改革取得阶段性成果，实现了下属“八团一队”向“两团一院一中心”格局的平稳过渡。1999年，以市歌舞剧院为试点的文艺体制改革进一步深入。在该院改革过程中，出台了六个体制改革实施文件《贵阳市歌舞剧院内设机构及岗位调整方案》、《贵阳市歌舞剧院岗位工作管理原则》、《贵阳市歌舞剧院全员聘任制考核办法》、《贵阳市歌舞剧院工资分配原则》、《贵阳市歌舞剧院人员分流试行办法》、《关于贵阳市歌舞剧院产业发展的意见》，并组成体改领导小组对该院声乐、器乐、舞蹈、行政、舞美人员共134人进行了竞岗考评，依据考评结果进行了定编、定岗、定员工作。同时，还在该院进行了一系列内部机制改革。此外，在市杂技团实行团长聘任制，取得了较好的效果。

贵阳市艺术院团拥有“梅花奖”得主侯丹梅等一批卓有才华的艺术表演人才。近几年，一批毕业于中国戏曲学院、上海马戏学校、贵州大学艺术学院等院校的艺术新苗充实了专业艺术队伍，贵阳市舞台艺术后继有人。

这些年来，在全市专业文艺创作队伍和业余创作者的共同努力下，不断推出优秀剧（节）目和艺术精品。以京剧《范仲淹》、《巾帼红玉》，歌曲《最亮的星最好的人》、方言喜剧《酸酸甜甜的杨梅》为代表的一大批优秀剧（节）目荣获文化部颁发的“五个一工程奖”、“文华新剧目奖”、“中国京剧艺术节优秀剧目奖、优秀演出奖”、“全国蒲公英奖”及省、市各项重要文艺大奖。这些优秀文艺作品在弘扬民族精神、鼓舞群众干劲方面发挥了重要作用。《贵阳文化》、《文化信息》等期刊促进了创作，推动了交流，深受广大读者好评。

各艺术院团的节日演出与日常演出每年超过600场，演出的剧（节）目内容丰富、推陈出新，阵地演出与下农村到基层演出形式多样、好戏连台。

近几年来，陆续在庆祝贵阳机场通航、迎接香港回归、庆祝党的十五大召开、迎接新世纪到来等节日、庆典期间，编排演出《高原彩虹》、《欢庆党的生日、喜迎香港回归》、《迈向新世纪》以及纪念改革开放20周年大型文艺演出《乌蒙磅礴》、庆祝建党八十周年交响音乐会《世纪回响》等内容丰富、异彩缤纷的大型文艺演出，体现了专业艺术与群众文艺结合的高水平。

贵阳市群众文化事业经过多年努力，在全市范围内已经形成纵横交错的群众文化网络。到目前为止，已建成的纵向四级群众文化网络中，有市群众艺术馆和1996年新落成开放的贵阳图书馆，有区（市、县）图书馆7个、文化馆9个，乡（镇）文化站83个，街道办事处文化站34个及973个村级文化室。本市现已建立了一个国家级农村儿童文化园（花溪区青岩镇农村儿童文化园）和一个市级农村儿童文化园及一大批有地方特色的民族、民间文艺表演队伍。三年一届的“花溪之夏”艺术节集戏曲、话剧、曲艺、杂技、少儿艺术等节目于一体，熔音乐、舞蹈、诗歌、美术等门类为一炉，成为享誉海内外的贵阳艺术盛会。各类“歌咏比赛”、“文艺调演”、“舞蹈大赛”、“消夏纳凉晚会”等文艺演出交相辉映。“苗苗”、“小花”、“蓓蕾”三个少儿艺术团国内外演出繁花似锦。每逢春节和农历“三月三”、“四月八”、“六月六”等民族节庆，都要举办“耍龙舞狮”、“秧歌大赛”、“民族歌会”等大型群众文化活动。这些群众性文化活动形成了人们自娱自乐的文化节日。在少数民族节日或庆典集会上举行的芦笙舞、歌会、跳花场、地戏、傩舞、射背牌等民族文化活动别具一格，使慕名前来观看的国内外朋友眼界大开，流连忘返。群众文艺创作和群众文艺队伍也有了很大的发展，社区文化、校园文化、乡村文化推陈出新，群众文化活动呈现出蓬勃发展的良好态势。

十一届三中全会以来，全市文化市场迅速发展，歌舞厅、卡拉OK厅、录像厅、保龄球馆、高尔夫球场、书市等，已成为广大群众喜爱的文化生活场所。目前，全市文化市场共有各类文化经营户3000余户，其中歌舞娱乐场300余户，音像制品经营点900余户，电子游戏、台球等游艺活动经营点 1000余户，书报刊、印刷经营户500余户，其他经营项目300余户。在对文化市场的管理中，坚持“一手抓繁荣”、“一手抓管理”的方针，坚持依法管理，大力扶持健康的文化产品，正确引导文化娱乐和文化消费，深入开展“扫黄打非”斗争，建立文化市场专职稽查队伍，健全管理体制。提高科学管理水平，努力促进文化市场朝着繁荣、健康、活跃、有序的方向发展。

改革开放后，贵阳市的对外文化交流活动取得显著成绩。近年来，先后组织专业、业余和民间文艺表演队伍赴世界各地交流演出，向世界展示贵阳文化艺术的奇特魅力。同时，也多次接待来自世界各地的文艺使者。这些活动促进了中外文化的交流，传播了民族民间文化，增强了我市与世界各个国家、地区和人民的友谊。对外文化交流活动，拓宽了演出市场，宣传了改革开放的贵州和贵阳，开阔了视野。近年来，贵阳市组织民族艺术团、市杂技团等文艺队伍分赴美国、日本、法国、台湾、香港、澳门等地演出，既创造了一定的经济效益，又获得了良好的社会效益。这些对外及港澳台文化交流演出，打开了文化交流的大门，对高雅艺术的发展起到了良好的推动作用。

这些年来，文物保护与利用工作取得了可喜成绩。到甲秀景区、扶风山（阳明祠）景区观光、瞻仰的中外游客常年不断。驰名中外的息烽集中营旧址、达德学校旧址、修文阳明园等历史文物古迹，于 1997年—— 1999年相继修复开放，成为本市又一批爱国主义教育基地。目前，文物的征集与发掘工作也正在大力开展。

以占地9000平方米，藏书50余万册的贵阳图书馆新馆为代表的一批文化基础设施的建成，展示了本市精神文明硬件建设的新成果。目前，正开工建设和筹建的文化基础设施有: 贵阳大剧院、贵阳国艺大厦、贵阳市艺术中心大厦、贵阳电影城、贵阳图书城、贵阳市艺术馆等。

贵阳市文化局现任领导班子提出“以繁荣文艺创作为文化工作的中心环节”这一思路后，又将新时期文化工作的指导思想定格为: 高举邓小平理论的伟大旗帜，以江泽民总书记“三个代表”的重要思想为指导，坚持文艺的“二为”方向和“双百”方针，以繁荣文艺创作为中心，以深化内部体制改革为动力，以办好大型文艺活动为纽带，以加强农村文化建设为重点，以建设高素质的文化队伍为基础，大力推进文化产业，务实求真，排难而进，为贵阳市文化事业的发展努力奋斗。

龙门石窟

“凿断层岩伊水流，巃嵸 双阙壮金瓯”。在中国历史文化名城洛阳城南13公里处，这里东（“香山”）、西（“龙门山”）两山巍巍耸立，伊水历其间而北流，远望形如一座天然“门阙”，故称“伊阙”。隋炀帝建都洛阳，因宫城城门面对伊阕，乃始称“龙门”。龙门地形险要，山水秀丽，自古为历代兵家必争之地，也是游览的胜地。著名的龙门石窟就雕刻在伊河两岸南北长达1公里的崖壁上，为中国古代三大佛教石窟艺术宝库之一。据统计，两山现存窟龛2345个，造像近11万尊，碑刻题记2870余块，石刻佛塔70余座。其窟龛、造像和碑刻题记之多，居中国石窟之首。1961年，中华人民共和国国务院公布龙门石窟为全国重点文物保护单位。2000年9月，中央文明委、国家建设部、国家旅游局联合授予龙门石窟“全国文明风景旅游区示范点”称号; 11月30日，联合国教科文组织第24届世界遗产委员会通过列入《世界遗产名录》。

龙门石窟始凿於北魏孝文帝由平城（今山西大同）迁都洛阳之际（公元493年），历经东魏、西魏、北齐、隋、唐，延至北宋，营造时间长达400余年。北魏建都洛阳的40年间，是龙门石窟造像的第一个高潮。这一时期开窟造像之多，约占龙门窟龛总数的3/10。代表性洞窟有古阳洞、宾阳中洞、莲花洞、火烧洞、魏字洞、普泰洞、皇甫公窟（原称石窟寺）、路洞、药方洞等。其中古阳洞开凿最早、内容最为丰富，中国书法史上著名的魏碑体珍品——“龙门二十品”，该洞占有19品。北魏后期龙门石窟的造像较之云冈石窟，表现出更多的中国艺术形式。一般来说佛和菩萨的身材都比较修长，面相清瘦，胸平脖细，两肩削窄，秀骨清姿，宽袍大袖，表情温和，潇洒飘逸。

东、西魏到唐初，是龙门造像的低潮时期，这一时期主要是在北魏未完成的洞窟中继续造像，仅有小型像龛的雕造。

唐代是中国封建社会的盛世，也是中国佛教史上的鼎盛时期，亦是龙门开窟造像的第二个高潮。这一时期开窟造像之多，约占龙门窟龛总数的6/10以上。代表性洞窟有宾阳北洞、宾阳南洞、潜溪寺、敬善寺、惠简洞、奉先寺、万佛洞、龙花寺洞、极南洞、八作司洞、擂鼓台三洞、高平郡王洞、看经寺洞、二莲花洞等。其中最富成就的代表作是雕造精美、规模宏大、气势磅礴的奉先寺（又名“大卢舍那像龛”）大型群雕，它是唐代雕刻艺术的典范、人类美术史上的杰作。反映了唐代物质力量的强大和国力的强盛。一般来说，唐代造像曲眉丰颊，体躯丰腴，面相丰圆，形貌旖丽，含睇若笑，庄严典雅，富于情味。此种风格已脱离印度佛教艺术的影响，而独自发育成长，并东传到朝鲜和日本，构成范围广阔、历史悠久、独具特色的东方佛教艺术。

龙门石窟是封建政权凌驾于佛教之上的宗教艺术的展现，是在当时政治、经济、文化和佛教中心出现的石窟，是中国历史上繁荣时代雕刻艺术的典范之作，是中国乃至世界现存的公元5—10世纪最伟大的古典艺术宝库之一，它给我们系统地保存了公元五世纪末至十世纪中国古代社会珍贵的历史文化资料，具有极高的历史价值和强大的艺术魅力。在联合国教科文组织世界遗产委员会上，评审专家一致认定：一、龙门石窟的雕像表现了人类杰出的艺术创造力；二、石窟完美展现了石雕这一古老艺术的魅力，而石雕在亚洲地区的文化发展中处于重要地位；三、龙门石窟是中国唐朝高度发达的文化水平和社会形态的缩影。

1500多年来，龙门石窟受到了大自然的风化侵蚀，也遭到人为的破坏。中华人民共和国成立后，龙门石窟得到了妥善保护。1953年，经中华人民共和国文化部批准成立了“龙门文物保管所”，1990年更名为“龙门石窟研究所”，壮大了研究队伍，加强了石窟保护，开展了广泛的国际国内友好交流和合作，提高了石窟的知名度，使龙门石窟的保护、管理、研究、宣传接待工作都迈上了一个新的台阶。

在龙门石窟申报世界遗产及洛阳市创建优秀旅游城市、创建文明城市、文明景区工作中，龙门石窟保护区环境治理工作卓有成效。治理后的游览区环境更加优美，设施更加完善。

精美的雕像、优美的环境，每年吸引着海内外大量的游客纷至沓来。龙门石窟以其秀美的风光，珍贵的历史、艺术、科学和鉴赏价值成为全人类珍贵的世界文化遗产。在新的世纪，它必将得到更为有效的保护，也更加辉煌灿烂。

文山壮族苗族自治州文化局

一、概况

文山壮族苗族自治州位于云南省东南部，下辖文山、砚山、西畴、马关、麻栗坡、丘北、广南、富宁8县。31456平方公里的红土地上居住着汉、壮、苗、彝、瑶、回、白、傣、蒙古、布依、仡佬等 11种民族，总人口 312. 5万人。是驰名中外的“中国三七之乡”和闻名省内外的“铜鼓之乡”，“民族歌舞之乡”。

州文化局1982年与教育分设，2001年增挂“文山州新闻出版局”牌子。共设办公室、政治处、社文、艺术、文化市场管理等5个职能科室，编制21人。下辖州群众艺术馆、州图书馆、州博物馆、州民族歌舞团、州壮剧团、州艺术研究所、文物管理所、演出管理站、文化市场稽查大队、文山州文艺职业学校和州电影公司、民族剧场、民族文化中心等事业、企业单位。州直文化系统共有员工281人。

二、群众文化工作

1、年初，与科技、卫生部门一道，开展文化、科技、卫生“三下乡”活动，先后送戏422场，送电影1681场，送图书、科技资料、致富信息8011册（份）。同时为扶贫点捐资捐衣物、被褥等528

件，价值1万余元。

2、4月1日，在砚山县城举办“文山壮族苗族自治州民族节暨三七节”，表演了大型开幕式《南疆春潮》和迎宾晚会。特邀了著名歌手解晓东、火风、汤灿、湘女以及越南河江省歌舞团、云南省杂技团、“三加一”乐队等加盟助兴。参演人员达1200余人，观众达10万余人次。

3、9月，由中央电视台拍摄的，以表现麻栗坡彝族铜鼓舞为题材的专题片《铜鼓舞》在中央电视台国际频道播映。

4、9月，以马关县民族歌舞团为主的州文艺代表团一行32人应越南河江省的邀请，赴河江参加越南国庆11O周年庆祝活动，为越南人民表演民族歌舞。

5、10月6日—10日，第三届中国特产文化节在文山举办。文化系统组织了大型开幕式文艺表演《欢迎您到文山来》、专题迎宾晚会《七乡月》和组台歌舞晚会、民族民间传统节目游演等文化活动。并特邀中国歌舞团、云南省演剧团、云南省花灯团、云南艺术学院的部分演员参加演出。开幕式由中央电视台著名节目主持人刘仪伟、刘芳菲主持。在分会场，著名歌手张明敏、杭天琪、韩磊等到场演唱，参演人员达1500余人次。

这次活动以文化搭台，特产唱戏，实现了先进文化与先进生产力的有效结合，共同繁荣。

6、11月20日至24日，云南省群众文化工作会议在文山召开，省文化厅、中共文山州委、州人民政府、各地州市文化局，部分省直文化单位以及文山8县文化局、州直文化单位的领导80余人出席了会议。

会议全面总结了全省“九五”期间的群众文化工作，部署了明年和“十五”的群众文化工作。部分地州市和有关单位的领导在会上作了交流发言。并参观了文山州“千里边疆文化长廊建设”成果。

7、12月16日至21日，由州文化局组织的小品《雷场·情场》和《认亲》，继获全省小品调演金奖、银奖之后，在广州参加全国“群星奖”角逐，分别摘取金奖和铜奖。

三、文艺创作演出

1、7月，受中国歌舞团的委托，文山州民族歌舞团一行40人，赴广州番禺演出民族歌舞《七乡风采》，历时两个月，共演出64场，累计观众达1.6万人次，取得了较好的社会效益和经济效益。

2、1月，州壮剧团排演的大型壮剧《曼瑞毕侬》参加全省新剧（节）目展演，获新剧目奖、演员表演奖和音乐创作奖。

3、9月，州艺术研究所举办“戏剧创作研讨班”，聘请省州专家授课。州县从事戏剧创作的同志和业余爱好者共25人参加了培训。

4、11月州民族歌舞团创作的民族歌舞晚会—《七乡月》，作为中国第三届特产文化节的迎宾晚会演出，向中外来宾展示了“三七文化”的深厚底蕴。

5、应台湾传大文化公司的邀请，州民族歌舞团一行33人赴台湾，在台北等地演出民族歌舞乐——《七乡风采》，先后演出6场，观众达7000多人次，让台湾同胞领略到壮苗自治州多姿多彩的民族艺术，对两岸的文化交流起到了积极的促进作用。

四、文物博物工作

1、11月，由州博物馆承办的第三届特产文化节展览——《爱我文山》、《神草三七》、《民族馆》、《艺术展》及八县特产展在州民族文化中心展出，共12个馆，展板面积1000余平方米。设计制作水平较之以往有很大提高，累计参观者达2万多人次。

2、年内，丘北、广南、富宁警方破获文物走私案三起，追回国家级文物（铜鼓）3面。

五、文化市场

年内，文化市场管理部门继续开展“扫黄打非”和清理电子游戏、电脑屋专项活动，重点清理“法轮功”类书刊和音像制品。先后出动管理人员4058人次，车辆1218车次，检查各类文化经营户3618户次，查获各种非法出版物6117册，音像制品34422盒，集中统一销毁26600多件。

六、文化产业

3月，主楼高14层、总建筑面积15000平方米、总造价3000余万元的“文山州民族文化中心”落成投入运营。内设展厅、培训中心、表演厅、多功能厅、音像中心，以及餐饮、客务、娱乐、旅游、茶楼、网球场、超级市场、证券中心等，具有浓郁的民族特色和现代气息，为全国地市文化系统仅有者。

苏州市文化广播电视管理局

苏州是全国著名的历史文化名城。改革开放以来，苏州深厚的历史文化积淀在现代化建设中得到了继承、创新和发展，全市文化工作呈现出全面繁荣的态势。

形成了多出优秀作品的整体优势。“九五”期间，继滑稽戏《一二三，起步走》率先实现了江苏获“文华大奖”零的突破并获中宣部“五个一工程”奖后，大型舞剧《干将与莫邪》以反映时代精神及吴文化深厚底蕴与《一二三，起步走》双获第六届中国艺术节大奖；舞蹈《织》、《耕绿》双获全国群星奖金奖；粉画《渔村》获第九届全国美展金奖；小品《今夜情》、《今夜更有情》和评弹《姑苏水巷》、《搬家乐》等分获文华新节目奖和全国戏剧小品金奖。在坚持“出戏出人多演出”、“德艺双馨”的要求下，涌现了以苏州滑稽剧团为代表的先进集体和以顾芗、牛小艾等为代表的一批优秀艺术人才。苏州市评弹团率先在剧团内部进行运行机制改革，创下全年演出8060场的佳绩，位居全国曲艺类团体之首。

社会文化事业成效显著。活跃的社会文化活动是苏州精神文明建设的一道引人注目的景观。全市10个市（县）区全部跨入省群文先进行列。其中9个市（县）区先后被评为全国文化先进县区；98%的乡镇街道被评为省群文先进，市（县）85%以上的村和城区98%以上的居委会建起了文化活动室，全市文化馆站平均面积3700平方米和1656平方米，比“八五”期末增长53%。全市公共藏书总量595.8万册。全市形成20个特色文化乡镇，其中国家级6个，并建有各类业余文艺团体4000多个。

文化设施建设有了突破性进展。作为苏州历史文化名城跨入21世纪的文化标志性工程的苏州图书馆新馆于2001年6月18日落成开馆，为实现传统图书馆向数字图书馆的飞跃奠定了基础。“九五”期间，市（县）、区新建改建了一批图书馆、博物馆、新闻中心、科技文化博览中心、少儿文艺中心等具有多功能、现代化的文化设施；市直美术馆暨颜文樑纪念馆、吴作人艺术馆相继开馆，一批文化设施得到全面改造和维修。

文物保护工作迈上新台阶。苏州2500多年的历史积淀了丰厚的文化遗产，目前已有9家苏州古典园林被列入“世界遗产名录”。2001年5月，中国昆曲被联合国教科文组织列入“人类口头和非物质遗产代表作”。苏州现有各级各类文物保护单位489处，其中全国重点文物保护单位 15处，省级 85处，市区还有 200处具有一定历史、艺术和科学价值的控制保护古建筑。有馆藏三级品以上珍贵文物2万余件，数量和价值排名全省各省辖市首位。列为省历史文化名镇9个。“九五”期间，全市加大对文物维修的力度，全市文物完好率达75%以上。苏州珍惜世界遗产，保护和利用文化遗产，依托文物古迹发展旅游业，积极探索文化和旅游的有机结合。整修一新的苏州博物馆利用忠王府，依托拙政园，做到文物陈列精品化，环境园林化，2000年票房收入首次超百万。

文化艺术研究硕果累累。为跟上知识经济的发展步伐，促进文化面向现代化，文化部门发起了“苏州市吴文化与现代化研讨会”，提出把研讨会作为过程来办的创意，向社会征集研究课题，目前应标的36个课题完成初步研究。近年来，文化部门还组织编撰出版了一批文化丛书和文艺专著。《苏州文化丛书》第一、二辑、《苏州戏曲志》、《苏州民间器乐曲集成》等图书相继出版，使苏州的历史文化得到了较全面和系统的整理，苏州的人文优势得到了进一步的继承和发展。

文化市场健康发展，文化产业方兴未艾。“九五”期间，文化市场加强了依法管理的力度，先后制定了一批文化市场的管理办法。按照政府管理、行业自律、社会监督三结合原则，对文化市场经纪机构和场所负责人组织了培训；通过健全行业协会组织，开展行业自律活动；通过建立电子游戏市场义务监督员网络，发挥了群众对文化市场的监督作用。对文化企事业单位，在积极抓好主业的基础上，按照文化产业发展要求积极引导，市场导向作用普遍加强，结构调整和改制、转制步伐加快，文化发展的产业化程度得到提高。

2001年，中共苏州市第九次党代会提出了建设文化强市的目标。这对文化建设提出了全新的发展要求，提供了难得的发展机遇。文化融入经济，可以使经济变强、变大、变优、变美。文化融入政治，可以使政治具有先进性、时代性和实践性。文化作用于人，可以提高人的科学文化素质 为社会的协调发展提供精神动力和智力支持。

苏州市文化广播电视管理局将围绕建设文化强市的目标努力奋进。

中 国 剧 院

总政歌舞团所属的中国剧院，始建于1984年9月，十几年来，接待过许多国内外、军内外著名艺术表演团体，是首都北京重要的文化活动场所之一。

中国剧院具有较先进的推拉升降机械舞台和乐池，为演出的艺术处理提供了良好保障；电脑控制的各类灯具使舞台的艺术效果大放光彩；科学合理的建声、扩声系统和先进的音响录音设备为举办高品位、高档次的大型交响音乐会提供了最佳的视听效果。剧院大厅吊装的华丽灯饰、观众厅1500席美观舒适的新型座椅、可容纳100人的大小贵宾休息室等，无不显示出中国剧院富丽堂皇的豪华气派。

剧院台口宽15米、高8米、台深21米，后台化妆间共有三层，大小化妆间及特型演员化妆间共计10个，加上地下室演员化妆间，可容纳近千名演职人员共同使用。中国剧院还有200平方米的多声轨录音棚，从而形成了演出、录音等全方面的服务系统。

中国剧院设有相当实力的舞美设计工程部，剧院主任毕启亮系中国文联艺术指导委员会委员、中国演出家协会理事、中国舞美学会常务理事、国家一级美术设计；协理员孟薇是舞蹈家协会会员、舞蹈编导。舞美设计工程部具有一批实力雄厚的舞美设计、计算机制图、灯光设计、音响设计和舞美制作总监等管理人员。剧院承接并完成了大量的国内外各种大型文艺晚会及电视录像的舞美、灯光、音响的设计制作，并提供完善的装台、排练及演出管理一条龙优质服务系统。

中国剧院具有完善的安全保卫系统及高质能统一的监视系统，为一切重大政治活动提供了可靠的安全保证。

中国剧院将最大限度地对社会各界开放，真诚欢迎各界新老朋友来中国剧院组织和参加各类活动。

浙江曲艺杂技总团

浙江曲艺杂技总团是浙江省文化厅直属专业艺术表演团体，是建立4年余的一支年轻队伍。它的前身，是建于1959年的浙江曲艺团（实为评弹团），拥有一批评弹的名家、“响档”，在评弹界和广大评弹听众中享有相当的威望，历来是苏、浙、沪评弹三鼎足之一。在深化改革的1997年，该团本着开拓创新的精神，通过不懈努力，在省文化厅和上级有关部门的支持下，把浙江曲艺团扩建成了浙江曲艺杂技总团。建团四年多来，一直在健康的发展之中。目前该团拥有浙江曲艺团、浙江杂技团、浙江滑稽剧团和浙江明星演出公司4个经营实体，共有演职员160多位，而平均年龄仅25岁，朝气蓬勃，后劲十足。自去年8月实行全员聘用制、两级管理制并深化了分配等制度的改革后，进一步增强了竞争机制和激励机制，推动了艺术生产力的发展。今年5月，该团迁人新址（杭州市西湖区影业路7号），工作环境和艺术生产设施得到了较大改善。

本演出年度（2000年11月16日至2001年11月15日），该总团的国内外演出总场次达2033场，观（听）众达1381696人次。其中，国外演出（杂技）476场，观众810000人次；国内演出1557场——曲艺团演出（苏州评弹）1144场、听众128382人次，杂技团演出110场、观众177790人次，滑稽剧团演出303场、观众285524人次。演出总收人为（人民币）2429978.14元。

浙江曲艺团的评弹演员已经换了三四代，现在全部是青年演员。他们不负老一辈的期望，每年的演出场次都在千场以上；在去年举行的第六届中国艺术节苏州评弹比赛暨首届中国苏州评弹艺术节上勇夺五项8个奖。其中的现代短篇弹词《上岗》，又在今年6月中国曲协主办的“纪念建党80周年江浙沪评弹晋京演出”中大放光彩，受到李岚清、丁关根等中央领导的高度赞扬。11月，该团5位演员参加了由苏浙沪评弹工作领导小组、苏州市人民政府、江苏省文化厅、浙江省文化厅、上海市文化广播影视管理局和江苏省电视台联合主办的“江浙沪评弹青年演员传统书目电视展演”，3位演员荣获优秀表演奖、2位演员获得表演奖。

浙江杂技团也是以青年演员为主体的队伍。

节目富有江南秀美清丽的特色。近年在出访意大利、奥地利、日本、泰国等国家的演出中颇受好评。仅今年就先后派出5支队伍赴日本、泰国演出，受到当地观众的热烈欢迎。同时，该分团的演员在第五届法国“舞台之火”国际杂技魔术比赛中荣获“城市奖”和“公众形象奖”两项大奖，为国争光。

浙江滑稽剧团是以创作演出现代戏为主的剧团。成立几年来，先后推出了《拆穿西洋镜》、《究竟谁是爹》、《大路朝天》、《刻不容缓》等大型现代滑稽戏，屡屡在省戏剧节上获奖。其中《究竟谁是爹》一剧，就在浙、苏、京、陕、粤、琼等地连演1300多场，并与《苏州两公差》一起，于1999年赴台北演出，首次把滑稽戏这一剧种介绍到台湾，引起台湾同胞的关注和浓厚兴趣。今春，该团又创作演出了反映揭批“法轮功”邪教的大型警世悲喜剧《天鹅劫》，半年间在省内演出了112场，并应文化部之邀，于11月1日晋京演出，在首都引起了轰动，《人民日报》、《北京日报》等首都大报都作了报道，中央电视台第一套节目的“新闻联播”、“新闻30分”以及第三、第四套节目都作了长达二分多钟的报道；中央有关领导和首都观众都给予该剧很高的评价，戏剧界的专家称它是“目前看到的同类题材戏剧中最成功的一个”，是“宣传戏中间的上品”。该剧在北京的5个区巡演9场，观众逾万。目前继续在省内巡回演出。

浙江明星演出公司拥有完备而先进的声光器材，可以组织和承办各种文艺演出。今年就成功地组织了32场不同规模的文艺演出，营业额达229720元。

目前该团正在为参加明年5月举行的浙江省首届曲艺杂技节和第四届杂技新苗杯比赛作积极准备，同时打算深入生活、收集素材，创作一本描写浙江省在改革开放中涌现出来的奇人奇迹，反映“自强不息，坚韧不拔，勇于创新，讲求实效”的“浙江精神”的大型滑稽戏。

此外，该团还正在积极物色优秀的文艺管理人才、演出经营人才和杂技编导人才，有意者可与该团联系。

上海芭蕾舞团

上海芭蕾舞团成立于1979年，20世纪中华经典舞剧《白毛女》的演出使剧团一举成名，确立了上海芭蕾舞团在国内的一流地位。

上海芭蕾舞团既重视对古典芭蕾舞剧的学习，排演了《天鹅湖》、《关不住的女儿》、《吉赛尔》、《葛佩莉娅》、《唐·吉诃德》、《胡桃夹子》、《罗密欧与朱丽叶》等。又重视民族题材舞剧的创作，编演了舞剧《雷雨》、《魂》、《阿Q》、《潭》等，近年来又先后创排了大型舞剧《蝶恋》、现代芭蕾《五色之光》、《红的畅想》、双人舞《缠》等。2001年创排四幕芭蕾《梁山伯与祝英台》。

自建团以来，上海芭蕾舞团一批青年演员先后荣获24枚国际大赛的奖牌。1980年5月，汪齐风在日本举行的第二届大阪国际芭蕾比赛中，为祖国赢得第一枚奖牌，实现了零的突破。1988年11月，辛丽丽、杨新华在法国举行的第三届巴黎国际芭蕾比赛中荣获双人舞大奖，成为在国际芭蕾比赛中荣登榜首的第一对中国芭蕾演员，为祖国赢得了荣誉。近年来，一批芭蕾新秀张薇莹、范晓枫、孙慎逸相继在杰克逊、上海、瓦尔纳国际芭蕾比赛中获奖。2000年7月范晓枫、孙慎逸在第19届瓦尔纳国际芭蕾比赛中，双双荣获青年组男、女金奖，这是我国选手在该项大赛中第一次夺得青年组男子金奖，也是第一次同时夺得两枚金牌。同年11月季萍萍、傅姝在第9届巴黎国际芭蕾比赛中包揽了青年组女子第一、第二名。2001年8月在第二届上海国际芭蕾比赛中孙慎逸荣获男子青年组一等奖，范晓枫、孙慎逸荣获最佳双人舞奖，范晓枫荣获女子青年组二等奖，柯达荣获男子青年组二等奖。该团演员在国内比赛中也取得了骄人的成绩。

该团现任主要演员季萍萍、范晓枫、陈真荣、孙慎逸、张薇莹、傅姝等的芭蕾艺术更趋成熟，舞台形象光彩照人。

上海芭蕾舞团积极开展国际文化交流，曾出访日本、朝鲜、法国、加拿大、美国、印尼、新西兰、新加坡、澳大利亚等国及香港、澳门、台湾地区。并邀请许多国际著名编导、艺术家来团执教，排练节目。

国家主席江泽民在1986年题词寄语上海芭蕾

舞团“祝上海芭蕾舞团在国际舞台上演出成功”。

上海芭蕾舞团演员国际比赛获奖情况

1980. 5.　　汪齐风获日本第三届大阪国际芭蕾比赛第14名。

（这是中国芭蕾舞演员在国际比赛中首次获奖。）

1982. 6.　　汪齐风获美国第二届杰克逊国际芭蕾比赛特别优秀演出奖。

1984. 10.　　杨新华获日本第四届大阪国际芭蕾比赛男子个人奖。

1984. 11.　　汪齐风获法国第一届巴黎国际芭蕾比赛巴黎歌剧院发展协会奖——特别奖。

1987. 6.　　辛丽丽获美国第二届纽约国际芭蕾比赛第一名。

杨新华获美国第二届纽约国际芭蕾比赛第三名。

1987. 8.　　蔡丽君获第五届全日本芭蕾比赛暨第一届亚太地区芭蕾舞观摩比赛大奖、日本文部大臣奖、东京都知事奖。

1988. 2.　　张利、施惠获法国乌尔加特市第七届古典舞蹈（芭蕾舞）比赛双人舞金奖。

1988. 11.　　辛丽丽、杨新华获法国第三届巴黎国际芭蕾比赛双人舞大奖。

蔡丽君获法国第三届巴黎国际芭蕾比赛女子独舞二等奖。

1994. 6.　　张薇莹获美国第五届杰克逊国际芭蕾比赛奖学金奖。

1994. 11.　　孙晓军获法国第六届巴黎国际芭蕾比赛男子独舞第二名（第一名空缺）。

1995. 10.　　张薇莹获’95上海国际芭蕾比赛评委鼓励奖。

1995. 10.　　范晓枫获’95上海国际芭蕾比赛女子少年组银奖。

1995. 10.　　孙慎逸获’95上海国际芭蕾比赛男子少年组铜奖。

1996. 7.　　孙慎逸获保加利亚第十七届瓦尔纳国际芭蕾比赛第三名。

2000. 7.　　孙慎逸、范晓枫分获保加利亚第十九届瓦尔纳国际芭蕾比赛青年组男、女金奖。

2000. 12.　　季萍萍获法国第九届巴黎国际舞蹈比赛女子独舞成年组金奖。

傅姝获法国第九届巴黎国际舞蹈比赛女子独舞成年组银奖。

2001. 8.　　孙慎逸获第二届上海国际芭蕾比赛男子青年组一等奖。

范晓枫获第二届上海国际芭蕾比赛女子青年组二等奖。

柯达获第二届上海国际芭蕾比赛男子青年组二等奖。

范晓枫、孙慎逸获第二届上海国际芭蕾比赛最佳双人舞奖。

上海芭蕾舞团2001年大事记

一、2001年全年完成六台大戏的排练演出：1、古典芭蕾舞剧《吉赛尔》；2、国际芭蕾比赛获奖者专场《永恒的经典》（芭蕾舞剧《仙女们》、《天鹅湖》第二幕，《唐·吉诃德》第三幕）；3、芭蕾舞剧《白毛女》；4、芭蕾舞剧《天鹅湖》（英国版）；5、四幕芭蕾《梁山伯与祝英台》；6、芭蕾舞剧《胡桃夹子》。这是上海芭蕾舞团有史以来最繁忙的一年，大大丰富了演出剧目库，使青年演员在频繁的演出中得到了更大的锻炼。

二、2001. 3. 2——12. 应澳大利亚堪培拉多元文化艺术节之邀，上海芭蕾舞团赴澳相继在堪培拉、布里斯班和黄金海岸演出《唐·吉诃德》第三幕、《天鹅湖》第二幕及《睡美人》、《海侠》、《红扇》等双人舞获得成功。

三、2001. 5. 27.《上海·巴黎2001的跨越》卫星双向传送音乐会，本团青年演员季萍萍在巴黎香榭丽舍剧院表演独舞《天鹅之死》。

四、2001. 8. 12. 本团首次引进由前英国国家芭蕾舞团艺术总监特里克·迪恩编导的英国版芭蕾舞剧《天鹅湖》作为第二届上海国际芭蕾比赛开幕式剧目首演于上海大剧院，获得各界广泛好评，开全国舞蹈界引进国外版本之先，使我们学到了英国风格的古典芭蕾，又达到了中外文化交流的目的。通过引进学习还很大程度上提高了舞蹈艺术和舞美、服装制作等各方面水平。

五、2001. 8. ——12. 由上海烟草集团公司和上海大剧院主办的“爱我中华——芭蕾巡回演出”（上海、北京、香港、广州）上海芭蕾舞团芭蕾舞剧《天鹅湖》全国巡演圆满成功。

六、2001. 8. 上海芭蕾舞团在第二届上海国际芭蕾比赛中获得四项奖励：孙慎逸获青年组一等奖；范晓枫获青年组二等奖；柯达获青年组二等奖；范晓枫、孙慎逸获最佳双人舞奖。

七、2001．10．本团应澳门特别行政区政府文化局的邀请，首次赴澳门参加澳门第十五届国际音乐节演出芭蕾舞剧《白毛女》和《芭蕾舞剧精华选萃》专场，大受观众欢迎。

八、2001．12．1．由本团艺术总监辛丽丽首次独立编创的新版四幕芭蕾《梁山伯与祝英台》作为第三届上海国际艺术节闭幕式剧目首演于上海大剧院。

昆明市文化局

2001年，是昆明市文化局新一届领导班子开展工作的第一年，通过学习江总书记“七一”讲话和党的十五届六中全会精神，形成了“十五”期间文化事业“四个两手抓”的发展思路。即：一手抓文化精品工程，一手抓文化产业发展；一手抓基础建设，一手抓队伍建设；一手抓“扫黄打非”，一手抓繁荣文化市场；一手抓文化事业改革发展，一手抓党风廉政建设。并形成了解放思想，更新观念，要增强六种意识的共识：一是增强改革意识，唱响改革主旋律；二是增强创新意识，让文化工作在与时俱进中保持生机与活力；三是增强发展意识，大力发展文化产业；四是增强人才意识，建立灵活高效的人才机制；五是增强群众意识，保持同人民群众的血肉联系；六是增强责任意识，为文化事业改革发展团结拼搏，促进文化事业加快发展。

抓精品走市场，舞台艺术百花齐放 舞台艺术是又一个丰收年，演出市场异常活跃。一是奋力拼搏，出人出戏，涌现了一批优秀剧目和尖子人才。儿童剧《小小聂耳》荣获第八届全国“五一个工程奖”；在第五届全国舞蹈比赛中，舞蹈《象脚鼓》获表演二等奖；舞蹈《水之歌》、《山》获优秀奖；市民族歌舞团一级编导马文静编导的舞蹈《一首悠悠的歌》在文化部、民政部、教育部、广电总局、中国残联共同举办的第五届全国残疾人艺术汇演中荣获金奖和新作奖；一级作曲万里获全国广播新歌创作金奖等五个奖项；白族青年演员何纾参加第十一届孔雀奖少数民族声乐大赛获民族唱法三等奖；彝族青年演员张跃雄参加第十一届孔雀奖少数民族器乐展演获优秀演奏奖。市儿童艺术剧团一级编剧黄自廉创作的花灯剧《小河淌水》剧本获第二届中国戏剧文学金奖；市滇剧团一级演员周卫华被省文化厅授予“云南省青年表演艺术家”荣誉称号；何利飞被授予“优秀青年演员”称号。二是面向群众，精品进行市场运作。市儿童艺术剧团创作演出的儿童剧《小小聂耳》在获得中宣部精神文明“五个一工程奖”后，赴广东湛江演出了100场，取得了较好的社会效益和经济效益；市花灯团《小河淌水》赴江苏、浙江等地商业演出20场；市滇剧团“五个一工程”获奖剧目《瘦马御史》深入县区进行巡回演出，将精品送到了广大农民群众的身边；昆明交响乐团赴广西、桂林、贵阳等省外进行商业性演出；市民族歌舞团赴日本神户进行商业性演出等。全年各团商演总收入达125万元。三是两个效益一齐抓，大力开拓演出市场。参加上海、南京2001年国际演出交易会，《小小聂耳》与上海签订80场演出合同，市花灯团签订20场演出合同。并与美国、澳大利亚等国签订了意向性的演出合同，为专业剧团进入全国演出市场，从而走向国际市场作出了努力。

抓社文出特色，群众文化异彩纷呈 一是大力开展丰富多彩的群众文化活动，成绩喜人。组织了“昆明市小戏、小品、曲艺巡回观摩评奖活动”，参加云南省“云新杯”小戏小品调演，五华区创作演出的花灯小戏《豆腐庄》获金奖，盘龙区创作演出的小品《卖花的小女孩》获铜奖。经过推荐，参加全国第十一届“群星奖”决赛，《卖花的小女孩》获金奖，《豆腐庄》获银奖；晋宁县“秧老鼓”晋京参加鼓舞展演获金奖；少儿古筝齐奏《泼水》参加全国“蒲公英奖”决赛荣获金奖。二是树立群众意识，文化下乡取得好成绩。局机关、市图书馆、市群艺馆、市电影公司、市属专业文艺团体等单位，赴石林、呈贡、安宁、宜良等地农村开展文化下乡活动，受到市委、市政府的充分肯定。三是在北京成功举办了《红土乡情》——昆明现代民间绘画作品展览，建国50年来本市首次在中国美术馆举办画展。四是出色完成市委、市政府部署的重大演出和展览任务。先后圆满完成第十三届春城歌咏节“党在我心中”歌咏比赛、纪念建党80周年综艺晚会、国防教育晚会、

"国庆中秋"京剧演唱会、新年春城交响音乐会、法制文艺调演等，举办了国家机关工委书画展、邵华将军摄影展；"反对邪教，崇尚文明"展览等。五是精心组织完成了第十二届全国书市昆明市的任务，受到了省、市政府和组委会的表彰。通过书市活动，积累了政府扶持引导，市场机制运作大型活动的基本经验。

抓保护重抢救，开发利用文博资源 坚持"保护为主，抢救第一"的文物工作方针，做好全市243项各级文物保护单位的抢救性维修和日常保护管理工作。开展抗日战争时期的文物普查和社会主义建设时期的文物普查工作，抢救并保护了一批珍贵文物。由市级承担的云南陆军讲武堂内操场修复工作已近完工；由五华区政府承担的东西寺塔近日楼恢复重建工程已经完成并开门迎客；盘龙区政府承担的真庆文化广场和官渡区政府承担的金刚塔保护工作工程已开工建设。通过这些项目建设，为春城市民增添了新的文化景观和活动场所。

抓调研作规划，推动基础设施建设 新一届领导班子对全市14县（市）区及局属各基层单位实施精品工程、文化产业发展、基础设施建设、文艺人才培养等改革和发展的重大问题，开展了深入细致的调查研究工作。拟定"十五"文化产业、人才培养、艺术创作和基础设施建设规划，为"十五"文化事业改革发展勾画了轮廓，明确了目标，制定了措施。针对文化基础设施薄弱的情况，局领导班子下决心花大力气抓基础设施建设。会同市计委、市规划局、市建筑设计院、市财政局、市经研中心及市交响乐团、市民族歌舞团等单位，对江、浙、沪等地进行文化设施建设考察，形成了考察报告。并组织专家、学者召开聂耳音乐厅和基地建设的专题研讨会，对音乐厅基地的规模、功能及发展方向进行了较为充分的论证；聂耳音乐厅建设前期工作全面展开。

抓作风建制度，狠抓机关自身建设 制定了文化局党委会议制度，中心学习组制度，干部任免办法，局务会议制度，经费审批制度，人事工作调配制度和公文处理规定等十项工作制度，机关工作进一步规范化、制度化。增强了决策的民主化、科学化。做到了有章可循，按制度办事，全局党建工作和党风廉政工作成绩突出，被省委授予"先进基层党组织"称号。

拉萨市文化广播电影电视局

拉萨，是西藏自治区的首府城市，是西藏政治、经济、文化的活动中心。下辖林周、当雄、达孜、曲水、堆龙德庆、尼木、墨竹工卡、城关8县（区）。31718平方公里居住着藏、汉、回、门巴、洛巴等民族。人口约40万人。是国务院首批公布的历史文化名城之一。雄伟的"布达拉宫"金碧辉煌、名誉世界。这里地理位置独特，自然风光美丽，民族文化灿烂，民族服饰古朴绚丽。被称为世界屋脊并享有"日光城"的美誉。

拉萨市文化局1987年4月与教育分设。现全称为拉萨市文化广播电影电视局。下属：拉萨市文物局、拉萨市文化市场管理委员会办公室、市电视台、市民族艺术团、市新华书店、市电影公司、市群众艺术馆、市民族文化艺术宫等7个独立核算单位。市文广局系统在职员工272人。

一、文化艺术工作

1、拉萨市民族艺术团自成立以来，从原有的20多名演职员，发展到现在的100多人，拥有歌舞、演奏、创作、曲艺表演能力。长期以来，这支文艺团体始终坚持党的"双百"方针和"二为"方向，把传统的文化艺术与现代文化艺术有机的结合在一起，发扬光大，并多次走出国门参加演出。2001年11月曾赴澳大利亚、新西兰进行演出，得到了国际社会认同。著名藏族表演艺术家土登曾去英国伦敦伊丽莎白皇宫成功表演了《格萨尔王霍岭之战》和"赞帽" 等片断的说唱艺术，为弘扬民族优秀传统文化做出了贡献。

2、拉萨市群众艺术馆，在搜集、整理民间风俗文化的《三套集成》工作中，完成了《西藏婚俗》、《民间故事》、《民间谚语》、《民间歌谣》、《阿古顿巴》民间故事等5本书的编写和出版发行工作。为搞活基层文化活动，经常组织文艺骨干培训，开展歌咏比赛、书画展览、文艺演出等，大力支持人民群众广泛参与各项有益的文化活动。

3、拉萨市文化"三下乡"活动，仅2001年就向基层送书40000余册，送戏40余场，并为基层培训文艺骨干20名。

4、提高文化修养，加强思想教育，在中央的关怀下，由河南省援建的新华书店文化大厦。1996年投入使用以来，年售书达80余万册，三年为国家创税100多万元。

二、文化市场

党的对外开放政策，使本市文化市场蓬勃发展，现拥有各类文化娱乐场所1700余家，本着“管而不死、活而不乱”的原则，2001年先后检查过556家各类场所，共收缴非法音像制品85900张，非法电脑软件1000多张，取缔非法经营户28家，捣毁盗版音像制品批发窝点6家，没收赌博游戏机50台，赌资36510元，力争使所有的文化娱乐场所朝着健康、有序和规范化、法制化发展。拉萨市文化市场办自成立以来，1993年10月荣获全国文化市场管理先进集体荣誉称号，2000年荣获全国“扫黄”“打非”工作先进集体。并多次荣获区、市奖项。

三、文物工作

1、2000年，在大昭寺申报世界文化遗产过程中，中央和地方财政共投入2290万元，用于大昭寺环境整治工作。

2、继布达拉宫列入世界文化遗产后，2000年和2001年，大昭寺和罗布林卡分别作为布达拉宫的扩展项目被列为世界文化遗产名录。

3、2001年拉萨市文物局筹集719万元对老城区14处古建院进行了修缮。

4、拉萨市城关公安分局1997年破获一起文物走私案，没收非法走私文物79件（其中：有部分二、三级国家文物）。

四、文化产业

1、由北京援助4000万元资金修建的拉萨民族文化艺术宫，总建筑面积7800平方米，已于2001年11月7日破土动工，预计2002年底竣工。该宫建成后，将为拉萨市文化事业的发展发挥主要作用。

2、为加强文化基础设施建设，截止2001年底，拉萨市所辖七县一区中，共建有县级文化馆6座，乡级文化站39座，村级文化室203座。现本市拥有群众自发组织的乌兰牧骑式演出队1支，乡村乐队1支，业余藏戏队5支。

湖北省艺术学校

湖北艺术学校，创建于1958年，原名湖北省戏曲学校。1978年恢复重建以来，学校以质量求生存，以改革求发展，不断改革办学格局，增设社会急需的艺术专业，取得长足的发展，于1987年更名为湖北省艺术学校。1993年被确认为省部级重点中专，2001年被国家教育部确认为国家级重点中专，1996年被省人事厅、文化厅授予“湖北省文化工作先进集体”称号，1999年被国家人事部、文化部授予“全国文化工作先进集体”称号。

学校专业设置分中专与高职两部分。中专设有器乐、声乐、舞蹈、戏曲表演与伴奏、群众文艺、艺术公关、影视表演、美术、文博技术、电影技术等专业。高职设有艺术设计、音乐表演与教育、舞蹈表演与教育、影视表演、群文歌舞、工艺美术、旅游管理（艺术导游）、计算机应用（多媒体与MIDI技术）、公共关系学（艺术公关）等专业。每年招生600人左右，现有在校生1400余人，其中高职生408人，“3+2”高职生200人。

湖北省艺术学校是湖北省首批试办高职教育的中专学校之一。1997年和1998年与湖北工学院联办舞美技术高职班和实用工艺美术高职班；1999年，与华中师范大学合作办学，成立华中师范大学艺术职业学院，2000年开始试办“3+2”分段制高职教育。

学校教学设施完备。三个教学区占地面积60余亩，建筑面积27100m^2。建有练功房42间、琴房66间、画室22间、演出展览场地2个，图书馆（室）3个（藏书6.7万册），电教室、语音室、演播厅、服化道等教学设施和器材齐全，为艺术人才的培养提供了可靠的物资保障。学校固定资产总值2800万元，教学器材总值1044万元。学校自筹资金500余万元兴建了学生公寓，学校综合楼的建设被列入省文化厅“十五”规划，省计委已批准立项，预算800万元的该楼集剧场、图书电教中心于一体，将极大地改善办学条件。后勤服务也基本实现社会化管理。

学校信息化、网络化建设初具规模。现拥有微机120余台，各职能部门已实现办公管理自动化。三个专业电脑设计室配有功能强大的服务器和专业图形工作站及其他辅助设备（扫描仪、数码相机、数码摄像机、投影机、彩色打印机、光盘刻录机等），通过ISDN与因特网相连，建有校园局域网，学校的网站是http://www.hbvx.net。

学校师资力量雄厚。现有专任教师155名，其中高级职称48人（含国家一级演员8人），占31%；中级职称68人，占43.8%。专任教师中本科学历占54.07%，专科学历占24.44%，是一支低年龄、高学历、高职称的师资队伍。“双师型”教师占55%，教师结构合理。在教改、教研等方面取得丰硕成果，近五年，在省、市级以上刊物上发表论文58篇，获省部级以上奖24人次，编写和摄制教材180余种。

学校坚持特色办学，突出产教结合，积极推行素质教育，培养学生的创造能力，取得了丰硕的教育成果。学校向社会输送的毕业生人才辈出：20世纪60年代培养了以朱世慧、李春芳、程彩萍为代表的一批著名表演艺术家；1984年以来的众多毕业生已成为省市文艺界挑大梁的优秀人才；1994年以来的毕业生在艺术舞台上开始崭露头角。跟踪调查1984年以来分配到省市文艺团体的187名毕业生中，获国际级奖7人次，国家级奖88人次，省部级奖115人次。1984年以来毕业生成才典型有：刘丹丽（1984年楚剧科毕业生），获省部级以上奖13次（其中国家级奖5次），1997年获文化部第十四届中国戏剧“梅花奖”；李铁（1989年话剧科毕业生），获省部级以上奖8次（其中国家级奖 5次），并于1999年荣获武汉市“新长征突击手”称号；李琼（1995年声乐大专班毕业生），获国家级、省部级以上奖9次，1998年以一曲《山路十八弯》荣获第八届“大红鹰”杯全国歌手电视大奖赛特别奖 吴珍艳（1995年舞蹈科毕业生），参加全国舞蹈比赛获“文华奖”，在第八届法国巴黎国际舞蹈比赛中荣获现代舞女子组金奖；毕业生中还涌现一批在省内乃至全国有影响的著名演员。如影视明星徐帆、米学东、江涛、王戎等；歌坛新秀金波、周彦、胡矿、汪金媛、秦德松等；戏剧名角李丽超、马娅琴、刘家军、詹春尧等。2001年中专在校生黄莺、黄燕（孪生姐妹）荣获“第七届高中生国际音乐艺术大赛”古筝演奏并列第一名。

2001年，学校已被列入湖北省大学城建设总体规模，是入驻该大学城中唯一的一所中专与高职并存的学校，计划征地300亩作为教学区域用地，在2—3年中基本建成。届时一所崭新的湖北省艺术学校，将为中、高等艺术人才的培养提供功能齐全、设备一流的学习条件和优美的育人环境。它将以崭新的风姿在21世纪再创新辉煌。

江苏省戏剧学校

江苏省戏剧学校座落在六朝古都南京的东南隅，南接十里秦淮，北望巍巍钟山。是一所直属江苏省文化厅的全国重点中等专业学校，是江苏省培养艺术人才的摇篮。

学校创建于1956年，设京剧、昆曲、锡剧、扬剧、越剧、舞蹈、舞美、编导和歌舞话剧等专业。几十年来，为江苏省培养和输送了大批艺术人才。现在江苏省各级文艺团体的业务骨干，大都是省戏校培养的，其中不少人已成为在全省乃至全国有影响的明星和艺术家，如：王馥荔、林芳兵、马昌钰、陶泽如、石小梅、胡锦芳、林继凡、黄小午、倪同芳、邓建栋、惠娟艳、侯长荣、孔爱萍、李洁、郑佳艳等，为文化艺术事业的繁荣和发展作出了巨大贡献。

90年代以来，学校适应社会对艺术人才需求的变化，拓宽办学思路、调整专业设置，先后增设了音乐教育、美术教育、影视表演、群众文化、实用美术、装璜设计、电脑设计、形象设计以及声乐、民乐、键盘乐、歌舞等专业，并与高等艺术院校联合办学。开设了戏剧文学、音乐教育、美术教育大专班，2000年起又举办音乐、美术、锡剧表演、影视话剧等专业五年制高职班，使艺术教育事业迅速发展。学校已从过去单一的戏剧学校发展成为一所多门类、多层次的综合性艺术学校。设置专业门类20多个，学制三年至六年不等，在校学生1400余名。

随着办学规模的扩大，学校的办学条件不断改善。1997年，学校在风景秀丽的溧阳市天目湖旅游度假区征地20亩创办了天目湖分校。1999年，一座6000多平方米的教学办公综合楼——艺海楼在学校本部拔地而起，使整个校园面貌焕然一新。学校现有占地面积32800平方米，教学、生活用房

38000多平方米。办学设施齐全、条件优越，有大批戏剧舞蹈专用的排练厅和教戏课堂，有可供数百名学生练琴、作画的琴房和画室，还拥有现代化的微机房、语音室、音乐厅、美术馆和可容纳700名观众的实验剧场，学校图书馆藏书五万余册。

学校师资力量雄厚，现有在职教职工220余名。其中专任教师120余名，具有中、高级以上职称的教师占70%以上，并有一批国家一、二级演员和在全国享有盛名的学者和表演艺术家。近几年来，学校又引进了一批艺术院校的毕业生充实教师队伍。形成了一支素质较高、数量足够、专业齐全、结构合理的师资队伍。这是提高教学质量，培养高水平人才的可靠保证。

由于学校办学成绩显著，近年来学校屡次受到上级主管部门的表彰和嘉奖。1993年学校被评为江苏省文化系统思想工作先进集体；1994年被确定为省部级重点学校 1995年被国家文化部、人事部授予"全国文化先进集体"称号；1996年在争先创优活动中，学校党委被江苏省文化厅评为先进基层党组织，并从1996年以来连续五年在江苏省文化厅组织的年度考核中被评为优秀等级单位；2000年5月被国家教育部确定为国家级重点中等专业学校。

山西省晋剧院

晋剧又称"山西梆子"，是山西省具有代表性的地方剧种之一。广泛流布于山西、内蒙古、河北张家口以及陕北部分地区，深受广大人民群众的喜爱。山西省晋剧院是山西省文化厅所属最大的专业艺术表演团体。现有在编人员311人，离退休人员131人。1959年建院初期，曾定名为山西省实验剧院 是由原国营山西人民晋剧团第一、二分团和太原市一分团合并组建而成。建院初期，剧院拥有著名晋剧表演艺术家丁果仙、牛桂英、郭凤英、冀美莲、刘俊英、乔玉仙、梁小云等一大批艺术骨干。创作人员有编剧张一然、洛林、赵步颜、陈志昂等，导演刘元彤、温明轩等，音乐创作石岩、李守祯、冯育坛等，舞台美术设计林凡、林咸祉、张一、单良生等。1960年，为贯彻省委"打好晋剧翻身仗"的指示，从全省选调优秀青年演员冀萍、马玉楼、李爱华、王爱爱、田桂兰、王宝钗、刘汉艮、姬荣生、金世耀等，以及鼓师陈晋元、琴师张步兴等百余人，组建了山西省晋剧青年演出团。在各级领导的关怀支持下，遵照省委"排出好戏、培养人才、重点实验、典型示范"的工作方针，先后整理改编了传统戏《小宴》、《杀宫》、《算粮》、《打金枝》、《明公断》、《金水桥》、《卖画劈门》、《含嫣》等剧目，晋京演出70余天，并九进中南海为中央领导演出，受到中央领导的热情鼓励和广大观众的热烈欢迎。1962年，山西省晋剧青年演出团正式定名为山西省晋剧院。1974年2月，剧院创作演出的现代戏《三上桃峰》赴京参加华北区文艺调演，被污蔑为"反党大毒草"，受到围剿批判。1978年，应文化部邀请，赴京参加首都国庆文艺活动，重演《三上桃峰》，为这场政治冤案平反昭雪。1979年3月至6月，本院奉命赴云南边防前线慰问演出，随中央慰问团先后赴云、贵、川为边防将士慰问演出80余场，受到边防军民的热烈欢迎和三省党政军领导的高度赞扬，并受到文化部的表扬和省文化局的嘉奖。

改革开放后，为解决晋剧艺术后继乏人、青黄不接的问题，在省文化厅的领导下，于1984年组建了山西省晋剧院青年团。该团集中了省戏校毕业生栗桂莲、孙昌、张智、陈红、张瑞杰等百余名优秀青年演员，对晋剧艺术进行综合治理、改革创新。同年9月，青年团带着改编后的《打金枝》、《杀宫》、《教子》、《小宴》、《盗仙草》、《挡马》、《见皇姑》、《拿高登》等剧目，晋京汇报演出，受到首都各界的热烈欢迎和好评。同年10月，应邀参加了香港联艺娱乐有限公司在港主办的"中国地方戏曲展"，引起极大轰动。1987年以来，本院已先后有田桂兰、栗桂莲、宋转转、崔建华获中国戏剧"梅花奖"，温明轩、张万根获"文华导演奖"，刘和仁、刘和耀获"文华音乐创作奖'，吕荣贵、马步远获"文华服装设计奖"，张智、杨爱莲、王晓萍获"文华表演奖"，丁果仙、王爱爱分别于1989年和1995年获中国唱片公司颁发的"金唱片奖"。1995年，本院创作演出的现代戏《油灯灯开花》获中宣部"精神文明建设五个一工程奖"，编剧张晓亚荣获"曹禺文学提名奖"。

目前，随着社会主义市场经济的不断完善，本院认真贯彻省文化厅“以改革为动力，以管理为中心，抓精品、闯市场、促繁荣”的工作方针，从提高全员业务素质入手，实行了全员考评聘用制，制定了包括艺术建设、人才培养、行政管理、奖惩制度等在内的各项管理制度。2001年，院内三个演出团共演出700多场，演出收入200多万元；创下了建院以来的最好成绩。2002年，遵照省文化厅的指示，本院将进一步深化体制改革，加大分配制度改革和艺术革新力度，加大对优秀作品创作的管理力度和奖励力度，力争为贯彻江泽民总书记“三个代表”的重要指示，为繁荣山西文化艺术事业做出新的贡献。

香港中乐团

香港中乐团于1977年由前市政局正式成立，其后由康乐及文化事务署资助及管理，2001年4月正式由香港中乐团有限公司负责运作，是本港目前唯一之职业中乐团。乐团于2001年9月踏入第二十五银禧乐季，在历任音乐总监吴大江、关廼忠、石信之及现任音乐总监阎惠昌带领下，乐团肩负着推广中乐的任务。香港中乐团植根于历史悠久的中国文化，演出的形式及内容包括传统民族音乐及近代大型作品，乐团更广泛地委约各种风格及类型的新作品，务求以崭新的技巧与风格，丰富中乐曲目。

乐团编制 香港中乐团分四个乐器组别——拉弦、弹拨、吹管及敲击，其中包括传统及新改革的多种乐器。过去24年来，乐团编制由最初50位增至85位乐师，包括一位团长兼助理指挥、一位副团长兼首席、两位声部长兼首席、13位首席乐师、10位助理首席乐师及58位乐师。

音乐会及社会参与 乐团自1998年起建立一系列的专题音乐会：如“年度精选之夜”、“心乐集”、“情人节音乐会”及以地方音乐与乐器为题的音乐会等。除定期音乐会外，乐团又经常举办免费外展及学校音乐会，以扩阔观众的层面。乐团更于1998年起与教育署及音乐事务处合作制作一系列中乐教育电视节目，及后于1999年又与教育署再度携手，联同香港教育学院制作中乐电脑光碟“胡琴篇”，以多媒体形式推广中乐。

乐团于1997年2月特别举办了中乐发展国际研讨会，以“中国民族管弦乐发展的方向与展望”为主题，邀请了多位海外、中国内地及本地的专家和学者出席，提出了许多具有启发性的意见，于2000年3月举行“21世纪国际作曲大赛”及“大型中乐作品创作研讨会”，推动及探讨中乐大型合奏创作，将中乐发展推上另一个高峰。为了与喜爱中乐的朋友共享中乐艺术之美，乐团于1998年3月正式成立“中乐挚友会”。2001年2月，香港中乐团及一千名胡琴好手共同缔造的“千弦齐鸣”，已正式获列入健力士世界纪录大全，创下最多人同时演奏胡琴的纪录。

海外演出 目前，乐团已举办约800场音乐会，外展音乐会逾千场，并经常往外地巡回演出，足迹遍及澳洲、新加坡、日本、韩国、加拿大、美国及荷兰等国以及内地和台湾、澳门地区。近年海外重要演出，包括1997年6月应新加坡国家艺术理事会邀请，在音乐总监阎惠昌带领下参与当地“亚洲演艺节”的演出，座无虚席，好评如潮。1997年11月更获香港特区政府委派前往加拿大，为“加拿大亚太年”演出，在温哥华陈氏演艺中心及奥芬音乐厅和多伦多汤臣音乐厅演出三场音乐会，获得一致赞赏。在阎氏带领下，乐团曾两次远赴欧洲，1998年11月获邀参加荷兰“对比艺术节”，在阿姆斯特丹及鹿特丹举行两场音乐会，成为全球第一个于世界知名的阿姆斯特丹音乐厅演出的中乐团；复於2002年2月，乐团前赴奥地利及德国巡回演出，首场更于举世闻名、宏伟华丽的维也纳“金色大厅”举行，受到观众热烈欢迎。

唱片出版 1987至1989年期间，乐团先后灌录了四张唱片：《梁祝协奏曲／拉萨行》、《十面埋伏／春江花月夜》、《穆桂英挂帅》及《香港中乐团专辑》，成绩斐然。在跨入新世纪之际，乐团展开新一轮的录音计划，与香港作曲家联会合作录制的《风采》已率先于1999年10月推出，乐团继而在2000年2月及5月推出了唱片《喝采》与《美乐献知音》，均受到各界一致好评。

音乐总监及指挥 阎惠昌是中国国家一级指挥。1997年6月起应邀出任香港中乐团音乐总监，并于2001年带领乐团进入公司化发展新阶段，同时踏入银禧乐季。继2001年 9月获新加坡政府颁发“2001年文化奖”后，阎氏再于10月获颁“世界学术贡献奖金奖”、“世界文化名人成就金像奖”及“中国艺术界名人作品展示会金鼎奖”，其成就并同时列入《中国当代艺术界名人录》。

阎惠昌于上海音乐学院接受五年大学专业中乐指挥教育，1983年以优异成绩毕业，取得学士学位。师从著名指挥家夏飞云、著名作曲家胡登跳、何占豪等教授。曾任中国中央民族乐团首席指挥兼乐队艺术指导、中国音乐学院客席指挥教授、北京音乐厅爱乐交响乐团/民族乐团指挥、陕西省艺术学院戏曲系乐队教研室主任兼指挥、台湾 高雄市国乐团驻团客席指挥等职，现任中国民族管弦乐学会常任理事。

阎氏曾先后指挥北京、上海、台湾、香港及新加坡等地所有专业中乐团。他的艺术和指挥才华得到国内外乐界一致赞誉。所录制多张唱片中，其《如来世家》及《二胡现代作品集》获台湾唱片金鼎奖。除活跃於中乐舞台外，他亦涉足西洋交响乐队指挥。中国中央交响乐团在他指挥下，与著名作曲家赵季平合作录制《大红灯笼高高挂》、《黄河谣》、《五个女子和一根绳子》等影片乐曲，荣获中国及国际电影节大奖。1992年移居新加坡受聘为拿索斯（新加坡）唱片公司音乐总监。1994年应日本BMG唱片公司邀请指挥俄罗斯爱乐管弦乐团录制中国音乐唱片，备受赞赏。

此外，阎氏还积极从事音乐创作。其代表作品中，交响音画《水之声》获上海音乐学院作曲大赛一等奖和第三届全国音乐作品比赛二等奖，琵琶独奏《思乡曲》获全国首届琵琶比赛征稿一等奖。1992至1993年期间先后创作及亲自监制多张个人电脑音乐唱片专辑，深获好评。

北京舞蹈学院

一、概况 北京舞蹈学院是我国唯一的一所舞蹈高等学府，前身为北京舞蹈学校，始建于1954年。它是新中国建立的第一所舞蹈学校，不仅开创了新中国的舞蹈教育事业，而且为创建新中国舞蹈表演团体和发展中国舞蹈事业起到了奠基作用。70年代末，北京舞蹈学校经国务院正式批准改制为学院。

回顾建国初期，北京舞蹈学校迎着社会主义的曙光，创造了骄人的业绩。1959年学校创建中国第一个芭蕾舞团，先后上演了《天鹅湖》、《吉赛尔》、《巴黎圣母院》等经典舞剧，后转成中央芭蕾舞团。根据周恩来总理、陈毅副总理的指示，于1957年设立东方音乐舞蹈班，学生毕业后组建了东方歌舞团。1960年由本院青年教师为骨干组建了我国第二所舞蹈学校——上海舞蹈学校。新中国第一代优秀的舞蹈家，如芭蕾表演艺术家白淑湘、赵汝衡、薛箐华、钟润良等；中国民族舞表演艺术家赵青、陈爱莲等；东方舞蹈表演艺术家张均、于海燕、赵士中等；舞蹈编导艺术家贾作光、李承祥、李仲林、黄伯寿等和老一辈舞蹈教育家戴爱莲、陈锦清、李正一、唐满城、彭松、曲皓等担负着创建新中国舞蹈教育、表演和创作的历史重任，为繁荣社会主义新舞蹈文化事业做出了重要贡献。

北京舞蹈学院的建设与发展受到党和国家领导人的亲切关怀和重视，老一辈领导人毛泽东、刘少奇、周恩来、邓小平、陈毅、贺龙、彭真等多次观看学校的演出，做出重要指示，对学校发展起到了重要作用。改革开放以来，本院遵循邓小平“三个面向”和江泽民“两个根本转变”的办学思想，在加强我国社会主义精神文明建设、满足社会对舞蹈高等人才需要的同时，努力提高本院的办学层次，增强其在国际社会中的竞争力，使学院日趋成为舞蹈学科设置齐全，舞蹈师资雄厚的社会主义舞蹈文化的重要的教育阵地。

北京舞蹈学院主要为国家级艺术表演团体培养高级舞蹈表演人才和创编人才，同时为全国舞蹈教育培养师资，现已为国家培养各类舞蹈文化高级人才2000余名。他们中的许多人成为政府文化部门、文艺团体、艺术院校的领导和著名舞蹈家。他们在国内各大型演出活动和国际间的文化交流中为祖国、为母校争得荣誉。因此，人们亲昵地称它为“舞蹈家摇篮”。

在“十五”规划中学院提出新的服务面向定位：立足首都，面向全国，服务中国特色的社会主义文化建设。学院的类别定位是：教学研究型大学。学院的学科定位是：以舞蹈表演为主，表演、教育、编导、设计、舞蹈学以及舞蹈边缘学科协调发展的以舞蹈为主体的艺术类学院。学院的人才培养定位是：基础宽、专业精、素质高、能力强、富有创新精神的多层次、多规格舞蹈文化人才，重点是高层次、高规格的学术带头人和表演、编创的尖子人才。

1998年本院一次通过教育部本科教学评估，1999年本院被国家人事部、文化部评为“全国文化先进集体”。2000年被评为“文明校园建设单位”。

本院现校舍是在国务院直接关怀下于1987年建成的，占地面积86亩，建筑面积12.27平方米，图书馆藏书13余万册。学院设有6系、3部、一校，即：中国民族舞系、中国民间舞系、芭蕾舞系、编导系、社会音乐舞蹈系、舞蹈学系；音乐部、社会科学部、成人教育部；附属中等舞蹈专业学校。根据国家教育部公布的本科专业目录，本院本科设“表演”“舞蹈编导”和“舞蹈学”三个专业。在“表演”专业下又有“中国古典舞表演”、“芭蕾舞表演”、“东方舞表演”、“国际标准舞”和“音乐剧表演”6个学科。本院已获得硕士学位授予权，招收国内外“舞蹈学”专业硕士研究生。学院现有各类在校生1000余名，教职工共480人，教师275人，其中教授19人，副教授77人。

二、教学、科研、实习、比赛、出访交流成果

学院坚持课堂与舞台实践相结合的教学原则，由本院创作的中国民族舞剧《宝莲灯》、《小刀会》、《鱼美人》、《文成公主》、《铜雀伎》等及中国芭蕾舞剧《红嫂》、《卖火柴的小女孩》、《家》和由本院先后上演的世界著名芭蕾舞剧《天鹅湖》、《海侠》、《无益的谨慎》、《巴黎圣母院》、《吉赛尔》、《胡桃夹子》等促进了教学发展，使教学质量得到提高。

多年来，本院承担了在北京市举办的“亚运会”闭幕式、“七运会”开幕式、“世妇会”开幕式、庆香港回归晚会等重大社会活动的编创任务，受到中央领导及市委领导的表彰，为首都精神文明建设做出重要贡献。

中国民族舞系和中国民间舞系根据舞蹈艺术教育的特点，结合对中国古典舞和中国民间舞学科建设的学术性思考，以及对中国舞蹈演员培养模式的多元探索，相继向社会推出了《中国古典舞晚会》、《鱼美人》(新版)、《炎黄祭》、《京都伊人》、《中国古典舞精品晚会》、《乡舞乡情》、《献给俺爹娘》、《小白鹭之夜》、《我们一同走过》和《泱泱大国》等十余台较高水平的专题舞蹈晚会。沈培艺、黄豆豆、邢亮、于晓雪、刘震、杨颖1996年被中国舞蹈家协会推选为中国著名青年舞蹈家。其中，《醉鼓》、《秦俑魂》的表演者黄豆豆更成为家喻户晓、人们喜爱的舞蹈演员。芭蕾舞系的学生连续在莫斯科、巴黎、瓦尔纳、洛桑、大阪等重大的国际比赛中获奖，使我国成为联合国教科文组织承认的重大国际比赛中的“芭蕾强国”。编导专业的实习教学活动，曾推出《情殇》、《红楼葬花魂》、《无字碑》、《路》、《干将莫邪》等一系列获得舞蹈界好评的舞剧。该系毕业生张继刚被舞蹈界评为20世纪“舞蹈之星”。本院毕业生创作的《黄土黄》、《黄河》、《残春》等获得“20世纪经典舞蹈”的誉称。邓一江总编导的舞剧《情殇》获得全国舞剧调演“优秀剧目”等四个奖项。孙颖创作编导的《踏歌》获1998年首届全国“荷花奖”金奖。在“第九届法国巴黎国际舞蹈比赛”中，编导系学生吴珍艳荣获现代舞表演金奖。在全国首届CCTV电视舞蹈比赛中，中国民族舞系的剧目《秦王点兵》获得优秀作品奖和表演银奖。社教系国际标准舞学科的师生代表北京市参加“2000年全国体育大赛”获得六金、七银、七铜的好成绩，北京市特授予北京舞蹈学院特殊贡献奖。近年来学院创作表演的舞蹈作品、舞蹈晚会都引起国内外瞩目，并获得高度评价。

全院十分重视舞蹈教研、科研工作，积极开展舞蹈社会科学和自然科学方面的研究。学院设有舞蹈图书信息中心，运用先进的视听手段和丰富的信息资料辅助教学；办有学术刊物《北京舞蹈学院学报》(季刊)作为发表研究成果的阵地。近年来，本院在教研、科研领域取得了令人瞩目的成就。以曲皓、王家鸿、许定中为代表的《创建具有中国特色的芭蕾教学体系、培养具有国际水平的芭蕾演员》的芭蕾教学获得国家级优秀教学成果一等奖；以李正一、唐满城为代表的《中国古典舞身韵课》获国家级优秀成果二等奖；以潘志涛、明文军、高度为代表的《中国民间舞教材与教法》获北京市高等教育教学成果一等奖 以孙天路、张民新为代表的《中国舞编导教学》获北京市优秀成果二等奖。在科研方面，《复式百分制评定法》获国家教委全国首届教育科学优秀成果一等奖;《DS-AⅡ型身体条件测量仪》、《多功能关节柔韧机》、《X光骨龄自动判读系统》获文化部科研成果三等奖;刘建、孙龙奎撰写的《宗教与舞蹈》获北京市第六届社会科学优秀成果二等奖;刘青弋撰写的《西方现代派舞蹈》获北京市高等教育教学成果二等奖,等等。

学院广泛开展国际间的学术交流与合作,受国家派遣或国外邀请,先后赴美、英、法、德、俄罗斯、加拿大等几十个国家参加文化交流和世界舞蹈大赛、演出,受到世界各国人民热烈欢迎,比赛佳绩频传。目前,本院已与俄罗斯莫斯科舞蹈学校、英国皇家舞蹈学校、美国休斯顿芭蕾舞学校、新加坡南洋艺术学院及香港演艺学院建立了校际关系。学院除每年聘请一定数量的外籍专家外,院内教师还应美国、英国等十数个国家和地区的邀请前去讲学。由于北京舞蹈学院所开展的广泛的对外文化交流及在各类国际舞蹈比赛中所获得的优秀成绩,本院已经成为世界舞蹈教育规模最大,并被国外公认的世界舞蹈教育名校之一。

几十年来,北京舞蹈学院为建设新中国舞蹈表演团体和繁荣发展中国舞蹈事业做出了贡献。今天,在实施"科教兴国"战略以及繁荣社会主义舞蹈文化、促进精神文明建设和国际文化交流诸方面正发挥着日益重要的作用。

米公祠

一、概况 米公祠位于湖北省襄樊市樊城区沿江西路,坐北朝南,与襄阳城临汉门隔江相望。是为纪念我国北宋时期著名的书画家、鉴赏家米芾而修建的祠宇,占地面积1600平方米。

米公祠初建于元代,原名米家庵,明末毁于战火,现存主体建筑为清道光、同治年间重建。新中国成立后,在省、市各级政府的关怀下,多次进行维修、扩建;重建了仰高堂、墨池、碑廊及东西两苑,形成古建区、园林区、碑刻区等三大区域,成为集文化、欣赏、休闲、娱乐于一体的文物旅游胜地。

米公祠现存有清代祠宇建筑、元砖和明树。镶嵌有雍正年间的碑刻45块,为米氏子孙捐献。近些年襄樊市文物管理部门在全国各地乃至海外征集大量米芾及黄庭坚、蔡襄、赵子昂等名人书法,还收集了大量有关米芾的书札、论著、法帖、碑帖等,在祠宇扩建中,精选全国各地当代著名书法家为米公祠题写的墨迹刻石陈列,以扩大影响,充实观赏内容。

米公祠古建区由大门牌楼、拜殿、碑廊、宝晋斋、仰高堂组成,古朴典雅,精巧别致,体现了"质朴厚重之中见清秀"的鄂西北建筑特色。园林区内,亭台楼阁、山水廊桥,集南北建筑风格于一体,共同组成独特的名人文化殿堂。

二、历史沿革 明万历四十七年(公元1619年)由太子太保吏部尚书郑继之撰写《米氏世系碑》,记述米氏故里。

清康熙十一年(公元1672年)吴公琬、郑五云二人访古,得《米氏世系碑》残碑。康熙三十三年(公元1693年),江南李政御史钦差邵嗣尧经米氏故里得另一残碑与前碑恰如一体。

雍正年间,重修祠宇五栋,均为白墙青瓦,立有《米氏故里碑》。

雍正五年(公元1727年)襄阳知府高茂选建桥于墩,会与祠接,下做券门,以通引路,墩上曰"面墩亭",又寻得米、黄、苏、蔡等墨迹勒于石,现存祠内。祠前有明陈继儒所撰《志林序碑》及邵嗣尧所撰《重修米氏故里》碑记和《西园集图记》。

咸丰年间,兵荒马乱,道台修樊城,筑堡障,城门为"宝晋门",米氏族人视其有碍家庙,道台指示承年之后,仍修旧迹。

同治三年(公元1866年)米氏族人禀明道、府、县三衙门筹款修祠,即米公祠牌楼、三间卷棚和宝晋斋。

光绪元年(公元1875年)十二月重修祠宇,文渊阁大学士单懋谦为牌楼题写"米公祠"门额。

军阀混战及抗日战争时期,由米氏27世孙米高秦将石刻保存于地窖,免遭浩劫。

1982年、2001年襄樊市政府拨出专款对米公祠进行大规模维修。

三、历史价值 米公祠建于樊城柜子城上,由南向北逐渐延伸,小型民居式建筑群,主题建筑以硬山式为主,间有六角攒尖,重檐歇山,其建筑主体由低到高,由小到大,使人们视线慢慢开阔,其色彩以灰白为主。建筑风格独特,地理位置优越，融汉水与襄阳城诸多文物景点组成非常亮丽的旅游风景线。

祠内所藏石刻为雍正年间镌刻，行笔豪放，气势磅礴，不失风墙阵马、沉着痛快的艺术风格。米芾的书法，在学习前人的基础上，大胆创新，注重天真自然，发展个性，他篆、隶、真、草各体兼长，尤其擅长行书，是行书爱好者最好的范本之一。

四、保护管理 米公祠在各级政府的关怀、支持下，不断划拨专款进行维修、扩建，由文物管理部门管理，划定保护范围，建立保护档案，改善祠内环境，营造文化氛围，已成为驰名海内外的文物旅游胜地，由襄樊市人民政府指定为爱国主义教育基地。

承德市文化局

承德市地处河北省东北部，辖8县3区，总面积4万多平方公里，340多万人口。作为清代的第二政治中心，以其深厚的历史文化遗产和得天独厚的自然风光，使这里成为国家首批命名的24个历史文化名城之一、全国44个风景名胜区之一、全国最佳十大风景名胜之一，1994年避暑山庄及周围寺庙又被列入联合国世界文化遗产名录。丰富的文化资源为承德的经济和文化发展提供了良好的环境。

近年来，随着改革开放步伐的加快，承德市的文化事业不断被注入了新的活力，走出了一条全面振兴文化事业的新路子。

（一）加强阵地建设，硬件设施得到不断完善。文化设施建设一直是承德近几年来文化工作的首选课题。特别是进入“十五”以来的两年间，本市用于县级以上文化设施的投资累计已达到1.5亿元，新建翻建了一大批文化基础设施，文化大厦已破土动工，文化中心广场即将投入使用。文化设施的功能和档次大大提高。初步建起了与当地经济发展状况相匹配的一大批功能较完善的文化设施。

（二）狠抓精品力作，繁荣艺术生产。由于强化了抓强项、抓创作、出精品意识，文艺创作获得了大面积丰收，抓出了一批以《清宫宴乐舞》为代表的舞台艺术，以及在全国、全省都有影响的以“避暑山庄”为创作题材的戏剧、摄影、舞蹈等方面的“拳头产品”。如荣获“文华奖”的话剧《班禅东行》、获“第三届中国摄影艺术金像奖”的《牛与车》、获第十届群星奖舞蹈比赛金奖和银奖的《快乐的双休日》和《交警爸爸们》、荣获全国第十一届“群星奖”金奖的小品《哨所班务会》、全国第四届戏剧小品大赛三等奖的小品《大年三十》等这样一批优秀作品的不断涌现，使具有承德地域特色的民族、民间文化得到更深层次的挖掘，丰富了“山庄艺术”的内容，提高了“山庄艺术”的影响。而且由于《交警爸爸们》和《快乐的双休日》获第十届群星奖金银奖，因而填补了河北省在这个项目中的空白。

（三）深化创建活动，拓宽了文化发展的新领域。文化局紧紧抓住全市文化工作的龙头——农村文化建设，广泛开展了创建先进乡镇文化站和争创文化先进县两个基础文化工作，推动了农村文化工作整体水平的提高。宽城满族自治县被评为全国文化工作先进地区，宽城、丰宁、平泉和隆化4个县被省政府命名为文化先进县；21个县级图书馆、文化馆和乡镇文化站被授予全国或全省先进文化馆（站）；50多个乡镇被评为市级文化先进乡镇；丰宁县被文化部命名为中国民间艺术之乡（剪纸）。

（四）发挥文化功能，增强了文化事业的活动。宣传功能、带动功能是文化工作的两个基础功能。由于文化局始终将其落实到“服务”这两个字上，使这两项文化功能得到比较充分的发挥。在发挥宣传功能中，注意和自身的职能优势相结合，找到最佳服务点。电影系统为解决农村看电影难问题，走出了一条独具德山区特色的发展之路，在全国农村电影工作会议上得到了肯定；图书馆、新华书店系统多年来开展的图书赶集、科技信息咨询、建立科技联系户活动已成为最受山区农村欢迎的文化活动，体现了本市文化扶贫中的一个鲜明的特色；围绕特色抓服务是承德市开展“彩色周末”文化广场活动的鲜明特色，截止到目前，彩色周末文化广场活动已连续举办了7年，社会反响越来越大。“一为主，两延伸，多辐射”的作法得到了广泛赞许，特别是2001年共举办各类演出213场，创作排演突出主旋律、地方特色、普及性的文艺作品1700多个，吸引观众170

余万人次，是承德市开展这项活动7年来演出场次最多、声势最大、参与单位最广、社会宣传效果最好的一年。在发挥带动功能方面，集中体现在“文艺搭台、经济唱戏”上，连续承担了五届避暑山庄文化艺术节的大型文艺演出，年年有新意，届届获成功，对本市改革开放起到了促进作用。

（五）提高管理水平，文化市场发展健康有序。首先，文化局积极培育和发展文化市场。文化市场在经济中所占的份额越来越大，对社会的贡献率也越来越高。目前，本市文化市场发展经营单位1800余户，基本形成了包括演出市场、书报刊市场、电影市场、歌舞娱乐市场、音像市场等在内的综合型文化市场体系。其次，努力深化和规范文化市场。把文化市场日常管理和集中治理结合起来，已成为本市文化市场管理的一个基本作法。常规管理不乱，集中行动不断，使“扫黄打非”行动不断取得阶段性成果。初步形成了文化市场活跃有序，健康繁荣的局面，对促进社会稳定方面发挥了重要作用。

旅顺博物馆

旅顺博物馆坐落于风景秀逸的旅顺军港之滨，是大连市属的历史艺术性博物馆。

气势恢宏的博物馆主楼创建于1917年，其前身是1915年建立的“关东都督府满蒙物产陈列所”，1917年定名“关东都督府满蒙物产馆”，1919年由于关东厅改制易名“关东厅博物馆”，1934年改称“旅顺博物馆”。

1945年8月22日，前苏联红军接管博物馆，更名“东方文化博物馆”，1951年苏方将博物馆管理权移交中国政府，于1952年改名“旅顺历史文化博物馆”，1954年4月1日恢复现馆名，馆名由郭沫若题写。

具有悠久历史的旅顺博物馆，藏品丰富是一大优势。目前馆藏文物及资料近8万件，藏品种类达20余种，以青铜、佛教造像、书画、陶瓷、新疆文物、大连文物、外国文物为其特色。其中青铜器大多来源于30年代金石大家罗振玉的收藏，主要为商周至汉唐时期的器物；佛教造像的收藏体系较为完整，有石刻、木雕、铜铸、泥塑等多种形式，藏品自佛教形成期至辉煌期，各个时期都不乏精美之作。书画收藏为该馆重要组成部分，所藏以明清各大流派作品为主，宋代苏轼“阳羡帖”，元代刘秉谦“竹石图”亦为稀世国宝。新疆文物是20世纪初日本大谷光瑞探险队在新疆地区所获采集品一部分，以汉唐时期历史文物为重点，具有浓厚的地域文化特征。馆藏外国文物是该馆藏品优势中的优势，其中古代印度石刻为国内惟一一宗收藏，以犍陀罗石刻艺术为主要内容。外国瓷器以日本、朝鲜瓷器为大宗，另有部分东南亚及欧洲国家的陶瓷艺术品，外国邮票10万余件，囊括30多个国家和地区发行的邮票，日本画主要为江户时代各个派系的作品。除此而外，馆内还藏有大量文书档案、甲骨、竹木牙、玉、漆器等工艺品类。

世纪之交，为加大发展博物馆事业力度，1999年11月，大连市政府投资3000万元对旅顺博物馆实施总体改造，工程包括全面维修博物馆主楼，新建一座分馆，改造博物馆周边环境。新建博物馆园区内修建长170米的跌水池，新植大批珍贵花木，并陈设清代古炮、汉代壁画墓、硅化木林等人文和自然景观多处，占地面积由原来的2.5万平方米扩展为15万平方米，成为全国最大的花园式博物馆。

全面维修改造后的博物馆主馆于2000年5月重新开馆，陈列体系仍确定为“历史文物专题陈列”，在调整原有青铜、陶瓷、漆器、玉器、书画等几个专题陈列的同时，重新制作了竹木牙雕、珐琅、佛教艺术造像、新疆文物等项专题陈列，并增设了鼻烟壶、古代玺印、历代铜镜等三项陈列内容。主楼陈列在自然采光的基础上，适当封闭，增加灯光效果，提高了陈列艺术展示水平。

旅顺博物馆分馆与主馆毗邻，主体二层，建筑面积4900平方米，陈列面积2800平方米，馆舍立面仿照主楼的建筑装饰风格，2001年5月正式对外开放。主题陈列为“大连古代文明”展，通过历史文物、景观、图表、绘画创作等陈列手段，从不同层面反映大连地区的历史面貌和地域文化特征。分馆二层设馆藏外国文物展四项，分别为《日本画》、《朝鲜、日本陶瓷艺术》、《外国邮票》、《古代印度石刻》。

分馆采用中央空调和全封闭人工采光陈列手段，不同装饰风格的壁龛式展柜和不同造型的地中展柜，在流动与错落的组合中形成有序而变化的艺术展示空间。

旅顺博物馆实行全年对外开放，5月至10月延长开放时间，每天多达11小时，年观众量平均20万左右。从开展博物馆社会化服务的全新理念出发，旅顺博物馆于两馆设置多媒体查询机和闭路电视及讲解语音导览机，为观众提供更便利、更翔实的参观辅助手段。同时，该馆还于两馆设立残疾人使用的轮椅、通道、电梯等服务设施，木制休息椅分布于两馆大堂与各个展厅。讲解咨询服务台在两馆入门显要处，讲解员亲切、热情地在此迎候观众，免费提供讲解服务。

旅顺博物馆行政隶属于大连市文化局，内部机构设置为馆长办公室、行政办公室、陈列研究部、文物保管部、宣传教育部、保卫科，为便于社会化服务又另设旅游开发部。各个部门在馆党支部、馆长的领导下全面开展博物馆的专项业务研究、藏品科学化管理，每年推出若干个专题和临时展览。现有专业和行政技术人员32人，大专以上学历23人，研究员2人，副研究员7人，助理研究员16人。每年都有学术论文获国家、省、市级奖项。

旅顺博物馆多年来始终坚持社会化宣传教育活动，在全市范围内开展有奖征文、博物馆一日学、举办学生夏令营、文物知识讲座，与中小学历史课外活动小组建立联系。为此，获得优秀爱国主义教育基地、辽宁省文博系统先进集体等光荣称号。

近年来，旅顺博物馆荣获全国文博系统先进集体、辽宁省文明单位、省文化系统先进集体、大连市文明单位等多项荣誉称号，还被评为辽宁五十佳景和大连十佳旅游景区（点）。

旅顺博物馆近十年来先后六次举办出国文物展，成为大连市开展对外文化交流的重要窗口。新的世纪，该馆将加大对外文化交流的步伐，扩大在国内外的影响，努力发展博物馆文化，建立和健全博物馆的经营服务机制，为中国博物馆事业的发展，做出自己的贡献。

桂林市文化局

2000年，桂林市文化系统在马克思主义、毛泽东思想、邓小平理论的指导下，全面贯彻党的十五大精神和江泽民同志“三个代表”的重要思想，充分落实《中共桂林市委员会关于加快发展桂林文化事业的若干意见》的有关精神，坚持“二为”方向和“双百”方针，不断开拓进取，文化工作取得了可喜的成绩，促进了桂林市文化事业的繁荣和发展，为桂林市的改革开放和经济建设营造了良好的文化环境。

专业表演艺术团体注重精品生产，促进文艺繁荣。为配合桂林市大规模的城市建设，宣传和歌颂城市建设的英雄们而创作排演的文艺晚会“建设者之歌”获得极大成功，受到市政府的表彰，荣获“城市建设宣传贡献奖”。精心策划和组织专业剧团参加文艺赛事，获得众多奖项。彩调《罗汉坡》获“桂花工程”奖，儿童音乐剧《太阳童谣》、现代桂剧《漓江燕》双双摘得广西第五届剧展最高奖“桂花金奖”，并分别获得12项与9项单项优秀奖，《太阳童谣》还获得第六届中国艺术节“优秀表演奖”，彩调《陶铸放牛》获剧展小戏小品一等奖及4个单项优秀奖；桂剧《马嘶桥》获小戏小品二等奖；彩调《山妹子》、小品《水》获小戏小品三等奖及3个单项奖；魔术《牌技》获全国第二届魔术大赛银奖；彩调《山妹子》获曹禺文学小戏·小品三等奖；同时《罗汉坡》、《太阳童谣》、《漓江燕》、《热血金稻》（桂林渔鼓）荣获桂林市第四届文艺创作“金桂奖”。桂剧团入选文化部全国优秀艺术表演团体。此外，市直文艺团体坚持为基层服务，为农村服务，下乡演出156场。在加强对传统艺术研究和挖掘整理方面也有新进展，与国内音像出版单位合作录制优秀传统彩调、桂剧VCD共58张，并举办了桂剧表演艺术家筱兰魁先生从艺60周年纪念演出活动和“桂”字与“艺”字科班纪念演出活动；文化交流演出异常活跃，成功举办了中外影视音乐周等十多个文化交流演出，丰富了桂林市的演出市场。

提高桂林市旅游城市的知名度和文化品位，开展社会文化活动，营造了良好的城市文化氛围。桂林市各县(区)、单位在市中心广场共演出41场，观众30多万人次。“漓江之声”与广西四年一度的“八桂群星奖”农民文艺会演活动相结合，增加了民间艺术比赛和山歌擂台赛，共演出节目139个，创作节目88个，其中48个参加决赛，并评出民间艺术、山歌擂台赛、舞蹈、小品、曲艺等五个门类的一、二、三等奖和创作、编导奖；参加广西“八桂群星奖”比赛的桂林市代表队荣获59项奖，其中一等奖2个，二等奖4个；此外，组织元旦春节系列文艺活动、“新春文化月”活动，各县（区）也举办了丰富多彩的群众文化活动和节庆活动，如龙胜县的“红衣节”、阳朔县的“渔火节”、资源县的“河灯节”等。在新春“送文化下乡”活动中，全市送电影下乡1700场；送宣传画160多幅到灵川、兴安、恭城等5个县；送图书资料下乡12720份，取得较好的社会效益。桂林图书馆在自动化建设中成绩突出，在被评为“广西科普先进工作集体”之后，该馆网站又荣获文化部授予的全国首批三个“中国优秀文化网站”荣誉称号之一，2000年该馆藏书量已达184.26万册，全年办理借书证5411个，阅览证2525个，电子阅览证600个，接待读者54.99万人次，外借38.55万册次，阅览254.70万册次；全市147个乡镇图书馆，建馆率已达100%，一些原藏书量不够或藏书结构不合理的乡镇图书馆得到了不断充实和改善。市电影公司困难中求生存，电影业务的放映收入、发行收入、观众人次、放映场次四项业务指标有所下降，但下降幅度低于全区水平。农村电影放映“2131”工程有所进展，各县均因地制宜地采用了不同的办法和措施来解决农民看电影难的问题。12县5城区共有16个乡镇申报社会文化先进乡镇，市文化局对这16个乡镇及16个申报二级乡镇图书馆、55个申报三级乡镇图书馆进行评估验收。文化馆、站充分发挥小阵地大文化的功能，坚持开展各项活动，丰富了当地的群众文化活动，促进了两个文明建设。桂林画院全年共有34幅作品入选国内外17次美展展出，35幅作品入选《山水画技法丛书》、《中国'99百杰画家展精品集》等国内外9种作品集；有7幅作品在国内有关报刊上发表，全年绘制礼品画40余幅，出版画册3本，明信片1套。市展览馆组织了3次较大型的展览。

坚持“保护为主、抢救第一”的方针，抓紧对桂林市文物的抢救、维修工作。重点对靖江庄简王陵享殿天面及朝房、云峰寺太平天国革命旧址、白崇禧故居、舍利塔、李宗仁官邸主楼及故居馆，甑皮岩陈列厅、博物馆馆舍天面进行维修。抓住西部大开发的历史机遇，文物保护规划工作有新进展，《靖江王陵大遗址保护与展示规划方案》、《靖江庄简王陵恭惠王陵和康僖王陵维修整治方案》，先后通过自治区文化厅、国家文物局和国家计委的评审；《靖江庄简王陵小区规划》已报送市计委审定；李宗仁文物管理处编制了李宗仁官邸、故居文物维修方案，李宗仁故居和市博物馆的安防、技防争取得到国家文物局及自治区文物专项经费的支持；桂林甑皮岩原始文化园的建设已列入桂林市的“十五”规划之中；配合“两江四湖”城市建设，积极开展文物考古发掘清理，对新发现的文物古迹提出整治维修方案。为充分体现“有效保护、合理利用、加强管理”的原则，桂林市的博物馆、陈列馆充分挖掘自身潜力，正确处理保护、利用、管理的关系。八路军办事处纪念馆举办了“雷锋、李向群事迹”巡回展，历时2个月，遍及12县，参观人数15.6万人次，发挥了爱国主义革命传统教育基地的作用；李宗仁文物管理处在故居设置《李宗仁回归历史文献片》录像室，并举办《临桂历代名人简介》展览；靖江王陵文物管理处在王陵享殿新推出了“靖江王陵基本陈列墓群墓志陈列”；特别是桂林博物馆充分利用馆藏优势，在藏品与研究、藏品与陈列、藏品与利用方面做了可喜的尝试，于2000年11月28日成功地承办了由自治区文化厅、桂林市人民政府、中国古陶瓷研究会主办的“2000年桂林中国青花梅瓶国际学术研讨会”及相关的一系列活动，得到了各级领导、文博专家和与会学者的高度赞扬。此外，大力开展文物宣传活动。2000年，举办了“国际博物馆日”等宣传活动，加强与电视台、报社等新闻媒体的联系，扩大宣传，提高桂林历史文化的知名度，拓展更广阔的旅游空间。

加大文化市场重新审核和专项治理力度，保障整治工作顺利开展。市文化局贯彻落实国务院、自治区关于开展电子游戏经营场所专项治理，加强娱乐服务场所管理，严厉打击卖淫嫖娼赌博吸毒贩毒等社会丑恶现象，并对娱乐服务场所实行重新审核登记等文件精神，坚持标准，严格审批，于9月30日前按时按量完成了上级下达的重新审核、登记任务。全市（包括12县5城区）原有各类娱乐场所1619家，重新审核登记合格816家，压缩803家，总压缩率为49.6%，其中电子游戏机室由原业723家，压缩为250家，压缩率为65.45%；

歌舞娱乐场所由原业507家压缩为420家，压缩率为17.2%；录像放映室由原业162家压缩为50家，压缩率为69.1％；音乐茶座、酒吧原227家，压缩为96家，压缩率为57.7%，圆满地完成了此次娱乐场所的专项治理工作。全年市文化局共出动检查人员1800多人（次），检查娱乐场所4000多家（次），街头宣传2次，接待群众咨询320人，发放宣传资料近4000份，受理群众投诉49起，与公安、工商等部门联合破获非法制作、销售音像制品案件及处理投诉案15起，处罚违规经营场所58家，收缴销毁非法音像制品80000多件，收缴有奖游戏机电脑版50块，走私影片拷贝2部，无证经营器材一批，公开销毁非法音像制品80000多件，有奖游戏机98台，进一步规范了桂林市娱乐服务场所的经营行为。

珠海市文化局

2000年，珠海文化系统全体干部职工高举邓小平理论旗帜，认真贯彻十五大精神，加快建设有中国特色的社会主义文化，努力构建与市场经济相适应的文化创新体制，构建与特区现代化相适应的文化发展格局，构建与现阶段人民大众需求相适应的文化繁荣态势，深化改革，加强队伍建设，为开创21世纪珠海文化的新局面奠定了坚实基础。

在社会文化活动方面，2000年，珠海以开展群众文化和社区文化为切入点，组织开展系列性的文化艺术活动。2月，举办珠海市2000年迎春文艺晚会，全市领导与群众1380人观看了演出。5月，举办了第十二届少儿艺术花会，参加者3600余人，充分体现了群众性、社会性的特点，并在本届137个节目中挑选20个优秀节目参加广东省第五届少儿艺术花会展演，参加展演的节目有儿童剧、相声、器乐、声乐和舞蹈，参展门类和数量为历届最多。本届少儿花会在组织艺术表演的同时还举办了少儿美术作品展览，在展出的261件作品中，71件获得奖励。7月，分别举办了斗门“荔枝节”招商洽谈会文艺演出、珠海“老人艺术节”文艺会演、全市首届民歌擂台赛以及首届计划生育专场文艺演出。8月，为庆祝珠海特区成立20周年，在九洲城文化广场和香洲文化广场演出5台文艺节目。9月举办的群众歌咏大赛暨第十九届“滨海之声”音乐会由5个专场组成，参加演出近2000人。少儿艺术花会、“滨海之声”已成为珠海市群众文化活动常规性、示范性的艺术展演项目。2000年，在全市总工会、团市委、市妇联、文联等11个人民团体共同组织参与下，珠海文化广场开展群众文化活动300多场，观众70万人次。

在艺术创作活动方面，2000年，珠海市文艺创作呈现良好发展势头。市粤剧团、音乐剧团、女子中乐团、劳动局艺术团、圆明新园艺术团等艺术团体坚持文艺的“两为”方向和“双百”方针，全年演出700多场次，在“八一”建军节、特区20周年、澳门回归一周年等全市性重大节日文艺演出中充分发挥主力军作用。2000年，由文化主管部门组织排演的群众文艺舞蹈作品《担水妹》荣获广东省业余舞蹈作品评比一等奖，并参加全国群众文艺最高奖项“群星奖”展演角逐，荣获银奖。

在文化市场管理方面，2000年，珠海市加大文化市场整治和管理的力度，在改善市场经营环境秩序、强化文娱场所管理和深入开展扫黄打非专项斗争方面取得显著成效。市文化、公安、消防部门利用3个月时间，集中力量对全市文化经营场所进行安全防火重点检查和整治，提高了娱乐场所的防火安全意识和防范能力，规范了项目经营的安全环境和市场秩序。市公安、文化、工商、卫生、劳动等部门联合，对娱乐场所进行专项清理整顿工作，在查处违规违法经营，压缩经营场所总量、提高市场准入条件等方面取得明显成效。在扫黄打非行动中，出动12519人次，查处各类违法案件245件，查缴非法音像制品及电子出版物7241215盘。在打击销售翻盗版音像制品的同时，扶持合法经营，使珠海的正版音像制品上架率位居全省第一。

在对外文化交流方面，随着港澳的回归，珠海的对外文化交流活动日趋活跃。2月，珠海粤剧团主角姚志强、麦文洁应邀参加广东省艺术家演出团赴新加坡演出4场。4月，市女子室内中乐团一行14人赴台湾分别在高雄、嘉义、台南各演出一场，深受观众欢迎。6月，珠海特区音乐剧团35人应邀赴澳门参加澳门市政局举办的《荷花乐满城》开幕式大型晚会演出，7月又参加澳门有线电视台台庆开幕式大型晚会演出，良好的台风和精湛的演艺深受市民和新闻媒体的称赞。9月，由园明新园组团，珠海粤剧团参演的大型舞剧《圆明情深》应邀在香港大会堂作4场演出，反响强烈。

在文物保护方面，2000年，珠海的文物考古研究、保护和开发利用取得新进展。在保护好文物的基础上，按照“有效保护、合理利用、加强管理”的原则，采取与企业合作开发方式，将陈芳故居梅溪牌坊文物点建成融园林、古建筑、民俗为一体的文物旅游景点，前期投入700万元，首期工程已建成并对外开放，取得良好的社会效益和经济效益。

广安市文化体育局

广安于1993年建立地区，1999年地改市。市设文化体育局(挂新闻出版局牌子)，所辖广安区、邻水县、华蓥市、武胜县、岳池县均设立了文化体育局（挂新闻出版局牌子)；市县两级文化行政管理机关下属事业单位机构健全，全市179个镇、乡（办事处）都建有文化站，其中，有全国统一标准的宣传文化站10个。

广安是邓小平同志的故乡，山河毓秀，人杰地灵，古韵悠扬，文风鼎盛。一代代广安儿女，在中国历史上各领风骚，名扬四海。著名的“华蓥山武装起义”有力地震撼了国民党反动统治，许多优秀的广安儿女献身于中华民族的解放事业。《红岩》中“许云峰”、“双枪老太婆”的原型都诞生在广安。世纪伟人邓小平，更是广安人民最杰出的代表。悠久的历史，留下了丰富的文化遗产。现有国家级重点文物保护单位2处，省级文物保护单位4处，市级文物保护单位19处，馆藏珍贵文物1万多件，其中等级文物千余件。南宋大学士安丙主持修造的广安白塔，建筑风格奇特，工艺精湛；建于清至民国时期的穿逗结构三合院民居建筑邓小平故居，共16间，建筑面积620.8平方米，1904年8月22日，邓小平同志就出生在这里，并度过了他的少年时代；南宋四川宣抚使、少师安丙及族属墓群，是同一时期国内规格最高、规模最大、雕刻最精美的宋代墓群，被评为’96中国十大重要考古发现。中国文物专家称“安丙墓堪称13世纪文物之精粹”，“其石刻技法之精，可与大足石刻媲美”。邻水灵宝山石刻有书法题记11幅，摩崖造像2龛，宋代古石桥3座，石刻群规模宏大，布局巧妙，造型美观，环境十分幽静，景色迷人。民国时期的典型军事要塞——武胜宝箴塞为国内罕见，有“蜀中第一”之誉。此外，广安区代市牌坊、冲相寺摩崖造像、岳池文庙、《新华日报》纸厂遗址、黄陵寺摩崖造像、千佛岩、水月观音等名胜古迹，为广安的文化旅游事业奠定了基础。

“八五”期间，特别是广安地区成立后，文化事业有了很大的发展，近年来创作了大型现代川剧《杨汉秀》、《岳池灯戏》(系列剧)，话剧小品《天若有情》，诗集《在阳光下歌唱》，长篇小说《冷箭寒光》，油画《大山情》，国画《希望》、《峥嵘岁月》、《传家宝》，歌曲《小平爷爷走过的路》、《山村喜谣》、《致富谣》等一大批有影响的作品，很多作品在全省、全国获奖。歌曲《小平爷爷走过的路》、《山村喜谣》、《致富谣》获“五个一工程奖”。《岳池灯戏》(系列剧)在全国戏剧现代研究会第六届年会上技压群芳，得到专家高度赞誉，并于1988年应邀去中南海演出，受到宋平、廖汉生、张爱萍等党和国家领导人的接见。张爱萍将军还欣然挥笔题词：“俚戏艺术继承创新，移风易俗趣中育人”。德国艺术科学院士恩斯特·舒马赫教授表示，一定把《岳池灯戏》作为很有特色的剧种向全世界推荐。许多外国使节希望《岳池灯戏》走上他们国家的舞台。邻水县创作的作品曾唱进中南海，编入高中课本，拍成电影、电视剧。近年来，邻水县组建了一支300余人的业余创作队伍，在全国、全省发表文艺作品上千件，获国际金奖的作品就有3件。华蓥市正在创拍的反映红岩英烈斗争精神的20集电视连续剧《铁血华蓥山》即将与全国观众见面。广安区每年创作发表文艺作品和群众论文500件以上。2001年获“群星奖”和四川省“五个一工程奖”的作品10余件。他们创办的“灯笼报”、“文化担”已成为地方特色文化一绝。

广安的民间文化艺术品种类繁多、工艺精湛。有黑陶花瓶、竹编、草编、玉米壳编、根雕等艺术价值很高的工艺品。全国民间艺术之乡（竹丝画帘）武胜县飞龙镇起源于清代的“竹丝画帘”，是在四川特产竹丝帘上用传统中国画技法、民间产刺绣工艺作画而成的民间工艺美术品，其帘竹丝细匀、薄如蝉翼、柔如丝绸，竹帘的自然色泽与画（绣）期间的山水、人物、花鸟、鱼虫、走兽浑然一体，具有极高的艺术价值，深受国内人民和国际友人的喜爱。

广安文体基础设施完善，各区、县、市文化体育场（馆）结构合理。占地108亩、总建筑面积6万余平方米的广安文体中心构思新颖，设计先进，功能齐全，结构合理，融陈列、展览、训练、竞赛于一体，能承接全国各种类型的文化体育活动，按国际标准设计的广安体育场观众坐席总数2.4 万个。

经过广安各级部门领导和广大干部的共同努力，全市文化先进县创建实现了满堂红，五个县（市、区）中，邻水县、广安区建成了国家级文化先进县，华蓥市、岳池县、武胜县建成了省级文化先进县，小康文化建设正在全市蓬勃开展。

在全国性的“致富思源，共建广安”活动中，广安各级党政领导已描绘了广安文化事业未来发展蓝图，正在掀起文化建设新高潮，在2004年邓小平百年诞辰之前，一座文化品味极高的优秀旅游城市广安将在川东崛起，一个以邓小平故居为核心的有中国特色的社会主义教育基地的雏形将会形成。

厦门爱乐乐团

2001 年 9 月 8 日厦门听众以空前的热情欣赏了厦门爱乐乐团成立三周年“中西合璧”音乐会。音乐会由年逾古稀仍精神矍铄的乐团艺术总监郑小瑛教授执棒，她率领双管编制整齐的68位演奏员，精彩地演奏了郭文景的“御风万里”和里姆斯基·科萨可夫的“天方夜谭”，并与特邀来厦的琵琶演奏家章红艳、二胡大师闵惠芬合作了“大浪淘沙”、“霸王卸甲”、“哀歌——江河水”和“寒鸦戏水”、“赛马”等华夏民族精品，音乐会上一浪高过一浪的热烈掌声，让音乐家欲罢不能、感慨万分。

为庆祝厦门特区建立20 周年和迎接光明的2002年，只有三岁的厦门爱乐乐团于2001年12月在艺术总监郑小瑛教授的率领下演出了含 8 套不同节目的11场音乐会，其间包含交响诗和交响曲的十几个篇章，与吕思清、托萨（澳）、殷承宗、薛伟、秦立巍、杨鸣等8位演奏家合作的11部协奏曲，与歌唱家们合作的20多首艺术歌曲，与两支合唱团进行了合作，还有到三峡、漳州、泉州的三次外地演出，而且都得到了与之合作的艺术家们的赞扬和听众的热烈欢迎。连郑小瑛都不无自豪地说：交响乐团进行像这样高密度的“强化拉练”，特别是在12 月下旬的14天里，竟以不同的5套节目演出了8场，几乎是每两天换一套曲目，这很可能是创纪录的，人们都说“厦门爱乐演疯了”！可是为了保证乐团能在“小柴”国际音乐比赛上胜任一周里拿下18首协奏曲的任务，现在只有这样拼了。疲劳是当然的，但是以疲劳为代价换来的收获，无论是音乐厅里听众的狂喜，或大学校园里同学们发自内心的欢呼，都令乐手们满怀欣喜而忘记了疲劳。

1998 年 9 月厦门爱乐乐团诞生于没有固定经费保障的风雨飘摇之中，虽然厦门市领导认为厦门特区正在建设一个现代化、国际性的风景港口城市，需要一个高水平的交响乐团，才特邀指挥家郑小瑛教授来厦创办一个虽接受政府和国有企业的扶持，却不占国家编制的新型职业乐团；但由于美丽的鹭岛原来很少有交响音乐的演出，因而“厦门爱乐”被社会认可的过程漫长而寂寞；可是乐团并没有因而却步，每一次生存危机都由于厦门市和鼓浪屿区政府的坚定支持而化险为夷，再加上热心的企业家们的鼎力相助和乐团始终坚持以事业为重，不讲条件、勤俭办团，才逐步得到了社会的认可，获得了生存和发展的空间。尽管经费十分拮据（从开始启动算起，三年多来包括购买乐器、房租工资和一应行政开支一共只有1400万元），由于它坚持了艺术总监负责制，保证了乐团的艺术方针和艺术生产得以在新的机制下按计划高质量、高效率地进行，也由于它实行的是不占国家编制的全员聘任制，使竞争上岗、人才流动的优越性成为现实；还将原固定工资制改为基本工资加排演计时津贴的结构工资制度，体现了按劳分配的精神，保证了乐团高强度的集体劳动节奏，也受到了演奏员的欢迎；还有，每年一度的认真考察演奏员工作成绩和合奏能力的业务考核，也给演奏员专业水平的提高不断注入新的活力。在全体演职员齐心合力、团结奋斗下，乐团日趋稳定和进步。

三年多来，乐团每天排练5小时，先后接受过19位著名指挥和专家的指导，与国内外知名的41位老中青少音乐家进行了友情合作，已经以国内领先的工作效率积累了66套音乐会的不同曲目。乐团以"阳春白雪和者日众"为目标，坚持举办定期的"周末交响"和鼓浪屿假日草坪免费音乐会，已完成了四个音乐季，总共已演出了270余场，其中包含交响套曲64部，各类协奏曲54部，交响诗、序曲交响诗59首，舞曲、小品84首，歌剧选段和歌曲、合唱77首，而且听众已在成倍地增加；它已在湘粤江浙闽鄂六个省的近20个城市播撒了"厦门爱乐"的种子，舆论说：没想到这个年轻的乐团，已在向国内一流演奏水平迈进！它策划推出和进行录音的交响诗篇《土楼回响》获得了首届中国音乐《金钟奖》的金奖，2002年4月将带《土楼回响》出访日本，还在积极认真地备战2002年10月在厦门举行的柴可夫斯基国际青少年音乐比赛中担任协奏的国际性任务……

2001年除夕夜，市委主管文教的吴凤章副书记代表厦门市领导送给了乐团一份宝贵的礼物：市政府将每年向乐团提供300万元经费，三年不变！后来又收到了市委洪永世书记的批示："向乐团所取得的成绩表示敬意，向乐团的全体同志表示问候，厦门市委、市政府今后将会更加关注乐团的发展，希望继续努力，取得更辉煌的成绩。"来自领导激动人心的承诺和鼓励，大大增加了大家对乐团前途的信心。特别呈现光明前景的是福建电力公司和厦门电业局已向《乐团》热情地伸过来大力支持的双手：为了帮助乐团解决排演和团址问题，他们正在投入数百万元来改装一个旧礼堂，也已经无偿地为乐团邀请的专家在厦门落脚提供了电力宾馆，为乐团的演奏员提供了招待所的住房，还提供了"半兰山"饮用水，印刷了精美的宣传册等，现正在研究进一步以企业方式共建"光明之岛音乐之岛"的合作方案，使《乐团》的长期生存和继续发展除了依赖政府，还能有来自社会的、永久的、强有力的保障。

乐山市市中区文化体育局

古人云：天下山水之观在蜀，蜀之胜曰嘉州。嘉州即现在的乐山市市中区。它是一座历经千年的国家历史文化名城和全国44个对外开放的城市之一，是乐山市政治、经济、文化的中心，有"巨佛之乡"的美称。

市中区幅员825平方公里，人口53万。1994年被评为全国风景文化名城。位于城南凌云山的乐山大佛是世界最高的摩崖倚坐弥勒佛像。与大佛毗邻的乌尤离堆、麻浩崖墓均为省级和国家重点文物保护单位。十年前发现的巨型睡佛长1240米，气势宏伟，乐山大佛正位于睡佛的中心位置，实为世界奇观。1996年乐山大佛被联合国遗产委员会列入"世界文化与自然遗产名录"。

乐山市市中区文化工作在区委、区政府的领导下，在上级业务部门的指导和社会各界的支持下，认真贯彻执行党和政府关于文化工作的方针、政策、法律、法规，出色完成了各项工作任务。文化工作连续六年获乐山市文化系统"目标考核"一等奖，2000年被评为四川省文化先进县。

一、文化事业有了长足的发展。群众文化活动丰富多彩。年均开展大型文化活动5项(次)以上，乐山城区春节街头巡游表演活动年年坚持不间断，参演人数每年均在1500人以上。社区文化异常活跃，早晚3000多名中老年人活动在中心城区滨河路、滨江路一带的文化表演队伍，成为乐山独特亮丽的一道风景线。农村文化活动十分活跃，苏稽镇、白马镇的"蠕龙"，茅桥镇的"火龙"，童家的"五节龙"、"狮灯"，通江镇的"狮灯"，凌云乡的"牛灯"，安谷镇的"旱船"、"牛灯"，水口镇的"龙船"，杨湾乡的"唢呐"等，这些传统民俗文化节目在当地逢年过节时，大显身手，备受广大农民的欢迎。

二、加快了文化阵地的建设步伐。先后完成了近3000平方米乐山市市中区文化大楼的建设，全区已有65%的乡镇完成了标准文化站(中心)建设，阵地面积达7500平方米。全区26个乡镇、4个街道办事处，共有30个文化站（中心)，已建成省级文化先进乡镇4个，市级文化先进乡镇3个，市级特色文化乡镇2个。

三、以“龙狮”为特色的群众文化活动队伍不仅参加了历届四川“乐山国际龙舟会”、“乐山大佛节”，而且参加了“中国民间艺术节四川成都分会场”，1992年在海南“三亚国际椰子节”开幕式上的表演，深受国内外来宾的好评。

四、文化市场健康有序发展。一是大力兴办文化产业，多渠道吸引资金投入；二是引导文化娱乐朝多元化、深层次发展，以适应新时期不同消费层次的需要；三是认真贯彻中央、省、市关于整顿和规范文化市场秩序的通知精神，广泛宣传文化市场法律法规，结合各项专项治理工作，加强日常稽查，重点突出抓好经营场所和经营行为的规范，净化校园周边环境，使全区文化市场布局合理、经营规范、健康有序。

五、针对区境内文物多的实际，广泛开展了《文物保护法》的宣传，加强了对文物保护单位的管理和指导。

六、文艺创作硕果累累，年创作作品达200余件，多次在乐山市文艺演出中获奖，并在戏剧小品、文学、音乐、舞蹈、摄影等方面形成特色和优势。

阆中市文化局

阆中，华夏人祖的发祥地。

阆中，祖国锦绣河山与悠久历史文化紧密融合的结晶体，一座开采不尽的文化金矿。

阆中位于四川盆地东北部，嘉陵江中游，东枕巴山之余脉，西倚剑门之臂腕，为“巴蜀要冲”、“川北重镇”，一直是四川东北的政治、经济、文化、军事中心。全市幅员1878平方公里，现有人口86万，辖71个乡镇。

阆中从远古走来，有5000年文明史。阆中1986年被批准为国家历史文化名城，1991年撤县建市，1992年被列为对外开放城市，1993年被列为省辖市。

阆中自古是“山水奇秀闻天下”的地灵人杰之邦，有“阆苑仙境”的美誉。神工造化的“锦屏春晓”、“嘉陵秋水”、“云台仙风”等自然景观和全国重点文物保护单位张桓侯祠、永安寺、五龙庙及滕王阁、观音寺、大佛寺、天宫院、川北贡院、巴巴寺等200多处名胜古迹和新石器时期商周、秦汉遗址，旖旎奇绝，斑斓生辉。独具特色的阆中古城，是四川最大的古城，为全国保存最完好的四大古城之一。它是严格按照我国传统风水理论建造的一座“风水古城”。古街院、古民居建筑风格独特，装饰精巧，被誉为“中国建筑史上的奇观”。

阆中有汉、回、苗、藏等19个民族集居，有伊斯兰教、基督教、佛教、道教的宗教文化汇聚，形成了阆中特有的地域文化景观。阆中还有巴渝舞、川北灯戏、川北皮影等民俗文化的瑰宝。在深厚的巴渝文化陶冶下，人文荟萃，俊彦迭起。相传华夏始祖伏羲和女娲兄妹就孕育在这里；“辅佐刘邦还定三秦”的賨人领袖范目也出生在这里；蜀汉张飞在这里任巴西太守7年，死后葬在这里。阆中人汉代天文历算学家落下闳创制出世界上第一台浑天仪。侨居阆中的风水学家李淳风是世界上第一个给风定级的人，著有世界上第一部气象学《乙巳占》。唐宋二尹、三陈、四状元和至清末阆中115名进士的诞生，凸现了四川出状元进士最多的地方。深邃的历史文化与丰厚的人文景观引无数墨客骚人竞折腰。杜甫、司马光、陆游、苏轼、文同、元稹、张善子、丰子恺、肖军、邹绛等古今名宿莅阆观光或旅居，留下珍贵墨宝和诗篇。

阆中物华天宝，名特产饮誉四海。古为皇室贡品的丝绸、“东主软浮雕”的丝毯，溢彩于世界市场；以保健为最的保宁醋名噪中外；保宁压酒、张飞牛肉、保宁蒸馍香飘五州，备受青睐。

改革开放的阆中，给文化事业注入了生机和活力。近年来，新一代文化人高举邓小平理论伟大旗帜，以江泽民“三个代表”重要思想为指导，坚持“二为”方向、“双百”方针，持续推进了阆中文化事业的蓬勃发展。

阆中市文化局位于市中心合壁井巷11号，机关内设人秘科、文化艺术科和文化市场管理科，下辖文化馆、图书馆、文物管理所、电影发行放映公司、新华书店。建有乡镇文化站36个，作协、音协、舞协、剧协、美协、书协、摄协和名城研究会、诗书画院等文艺社团一应俱全。创办有《名城文学》、《文化旅游》、《名城乐苑》等刊物，近年创作文艺作品3500余件，上百件在国家、省级刊物上发表。灯戏小品《甜水井》、歌曲《川北妹》分获文化部第七届、第九届“群星奖”铜奖。

为全面展示历史文化名城风采，提高阆中知

名度，丰富市民文化生活，文化局分别在2000年端午节、2001年5月撤县建市10周年庆典之日策划并成功举办了“名城阆中第一、二届龙舟旅游节”，并相继隆重推出《锦绣阆苑》、《名城颂》大型团体文艺表演、明星综艺演唱会、焰火晚会和“金龙劲舞闹古城烧花舞龙”等系列大型文化活动，招徕八方宾朋上百万人次，赢得赞誉。曲艺表演唱《送古董》，民间艺术牛灯、竹马被中央电视台摄入专题片《古城阆中》向全国播放，小品《环卫之歌》在四川电视台2000年第141期《综艺大世界》栏目现场直播。全市校园、企业、街道、军营、社区文化十分活跃，各类演展、赛事文化活动常年举办。巴渝舞（八仙鼓）、川北灯戏、皮影剪纸艺术极具地方特色，并于近年挖掘、编排，弘扬光大，享誉海内外。新编剧目《赶隍会》、《亲家母上轿》等在省地汇演获奖，上京、赴沪演出获得殊荣；民间艺人王文坤曾应邀赴奥地利演出；大型舞蹈《巴渝舞》应邀在南充丝绸艺术节、四川省八运会开幕式上表演，被中央、省电视台摄成专题片向全国播放。保宁镇、老观镇、宝台乡分别被命名为省级《巴渝舞》、《灯戏》、《民间艺术皮影》特色文化乡镇。

阆中市图书馆成立于1956年，现有藏书17万余册，现为国家二级馆，四川省一级馆、四川省文明图书馆。

阆中灿烂的历史文化给世人留下了众多珍贵的文化遗迹。市内有摩崖石刻100余处，国家、省、市、县级文物保护单位3处、6处、11处、60处，馆藏文物近4000件，其中国家等级文物近2000件，是四川为数不多的文物大市之一。该市于1987年成立阆中市文物管理所，近年来又相继建立和规范了文物监管品市场，新建了阆中市民间博物馆，确保了全市文物安全。

“天上仙境，人间阆苑”的阆中，是一首深邃的诗，是一幅立体的画。

古老的阆中，正以新的姿态，走向光辉灿烂的明天。

泸县文化局

泸县在党的十一届三中全会以后，县委、县政府十分重视文化工作，积极探索发展文化事业的新思路、新途径，努力寻找文化生长点。县委县府把文化工作列入了党政工作的议事日程，把文化阵地、设施建设、文化经费的投入，文化活动的开展，列进了党政工作的考核目标。特别在区划调整以后，泸县提出了建设“农业强县、工业大县、财政富县、文化名县”的奋斗目标，本县文化建设掀起了高潮，开创了新局面。先后被评为四川省文化先进县、四川省文化模范地区、全国农村图书发行红旗单位、全国农村电影放映先进单位。全县建成省级文化先进乡镇10个，市级文化先进乡镇3个。

泸县狠抓文化设施建设。县委县府提出了“高起点、新格局、多功能、赋予时代感”的要求，修建了设施齐备的文化办公大楼，图书馆、文化馆、文管所、新华书店等文化单位按部颁标准要求，做到面积达标、功能达标、设计达标和质量达标，还建成了县城标志性的文化活动广场，极大地提高了文化工作的档次。农村24个乡镇都有文化站，共有活动阵地17692m^2，还有300多个村级文化室和文化大院。乡镇所在地的文化站都有多功能影剧院。

泸县注重加强文化干部队伍的建设。本县乡镇共有专职文化工作人员457人，其中乡镇文化专干54人，文化站工作人员196人，农村电影队70个，工作人员119人，业余歌舞团、剧团11个，演员266人，农村文艺演出队54个，演员792人，龙灯、狮灯、秧歌、腰鼓等具有地方特色的表演队伍58个，演员562人，正是这些文艺队伍的辛勤劳动，极大地推动了泸县的两个文明建设。

泸县始终注重开展文化活动，丰富人民群众的文化生活，激发人民群众建设美好泸县的热情。在文化活动方面县乡两级以庆祝、纪念性和年节文化活动为主导，以具有浓郁地方特色的民俗民间文化活动为主体，以农村机关、企业、校园自办文化活动为补充，初步形成了内容丰富的多角度、多方位的活动网络。特别是区划调整时，面临建设新泸县的艰巨任务，县委、县府投资24万元排练的大型文艺节目《创业者之歌》，演遍了永川、富顺等邻县、区，在省委党校演出时，省委副书记秦玉琴亲临现场观看，给予了极高的评价。特别是在县内的演出，极大地激发了全县人民建设新泸县的激情和干劲，演出现场还收到捐款近十万元。

泸县注重文化市场的发展和繁荣，全县现有文化经营项目13个，经营户870家，从业人员3300人，每年上交税费在600万元左右，文化市场形成了以公有制为主体，多种经济形式并存的新格局，实现了依法管理，发展有序，健康文明和“两个效益”双丰收的目标。

泸县注重挖掘“龙”文化品牌，增强两个效益。县委、县府正积极制定政策，加大招商引资力度开发国家文物保护单位龙脑桥。花40万元排练的“中国泸州雨坛彩龙”，参加2000年北京国际旅游文化节表演时，受到了34个国家，国内22个省市区表演团体及“世界大城市首脑会议”的市长们的热烈欢迎。在参加重庆铜梁由文化部主办的龙舞大比赛上，获最高奖次“神龙腾飞奖”，中国舞蹈家协会主席贾作光题词予以高度赞扬，总策划、总导演梁力生专门作了彩龙的特色介绍。

三星堆博物馆

三星堆博物馆是我国一座新兴的大型现代化遗址博物馆。她位于全国重点文物保护单位三星堆遗址东北角，地处历史文化名城广汉市城西6公里，南距四川省会成都40公里。博物馆馆区占地20公顷，融历史博览、学术研究、科普教育、园林景观、旅游休闲为一体。

三星堆博物馆自1997年10月建成开放以来，影响广泛、声名远播，先后被评为国家最高等级“AAAA”级旅游景区和省、市爱国主义教育基地、科普教育基地等。1998年9月，博物馆《古城古国古蜀文化陈列》被评为首届全国文物系统“十大陈列展览精品”；2000年，三星堆博物馆与九寨沟，大熊猫被省委、省政府列为四川旅游三大国际精品。开馆三年多来，党和国家领导人江泽民、朱镕基、李瑞环、胡锦涛、尉建行、李岚清等前来博物馆参观并给予了高度评价。

三星堆的发现是世界考古史上的重大发现，它将古蜀国的历史从春秋战国上推了近2000年，证明了三星堆古蜀王国是长江上游具有鲜明地域特色、高度发达的古代文明中心。从1929年至今，三星堆就以历史久远、文物精美、文化独特、神秘莫测而引起世人的瞩目。

博物馆展出的三星堆文物，是具有世界影响、品味极高、价值极大的文物。在浩如烟海、多姿多彩的中国文物宝库中，属最具历史科学文化艺术价值，最富观赏性的文物群体之一。那一件件光彩夺目、美奂绝伦的文物，向人们诉说了一连串扑朔迷离的远古旧事，给予人们极大的艺术享受，同时又留下了高深莫测的千古之谜，等待着人们去探索、去破译。

矗立在绿色草坪上的主体建筑，追求与地貌、史迹和文物造型艺术相结合的神韵，连续盘绕螺旋上升的三个圆弧象征“三星堆”，更寓意着历史由低级向高级曲折发展的进程。建筑顶部直插苍穹的三角构架，象征着人类探索文明、探索宇宙、探索未来正无穷尽；高悬于构架上那巨大的青铜纵目面具，正向人们叙述那一段辉煌的历史，笑迎海内外游客佳宾。

博物馆绿草如茵，环境优美，馆区绿化面积占80%以上，现代园林与周围自然形态巧妙地融为一体。游客在观赏了文物之后，亦能领略川西园林婀娜多姿之秀色。

“树三星堆国际精品，扬五千年中华文明”。三星堆博物馆愿与您共创四川旅游的辉煌!

成都市文物考古工作队
（成都市文物考古研究所）

成都市文物考古工作队（成都市文物考古研究所，后略）长期以来一直得到市委、市府以及省市文化厅局的人力支持，努力探索一条适合自身发展，具有鲜明特点的文物考古事业发展之路，以“年轻、高效、团结、务实”，“一流人才、一流业绩、一流管理”为制队（所）目标，经过较长时间的艰苦磨砺，文物考古队伍不断壮大，科研成果佳绩频传，开创了成都文物考古工作的新局面，为丰富历史文化名城成都的文化内涵以及“两个文明”的建设做出了应有的贡献，得到了国家文物局和国内考古界同行的广泛认同，被誉为“成都经验”或“成都模式”。以下即为近几年来本队开展工作的主要情况。

一、配合城市基本建设，初步建立起具有成都特色的地下文物保护管理体系。

成都自古以来即是我国西南地区重要的政治、经济、文化中心，已有的考古发现证明，成都平原早在距今5000年左右即已形成如新津宝墩古城遗址等中心聚落，数千年来的人类活动，在这片土地上蕴藏着丰富的文物资源。随着成都城市建设的飞速发展，一幢幢高楼大厦拔地而起，大量重要的古文化遗存被发现，这为成都文物考古事业的发展带来了难得的机遇。与此同时，基本建设和地下文物保护的矛盾日益突出，为了解决这一矛盾，该队依据《文物法》规定，按照“两利”的原则对文物分布密集区域的建设施工工地实施先期文物勘探，力争将文物和基建的损失减低到最低限度，该队受市文化局委托，完成了“成都市近郊地下文物保护区图”编制任务，为政府制定与《成都市文物保护管理条例》配套的管理办法提供了依据，在市委、市府以及建委、规划、国土部门的大力支持下，从1995年起，本市确立了在地下文物保护区内进行建设施工需先期进行文物勘探的管理程序，为妥善处理文物保护和城市建设的关系，确保“两利”创造了条件。配合基建开展考古工作作为我国各地方考古机构的主要职责和任务，具有突发性强，涉及面广，责任重大，矛盾突出等特点，这要求考古人员必须始终保持快节奏、高效率的工作姿态，既要勇于吃苦，甘于受辱，对地下文物分布区内的建设施工工地进行严格的监控，及时发现基建中暴露出来的各类重要遗迹，依法办事，同损毁文物的个别单位和人员作坚决的斗争，又要在严格执行田野考古规程的前提下，急工程之所急，尽量缩短考古工期，做到最大限度地支持城市建设施工，减少因文物保护而带来的经济损失，正是经过长期的不懈努力，才形成了今天的既保护文物，又改善投资环境，支持城市建设的具有成都特色的地下文物保护管理体系，从而奠定了成都市文物考古事业的发展基础。

二、努力培养中青年科技人才，建立一支高素质的考古科研队伍。

考古队独立建制以来，始终把培养人才，建设队伍放在单位发展的重要位置上。几年来，不仅在引进人才数量上也在专业门类上和学历层次上有了成倍提高，逐步形成了单位今天的规模：现有正式职工32人，聘用职工40多人。职工平均年龄35岁，大学以上文化程度30余人，其中有硕士和在职博士研究生15人。具有正高、副高及中级职称的科研人员31人。从整体情况看，其知识结构、文化层次、年龄状况均较为合理，具备了较强的科研能力和丰富的田野考古发掘经验，逐步形成了我国西南地区一支精干、高效、最富活力、凝聚最多中青年专业人才的考古科研队伍。

为了使考古科研工作不断地上新台阶，该队还加强了人才的继续教育，注意对现有人才的知识更新培训。单位把主要科研人员基本学历定位从过去的大学本科调高到硕士以上水平，促使大批科研人员第二次入校参加学习，由于多数科研人员都是在积累了大量第一手科研资料，承担重要课题并已有一定研究成果的基础上入校攻读硕士、博士，方向明确，从而为培养一批在考古学各个领域能独当一面的高层次科研人员创造了良好条件。

此外，该队经过十余年的努力，还自己培训培养了一支由20多人组成的技工队伍，这支队伍承担了大量田野考古、文物勘探工作，以及室内文物修复、绘图等考古技术工作，他们在成都市的文物考古工作中起到了无可替代的作用。

很显然，单位加大人才培养投入，全面推行以提高科研人员业务素质和创新能力为主要目的的继续教育制度，极大地调动了科研人员的积极性，弥补了人才短缺，发挥了人才优势，从而有力地推动了科研工作的发展。

三、建立比较完善的管理和运行机制。

管理和运行机制的好坏，既关系到单位各项工作是否良好运作协调发展，又影响到单位发展进程。基于这种认识，领导班子大力倡导引入竞争机制，激励机制，改革单位现行不合理的科研体制，力图建立一套适应考古队（所）发展特点的管理和运行机制。首先，在单位的机构设置上减轻行政管理的权重，强化科研职能，将行政机构和科研机构的比例调整为1∶3。其次，建立开放式的专业技术人员和管理人员聘用制。第三，运行机制上变过去的行政管理为主为现在的科研管理和人才管理为主，管理机制上变身份管理为主为现在的岗位管理为主。第四，在分配制度上，积极探索按技术、成果、管理等分配要素参与分配的形式，重实绩、重贡献，向优秀人才和关键岗位倾斜，在单位内部试行《科研津贴岗位制》、《重大科研成果奖励制》、《科研人员报告论文奖励制》、《科研人员继续教育培训制》、《科研人员书报费制》、《课题经费包干制》等制度。通过持续稳定的奖励、激励机制，调动科研人员的积极性，鼓励科研人员不断出成果，合理有效地做好党的知识分子工作，整个单位形成了发展的合力。

四、营造有利于知识分子健康成长的良好环境。

知识分子健康成长的良好环境具体讲就是较好的工作环境，和谐融洽的人际环境，民主活泼的学术环境，相对舒适的生活环境，尊重理解的社会环境。这种环境要求该队在1992年前是可望而不可及的，但是经过长期艰苦努力，已为实现这一目标迈出一大步。这是坚实的一步。首先，争取各级领导的支持，营造良好的外部环境。营造知识分子健康成长的环境是一个系统工程，必须得到上下左右各级领导和相关部门的支持。该队作为成都市的一支专业考古队伍，一直得到市委、市府、市人大、市政协和省市文化厅局领导的强有力的支持、关心、爱护和帮助，无论是在地下文物保护管理体系的建立，执行《中华人民共和国文物保护法》配合城市基本建设收取文物调查、勘探、发掘规费方面，还是在如十二桥古蜀遗址、水井街全兴烧坊遗址、商业街船棺墓葬以及震惊中外的新世纪第一个全国重要考古发现的金沙遗址等重大考古工作开展方面，都给予了强有力的支持，为该队的发展，为知识分子的健康成长营造了良好的外部环境，提供了很好的发展空间。其次，加大管理力度，营造好单位内部环境，在单位内部倡导民主宽松、和谐融洽、积极向上的风气，坚持以考古事业凝聚人才，以对考古事业的奉献精神鼓励人才，以适当的待遇吸引人才。同时，采取强有力的措施为科研人员创造良好的科研氛围、管理氛围，从人力、财力、后勤保障上给予大力支持。通过这几年的努力，解决了科研人员的住房、微机、用车等基本条件。提拔了7名知识分子进入队级或中层领导班子，做到了在政治上、工作上、生活上全方位地关心知识分子，营造了一种“拴心留人”的好环境。

五、扩大对外学术交流，拓展科研人员视野。

一支有远大抱负的文物考古专业队伍必须有勇气跟踪世界考古学的最新发展，努力扩大对外学术交流，拓宽学术视野，只有这样才能有效地提高考古业务人员的科研水平。长期以来，成都市文物考古工作队利用一切机会扩大与国内国外各考古科研机构的合作和交流，先后与国内大部分主要的文物考古科研机构建立了长期的联系，与日本、美国、德国、意大利、台湾、香港等国家和地区的大学和考古研究机构进行了广泛的交流，先后聘请多位海外学者为本单位客座研究员，保持了长期深入的交流。1996年秋，该队经国家文物局批准，率先开展了我国西南地区文物考古学领域首次较大规模的国际学术合作科研，先后与日本早稻田大学和日本国际日本文化研究中心两次组成联合考古调查队，对新津宝墩古城遗址进行联合调查发掘研究，取得重大成果。该队科研人员多次应日本学术界和亚洲——太平洋史前学会邀请参加国际学术会议，在日本京都、东京参加中日联合考古成果发布会、中日长江文明起源学术研讨会等学术会上，该队的科研成果受到广泛重视，反响较好，1998年、1999年该队经国务院、国家文物局批准，与日本早稻田大学联合对都江堰芒城遗址进行考古发掘，取得圆满成功。该队为推动科研工作，还先后与国内一些重要考古教学和科研单位开展了科研合作，这些联合科研工作为科研人员提供了开展科学研究的广阔空间。

六、充分发挥人才作用，文物考古工作取得显著成绩。

该队近年来配合基建共对全市古遗址上百处、古墓葬数千座进行了发掘，出土有金器、银器、玉器、铜器、瓷器、陶器、铁器等文物及文物标本总数达十余万件，其发掘工作量远远超过本市建国后30年的总和。该队还先后与新都、彭州、郫县、邛崃、龙泉驿、青白江、新津、大邑、崇庆、温江、金堂等地文管所或博物馆联合调查和发掘了大批古文化遗存。上述遗存中，十二桥遗址、成都平原史前城址、水井街酒坊遗址、商业街船棺墓葬遗址均被列为当年全国十大考古发现，尤其是今年2月发现的21世纪最重要的考古新发现——金沙遗址，在国内外产生了重大而深远的影响。

这些发现填补了我国、本省、本市考古学、历史学、文化艺术史、自然科学史等许多空白的领域，将成都的历史往前推移了2000多年，全面地展示了成都5000年来辉煌的文明成就，极大地丰富了历史文化名城的文化内涵，提高了城市的知名度，为宣传、介绍成都做出了贡献。

全队科研人员共发表考古报告及论文数百篇，科研工作取得长足进步，先后荣获省政府社科二等奖一项、三等奖一项，省社科联奖三项，省历史学会奖十余项，成都市政府社科一等奖一项、二等奖一项、三等奖三项，以及国家文物局田野考古三等奖一项。同时，还先后获得了市级知识分子工作先进单位、卫生红旗单位、“三五”普法先进集体、文物工作先进单位、文化和宣传系统先进基层党组织、综治工作先进单位等荣誉。

最近，市文化局党组以对文物事业发展高度负责的精神，提出了建立成都博物院的规划，实现文物资源、人才资源的合理调配，建立精干高效的管理体制，这是极具发展眼光和改革气魄的构想，这对考古队来说既是新的发展机遇，又是新的挑战。该队坚信，只要脚踏实地地按照江总书记提出的“三个代表”的要求，结合单位实际开展工作，一定会很好地完成上级交给的各项任务，不断提升考古队（所）的形象。该队期盼着，又一个发展的机遇来临。

合江县文化体育广播电视局

合江地处四川盆地南缘，属盆周山区县。始建于西汉元鼎二年（公元前115年），已有2100多年历史，因地处长江与赤水河交汇处而得名，以盛产晚熟荔枝而名播遐迩。全县幅员2422平方公里，辖29个乡镇，84万人口，其中农业人口占90%。2000年国内生产总值25.33亿元，粮食产量46万吨，财政收入1.7亿元。改革开放以来，随着县级经济的全面发展，全县文化事业进入了一个蓬勃发展的新时期，文化基础设施完善，建有文化馆、图书馆、川剧团、电影公司、新华书店、县艺术展览馆等面积15000平方米的文化活动阵地和29个乡镇文化站，有诗书画院、书法家协会、美术家协会、摄影家协会、音乐家协会、舞蹈家协会等社团组织。创办有《少岷》文艺杂志、《荔乡吟》诗集等期刊。1958年获全国先进文化县称号，1997年创建为四川省文化先进县。

深厚的文化底蕴 合江文化渊源可以追溯到秦汉时期，古文化遗产中有唐代中郎将唐蒙出征夜郎屯兵的边塞符关，有至今仍放射着耀眼光芒的摩崖石刻和史料价值很高的汉代画像石棺，拥有植根于民间的特色文化项目“福宝唢呐”、“合江傩戏”、“合江肉莲花”等。出现了现代文化名人凌子风、王朝闻、罗念一。浓厚的文化底蕴繁荣了现代文化，2000年底，全县有书刊、音像娱乐等各类文化经营项目15个，经营户516家，其中歌舞厅18家，卡拉OK厅（室）58家，电子游戏室12家，台球室10家，文化茶园200多家，网吧31家，印刷业13家，乡（镇）村文化活动室2.3万平方米，初步建成了从县城到乡镇村的较为完善的文化网络。

全县有地上文物115处，省、市级文物保护单位13个，其中省级1个，现有馆藏文物4000多件，冯玉祥将军“还我河山”摩岩石刻，抗元历史名城神臂城——“老泸州”等市文物保护单位已成为全县爱国主义和革命传统教育的主要基地。有川南古刹“法王寺”和千年古镇“福宝”、“尧坝”等特色民居建筑群。

丰富的文化活动 合江文化活动以群众文化活动为主体，文艺创作群体初具规模，每年开展大型群众文化活动3—4次，如春节团拜会，大型灯展，七·一、十·一文艺演出，中秋诗书画音乐会，“六·一”少儿绘画硬笔书画比赛，少儿书画展等成为传统演出活动，与企业合作创制了具有地方特色的“秘戏酒”，整理排练了《肉莲花》、《傩戏》、《唐蒙出关》、《将军令》等文艺剧目，在国家三A级风景区佛宝玉兰山开展了常年性文艺演出，开展了迎“七·一”文化杯卡拉OK大赛，举办每年一次的中秋诗书画音乐会，参加赤水河之声音乐节，举办规模宏大的跨世纪文艺演出。同时，乡镇群众文化活动活跃，政府与民间文化活动互为补充，农民自发组织有歌舞队，如望龙镇一民间歌舞队年演出100场以上。

近年来，合江创作有《合江颂》、《赤水河之声音乐节》、《计划生育三结合文艺作品》等大型活动歌曲、小品和戏剧集，收集整理《民间文学集成》、《民间舞蹈集成》、《福宝唢呐集成曲》成书，有15人出版文艺专著，仅2000年即出版个人专著5部。《少岷》文艺杂志出刊4期，发送8000册。

海事博物馆

海事博物馆于1987年对外开放，当时的馆址位于妈祖庙旁边的一座两层高的绿色平房，现已改作海事博物馆的行政大楼，而现今之海事博物馆是于1990年6月24日开幕。该馆地处澳门最著名的旅游景点之一的妈阁庙对面，濒临内港，远眺港仔，每到黄昏时分，夕阳斜照，清风送爽，泛起涟漪，与博物馆美伦美奂的船体建筑互相辉映，犹如一幅图画，令人陶醉其中，乐而忘返。

建馆不久，便能晋身澳门最热门旅游景点的行列，除了海事博物馆本身独特的吸引力之外，馆内丰富及珍贵的藏品，别出心裁、匠心独运的展览设计是功不可没的。

博物馆楼高三层，以中国、葡萄牙及澳门的航海事业为主线来划分为专题展区，地下的展厅主要介绍澳门渔民社群的生活情况，二楼是介绍中国及葡国的航海历史，三楼是介绍航海技术知识及海上交通工具。运用深入浅出的手法，配合动画短片，展示了本地区渔民社群的风俗习惯、航海科技的发展、海上交通史的演变过程、海洋生物学以及其它相关知识领域。此外，还陈列了大量珍贵的模型、图片和船舶复制品，展品林林总总，内容丰富，令人目不暇接。

除展馆外，博物馆还设有水族馆、海底模拟器、露天茶座及观光船服务供游客享用。

该馆拥有两艘非常珍贵的船只，一艘是本地区传统渔船，另一艘是仿古帆船。在观赏之余，旅客可乘坐船只游览澳门。可从另一角度欣赏澳门，真是一件赏心乐事。此外，该馆还会安排学生出海捕鱼，让他们感受一下捕鱼的乐趣。

海事博物馆不仅是一个展览馆，而且还是一个海事历史和文化研究中心，积极进行有历史价值文献及专题研究的出版工作，祈望在促进澳门史研究和各种历史著作的传播和推广工作上略尽绵力。同时，还设有一个对外开放，以海事为专题的图书馆，其中不乏绝版、非常珍贵的书籍。

除了进行收集、保存及调查等工作之外，该馆对履行本身的职责一向不遗余力，积极发展教育及社会文化活动，例如透过举办展览或与其他团体合作举办文化活动，以促进博物馆与公众的沟通和联系。此外，海事博物馆在1987年加入了国际博物馆协会，参与该组织举办之会议及研讨会等活动，吸收不同的经验及技术，以提高博物馆的质素。

南宁市文化局

南宁市，是广西壮族自治区首府城市，现辖武鸣、邕宁两个县和新城、城北、兴宁、永新、江南五个区。全市总面积10029平方公里，其中市区面积3595平方公里。全市总人口291.4 万人，其中市区 176.74 万人。

改革开放以来，尤其是近年来，南宁市广大文化工作者在市委、市政府的领导下，把握机遇，全面贯彻党的文艺路线、方针、政策和高举邓小平理论伟大旗帜，努力实践江泽民“三个代表”重要思想，保持南宁文化事业全面推进，取得了阶段性的辉煌成绩。

一、艺术生产迈上新台阶

近年来，南宁市的艺术生产实施精品战略，共创作演出了大型壮族舞剧《妈勒访天边》、粤剧《紫金锤》、《月到中秋》、话剧《当月亮升起的时候》。其中，1997年《月到中秋》、《当月亮升起的时候》参加自治区第四届剧展，分别获演出一等奖和二等奖及16个单项奖；1997年《月到中秋》参加第五届中国戏剧节获中国曹禺戏剧奖·剧目奖；2001年粤剧《紫金锤》在第七届中国戏剧节中获中国曹禺戏剧奖优秀演出奖。2000年舞剧《妈勒访天边》获广西第五届剧展“桂花金奖”，同时获编剧、服装、舞美、表演等10个单项奖；2000年9月获第六届中国艺术节“优秀剧目奖”，在第二届中国舞蹈“荷花奖”中获舞剧金奖第一名，同时获最佳舞美奖，最佳服装设计奖，优秀编导、优秀作曲、优秀男主角表演奖、评委会特别奖、宁波市市长奖等单项奖；2000年12月获南宁市第二届“五象工程奖”；

2001年9月获中宣部颁发的全国第八届“五个一工程奖”；2001年11月获第七届中国戏剧节优秀剧目奖；12月获广西文艺创作最高奖——铜鼓奖。舞蹈《姑娘不穿鞋》、《网歌》获2000年全国第十届孔雀杯少数民族舞蹈比赛金奖和银奖。

小品创作演出质量在全国有关赛事中崭露头角，小品《及时雨》在文化部举办的’96全国小品比赛中获三等奖，小品《我的哥哥在南沙》、《失物》在’97全国百优小品比赛决赛中分别获得了二等奖和三等奖，小品《水中那片高地》、《太阳背面》获曹禺戏剧奖·小戏小品比赛三等奖。

二、南宁国际民歌艺术节

1999年，经文化部批准，广西壮族自治区党委和政府研究决定将“广西国际民歌节”更名为“南宁国际民歌艺术节”，由南宁市人民政府在每年的11月份举办，1999年到2001年每届民歌节盛况空前。南宁国际民歌艺术节开幕式大型广场文艺晚会“大地飞歌”享誉全国，已成为南宁市的一张亮丽的文化名片。2000年、2001年民歌节期间，南宁市还分别承办了“第九届中国金鸡百花电影节”、“第七届中国戏剧节”和“第十一届‘孔雀杯’全国少数民族声乐大赛暨少数民族器乐展演。”民歌节期间还举行经贸活动、旅游活动，三届民歌节举办成功，收到显著的社会效益和经济效益，极大地提高了广西首府南宁市的知名度，促进了地方经济和文化的发展。

三、群众文化丰富多彩

近几年来，南宁市的群众文化活动丰富多彩、蓬勃发展，形成了以广场文化为龙头，以社区文化为重点的格局。1999年至2001年，分别举办了“世纪之声”、“绿城颂”、“新世纪绿城风采”广场文化主题年活动，做到广场文化活动月月有重点，周周有活动，据统计，3年来，全市共开展广场文化活动4272场（次），参演参展单位和团队2330个，观众2100万人（次），收到了较好的社会效果。农村文化抓好三个进村入户，全市52个乡镇均建成了文化馆和图书馆，农民业余文艺队有126个，武鸣山歌队、邕宁八音队已成为富有民族特色的农民表演队。

四、文博事业有新突破

1997年4-7月间，中国社会科学院考古研究所广西工作队、广西壮族自治区工作队和南宁市博物馆联合在邕宁县蒲庙镇九碗坡村发掘了“顶蛳山贝丘遗址”，共发现三个阶段的文化堆积和大量地层关系明确的文化和自然遗物、遗骸。经文物界专家认定该遗址是广西地区目前发现的保存较好的新石器时代贝丘遗址之一。遗址的发现确立了广西在中国史前文化中的地位。为认识了解广西地区史前文化的内涵、特征及发展序列等提供了重要论据，为探讨广西在华南与东南亚地区史前文化交流中的作用，以及研究史前时期广西的自然环境及其变迁和人与自然环境间的互动关系，都具有十分重要的意义。是年，被评为全国十大考古新发现。

安徽省京剧团

安徽省京剧团前身系由民间职业剧团改建的新生平剧社，新中国成立后改为新民京剧团，1956年收为国营，更名为合肥市京剧团，1960年被提为省级建制。

安徽是京剧故乡。被称为京剧鼻祖的程长庚即为安庆潜山人氏。先后进京的四大徽班中，徽伶占大多数。50年代，在省委书记曾希圣等领导人的直接关注下，剧团广纳名角，因而演员阵容整齐，艺术生产旺盛。著名程派青衣新砚秋、坤角老生解宗葵、红生张韵楼、老生迟世恭、武生缪春华等皆一度加盟剧团。梅兰芳弟子王熙春、谢黛林、刘美君；周信芳弟子徐鸿培；以跷功而享盛名的文武花旦曹畹秋；王瑞芝的弟子、余派老生薛浩伟；“荣春社”的名净刘荣春，“富连成”科班的文武老生王元锡以及南京“鸿春社”的明星人物王鸿喜、缪鸿菊、柏鸿来、金鸿山、李鸿培数十人，为团内生旦净丑诸行挑梁角儿，他们是剧团演艺力量的中坚。此外，还拥有一批强大的武戏阵容及优秀的琴师、鼓师、舞美技师和专业编剧人员。

1959年，剧团以《初出茅庐》等三个创作剧目参加省第一届戏曲观摩演出，一举获得创作、编剧、演出等20多个奖项，《初》剧剧本还被出版发行。1959年，剧团创作的《还我河山》，在肥演出的中国京剧院看后，该院著名戏剧家阿甲连声赞扬:“编得好、导得好、演得好！”上述二剧还先后被中国京剧院改编加工后演出。50年代末，《蔡文姬》在宁演出时，被南京人民出版社摄为连环画册出版发行。参加1965年华东区京剧现代剧观摩演出的创作剧目《丹枫岭》在沪演时，剧团阵容和舞台演技引起强烈震动，受到普遍好评。后该剧剧本与《还我河山》剧本同时被收入向建国30周年献礼的《安徽剧本选》。“文革”期间，剧团几乎排演了所有的难度很大的“样板戏”，演出时，戏票抢手，上座率始终居高不下，并受到省内外同行的充分肯定。80年代初，剧团常年上山下乡演出，曾获1982年省农村文化艺术工作先进集体称号。1991年剧团排演的《京剧鼻祖》(后易名《程长庚》)，几经磨砺，于1994年、1999年两度进京演出，先后获“五个一工程奖”和第二届中国京剧艺术节银奖。1997年7月，剧团应瑞典友人邀请，赴瑞典海星省演出《泗洲城》、《借扇》、《挡马》、《拾玉镯》等近10个折子戏，受到瑞典专家、观众极高的评价，他们称剧团是“来自东方的星”，“中国的一流剧团之一”。2000年，排演了由杨沫的同名小说改编的现代京剧《青春之歌》，受到了文化部专家的肯定，建党80周年时，该剧进京作献礼演出，亦受广泛好评。

几十年来，剧团注重培养后继力量，从而使艺术人才不断更新，艺术队伍保持活力，充满生机。1959年、1970年两次建立学员队，抽调老艺人致力教学; 1982年选送13名艺术人才分别去中国戏曲学院和上海梅派训练班深造; 1995年剧团获准招收30名学员，送北京戏校委培，于2000年夏毕业归来后，剧团以他们为主体，成立了青年演出团。

青年演出团的这批新生力量非常喜人。主要得益于北京戏校办学多年，教师经验丰富、戏路宽绰的教育培养。孩子们除了练就了扎实的基本功以外，每人都学到了真实的本领，其中旦行尤为突出。孙毓敏校长对旦行中的几个孩子给予了充分的肯定。在他们毕业前一年的“希望之花汇报演出”时，孙校长亲笔题词，书赠本团:“在程长庚家乡振兴京剧”，表达了她对这批孩子的殷切期望。

这批孩子，大多为1985年前后出生，平均年龄不到17岁。他们“初出茅庐”，蓄势待发，跃跃欲试，充满活力。从整体上看，青年团行当齐全，生旦净丑俱不乏人才。他们中青衣、花旦7名，分攻张、梅、程、荀诸派。他们嗓音条件极佳，模仿力强，初具流派风韵，有的已具有相当功力。代表剧目有《望江亭》、《坐宫》、《打金枝》、《醉酒》、《天女散花》、《春秋亭》、《六月雪》、《金玉奴》、《红娘》、《挂画》《卖水》等。武旦3名，他们功底扎实，能翻能打，技巧娴熟，出手稳练。主要剧目有《虹桥赠珠》、《盗仙草》、《扈家庄》等。此外，老旦、老生、小生、净、丑角各有若干名，大多能独挡一面。这批学生，除了自身应功戏外，大多亦具备在群戏中串演别行、在武戏中翻腾打斗的能力。更兼有几位副高职称以上的中年演员辅佐他们，保障了这支队伍的独立演出能力。1999年夏，剧团利用暑假，在合肥举办“安徽京剧希望之花汇报演出”。连续三场中演出了23出小戏、折子戏(包括选段)。其中妩媚、娓婉的张派唱腔的风韵，《散花》中难度极大的耍绸子，《挂画》中椅子上高难惊险的技艺，《虹桥赠珠》中的娴熟干练的出手……赢得专家、票界和媒体极高的评价，他们赞扬“希望之花”名副其实，不负众望。2000年青年演出团成立后，他们抓紧集训、排练，于当年底在合肥公演了旨在展示整体实力的群戏《杨门女将》。演出再次震撼了省城舞台。剧中扮演穆桂英、柴郡主、佘太君、杨文广、杨七娘等小演员，神气、英武，十分可人，又一次征服了观众。2001年初，中央电视台举办哈药六杯全国青年京剧演员电视大赛，这批孩子以实力占据了安徽赛区仅有的6个名额。他们的技艺得梅葆玖等评委的高度赏识，6名选手得到了“荧屏奖”。这对于年龄只有17岁的孩子们来说，已是十分难能可贵了。

今年中央电视台相继两次举办了专业、业余京剧演员大赛，说明了中央领导对民族文化的国粹艺术的重视程度。安徽省委宣传部、文化厅、财政厅的领导，对青年演出团也相当重视，两次拨专款为他们配备演出器材。无疑，这对成立不久的青年京剧团来说，是谋求发展的大好机遇。因此，团部领导乘此东风，拟在近两年内以青年团为重点，着力做好以下三件事: 一、练好内功，培养尖子人才。在孩子们北京所学的剧目基础上，选出三台10

至12出剧目，狠抓基本功训练，聘请专家及本团资深的老艺术家为艺术指导，重点培养尖子人才，让他们担纲主演。不断对他们的剧目精雕细刻磨精品，使他们在频繁的舞台实践中日臻成熟，成为顶梁柱；二、开拓市场，加大宣传力度。在上述三台剧目中，再精选有竞争力的两台（6至8出小戏、折子戏）剧目，通过录制成光盘，出版专集画册，进入网页等现代化宣传手段，多方位、多渠道地在中外演出市场上宣传自己，展现自己，推销自己，提高京剧故乡的知名度；三、抓住机遇、推出新人新戏。利用那些随时可能出现、但又稍纵即逝的节日庆典、企业活动、外事活动、社区文化、电视栏目的应急需求，不失时机地抓住机遇，同时狠抓剧目建设，挖掘有价值、有品位、有特色的传统戏，寻找有创意、有新意的剧本，极力推出新人新戏。从而使剧团站稳市场，占领舞台，进而走出国门，为振兴京剧故乡的京剧、为落实省政府建设文化强省的战略多作贡献。

四川省歌舞剧院

四川是中国西部一个多民族的大省，自然风光奇秀，风土人情多姿，拥有辉煌的古蜀文化传统，享有“天府之国”的美称。

四川省歌舞剧院是集歌舞，民族音乐歌舞剧，交响音乐为一体，在国内外享有盛誉的大型综合艺术表演团体，荟集了各种艺术人才300余人，自1953年建立以来，在四川勤劳的各族人民的怀抱中，踏遍丰饶秀丽的蜀山蜀水，汲取了丰富的民族民间文化艺术的甘泉，造就和培养了一代又一代卓有成就的艺术家。40年来富有创造性的艺术实践，创作演出了大批绚丽多彩，乡土风情浓郁的民族民间音乐舞蹈和民族歌舞剧等剧（节）目，形成了独特的艺术风格。

四川省歌舞剧院多次参加全国性的和国际上的艺术节日会演、比赛，取得可喜的成绩，赢得广泛高度的赞誉。多次到全国各省、市、自治区巡回演出，给各地广大观众留下了深刻美好的印象，被誉为“天府之国的明珠”。

四川省歌舞剧院从1960年起，先后多次应邀远涉重洋赴世界各大洲的数十个国家和地区演出，所到之处均引起轰动，广大观众盛赞演出“充满强烈的时代激情，生活气息浓郁，民族风格鲜明，俏丽风趣，秀美高雅，诗一般的意境。”是“美妙的歌舞，迷人的艺术”。

在此改革开放的世纪之初，四川省歌舞剧院的艺术家，愿在继承发扬祖国民族文化艺术的优良传统，建设和发展四川的优秀文化，将“古蜀艺术之花”和“天府之国”的美妙风情献给广大观众，为增进全国各族人民和世界各国人民之间的友谊，作出不懈的努力。

中国甲午战争博物馆

中国甲午战争博物馆，是以北洋海军和甲午战争为主要内容的遗址类博物馆，馆名由中共中央总书记、国家主席江泽民题写，馆址设在威海刘公岛北洋海军提督署及其附属建筑。

威海市位于山东半岛的东北端，与辽东半岛的旅顺隔海相望。刘公岛则位于黄海之滨，威海湾前，距离威海市区有10华里水程。

1888年，北洋海军正式建军。其实力居世界各国海军第四位，称冠亚洲。

1894年，日本政府发动了蓄谋日久的武装侵略战争，中国政府被迫出兵抵抗。在丰岛、平壤、黄海、辽东及威海卫之战中，北洋海军广大将士同仇敌忾，英勇抵抗，屡挫强敌，最终虽然失败了，但广大官兵杀敌卫邦、以身殉国的爱国主义精神却彪炳史册，永垂千古。

中国甲午战争博物馆筹建于1985年3月，原名威海市北洋海军提督署文物管理所，有工作人员4名。1992年4月，经上级文物主管部门批准，更为现名。博物馆现有工作人员98名，其中专业技术人员占1/3，高级专业技术职称14人（含客座研究员10名），聘请学术、科技、法律等方面顾问5人。机构设置：馆长办公室、财务经营部、文物科技部、陈列业务部、社会教育部、学术研究部、图书资料部、安全保卫部等。

该馆坚持把“上对得起祖宗，下对得起子孙”做为衡量自己工作的标准，艰难创业，勤奋敬业。建馆之初，馆领导带领全体职工，克服岛上无水无电、缺人少钱及交通极为不便等重重困难，勤勤恳恳，艰苦创业。经过十多年的拼搏，由一个名不见经传的文物管理所，成为国内知名的博物馆。

该馆以保护历史文化遗产为己任，以弘扬爱国主义和振奋民族精神为宗旨，以历史前事为鉴，教育警示后人。他们坚持做到“要教育别人爱国，自己先做爱国人”，使该馆成为“全国爱国主义教育示范基地”。

该馆以开发旅游为保护文物的切入点，走出了一条以文物带动旅游、以旅游收入促进文物保护的良性发展之路，使该馆成为闻名海内外的独具特色的旅游胜地。

16年来，该馆坚持抓住机遇，开拓创新，使博物馆在设施建设、人才培养、文物征集、藏品保护、陈列展览、社会教育、学术研讨、对外交流等方面都取得了丰硕的成果。

中国甲午战争博物馆，是刘公岛甲午战争纪念地专门的管理保护机构。纪念地内28处北洋海军与甲午战争的旧址分布在威海湾南北两岸及刘公岛上。这些历史遗存，不但是研究中国近代海防重要的实物例证，而且是广大人民群众，特别是广大青少年进行爱国主义教育、海防教育、海洋观教育的难能可贵的教材。同时，还是开展“寓教于旅游”的特色资源。1988年1月13日，刘公岛甲午战争纪念地被国务院公布为第三批全国重点文物保护单位。建馆以来，该馆自筹资金4000多万元，对纪念地的建筑遗存和历史遗迹，进行了科学保护，严格管理，并进行了重点修复。在修复过程中，自觉贯彻执行“保护为主，抢救第一”的方针，坚持了“修旧如旧，不改变文物原貌”的修复原则，修复总面积达到10多万平方米。

在搞好抢救保护工作的同时，还及时对纪念地28处旧址遗迹划定了重点保护范围和建设控制地带，树立保护标志，并建立了文字、照片记录档案，实现了国家级重点文物保护单位的“四有”管理标准。该馆还根据国务院的有关规定，积极建议对纪念地实行专题立法，把保护管理纳入法制化的轨道。2000年10月26日，《山东省刘公岛甲午战争纪念地保护管理规定》由山东省人大常委会正式通过，并公布实施，使纪念地的管理达到了法制化、规范化、标准化的高层次。

该馆多渠道广泛征集文物史料，成效显著。他们行程4万多公里，与近200位北洋海军将士后裔取得联系，征集了许多弥足珍贵的文物、图片及资料。还通过外国学者在海外征集了大量的图片资料。十多年来，馆藏文物从无到有，从少到多，馆内藏有北洋海军及甲午战争时期历史照片1000多幅，海底打捞舰船文物标本300多件，其他文物多件。1999年经国家文物局近现代文物鉴定专家组鉴定，一级品达39件。其中，济远舰前双主炮，每门重达20余吨，长7.6米，口径为210毫米，为当今海内外所仅存，堪称“镇馆之宝”。

该馆的陈列展示，内容丰富，形式多样，特色鲜明。在陈列中，把艺术形式与科技手段、平面图片与立体形象结合起来，既让观众知道北洋海军提督署是国内惟一保存完好的军事衙门，又要通过原状复原及文物史料的展示，达到贴近历史、身临其境的展示效果。现在，总开放展示面积达10万平方米。分别为提督署，龙王庙，戏楼，丁汝昌寓所，北洋海军将士纪念馆，水师学堂，黄岛炮台，旗顶山炮台，东泓炮台等。这些开放展示的文物景点，既展示了北洋海军的辉煌，又记述出甲午战败的惨痛；既表现了广大官兵的爱国精神永垂千古，又揭示了腐败导致灭亡、落后就要挨打、软弱就要受欺侮的教训。陈列展示不但让观众领略到水师旧址和甲午故地的风貌，了解甲午战争对中国产生的影响，而且还欣赏到海岛的自然风光，使人更能增加振兴中华、强我海防、爱我海洋的责任感。

博物馆始终坚持社会效益第一的原则，努力搞好宣传教育。在接待服务中，要求做到“三个坚持”、“四个一样”的服务规范。由于要求严格，经常训练，讲解员都能做到仪态大方，语言规范，因人施讲，繁简得宜，在观众与历史之间架起紧密沟通的桥梁。建馆至今，已有110多个国家的1000多万观众来此参观，其中近100位党和国家领导人到此视察指导工作。

该馆积极开展文物科技保护和学术研究。1992年，曾获“山东省文物科技进步三等奖”；1993年，又获“山东省文物科技管理奖”；1994年，“海底出水巨型钢铁文物除锈保护”课题被国家文物局批准立项，进展顺利，已取得良好效果；1996年，“刘公岛古建筑白蚁防治技术”获全省科技进步二等奖；2000年，“甲午战争时期德国克虏伯大炮复制技术”获全省科技进步二等奖。

把博物馆办成史学工作者科研基地，是该馆的一个创举。山东社会科学院“甲午战争研究中心”设在该馆，山东省历史学会甲午战争专业委员会也挂靠在该馆，他们7次召开国际国内学术研讨会，与13个国家和地区的专家学者建立了联系，出版学术著作7部计100多万字；拍摄纪录片、专题片5部；出版120分钟音像光盘一套。1996年，与北京图书馆签订协议，共建甲午战争研究资料中心，为甲午战争的深入研究提供了有力的保障。由国家图书馆支持地方博物馆建立资料中心，这在国家图书馆和中国博物馆界，均属首创。2001年5月，《中国甲午战争博物馆馆刊》创刊发行，受到广泛好评和欢迎。

该馆立足海岛，面向世界，积极开展对外文化交流。1994年，与法国菲尼斯太尔省议会联合举办《法国西部风情展》引起轰动，首开山东省接办法国文物风情展之先例。同年，他们还组成了文化代表团赴法国参观考察，并筹划建立友好馆际关系。1995年，与法国乌埃桑岛灯塔博物馆及菲尼斯特达乌拉斯文化中心签订了友好馆协议。1996年，再次举办法国菲尼斯太尔省展览，并为威海的招商引资、发展经济铺路搭桥，收到很好效益。1997年，在法国举办了《中国年画·威海剪纸》展览，在法国西部引起巨大反响。2000年，又与英国皇家海军博物馆建立了联系，双方拟就学术研讨及资源共享、科技保护问题进行交流。

中国甲午战争博物馆以扎实而卓有成效的工作，得到社会各界的肯定和赞誉。1991年，被国家文化部、人事部联合表彰为“全国文化工作先进集体”；1994年，荣膺全国十大“优秀社会教育基地”之一；1995年，被公布为“全国青少年教育基地”；1996年，被国家六部委联合命名为“全国中小学爱国主义教育基地”；1997年6月，又被中共中央宣传部命名为“全国爱国主义教育示范基地”。1994年7月，中共中央总书记、国家主席江泽民为该馆题写了馆名，李鹏、乔石、刘华清、李岚清、田纪云、吴邦国、邓兆祥、赵朴初、周谷城等10多位领导人也分别为该馆题词。

大赛车博物馆

1993年，为了庆祝澳门格蓝披治大赛40周年，澳门旅游局筹建了一所对该赛事历史有代表意义的博物馆——“大赛车博物馆”。博物馆于1993年11月18日开幕，收藏了一些为赛车史添上光辉的赛车和重要的赛事文件，在博物馆开幕不久后，便发现有扩充的必要，于是展开了扩建工程，现在的大赛车博物馆的面积比开幕时大了两倍，今天，大赛车博物馆已成为了访澳游客主要的旅游点之一，是旅游澳门必到的地方。

大赛车博物馆向观众展示历史，同时记录历史，观众不但看到展览的赛车和大量图片，还看到澳门的发展历史。博物馆的展品以三种方式获得，第一种是购买，第二种是私人捐赠，最后一种是暂时借用。

在大赛车博物馆近门口当眼的地方摆放着第一届（1954年）的冠车红色跑车，该车在筹备开馆时从英国寻得，那时该车却已经不能使用，今天维修工程已经完成，所用的轮胎和当初的是同一系列，完全像新的一样，成为一件难得和稀有的古物。

在三级方程式的展区，观众还可以看看其它参加过澳门赛事的赛车，包括：曾三次成为一级方程式世界冠军车手的洗拿（Ayrton Senna），于1983年在澳门取得三级方程式冠军的战车，以及在2001年第四度成为一级方程式世界冠军的偶像车手的米高·舒麦加（Michael Schumacher）于1990年在澳门取得三级方程式冠军的战车。这都是世界车坛的珍品。除了世界冠军车手洗拿和舒麦加外，还有很多车坛的精英、名人在澳门出战时所用的各式战车。

另外一个区域是留给那些曾在澳门参赛过的电单车的陈列区域。这些电单车赛车包括各大车厂的500CC，750CC和其它不同气缸容积的战马。在这里，人们还可从玻璃柜中欣赏到一些奖杯和古旧的赛车程序表、官方的臂章、参赛牌照和照片集，观众也可以回味过往的片段，有助于了解澳门格蓝披治的历史。

其它有趣的展区包括房车展区如：夺得1991年和1992年冠军的战车——“宝马（BMW）M3 Schnitzer' 和展现“平治”Mercedes-Benz)AMG

维修队和保时捷急救队支援赛事的情形，及1915年的古董老爷车等等。所有大赛车博物馆的展品均价值不凡。

大赛车博物馆还添置了两部模拟驾驶器，观众可以在模拟器内感受驾车在全长6.2 公里的跑道上飞驰的滋味。

大赛车博物馆还有一个视听室，客人们在参观时不但可亲眼看到参赛的汽车，更可以深入了解澳门赛车的历史。

华夏艺术中心

十年前的金秋，一座器宇非凡的建筑在深圳湾畔崛起，它面积13500平方米，由4层V型大楼、艺术广场和园林绿化带组成。其古朴典雅、简洁现代的设计风格，成为深圳市、华侨城旅游度假区内不可多得的文化景观。它就是以弘扬华夏文明，促进海内外文化交流，提高社区及企业人口素质，发挥艺术教育功能为宗旨的多功能、综合性文化实体——华夏艺术中心。

华夏艺术中心隶属于华侨城集团公司，作为华侨城乃至深圳市的文化阵地，为弘扬高雅艺术不遗余力。10年来，共引进中外优秀剧目280余场，近20万人次在这里欣赏过艺术表演。中央芭蕾舞团、东方歌舞团、中央乐团、北京人民艺术剧院、上海京剧院、台湾“云门舞集”现代舞团、俄罗斯国家芭蕾舞团、西伯利亚小白桦舞蹈团、德国科隆室内乐团、维也纳施特劳斯圆舞曲乐团、法国青年芭蕾舞团、美国世界民族舞蹈团、巴西民族歌舞团、非洲“黑火”歌舞团等来自亚洲、欧洲、美洲、非洲、澳洲的国内外著名艺术团曾在这里留下身影。

中国第十二届“飞天奖”颁奖晚会、香港临时立法会、中国大中型企业经济技术洽谈会、银行监管国际研讨会、第五届世界华人舞蹈周、大中型企业的庆典等国内外600余场会展及重要活动曾在这里举行。

钢琴、电子琴、声乐、舞蹈、跆拳道、瑜珈功、书法、绘画等各类艺术培训班常年在这里开课，先后有9万余人次接受了培训。

华夏剧院于1993年被评为广东省特级影院（首批），是当时广东省两家特级影院之一，亦是深圳市惟一的一家特级影院。十年来华夏剧院共放映电影6000余场，先后有70万人次到这里观看中外佳片。

由华侨城集团公司总裁任克雷任名誉团长的华侨城职工合唱团，日常组织、排练等工作由华夏艺术中心负责，该合唱团多次在深圳、香港等地演出，为华侨城赢得荣誉。

华夏艺术中心已成立十年。第十个年头在“华夏”的历史上是不同寻常的一年，是收获颇丰的一年。在这一年里，“华夏”主办了中外著名表演艺术团体12个剧目共30场演出，放映电影600场，观众近7万人；接待会议35次；承办大型社会文化活动42项；艺术培训在规模和质量上均有所扩展与提高，取得了年收入比2000年增长35%，赢余同比增长151%的经济效益；提高了知名度，创出自已独特的品牌，并得到社会各界的认同。

回顾过去十年，华夏艺术中心在发展、成长的道路上留下了坚实的脚印，取得了较大的成绩；展望新的世纪，在华侨城集团的正确领导和大力支持下，“华夏”将卧薪尝胆，励精图治，提高利用率，增加知名度，为推进深圳及华侨城文化事业的发展，为把华侨城建设成中国21世纪示范城区做出不可替代的贡献。

福州闽剧院

福州闽剧院是福建省一个久负盛名的演出团体。40多年来在党的方针政策指引下，在各级政府领导的关心支持下，肩负着闽剧艺术事业的光荣使命，尤其是在改革开放的年代，全体演职员深入学习贯彻邓小平理论和江总书记“三个代表”的重要思想，落实党的十五届五中全会精神，剧院领导紧紧抓住班子团结，始终以出精品、出人才、出效益为目标，全院充满勃勃生机，描绘出了一幅幅丰富多彩的生活画卷，谱写出了一曲曲动人心扉的赞歌。

福州闽剧院初建于1958年，现在全院200人中，拥有一级演员4人，一级音乐设计1人。拥有二级演员18人，二级导演2人，二级舞美设计1人，二级音乐设计1人，二级演奏员2人，二级编剧1人，总共有正副高级编、导、演32人；中级职称68人，大、中专毕业生79人，参加国家、省级各类戏剧家协会98人，还设有院民乐团和舞美中心。是一个具有较高文化、艺术修养的艺术团体。

"继承传统，勇于创新"是闽剧院历来奉行的宗旨，"艺术严谨，格调清新"是该院长期形成的风格。剧院在新编优秀剧目，整理、改编、抢救传统剧目等诸多方面都取得显著成就。优秀历史闽剧目有《天鹅宴》、《丹青魂》、《拜石记》、《林则徐充军》、《告老尚书》、《画龙记》、《孙权与张昭》、《追贤记》、《蔡夫人》、《兰花赋》等；新编现代戏有《彩云归》、《回首天涯路》、《君兰恋》等近代闽剧有《别妻书》、《月光朗朗》《黄乃裳》等整理改编的优秀传统剧目有《珍珠塔》、《三搜幻化庵》、《孟丽君》、《十一郎》、《凤凰山》、《杨门奇事》、《杨门女将》、《郑唐传奇》、《杨八姐智取金刀》、《红颜有福》、《御前侍医》、《沉香秘书楼》、《龙凤金耳扒》、《春江月》等；这些剧目大部分在历次省、市戏剧会演出中获得多项奖。其中，《林则徐充军》、《天鹅宴》、《丹青魂》、、《御前侍医》、《拜石记》五剧在《剧本》月刊上发表；《别妻书》、《回首天涯路》、《彩云归》、《红痣情》等在《福建戏剧》及其他刊物上发表；《天鹅宴》、《丹青魂》荣获了全国第五、六届曹禺文学奖；《丹青魂》还获得了中宣部"五个一工程"提名奖，并多次获得各项大奖。

1980年，一本《彩云归》继《珍珠塔》之后，再次风靡福州方言区，福建省现代戏创作座谈会邀请作示范演出。1985年秋，新编历史剧《林则徐充军》晋京展演，进入中南海向中央领导汇报演出。1985年创作演出的闽剧现代戏《月光朗朗》引起全省政法界的轰动。1990年，新编历史故事剧《天鹅宴》和《丹青魂》荣获福建省第18届戏剧会演多项奖。特别是《天鹅宴》应中国剧协邀请，晋京展演，二进中南海，荣获首届全国"文华新剧目大奖"；《丹青魂》荣获第三届全国"文华新剧目奖"，并且第三度进入中南海；1993年第三届中国戏剧节《拜石记》荣获优秀演出奖；《御前侍医》荣获多项奖并晋京展演。1996年《红痣情》在省第二十一届戏剧会演中获演出奖。1999年《画龙记》在福建省第二十一届戏剧会演中囊括所有奖项，名列优秀剧目榜首，并晋京参加文化部举办的庆祝中华人民共和国成立50周年献礼演出。2001年《画龙记》荣获中宣部颁发的精神文明建设"五个一工程"第八届入选作品奖。同年《兰花赋》赴广西柳州市参加中国第七届戏剧节荣获曹禺优秀剧目奖。

多年来，剧院培养了一批闽剧名星和舞台新秀，他们在全国、省、市历届比赛活动、戏剧会演中都获得各项大奖。陈乃春荣获中国戏剧演员最高奖"梅花奖"和"文华表演奖"。在第三届中国戏剧节中林培新、张建斌、张升营荣获优秀演员奖；陈英鹏、林天梓、张青、詹剑峰获演员奖；林仁、詹剑峰获导演奖；陈德忠获音乐设计奖。在第七届中国戏剧节中，陈坪、林仁、张敏生荣获优秀导演奖，陈乃春、张升营、杨东荣获优秀演员奖，陈景桦、林梦萍、林宏斌获演员奖及剧本、音乐、舞美、灯光、服装、化妆等各个单项奖，获奖人数达21人。

近年来，闽剧院在对外文化交流方面也作出了重大贡献，1984年秋曾出访新加坡，成为建国后第一个走向世界的闽剧表演团体，当年还到香港演出；1987年和1990年两度应邀赴日本那霸市演出，倾倒了东瀛观众；1994年赴台演出，亦轰动台岛；1996年及2001年二度应邀赴马来西亚演出，受到各界的赞誉；1996年应邀赴法国参加比利牛斯国际民间艺术节，荣获第50届法国第戎国际民间艺术铜牌奖，为我国艺术团在这一赛事中实现了零的突破，为闽剧艺术走向欧洲迈出了可喜的一步。

剧院为丰富和繁荣城乡的文化娱乐生活，推动农村的精神文明建设，坚持长年下乡演出的优良传统，并积极响应政府的"文化三下乡"活动。自备干粮，自掏车费，无偿地把优秀的精神食粮送到偏远的贫困山区，给当地的人民群众送去党的温暖和政府的关怀。还给当地送去戏剧文化用品，帮助发展他们的文化生活，受到了上级领导和人民群众的一致肯定和赞扬。剧院曾多次荣获省、市颁发的"先进文明单位"称号。1995年荣获中国文化部、人事部颁发的"全国优秀先进集体"称号。2001年荣获中共福建省委授予的"先进基层党支部"称号。

多年来，福州闽剧院曲韵飘四海，足迹遍天

涯，闽剧院全体演职员在新一轮创业中，积极开展“内强素质，外树形象，敬业奉献，争创一流业绩”的活动，创作出更多更好的艺术精品，为跨世纪的社会主义现代化建设做出更大贡献。

夹江县文化体育广播电视旅游局

夹江县，居蜀之西南，处乐山市北大门。其西傍峨眉仙山，南临乐山大佛，北接三苏故里，距省府成都仅120公里。扼成昆铁路之咽喉，据成乐高速公路之要塞，得青衣江水道之便利。幅员748.47平方公里，辖22个乡镇，人口35万，古有“蜀之良邑”之称。早在8000年前之新石器时代，先民就已在这片沃土上辛勤劳作，繁衍生息。隋开皇13年（公元593年）置县，距今已1400多年。境内山清水秀，物产丰富，人杰地灵。历史的长河在这片古老的土地上留下了许多神奇无限的自然景观和底蕴深厚的文化遗产。

夹江自古就是闻名遐迩的纸乡。其始于唐初的手工造纸被誉为“东方艺术的一颗明珠”。清初，康熙皇帝御点为“贡纸”之后，乾隆皇帝又钦点为“文闱卷纸”。抗战期间，著名国画大师张大千曾两度来夹江与造纸户一道共同研制出蜚声中外书画坛的“纸中上乘佳品”——大千书画纸。目前，全县年产大千书画纸4000多吨，远销全国各省市及美、日、东南亚国家和地区。上世纪80年代中期，县政府在夹江千佛岩风景区内建造了全国惟一一家“四川夹江手工造纸博物馆”，该馆被国家列为全国九个特色博物馆之一。

夹江名胜古迹众多，全县有省市县级文物保护单位34处。其中距县城西2.5公里处青衣江畔的千佛岩，系四川省重点文物保护单位，蜀中著名古迹之一，享有“青衣绝佳处”之美称。秀丽的青衣江流经此处，而成“两山对峙，一水中流”之雄秀奇观，隋代初年即以“夹江”名县。临江峭壁之上，有始于隋唐、延及明清的历代摩崖造像162龛，佛像2740多尊，反映了古代夹江人民极高的石雕艺术造诣。其中精美的唐代摩崖造像系全省五大石窟之一。景区内有秦汉栈道、汉墓古穴等古迹名胜数十处，崖壁上镌刻有明代吏部郎中张庭的“古泾口”等多处题刻。唐代大诗人李白曾在此写下“峨眉山月半轮秋，影入平羌江水流”的著名诗句。随着文化旅游的大力发展，常年来此的游人络绎不绝。

秉承辉煌的历史文明，县委、县政府高度重视文化事业的发展，把文化建设纳入全县国民经济和社会发展的规划，取得瞩目成绩。先后被四川省人民政府命名为“四川省文化先进县”，被四川省文化厅、四川省人事厅命名为“四川省文化模范地区”，被国家体委授予“全国武术之乡”称号。文化事业的蓬勃发展，促进了全县经济的飞速发展。全县一跃成为全国的四大建陶生产基地之一，被誉为中国“西部瓷都”。

文化事业蓬勃发展。全县文化网络健全，形成了以县直文化单位为龙头，以乡镇文化站(中心)为枢纽，以村文化室为基础，以文化专业户为补充的多层次、多体制的群众文化网络。县直文化单位机构健全。全县农村现有3个镇文化中心，19个乡镇文化站，22个乡镇广播电视站，10个乡镇电影放映队，241个村文化室。全县各乡镇配齐配强了文化专干。文化基础设施完备。兴建有占地60多亩的县体育场，1650平方米的县文化服务中心大楼，1000多平方米的县图书馆，800多平方米的电影公司综合经营楼，4200多平方米的新华书店经营大楼，在城区修建了文化长廊。县城文化设施总面积达16000多平方米，乡镇文化站（中心）活动阵地达10788平方米。全县文化产业健康发展，文化市场繁荣有序。全县文化产业投入3250多万元，文化经营户达300多家，文化产业年向国家纳税100多万元。

群众文化活跃。多年来，坚持节假日文化活动制度。除县级各部门、企事业单位和乡镇文化站（中心）常年开展小型多样的文体活动外，县委、县政府每年都要组织全县性大型文体活动。全县城乡常年举办音乐、舞蹈、文学、戏剧、书画、摄影、科普等培训班，建立了摄影、科普、美协、书画社、电影、花草、川剧玩友协会10余个，并坚持开展活动。坚持“两为”方向和“双百”方针，每年组织创作一批优秀文学艺术作品参加全国、省、市评比，并获奖。民俗文化生气勃勃。积极开展“特色文化之乡”创建活动，创建了省级“彩会之乡”1个，市级“唢呐之乡”1

个、“灯舞之乡”1个、“秧歌之乡”1个，以及一批县级“堂灯之乡”、“腰鼓之乡“等。各乡镇民俗文化表演队伍常年活跃在城乡，并参加省、市、县大型活动。今年1月，本县秧歌队代表四川省参加在苏州举办的全国健身秧歌大赛获一等奖。“夹江年画”是四川省的三大年画之一，曾参加四川省民间工艺展览和全国、省、市农民书画展，并送日本、加拿大等国展出。造纸曲调《竹麻号子》曾参加全国、省民歌调演，并在省电视台播放。“夹江年画”和《竹麻号子》以及本县特有的民间造型艺术“夹江高桩彩会”、民间戏剧“堂灯”、乡间吹打乐“唢呐”并称为民间艺术的“五枝花”。武术事业蓬勃发展，多次参加全国、省、市比赛取得优异成绩。群众体育和全民健身运动在全县城乡深入开展。

新的世纪，新的辉煌。夹江县委、县政府正带领全县人民乘着“四川省文化先进县”之舟，向着四川省经济强县迈进。

宣汉县电影发行放映公司

宣汉县位于四川东北，大巴山南麓。全县74个乡镇，115万人口，是国家级贫困县，也是具有光荣革命历史的川陕老革命根据地。

宣汉县电影公司在县委、县政府的领导下，在各级领导和社会各界人士的亲切关怀和大力支持下，高举邓小平理论的伟大旗帜，以“三个代表”重要思想为指导，深化改革、加强管理，着力培养“四有”职工队伍，促进农村电影事业的发展。公司党支部连续三年被评为“先进党支部，”电影公司连年被评为“文化先进单位”，被授予县级精神文明单位，先后荣获全省和全国“农村电影工作先进集体”。

宣汉县电影公司有职工83人，其中退休职工20人，党员19人。公司内设办公室、计财股、业务股，直属有县城影院2个，集镇电影院3个，开设有招待所、音像发行站等经营项目。电影公司以“深化改革、加强管理、以影为主、主副并举、开拓市场、争取效益”的经营思路，出台了《关于深化内部经营机制改革的实施细则》，实行了定编定员、职工双向选择、优化组合，分流富余职工，利益与效益挂勾，报酬与贡献相结合的改革措施。公司管理机构由五股一室精减为两股一室。公司直属的电影院、招待所等骨干项目实行责任承包，负责人由竞争投标、群众评议、公开选聘。公司对音像发行站、建材门市、影院小卖部等小型项目公开投标、全额承包。公司门市经营场地，参照市场价，优惠租赁给职工，自主经营、自负盈亏。承包经营责任人和股（室）负责人与公司领导签订《责任承包书》和《目标责任书》。职工与聘任单位负责人签订《上岗责任书》。下岗职工在政治待遇、评选先进、养老保险、职称评定、调资升级等待遇与上岗职工同等享受。为加快实现中央关于农村电影工作“2131”工程（即在21世纪初实现一村一月一场的目标），宣汉县政府下发了《关于加强我县农村电影发行放映工作的通知》，县委宣传部、财政局、物价局、文教局联合印发了《关于进一步做好观看爱国主义电影工作的意见》，出台了推动农村电影事业的发展的措施。宣汉县电影公司抓住机遇，解放思想，积极开拓农村电影市场。目前，全县已恢复发展农村电影队68个，占全县乡镇数的92%，年放电影6500余场，电影观众80余万人次，形成了国家、集体、个体一起上，多体制、多形式发展农村电影队，“以学生带动家庭，以学校辐射农村”的开发农村电影市场的新格局。电影公司把工作重点放在农村，新购故事片和科教片197部，对电影队实行免收放映员培训费、免收机器维修费、免收管理费、优惠片租费的“三免一优”措施，切实为农村电影队服好务。每年召开全县农村电影工作会议和宣传放映爱国主义影片座谈会，总结经验、表彰先进。开展“影企联姻，送电影下乡”活动，配合县级部门举办优秀影片展映活动，组织上映了《生死抉择》、《宇宙与人》、《良心》、《毒品的危害》等国产影片和科教片，获得了社会好评。开展送电影进校园放映，配合学校德育和素质教育工作，为中小学生放映爱国主义影片，举办“影评征文”和“影评演讲赛”活动，荣获了“新中国成立50周年全国优秀影片征文比赛”组织奖。

县公司多方筹措资金，维修改建了县城电影院，新增营业房800平方米，改建电影小厅两个，设置空调、沙发座椅，开设大屏幕投影，更新机器设备，实现了县城和集镇影院座机放映，提高了宣传放映和服务质量。同时，积极开辟经营项目，招引客户，兴办招待所，音像发行站，家俱行，餐厅等经营项目，促进了效益增加、资产增值。

公司领导班子以团结务实的作风，带领全体职工奋勇拼搏。建立和完善了规章制度，制定了奖惩办法，加强思想政治工作，提高业务技能，着力建设“四有”职工队伍，组织开展“讲学习、比贡献”活动，帮助解决老职工子女就业和受灾户家庭困难，关心退休和特困家庭职工的生活，使职工感受到组织的关怀，集体生活的温暖，形成了团结奋进，创新发展的良好局面。

老舍纪念馆

老舍（1899.2.3 ——1966.8.24 ），中国现当代著名作家。原名舒庆春，字舍予，生于北京西城小杨家胡同一个贫困的满族家庭。

1918 年毕业于北京师范学校，担任过小学校长、北郊劝学员等。

1924年赴英国在伦敦大学东方学院担任华语讲师，业余开始小说创作。写有《老张的哲学》、《赵子曰》、《二马》等。

1930年回国，先后任教于济南齐鲁大学、青岛山东大学，创作了《猫城记》、《离婚》、《骆驼祥子》等小说。

抗战期间老舍先生创作了话剧《残雾》、小说《四世同堂》等。

1946年老舍和曹禺应美国国务院的邀请赴美讲学和进行文化交流。在美国，所接触的各界人士，对中国几乎一无所知，老舍决心努力弥补这一空白。他在纽约一边写作，一边翻译，他说：“一部小说与一部剧本的介绍，其效果实在不亚于一篇政治论文。”老舍在大洋彼岸繁忙地工作，宣传中国现代文学的成就，同时完成了《四世同堂》第三部《饥荒》和小说《鼓书艺人》的写作，并将这两部小说和《离婚》、《牛天赐传》等译成英文，成为第一批被系统地介绍给美欧的长篇中国现代文学作品。

解放后老舍先后任全国“文联”副主席、北京市“文联”主席等职，并创作了《龙须沟》、《茶馆》等著名话剧。

“文革”中因不堪凌辱，投北京太平湖自尽。

老舍纪念馆位于北京市东城区灯市口西街丰富胡同19号，占地面积约400平方米。1950年初老舍购置了这所北京普通小院。他在这里生活了16年，写下了建国后的全部作品。

1984年5月，老舍故居被北京市人民政府列为市文物保护单位。

1999年2月1日老舍纪念馆建成并正式对外开放。

山东艺术学院

山东艺术学院始建于1958年8月，前身为山东艺术专科学校，位于济南市区东南侧，南倚千佛山。学院艺术门类比较齐全，是山东省一所综合性高等艺术学校。

学院占地160多亩，建筑面积12.2 万平方米。设有音乐系、美术系、戏剧系、师范音乐系、师范美术系、艺术文化系、艺术设计系、成人学院和中专部，舞蹈系、戏曲系正在筹建中。另外还有艺术研究所、学报编辑部、图书馆、现代技术教育部等科研和教学辅助单位。图书（音像）资料 20 万册（套）。

现有13个本科专业：音乐学、音乐学（师范）、作曲与作曲技术理论、音乐表演、绘画、雕塑、美术学、美术学（师范）、艺术设计、表演、戏剧影视美术设计、戏剧文学、文化艺术事业管理；3个专科专业：播音、导演、舞蹈；9个中专专业：京剧表演、京剧伴奏、器乐、声乐、歌舞、普通美术、实用美术、吕剧、柳子。油画和中国乐器演奏是山东省重点学科。

1998年经国务院学位委员会批准为硕士学位授予单位，现设有音乐学、美术学、艺术学三个硕士点。

现有在职教职工 700 多人，其中教师 380 多人，教授33 人、副教授95 人，具有硕士学位的中青年教师 30 余人。享受政府特殊津贴的专家、省级拔尖人才、全国优秀教师、省中青年学术骨干和学科带头人等30 多人。还有退休教职工 240 多人（其中离休干部 52 人）。

现在校学生 3300 多人，其中普通生 2200 多人、成人学生1000 多人、研究生29 人、外国留学生及港澳台学生7人。

建校40多年来，在省委、省政府的领导和有关部门的指导、支持下，学院的办学规模、办学层次、教育质量、办学效益等都有了很大发展和提高，在教学、科研、艺术实践等方面取得了较多成果，不少曾获全国演展、比赛大奖。从科研项目、获奖成果、教学实力等情况看，可排全国同类艺术院校前列。共培养输送毕业生近7000名，很多人已成为国内外较有影响的歌唱家、艺术家。

根据省委、省政府关于教育改革、发展的指示要求，今后，该院将进一步解放思想、更新观念，树立名校、名牌意识，着眼长远，加快改革和发展，扩大办学规模，提高办学层次，改善办学条件，不断提高教学质量和办学效益，10年内争取设立博士点，争创全国一流艺术院校。

湛江艺术学校

在风光旖旎的南国港城湛江市，坐落着一所创办于1959年、被人们赞誉为“艺术摇篮”的中等艺术学府——湛江艺术学校。

环瞻占地4万余平方米的校园里，艺术教学楼、文化教学楼、实验排练馆、学生公寓、食堂综合楼、教工宿舍楼等建筑错落有致，绿树环抱，鲜花簇拥，硬底化校道纵横交错，路灯亮丽。数千平方米的绿茵草坪内点缀着艺术廊、亭、钢雕和石刻，斑竹婆娑，杜鹃姹嫣。千余名师生员工，人人春风满面，一阵阵悦耳的粤韵，动听的歌声，悠扬的弦音，回荡在人们的耳畔。好一幅勃勃生机的迷人画卷。

然而，回首党的十一届三中全会之前，遭受“文革”浩劫后的粤西惟一中等艺术教育基地，几栋低矮的教学和生活平房，被满园参天大树所遮掩，泥道坎坷，杂草丛生。教职工不足40，在校生只有粤剧专业一个班30余人。如此冷清的景况，几乎成了被人们遗忘的角落。

“忽如一夜春风来，千树万树梨花开”。党的改革春风，为一度处于低谷的湛江艺术学校的发展注入了活力。在各级党和政府的支持下，学校大胆地进行“克服条块分割，依托政府统筹，促进条块结合”的外部管理体制的改革，打破部门办学的制约，果断地调整培养目标，把原来很长时期内单一的戏剧专业教育发展为戏剧、音乐、舞蹈和美术等10个专业的综合性艺术教育。20世纪80年代末、90年代初，还针对全市中小学美育师资匮乏的情况，主动开设音乐舞蹈和美术师范专业，积极地为普教系统培养艺术教育师资人才。近年来，为适应社会对高层艺术人才的需求，果断地调整办学思路，提出了“巩固中专、开拓大专、立足本市、辐射全省”的构想，把生源范围向省内茂名、阳江、云浮、潮州、惠州、汕尾、揭阳、肇庆和江门地市拓展。按照新的办学构想，在办好中专的基础上，于2000年与星海音乐学院、汕头大学分别联办成人音乐舞蹈和美术大专班，构成了中专高等教育并举的办学格局，进而拓展了新的艺术教育天地: 目前，大中专层次在校生共达916人，其中中专层次807人，大专层次109人。办学规模历居全省艺术中专学校之首。近3万平方米的教学和生活设施，28间装有闭路电视的教室，57部电脑，SM88——D型数码钢琴、DM64型主控琴和电钢琴共达45部、钢琴75部，上千件的美术、戏剧专业教（道）具、6万余册的馆藏图书资料和20部电子阅览设备等，一流的教学设备，极大地满足了学子们修业的需要。“名师出高徒”，中、高级职称占80%的高素质专业教师队伍，培育了一批又一批高素质的人才。1990年以来，凡是全市性的大型文艺演出和美术作品展览，湛江艺术学校都是参与的骨干单位之一，演出的节目和参展作品，深受观众和行家的好评，先后获得湛江市第三届和第五届艺术节演出金奖。不少学生个人在地市级以上声乐、戏曲、舞蹈、书画、摄影和文学等文艺大奖赛获奖，其中参加国家级各类艺术大赛获前三名大奖者就达70余人；学生在报刊发表作品达1200余件(篇)。

卓有成效的办学，获得社会的广泛赞誉，学校先后被评为湛江市“职业技术教育先进集体”、“文明单位”、“中专文明校园”、“爱国卫生先进单位”和“花园式单位”等，1996年被国家文化部确定为全国10所艺术中专优秀毕业生专业免试推荐上中国文化管理干部学院深造的试点学校之一，1999年被广东省人民政府确定为省级重点普通中专学校，同年末获国家人事部、国家文化部联合授予“全国文化工作先进集体”荣誉称号。

40余年光阴，在人类历史的长河中只不过弹指一挥间，而湛江艺术学校却为社会培养输送了2420余名合格人才，特别是近10年输送毕业生1490余人，相当于1990年以前毕业生总和的160.12%。此外短期培训学员5800余人。莘莘学子以德艺双馨的素质，分别成为省内外专业剧团的台柱，群众文艺工作部门和中小学校的美育骨干，并涌现出诸如著名版画家冯兆平，工艺美术大师邓敦伟、赵方，全国十大漆艺家之一程运崇，高级舞美师霍璜基，副教授（高级讲师）欧宝兴、陈晓，国家二级演（导）员黄伟坤、杨树光，获国家“文华奖”和“梅花奖”双殊荣的粤剧演员卓佩丽，首届全国“明日之星”纳爱斯雕牌影视新星大赛冠军陈天华，广东电视台年青节目主持人伍燕，获全国工商银行系统国庆50周年声乐大赛金奖吴晓云等佼佼者。学子们的骄人成就，为培育他们成才的母校增添着新的光彩。

展望未来，湛江艺术学校正构架着新的发展蓝图 充分发挥学校的办学地缘和省级重点中专的品牌优势，创办高等职业艺术学院或与星海音乐学院合并，为粤西地区乃至环北湾区域的艺术教育发挥更大的作用。

广东音乐曲艺团

广东音乐曲艺团成立于1958年11月，其前身是广东民间乐团与广州曲艺联谊会一、二演出队。是惟一专门从事广东音乐、曲艺表演和研究的专业文艺团体，下辖有广东省音乐团、广州相声团和两个广东音乐曲艺演出团及轻音乐团。剧团拥有一大批著名的广东音乐演奏家、广东曲艺演唱家及优秀的保留曲目，是国内外有一定知名度的演出团体。

剧团自成立以来，一贯努力发掘、整理和改编传统的广东音乐和粤曲。重新整理、编配和演奏了《孔雀开屏》、《赛龙夺锦》、《雨打芭蕉》、《平湖秋月》、《旱天雷》、《彩云追月》等为数极丰的传统广东音乐曲目外，还创作出《春到田间》、《鱼游春水》、《喜开镰》、《梦中月》、《南国欢歌》、《云山春色》、《百花争艳》、《春满羊城》等一批富有时代气息、质量高、深受群众欢迎的新作品。在演奏形式上，有大合奏、吹打乐合奏、小组奏、重奏及各种器乐的领奏、独奏，形式丰富多样。

广东曲艺在继承、发展传统的基础上，还借鉴、引进了兄弟曲种的表演形式，大大丰富了广东曲艺的艺术品种。广东曲艺现除保留了粤曲大、平、子喉的独唱、对唱、弹唱外，还发展了表演唱、小组唱、金钱板、广东大鼓、民歌、曲艺联唱、相声、小品等。近年来，除坚持日常小舞台的曲艺茶座演出外，还经常举办大型的曲艺综合晚会、专场演出及个人演唱会，演出频繁、兴旺。如本团近年的《大型广东音乐曲艺综合晚会》、《陈玲玉京津沪穗港澳巡回演唱会》、《梁玉嵘爱心慈善演唱会》、《何萍唱腔欣赏会》、《李敏华粤港澳巡回演唱会》、《甘少华笛子演奏会》等，被特邀到全国各地和港澳以及新加坡等地演出，深受好评。

在党和政府的重视和关怀下，一批老艺人焕发出艺术青春，为广东乐苑曲坛创造和留下一批珍贵的财富和岭南文化的瑰宝。继广东音乐演奏家刘天一、方汉、梁秋、朱海、陈萍佳等之后，汤凯旋、陈瑞麟、何克宁、黄鼎世、李燕熙、吴国平、刘国强、甘少华、潘千芊等一批中、青年演奏家相继脱颖而出，享誉广东音乐乐坛。在广东曲坛上，继熊飞影、源妙生、黄佩英、关楚梅、白燕仔、何丽芳、黄少梅、谭佩仪、李丹红、杨达、黄俊英等之后，近年来，陈玲玉、梁玉嵘、何萍、李敏华、何宝文等亦名声鹊起，深受广大观众欢迎和喜爱。本团拥有撰曲家蔡衍棻、何建洪和作曲家卢庆文等。

剧团一向重视人才的培养，师资力量雄厚，一批资深的教师均有丰富的舞台经验和教学经验，重视对学员全面素质的培育，兢兢业业培养广东音乐、曲艺的接班人。在历届培训班中涌现了大批优秀的可造之才。剧团还十分重视吸收高等音乐院校的高材生，不断充实队伍的各项建设。使广东音乐曲艺舞台人才辈出，各种流派得以继承发展发扬光大。

历年来，剧团在全国、省、市的各项音乐、曲艺比赛和调演中，获得不少荣誉和奖项。其中《雏凤新声颂伟人》荣获文化部第七届文华节目奖和文华表演奖；琵琶弹唱《悲歌广陵散》和扬琴、古筝弹唱《天涯璧合庆月圆》获第二届中国曲艺节牡丹奖、广东省宣传文化精品奖；曲艺节目《精忠谱》、《二泉映月》、《乡恋》、《牧马人》、《我是红娘》、《故乡情》等获全国曲艺调演一等奖，《祥林嫂》、《南国欢歌》、《别恨寄残红》获2000年中国曲艺牡丹奖表演奖；黄俊英个人艺术表演获第五届鲁迅文艺奖曲艺奖；《陈玲玉粤曲欣赏会》获广东省第五届鲁迅文艺奖；《'97梁玉嵘爱心慈善演唱会》、《粤艺风华艳韵扬九八李敏华粤港澳粤曲巡回演唱会》获广东省第六届鲁迅文艺奖；相声《一对一》、《省港大比拼》、小品《真假难分》获广东省艺术作品展演优秀奖；高胡独奏曲《梦中月》、扬琴独奏《云山春色》在第三届全国民族管弦乐评奖中，分别获二等奖和优秀作品奖。

剧团积极开展对外的文化艺术交流。除担负外事和接待任务演出外，频繁赴港澳地区演出，还先后出访过前苏联、罗马尼亚、波兰、捷克、朝鲜、缅甸、美国、加拿大、英国、日本、澳洲、新加坡等国家，进行商业演出及文化艺术交流。为广东音乐和曲艺走上国际舞台作出了积极贡献。

剧团除经常在市内曲艺茶座、剧场演出外，还经常深入农村、乡镇、山区、厂矿、部队、学校演出。改革开放20多年来，演出达36000多场，平均每年演出1600多场，取得很好的经济效益和社会效益。

浙江绍剧团

浙江绍剧团向以实力雄厚、名角迭出、剧目丰富而享有盛誉。绍剧作为浙江三大剧种之一，已有300多年历史，拥有400多个剧目。长期的舞台实践，形成了唱腔高亢激越、音乐粗犷朴实、表演豪放洒脱、文武兼备的艺术风格，特别是悟空戏独树一帜，达到了很高的艺术水平。一出《孙悟空三打白骨精》名闻遐迩，声播海内外。从50年代开始，浙江绍剧团先后携《三打白骨精》、《龙虎斗》、《于谦》、《硃砂球》、《相国志》、《大禹治水》、《咫尺灵山》及《男吊》、《女吊》、《跳无常》等折子戏六次晋京演出，并多次到日本、丹麦等国及香港地区演出。受到党和国家领导人的极大鼓励和海内外朋友的热情赞誉。

《于谦》于1979年获文化部颁发的演出一等奖；《大禹治水》在1996年获中宣部"五个一工程"奖和文化部"文华新剧目"奖，主演周剑瑛荣获"文华表演奖"，并拍成戏曲电影；《葫芦案》在浙江省第七届戏剧节获优秀新剧目奖，该剧在1997年参加上海第九届戏剧"白玉兰"奖评比，主演赵秀治和姚百青分别摘取"白玉兰"主角奖和配角奖；1998年，赵秀治以该剧贾雨村一角，荣获第十六届中国戏剧"梅花奖"。1999年，新编悟空戏《咫尺灵山》新作新意，舞台表演手法新颖独到，被誉为思想性、艺术性、观赏性统一的好戏，深受专家的好评和新老观众的喜爱，在浙江省第八届戏剧节上获取多项大奖。2001年该剧又荣获第二届"上海戏剧奖"、浙江省"五个一工程"奖，剧本获得第十五届"田汉戏剧奖"二等奖第一名；同时马超英以该剧中花蛇精一角，荣获第十二届上海"白玉兰"表演艺术奖。

剧团人才辈出，文武演员各具风采，在继承发展绍剧表演艺术历程中，形成了各自独特的艺术风韵。现有国家一级演员赵秀治、刘建杨、马超英、钱小宝；国家二级演员姚百青、周剑瑛、俎元法、胡建新、龚萌芽、顾全荣、屠建华和国家一级导演陈伟龙，国家二级演奏员张海江、胡克钢、严晓兵，舞台主任技师朱敖发等高级职称人员16人，施洁净、章金刚、薛永良、郭劲松等中级职称人员38人。还有徐峰、章立新、朱东平、章劼等一批新生代青年演员崭露头角，在舞台上虎虎生威。

2001年，剧团在绍兴市委市府的关心支持下，功能齐全、设施一流，集剧场、排练场、办公楼、生活楼为一体的绍剧艺术中心落成，为绍剧艺术的振兴发展营造了优越的物质空间。

近年来，剧团励精图治，改革创新，出戏出人出效益，以优秀的剧目和高质量的演出不断扩大市场，赢得市场，取得了良好的社会效益和经济效益，创造了一个一个新的辉煌。

山东省吕剧院

山东吕剧乃山东地方戏第一大剧种，全省各

地现有吕剧院团22个。山东省吕剧院原为山东省吕剧团，成立于1953年，1990年10月由团改院。

山东省吕剧院在全国戏曲界有较高的知名度，尤其是在现代戏的创作排演中更是独树一帜，众口皆碑，是全国戏曲现代戏研究会八大发起院团之一。1954年华东地区戏曲会演中，该院创作排演的《李二嫂改嫁》一炮打响轰动上海，吕剧这个民间地方小戏从此登上京沪大舞台，为全国人民所熟悉所喜爱。一批年青的艺术家和郎咸芬、林建华、李岱江、王俊英等脱颖而出，成为吕剧这个解放后在党的关怀培育下迅速发展起来的新型剧种的优秀代表人物。50年代末，《李二嫂改嫁》拍摄成戏曲电影故事片更是轰动全国，吕剧的知名度再次大大提高。60年代一批吕剧的优秀传统剧目如《借年》、《姊妹易嫁》相继拍摄成电影舞台艺术片，又打入了东南亚市场，深受海内外观众的喜爱。我国党和国家领导人多次观看吕剧演出。1959年郭沫若看过吕剧《借亲》后当场挥毫题诗——“东风送暖百花香，开到芙渠韵满塘，一片清芬无限意，大明湖畔柳丝长”。五六十年代，吕剧曾成为我国戏曲艺苑中八大剧种之一（京、评、豫、越、黄、吕、晋、粤）。山东省吕剧院曾排演过《姊妹易嫁》、《墙头记》、《王定保借当》、《龙凤面》、《穆桂英》、《逼婚记》、《借亲》、《桃花扇》、《三看御妹》、《打金枝》、《蔡文姬》等传统剧和新编历史剧及《李二嫂改嫁》、《朝阳沟》、《丰收之后》、《沂河两岸》等优秀现代剧目，还排演了观众喜爱的《借年》、《喝面叶》、《刘海砍樵》、《井台会》、《三拉房》、《王小赶脚》、《玩会跳船》等民间小戏。吕剧在齐鲁大地上家喻户晓广为流传。

改革开放以来，吕剧重振雄威，创作排演了在省内及全国较有影响的新戏《婴翠》、《画龙点睛》、《梨花狱》、《山高水长》、《石龙湾》、《军嫂》、《苦菜花》等，这些剧目几乎全部晋京演出。1993年大型吕剧《石龙湾》荣获文化部第三届文华新剧目奖、文华剧作奖、文华作曲奖，主要演员高静获文华表演奖和上海戏剧“白玉兰女主角奖”。1998年本院创作的大型吕剧《苦菜花》再创辉煌，获第八届文华大奖、文华剧作奖、文华作曲奖，著名吕剧表演艺术家郎咸芬扮演的母亲获文华表演奖，该剧被中央电视台拍摄成戏曲电视剧获中国电视剧飞天奖。1999年该剧在第六届中国戏剧节上荣获优秀演出奖、优秀编剧奖、优秀表演奖、导演奖、作曲奖、舞美设计奖、表演奖。2000年该剧再次参加第六届中国艺术节，获得最高奖——金奖，为山东文艺界争得了荣誉，实现了零的突破，受到了省委省政府的表彰。

山东省吕剧院几十年来走遍祖国天南海北，1990年曾赴香港演出载誉而归。剧院多次接待外国友人，为中外文化艺术交流作出了贡献。

山东省吕剧院有优良的光荣传统，一贯听从党的召唤，始终与党中央保持一致，坚决“走文艺为社会主义服务、文艺为人民服务”的道路，落实“百花齐放、推陈出新”的文艺方针。长年坚持上山下乡送戏上门，面向工厂农村部队，在“双拥”工作中始终站在前列，多次被省政府评为“双拥”模范先进单位。剧院职工思想觉悟高，政治素质好，工作作风严谨。剧院领导班子多年来在郎咸芬的带领下，政治敏锐，思想开拓，积极培养各方面艺术人才，为吕剧的发展和振兴作出了突出贡献。

全院在职人员共114人。其中一级职称14人，二级职称29人，三级职称50人。剧院拥有全省一流的编剧、一流的导演、一流的作曲，并拥有高静、李萍、董家岭、李小江、焦黎、胡静华、文宗哲等一批实力雄厚的强大演员陈容和李燕、杜庆凯、张建业等一批优秀的吕剧新秀，这些演员全都获过省级各项会演、比赛中的一等奖，代表了山东吕剧界的最高水平。

目前在江泽民总书记“三个代表”的精神鼓舞下，全院演职员团结一致齐心协力为振兴齐鲁文化，振兴山东吕剧而勇攀新的高峰，为争做“先进文化的代表”而努力奋斗。

现任剧院领导：

名誉院长：郎咸芬

总支书记兼副院长：栾胜利

副院长：王世元、孙杰、任哨兵

重庆喜剧艺术团

重庆喜剧艺术团，是西南地区惟一以演出方言喜剧为主要艺术特色的专业文艺团体。经过

42年的风雨历程，从稚嫩到强壮，从一个当初18人的曲艺说唱演出队发展到现在以演方言喜剧为主，兼演音乐歌舞，时装模特表演、艺术培训，承办大型晚会，音响灯光租赁的多功能的剧团。

在文化市场日趋激烈的竞争中，喜剧艺术团也曾在低迷中徘徊。通过剧团自身努力，在改革中求发展，引进竞争机制，现在基本摆脱困境，艺术力量日渐强盛，艺术条件大有改善。剧团现有高级职称演员8人，一批艺术新秀脱颖而出。从这批艺术人员担纲演出的楼园方言喜剧《身在“福中”》已达200余场，社会反应强烈，荣获1999年重庆市“五个一工程奖”，2000年第八届全国人口文化奖儿童剧三等奖。

作为重庆喜剧艺术团的前身，成立于1959年8月1日的重庆市市中区曲艺队（曾用名重庆市市中区曲艺剧团）由曲艺说唱发展到演曲艺剧，大型方言喜剧。无论是60年代初曲艺演出的鼎盛时期，还是改革开放后的80年代，剧团都以超前的意识在艺海中搏击。在全国文艺界都在低谷期间遭遇剧团被兼并、撤销的状况下，这个剧团仍在不懈努力，以雄厚的艺术实力坚稳地守住了阵地，在逆境中求得了生存，并发展壮大。

42年来，剧团始终坚持党的“双百方针”，“二为方向”。在各个历史时期紧密配合党的中心工作，发挥了文艺轻骑兵的积极作用。除常年上山下乡，深入部队、厂矿演出外，还多次参加四川省、重庆市的慰问团到云南边陲、襄渝铁路建设工地、石油会战井口、知识青年农场，足迹遍布滇黔川渝，所到之处都能给人们留下美好而深刻的印象。

在剧团创建之初，就汇聚了一批曲艺界的精英。如四川评书艺术家张国栋、四川扬琴名家何永清、四川清音名家陈琼瑞等。在他们的传授下，培养了一批曲艺新秀，他们继承和发展了老一辈艺术家的技艺，形成了自己的风格，以这批新人组建了青年演出队，活跃在巴山蜀水间，其演出水平及整体素质堪称一流，受到曲艺界同行的交口赞誉。也就是这批青年演员在长期的演出实践中得到磨练、提高，成为剧团艺术中坚，有的业绩骄人，在文艺界享有较高声誉，如成长为著名剧作家的阳晓、优秀清音演员唐棠等。这批优秀人才有的现在仍然活跃在舞台上，正是他们为剧团的艺术发展奠定了坚实的基础。

70年代末，为适应改革开放，为在激烈的竞争中抢占先机，剧团大胆转向，在渝首次排演大型方言讽刺喜剧《抓壮丁》，创造了连续满座三个月的纪录，还形成了山城大街小巷无处不议《抓壮丁》的景象。《抓壮丁》演出的成功，导致剧团把演出方言喜剧定位为发展方向和演出特色。（在20年中，演出大型剧目27个。）继后，又改编排演了曲剧《梁山伯与祝英台》，该剧由当代曲艺作家张尚元集川剧《柳荫记》和越剧《梁山伯与祝英台》剧本的文学于一体，由陈琼瑞、何永清、陈文金、刘贵民集清音、扬琴精华唱腔个性化地溶入每一个人物，民族乐队配器伴奏，舞美、服装、表演都作了创新。该剧在容纳两千观众的重庆市劳动人民文化宫剧场上演12场，场场暴满而一炮走红，盛况空前。

面对日益临近的市场经济，剧团领导充分认识到，戏剧必须紧跟时代的步伐，充分满足人们日益增长的艺术需求和精神愉悦，创作演出具有地域特色，紧扣老百姓生活的剧目。80年代初，由阳晓编剧，剧团上演了《人与人不同》、《花有几样红》、《麻辣烫》、《死去活来》等一批方言喜剧。其中《人与人不同》、《麻辣烫》两度赴成都演出，其独特的喜剧表演手法，幽默生动的巴渝方言使蓉城观众耳目一新，剧场掌声如潮。在四川省委工作的重庆市委老书记任伯戈、省委常委黄启璪、省委宣传部长李致观看演出并和演员合影。四川省剧协两次召开座谈会，与会专家对这两个剧目给予了高度评价，并对剧团的演出风格和发展思路作了充分肯定。这两出戏还分别获得重庆市1982年、1983年创作剧目优秀奖、百场演出奖。1983年，剧团发挥本团民族乐队编制齐全、队员演奏水平高的优势，在重庆首创“音乐茶座”获得成功。还创先举办时装表演，剧团的“多米诺”时装表演队上成都、下武汉、去深圳、赴滇黔，开重庆时装表演先河，多名队员在各大赛中获奖。歌舞演出队也远赴荆楚、江西、福建。演出活动非常活跃，在重庆文艺舞台独树一帜。80年代初，是重庆喜剧艺术团的鼎盛时期。

随着社会主义市场经济的逐步建立，商品

经济浪潮席卷神州大地的每一个角落，人们悄然退出戏剧消费领域，使戏剧艺术在低谷中徘徊，剧团的生存发生了危机。辉煌已成为历史，必须面对现实。剧团要生存、要发展，戏剧的内容、形式、观念等等方面的许多待研究改进的课题摆在戏剧工作者面前。如何摆脱困境，走出低谷，与市场接轨，进而赢得市场，是摆在每一个专业艺术团体面前的生死攸关问题。重庆喜剧艺术团的领导们转变观念，努力开拓演出市场。以小分队的形式，把一台以“弘扬红岩精神”为主题的综艺节目在各大中小学的校园内频频演出，使学生通过观看演出受到艺术的熏陶，又受到革命传统教育，这样的运作方式很受学校欢迎，剧团也由此获得理想的社会效益和经济效益，在脱危解困的道路上迈出了可喜的一步。重庆电视台还以“小剧团敢挑大梁”为题作了专题报道。

在解困初见成效之时，剧团为纪念抗日战争胜利50周年，创作演出大型讽刺喜剧《陈老板奇遇》，于8月15日在成都四川剧场首演获得成功。该剧阵容庞大，气势不凡，是喜剧艺术团上演剧目中的上乘之作。四川省的领导观看了首场演出并同演员合影，祝贺演出获得成功。四川省文化厅为演出召开新闻发布会，成渝两地新闻媒体作了大量报道，这对喜剧艺术团的重新崛起，再创辉煌起到了积极的推动作用。

如何在直辖后的新重庆、处在中心城区的剧团树立自己的艺术品牌，形成强大的辐射力，剧团如何紧扣时代脉搏、演绎人间真情，如何出精品、出人才？剧团领导通过认真的社会调查，根据学生生活中反映强烈的热点问题，创作演出了无场次校园喜剧《身在“福中”》，深入学校演出。该剧通过三个初中学生不同的家庭生活和学校生活的描述，用诙谐的语言，夸张生动的表演把深邃的主题，严肃的哲理巧妙地蕴藏在一个个笑料之中，令人在捧腹之余受到启迪。该剧上演后即受到社会好评，引起文化主管部门的重视。文化部全国重点剧目指导小组副组长姚欣、康式召，文化部艺术司戏剧处副处长李宏于1999年7月24日来渝在喜剧艺术团召开《身在“福中”》研讨会。专家们充分肯定了该剧创作立意，主题思想，事件串连上有新意，特别是在社会转型时期更具现实意义。专家们认为：他们有责任把这样一个深受观众喜爱的剧目作为重点剧目推向全国，希望剧团精心修改加工，使之成为具有浓郁巴渝色彩的艺术精品。在上级主管部门的全力支持下，对该剧进行了加工提炼，艺术质量得以提高。使剧团在市场竞争中处于上升趋势，扩展了演出市场，以主城区为中心辐射远郊城乡。

喜剧小品演出也是喜剧艺术团的主打品牌。创作演出的小品在历届四川省小品比赛和西南话剧节中获奖，不少演员也是通过小品演出扩大了影响，在多部电视剧中担任重要角色。

在专业文艺领域取得成绩的同时，剧团还积极参与社会群众文化建设，在庆祝香港、澳门回归、建国50周年庆祝活动的万人合唱会，第七届全国金鸡百花电影节的“群星之夜”晚会、庆祝建党80周年晚会等活动中都作为主要力量积极参与，多次受到市区政府的表彰奖励。辉煌已成历史，面对未来，须不断进取，剧团以江总书记三个代表的重要思想为指导，在努力谱写重庆戏剧艺术事业更加壮丽的新篇章。

怒江傈僳族自治州文化局

（一）怒江傈僳族自治州地处云南西部边陲，北靠西藏自治区察隅县、东至云南迪庆、丽江、大理，南接保山，西与缅甸联邦山水相依，国境线长449.467公里，总面积14703平方公里，自治州首府在泸水县六库镇，距省会昆明638公里，是祖国大西南边疆的重要边防屏障之一。高黎贡山、碧罗雪山、担打力卡山雄姿屹立，怒江、澜沧江、独龙江横贯境内，形成奇特的峡谷地貌和三江奇景。生活在这里的傈僳、怒、独龙、普米、白等40余万人口的12个兄弟民族，在党的领导下，文化工作遵循立足边陲民族文化沃土，坚持“二为”方向，为经济建设服务，去粗取精，弘扬民族文化，拓宽视野，跻身世界民族文化之林。文化事业如雨后春笋蓬勃发展，文化机构日臻完善。初步形成了州、县、乡、村四级文化网络。目前，全州已有州群众艺术馆1个；县文化馆4个，乡文化站26个，村文化室33个，乡文化活动中心一个，业余文艺演出队198个；州图书馆1个，县图书馆4个；文艺表演单位3个，州县两级文物管理机构5个，电影放映发行单位5个，电影放映网点656个，影剧院5座，民族语译制室1个，图书发行销售单位4个，农村销售网点28个，文化市场管理机构5个。州、县、乡三级工作人员编制稳定，工资保证，有相应的文化活动经费，开展活动丰富多彩，收到了很好的社会效益。

（二）1、文化艺术：怒江傈僳族自治州民族歌舞团组建于1963年，定编18人，1987年正式定编60人。分设舞蹈队、乐队、歌队、创作研究室、后勤舞美队和办公室六个队室，到目前为止，全团已有47人获得了专业技术职称，其中二级作曲1人（已退休），二级编导2人，二级演奏1人，三级演员、编导、作曲共13人，初级专业职称34人。

依靠自身力量创作编排的综合歌舞节目《怒江神韵》参加了云南省迎接新世纪新剧节目展演，荣获二等奖。

2、群众文化事业 自治州文化事业发展很快，有一个州级群众艺术馆，4个县文化馆，建立健全了26个乡文化站，三个乡级文化活动中心和20多个村文化室。各级文化机构的健全，乡村文化站室的建立，边疆文化长廊的建设，为防止境外腐朽文化渗透和开展丰富多彩的群众文艺活动起了积极的作用。

怒江州群众艺术馆，定编16人。设馆长1名，副馆长1名，内部机构为群文辅导组、美术摄影组、辅导组、资料室、办公室、录相放映发行室。现有馆员6人，助理馆员3人，管理员4人，少数民族人员占全馆总人数的87.9%。

群众艺术馆组织了150人参加的“山花艺术团”，40人参加的少儿艺术团，为重大节日进行庆祝演出活动，共排演了1000多个节目，演出了500多场。11名少年合唱的《阿怒对》分别在2001年云南省少儿音乐调演和南京举办的全国第二届蒲公英比赛中荣获表演金奖、辅导银奖和创作银奖的好成绩。全年组织开展广场群众文化活动19场，演出节目380余个，参演演员达4100多人次。抽调专业人员辅导组织了一个由25人组成的“老年艺术团”，30人组成的业余合唱团。先后参加了第二届昆明国际旅游节和昆明国际旅游商品交易会开幕式的演出。举办了第十届怒江州乡级农民业余文艺汇演。

3、文化市场：加强文化市场执法管理，坚持“一手抓繁荣，一手抓管理”方针，对文化市场正确引导，社会效益和经济效益显著。全州已成立了州县两级文化市场管理委员会和稽查队，在“方向正确，总量适当，布局合理，结构优化，效益提高”的原则下，全州已有歌舞厅141家，卡拉OK10家，音像制品批发、零售、出租、放映单位199家，电子游戏室81家，图书报刊销售摊点34家，文印41家，台球室82家，工艺美术制品11家，音乐茶座7家，其它文化经营活动5家，从业人员2000余人，这些场所都有固定的经营活动场所和完善的设备。由于正确的引导和严格的执法，促进了文化市场的健康繁荣发展。

4、图书馆工作：州图书馆设成人阅览室、少儿阅览室、期刊外借室、图书外借室、资料情报室、采编室、财务室、书库和流动书箱等机构。州图书馆定编人员16人，设馆长、副馆长各1人，现有馆员2人，助理馆员7人，管理员3人。藏书11.9万册，资料1.9万册，流动书箱3个，报刊订阅35种，杂志78种，年订购书经费3万元。新图书馆业务大楼正在建设之中。

5、图书发行工作：怒江州现有州县两级书店4个，职工40人，负责全州境内的图书发行销售。图书发行已由新建时的课本发行，发展到现在的11大类，120种，销售发行达1874568册的规模，比1977年增长2.8倍。已顺利完成改制工作，成立了有限责任公司，运营情况良好，为精神文明建设作出了应有的贡献。

6、电影发行放映和民族语电影译制：电影放映是怒江少数民族地区的主要文化活动之一，州电影公司从电影管理站起，就承担着全州的电影发行和放映的任务。全州有公共影剧院5座，3400个座位。小型电影院10个，电影放映场18个，售票放映点100个，免费放映点464个，放映单位177个，放映人员257人。为了让少数民族地区广大群众看好电影，看懂电影，1986年5月，怒江州民族语译制室正式成立，定编6人，现有副译审1人，三级演员1人，四级演员3人，助理放映技师1人。在他们的努力下，已译制放映了98部电影拷贝，在农村放映1万场，观众350余万人次。译制片傈傈语《喜盈门》、《咱们的牛百岁》、《毛泽东和他的儿女们》等91部，独龙语1部，普米语1部，白语1部，怒语1部。1994年9月，第一届少数民族题材电影评选活动中傈僳语译制片《毛泽东和他的儿子》、白族语译制片《缉毒少女》荣获"腾龙"奖，1998年10月，第二届全国少数民族电影题材暨第七届全国少数民族题材电影艺术"骏马奖"评选活动中傈僳语《沂蒙山人》荣获优秀译制片奖。为促进民族语电影译制工作的健康发展，为民族地区经济建设服务，省、州两级共投资30万元，建成了354平方米的办公译制综合楼。

7、文博事业：在全州范围内展开了民族民俗文物普查工作，征集民族文物100余件，民族服饰6套，收集青铜器文物8件，公布了第二批州级文物保护单位6个。

8、民族传统文化：民族传统文化发展是一个民族发展的年轮。随着社会的进步，民族民间文化艺术都赋予了自身新的内容。民族自治地区的民族文化的健康发展，体现了党对少数民族地区的民族政策的落实。怒江各民族都有自己的传统文化节日，自治州公布的法定节日有傈僳族"阔时"节、独龙族"卡雀哇"节、怒族"鲜花"节、普米族端午"情人"节等。节日这天，各族群众身着节日盛装，载歌载舞，尽兴娱乐，通宵达旦。节日活动年年举办，年盛一年，由民间举办发展到现在的政府组织民间合办，节日里各兄弟民族间进行公平的物资交易，友好的感情交流和男女青年思想的沟通，为节日增添了和谐升平幸福的气氛。

在广大文化工作者和民族民间文学爱好者的努力下，民族民间文学和艺术的搜集整理成果斐然，出版发行了福贡《傈僳民间故事集成》、《兰坪民间故事集成》、《兰坪歌舞集成》、《普米族民间故事集成》、《普米族歌谣集成》、《普米族谚语集成》、《怒族民间故事》、《独龙族民间故事》、《怒江民族文化研究》、《兰坪舞蹈集成》、《兰坪文化艺术志》等30余部。在有关部门的支持协同下还拍摄了反映怒江各族儿女在改革开放经济大潮中寻求出路的故事片《如歌的响铃》、《啊！太阳》、9集电视系列片《东方大峡谷》、民俗风情片《在峡谷之乡》、《我们的节日》、《片马情》、《独龙掠影》、1998年与省电视台合拍艺术风光片《走进大峡谷》、与昆明电视台合拍MTV电视音乐片《怒江人》。

民间舞蹈和民间音乐的搜集整理促进了怒江文化艺术的发展，文艺工作者根据傈僳族民间音乐"摆时"、"母广"、"优叶"和民间舞蹈"瓜克"、"牵哦"改编了一批文艺节目，四声部无伴奏合唱在国际合唱节，电影百花奖文艺晚会，中国民间艺术节上风采照人，舞蹈《起奔迪哩吐》在中国第三届艺术节"跳云南"上演出获奖。云南省歌舞团根据本州文艺工作者收集的普米族民间舞"搓错"改编的《搓错》，响誉全国，影响海外，独龙族的《芒锣舞》、怒族的《达比亚》、傈僳族的《牵哦》、普米族的《搓错》都参加了云南艺术节和中国第三届艺术节展演。傈僳族《弩弓舞》、独龙族《剽牛舞》、普米族《提钥匙》、怒族《溜索》等体育舞蹈参加了第六届全国民族运动会艺术表演，获一金、二银、一铜奖励。怒江州音乐工作者还出版发行了《怒江之声》音乐二辑，30首创作改编乐曲和歌曲。对宣传怒江起到了很好的作用。

9、文化旅游：傈僳族的村寨竹楼，迎宾的"同心酒"、"澡塘会"、"刀杆节"、"阔时节"，怒族的"沽都酒"、"吓啦酒"、"鲜花节"，普米族的"黄酒"、"情人节"，独龙族的"卡雀哇"节，片马口岸的"抗英纪念馆"，神秘的独龙江，美丽的"石月亮"，引人入胜的"锣锅箐"，雄伟的高黎贡山和碧罗雪山，满月的绿水青山，这些丰富的民族文化活动和自然构成的"三江"奇景，吸引了不少旅游观光的中外游客。民族节日活动和淳朴的民风，给游客留下了深刻的印象，形成了斑斓的民俗文化画卷。

（三）怒江州文化事业"十五"规划，立足怒江实际、立足民族文化，主要从以下三个方面着手。

1、硬件建设。从纵向看，50年的发展，文化事业取得了长足进展，成就喜人，形势喜人。但从横向比较，由于特殊的地理环境和较为滞后的经济发展状况，文化基础设施仍然比较薄弱。目前，州图书馆尚未建设，博物馆尚未立项，兰坪文化馆正在建设中，福贡、贡山图书馆仍无独立馆址，29个乡镇文化站中，13个文化站需新建、重建，"十五"期间，基础设施的建设任务仍然十分繁重。根据省委“五年打基础，十年见成效”的要求，切实抓好调研和规划，力争在“十五”期间完成文化馆、站的基础设施建设，并达到规范化建设标准。

2、软件建设。本州民族文化资源丰富，开发潜力大，后劲足，但面临的抢救和保护的责任十分重大。要作好调研和规划，分期分批分类开发。(1)对民间音乐、舞蹈、器乐进行抢救和保护；(2)补充完善并出版发行文化艺术集成（志）；(3)对民间文化艺术进行理论探讨和研究；(4)对民族工艺、服饰、饮食文化进行开发。

3、文化产业。文化产业被誉为21世纪的“朝阳产业”，很有发展前景。怒江的文化产业起步晚，规模小，各自为阵，经营零散，没有形成真正意义上的产业。其弊在于基础差，底子薄，其利在于从头开始，可以高起点开发，使之适应社会主义市场经济的发展要求。结合自身的实际，依托旅游业的发展，立足绚丽多姿的民族民间文化，开发文化产业。(1)开发民族文化艺术、民俗等音像制品；(2)开发民族工艺、服饰、饮食等旅游纪念品；(3)开拓文艺演出市场。

“一万年太久，只争朝夕”，站在新世纪的起点，回顾改革开放20年的巨大变化和发展，对怒江民族文化事业的振兴和繁荣充满信心。要在州委、州政府的正确领导下，紧紧抓住国家西部大开发、省委建设民族文化大省的历史机遇，实现“民族文化活州”的战略构想。

无锡市图书馆

无锡市图书馆前身为无锡县立图书馆，始建于1912年，1915年元旦正式开放，为国内最早的县立公共图书馆之一，西式建筑，轩敞宏伟，馆藏丰富，集精撷萃，国学大师钱基博先生等著名学者曾亲任馆长，一度饮誉海内外。

1949年人民政府接管无锡县立图书馆，更名为“无锡市图书馆”。1956年荣氏家族遵荣德生先生的遗命，将其早在1916年创办的大公图书馆藏书约6万余册，以及私人珍藏3765部53263册古籍线装书捐赠无锡市图书馆。这些赠书学科齐全、内容广泛，其中有相当数量的善本，包括明万历刻本《见罗先生书》、明崇祯刻本《寻乐编》等国内唯一的孤本，极大地丰富了馆藏乡贤著述和地方资料，成为无锡市图书馆重要的馆藏特色。1958年，古籍部在整理荣老先生私人藏书部分的基础上编印了《荣德生先生赠书目录》。其后，整理好的荣氏赠书陆续向社会开放，使有关机构和研究人员受益，许多成果被评上国家级、省级奖项。无锡市图书馆重视对外文化交流活动，1982年与日本明石市立图书馆建立友好馆，每年互赠图书。而后，日本相模原市、本庄市陆续向无锡市图书馆赠送图书，目前馆内已有日文原版图书1万余册，成为特色馆藏之一。

无锡市图书馆几经扩建，面积达到5223平方米。事业不断发展，举办各类丰富多彩的读书、展览等活动，多次受到全国、省、市奖励。该馆在为无锡地区经济建设和社会公众服务中不断发展，1994年跻身于全国首批一级图书馆行列。为适应无锡市两个文明建设的需要，1995年8月无锡市委市政府决定投资6600万元，兴建一座跨世纪、标志型的现代化图书馆。2000年10月1日新馆在全市人民的企盼中正式落成开放。

无锡市图书馆新馆建筑恢宏典雅、环境整洁怡人，建筑面积26851平方米，现有藏书105万册，其中古籍30多万册，善本古籍1146部21517册，珍本古籍642部，19世纪末出版的珍贵报刊15种，民国时期报刊1千余种。目前图书馆共开设图书借阅室、报刊阅览室、电子阅览室、古籍阅览室、参考文献检索室、友好文库等10个窗口，设图书阅览座位近800个。拥有较完备的现代通讯设施、微机网络检索、多媒体导读系统、电脑自动借阅系统，馆内进行局域网管理，以计算机、网络技术为支撑，充分利用印刷型、电子型馆藏文献，开发特色数据库，为读者提供定题服务、跟踪服务等特色服务，在建设现代化图书馆的道路上迈出了新的步伐。与此同时，新馆充分利用开阔的面积，采取借阅一体的开放式格局，并推出“一卡在手，全家享用，全馆通用”的家庭借阅证，为读者创造了夫妻同读、母子同读的环境，对于家庭文化的建设和从小培养少年儿童良好的读书习惯提供了条件，受到了广大读者的欢迎。自开放以来，日平均接待读者2000多人次，每逢节假日、双休日达5000多人次。

新馆开放前后努力引进人才，目前全馆工作

人员80人，大专以上专业技术人员占51%，学术氛围浓厚，成果显著。新馆不断延伸服务功能，举办了“无锡人著作展”、“充满活力的以色列图片展”等大型展览；开展了“少儿百米长卷绘画”、“‘希望之星’赠阅活动”等多姿多彩的活动；同时成为无锡市新世纪读书计划的主要基地和无锡市中小学生“假日新视野”活动的成员单位。新图书馆受到社会各界的广泛瞩目，全国政协副主席张思卿、文化部副部长潘震宙等部、省、市领导先后视察新馆，丹麦驻沪总领事馆副领事、日本友好访华团、澳门文化代表团等中外友人来馆参观，留下了美好的印象。

“长风破浪会有时，直挂云帆济沧海”，无锡市图书馆将坚持中国先进文化的前进方向，抓住历史机遇，不懈努力，肩负起新世纪的光荣使命，努力建设成为无锡地区的文献信息中心、社会教育中心和文化休闲娱乐中心，在无锡市两个文明建设中发挥更大的作用。

临朐县文化局

临朐县地处鲁中腹地，面积1833平方公里，86.7万人。这里自然风光秀丽，名胜古迹众多，文化源远流长，素有“小戏之乡”、“书画之乡”的美称。近几年来，县委、县政府在集中精力发展经济的同时，大力发展群众文化，取得了较好的成绩。1991年被山东省委、省政府授予首批“社会文化先进县”称号，1993年被国家文化部授予“全国文化先进县”称号，1995年又被国家文化部、人事部授予“全国文化模范县”称号。

——设施建设不断发展。近几年，县财政先后投资800多万元，新建了图书馆、山旺化石博物馆、文物博物馆等大型文化设施。全县17处乡镇全部建起了文化站，其中15处乡镇建起了文化活动中心，60%的村建起了文化大院。14处乡镇被市委、市政府命名为文化先进乡镇，上林镇文化站被省文化厅、人事厅命名为“先进文化站”，冶源镇文化站被国家文化部命名为“全国先进文化站”。

——文艺创作繁荣。近几年，全县先后有500多件作品在市级以上获奖，出版长篇小说1部，诗歌集4部，画集、挂历6部，歌曲集2部，《桃李春风之歌》等4首歌曲获全国金银奖，小品《收购苦恼》、国画《艳阳天》获全国群星奖。改编的小戏《借媳妇》，两次晋京参加全国调演比赛和汇报演出。创作的书画作品、戏剧小品曾多次代表山东省参加全国比赛，均获较好的成绩。

——群众文化活动丰富多彩。临朐的文化工作注重发挥职能部门的作用，多形式、多层次地开展活动，使全县群众性的文化娱乐活动开展得扎实有效。一是文化活动不断普及且档次不断提高。县直各单位、各乡镇、村因势利导，发挥优势，积极开展独具特色的文化活动。全县每年组织民间艺术表演、文艺汇演、卡拉OK比赛、歌舞比赛、书画展览等大型活动20多次，中小型活动300多次，经常参与文化活动的人数达10万多人次，且档次越来越高。如由文化部社文司、山东省文化厅、临朐县人民政府联合举办的临朐年画、山旺化石、临朐奇石晋京展、小戏晋京演出、全国赏石展等活动，都组织得非常成功，在一定范围内产生了很大影响，受到群众和上级领导的一致好评。二是发挥文化寓教于乐的作用，配合党的中心工作进行宣传教育，收到很好的社会效益。三是积极搜集整理民间文化遗产，各单位都注重发挥文化人才的作用，立足优势，继承传统，推陈出新，逐渐形成了鲜明的地方特色文化，如杨善镇的年画，冶源镇的戏曲创作演出活动，七贤镇的焰火、书法创作，辛寨镇的龙灯、撅搭、抬阁等。

——文化市场繁荣有序，为进一步加强对文化市场的管理工作，县文化局组建了文化市场稽查队，配备了专职管理人员。工作中坚持一手抓繁荣，一手抓管理，不断理顺文化市场管理体制，制定了一整套操作性很强的管理规定，下大力气强化日常稽查，做到了从严审批，从严执法。目前，全县已形成了包括报刊、演出、影视、音像、娱乐、美术、文物、文化交流等综合性文化市场，对丰富全县人民的文化生活，净化文化市场，起到了积极的作用。

——文化产业发展迅速。县委、县政府适应市场经济的新形势，发挥文化部门和文化人才众多、文化资源丰富的优势，积极探索文化工作与经济建设的结合点，大力发展文化产业，把文化产业作为主业来抓，取得了良好的社会效益和经济效益。目前，全县的奇石加工销售、书画装裱销售、工艺装潢、音像书刊经营、旅游文化开发为主的文化产业初具规模，并呈现出门类齐全、群体众多、市场完善、特色鲜明、发展迅速的显著特点，各类文化产业户、联合体及文化企业已发展达7800多家，年创经济效益2.2亿元，有力地促进了全县经济的发展。

江苏省美术馆

江苏省美术馆坐落在南京市中心区的长江路266号，全馆占地面积4700多平方米。它的前身是1936年8月建成的“国立美术陈列馆”，是我国建造的第一个国家级美术馆。新中国建立后，1956年江苏美术陈列馆成立，1960年更为现名，1977年4月经过调整，重新建制，主要从事美术作品收藏、保管、研究和展览、陈列工作，是一个综合性的造型艺术博物馆，并负有美术创作和对外交流的任务。

主体建筑四层楼，三层楼为展览陈列厅，展厅面积2700平方米。庭院环境美丽幽静，四季常青。1980年扩建了接待室、会议厅和办公楼。1995年，又扩建展厅1000平方米。新建了3000平方米的“美术大厦”，设有画室、小展厅、学术演讲厅、研究室、画库、电脑房、客房部。

内部机构设有：馆长办公室、业务科、行政科、财务科、保卫科、研究保管部、展览部、编辑部、江苏油画雕塑院、江苏版画院、艺术服务部。设有“艺海堂”画廊，经营名家字画、工艺品、文房四宝等。艺术服务部，专业人才荟萃，艺术水平高超，技术力量雄厚，是一个拥有中国书画、油画、版画、壁画及雕塑、工艺装潢设计等美术家的综合群体。

本馆通过购藏、专题征集、接受捐赠等方式进行艺术收藏，目前已收藏各类美术作品9000多件，划分为10大系列：（1）明清书画作品；（2）近代著名书画家作品；（3）中国新兴版画代表作品；（4）中国当代书法名家作品；（5）中国优秀水彩画家作品；（6）江苏水印版画代表作品；（7）外国版画家作品；（8）夏同浩个人捐赠作品；（9）日本乡土玩具；（10）中国民间工艺品。均可单独或选择组合对外展出交流。

收藏与研究方面，2000年全年入藏各类美术作品134件，结合重要展览同步开展学术研讨会。本馆人员发表学术论文40余篇。馆内电脑数据库正式启用，完成“江苏省美术馆藏品及资料数据库管理系统”的程序设计及调试工作，编制本馆网页并实现与国际互联网连接。编辑《江苏省美术馆年鉴》、《江苏版画院院刊》、12期《江苏美术》报正刊及4期增刊、本馆画家“写生作品集”、“第二届南北方中国画大展”两本画册。

展览与陈列方面：全年共举办展览90个，其中外展10个，接待观众16万人次。质量较高、影响较大的展览有：第六届中国艺术节由文化部特别推荐的《非洲艺术大展》、《丹麦潮——丹麦现代设计艺术展》、《99聚焦中国——外国摄影家眼中的中国》，以及《海内外甲骨文书法艺术大展》、《20世纪新中国画大展》、《江苏省美术家“走近西部”画展》、《2000年当代艺术国际交流展》、《以色列希伯来书法艺术展》、《日本艺术网院作品展》、《江苏水彩画特别邀请展》、《江苏青年版画家提名展》以及中青年实力派画家徐源绍、周京新、范扬、张友宪、于友善、高德星、薛亮、晁海的个人邀请展。为充分发挥藏品作用，先后举办藏品展4次：馆藏20世纪中国画系列、馆藏当代中国版画精品系列、李剑晨水彩画陈列，并组织馆藏当代江苏画派作品精选特展赴福州展出，这是江苏第一次在福建举办的大型画展。

2000年是本省美术界的“写生年”。馆内美术家积极参与深入生活，先后组织国画家、版画家、油画家、雕塑家去安徽大别山、皖南赣北写生。版画院于4月份会同版协在启东召开了江苏青年版画家创作会议。全馆有40件作品入选省以上展览。

接待来访的外宾和港澳台胞8批，其中有以色列驻上海总领事、日本国驻上海总领事、纽约美籍华人书法家李振兴夫妇、斯洛文尼亚画家，以及澳门文化代表团等。

馆内实行岗位责任制。高质量地完成1—3层展厅装修工作，具现代气息，受到领导和画界的好评。设立了现代化的安全监控系统。

温州市歌舞团

温州市歌舞团始建于1978年8月，其前身为温州市文工团。在20多年的艺术实践中，温州市歌舞团曾创作、改编并演出的歌剧有《货郎与小姐》、《异国恋》、《苏州两公差》，话剧《车队从这里经过》、《光明行》、《雷雨》、《秋海棠》，大型音乐舞蹈诗《瓯越情韵》和歌舞《瓯绣舞》、《白鹿欢归》、《醒来吧，弟弟》、《对鸟》、《雁荡秋色》、《喊山的山哈娘》、《梅》、《飞奔的黄河就是中国》等数十部优秀中外剧目和几百个歌舞节目，并多次荣获全国、华东地区和全省的几十项创作和表演大奖。1999年剧团还参加了北京庆祝建国50周年国庆晚会演出和天安门广场文艺演出，部分演员还应邀参加国务院组织的演出团，赴西欧四国演出，受到了国内外来宾和海外华人华侨的欢迎和好评。历经20多年的艰苦创业和改革创新，温州市歌舞团已成为浙江省颇具声望的艺术团体之一。

1995年，走过了17个春秋的温州市歌舞团，开始了建团以来的第一次大规模的改组，针对演职员年龄偏大、队伍青黄不接、设施设备落后、资产严重匮乏等一系列制约发展的不利因素，在市、区两级政府的具体指导下，遵循市场经济的规律，对剧团的体制和队伍进行了一次彻底的改革整顿，成立了由歌唱家卢桂芳任团长，音乐家谢益新、灯光师王剑任副团长的新领导班子。新班子上任后，首先解决了长期困扰剧团的演职员队伍老化的问题，在上级主管部门的支持下，一大批演职员整体“转业”，被充实到群文战线，同时招收了一批素质好、业务强的年轻演职员，顺利完成了新老交替。如今，全团的平均年龄已由1995年的35岁，下降为2001年的20岁，使全团上下充满了青春活力。

作品和市场是艺术团体生存的关键，剧团的决策者们清楚地意识到这一点，确定了以精品创作和为广大人民群众演出为自己的办团宗旨，摒弃了一味追求大制作、大阵容的办团模式，将温州市场经济模式与文艺团体的特殊功能相结合，探索了一条适应市场发展需要的新路子。在管理体制上，大胆地引进了现代化的管理机制，裁减行政管理人员，鼓励一专多能，使评选先进、晋级升职、经济收入与个人的思想表现、工作态度、贡献大小直接挂钩，涌现了一批既有艺术造诣又精通管理的优秀人才；在艺术生产上，不搞照搬照抄，一方面充分发挥本团创作人员的积极性，鼓励原创，另一方面采取“请进来”的方式，根据剧团的实际量体裁衣、度身定做，使节目常演常新；在市场营销上，坚持改革创新，由等观众上门为请观众上门，由被动地受邀请为主动地推销自己，在内部还实行了营销奖励制度，变原来依靠专人联系演出为全团齐上的全员销售，进而拓宽了演出市场，仅2001年商业性演出就达到了140多场，真正做到了立足本地，走向国内外，从1997年始，年年超额完成上级规定的演出任务。剧团还始终如一坚持优良传统，配合全党的中心任务无偿地进厂矿、下农村进行宣传演出，取得了社会效益和经济效益的双丰收，获得了市“百花杯”竞赛金奖。

出作品、出人才、创品牌已成为温州市歌舞团全体人员的共同追求，在短短的两年多时间里，就创作上演了近百个优秀歌舞节目，其中《喊山的山哈娘》进入了中国第五届舞蹈大赛决赛，成为全省唯一进入决赛的群舞，获得了优秀创作奖和优秀组织奖；舞蹈《喊山的山哈娘》、《梅》、歌曲《飞奔的黄河就是中国》获得浙江省第五届音舞节一等奖，并获得温州市“五个一工程”奖；大型音乐舞蹈诗《瓯越情韵》在温州市首届艺术节上获得剧目、编导、舞美设计、灯光、音响、表演六个一等奖；温州历史上第一个个人音乐会——“丹桂情韵”卢桂芳独唱音乐会分别在温州、杭州两地成功举行，博得了省内外专家的高度评价；歌唱家卢桂芳、编导张德华还获得了温州市人民政府颁发的文学艺术创作“银鹿奖”；由温歌辅导编排的群舞《看三月》还获得了全国“群星奖”银奖；谢益新音乐CD作品专辑《温州风韵》在全国成功出版发行，获得了一致好评。

2000年温州市歌舞团还在成功创办艺术培训中心的基础上，又独具匠心地创办了温州市艺术幼儿园，达到了预期创省示范幼儿园的目的，在当地获得了很高的知名度。

温州市歌舞团及管弦乐分团现有演职人员110人，其中具有中高级职称的30人。2001年11月，经过三年的建设，总投资达4500万元的鹿城文化中心市歌舞团办公大楼顺利建成，并投入使用，办公和排演场面积3000多平方米，所属的温州市艺术幼儿园、温州市艺术文化培训中心有教职员工60人，建筑面积达4000多平方米。为温州市歌舞团的进一步繁荣和发展创造了良好的条件。

沈阳故宫

在辽沈地区广袤的土地上，曾经谱写出辉煌历史篇章的名胜古迹是现在的沈阳清故宫。

每当人们走进金瓦红墙的沈阳故宫建筑群，欣赏着辉煌的殿阁，别具地方特色的宫殿建筑，都不禁联想起这里曾经有过的兴盛岁月。

1625年，清朝的开国皇帝努尔哈赤出于深谋远虑的广略宏图，毅然放弃已经经营数年的国都辽阳东京城，率领六宫妃嫔和诸王大臣，迁居到四通八达的形胜之地沈阳城。从此这座城市开始成为东北地区的政治中枢。

几年后，努尔哈赤的继承者清太宗皇太极，不仅完备了沈阳宫殿的规模，而且也对国家的政治、经济制度进行了重要变革。在这座皇宫的大殿里，正式登基称帝，把后金汗国改称为大清帝国。1644年，八旗军长驱入关，清王朝定鼎中原，一统华夏。沈阳故宫也就成为中国历史上最后一个大一统封建王朝的奠基地，以“一朝兴王地，两代汗王宫”的美誉名扬天下。

辽宁是满族的故乡，沈阳故宫是满族为主体的地方政权建立的宫殿，因此，它的建筑艺术也以浓厚的东北地区满族风格著称于世。八角重檐的大政殿，体现八旗政治体制的十王亭，构成举世无双的独特布局。古朴神秘的清宁宫里，三面相连的“万字炕”，祭祖祭天的神堂和索罗竿，从地面上高耸竖立的塔式烟囱，都是满族传统住宅最典型的建筑风貌。

从皇太极时期算起，沈阳故宫已经走过了300多年的沧桑岁月，至今仍然保持着清朝盛世的完整风貌，鉴于这处古代建筑群珍贵的历史价值和艺术价值，早在40年前的1961年，国务院就已将这里列为第一批全国重点文物保护单位，2000年，国家旅游局又把沈阳故宫列为21世纪第一批四A级旅游景区。每年都有数十万中外游客慕名前来观光游览，领略这座塞外汗王宫的独特风彩。

在沈阳故宫的广阔殿廷里，你既可以体会到清入关前盛京皇宫的古朴风貌，又能欣赏到乾隆盛世增建行宫的典雅精巧。由于各主要宫殿都按照清代的历史原状复原，使观众可以了解当时皇家宫廷的典章制度和皇帝后妃日常饮食起居的生活环境，对皇宫高墙中的衣食住用留下真实而深刻的印象。各宫殿中家具、陈设、文房四宝、匾联字画，在当时也是平民百姓毕生难得一见的御用珍品，几百年后的今天能在这里看到如此丰富的宫廷文物，不仅使游人们增添了宫廷历史文化知识，也在欣赏品味同时，对中国古代能工巧匠新奇的艺术构思和精湛的工艺水平发出由衷的赞叹。

为了多侧面、多角度地展示清代的历史文化和艺术，沈阳故宫博物院利用保存完好的古代建筑和门类齐全的清宫文物，开辟了异彩纷呈的各类陈列展览。清宫御用的陶瓷、漆器、珐琅器、雕刻、服饰等珍品汇聚一堂，构成专门的精品展览。而兵器、乐器、家具、清宫钟表等又自成体系，展示在专题陈列室中，向观众系统地介绍相关文物的专项知识。“满族风情展”、“清入关前都城变迁展”，又从不同的侧面，对沈阳故宫形成的历史和宫廷生活的民族特色，加以必要的延伸和扩充。

历史和艺术互相结合，建筑和文物彼此辉映，使沈阳故宫这颗辽宁大地上最耀眼的古代明珠，放射出更加灿烂的光芒。

昭通市文化体育局

昭通位于云南东北部，古称朱提，拥有丰富的历史文化资源和自然人文景观，5万年前，这里就有“昭通人”繁衍生息。春秋末期，生于朱提的杜宇入蜀称王，号为望帝。随着秦凿五尺道，汉开南夷道，汉晋时期的昭通成为西南重要的物资集散地，商贾云集，经济文化相当发达，创造了璀璨夺目的朱提文明，昭通也成了云南沟通中原文化的重要门户，享有“锁钥南滇，咽喉西蜀”之誉。宋称乌蒙，清改乌蒙为昭通，由于当时此地是全国货币原料主产地而大力开发，经济文化再度中兴，会馆云集。民国年间，昭通作为抗日的大后方也文化繁盛。但斗转星移，受各种因素制约影响，今天的昭通落伍了，从经济到文化都成了名副其实的贫困地区。以文化为例，一个500万人口的地级市，拥有各级文物万余件，至今连一个博物馆也没有；文化基础相当薄弱，173个乡镇中半数以上未建成文化站，图书馆缺书少费（购书经费），不仅红火一时的电影院关门歇业，就连专业文艺团队也青黄不接，举步维艰，昭通的文化艺术事业陷入十分尴尬的境地。而随着经济发展和社会进步，广大人民群众精神文化需求又日益增长。匮乏的文化供应和日益增长的文化需求构成了一组尖锐的矛盾。负责全市文化艺术管理职能的文化部门深感肩上担子格外沉重，问题重重，困难重重，到底应该怎么办？昭通文化的出路又在哪里？

毫无疑问，最大程度地满足广大人民群众的文化生活需求，既是当前文化部门的首要任务，又是今后的长远目标，唯有如此，才能充分体现“三个代表”的要求，代表中国先进文化的前进方向。面对现实，新组建的昭通市文体局领导班子和广大干部职工没有退缩，而是迎难而上，接受挑战，在千年之春吹响了复兴朱提文化的号角。

首先，在市委、政府领导下，文体局领导班子和领导干部以开展“三讲”教育为契机，查找问题，端正态度，树立信心，深入学习领会“三个代表”重要思想，更新观念，提高认识，摒弃等、靠、要的旧观念，在思想上、作风上、行动上实现大转变，增强班子的凝聚力和战斗力，勇当昭通文化事业改革与发展的排头兵。

其次，坚持解放思想，实事求是，客观分析文化事业现状，找准存在问题，正确估价文化事业面临的形势和发展机遇，明确当前和今后一段时期文化事业的任务和目标，尤其是把当地文化事业发展进程与外地文化事业发展进行横向比较，找出差距，科学定位，认真贯彻十五届五中全会精神，确立昭通文化发展战略，制定“十五”发展规划，提出具体的措施办法，绘就了今后昭通文化事业发展蓝图。

第三，注重开好头，起好步。在“十五”开局之年，带领全市文化战线干部职工，群策群力，抓住西部大开发发展机遇，乘势而上，锐意改革，抓活动，打基础，求发展，达到了预期的目的，取得了明显的效果。

2001年，市文体局围绕“十五”规划提出的步骤和措施，重点开展了以下几方面的工作：

（一）采取多种形式丰富群众文化生活。1、元旦、春节期间，深入开展送戏、送图书、送电影到农村和内昆铁路建设工地的“文化三下乡”活动，共组织下乡活动150多次，参与面100多万人次，为农民和铁路建设者送去了可口的精神食粮。2、充分利用文化广场，在节假日开展丰富多彩的群众文化活动，如广场文艺演出、露天舞会、卡拉OK比赛、通俗歌手大奖赛、大型文艺晚会、青少年钢琴电子琴比赛等，形式多样，内容丰富，活跃了城乡人民文化生活。3、举办各种文艺展览，充实节日文化生活内容。市文体局先后在元宵节、七一、国庆中秋佳节组织本地作者创作的书法、美术、根艺盆景作品进行展出，提高业余文艺创作水平和观众的艺术欣赏水准，群众文化活动多姿多彩。

（二）狠抓艺术创作和演出，展示乌蒙文艺风彩，推进地方文艺事业向前发展。1、为了繁荣文艺，锻炼队伍，弘扬地方文化，按照“十五”艺术创作规划要求，市文体局组织作者深入挖掘和表现历史题材，创作出具有地方特色和时代精神的文艺作品，经过一年多的努力，组织投排的全面反映昭通从古到今各个历史时期闪光点的大型舞蹈史诗《乌蒙之路》在云南省新剧目展演中获得成功，荣获综合艺术一等奖、剧本创作一等奖、音乐创作一等奖、舞蹈创作二等奖、灯光音响综合二等奖、舞美二等奖、服装道具综合二等奖、演员表演二等奖等奖项，深受好评，为今后继续深入挖掘历史题材表现乌蒙精神提供了范例，积累了经验，打下了基础。2、抓住内昆铁路在昭通接轨的历史性机遇，由全市文艺工作者自创自编自导自演了一台再现内昆铁路建设壮举，讴歌铁路建设者光辉业绩的文艺节目《乌蒙欢歌》，于9月19日在昭通演出获得成功，观者达1.3万余人，该台节目堪称昭通演出史上的第一次大制作，舞台设在体育馆，充分体现纵深感、立体感、层次感、现代感，突破以往局限于剧院舞台的格局，在舞美、灯光、音乐等方面都达到了较高水准，展现了昭通文艺的风彩。3、2001年正值昭通撤地设市，市文体局紧张投排了3台文艺节目，在撤地建市期间上演，为隆重庆祝昭通撤地建市增光添彩。4、与残联等部门联排节目5个参加云南省残疾人艺术调演，获得创作奖、表演奖和组织奖，尤其是王勇创编的舞蹈《我的黑颈鹤》代表云南参加全国第五届残疾人艺术汇演，一举摘得表演金奖、辅导金奖和新作奖，标志着全市艺术创作又上了新的台阶。

（三）加强基础设施建设，巩固文化阵地，夯实文化基础。抓紧落实云南千里边疆文化长廊二期工程昆明至水富沿线文化馆站的建设，重点做好新址的选定和资金的筹备工作，新建成2个文化馆，并加强文化馆站、图书馆的业务建设，辅导群众文艺骨干，开展图书服务宣传周和国际博物馆日宣传活动，通过生动活泼的群众文化活动巩固基层文化阵地，尤其是针对全市没有博物馆的实际，筹措资金建成一个一百多平方米的昭通历史文物陈列馆，加强对文物资源的利用，加大宣传力度，促成昭通博物馆早日建成，该馆从元旦开放后，观者甚众，已引起社会各界的关注和各级领导的重视。

（四）净化文化环境，培育文化产业。坚持一手抓繁荣，一手抓管理的方针，对全市近2千家文化经营单位加强引导，规范秩序，促进其健康发展，同时对违法经营坚决查处，坚持不懈地开展“扫黄”、“打非”，共收缴销毁非法出版物1万多种（册、碟），净化了文化环境。为了壮大自己，推进文化经济，积极组织文化事业单位研究对策，利用自身条件开展文化经营活动，重点组织了元宵书画展销和“喜迎西部大开发、昭通明天更美好的《金穗之夜》大型综艺晚会”系列活动，采取走出去请进来的办法，积极探索文化产业发展之路，培养自己的经营管理人才。

（五）加强对外宣传工作，重塑昭通形象。在机关内部创办《文化体育工作通讯》，与《昭通日报》联办栏目，宣传文化体育战线的新人新事新成就新经验，扩大影响，同时开展“三星堆文化与昭通”的理论研究，提高昭通的知名度。

2001年，昭通文化事业蓬勃发展。昭通正重塑崭新形象。这块炽热的西部沃土虽然古老却又非常年轻，亟待走出经济文化贫困的窘境，也渴望得到外面的支援和帮助。站在绵延数千里的五尺道的起点，回望石门，包括不同文化内涵的铁路、公路、水路、五尺道交相辉映，历史在这里奇迹般地交汇重叠，眺望远方，相信在各级领导的高度重视和社会各界的关心支持下，乌蒙儿女奋发进取，在不远的将来，昭通一定会再现昔日朱提文化的辉煌。

无锡市歌舞团

无锡市歌舞团成立于1958年。在党的文艺方针指引下，走过了40多个春秋。现有演职员百余人，其中国家一、二级专业技术人员30多人。在创作上坚持时代性、民族性、地方性相结合，创作演出了荣获华东六省一市舞蹈比赛一等奖的《鸬鹚号子》、《捉蟹》、二等奖的《车水乐》和在江苏、全国会演比赛中获奖的《网船恋》、《金蝶飞舞》、《水上人家》、《欢庆锣鼓》、《“双推磨”随想曲》、《二泉映月》、《江南吟》等一大批舞蹈、声乐、器乐、歌舞节目。多次应中央、上海、东方、江苏等电视台邀请，参加重大演出活动。先后出访日本、德国、法国、俄罗斯、新加坡、意大利、奥地利、荷兰、比利时、摩纳哥、卢森堡、以色列、摩洛哥、突尼斯等国家和香港、澳门地区，进行文化交流和演出，受到普遍欢迎。

1992年创作演出的大型歌舞《江南好》，汇集了剧团10多年的优秀创作成果，以15个歌舞节目有机组合成“太湖春色”、“吴地风情”、“劳动欢歌”三个篇章，凸显了“美在江南、情溢江南、春满江南”的鲜明主题。同年12月底，应文化部艺术局邀请晋京演出。先后荣获：无锡市首届文学艺术奖特别奖；市政府“腾飞奖”；江苏省“五个一工程”荣誉奖；江苏省文学艺术奖；文化部第三届“文华新节目奖”（并获“文华编导奖”）。

1995年创作演出的舞蹈诗《太湖鱼米乡》由“杨柳春”、“渔夫梦”、“芦花情”、“太阳雨”、“稻穗娘”、“金秋鼓”6个篇章和序幕、尾声组成，展示了太湖儿女强烈的生命意识和生存意识。1996年11月，应文化部艺术局邀请晋京演出，中央电视台进行实况录像，并多次在全国播出。《太湖鱼米乡》还参加了潍坊国际风筝节、上海艺术节、太湖国际旅游节演出。先后荣获：无锡市第二届文

北京市东城区图书馆

北京市东城区图书馆成立于1956年9月。新馆于1996年6月1日落成并投入使用。总建筑面积11500平方米，建筑为地下一层地上五层。总投资5600万元。

新馆设有八个大阅览室、两个外借处、以及影剧院等一批综合服务设施。馆藏图书40多万册，订有800余种报刊，设有500个阅览座位。

服装阅览室收藏了大量国内外服装书刊、音像资料，建立了京城首家服装资料图片库。成为本馆的藏书重点，形成了本馆的特色服务。

5万册古籍图书的收藏是本馆的又一大特色，沉睡多年的古籍图书正在得到开发利用。

新馆设立了先进的电脑阅览室，38台先进的计算机可供读者进行电子图书阅览、电脑教学、多媒体视听并与信息高速公路接轨，可上网查询国际信息。

东城区图书馆无论其规模和现代化程度在全国都处于领先地位。1999年被文化部评为全国一级图书馆，并被列为全国大城市中区级图书馆的代表。

北京市西城区图书馆

北京市西城区图书馆是全国首家获得国际图联会员资格的区县级公共图书馆。该馆位于西城官园文化区的后文平胡同26号，建筑面积达1万余平方米，现有藏书30余万册，实行开架借阅服务，馆内设施先进，功能齐全，配有大型中央电子消防报警系统、阅览监控系统及智能化综合布线和全面的计算机管理系统，已初具现代化图书馆的规模。

一层设有图文电视屏幕系统，可随时播放区情、馆情的介绍、信息发布等。多方面向读者开辟了广阔的服务空间。报刊阅览部，收藏了全国各地的报纸、杂志，读者可在此阅览当月的报刊。

二层设有集体视听室、个人视听室、多媒体网络中心，可满足读者利用现代手段进行电子化阅览。旅游、音乐、古籍、地方文献部门的特色服务，为不同读者阅读需要提供了方便、快捷的服务。

三层是个人借阅部、采编部，1450平方米的借、阅大厅，设有藏书区、阅览区、休闲区。在这里，读者可以享受到现代化图书馆的借阅氛围。

四层设有辅导部、参考资料室、自习室。

四川广汉三星堆博物馆

展厅——纵目展柜

文物——全面罩青铜头像

展厅——神树厅

展 厅——纵 目 展 柜

地址：四川省广汉市三星堆遗址

电话：(0838)5500349

传真：(0838)5500349

邮编：618300

博 物 馆 外 景

四川省乐山市夹江县文化体育广播电视旅游局

地址：四川省乐山市夹江县城县体育场东看台

电话：(0833)2534063

邮编：614100

西部（夹江）龙灯

民俗文化奇葩“夹江高桩彩会”

武术比赛和全民健身运动蓬勃开展

四川省五大石窟之一的夹江千佛崖唐代摩崖造像

全国唯一一家手工造纸博物馆
——四川夹江手工造纸博物馆

北京市房山区文化馆位于房山城内东大街12号，拥有一座建筑面积为37774平方米的四层办公楼及可供小型文艺演出、可容纳200人的小剧场，是房山区各界群众开展文化活动的娱乐场所。

房山区文化馆现设有文艺部、美术摄影部、文化馆艺术党校、文学创作室、调研室、房山区艺术团及行政办公室共七个部室，具有组织策划举办大型文艺演出、举办各种大型展览的人员和场地。拥有本馆的民乐队、戏曲队、老年时装表演队、合唱队及一大批业余歌手，常年开展送文化下乡、举办夏日文化广场演出等多种形式的群众文化活动，满足广大人民群众日益增长的精神文化需求。

北京市房山区文化馆

北京市平谷县文化馆

北京市平谷县文化馆成立于1949年10月，现有建筑面积4000多平米，内设排练厅、娱乐厅、展厅、老年少儿活动厅、教室、资料室等活动场所，下设群艺、创作、美术、摄影、后勤(兼办公室)五个大组。

本馆曾先后荣获北京市文化工作先进集体、首届农民艺术节“群芳杯”组织奖、2000年广场舞大赛一等奖、全国农民歌手大赛北京赛区组织奖等奖项，多年被评为县级精神文明单位和花园式单位。

四川省宣汉县
电影发行放映公司

坚强的领导班子

“宣汉电影院”接待学生观众时的情景

地址：四川省宣汉县东乡镇多宝寺50号
电话：(0818)5222726
邮编：636150

在全县中、小学生中开展观看爱国主义影片演讲赛

每年召开全县农村电影工作会

成都市文物考古所

地址：四川省成都市十二桥路18号
电话：(028)7714087
传真：(028)7714087
邮编：610071

成都商业街船棺墓遗址发掘现场

北京市怀柔县文化馆

北京市怀柔县文化馆座落于怀柔县城南大街20号，紧邻人群熙攘、繁华的商业区，商业网点密集，县城南大街自门前通过，交通便利。文化馆占地 9.5 亩，建筑面积4700平方米，内有院落1000平方米，设有文艺演出部、辅导培训部、字体书画部和老年文化艺术活动中心等部门，业务门类设置齐全，其中设有雁栖湖艺术团、艺术培训学校、群文娱乐中心，王冠文选中心等独立机构，办有《红螺文艺》群众文艺季刊，还负责管理着怀柔县书法、美术、音乐、舞蹈、文学创作、摄影、戏曲爱好者协会等社团组织。近年来由于开展了丰富多彩、形式多样的群众文化活动，自1997年以来连续被怀柔县精神文明建设委员会评为“文明单位”1998年被北京市农村工作委员会、北京市文化局评为“农村群众文化工作先进集体。”

北京市昌平区文化馆始建于1949年9月。占地面积7380平方米，建筑面积4800平方米。文化设施、设备、展厅、专用教室齐备。

负责昌平地区群众文化娱乐活动的领导、组织、辅导工作。组织参加历次天安门建国庆典大型文化活动。在北京电视台多次展示创作演出文艺节目，中国文化报多次报道昌平群众文化活动情况。音乐作品、文学作品、摄影作品、美术作品在《人民日报》、《人民文学》等国家级刊物发表，并获全国、市级奖励。

群众文化活动遍及全区每个城镇、乡村，艺术团送戏下乡，异地辅导推出精品，在全区文化工作中做出较大贡献。

北京市昌平区文化馆

浙江艺术学院

浙江艺术学院戏剧楼

浙江艺术学院影剧院

一九九九年九月三十日，为庆祝建国五十周年参加在中央电视台的转播大厅演出

浙江艺术学院舞蹈楼

参加二零零一年中国杭州西湖国际博览会开幕式文艺晚会演出

地　址：杭州市滨江区滨文路
电　话：0571-87150009　87150050
邮　编：310053

无锡市图书馆

无锡市图书馆

无锡市图书馆古籍阅览室

无锡市图书馆参考文献检索室

地　址：江苏省无锡市金匮桥东娩钟书路1号
电　话：0510-5757830
邮　编：214023

北京市顺义区图书馆

北京市顺义区图书馆成立于1958年10月，历经多年变迁，新馆于1987年7月正式对外开放，新馆馆舍面积4011平方米，现有藏书16万册，报刊600余种。各业务窗口全部实行开架借阅、电脑管理，并推出电话续借、预约借书、家长代借代还、光盘检索、代查资料、送书上门等服务项目，实行全天候服务。

幽雅的阅读环境，丰富的图书报刊、方便的服务吸引着众多读者来馆阅读，社会效益日见显著，1989年被北京市文化局评为北京市“文明图书馆”，1998午被文化部评为国家一级图书馆，2000年获“读者喜爱的图书馆”荣誉称号。

北京市丰台区文化馆始建1950午4月。现馆址位于丰台镇北大街13号，馆舍面积4030余平方米，设有多功能大厅、练功厅、健身房、展览厅、教室、舞厅、摄影厅等场所，其中多功能厅806平方米。

该馆现有职工41人，其中艺术辅导人员26人，具有高中级职称者5人；该馆设有文学部、文艺部、书法美术部、摄影部等业务部室。该馆创办的文学刊物《卢沟月》和《我爱丰台》摄影月赛在全市具有一定影响。

现任馆长是从市里招聘的高捷同志。

北京丰台区文化馆

江苏省美术馆

江苏省美术馆展厅

江苏省美术馆
藏品《玉兰》
作者：齐白石

江苏省美术馆展览大楼外景

展览开幕式隆重热烈

江苏省美术馆领导班子在研究工作

地　址：江苏省南京长江路266号
电　话：025-6641962　025-4506789
邮　编：210018

湖南省艺术学校

湖南省艺术学校全景

舞蹈教学

灯光球场

音乐剧《美女与野兽》剧照

地　址：长沙市麓山南路153号
电　话：0731-8882276
邮　编：410012

北京市崇文区图书馆

北京市崇文区图书馆位于崇文区幸福大街甲28号，系综合性公共图书馆，现有建筑面积5600平方米，藏书41余万册，年订报刊600种，以收藏社科、自科等中文图书、报刊为主，设有阅览座席403个。业务机构设有采编部、图书外借处、报刊阅览处、图书阅览处、儿童阅览处、业务辅导部，电子阅览室和北京包装资料馆。

包装专业文献是本馆的馆藏特色，收藏国内外包装资料5000余件，并建成国内首家“包装文献数据库”，目前已成为北京地区包装文献资料信息中心。

崇文区图书馆多年坚持“服务第一，读者至上”的服务宗旨，除为读者提供高质量、高效率的文献资料借阅、咨询等服务外，并开展丰富多彩的读者活动，各类讲座、报告会是图书馆向社会传播知识和信息的主要活动方式之一，每年举办各种读书活动都受到众多读者及中小学生的欢迎。

北京市昌平图书馆

北京市昌平图书馆1985年9月新馆开馆，馆舍面积3000多平方米，职工30人，藏书15万多册，全部实行开架借阅，计算机管理。

改革开放以来，昌平图书馆立足于本区实际，在宣传推荐、开发二次文献上加大力度，其中为各级领导提供决策服务的《知识、情报、信息》，自1987年创刊已出版十余年，农村科技跟踪服务坚持了近20年，深受全区各级领导和广大农民的欢迎。

在各级领导的大力支持下，昌平图书馆取得了很大的成绩，多次被评为全国、市、区先进单位和文明图书馆。1998年被文化部定为全国一级馆，1999年荣获全国和北京市“巾帼文明示范岗”的光荣称号，2000年被文化部命名为“读者喜爱的图书馆”。随着图书馆事业的不断发展，将来的昌平图书馆将成为开放型、多功能的现代化资料信息服务机构，成为昌平地区信息集散枢纽。

珠海至尊娱乐有限公司

公司总经理—刘富春

地 址：珠海市拱北夏湾港盛路水产综合楼
电 话：0756-8891636
传 真：0756-8891627
邮 编：519020
网 址：www.Supreme Club.Com

珠海至尊俱乐部是一家中外合资性质，经营卡拉OK歌舞表演、迪斯科等综合性的娱乐场所。在珠海市香洲投资公司引进香港资金，中港双方合作经营，由香港世杰控股有限公司全权策划管理。至尊的音响、灯光等设备先进、全场消防安全可靠，共有八个走火通道，出口指示灯、应急灯、消防栓，各区、各房更具有数量充足的防毒面具、灭火器等等，随时处于正常状态。

珠海至尊俱乐部艺术团是近年来活跃在特区文娱舞台上的一个极具活力的专业团体，艺术团在公司领导的带领下，本着开拓、进取、不断创新、敢于创新的原则，不断的完善，使艺术团的演出有现代感极富活力。

珠海五星城娱乐有限公司

公司总经理—刘晓明

为了发展娱乐事业，加强物质文明和精神文明建设。响应党中央号召，坚决拥护中国共产党。巩固娱乐场所迈向新世纪，打击非法活动，文明经营，创造一个合理、合法、合格的娱乐场所，五星城夜总会采取科学、健康、文明、规范的服务，本夜总会特做到以下：

一、本夜总会一贯坚持合法经营，手续齐全，符合文化、公安、工商、卫生、消防、环保等部门的依法核定，并定期审核，证照齐全、文明守法，从未受任何部门责令本歌舞厅检讨过。

二、本夜总会的一贯宗旨是："顾客至上、服务第一"，坚持科学、文明的服务方针，环境优雅、整洁、服务一流、管理素质良好，不断地加强员工的知识培训和业务技术，努力地提高各员工的文化修养和本职素质。

三、本夜总会严格遵守各项法律、法规、坚持全心全意为人民服务，响应党中央号召，坚决取缔各类非法活动。

四、本夜总会不断地加强文化有关的法律，法规的培训和学习，积极配合好文化市场的管理与审查，所有演出人员均持有《文化市场法规上岗证》、《考核合格证》。坚决抵制黄、赌、毒等非法有害活动流入本夜总会。切实宣传党和政府的有关文件、法律、法规、坚决拥护党中央的各项方针、政策，坚决服从文化、公安、工商等有关部门的依法管理。

五、本夜总会防火设施齐全、完备、各制度落实完整，并且防火事故落实到每个部门及个人，有较高的专业人员定期进行消防培训，防火安全意识极高，全部做到"三防"，不断地加强各员工的消防意识，经营中切实做到安全第一。

六、本夜总会在经营中切实做到守法，以文明、健康、礼貌的服务态度为顾客服务。全体工作人员穿戴整洁、衣着统一，上岗时保持仪表、仪容整洁、美观、讲究清洁卫生。待客全部达到微笑自然、亲切、热情、切实做到"顾客至上、服务第一"。受到广大市民的一致称赞。

中苑歌舞厅

地 址：珠海市香洲人民东路1号中苑大厦三楼
电 话：0756-2233118
邮 编：519000

北京市朝阳区图书馆

北京市朝阳区图书馆是综合性公共图书馆，1998年被文化部评为国家一级馆。馆舍面积5124平方米，设有采编、阅览、个人外借、集体外借、法律资料、电子阅览、宣传辅导和少儿等九个部室，阅览座位504个，藏书48万册，日接待读者900人次。并以法律资料为特色馆藏，以老年人阅览室为特色服务项目。

朝阳区图书馆已采用计算机管理。电子阅览室现有多媒体电脑40部。1997年，朝阳区图书馆成为“全国学术期刊(光盘版)CNKI知识网络培训站”。

朝阳区图书馆已全部实现开架借阅并全天候开放。

2000年，朝阳区图书馆被评为全国最受读者喜爱的图书馆。

北京市朝阳区少儿图书馆

北京市朝阳区少儿图书馆，坐落在交通便利的安华里地区，于1999年9月28日成立，建筑面积近2000平方米，是一座柳荫依依、安逸幽静的三层小楼。楼内功能齐全、设备先进，各室均配有空调。这里有供小朋友阅读用的低幼阅览室、中小学生阅览室、期刊阅览室、资料室，还拥有先进视听设备的电子阅览室和可开展各种读书活动的综合厅，以及自习室和活动室。为解决偏远地区的中小学生的读书难问题配置了流动图书车，它将对本区读书网络的形成起到重要的作用。

同学们，来图书馆阅读吧!书籍是人类知识的宝库，宝库的金钥匙就掌握在你们手中。

☆☆☆
三星级

长讯宾馆

长讯宾馆座落与肇庆市康乐北路38号，主楼高13层，另有顶层观光建筑结构，建筑面积一万多平方米，面临肇庆市体育中心，背倚星湖名胜风景区。登斯楼，西可鸟瞰体育中心的各种比赛、康体运动；东可远眺烟波浩瀚之十里星湖，湖光山色尽收眼底。宾馆按星级标准装修，星级配套服务，星级经营管理，集饮食、旅业、娱乐、商务于一体。内设88间豪华客房，一个可供300人同时用餐的大型中餐厅和十间雅座，一个多功能大型歌舞厅和29间配备电脑的全自动卡拉OK房，宾馆的各种设施豪华先进，是旅游休闲、公务出差及各界人士居停的理想选择。

豪华双人间（DELUXE DOUBLE ROOM）

长讯宾馆（CHANG XUN HOTEL）

豪华套间（DELUXE SUITE）

地　址：肇庆市康乐北路38号
电　话：0758—2818168
　　　　2855088
邮　编：526020

自贡恐龙博物馆

自贡恐龙博物馆—中央大厅地下室

游人如织的自贡恐龙博物馆标本陈列厅

地　址：四川省自贡市大安区大山铺238号
电　话：0813—5801234
传　真：0813—5801233
邮　编：643013

旅顺博物館

旅顺博物馆

日本画陈列厅

陶瓷陈列厅

地址：大连市旅顺口区列宁街42号
电话：（0411）6382247
6613006
邮编：116041

旅顺博物馆主馆

旅顺博物馆分馆

湖北省襄樊市文物管理处

地址：湖北省襄樊市樊城解放西路米公祠内
电话：(0710)3469985
邮编：441000

米公祠拜殿，始建于元代，清光绪元年十二月重建，为四杆三牌楼硬山两坡顶式建筑，建筑面积92平方米，是米氏后裔祭祀祖先的地方。

米公祠南大门牌楼为四柱三跨七牌楼，面阔三间，通高15米，进深8.65米，总占地面积150平方米，建筑面积290平方米，总投资50多万元。建筑形式为清代建筑风格，重檐歇山式。其风格造型与祠宇内的环境风貌相互衬托、相互呼应，充分体现了祠宇大门的历史特色和文化氛围，把名人文化和本地的民俗，民风以及传统的建筑风格有机结合起来，因地制宜，巧妙地利用地理优势创造出了与周围环境相协调的人文景观。

米芾雕像通高3.2米，像身2.1米，为青石雕塑，体态饱满，形象生动，体现出了米芾潇洒、豪放的人物性格。

江门市粤剧团

粤剧《杨贵妃》剧照

正印花旦 剧团副团长
于阳丽小姐剧照

文武生 剧团副团长
严泽方先生剧照

地 址：广东省江门市港口路102号
电 话：0750-3395607
邮 编：529051

哈尔滨歌剧院

清唱剧《江姐》剧照

哈尔滨合唱团

邮 编：150010
电 话：4612791
地 址：哈尔滨市道里区地段街230号

深圳歌舞团

大型纪实剧歌舞《祖国，深圳对你说》剧照

大型现代舞剧《深圳故事·追求》剧照

地 址：深圳市福田区梅华路128号
电 话：0755-3105858
邮 编：518049

中国曲艺家协会

中国曲艺家协会成立于1949年7月。前身为中华全国曲艺改进会筹备委员会、中国曲艺研究会，第一届代表大会定名为中国曲艺工作者协会，第二届至今为中国曲艺家协会。团体会员32个，其中省市区团体会员30个，地方、产业团体会员2个。现有全国性个人会员3445人。协会下辖办公室、人事处、组联部、研究部、《曲艺》杂志月刊，下属专业学会有全国快板书学会。协会主要任务是按照曲艺艺术规律，促进曲艺事业的改革、发展。积极发挥党和政府与曲艺界之间的桥梁、纽带作用，对会员有联络、协调、服务的职责，通过各项艺术活动，对会员进行业务上的指导。积极为会员提供学习社会、深入生活、进行艺术创作的条件；积极推广优秀新书目、新曲目，鼓励多出精品；开展各种艺术样式、风格、流派的展演、竞赛交流，提高演出的思想艺术质量；推动传统曲艺的挖掘、整理工作保存民族优秀文化遗产，丰富上演节目；积极开展曲艺研究、评论工作，发现、扶植、培养曲艺人才；通过组织比赛、评奖活动奖励优秀曲艺家；积极开展国际艺术交流活动；积极支持群众业余曲艺活动；依法维护会员合法权益；积极开展以文补文，多业助文活动，繁荣曲艺事业。

中国曲艺牡丹奖是中国曲艺艺术的专业奖。第一届已于2000年举行，评出文学奖30个，表演奖30个。

地 址：北京朝阳区农展馆南里10号 邮 编：100026
电 话：（010）65004384 传 真：（010）65004384

中国石化出版社

社长：师洪俊

中国石化出版社简介

中国石化出版社(原名烃加工出版社)是中国石油化工集团公司所属的专业科技出版社，1984年经文化部批准成立。

中国石化出版社主要出版石油炼制、石油化工、石油天然气勘探开发等方面的科技图书及词典、手册、工具书，出版相关的大中专、技校教材和职工培训教材。

中国石化出版社拥有先进的出版手段和由著名专家组成的作者队伍，所出版的科技图书荣获过中国国家图书奖，部级科技进步一、二、三等奖，部级优秀教材成果奖等多种奖项。

中国石化出版社竭诚为广大读者服务。在出版社一楼设有读者服务部，在海淀书城设有中国石化出版社石化文苑书店。

地　址：北京市东城区安定门外大街58号
电　话：010-84278950　　010-84271850
传　真：010—84289982
邮　编：100011
网　址：http://www.sinopec-precc.com
E-mail：press@sinopec. com.cn

呼伦贝尔盟民族歌舞团

地　址：内蒙古自治区海拉尔市呼伦贝尔盟民族歌舞团
电　话：0470-8332417
传　真：0470-8334153
邮　编：021000

广西图书馆

地址：南宁市民族大道61号
电话：0771　5887011
　　　0771　5860297
传真：0771　5860397
邮编：530022

光线电视传播有限公司

地　址：北京市海淀区西三环北路27号
电　话：010—88411600
邮　编：100089

中国林业出版社

中国林业出版社社长：张柏涛

地　址：北京市西城区德内大街刘海胡同7号
电　话：010—66184477
　　　　010—66180371
传　真：010—66180373
邮　编：100009
http://www.naturalbook.com

深圳市东方丽人文化传播有限公司广州分公司

地　址：广州市天河区天河北路592号帝景苑A座12层C-D室
电　话：86—20—38466651　　38466652
传　真：86—20—38466609
邮　编：510630
Http://www.obeauty.com

鹭江出版社

鹭江出版社社长、总编辑：杨迅文

地址：厦门市湖明路22号(邮编：361004)
福州市东水路76号(邮编：350001)
电话：(0592)5046666－198(厦门)
(0591)7531375－366(福州)
传真：(0592)5046666－199(厦门)
(0591)7531375－365(福州)
网址：ljcb@fjbook.com

南京音像出版社

nanjing Video Audio publishing house

地址：南京市龙蟠中路69号
电话：(025)3358864
3641018
3601819
传真：(025)3619818转22
邮编：210016
网址：WWW.njmusicav.com

世界知识出版社

W A

地址：北京市东城区干面胡同51号
电话：(010)65232695
邮编：100010

北京朗诵艺术团

地 址：北京市海淀区甘家口
34楼北京朗诵艺术团
电 话：(010)68354736
邮 编：100037

新世界出版社

地址：北京市西城区百万庄路24号　　邮编：100037
电话：010——68326679　　电传：010——68326679

云南科技出版社

地 址：云南省昆明市环城西路609号　邮 编：650034
电 话：0871—4190699　　传 真：0871—4120740

北京市青少年音像出版社

北京市青少年音像出版社1988年成立，是一家以青少年为服务对象，隶属共青团北京市委的音像出版单位。其办社宗旨是 面向青少年，服务青少年，充分利用现代化音像传播手段，教育引导广大青少年，为培养社会主义“四有”新人作贡献

北京市青少年音像出版社拥有精良的设备和精干的专业技术人员。建社十多年来，始终坚持社会效益第一的原则，自觉主动地策划、编辑、制作、出版了一大批方向正确，内容深刻，生动活泼的青少年喜闻乐见的音像制品。其主要作品有《中华历史五千年》、《古都北京》、《中华爱国英杰传》、《中华传统美德故事》、《实用儿童舞蹈大全》、《英才家教系列》、《MBA入学考试冲刺——英语》、《WTO与中国中小企业发展》等。目前，该社出版的作品已形成了以弘扬爱国主义和指导青少年成长成才为支柱产品的两大特色，并逐渐形成自己的品牌优势。在满足青少年日益增长的文化需求方面，具有一定的实力。

北京市青少年音像出版社下设办公室、总编室、影视部、录音部、动画部、发行部，还创办了“北京天使广告公司”、“七色光音像书店’’和“风之雅音像书店”。

地 址：北京市宣武区铁树斜街90号远东饭店三层
电 话：(010)63159221　　63159223
传 真：(010)63156936　　邮 编：100050

中国金融杂志社

办公地址：北京市广安门外小红庙南里3号

电　话：(010)63268585　63265580(编辑)

63268571(发行)　63268383(广告)

传　真：(010)63265580　63265569

邮　编：100055

国外总发行处：

中国国际图书贸易总公司，国外代号：M625

http://www.chinafph.com

E-mail:cnfinance@mail.263.net.cn

科学技术文献出版社

与你携手共创未来

地　址：北京复兴路15号(中央电视台西侧)　邮　编：100038

电　话：(010)68514027　68515544—2903　传　真：(010)68515385　68537104

E-mail:satp@263.net

中国税务出版社

中国税务出版社是国家税务总局直属事业单位，中国唯一的税务专业出版社。

中国税务出版社全面、完整、系统的出版我国的税收法律、法规、规定及规章，国际、国内税收学术理论，税收操作实务，大中专税务专业教材，税务系统公务员考试教材，注册税务师考试教材，税务统计资料、工具书等各类税收方面的图书及电子出版物。

主要出版物有：中华人民共和国税法(活页、一年四次服务)；中华人民共和国避免双重征税协定(活页、一年两次服务)；北京地方税收法规(活页、一年四次服务)；中国税务年鉴；注册税务师考试教材及辅导教材；中国税收优惠政策(一套四册)；中国税务词典等。

需要了解活页类出版物情况，请与中国税务出版社税法服务部联系

TEL：(010)63184520

订购其他类图书请与中国税务出版社发行部联系

TEL：(010)63182980／81／82／83

中国税务出版社地址：北京市宣武区槐柏树后街21号

邮编：100053

北京体育大学出版社

社长兼总编辑　杨再春

地　址：北京海淀区中关村北大街

电　话：(010)62989430　62989435

邮　编：100084

E-mail:office@bupepress.com.cn

上海淮剧团

上海淮剧团建立于1953年5月，是上海市建立国家剧团最早的艺术团之一。

淮剧已有140余年的历史，老一辈中央领导毛泽东、刘少奇、周恩来、朱德等都观看过上海淮剧团的演出。国家主席江泽民也曾观看了上海淮剧团青年演员演出的神话剧《水漫四周》。

历年来，剧团创作整理改编演出了300多出剧目。其中较有影响的剧目有：《三女抢板》、《水漫泣洲》、《女密》、《探寒窑》、《白蛇传》、《哑女告状》、《吴汉三杀》、《海港的早晨》、《爱情的审判》、《母与子》、《八女投江》、《金龙与蜉蝣》、《马陵道》、《西楚霸王》等。这些剧目大都获得过全国和上海市的奖励，尤其是《金龙与蜉蝣》、享誉全国，连获43个奖项。《西楚霸王》在中国第六届戏剧节上荣获优秀剧目等十多个大奖。剧团涌现出了以文艳、梁伟平、施燕平等。众多演员在全国和上海市的会演中获奖。目前，剧团国家级高级职称专业人员近60人。不少剧目曾被全国数百家剧团移植演出或制成像带、音带、唱片发行。

淮剧团曾多次被上海市人民政府及上海市文化局评为优秀表演团体，已成为在全国有影响的艺术院团之一。

地址：上海市威海路155弄50号

电话：(021)63279393

邮编：200003

北京维宝光盘有限公司

北京维宝光盘有限公司是经新闻出版署批准，北京市新闻出版局主管主办，北京市工商行政管理局核准，注册登记成立的有限责任公司(企业法人)。公司位于北京经济技术开发区，是专业复制光盘的现代化企业，可以复制CD、VCD、SVCD、CD-ROM、DVD等多种形式的光盘，并能为客户提供B带和DAT带压缩、母盘复制代理业务。

公司拥有荷兰ODME双头生产线一条，瑞典TOOLEXALPHA、FiFo双头生产线一条，TOOLEXALPHA单头生产线一条，年生产能力2800万张以上。公司还拥有2台HANKY五色光盘印刷设备，印刷质量精良。本公司具有先进的光盘检坝1J设备和高素质的质量管理人员，通过严格的质量管理，确保复制出高质量的光盘产品。公司已和300多家单位建立了业务联系，承接了近200家单位的光盘复制业务，维宝公司以其重合同、守信誉、复制周期短、光盘质量高赢得客户的一致好评。

北京维宝光盘有限公司自觉遵守国家各项法律、法规，按照公司章程走民主自律、自我发展的道路，致力于把公司办成高效率、高效益、有影响、有特色的文化企业。公司旨在运用市场经济运行机制联合国内外名界力量，为推动全民族思想道德和科学文化素质的提高，为文化产业发展建设做一份应尽的贡献。

办事处地址：北京市朝阳区工体西路7号星福写字楼408、411室

联系电话：(010)65513452　65513475　传　真：(010)65513451

邮政编码：100020

厂房地址：北京经济技术开发区宏达北路8号内2号厂房1—2层

联系电话：(010)67882905　67887578　传　真：(010)67882903

邮政编码：100176

中央文献出版社

地　址：北京西城区前毛家湾1号
办公室：010—63095931
总编室：010—66511914
传　真：010—63095931
邮　编：100017

四川民族出版社

四川民族出版社成立于1953年。用藏、彝、汉三种文字出版政治、经济、科技、文教、少儿、美术和古籍等各类图书，是一家综合性出版社。其主要任务是为振兴民族地区的经济文化建设，为西部大开发做贡献。

建社40多年来，该社在宣传党的路线方针政策、积累和传播科学文化知识、发掘整理民族文化遗产、促进民族文化交流、促进民族地区文化教育事业发展等方面出版了大量书籍。目前，年出书量近700种、1000万册。90年代以来，四川民族出版社获国家级、省级各类图书奖百余项，为发展民族地区经济和文化教育事业做出了自己的贡献。1995年、1997年、1999年连续三次被新闻出版署评为“良好出版社”1998年被评为署先进集体。

新世纪里，在邓小平理论，江总书记“三个代表”思想指引下，四川民族出版社将为党的民族出版事业作出了新的贡献。

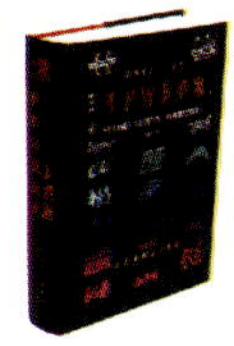

《彝族尔比词典》

《显密文库》

地 址：四川省成都市盐道街3号8楼
电 话：028-6676046　　028-6676463
传 真：028-6676046
邮 编：610016

中国音乐家协会

中国音乐家协会简介

中国音乐家协会成立于1949年7月。现有36个团体会员和万余名个人会员。中国音协的主要任务是：团结与组织中国音乐家开展音乐创作与音乐理论探讨；促进音乐表演与音乐教育水平的提高；继承与发展民族音乐传统；促进与世界各国音乐团体和个人及港澳台地区音乐团体和个人之间的音乐交流。

中国音协对各团体会员和个人会员开展联络、协调、服务工作。现有工作人员100多人，他们是各专业委员会、各行政职能部门的工作人员和期刊及音像出版社的编辑、出版人员。中国音协主办的报刊有：《人民音乐》《音乐创作》、《词刊》、《歌曲》、《儿童音乐》、《音乐信息报》(内刊)。

中国音协主席：傅庚辰，副主席：吴雁泽(常务)、王立平、王世光、金铁林、王次炤、李谷一、谷建芬、才旦卓玛、闵惠芬、陆在易、赵季平、鲍蕙荞，秘书长：顾春雨，副秘书长：张弦、段五一。

地　址：北京农展馆南里10号　　电　话：010-65005451
中国音协杂志社：010-65389295　　音乐考级办公室：010-65389287
传　真：65389282　　邮　编：100026

重庆市群众艺术馆

地 址：重庆市渝中区新华路225号
电 话：023—63843882
传 真：023—63843882
邮 编：400010

北京东方影音公司

地 址：北京朝阳区双泉堡北京东方影音公司
电 话：010-64878012
传 真：010-64878412
邮 编：100085

中國文化藝術城

启功题

中国文化艺术城是由文化部市场发展中心、中海联置业公司等单位联合投资兴建的一项大型文化工程。它是将高层次的艺术创作体系与大规模的文化市场经营体系有机结合起来，形成适合当今社会主流发展趋势的新时期典型文化工程。

该工程占地近200亩，由古玩城区、当代名家大师艺术馆区、文艺家村三大部分组成，计划投资近8000万元，现已投资2600余万元，建成面积3万平方米，已建成全国最大的书画艺术家村。全国20余个省近100多位专家、学者定居艺术城，共同进行创作、研究、学术交流，为弘扬民族文化不遗余力。

中国文化艺术城先后与中文联有关部门及日、韩、比等国举办过多次大型国际学术活动，先后联合文化部、中国文联有关单位成功创建了两个大型网站，中国文化艺术网和中国书画总网、并参与制定了ISC2000（1）艺术品价值评定标准，投资协办了《收藏》杂志、《美术报》两大媒体，还成功举办了2001中国企业文化年（收藏）博览会和数次北方收藏品博览会、艺术品拍卖会等等。

相信中国文化艺术城的建立，对促进海内外的文化艺术交流，促进社会主义精神文明建设，必将起到积极的推动作用。

地 址：烟台开发区中国文化艺术城36号楼
电 话：0535-6392121
邮 编：264006

深圳市交响乐团

地　址：深圳市黄贝路2025路
电　话：0755—5403929　0755—5418095
传　真：0755—5418095
邮　编：518003

湖北省歌剧舞剧院

地 址：湖北武汉洪山区珞狮路80号
电 话：027—87875405　027—87875677
传 真：027—87881661
邮 编：430070

沈阳市和平区南京街第一小学

地 址：沈阳市和平区南京街南街32号
电 话：024-23861285
邮 编：110001

苏州市滑稽剧团

地 址：苏州市庆元坊2号
电 话：0512—5230947　0512—5227911
传 真：0512—5230947
邮 编：215005

安徽省科学技术出版社

地　址：安徽省合肥市跃进路一号新闻出版大厦
电　话：0551　2846184
邮　编：230063

广东省教育出版社

地　址：广东省广州市环市东路水荫路11号
电　话：87768688—284
邮　编：510500

老舍茶馆

老舍茶馆是一家以人民艺术家老舍先生及其名剧命名的茶馆。始建于1988年。这座茶馆京味十足。厅内陈设清新、古朴、典雅。在这里每晚都可欣赏到来自曲艺、戏剧等各界名流的精彩表演。客人如有雅兴，可即兴登台客串。这座东方式的“沙龙”还经常举办琴、棋、书、画和“戏迷乐”等诸多文化活动。

来到老舍茶馆，除了品用各类名茶外，还将为您提供多种宫廷细点及应季北京风味小吃。

老舍茶馆现在已经成为中外宾客来京必游的一处新名胜。身临其境，如同进入一座老北京的民俗博物馆，令您赏心悦目。

老舍茶馆热情欢迎各界朋友的光临。来北京旅游，不到长城非好汉。到了老舍茶馆，活力长生，益寿延年。

美国前总统布什光临老舍茶馆

地 址：北京前门西大街3号楼
电 话：(010)63036830 63046334
传 真：63017529
网 址：www.laoshe teahouse.com
邮 编：100051

清晖园

清晖园，广东四大名园之一，系省级重点文物保护单位，位于顺德市大良镇清晖路，地处市中心。清晖园，原为明朝万历丁未状元黄士俊的府邸。乾隆年间，为进士龙应时购得，其后，复经龙家一门数代精心营建，格局始臻定型。1959年，广东省省委书记陶铸批专款修复予以重点保护。90年代，顺德市委市政府对清晖园投入了大量的人力、物力、财力扩复旧制，重现古名园的风采。

清晖园的建筑艺术颇高，蔚为壮观。庭园曲径回廊，景趣盎然。园内幽深清空，布局紧凑，步移景换；建筑物形式轻巧灵活，雅读朴素。园内有大量装饰性和欣赏性的陶瓷、灰塑、木雕、玻璃。园内妙联佳句俯仰可拾，名人雅士音韵尚存，艺术精品比比皆是，令人留连忘返。园林艺术处理，颇具匠心。园内叠石假山，曲水流觞。银杏千秋，百龄龙眼，玉棠春瑞，沙柳飘扬。闲步曲桥喜看金鲤碧波嬉戏，徐行花径，好赏绿树时花扑面。时而庭园内传袅袅弦歌，听一粤曲，令你心清耳悦，如醉如痴。现有的清晖园，集明清文化、岭南古园林建筑、江南园林艺术、珠江三角水乡特色于一体，是一个如诗如画，如梦幻似仙境的迷人胜地。

地 址：顺德市大良清晖路23号
电 话：0765-2213196 2226196
传 真：0765-2223835
邮 编：528300

① 风来峰：借“凤城”取名，是以宋代被列为贡品的山东花岗石共2000多吨砌成，高12.8米，是省内最大的花石岗石山，造型较为夸张，选用了古代经典的“风云际汇”石山构图。

② 留芬阁：几座建筑物高低起伏，宛如仙山楼阁，琼台玉宇，首层窗户上清代硕果仅存的“八仙图”蓝片玻璃所余的六块，属于极具收藏价值的文物；留芬阁前一座凌空升起的吸水石山，叠法取自古山水画之”披麻皴“，为石山叠法首创。

③ 澄漪亭：为池塘景区点景性建筑，有走廊与碧溪通连，景观水陆相参，浑然一体，如画如诗，引人入胜。

④ 小姐楼：传为昔日园主未出阁之千金小姐所居住。始建于清嘉庆年间。系楼船式双层砖木建筑，造型兼备昔日珠江紫洞艇与江苏无锡寄畅园石舫之特色，据古建筑专家评价：“此种造法，全国仅得一例“。厅前原有浅水池，以曲栏桥作入厅通道。

学艺术奖；无锡市政府“腾飞奖”；江苏省第三届音乐舞蹈节优秀剧目大奖；江苏省“五个一工程”奖；文化部第七届“文华新剧目奖”（并获“文华编导奖”）。还被文化部作为100个优秀剧（节）目之一向全国推荐。

1999年4月推出的民族舞剧《阿炳》，由序幕《生》、一幕《知》、二幕《爱》、三幕《葬》、四幕《死》、尾声《泉》组成，展示了中国民间音乐家阿炳（华彦钧）的坎坷命运和人生感悟。

该剧于同年9月赴南京参加江苏省庆祝中华人民共和国成立50周年优秀剧（节）目展演；10月，应文化部邀请晋京，参加庆祝中华人民共和国成立50周年优秀剧目献礼演出；11月，由文化部推荐，作为全国15台优秀剧目之一，参加了由文化部主办、上海市人民政府承办的首届上海国际艺术节；12月，在无锡举办了该剧“诞生十个月，演出五十场”专场纪念演出（投入的120多万元资金全部收回，取得社会效益和经济效益的“双赢”）；2000年9月6日，为来锡视察的中共中央政治局委员、书记处书记、中宣部部长丁关根作了专场汇报演出；9月30日，参加了在锡举办的第六届中国艺术节演出，文化部副部长潘震宙、中宣部艺术局局长李牧等观看了演出；2001年12月初，应澳门特别行政区政府文化局的邀请，赴澳门参加澳门回归祖国两周年庆典演出，为无锡、澳门文化交流挥写了十分精彩的一笔。

舞剧《阿炳》在无锡、南京、北京、上海、深圳、澳门、珠海、广州等地共演出了200余场，中央电视台、上海电视台、东方电视台、江苏电视台均进行了实况录像并多次播放，还出版了CD片和VCD片在全国发行。《人民日报》、《中国文化报》、《舞蹈》杂志等全国各大报刊发表了100余篇评论文章，予以高度赞扬，被专家誉为“建国以来难能多得的有份量的一部悲剧”。

舞剧《阿炳》先后荣获：无锡市新剧（节）目调演大奖；无锡市政府“腾飞奖”；江苏省第四届音乐舞蹈节剧目大奖（并获编导、编剧、舞美设计金奖、服装设计金奖）；江苏省“五个一工程”奖；全国舞台美术家学会1999年度学会奖；文化部第九届“文华大奖”（并获编导、音乐、舞美设计、演员表演等5个文华单项奖）；第六届中国艺术节大奖；中宣部第八届“五个一工程”奖。《阿炳》剧组两次被江苏省人民政府荣记“集体一等功”。

无锡市歌舞团演出队伍整齐，演出作风严谨，演出节目思想意境和艺术魅力俱佳，在社会上享有良好的声誉，被江苏省人民政府授予“先进集体”、“文明单位”；2000年被文化部授予“全国文化工作先进集体”。

甘肃省演出公司

甘肃省演出公司，是由甘肃省文化厅直接领导，并与甘肃省对外文化交流公司合署协办，负责全省演出经营业务的A类国有经济机构，县级建制。

公司职能范围是：多渠道拓展，从事国内外、省内外各种文化交流及大、中型商业性演出；策划、组织、实施各类艺术展演活动；开展文化教育、科技考察、各类文化旅游、考察与观光活动；组织各种文化艺术研修、培训及人才交流与劳务输入；开发、制作、经营各类工艺美术品、民间艺术品和文物复（仿）制品和有关涉外文化代理、中介服务、信息咨询等。

公司组建于1985年7月，先后组织实施了百余台大、中型演出活动，著名表演艺术家、歌唱家、当红歌星、笑星等在省城兰州及白银、平凉、嘉峪关、天水、定西、张掖、金昌、酒泉、敦煌等地、市举办了专场文艺晚会，取得了较好的社会效益和经济效益。同时还邀请组织实施了20余个外国艺术表演团体来甘肃巡演，受到广大观众欢迎和好评。

公司设演出一部、演出二部、综合办公室和军乐艺术团等机构，有员工52人，总经理曹季华。

武汉市京剧团

武汉市京剧团成立于1950年1月18日，前身为中南京剧工作团。首任团长为京剧艺术大师周信芳（麒麟童）先生，继任团长为著名“麒门大弟子”高百岁先生，现任团长为国家一级演员著名“马（连良）派”老生舒长青。

20世纪五六十年代剧团阵容齐整，流派纷呈，高百岁、高盛麒、陈鹤峰、郭玉昆、高维廉、关正明、杨菊萍、贺玉钦、陈瑶华、李蔷华等著名艺术家通力合作，所演剧目精彩异常，蜚声海内外。六七十年代后，在老一辈艺术家悉心指导下，剧团涌现出王婉华、陈鸿钧、李秀英、舒长青、刘恒斌、陈幼玲（湖北省戏剧大赛牡丹奖，武汉市戏剧大赛江花杯获得者），刘宝童（全国优秀青年京剧演员电视大赛最佳表演奖获得者）、刘薇（第三届京剧艺术节优秀表演奖、湖北省戏剧大赛牡丹杯奖、武汉市戏剧大赛江花杯奖获得者）、林军（第三届京剧艺术节优秀表演奖获得者）、程志强（第三届京剧艺术节表演奖获得者）、刘世华（第三届京剧艺术节表演奖获得者）、刘志欣、熊林等优秀中青年演员，经常上演的剧目有《龙凤呈祥》、《四郎探母》、《玉堂春》、《群·借·华》、《挑华车》、《艳阳楼》、《钟馗嫁妹》、《雁荡山》、《闹天宫》、《赤桑镇》等近百出，受到广大观众热烈欢迎，剧团先后赴瑞典、丹麦、冰岛、南斯拉夫、日本、韩国等国家及台湾、澳门地区进行文化交流。

剧团在继承传统，推陈出新的基础上，90年代以来排演创作剧目数十出（台），其中《洪荒大裂变》获1988年文化部主办京剧新剧目汇演探索奖，1991年首届文华·新剧目奖，《孙美人》获武汉市第四届新剧目展演优秀剧目奖，《孙美人》获武汉市第四届新剧目展演优秀表演奖，《祁奚》、《岳飞夫人》等深受专家及观众好评。

2001年5月在中央电视台主办“哈药六杯”全国优秀青年京剧演员电视大赛活动中，本团优秀青年武生刘宝童以一出武功繁难的《艳阳楼》精湛演技引起专家、同仁、观众一致热烈好评，一举夺得“最佳表演奖”（金牌）。

2001年12月本团创作演出了大型新编京剧《射雕英雄传》，参加了第三届南京中国京剧艺术节汇演，受到广大观众，尤其是青年观众的认同和欢迎，并获得“优秀剧目奖”，国家一级导演冯幼林获“优秀导演奖”，国家一级作曲李连璧获“优秀作曲奖”，优秀青年演员刘薇、林军、程志强、刘世华分获“优秀表演奖”和“表演奖”。

2001年本团荣获“湖北省文化工作先进单位”光荣称号，优秀青年演员刘宝童获“湖北省文化工作先进个人”、“武汉市杰出岗位能手”光荣称号。

中国武汉市京剧团为弘扬民族文化，振兴京剧艺术，脚踏实地，团结合作，开拓进取。

山东省图书馆

山东省图书馆创建于1909年（清宣统元年），地处济南市风景秀丽的大明湖畔。是我国十大图书馆之一，以历史悠久、馆藏宏富而著称。据《山东创建图书馆记》载，山东提学使罗正钧于省城旧贡院东北隙地创建图书馆仿浙江宁波范氏“天一阁”旧制，院内古木假山，曲水拱桥，极为风雅别致，人称“历下风物，此为最胜”。

经过近一个世纪几代人的呕心沥血，艰苦奋斗，辛勤访求，藏书规模日趋宏大，特色日趋鲜明，截止2000年底，现馆藏文献431万（册）件，珍贵革命文献6000余种，中外文报刊合订本48万册，缩微音像制品1.79万件，形成了具有鲜明特色系统的藏书体系。其中轻工、医学、哲学等门类的收藏已达研究级水平，而齐鲁方志专藏、海源阁专藏、易经专藏、山东革命文献等收藏为海内翘楚，齐鲁方志海内现存约600种，而该馆馆藏528种，善本58种，《(万历)兖府志》则为海内孤本。海源阁专藏计2280种32000册，约占海源阁全部藏书的1/3，并有较多的名人手迹，如林则徐、翁同书、吴式芬、钱仪吉、许翰等人的书札。该馆收藏易经文献1317种，总计2205个版本，近万册。另外，该馆收藏的《唐人写经卷》、蝴蝶装宋刻《文选》、巾箱本宋刻《万卷菁华》、蒲松龄手稿《聊斋文集》、王士祯批校《昆仑山房集》稿本等均为传世珍品。

馆藏期刊涵盖各个学科，基本形成了一个具有特色的综合性馆藏报刊体系。其中辛亥革命时期的山东独立同盟会机关报《齐鲁公报》、原中国共党渤海区委机关报《渤海日报》、胶东区委机关报《大众报》等资料文献弥足珍贵。

馆藏外文书刊则以轻工、化工、电子技术、环境保护、医药卫生方面的文献为特色，如美国《化学文摘》从1907年收藏至今，《日本特许公报》从60年代初收藏到今，还有《美国专利文摘》、《世界专利索引》、《美国工程索引》都具有很高的研究和开发利用价值。

山东省图书馆作为国家举办的综合性公共图书馆，是社会主义科学、教育、文化事业的重要组成部分，是向社会公众提供图书借阅和信息咨询服务的学术性机构。他们坚持“一切为了读者”的指导思想，利用丰富的馆藏，通过阅览、外借、课题检索、解答咨询、信息服务、翻译、举办展览、报告讲座等多种形式为读者服务，现有对外服务窗口13个，每周开放56小时，办理各种借书证64047个，日平均接待读者千余人次，并与日本、朝鲜、美国、英国等国家以及香港地区建成立了文献交换关系。

随着改革开放的深入，图书馆事业的发展进入了快车道。近年来，山东省图书馆以邓小平理论为指导，认真学习落实“三个代表”重要思想，深化改革，内抓管理，外树形象，打破传统的思维定势，更新观念，统一思想，结合自身的具体实际，确定了新的奋斗目标。推行了一系列的措施，以满足改革开放的时代的需要，推动社会的文明和发展，为两个文明建设服务。新开了畅销书阅览室、电子声像室、国外工艺美术阅览室、电脑图书阅览室、港台资料阅览室及读者书店、咨询服务部等，丰富了图书馆的服务内容，方便了读者，所有这一切服务工作，能够使广大读者高兴而来，满意而去，因而在社会上产生了良好的影响。利用高科技手段，全面推进图书馆现代化。现代社会的科学发展一日千里，高科技手段的普及及应用使图书馆从观念到服务方式都发生了巨大的变化。山东省图书馆以此为契机，广泛利用先进技术，促进图书馆的改革和发展，从而丰富馆藏，简化工作环节，减轻劳动强度，深化服务层次，提高服务质量和水平，使读者能更及时、准确、快捷地获取信息。目前，中外文图书书目数据库已建成 网上的馆际互借和学术期刊检索初具规模；采访、编目、流通、报刊、外文、特藏等部门已实现 微机管理；利用缩微技术保护珍贵文献也取得可喜成绩，使山东省图书馆向全面现代化迈出了坚实的一步。

世纪之交，焕发勃勃生机的山东省图书馆挑战和机遇并存，希望与辉煌同在，在省委、省政府、省人大、省政协和文化教育主管部门的关怀和领导下，一个全省文化系统建国以来最大的投资项目，占地65亩，建筑总面积5万平方米的山东省图书馆新馆即将投入使用。

山东省图书馆新馆位于济南高新技术开发区，于1994年动工兴建。整个工程分两期进行，第一期工程已竣工，建筑面积为35830平方米，主体建筑为六层中空式，内部全部采用大开间柱网结构，柱网间距7.2 米，每层面积自2000余平方米至6000余平方米不等。二期书库楼13层14000平方米即将竣工。建筑采取模数化设计，气势恢宏而结构紧凑，坚实厚重而不失俊雅，它是齐鲁文化的现代象征。

新馆适应现代信息化、开放型图书馆的要求，开展多方位、深层次的服务，首先是依靠现代化计算机网络设备，全面实现业务工作及办公自动化。按多模式组建图书馆系统信息局域网（客户机／服务器模式，浏览器／服务器模式）；按数字图书馆的要求组建数字信息资源的开发转换、流通传播体系，使本馆成为地域知识信息中心；组建山东省图书馆外联网络系统；建立多层次、多模式的数字图书馆服务体系，向读者提供全面的知识信息检查服务；承担全省文献资源基地和网络中心的职能，真正实现建立在数字图书馆技术基础之上的图书馆资源共享，对图书采购、编目借阅、目录信息查询、信息咨询服务实行计算机管理，逐步建立内容丰富、精确高效的馆藏书目数据库、二次文献数据库和全文数据库，逐步有一个较大的提高，其次是在图书馆的管理和服务上完成由封闭型向开放型的转变。对图书报刊文献的借阅全面实行开架管理，开架借阅室由目前的2个增加到8个，开架图书由目前15万册增加到100万册以上，开放各类阅览室、研究室35个以上，读者阅览室座达2000个以上，开展服务的项目大大增加，服务窗口将增加到40多个，极大地方便读者，满足各种层次读者的需要。

在新世纪的曙光中，山东省图书馆正焕发出灿烂的光辉，以其优雅的环境，优良的设施，优质的服务，现代化的管理手段，弘扬着人类璀灿的文明，作为公民终身的学校，它将让美好的生活更加丰富多彩，它是信息时代的知识殿堂，为社会主义两个文明建设将做出更大的贡献。

浙江艺术学校

浙江艺术学校是一所以培养中等艺术人才为目标的综合性艺术中专，始建于1955年4月。本部坐落于风景秀丽的西子湖畔，并开设有杭州留下分部、浙江曲艺杂技总团和海宁、金华、绍兴等教学点。占地60亩。现有教职工196名。在校学生1767名，其中高职生462名，设有戏剧、音乐、舞蹈、美术、艺术教育、音舞表演、艺术文秘、群众文化、杂技表演，成人教育等十几个专业。

该校以教育规范并富有特色和教育成果显著而在全国同类学校中享有盛誉。继1980年、1994年被国家教育部（教委）确定为“全国重点艺术中专”和评定为“国家级重点中专”之后，2001年3月又被国家教育部评定为“国家级重点中等职业学校（中专）”。46年以来，该校已培养出近6000名各类艺术人才，其中有900多人次在省级以上各类文艺比赛中获奖。盖叫天、姚水娟、姚传芗、周大风、赵松庭等诸多艺术巨擘曾在该校任教，培养出诸如茅威涛、王奉梅、俞珍珠、陈辉玲、何赛飞、陶慧敏、董柯娣、应真、周迅（戏剧影视）；詹永明、吴蛮、骆介礼、杜如松（民乐）；山翀、张羽军、李人麟、李小燕（舞蹈）等优秀 艺术人才。其中，中国剧协副主席，二度“梅花奖”和“文华奖”得主茅威涛被戏剧界誉为“越剧第一女小生”；电视“金鹰奖”得主、91届毕业生周迅被媒体誉为当今我国影视舞台的四大名小旦之首，大部分毕业生成为浙江省专业、群文、教育方面的艺术人才或骨干。名闻遐迩的浙江小百花越剧团就是以该校毕业的一个班为主体组建起来的。

多年来，该校积极参与对外文化交流活动，曾多次组团出访日、美、马来西亚、捷、挪、古巴等国和港、台地区。1998年起，从俄罗斯乌克兰引进芭蕾舞专业教师，从事舞蹈的基础教学。该校还与澳大利亚西澳洲约翰 · 科廷艺术学校建立了姐妹学校关系，互访之后确定了合作交流计划。

该校是全国中等艺术学校中首批实施改革的学校之一。早于1984年就开始实施教学、人事、分配等各方面改革，并取得良好的效果。从1988年起改革开办专业的面向，由单一为专业艺术表演团体培养人才增加了为群众文化、教育系统培养人才，为高等院校输送生源，这一改革得到了文化部领导的表扬和行文肯定，近几年，又在教学内容、教学方法上不断探索，尤其是在教学的规范化、增强教学中学生的实践性、创造性和提高成才率上取得较为明显的效果，具有艺术中专教育教学的鲜明特色。每年都有一批毕业生考入高一级艺术院校深造，其中好多学生已在这些院校内名列前茅。该校努力贯彻和实践“三个代表”的重要思想，不断加大改革力度，正确处理改革、发展、稳定三者之间的关系，在为社会培养人才和加强学校建设、加速艺术教育事业发展方面取得了显著的成绩。校长分别在1996年全国艺术教育工作会议和2001年文化部艺术文化科研和教育会议上作大会典型发言。学校被评为“省文化系统先进集体”、省教育系统“行风建设先进单位”，校党委两次被评为省级机关工委“先进基层党组织”。学校的社会声誉良好，生源充足。近年来，每年报考该校的考生几千名，录取比例一般在8—10: 1。毕业生普遍受到用人单位欢迎，绝大部分用人单位反映浙江艺术学校出来的学生质量有保证，使用效果好。

1999年12月，浙江省政府已批准该校和浙江省电影学校合并筹建浙江艺术职业学校，现由省文化厅牵头建立了筹建委员会和院务委员会，筹建工作即将完成。目前，位于滨江高教园区占地176亩，建筑总面积6.5 万平方米、总投资1.8 亿元人民币的新校区已完成了第一期校舍的建设，计划在2002年1月迁入新校区，建立“浙江艺术职业学院”。届时，浙江艺术学校将作为浙江艺术职业学院的附中，继续担负培养中等艺术人才的任务。

发展艺术教育是浙江建设文化大省的重要内容之一，作为省级的国办艺术学校，他们清醒地认识到自己肩负的历史重任。在浙江省委、省政府、省人大、省政协的领导和关怀、支持下，在全省人民和社会各界的支持、帮助下，通过自身不断加强学习，努力转变观念，深化改革，开拓创新，与时俱进，团结一致，艰苦奋斗，为社会主义祖国培养更多更好的艺术人才。

郑州市图书馆

郑州市图书馆始建于1953年，现使用的郑州市图书馆新馆是1991年4月破土动工，1994年交付使用。新馆占地16亩，主体建筑面积9570平方米，总投资992万元，是当时建国以来郑州市投资规模最大的文化设施。馆名由时任全国政协副主席、中国佛教协会会长赵朴初居士题写。该馆位于郑州市省委、省政府所在地的金水区，南部是郑州市知名度较高的二七商业区，属于郑州市的中心区域。

郑州市图书馆现有工作人员73人，其中大专以上文化程度51人，中级以上专业技术职称41人，其中副研以上专业技术职称9人，行政管理实行馆长负责制，有专职副书记1人，副馆长2人。机构设置有一室一科六部。即办公室、行政保卫科、技术部、采编部、期刊部、少儿部、流通部、参考咨询部。

郑州市图书馆现有藏书60余万册，期刊近4000余种，电脑终端170台。经过近半个世纪的收集、整理和发展，逐渐形成了自己的馆藏特色。

在馆藏的5万余种古籍中，列入善本的就有100余种，其中117种被《中国古籍善本书目》所收录。如元刻本《韵府群玉》、明刻本《记录》、《春秋胡传》、《文选》、清康熙十七年的《河南通志》、雍正年间的《河南府志》、嘉庆抄本《歧路灯》、乾隆年间抄本《三国志玉玺传》等，都是国内罕见的孤本和珍本。

馆藏的革命文献中，有14种1938——1948年间出版的毛泽东著作，为国内独家珍藏。1955年，曾将这些著作的复本捐赠给韶山毛主席旧居陈列馆永久保存。

馆藏中的“文革”资料约有十万余种，包括各种传单、小报、图书、期刊等，现已制成全文数据库，为研究“文革”历史提供了丰富的史料。

郑州市图书馆设有服务窗口11个，其中较有特色的有电子阅览室、残疾人阅览室、少儿阅览室等。其中1999年建立的第二电子阅览室有电脑终端100余台，其规模系当时全国地市级公共图书馆之最。该室开通了128KDDN专线，开辟了“郑图网站”，为远程读者了解馆藏信息提供了方便，它集查询、浏览、检索、网上文献资源和欣赏电子读物，开展初、中、高级计算机应用技术培训和科普讲座等内容为一体的综合服务。

郑州市图书馆长期坚持“为社会主义服务，为人民服务”的“两为”方向。在普及科学文化知识，丰富广大人民群众的文化生活方面，做了大量的工作。党的十一届三中全会以来，随着党的工作重点的转移，郑州市图书馆把为经济建设和精神文明建设服务作为首要任务，以读者服务工作为突破口，坚持“读者第一”的宗旨。采取了一系列方便读者的措施，效果十分显著，深受广大读者的好评。其中最主要的有以下几项内容：

一、坚持阵地服务。每周开放80个小时以上，对读者实行全年365天开放；借阅全部开架服务；科研课题跟踪服务；特殊读者（残疾人）上门送书服务；阅览免证（借阅证）；读者活动免费；少儿读者游戏、影视免费。以上措施的实施，方便了读者，使馆藏文献资料得到了最大限度的利用，持证读者达到1.5万人。年接待读者50万人次，借阅51万册次。

二、扩大馆外服务。先后在市区部队、院校、劳教所等企事业单位兴办了16个集体借阅点，定期更换书刊，提高了图书的流通率，同时还在周边的县（市），设立了四个乡村图书室，捐赠了一批图书和阅览设备，拓展了图书馆的服务领域。

三、搞好决策服务。多年来，为充分发挥图书文献信息资源丰富的优势，郑州市图书馆长期坚持选择涉及政治、经济、社会文化等方面的信息，编印《信息荟萃》、《文化信息》、《郑图工作与研究》等专集，定期向有关领导部门免费发送，较好地发挥了图书馆传递信息的作用，为领导机关决策提供参考。

四、强化宣传服务。举办丰富多彩的读者活动，是郑州市图书馆加强宣传服务的一个侧重点，平均每年组织25——30次，除传统的图书知识讲座以及游艺活动外，市图书馆举办的《一代伟人——邓小平》大型图片展和《百名中华爱国人物事迹展》，都引起广大市民和新闻媒体的关注。

近年来，郑州市图书馆逐渐改革了传统的管理体制，使之不断适应在社会主义市场经济条件下读者对图书馆服务工作的希望和要求，具体做法是：

一、管理体制制度化。具体讲，就是对人事、劳动分配制度进行改革，全面推行实施馆长负责制，干部、职工聘任制和全员考核制，增强干部、职工的责任意识，人尽其才、物尽其用。充分发挥大家的积极性和创造性。

二、业务工作规范化。在业务工作中，严格执行国家、省、市文化主管部门以及本馆制定的标准和细则，建立健全业务档案，并进行认真的检查和评估，使各项业务工作规范化。

三、工作人员智能化。包括对新近到馆人员进行上岗前培训和文化考核；分期对本馆人员进行计算机知识和技能的培训，提倡专业人员对解决业务疑难问题出谋献策；对专业人员提出撰写论文不同级次的量化要求。年终评比考核，酌情奖罚，结果存入个人业务档案。从而提高了专业人员的业务素质和服务水平。

党的十四届六中全会为图书馆事业的发展注入了新的活力。文化部组织的全国县级以上公共图书馆定期评估工作，对图书馆事业的发展又是一次大的促进。郑州市图书馆学习抓住机遇、优化服务设施、美化服务环境、强化服务管理，迎来了建馆史上一个新的发展阶段。郑州市图书馆以达标促发展，三年三大步，在业务管理，读者服务，自动化建设等方面都取得了长足的进步。多项指标已达到全省同级公共图书馆之最。个别项目居国内同级图书馆领先水平。1998年在省文化厅组织的全省公共图书馆评估定级检查评比中获980分的优异成绩。为河南省地市级公共图书馆第一名，1999年被文化部命名为“国家一级图书馆”。

近几年，在郑州市市委、市政府的亲切关怀和上级各主管部门的大力支持下，在郑州市图书馆新一届领导班子和全体干部、职工的共同努力下，郑州市图书馆的各项工作都取得了长足的进步。在郑州市的“两个文明”建设中发挥着愈来愈重要的作用。先后被评为“郑州市文明单位”、“文明单位标兵”、“河南省文化系统先进单位”、“郑州市基层先进党组织”、“河南省思想政治工作先进单位”、“河南省十佳图书馆”、“郑州市青少年爱国主义教育基地”。被文化部先后命名为“文明图书馆”和“国家一级图书馆”，标志着郑州市图书馆的各项工作达到了一个更新、更高的层次。

郑州市图书馆之所以有今天这样的成绩，同上级领导的关心、支持是分不开的，每年省、市各级领导都经常来馆检查、指导工作。郑州市市委副书记、市长陈义初同志近几年平均每年至少要到馆三次以上，经常组织市政府各部门到馆现场办公，解决实际问题。上级党委、政府的支持是图书馆事业发展的根本保证。

展望未来，郑州市图书馆的全体干部、职工充满了信心，面对新世纪的各种机遇和挑战，争取开创新的工作局面，争创国内一流的图书馆，向世界先进水平靠拢。

目前，郑州市图书馆在进一步搞好本职工作的同时，正积极谋划新馆的规划和筹建工作，力争在不远的将来，建成中西部地区有代表性的、功能齐全、设施完备、高质量先进的图书馆，为中西部的经济腾飞，为广大中原人民提高文化素质做出自己应有的努力。

湖南省艺术学校

湖南省艺术学校坐落于长沙市湘江西岸、风景优美的岳麓山下，占地面积64亩，绿树成荫，花草满园，轻歌曼舞，竹笛盈耳。别具一格的艺术教学大楼、练功房、琴房、电教房、计算机房、实验影剧院、图书馆、塑胶运动场、多功能综合楼、学生公寓、食堂、浴室等教学与生活设施傍山而立，错落有致。

每年三、四月份，学校面向全省招生，通过严格的专业考试和文化考试，选拔具有艺术潜质的学生来校学习。学校现有在校生千余人，他们分别在湘剧、花鼓戏、京剧、话剧、杂技、音乐剧、舞蹈、声乐、器乐、美术、影视表演、艺术教育等17个专业中学习，学制3至5年不等。学校历来重视师资队伍建设，目前，有教职工210人，其中有高级职称的38人，中级职称的42人。他们之中，有著名、知名的艺术家，有在国际、国内各种艺术比赛和汇演中的获奖者，有出版专著多部、发表论文多篇的学科带头人。

遵循艺术教育的规律，学校狠抓教学的科学化和规范化管理。近年来，学校制定和完善了门类繁多的专业和文化课的教学计划、教学大纲，编撰了教材共24套（种）。在加强对学生基本素质、基本知识、基本技能训练的同时，重视艺术实践，不断提高学生的适应能力、应变能力和创造能力。翻开学校艺术实践成果目录，你会发现一串闪光的“珍珠”：学生排演的大型剧目已有6台被拍制成电视片在中央和省、市电视台、电台播放；学生排演的舞蹈、音乐节目每年数次在省、市电视台录播；学生艺术团每年数十场在省内外演出且好评如潮。1994年以来，学校有20名在校生获得了全国、全省艺术比赛的奖项，有的还名列榜首。

学校办学50年，已有5000余名学生走出校门，扎根于三湘四水之间，五湖四海之内，他们大都活跃在各级各类文艺团体和群众文化战线。目前，省直艺术院团的大部分负责人和主要创、编、导、演、舞台美术人员，均是省艺术学校的毕业生。全省可数的几位全国戏剧大奖梅花奖、文华奖得主如左大玢、王永光、刘赵黔、贺小汉、杨霞、谢惠均、陶先露等，都毕业于省艺术学校。党的十一届三中全会以来，走出省艺校而驰名于全国歌坛、影坛、舞坛、主持人的明星就可以列出一长串，如张也、黄卓、甘萍、瞿颖、刘晶、吴军、颜丹晨、肖晓林、曾媛、舒高等等。

活土育新苗，春来花烂熳。湖南省艺术学校在改革开放的大潮中，正认真而又扎实地做着把握机遇，寻求发展的大文章。随着教学管理、行政后勤管理、干部人事制度和分配制度改革的不断深化，学校各项工作均达到了一个全新的档次，社会赞誉纷至沓来，各种表彰也接连不断。2000年6月学校被国家教育部公布为首批国家级重点艺术中专学校。省宣传战线“三创一争”先进单位、省文化系统“双文明”建设先进单位、省文化系统“优秀领导班子”、长沙市文明卫生单位、长沙市综合治理先进单位的称号保持至今。

今年9月，湖南省人民政府批准湖南省艺术学校与湖南省电影学校合并筹办湖南艺术高职学院，将为湖南培养更多更高层次的艺术人才。

郑州博物馆

郑州博物馆创立于1957年，是地方综合性博物馆，原址位于碧沙岗公园内。长期以来，利用自身优势，致力于郑州地区的历史研究、文物保护、陈列展览、社会教育等，接待了大批观众，为河南省爱国主义优秀教育基地，是展示郑州悠久历史和灿烂文化的重要窗口。

随着社会的发展、城市的变化、精神文明建设的需要，郑州市政府决定选址新建。博物馆新馆于1997年12月18日奠基，1999年12月28日竣工开放，占地14.8亩，建筑面积14206平方米。主展馆建筑面积8337平方米，高23.3米，总投资3000万元。其建筑以郑州出土的商代青铜方鼎为造型基础，配以圆形碟状屋顶，取“天圆地方，鼎立中原”之寓意，融民族文化与时代精神于一体，独具特色。

郑州博物馆是一座现代化博物馆，它集文物收藏、陈列展览、宣传教育、科学研究等多功能于一体，配备有先进电脑网络系统、多媒体触摸屏系统、数码式语音导览系统，及同声翻译的多功能厅，可接待多层次的学术会议和多语种的参观团体。

郑州博物馆的基本陈列由“郑州文明曙光”、“郑州古都风采”、“古代文化神韵”三大部分八个展厅组成。陈列沿着郑州历史发展的轨迹，以郑州出土的珍贵文物为基础，突出展现郑州的辉煌历史和文化之精华。

郑州博物馆是一座知识的殿堂，漫步其中，将受到历史文化的熏陶和高尚情操的陶冶。

张学良旧居陈列馆

在沈阳故宫南面，有一座由青砖围起的幽静院落，它就是第一个以在世名人命名的全国重点文物保护单位——张学良旧居。

张学良旧居又称“张氏帅府”，亦称“大帅府”、“少帅府”，是奉系军阀首领张作霖及其长子、著名爱国将领张学良将军主政东北时的官邸和私宅。始建于1914年，占地面积3.6万平方米，总建筑面积2.76万平方米，由中院的三进四合院，东院的大、小青楼，西院的红楼群和院外的边业银行，帅府办事处和赵四小姐楼等风格各异的建筑群组成，东北近现代史的许多重大历史事件——“东北易帜”、“杨常事件”都发生在这里。

鉴于张学良将军的历史功绩和在国内外的广泛影响，1988年张氏帅府被开辟为张学良旧居陈列馆。使张氏帅府成为一座综合性兼纪念性质的博物馆，经过大规模维修，先后复原了三进四合院、小青楼、张氏家庙、假山和赵四小姐楼，使原本破旧的张氏帅府焕然一新，再现了它的原始风貌。

三进四合院是典型的中国传统古典建筑，又有东北暨辽南的民俗风格，门窗廊柱的油饰彩绘独具特色，窗下墙身的砚石浮雕堪称一绝，墙上砖雕细腻生动，檐枋雀替木雕巧夺天工，是研究民族建筑和民间习俗的珍贵艺术资料。

中西合璧的小青楼和仿罗马式建筑的大青楼在东院交相辉映，中间横亘的假山门洞上额张作霖自题石匾“天理人心”、“慎行”墨迹清晰可见。

大青楼建筑工艺考究，一楼走廊及宴会厅的墙裙上，均镶嵌有法国进口的花瓷砖，楼内的主要房间都饰有壁画橱窗，这些壁画皆出自当时奉天绘画高手、民间艺术家蔡晓坡之手，虽历经70余年，仍然大部分保存完好。

张学良旧居陈列馆的基本陈列包括《千古功臣张学良将军业绩展》、《张作霖生平大事记展》、《张学良将军业绩展》，复原陈列包括张作霖早期卧室、办公室、书房、议事厅复原陈列；张学良的卧室、办公室复原陈列；小青楼一楼五夫人卧室、客厅复原陈列；东北政务委员会、老虎厅复原陈列以及赵四小姐楼复原陈列等。此外，该馆常年举办各种题材广泛、形式各异的临时展览及特展。并编辑出版了《张氏帅府》、《自由的代价》、《张学良旧居》、《张学良将军画传》等书籍。

张学良旧居陈列馆认真研究探索在社会主义市场经济条件下的发展思路，走了一条精品兴文、人才兴文、产业兴文的路子。几年里重点狠抓了文物征集和复原陈列，大大增加了陈列馆的文化历史内涵，几年里先后维修了三进四合院、小青楼等建筑。目前，赵一荻故居和大青楼正在紧张的维修之中。

陈列馆非常重视对张学良和平爱国统一思想的宣传工作，每年都在张学良寿诞之日举办祝寿活动。2000年的张学良将军百岁华诞系列祝寿活动北京、沈阳、夏威夷、海城等地异彩纷呈，张学良将军业绩展有力地配合了祝寿活动，目前该展览正在全国各地巡展之中。

随着张学良旧居陈列馆对外开放的不断扩大，展出内容的不断丰富，在社会上赢得了较高的声誉。党和国家领导人江泽民、李瑞环、刘华清、杨尚昆等先后来此视察。出于对张学良将军的仰慕，海内外知名人士、张家亲属、东北军旧部也纷纷来馆参观。十几年间累计接待海内外游客250余万人。

张学良旧居陈列馆现已成为沈阳市享有盛名的旅游观光胜地，作为辽宁社会主义精神文明建设的窗口，多次被辽宁省和沈阳市授予先进爱国主义教育基地称号。

该馆以其一年365天开放和十人以上免费导游的服务，赢得海内外各界人士的赞誉。

蒲松龄纪念馆

蒲松龄纪念馆是为纪念我国清代著名文学家蒲松龄而建立的名人纪念馆。蒲松龄，字留仙、一字剑臣，别号柳泉居士。出生于公元1640年，卒于公元1715年，其代表作《聊斋志异》继承了我国魏晋南北朝志怪小说和唐传奇的传统，“写鬼写妖高人一等、刺贪刺虐入骨三分”(郭沫若语)，创造了我国文言短篇小说创作的奇迹，被誉为世界短篇小说之王，成为世界文学宝库中的珍贵财富。

蒲松龄故居坐落在今山东省淄博市淄川区蒲家庄，原有东向大门一间，正房三间，东西房各一间。方正石及乱石墙基、青砖柱门窗、草顶、小青瓦接檐，是典型的北方农家建筑。蒲松龄去世后，其故居一直由他的后人居住，直至他的十世孙蒲文魁时，因故被毁，房主出走东北辽宁，聊斋仅剩残墙四堵。1948年，济南解放后，人民政府即派员了解聊斋故址及蒲墓的毁坏情况，并于1954年拨专款修复了蒲松龄故居。1958年，淄博市文化局成立了蒲松龄故居管理委员会，将聊斋正房开辟为展室，陆续征集并展出了与蒲松龄有关的文物、资料。1977年，当时的山东省革命委员会公布蒲松龄故居为省级重点文物保护单位，附属保护遗址还有柳泉和蒲松龄墓园。1980年，淄博市人民政府正式批准成立了蒲松龄纪念馆。经过20多年的发展建设，蒲松龄纪念馆现在已拥有六个小院、七个展室，占地面积5000多平方米、展览面积2000多平方米，陈列体系完备、展览内容丰富，成为淄博市最富盛名的旅游胜地之一，每年接待中外游客十多万人次。建馆迄今已累计接待200多万人次，还接待了一批党和国家领导人。蒲松龄纪念馆也先后获得省级爱国主义教育基地、市级文明单位、花园式单位、青年文明示范岗等荣誉称号。

蒲松龄纪念馆的主题陈列是聊斋复原陈列，基本陈列内容是蒲松龄的生平和著述。包括序厅，蒲松龄生平展，蒲松龄著述展，蒲松龄著述外文版本展。附属陈列有蒲学研究成果展，聊斋故事彩塑展，以及馆藏名人字画展。为了充实馆藏、丰富展览，为蒲学研究奠定基础，该馆千方百计征集蒲学文物资料，使馆藏由原来的不足百件，发展到现在的13000多件。其中，有珍贵的国家一级文物蒲松龄画像及其手稿、印章；《聊斋志异》的各种旧抄本、刻本、外文译本、港台版本及精、平装本；有改编的白话聊斋、连环画册、戏曲、影视剧本以及蒲学研究的论文、专著等等。还有一大批现当代文化名人题咏蒲松龄的字画作品。

蒲松龄纪念馆自创办以来，便致力于蒲学的研究事业，力争使祖国的优秀传统文化发扬光大，为促进社会主义精神文明建设作出贡献。80年代后，先后成立了蒲松龄研究所、蒲松龄研究会等学术研究机构，主办了全国唯一一家蒲学专业学术刊物《蒲松龄研究》季刊。该刊1982年创刊，截止目前已经出版了近四十期，多次被山东省新闻出版局评为良好级期刊。1999年，该刊又被中国社科院确定为全国中文核心期刊，并加入了中国期刊网（CNKI）。多年来，《蒲松龄研究》季刊为蒲学的研究事业作出了重要贡献。

除办好刊物外，蒲松龄纪念馆还培养了一批自己的专业研究人才，并且出版了一大批研究成果。专著如《蒲松龄全集》、《全译白话聊斋志异》、《蒲松龄生平著述考辩》、《异史》等，另外还有一大批论文在各种报刊发表。从80年代迄今，蒲松龄纪念馆先后举办或参与举办了两届国际聊斋学讨论会、两届全国蒲学讨论会；并独立举办了十届全市蒲学讨论会、两届聊斋俚曲讨论会。

蒲松龄纪念馆现设有资料研究室、群众工作部、陈列技术部、保卫科、办公室等机构。全馆有职工39人，其中研究馆员1人、副研究馆员3人、馆员3人、助理馆员13人、管理员15人。

福州市文化局

以精品创作为中心，文艺创作生产喜获丰收

大型古装喜剧《画龙记》继在省第21届戏剧会演夺魁及晋京参加庆祝建国50周年献礼演出后，花大力气对该剧进行全面的加工修改，使其更加贴近生活，并赋予其更深、更有现实意义的思想内涵，在艺术性和观赏性方面取得了突破性进展，2001年喜获中宣部第八届精神文明建设“五个一工程”奖，实现了福州市在此奖项“零”的突破。2001年新创作的反腐倡廉题材的古装闽剧《兰花赋》参加今年中国戏剧节的演出，并荣获第七届中国戏剧节最高奖——曹禺优秀剧目奖。

2001年，福州市文化局还组织了福州闽剧院一行赴马来西亚参加新福州垦场100周年纪念庆典的演出交流活动，密切了福州与旅居马来西亚福州乡亲的交流。

城乡群众文化活动蓬勃开展

2001年以来，福州市各地在中心广场举办较大规模的广场文化活动达150场左右，富具特色。如：在五一广场举办的“欢聚2001年（春节）大型广场文化系列活动”、“庆祝祖国繁荣昌盛，期盼两岸和平统一（国庆·中秋）”广场文艺、“庆祝建党80周年大型演唱会”等活动，数千群众演员参加了演出，反响巨大。进一步发展了民间艺术，如：结合重大节日和文艺赛事，举办解放以来规模最大的、群众参与人数最多的文化庙会活动，包括：春节于山庙会、元宵文庙庙会、招商月民俗文化庙会、中国民间工艺大师演展会等，内容丰富多彩，形式多样。“文化下乡”活动也进一步深入开展，丰富了农村文化生活。去冬至今，全市送戏、送电影等活动达2万多场。全市文化系统向永泰同安镇丹云乡送去了图书、音响、电视机等价值近10万元的物品，现金18万，深受农民群众的欢迎。今年全市还努力实施“知识工程”，仅市图书馆和少儿馆相继推出各种专题书展等几十余次。在全市范围内营造了良好的读书学习、建设两个文明的氛围。

增强责任意识，培育、规范文化市场

2001年福州市文化局制定出台了《关于整顿和规范文化市场经营秩序的工作方案》，加大了对所属各文化娱乐场所的监管力度，以整治电子游

戏经营场所、“网吧”、音像制品经营单位为重点，严厉打击各类违法违规经营活动。据统计，截至10月，本市各级文化部门共出动6924人次，检查1619次，出动车辆1267辆（次）；检查文化娱乐经营单位12413家（次）；收缴非法音像制品178794片。收缴违禁电子游戏机159台、电路板420块；限期整改584家、停业整顿264家、吊销许可证44户、取缔无证户447家、移交处理28家，查处案值总额123.3万元。两次公开销毁非法书刊、盗版音像制品、违禁电子游戏机等非法经营物品，第一次案值57万元，第二次销毁非法音像制品37万余片（盒）。清理整顿了网吧等互联网上网服务营业场所，严厉查处距学校200米范围内的“网吧”。保持对电子游戏违法经营的高压态势，以查促减，继续压减电子游戏经营场所总量。开展“网吧”等互联网上网服务营业场所的重新审批登记及整治工作。11月成立福州市文化娱乐业协会，并加强与公安、工商等部门的配合，加大对现有歌舞娱乐、录像放映场所违法经营活动的打击力度。加强娱乐场所的消防安全巡查监督力度。

积极协助推进福州城市建设

2001年经多番调研、论证、编制，修订了“福州中心城区文化设施规划（2001—2010年）”，对现有不合理的文化设施布局进行了调整，并随着福州市“东扩南进”建设的需要，对新城区的文化设施建设进行了规划。

甘肃省图书馆

甘肃省图书馆创建于1916年，是国家兴办的综合性公共图书馆，是全省科学、教育、文化事业的重要组成部分，是向社会公众提供图书馆阅读和知识咨询服务的学术性机构，是全省藏书、目录和图书馆间协作协调及业务研究、交流的中心，是全国九个地区中心图书馆之一，也是西北地区的中心图书馆。

甘肃省图书馆为副地级建制，下设有党委办公室、业务处、计财处、行政办公室、采编部、流通部、报刊部、历史文献部、信息咨询部、研究辅导部、现代技术应用部等11个业务行政部门。此外，甘肃省中心图书馆委员会办公室、省图书馆学会办公室、北京大学信息管理系函授工作站、《图书与情报》编辑部均设于馆内。

甘肃省图书馆藏书建设的指导思想是以支持本省经济和社会发展需要、满足广大读者的需求为前提，力求文献类型齐全、学科结构合理、载体形式多样、兼具综合性与地方特色，并以特色藏书、基本藏书、热门藏书三个层次补充馆藏。经过80年的积累，已逐步形成了以石油化工、有色冶金、机械、电子、农林畜牧、医药卫生为重点的，以古旧籍与西北地方文献为特色的藏书体系。目前共有藏书270余万册。其中中文图书190余万册，古旧籍38万册，外文书刊40余万册，缩微文献600件。

古旧籍藏书中，有善本1260种，66445册。其中有享誉海内外的文溯阁《四库全书》、国内收藏最完整的大型明版木刻丛书《永乐南藏》、敦煌汉文写经30卷、吐蕃文写经32卷、箧页式吐蕃文写经1120页，还有国内罕见的《汉隽》、《三国志·蜀志·诸葛亮传》等宋元刻本30余部。此外，本馆还收藏有宋元明清至近现代的珍贵字画2000余轴，其中不少是载于画史的名家之作，具有很高的艺术价值和文献史料价值。

西北地方文献是甘肃省图书馆的特色收藏。早在1943年，著名图书馆学家刘国钧先生在筹建国立西北图书馆时，就提出了收集西北地方文献的问题。新中国成立后历任馆长也都很重视西北地方文献的收藏和利用。目前馆内已收藏西北地方书刊资料5万余册。其中《甘肃通志稿》和《重修敦煌县志》均系未刊稿本，还有本省最早的杂志《新陇日报》（1928年）等。丰富的馆藏已使甘肃省图书馆成为研究西北史地、民族宗教以及敦煌学、丝路学的文献中心，并已与美国国会图书馆、澳大利亚国家图书馆等建立了国际书刊交换关系。

近年来，甘肃省图书馆本着“读者至上，服务第一，勤奋求实，开拓进取”的办馆思想，加强文献资源建设，深化读者服务工作，开展馆际协作协调，加快自动化建设步伐，各项工作取得了可喜的成绩。在1994年首次全国省级公共图书馆评估中名列第5，在1998年的第二次评估中，获得一级图书馆称号。同年，甘肃省图书馆又被文化部和人事部授予全国文化工作先进集体称号。

在全面实现业务管理自动化的基础上，甘肃省图书馆又进行了网络改造，建成了高速、宽带，能适应网络服务和数字化建设需求的功能齐全的馆域网络，技术上能够支持地区间图书情报单位的广域网络系统以及国际互联网络的资源共享。今天，甘肃省图书馆正以日益走向现代化的姿态面对广大读者，已有约80万册藏书开架或半开架供读者借阅，馆藏书目的30余万数据随时接受多途径的检索。随着现代化建设的进一步深入，该馆将致力于数字化建设，加强网络服务功能，与新老读者一起迎接知识经济时代的到来。

馆长：潘寅生；书记：孟繁新；常务副馆长：郭向东；副书记：罗志科；副馆长：马立淑

三台县文化局

三台县位于四川盆地中部偏北，幅员2661平方公里，辖63个乡镇，人口147万。三台历史悠久，自隋唐以来一直为州、路、府治所，最多时辖15个州、85个县。三台文人荟萃，王勃、杨炯、李白、杜甫、元稹、李商隐、苏轼等历代一大批仁人志士，墨客骚人在此或为官，或经商，或访友，留下了许多诗篇佳话。唐代大诗人杜甫客居三台一年又八个月，存诗100多首，其中《闻官军收河南河北》成为千古绝唱。解放后，特别是十一届三中全会以来，全县的文化事业取得前所未有的成就。先后荣获四川省文化先进地区、“四川省历史文化名城”、“全国文化模范县”、“四川省文化先进县”等殊荣。《人民日报》、《四川日报》等先后加注编者按报道了三台文化事业的辉煌业绩。三台，以她那悠久的历史，秀丽的山川，富饶的资源，淳朴的民风，深厚的文化积淀闻名于川内外。

浓郁的文化氛围，离不开各级领导强烈的文化意识，日益改善的文化设施，来自于对事业经费的不断投入。近十年，仅在城区即投资上千万新建了县体育馆、游泳场、文化馆、百乐影城，改建和扩建了电影院、川剧团、文化宫。2001年，总占地70余亩投资400余万元的县体育场已初具规模，投资上千万元的县新华书店图书发行大楼工程正在加紧实施，占地6亩的园林式图书馆，将于2002年底落成。目前，全县农村有文体站48个，有标准足球场5个，小足球场59个，篮球场453个，乒乓球室121个，有多功能文体活动室467个。基本上形成了以县直文化单位为龙头、镇乡文体站为枢纽、企事业单位和村文体室为基础的文化网络。

文化事业蓬勃发展，文艺创作和演出百花争艳。全县常年有300余人长期坚持业余创作。近10年间在全国、省、市报刊发表各类文艺作品3000余篇，一批专著也相继出版。戏剧创作群体在省市产生广泛影响，三台被誉为小戏之乡。由县文化馆编印的《梓州歌声》等群众演唱资料共印发60万余份。县川剧团创作排演的大型川剧《鸳鸯梦》在省调演中获9项奖励，该团近10年共演出剧目254个，1068场次。新德镇文艺宣传队和10余个民间演出队长年深入村、组、院落开展小型多样的文艺宣传，受到群众欢迎。

城乡群众文化丰富多彩。县艺术节连续举办四届，青年歌手大奖赛举办八届，以龙狮灯汇演、合力杯龙舟赛、建国50周年大型文艺演出和建党80周年大型文艺演出等为代表的大型文化活动影响深远。每年的“七一”、国庆、春节等8个重要节假日举办上千人群众性文娱演出活动已经形成惯例。县文化小分队开展经常性送文化下乡，1995年来累计到84个（次）乡镇服务观众200余万人次，1998年获省委宣传部等10厅局颁发的“四川省科技文化卫生三下乡先进集体”。县图书馆配合“万村书库”活动历年赠送各种科技资料及图书5.6万份（册），被省文化厅授予读者服务先进集体。县新华书店各项经济任务成倍增长，1996年起历年为全省10强销售店。县电影公司1987年至1992年间获全国奖励6个，获省级奖励11个。县文化馆创办“蒲公英”业余艺术学校3所，常年有500余人参加馆办培训，该馆被评定为文化部标准文化馆和四川省一级文化馆。机关、企业、校园、街道文化蓬勃发展，卡拉OK歌手赛、台球赛、读书演讲、川剧和京剧座唱以及书画展、摄影展、根雕、奇石展等常年不断。在农村，落实招聘了48名文化专干，每个乡镇年均举办8次以上有规模的群众文化活动，灵兴、新德被评为全省“文化特色之乡”。

文化市场繁荣有序。全县文化经营单位（户）

近年来年均保持在450家左右，安置下岗和消化城镇待业人员2000多人，为国家上缴税费年均300万元。在管理方面建立了8人的专职文化稽查队和聘任了65人的乡镇兼职稽查，将文化市场管理纳入“三优一学”创建文明城镇竞赛活动，同时开展“扫黄打非”等集中整治，2001年获四川省“扫黄打非”先进集体，并连续两年获绵阳市一等奖和连续三年获市“三优一学创文明城镇”一等奖。

文物保护卓有成效。1992年县文管所单列并将琴泉寺划为文管所所址。全县境内现存国家、省、县级文保单位分别为1、3、50处。全国重点文物保护单位郪江崖墓群形成于两汉，仅1.5平方公里的范围内就有已查明暴露的崖墓1638座，崖墓大多结构宏伟，建筑装饰人物和动物、画像浮雕等具有很高的史料价值，有的为全国独一无二。省级文保单位云台观为四川第二大道教名山，蜀中名观，历经千年岁月沧桑，仍现存明清古建筑群5500余平方米，且上万株古柏苍松遮天蔽日，更给云台观增添了勃勃生机。省级文保单位琴泉寺始建于北周，现存建筑群1600平方米，保存有10余龛700余尊唐代摩崖造像和唐代大书法家颜真卿手书的“颜氏干禄字书碑”等一批珍贵文物，寺周古树参天，山峦滴翠。县文管所有馆藏文物上万件，其中国家一、二、三级文物数百件。作为四川的文物大县，三台近年已吸引了数十位文物专家和学者来实地考察，不少外国学者、友人也来进行访问，年均接待游客5万人次。

展望未来，随着经济的发展和社会的不断进步，明天，三台的文化事业会更加美好！

双流县文化体育局

双流县位于川西平原东南部，幅员1067平方公里，辖26个乡镇，人口87万。该县坚持“两手抓、两手都要硬”的方针，取得了经济大发展，社会大进步，文明大提高的可喜成绩。

一、丰富多彩的文化活动，不仅丰富了人民群众的文化生活，而且有效地促进了经济的发展。

1、配合成都市城市南移，相继在华阳镇开展了“迎南移消夏晚会”、“龙腾新世纪艺术周”，耗资300余万元，动用演职人员3000多人次，观众达50余万人次，有力地提高了华阳镇作为成都市卫星城的知名度，使其房价直线上扬。

2、为了使黄甲镇的麻羊能够引起世人的关注，有好的销路，该局连续3年在冬至节举办“成都牧山麻羊节”，开展一系列文化活动，吸引八方来宾，使牧山麻羊成了一方名吃，每年冬至前后供不应求。

3、在大林镇举办“品梨节”，使该镇的优质梨售价比上年翻了一番。

4、在太平镇举办“枇杷节”，使该镇枇杷有了好的销路。

5、在县城新建广场举办了一系列大、中、小型文化活动，亮出城市的名片，展示出了双流人民的精神风采，改善了双流的投资环境，促进了双流经济的发展。

二、通过争创文化先进县，强化乡镇文化阵地建设，丰富农民群众的文化生活。

相继成立了创建“特色文化之乡”、“先进文化乡镇”领导小组，建成国家级“特色文化之乡”1个，省级“文化先进乡镇”3个，市级“特色文化之乡”5个，县级“文化先进乡镇”5个。县、乡镇加强了对文化的投入，县属文化单位和乡镇文化站得到进一步充实和完善，文化局对凡建成的文化站送一套价值2万元的音响设备和500册图书，投入资金近200万元。

经过努力，乡镇文化站建筑面积已达8546平方米，设备总值246万元，其中卡拉OK设备24套，图书4万余册，报刊杂志290余种。全县26个乡镇均建立了文化站，其中一级站8个，二级站9个，三级站9个，有18个站配备了2000册以上的图书和卡拉OK设备，一、二级站全部做到了站站有规范的图书阅览室和文化娱乐室。

三、丰富多彩的校园文化，深化了素质教育的内涵。

该县众多中小学校的校园文化非常丰富，大多成立组建了合唱艺术团、舞蹈队、鼓号队和各个文艺门类的兴趣活动组，并出版了各自的文学期刊。2000年本县少年儿童参加成都市“十佳”少儿艺术新苗大赛，获得6个“十佳”、9个“十优”，成绩居全市第一。今年8月，本县编导的小品“美丽的谎言”，代表成都市角逐了全国小品群星奖。丰富多彩的校园文化有效地培养和激活了学生的发散思维，深化了素质教育的内涵，使本县高考上线率跃居全市前列，出了许多高考状元。

四、企业文化产业，走向世界。

以毛巾二厂为代表的企业文化产业，不仅国内有名，而且正在拓展国际市场，其彩灯艺术已在上海、广州、长春等20余座城市展出，目前正在联系赴加拿大展出事宜。其书画院也经营得红红火火。

五、广场文化。

该县较有规模的广场是双流人民广场、华阳音乐广场和黄甲广场。广场建成后，文体局迅速组织各文化协会进入广场开展活动，节庆期间在广场上开展全县综合性大型文化活动，赋于广场以文化内涵，形成了如今每晚的锅庄舞、交谊舞、健身舞等三个固定活动内容，每天活动人数均在万人以上，被世人誉为双流的一道风景线。2000年，本县广场文化活动被省文化部门作为全省先进典型推向全国。本县开展的广场文化活动，在丰富人民群众的文化活动和抵制不良文化影响方面做出了积极贡献，以前热衷于练法轮功和打麻将的都自觉与不自觉地投身到广场文化活动中来了。

六、民间、民俗特色文化。

双流县本着“越是民族的，才是世界的”的宗旨，对本县特色文化进行发掘、改造、升华，较成功的有黄龙溪镇的火龙、南狮，中和的竞技龙、连箫，彭镇的狮灯，永安的采莲船。由此，本县被国家体育总局命名为“龙舞之乡”，黄龙溪镇被文化部命名“特色文化——火龙之乡”，2001年9月，火龙赴京参加21届世界大学生运动会闭幕式表演，受到组委会高度评价。

双流县已于2000年相继被四川省人民政府和国家体育总局命名为“省级文化先进县”和“全国体育先进县”。扎实的工作，显著的成绩，有力地促进了双流县文化体育事业的建设和发展，丰富了双流县的精神文明建设内容，对于促进双流经济第二次跨越，提高广大人民群众的综合素质，塑造双流人的形象，起到了巨大的推动作用。双流县的文化体育事业取得了昨天的繁荣，一定会、也一定能创造出更加辉煌的明天。

扬中市文化馆

扬中位处长江下游扬子江中，是江苏省中南部一个年轻的岛市，总面积332平方公里，人口28万，是黄金水道上一颗熠熠生辉的明珠。

扬中的历史很短，但写满了历代拓荒者的足迹，他们赋予扬中独特的文化内涵，改革开放的春风激发了扬中人创业的豪情和开拓的气概，他们在经济建设主战场捷报频传，在精神文明百花园同样硕果满枝，而飞速发展的文化事业正像一朵怒放的奇葩，散发着馥郁的芳菲。

扬中文化馆坐落于市区最繁华的江洲西路，引领着扬中群众文化的发展趋向，见证着江中小岛半个世纪的沧桑巨变。

文化馆始建于1950年，其时，居无定所，条件简陋，60年代有了青砖小瓦房；70年代搬进二层筒子楼；90年代，兴建起5000多平方米的综合活动大楼，馆容馆貌焕然一新。全馆现有戏剧小品、音乐、舞蹈、书法、美术、摄影等创作辅导业务骨干11人，其中大专以上文化程度8人，评有技术职称的副研究馆员3人，馆员3人，助理馆员5人；馆设党支部，党员6名。现任馆长朱秀清，支书兼副馆长孔庆璞，副馆长马强。馆内所设机构有：馆长室、办公室、艺术部、物业部、财务部，20余个活动室，一个演播厅，具有全套的现代化的舞台灯光音响设备，可以独立承担大型的文艺演出活动，各室办公条件一流，配有空调、电脑。文化馆还拥有3个产业，固定资产达1000余万元。

文化馆成立迄今，一直坚持文艺的“双百”方针和“二为”方向，孜孜矻矻，为繁荣扬中的群众文化事业，作出了积极的贡献。50年代以来，文化馆每年都要组织全县群众文艺会演，以活跃城乡人民的业余文化生活。七八十年代，文化馆既抓宣传辅导，又抓以工养文，成绩显著，1981年被文化部授予“全国农村文化艺术工作先进集体”的光荣称号。时至90年代中期，文化馆率先实行了全员职工聘任制、岗位合同制，加大了创作辅导、宣传演出、培训调研和经营产业等方面的力度和投入，使各项工作得到全面的发展。特别在群众文艺创作辅导和宣传演出等方面取得了长足的进步。1996年，文化馆辅导的歌手获全国第二届农民歌手大奖赛铜奖。1997年，文化馆创作的歌曲《我的中国》获中央广播电台等四家授予的二等奖，并收入中国文联出版社出版的《中国原创音乐歌曲作品集》中；文化馆组织创作的小品《送人情》获华东六省一市小品比赛一等奖暨全国第七届群星奖金奖，并于次年在中央电视台《综艺大观》第172期中播出。同年，文化馆推荐的两幅书法作品入选“中华当代翰墨艺术精萃展”和“中国国际书画篆刻家年鉴”。1998年，文化馆选送的一幅书法作品获该年度群星奖优秀奖，小小说《桥墩》获“新华杯”全国小小说评选一等奖。1999年，文化馆创作的歌曲《江南吟》又获第九届群星奖银奖。2001年，文化馆创作编排的儿童表演唱《数新楼》获全国第二届蒲公英大赛金奖;儿童画《小巷里的欢歌》获“蒲公英”银奖;《乡村轶事》获华东六省一市小品比赛二等奖。在小品歌曲美术繁兴的同时，散文诗歌的创作也渐入佳境，1997-2001年，文化馆在国家级、省级刊物上发表的散文诗歌每年达十余篇。

近几年来，文化馆每年都要举办大中型文艺演出活动5至6次。其中颇具规模的演出有: 1997年，庆香港回归，文化馆组织了《明珠之光》大型文艺晚会，在市区连演7场，观众达万余人，后又到各乡镇巡回演出，沿途观者潮涌，热闹非凡，受到了群众的热烈欢迎。1999年初，为抗洪防汛募捐修堤，文化馆应市委宣传部的委托承办了《为了我们的水上长城》文艺晚会，当场为扬中大堤募捐了700多万元；4月，为纪念扬中解放50周年，文化馆又承办了《绿岛颂歌》文艺晚会；10月，中华人民共和国成立50周年，文化馆又在市体育馆组织了全市的群众国庆歌咏比赛。2001年，扬中人民自筹资金建造的扬中大道全线通车，文化馆又为此承办了《丰碑礼赞——扬中大道全线竣工通车庆典》专场文艺演出。这些大型的活动集歌舞、小品、相声、说唱为一体，形式多样，内容丰富，气势恢宏，充分展现了新时代扬中人的精神风貌，起到了以优秀的作品鼓舞人的良好效果。

培训调研是文化馆常抓不懈的一项工作，每年文化馆都要举办各种类型的培训班数十次，采取“请进来、走出去”的办法，请专家来扬中讲课，选送文化馆的骨干到大专院校进修，为群众文化充电造血。文化馆每年还要召开群文理论研讨会，并遴选论文参加宁镇扬苏中地区的群文理论研讨。

在努力做好自身工作的同时，文化馆还加强与企业、校园、社区的联络，协助它们举办各类文艺活动，使扬中的企业文化、校园文化、社区文化呈现出红红火火的势态。

由于文化馆近年来卓有成效的工作，1996年，被镇江文化局授予“经营创收先进集体”的称号；1999年被镇江市文化局授予“市文化系统艺术生产先进集体”的称号，并被省文化厅授予“群众文化先进集体”的光荣称号。百尺竿头，更进一层，扬中文化馆将在现有规模的基础上把准时代的脉搏，以十五大精神和“三个代表”的重要思想为指针，探索开拓，为群众文化事业的进一步繁荣而努力奋斗。

丹阳市文化局

丹阳，地处苏锡常和宁镇扬之间，京杭大运河、沪宁铁路、高速公路横贯全镜，全市总面积1059平方公里，人口80万。丹阳是一座有着丰厚历史文化积淀的文化古城，十一处南朝陵墓石刻为全国重点文物保护单位。近几年来，丹阳市文化事业呈现蓬勃发展的局面，群众文化活动生机勃勃，精神产品生产成果丰硕，文化市场繁荣健康发展，文化体制改革逐步深入，群众文化、图书、电影、演出、艺术创作、文化市场管理等工作先后跨入省和全国先进行列。1997年丹阳市被省政府表彰为“江苏省群众文化先进市”，1998年又被国家文化部命名为“全国文化先进市”。

——精神产品生产成果喜人。近年以来，创作出一批具有地方特色和时代气息的优秀作品。1999年锡剧《雪梅图》获第五届省锡剧节八项奖。丹剧小戏《称婆婆》继1998年参加省群文新剧目调演获奖后，相继荣获省第二届业余戏剧曲艺大赛一等奖、省“五星工程奖”，并参加了第六届中国艺术节和“春到农家”全国地方小戏晋京演出两项重要文艺活动。大型丹剧《大哥你好》参加省第二届戏剧节获八项奖，1998年获省“五个一工程奖”，并参加了第六届中国艺术节展演活动。

丹阳市还推出了《红烛魂》、《梦醒惊雷》、《他乡遗恨》、《三凤求凰》等优秀剧目和一大批书画、摄影、正则绣等艺术精品。

——文化设施建设上新台阶。近几年文化阵地建设获重大突破。丹阳文化城两期工程建筑面积总共达2.4万平方米，投入达5200万元，继1996年底一期工程投入使用后，在短短3年多时间内克服各种困难，加快建设步伐，又完成了二期工程，建成了这座上规模、上水平的标志性文化景观，为广大群众提供了一个功能配套、服务完善的文化活动中心。今年新建面积达3900平方米的图书馆新馆，该馆先后被表彰为省文明图书馆、国家一级馆。为了保护历史文化资源，筹资100多万元修建了解放上海总前委纪念馆，投入500万元新建了面积达4000平方米的博物馆。农村文化阵地建设也有了突破，全市乡镇文化站阵地面积由1996年的1.7万平方米增至3万平方米，绝大多数乡镇达到省群众文化先进标准，全部乡镇都建成了万册图书馆，百村千册图书室工程正在实施。农村少儿文化活动阵地建设开始起步，新桥镇儿童文化园被评为国家级“蒲公英”农村儿童文化园。

——群众文化活动生机勃勃，注重发挥本地文化优势，大力拓展社区文化、校园文化、企业文化等建设，群众文化活动不断向纵深发展，全市性的广场文艺演出、新春文艺晚会、学生电影艺术节、少儿故事大赛、形象小姐大赛、卡拉OK大赛等大型群众性文化活动常年不断，每年举办的主题鲜明、形式多样的各类文化艺术活动达20多项，为烘托节日气氛、弘扬地方文化、繁荣城乡文化、活跃文化生活发挥了重要作用，大大推进了文化建设的社会化进程。坚持文化工作面向基层、面向农村，认真组织开展送文化下乡活动，丰富农民文化生活。市戏剧总团常年扎根农村，每年送戏下乡120余场。1999年在市委、市政府的支持下组织市级机关事业单位开展送书下乡活动，使全市乡镇全部跨入万册图书馆行列。首届社区文化节、农民艺术节搞得有声有色，界牌镇举办的“灯城之光”农民文化节、皇塘镇举办的大型菊花展吸引了上万名四方群众参加。

——文化市场繁荣健康发展。在文化市场管理中，始终坚持“一手抓管理、一手抓繁荣”的方针，打击和遏制文化市场的不良倾向和犯罪行为，全面提高文化市场的整体水平，促进文化市场的进一步繁荣。一是加强法规培训，提高经营者法制意识。每年都举办文化市场、新闻出版法律法规培训，提高了从业人员依法经营的意识和水平。二是加大执法力度，不断净化文化市场环境。坚持不懈地开展“扫黄打非”专项斗争，坚决清除淫秽色情、封建迷信和反动的文化垃圾。三是积极培育文化市场，组织优秀文化产品和健康有益的文化娱乐形式进入市场，扶持高雅艺术、高品味文化，保证健康有益的文化产品和文化服务在文化市场中占主导地位。

——大力推进文化产业发展。丹阳市文化部门解放思想，拓宽思路，积极开拓文化产业，形成了文化事业与产业共同发展的良性循环。近几年来，全方位拓展副业经营项目，开发了文化旅游业、娱乐业、组合演出、餐饮业等，年创净利300多万元。文化工业从无到有，从小作坊生产到规模企业，实现大跨度、跳跃式发展，2000年文化工业销售收入达2.3亿元。省优秀文化企业中诚集团年产光学元件3000万件，成为我国最大的光学元件生产基地，年产系列望远镜180万具，年创利税1200万元。文化经济的发展，增强了文化事业的活力，有力地推动了文化事业的发展。

湖北省京剧院

2001年，新世纪的开篇，湖北省京剧院在全国性的京剧三大赛事中，佳绩连连、捷报频传，获得艺术丰收。

一、参加三大赛，获奖19项

元月份，开门红。文化部在京举办的“全国京剧优秀青年演员评比展演”，全国有400多个青年演员参加竞争，本院张慧芳等4位青年演员入围决赛，经过实力比拼，优秀青年演员张慧芳（青衣）、江峰（铜锤花脸）分别荣获一等奖；张晓波（武生）、易艳（老旦）分别荣获三等奖。

5月，全国亿万观众瞩目的第三届全国京剧优秀青年演员电视大赛在北京拉开帷幕，经过层层选拔，本院张慧芳、江峰、张晓波进入决赛，3人在比赛中都荣获了优秀表演奖，他们的艺术水平得到了专家和观众的充分肯定，提高了知名度。

12月，文化部在南京举办的“第三届中国京剧艺术节”上，本院创作剧目《膏药章》入选，并被文化部确定为艺术节闭幕式演出剧目。一台参赛剧目在没有比赛前就确定为闭幕式的演出剧目，这在历届比赛中还是首次。这一殊荣是文化部对剧院、对《膏》剧的信任。本院不负众望，《膏》剧演出引起轰动，不论是评委、还是专家、或是观众，一致认同《膏》剧是艺术节中最好的剧目之一。该剧荣获了优秀保留剧目创新奖（与金奖齐名）、优秀编剧奖、优秀导演奖、优秀表演奖（朱世慧、张慧芳两名）、表演奖（罗会明、舒建础两名）、优秀舞美设计奖、优秀灯光设计奖、优秀服装设计奖、优秀化妆设计奖共11项大奖，这是本院在历届全国比赛获奖最多的一次。另外，本院协助香港京昆剧团演出的《神雕侠侣》，也参加了这次艺术节，优秀青年武生演员张晓波在《神》剧中饰杨过荣获了表演奖。

综上所述，本院2001年参加了全国性3次比赛演出，荣获了19项大奖，显示了本院在全国京剧院团中的艺术实力和地位，随着知名度不断增加，必将对剧院今后的发展，起到很大的推动作用。

二、圆满完成全年演出任务

剧院在排练任务繁重，占用整5个月时间的情况下，采取见缝插针的方法，演出了106场，收入32万元，圆满完成了全年演出任务，并收到良好的社会效益。

5月，本院协助香港京昆剧团排演的《神雕侠侣》在香港首次公演，受到香港观众和金庸先生的好评和肯定。该剧除“小龙女”由香港京昆剧团邓宛霞女士饰演外，剧中角色均由本院选派最好的演员担任，由于本院的参与，使该剧产生出两个第一次，即：第一次将金庸武侠小说用京剧的形式立于舞台之上；香港特区第一次有剧目参加了中国京剧艺术节，具有不同凡响的意义。

5月底，本院组织了几场别开生面的获奖演员专场演出，以刚刚在全国电视大赛中获奖的优秀青年演员和其他在全国历届比赛中获奖的中青年演员为演出主体，这种全明星阵容，引起观众极大兴趣，反响强烈。

7月，文化部举办的海峡两岸艺术家“三峡游”活动，本院为台湾艺术家演出了保留剧目《膏药章》，引起了强烈反响，予以极高的评价，通过艺术交流，扩大了影响，加深了两岸艺术家的情谊，增添了海峡两岸更多的艺术交流契机。

为纪念建党80周年，剧院全力以赴，精心编排节目，以饱满的政治热情来讴歌党的丰功伟绩。节目虽然不大，却融思想性、艺术性、观赏性于一体，受到省领导和广大观众的好评。

剧院与金龙泉啤酒集团继续保持良好的互惠关系，剧院一方面争取企业对京剧事业的支持，另一方面为企业的生产经营、文化生活服务。根据企业的要求，剧院排练了不同表演形式的综合性节目，春节期间，炎热夏季为产品促销演出多场，令企业感到非常满意。

三、培养人才是关键

京剧走向市场，参与竞争，说到底是人才的竞争，没有人才，一切都是空的。因此剧院十分重视人才培养，采取种种措施，以优惠的政策吸引外来人才，加强师资办班培育人才，促进人才脱颖而出。

2001年全国三大京剧赛事为剧院推出新人提供了极好的机会。剧院抓住时机，精心组织排练，请余笑予、王婉华、朱世慧、杨至芳、倪海天等名家指导，全体演职员积极配合，经过反复磨炼，终于在激烈的竞争中，以高入选率杀入决赛，取得了优异的成绩。尤其是优秀青年青衣演员张慧芳的艺术水平，得到了全国专家、兄弟院团及广大观众的承认，有了一定的影响。数年来引进的人才，由于剧院采取艺术上重点培养，抓契机推出崭露，生活待遇上给予关心照顾等措施，现已形成一支有艺术实力、有影响的青年人才演出队伍，为剧院的发展打下了坚实的基础。

剧院发展要有持续性，培养人才是个长期工程。本院在湖北省艺术学校定向培养的40余名学生，还有半年就要毕业，这是剧院发展规划的第三梯队，对这支队伍贯彻的是“抓尖子、抓素质、抓实践、抓思想”的教学方针，已经取得较好的成效。在他们身上寄托了剧院的未来和希望。

四、持之以恒抓创作

通过多年的创作积累，剧院有了一批优秀作品，如《膏药章》、《徐九经升官记》、《法门众生相》、《粗粗汉靓靓女》、《沧海作证》等。剧院坚持精益求精，反复修改提高，一批剧目成为剧院的保留剧目，长演不衰。

2001年剧院又从众多的剧本中筛选出由郭大宇创作的《逍遥游》，经过五次反复修改，已基本达到立于舞台的要求。

《膏药章》虽然是13年前创作并获奖的剧目，但具有传世精品的基础，剧院将其精心修改、重排。由于它的艺术魅力，破格被文化部选为第三届京剧艺术节参赛剧目，并确定为闭幕式演出剧目，最后被评选为优秀保留剧目创新奖（与金奖齐名）的高度荣誉。从此得到启示：锲而不舍才能创作出传世精品。

总之，2001年，剧院抓住机遇，取得了丰硕成果，这将为剧院今后的发展打下一个坚实的基础。但是需要去做的工作还有很多，仍须努力，在新的一年里，发扬龙马精神，为京剧事业继续努力奋斗!

鄞县文化局

鄞县位于浙东沿海，是著名港口城市宁波的前身。近年来，鄞县依托深厚的历史文化传统和迅速崛起的经济，以农村文化建设为重点，以三大文化工程为抓手，大力加强文化建设，文化事业蓬勃发展。先后被授予“全国万里边疆文化长廊建设先进地区”、“全国农村电影工作优秀组织奖”、“全国农村图书发行先进单位”和“浙江省文化先进县”等称号。今年又被推荐为全国文化先进县。

2001年，是鄞县文化发展史上极不平凡的一年。10月，县委、县政府隆重召开全县文化工作会议。会议全面部署了“十五”文化发展任务，提出了建设文化大县的战略目标，并出台了《关于加快文化改革和发展的政策意见》。意见规定：从2001年起，县财政每年安排100万元经费专项用于精品创作；从2002年起，县图书馆购书经费和文物保护费分别增加到30万元和40万元；各镇（乡）每年至少安排人均4元的文化活动经费和图书购买经费。此外，还出台了文化捐赠政策、文化设施建设政策、文化产业扶持政策等，大幅增加了对文化建设的投入，加大了对文化发展的政策支持。会议还确定了“十五”期间投资2亿元建设县文化艺术中心、博览馆、文化广场等一批标志性文化艺术设施。文化发展的环境得到极大改善，一个全面推进文化事业发展的良好局面基本形成。

艺术生产取得了重大突破。为繁荣文艺创作，年初，建立了文艺创作工作的组织指导和协调机构，出台了《鄞县文艺创作规划(2001—2005年)》、《文艺创作奖励办法》、《重点文艺作品创作立项申报和经费申请办法》等政策性文件，着力完善创作工作的组织机制、投入机制、激励机制，积极营造开放式的大创作格局和有利于精品脱颖而出的机制。同时通过开展“创作年”活动、建立文艺创作工作顾问团、承办浙江省群星美术书法大赛、浙江省群众文化论坛等，积极营造文艺创作的浓郁氛围。这些措施现已取得明显成效。儿童话剧《我长大了》获省“五个一工程”奖和省文化厅演出超百场奖《经济发达地区的中心城镇文化建设初探》入围文化部群文理论调研群星奖 群众美术、书法创作获得重大突破，《贝壳滩》获全国油画大展银奖。在全省群星美术书法大赛中，本县获得了2金1银3铜的佳绩。浙江省乡镇美术书法大赛本县有2件作品荣获一等奖；此外其他各门类也获得了不俗成绩。一种良好的创作氛围逐步形成，文艺创作呈现出整体推进的良好势头。

文博工作再创佳绩。第五批全国重点文物保护单位的申报工作取得圆满成功，新增了两处国保单位，国保单位数量跃居全省县（市）级首位。历时三年的全县第三次文物普查全面完成，累计查获各类文物875件，其中查得的横省石牌坊还被命名为国保单位，受到了省、市有关部门的高度肯定，并直接拉开了全省文化遗产普查的序幕。文物保护网络得到巩固和延伸，聘请了全国人大常委、著名文物专家毛昭晰教授担任县政府的文物工作顾问，由本县首创的业余文保员制度得到进一步巩固和发展。

基层文化建设整体推进。邱隘镇文化站被推荐为全国文化工作先进集体，姜山镇被命名为宁波市“东海明珠”，下应镇和邱隘镇图书馆分别被评为“市十佳图书馆”和市特级镇（乡）图书馆。全县东海明珠总数达到了21个，占镇（乡）总数的91.3%，创建总数位居全省首位。四大基础文化建设深入开展，出台了《鄞县村落文化、企业文化、校园文化和社区文化建设示范点创建标准和办法》，涌现出了五乡四安村、高桥古庵村等一批新型的村落文化园。群众性文化活动进一步活跃。尤其在新春和纪念建党80周年两大节庆期间，全县各地共开展各类群众文化活动达300余项，其中鄞县庆祝建党80周年文艺晚会、全县镇（乡）文艺调演、东钱湖龙舟邀请赛等大型文化活动影响较大。县级各文化单位充分发挥自身优势，开展各具特色的文化活动。一年来，县文化馆共主办、协办各类大中型文化活动40余次；电影公司送免费电影下乡900余场次；越剧团下乡演出72场次。群众的文化生活日趋丰富。

整顿和规范文化市场秩序取得明显成效。一年来，共出动稽查人员628人次，检查文化经营单位1028家，收缴非法出版物14203册（盒），压缩电子游戏经营场所89家，压缩率为85%，取缔无证经营71家，并对收缴的非法音像制品进行了公开销毁。演出市场和音像制品管理体制得到理顺，收归了县电影公司的演出管理职能，接收了广电部门的社会音像制品管理权，并组建了鄞县振影演出责任有限公司。文化市场秩序得到了明显好转。

国办文化单位活力不断增强。县电影公司以迎电影金鸡百花奖、建党80周年等重大活动为契机，充分发挥电影宣传优势，广泛联合各部门、单位开展了“迎双奖”、“崇尚科学、反对邪教”等14次电影放映活动，农村电影市场得到巩固和发展，全年共放映电影6167场次，实现放映收入132万元，发行收入60万元，观众60万人次。新组建的演出公司共接纳演出团体36个，演出345场次。县越剧团加大演出市场拓展力度，首次以纯市场化方式赴北京、天津、南昌等国内大中城市演出，全年共演出122场，实现演出收入36万元；县新华书店完成销售2676万元，实现利润112万。各文化单位均保持了较好的发展态势。

专业文化　本县现有专业艺术表演团体一个，即鄞县越剧团。

长期来，鄞县越剧团坚持以“创名牌、建强团”的办团方针，大力强化艺术生产，涌现出许多优秀剧目，并荣获了多项大奖。其中《琥珀泪》在浙江省第五届戏剧节中荣获优秀演出奖和演员一等奖等十多项大奖。又拍摄成四集外景电视剧，并荣获’94全国戏曲电视剧“天安奖”一等奖。大型历史剧《卧龙求凤》荣获中国小百花越剧节银奖。现代戏《多雾的早晨》荣获浙江省第六届戏剧节优秀演出奖和宁波市“五个一工程”提名奖。《洪涛奇情》在浙江省第七届戏剧节中，荣获省新创作剧目奖和优秀演员奖等12项大奖，并被评为宁波市“五个一工程”提名奖。

近年来，鄞县越剧团锐意改革创新，内抓管理，外拓市场，不断提高艺术质量，全面塑造强团形象。2000年新招收了20名“小百花”，并聘请范瑞娟、傅全香、王文娟、赵志刚等艺术家进行指导，综合艺术质量有了很大提高。近年来，两度北上北京、天津，南下香港、深圳，以纷呈的流派、鼎盛的阵容展示在观众面前，知名度影响力不断扩大，中央电视台等媒体曾多次进行了报道，成为越剧界一颗瞩目的新星。

群众文化　群众文化网络健全。全县现有文化馆1个，镇（乡）文化站24个，其中省特级文化站12个（居全省首位），基本形成了以县文化馆、站为龙头，以群众业余文艺团队为基础，以文化活动中心、影剧院、图书馆等文化阵地为依托，社区、村落、校园和企业文化全面发展、城乡一体、纵横交错的群众文化网络。

“浙江省东海文化明珠”和文化先进县创建活动渐展风采。继1996年本县被评为全国“万里边疆文化长廊”建设先进地区后，2000年又荣获“浙江省文化先进县”称号。2001年11月，本县被推荐为全国文化先进县，邱隘文化站还同时被推荐为“全国文化工作先进集体”。东海明珠工程建设向纵深推进，现全县共有21个镇（乡）被命名为省、市“东海文化明珠”，全县明珠覆盖率达到了91.3%，总数居全省首位。“蒲公英农村儿童文化园”工程建设取得阶段性成果，建成了集仕港镇、邱隘镇两个省农村儿童文化园。特色文化和群众文艺队伍建设不断加强，近年来，全县先后建立了6个民间艺术基地、4个少儿艺术基地和3个成人艺术基地，培植了近20支民间艺术表演队伍和227支业余文艺团队，涌现了东钱湖、咸祥、横溪等3个省民间艺术之乡和横街、集仕港等6个市“一乡一品”镇。

群众性文化活动日益活跃。社区文化、企业文化、校园文化、村镇文化等五彩纷呈，节日文化已经形成制度。近年来，成功举办了'97、'98梁祝文化节、中国首届梁祝婚俗节、迎香港、澳门回归大型庆典、庆祝建国50周年大型文艺活动、纪念沙孟海诞辰100周年等大型群众性的文化活动。

群众文艺创作有新的突破。《席姑戏马灯》和《田螺姑娘的孩子们》获全国第六届“群星奖”优秀演出奖，《糯糯年糕浓浓情》获全国表演唱大赛一等奖和宁波市“五个一工程”奖，《我长大了》获全国首届戏剧文学奖金奖。

图书馆事业稳步发展。县图书馆现为国家二级图书馆，1998年实现图书采购、编目、借还的计算机管理。全县有镇（乡）图书馆（室）24个，其中万册镇（乡）图书馆13个，总藏书量达到了23.9万册。在2001年全市镇（乡）公共图书馆第二次评估定级中，下应镇图书馆被评为市十佳镇（乡）公共图书馆，邱隘镇图书馆被评为市特级馆，东钱湖等四个镇（乡）图书馆被评为市一级馆。

农村电影放映阵地得到巩固。现全县共有影剧院22座，其中拥有35毫米座机的影剧院20家，拥有16毫米座机的2家。全县共有50家放映单位，其中国办放映单位6家，镇办44家，形成了多层次、多体制的电影放映网络。2001年全县共放映电影6167场，实现放映收入132万元，发行收入60万元。1999年县文化局荣获由国家广电总局颁发的全国农村电影工作优秀组织奖。

文物事业　全县现有文物保护单位和史迹点570余处（文物保护单位23处），其中全国重点文物保护单位3处（它山堰、东钱湖南宋石刻群、五乡横省和庙沟后石牌坊），省级文保单位4处（天童寺、阿育王寺、四明山革命烈士陵园、二灵塔），县级文保单位15处，有三级以上文物藏品581件。

根据“保护为主，抢救第一”的方针和“有效保护、合理利用、加强管理”的指导思想，近年来，通过政府拨款、社会筹资等多种渠道，完成了对它山堰、王安石纪念馆、沙文求故居、范钦墓等20余处文保单位的抢救维修，并于1998年在全省率先完成了县级以上文保单位的“四有”工作。从1999年始，历时三年全面完成了全县第三次文物普查，查得各类文物875件。建成了沙孟海书学院、周尧昆虫博物馆、它山堰水利陈列室、梁祝文化陈列馆、宁波服装博物馆、后屠桥革命史迹陈列室、南宋石刻遗址博物馆（一期）等专题博物馆，基本建成了具有浓郁地方特色的博物馆体系。文物宣传和文物学术研究得到加强，近年来先后举办了“宁波东钱湖石雕文化考察报告会”、“东钱湖历史文化、旅游文化专家座谈会”、“它山堰及水利史国际学术研讨会”等大型学术活动，拍摄了东钱湖南宋墓道石刻电视专题片，编写了《鄞县名胜古迹》等。在全国首创了业余文保员制度，建立健全了一支206人的业余文保员队伍，数量占居宁波市的2/3。1998年，业余文保员屠仲光还荣获了国家文物局颁发的“郑振铎——王治秋文物保护奖”，成为本省非专业文物工作者获此殊荣的第一人。全县基本形成了较为健全的县、镇（乡）、村三级文物保护网络和政府保护与社会参与保护相结合的文物保护管理新体制。

文化市场　全县现有文化经营单位512家（截止2001年10月底），其中歌舞厅57家，卡拉OK厅11家，电子游戏厅16家，音像经营单位173家，录像放映队15家，演出团体1家，书报刊经营158家，演出单位5家，网吧55家，影剧院19家，电子出版物零售2家。全县有印刷企业544家，复印打字153家。形成了以娱乐市场、音像市场、书报刊市场、演出市场等为主体的多门类、多层次的综合性文化市场体系。近年来，坚持“一手抓繁荣、一手抓管理”的方针，控制总量，调整结构，大力开展“扫黄”、“打非”，不断健全管理网络，文化市场规范化程度不断提高。县文化市场管理办公室1995年被评为浙江省文化市场管理先进集体，1996、1997、1998年被评为宁波市文化市场管理先进单位。1999年，邱隘镇还被命名为浙江省首批“农村文化市场示范镇”。

山东省博物馆

山东省博物馆始建于1954年，是新中国第一座省级综合性地志博物馆。山东省博物馆新馆1992年建成，位于风景秀丽的千佛山北麓，占地50亩，建筑面积2.1万平方米，陈列面积1.2万平方米，宏伟壮观的建筑群，体现了民族风格与现代建筑艺术的完美结合，成为泉城济南的一大景观。

山东省博物馆是全省文物、标本的收藏中心，多年来经过广泛文物征集和考古发掘，藏品数量不断增加和丰富，共收藏各类文物、自然标本20余万件，藏品大多为山东地区出土与传世的称世珍品。具有浓厚的齐鲁地方特色。历史文物尤以陶瓷器、青铜器、甲骨文、竹简、画像石、书画、服饰等构成收藏特色。史前部分藏有距今四、五十万年的沂源猿人头盖骨和牙齿化石，说明远古人类在很久以前，就劳动、生息、繁衍在这块古老的土地上。馆藏新石器时代的文物尤为丰富多彩，北辛文化、大汶口文化、龙山文化的精美器物，如玉、石器、骨器、陶器等，造型多样，制作精美。制作工艺水平为全国之最。馆藏2000余片商代甲骨，是研究古文字和商代历史的重要资料。商周时期的青铜器，精品纷呈，如制作精美的祖辛方鼎；造型庄重、气势雄浑、重达100多公斤的作宝鼎；战国时期嵌金银镶绿松石铜镜等，皆为稀世珍宝。这些精美的青铜器，不仅展示了古代齐鲁之邦发达的经济文化，也是研究山东古代历史的重要实物资料。明鲁王朱檀墓出土的1000余件珍贵文物，有冠冕服饰、琴棋书画、玉雕陶瓷、漆木家具、生活用品、仪仗桶群等。其中432件栩栩如生的木雕彩绘仪仗桶群，阵势浩大、气势磅礴，反映了明初蕃王威仪。

除出土文物，传世文物也是馆藏的重要组成部分。其中数量可观的唐人写经弥足珍贵；宋元明清时期刊刻的1800余件种善本书，许多已成海内孤本；还保存了数百种明清钞本、稿本、拓本、钤印本等乡邦文献和金石资料。另外，历代书画、陶瓷、货币、民俗文物、近现代文物也有大量的收藏。

在馆藏自然标本中，古生物化石最具特色。其中泰安大汶口三叶虫、临朐山旺动物化石、诸城巨型山东恐龙化石等，都是极为珍贵的标本，对研究山东地区的古地理、古气候、古生态等具有重要的科学价值。此外，馆藏动物标本也很可观，如大熊猫、金丝猴、鸭嘴兽等都属于珍稀动物，是难得的标本。

山东省博物馆是全国爱国主义教育基地和科普教育基地，现有《齐鲁瑰宝》、《石刻艺术展》、《宋元明清青铜艺术》、《明代大型战船陈列》、《馆藏书画展》、《古生物化石展》、《珍稀动物标本展》、《恐龙化石展》等基本陈列，共展出文物收藏和标本2000余件，其中《石刻艺术展》是首次与观众见面。展品中像龙山文化蛋壳黑陶杯、明鲁王墓出土的戗金漆盒和镶宝石金带扣、临沂银雀山竹简、汉画像石等，既有国宝级文物又有稀世珍品及珍稀化石标本。让观众领略到东方艺术的神韵，感受到齐鲁文化的风采。

自1992年新馆启用以来，举办了近百个临时展览，其中影响较大的有《东方巨人毛泽东》、《人民的好总理周恩来》、《珍爱生命、拒绝毒品》、《崇尚科学、反对迷信》、《世纪大阅兵》等大型展览。与兄弟馆合作举办了《马王堆出土文物展》、《长清双乳山西汉济北王陵出土文物展》等专题文物展和各种书画、摄影、雕塑等艺术展览。

山东省博物馆现有职工120人，设有10个部室、职工实行全员聘任，定岗位、定职责、实行竞争上岗，使职工打破铁板碗，干部打破铁交椅，充分调动了干部和群众的积极性，加强行政管理，向管理要效益，增强经营意识，开源节流并重，制定了一系列管理制度。建立了以考勤考绩为核心的考核制度，努力建设一支纪律严明、具有较高业务素质和工作效率的干部、职工队伍。为全面落实江总书记三个代表的重要思想、为弘扬中华民族优秀的传统文化、为社会主义精神文明建设和繁荣社会主义文化事业做出应有贡献。

山东省艺术馆

山东省艺术馆是隶属于山东省文化厅的群众文化事业单位，其主要任务是，组织指导全省群众文化活动、理论研究与创作，培训辅导文艺骨干，传播普及文化知识，挖掘整理民族民间文化遗产，促进群众文化的繁荣与发展，为社会主义两个文明建设提供精神动力和智力支持，满足人民群众日益增长的物质文化需求。

山东省艺术馆成立于1957年，坐落在济南市民生大厦28号。馆舍建筑面积5500平方米。具有举办中小型娱乐活动和召开各类会议、培训、报告会等大小场所7处。其中，400多平方米设备齐全可容纳200人的舞厅一处，可举办中型画展的430平方米的展厅一处，可开展多种活动及摄录设备齐全的近500平方米的多功能厅一处，以及近百平方米的小型会议室和排练室各一处。多功能厅内录音、摄像设备齐全，具有数字调音台、音频工作站，CD刻录机和DAT、MD录音机、录像机、切换机、摄像机、MIDI制作系统等设备。

山东省艺术馆艺术门类齐全，拥有音乐、舞蹈、美术、摄影、戏剧、曲艺等一批高素质的专业技术队伍。在职职工50人，其中专业技术人员44人，具有高级专业技术职称的19人。为顺应文化体制改革，拓宽和强化群众文化的专业职能，在1993年成立了山东省钢琴、电子琴、手风琴学校和少儿舞蹈团，历年培训人数达3000余名；1995年还成立了山东省少儿艺术培训中心，并且是中国音协指定的音乐素养培训基地 1996年底组建了山东省少儿书画院，出版了《山东省优秀少儿书画作品集》、《山东省少儿书画艺术大展作品集》大型画册，组织了十多次全省大型少儿书画评比活动。

山东省艺术馆除了组织大型活动、辅导培训艺术人才外，还勤于创作、研究，在各自的专业岗位作出了一定成绩。自1994年以来，专业创作及辅导、组织活动共获国际奖1个，获全国奖40多个，省级奖100多个。其中，史忠民的组画《画扇断案》1995年参加由联合国教科文组织在日本东京举办的第九届世界绘画插图大展并获铜奖。全国奖中获文化部“群星奖”7个，其中张玉臻编、导、演的戏剧小品《收购苦恼》获第四届“群星奖”银奖，《采访》获第七届“群星奖”优秀奖，《乡长门前》入选第十一届“群星奖”决赛，创作、导演的小戏《竞选》参加2000年小戏晋京调演，入选第十一届“群星奖”决赛；孙晓创作的六集广播剧《乡里乡亲住高楼》获中宣部“五个一工程奖”，话剧《红绿灯下》获“金盾”优秀作品奖，12集电视剧《真情》获“飞天奖”提名并获山东省“精品工程二等奖”；齐剑文创作的舞蹈《夕阳红似火》获第十届“群星奖”铜奖，《白鸽传友谊》获首届“蒲公英奖”铜奖；薛斌创作的相声《我爱生活》获第三届“群星奖”铜奖；徐永生的绘画《喻世明言》获第八届“群星奖”优秀奖，《幼儿启蒙丛书》1990年被文化部、国家出版总署等六部委评为一等奖并于1994年获国家图书出版最高奖——国家图书奖；孙爱国的《孙子兵法》专题邮册1997年获“全国第二届最佳集邮品评选”最佳设计一等奖，《战国曾侯乙夫妇写真》获“首届华人艺术展”铜奖。1999年在全国“祖国您好’99少儿摄影、美术、书法比赛”活动中，获金奖10个，银奖14个，铜奖10个，在全国首届“蒲公英奖”暨全国新苗杯第四届少儿京剧邀请赛中，山东代表队共获得金奖和一等奖10个，银奖和二等奖8个；在第二届“蒲公英奖”比赛中共获金奖17个、银奖17个、铜奖18个。在最近几届“群星奖”、“蒲公英奖”及文化部社图司、中国艺术摄影学会组织的连续五届沿黄九省区“大河上下艺术摄影展”和华东六省一市曲艺、小品、舞蹈比赛等全国及区域性活动中，该馆组织推荐的作品质量及获奖数量均名列前茅。

几年来，山东省艺术馆除组织全国及区域性各项赛事、展览外，每年还组织数次全省性的大型群众文化活动。譬如，1991年全省“朱埠杯”农民歌手大赛；1995年的全省“中农信杯”农民歌手大赛、山东民间秧歌（济南赛区）大赛；1996年历时5个多月的齐鲁民间广场艺术展演，全省少儿六项艺能比赛，首届山东省农民文化艺术节，全省“齐民思杯”卡拉OK比赛；1997年的全省少儿书画艺术大展；1998年的全省群众文化系统美术、书法、摄影作品大展；1999年“山东省庆祝中华人民共和国成立五十周年民间广场艺术展演”和“山东省庆祝中华人民共和国成立五十周年美术、书法、摄影作品展”，“省直暨济南市区少年儿童书法现场比赛”、“沂州杯青年歌手大赛”、庆祝“五四”运动80周年“鲁南制药杯青年书画大展”；2000年的山东省青年歌手卡拉OK大赛，全省美术、书法少儿“双百佳”评选活动和“世纪新星”少儿书画展，全省曲艺小品汇演。2001年组织了山东省“古贝春杯”美术书画展、“时风杯”青年歌手大赛；在揭批“法轮功”的斗争中，组织了“揭批法轮功专场文艺演出”，在山东卫视播出，并分赴淄博、潍坊、烟台、莱芜等地进行了巡回演出，在社会上引起了强烈反响，受到省委、省政府的表彰。

九华山历史文物馆

“妙有分二气、灵山开九华”；“天河挂绿水、秀出九芙蓉”。大诗人李白，揭开了九华山奇丽雄伟、多彩多姿神秘的面纱：青灯古佛，香烟袅袅中，新罗僧金乔觉，不远万里来九华山苦修证道，显应地藏菩萨，源出了九华山千年悠久的历史 刘禹锡、王安石、王阳明，一代又一代的文人骚客的千古吟唱，使“莲花佛国”名播遐迩，闻名于世。九华山是历史名山，文化名山，“华嵤峰前香云缥缈、化城寺里花雨缤纷”。要想翻阅这些历史，九华山文物馆就是一处让人了解九华山的亮丽的风景点。九华山文物馆创建于1982年，馆址定于有千余年历史的开山祖寺——化城寺内。九华山文物大多为各寺庙传世文物，共2000余件，极具佛教特色。其使用和管理权均属佛教，九华山佛协派人管理了十余年。由于九华山僧人在文物管理和保护方面缺乏必要的经验和水平，终于在1991年5月26日文物馆十余件珍贵文物被盗，经公安方面近二年的追查，虽然这批失盗文物最终从香港、澳门、台湾等地追回，但影响极坏。九华山佛协已感力不从心，便将九华山历史文物馆的管理权移交当时的九华山管理处。这样自1994年3月以来，九华山历史文物馆在冯建辉馆长带领的一班文物工作者的共同努力下，不仅年年实现馆藏文物安全年，而且还推出一个个颇有地域特色的展览，每年接待参观者达8-9万人，创造了较好的社会效益和经济效益，成为宣传九华山悠久历史文化的窗口。多年来，九华山文物馆在经费全额自筹自支，全额发放18名在职人员年薪外，还依靠自己的积累配备了一整套防火、防盗安全设施，保证了连续8年实现安全年。九华山文物馆的具体做法是：

一、始终将文物安全工作放在首位。 前车之覆，后师之鉴，鉴于过去九华山佛协在管理上的各种混乱，没有健全的文物保护规章制度，没有防火防盗监控设备，进馆工作人员认真学习《文物保护法》，依据《文物保护法》先后建立健全《安全值班制度》、《安全检查制度》、《岗位责任制》、《交接班制度》、《奖惩制度》、防火防盗领导小组等一系列文物保护规章制度，从制度上保障了文物的安全。制度健全了，但执行制度还靠人。为了把被动执行变为主动认真执行，文物馆实行了定期举办消防、防盗专业学习和培训，使消防意识、文物安全第一的意识深入到每个工作人员的心中，并结合《奖惩制度》，由防火、防盗领导小组不定期、不定时进行检查，如夜间不定时用电话或派人直接到馆检查值班人员是否在岗、是否准时到岗。确定重点防范区，制定紧急防范方案，夜间和白天在重点防范区24小时人员不离岗，文物馆工作人员都能认真主动地做好文物安全工作。化城寺是一座有着千年历史的安徽省重点文物保护单位、国家重点保护寺庙，但它是砖木结构，防火等级差，防盗存在的隐患多，化城寺里的照明线路早已老化，每逢雷电交加的雨季，文物馆就不得不拉下总电闸，十余只灭火器早已派不上任何用场，夜间值班人员采用的是死打硬守的巡更方法。为确保化城寺这座古刹的安全，1995、1996两年，九华山管理处及有关部门在财政十分困难的情况下，拨款5万元，文物馆勒紧腰带，筹措资金5万元，增加两套红外报警系统，并对本馆已老化的照明线路进行更换，按消防部门的要求，新线路全部套上了PVC阻燃套管，并由消防部门一起检查验收，杜绝了电气火灾发生的隐患。此后还增加了一台高压消防泵等设备。这些设备基本到位之后，文物馆还以制度的形式确定每年从门票总收入中支出的5-10%，用以维修和更换这些设备，此外，还每年派人到消防部门进行培训、学习，使职工掌握防火防盗设备的性能，这样实现了文物馆连续8年文物安全年，获得了社会各界的好评，成为九华山管理处信得过的标兵单位，同时也获得了“池州地区文物创安全单位”、“池州地区文明单位”、“池州市公安内保先进单位”及“九华山综合治理先进单位”诸多荣誉称号。

二、充分利用区位优势和文物资源优势，积极抓好经济创收工作。 “民以食为天”，文物馆是事业单位，在经济上却是企业管理，自筹自支。守住这一文化窗口单位，文保工作做好了，但要养活18个职工却非一件易事，面对这一课题，文物馆的做法是：

1、文明上岗，规范服务。主动热情地为来文物馆参观宾客讲解，树立了“人人是风景”的良好思想观念，以优质服务赢得了广大参观者的好评，取得了良好的经济效益。

2、充分利用市场经济特点。要想有稳定的经济收入，必须要有固定的客源市场，针对九华山是旅游名山的特点，决定不等不靠，主动走出去，请进来，与九华山本地的各大旅行社、宾馆打成一片，宣传本馆，使文物馆成为其团队、散客来山观光中的最重要一站。1994-1995年，到黄山风景区与那里的各大旅行社、各大宾馆等取得了联系，建立了长久的友好合作关系，使其团队成为文物馆稳定的客源之一。此外，文物馆还多次派人参加全国各地举办的旅游交易会，广结朋友，广发宣传材料，扩大本馆的知名度，以吸引更多的客源，使客源稳中有升，每年来馆参观人数达7~8万人次，经济收入达40余万元，取得了较好的社会效益和经济效益，这一举措，在全省乃至全国博物馆中也是一个先例。

三、充分利用九华山佛教文化特色，提高九华山在海内外的知名度。 1、结合九华山庙会，营造良好的文化氛围，每年农历七月三十日，是金地藏诞辰日，九华山管理处都要举行盛大的庙会，借此良好的契机，在原有的历代名人字画、佛教文物展的基础上办好一个个颇有特色的展览，推出一些有特色的文化活动，1994年推出了金地藏生平事迹展；1995年，为纪念金地藏诞辰1300周年，在庙会这一短暂的时间内，先后展出了《血经》、《贝叶经》、明版《大藏经》的原件，引起了海内外游人的极大兴趣；九华山历史上出现了14尊高僧的肉身，现今能见到的有六尊，为了展现这一只能在九华山才能见到的奇特僧葬文化，文物馆2000年推出了九华山肉身之谜初探展，以飨参观者。参观人数较往年有较大的增长。积极稳妥地走上了以文养文、以文护文的良性循环轨道。

2、利用佛教在日本、韩国、东南亚等地具有广泛的影响，积极利用文物对外进行文化宣传。1996年10月，在九华山管理处等部门关怀和支持下，文物馆积极与韩国有关方面联系，与有关人员多次磋商，在韩国成功举办了九华山佛教文物展，引起了强烈反响，参观人数达50万人次。

四、加强职工素质教育，开拓进取，奋发向上。 文物馆现有职工18名，其中，中级职称2人，初级职称5人，具有大专以上学历的10人，职工整体年富力强，思想统一，朝气蓬勃，精神面貌良好。自1995年以来，文物馆曾先后派出20多人参加了国家文物局、安徽省文物局等有关文博部门举行的文博专业知识培训班的学习。在日常工作中，除每月举办一次学习党的方针政策及法律外，还利用旅游淡季举办学习、培训班，邀请专家学者来为职工进行授课辅导，使人员素质得到了显著提高。此外，文物馆工会组织为丰富职工生活、提高职工工作积极性，多次组织职工到外地省、市文博单位进行考察、学习，把好的工作、服务经验带回来，用于自己的日常工作中去，取得了很大的成功。在学习江泽民主席“三个代表”讲话活动中，全馆工作人员纷纷结合实际工作，找差距，以江主席的讲话精神激励自己，全身心地投入到九华山创建活动中去，决心为九华山创建世界级文化名山作出自己积极的贡献。工会组织还在每年的节假日，如“三·八”妇女节，“五·一”劳动节，“五·四”青年节时，举办多种丰富多彩的比赛娱乐活动，极大地丰富了职工的业余生活。

作为“莲花佛国”九华山的对外宣传窗口单位曾多次成功接待了乔石、钱其琛、陈锦华等许多党和国家领导人。为此文物馆多次受到了省、地主管部门的表彰，荣获了“池州地区文化系统先进单位”、“池州地区文明单位”、“池州市文明单位”、“九华山管理处文明单位”等诸多荣誉称号。

现任馆长冯建辉同志，工作认真负责，具有一股开拓进取的精神和较强的管理能力。为了使九华山的珍贵文物得以展现在更多人的面前，在九华山管委会领导的关心支持下，在全馆工作人员的共同努力下，九华山即将兴建新的“九华山博物馆”，以便把九华山文物工作推到一个更高的境界。

山东省柳子剧团

山东省柳子剧团是隶属山东省文化厅的省级艺术表演团体，成立于1959年，有“天下第一团”之誉（即在全国范围内惟一的柳子戏专业剧团）。该团曾三次晋京演出，毛泽东、刘少奇、朱德、周恩来、彭真、邓小平、陈毅等党和国家领导人观看了演出并给予好评。剧团先后到全国十几个省市巡回演出，并为英国、法国、德国、韩国等国际友人展览演出。

柳子戏又名弦子戏，山东省主要地方戏曲之一，戏曲史上曾有“东柳、西梆、南昆、北弋”四大古老剧种的记载，“东柳”即指柳子戏。

柳子戏是由元、明以来“弦索”系统演变而来，是一个唱曲牌的剧种。它的曲调是由历代民间流行的俗曲小令与七字句的“柳子调”结合而成，出于“柳子调”更通俗易懂，因而命名为柳子戏。柳子戏遗产丰富，音乐优美，现存有传统剧目200余出，传统曲牌500余支，这是一批珍贵的民族文化遗产。现经常上演剧目有《孙安动本》(1962年曾在上海海燕电影制片厂拍成电影)、《张飞闯辕门》(曾参加全国优秀剧目展演，获剧目、表演两项最高奖)、《玩会跳船》、《红罗记》、《白兔记》、《打登州》、《抱妆盒》、《琵琶遗恨》、《王昭君》、《江姐》等。柳子戏音乐曲牌唱词以长短句为主。曲调分越调、平调、下调、二八调四大类别。常用曲牌[黄莺儿]、[娃娃]、[山坡羊]、[驻云飞]、[锁南枝]称五大套曲；主要伴奏乐器，有笛、笙、小三弦，称“三大件”。另有琵琶、中阮、古筝、二胡、扬琴、大提琴、唢呐和一套打击乐器。柳子戏唱腔典雅古朴，娓娓动听，表演行当齐全，颇有特色。

现剧团在职人员72人，其中高级职称31名，中级职称25名。有20个剧目106人次获省级以上奖励（其中获国际奖一名，获文华奖一名，一级尖子演员三名）。

为了适应社会要求，近年来本团青年演员涌现了一批通俗歌手、电声乐器演奏、小品、歌舞人才、演出队伍多才多艺，演出品种灵活多样，既能演出传统名剧，又能为企业作专场演出，树立企业形象，宣传企业文化，是一个有效地以文化搭台、经济唱戏的最佳艺术工具。

剧团自1959年建团至今42年来，由于省文化厅对剧种剧团的倾斜政策，投资购置了几百万元的音响、灯光、舞美、幕布、道具、服装、乐器等资产；近年来又投资200多万元兴建1200平方米多功能小剧场，以现代化装备装修一新。办公大楼新建，职工宿舍2处。每年完成演出场次100多场。

剧团团址坐落在山大北路27号，在外环路以西，山大新校以东，百花公园以北，洪楼广场以南的高科技开发区，得天独厚的地理环境为发展企业和企业文化提供了良好的条件。

剧团从领导班子到演职员群体，凝聚力强，团队精神好，训练有素，文化层次、艺术水平较高，是一支具备较强实力的省级艺术表演队伍。

大连话剧团

大连话剧团的前身是创建于1946年的旅大文工团，1953年独立建制，命名为旅大市话剧团，60年代末改名为大连话剧团。现在编80余人，年均排演2台戏，演出百场左右；各项业务经济收入(包括剧场多种经营)120多万元，拥有办公楼、会议室、库房、大小排练厅2900平方米；还拥有设施完备、可满足大中型剧目演出要求的1000座席剧场一处。

50多年来，大连话剧团足迹遍布东北三省及京、津、沪、鲁等地，共上演大小剧目300多个，演出一万场左右，其中15%为自己创作，多次荣获国家、大区及省市大奖。艺术人才脱颖而出，先后有2人获中国戏剧“梅花奖”，4人获中国话剧艺术研究会“金狮奖”，1人获全国电视剧最佳男主角“飞天奖”，2人获国际舞美展“荣誉奖”，169人次获大区及省市各项奖励。获奖的剧目有：话剧《徐洪刚》、《谭彦》获辽宁省“五个一工程奖”，电视连续剧《周恩来在大连》获中央电视台“飞天奖”三等奖，话剧《勾魂唢呐》获辽宁省剧目金奖，话剧《三月桃花水》获东三省话剧节剧目金奖。1995年排演的《雷雨》应邀赴日本演出。2000年，创作演出的话剧《三月桃花水》又受中国剧协的委派赴韩国参加了中日韩戏剧交流演出，受到了国外观众和专家的好评。

通过半个世纪数百个中外剧目的演出实践，大连话剧团形成了鲜明的艺术特色，一是强烈的时代精神和厚重的历史责任感，代表剧目为40年代的《白毛女》、《穷汉岭》等，五六十年代的《雷雨》、《钢铁运输兵》、《赵桂兰》、《雷锋》、《霓虹灯下的哨兵》，七八十年代的《风华正茂》、《于无声处》、《饥饿海峡》等，90年代的《使命》、《女强人》、《勾魂唢呐》、《三月桃花水》等。二是强烈地刻意表现普通人生活的色彩。代表剧目为《大红楼》、《亲情》、《勾魂唢呐》、《送你一支歌》、《三月桃花水》等。第三就是注重一定比例的国外剧目和题材。代表剧目为《钢铁是怎样炼成的》、《绞刑架下的报告》、《一仆二主》、《饥饿海峡》、《女强人》等。这一特色在全国同行中是不多见的。

改革开放以来，大连话剧团解放思想，深化改革，不但先后成立了演出部、影视剧部、影视拍摄中心、话剧表演培训班等与市场接轨的机构，还促使大家适应市场转变观念，找线索、抓题材，内联外交，进校出省，使剧团的艺术生产和管理初步走上了良性循环的轨道。适应人们艺术趣味的多样化和多变性，适应传播媒体的多样化和现代性，大连话剧团在坚持已有特色的前提下，在排演剧目的题材选择和艺术表现上，也进行了有益的、效果显著的探索，先后试验性地演出了无场次、多声部原苏联话剧《女强人》，小剧场话剧《疯狂过年车》，英国荒诞名剧《情人》，小转台样式话剧《三月桃花水》，诗歌朗诵剧《世纪诗魂》，歌队样式剧《希腊古典剧》，独角戏《勾魂唢呐》等。其中《勾魂唢呐》进京演出引起轰动效应，代表大陆话剧参加大陆、香港、台湾、新加坡戏剧交流及国际学术研讨会，也赢得了很好的反响。

在机遇与风险并至的新世纪到来之际，大连话剧团正视形势的严峻，也对明天充满了信心。在江泽民“三个代表”思想指引下，新的改革方案正在酝酿，新的艺术追求正在延伸。

甘肃省群众艺术馆

甘肃省群众艺术馆是国家设立的文化事业机构，系独立法人单位。该馆现驻甘肃省兰州市通渭路131号。法人为副馆长张淳，李朝生任党支部书纪兼副馆长，文占魁和冉龙云任副馆长。该馆现职人员共有43名；其中副研究员8人，馆员16人，助理馆员6人，管理员、行政职员及工人7人。内部机构设有文艺部、少儿部、美术摄影部、调研部、《娱乐世界》编剧部和办公室。

该馆专业人员实力雄厚、成绩卓著。华杰、王建平、杨鸣键、郝毅、曹佳坞、曹丽珍、汪小桐、赵晋龙、郭翠兰 、贺瑞奇、毛肖云、郑伯萍、郭屹梅、刘鸿、高英华等人的文艺成果、作品、论文，均曾在全国性演出、赛事、展览、报刊及会上展演、发表、交流。其中，华杰的歌曲作品《口弦轻轻吹》荣获精神文明建设“五个一工程”第七届“入选作品奖”，并在全国第五届“群星奖”评奖中荣获银奖，童声演唱《捉蚂蚱》在全国第九届“群星奖”音乐比赛中获金奖，与他人合作的歌曲《边寨夜》在全国“文化长廊之歌”征歌评奖中荣获二等奖，男声独唱《阿香姥姥》在1986年全国民间音乐舞蹈比赛中荣获创作一等奖，男声独唱《喊一声号子心舒坦》在全国第九届“群星奖”音乐比赛中获铜奖，歌曲《憨憨的小伙走河山》在中国工人歌曲新作征歌评选中荣获二等奖，华杰参加艺术科学国家重点研究项目文艺集成志书《中国民间歌曲集成》甘肃卷的编纂工作，成绩突出，为该省卷编辑部成为先进集体作出了贡献，获文化部、国家民委、全国艺术科学规划领导小组、中国音协的奖励。王建平创作的少儿群舞《小卓玛》在全国首届蒲公英评奖中以及在中国第二届《小荷风采》少年儿童舞蹈汇演评比中均获得金奖，与他人合作的《铃鼓舞》在中国第二届《小荷风采》少儿舞蹈汇演中获铜奖。杨鸣键作词的群舞《达嘎河边》在1992年全国民间音乐舞蹈比赛中获二等奖，与他人合作的幼儿歌曲《奶羔摇篮曲》和《山乡谣》在全国第五届“群星奖”评奖中荣获铜奖，歌曲《绿色的月亮》在全国“文化长廊之歌”征歌评奖中荣获二等奖，在参加第四届中国艺术节少儿专场《明天的太阳》活动中获创作金奖，在完成艺术学科国家重点研究项目《中国民间歌曲集成・甘肃卷》编纂工作中取得显著成绩，获文艺集成志书编纂成果一等奖，在艺术科学国家重点研究项目文艺集成志书省(自治区、直辖市)卷的编纂工作中，成绩显著，被文化部、国家民委、全国艺术科学规划领导小组、中国音协评为先进工作者。郝毅在艺术科学国家重点研究项目文艺集成志书省卷的编纂工作中被文化部、国家民委、艺术科学规划领导小组、中国音协评为先进工作者，并在《中国民间歌曲集成》甘肃卷的编纂工作中为该省卷编辑部成为先进集体作出了贡献，获得奖励，在完成《中国民族民间器乐曲集成・甘肃卷》的编纂工作中取得显著成绩，获得文化部颁发的文艺集成志书编纂成果奖。曹佳坞的舞蹈作品《采蝶》在1993年文化部等12部委举办的“中国少儿电视舞蹈大赛”中获二等奖，舞蹈《卓玛啊卓玛》在1995年文化部“群星奖”比赛中获铜奖。曹丽珍的美术作品《藏家采花节》荣获第九届全国版画展优秀创作奖并在全国首届中国风俗画大奖赛中获佳作奖，作品《这一片高原》荣获中国首届油画精品大赛优秀奖。赵晋龙的摄影作品《古道残阳暖》在美国华盛顿肯尼迪艺术中心举行的“中华文化美国行·中国摄影艺术展览”活动中被展出，为祖国争得荣誉，获中国影协颁发的荣誉证书，作品《山林中的远客》荣获1996年第十届尼康奖摄影比赛专业组三等奖。汪小桐的雕塑作品《灵驼》经总评委评选确认为“第八届全国美展优秀作品”，由文化部和中国美协颁证。郭翠兰1991年在全国少数民族“三独”比赛中获声乐一等奖，同年赴台演出获国务院颁发的鼓励奖。贺瑞琦编舞的《秦陇云阳》在全国第十届“群星奖”舞蹈比赛中获铜奖。毛肖云在《首届全国广播朗诵大赛》中朗诵的《兵车行》获二等奖。郑伯萍的剪纸作品《盛唐菩萨》在“99中国民间剪纸博览会”上获铜奖。郭屹梅在第二届中国艺术节民间美术展览中获优秀总体设计奖。李朝生、曹丽珍、郭屹梅在第四届中国艺术节民间美术展览中获优秀总体设计奖。

近几年来，全馆在文艺辅导方面成绩突出的是“甘肃黄河少儿艺术团”。该团成立于1996年，坚持从本省地域特点出发，遵循“敦煌、丝路、多民族”的发展思路，创作、排演了许多具有中国西部特色的民族、民间舞蹈和音乐节目，为甘肃省乃至全国文艺赛事、外宾接待、各类庆典以及电视台有关栏目承接演出40余场次。1998年7月在北京首演大获成功。继而代表中国少年儿童赴日本参加亚洲儿童艺术节，在演出活动中声名斐然；日本NHK电视媒体向全球作了实况报道。群舞《小卓玛》在全国首届蒲公英奖评选中获（舞蹈）金奖；《铃鼓舞》在中国第二届《小荷风采》少儿舞蹈汇演中获铜奖。

2001年承办了文化艺术人才中心、首都老艺术家协会主办的《第八届全国推新人大赛》西北赛区的甘肃省系列比赛活动。本省选手在西北赛区决赛中有60人获得“十佳”，有30人获得“十优”。本馆何平在成人组比赛中获“优秀歌手奖”，本馆获“组织奖”。在北京的总决赛中，甘肃选手有27人获得了“十佳”和“十优”。在全国性大型比赛中取得如此成绩，为本馆多年来所罕见。

新世纪2001年的“中秋”、“国庆”双节同日。甘肃群众艺术馆于9月30日至10月3日在兰州安宁的“仁寿山公园”，创办了首届群众文化艺术节。节日期间主要开展了“金秋卡拉OK演唱会”和“甘肃省民族民间美术展览”两项内容的活动。

从下半年开始，着手准备对馆内体制进行改革。经过广泛调查研究、探索、思考，已拟出改革草案。为了激发馆员的敬业精神，给明年实行改革打好基础，该馆运用展览作品、展示技能技巧和公开讲课等方式对专业人员进行了多方面的考核，使每位业务工作者的实际业务水平得到了认证，给2002年将要实行的全员聘任上岗提供了可靠的业务能力依据。

在2001年南宁国际民歌艺术节《中华民间歌手邀请赛》中，辅导、选送的马永华、瑙尔吉斯、马秀琴均获“优秀歌手奖”，本馆荣获“组织奖”。

天津市艺术学校

天津市艺术学校始建于1956年，原名天津市戏曲学校，1987年更为现名，是天津市惟一一所国家兴办的、培养应用型艺术人才的综合性中等专业学校。

学校占地面积23018.31平方米，建筑面积22047.5平方米，设有办公楼、教学楼、剧场、大基功房、演播室、合奏室、多媒体教室、阅览室、档案馆、校史馆、图书馆等，其中图书馆藏书近4万册。

建校45年来，学校在党的教育、文艺方针指引下、在中央和天津市各级领导的关怀、支持下，历经几代人的不懈努力，为国家培养了大批艺术人才，取得了丰硕的办学成果，深受社会各界好评和学生家长的信赖，被誉为“艺术家的摇篮”，并于2000年5月晋升为国家级重点中专。

近年来，学校在新一届领导班子的带领下，解放思想、实事求是、改革创新、开拓进取，以社会发展需求为导向、以培养高素质艺术人才为目标，依法办学、从严治教，不断开创教育教学工作的新局面，学校面貌发生了深刻的变化，成为天津乃至全国中等艺术教育中的一道蓬勃发展的亮丽风景。

立足天津、面向全国，为专业艺术院团和高等艺术院校培养、输送既有艺术特长、又有文化知识的复合应用型人才是学校办学工作的宗旨。根据社会需求，学校共开设了16个专业，分别为：京剧表演及伴奏专业；评剧表演及伴奏专业；河北梆子表演及伴奏专业；中国古典舞表演、芭蕾舞表演、中国舞表演和国际标准舞表演专业；中国乐器演奏、钢琴演奏和声乐专业；话剧与影视专业；杂技专业和舞台技术专业。为实施“培养艺术人才要从娃娃抓起”的教育战略，学校还创办了“特长生班”，并积极为中等艺术教育向更高层次延伸创造条件，力争使“直通车”式的艺术人才培养模式早日实现。

拥有一支德艺双馨、素质优良的教师队伍，是学校教学水平不断提高、教学质量稳步上升的重要保证。目前，肩负着近千名在校生培育重任的百余名在编教师中，具有高级职称的占40%、具有中级职称的占50%。各个专业门类都有一定比例的业务骨干和学科带头人，绝大多数教师具有丰富的舞台实践和教学经验。学校还有计划地聘请国内外专家来校授课、指导教学，旨在进一步提升教学水平和办学质量。目前在校执教的有俄罗斯芭蕾舞专家谢尔盖·费加宁、加丽娅·瓦尔扎诺娃和乌克兰国际标准舞专家安娜·玛里奇。

良好的环境、精心的培育、严格的管理、优质的服务，为学生成才创造了条件、提供了机遇。近年来，学校学生在国内外高规格的相关文艺赛事中屡屡获奖，人数已逾百名。其中有24名学生在文化部主办的历届“新苗奖”全国少儿京剧邀请赛中，分获一、二、三等奖；10名学生在中国剧协主办的历届中国戏曲艺术“小梅花”评奖活动中分获金奖和银奖；30余名学生在国内外重大杂技艺术比赛中获大奖 4名学生在文化部主办的“桃李杯”全国艺术院校舞蹈比赛中获优秀奖；2名学生在2001年全国青年京剧演员电视大赛中分获优秀表演奖和荧屏奖；2名学生在2001年文化部主办的全国推新人大赛中获声乐奖。此外，本校学生民族管弦乐队，在2001年首届全国少儿民族乐队邀请赛中获最高奖项——“阳光奖”。

改革开放以来，学校先后为本市和外地培养了数个颇具规模和实力的艺术群体，如：天津青年京剧团、天津京剧院实验京剧团、天津评剧院青年评剧团、四川省攀枝花市京剧团等。还先后为天津歌舞剧院芭蕾舞团、歌舞团、天津儿童艺术剧团、天津河北梆子剧院小百花剧团、北京军区战友京剧团、北京京剧院、上海京剧院、中国评剧院等艺术院团培养了大批优秀艺术人才。目前，学校受山东省潍坊市京剧团委托，正在为其培养一批学生。近年来，学校还先后为中国戏曲学院、中央音乐学院、北京舞蹈学院、天津音乐学院、上海戏剧学院等多所高等艺术院校输送了大批优秀艺术人才。

学校在注重专业与文化教学的同时，还注重加强学生的思想品德教育。培养出来的学生，整体素质高、综合能力强，这就为他们日后就业、成才打下了坚实的基础。毕业生中涌现出众多业绩卓著的演员、演奏员、研究员、编导、教授等，有的业已成为蜚声国内外的艺术家。

随着学校影响的不断扩大，参与国内外重大演出的邀请也纷至沓来。学校学生曾多次代表国家和天津市赴日本、泰国、新加坡、加拿大等国及我国香港、台湾等地演出，受到当地观众的热烈欢迎和好评。作为文艺舞台上的一支生力军，学校学生还多次参加文化部、中央电视台、天津市政府、天津电视台举办的重大节庆演出活动，参加了第11届亚运会、第43届世乒赛、第34届世体赛等重大国际演出活动，不仅出色完成了任务，受到上级领导的表彰，同时也使学生在舞台实践中得到了锻炼。

面对21世纪，学校以江泽民总书记“三个代表”的重要思想为指引，按照新制定的“十五”计划，进一步加快艺术教育的改革和发展，为把学校建成与天津国际港口大都市和我国北方重要经济中心相匹配的新型艺术人才培养基地而努力奋斗。

青岛市文化局

青岛市文化局是青岛市人民政府主管文化工作的部门。下辖单位有：市文物局、艺术研究所、博物馆、图书馆、群众艺术馆、民俗博物馆等公共文化单位，有市歌舞剧院、话剧院、京剧院、民族艺术剧院等艺术表演团体，有市电影公司、影院、广告公司、音像出版社、剧场、文物商店等企事业单位，共31个。干部职工1380人。

青岛市的传统文化底蕴比较深厚，是国务院1994年颁布的国家历史文化名城之一。同时，由于青岛特殊的历史文化背景和自然环境，市民文化素质较高，文化工作有较好的基础。近年来，特别是党的十四届六中全会和十五大以来，全市文化工作者紧紧依靠市委、市政府的领导，高举邓小平理论伟大旗帜，坚持“二为”方向和“双百”方针，解放思想，开拓创新，团结一致，扎实工作，取得了显著的成绩和长足的发展，进一步增强了文化事业的生机和活力，实现了文化建设的全面推进，较好地满足了人民群众日益增长的多方面的精神文化需求，为全市改革开放和经济建设提供了良好的文化环境和精神动力。

“九五”期间青岛市文化事业发展主要表现在：

*以文企联姻为重点，继续深化文化体制改革，精品创作成绩斐然。*根据中央和省、市委关于深化文化体制改革的指示精神，青岛在全国率先实施了以文企联姻为重点的市直专业院团改革，相继与海尔等著名企业联姻，全市企业每年资助专业院团的固定经费达200多万元。这一经验做法，得到了中宣部、文化部领导的充分肯定，《人民日报》等中央媒体曾多次报道。在此基础上，又改革了市直专业院团经费划拨办法，增加了国拨经费，在各院团广泛推行全员聘任和职称评聘分开的人事管理办法。文企联姻，深化改革，推动了文艺团体艺术生产力的解放，各院团连续创作演出了一大批优秀作品：市话剧院创作演出的话剧《我爱我班》、《工人世家》分别获中宣部1996年度和1999年度“五个一工程”奖、文化部“文华奖”新剧目奖、全国儿童剧调演一等奖和第六届中国艺术节银奖。市歌舞剧院李永昌创作演唱的歌曲《不屈的尊严》获1999年中宣部“五个一工程奖”。市京剧院的新编儿童京剧《生死峡谷》参加了2000年在北京和长沙举办的全国优秀儿童剧节目调演，获优秀演出奖，并入选2001年中宣部“五个一工程奖”。市民族艺术剧院创作演出的现代吕剧《无品芝麻官》获山东省吕剧调演一等奖，并被改编成电视剧，获1997年度中国电视金鹰奖二等奖。

*在专业艺术表演创作取得辉煌成绩的同时，其他艺术门类和群众文艺创作也有了新的进展。*在文化部第八、第九、第十届“群星奖”评选中，王伟的国画《祈盼》获金奖，市爱乐合唱团演唱的《海鸥回来了》获银奖，舞蹈《鱼水情深》获铜奖，舞蹈《尘缘》获优秀奖。在全国第一、第二届“蒲公英奖”评选中，舞蹈《鼓韵》、曲艺《压岁钱》分获创作、表演、辅导的五个金奖一个银奖；器乐演奏《赛马》、独唱《星星、月亮、太阳》、小合唱《我送爸爸去西部》均获演（奏）唱、创作、表演金奖。其他如小品《入静》获98中国曹禺戏剧文学奖一等奖；市歌舞剧院业余合唱团的《赶牲灵》、《沂蒙远眺》获2000年中国合唱节金奖 市少儿合唱团获第五届中国国际合唱节铜奖 王伟、杨越、陈锡岩、王迪的美术作品分获全国美展银奖、铜奖；戏剧小品《同在蓝天下》获第三届全国戏剧小品大赛演出银奖和编剧金奖；小品《心的呼唤》和《今晚不谈那个》在山东省农民文化艺术节上分别获得金奖和银奖。纪宇创作的长诗《97诗韵》在全国引起较大反响，获山东省精品工程奖。艺研所张京的文章荣获省委宣传部“刘勰杯”文艺评论奖。

*创建全国、全省社会文化先进区市活动蓬勃发展，以唱好“文化四季歌”为主线，城乡文化活动丰富多彩。*继平度市、四方区跨入全国先进文化市区之后，市北区、胶南市、李沧区先后跨入全国先进行列，莱西市被山东省委省政府命名为省级社会文化先进市。李沧区还荣获文化部授予的全国万里边疆文化长廊先进区称号，胶州市、胶南市被文化部命名为“民间艺术之乡”，崂山区被文化部命名为“民间文学之乡”。为了丰富群众的文化生活，青岛市文化局自1998年起连续四年推出文化活动“四季歌”，即“樱之春”音乐舞蹈周、“青岛之夏”艺术节、“金秋十月”合唱周、“个十百千万”迎新春系列文化活动，从2000年起推出的“欢乐假日”——广场系列文化活动，全市30余处文化广场每年组织演出和活动达1000多场，使青岛城乡文化丰富多彩，“月月有活动，季季有高潮”。中宣部《宣传信息》介绍了青岛“欢乐假日”广场系列文化活动的情况。青岛市对外文化交流活动日益频繁，每年对外文化交流活动达30余项，扩大了青岛文化的对外影响。各级公共图书馆认真实施“金图工程”、“知识工程”，发挥全市文献信息中心优势，不断提高服务水平，扩

大服务网络，在全国第二次公共图书馆评估定级中成绩列全省首位。全市社区文化形成网络，广场、校园、企业文化和专业文化交相辉映，大大提升了青岛的知名度和城市文化品位，营造了安定、欢乐、祥和的文化氛围。在搞好市区文化活动的同时，还开展了市直专业剧团与农村乡镇“文农联姻”活动，组织文化下乡、文化扶贫、“为农村儿童送戏捐书”、“文化大篷车”等广大农民喜闻乐见的活动。认真落实“2131”目标，自1998年起连续四年举办农民电影节，每年为全市农民放映1万余场，使农村群众的文化需求也得到较好的满足。

文化设施建设发展迅速，一批标志性文化设施相继建成。市委、市政府加大投资，建设了一批标志性文化设施。投资1.2亿元建成了占地105亩、建筑面积近3万平方米的青岛市文化博览中心（含市博物馆、市美术馆），展出了《青岛历史文明之光》大型文物陈列展等8个系列展览，先后承办了第四届全国水彩粉画展、98山东省油画作品展、99青岛国际美术邀请展、中国优秀版画展、2000青岛国际版画双年展等大型展览，在国际和全国文博、美术界产生了一定影响。投资7000万元扩建了市图书馆。投资3000余万元改造了市人民会堂，修复了天后宫（市民俗博物馆）、康有为故居。今年投资1000万元改造影剧院。市文化局自筹资金改造建成了明清文物陈列馆和7000平方米的市群众艺术馆及青岛艺术品市场。

文化法制建设不断加强，文化市场逐步进入繁荣有序的轨道。始终坚持“一手抓繁荣，一手抓管理”，不断加强法制建设和队伍建设。在认真贯彻国务院、山东省文化市场管理法规的同时，联系青岛实际，由市人大常委会和市政府相继制定出台了《青岛市文化娱乐市场管理条例》、《青岛市文物保护暂行规定》等地方性法规和规章，规范了文化市场经营管理和文物保护行为。根据国家和省的统一部署，建立了文化市场稽查制度、违法违规经营行为举报奖励制度，聘请了义务监督员，开展了文化市场的清理整顿，不定期进行文化市场稽查和监督，打击不法经营行为，促进了文化市场的繁荣有序发展。

继续贯彻“保护第一，抢救为主”的方针，进一步强化了文物保护与管理工作。近年来，市委、市政府充实调整了青岛市文物管理委员会，成立了由市政府主要领导任主任的新的文管会。加强历史文化名城的宣传，公布了青岛市第六批文物保护单位，协助有关部门开放了迎宾馆、天主教堂、基督教堂等一批文保单位，对天柱山魏碑、康有为墓等进行了保护性维修，进行文物地图集的编撰工作。加大文物保护的力度，对胶州宋代古钱币城、城阳法海寺、华严寺等重点文物进行抢救性修复，召开了全市田野文物保护工作会议。认真落实市人大1号议案，完成了康有为故居的修复布展，并正式对外开放。

青岛市文物局

青岛市文物局是根据国务院办公厅国办发（1987）39号文件精神，于1987年10月19日经青岛市委、市人民政府批准成立的副局级单位。是青岛市文物行政主管部门。在业务工作上受国家文物局、省文物局领导，负责青岛市文物保护管理工作。对青岛市文物、博物馆单位实行业务工作指导及专项经费预算、审核、监督和管理；并负责青岛市文物管理委员会办公室的日常工作。

青岛市现有国家级重点文物保护单位天柱山摩崖石刻、青岛德式官邸旧址、青岛德国提督府旧址、齐长城遗址、即墨故城遗址、八大关建筑群6处。省级文物保护单位有东岳石遗址、琅琊台、田横岛五百义士墓、天后宫、康有为故居、江苏路基督教堂、浙江路天主教堂、城子遗址、三里河遗址等27处。市级文物保护单位有栈桥回澜阁、中共青岛支部旧址、湛山寺、老舍故居、牧马城遗址、水族馆、京山炮台遗址、崂山道教宫、观、庵等80处。区、县级文物保护单位103处。青岛还是国家级历史文化名城，市内各历史文化街区内现存各类近现代优秀建筑360处，其中被省建设厅、省文化厅评为历史优秀建筑131处。

青岛市近年来特别是改革开放以来，博物馆事业得到长足发展，各类博物馆相继建立，形成了一个多馆一中心的格局。在文物博物馆的基础上，先后成立了具有地方特色的博物馆、陈列馆，如青岛海产博物馆、青岛海军博物馆、青岛历史文化博物馆、青岛民俗博物馆、青岛消防博物馆、青岛文化名人陈列馆、高凤翰纪念馆、康有为故居纪念馆等20个馆所。同时一个集博物、美术、海尔电子科技三馆合一的文化博览中心在青岛市东部落成并对外开放。成功的举办了青岛历史文明之光、明清书画碑贴、历代陶瓷、玉器杂项、古钱币、国际交往礼品、国际版画双年展、全国国画优秀作品、海尔电子科技发展等大型展览。民俗博物馆突出青岛地区的民俗民风，每年正月举办大型“新正民俗娱乐活动”和长年民俗文物展览。部分博物馆、陈列馆被市委市政府列为“爱国主义教育基地”，极大的丰富了岛城人民的精神文化生活。

青岛市京剧院

青岛市京剧院成立于1950年6月，前身为青岛市京剧团，1999年5月撤团建院。剧院下属京剧团、青年京剧团两个演出团体。

建院以来，剧院几代艺术工作者创作演出优秀传统剧、新编历史剧和现代京剧百余出，并挖掘整理了绝响京剧舞台十几年的言派艺术，常年巡回演出于北京、上海、天津、南京、江、浙、湘、鄂、皖、晋、冀、鲁、豫、辽、陕、内蒙古等地。

1959年和1964年，剧院两度晋京汇报演出，受到毛主席、刘少奇主席、周总理、邓小平总书记的亲切接见和鼓励，首都观众热情赞誉剧院是流派渊源的“百花剧院”。

剧院现有高级职称演职员28名，近20名演员获国家级、省级奖。奚派老生演员张军强参加2001全国京剧青年演员评比展演获一等奖。青年（女）老生演员程慧慧荣获2001年“哈药六杯”全国青年京剧演员电视大赛优秀演员奖。1990年剧院参加纪念徽班晋京200周年纪念演出，轰动京华。剧院曾出访英国、日本、乌克兰、韩国等国家，受到国内外观众的一致好评。剧院主要演出剧目有《吞吴恨》、《楚汉争》、《龙凤呈祥》、《杨门女将》、《红鬃烈马》、《四郎探母》、《秦香莲》、《玉堂春》、《包龙图》、《十八罗汉斗悟空》、《火烧裴元庆》；言派名剧《卧龙吊孝》、《让徐州》、《战北原》、《白帝城》；唐（韵笙）派名剧《斩韩信》、《斩经堂》；高派名剧《逍遥津》、《胭脂计》等；奚派名剧《范进中举》、《失空斩》等。自1998年以来剧院新排大型现代京剧《杜鹃山》、《智取威虎山》，以大阵容、大制作、新感觉、新印象再现舞台获得成功，演出近200场受到各地观众的热烈欢迎。1999年剧院为庆祝建国五十周年创作演出的大型现代儿童京剧《生死峡谷》，在全国各地演出350场，近40万青少年观看了演出。2000年该剧赴北京、长沙参加全国儿童剧优秀剧目展演获优秀演出奖。2001年该剧荣获中宣部全国“五个一”精品工程奖。

青岛市歌舞剧院

青岛市歌舞剧院的前身是青岛市歌舞团，始建于1960年7月1日，1994年撤团建院。剧院下设歌舞团、交响乐团、曲艺团、合唱团、美术工作队五个业务部门，是青岛市实力最强的演出文艺团体之一。

剧院坚持文艺为人民服务、为社会主义服务的方向，多年来走遍祖国大江南北，组团出访过墨西哥、日本、韩国、赞比亚等国家，先后上演过大型歌剧《柯山红日》、《刘三姐》、《江姐》、《货郎与小姐》等；民族舞剧《小刀会》、《蝶恋花》；外国舞剧《葛蓓莉亚》等等。

20世纪80年代以后，剧院以演出交响乐、歌舞、曲艺晚会为主，曾上演过各种题材、风格不同的歌舞节目。90年代初，本院创作排演大型民族舞剧《孔子畅想曲》，参加山东省艺术节、曲阜孔子国际研讨会演出，受到好评。交响乐团近年来一直活跃在青岛、济南等地的音乐舞台，先后邀请国内著名指挥家李德伦、韩中杰、卞祖善、黄晓同、郑小瑛、胡炳旭等来团指挥；邀请著名演奏家俞丽娜、吕思清等合作演出。

青岛市歌舞剧院投入300余万元创作、演出的六场大型舞蹈诗《大海梦幻》由全国一流的主创人员进行编导、作曲、服装、舞美、灯光设计。该剧将海洋、服饰、舞蹈三种元素汇编而成的一种独特的艺术形式，把大海当做生命之源，让舞蹈进行演绎，形成了对人生哲理的思考，生命成了一首永恒的赞歌。该剧参加了《相约北京》的大型演出活动和中央电视台“六一”儿童节大型晚会及第三届中国青岛海洋节开幕式晚会。中央电视台《东方时空》栏目和中央电视台《新闻联播》多次对该剧做了介绍和报道。近日，又在山东省第七届艺术节上获一等奖。

青岛市民族艺术剧院

山东省青岛市民族艺术剧院前身为青岛市吕剧团，始建于1960年5月1日，1999年撤团建院，下辖青岛市民族乐团、青岛市吕剧团、青岛市轻音乐团。现任院长赵增光。

经过40年的发展，剧院已成为省内颇有影响的专业表演团体之一。期间，共排演了150个剧目和数百个曲（节）目，演出7000余场，观众800多万人次，多次巡回演出于鲁、皖、苏、蜀、晋、冀、豫、辽及北京、上海、天津、延边等地。有20余个创作剧目、200多人次在全国及省、市各种比赛中获奖。创作剧目《张王李赵》获全国优秀剧本奖。小品《超负荷》获全国喜剧小品电视邀请赛金杯奖、全国戏剧小品大赛二等奖。《庄户亲家》获第二届全国小品比赛优秀作品三等奖。大型现代吕剧《无品芝麻官》获山东省“精品工程”奖、青岛市高雅艺术奖，并晋京向国家领导人作汇报演出。

40年来，剧院造就了一批表演艺术家和艺坛新秀。中央人民广播电台曾以“演唱会”和“专题报道”向全国听众介绍了主要演员的表演风格和代表唱段。

新世纪里，剧院将以市场为导向，调整结构布局，以改革为动力，深挖内部潜力，多形式、多方位、多途径地开展艺术生产。

青岛市话剧院

青岛市话剧院始建于1956年，由文化部从中国青年艺术剧院抽调50余名演职人员整建制来青组建青岛市话剧团。1994年8月撤团建院。现有在职演职员100人，其中高级职称45人，先后涌现出许多全国知名的演员。话剧院是青岛市重点扶持的文艺单位，剧院下设实验话剧团、海尔儿童剧团、艺术服务中心、艺术学校。各部门均可对外经营。

青岛市话剧院具有较强的创作表演实力。“文革”前创作演出的话剧《敢想敢做的人》、《红岩》、《柜台》等演遍大江南北，在全国产生广泛影响。十一届三中全会以后，该院创作演出的话剧《海边有个男儿国》、音乐剧《陈小虎》、中学生校园剧《我爱我班》、话剧《工人世家》先后三次获中宣部“五个一工程”奖，三次获文化部“文华”奖。

40多年来，青岛市话剧院曾先后应邀十几次晋京，四进中南海，两进人民大会堂，受到党和国家领导人周恩来、朱德、陈毅、郭沫若、余秋里、谷牧、尉建行等的接见。

群众出版社

群众出版社是公安部直属的中央一级的专业出版社，创建于1956年10月。主要出版有关公安、保卫工作的法律、法规，专著和译著，有关社会主义政治与法律的著作和译著，有关政治、公安、保卫工作的国内外参考资料和精选的文艺作品，并出版大型法制文学期刊《啄木鸟》。

多年来，群众出版社立足公安，面向社会，出版了一大批像《福尔摩斯探案全集》、《我的前程》、《人民警察必读丛书》、《张平文集》、《海岩文集》、《毕淑敏文集》、《九十年代大案要案》、《日本推理小说文集》等深受广大人民群众喜爱的专业图书和文艺作品。其中《论邓小平人民民主专政思想》、《陈龙传》、《抉择》获得国家“五个一工程”奖。根据群众出版社出版的长篇小说《抉择》改编的电影《生死抉择》得到江泽民总书记的高度评价。

进入新世纪，群众出版社将始终不渝地坚持党的各项方针、政策，坚持社会效益和经济效益相统一，努力为广大读者提供更多更好的精神食粮。

北京中国书画收藏家协会

协会1994年1月成立，由书画界、文物考古界、收藏界权威人士发起组成，具有独立法人资格，业务主管单位为中国文物交流中心。

协会宗旨是：团结海内外收藏家、鉴赏家、画家和广大收藏爱好者，为繁荣民间文化收藏事业和规范艺术品市场做贡献，为提高广大会员的学术、鉴赏和收藏水平做出贡献。

顾问委员会是由享誉国内外的数十名文物专家学者、画家组成(以故宫专家为主)，名誉会长：汪道涵、王琦。

文物鉴定委员会自1999年正式面向社会开展鉴定工作以来，其严谨、求是、公正的学术形象取得了社会的一致好评和信赖，为国家有关部门的工作提供了帮助。鉴定范围：古今字画、历代陶瓷、珠宝玉器、碑帖墨砚、古籍善本、竹木牙角、青铜器等。

多年来协会在国内外开展了多种文化交流活动、社会服务活动，举办艺术展览、专业培训等，取得了良好的社会效益。

欢迎广大收藏爱好者加入本会，欢迎各界同仁合作联谊。

会长：郝竞存　　秘书长：李新京

南京音像出版社

南京音像出版社成立于1989年，是南京市广播电视局主办和主管的综合性音像出版社。十多年来，该社认真贯彻执行江泽民同志关于以“优秀作品鼓舞人”的指示精神，紧密围绕经济建设这个中心，努力编辑出版突出主旋律、弘扬民族文化、普及科学文化知识等方面的音像制品，用积极、健康、向上的音像制品占领市场。经过十多年的实践和努力，该社已建立和培养了一支具有一定水平能力，又适合市场需要的编辑发行队伍，达到年出版发行各类音像制品近百个品种、300万盒（张），实现销售额2000余万元、创利税300余万元的规模，有4个品种先后获广电部颁发的国产优秀音像制品“双向奖”。还有数十个品种在《中国青年报》、《光明日报》等新闻媒体公布的销售排行榜上名列前茅，实现了社会效益与经济效益的同步增长。

科学技术文献出版社

科学技术文献出版社隶属国家科学技术部，是中央级一类综合性科技出版单位。成立近30近来，共出版图书6000余种，其中一些获得过国家科技进步一等奖、中国图书奖、“五个一”工程奖等。另外，还有一系列极具特色的拳头产品，如《中国秘方大全》、《超声医学》等。同时，积极开拓海外图书市场，努力扩大版权贸易，引进大量外版图书。目前，科技文献出版社主要出版医学、生活、农业、科普、教辅、国家科技政策、科技管理等类图书，常年可供图书1000余种，每年出版新书250余种。

除了出版图书以外，出版社还出版发行《中国信息导报》、《高技术通讯》等刊物，并即将推出《科学》(《Scientific American》中文版)。

展望未来，出版社将本着“我们的所有努力，都是为了使您增长知识和才干”的宗旨，为广大读者提供更多更好的精神食粮。

深圳交响乐团

深圳交响乐团是深圳市政府重点扶持的专业文艺团体，它创办于1982年，自1985年首演《黄河大合唱》和贝多芬《第五（命运）交响曲》获得成功至今，已拥有一支三管乐队，排演过交响乐100多套，中外优秀作品100多部。乐团除定期举办交响音乐会外，还经常举办广场音乐会和室内音乐会，极大地丰富特区文化生活，拥有广泛的听众。

自1987年以来，乐团先后赴香港、澳门、北京、上海、江西、四川、湖北、云南、贵州、广西、安徽等地演出，在广东省“交响乐之春”大型音乐会和第五届“羊城音乐花会”上亮相，深受好评。1994年赴兰州参加第四届“中国艺术节”，1995年在深圳公演贝多芬《第九（合唱）交响曲》，均获赞誉。1997年10月赴德国、捷克访问演出，2001年2月赴台湾演出，都取得极大成功。

应邀担任过本团艺术顾问和客席指挥的有：中国著名指挥家李德伦、严良堃、韩中杰、黄晓同、郑小瑛、卞祖善、陈燮阳、水兰、胡咏言、陈澄雄；美国著名指挥家康斯坦丁尼蒂斯、麦克瑞、兰茨、尼冠；德国指挥尤利士、弗拉斯；澳大利亚著名指挥家斯玛特；奥地利莫扎特音乐学院院长克劳斯；俄罗斯著名指挥家雷洛夫等。他们对乐团的演奏水平和潜力给予了充分肯定和较高评价。

光线电视传播有限公司

光线传播的前身是北京光线电视策划研究中心，成立于1998年10月，属下机构包括北京光线电视传播有限公司、北京光线广告有限公司、北京光线时代资讯有限公司和上海光线电视传播有限公司，并在广州和香港设有办事处。

光线传播目前已成为中国最大的民间电视节目制作机构，每天的节目制作量达2小时，在全国230多家电视台500台次播放，覆盖中国大陆的全部地区，收视观众达10亿人以上。

光线传播策划和制作的知名电视节目有《娱乐现场》、《海外娱乐现场》、《娱乐人物周刊》、《音乐风云榜》、《体育界》。

光线传播所属的“E视娱乐网”是目前国内最大的娱乐资讯网站之一。

光线传播经营业务还包括策划各种商业性娱乐活动、图书出版、音像制品制作、宽带网络内容提供等。

光线传播以e.为品牌标识，该品牌形象已成为具有极高价值的国内文化类商标。

光线传播现有员工近200人，绝大部分业务骨干分别来自中央电视台及各地电视台或人民日报、经济日报等著名平面媒体，具有丰富的新闻及电视工作经验。

光线传播的最终发展目标是成为中国最具影响力的娱乐和传媒公司之一。

沈阳市和平区南京街第一小学

沈阳市和平区南京街第一小学是一所有50年历史的市区闻名的窗口学校，现有31个教学班，1497名学生。学校在几届领导班子的带领下，始终注重把握教育发展态势，结合学校特点，坚持实施素质教育，培养了大批合格+特长的人才，为上一级学校输送了大批能力强，后劲足的学生。1997年，南京一校在新一届领导集体的带领下，认真总结以往的办学经验，树立先进的办学思想，确立学校发展长远目标，实行校长负责制下的多级管理模式。以科学高效的管理手段，合理地整合力量，制定完善了各项管理、考评制度，把责、权有机地结合起来，激活、挖掘、调动学校的一切潜力，全校人人树立“人无我有，人有我优，人优我精”的思想，构建了具有特色的学校教育目标序列，教育内容结构、教育途径网络、教育方式方法、教育环境氛围、教育硬件设施。学校的教育、教学、科研等方面工作都呈现出一派前所未有的发展势头，涌现出大量的优秀学生，塑造了一批名牌教师，形成了具有名牌意识，旺盛活力的特色办学模式。同时学校与美国纽约第三十学区第二小学、日本札晃三角山小学缔结了友好学校，加入了联合国教科文组织成立的实验学校，构建了“面向世界”的外向形办学框架。

湖北省歌剧舞剧院

湖北省歌剧舞剧院由原湖北省歌舞剧院和原湖北省歌剧团合并组建，是以创作演出民族歌剧、民族音乐、舞蹈和交响音乐为主的专业表演艺术团体。剧院内设歌剧团、舞剧团、交响乐团、民族乐团、创研室、演出经理部、舞台美术工程部、文贸公司等机构。许多演员和节目曾在国家与国际级艺术比赛中荣获金、银大奖，在国内外艺术活动中产生了广泛的影响。

剧院代表作——大型民族歌剧《洪湖赤卫队》成为20世纪华人经典歌剧；一曲《洪湖水，浪打浪》风靡海内外，历经数十年而不衰。剧院代表作——大型古典乐舞《编钟乐舞》，作为国家保留剧目，被誉为“音乐舞蹈史诗”；大型民族舞剧《荷花赋》、民族歌剧《樱花》，曾荣获多项“文华奖”和湖北省“五个一工程奖”。此外，大型舞蹈《火凤凰》、歌曲《纤夫的爱》等一大批音乐舞蹈作品亦获各种奖励。

剧院曾受国家派遣，1985年赴日本参加“万国博览会”的演出；1985年、1992年赴香港参加“第十届亚洲艺术节”和“神州艺术节”，1989年、1991年两次赴美国、加拿大；1991年赴乌克兰、罗马尼亚；1993年赴马来西亚；1994年赴西班牙、法国、瑞士；1995年赴朝鲜；1997年赴美国；1998年赴台湾演出。所到之处，均受到海内外观众赞誉。

剧院在国内经常参加大型国事活动，曾先后三次到首都北京参加国庆大典演出。1990年大型舞蹈《火凤凰》参加第十一届亚洲运动会迎宾晚会。我国老一辈党和国家领导人周恩来、董必武、贺龙、陈毅、叶剑英、李先念以及西德总理科尔、日本首相中曾根等都欣赏过剧院的精彩演出。1999年5月29日，江泽民主席视察湖北省工作时，观看了剧院演出的《洪湖赤卫队》片段，演出结束后，江主席上台祝贺并亲自指挥大家演唱《洪湖水，浪打浪》。

剧院多次受到文化部和湖北省政府的嘉奖，被授予“弘扬民族文化的好剧团”光荣称号。

湖北省歌剧舞剧院领导班子：

院长：钱均平

党委书记：潘明贵

副院长：梅昌胜、卢向荣、沈远跃、岳伟强、龚国富

呼伦贝尔市民族歌舞团

内蒙古自治区呼伦贝尔市(前称呼伦贝尔盟)民族歌舞团是以蒙古族为主体，包括汉、达斡尔、鄂温克、鄂伦春、回、朝鲜、满等民族演员组成的专业艺术表演团体。建团于1950年，半个世纪以来，该团不断汲取各民族的民间艺术精华，形成了独具的巴尔虎蒙古、达斡尔、鄂伦春等民族风格和鲜明的地方特色。该团创作演出的鄂伦春族三人舞《山果熟了》、鄂温克族独舞《养训鹿的乌娜吉》、达斡尔族独舞《心中的纳文江》等曾获孔雀杯全国少数民族舞蹈比赛创作奖、表演奖，其中《山果熟了》还获第二届全国少数民族文艺汇演创作、表演三等奖。该团曾赴蒙古、朝鲜、荷兰、瑞典、俄罗斯等国和澳门、台湾地区演出。党和国家领导人毛泽东、刘少奇、周恩来、邓小平、董必武、叶剑英、江泽民、李鹏、乔石、李瑞环、胡锦涛等观看过该团的演出。

安徽科学技术出版社

安徽科学技术出版社成立于1979年1月，是一家以出版自然科学和应用技术图书为主的地方出版社。目前设有理工、农业、医卫、外语、音像、综合六个编辑室和《保健与生活》、《海外英语》、《家庭与家教》三个杂志部及相关职能科室。安徽省出版总社音像中心与该社合署办公，加强了出版社的出版力量。

该社始终遵循正确出版方向，立足本省，面向全国，积极进取，不断改革，取得了较好的社会效益和经济效益。1992年以来，该社先后获得“全国新闻出版系统先进单位”、“良好出版社”、“全国图书版权贸易先进单位”等荣誉。建社20多年来，该社累计出版图书3000余种，有400余种图书和音像制品在全国、华东地区和安徽省优秀图书评奖中获奖。

如今，该社出版的学术著作、应用技术和农业科技读物比例适当，医卫、语言等图书已形成自己鲜明的特色，推出了《京九铁路》、《心灵鸡汤》(英文版)、《唱歌啦》等一系列精品图书。

社长兼总编辑：席广辉

苏州市滑稽剧团

剧团始建于1950年9月24日。20世纪50年代，《苏州二公差》、《钱笃笤求雨》、《小山东到上海》等一批优秀传统剧目誉满艺坛。60～80年代，《满意不满意》、《小小得月楼》、《三十层楼上》风靡全国。90年代，大型滑稽现代戏《快活的黄帽子》、《一二三，起步走》分获全国戏曲现代戏观摩演出“优秀剧目奖”；中宣部首届、六届精神产品“五个一工程”奖；文化部第二届“文华新剧目奖”；全国儿童剧新剧目评比演出一等奖；文化部第七届“文华大奖”；第五届中国戏剧节“曹禺戏剧优秀剧目奖”；第六届中国艺术节大奖。

剧团人才辈出，著名滑稽艺术表演家张幻尔、方笑笑、叶霞珍、陆辰生等老一辈艺术家，堪称苏式滑稽的代表。目前，剧团拥有以一级演员、全国人大代表、二度“文华奖”、二度“梅花奖”获得者顾芗，一级演员、“文华奖”、“梅花奖”得主张克勤等中青年艺术骨干为代表的队伍。

剧团每年演出8至10个月，足迹遍布江、浙、沪、京、津等13个省市广大城镇，仅《一二三，起步走》和《小城故事多》剧目就演出2800余场而久演不衰。

剧团所属“苏州喜剧院”，建筑面积2400m²，内部设施齐全，装璜典雅别致，适合戏曲、曲艺、杂技、木偶、评弹等各类剧种演出，并可作为各类会议场所。另该剧院附设“苏州喜剧艺术传播中心”、“舞美艺术中心”，具有对外承接大型演艺活动和大型舞美设计、装置等业务的实力。

广西壮族自治区图书馆

广西图书馆位于南宁市民族大道中段61号，全称广西壮族自治区图书馆，是广西最大的省级综合性公共图书馆。

截至2001年底，拥有藏书226万册；中外文期刊近万种；音、像带及学术期刊光盘1万多件，被誉为“八桂学府 壮乡书城”，其中，太平天国革命、桂系军阀史料及广西地方志为馆藏特色。

广西图书馆拥有计算机管理系统、缩微拍摄、阅读系统以及音像视听等自动化设备。所有业务环节全部实现了自动化管理，整个图书馆网已纳入国际互联网中，并且已建立起具有一定规模的书目数据和全文数据库。

广西图书馆年接待读者70余万人次，借阅图书90多万册次，每周开放97小时，全年365天天天开放，还开办了10个汽车图书馆流动服务点上门服务。广西图书馆始终坚持“读者至上”的原则，不断改进服务方式、提高服务质量、深化服务层次，于2001年被全国“知识工程”领导小组评为“读者喜爱的图书馆”。

广西图书馆担负着全区图书馆业务辅导职能，负责广西图书馆学会日常工作并承办图书馆学术研究期刊《图书馆界》；牵头建立了“广西地方文献征集协作网”，领导开展全区地方文献的征集、协调及开发工作；广西图书馆采编中心在推动广西计算机网络环境下书目数据资源规范化、标准化进程方面起到了较大的作用，现有成员馆30多个，年加工能力达72000多条书目数据；此外，广西图书馆还充分发挥全区“知识工程”主阵地作用，负责组织实施全区“知识工程”的各项工作。

深圳摄影协会

深圳摄影学会是1981年3月3日，由市编委会批准成立的深圳市第一个文艺团体。成立20年来，在市委、市政府、市委宣传部和市文联的关怀支持下，取得了显著成绩。先后在全省、全国和国际影展中入选作品1000多幅，其中获金、银、铜牌100多幅，深圳摄影作品曾在美国、日本、台湾以及港澳和全国30多个省市展出过，深圳摄影学会从1987年起连续举办15届全国摄影十杰年赛，影响较大，连续14年举办深圳摄影新星大赛，为深圳培养和造就了大批摄影人才，对宣传深圳特区，促进精神文明建设及繁荣深圳摄影事业起到了良好作用，尤其是1997年本会在中国摄影家协会、深圳市委宣传部的领导下，成功承办了第24届国际摄联代表大会。

广东教育出版社

广东教育出版社成立于1985年，是广东省出版集团有限公司属下的一家专业出版社。主要编辑出版教材、教参、教辅、课外读物、教育科学理论著作、工具书、综合类图书、音像读物和电子出版物等。此外，还办有《潇洒》和《新空间》两份杂志。这是一个团结协作、充满活力、勇于开拓、实力较强、出过不少好书的出版单位。1998年12月被中央宣传部、国家新闻出版署评为全国优秀出版社。

近几年来，广东教育出版社坚持大教育的出版理念和双翼齐飞的出书方针，不管是抓中、小学教材建设，还是抓重点书、精品书的出版，都取得了优异的成绩。自1995年以来的6年多时间，共出书6800余种，总印数达6.8亿多册，总码洋接近38亿元。同时，有180多种（套）书获全国、大区和本省“五个一”工程奖和宣传文化精品奖，其中获国家三级奖的图书有7种（套），取得了社会效益与经济效益双丰收。1998年5月25日，《新闻出版报》在头版头条以“精品走向市场——广东教育出版社的发展之路”为题发表长篇通讯，介绍该社的成功经验。

广东教育出版社现正着手进行内部管理机制和激励机制的变革与创新，努力寻找一条适应市场经济的出版路子，多出精品佳作，更好地传播知识，繁荣学术，服务教育和培育人才。

社长：卢锡明

北京东方影音公司

北京东方影音公司创建于1984年，原名“东方歌舞团录音公司”，于1989年更名为“北京东方影音公司”，由此进入了一个崭新的发展阶段。

至今，公司已具有一定的规模。经营范围包括制作、引进、出版、发行、代理等等一系列业务，并且在这些领域里拥有良好的信誉和业绩。

公司拥有一批年轻而富有经验的从业人员，其中包括管理、财务、发行销售、出版编辑、制作等人员。公司内部团结协作，勤于开拓。对外，公司与所有合作伙伴友好合作。在公司全体员工及合作伙伴的共同努力下，创造了不俗的业绩。

在“东方”的历史上，共制作、出版、发行了数千个版号的音像制品。其中包括音乐、戏曲、曲艺、电影、科技、教育、娱乐等等，形式内容涉及广泛。

“东方”是全国为数不多的具有引进版权资格的出版单位之一。出版能力强大，拥有众多的海外合作伙伴，在音像市场中具有相当的份额。

“东方”非常注重创造良好的社会效益，始终追求产品的格调和品质。为此，曾多次获得过政府及权威机构的褒奖。如：

曾获得“金盒带奖”；“优秀金榜磁带奖”；“全国优秀文艺类音像制品奖一等奖”；“国家音像奖”等等。

公司将努力开拓，并期待着更多的业内外单位、人士与我们精诚合作，共同创造新的辉煌。

总经理：王新民

重庆市群众艺术馆

重庆市群众艺术馆始建于1956年11月，是全国首批建立的群众艺术馆之一。现有馆舍建筑面积4000余平方米，土地使用面积2700平方米，编制81人，2001年实有在职人数69人，离退休41人。

重庆直辖以后，该馆工作范围由原21个区县（市）辐射到40个区县（市）文化馆。馆设音乐部、舞蹈部、文学戏剧部、美术摄影部、少儿艺术辅导部、艺术研究室、调研部等业务部室，开展群众文化艺术活动的组织、辅导、指导、研究和培训工作；建有重庆市孩子艺术团、青年舞蹈队、中学生舞蹈队等演出队伍，常年活跃在山城城乡舞台。

重庆市群众艺术馆的业务工作主要以组织实施市级大型群众文化活动和文艺演出以及舞蹈、音乐、美术等艺术门类文艺创作见长。该馆业务干部创作、辅导的作品在“群星奖”评奖中多次披金戴银。该馆近年来还承办了诸如“第七届金鸡、百花电影节开幕式”及“第九届群星奖决赛”等大型群众文艺演出。由于工作成绩显著，重庆市群众艺术馆2000年被国家文化部授予“全国文化工作先进集体”称号。

广东人民出版社

广东人民出版社创建于1951年，为广东省内惟一的一家综合性出版社，在海内外都享有较高的知名度。

建社50年来，始终认真执行党的出版方针、政策，特别是改革开放后，努力探索实现社会效益和经济效益的最佳结合。“八五”“九五”期间，又致力于加强管理、优化结构、提高质量，整体出书水平有了进一步提高；一大批重点书、精品书、双效书先后推出，深受广大读者的欢迎。至今已出版图书1万余种，印数达7亿多册，共有500

余种图书荣获国家和省部级奖励，其中包括全国“五个一工程”奖、国家图书奖、中国图书奖和省“五个一工程”奖。

广东人民出版社为繁荣出版事业和“两个文明建设”做出了贡献，于1995——1997和1997——1998年度两次被评为“全国良好出版社”。

社长、党委书记：陈海烈
总　编　辑：曾宪志
副　社　长：姜玉玲、陈伟、戴和
党委副书记：沈尔廉

学苑出版社

学苑出版社成立于1987年。出版范围：基础科学、应用科学、交叉科学及少量社会科学专著；为发展高等教育、成人教育、对专业人员进行培训的教材、教学参考书；九三学社社务社史著作及资料汇编。已出版图书有两千多种。

社长兼总编：孟白

新世界出版社

新世界出版社是中国外文局（中国国际出版集团）所属的中央级出版机构之一。本社创建于1951年，重点出版社会科学各门类学术著作、参考书、工具书、艺术画册、传统文化图书及旅游、外贸等中外文版书籍和与之相配套的音像出版物。本社拥有一支高水平的编辑、翻译队伍，并有常年为本社从事翻译、改稿的外国专家。长期以来，新世界出版社对外出版了大量外文版图书，向世界各国介绍了我国悠久的历史文明和我国当代社会生活；对内出版了大量中文图书，为两个文明建设做出了自己的努力。本社长期致力于中外文化交流，参加国内、国际上的主要图书展览会，积极开展中外图书的版权贸易，为外国读者了解中国和使中国文化走向世界做出了积极的贡献。

社长：杨雨前；总编：周奎杰

香港管弦乐团

香港管弦乐团（港乐）是本港首队，亦是目前惟一一队职业乐团。港乐成立于1957年，并于1974年转职业化。乐团现有89名成员，共演出大小音乐会达200场之多，单是去年便有15万多人前往欣赏。

乐团在多位优秀音乐总监的领导下，佳绩日见，更被评为“东南亚音乐界天之骄子”。在新纪元里，香港出生的黄大德担纲最新一任音乐总监。

过去十年乐团不但水准突飞猛进，曲目不断增广，乐团亦负起文化大使的使命，其国际间知名度亦随着多次成功巡回演出而牢固起来。乐团在香港推动古典音乐不遗余力，以全面的听众拓广计划培育未来的音乐会听众。

港乐的唱片包括史达拉汶斯基和怀尔的录音、谭盾交响曲《一九九七：天、地、人》，以及最新于2001年9月发行的布梭尼镭射唱片。

哈尔滨歌剧院

哈尔滨歌剧院始建于1959年。她的前身名为哈尔滨歌舞剧院。1962年根据周总理指示改建成专门演出歌剧的艺术表演团体——哈尔滨歌剧院。并由朱德委员长亲自挥墨为剧院名称题字：哈尔滨歌剧院。。

剧院现设有歌剧团、交响乐团、民族乐团、轻音乐团、舞美工作队、创作室以及行政职能科室等部门。并拥有一座能容纳600余名观众座席的紫丁香音乐厅，并负责管理着哈尔滨市合唱艺术团。剧院现有演职人员300余人，拥有一批知名编剧、作曲、导演、指挥、设计、演员、演奏员等专家和艺术骨干，近年来也涌现了一批很有前途的青年演员与演奏员。该剧院是在国内有一定知名度、有影响和实力的专业表演团体。

剧院建院以来先后排演了外国歌剧《茶花女》、《货郎与小姐》。创作演出了《兴安岭战歌》、《焦裕禄》、《夏氏姐妹》、《赫哲人婚礼》、《绣花鞋》、《灯与梦》、《仰天长啸》、《山野里的游戏》、《魂飞马巍坡》、《安重根》、《太阳、气球、流行色》、《特洛伊罗斯与克瑞西达》等20余部大型歌剧、音乐剧。中国著名歌剧《白毛女》、《刘胡兰》、《星星之火》、《小二黑结婚》、《洪湖赤卫队》、《江姐》、《兰花花》、《芳草心》、《红珊瑚》等都是剧院上演的有影响深受观众欢迎的剧目。42年来共演出大、中、小型歌剧93部（本院创作占51部），同时也先后由本院创作人员创作了一批在全国及世界有影响的音乐作品。如:《大海航行靠舵手》、《乌苏里船歌》、《乌苏里江》、《喊一声北大荒》；本院创作的《巴黎圣母院的敲钟人》、《彩色的天鹅》、《风儿捎来的话》等作品被编入声乐曲库、大中小学教材。

交响乐团除了参加歌剧演出外，还在各种形式的音乐会上演奏过贝多芬的第一至第七交响曲及爱格蒙特序曲；柴可夫斯基的第一、第四、第五、第六、第七交响曲、《意大利随想曲》、舞剧《天鹅湖》选曲等。多年来，乐团演奏了大量中外著名作曲家的交响乐作品，自1995年连续五年举办了别开生面的《新年音乐会》，并承担着对外文化交流、天鹅艺术节、哈尔滨之夏音乐会、冰雪节晚会等演出任务。哈尔滨歌剧院是哈尔滨音乐文化建设的主要力量，为哈尔滨音乐发展走向更高层次揭开崭新的一页。

近些年，随着国家对外开放、文化交流，歌剧员曾与前西德、韩国、日本、美国、芬兰、前苏联、俄罗斯、加拿大等国家的著名音乐家合作演出，歌剧院的艺术家们组成“赴美歌剧艺术综合考察团”赴美国访问、考察，歌唱家赴新加坡演出，指挥家赴前苏联指挥，音乐剧《山野里的游戏》赴前苏联演出。哈尔滨市合唱艺术团赴俄罗斯演出。音乐家小组赴韩国、日本演出考察。

歌剧院创作演出的8部歌剧在全国、省、市获奖，《仰天长啸》1988年获文化部表彰和奖励，《山野里的游戏》1990年获文化部主办的“全国歌剧观摩演出”演出奖，《焦裕禄》1991年获文化部颁发的演出奖，《太阳、气球、流行色》1992年获全国少儿剧目比赛“剧目二等奖”，《特洛伊罗斯与克瑞西达》1996年获全国歌剧观摩演出“演出奖”。1998年以哈尔滨歌剧院演员为主要阵容的哈尔滨市合唱艺术团，在第二十四届哈尔滨之夏音乐会《全国合唱比赛》中获一等奖，2000年合唱团获第五届北京国际合唱比赛金奖并获2000年中国合唱节合唱比赛金奖。1998年歌剧《红珊瑚》获哈尔滨市庆祝建国五十周年优秀剧（节）目展演优秀演出奖，2001年哈尔滨歌剧院荣获第十七届中国哈尔滨国际冰雪节组织奖。2001年7月建党80周年，清唱剧《江姐》获哈尔滨市建党80周年戏剧展演优秀剧目奖。2001年10月参加意大利第四届国际合唱比赛，荣获两项金奖，一项银奖，为我国争得了荣誉。一些艺术家和艺术骨干在全国、省、市各类比赛中屡获殊荣。

在省委、省政府的亲切关怀和哈尔滨市委、市政府的关怀支持下，在市文化局的直接领导下，哈尔滨歌剧院正以自己坚实的艺术功力，不懈的努力，以改革的精神繁荣、发展歌剧和交响乐事业，满怀信心地迈向21世纪。

中英街历史博物馆

中英街历史博物馆（原为中英街历史纪念馆，建于1995年），位于广东省深圳市沙头角镇内环城路9号，是由深圳市盐田区政府投资兴建的一座专题性地志博物馆，1999年5月1日正式开馆。

1898年，由于清政府的腐朽无能和英国的武力逼迫，中英两国签订了中英《展拓香港界址专条》。据此，英国强租新安县所属977.4平方公里土地及广阔的水域，租期99年。1899年3月18日，中英双方代表完成勘定“新界”界限，中英街就在这种历史背景中形成了。

中英街地处沙头角。沙头角为原新安县的领土，它背靠梧桐山，南临大鹏湾，是一块历史悠久、美丽富饶、生机勃勃的热土，它融古代文明与现代文明于一体，有发展旅游经济、文化得天独厚的自然和人文环境。中英街原为一条被称为鸬鹚径的泥沙河，由于经济的发展，后来逐渐演变成了享有“购物天堂”美誉的繁华边贸小街。它虽长不过250米，宽不过3—4米，其历史变迁却是中国近现代史的缩影。中英街上矗立的界碑，既是中国贫穷落后、清王朝腐朽没落和英帝国主义疯狂侵略的历史见证，又是改革开放以及香港回归祖国和中国走向繁荣富强的历史见证。中英街“一街两制”的特殊历史背景和人文景观，不仅在中国独一无二，在世界上也属罕见。

中英街历史博物馆由中英街特殊的历史背景

而诞生，它全面记录和反映了中英街的百年沧桑。其展楼总建筑面积1688平方米，共分为5层：1层为迎宾大厅，外设观景平台，可供游客小憩及欣赏附近海湾山水相连的美景；2、3层为中英街历史陈列厅，常设陈列共分六个部分，它们依次是：热土、割占、抗争、变迁、发展、回归，前三部分在展楼二层展出，后三部分在展楼三层展出；4层为临时展厅；顶层是观景台，可鸟瞰大鹏湾和香港新界自然风光。馆内现收藏有400余件近现代历史文物、民俗文物以及千余幅珍贵的历史照片资料，其中近现代文物的收藏最具特色。

在陈列手法上，该馆也做了一些尝试。如复原陈列再现了晚清东和墟繁荣祥和的集市场面，其规模包括房屋40多座，赶墟群众200多人，各种道具1000多件，真实地反映了当地人民群众从传统的农业经济向商品经济发展的进程。运用现代电子手段制作的香港、九龙、新界及沙头角的全景沙盘，直观地再现了英国殖民主义者瓜分中国领土的罪恶行径。此外，展览还从改革开放、精神文明建设、香港回归祖国等方面，展现了蓬勃发展的中英街新貌。

为纪念深圳经济特区成立20周年和孙中山先生领导的三洲田起义100周年，该馆还专门推出了《孙中山与三洲田首义》展览。该展通过大量生动的照片和实物，真实地再现了民主革命的壮举，歌颂了以孙中山为代表的革命党人不畏牺牲的爱国精神，提示人们珍惜今天的美好生活。

此外，馆外陈设的警示钟时刻提醒人们牢记中英街屈辱的历史，它与中英街界碑相互映衬，成为中英街新的一景。作为省市爱国主义教育基地，中英街历史博物馆得到党和政府的高度重视，经常有国家领导人和社会名人莅临参观并挥毫题词。

由于中英街历史博物馆地处边防禁区，参观游客必须办理“边防禁区通行证”进入中英街，方可入内参观。办理通行证的途径有两条，一是可以参加各地组织的包括“中英街一日游”旅游团；一是可以到当地派出所办理“边防禁区通行证”。

深圳歌舞团

深圳歌舞团成立于1987年10月，直属深圳市文化局。内设行政办公室、创编室、舞蹈队、歌队、乐队、演艺工程部等部门。

坐落于深圳市福田区梅华路128号的深圳歌舞团，建筑面积达6000平方米，一栋集办公、排练、制作、演出于一体的综合办公楼和一栋四层演员宿舍楼自成一院，院内环境优美，常年花红树绿，排练厅（3个）、会议室（2个）、小剧场、资料室等一应俱全，堪称全国文艺团体中一流的办公、排练场所。

艺术人才：培养、吸纳艺术精英是深圳歌舞团常年不懈的一项重要工作。历年来，深圳歌舞团培养、吸纳了一批著名的艺术家，其中有歌唱家熊家源（国家一级演员、国务院特殊津贴获得者），歌唱家余凤兰（国家一级演员、国务院特殊津贴获得者），舞蹈家黄启成（国家一级演员、国务院特殊津贴获得者），萨克斯演奏家张绪华（十年流行音乐特殊贡献奖获得者）、著名编剧岳世果（国家二级编剧）。

艺术之路：建团以来，深圳歌舞团始终坚持文艺为广大群众服务的方针，把握先进的文化方向，致力打造艺术精品，创排了大型歌舞《开拓者礼赞》、《太阳·大海·江河》、歌·舞·音·诗《深圳之春》、大型现代舞剧《深圳故事·追求》、大型纪实剧式歌舞《祖国，深圳对你说》、男子群舞《行囊落下是故乡》等。其中大型现代舞剧《深圳故事·追求》荣获1999年度中宣部“五个一工程”奖和2000年度文化部“文华新剧目奖、音乐奖、舞美奖、表演奖”；大型纪实剧式歌舞《祖国，深圳对你说》荣获2001年度中宣部“五个一工程”奖；男子群舞《行囊落下是故乡》荣获全国第五届舞蹈比赛表演三等奖和优秀创作奖。此外，深圳歌舞团历年来17人次荣获国家级、省级各类艺术大奖。深圳歌舞团的足迹遍及北京、上海、广州、成都、重庆、福州、厦门、温州、汕头、梅州、海口、南京、南昌、九江、胜利油田等地及香港、澳门地区。作为深圳市的文化使者，深圳歌舞团还出访德国、英国、法国、意大利、荷兰、比利时、希腊、卢森堡、奥地利、澳大利亚等国，受到了国际友人的热烈欢迎，为弘扬中华民族文化，促进国际文化交流做出了贡献。

辉煌的前景：深圳歌舞团伴随着深圳经济特区一同成长，一流的硬件，一流的艺术人才，以及“海纳百川“的创作、打造艺术精品的气势，奠定了深圳歌舞团必将以深圳人“团结、进取、开拓、创新”的精神，开创更加灿烂、辉煌的未来。

深圳市瀚中艺实业有限公司

中艺网——是由深圳市瀚中艺实业有限公司投资兴建的，公司主要经营战略：为中国艺术（工艺）品行业提供ICP网络集成系统技术开发服务，英文永久网为 http://www.arts-of-china.net (现常用网址：http:www.21cnarts.com，曾用网址：http://www.artsofchina.com)。

在近四年的建设中，中艺网作为中国最具规模的专业艺术网站，一直背靠自身的行业资源优势，并致力于利用自行研制和开发软件系统，通过国际互联网络，来推广中华民族五千年灿烂的优秀艺术品文化，为东西方文化与艺术交流架起网络桥梁。

中艺网向全社会提供全方位、高质量的网上文化艺术资讯、艺术品展示、艺术市场动态、文物信息发布、艺术论坛、艺术品拍卖及艺术（工艺）品等，一体化的大型互联网艺术（工艺）品在线电子商务服务。

作为中国大陆国际互联网行业的开拓者和先行者，“中艺网”秉承进取创新的精神，已经发展成为一个富有活力和竞争力的网络公司，并在服务于社会信息产业的发展过程中，不断提升经营理念和创新经营模式，使公司在国际互联网行业的竞争中勇于开拓、自强不息、各项业务均已取得了长足的进步和发展。

公司涉及的主要产品有：古今陶瓷、名人书画、中外油画、古董珍玩、珠宝翡翠、古典家具、邮品钱币、古籍善本、传统工艺品、现代各类艺术家作品、现代工艺品等；并从事文化艺术产业项目的立项、融资、实施及推广服务。

公司经营宗旨：以诚实、信誉为发展之本，以“公开”、“公平”、“公正”为原则，以弘扬中华民族文化为公司发展主方向，以提高人们艺术化生活意识为己任。

中艺网历程：

2000年，参加中国文化部举办的“中国优秀文化网站评选”活动，获得“中国优秀文化网站”称号。（www.21cnarts.com）

1999年，由中国信息产业部主办的中国互联网络大赛中，中艺网荣膺“中国优秀网站”称号。（www.artsofchina.com）

1999年，中公网—网典 评选中艺网为：“网典精选站点100”(www.artsofchina.com)

1999年，全球中文排行榜将中艺网列入：“中国网站排行榜”（www.artsofchina.com）

江门市粤剧团

广东省江门市粤剧团，又称广东五邑粤剧团。创建于1957年，复建于1978年12月。

1986年剧团进行管理机制和内部工资分配制度的改革，同时实行民主选举团长。曾钜源首任团长，民选团长三年一届。1986年8月换届，余阳丽当选为第二任团长。1999年7月换届，严泽方为第三任团长。

剧团现有演职员工43人。主要演员有余阳丽、严泽方、高桂强、刘洪贵、廖源财、吴美珍、郑丹妮、林凤萍、张国森等。当家花旦余阳丽及文武生严泽方均是国家二级演员。余阳丽师承著名粤剧表演艺术家红线女。她嗓音清新悦耳，行腔婉转流畅，表演细腻传神，甚得观众喜爱。严泽方扮相风雅俊逸，表演朴实大方，声腔润厚，擅唱香港已故名伶“新马腔”，既融汇贯通，又潇洒自如，深受观众称道。

剧团的代表剧目有《儿女恩仇慈母泪》、《皇陵冤凤》、《三法堂前并蒂花》、《碎碗认珠痕》等。其中《儿女恩仇慈母泪》、《皇陵冤凤》、《晨妻暮嫂》等十多个剧目被上海电台、电视台和广东电视台录音录像播放，太平洋影音公司和中国广播音像出版社出版发行，制成盒带、VCD小影碟远销海外。

剧团的发展，经过一段曲折困难的时期。粤剧处于低潮的1986年间，剧团几乎重蹈解体复辙，其时，剧团人心涣散，演出中断。面对这一情况，市文化局及时采取措施，对剧团实行大刀阔斧的改革，一改人事制度，择优录用人才，民选团长，全面推行聘用制。二改经营管理，实行团长目标责任制，上级主管部门明确并下放剧团生产及其他经营方面的自主权。三改内部分配办法，改旧有的分配形式为按岗位责任大小进行分配，奖勤罚懒，以提高广大员工的艺术生产积极性，推动剧团演艺事业的发展。

改革，使剧团获得了新生。1988年至2001年间，剧团扩大了剧目生产，改善了经营条件，稳定了艺员人心，开发了新的演出市场。这期间剧团曾八赴香港、五赴澳门、三赴美国演出，深受港澳同胞及旅美乡亲的热烈欢迎和赞扬。特别是九七香港回归的大喜日子，剧团能获国务院港澳办及国家文化部的批准，赴港参与庆回归的粤剧演出活动，是五邑侨乡的殊荣。这期间，剧团还先后被江门市委、市政府、广东省文化厅授予“先进单位”和“全省文化系统文明单位”的光荣称号。剧团余阳丽被评为“全国文化系统先进工作者”。

曹县广播电视局

山东省曹县广播电视局实行局台合一体制，下辖调频广播电台、无线电视台、有线电视台等单位，正科级事业单位，隶属曹县人民政府。

曹县广播电视局现有固定资产3000万元，拥有院落4处、占地20余亩，在职职工516人，专业技术人员102人，下设办公室、政工股、新闻中心、广告部、文艺专题部及北京工作站、商务中心等16个部室。无线广播电视先后推出《曹县新闻》、《时事焦点》、《真情》、《少儿节目》、《剑盾之光》等新闻类、生活服务类和综合类节目。广播电视节目覆盖四省交界20多个县市，实现了昼夜播出。有线电视转播中央、省、市30余套节目，并连通县乡村。

曹县广播电视局始终坚持党性原则，把握正确的舆论导向，紧紧围绕党委政府的工作大局，牢固树立精品意识，使事业建设和新闻宣传年年都有一个大的发展和提高，在市委宣传部、市广播局组织的全市广播电视节目评比中、曾多次获得第一名，局多次被省、市、县评为广播电视宣传、精神文明建设先进单位。局长王泽坤被评为市级“专业技术拔尖人才”并多次获得优秀党员、先进个人荣誉称号，先后两次受县委、政府记大功奖励。

仪陇县文化局

仪陇县位于四川东北部大巴山麓，嘉陵江东岸，幅员1691平方公里，现有人口101万。南北朝梁天监元年在境内置县，唐大历初年改今名，建县历史长达1500年。仪陇是朱德、张思德的故乡，本世纪中有近5000名志士仁人为中国革命捐躯。悠久而光荣的历史使仪陇积淀了深厚的民族文化根基，新中国诞生后尤其是近20年来，仪陇的文化、体育、旅游事业得到长足发展，为经济建设营造了健康而繁荣的文化氛围，是省政府首批命名的“文化先进县”。1989年文化部授予县图书馆为“文明图书馆”；1996年联合国教科文组织授予朱德故居纪念馆“国际科学与和平贡献奖”、国家六部委联合命名为“全国中小学爱国主义教育基地”；1997年中宣部又将“朱德故居暨朱德铜像纪念园”公布为“全国百家爱国主义教育示范基地”。

这里曾是川陕革命根据地的一部分，这里是朱德、张思德的故乡。她具有光荣的革命传统和深厚的民族民间文化艺术根基。仪陇县坚持“二为”方向和“双百”方针，突出特色抓重点，围绕中心办文化，使文化工作取得了可喜成绩。

15年前，仪陇的文化人就下决心，订规划，誓把仪陇建设成为书法之乡、篆刻之乡、剪纸之乡，统称为:“三乡”文化建设。而今，徐向前题名的“金粟书岩”已成规模，是仪陇必观的一处新景点；仪陇篆刻参与者之众，出作品之多全国罕见，文氏功态药印又成艺术、医药界一绝，知晓者必求之；仪陇剪纸从民间走向高雅艺术殿堂，不断创新，被文化部授予“中国民间艺术之乡（剪纸）”称号。

改革开放以来，仪陇县新建改建了县图书馆、朱德故居纪念馆、朱德铜像纪念园、五座集镇电影院、七个农村图书发行点、十幢办公、住宅，新建总面积2万多平方米，总投资超过1000万元，相当于解放后前30年文化设施面积的5倍，全县各乡镇都建起了文化广播中心。目前，以文化馆为龙头、文化广播中心、文化室为骨干的群众文化网络开始形成。

仪陇的群文工作坚持继承与创新相结合，龙灯、狮子、撬老爷、钱棍及现代歌舞等群众喜闻乐见的文化娱乐活动在各地广泛开展，基层文化工作有声有色，丰富多彩。群众文化工作坚持以特色文化为龙头，带动了形式多样的文化活动。同时，专业与业余相结合，使节日文化、企业文化、校园文化开展得有声有色。尤其是在纪念毛泽东诞辰100周年、朱德铜像揭幕、朱德汉白玉像揭幕、朱德诞辰115周年活动中，都举办了大型文艺活动。在金城山上建造了徐向前元帅题名的“金粟书岩”，在800米长的石崖上已镌刻书品200多幅，特别是460多平方米大的“德”字崖刻，尤为宏伟壮观。有4000多人次的6000多方篆刻作品在各级报刊上发表，1000多方作品在地（市）级以上竞赛中获奖，其中获国际等级奖的达10多人次。新华社曾两次发通稿报道仪陇的篆刻之乡建设。

仪陇县文物管理所建立于1978年，是南充市第一个县级文物管理机构。1982年建立了朱德故居纪念馆，1991年建立了朱德铜像纪念园管理所。全县现有国家重点文物保护单位一处（朱德同志故居），省级文物保护单位一处，县级保护单位32处，其“四有”工作达到要求符合规范。在有效保护的前提下，开展文物的开发利用工作，三个文博单位结合旅游文化活动周发掘文物旅游资源；在搞好文物、文化产品宣传的同时，开发了6类32种商品。通过文保单位“仪陇白塔”吸引社会资金，开发文物资源，建成了白塔山风景区，进一步发挥了文物的社会作用。

十一届三中全会后，仪陇农村电影事业发展很快，设施得到改善，设备不断更新，基本解决了农民看电影难的问题。1996年，县电影公司作为全省基层电影公司的代表，出席了在山东召开的全国农村电影工作会议，并在会上交流了工作经验。在为当地经济建设服务方面，县电影公司曾获得国家文化部、农业部、林业部、科委等六部委的表彰。仪陇县图书馆是1986年新修的馆舍，设有采编、外借、综合阅览、少儿阅览、录像资料放映等部门。馆藏图书4万多册，其中收集整理了朱德、张思德同志生平资料，川陕革命根据地资料和地方文献资料500余册。图书馆立足县城，面向农村，努力开发信息资源，在科技兴农、科技兴厂、青少年自学成才、开辟少儿第二课堂、配合公安干警教育挽救失足青少年方面，做了大量工作，收到良好的社会效益。自1985年以来，保持了县级“文明单位”称号。1989年被国家文化部、省文化厅授予“文明图书馆”称号。

进入新的世纪，仪陇文化事业的发展蓝图已经绘就，仪陇决心以西部大开发为契机，脚踏实地、开拓进取，坚持依法行政、服务社会、巩固成果，确保文化、文物事业与经济发展同步，创造仪陇文化事业的新局面。

犍为县文化体育局

犍为县位于四川西南岷江下游，县城玉津镇距成都221公里，距“天下名山”峨眉山90公里，距举世闻名的乐山大佛55公里，幅员1375.4平方公里，辖12镇，18个乡，350个村，人口57万。

犍为县具有悠久的历史文化传统。在3000多年的历史长河中，犍为人民创造了灿烂的文化，留下了瑰丽多彩的民族民间文化遗产，形成颇具特色的文化内涵。汉武帝建元六年（公元前135年），开“西南夷”，置犍为郡。隋文帝开皇三年（公元583年）废沉犀郡，将武阳县改名为犍为县，县名因古犍为郡而得，建县距今已1400多年。

犍为曾是开明蜀国的腹心地带，从金井出土的精美的战国时期的瓷器、陶器充分说明了犍为文化源远流长。境内铁炉、金井、宝圣寺、犀牛沱、清溪、玉津等地在3000年的历史长河中曾先后是历代郡县驻所，可以说这片土地是巴蜀文化的发祥地。同时，犍为又是广泛吸收外来文化、人口流动变迁最频繁的地区，从秦灭蜀后曾“移秦人万家以实蜀中”，到汉代开通“南方丝绸之路”，以及明清的“湖广填四川”，带来了中原文化、楚文化、佛教文化传统，与巴蜀文化相结合，互相借鉴、交融、丰富、全方位多层次的发展，经过历史长河的积淀，凝结和呈现出鲜明的地方特色的内涵。广泛流行在民间的有香会文化、庙会文化、佛教文化、道教文化、龙船文化、节庆文化、祭典文化、纺织刺绣、建筑雕塑文化、戏剧文化、灯、舞、棋、琴、书、画、民歌、民谣、民间故事等，其中蜀城麒麟灯堪称一绝。寺、庙、庵、观、祠、楼、堂、馆四处可见。犍为文庙、罗城古镇船形建筑、金井战国墓群已列为省市重点文物保护单位。沿江汉岩墓、佛耳沟摩崖造像、龙孔龙洞、罗城南华宫巨狮、汉赋大家杨子云游学之地孝姑紫云亭、宋代南迁建修定居安乐窝的文人邵伯温之墓、文峰塔以及“玉笔点丹池”的县城内泮池等20多处已列为县级重点文物保护单位。近代影响很大的李、蓝起义、辛亥革命、保路同志会、红灯照等事件在县境内留下足迹和遗址，李蓝义军大营曾驻扎铁山半年，起义失败后李永和壮烈牺牲于犍为龙孔场。

中华人民共和国建立以后，特别是党的十一届三中全会以来，犍为的文化有了长足发展。除传统民间文化得到继承、改革、发展外，有了一支专业和业余相结合、门类齐全的文化队伍。

县文体局和县直文化单位坚持“两为”方向，贯彻“双百”方针，为全县文化事业的繁荣作出了贡献。各县直文化单位根据自身的业务特点，开展丰富多彩、健康有益的文化活动，努力满足人民群众对文化生活的需求，每年主办、承办全县性的大型文化活动两次以上，这些活动参与面广、影响大、效果显著。文化部门充分发挥了“主角”作用，受到社会各界的赞誉。由于出色地完成了各项工作任务，县文体局从1995年以来，连续5年获乐山市文化局目标考核一等奖、特等奖、优秀奖。

全县现有各类文化经营户257家。县文化部门坚持按照党中央“一手抓繁荣、一手抓管理”的方针，建立了文化市场管理委员会，充实了文化稽查队伍，配备了专职稽查7人，兼职10人。

每逢重要节日和重大庆典活动，该县组织开展全县性的大型文化活动，如文艺调演、环城赛跑、书画展览、团拜会、茶话会、送戏下乡。1997年举办香港回归“祖国颂”大型文艺晚会，参演单位30多个，参演人数达3200人，场面壮观、阵容宏大、艺术品位高，获乐山市“五个一工程”提名奖。1999年举办的庆祝建国50周年“我爱您，中国”大型文艺晚会，参演单位18个，参演人员1000余人，观众达数千人。2000年3月举办的“迎西部大开发，展巾帼风采”文艺方队游行表演，有27个代表队、1200多名演员参加，赢得广大群众的交口称赞。

农村电影放映形势喜人。各乡镇切实解决农民群众“看电影难”的问题，龙孔镇、大兴乡、新民镇等19个乡镇迅速恢复了放映活动，1997、1998年全县农村电影放映均超过1500场，1999年全县实现农村电影放映1800场。在1998年召开的全省农村电影工作会上，犍为县作了经验介绍，县文体局局长范贵贤被评为先进个人。该局1999年被乐山市文化局评为“农村电影放映先进单位”。

1990年创作排演了五场儿童话剧《赖宁》，赴省晋京演出，参加西南首届话剧调演获三项大奖，剧本获“首届巴蜀文艺奖”三等奖，并在全国各地连续上演500场，引起观众的强烈共鸣和赞扬，各类报刊、广播、电视发表报道、评论100篇(次)。

几年来，全县的文化工作始终围绕经济建设这个中心，切实加强领导，深化文化管理体制改革，在发展文化事业，加快阵地设施建设，加强文物保护，依法管理文化市场，繁荣群众文化和艺术创作等方面有了长足进展，取得了较好成绩。

峨眉山市文化体育局

峨眉山市地处四川省西南边缘，位于风光秀丽的峨眉山麓，幅员1183平方公里，辖18个镇乡，252个村，总人口41万人。

自1988年撤县建市以来，峨眉山市已荣获全国文化先进市、中国优秀旅游城市、全国卫生城市、全国双拥模范城市、全国教育先进市、全国科技先进市等20余项全国等级称号，其中峨眉山风景区还荣获联合国教科文卫组织颁发的世界自然与文化双重遗产称号。

峨眉山市文化工作坚持以邓小平理论和党的基本路线为指导，坚持“二为”方向和“双百”方针，以改革为动力，以建设为重点，以繁荣为目的，主动适应社会主义市场经济体制，发挥自身优势，以创建全国文化先进市为龙头，大力建设具有地方特色的文化事业，取得显著成绩。

近年来，峨眉山市加大文化投入，逐步建立起多元化的文化投入机制，形成了市、镇、村分级投入，国家集体个人多元投入，文化单位创收投入，吸引外资投资的新格局，增加了文化基础设施投入。在市区建有文化馆、图书馆、文管所、新华书店、电影院、影剧院、青少年活动中心、妇女儿童文化活动中心、文化公园、文化广场等文化设施和一大批娱乐场所，门类齐全，功能配套。据统计，城区文化设施总面积达24146m²。在镇乡一级，大力推进创建“特色文化之乡”活动，全市共有12个镇乡分别创建成峨眉山市“特色文化之乡”，有4个乐山市级“特色文化之乡”，有2个省级文化先进镇乡。农村文化、校园文化、企业文化、军营文化、机关文化、广场文化方兴未艾，形成了以市直文化单位为龙头，镇乡文化（中心）为枢纽，以村文化活动室为基础，以文化专业户为补充的多层次、多体制的文化网络。

峨眉山市坚持以精神文明建设“五个一工程”为导向，全面实施精品战略工程，通过加强组织领导，落实创作规划，集中力量攻关，健全激励机制等措施，促使文化创作上水平，上台阶。每年创作的各类作品总量在3000件左右，在市以上演出、展览、发表、获奖的300余件，并在戏剧小品、文学、音乐、舞蹈、摄影、书法、美术等方面形成特色和优势，戏剧小品创作佳作不断。

峨眉山市坚持节庆活动与常规活动相结合，主题系列活动与专题单项活动相结合，参与型群众文化活动与欣赏型精品展示活动相结合，做到常年不断，常办常新。全市城乡每年开展文化活动逾千次，全市性的大中型有影响的文化活动10余次。市成立了业余艺术团，常年送文化到农村、军营、企业，近三年已下基层演出100余场次。由市政府主办的每两年一届峨眉山朝山会，既是面向海内外游客的商旅活动，也是集中展示一段时期内文化艺术成果的舞台。特别是每年正月十五闹元宵文化活动、全市各具特色“文化之乡”文艺汇演和游会，以充分展示峨眉山市优秀的民间民俗文化为重点，展现全市各镇乡“特色文化”风采的魅力，该项活动先后被中央电视台等多家新闻媒体多次报道。

同时，农村文化活动十分活跃，以创建特色文化之乡活动，有力推动了农村文化事业的发展。符溪镇的“草龙”、高桥镇的“秧歌”、龙池镇的“龙灯”、罗目镇的“莲箫”、九里镇的“高跷”、双福镇的“高桩平台”、峨山镇的“腰鼓”、川主乡的“唢呐”等一批民间民俗文化的涌现，备受广大农村群众的欢迎。符溪镇“草龙”，绥山镇“喔山梆鼓”载入了《四川民俗文化》，中央电视台、四川电视台就“草龙”、“喔山梆鼓”从制作到表演全过程进行了专题采访。

通过几年努力，峨眉山市文化市场健康繁荣，管理有序，多次受到文化部文化市场管理公司领导的称赞和四川省文化厅的表彰。

峨眉山市现有文物保护单位173处，全国文物保护单位2处，省级文物保护单位2处，乐山市级文物保护单位25处，峨眉山市级文物保护单位33处，地下文物保护区7处。近年来，峨眉山市文体局对这些文物保护单位陆续划定了保护范围，签订了保护责任书，形成了健全的保护网络，把文物“四有”工作落到了实处。特别是将文物工作“五纳入”列入重要议事日程，并形成制度加以规范，在抓落实上下功夫，取得了显著成绩，至今峨眉山市境内尚无一例违反《文物保护法》事件发生，曾多次受到乐山市文化局、省文物局的表彰和奖励。

回首过去，令人振奋；展望未来，豪情满怀。本市将以一流的工作、一流的业绩、一流的水平、一流的形象，大力推进文化事业的发展。

北京市爱莲舞蹈学校

陈爱莲，著名舞蹈表演艺术家，陈爱莲艺术团团长，北京市爱莲舞蹈学校校长，中国歌舞剧院舞蹈家兼编导；第六届、第七届、第八届、第九届全国政协委员、中国舞蹈家协会副主席、中国致公党中央委员、中国对外文化交流协会理事、中国人口文化促进会理事、中国印尼经济文化交流协会理事、中国演出协会理事、中国田汉基金会理事、中国文联全国委员会委员。陈爱莲是广东番禺人，出生于上海。1952年从上海一心孤儿院考入中央戏剧学院附属舞蹈团。

她1954年考入中国第一所舞蹈学校，1959年各科均以全优的成绩毕业。同年主演了中国第一部芭蕾舞与中国舞蹈相结合的舞剧《鱼美人》，一举成名。成为当时中国最年轻的舞蹈家之一。

1959-1963年，任北京舞蹈学院毕业班教员，从事四年的教学工作。在此期间，曾参加了“中国古典舞教学法”的编辑工作，并向全国教师示范表演此教材(此教学法至今仍是舞蹈学院的教材。)1963年调入中国歌剧舞剧院任主要演员。

从1957年起,先后主演了舞剧《张羽与琼莲》、《鱼美人》、《红旗》、《白毛女》、《小刀会》、《文成公主》、《红楼梦》、《牡丹亭》、《繁漪》、《霸王别姬》等，是中国主演舞剧最多的舞蹈家。

1980年，举办了新中国成立以来首次个人舞蹈晚会——《陈爱莲舞蹈晚会》，运用了中国古典舞、芭蕾舞、中国民间舞、外国民间舞及现代舞的表现手法创造性地进行了表演,成功塑造了古、今、中、外十个性格鲜明的女性形象，她的表演精巧、优美、情舞并茂，受到了广大观众和文艺界的高度评价。

从1957年起曾在国内外表演过：独舞：《春江花月夜》、《灯舞》(蒙族舞)、《打鼓舞》(维吾尔族)、《鱼舞》(傣族)、《水》(傣族)、《敌后交通员》、《梦归》、《剑器舞》、《拍球舞》(印度)、《天鹅之死》(芭蕾舞)、《霓裳羽衣舞》、《奴隶之歌》(藏族)双人舞：《弓舞》、《蛇舞》、《流浪者之歌》、《西班牙双人舞》、《鱼美人三幕双人舞》、《黄昏》、《乡间小路》、《快乐的年轻人》、《草帽歌》，以及女子舞蹈《草笙舞》、《采茶扑蝶舞》、《草原女民兵》、《红绸舞》、《绣金匾》等。

陈爱莲代表中国舞蹈家参加了芬兰举办的第八届世界青年联欢节，表演了《春江花月夜》、《蛇舞》、《弓舞》、《草笠舞》四个舞蹈，一举获得四枚金质奖章。独舞《霓裳羽衣舞》获全国第一届舞蹈比赛特邀舞蹈家优秀表演奖。《陈爱莲舞蹈晚会》获文化部一等奖，舞蹈《文成公主》获表演一等奖。1987年陈爱莲举办了第二台《陈爱莲舞蹈专场晚会》，尝试了中国传统舞蹈与现代舞蹈相结合，取得了成功。并获得文化部三八红旗手的称号。

陈爱莲曾创作、编导主演的舞剧《牡丹亭》获广东省艺术节一等奖。还创作、编导了舞蹈《敌后交通员》、《绣金匾》、《黄昏》、《东方曲》、《快乐的年轻人》、《彩练当空》等，其中《彩练当空》获2001年华北五省市暨北京第七届舞蹈大赛，编导一等奖。

自1980年以来，陈爱莲被聘为南开大学和海南大学艺术系教授、王昆艺术学院教授。陈爱莲曾在权威报刊“人民日报”、“光明日报”、“北京日报”、“舞蹈研究”、“文化与生活”、“舞蹈”等发表过“论中国古典舞的继承和发展”、“无声的语言”、“谈《蛇舞》”“化舞为情、以情为舞”等舞蹈论文及评论文章。1989年，中国文化部批准了中国第一个以个人名字命名的艺术团——陈爱莲艺术团，陈爱莲任艺术总监和团长。1991年率团出访过美国和香港，为安徽水灾和纽约华人社团筹款义演。1992年率团访问澳门，为第三届全国残疾人运动会筹款义演，得到好评。1995年，经北京市文化局和市教委批准成立了爱莲舞蹈学校，陈爱莲任校长。1997年陈爱莲个人出资百万元再度复排并演出了大型民族舞剧《红楼梦》，并代表中国参加了九七中国歌剧舞剧年。

通过以上50年的丰富的艺术实践，陈爱莲形成了自己的鲜明的艺术特色，成为中国最有影响的舞蹈大师之一。她曾多次做为中国艺术团的首席舞蹈家出访过：苏联、美国、法国、西班牙、比利时、德国、丹麦、芬兰、瑞典、意大利、挪威等数十个国家和香港、澳门地区，她所表演的舞蹈受到了世界各国观众的欢迎和舆论界极高的评价，认为陈爱莲的舞蹈“是无法用语言形容的艺术”、“天衣无缝、精彩绝伦”。她本人被称为“东方舞蹈女神”。

功成名就，享誉世界。多年来，美国、英国出版的一些世界名人录记载了她的事迹。今天陈爱莲每日练功不辍，还要“自找些苦来吃”丰富人生。她乘改革的春风，先是创建“陈爱莲艺术团”，走上艰辛的创业之路；继而又于1995年倾资创办了北京市第一所民办舞蹈学校——北京市爱莲舞蹈学校。经过艰苦奋斗，终于有了属于自己的现代化校舍，成为全日制的封闭式管理开放式教育的寄宿制学校。

在北京世界公园附近，矗立着一座挺拔的建筑，占地50余亩，建筑面积16000多平方米。高大的综合楼里，设有十几个宽敞的专业排练厅、计算机室、文化课电化教室、健身房、音乐室，并建立了自己的网站。总投资已达3000多万元。

舞校的数百名学生，是从众多对陈爱莲仰慕与信任的求学者中挑选的，陈校长对他们倾注了全部爱心。除了操心学校管理，她还坚持亲自授课，有时每周课时多达36节。她的创业精神感动了全校的教职员工，大家忘我工作，严谨治学，形成一支高素质的员工队伍。除了严格的舞蹈专业训练，爱莲舞校还特别重视文化课的教学，完成高中的课程。学校鼓励孩子们参加高考，要求学生们学会求知、学会做事、学会共处、学会生存。

桃李春风结子成。爱莲舞蹈学校的教学质量赢得了社会各界的赞誉。学校投资近百万元复排大型古典舞剧《红楼梦》，许多中央领导同志观看表演后给予高度评价。公演时更好评如潮，认为“学生的表演可与国家剧院媲美”。1999年陈爱莲带领60名学生赴上海、江苏、浙江、广东等地巡回演出《红楼梦》40多场，受到一致好评。2001年初她又亲自率领陈爱莲艺术团和爱莲舞校的学生前往印尼访问演出一个月，很受欢迎。在参加华北五省市专业组比赛中，爱莲舞校参加的三个节目都获得了一等奖。爱莲舞校的学生毕业时，各省市艺术团和部队艺术团体纷纷来招聘演员，许多学生考入大专院校，毕业生升学和就业率达100%。

舞台上，几十名豆蔻年华的少女和英俊少男，紧随着音乐翩翩起舞。古典的，现代的，民族的，西洋的，看得台下的各界嘉宾如痴如醉。当他们演绎德沃夏克的《自新大陆时》时，人们看到了丰富的肢体语言、扎实的基本功，一个个优美、到位的高难度动作下来，汗水湿透了他们的舞衣，脸蛋红扑扑的，成功的喜悦荡漾在青春的脸上。

如今，北京市爱莲舞蹈学校又有了新的发展，学校共有六个年级，九个班级的学生，并开设了大专班。学校目前共有专业教师26位，副教授以上有15位，文化课教师16位，副教授以上6位，高级教师3位，这些教师中许多是全国闻名的教授专家。更可喜的是学校还有一批优秀的青年教师队伍正在成长。

迄今爱莲舞校已培养了3届毕业生，目前在校生从10岁到20岁不等，学生们来自全国各地。她们是艺术园地的蓓蕾，是民族舞蹈艺术未来的花朵。

北京市爱莲舞蹈学校，又一个引领潮流的艺术摇篮!

华夏艺术中心

十年前的金秋，一座器宇非凡的建筑在深圳湾畔崛起，面积13500平方米，由4层V型大楼、艺术广场和园林绿化带组成。其古朴典雅、简洁现代的设计风格，成为深圳市、华侨城旅游度假区内不可多得的文化景观。它就是以弘扬华夏文明，促进海内外文化交流，提高社区及企业人口素质，发挥艺术教育功能为宗旨的多功能、综合性文化实体——华夏艺术中心。

华夏艺术中心隶属于华侨城集团公司，作为华侨城乃至深圳市的文化阵地，为弘扬高雅艺术不遗余力。十年来，共引进中外优秀剧目280余场，近20万人次在这里欣赏过艺术表演。中央芭蕾舞团、东方歌舞台、中央乐团、北京人民艺术剧院、上海京剧院、台湾“云门舞集”现代舞团、俄罗斯国家芭蕾舞团、西伯利亚小白桦舞蹈团、德国科隆室内乐团、维也纳施特劳斯圆舞曲乐团、法国青年芭蕾舞团、美国世界民族舞蹈团、巴西民族歌舞团、非洲“黑火”歌舞团等来自亚洲、欧洲、美洲、非洲、澳洲的国内外著名艺术团曾在这里留下身影。

中国第十二届“飞天奖”颁奖晚会、香港临时立法会、中国大中型企业经济技术洽谈会、银行监管国际研讨会、第五届世界华人舞蹈团、大中型企业的庆典等国内外600余场会展及文化活动曾在这里举办。

钢琴、电子琴、声乐、舞蹈、跆拳道、瑜珈功、书法、绘画等各类艺术培训班常年在这里开课，先后有9万余人次接受了培训。

华夏剧院于1993年被评为广东省特级影院(首批)，是当时广东省两家特级影院之一，亦是深圳市惟一的一家特级影院。十年来华夏剧院共放映电影6000余场，先后有70万人次到这里观看中外佳片。

由华侨城集团公司总裁任克雷任名誉团长的华侨城职工合唱团，日常组织、排练等工作由华夏艺术中心负责，该合唱团多次在深圳、香港等地演出，为华侨城赢得荣誉。

华夏艺术中心已成立10年，第十个年头在“华夏”的历史上是不同寻常的一年，是收获颇丰的一年。在这一年里，“华夏”主办了中外著名表演艺术团体12个剧目共30场演出，放映电影600场，观众近7万人；接待会议35次；承办大型社会文化活动42项；艺术培训在规模和质量上均有所扩展与提高，取得了年收入比2000年增长35%，赢余同比增长151%的经济效益；提高了知名度，创出自己独特的品牌，并得到社会各界的认同。

回顾过去十年，华夏艺术中心在发展、成长的道路上留下了坚实的脚印，取得了较大的成绩展望新的世纪，在华侨城集团的正确领导和大力支持下，“华夏”将卧薪尝胆，励精图治，提高利用率，增加知名度，为推进深圳及华侨城文化事业的发展，为把华侨城建设成中国21世纪示范城区做出更大贡献。

澳门科技大学

澳门科技大学是在澳门回归后成立的首所高等院校，是一所立足澳门、面向国际、治学严谨又充满朝气的正规大学。

澳门科技大学的成立，可为澳门高等教育的多元化发挥重要作用，相信通过发挥私立大学办学的灵活性，将可以在办学形式、贯彻办学理念方面更能迅速适应社会的发展需要。

澳门科技大学根据目前港澳地区、中国内地、台湾和东南亚地区的人才需要，在保持港澳特色、保持与国际接轨的前提下，与内地著名高等院校合作。现阶段，开设信息科技学院、行政与管理学院、法学院和中医药学院等四个学院。经澳门特别行政区政府批准，可颁授包括高等专科文凭、学士学位、硕士学位和博士学位等不同程度的学历证书。并得到国家教育部的认可，批准了2001年起在内地14个省市招生，前来澳门就读各学位课程。

澳门科技大学从一个较高的起点开始，得到内地清华大学、北京大学、南京中医药大学、上海复旦大学等大力支持与合作，配备优秀师资来澳任教，协助澳门科技大学各学院制订教学计划，推荐教师，提供教学方面的意见；进行图书数据和学术方面的交流以及协助规划和设计实验室等，以提高大学的教学质量和教学水平。除了国内几所著名大学的资深教授外，亦聘请到本地年轻有为的讲师教学，也有来自香港、台湾和外国富有经验的资深教授任教；这来自不同国家、地区的优质教师队伍将不断为澳科大培育人才。大学并以严谨办学、树立良好校风为宗旨，将积极参加国际教育组织和学术活动，努力提升大学的国际声誉，使大学向着国际化迈进。

澳科大现时在校学生1000多人：他们主要来自澳门本地，中国大陆和台港两地，将来将会有更多的东南亚地区和外国的学生来校学习。澳科大透过吸纳来自不同国家和地区的莘莘学子来澳就读，让他们有机会互相交流和切磋学问。这样，澳科大就同时扮演着一个东西方文化交汇点的角色，起到国际间文化学术交流的桥梁作用。随着中国加入世界贸易组织，对外的通讯往来相应增加，外国的机构将大量需要一些能够协助他们与国内联系的专业人才。来自不同国家和地区的学生在澳科大学习的同时，亦是广结朋友、建立一个国际性的人际联系网的好机会。此外，澳科大亦与欧美及东南亚等地有代表性的大学建立了紧密的合作关系，相互承认学历和实行交换学生计划，让学生藉以作为到外地升学的桥梁。

澳门科技大学的校园是完全新建的，采用了当今世界先进的校园计算器网络系统，包括建设一个先进完善的千兆光纤多媒体计算机网络，整个校园采用先进的数码式IP电话取代传统的仿真式电话交换机。使澳科大校园内实现计算器网络和IP电话网络的两网合一，这是目前即使在港澳地区也是很先进的尚待推广的技术。配合同一网络内语音、影像及一般数据之整合，而且，为配合社会趋势，澳科大新校园的计算器网络中心将会提供专线连接至国际互联网。除了提供先进的网络设备，以满足学生的学习需要和提供计算器服务外，学生还可以在学校范围内利用手提电脑，随时随地通过无线网络接收器连接上校内网络和国际互联网。网络更伸延至学生宿舍，亦提供远程拨号线路(Remote Access)，让师生们可以在家庭、宿舍连接至校园计算机系统。新校园的计算器网络更为学生提供各式各样的网上服务。例如能够支持实时信息传递，以应付多媒体教学、视频点播(Video On Demand)、视频广播(Broadcast Video)、视像会议(Video Conferencing)及电子教学(e-Learning)等等。并可实现虚拟个人网络

(Virtual Private Network)。总之，这个网络技术将是很先进的。所以，澳科大新校园除了给予同学们一个良好的学习和生活环境外，更提供高新科技设施，让他们丰富知识，提高网上能力；同时接触最快的信息，了解世界的最新动向，拓宽视野，获益良多。专为中医药学院用的实验楼也将于明年建成启用。

先进的语言室和电子图书馆今年也加紧建设。另设有大学生活辅导处和管理处，负责组织校园兴趣班和到企业参观实习的活动及参与各项有意义的社会活动，从而使学生更能掌握社会进步与发展的实践经验。

澳门科技大学采用国际先进灵活的教学方法和重视科研与发展，发挥澳门中西文化荟萃的特色，汇聚了来自不同文化背景的精英，为学生提供一个优良的学习环境，能够使学生获得更多智慧、创新意念和竞争力。

北京市昌平区文化馆

北京市昌平区文化馆始建于1949年9月。占地面积7380平方米，建筑面积4800平方米。文化设施、设备、展厅、专用教室齐备。全馆人员34人，其中业务人员22人，大专以上学历17人，高级职称者2人，中级职称者7人。

昌平区文化馆负责昌平地区群众文化娱乐活动的领导、组织、辅导工作。承担地区大 型节日庆典，艺术展览、民间花会、文艺比赛等活动。为专业院校、艺术团体培养和输送艺术人才并积极开展社区文化、老年文化工作。

昌平区文化馆曾组织参加历次天安门建国庆典大型文化活动。在北京电视台多次演出自身创作的文艺节目，《中国文化报》曾多次报道昌平群文活动情况。其音乐作品、文学作品、摄影作品、美术作品多次在《人民日报》、《人民文学》等国家级刊物发表，并获全国、市级奖励。

昌平区群众文化活动遍及全区每个城镇与乡村。艺术团送戏下乡，亲临阵地辅导并推出精品，在全区文化工作中做出了较大贡献。

鸿福城

拥有现代化规模的东莞鸿福城是东莞市民营企业，鸿福实业发展公司下属企业。它坐落于绿树成荫、秀丽明媚的人民公园旁，与东莞科学馆、博物馆遥遥相对，环境优美，景色怡人，交通便捷，是一所集娱乐、餐饮、购物为一体的大型综合性场所。鸿福城设有大规模的影碟中心，品种超过三万个，儿童玩具商场品种齐全。大型书城给广大客人朋友提供了精神食粮。最富有地方特色的鸿福风味小吃一应俱全。在这里，精湛的设施，一流的技术，无微不至的服务，将带给您至诚、温馨的享受。

东莞市长鸿实业发展有限公司

东莞市长鸿实业发展有限公司是以房地产开发为龙头，集铁矿开发、工艺产品、燃料销售、轮胎销售为一体的大型民营综合性企业。十年来，公司在董事长、总经理杨贺尧先生的领导下，以质量求生存，以信誉求发展，锐意开拓进取，树立了良好的企业形象。曾被中国工商银行东莞市分行评定为信用A级企业和被东莞市团委评为“青年文明号”单位。

长鸿属下的富雅物业管理公司，开发经销的富雅花园，地处东莞市中心闹市区，整个花园建筑面积为5万平方米，是集商业、住宅、写字楼为一体的高尚住宅小区，并配套有一栋6层高500多个车位的东莞首家大型智能化停车场，以及一所以名家字画、各地名茶汇聚一体的古典风格茶艺馆和极富时代气息、充满动感活力的卡拉OK歌舞厅构成的富雅会所，为业主及会员提供了一处休闲娱乐的好去处。公司同时正在兴建一座占地30000平方米的大型商住小区富雅豪庭。属下的海南三亚得昌矿产实业发展有限公司，投资1000多万元，月产矿3万多吨。属下的东莞城区电力燃料公司主要从事煤碳销售业务，1998年初获得了 美国MPS这种由美国宇航局研制电源的中国华南地区总经销权，同时于2000年又成为美固特异的兄弟品牌、美国开利轮胎的广东省级经销商。